ESTREICHER.

BIBLIOGRAFIA POLSKA.

WIEK XV — XVIII.

TOM XII. ZESZYT 1. 2. 3.

KRAKÓW.

DRUKARNIA UNIWERSYTETU JAGIELLOŃSKIEGO

pod zarządem Anatola Maryjana Kosterkiewicza.

1891.

BIBLIOGRAFIA POLSKA.

140,000 DRUKÓW.

CZĘŚĆ III. TOM I.

(Ogólnego zbioru tom XII.)

PRZEZ

K. ESTREICHERA.

Wydanie Akademii Umiejętności.

KRAKÓW.
CZCIONKAMI DRUKARNI UNIWERSYTETU JAGIELLOŃSKIEGO
pod zarządem A. M. Kosterkiewicza.
1891.

BIBLIOGRAFIA POLSKA.

TOM XII.

STÓLECIE XV—XVIII.

———◆■◆———

W UKŁADZIE ABECADŁOWYM.

—◆❯●❮◆—

KRAKÓW.
CZCIONKAMI DRUKARNI UNIWERSYETU JAGIELLOŃSKIEGO
pod zarządem A. M. Kosterkiewicza.
1891.

POLNISCHE BIBLIOGRAPHIE

(III. Abtheilung. Band I.)

JAHRHUNDERT XV BIS XVIII

ALPHABETISCH GEORDNET

VON

Dr. Karl Estreicher

UNIV. BIBLIOTHEKAR.

———— ⋄◆⋄ ————

(Der ganzen Sammlung Band XII.)

KRAKAU,

BUCHDRUCKEREI DER K. K. JAGELLONISCHEN UNIVERSITÄT.

Geschäftsleiter A. M. Kosterkiewicz.

1891.

Rozpoczęty dwunasty tom bibliografii ogarnia nową dziedzinę i odmiennego wymagał opracowania.

Tom I. do VII. zawarty w 411 arkuszach druku, wypełnia całe piśmiennictwo polskie 19. wieku, ujęte w abecadłowym porządku po r. 1882. Dalsze dziesięciolecie przygotowane jest do do druku, ale zapewne nie rychło znajdzie księgarza nakładcę, dla którego jest najniezbędniejszą pomocą. — Mnie nie spieszy się, ogłaszać drukiem ostatnie czasy. — Dział ten nie wymagał badawczego kierunku. Dość było wyczerpać katalogi księgarskie i biblioteczne, ująć materyał w system i rozprowadzić po dziele odpowiednie odsyłacze. Trudu wiele, pilności więcej, ale zmysłu krytycznego mało co. — Przepisywacze płatni mieli tu dużo zajęcia, a autor jeszcze więcej, skazany na poprawianie grzechów kopisty, sprawdzanie tożsamości tytułów i obmyślanie odsyłaczy. Mechaniczna robota górowała, a o tyle jej zasługa, że była ścisłą, ostrożną, odrzucającą cudze pomyłki, porządkująca możliwie wszystko, co się ukazało drukiem.

Tom VIII. do XI. ujęty w 177 arkuszy druku, ma już za podstawę materyał badawczy, mianowicie tomy VIII. IX. i XI. zestawiające wieki XV. do XVIII. w układzie chronologicznym. Zanim bowiem przyszło do tego zestawienia, trzeba było cały rękopis przysposobić krytycznie, aby bałamutne tytuły i daty nie dostały się do chronologii. Mimo tej ostrożności, nie uniknęłem wielu pomyłek w tym kierunku.

Sama robota chronologicznego wypisywania z rękopisu abecadłowego, była zadaniem czynności mechanicznej, do czego użyć trzeba było pomocy płatnych przepisywaczy, lub też ochotników, o których wzmiankowałem z wdzięcznością w tomach poprzednich.

Robotę ich wypadło autorowi sprawdzać, tytuł za tytułem, nieraz z gruntu przerobić, często uzupełnić, bo od przepisywaczy nie można było spodziewać się ani wymagać świadomości zadań bibliograficznych.

Byłoby zapewne lepiej, gdyby autor obejść się mógł bez kopistów, bo dzieło dawałoby większą rękojmię dokładności, atoli rozmiary dzieła, przechodziły siły jednej osoby. Dość uprzytomnić sobie, że wychodzące Tomu XII. zeszyty I.—III. dochodzące zaledwie od litery A. do Ba. zawarte w 26. arkuszach druku, zajęły 800 kart folio rękopisu, a jest jeszcze gotowych do druku takich kart 20.000. — Oprócz tego, więcej niż drugie tyle materyału, pozostało w rękopiśmie przesortowanym i odrzuconym. Gdy bowiem z wielu bibliotek publicznych i prywatnych, od mężów dobrej woli i mnie życzliwych, napływały najróżnorodniejsze materyały i wskazówki, wszystko to musiało być porównywane, sprzeczności sprowadzane do jednego mianownika — a co okazało się zbytecznem, trzeba było odrzucić.

Z tego chaosu źródeł, wyprowadzić wypadło trzecią całość bibliograficzną, która rozpoczęła się z tomem XII. Jestto opis bibliograficzny w abecadłowym porządku druków z XV. do XVIII. stulecia.

W tej części trzeciej postęp umysłowej pracy jest ogromny. — Tu bowiem nie szło o zwykłe spisanie druków dostępnych autorowi, jak w tomach siedmiu części pierwszej, ale o opis druków z których zaledwie małą cząstkę mógł autor oglądać, a resztę wypadało opisywać na wiarę katalogów i źródeł sprzecznych, niepewnych i zamąconych. Biblioteki polskie dochowały ledwie część dzieł wyszłych w Polsce do 18. wieku. Ztąd narosły tradycyą wiadomości o drukach nie istniejących, źle opisanych, najgorzej datowanych i tytułowanych.

Aby wydać bibliografią o ile możności prawdziwą, należało najdrobniejszy szczegół podłożyć pod szkło krytyki, aby rozeznać prawdę od legendy. — Uważny pracownik, rozpatrując karty bibliografii w T. XII. łatwo spostrzeże, że wiele tam zawartych materyi, są niejako monografiami ujętemi w lakoniczne. wyrazy. — Ramy są tak przystosowane, aby dalszy badacz, wykroić z nich mógł materyał do dalszych studyów. — Ku temu celowi zmierzają treściwe wzmianki o ważniejszej osnowie dzieł, podania najważniejszych źródeł ze wskazaniem bibliotek.

W tym dziale, już znikają najemni przepisywacze, najdrobniejszy szczegół musi być opracowany przez samego autora, a że tych szczegółów jest ogrom, więc też i potrzebny jest ogrom pracy krytycznej. Z tego to powodu, ani druk dzieła może iść pośpiesznie, ani też dzieło samo może być tak dokładnem, jak było opracowanie XIX. stulecia.

Niedokładności jednak niechaj nikt nie kładzie na karb pośpiechu roboty, tylko na rodzaj dokonywanej pracy. Inna bowiem rzecz pisać przez rok lub lat kilka luźną monografią jakiego autora, a co innego myśleć o stu tysiącach pisarzy i mieć ich ciągle na oku. Przegląd armii, której rozłożenia i lunetą nie dosięże, jest czemś więcej, niż przegląd kompanii, którą okiem ogarnąć snadno. Z tej wyżyny patrząc na legion tak niezwykłych rozmiarów, nie można się dziwić, że tam brakuje guzika, a gdzieś dalej ładownica źle przypięta. Inaczej być nie może, ogrom całości przygniata drobiazgi. — Nie mogę więc zgodzić się na zarzut, uczyniony mi w N. 4. Bluszczu r. b., że niedokładności wynikły z powodu niezorganizowania pracy zbiorowej i z pośpiechu w rozpoczęciu druku.

Niezorganizowanie zbiorowej pracy nie odemnie zależało. Teoretycznie biorąc, zbiorowa praca przedstawia się pięknie, ale do praktycznego jej zastosowania trzebaby wyszukać pracowników, którzyby całe życie chcieli poświęcić temu jednemu zadaniu. W tem trudność, której rozwiązanie byłoby godnem królewskiej nagrody.

O pośpiech wydawania winił mnie wcześniej Sowiński. Ale krytycy traktujący mnie z wysokości erudycyi dziennikarskiej, nie zastanowili się nad tem, że praca w której wytrwałem przez lat czterdzieści, a której część mała dopiero wyszła a już zajęła dwadzieścia trzy lat druku, nie może być uznawana za dzieło pośpiechu. — Materyału wyczerpać i wykończyć nie podobna, bo jest za rozległy i zbyt dotąd nie obrobiony. Z tej zaś przyczyny odwlekanie jego ogłoszenia byłoby szkodliwem, jeżeli mozoł całego życia, ma przynieść nowe owoce. Tylu było już przedemną głośnych a przecież bezpożytecznych bibliografów. Skarby ich zazdrośnie ukrywane przez nich za życia, szły po śmierci ich do sklepików żydowskich.

Toż samo rzecz się ma z doskonałością korrekty w dziełach podobnego zakroju. — Nigdy jej osięgnąć nie można, bo to nie druk zwyczajnej książki, mającej jedną toczącą się osnowę. Tu się ciągle ścierają ze sobą nowe tytuły, — tytuły różnojęzyczne, coraz odmienne daty, cyfry i nazwiska natłoczone gęsto bez literackiego związku, ztąd trudności korrekty są niesłychane i co więcej, nie przewalczone. — Mimo więc wytkniętych mi podrzędnych błędów korrekty, mam to przekonanie, że korrekta w mem dziele jest możliwie najpoprawniejsza i właśnie na tę zaletę, już dawno szczególną zwrócił uwagę J. Petzhold, największa powaga bibliograficzna w świecie naukowym niemieckim.

We wzmiankowanym artykule Bluszczu znajduję jeszcze napomknienia, że do pracy nad katalogiem XIX. wieku, przychodziła mi z pomocą młodzież uniwersytecka. Byłoby to niezgodnem z mem usposobieniem. Nie wyzyskiwanie pracy młodzieży, ale ułatwianie pracy, jest zadaniem bibliotekarza. Cały pierwotny katalog przygotowałem sam na kartkach do druku, a potem dałem go przepisać w 10. tomach folio jeszcze w roku 1861, ówczas, gdy urzędując przy sądzie we Lwowie, żadnej zgoła styczności z młodzieżą uniwersytecką nie miałem. — Tak ukończoną pracę przez dalsze ośm lat sam jeden (opłacając kopistów) rozszerzałem.

Dalej, nie rozumiem uczynionego mi zarzutu, iż drukując XIX. stulecie nie skorzystałem z olbrzymich zasobów St. Przyłęckiego, ten przecież nigdy nie zajmował się XIX. stuleciem. Materyały jego odnoszą się tylko do dawniejszej epoki, przezierałem je wszakże i przekonałem się, że sława ich ważności, jest nierównie głośniejszą, niż na to zasługuje ta niekrytyczna zbieranina.

Również dowiaduję się w N. 5. Bluszczu, że pierwszy pomysł zużytkowania notat do XVI. stulecia wyszedł od śp. Jana S. Wcale nie. Śp. Jan S. złamany stosunkami przeszłości, nie zdolen był do jakiejkolwiek inicyatywy. Wyrwałem go z osamotnienia i zjednałem do podjęcia na nowo pracy umysłowej. Aby celu osiągnąć, oddałem mu bez zastrzeżeń moje obfite materyały systematycznie i abecadłowo ułożone. Powrócony społeczeństwu, gorliwie zrazu pomnażał, sprawdzał, przerabiał moje zbiory. Po roku odezwała się w nim dawna żyłka historyka. Dla Dogiela, ostygł w kierunku pracy przezemnie jemu wskazanej. Choroba oczu wstrzymała tę pracę zupełnie. Względy życzliwości stworzyły pracownika, ale tylko wytrwałość, mogła utworzyć skończoną pracę.

Chciałem przysposobić obok siebie nową siłę roboczą. Ztąd to inicyatywa wyszła wyłącznie odemnie, i jam nad całą robotą czuwał, jako jej celów świadomszy. Mój zbiór i mój układ był podwaliną całej jego dalszej roboty. Już po jego śmierci, materyał do 16. wieku sam podwoiłem dalszemi studyami. Uczyniłem z mej strony dla tego pracownika to, czegoby może kto inny nie zrobił — ale z tego jeszcze nie wynika, by mi z tej racyi odmawiano tego, co mnie się należy. Cały fundament dzieła jest moją wyłączną własnością, dla tego nie mogę godzić się na wyrażenie dziennikarskiego orzeczenia, że »praca samego Estreichera w tej książce jest mniejszą od pracy innych ludzi, jego własnem jest ostateczne zredagowanie mozolnie zapewne, ala nie systematycznie zbieranych wiadomości.«

Sąd to zbyt doraźny. Wszystko co do tak wielkiego dzieła zbiera się, jest i musi być zbieranem systematycznie. Gdybym systemu nie zachowywał, urosłby chaos, a przecie praca moja nie jest chaotyczną.

We wszystkiem łatwo wyręczycieli znaleść, tylko nie na tem polu, które nie nęci pracowników lecz ich odstrasza, a materyalnie rujnuje. Tymczasem z wyrażeń recenzenta zdawałoby się, że opracowanie bibliografii, to coś nieco może więcej, jak napisanie na kolanie artykułu dziennikarskiego, że do wykonania roboty wystarcza fałdów przysiedzieć rok lub dwa, a już dzieło urośnie. A przecież na moje dzieło składały się lat dziesiątki całodziennych i codziennych trudów, a jeszcze daleko mu do dokładności i ścisłego opracowania.

W pracy tego rodzaju zawsze trzeba odróżniać tego, który tworzy, od tych co dla niego zapasy gromadzą. Bez ostatnich obejść się nie można, choć oni jako tacy, dzieła nie układają. Oczywiście, że gromadzenie przezemnie takiego ogromu materyału, nie mogło się obejść bez licznego udziału posiadaczy zbiorów. Z wdzięcznością każdą najmniejszą daną mi pomoc, ogłaszałem w przedmowach, czasem czyniłem to i dla samej zachęty. — Nawet takie nadsyłki uzyskały podziękowanie, z których nie mogłem korzystać, bo nie miały znaczenia naukowego.

Sam materyał dostarczany, nie jest jeszcze opracowaniem bibliograficznem. Jam rozpiął kanwę aby ją wypełnić haftem. Do haftu potrzeba było włóczki, tę zbierałem częściowo, zbierali ją dla mnie i inni i dostarczali mi ją obficie różnej barwy i wagi. Moją rzeczą było rozdzielić zbiory, dobierać cieni i wydzielać zbyteczny materyał. — Uczestnicy więc byli, lecz samo opracowanie materyału od początku do końca dokonanem zostało przezemnie.

Nadużywam może cierpliwości czytającego, iż tyle sam o sobie piszę. Ale to zdaje mi się było koniecznem. Bo jeżeli kto dowiedział się z recenzyi, że opracowanie XIX. wieku zawdzięczam udziałowi młodzieży uniwersyteckiej, że wiek XVI. układał J. S. i spółka, pomyśli sobie, że pewnie i dwa inne stulecia zawdzięczam ukrytym pomocnikom. Owczas słusznie ten i ów mógłby zapytać: A cóż ten urojony autor sam przez czterdzieści lat porabiał?

Ufam, że ci którzy bywali świadkami codziennych trudów moich, ci dla których rękopis zawsze gotowym był na usługi, i ci, co wiedzą jakich wymaga się uzdolnień od Bibliografa, gdy uważnie zastanawią się nad tem dziełem, uwierzą mi, i zrozumią to łatwo, że w ten sposób wykonana robota, nie może być dziełem wielu spółpracowników, jak to bywa w wydawnictwach encyklopedycznych i słownikarskich, bo tu całość ma jeden określony plan i każdy szczegół jest w związku z drugim. Mianowicie system odsyłaczy sprawia, że dla symetryi potrzebnym jest jeden organizm, i jeden też pracownik może wlać życie w ten organizm. Do podobnej budowy przyczyniają się murarze i cieśle, ale mechaniczną robotą kieruje praca myśli architekta.

Architekt buduje według swego planu tak, jak wódz manewruje według własnej strategii. On wie, a przynajmniej powinien wiedzieć, dla czego tak a nie inaczej szyki rozwija. — Co patrzącym na to, zda się niezrozumiałem, dla niego jest matematyczną konsekwencyą.

Uczyniono mi dalej zarzuty, które wypada usprawiedliwić. Za złe mi wzięto opuszczanie druków hebrejskich i spisywanie edycyi nie dochowanych w naszych bibliotekach.

Druki hebrejskie o tyle nas zajmować mogą, o ile związane są z historyą naszą i o ile dedykowane są polakom. Tych jest ledwie kilkanaście. Te wymieniam. Reszta, są to druki religijne, może bardzo ważne dla izraelitów, ale nie mające najmniejszego związku z naszą oświatą. Pozbierał je jak najdokładniej Fürst w swej trzechtomowej bibliografii, kto ma apetyt na nie, niech je przeżuwa z jego księgi.

Co do mnie, niechętnie podaję zaledwie ich małą cząstkę i to o tyle o ile je wciągnął do swej Bibliografii Jocher, a to dla tego, że całego Jochera uwidoczniam w mem dziele. Gdyby nie to, żaden druk hebrejski nie ukazałby się w mej publikacyi.

Już nie tyle obcymi nam są druki szląskie, elblągskie, gdańskie, królewieckie przez niemców wydawane. Nie wszystkie podaję ale ich nie unikam dla tego tylko, że moi poprzednicy zaliczyli pisarzy tych do pocztu pisarzy polskich. — Wielu z nich niewątpliwie nie umiało po polsku, uważało się za niemców poddanych republiki nic więcej. Oni jednakowoż mieli przynajmniej związki z polskim ruchem piśmienniczym i nań oddziaływali, byłaby więc jakaś racya odległa oglądania się na nich.

Dziennikarska krytyka zarzuciła mi przeładowanie materyału, podawaniem tytułów dzieł których nie znajdzie w żadnej polskiej bibliotece. Dano mi lekcyą, że to nie należy do zadań bibliografii. Wypowiedziano zdanie, iż stało się źle, »że pracy nad dawnemi stuleciami nie okiełzano surową zasadą: iż to tylko wejdzie do bibliografii, co się znajdzie w bibliotekach, a wszelkie wskazówki, doniesienia, wiadomości, noty, złożą osobną całość, dla historyka literatury szacowną, ale nie mającą prawa wejść do książki, która z istoty swej i z przeznaczenia (?) inwentarzem tylko, ale koniecznie już inwentarzem być powinna (?!)«

Tak osobliwie ciasnego pojęcia bibliografii, jeszcze mi się nie zdarzyło napotkać. Wprawdzie wyraz bibliografia, znaczy opisywanie dzieł, ale przeż to nigdy bibliografia nie zacieśniała się w pojęcie katalogu bibliotecznego. — Czego krytyk chce, spełnia wyśmienicie T. Wierzbowski, ale jego i moje zadanie, są całkiem odmienne.

Nasze biblioteki nie dochowały ani trzeciej części dzieł drukiem wyszłych. Na nich więc poprzestać nie można. Aby skatalogować je, nie wystarcza na to choćby stoletnie życie. Chcąc opisać dzieła, trzeba każde i w każdej bibliotece mieć samemu w ręce. Ile bowiem jest katalogów bibliotecznych, choćby na pozór najstaranniejszych, tyle jest gromad błędów i sprzeczności, tak dalece, że je liczyć można nie na setki ale na dziesiątki tysięcy. — Trzeba zresztą znać wszystkie biblioteki i objechać wszystkie, aby ich zawartość spisać, a tego już i pracowitszy od krytyka bibliograf, choćby był niezależnym i miał nieograniczony czas do rozporządzenia, nie dokaże.

Gdyby ta robota fizycznie możliwą była, byłaby dla mnie o tyle wdzięczniejszą, że nie wymagałaby nieustannego stosowania krytyki do przedmiotu. W obecnej sytuacyi, ani się kto domyśli, że nie jedna wydrukowana szpalta Tomu XII-go wymagała tygodniowych poszukiwań i sprawdzań, zestawiań, docierania do źródeł, wywnioskowań, aż się ustalił tekst kilkunastowierszowy. Idąc za radą krytyki, mógłbym poprzestać na mechanicznem przepisywaniu tytułów. — Żałuję, że miałem pojęcie szersze o tem, czego potrzeba do stworzenia polskiej bibliografii. Dziś już za późno na poprawę, więc puszczam mimo uszu dawaną mi lekcyą, żem nie powinien stwarzać świątyni, bo nam wystarczać powinny baraki.

Uczyniono mi ostry zarzut, że do bibliografii wcieliłem muzykalia. To właśnie zasługą jest moją. Dotąd je odtrącano, a przecie to odrębna gałązka całego drzewa. Nie zauważono w dziele mem, że wyłączam wszelkie nuty bez tekstowe, lecz wymieniam tylko te muzyczne produkcye, które zawierają tekst drukowany. Dla tego to, musiały być pomieszczone pieśni Mickiewicza, Zaleskiego, Bartelsa, Reja, Trzecieskiego, Gomółki psałterz, arye Albertego, bo ze stanowiska bibliograficznego, miano wzgląd na tekst a nie na melodyą. Dobrze wiedzieć, którzy poeci nasi, i z jakiemi pieśniami, dostali się do świata tonów. To daje miarę wartości ich utworów i ich wpływu na kraj.

Żądano także odemnie (choć nie bezpośrednio) abym z wydanych tomów uformował systematykę bibliograficzną, dającą przegląd piśmiennictwa według działów naukowych. Dla czegóż koniecznie ja to mam uskuteczniać, skoro do ukończenia rozpoczętej publikacyi najmniej jeszcze lat trzydziestu potrzebuję. Tych przecie nie doczekam. Niechże się więc do systematyki ktoś młodszy zaprzęga. Nie można na jednego wkładać wszystkich ciężarów, bo z niemi nie postąpi, a kto rozpoczyna kilka rzeczy na raz, żadnej nie ukończy.

Sądzę, że wydrukowane zeszyty tego tomu, nie potrzebują objaśnień. — Starałem się dziełu mojemu nadać pewną łączność z innemi tego rodzaju publikacyami. Dla tego to wszędzie oznaczam pod jakim numerem zapisane są dzieła u Jochera. Tam często można bliższej zasięgnąć informacyi. Tak samo podaję numera z bardzo użytecznej pracy T. Wierzbowskiego, którego nie mogę naśladować w dokładności podawanych tytułów. Nie wyróżniam kreskami porządku wierszy w tytułach, nie zaznaczam wielkich liter dawanych w tekscie, bo ta chwalebna ścisłość w jego dziele, byłaby nie odpowiednią u mnie. — Każdy z nas inne sobie zaznaczył zadanie.

Źródła wymieniam w skróceniu, ale w sposób że łatwo jest tytuły ich odgadnąć. Tak samo biblioteki. Te biblioteki główniejsze w liczbie 31 są wymienione dokładniej w wydanej r. 1875. Bibliografii XV.—XVI. stulecia na str. XV. przedmowy niemieckiej.

Polującym na błędy korrektowe i nieuwagę kopistów, mogę z przyjemnością udzielić wiadomości, że już do wydanych zeszytów, zebrałem dotąd tak sporą ilość błędów, że mógłbym sam na siebie napisać krytykę wcale dosadnią, zarzucić sobie pośpiech, nieuwagę i brak wyższych zdolności. — Ktoby mnie pragnął w tem wyręczyć, chętnie mu udzielę materyału do popisu tanią erudycyą. Oczywiście że już i teraz nie braknie opuszczeń. Najpierw nie dostaje w właściwem miejscu dzieła Agryppy, świeżo wydanego przez Akademię, bo zanim wydobyto je z ukrycia, figurowało pod nazwiskiem (raczej imieniem) Korneliusza.

Nie dostają też druki wymienione w T. II. T. Wierzbowskiego N. 1129, Aristoteles. 1150, Accorombini. 1291, Andrea. 1492, Amatheri. 1618, Amatus. 1882, Abschrift der Missiven. — Dzieło to doszło za późno rąk moich, dla tego nie korzystałem początkowo z niego. Te braki świadczą tylko o trudności zgromadzenia wszystkiego, nawet, gdy poświęci się poszukiwaniom całe życie.

Dzieła znajdujące się w Bibliotece Jagiellońskiej figurują w naturze podczas korrekty. — Sam je sprawdzam z drukiem i sprawdza drugi raz syn mój Stanisław. Druk formy trwa tydzień, a jej korrekta drugi tydzień. Wraca ona do naszych rąk nieraz po cztery, po pięć razy — a jednak jeszcze wiele przypadnie prostować.

Oddaję dzieło moje do użytku tej garsteczce prenumeratorów którzy wytrwali wraz zemną. — Liczymy więcej niż dwieście księgarń polskich i więcej niż sto bibliotek publicznych i prywatnych, mimo tego, smutna rzecz, jest prenumeratorów na dzieło wydawane dla księgarzy i bibliotek okrągła liczba 72 to jest u Gebetnera w Warszawie 42, a u Friedleina 30. — Pokrywają oni zaledwie koszt papieru i introligatora. Za to drugie tyle egzemplarzy gratis się rozchodzi. Choć co roku zbiegowstwo coraz jest liczniejsze, druk pięciuset egzemplarzy wytrwale dalej posuwać się będzie.

Spis prenumeratorów.

I. w księgarni Gebetnera i Wolffa w Warszawie.

Egz.

1. M. Arct księgarz w Warszawie . 1
2. Dr. Baranowski, Warszawa . 1
3. Bersohn M., Warszawa . . . 1
4. Bernstein Ignacy, Warszawa . 1
   (przez księgarnię E. Wende).
5. Boniecki Adam, Świdno . . 1
   (przez księgarnię E. Wende).
6. Baudouin de Courtenay, Dorpat 1
   (przez księgarnię E. Wende).
7. Biblioteka Hr. Krasińskich, Warszawa 1
8. Biblioteka Hr. Zamoyskich, Warszawa 3
9. Bloch Jan, Warszawa . . 1
10. Czetwertyński Ks. Włodzimierz, Warszawa 1
11. Dr. Dobrski K., Warszawa . 1
12. Dobrzyjałowski, Warszawa . 1
13. Gebethner i Wolff, Warszawa 1
14. Górski Konstanty, Warszawa . 1
15. Hösick Ferd. księgarnia, Warsz. 1
16. Idzikowski K. księg., Kijów . 2
17. Kempner, księgarnia, Płock . 1
18. Koreywo Bol., księg. Kijów . 2
19. Hr. Krasicki Ksaw. w Skurczu 1
20. Kraszewski Kajet. w Romanowie 1
    (przez księgarnię M. Orgelbranda).
21. Kraushar Al., mecenas, Warsz. 1

Egz.

22. Lang, księgarnia, Moskwa . . 2
23. Małkowski Konst., senator, Petersburg 1
24. Morawska K., Warszawa . . 1
25. Moszyński Antoni ks. prałat w Lubieszowie 1
    (przez księgarnię M. Orgelbranda).
26. Orgelbrand M. księgarnia, Warsz. 1
27. Pawiński Ad. Warszawa . . 1
28. Prószyński Konrad, Warszawa 1
29. Hr. Potocka Augustowa, Warsz. 1
30. Hr. Przezdziecki Gustaw, Warsz. 1
31. Hr. Przezdziecki Konst., Warsz. 1
32. Red. Biblioteki Warszawskiej, Warszawa 1
33. Dr. Rolle Józ. Kam. Podolski . 1
34. Książe Sanguszko Rom., Sławuta 1
35. Spasowicz Włodz., Petersburg . 1
36. Świeżawski, Łykoszyn . . . 1
37. Świętochowski Aleks., redaktor, Warszawa 1
38. Szczepankiewicz B., księgarnia, Kalisz 1
39. Tłuchowski Fr., Kruteńkoje . 1
    (przez księgarnię Sennewalda).
40. Trübner et Comp., London . . 1
41. Wiślicki Adam, redaktor, Warsz. 1
42. Wolański Adam, w Rudce . . 1

II. w księgarni D. E. Friedleina w Krakowie.

1. Akademische Buchhandlung w Göttyndze 1
2. Arnoldische Buchhandlung w Dreznie 1
3. Ascher et Comp. Buchhandlung, w Berlinie 3
4. Bartynowski Wład. w Krakowie 1
5. Biblioteka ks. Czartoryskich Kraków 1

6. Bibliot. hr. Branickich, Sucha 1
7. Clemm's Buchhandlung w Gent 1
8. Friedlein D. E., Kraków . . 2
9. Gerold et Comp. w Wiedniu . 1
10. Gimnazyum Św. Anny w Krakowie 1
11. Gimnazyum w Wadowicach . 1
12. Gubrynowicz i Schmidt, księgarz, Lwów 8

	Egz.			Egz.
13. Jabłoński, dyrektor seminar. w Krakowie	1	23.	Seyfarth et Czajkowski, księg. Lwów	5
14. Jakubowski J. K., Nowy Sącz	1	24.	Starzyk Paweł, księg. Lwów	1
15. Jolowicz J. księg., Poznań	3	25.	Straszewski M., prof., Kraków	1
16. Koehler, księg. sortym. w Lipsku	2	26.	Szlachtowski Feliks dr., przyzdent, Kraków	1
17. Leuschner Lubensky w Gratzu	1			
18. Milikowski, księg., Lwów	4	27.	Tarnowski hr. Stanisław, prof. prezes Akad., Kraków	1
19. Pawlikowski Mieczysł. Kraków	1			
20. Pelar J. A., Rzeszów	1	28.	Twardowski B., księg., Poznań	1
21. Potocki hr. Artur, Kraków	1	29.	Voss Sortiment w Lipsku	1
22. Pusłowski hr. Zygmunt, Kraków	1	30.	Wyższa Szkoła Przemysłowa Kraków	1

Zestawienie według miejscowości:

Było w r. 1891 prenumeratorów w kraju: W Warszawie 26, we Lwowie 18, Krakowie 13, Poznaniu 4, Kaliszu 1, Rzeszowie 1, Wadowicach 1, Płocku 1, Kamieńcu 1, Romanowie 1, Skurczu 1, Rudce 1, Suchej 1, Nowym Sączu 1, Lubieszowie 1, Sławucie 1, Łykoszynie 1, w Świdnie 1. Razem 75 egzemplarzy.

Za granicą: W Kijowie 4, w Moskwie 2, Petersburgu 2, Dorpacie 1, Kruteńkoje 1, Londynie 1, Gettyndze 1, Dreznie 1, Berlinie 3, Gent 1, Wiedniu 1, w Lipsku 3, w Gratzu 1. Razem 22 egzemplarzy.

Różnica z prenumeratą, w r. 1870 (w T. I. Bibliografii podana) zachodzi ta, że ówczas prenumerowano egzemplarzy: W Krakowie 37, w Galicyi 35 (Lwów 25), w Poznańskiem 13, na Szląsku 1, w Królestwie Polskiem 108, za granicą 6.

W ciągu więc lat dwudziestu przybyło za granicą dwie trzecie prenumeratorów, a za to blisko dwie trzecie ubyło w kraju.

Wykaz Gebetnera podaje 16 prenumeratorów, którzy utrzymali się od początku wydawnictwa, wykaz D. E. Friedleina podaje 13. Razem 29. Że zaś pierwotnie było 137 prenumeratorów na 200 egzemplarzy, ubyło zatem przez czas prenumeraty 108 przedpłacicieli.

Między prenumeratorami figuruje: szesnaście księgarń polskich, i trzy Redakcye czasopismów polskich, jakoto: *Biblioteki Warszawskiej*, *Prawdy* i *Przeglądu tygodniowego*.

Der angefangene zwölfte Band der Bibliographie umfasst ein neues Feld und erforderte eine abweichende Bearbeitung.

Die ersten sieben Bände, welche 411 Druckbogen enthalten, umfassen in alphabetischer Ordnung bis z. J. 1882 alle polnischen schriftstellerischen Werke des XIX. Jahrh. Das folgende Jahrzehnt liegt bereits druckfertig da; indessen wird sich wohl kaum so bald ein Buchhändler bereit finden, es zu verlegen, obschon es gerade für diesen ein unentbehrliches Hilfsmittel sein dürfte. — Ich selbst habe es nicht so eilig, die letzten Zeiten im Druck erscheinen zu lassen. — Bei diesem Theile war es nicht nöthig, Forschungen anzustellen. Es genügte, die Kataloge der Buchhändler und Bibliotheken zu erschöpfen, das Material systematisch zu ordnen und das Werk mit entsprechenden Verweisungszeichen zu versehen. Eine Arbeit, die viel Mühe, noch mehr Fleiss, aber sehr wenig kritischen Sinn erforderte. Bezahlte Abschreiber hatten dabei viel zu thun, während der Verfasser darauf angewiesen war, die Fehler des Copisten zu corrigieren, die Identität der Titel zu verificieren und für die entsprechende Vertheilung der Verweisungszeichen Sorge zu tragen.

Diese überwiegend mechanische Arbeit hat das Verdienst, dass sie mit Verwerfung fremder Irrthümer correct und mit Umsicht durchgeführt und möglichst alles, was im Druck erschienen ist, geordnet wurde.

Die folgenden vier Bände (B. VIII—XI), welche 177 Druckbogen enthalten, basieren bereits auf einem den Forscher fesselnden Material, besonders B. VIII, IX und XI, die das XV, XVI, XVII und XVIII Jahrh. in chronologischer Ordnung zusammenstellen. Bevor natürlich eine solche Zusammenstellung möglich wurde, musste das ganze Manuscript kritisch vorbereitet werden, um dem Einschleichen irrthümlicher Titel und Daten in die Chronologie vorzubeugen. Trotz dieser Vorsicht war es mir unmöglich, in dieser Hinsicht viele Irrthümer zu vermeiden. Schon das chronologische Abschreiben aus dem alphabetischen Manuscript war eine rein mechanische Arbeit, bei der abermals die Hilfe bezahlter Abschreiber in Anspruch genommen werden musste. Dankbar erkenne ich an dieser Stelle das Verdienst derjenigen Herrn an, die mir dabei von freien Stücken geholfen haben.

Diese eben erwähnte Arbeit musste der Verfasser eingehend prüfen, stellenweise ganz umändern, oft vervollständigen, da er bei den Abschreibern eine Kenntnis der Aufgabe, welche der Bibliograph zu lösen hat, weder voraussetzen noch eine solche von ihnen verlangen konnte.

Es wäre gewiss besser gewesen, wenn der Verfasser, um für die Genauigkeit seines Werkes eine grössere Garantie leisten zu können, ohne Copisten gearbeitet hätte. Der Umfang des Werkes jedoch überstieg die Kräfte einer einzelnen Person. Man vergegenwärtige sich nur, dass diese ersten drei Hefte des XII. Bandes, die kaum bis zu den Buchstaben Ba reichen und die 26 Druckbogen enthalten, im Manuscript 800 Blätter in folio eingenommen haben, und dass noch 20.000 solcher Blätter druckfertig daliegen. — Abgesehen davon, blieb noch mehr als einmal so viel Material, welches ausgeschieden werden musste, im Manuscript zurück. Denn als von vielen sowohl öffentlichen als privaten Bibliotheken, von zuvorkommenden und mir geneigten Männern das verschiedenste Material und die mannigfaltigsten Andeutungen gleichsam herbeiströmten, da musste dies alles verglichen, alle Widersprüche berichtigt, und was überflüssig erschien, ausgeschieden werden.

So entstanden zwei Theile der Bibliographie. Der zweite Theil, der den chronologischen Auszug enthält, enstand vielleicht zu früh. Systematisch vorgehend wäre es richtiger gewesen, nach der Herausgabe einer alphabetischen Bibliographie des XIX. Jahrh. vorerst den Druck eines alphabetischen Kataloges der Schriftwerke anderer Jahrhunderte vorzunehmen, um erst nach Vollendung des Ganzen ein einheitliches chronologisches Ganze zu schaffen.

Einen solchen Plan hatte ich ursprünglich gefasst, indessen führte ich ihn nicht aus, da unsere Historiker, die in der polnischen Literatur keine geordneten geschichtlichen Quellen besitzen, die Früchte meiner Arbeit möglichst bald zu verwerten wünschten. Als ich sah, mit welchem Vergnügen der verstorbene Universitätsprofessor und Generalsecretär der Academie der Wissenschaften Joseph Szujski trotz seiner langwierigen Krankheit aus meinem Manuscript, welches die Schriftwerke des XVI. Jahrh. umfasste, einen skizzenhaften chronologischen Auszug für sich zusammenstellte, da nahm ich mir vor, ein systematisches chronologisches Verzeichniss des XVI. Jahrh. zu verfassen und führte den Gedanken aus. Dies hatte eine solche Anhäufung des Materials zur Folge, dass, während der Auszug Szujski's vielleicht zwei Druckbogen gefüllt hätte, mein Werk zu 19 Bogen anwuchs. Das Erscheinen dieses Verzeichnisses war, vom wissenschaftlichen Standpunkte aus betrachtet ein übereiltes, da das ganze Material nicht erschöpft wurde. Es wuchs im Laufe der weiteren bibliographischen Arbeit so sehr an, dass 1882 eine zweite ergänzte Auflage dieses chronologischen Verzeichnisses im VIII. Bande der Bibliographie erschien und 1890 weitere Ergänzungen im XI. Bande folgen mussten. Bei dem unaufhörlichen Anwachsen des Materials wird noch eine dritte Auflage erscheinen müssen.

Diese Uebereilung hatte zur Folge, dass die ausländischen Antiquare, welche nur mit der 1875 zum ersten Mal erschienenen Ausgabe des XV. und XVI. Jahrh. versehen sind, ihre ganze Kenntnis von der polnischen Literatur lediglich aus dieser schöpfen. Aus dieser also, verificieren sie ihr Material und sobald sie irgend ein Werk in der Chronologie vermissen, so setzen sie auf dasselbe einen ganz besonders hohen antiquarischen Preis und berufen sich darauf, dass Estreicher dieses Werk nicht kenne. Dieser Zusatz ist fast immer falsch, denn sollte dieses Werk auch in meiner Chronologie vom Jahre 1875 nicht zu finden sein, so wird es von mir unbedingt im VIII. oder XI. Bande erwähnt.

Obwohl diese übereilte Bekanntmachung der Chronologie der verflossenen Jahrhunderte nicht sehr entsprechend ist, so ist sie doch für die Forscher der polnischen Literatur, die andernfalls noch 30 Jahre auf eine vollständige alphabetische Bibliographie warten müssten, höchst vortheilhaft. Jene abgerissenen Andeutungen, die in der Chronologie des XV, XVI, XVII und XVIII Jahrh.

enthalten sind, dürften trotz ihrer Unzulänglichkeit jedem, der sich in dem literarischen Leben des polnischen Volkes genau orientieren will, genügen. Dieser practische Vortheil möge ein Grund sein, mir jene fortwährenden Ergänzungen und Anhänge zur Chronologie zu verzeihen, da sie die Folge einer übereilten Anlage und Herausgabe dieses Theiles der Bibliographie waren.

Nachdem ich also auf diese Weise den Wünschen meiner Collegen, Freunde und Mitarbeiter nachgegeben und mir schmeichle, ihnen eine Gefälligkeit erwiesen zu haben, kehre ich zu meinem ursprünglich unterbrochenen Plane zurück und continuiere die alphabetische Bibliographie der verflossenen Jahrhunderte. Sie bildet den dritten Theil des Werkes.

In diesem Theile ist die Arbeit überwiegend eine geistige; denn es handelte sich dabei nicht um eine blosse Zusammenstellung der dem Verfasser zugänglichen Schriftwerke, sondern um die Beschreibung derselben. Nur einen geringen Theil derselben konnte er in Augenschein nehmen, bei der Beschreibung des Restes musste er auf Katalogen und auf widersprechenden, unsicheren und verwirrten Quellen fussen. In den polnischen Bibliotheken hat sich kaum ein Theil der bis zum XVIII. Jhrhd. in Polen erschienenen Werke erhalten. Kein Wunder, dass man von Schriftwerken fabelt, die nicht existieren, schlecht beschrieben und mit unrichtigen Daten und Titeln versehen sind.

Um der Bibliographie einen möglichst getreuen Inhalt zu geben, war es unbedingt nothwendig, das geringste Detail einer scharfen Kritik zu unterwerfen, um das Wahre von dem Sagenhaften auszuscheiden. — Ein aufmerksamer Arbeiter, der den XII. Band der Bibliographie durchblättert, wird leicht gewahr werden, dass der Verfasser den Stoff sehr oft in laconisch abgefassten Monographien vorführt. Der Rahmen ist so angepasst, dass ein späterer Forscher aus demselben mit Leichtigkeit das Material zu weiteren Studien entnehmen kann. — Letzteres bezwecken auch die inhaltreichen Anmerkungen über den Inhalt der Werke und die Angaben der wichtigsten Quellen mitsammt den Bibliotheken.

Bei der Anfertigung dieses Theiles waren die Abschreiber bereits überflüssig, das geringste Detail musste vom Verfasser selbst bearbeitet werden und da diese Details ins Unendliche gehen, so war die Arbeit in kritischer Hinsicht eine ungeheure. Aus diesem Grunde kann das Werk weder so schnell im Druck erscheinen noch die Genauigkeit so weit getrieben werden wie bei der Bearbeitung des XIX. Jahrh.

Etwaige Ungenauigkeiten indessen möge niemand einer Uebereilung meinerseits zuschreiben, sondern der Eigenthümlichkeit der fortschreitenden Arbeit. Es ist etwas Anderes, ein oder zwei Jahre hindurch die lose Monographie eines einzelnen Schriftstellers zu schreiben, als stets an hunderttausende zu denken und sie im Auge zu behalten. Die Musterung einer Armee, die man kaum mit einem Fernglas übersehen kann, ist weit schwieriger als die Musterung einer Compagnie, die man leicht mit dem Auge überfliegt.

Wer von diesem erhabenen Standpunkte aus die ungewöhnlichen Dimensionen überschaut, kann sich nicht wundern, dass hier ein Knopf fehlt und dort wieder eine Patronentasche vorschriftswidrig angebracht ist. Anders kann es nicht sein, das ungeheure Ganze lässt die Details verschwinden. Sollte mir trotzdem jemand den Vorwurf machen, die Correctur sei nachlässig, so möge mich mein Werk selbst entschuldigen, da die Art seiner Entstehung eine genaue Correctur erschwert.

Ich fühle mich verpflichtet, den Vorwurf zurückzuweisen, dass ich die von unseren Bibliotheken überlieferten und in Polen erschienenen hebräischen Druckschriften nicht berücksichtige, andererseits aber solche Schriftwerke in meine Bibliographie aufnehme, die sich nicht erhalten haben.

Die hebräischen Schriftwerke sind für uns nur insofern von Interesse, als sie mit unserer Geschichte zusammenhängen oder Polen gewidmet sind. Es gibt deren nur sehr wenige und sie werden von mir angeführt. Der Rest besteht aus religiösen Schriften, die vielleicht für Israeliten sehr wichtig sind, mit der polnischen Cultur jedoch in keinem Zusammenhange stehen. Wer Lust hat, sie kennen zu lernen, findet sie in der sehr ausführlichen Sammlung von Fürst (Bibl. B. I—III).

Ich führe selbst diese wenigen nur ungern an und thue es hauptsächlich deswegen, weil Jocher, den ich in meinem Werke überall citiere, sie in seiner Bibliographie berücksicht. Sonst hätte ich mich schwerlich dazu verstanden.

Weniger fremd erscheinen uns die von Deutschen herausgegebenen schlesischen, elbinger, danziger und königsberger Schriften. Ich führe nicht alle an und berücksichtige sie nur, weil meine Vorgänger ihre Verfasser unter die polnischen Schriftsteller aufgenommen haben. Wahrscheinlich sprachen viele von ihnen nicht einmal polnisch und blieben als Unterthanen der Republik im Geiste Deutsche. Aber sie standen doch wenigstens mit der literarischen Bewegung in Polen in einer gewissen Verbindung und übten auf dieselbe einen gewissen Einfluss aus. So wäre wenigstens ein allerdings schwacher Grund vorhanden, auf sie Rücksicht zu nehmen.

Der Vorwurf dass ich in meine Bibliographie Schriften aufnehme, die sich in den polnischen Bibliotheken nicht erhalten haben, ist mir unverständlich.

Da unsere Bibliotheken kaum den dritten Theil der im Druck erschienenen Werke überliefert haben, so ist es unmöglich, es bei diesen bewenden zu lassen. Wollte man einen Katalog derselben abfassen, so würde man dazu mindestens hundert Jahre brauchen. Um die Werke einzeln zu beschreiben, muss man jedes in jeder Bibliothek in der Hand gehabt haben. Denn in den zahlreichen Katalogen der verschiedenen Bibliotheken findet man trotz aller Genauigkeit tausendfältige Fehler und Widersprüche. — Uebrigens müsste man alle Bibliotheken kennen und alle besuchen, um alles, was sie enthalten, zu verzeichnen; dies aber würde selbst der fleissigste Bibliograph, sollte er auch sein eigener Herr sein und sollte ihm auch noch so viel Zeit zur Verfügung stehen, nicht zu Stande bringen.

Wäre ein solches Vorgehen für den Körper nicht zu aufreibend, so würde die Arbeit um vieles dankbarer sein, da ich der Verpflichtung enthoben wäre, unaufhörlich den kritischen Masstab an dieselbe anzulegen. Wie sehr sie aber durch das gegenwärtige Verfahren erschwert wird, dürfte wohl kaum jemand vermuthen. Ich musste oft wochenlang forschen, untersuchen, vergleichen, bis zu den Quellen dringen und folgern, um eine einzige Spalte im XII. Band drucken und wenigen Zeilen eine bestimmte Form geben zu können. Vielleicht wäre es bequemer gewesen, dem wohlgemeinten Rathe der Kritik zu folgen und bei einem mechanischen Abschreiben der Titel stehen zu bleiben. — Es thut mir wirklich sehr leid, dass ich von meiner Aufgabe, eine polnische Bibliographie zu schaffen, einen allzuhohen Begriff hatte. Da es jetzt bereits zu spät ist, den mir bezeichneten Weg zu betreten, so muss ich die mir ertheilte Belehrung, ich dürfte dort keinen Tempel bauen, wo uns einfache Baraken genügen könnten, leider in den Wind schlagen.

Man hat mir einen scharfen Vorwurf daraus gemacht, dass ich auch Musicalia in meine Bibliographie einverleibt habe. Darin besteht ja aber gerade mein Verdienst. Man übergieng sie stets, obwohl sie trotz ihrer Unscheinbarkeit ein besonderer Zweig des ganzen Baumes sind. Man beachtete nicht, dass ich aus-schliesslich nur diejenigen musikalischen Erzeugnisse anführe, denen ein ge-druckter Text zu Grunde liegt. Deswegen musste ich sowohl den Liedern eines Mickiewicz, eines Zaleski, eines Bartels, eines Rej und eines Trzecieski als auch dem Psalter Gomółka's und den Arien Albertis in meinem Werke eine Stelle anweisen; denn vom bibliographischen Standpunkte aus war jedenfalls der Text, keineswegs aber die Melodie zu berücksichtigen. Es schadet doch wohl nicht zu erfahren, in welchen von ihren Liedern unsere Dichter auch im Reiche der Töne weiterleben. Dies ist massgebend für den Wert ihrer Werke und bestimmt ihren Einfluss auf das Land.

Die vorliegenden Hefte dieses Bandes brauche ich meiner Ansicht nach nicht zu erläutern. — Ich habe mich beflissen, mein Werk mit anderen ähnlichen Publicationen in einer gewissen Verbindung zu erhalten. Deswegen citiere ich überall die Nummern, unter denen die betreffenden Schriften in Adam Jochers Bibliographischem Bilde der Literatur in Polen, Wilno 1840, B. I—III aufge-nommen sind. Man kann sich daselbst oft genauer informieren. Ebenso citiere ich die Nummern aus der sehr nützlichen Arbeit J. Wierzbowski's, Bibl. polon. Varsov. 1890—91 B. I—II; ich kann ihn mir, was Genauigkeit bei der Angabe der Titel anbetrifft, nicht zum Vorbilde nehmen. Die Ordnung, in welcher die Zeilen eines Titels aufeinanderfolgen, markiere ich nicht durch Striche, grosse Anfangsbuchstaben, wenn sie im Text vorhanden sind, berücksichtige ich nicht, da diese lobenswerte Genauigkeit in seinem Werke mich nicht binden darf. Ich habe mir ein anderes Ziel gesteckt.

Die Quellen führe ich in Abkürzungen an, doch ist es leicht, stets den vollständigen Titel zu errathen. Ebenso die Bibliotheken. Die wichtigeren polni-schen Bibliotheken, 31 an der Zahl, sind in der deutschen Vorrede zu der 1875 erschienenen Bibliographie des XV. Jahrh. auf Seite XV genauer aufgezählt.

Die Werke, welche die Jagielonische Bibliothek enthält, stehen mir wäh-rend der Correctur stets zur Verfügung. Ich vergleiche sie selbst mit dem Druck und es vergleicht sie ein zweites Mal mein Sohn Stanislaus. Der Abdruck einer Form dauert eine Woche, ebenso die Correctur derselben. Sie kehrt oft vier- ja fünfmal zu uns zurück — und doch ist noch viel daran zu berichtigen.

Ich übergebe das Werk den wenigen Pränumeranten, die mir noch treu geblieben sind. — Obwohl über zweihundert polnische Buchhandlungen und mehr als hundert öffentliche und private Bibliotheken existieren, so beläuft sich doch die Anzahl der Pränumeranten auf ein Werk, das eigens für Buch-händler und Bibliotheken herausgegeben wird, nur auf 72, von denen 42 bei Gebetner in Warschau und 30 bei Friedlein in Krakau pränumerieren. — Sie decken kaum die Ausgaben für das Papier und den Buchbinder. Die laue Auf-nahme indessen, die das Werk erfährt, soll den weiteren Druck von 500 Exemplaren nicht unterbrechen.

A.

A. ***** Zasady moralne i myśli różne, dla ludu do zrozumienia łatwe, z francuzkiego na polski ięzyk przetłumaczone, przez —. W Poznaniu, w drukarni Deckera i kompanii. Roku 1799, w 16-ce, str. 184. *Akad.*

A. D. S. l. ob. Phrases (1723).

A. G. jezuita ob. Associatio (1726) — Mors (1675).

A. K. S. L. W. K. ob. Bielińska wojewodzina Chełmińska (1763).

A. M. ob. Bogarodzica (1776).

A. M. C. Viris theologis carmine applaudit ob. Viris (1870).

A, B, C, ou instruction des Chrétiens, françois et allemand. Vars. chez Michel Gröll. 1774. w 8ce.

ABC (Neueingerichtetes) Buchstabir und Lesebüchlein zum Gebrauche besonders der Oberschlesischen Schulen Polnisch und Deutsch verfasset. — Nowo-zebrane Obiecadło do sylabizowania y czytania dla potrzeby osobliwie Górnego Śląska szkoł po polsku y po niemiecku wyprawione. — Sagan, im Verlage der katholischen Trivialschule. Mit allergnädigsten Privilegio. Gedruckt bey Johann Christoph Lauhen. B. r. (1775) w 8-ce, str. 95.

A. B. C. oder Namenbüchlein zum Gebrauche der Stadtschulen in den königl. Staaten — kostet ungebunden 4 Kreutzer. Lemberg gedr. und zu haben im Verlagsgewölbe bei Thomas Piller erzbischofl. Buchdrucker. 1785. w 8ce, str. 64. *Ossol.*

— zum Gebrauche der Stadtschulen in den kais. köngl. Staaten — kostet gebunden 7 Kreutzer. Lemberg gedr. zu haben im Verlagsgewölbe bei Thomas

Piller Normalschulinstituts Buchdr. 1789. w 8ce, str. 64. *Ossol.*

A. O. ob. Compendium (b. r.) — Memoryał (1672) (1763) — Torzewski Józef (Rozmowa o sztukach 1785).

A. S. C. R. L. F. ob. Augustinus Aurelius (1715).

A. T. ob. Venda reine de Pologne (1705).

A. V. ob. Oratio (1572).

A. W. v. ob. Rozmowa (b. r.) — Zebrzydowski (Gratulatio 1608).

Aanspraak aan die protestansse Mogentheden tot bescherming van bunne onderdrukte Geloof. genotenin Polen. Amsterdam.

Aantekeningen ob. Crelius J. (1688, 1691) — Wolzogen J. L. (1668).

AARON rabin z Kazimierza. Sephir hemissoth. (Talmud). Kraków, druk Helicza, 1541.

Helicz przechrzta wydał Das Neue Testament r. 1540. — Czacki II. 33. — Jocher 8031. — Bandt. H. Dr. Krakowa 366—9.

ABANO (Petrus de). Libellus de venenis mineralibus (uegetabilibus) animalibus et quolibet ente sub solari globo ceptis, per uenerabilem virum Wilhelmum de Haldenhoff de Thorn artium et medicinae doctorem magni magistri Pruszie, divi ordinis Theutonicorum phisicum emendatum. In opido Liptzensi 1498.

— Toż, tamże, 1500.

Freytag Appar. II. p. 919. — Boerner Noct. Guelf. str. 191. — Tamże str. 1. Suppl. Tom I.

ABARNEL. Kitsur Abarbanel al Pirke Avot. Compendium Abarbanelis in capita Patrum, sive textus Pirke Avot et in hunc commentarii D. Isaaei Abarnelis in compendium redacti a R. Jacob filio Eliakim Heilperon. (Po hebr.) Lublini 1604. w 4ce.

Joch. 8071.

1

(Abauer Joh. Georgius). Intimatio funeris quo generosus ac maxime strenuus Dn. Johannes Georgius Abauer effertur. Regiomonti, Rachner. 1659. fol.

Czartor.

Abbas ob. Borzkowski Jan Filip (Abbas Poloniae 1728) — Szczygielski (De Abb. 1664 i Ser. et. not. abb. trocens. 1668) — Veredarius Paciferus (Nova et vet. liberas 1728).

Abbatia ob. Santinius Vincentius (Reflexiones 1723).

Abbatus ob. Komorowski Christophorus (1648).

Abbildung (Eigendliche) der hiebey gefügten Haupt-Schlacht in Kupfer gestochen, nebenst einer ausführlichen Beschreibung der Eroberung des Türkischen Lagers bey Chocim, welches mit Göttlichem Beystand die Königl. Polnische und Littauische Armeen wider den Erb-Feind des Christlichen Nahmen glücklich am Tage Martini, war der 11 des Wintermonats im Jahr Christi 1673. Bez m. d. 1671. w 4ce, k. nlb. 4.

Krasiński.

— (Eigentliche) dess Frucht- und Baum verderblichen Unge-Ziffers welches hin und wieder in dem Königreich Polen mit grossen und die Lufft offt gantz verduncklenden Häuffen gesehen wird. Sehet die Heuschrecken-Brut, mit bussvollem Schrecken an; Weil Gott, durch ein kleines Thier grosse Sünden straffen kann. 1690. Ćwiartka mała.

Na tytule drzeworyt wyobraża szarańczę. Wrocławs.

— der offenen Taffel, woran beyderseits königl. Majestäten nebenst einigen der Hohen Ministris bey der nach geschlossenem erwünschten Frieden ersten Zusammenkunft Abends gespeiset in dem königl. Schwedischen Haupt-Quartier. Alt-Ramstädt d. 7/17 Decemb. 1706. fol.

— des Leibes ob. Karol XII (1706).

— aller geistlichen u. weltlichen Orden nebst einer kurzen Geschichte derselben. 32. Heft zawiera: Orden vom weissen Adler in Polen z 1. miedzior. Mannh. 1787. 4to.

Abbreviaturae ob. Tractatus preclarus (b. r.) — Zaborowski Stanisław (Praeclarus b. r.).

Abdalomin wieśniak, tragedya drammatyczna grana przez szlachetną młodzież szkół kieleckich w dniach czerwca r. 1799. w 8ce.

Porównaj Le Iay (1754).

Abdankungs Predigten ob. Gnospius J. (1680).

Abdankungs-Rede als Cath. Renfftelin funeriret worden ob. Klepperbein (Vertraugott 1689).

— bey Beisetzung des Gust. Helmfeld ob. Neunachbar Joh. (1674).

Abdruck (Warhafftiger) der Missiven, welche zwischen des Königreichs Schweden und Polen, und des Grossfürstenthumbs Littowen Räthe, wie ingleichem zwischen beyder Reiche Commissarien, so auff die Friedshandlung verordnet gewesen, im nechst verlauffenen Jahre MDCVIII gewechselt seyn, nebenst der schwedischen Commissarien Protestation, wie dann auch K. Mayt. zu Schweden, den 18. Jul. Anno 1609. aussgegangenem Mandat, die Rigische Sigellation betreffende. Gedruckt durch Christoff Reusner. Anno 1609. 4o sygn. Aij-Fiij.

— Toż. Stockholm. And. Gutterwitz 1609. w 4ce, ark. sig. D4.

Porówn. Karol IX (1608). Jagiell.

— dess Crakawischen Accordes. Im Jahre 1657. (Breslau). 4to. kart 8.

Ossol. — Branic. — Czart.

— d. Crak. Accords. Geschehen vor Crackau den 14/24 Augusti 1657. Bresslaw, in dem Jonischen Buchladen anzutreffen. 4to. C2.

Między Melchiorem hr. Hatzfeld feldmarszałkiem austr. a generał-majorem i gubernatorem m. Krakowa Pawłem Würtz Szwedem. Przeźdz.

— 2 Schreiben der Kays. M. an den Fürsten Lubomirssky u. Graf Kinssky, damit denen Tartern der begehrte Durchzug durch Pohlen in Schlesien einzubrechen nicht verstattet werde. Bresslaw 1664. 4to.

— der Briefen 1668. ob. Glagovius Mich.

— Ihrer Königl. Mayest. in Polen Universalien. Betreffende das Allgemeine Auffbot. Breszlau. B. w. r. 4to.

— der Königlichen an die Woyewodschaften abgelassenen Universalien und dritten Auffbots. Darinnen ihnen zugleich die Uebergabe der Vestung Kamieniec Podolski zu wissen gethan wird. Aus dem Latein ins deutsche übersetzet. Gedruckt im J. 1672. Bez wyr. m. 4to, str. 4.

— desjenigen Schreibens, welches der Litthauische Feldherr an den Schwedischen Generalissimum in Lieffland abgehen lassen, den begehrten Durchmarsch der Schwedischen Armee nach Preussen betreffende. Anno 1678, w 4ce. 4 k.   Wrocł.

— einiger glaubwürdigen Schreiben von hoher Hand, aus dem Königreich Polen, von glücklichen Sieg der Polnischen Waffen wider die Türcken und Tartarn erhalten, im Monat October Ao 1686. Gedruckt im Monat November An. 1686. w 4ce, A₄.

— zweener poet. Briefe an Ihro Kgl. Majestät in Pohlen. 1724. 4to.

— des Schreibens 1724. ob. Fryderyk Wilhelm.

— eines Schreibens wegen der Thornschen Sache. 1725. 4to.

— des Schreibens Sr. König. Maj. in Preussen etc. an Ihro Russ. Kais. Maj. wie auch an Ihre König. Maj. in Dänemark, ingleichen Kön. Maj. in Schweden u. Kön. Maj. in Pohlen wegen der Thornischen Sache, auch wegen der also genannten Dissidenten in Pohlen. A. 1725. B. w. m. w 4ce. K. niel. 8.   Jagiell.

— an Ihre Russ. Kays. Maj. wegen der Thornschen Sache. 1725. 4to.

— zweyer Königlich-Preussischer Schreiben von 1724. die Thornische Affaire betreffend. B. w. m. 1725. 4to. 4 karty.

— des Briefes 1724— 1725. ob. Gdańsk.

— des Schreibens, welches an Sr. Chur Fürstl. Durchl. zu Brandenburg

die Stände der Hertzogthumbs Preussen zu der Zeit übergeben als Ihre Königl. Maytt. zu Schweden in das Hertzogthumb Preussen angelanget, und mit Dero, wie auch der Pohlnischen Quartianer Armee, umb die Stadt Königsberg sich gelegert. A. 1756. 4to.

Abdulganus ob. Dauksza Wład.

Abdykacya ob. Akt (1795).

Abecadarium vitae spirit. ob. Adamowicz Chr. (1720) — Biernacki Eleut. (1648).

Abecadło niemieckie. Wilno, druk. Akadem. 1773.

— panieńskie dla kawalera chcącego się ożenić. B. r. i m., w 8ce, 8 str. Na drugich 4 stronach jest: Abecadło kawalerskie dla panny chcącej iść za mąż.

— panieńskie i kawalerskie. Łowicz.

— polskie. Gdańsk. Fr. Rhode 1528. Olof. poln. Lieder. 469. — Bandt. Historya d. kr. pol. I, 84.

— ob. A. B. C. — Elementarz. — Jarzmo (1784) — Obiecadło (Nowo zebrane 1775) — Wysocki Adam (Język 1769).

ABEILLARD Piotr (* 1080 r. † 1142 r.) ob. Heloiza — Pope Alex. (1795) — Węgierski T. Kaj. (Listy Heloizy). Pawlicki S. w Bibl. Warsz. 1867 r. — Kaszewski Kazimierz w Bibl. Warsz. 1867 r.

Abel ob. Metastazy (1783).

ABEL Kasper z Hindenburg w Marchii (1676 r., † 1763 r.). Fortgesetzte vermehrte und verbesserte preussische und brandenburgische Reichs- u. Staatsgeographie, worinnen nebst vielen Zusätzen, Anmerkungen und Erläuterungen, vornehmlich die Reiche und Länder Preussen und Schlesien ausführlicher und gründlicher beschrieben, anbey auch von den Bischöffen von Culm und Ermland im polnischen Preussen, ingleichen von den Hertzogen von Mecklenburg und Curland, und von vielen vornehmen gräflichen, freyherrlichen und hochadelichen Geschlechtern in den preussischen Landen eine kurtze Nachricht gegeben, und zuletzt einige Schlesien betreffende Documenta und Friedens — Schlüsse mit angehänget worden. Leipzig und Gardelaben 1747. w 8ce, stron 32 i 462, na końcu 18 str. niel.

Obacz: Adlung. Fortsetzung zu Jöcher's Allg. Lexicon. — Meusels Lexikon der vom J. 1750—1800. verstorb. teut. Schrifts. T. I. str. 6. — Recke u. Napiersky. Lexicon I. str. 3.

ABELLI Ludwik, Biskup de Rhodes (ur. 1603 † 1691). Korona całego roku chrześciańskiego albo medytacye o nayprzednieyszych prawdach ewanieliey Chrystusowey, na wszystkie dni roku według porządku kościelnego officyum podzielone, z francuskiego ięzyka na polski przetłumaczone. Benedices coronae anni benignitatis tuae, et campi tui replebuntur ubertate. Psal. 64. W Warszawie w Kollegium Scholarum Piarum J. K. M. Drukarni. 1694. 4to, k. 4. str. 379 i 335. Dedyk. Elżbiecie Hrabiney na Wiśniczu y Jarosławiu Lubomirskiey, Państwa Rzymskiego Xiężnie, Marszałkowey wielkiey Koronney, przez Zakonnice Nawiedzenia Nayświętszey Panny, Klasztoru Warszawskiego.

Jagiell.

— Toż, o najprzedniejszych prawadch (tak) Ewangelii Chrystusowej, na wszystkie dni roku według porządku kościelnego Officyum. Przez Jego Mości Xiędza Ludw. Abelli Piskupa (sic) de Rhodes podzielone, z francuskiego języka na polski przetłumaczone za dozwoleniem starszych. W Krakowie, w druk. Semin. Biskup. Akadem. 1765. 4to. Część pierwsza od niedzieli adwentowej aż do niedzieli Troycy Świętey. Kart. niel. 3 i str. 325. Część druga od niedzieli świętej aż do niedzieli pierwszej adwentowey. K. niel. 1. i str. 253.

Jocher poprawia Kat. Friedleina z daty 1865 na 1665, lecz mylnie, bo to była data 1765; zatem edycya 1665 jest urojoną. Jocher 4478. — Katal. Biels. Akadem. — Czartor. — Jagiell. — Ossol. — Wilno. — Polkows.

— Toż, z téjże daty: Część I. k. nlb. 3. str. 379. Część II. str. 352.

— Medulla theologica ex sacris sripturis conciliorum pontificumque decretis et SS. patrum ac doctorum placitis. Authore Ludovico Abelly episcopo Ruttenensi expressa ordinatione et autho-ritate D. Casimiri a Łubna Łubieński episcopi Chełmensis, episcopatus Cracov. generalis et abbatiae Czerwenenz. perpetui administratoris tum quoque reverendissimi capituli Cracovien. in usum sui seminarii reimpressa. Pars I. Cracoviae in offic. Christoph. Domański. MDCCVI. (1706). 8vo, k. 11 i 559 str. Pars II. complectens ea quae ad Sacramenta et mores pertinent. Cracoviae. 8vo. 1709. str. 720.

Tytuł do T. I i II dwojaki, pierwszy z ryciną miedziorytową.
Jocher 7445 a b ma mylnie, iż wyszło dzieło w latach 1706 i 1709 w dwu edycyach, gdyż tylko tom I roku 1706, a tom IIgi 1709.
Approbata edycyi tej dołączona: Paris 1651. Dzików — Bran. — Czartor. — Uniw. lwow. — Jag. — Czetwert.

— Toż, expressa ordinatione et authoritate celsiss. illustriss. et reverend. D. D. Constantini Feliciani in Szaniawy Szaniawski episc. Cracov., ducis Severiae ad usum suorum seminariorum reimpressa. Pars secunda complectens ea quae ad Sacramenta et mores pertinent. Cracoviae apud Jacobum Matyaszkiewicz, suae Celsitudinis typographum 1729. 8vo. str. 6. 679.

Tej edycyi ma być także T. Iszy, liczący k. 10 i 520 str.
Joch. 7445. Ossol.

— Jasna pochodnia albo żywot S. Franciszka Salezyusza biskupa y xiążęcia Genewy przez jednego Schol. Piarum kapłana polskim stylem darowany. W Warszawie, w druk. Elert. 1667. w 8ce. str. 3 i 102.

Porównaj Datar Henr. (1718).
Warsz. Uniw.

— Żywot sługi bożego Wincentego a Paulo fundatora y pierwszego generała Congregationis Missionis przez X. Dominika Akamiego Congregatii Oratorii w Rzymie z tego, co o nim Ludwik Abelly ięzykiem francuzkim napisał, zebrany y do druku po włosku podany a teraz na polskie przez jednego kapłana teyże Kongregacyey Missionis Cracovien. przetłumaczony. W Krakowie, w druk. Fran. Cezarego. R. P. 1688. 4to, 408 str., 4 karty na przodzie i regestru str. VI. Z ryciną.

Przypisane przez tłómacza Janowi Mała-chowskiemu Bisk. Krakow. Jocher 8665. Zieliús. — Ossol. — Chreptowicz. — Wilno. — Jagiell.

— Toż, z tego co o nim Ludwik Abelly Biskup Rodyiski językiem francuzkim napisał zebrany i po włosku wydany a potym na polskie przez jednego kapłana tejże Kongregacyi missionis przełożony i powtórnie do druku podany. W Warszawie w drukarni XX. Missionarzy. 1782. 4to. str. 366. i rej. Jagiell.

— Żywot S. Wincentego a Paulo fundatora i pierwszego generała Congregationis Mission. B. w. m. dr. i r. 8vo. s. 104.

— ob. Gobillon (Życie 1776) — Lubieniecki Paweł (b. r.).

Abfertigung der Beantwortung der Abschrift eines Briefes des G. an einen seiner guten Freunde. Warschau 1799.

— des Schmähsüchtigen D. Abr. Caloven ob. Nixdorf Joh. (1679).

Abhandlung von der vortrefflichen Natur, Eigenschaft und Wirkung des ungarischen Weines. Dresden und Warschau bey Mich. Gröll. 1761. w 8ce.

— von den Cometen. Thorn 1769. w 8ce. 6½ arkuszy.

— von livländischen Geschichtsschreibern. Riga bey Johan Friedrich Hartknoch. 1772. w 8ce, s. 270. Ossoliús.

— (Kurtze) vom Ablass insonderheit von dem Grossen in Jahre 1775 einfallenden Jubel-Feste zum Nutzen und zur Bequemlichkeit der Diöces von Posen und Warschau. Warschau, w 12ce, str. liczb. 93. Krasiús.

Abhandlungen (Vermischte) der physisch-chymischen Warschauer Gesellschaft, zur Beförderung der practischen Kenntnisse in der Naturkunde, Oeconomie, Manufacturen und Fabriquen, besonders in Absicht auf Polen. Erster Band, erstes Stück. Warschau, Gröll, 1768. w 8ce, str. 12 i 108. Ossoliús. — Jag.

— ob. Twardy Paweł (Różne uwagi 1769) — Versuche und Abhandlungen (b. r.).

ABICHT Joh. Georg. Theses theologicae de necessitate et utilitate revelationis divinae conscriptae a..... Gedani, typ. Tho. Joh. Schneiber. 1725. w 4ce. str. 6. Czart. — Jagiell.

— ob. Hannenberg Godofr. (1725).

ABIRCRUMBEUS Patricius Scotus. Epithalamium in nuptias nobilis et excellent. viri D. Jacobi Arnotti Scoti medicinae doct. peritissimi, nec non honestissimae et pudicissimae virginis Dianae Sienkiewiciae, Josephi Sienkiewicii viri clarissimae perillustris civitatis Vilnensis civis primarii filiae, Vilnae celebratas. A Patricio Abircrumbeo Scoto, ejusdem sponsi nepote grati animi testificationis erga scripta et oblata. Vilnae apud Joann. Karcanum. A. D. 1605. w 4ce, k. 7 niel. (wiersz). Ossol.

Abitum juvenis 1707. ob. Hancke Chr.

Abjurata (Nowa) podatku czopowego i szeleżnego z miast dziedzicznych, tudzież objaśnienie o czopowem z miast królewskich i dziedzicznych. B. w. r. fol. Raczyús.

Abkündigung d. Gedächtnisspredigt auf Ihre Königl. Maj. in Pohlen u. Kurf. in Sachsen, nebst Gedächtnisspred. 1733. w 4ce.

— des auf Ihro Königl. Majestät in Pohlen und Churfürstl. Durchl. zu Sachsen allergnädigsten Befehl, auf den Ein und Zwanzigsten März 1763 als den Montag nach dem Sonntage Judica, zu feyernden Friedens-Dank-Festes. 4to. k. 4. nlb. Czartor.

ABLANCOURT (D') Mik. Perot. Wyborne zdania 1787. ob. Perot.

Ablehnung (Kurtze, jedoch wahrhafte und wohlgegründete) aller Beschuldigungen, damit in Sachen die Religion betreffend, der Durchl. Fürst und Herr Sigmund, Markgraf zu Brandenburg hierher beschwerdt worden. Auf deren Befehl gedruckt Anno 1617.

— (Abgenöthigte) derer jenigen Beschuldigungen, mit welchen einige Membra des Academischen Senats zu Königsberg die Theologische Facultät daselbst bei dem Landtage zu belegen bemühet gewesen. (Berlin). 4to. pag. 26, 72. Ossol.

ABOCOURT (Dabocourt) Franc. Extrait d'une confession spontanée, tirée de l'original ostensible en son tems, écrit de la main propre du (Nobilis Franciscus Dabocourt) cidevant domestique aux gages de Monsieur le B(aron) Julius; etc. (Varsovie chez P. Dufour 1779) fol. kart 2.

"Ten skrypt 3 martii 79 jest komonikowany od P. Dufour i zakaz wyszedł aby onego wydać nie ważył się i exemplarze drukowane spalił. Stan. Lubomirski M. W. K." (Notatka na egzemp. Bibl. Wilanows.).

— Sprawa szlachetnego Franciszka Dabocoura w assystencyi UU. Instygatorów koronnych czyniącego delatora przeciwko Karolowi Baronowi Julius i innym obwinionym jego współecznikom pozwanym o wściąganie kar za werbowanie w kraju i wysyłanie za granicę ludzi różnej kondycyi, nawet i wojskowych. Warszawa, u P. Dufour (1779). Folio, str. 4.

— Accessorium I. 1 ark.

— Odpowiedź z strony Barona Julius na wniesioną Inkwizycyą. Stron 22.

— Obrona z strony Barona Julius od natarczywey delatora d'Abocourt sprawy w sądach seymowych pod dniem 23 miesiąca Sierpnia 1779 roku wprowadzoney, na terminie z limity po expedyowaney inkwizycyi sądownie doniesiona. Stron 52.

— Zbiór papierów z strony tegoż przeciwko Franciszkowi d'Abocourt w sądzie najwyższym sejmowym przy dokończeniu sprawy o mniemany werbunek złożonych. 1 karta.

— Odpowiedź z strony szlachetnego d'Abocour w assystencyi UU. Instygatorów koronnych czyniącego powoda na obronę z strony urodzonego Karola Julius o występek perduellionis obwinionego i pozwanego w sądach seymo-

wych zaniesioną. (Decretum judicior. comitialium). Stron 38.

— Summaryusz papierów znalezionych w stancyi Karola Barona Juliusa przy aresztowaniu osoby iegó, do sprawy przeciwko niemu względem występku perduellionis, w sądach seymowych toczącey się spisany. Stron 3. sig. Biij.

— Wyprowadzenie sprawy pryncypalney y dowodów do niey zciągaiących się z strony szlachetnego Franciszka Dabocour w assystencyi UU. Instygatorów koronnych czyniącego na przeciwko U. Karolowi Juliusowi y jego współecznikom, o występek perduellionis obwinionym, na sądach seymow. Rok 1779. Stron 20. Warszawa, u P. Dufoura, 1778—79. folio. Branic. — Ossolińs. — Wilanows.

Abortus ob. Kaldenbach Melchior Benj. (1684).

ABRAHAM fil. Schbti. Chessed Abraham benegnitas Abraham; conplicatio octo capitum de doctrina morum, quae R. Moses Maiemonides praeposuit commentariis suis in capita patrum autore R. Abraham filio Schbti. (Po hebraj.). Lublini. 1577. fol. Jocher 8054.

ABRAHAM filius Kattani. Haec sunt verba dei etc. Praecepta in monte Sinai data Judaeis sunt 613, quorum 365 negativa, et 248 affirmativa, collecta per Pharisaeum magistrum Abrahamum filium Kattani, et impressa in bibliis bombergiensibus, anno a mundo creato 5288 Venetiis, ab authore vox dei appellata: translata in linguam latinam per Philippum Ferdinandum Polonum. His accesserunt nonnulla quae sequens pagina indicabit. (Następują godła: z psalmu 19. z Deut. 4. 12. i z Hazoar.) Cum licentia omnium primariorum virorum in inclyta et celeberrima cantabrigiensi academia. Cantabrigiae, ex officina Johannis Legat. 1597. 4to. k. nl. 36.

Przypis: Uczniom akad. Kembrydzkiej przez Philipa Ferdynanda Pol.
Encykl. Orgelb. T. I. 43. Jagiell. — Czartor.

ABRAHAM-BEN-DAWID (żył w XVII wieku). Kur laza hab t. j. komentarz na parafrazy chaldejskie ksiąg Mojżeszowych. Hannower, 1614. fol.

— Toż. Frankfurt n. O., 1681. fol.
Enc. Pow. I.

ABRAHAM (Jacob). Hereditas Jacobi. Amsterdam 1724. fol.
Jest to komentarz in Legom et Rasch. Wydał Samarja Solman. Abraham był rodem z Krakowa a żył w końcu 17go wieku.
Jöcher. Gel. Lexicon.

ABRAHAM Seeu albo Zeeb (†1698 r.). Ród Abrahama t. j. komentarz literaluy nad księgami Mojżeszowemi. Solisbaci. 1669. fol.
Enc. Org. I.
— Komentarz o 10-ciu koronach. B. m. dr. i r.
Enc. Org. I.

ABRAHAM Lewita (ur. w Krakowie). Komentarz do dzieła pod tyt.: Megillot Taanith czyli księga pokuty a postu. Amsterdam.

— Toż samo dzieło z przydaniem rozprawy Jana Meyera: De temporibus sacris et festis diebus Hebraeorum. Amsterdam. 1724, w 4ce.
Enc. Org. I. — Bandt. H. Druk. krak. s. 369. Mówi, iż księgi Megilloth r. 1530 wyszły w Krakowie po hebrajsku.

Abrahamowicz ob. Abramowicz.
Abrahamowicz Jakób ob. Tyszka Wilhelm (Die Anziehung Christi 1716).
Abrahas ob. Nissenius Didacus (1650).
Abrakowa Teresa z Małyńskich ob. Rozmowy ciekawe (1782).
Abram Bartłomiej ob. Pętkowski Gaspar (1609).

ABRAMOWICZ Adam (ur. ²⁸/₈ 1710). Kazania niedzielne. JW. w Bogu Najprzywiel. Jmci X. hrab. na Zasławiu Bychowie, Dabrownie Józefowi Sapieże biskupowi Dyocezareńskiemu, koadjutorowi biskupstwa Wileńskiego, referend. Wielkiemu W. X. L. od autora ofiarowane. Wilno, w drukarni J. K. M. Akad. Soc. Jes. 1753. 8vo. Cz. I. k. 4. s. 606. Cz. II. str. 536, rejestr i portret biskupa.
Joch. 4525.

Brown i Backer: Bibl. des ecriv. S. J. mają także edycyą T. I—II z datą 1750 nie opisaną, więc zapewne mylną.
Ossol. — Czart. — Wilno — Warsz. Uniw.

— Kazanie II na niedzielę trzecią po Wielkiejnocy przy powitaniu Trybunału W. X. L. pod laską JW. JMści P. Jana Augustyna Helżena (Hylzen) kasztel. Infl., starosty Bracławsk., Wielkiego koła marszałka miane przez X. Adama Abramowicza Soc. Jes. AA. LL. y fil. dokt., kaznodz. ordynar. Świętojańsk. R. P. 1749. W Wilnie, w druk. I. K. M. Akad. S. J. 1748. 4to. k. 8.
Joch. 9096.
Ossol. — Warsz. Uniw. — Przedz.

— Kazanie III na Niedzielę XXII po świątkach przy powitaniu głównego Trybunału W. X. Litewskiego za laski J. W. Jegom. Pana Józefa kniazia Massalskiego, starosty Grodzieńskiego W. koła marszałka, miane przez X. Adama Abramowicza Soc. Jes. AA. LL. y filozofii doktora, kaznodzieję ordynaryjnego w Nowogródku R. P. 1748. W Wilnie, w druk. J. K. M. Akad. S. J. R. P. 1750. 4to. k. 10.
Jocher 9097.
Ossol. — Warsz. Uniw.

— Powitanie zaczętego chwalebnie Trybunału głównego W. X. Lit. pod laską i szczęśliwa dyrekcyą JO. X. Jmci Albrechta Radziwiła starosty Rzeczyckiego, Wielkiego koła marszałka na Niedz. III po Wielkiejnocy przypadająca czynione przez X. Adama Abramowicza Soc. Jes. AA. LL. y filoz. dokt. w kościele farnym Święto Jańskim ordynaryjnego kaznodzieję, y akad. prefekta. W Wilnie, w druk. J. K. M. Akad. Soc. Jes. R. P. 1750. 4to. k. 9.
Brown Bibliot. str. 8 i 9.
Ossol. — Przedz. — Warsz. Uniw.
— „Sarbievii Odas polona metaphrasi donasse dicitur Adam Abramowicz S. J. a me nondum visas." Załus. Bibl. 80.

(Abramowicz A.). Daphnis, ecloga seu rev. p. Adamus Abramowicz Soc. Jes. Nesvisiensis Collegii rector in secundo suo ad capescendos rectoratus fasces adventu a convictu bursae et

typographia carmine bucolico celebratus. Anno 1770. Die .... Februarii. w 4ce. ¹/₂ ark. Raczyńs.
— Patris sui optimi adm. rev. p. Adami Abramowicz a Soc. Jesu post Polocenses et Winnenses fasces secundo Nesvisienses Soc. Jesu socios feliciter gubernantis natalem diem tenui lyra celebrat Collegii Nesvisiensis typographia et bursa. Anno MDCCLXX (1770) Kal. Jan. w 4ce. ¹/₂ ark.

Raczyńs.
ob. Janocki: Lexic. II. 72. — Brown: Bibliot. str. 8.

ABRAMOWICZ Andrzej. Elegia funebris nobili et generoso Domino D. Melchiori Pudłowski viro de patria optime merito a magistro Andrea Abramowicz conscripta. Cracoviae, in typographia Matthiae Andreovin. Anno D. 1617. w 4ce, k. nl. 5. (druk kurs.)

Na str. odwrot. k. tyt. herb Pudłowskich. Wspomniany tu jest stryj Melchiora, jako Kawaler Hierozolimski u królów Stefana i Zygmunta III. wziętość mający. Z wierszy tych widać, iż autor był czynnym w różnych wyprawach Zamojskiego.

Ossoliń.

— Duchowne lekarstwo na powietrze, z 5 psalmów — p. Andrz. Abramowicza na polskie przełożone. W Krakowie, w druk. Andrzeja Piotrkowczyka 1625. w 12ce, 1 ark. Dedyk. Katarzynie z Ostroga Zamoyskiey wdziney kijows.

Jocher 6805.

ABRAMOWICZ Andrzej (um. w Październ. 1763). Mowa JW. JP. Abramowicza pisarza przy odebraniu przywileju na kasztelania Brzeska, pisarstwo ziemskie wileńskie rezygnująca. Przytem: Mowa Imci P. Bohusza Mieczn. i Rotm. wojew. Wileńskiego, regencyą ziemską wileńską rezygnująca. B. w. m. i r. (1758) w 4ce, str. niel. 4.

Krasińs. — Jagiell.

— Mowa J. W. Imci Pana kasztelana brzeskiego litewskiego na senatus consilium miana w Warszawie die 7 martii roku 1763. fol. k. n. 2.

Bran. — Krasińsk.

— Ob. Borcyko X. Józef (Kazanie w dzień pogrzebu 1764) — Kosecki

(Mowa 1763) — Szystowski M. (Exhorta 1764) — Wawrzecki (Mowa 1763).

ABRAMOWICZ Antoni. Sprawa WW. JPP. Maiora pierwszey straży woysk W. X. Litt. Antoniego komor. woiewodz. Wileńsk. Abramowiczow przeciwko WW. JPP. Annie z Zabiełłów matce, Antoniemu Teodorowi y Albertowi synom, y JW. JX. Jerzemu Patryarsze Jerozolimsk. Laskarysom, JW. JP. Tyszkiewiczowi, W. JP. Horainowi i JXX. Bazylianom Berezbeckim (r. 1781) fol. str. 2. Jagiell.

ABRAMOWICZ Franc. Dowód rocznego postępku w fizyce, historyi naturalney, logice, algiebrze, geometryi, trygonometryi teoryczney y praktyczney, rysunkach y początkach ięzyka niemieckiego — przez uczniów klass dwóch wyższych w szkołach i t. d. okazany pod dozorem Franciszka Abramowicza nauk wyzwol. i filoz. dokt., matematyki, fizyki i hist. natur. w tychże szkołach professora r. 1791 mies. Lipca 28 dnia. w 4ce.

Jocher 1958.

ABRAMOWICZ Jakób, komornik Oszmiański. Echo hymenu w czasie aktu weselnego Romualda Strutyńskiego chorażego powiatu Brasławskiego z Teresą Kappiówną starościanką Płungiańską nowo z sobą poszlubionych ogłoszone. B. m. 1767. folio, str. nl. 6. oprócz karty tyt. Krasińs.

ABRAMOWICZ Jan, Wojewoda († 19 kwiet. 1602). Zdanie Litwina o kupczy taniej zboża a drogiej przedaży. 1595. Czacki. O lit. i pols. pr. II. — Roczn. Tow. Nauk krak. I. 221.

(Abramowicz Jan). Oracya na żałosną śmierć y pogrzeb WPana Jana Abramowicza woiewody smoleńskiego, starosty lidzkiego y wendeńskiego, wielkiego patrona zboru bożego y mądrego senatora W. X. Lit. pobożnością, sprawiedliwością, roztropnością, męztwem, łaskawością wiele chwalebnego (1602). 4to. ark. 2.

— ob. Katechizm (Sudroviusa 1598) — Knogler Kwiryn (1602) — Radwan Jan (Radivilias 1582) — Sudrowiusz (Katechizm 1598, Nauka 1580) — Wega Emmanuel (Assertionum de eucharistia 1586) — Wolan Andrzej (Justa funebria 1602).

Baliński. Pisma III. 82. przypis. — Gadebusch: Livländ. Jahrb. Th. II. Bd. II. 88. 136. — Archeogr. Sborn. Dokum. Wilno VI. 287. — Kraszews. Wilno IV. 134. — Malinow. Przeźdz. Źródła do dziejów II. 340. — Maciej. Piśm. III. 175. — Siarcz. Obraz. I. 6. — Łukaszew. Wyzn. helw. w Litw. I. 50, 104, 123, 135, 143. II. 152. — Janoc. Nachr. poln. Büch. I. 84. — Encykl. Orgelb. I. 44. — Wizerun. i roztrz. 1837. T. XIV. 140.

ABRAMOWICZ Jerzy, pastor († 1763). Historia ecclesiae Neobruchdorffensis alias Slavatycensis. (Umieszcz. w dziele Scheidementela: Acta conventuum et synodorum. Wrocław 1776. w 8ce, kart 12 nieliczb.).

Abramowicz Mikołaj ob. Zaleski Samuel (Strzały 1636).

Abramowicz Onufry ob. Lipnicki Leop. (Sprawa 1779).

Abramowicz Stefan Jan ob. Przestroga (1598).

Abramowiczowa Dorota Wołowiczówna ob. Zaleski Samuel (Strzały 1636).

Abramowiczowa Ter. z Slizniów ob. Informacya o różańcu (1739).

Abramowiczówna Maryna ob. Jarewicz Jan (Na cześć P. Rudominy).

ABRASSEWIN Klaud. Cypr. Wszyscy błądzą czyli sprawa z obydwóch stron niesłuszna albo sąd obojętny iedney damy filozofki w teraźnieyszych okolicznościach Jezuitow francuskich r. 1762 wydany a z francuzkiego przetłumaczony w polskim ięzyku do druku podany od N. P. Roku 1766. W Gdańsku w drukarni Jana Fryderyka Bartels. w 8ce, 119 str.

Jocher 9341. Krasińsk. — Czartor. — Przezdz. — Jag. — Bran. — Raczyńs.

— Toż, z tą datą, tamże str. 126.
— Toż, z tą datą, tamże str. 100.

Twierdzą także, że autorem jest Cerubi. — Wolter autorką mienił Panią Belot, a inni P. Berthiera.

ABRATOWICZ Antoni. Depozyt ciała W. Jmci X. Krzysztofa Skarbka, ka-

non. katedr. i kantora lwowsk. kustosza stanisławowsk., czyli dyariusz pogrzebu jego w Wiszni Sądowej w kościele W. W. OO. Reformatów prowincyi ruskiej pod założeniem Wniebowzięcia Najśw. Panny i św. Jana Chrzc. odprawionego inwencyą i opisem Imci P. Ant. Abratowicza sekret. J. W. Imci P. kasztel. warszawsk. in lucem publicam podany. We Lwowie w druk. J. K. M. y Bractwa S. Troycy. (1755) fol. kart. 8.

Dedyk. Raf. Sołotwińskiemu i Aleks. Ciechanowskiemu, braciom Skarbków.

Ossol.

— Justiores Heliades, pondere vocis ac lachrymarum geminis super mari mortuo parentales, potius super profundae dignitatis plenissimarumque virtutum Maria in quietem posita. Satis exuberes tot rationales populos praestantissimi doloris ergo de tanto informantes sive naeniae supra memorabilibus fatis serenissimae augustissimae Mariae Josephae Augustae III. Regni Poloniae et Magni Ducatus Lithuaniae clementissimae Dominae Dreznae 1757 anno defunctae, ad publicum totius patriae et colligatae Europae dolorem ab Antonio Abratowicz commil. Lor. Clav. camp. reg., latino et polonico idiomate expeditae. B. w. m. i r. dr. (1757) fol. 6. k. nlb.

Czart.

— Łzy marmurów do złotego potoku zpływające czyli smutne nadgrobki zeszłych w Bogu ś. p. JWnych Eustachiego i Maryanny Potockich generałów W. X. Lit. zkolligowanym żalom JW. Jeymości pani Katarzynie z Potockich na twierdzy Zabłotowie y Bohorodczanach Kossakowskiej kasztelanowej Kamińskiej poświęcone z przychylnej życzliwości prześwietnemu domowi i opisu przez —. W Warszawie 8 Marca 1768 wyciśnione. Folio, 2 arkusze.

Maryanna Potocka umarła d. 27 lutego 1768 r. a jej mąż Eustachy 2 marca 1768 r. w Warszawie. Autor rozpoczyna wierszem pochwałę dla kasztelanowej Kossakowskiej, — dalej umieszcza pochwały małżonków. Akad.

— Pańska ofiara w biegu księżyca w Dodony lesie zapalona, czyli bal so-

2

lenny IO. księżny Izabelli Czartorys- kiey, JW. Imci Pana Jerzego hrabi Flemminga kaszt. Żmudz. ojca swego imienin z tańcami etc. w poniedziałek d. 15 Julii 1765 w Łazienkach w zwie- rzyńcu obchodzony. B. m., folio. str. 4.

Krasińs.

— Smutna sława o wiekopomnym, z tego świata zeyściu Nayjaśnieyszey z Cesarzów Józefy Maryi Augustowey III-ciej królowey JeyMci Polskiej do publicz. oyczyzny, y zkolligowaney Eu- ropy, żalu. Polskim y łacińskim wier- szem od — Towarz. Pancer. Puł. buł. pol. koron. roku 1757 wyprawiona. B. w. m. i r. fol. kart 4.

Dedyk. Graffowej Bruchlowej I-ej Ministro- wey Saskiej (wiersz). Warsz. Uniw.

Abrégé de l'histoire de Pologne. 1763 ob. Schmid Fr. A.

— rais. de l'hist. universelle. 1766 ob. Wyrwicz Kar.

— de toutes les sciences à l'usage des enfans de deux sexes pour servir de suite au Livre des enfans. Krótkie zebranie wszystkich nauk ku pożytkowi młodzi oboiey płci, albo część druga książki dla dzieci. (Po polsku i po francuzku). W Warszawie u Gröla 1768. w 8ce, str. 157 i niel. 3.

Jocher 1994 a. Jagiell.

— Toż, pour servir de suite au Livre des enfans, en François et en Polonois, seconde edition. Varsovie, Mich. Gröll, 1773. Krótkie zebranie wszystkich nauk ku pożytkowi młodzi oboiey płci. Edycya druga, w Warsza- wie, nakładem M. Grela. 1773. w 8ce, 81 stron.

Jocher 1994 b.

— Toż. Edycya poprawiona i po- większona. Warszawa, 1781, w 8ce.

Jocher 1994 d. Dzików.

— Toż. Krótkie zebranie wszystkich nauk ku pożytkowi młodzi obojej płci, albo część druga książki dla dzieci; za przywilejem. W Warszawie. dru- kiem i nakładem Michała Grölla księ- garza nadwornego J. K. M. 1787. 8o. str. 165. 3.

Jag. — Ossol.

— ob. Zebranie — Inhalt (1796).

— de la doctrine chretienne à l'u- sage de nouveaux convertis.... Reim- primé à Varsovie 1776. w 8ce.

Warsz. Uniw.

— ob. Zebranie nauki chrześcijań- skiej (1776).

— de l'histoire égiptienne et de cartaginois. Trad. du franç. en polon. Zbiór krótki historyi egipskiey y kar- tagińskiey. Z franc. na polski język przełożony (przez ks. Hi. Borzęckiego). W Grodnie w druk. J. K. M. R. 1776. ob. Borzęcki Hieronim.

— de la vie et des vertus. 1729. ob. Wincenty a Paulo.

ABREK Andreas († 19 lut. 1656). Apollo laurifer virtuti et eruditioni ve- nerabilium Dominorum Sebastiani Do- braszowski, Alexandri Zychowski, Ja- cobi Lang, cum in inclyta Academia Zamoscensi dignissimo ejusdem procan- cellario auspice, illustri et admodum rndo Dno Benedicto Zelechowski u. j. d. et canonico, colleg. praepos. Lukow. etc. lauream in artibus et philosophiae secundam, per excellentiss. virum M. Andream Abrek Leopol. ordinar. eloqu. professorem ritu solenni susciperent an- no 1644. mense Februar. die 21. a no- bili juventute academica Scholae ana- logiae, e Parnasso in applausum publi- cum vocatus. In officina typogr. Aca- demiae Zamoscen. w 4ce, 3 ark.

Na odwr. str. herb Akad. Zam. i pod nim 4 w. łać. podpisał Jerzy Żeliński Cześnikowicz (pocillator) Bractawski; panegiryk wierszem dla trzech nowych doktorów napisał Pa- weł Borzęcki, dalej wiersz Jana Kacz- kowskiego. Prócz tego na pochwały Do- braszowskiego pisali Mikołaj i Paweł Bo- rzęccy, dla Alexandra Żychowskiego To- masz Zawacki i Józef Podniesiński, dla Jakuba Langa Andrzej Abrek i Kazimierz Foltynowicz, akrostych dla Benedykta Ze- lechowskiego Franciszek Zajączkowski, — dla Hieronima Kołakowskiego Rektora na- pisał wiersz Marcin Borzęcki, dla Andrzeja Abreka z podziękowaniem za udzielenie znaków doktorskich napisał Jan Komo- rowski, — wiersz p. t. Ludus poeticus skreślił Jan z Mirowa Myszkowski, nako- niec dla Wojciecha Novicampianusa na- pisał wiersz Kazimierz Staciwski, a a- grammat Adam Komorowski. Na k.

rycina Pegaza, pod nim 2 wiersze łacińs. podpisał Jan Rutowski. Za rektorostwa Hieronima Kolakowskiego fil. i med. doct. i tejże prof. zwycz. w akad. Zamojs.
Bibl. Jag. — Zamoj.

— Applausus spectatissimae virtuti et eruditioni Sebastiani Dobraszowski, Martini Bielec, Andreae Szamocki, Michaelis Grazilewicz, cum in alma Academia Zamoscensi artium et philosophiae baccalaurei per excellentissimum virum M. Andream Abrek Leopol. ordinarium eloquentiae prof. publice renunciarentur, factus a nobili juventute Academiae Zamoscen. anno Dni 1638. Maij 11. Typis academicis, w 4ce, 5 kart.

Pisali wiersze na cześć nowych doktorów studenci Akad. Zam.: Adam z Drzewicy Drzewicki, Mikołaj Sieniński ksnic Lubelski, Jakub Siestrzewitowski, Jan Wodziński, Abraham Łysakowski, Jan Chocimirski, Jan Telephiy, Stefan Zamojski kasztelanic Lwowski, a na pochwałę promotora bakałarzy napisał Maciej Załęcki Lwowianin. Za rektorstwa Andrzeja Kłopockiego.

— Civitas Dei manentis cum hominibus postridie dedicationis Basilicae Collegiatae Zamoscen. XIII Kalend. Decemb. A. D. 1637. ab Ill. piae memoriae Thoma Zamoyski Supr. Regn. Pol. Cancell. Generali Cracov. Capitan. e.c. religiosissime instauratae exhibita per M. Andream Abrek Leop. ordin. cloq. in Acad. Zamosc. professorem. Zamosci, in off. typ. Acad. Zamoscen. A. D. 1638. fol., sig. H.
Jocher 9128.

— Clavis honorum virtus et labor, quibus, sublimis in ecclesia collegiata et inclyta Academia Zamoscense scholastici muneris dignitas anno 1644. August. 6. illustr. et admodum Rndo Dno D. Andreae Kłopocki S. Th. et U. J. Doct., protonot. apostol. scholastico Zamoscensi et concionatori ord. capellae, illustriss. domus Zamoscensis et Tarnogrodensis praeposito, S. R. M. secretario faustissimis bonorum omnium plausibus potuit reserata Andreas Abrek philopoeta Zamosc. affectus et observantiae suae symbolon obtulit. Zamosci, typis Acad. exc. Paulus Radicius 1644. 4to. kart nlb. 6, sign. B₂.

Są egzemplarze, jeden na gorszym, drugi na lepszym papierze.
Bib. Jag.

— Echo charitum academicarum immortalis memoriae heroibus Joanni et Thomae Zamosciis ob singularia ergo Academiam Zamoscensem per eosdem fundatam et auctam beneficia, ad primarium lapidem, quem anno XXXIX. August. XXVII illustrissima Catharina Zamoscia ducissa Ostrogii, comitissa in Tarnow, Regni cancellaria, Knyszyn. Sokal. etc. capitanea, una cum magnae spei filio Joanne, capitaneo Kalusiensi, aedibus academicis solenni ritu imponebat, excitata per M. Andream Abrek Leopol. philos. doctorem, in Acad. Zamosc. ordin. eloquen. prof. In off. typ. Acad. Zamosc. impr. Alexander Pawłowicz. (1639). Fol., 21 k. nlb.

— Epicedion in obitum perillustr. et reverendiss. DD. Joann. Abrah. Sladkowski Dei et Apost. Sedis gratia Episcop. Citrensis, suffraganei et praepositi Chelmen., Belzen., Rubieszovien., Krasnostavien., in eccles. cathedrali Novembr. 26. A. 1643. tumulati a M. Andr. Abrek Leopol. Ord. eloqu. in alma Academiae Zamość. professore honoris et observantiae ergo concinnatum. In typ. Academ. Zamoscen. B. w. r. (1643). 4to, k. niel. 4. Jag. — Ossol.

— Epicrotesis illustri et admodum reverendo Dno D. Joanni Sasin canonico, vicario in spiritualibus et officiali generali Chełmensi, potilicenti Skierbieszaviensi etc. praeposito S. R. M. secretario cum amplissima juris utriusque doctoris laurea in alma Academia Zamoscensi per clarissimum virum D. Benedictum Żelechowski Juris U. D. academiae procancellarium et professorem publice insigniretur facta, ab Andrea Abrek Leop. ordinario eloqu. in Acad. Zamosc. professore anno Dni 1638 die 26 Aprilis. Exprimebat Andreas Jastrzębski, 4to. sygn. B₂. (K. nlb. 7.).

— Fasces nuptiales in augusto novorum conjugum hymeneo Illustr. Principis ac D. D. Hieremiae Michaelis Korybutti Ducis in Wiśniowiec, et lectiss. virginis Griseldis Constantiae, illustr.

olim senatoris Thomae Zamojski supremi Regn. Poloniae Cancell. etc. filiae clariss. ab Andrea Abrek Leop. Philos. doctore et in Acad. Zamosc. ord. eloqu. profes. accensae A. D. 1639. Febr. 27. Fol. kart 15.   Ossol.

— Laurea artium et philosophiae prima, quam in academia Zamoscensi Simoni Tutkowski, Joanni Kuczewski Andreas Abrek contulit. ob. Tutkowski Szymon (1653).

— Laurea juris utriusque admodum Reverendo et clarissimo viro Joanni Terszowski praeposito Brodensi, Toporoviensi et in inclyta Academia Zamoscensi per illustrem et admodum reverendum Dominum Benedictum Żelechowski U. J. Doctorem, Canonicum Zamoscensem, Academiae procancellarium collata confluente publica virorum illustrium panegyri faustissimis nobilis juventutis academicae plausibus humanissime excepta anno aere Christianae 1644. Martii 10. In officina typographica academiae Zamoscensis, w 4ce.

— Luctus academiae Zamoscensis, ex obitu illustr. heroinae Catharinae Zamosciae ducissae ab Ostrog, comitissae in Tarnow, Zamosciae, Regni Polon. cancellariae, Knyszyn. Sokal. Capitaneae conceptus per M. Andr. Abrek Leop. ordin. eloq. in Acad. Zamosc. profess. in anniversario obitus ejusdem Illmae patronae die Octobr. 6. A. 1643 expositus. In off. typ. Acad. Zamosc. 4to, sign. B₂.

Dedyk. Stanisł. na Modliborzycach Wietelskiemu i Walentemu z Pleszowic Fredrze.
Branie. — Jagiell.

— Lyra Apollinis virtuti, eruditioni honori venerabilium quatuor virorum Stanislai Tuszycki, Joannis Bitomski, Matthiae Prohniewicz, Michaelis Grazilewicz. 1640, w 4ce — ob. Prohniewicz Maciéj.

— Mulier sapiens, Illustr. Catharina Zamoscia, ducissa ab Ostrog, comitissa in Tarnow et Jarosław, suprema Regni Poloniae cancellaria, Knyszynen. Sokalien. etc. capitanea, ad imitandum orbi exhibita, Zamosci in exequiis aca-

demicis, anno domini 1642. Novemb. 7. Per M. Andream Abrek, Leop. ordinarium eloqu. in academia Zamoscensi professorem. Cracoviae, in officina Francisci Caesarii. Anno Dni 1642. folio, ark. E².

Dedyk. Jeremiaszowi Michałowi Korybut Wiśniowieckiemu i Janowi Zamojskiemu.
Czartor. — Akad. — Jag. — Ossol.

— Mulier virtutis, Illustr. Catharina Zamoscia, ducissa ab Ostrog, comitissa in Tarnow, suprema Regni Poloniae cancellaria, Kniszynen. Sokalien. etc. capitanea. Anniversario obitus eiusdem die octobr. 6 et anno Dom. MDCXLIII (1643) in exequiis academicis per M. Andream Abrek, Leopol. ordin. eloquen. in academia Zamoscen. professorem, ad imitandum orbi exhibita. In officina typogr. academiae Zamoscen. fol. kart. niel. 2. ark. E³.

Przypisanie Annie Aloyzyi Chodkiewiczowey.
Akad. — Jagiell.

— Navis Christi. Una, sancta, catholica, apostolica ecclesia, quam in solenni templi Turobinensis dedicatione anno a partu Virginis Matris integerrimae M. D. C. L. die s. Bartholomaei apost. publico almae Academiae Zamosciensis applausu M. Andreas Abrek. Leop. U. I. D. ordinar. in eadem academia profess. exhibuit. Cum permissu et approbatione superiorum. Zamosci in offic. typ. Zamoscen. imprimabat Andr. Jastrzębski (1650), fol. kart 10. (sign. ark. E.).

Dedykacya do Benedykta Żelechowskiego O. P. D., kanonika Zamojskiego, proboszcza Turobińskiego. W dedykacyi wyraża, że z Żelechowskim razem z akademii krak. do zamojskiej przez Tomasza Zamojskiego był powołany r. 1629; że Żelechowski zostawił potomności: Monumenta Vigiliarum Cleanthinarum, Cedro donata Apollinari i że był ulubionym kaznodzieją. Na końcu: Mowy i 26 wierszy łac. Bazylego Rudomicza.
Jocher 9056.
Czart. — Ossol. — Jagiell.

— X Octobris Anni MDCXXI, seu Monumentum virtutis et gloriae polonae, dextera Dei Sabaoth fortissima, subsidio SS. Deiparae Virginis praesentissimo, precibus Divorum regni Tutelarium efficacissimis, in expeditione Chocimensi contra Osmanum Turcarum Imperatorem partae. Ad aeternam posteritatis memoriam imitationemque Lechiaco sanguini a M. Andr. Abrek Leop. ordin. eloq. in Academia Zamoscensi profess. excitatum Calend. Januar. An. 1644. Ex offici. typogr. Acad. Zamoscen. fol. kart niel. 19.

Przypis: Jakuba Sobieskiego synom Markowi i Janowi Sobieskim.

Jag. — Ossol. — Czartor.

— Palaestra intelligendi et agendi, in qua tuto majorum virtutis et gloriae calle Illustr. Dom. Joan. in Zamoscie Zamojski, comes in Tarnow, capitaneus Kałusz. etc. generosam juvenilium annorum indolem per triennalem exterarum gentium perlustrationem pro publico patriae bono candabiliter exercuit a M. Andrea Abrek Leopol. U. J. D. in inclyta Academia Zamoscen. ordinar. Philos. Moral. professore cum perpetuo gratitudinis et officii erga patronum singularem symbolo in lucem edita. Anno a partu Virginis et Matris castissimae 1646. Zamoscii, typ. Acad. exprimebat Paulus Radicius. fol. kart 23.

Wiele do życia Jana i Tomasza Zamojskich. Ossol.

— Panegyricus funebris aeternae memoriae Ill. D. Thomae in Zamoscie Zamoyski supr. Regni Polon. cancell. gener. Crac. Knyszyn. Rabstin. Sokal. Neofor. etc. capitanei ab Andrea Leopol. Philos. doctore ordin. in Acad. Zamoscen. eloqu. profess. dicatus die depositionis Febr. 9. An. 1638. Excudebat Andreas Jastrzębski in typ. Acad. Zam. fol. sign. K₂. Bibl. Horodecka.

— Phoebus in Lechico Trione post solstitium hiemale ascendens lauros virentes in laureato inclytae Acad. Zamoscen. reproducens. 1647. ob. Czechowicz Jan Bapt.

— Phoebus post nubila auspicatissimo hymenaeo illustriss. D. Alexandri a Koniecpolc Koniecpolski Regni Poloniae vexiliferi, Pereasłavien. Korszun. etc. capitanei, et lectiss. sponsae Joannae Barb. Zamosciae et Catharinae ducissae ab Ostrog filiae, excitatus in repotiis a M. Andr. Abrek Leop. Ord. eloqu. in academia Zamosc. professore. Anno a partu Virginis 1642. Decemb. 7. Cracov. in officina Andr. Petricovii S. R. M. typ. (1642). fol. k. 10 nielb.

Dedyk. Stanisławowi Koniecpolskiemu, kasztel. krak., w. hetm. kor.

Jag. — Ossol. — Czart.

— Pietas Academiae Zamosciensis, erga illustriss. Patronum Thomam Zamojski, supremum Regni Poloniae cancellar., generalem Cracov. Sokal. Knyszyn. Rabsztyn. Neofor. etc. capitaneum, exhibita. In exequiis academicis die 10 Febr. A. D. 1638. per. M. Andr. Abrek Leopol. philos. doctorem, eloqu. in Academia Zamosc. ord. profess. In officina typogr. Academ. Zamoscen. imprimebat Andreas Jastrzębski (1638) fol. kart. niel. 17.

Dedyk. Jakubowi Sobieskiemu, wojewodzie bełzk. Ossol. — Czart. — Jag.

— Pilawa familiae Potocciorum tessera — in Stanislao Potocki, Kijow. Palat. luci exposita a M. Andrea Abrek Leopol. U. J. D. Acad. Zamosc. prof. et h. t. rectore. 1655. fol.

— Polymnia (na pochwałę Jana Zamojskiego starosty). Zamość. 1646, w 4ce.

— Quaestio de sponsalibus et matrimonio, ab Ill. et adm. R. D. Benedicto Żelechowski J. U. doctore, ecclesiae coll. Zamosc. canonico, acad. procancellario, excellenti Dno M. Andreae Abrek Leopol. philos. doct. ordin. eloqu. prof. pro solemni inauguratione in doctorem J. U. publice ad disputandum proposita. Zamosci, in lectorio iuridico, mense (Aprili) die (18) An. Aerae Christian. MDCXLIV. In off. typogr. Acad. Zamoscensis. Excudeb. Paulus Radicius. 1644. w 4ce, kart 6.

Dedykacya: Proconsuli, consulibus, scabinis totique Univers. Leopoliensi.

Jagiel. — Horodecka.

— Ramus lauri eximiae indolis adolescentibus Joanni Grzybowski, Matthiae Zarębae, Gregorio Brzozowicki ad prima artium et philosophiae insignia in inclyta Academia Zamoscensi collata per excellentissimum Dominum M. An-

dream Abrek Leopol. philos. doctorem ordinarium eloquentiae professorem, adjectus a nobili juventute academiae Zamoscensis. Anno a partu Magnae Matris et Virginis 1639. Junii. Ex off. typogr. acad. Zamosc., w 4ce, 6 k. nlb.
Pisali tu także wiersze: St. Koniecpolski, Alb. Chocimirski, St. Pieczykowski, Paw. Ołtarzewski, Franc. Chodorowski, Stefan Zamojski, Mich. Zawadzki, Stan. Karcz. Czart.

— Templum laboris et honoris venerabilibus D. Sebestiano Dobraszewski, Alexandro Zychowski, Jacobo Lang, dum in inclyta Academia Zamoscensi, artium magistri et philosophiae doctores per excellentiss. M. Andr. Abrek Leop., phil. doctorem, ordinar. eloqu. professorem ritu solenni renunciarentur, a nobili Scholae poeseos juventute reseratum. In officina typogr. acad. Zamosc. 1644. 4to, kart nlb. 8.
Na odwr. str. tytułu berła akademickie, pod niemi podpisał hexastich Mikołaj Zamojski. Inne wiersze napisali tu: Franciszek Myszkowski, Krzysztof Komorowski, Paweł Brodowski, Stanisław Jankowski, Samuel Opacki, Daniel Siestrzewitowski, Jerzy Jankowski, uczniowie akad. Zamoj.
Ossol. — Jagiell.

— Vir dolorum Christus anniversaria crudelissimae mortis suae die. In ecclesia collegiata Zamoscensi piissimis auditoribus a M. Andr. Abrek Leopol. in alma acad. Zamoscensi ord. philos. moralis professore, exhibitus. Impressit typis acad. Andr. Jastrzębski Anno a partu semper virginis matris 1649. fol. ark. 4¹/₂.
Na odwr. str. tytułu rycina, przedstawiająca Chrystusa.
Jocher 4791. Ossol.

— Virtuti et honori magnifici et excellentissimi domini D. Martini Foltinowicz, philosophiae doctoris et in inclyta academia Zamoscensi ordinarii professoris, dum in eadem academia Rector renunciaretur anno restauratae salutis 1639. Maji 18. sacrum a M. Andrea Abrek Leopol. ordinario eloquentiae professore. In officina typographica Academiae Zamoscen. 1639. w 4ce, k. nlb. 4. Jagiell.

ABREK Andrzej Stanisław (Habrek) Ojciec (ur. we Lwowie).
Janociana III. 1—2. — Krasicki Dzieła T. XI. s. 18. — Jocher I. 76. II. 414. III. 289. — Bandt. H. dr. kr. p. II. 329—332. — Okolski Szym. Dyaryusz. — Maciej. Piśm. pol. Dodat. s. 300—2. — Przyłęcki: Pamiętn. o Koniecp. s. 363. — Muczkowski: Statuta s. 292, 295.

ABREK Andr. (młodszy, † 29 lipca 1700). Epos genethliacum. Deo una et homini quando venit plenitudo temporis e castissima virgine matre nato in cunis Betlehemicitis vagienti. Ad exordium Anni 1646. rudi cum pastoribus rudibus pauperem Regem primum adorantibus calamo Andreae Abrek poeseos in Acad. Zamoscensi studiosi concinnatum. Zamosci, typ. Acad. exprimebat Paul. Radicius 1646. 4to, k. nl. 11.
Dedyk. Jerzemu Wozuczyńskiemu, łowczemu ziemi bełzk. Ossol.

— Flores laurei virtuti ac eruditioni VV. DD. secundae laureae candidatorum Michaelis Wielkowicz, Ignatii Greglitii, Joannis Budziński, dum ab illustri. et admodum reverendo D. D. Andr. Abrek s. th. doct., ecclesiae colleg. scholastico, universitatis academicae Zamosciensis rectore vigilantissimo, praeposito Tarnogrodensi, S. R. M. Secr., in frequentissima amplissimorum virorum panegyri artium magistri et philosophiae doctoris renuntiarentur ex amoenissimo Parnassi viridario a nobili juventute academica debito officiose gratulationis cultu delati. Anno a partu virginis Matr. 1666. Die 4. mensis Mai. Zamosc. typ. academ. 1666. 4to kart niel. 10.
Dedyk. Michałowi Kor. Wiśniowieckiemu podpisał Joan. Chr. Budziński.
Jocher 1967. Ossol.

— Laureum sertum artium et philosophiae primum, quod in academia Zamoscensi Antonio Betuski, Alberto Rachalski Andreas Abrek extulit 1658. 4to. (Ob.: Rachalski Alb.).
Pisali tu wiersze: Ryszkowski A., Zamojski Stef., Jezierski Grzegórz, Zamiechowski, Wacławowicz Stan., Lendza Wilch., studenci akad. Zamojskiej. Bibl. Zamoj.

— Manipulus ramorum laurigerorum vener. D. Antonio Betuski elemento-

rum philosophiae et eloquentiae professori, cum in inclyta academia Zamoscensi lauream in artibus et philosophia
secundum susciperet, a nobili juventute
academica scholae rhetorices, oblatus
A. D. 1660. Ob. Betuski Antoni.

— Sacra nuptialia auspicatissimo
.hymenaeo illustr. D. D. Joannis in Zamoscie Zamoyski supremi regni pocillatoris, terrarum Podoliae, copiarumque
exercitus Germanici, S. R. M. generalis Camenecen. Laticouien. Calussien.
etc. capitanei, et lectissimae sponsae
Mariae Casimirae Franciscae, illustrissimorum parentum Henrici de la Grange
marchionis d'Arquien et Franciscae comitissae de Chastre filiae clariss. Ab inclyta universitate academica Zamoscen.
inter festos ac faustos gratulantium applausus, per M. Andr. Abrek philos.
doct., ordinar. eloquentiae profess., canonicum Zamosc. instaurata. An. D.
MDCLVIII (1658) V. nonas Martii. Zamosci, in off. typ. acad. Zam. imprimebat Andr. Jastrzembski. fol. k. niel.
1. ark. F².

Jagiell. — Kijows. — Krasińs. — Ossol.

ABREK Andrzej ojciec i syn ob.
Betuski Ant. (1660) — Bitomski Joan-
nes(1644)—Budziński Joannes(Lychnus
1666) — Ciesieński Pet. (Sagitta redux
1700) — Cynerski Jan (Fascia 1650) —
Czechowicz Jan B. (Phoebus 1647) —
Czemiernicki And. (Honori 1641) —
Czołhański Jan (1631) — Dobraszowski
Sebast. (1644) — Drużbicki Jan (1645)—
Foltynowicz Martinus (Symbolum amo-
ris 1644, Tropheum Palladis 1644) —
Grabowicz F. (1675) — Jaskrzewic
Mich. (Arcus 1690) — Krobski Franc.
Józef (Palmaris dies 1696) — Liznie-
wicz A. F. (1652) — Morochowski Hel.
(Włóczebne 1625) — Nucerinus Seb.
(Flores 1651) — Okolski Szymon
(1638) — Pawołowicz Maciej Jan (1695,
Infula 1696) — Podgórski Samuel Jan
(Leo liliatus 1687) — Puzyna Stefan
(1647) — Rudomicz Bazyli (1644) —
Sixtus Thomas (Sertum academicum
1629) — Spruszyński Georg. Bened.
(Stromatae honori 1680) — Tabulae

Jabłonovianae — Tasso (Jerozolima
1651) — Tutkowski Szymon (Virtutis
1654) — Ursinus (Grammat. 1648) —
Wosniowski Albert (Quaestio 1649) —
Zaleski Benedykt (Symbolum 1644) —
Zamojski Jan (Musopaean 1646) —
Zychowski Alexander (Fastigium 1644,
Septem 1643).

ABREK Benedykt. Perillustri et magnifico Domino D. Nicolao a Przytyk
Podlodowski, capitaneo Radomscensi, vexillifero Dobrzynensi, litterarum et literatorum fautori benevolo Benedictus
Abrek inclytae academiae Zamoscensis
studiosus, auspicatum e voto bonorum
omnium ad capitaneatum ingressum et
jurisdictionem anno Domini 1655. januarii die undecima initam gratulabundus diuternam et prosperam ejusdem
possessionem medullitus precatur. Zamosci, in off. typ. acad. impr. Andreas
Jastrzembski. 4to. k. nlb. 11.

Jest tu także 12 wierszy elegiackich Jana
Abreka na herb Janinę Podlodowskich.

— ob. Tutkowski Szymon (Laurea
artium 1653).

ABREK Jan Aleksander. Laurea theologica admodum Reverendi in Christo
patris Fr. Antonii Zmiszowic ordinis
Francisci Seraphici minorum convent.
religiosi custodis Praemisliensis, dum
vigore privilegiorum a SS. Apostolica ad
inclytam academiam Zamosc. obtento-
rum sacrae theologiae doctor, a perillustri
et admodum Reverendo Domino Andrea
Kłopocki S. theol. et U. I. doctore,
protonotario Apostolico, scholastico Zamoscense, praeposito Tarnogrodense, S.
R. M. secretario, academiae procancellario dignissimo, ritu solenni plaudente
numerosa illustrium utriusque ordinis
virorum panegyri renunciaretur. Anno
Christi 1654. Novembr. die 17. w 4ce,
kart 10.

Na odwrot. str. tytułu dedykacyę prozą i
wierszem dla Zmiszowica podpisali jako
dla swego krewnego Benedykt i Jan Abrek,
studenci Akad. Zamojskiej — za rektorostwa Andrzeja Abreka. — Por. z Tut-
kowskiego: Applausus sapientiae.

— ob. Abrek Benedykt (1655) —
Niewieski Stan. (Archetypus 1668) —
Tainer Ludwik Mikołaj (Virtus prac-

miata b. r.). — Tutkowski Szymon (Laurea 1653).

ABREK (Habrecius) Nicolaus. Notarius Leop. († 1701). Eucharisticon ad auspicatissimum hymenaeum excellentissimi et doctissimi sponsi D. Valeriani Alembek philosoph. et medicinae doct. scabini Leopolien. et lectissimae sponsae Catharinae, optimi piae memoriae viri Joannis Habermani philosoph. et medicinae doct. consulis Leopol. filiae, concinnatum a Nicolao Abrek, almae acad. Zamoscen. philopoëta. Anno quo semel mater semper immaculata virgo genuit dominum et deum nostrum 1653. Excudebat Andreas Jastrzębski acad. Zamosc. typographus. Ad diem nuptialem XI Maij, anno Domini 1653. 4to. 9 k. nlb.   Czartor,

— Euphrosine. (Oda do Jana Zamojskiego, starosty Kałuskiego, opiewające teskność uczonych, w piśmie Czarnockiego Jana: Deziozis. Zamość. 1646).

— ob. Canevesi Franc. (Gratitudo 1649) — Rudomicz Bazyli (1646) — Tutkowski Szymon (Laureaartium 1653).

Juszyński Dykcyon. I. — Muczkows. Statuta 282.

Abrekówna Maryanna ob. Głowczyński Sam. Goldt (1672) — Tainer Mikołaj (Hymenaeus).

Abriss dess Standarts dess grossen Vizirs, welchen Ihro Königl. Majest. in Polen, Johannes der Dritte vor Wien mit grosser Gefahr dess Lebens gewonnen, und Ihro Päbstl. Heiligkeit Innocentio dem Eilfften zum Zeichen der Victori durch seinen Italianischen Secretarium auff Rom überschickt hat. B. r. (1683). fol. 1 ark. po 1 stronie druk.

Górą rycina sztandaru, a poniżej: Ausslegung der Wörter der Standarte. — O oddaniu sztandaru Papieżowi ob. Jac. Franci: Historische Beschreibung der denkwürdigsten Geschichten etc. Frankfurt. 1684. pag. 65.   Bibliot. Monachijs.

— (Curieuser) und Beschreibung der Stadt Riga. 1709. w 4ce.

Abrogatio et moderatio abusuum et sumptuum, quibus litigantes partes tam apud scabinale quam advocatiale offi-

cium nimio antea gravabantur. Cracoviae, 1547. 1619. 1629. — ob. Groicki Bartłom.

Czartor. — Jagiell. — Branic.

ABRY. Grammatyka francuska z pols. przez Abrego. Wilno 1781. w 8ce.
Katal. Jabłoń. we Lwowie.

Abrys doczesnej szczęśliwości ob. Witwicki Stan. (1685).

— kasztelu politycznego Jana Kamieńskiego ob. Maskowski Mich. (1648).

— komety z astronom., uwagami ob. Ciekanowski Kasp. (1681).

— koronacyi Najśw. Nieba Królowej, 1757 ob. Celejowski.

— mężnego bohatera w Pawle Janie Sapiezie ob. Karnicki J. X. (1667).

— miłości Kortyniego ob. Waliszewski Mac. Jan (1667).

— panieński Anny Artemisówny ob. Romanowicz Jan (1675).

— prawdziwej Matki Boskiej, 1721 ob. Donadzki A.

— serca X. J. Małachowskiego, 1700 ob. Jagieliński Waleryan.

— statecznej cierpliwości S. Katarzyny ob. Solarski Jan Waw. (1685. 1688).

— szlachcica polskiego ob. Kunicki Wład.

— żywota Jana od Krzyża ob. Wysocki S. (1676).

Abryss ob. Abrys.

Absagbrieff ob. Zamojski J. (1602).

Abscheidt womit Kön. zu Polen Comissarien gesegnet ob. Volanus (1589).

Abschieds-Gedancken (Letzte) eines Sächsischen Soldaten, welcher kurtze Zeit vorher ehe seine Landes-Leute von denen Schweden die grosse Niederlage ohnferne Crakau erlitten, aus Pohlen eilet. 1702. B. w. m. dr. w 4ce, k. 2.
Wierszem.   Czartor.

Abschieds-Worte des S. Schlichting ob. Schlichting (1701).

Abschrift (Warhaftige) der colmischen Handfest, der sthad Colmen und Thorn anfenglich anno 1250. 1. Cal. octo. gegeben. Darnach sich alle diejenigen richten müssen, denen jrgent ihn den Landen zu Preusen güttere zu Colmischen Recht gelihen sint, vnde wie man beinahe in allen steden Richtere kisen sol, was vor busse inen eigent, vnde mit was vor einem Rechte dieselbigen sthedte zu ewigen zeiten nimmer zu vorandren stadlich vorprivilegiret, zollfrey gemachet, vnde andren grossen freiheiten begnadiget in diesen geferlichen zeiten gantz nötig zu wissen. B. r. i m. dr. 4to. k. nl. 8. dr. goc.

Drukowano w Krakowie u Wietora, (r. 15..) jak z porównania czcionek tu i w dziele: Ein statlicher vnd feyerlicher Actus, drukowanem u Wietora, widać.
Bran. — Czartor.

— (Ein kürtze) der Bekanntnüs des H. Christlichenn Glaubens, so auff den Landtagk zu Peterkoif durch die Legaten des Könnigreichs Poln geschehen ist, den Drietten May 1554. B. r. i m. dr. quarto wysokie a wązkie, k. nl. 4. dr. goc.

Mały gruby krzyżyk równoramienny pod tytułem, a pod nim węzeł spleciony z linii grubych, znamionują drukarnię królewiecką Daubmana. Czartor.

— (Kurtze) und Verzeichnuss des grossen und gewaltigen Feldzugs, so der Moscoviter für Polotzko in Litawen, den 31 Januar dieses LXIII (1563) Jars gebracht hat. B. w. m. 1563. w 4ce.

Nowakowski F. Źródła do dziejów. 190—198.

— Schreibens der schwedischen Reichs-Räthe an die pohlnische Reichsräthe. Anno 1655 abgangen. B. r. i d. 4to. 12 str.

Ob. Exemplum litterarum (1655) — Morsztyn (Litterae 1655).

— d. Schreiben als Z. Hermann Hochzeits Fest. ob. K. I. von B. (1670).

— einiger glaubenwürdigen Briefe, wegen d. Gefechtes, so zwischen denen Schweden und Sachsen unweit Posen d. 9/19 August 1704 vorgefallen. Posen den 12/22 Aug. 1704. B. m. dr. 4to, 2 k. nlb. Jagiell.

— einer uhralten Prophecey, so bey Erbawung eines Polwerkes zu Marienburg in Preussen von dem schwedischen Commendanten unter der Erden auf einer Messingen Taffel gefunden worden. w 4ce.

Tyczy się Inflant.
— eines Schreibens an Georg. Rakoci ob. Lubomirski Jerzy Seb. (1657).

Abschriffte (Zwey) I. Von Jhrer römischen käyserl. Mayst. Schreiben de dato den 18. 28. Augusti Anno 1659. An Jhre Chur-Fürstl. Gnaden zu Mayntz betreffent die praeliminar-Tractaten zwischen Schweden und Pohlen wie auch den Einfall in Pommern. II. Von des Königl. Schwedischen Legati, Herren Matthiae Biörenklous Schreiben an Höchstged. Jhr Churfürstl. Gnaden zu Mayntz wegen obgedachte praeliminar Handelung. Dat. 9/19 Sept. 1659. B. m. i r. w 4ce, 32 stron.
Hoppe 93.

Abschrifften einiger Briefe ob. Görtz (1707) — Patkul (1702).

Absolutissimus de octo oration. libellus ob. Erasmus Roterd. (1535, 48) — Pyrser Mac. (1523).

Abstemius Laurenty ob. Ezop (b. r., 1740, 1751).

Abstract (An) of the troubles in Poland in the year 1715. with political remarks and reflections. In which are sheown. 1. The methods used to set up a tyrannical government. 2. The various causes of sedition; and 3. The dreadful effects and fatal consequences thereof. Occasion'd by a paper entitled, The True Briton. London: printed for A. More near St. Pauls, and sold by the booksellers of London and Westminster. 1723. 8vo, 4 k. str. 36.
Czart.

Absurda Synodu toruńskiego ob. Śmiglecki M. (1596).

— vera occasione controversiarum ob. Sinapius Mich. Al. (Senfft) (1693; 1697).

Abweichung (Rechtmässige) der Lande Preussen von den Creutz-Herren, auch endliche Wiederergebung unter Pohlen. Cracau. 1578. w 4ce.
Przyłęcki.

Abyssus gratiae Thom. Aquinas ob. Josephowicz Joan. Th. (1687).

3

18

— plena Deo ob. Rotkiewicz Kon. (1689).

Academia Cracoviensis seu de illius felicissima atque auspicatissima erectione comoedia. Cuius tres partes: Prima ante erectionem: barbaries et idolatria in Polonia regnant. Religio Christiana a Miecislao et Polonis suscipitur primaque Academiae fundamenta iaciuntur. Secunda: circa erectionem fortunae potentia monstratur. Academia a rege Vladisl. Jagellone et Repub. erigitur, et dialogus in honorem fundatoris ex ejusdem armis gentilibus exhibetur. Tertia: post erectionem, dum pietas et literarum studia in academia florent, barbaries ad eam evertendam tota nisu contendens, varia a variis emendicat subsidia. Academia interim sub manipuli (cui Olympia instituet) aliorumq. amicorum siderum protectione et clementia cum omnibus suis musis tuto requiescit, et universum septemtrionem illustrat. Cynico judice, actore et pene ubique spectatore. Cracoviae (1637). w 4ce, 4 k. nlb.

Jocher 1297.   Ossol. — Krasińsk.

— nobilissimo Thomae Zamojski ob. Oratio dominica.

Academia cracoviensis, leopol., vilnen., zamoscensis i t. d.

Wszystkie odsyłacze odnoszące się do nich zebrane są pod Akademia krakowska, lwowska, wileńska, zamojska i t. d.

Academiae Marianae illustrissimo Domino D. Adalberto Siemieński, referendario regni, capitaneo Dębovecensi etc. ejusq. de Borzęckie Franciscae Siemieńska, consorti. Utriq. majorum ceris clarissimo, celsitudine dignitatum amplissimo, a devinctissimis suo nomini et honori academicis Marianis, eorumq. professore grati animi studio dedicatae.

Academia I. Pretiosissimam Dei parentem Mariam sine originali labe conceptam, constitutioni S. Ecclesiae conformibus argumentis declarans, in sacello collegii Premisliensis Soc. Jesu, qua die perillustris admodum reverendus dominus Venceslaus Sierakowski, vexilliferides et judicides castrensis cracoviensis, praefectus congregationis sub titulo Immaculatae Conceptionis Mariae renuntiatus 11 Novembris 1756, habita.

Academia II. Admirabilem Dei matrem Mariam a clarissimis mundo et coelis sui natalibus augustam infantem celebrans, eodem in sacello collegii Premisliensis Societatis Jesu, qua die perillustris, magnificus ac generosus dominus Franciscus Xaverius Tagoborski, vexilliferides Czerniechoviensis, de ordine equitatus Leib-Compagnie, praefectus ejusdem congregationis declaratus 7 Junii 1757, exhibita. B. m. 4to, k. 4 nlb.

Jagiell.

Siemieński Wojc., referendarz koronny, umarł w r. 1763.

— ob. Drohojowski Iwon (Acad. z historyi 1756) — Sierakowski Wacł. (Academia 1756).

Academia mortis ob. Schindler Adr. (1658).

Academiam nuper institutam Leopoli nullis regni legibus adversari legitimae autoritatis permissu, probatur. Opusculum ex polonica lingua in latinam conversum ibidem a. 1760. fol. ark. H₂.

Bez osobnego tytułu. Obejmuje urzędowe nadania zacząwszy od Aug. II.

Jagiell. — Ossol.

— ob. Akademia Zamojska (Kontrowersya lwowska 1759) — August III. (Confirmatio privilegii 1758).

Academia Widawska ob. Kwiatkowski A. D. (1635) — Wężyk M. (1635).

(Academia Zamoscensis). Ad sacram reg. majestatem D. N. C. et sacrum senatum regni Poloniae, Academiarum cancellarios, totumque peraugustum collegium episcoporum, protectores natos, signantes, ad celsissimum principem primatemque regni archiepiscopum Gnesnensem, tum illustrissimos, excellentissimos et reverendissimos dominos archiepiscopum Leopoliensem et episcopum Premisliensem, defensores et conservatores jurium academiae Zamoscensis specialiter et perpetuo a piae memoriae Paulo V. summo pontifice per bullam A. 1617 electos et constitutos pro academia Zamoscensi supplex libellus. Bez osobnego tytułu. B. m. dr. (Zamość). 1759. 4to, k. nlb. 16. (D₂).

Jocher 1655.
Ord. Zam. — Akad. — Kras. — Jag. —
Dzików — Ossoliń.

— Mariae Teresiae augustissimae, serenissimae, potentissimae, apostolicae imperatrici, reginae et dominae suae clementissimae etiam post fata superstiti et immortali Universitas Zamoscensis post peractum solenni ritu et apparatu totius collegii academici sacrum funeris obsequium integerrima officiorum suorum et acerbissimi doloris significatione offert carmen lugubre. B. w. m. w 4ce, kart 8 nlb. Cesarzowa umarła 29 listop. 1780.

Ossoliń.

— Academiae Samoscianae recens institutae intimatio ob. Hilchen D. (1594).

— Academiae Zamoscensis per Joannem III. regem Pol. generalis jurium confirmatio. 1676.

Academica ob. Goliński Bar. (qua Szyszkowski 1607) — Stephanides (Stefanowski) A. (1611).

— deifica trias Arianorum 1619. ob. Blosius Mat.

Academici Sancti seu s. Joannes et s. Arcadius Berytum studiorum causa profecti et post eremitae facti, nunc in scenam dati Vilnae, anno 1684 a perillustri ac nobili juventute academica almae universitatis Soc. Jesu. B. m. r. (1684). w 4ce, k. 2.

Jagiell.

— ob. Akademia — Akademicy — Gastaldi (Ac. Crac. 1676) — Inhibitiones (Ac. Crac. b. r.) — Sapieha L. (Vilnenses 1659).

Academicum sertum ob. Łacki Kasper (1641).

— viridarium ob. Sienkiewicz Petrus (Viridarium 1684).

Academie des sciences ob. Bullart Izaak (1682).

Acathiste ou dévotion à la très Sainte-Vierge Mère de Dieu; culte très ancien et très célèbre dans l'église orientale. Vilna (1765). w 8ce.

Accenta ob. Despauterius Joannes (1532) — Libanus G. (de ratione 1539) — Novicampianus Albert (1548).

Acces warszawski około elekciej nowey króla Jego Mości Zygmunta III. 1587. fol.

Branic.

Accessions-Aote (Die bey der gegenwärtigen allgemeinen Landesversammlung zu Mitau errichtete) zu den Conföderationen der Dissidenten im Königreiche Pohlen. B. m. dr. 1767. w 4ce.

Bibl. Petersb.

— des Königlichen Polnischen Kreises Pilten zu der zwischen I. K. M. aller Reussen und S. D. dem Herzoge und den Ständen der Herzogthümer Kurland und Semgallen den 10. (21.) Maij 1783 in Riga geschlossenen Handlungs- und Grenz-Konvention. Mitau, (1784). w 4ce.

Bibl. Petersb.

Accessoria juris polonici seu manipulatio de formalitate. B. w. m. i r.

Notaty Hanna.

— ob. Słoński Michał (Accessoria, statut i konstytucye 1758).

Accessorium obacz: Matuszewicze (1778) — Myszyński L. (1785).

Accessus ad juris cognitionem ob. Starowolski Szym. (1633, 34).

— ad pantheum idolatriae. 8vo, str. 331.

Przyłęcki.

— publicus confoederatorum statuum Reipublicae ad Sereniss. regem Augustum tertium (data: Regiomonti d. 23. m. Mart. 1736). B. m. dr. folio. str. liczb. 8.

Krasiń.

— et recessus altaris seu piae praxes ante et post sacram communionem recitandae. Posnaniae. 1769. w 12ce.

Przyłęcki.

Accipiter Sarnovianus ad Cathedram ob. Ossowski Kaz. (1677).

Acciza ob. Ordinans (1657).

Acclamati Himenaei ob. Potocki M. Faces (1689).

Acclamatio nuptiis Sim. Weiss ob. Bastermann Mel. (1633).

— solennis Joan. Casimiri ob. Bytnerus A. (1649).

— terrae coelorumque splendori D. Hyacintho ob. Kozielski Ambr. (1694).

— Vlad. IV. ob. Schlichting J. J. (1633).

— votiva in honorem nuptiar. ob. Baumgarten Dan. (1660).

— ob. Czartoryski Stan. (1753) — Notmann Er. (Stanislao I. 1707).

Acclamationes Musarum Elbingensium pro pace restaurata et patria conservata. B. m. dr. (1636). folio. 10 k. nlb. Czartor.
— votivae ob. Blivernitz Aaron (1654).

Accolitus Demetrius ob. Constitutiones (1731).

ACCOLTI Hieronim. Della vita, miracoli et canonizatione di S. Hiacinto Polacco dell' ordine di S. Domenico. Quale si celebra Domenica alli 17 d'Aprile 1594. Breve discorso di Girolamo Accolti. In Roma, et di nuovo in Macerata 1594. Con licenza de superiori. w 12ce, k. nlb. 4. Bibl. War.

Accort et capitulation faict entre le roy de Navarre et le duc de Cazimir pour la levée de l'armée des Reistres venus en France en l'année 1587. Strasbourg. 1587. w 8ce.
Czy polskie?

Accord faict entre le roy de Pologne et le roy Ferdinand empereur designé, contre tous les protestans d'Allemagne. Ensemble ce qui s'est faict et passé par toute l'estendue de l'empire depuis le 15 Juin iusques au 15 Juillet dernier. Le tout extraict des Memoires iournaliers de l'ordinaire d'Allemagne. A Paris, en la rue sainct Jacques au Chesneverd prés Sainct Beinoisb. 1619. w. 8ce, 15 str. Czartor.

Acord: welche zwischen den Hochwohlgebornen Herrn, Hn. Andreas Triebiczki Bischoffen zu Przemislaw und Untercantzlern in Pohlen, Joh. Grafen von Leszno, Woywoden zu Posen; Georg Grafen in Wiśnicz Lubomirski, Crohnen Reichs-Marschaln; Stephan Grafen von Pylczo Coryciński, Crohnen Gross Cantzlern; Vincentius Gonziewski, Schatzmeistern und Feldherrn in Littawen; Nicolaus de Bnin Opaliński, Crohnen Hoff-Marschalln; — als königlichen Deputirten eines; — und dem Hoch Wohlg. Grafen und Herrn Herrn Arffwed Wirtemberg von Debern, Grafen zu Neuburg und königl. Schwedischen Feld-Marschall, etc. anderen Theils; den 1/21

Julii A. 1656 wegen Uebergab der Stadt Warschaw abgehandelt und geschlossen worden. B. m. dr. (1656). 4to. 2 k. nlb. Jag.
— ob. Articulen (1656).

Accord (Der) zwischen Casimir König von Polen und dem Kaiser Leopold I. wegen Übergabe der Stadt und Schlosses Cracaw. 1657.
Grabowski: Starożytnicze wiadomości o Krakowie, str. 128.
Porównaj: Accords-Puncten.
— welchen der durchlauchtigste Fürst und Herr Herr Johann Adolph, Pfaltz-Gfen bei Rhein in Bayern, zu Julich, Cleve und Berg Hertzog, Graf zu Beldentz, Spannheimb, der Marck und Raversperg, Herr zu Ravenstein, der königl. Majestät zu Schweden Generalissimus über dero Armeen und Ober Director der königl. Preussischen Palatinaten, dem königl. Polnischen Commendanten Sirschav Herrn Ober Leut. de Beauveau gnädigst eingewilligt. Gedruckt in J. 1659. w 4ce, k. niel. 2. Ossol.

Accoorts Puncta tusschen Zijne Con. Majest. Johannen Casimirum, tot Polen ende Sweden ende.... Graef Wittenberg Velt-Maerschalck weghen het overgaen vande Stadt Warschau. Anno 1656. Gedruckt in t'Iaer ons Heeren 1656. 4to. 4 str. Król. Bibl. Sztockh.

Accords - Puncta zwischen Jhr. königl. Maytt. von Pohlen Johannem Casimirum etc. vnd Jhr. Excell. Herrn Graff Wittenberg Feld-Marschallen, wegen Vbergang der Stadt Warschaw 1656. Den 1. Julii vollenzogen. B. m. 4to. 4 str.

Acords-Punckte der Stadt Danzig ob. Gdańsk.

Accords-Punckten, welche zwischen Jhrer königl. Majest. zue (sic) Pohlen (Titul) undt der zu Hungaren undt Böhaimb. königl. Maytt. geheimben u. Kriegsrath, General Feldmarschall und Obristen Herren Herren Melchior Graffen zu Hatzfeldt undt Gleichen eines, dann der königl. Maytt. zu Schweden bestallten General Major u. Govverneur der Stadt unnd Schlosses Krakavv,

Herrn Paul Wirtzen und dessen in der Guarnison Krackau bey sich habenden Officieren, anderentheils, durch gewise hier zun verordente undt zu letzt unterschriebene Herren deputatos wegen evacuirung der Stadt und Schlosses Krackaw, sambt den Caszimir nachfolgender weyse verglichen, redlich und aufrichtig beschlossen und getroffen worden. (1657). w 4-ce, kart 12.

Na końcu podpisany M. Hatzfeld.

— Toż. Accords Puncta, welche.... wegen evacuirung der Stadt und Schlosses Krakau sambt den Caszimir nachfolgender weise verglichen, redlich und aufrichtig geschlossen und getroffen worden. B. m. Dat. den 14. vnd 24. Augusti, Anno 1657, w 4-ce, str. 16.

— Toż, inne wyd. Anno M. DC. LVII. w 4-ce, str. 16.

— Toż, inne wyd. Bez tyt. B. m. i r. 4to. str. 8.

— Toż, inne wyd. Accords Puncta zwischen dem Könige ausz Pohlen, ... vnd dem Königl. Schwedischen Herrn Gener. Major Würtz, Gouverneur der Stadt und Schlosses Crakow. Jm Jahr 1657. Dat. den 24 Augusti Anno 1656 (sic). B. m. 4to, 4 str.

— Toż, inne wyd. Vergleich oder Accords Puncta. B. m. i r. fol. 1 k.

— Toż. Wyd. po hollenders. Druk. w Graven-Hage. Anno 1657. w 4-ce, 12 stron.

Ob. Abdruck des Accords. (1657).

Jagiell. — Branic. — Czartor. — Ossol.

— welche des Herrn Generalissimi Hochfürstl. Durchl. mit denen in der Schantze bei Lissau in dem Grossen Werder gelegenen Polnischen Völckern den 11/21 Aprilis 1658. getroffen. B. w. m. i r. w 4-ce, k. 2. Akadem.

— zwischen den Herrn Herrn Deputirten der Cron Schweden und Pohlen, belangend die Übergab Thoren. B. m. dr. Gedruckt im Jahr 1659. w 4-ce, k. nl. 5. Ossol.

Accords-Puncterne slutne med Öfwerts-Lieutenanten och Commendanten Herr Ernst Neresius, om Fästningen Birsen den 14. 24. Sept. 1704. B. m. dr. (Stockholm?) w 4-ce, 4 str.

Tytuł na stronie drugiej. Na str. pierwszej odezwa zaczynająca się: Min Herre! Na samym końcu pod warunkami kapitulacyi podpisani: Casimir Saphia (sic) i Ernst Neresius. Jagiell.

Account of an inland sea, or lake, near Danzig yielding at a certain season of the year a green substance, which causes certain death 1672. stron 573.

— (An) of Livonia ob. Blomberg Ch. Jean. 1701.

— (A new) of Poland and Lithuania. To which is added, a new description of Swedeland, Livonia and Courland. London, 1702. 12o. k. tyt., 5 k. nlb. i str. 130.

Bibl. petersb.

— Toż, tamże, 1725. 12o. k. t. 5 k. nlb. i str. 151. Czart.

— (An) of Poland ob. Tende Kasp. (Hauteville) (1698).

Accrementum nominis Jos. Wiśniowski ob. Podgórski X. Sam. (1703).

Accusatio contra Elbingenses ob. Orzechowski S. (1569).

Accusationum in Chr. Zborowium ob. Recicius Ant. (1585).

— Sueticarum Stockholmiae a. 1609 typis editarum equitis Poloni refutatio. Cracoviae, ex officina Andr. Petricovii, 1611. w 4-ce. k. t. i str. 54.

Ossol. — Czartor. — Królew. w Stokhol.

Acernus Sebast. Fab. ob. Klonowicz.

Acervus assertionum logicarum ob. Zielonacki L. (1643).

— triticis ob. Cymmerman Marc. (1649).

Achacius Tobiasz ob. Nowodworski Adam (1631).

Acham Turuley ob. Prognostyk (b. r.).

Achan ob. Grzech (b. r.).

Achas liliata Joan. Ant. Chrapowicki ob. Białowicz Wal. (1671).

Achates abo kleynot podczas aktu And. Szumlańskiego ob. Sarnowic W. (1637).

ACHBAUR Franciscus. Leichen-Rede über den höchst seeligen todt Ihro Majestaet des allerdurchlauchtigsten grossmächtigsten Herrn, Herrn Friderich August des III. Königs in Pohlen,

Chur-Fürstens zu Sachsen, Hertzogens zu Jülich, Cleve, Bergen, Engern und Westphalen, des heil. römischen Reichs Ertz Marschallen etc. in Anwesenheit höchster und gnädigster Herrschaften den zwey-drey-vier und zwantzigsten Winter-Monats 1763 vorgetragen von P. Francisco Achbaur, der Gesellschaft Jesu Chur-Fürstlichen Hof-Predigern in Dressden. Mit Genehmhaltung der Obern. Friedrichstadt, gedruckt bey Christian Heinrich Hagenmüller. fol. str. 35.

Jagiell. — Czartor.

— Trauer-Rede bey dem feyerlichen Leichen-Begängniss Ihro Koeniglichen Hoheit des durchlautigsten Fürsten und Herrn, Herrn Friderich Christian Leopold, Koeniglich Pohlnischen Printzen, Kurfürsten zu Sachsen, Hertzogen zu Jülich, Cleve, Bergen, Engern und Westphalen, des heil. römischen Ertz-Marschallen etc. den 6. 7. 8. Hornungs-Tag 1764 in Anwesenheit höchster und gnaedigster Herrschaften vorgetragen von P. Francisco Achbaur aus der Gesellschaft Jesu, Chur-Fürstlichen Hof-Predigern in Dresden. fol. str. 32.

Czartor. — Jagiell.

ACHENWALL Tom. jun. (ur. w Elblągu 6. Nov. 1702). Eine Standrede auf den polnischen Oberstlieutenant Herrn Ernst Boguslav von Flotow vorstellend die Ruhe in der Ehre. Aus Jes. 11. 10. Elbing 1744. fol. ark. 3.

Tolckemit: Elbing. Lehrer. 1753. s. 107.

ACHIENEF Wilhelm. Wety apollinowe na stół weselny nowych oblubieńców Jegomości Pana Jakuba Hima, Jejmości Panny Zuzanny Gąblowny, ukochanej siostrzenicy Jejmości Pani Elżbiety Ciamerowej sławnej kupczyny i mieszczki krakowskiej z powinszowaniem i życzliwości oświadczeniem przez Wilhelma Achienefa st. A. K. wystawione roku pańsk. 1664. w 4ce. 2 ark.

Na odwr. str. tyt. herb miasta Krakowa i pod nim sześciowiersz, dalej herb króla i pod nim sześciowiersz polski.

Jagiell. — Warsz. Uniw.

Achilles ob. Theatrum Martiae fortitudinis (1682) — Ustrzycki A. W. (Troista historya 1700).

Achillesowa zbroja ob. Dębowski Andrzej (1609).

ACHILLES Alexander Borussus, aulicus Vladislai IV. (ur. 1584 † 25 Decemb. 1675). Tractatus de causis terrae ac maris motus.

Witte: Diar. Biogr. 1688. — Enc. Pow. I. 83.

ACHMET Sultan. Letter denouming (?) warre against the king of Poland. 1621. London, w 4ce.

ACHMET III. Manifest des Türckischen Gross-Sultans wider den Muscovitischen Czaren aus dem Italiaenischem übersetzt. Sambt angehängtem Abdruck eines unlängst unter dem Nahmen Einer Antwort auff gewisse Fragen einer Pohlnischen Dame wegen der Alliancen zwischen christlichen Potentaten und der Ottomanischen Pforten, und dergleichen herausgegebenen Schreibens mit gleichfals beygefügter teutschen Ubersetzung desselben. Anno 1711. B. m. w 4ce, 24 stron.

List dat. Hamburg 6. Marca 1711.

(Achmet). Manifest o wiarołomnym rozerwaniu pokoiu od Achmeta Sołtana tureckiego przeciwko Jego Carskiemu Maiestatowi ex mandato tegoż Majestatu wydany 1711. Anno, 22. Febr. B. m. (1711). fol.

Bibl. Petersb.

Achmet IV. ob. Gosciecki Franciszek (1732).

Acies fortitudinis et voluptatis, in Julio oppugnato, Annibale expugnato, Hercule triumphato, producta in regio arcis Varsaviensis theatro a regiis Varsaviensibus Collegii Vladislaviani scholarum Piarum eloquentiae auditoribus. Anno Domini 1696. Die 2 Martii. B. w. m. dr. fol. kart 2.

Warsz. Uniw.

— Palladis Jagellonicae 1693. ob. Potocki Stan.

— ordinata Regio-Marianae Militiae Ill. D. Dönhoff. 1716. Typ. Coll. Vars. ob. Denhoff Stanisław.

— heroibus Max. Fr. Ossoliński ob. Ossoliński (1721).

— ignea et facies leonis ignem spirantis in Vladimiro Roxolaniae Principe thaumaturgos inter ignes etc. adumbrata humanitate Athenaei Regio

Batoreano Polocensis S. J. sub sacram divi Ignatii Loiolae diem Anno 1724. fol. 1 ark.

Teatralno.

— ordinata in principalium ob. Szembek Jos. (1737).

(Ackerbaum Georgius). Carmina gratulatoria in nuptias Georgi Ackerbaum et Reginae Havenburg. Thorunii, Andr. Cotenius, 1590. w 4ce.   Czartor.

Ackerbaum Mik. Ign. medyk J. K. M. ob. Beynous Eliasz (Samarytan 1695). Gąsiorow. Hist. medyc. II. 301. — Bentk. II. 453.

Ackord ob. Kraków (1655).

ACKORD Eliasz. Dissertatio inauguralis medica de ruminatione humana singulari quodam casu illustrata, quam etc. pro gradu doctoris et summis privilegiis in arte medica die XXX Julii 1783 publice defendet auctor...., Mohiloviensis in Russia Alba. Hallae, typis L. C. Fabri. w 8ce, str. 36 nlb.

Bibl. Chreptowicza.

— Die Juden oder die nothwendige Reformation der Juden in der Republik Polen; aus dem Poln. eines unbenanten Verfassers übers. u. mit einigen Anmerkungen vermehrt von Elias Ackord der ArzneygelahrheitDoctorundAccoucheur. Warschau. 1786. gedruckt und verlegt von Michael Gröll, königl. Hof-Buchhändlern. w 8ce. 48 stron.

Jestto tłomaczenie pisma wydanego bezimiennie w Warszawie w r. 1785 p. t.: Żydzi czyli konieczna potrzeba reformowania Żydów w kraju Rzeczypospolitej polskiej przez obywatela bezimiennego. Warsz. 1785. w 8ce, stron 40. (obacz).

Akad. — Branic. — Kijow. — Zielińs.

ACKORD Josephus Samuel. De pneumonia putrida, dissertatio inauguralis medica. Quam ordinis medici consensu, praeside Chr. Frid. Elsner medic. doctore et prof. ord. secund. regii collegii med. Edinburg. socio, doctoris medicinae gradum et privilegio rite capesciturus die XI. Apr. D. 1791. publice defendet Wkiskircha-Polonus. Regiomenti typ. G. L. Hartungi 1791. w 8ce, str. 20.

Dedic. Joanni a Boeckler Sacr. Reg. Maj. Poloniae Archiatro et Consil.

Jagiell. — Warsz. Uniw.

ACOLUTHUS Jan Szlązak (ur. 1628, um. d. 3 maja 1689 we Wrocławiu). Kancyonał doskonały etc. Cantionale perfectum, seu cantiones, hymni, psalmi collecti ex Thorunensi, Gedanensi, Regiomontano cantionalibus cum additamento, colligentibus Jo. Acolutho, Jo. Harden, Car. Frid. Cussaus, Matthaeo Klippel et Adamo Regio. Bregae Siles., Christ. Tschorn, 1673. ob. Kancyonał doskonały.

— Lux in tenebris.

Bezimienne przeciwko Papieżom.

Porównaj: Komenius. Lux in tenebris 1657, którego to dzieła zapewne Komenius jest tylko wydawcą. — Placcius (Theatr. Anon. 133) — Oloff. (Poln. Lieder 3) — Hanzi (Memoriae concionn. evang. 1710). — Witte: Diarium Biographicum part. 2. A. 1689. 3 Mai, p. 163. przypisuje Janowi Acoluthowi Crunburgensi Silesio to dzieło.

— ob. Apelius Georg (Glück 1669).

ACONID Sal. Warhafftiger und erschrecklicher Absag-Brieff, der römischen kayserlichen Maytt. so auch dem Könige von Pohlen, vom Türckischen Kayser Salomo Aconid. Worauff folget eine Aussage eines Uberläuffers aus dem Türckischen Lager. 4to. 2 ćwiartki. (z XVII w.).   Wrocław. miejs.

Acontius Melchior ob. Sabinus Jerzy (Erotica 1536).

ACQUATICCI Giulio. Invito alle penne poetiche per le glorie de principi Cristiani in Vienna riscossa, et armata ottomanna disfatta. Oda. Macerata 1684. w 8ce.

Dedyk. Opicio Pallavicini, Nuncyuszowi do króla polskiego.

ACQUAVIVA Claudius Generał S. J. (um. 31 Stycz. 1615). Epistolae ad Patres et Fratres S. Jesu. Vilnae 1584. Ciampi Bibl. 5. — Backer Bibliotheque I. 258.

Acro ob. Responsio (Schadius 1581).

Acroama ad positionem lapidis ob. Modriński Gabr. (1637).

— debitae observantiae Casim. Staszewski ob. Patyński Jan (1686).

— gratulatorium ad diem D. Stanislai ob. Sienkiewicz P. (1685).

— gratulatorium Martino Behm ob. Behm Jan (1680).

— Lubransciani Apollinis ob. Pęcherzyński Adam (1695).

— musarum Bl. Żmigrodzki ob. Slachtowic Al. (1623).

— P. Paczoski ob. Machator Joan. (1636).

— panegyricum urbis Leopoliensis ob. Bieżanowski Stan. (1659).

— poeticum in ingressu ob. Przyjemski Stan. (1624).

— Ser. Joanni Alberto ob. Michoński M. (1633).

Acroamata ob. Grabowicz Franc. Kaz. (scientiae rationalis 1673). — Ines Alb. (epigrammatica 1636, 1655, 1679) — Łobżyński Jan Dyon. (gloriae comitum a Tarnow 1647) — Olszowski Andr. (Fausta votivi 1675).

Acrosis heroicarum virtutum Christinae ob. Rudzki Aleks. M. (1656).

Acrostichis własnego wyobrażenia kniaza wielkiego moskiewskiego, y prawdziwe opisanie sposobów, przyrodzenia, obyczaiów, układności, a osobliwych cnoth a spraw rycerskych, z których w obec każdy rozumny łathwie obaczyć może, ieśli słuszno albo nie, iż przeciw takowemu możnemu potentatowi, teraźnieysze y przyszłe nieprzyjacielskie woyny były y są podniesione y przed się wzięte. (1581). w 4ce, arkuszy 4.

Wiersz satyryczny z okoliczności wojny Batorego z Moskwą.
Mac. Piśm. pol. III. 29 str.
Wrocłaẃs. Uniwers.

— Joan. Chr. Falęcki ob. Lang Jakob (1646).

— M. Foltinowicz ob. Kupiński Alb. (1647).

— votiva Andr. Kłopocki ob. Lang Jac. (1644).

— votiva seren. Sigism. III. ob. Broscius J. (1628).

Acta audientiae publicae a SS. D. N. Paulo Papa V. pro regis Voxii Japonici legatis, Romae die 1 Novembris in palatio apostolico apud S. Petrum MDCXV. Cracoviae ex exemplari Romę impresso apud Jacobum Muschardum. (1615). w 4ce, 2 ark.

Dedykuje Antonio Burchesio Salmonae principi Fr. Angelus Rivolta, ord. min. observ. prov. Brixiae. swoją mowę imieniem Foxa króla Japończyczyków mianą do Pawła V. d. 3 Novembr. 1615. Byli przyjęci dwaj posłowie Ludw. Sotelus i Filip Franciscus. Potem idzie mowa Gregorii Petrochae Manturni, ord. min. observ. Potem odpowiedź Petri Strose (Strozio) secret. apost. domestici.
Porównaj: Amatus Scipio (Śliwski, Posłowie 1616).
Jocher 8161.
Jagiel. — Dzików — Czapski — Czartor. — Ossol.

— beatificationis Lad. Gielnów ob. Rosznerski (1685).

— Borussica ecclesiastica, civilia, literaria oder sorgfältige Sammlung allerhand zur Geschichte des Landes Preussen gehöriger Nachrichten, Urkunden, Schriften und Documenten. I. Band, Königsberg und Leipzig bei Christoph Gottfried Eckart. Anno 1730, w 8ce, z przodu 5 k. n. i 911 str., na końcu 6 k. nlb. spisu i 6 portretów. — Tom II., tamże, 1731. w 8ce, z prz. 3 k. n. i 948 str. na końcu 2 k. nlb. spisu i 6 rycin. — Tom III. 1732, w 8ce, z prz. 2 k. n. i 937 str. na końcu 2 k. nlb. spisu i 6 rycin.

Sześć zeszytów składa jeden tom.
Bentk. H. lit. I. 71.
Jagiell. — Akad. — Dzików — Czetwert. — Przezdz.

— Canonizationis SS. Pii V. P. M. Andreae Avellini Felicis a Cantalicio et Catharinae de Bononia; nec non Jo. Francisci Regis. Romae 1720. fol. Z rycinami.

Jocher 8383.

— canonizationis B. Ceslai Odrovansii ob. Bzowski A. (1710, 12).

— Capituli provincialis Provinciae Poloniae, Petricoviae in conventu Stae Dorotheae ord. praedicatorum celebrati die 5 Maji. A. 1618. sub A. R. P. F. Damiano a Fonseca, S. Theol. prof., comissario ac visitatore generali authoritate apostolica confirmato in provincia Poloniae, et comissario ac visitatore generali prov. Russiae ord. praed. A. R. P. Fr. Georgio Trebnic, S. Theol. lectore provinciali in eodem capitulo electo. Cracoviae. Ex officina Andreae Petricoviae S. R. M. typ. 4to, pag. 2. 21 i 1 niel. Ossol.

— Toż, tamże, 6 Octob. a. 1619. celebrati Cracoviae, Petric. w 4ce, k. niel. 24.

— Capituli provinciae S. Hyacinthi in Russia, Leopoli in conventu Sacratiss. Corporis Christi die 20 April. 1619. celebrati sub Damiano Fonseca visit. gener. ord. praed. Javorovie apud J. Szeliga. 1619. w 4ce, ark. D₂.

— Capituli Varsoviensis provinciae Poloniae. In conventu S. Hyacinthi ord. praedicat. celebrati 14 Januarii A. 1623. sub admodum R. P. F. Andrea Radawiecki S. Theol. magistro provinciali electo et vicario ejusdem provinciae. Cracoviae, in off. Andreae Petricovii S. R. M. typ. w 4ce, str. 2 i 14.
Ob. Radawiecki A.
Krasiñs. — Ossol.

— Capituli intermedii provincialis, provinciae Poloniae, ordinis praedicatorum, Lublini in conventu S. Stanislai celebrati 3 mensis Maji Anno 1626. sub. adm. R. P. F. Andrea Radawiecki. S. T. M. et priore provinciali Poloniae ord. praed. Cracoviae in off. Andreae Petricovii S. R. M. typ. (1626) w 4ce, str. 2 i 18. Ossol.

— Capituli provincialis provinciae Polonae ord. praed. celebrati A. 1627. d. 24 April sub adm. R. P. F. Thoma Rożański. B. w. m. i r. w 4ce, 23.
Bibl. Krasiñs.

— Capituli Varsaviensi provinciae Poloniae in conventu S. Hyacinthi ord. praed. celebrati die 10 Maji a. 1631. Sub adm. R. P. F. Georgio Trebnic, magistro provinciali electo ejusdem provinciae. Diffinientibus R. P. F. Andreae Radawiecki, magistro diffinitore primo; R. P. F. Samuele, mag. et regente diffinitore secundo; R. P. F. Joanne Baptista Zamoyski bac. priore Crac. tertio; R. P. F. Nicolao Plocensi L. Priore Znenen. quarto. Cracoviae in off. typ. Francis. Cezary. 1631. 4to, k. nlb. 8.
Ossol.

— Capituli Cracoviensis provinciae Poloniae in conventu S. Trinitatis ord. praed. celebrati 28 April 1635. sub

adm. Rndo Valeriano de Cracovia (1635). w 4ce, 14 k. nlb.

— Capituli Plocensis in conventu S. Dominici die 29 Septembris Anno D. 1646. celebrati, praesidente admod. R. Patr. Martino Ostrovicio S. Theol. magistro, priore Łovicensi electo provinciali; definientibus: A. R. P. Hyacintho Mijakowski magistro, priore Thuronensi, definitore primo; A. R. P. Hyacintho Baryczka S. T. m. vicario Mazoviae, definitore secundo; A. R. P. Constantino Morski S. T. m. definitore tertio; A. R. Patre Thadaeo Slewicz S. T. m. priore Vratislaviensi, vicario Silesiae, definitore quarto. B. m. i r. (1647) 4to. k. 16 nlb. Ossol.

— Capituli provincialis provinciae Polonae ord. praed. die 29 Septembris a. 1648. sub adm. R. P. F. Martino Ostrovicio. celebrati. Cracoviae in off. viduae Andr. Petrovicii. w 4ce, 2 ark.

— Capituli provincialis provinciae Poloniae ord. praed. Posnaniae in conventu S. Patriarchae Dominici die 19 mensis Martii Anno Dni 1650. celebrati. (Sub Mart. Ostrovicio). B. r. i m., w 4ce, k. nlb. 14.
Warsz. Uniw.

— Capit. Varsavien. die 11 Julii Anno Dni 1655 celebrati sub tempus inaugurationis in provincialem P. Francisci Grabiecki. Varsaviae, ap. viduam Petri Elert (1655) w 4ce, 14 k. nlb.

— Capituli provincialis provinciae Poloniae ord. praedic. in conventu Lublinensi S. Stanislai, die 3 Maji Anno 1659. pro dominica Deus qui errantibus, celebrati sub adm. R. P. Fr. Cypriano Stephanowski, Sacrae Theol. bac. prior. Sambor., in provincialem dictae provinciae comunibus suffragiis electo; diffinientibus adm. R. P. Fr. Alberto Grabiecki, mag. priore Varsaviensi et vicario contratae Masoviae, diffinitore 1mo; adm. R. P. Fr. Ludovico Agnelio, mag. et generalis studii Crac. regente, diffin. 2o; adm. R. P. Fr. Ceslao Bajer, mag. diff. 3o; adm. R. P. Fr. Carolo Kuropatwa, magist. diff. 4to. Lu-

4

blini, apud viduam Annam Wieczorko-
wiczowa. w 4ce, k. 14.

Joch. 7750. — Baud. H. D. I.
Warsz. Uniw. — Ossol.

— Capituli provincialis provinciae
Poloniae ord. praed. Premysliae, in conventu Beatissimae Virg. Mariae annuntiatae die decima quinta Maji A. 1666.
celebrati. Sub tempus electionis in provincialem adm. R. P. F. Gregorii Badowicz, Sacrae Theolog. praesentati, prioris Samboriensis, in dicto capitulo communibus suffragiis electi. Diffinientibus
A. R. P. F. Joanne Waxman, S. Th.
magist. et studii generalis Cracoviens.
regente diff. 1o.; A. R. P. F. Cipriano
Stephanowski, S. Th. mag.; priore Gedanensi etc., vicario contratae Prussiae,
diff. 2o.; A. R. P. F. Athanasio Głuski,
S. Th. magistro, priore Cracov. et vicario contratae Minoris Poloniae diff. 3o.;
A. R. P. F. Hyacintho Szostakowski,
S. Theol. baccalaureo, priore Luccoriensi,
diffinitore quarto. w 4ce, kart 6.

Ossol.

— Capituli provincialis provinciae
Poloniae ord. praed. Climuntoviae in
conventu sancti Hyacinthi die 23 Novembris A. D. 1669. celebrati, sub. admodum Rndo P. F. Gregorio Badowic,
S. T. mag., provinciali Polon., Diffinientibus A. R. P. magistro F. Francisco Grabiecki S. R. M. Theol. diffinitore primo; A. R. P. F. Alberto Bartochowski S. T. mag. diffnitore secundo; A. R. P. F. Ceslao Lenicio S. T.
m. diffinitore tertio; A. R. P. F. Alano
Chodowski S. T. m. priore Cracoviensi
et vicario Minoris Poloniae, diffinitore
quarto. (1669). w 4ce, kart 8.

Ossol.

— Capituli provincialis provinciae
Poloniae ord. praedic. Lublini in conv.
Sti Stanislai, die 26 Aprilis A. D. 1681.
celebrati sub tempus inaugurationis in
provincialem A. R. P. M. Fr. Thomae
Schmith, priore Cracov. in dicto capitulo communibus suffragiis electi; diffinientibus A. R. P. M. Fr. Alberto Bartochowski, diffinitore 1o.; A. R. P. M.
F. Ceslao Solicki pr. Lubl. diff. 2o.;
A. R. P. M. Fr. Vincentio Szaszkie-

wicz, priore Oswietimensi diff. 3o.; A.
R. P. praesent. Fr. Joan. Bapt. Kownacki priore Włodimiriens. diff. 4to.
w 4ce, kart 6.

Ossol.

— Capituli provincialis provinciae
Poloniae ord. praed. Siradiae in conventu
S. Stanislai die 22 Aprilis 1684. cele-
brati sub tempus inaugurationis adm.
Rndi Francisci Czarnkowski. B. r. i
m. dr. w 4ce, 6 kart nlb.

Warsz. Uniw.

— Capituli provincialis provinciae
Poloniae ordinis praedicatorum in conventu Plocensi S. Dominici die 19 April.
1687 celebrati sub tempus inaugurationis Antonii Korczewski. B. m. dr. w
4ce, 9 kart nlb.

— provincialis Capituli provinciae
Lituaniae S. Angeli custodis sacri ord.
praed. Anno Dni 1688. die 3 Julii celebrati.... B. w. m. i dr. w 4ce.

Wileńs.

— Capituli ordinis praedicat. Anno
1690 die 13 Maii celebrati sub tempus
inaugurationis Floriani Straszyński. B.
m. dr. i r. w 4ce, 7 kart nlb.

Warsz. Uniw.

— Capituli provincialis provinciae
Polonae et utriusque Silesiae sacri ordinis praedicatorum Luccoriae in regali
conventu S. Virginis Mariae Assumptae
die 19. Aprilis Anno D. 1698. celebrati
sub tempus inaugurationis Vincentii
Kulesza. B. m. dr. w 4ce, 3 arkusze.

Warsz. Uniw.

— Capituli provincialis in conventu
regali S. Spiritus provinciae Lithuaniae
Angeli custodis ordinis praedicatorum
Anno 1701. die 18 Junii.... celebrati....
B. w. m. dr. w 4ce.

Bibl. Wileńs.

— Capituli provincialis provinciae
Polonae ordinis praedicatorum Dziko-
viae in conventu Rosariano d. 10 Septem. 1701. celebrati sub tempus inaugurationis Nicolai Oborski. Typis academ.
posnaniensibus (1701). w 4ce, 2 ark.

Warsz. Uniw.

— Capituli ord. F. F. praedicatorum provinciae Polonae in conventu SS.
Apost. Petri et Pauli Łancuti celebrati
die 20 Septembr. 1704 electo in prio-
rem Joanne Damasceno Lubieniecki.

Varsaviae, typ. Coll. Schol. piarum. (1704). w 4-ce, 10 kart nlb.
Z pieczęcią i podpisem X. Alana Bardziń-skiego. Warsz. Uniw.
— Capituli provincialis provinciae Polonae ordinis praedicatorum Gidlis in conventu B. V. Mariae Assumptae 10. Septembr. 1707 celebrati sub tempus electionis adm. Rndi Gundisalvi Brześ-ciański. Zamoscii, typis Universit. (1707). w 4-ce, 2 ark. Warsz. Uniw.
— Capituli provincialis provinciae Polonae ordinis praedicatorum in villa Derło dicta, ad conventum Brestensem in Lithuania pertinent., 13 Septem. 1710. celebrati sub tempus electionis Hiero-nimi Mieloński. Varsaviae, typ. Schol. Piarum (1710). w 4-ce, 6 kart nlb. Warsz. Uniw.
— Toż, in conv. Płocensi die 12 Septembr. 1716. celebrati sub tempus inaugurationis Ambrosii Szczepanowski. Cracoviae, typ. Academ. (1716). w 4-ce, 2 ark. Warsz. Uniw.
— Capituli provincialis provinciae Poloniae ordinis praedicatorum in con-ventu Cosserocamenensi S. Michaelis Archangeli, die 9 mensis Septembris Anno D. 1719. celebrati sub tempus felicissimae inaugurationis in provincia-lem adm. R. P. magistri prioris Cra-coviens. Fr. Thoma Engver in dictu conventu unanimiter electi diffinientibus A. R. P. M. F. Hyacintho Gruszewicz, priore Thorun. diffinitore primo; A. R. P. M. F. Severino Oczko, regente stu-dii generalis, diffin. 2do; A. R. P. M. F. Joanne Paulo Jezierski, priore Beł-zensi, diffinit. 3tio; A. R. P. L. F. Sa-muele Kerner priore, Cossero-Camennensi, diff. 4to. Cracoviae, typ. Francisci Ce-zarij S. R. M. celsissimi princip. illustr. et reverend. D. Episcop. Cracov. ord. typ. w 4-ce, kart 8. Ossol.
— capit. cracovien. d. 19 Septembr. 1722 celebrati sub tempus inauguratio-nis Vincentii Pniewski. Cracoviae, in offic. Fran. Cezary (1722) w 4-ce, 10 k. Warsz. Uniw.
— Capituli provincialis provinciae Poloniae ordinis praedicatorum..... die 15 Septembris 1725. celebrati sub tem-pus inaugurationis Hyacinthi Grusze-wicz. Gedani, typis Ulrici Kross. (1725). w 4-ce, kart nlb. 6. Warsz. Uniw.
— Capituli provincialis provinciae Poloniae ordinis prardicatorum Praemy-sliae in conventu beatissimae Virginis Mariae Annuntiatae die 11 Semptembr. 1728 celebrati sub tempus electionis in provincialem Floriani Siewierski. Craco-viae, typ. academicis (1728) w 4-ce, 3 ark. Warsz. Uniw.
— Capituli provincialis provinciae Poloniae ordinis praedicatorum in con-ventu Luceoriensi Assumptionis Beatae Mariae Virg. die 15 Septb. A. D. 1731. celebrati sub tempus felicissimae elec-tionis in provincialem A. R. P. S. Th. praesentati prioris Luceoriensis F. Joan-nis Chrysostomi Kozicki in dicto conv. Luceoriens. electi, diffinientibus A. R. P. M. F. Dominico Lewiński prior. Cracov.; A. R. P. M. F. Dyonysio Moz-dzianowski, priore Thorun.; A. R. P. M. F. Th. Marczewicz, priore Janow. Gra-tiarum: A. R. P. M. F. Stephano Skar-szewski. (1731). w 4-ce, k. 12. Ossol.
— Capituli provincialis provinciae Poloniae ordinis praedicatorum, in con-vento (sic) Varsaviensi S. Hiacinthi, con-fessoris, patroni regni Poloniae et plan-tatoris in eodem regno Fratrum Ordi-nis nostri, celebrati die 17 mensis Sep-tembris Anno D. 1734. sub tempus felicissimae electionis in provincialem admodum reverendi Patris, S. Th. ma-gistri, Fratris Alberti Ochabowicz, in dicto conventu Varsav. unanimiter electi; difinientibus A. R. P. M. F. Dominico Leżański, A. R. P. M. F. Ambrosio Glinkiewicz, A. R. P. F. praesentato Justino Jakielski, priore Cracov., A. R. P. praesentato F. Alberto Funck, priore Varsav. Varsaviae, typis S. R. M. Rei-publ. Schol. Piar. 1735. w 4-ce, 14 k. nlb. Ossol.
— Capituli provincialis provinciae Polonae sacri ordinis praedicatorum in conventu Luceoriensi Beatissimae Vir-ginis Mariae Assumptae celebrati die 13 mensis Septembris Anno D. 1749.

28

Sub tempus felicissimae electionis in provincialem admodum reverendi patris Sacrae Theologiae magistri Fr. Damiani Matuszewicz, prioris Culmensis in dicto conventu Luceoriensi electi. Definientibus: A. R. P. M. F. Justino Jakielski, A. R. P. M. F. Feliciano Nowomiejski, A. R. P. M. F. Michaele Sieykowski, priore Crac., A. R. P. M. F. Thoma Królikowski, priore Varsav. Cracoviae, typis Michaelis Dyaszewski, S. R. M. Typographi (1749). 4to, k. sign. A—D₈.

Bibl. Jag.

— Capituli provincialis provinciae Poloniae ordinis praedicatorum Climuntoviae in conventu S. Hiacynthi celebrati die 14 Septembris 1737 sub tempus electionis Apolinaris Bielowicz. Varsaviae, typis Schol. Piarum (1737). w 4ce, 5 ark.

Warsz. Uniw.

— Capituli provincialis ord. praed. Leopoli 1766. fol.

Przyłęcki.

— Capituli Vilnensis provinciae Litvaniae S. Angeli custodis Sacri ordinis praedicat. B. w. m. i r. w 4ce.

Bibl. Wileńs.

— Capituli provincialis Fratrum discalceatorum ordinis B. V. Mariae de Monte Carmelo provinciae polonae S. Spiritus, celebrati in conventu nostro premisliensi sub titulo S. M. N. Theresiae die 14 m. Aprilis A. D. 1769. w 8ce mniej. kart 8.

U góry karty tyt.: Jesus, Maria, Joseph, Theresia. Krasińs.

— Capituli nostri provincialis Fratrum Discalceatorum ordinis B. V. Mariae de Monte Carmelo provinciae polonae Sancti Spirit. 1772. w 8ce, k. nlb. 8.

U góry karty tyt.: Jesus, Maria, Joseph, Theresia. Krasińs.

— Capituli provincialis provinciae polonae S. Spiritus Carmelitarum Discalceatorum ordinis B. V. Mariae de Monte Carmelo congregationis S. P. N. Eliae, celebrati in conventu nostro Visniovecensi die 27 Apr. 1787. w 8ce, k. 4. Krasińs.

— Capituli generalis Fratrum Discalceatorum ordinis Bmae Virginis Mariae de Monte Carmelo congregationis S. Eliae, celebrati Romae in Conventu nostro SS. Theresiae et Joannis a Cruce a d. 13 Maji usque ad d. 19 ejusdem mensis inclusive. 1791. w 8ce, ark. 16.

— Congregationis Warsaviae in conventu S. Hyacinthi celebratae sub A. R. P. F. Damiano a Fonseca, S. T. m. comissario ac visitatore generali et apostolico ord. praed. in festo Sacratissimi Rosarii die 6 Octobr. A. 1619. Cracoviae in officina Andr. Petricovii. 1619. 4ce, k. 24. Ossol.

— Toż. Crac. in offic. Andr. Petricoviae A. D. MDCXXXVIII (1638?) w 4ce, kart nlb. 18. Ossol. (?)

— Congregationis provinciae polon. Sandomiriae in conventu S. Jacobi celebratae sub admod. Rndo P. Fr. Valeriano Grocholski Sacrae Th. magistr. provinciali polon. ord. praedicatorum die 16 Junii A. D. 1630. definientibus infrascriptis Reverendis. Patribus. Cracoviae, in typ. Mathiae Andreoviens. A. 1630. w 4ce str. 37, i 3 nlb.

Bibl. Warsz. — Ossol.

— Congregationis intermediae Lublinensis Anno Domini 1633. die 16 Aprilis celebratae sub admodum R. P. Georgio Trebnic. Cracoviae, in officina Andreae Petricovii 1633. w 4ce, 6 kart.

— Congregationis intermediae Gidlensis Anno Domini 1637. die 29 Septembris celebratae sub adm. Rnd. P. F. Benedicto Klonowski. Cracoviae in officina Andr. Petricovii. 1637. w 4ce, 10 kart nlb.

— Congregationis Warsoviae in conventu S. Hyacynthi celebratae sub A. R. P. F. Damiano a Fonseca, S. T. m. commissario ac visitatore generali et apostolico ord. praed. in festo Sacratissimi Rosarii die 6 Octobr. A. 1619. Cum adjunctis quibusdam pro pace provinciae in Capitulo electionis provincialis in Convent. Climuntoviensi Anno 1636. die Maji statutis, iterum jussu superiorum typis mandata. Cracoviae in officina Andreae Petricoviae A. D. 1638. w 4ce, k. nlb. 18.

Ossol.

— Congregationis Varsaviae... praesidente... Joanne de Torres... Romano, archiep. Adrianopol. ad Vladislaum IV. nuntio, in festo SS. Pontecostes A. 1646. celebratae. Varsoviae in officina Petri Elert. B. r., w 4ce, k. nlb. 4.
Ossol.

— Congregationis intermediae in conventu Sandomiriensi ord. praed. A. 1652. 21 Aprilis sub Joan. Const. Morski celebratae. Lublini in officina Joannis Wieczorkowicz. B. r., w 4ce, k. nlb. 6.
Ossol.

— colloquii a praesulibus Ruthenis, S. Sedi Apostolicae Romanae unitis cum iis, qui ab Unione dissident, A. MDCLXXX. die XXIV. Januarii in civitate Lublinensi instituti. (Ed. J. A. Żagielski). Vilnae 1752. typ. Acad. fol.
Jocher 9496. — Janoc. Lexic. I. 180.

— ob. Żochowski Cypryan. Colloquium lubelskie 1680.

— Comitiorum generalium ordinis fratrum Beatissimae Dei Genitricis de monte Carmelo celebratorum in alma urbe in conventu S. Mariae Transpontinae Anno 1680. Romae typis B. Camerae Apost. Iterum de mandato patris generalis cura et diligentia A. R. P. Martini Charzewicz, S. Th. D. provincialis electi ejusdem ordinis, Cracoviae reimpressa typis Universitatis A. D. 1681. w 4ce, str. nlb. 3 i 88.
Jocher 7697.
Ossol.

— et Conclusiones Synodi Gener. Torunensis. Sprawy y uchwały Synodu General. Toruńskiego. A. D. 1595. Mense Augusto. Na końcu: Torunii excud. Andreas Cotenius. A. MDXCVI. (1596) w 8ce, 6 ark. [tj. 48 k. nlb. po łacinie i po polsk.].
Jocher 9540.
Branic. — Czartor. — Dzików.

— Consistorii Romani in causa Febronii. Varsoviae 1780.
Katal. Kaj. Jabłońs.

— in consistorio secreto habito a Pio VI. feriae 6 Decembris 1788. ob. Pius VI.

— et constitutiones Synodi provincialis Gneznensis provinciae A. D. 1577 die 19 Mensis Maji habitae et

celebratae. Cracoviae 1578. B. dr. w 4ce, k. nlb. 24. Tytuł w ramce.
Synod odbyty w Piotrkowie za arcyb. Uchańskiego, pod przewodn. Al. Lipomana. Joch. 7493.
Jagiell. — Czartor. — Czetwert. — Krasińs. — Przezdz. — Racz. — Czarn. — Włocł. — Dziedusz. — Pustow. — Szembeka.

— et constitutiones synodi Gnesnensis provinciae. 1628. w 4ce.
Branic.

— et constitutiones Synodi provincialis Gnesnensis. 1634. w 4ce.
Branic.
Porównaj: Consilium (1609). — Constitutiones. — Decreta. — Synodus.

— et constitutiones Synodi dioecesanae Leopoliensis. Cr. Laz. 1854. 4.
Dziedusz.

— Toż. A. millesimo quingent. nonagesimo tertio die decima quarta mensis Februarii, quae fuit Dominica Septuagesima, celebratae. Leopoli MDXCIII. Na końcu: Mathias Bernarth excudebat. w 4ce, k. 26 nlb. Tytuł w ramce.
Tu się znajduje: Oratio a. R. D. Valentino Vargoczki canonico Leopoliensi in ipsa conclusione Synodi eiusdem Leopolitanae habita. Obacz Solikowski.
Jocher 7550.
Czartor. — Bibl. Alessandr. w Rzymie.

— et constitutiones Synodi Dioecesanae Leopoliensis... (tytuł jak w wydaniu lwows. Bernata z r. 1593). Cracoviae in officina Andreae Petricovii 1594. w 8ce, k. nlb. 44.
Jocher 7550 b.
Czartor. — Warsz. Uniw. — Dziedusz.

— et constitutiones Synodi dioecesanae Praemysliensis Anno 1641. sub Petro Gembicki. w 4ce. ob. Gembicki P.

— Toż. Synodi dioec. Vilnensis. 1669. ob. Woronowicz Jan (Sapieha Alex.).

— Toż. et decreta Synodi Vilnensis. 1685. ob. Woronowicz Jan.

— et constitutiones Synodi dioec. Vladislaviensis 1586. ob. Rozdrażewski H.

— et constitutiones Synodi dioecesanae A. 1580 Vratislaviae habitae. ob. Statuta synodalia antiqua cathedr. ecclesiae Wratislav. 1585.
Jocher 7594. — Załuski: Conspect. s. 14.

— et constitutiones Synodi dioecesanae, quae fuit celebrata Wratislaviae
in insula S. Joannis A. 1592. mense
Octobri. Praesidente illustrissimo et reverendissimo Principe ac Domino Andrea, Episcopo Vratislaviense coronae
Regni Boëmiae principe ligio, Superioris et Inforioris Silesiae capitaneo
supremo. Impressa Nissae per Andream
Reinheckel 1595. w 4ce syg. A—Z₃.

Z herbem bisk. wrocław. Andrz. Jerinusa
(od 1585 † 5 Novembr. 1596).
Bibl. Uniw. warsz.

— quae consultius visum fuit hic
subnectere, quam textui Dissertationis
inserere. 1º Compositio Passvalica inter
Archiep. Rigen. et Mag. ord. Livonici,
facta per commissarios Imp. German.
w 4ce, s. 48. Czartor.

— contubernii braxatorii (1680).
zob. Haderschlieffius Jak.

— conventus Thoruniensis celebrati
A. 1645 mens. Septembr., Octobr., Novembr., pro ineunda ratione componendorum dissidiorum in religione per regnum Poloniae. Impressa authoritate et
mandate Sacrae Regiae Maiestatis ad
exemplum et fidem regii protocolli. Cum
gratia et privilegio eiusdem S. R. M. speciali. Varsaviae in officina Petri Elert
S. R. M. typographi A. D. 1646. w 4ce,
k. nlb. 133, kart 12 i syg. do Hh.

— Toż samo, k. 133, kart 12 i
syg. Gg.

Jocher 9595. — Braun pag. 314. — Meibomius Fridericus zajmował się wydaniem
a parte catholica. Na czele uniwersał Władysława IV. z r. 1646.
Akad. — Branic. — Czartor. — Jagiell. —
Krasińs. — Kijows. — Ossol. — Raczyńs. —
Uniw. Warsz. — Wrocł. miejs. — Zielińs.

— conventus Thoruniensis A. 1645
in Septembri celebrati pro ineunda ratione componendorum dissidiorum in
religione per regnum Poloniae — pro
parte Evangelicorum. Accedit Georgii
Calixti Consideratio et Epicrosis. Helm-
stadii, 1645. w 4ce.

Ob. Calixtus G.

— Toż, pro parte Reformatorum
scripta in conventu Thoruniensi Anno
1645 in protocollum non admissa. Berolini, 1680, w 4ce. Dzikow.

— conventuum et synodorum in
Majori Polonia a dissidentibus.

Ob. Scheidemantel Jac.

— coronationis Konung Sigismundi,
Sweriges Göthes och Wendes Konungs,
storförstes til Finland, Carelen, Waetz-
ski Petin, och Ingermanland i Ryssland,
och öfwer the Ester i Lifland hertiges
etc. Sa och Konungs til Paland, storförstes til Littowen, Ryssen, Pryssen,
Masuren, Samogitien, Kiowien, Wolhi-
nien och Lifland etc. heres. Kroenungs
handling i Upsala, then 19 Februarii
Anno 1594. Tryckt i Stockholm, aff
Andrea Gutterwitz, w 4ce, k. nlb. 10,
syg. C₂. Jagiell. — Czartor. — Bibl. Szemb.

— novissima Curlandica ad Annum
1788, fol. 1 tytuł i str. 49.

Bibl. Petersb. — Czartor.

— et decreta commissionum S. R.
M. Poloniae et Sveciae Regiomonti in
annis 1609 et 1612 habitarum. Itemque
responsa, cautiones, transactiones et di-
plomata circa feudum ducale prussicum
a S. R. Mte illustr. electori brandebur-
gico Joanni Sigismundo móderno et in-
clytis ordinibus ducatus Prussiae con-
cessa, quam etiam ab eodem electore
et ordinibus ducatus loco reuersalium
S. R. Mti et regno data. Cum gratia et
mandato S. R. M. Cracoviae in offic.
Andreae Petricovii... A. D. MDCXIV.
(1614), fol. s. nlb. 2 i 93.

— Toż, tamże. 1614, fol. str. 78,
k. nlb. 4.

Branic. — Czartor. — Dzików. — Jagiell. —
Ossol. — Raczyńs. — Wileńs. — Zielińs.

— Toż, tamże, 1625. — Na końcu
zaś nowa data: Cracoviae in offiicina
A. Petricoviae S. R. M. typ. A. D.
MDCXXVI (1626). fol. k. 1, str. 93.
(Od s. 33: De feudo ducatus Prussiae,
od s. 71: Recessus Com. Regiom.).

Jagiell.

— Toż, tamże, 1633, fol. kart 2,
str. 93. Raczyńsk. — Wileńsk.

Ob. Herburt (Statuta R. Pol.).

— et decreta Universitatis Parisiensis super revocatione appellationis a
constitutione Ungenitus Clementis XI.
et super obsequio eidem constitutioni
exhibendo in Poloniam Universitati Cra-

coviensi filiae suae charissimae in te-
stimonium praemissorum transmissa ac
exinde communis ergo plausus atq. am-
plioris notificationis gratia reimpressa.
Cracoviae MDCCXXXX typis Collegij
Majoris, sumptibus Novodvorscianis. fol.
k. 18, (syg. A—I).

> Są to Dekreta rektora i dziekana Uniwer-
> sytetu oraz króla Francuskiego z powodu
> odwołania appellacyi od konstytucyi Kle-
> mensa XI., wydanej w r. 1714.
> Jagiell. — Ossol.

— delegationis ad Serenis. Reipublicae Polonae foederatos utriusque gentis Ordines, à statu equestri ducatuum
Curlandiae et Semigalliae expeditae, ac
in sessione publica generalis earundem
reipublicae gentium confoederationis
Grodnae d. 10 Dec. 1792 adimpletae.
B. w. m. i r. folio, 1 ark.

> Obejmuje: Literae credentiales Eber. Chr.
> a Mirbach. Heyking: Oratio ad Ordines.
> Responsum Stan. Fel. Potocki.
> Bibl. petersb. — Czartor. — Jagiell.

— disputationis habitae Rheinfelsae
1652. ob. Magni Valer.

— et gesta celeb. conventus elector.
apud Francofurtum 1562. ob. Strotsch.

— interregni post obitum Stephani
regis. Cracoviae. 1586. Bibl. Kérn.

— interregni post mortem Sigismundi III regis Poloniae, necnon Sueciae regis haereditarij, pie in Domino
ultima Aprilis Warszaviae defuncti A.
1632. Crac. Anno Domini MDCXXXII
(1632). In officina Andreae Petricovii
S. R. M. typographi. fol. ark. B₈.

> Same Acta mają kart 3. Obejmują: Uniwersał
> po polsku z d. 5 Maja 1632 z napisem:
> Joan Wężyk Archiep. Gnesn. — Zarazem
> oprawne: Confederacya Generalna omnium
> Ordinum Regni et Magni Ducatus Lith.
> na Convokacyey głowney warszawskiey
> uchwalona Roku P. 1632 d. 16 Lipca.
> Katalog Kijows. podaje daty druku 1632—
> 1633.
> Wileńs. — Uniw. lwowski. — Raczyńs.
> Branic. — Warsz. Uniw. — Dzików. —
> Ossol. — Jagiell.

— Tenże tytuł. Cracoviae in offic.
A. Petricovii S. R. M. Typ. folio, k. 10.

> Same Acta kart 3, nadto jest tu: Laudum
> Proszowskie Województwa Krakowskiego
> na pierwszym Seymiku po śmierci Zy-
> gmunta III. die 4 Maja 1632. approbo-
> wane Confederacyą Warszawską Gene-

ralną, 2 karty nlb. — Zjazd Rad, Urzędników i Rycerstwa Wojewodztwa Krakowskiego pod Kaźmierz, 4. karty nlb.
Czartor. — Warsz. Uniw. — Branic.

— interregni post mortem seren.
et glor. Sigismundi III. regis Poloniae
nec non Sveciae regis haereditarii, pie
in Domino ultima Aprilis Varsaviae defuncti. Varsaviae, apud Joannem Trel-
piński S. R. M. Typ. A. D. 1640. fol.

> Obejmuje: List Prymasa Wężyka str. 4.
> Confoeder. general. str. 20. Ossol.

— interregni post mortem seren.
et glor. olim Vladislai IV. regis Polon.
nec non Sveciae regis haereditarii, pie
in Domino die 20 Maji Mereciae defuncti A. D. 1648. Varsaviae in officina
Petri Elert S. R. M. Typ. fol. str. 12.
32. 28. 40.

> Zawierają: I. Uniwersał konwokacyjny Ma-
> cieia Łubieńskiego, 26 Maia 1648. —
> II. Uniwersał Senatu o obronie kraju z
> d. 9 Czerwca 1648. — III. Porządek na
> seymie elekcyey R. P 1648. dnia 6 Paź-
> dziernika. — IV. Suffragia Woiewództw
> i ziem na Jana Kazimierza 17 Listopada
> 1648. Ossol.

— interregni post mortem seren.
et glor. olim Vladislai IV. regis Polon.
nec non Sveciae Regis haereditarii, pie
in Domino die 20 Maji Mereciae defuncti A. D. 1648. Cracoviae in offic.
viduae et haeredum Andreae Petricovii
S. R. M. Typ. 1648. folio, str. nlb. 6.
4. 32. 28. 40.

> Confoed. general. str. 32, (pomylona str. 14.
> wydrukowano 16). — Porząd. na seymie
> wal. str. 28. — Suffragia Wojowództw
> 20 kart. Ossol.
> Zawierają: Okólnik Prymasa Łubieńskiego
> z d. 26 Maja, kart 2 (w innych egzempl.
> Uniw. Warsz. kart 3).

— Toż, lecz z innej edycyi odezwa
Łubieńskiego z tegoż dnia.

— Toż, lecz z odezwą Łubieńskiego
z d. 9 Czerwca w 1 ark.

— Toż, Cracoviae in offic. viduae
et haeredum Andreae Petricovii S. R.
M. Typ. in folio, kart nlb. 5, str. 2.

> Zarazem: Porządek na Seymie walnym Ele-
> kcyey między Warszawą a Wolą przez
> opisane Artykuły do samego tylko Aktu
> elekcyj należące uchwalony i postanowio-
> ny r. p. 1648 d. VI. Paźdz. fol. str. 28.
> bez osobnego tytułu. — Suffragia Woie-
> wodztw y Ziem koronnych y W. X. Lit.
> zgodnie na Najjaśn. Jana Kaźmierza obr.

Króla Pol. etc. dan między Warszawą a Wolą dnia 17. roku 1644. bez osobnego tytułu, folio nlb. ark. E₂. W Krakowie w drukarni wdowy y dziedziców Andrzeia Piotrkowczyka Typ. J. K. Mci. Edycya inna. Zatem w jednym roku były 4 wydania. Uniw. Warsz. (ma 4 edycye). — Branic. — Jagiell. — Ossol. — Krasiiś. — Raczyiis.

— interregni post abdicationem Ioannis Casimiri A. 1669. folio. Ob. Porządek.

Obejmuje: Porządek na sejmie walnym electicy... uchwalony y postanowiony Roku 1669 dnia 2 miesiąca Maia.

— interregni post mortem Ioannis III. A. 1696. folio. Ob. Konfederacya.

Obejmuje: Confederacya generalna Ordinum Regni et M. D. Lituaniae po niedoszłey konwokacyey główney warszawskiey umówiona Roku P. 1696 dnia 29 miesiąca Sierpnia.

— jubilaei secundi gymnasii gedanensis a. 1758 d. 13 Junii solenniter celebrati publicis impensis prelo subjecta [Gedani. 1758]. folio, str. 40. 296. 132. Kijows.

— et literae ab VIII Maji a. 1624 usq. ad VI Nov. a. 1625 inter utriusque Regni Sueciae et Poloniae Senatores ac officialis commutatae ex mandato S. R. M. Sueciae. Holmiae, excudebat Ign. Meureus, R. typogr. 1625 w 4ce, kart 71. Kijows.

— Toż (Edycya II-ga). Ex mandato S. R. M. Sueciae. Holmiae, excudebat Ign. Meureus (1626) w 4ce, k. 1. i ark. syg. A—R₅. (kart 142). Krasiiś. — Kijows. — Czartor. — Dzikow. — Jagiell.

— literraria Regni Polon. et M. D. Lit. 1755—57. ob. Mitzler de Koloff.

— pacis Olivensis inedita. Tomus 1. in quo Ioachimi Pastorii ab Hirtenberg Aurora Pacis, Diarium Pacificationis ex Bibliotheca Zalusciana nunc primum prolatum, Oliva pacis continentur, recensuit, illustravit, tabulas publicas et observationes adiecit Johannes Gottlob Bohemius, historiographus reg. histor. prof. p. o. Lips. — Vratislaviae apud Guilelmum Theoph. Kornium et Gampertum. Anno 1763. w 4ce, str. XVI. 328., spisu 1 ark., 336. 12.

— pacis Olivensis inedita. Tomus II. in quo diaria Suecicum, Danicum, Curonicum c tabulariis et Bibliothecis nunc primum prolata continentur. Recensuit, illustravit, observationes adjecit Johannes Gottlob Bohemius, historiographus Sax. hist. prof. p. o. Lips. — Vratislaviae apud Guilelmum Th. Kornium. A. 1766. w 4ce, str. XII. 648. i nlb. 16.

Tom I. ded. Augustowi III, Tom II. Adolfowi kr. szwedzkiemu. — W I. tomie są: a) Aurora pacis seu oratio praesentibus legatis caesareis, polonicis, brandeburgicis Gedani circa initia tractatuum Olivensium habita od str. 3—45. — b) Diarium pacificationis, in quo omnia a legatis dicta factaque in loco tractatuum cum cura adnotata sunt, od str. 46 do 306. Na końcu: finivit an. MDCLXV. mense Septembri Joachimus ab Hirtenberg Pastorius. — c) Oliva pacis ad Sacr. Caesaream Majestatem reliquosque Serenissimos Reges ac princip. Christianos septentrionis pacatores, od str. 307 do 328. — W drugim ciągu od str. 205 do 213 skreśla Böhmius pochwałę Pastoryusza w krótkim życiorysie.

Uniw. lwow. — Jagiell. — Ossol. — Przezdz.

— Societatis Jablonovianae. Josephi Alexandri Jablonowski, palatini Novogrodiensis, Lechi et Czechi adversus scriptorem recentissimum Vindiciae. Lipsiae ex offic. Loeperia MDCCLXXI. (1771), w 4ce, tomów 2. T. I. (pars I. et II.), kart 5, str. 238.

Na końcu są 3 rozprawy, tworzące część III. tegoż tomu, p. t.:

Avgvsti Lvdovici Schloezeri profes. Getting. Dissertatio de Lecho praemio Jablonowiano adfecta die XV. Maii MDCCLXX. Accessit: De auctoritate traditionis in historia commentatio extemporalis Caroli Andreae Belli D. consil. avl. Elector. et h. t. Acad. Lips. rector. Jtem Georgii Henrici Ayreri, M. Britann. reg. consil. avl. et prof. jvr. ord. Goetting., ad historiam Lechi animadversiones. Nec non Stanislai Nałęcz Moszczeński in Dobneri de Lecho sententiam stricturae. Pars III. Lipsiae, ex officina Breitkopfia. w 4ce, stron liczb. 68. nlb. 4.

Tom II. ma tytuł:

Acta Societatis Jablonovianae. De Slavis, Lecho Czechoqve item de veris

Zichis Anni cIɔIɔCCLXXI. Tomus II. Lipsiae apud Engelh. Beniam. Swiker-tum 1772. k. 4. str. 272 i k. 2.
Kart 2. obejmuje wiersze łacińskie Kar. Stei-nera i Springsguta do Jabłonowskiego.
W T. II. są następujące rozprawy do rzeczy polskich:
1) str. 1—130. Animadversionum ad antiquiores scriptores Rerum Polo-nicarum specimen. Illustratur et illa quaestio nupera de Czecho et Lecho, per Salomonem Semlerum prof. Acad. Halensis. 2) Apocrisis ad quaestiones propositas de Lecho per Venceslaum Duchowski, str. 182. 3) De Slavis et Lecho per Jo. Theophilum Segerum. 4) Dissertatio de Lecho et Slavorum origine, do str. 202. 5) De Polonorum majoribus sive quo tempore Slavi in Poloniam hodiernam ingressi sint, ad Jos. Alex. Jablonovium epistola Joh. Danielis Ritteri, do str. 232. 6) Sche-diasma de Zichis ad Czechos designan-dos extorsis, tum de erroribus a Do-bnero in lingua graeca commissis per Eugenium Bulgari, Graecum natione et biblioth. in aula Petropolitana, do str. 272.
Niektóre egzemplarze nie mają wydrukowa-nego: Tomus II. Tak samo i Tom III. bywa i bez nadpisu: Tomus III. Ten III. Tom ma tytuł:
— Societatis Jablonovianae. De Sla-vis, Venedis, Antis, Vilzis et Sorabis, aliquid de Vandalis et Henetis; tum de variis distantias geometrice metiendi rationibus. Anni 1772. Tomus III. Li-psiae, ex officina Loeperia 1773. kart nlb. 3. str. nlb. 154 i 2 tabl. ryt.
Tom III. obejmuje:
1) str. 1—52. Dissertatio de Vene-dis et Antis eorumque sedibus antiquis-simis per Franc. Pubitsckam, S. J. Pragensem. 2) Problema ex historia Slavica utrum Wilzi, Serbi aut Sorabi, slavonice dicti Srbi ab Albi et regio-nibus Germaniae profecti sint in Croa-tiam et Dalmatiam, an ex Illyrico ve-nerint in Germaniam per Leop. Johan. Scherschnik, S. J. Pragensem, do str. 93. 3) Quae fuit gens Adriam accolens nempe Veneti, quam Polybius, Strabo, Livius memorant nec latino, nec graeco,

nec gallico sermone usam fuisse. Du-cimur opinionibus. Daniel Ehrenfried Springsguth. do str. 108.
Kończy rozprawa matematyczna Helsenzrie-dera: „De distantia locorum."
— Soc. Jablonovianae de Henetis, de Vandalis, de lacu Musiano, Chunis, Cunis, Slavanis. Anni 1773. Tomus IV. Lipsiae, ex officina Loeperia 1774. w 4ce, k. 21, str. 296.
Przedmowę podpisał Chr. Aug. Clodius, prof. philos.
Poczem idzie nieliczbowane:
Jos. Alex. Jabłonowski... disserit de Henetis, Vandalis, de lacu Musiano, Chunis et Cunis Slavanisque kart 17.
Dalej rozprawy:
De Henetis et Venetis seu Venedis et Vindis. Pars I. — De Vindilis. Pars II. — De lacu Musiano. Pars III. — De Chunis. Pars IV.
Pod tytułem części I. tego tomu podpisano:
Dissertationes hae... praemio ornatae fue-runt, quod tamen Princeps Celsissimus prof. Schirach, qui proxime accessisse ju-dicabatur, pro sua liberalitate vltro et lu-bens concessit.
— Soc. Jablonovianae. De originibus ab aquilone venientium Slavorum anni MDCCLXXIV (1774). Tomus de rebus Slavicis ultimus. Lipsiae, ex offiic. Loe-peria (1775), w 4ce, k. 4, str. 416.
Stanowi luźny tom nie numerowy. — Przed-mowę podpisał Chr. Aug. Clodius. Mieści:
1) J. Al. Jablonovii de Sarome-dis graecis Sauromatis dissertatio str. 1—99. (przy str. 40. tablica geneal.). 2) Madaeus seu Madajus vel Medus ultima ac genuina slavicae gentis origo comment. a Car. Jos. Michaeler, gymn. Prof. (do str. 216). 3) De amplitudine Scandinaviae sedibus et originibus Sla-vorum per Schlosserum Parochum (do str. 348). 4) Anonymi de Cosacorum et Bulgarorum origine (do str. 364). 5) Comment. de priscis Slavorum po-pulis confecta a Slo... gk cum notis P. V.
— Soc. Jablonovianae varii argu-menti ab anno MDCCLXXV. ad annum MDCCLXXIX. Tomus V. Lipsiae, ex offic. Loeperia. 1780, w 4ce, str. VI. XXIII. 296 i tabl. matem. 2.

5

Obejmuje: Oratio in memoriam Divi Jablo-
novii recitata a Chr. A. Clodio (str. I—
XXIII). — Rozprawy inne nie odnoszą się
do rzeczy polskich.
Bentkows. T. 738.
Dzikow. — Branic. — Czartor. — Jagiell. —
Ossol. — Warsz. Uniw. — Czetwert. —
Raczyńs. — Uniw. lwows.

— und Schlüsse der gemeinschaftl.
Synode der Provinz Kleinpolen.
Obacz: Akta i uchwały.

— Stanów Wielkiego Xię. Littew-
skiego na pospolite ruszenie vigore Laudum Wileńskiego 14. Augusti 1698. po-
stanowionego między Ławnem a Puze-
wiczami w powiecie grodzieńskim zgromadzonych, Anno Domini 1698. dnia
21 Decembris. W Wilnie, w drukarni
Oyców Franciszkanów, roku Pańskiego
1699. — Zarazem: Wypis z ksiąg
Grodzkich pow. Grodzieńsk. 1698 r.
w Grud. d. 30. — folio, ark. 15 nlb.
Obacz: Akta.
Branic. — Ossol. — Warsz. Uniw.

— circa submissionem fidemque
Suae Regiae Majestati Sveciae a mili-
tia Quartianorum in Polonia praestitam.
A. 1655. B. w. m. dr. w 4ce, 1 ark.
Jagiell.

— Sueco - polonica, seu Exegesis
commemorans causas, quibus Ordines
Regni Sueciae provocati Sigismundum
III. Regem Poloniae ejusque progeniem
Suecano diademate exuerunt. Stockhol-
miae 1620, w 4ce.
Obacz: Messenius Jan (Exegesis).

— Synodi dioecesanae Chełmensis,
ab illustrissis. et reverendis. D. Mathia
Łubieński, Dei et Apostolicae Sedis gratia episcopo Chełmensi, ordinis canonicorum regularium custodum sepulchri
Dni Hierosolymitani generali, praeposito
Miechoviensi, Crasnostaviae habitae, Urbano VIII. summo pontifice ecclesiae
Dei feliciter praesidente. Zamosci, in
typogr. Academ. excudebat Simon Nizolius. Anno a Christo nato 1624. w
4ce, k. nlb. 52.
Czart. — Ossol.

— in Synodo dioecesana Culmensi
et Pomesaniensi habita a reverendissimo in Christo Patre Domino Laurentio
Gembicki, D. G. Episcopo Culmen. et

Pomesanien. die XXI men. Junii A.
D. 1605. w 4ce, kart nlb. 44.
Dzików — Krasiń s.

— Synodi archidioecesis Gnesnensis A. D. 1620. indictione tertia, pon-
tificatus Sanctiss. in Christo Patris et
Dom. N. D. Pauli divina providentia PP.
V. anno ipsius 16. diebus vero 13, 14,
et 15 mensis 8bris Lovicii in ecclesia
collegiata tituli B. M. Virginis celebratae. Praesidente illus. et rev. in Christo
patre D. Laur. Gembicki Dei et Ap.
Sed. gratia Archiep. Gnesn., legato nato
reg. Pol. primate primoque principe.
Cracoviae, ex offic. Andr. Petricovii typ.
reg. 1621 w 4ce, ark. L₂, (kart 42).
Od ark. B. Acta synodi. — Kończą: Oratio
illustrissimi —, Oratio per Thom. Cisso-
vium canonicum. (Ark. I. i K.). Na ark.
L.: Ode parenaetica Laurentii Smieszkowic.
Jocher 7498.   Jagiell.

— Synodi archidioecesis Gnesnensis praesidente Mathia Łubieński archiepiscopo Gnesn. Uniejovii A. D. 1643.
die 7 Julii celebratae. Varsaviae in offic.
Petri Elert. 1644. w 4ce.
Warsz. Uniw.

— Synodi Miloslaviensis Fratrum
confessionis Augustanae in Maiori Polonia, celebratae a. 1607. d. 12 Julii.
(Wydane w Sammlung von alten und
neuen theol. Sachen. An. 1731. str.
179—202). — Puncta eines Synodi zu
Boianow in Gross-Pohlen gehalten a.
1651. d. 21 Novemb. ex Msto (Tamże.
An. 1744. p. 226—229).
Jocher 8009. T. III. s. 328. — Acta historica eccles. Weimar. 1731. VIII. 271., XV.
437.
Obacz: Akta i uchwały synodu.

— Synodi provinciae Varsav. Var-
saviae, typis viduae Joan. Rossowski.
1634.
Synod odbył się za Mac. Łubieńskiego. —
Mowę miał Jan Fox.
Jocher 7508. — Band. H. dr. Kr. P. IV. 172.

— Synodi dioecesis Vilnensis, praesidente illustrissimo ac reverendissimo
Domino D. Alexandro in Macieiow Sapieha, Dei et Apostolice sedis gratia
episcopo Vilnensi, Vilnae, anno Dni
millesimo sexcentesimo sexagesimo nono, die 11. 12. et 13. mensis Martii celebratae. Vilnae, typis academicis im-

pressum Anno ut supra (1669). w 4ce,
38 kart nlb.

Tekst Synodu poprzedza przedmowa Jana
Woronowicza (obacz).

Jocher 7575. Czartor.

— quaedam statum religionis dissidentium in capitaneatu Scepusiensi illustrantia (1760) fol. 1 k. t. i 10 k. nlb.

Obacz: Analecta (b. r.). — Wagner Karol
(Analecta Scepussii 1773—78).

Czartor.

— quaedam tolerantiam religionis dissidentium in XIII. oppidis capitaneatus Scepusiensis illustrantia. Varsaviae, Anno 1760. mense Augusto. fol. 6 ark.

Jocher 9677.

Ossol. — Czartor. — Krasińs. — Raczyńs.

— Universitatis Leopolitanae in Galicia. Anno 1784. Leopoli, literis Thomae Piller archiepiscopalis typographi. 1786. w 4ce, str. 65.

Obejmują: Orationes: Comitis de Brigido, Venceslai Betański episcopi (trzy), Joan. Bap. Finsiger, decani theol. (od str. 26—57). Sonetto di Gius. Rhedi teatino. Oden über die Einführung der hohen Schule.

Jocher 1667.

Jagiell. — Ossol. — Uniw. lwow.

— ob. Barmiński Mich. (in causa 1765) — Camerarius (Synodica 1605) — Chyliński Raf. (beatif. 1786) — Gielniow Wład. (Canonisat. 1730) — Jan Kanty (canonisationis 1676, 1767—9) — Kadłubek Winc. (Canonisat. 1764) — Lubomirski Jerzy (publ. polon. Lubomirscis 1666) — Meibomius (conventus Thoruniensis) — Mariotti (can. J. Cant. 1769) — Odrowąż Cesl. (canonis. 1712) — Ostrogska Ordynacya — Pius V (canonisat. 1720) — Possewinus A. (in conventu 1620) — Pruski Math. (in causa 1773) — Scheidemantel Jakób (conventuum 1776) — Tyniecki Jerzy (Acta principum XII palatinorum 1670) — Wężyk Widawski Piotr (Acta publica albo Tractat powinności chrześć. 1612).

Acte d'abdication de S. M. le Roi de Pologne. 1795, w 4ce.

Obacz: Akt. Ossol.

— de la confédération des nobles et citoyens du Grand Duché de Lituanie du rit grec et de deux confessions evangeliques, fait à Sluck l'an 1766 le 20 de Mars. Przytem (oprawne razem):

Manifeste au nom de Dissidents dans le Grand Duché de Lithuanie a. 1766 le 3 mois Decembr. à Varsovie. folio. str. 3 nlb.

Bibl. petersb. — Krasińs. — Raczyńs.

— de l'accession à la confédération des trois grandes villes de Thorn, Elbing et Dantzig du 10 Avril 1767. 4o. 2 karty.

Obacz: Akt akcessyi (1767).

Ossol. — Horodecka.

— (Premier) séparé des Grecs Non-Unis et des Dissidents indigènes et qui vivent sous la domination de la Sérénissime République de Pologne et des provinces qui y sont annexées. 1768. w 4ce. Branic.

— de la confédération générale des deux nations traduit du Polonois en François. Du 23 Avril 1776. Varsovie, Dufour 1776. fol.

Obacz: Akt konfederacyi gener.

Branic.

— déclaratoire et statuts du grand orient du Royaume de Pologne et du Gr. Duché de Lithuanie. B. w. m. 5784. (1784) w 8ce, str. 111. Zarazem (oprawne): Reglemens pour une L. particuliere rédigés par ordre de la J.: et P. L. du bouclier du Nord. A l'orient de Varsovie 5784 (1784) w 8ce, str. 136.

Inna edycya bez daty mająca stron 99 wyszła w Warszawie około 1814. — ob. Akt ogłoszenia y ustawy wielkiego wschodu.

Akad. — Jagiell. — Ossol.

— des Wiederaufstehens der Einwohner und Buerger der Woywodschaft Krakau. (1794). folio, 3 karty.

Obacz: Akt powstania obywatelstwa województwa Krak. Jagiell. — Ossol.

— séparé contenant tout, ce qui concerne le commerce entre les états de Pologne et de Prusse, conclu et signé sous la médiation de sa Majesté l'Imperatrice de toutes les Russies. (Varsovie le 9 avril 1794). B. m. r. i dr. folio, k. nl. 3. Ossol.

— de démarcation des limites entre l'empire de toutes les Russies et le royaume de Prusse. Conclu à Grodno le 21 Juin (2 Juillet) 1796. — Akt demarkacyi granic między Imperium wszech Rossyi i Krolestwem Pruskim

zawarty w Grodnie $\frac{21\,Junii}{2\,Julii}$ 1796 r. B.
m. (1796). fol. 56 kart.
    Bibl. Petersb. — Akad.
Acteon ob. Zbylitowski Andr. (1588).
Actes authen. des églises réformés
ob. Blondel Daw. (1655).
— de la diette de Courlande de
1789. B. m. fol.   Bibl. Petersb.
(Actio) Equitis Poloni in Jesuitas
Actio prima 1590. w 4ce, ark. 3.
— Toż 1591, w 4ce, 10 k. nlb.
Autor według Bandtkiego i innych Albertus
Calisius (Kaliszanin) nauczyciel szkoły prot.
w Lublinie, według drugich Sebastyan
Klonowicz. Wiszn. VI. 94. n. 92. ma Stan.
Zawadzkiego, Piens zwanego za autora.
Bock. I. 89. — Chłęd. Spis. 12. — Bandt.
III. 195.
ob. Calissius — Klonowicz — Zawadzki.
— gratiarum ob. Charczowski Wład.
— cruditi fori 1686 ob. Zebrzydowski Józ.
— de rebus S. J. ob. Argentus J.
X. (1620).
— pro restituenda Societate Jesu
ob. Argentus J. (1620).
— in judaeos 1636. ob. Processus
causa.
— III. pro domo ad praelatos Posnan. ob. Lilia P. (1596).
— ob. Sieprski Łukasz (Quaestio
1638).
Actiones academicae duae ob. Niszczycki Chr. (1611).
— duae secretarii pontificii ob. Vergerius Paul. (1557).
— suae a puero ob. Herberstein
Sig. (1558).
Actions de graces (Très humbles)
rendues aux trois puissances par les
peuples polonois, qui ont passé sous
leur domination. A Amsterdam, 1774.
w 4ce, str. 14.   Ossol.
— Tenże tytuł. A la Haye,
MDCCLXXVII. w 8ce, str. 39.
Pisane z okazyi Pansmousera: „Le partage
de la Pologne." Przeciw możnowładztwu i
szlachcie. Wystawia ucisk ludu polskiego.
    Branic. — Jagiell.
Actores ob. pod odpowiedniemi nazwiskami processujacych się.
Actorum et gestorum sueco-poloni-
corum semestrale: Das ist halb-jährige

Erzehl- vnd Darstellung aller im Jüng-
sten von Jhr. Kön. Mayestät zu Schweden, etc. in das Königreich Polen fürge-
nommenen Feldzug, vom Herbst desz
1655. bisz Ostern 1656. fürgenommener
vnd verrichteter Handlungen, gewechselter Schrifften, vnd anderer Begebenheiten, etc. In Truck verfertigt Anno
MDCLVI, w 4ce, str. 268.
— et gestorum sueco polonicorum
semestrale secundum: Das ist: halb-jährige Erzehl- vnd Darstellung aller in
dem von J. Kön. May. zu Schweden,
etc. in das Königreich Pohlen fürgenom-
menen Feldzug, in dem nechstverwi-
chenen 1656. Jahr fürgegangener Handlungen, gewechselter Schrifften pro et
contra, vnd anderer Begebenheiten. Getruckt im Jahr Christi MDCLVII. B.
m. w 4ce, 100 str. nlb. Dat. Febr. 1657.
Obejmuje zbiór pism różnych owocześnie
w Krakowie, Hamburgu i Toruniu drukowanych.
Akadem. — Branic. — Zielińs. — Dzików — Ossol.
— (Variorum) publicorum Appendix,
in tres classes divisa etc. Francofurti
Imp. Wilhelmi Serlini Bibl. 1663. w
4ce, str. 372 prócz tytułu i regestru,
zajmujacych kart 4.
— synopsis in negotio Curlandiae et
Semigalliae a. D. 1726. Varsaviae, typ.
S. R. M. schol. Piar. w 4ce, s. 78.
Katalog Bibl. petersb. podaje jako autora F.
G. Bühlowa.
Ossol. — Brau. — Jagiell. — Bibl. peters.
Actum in curia regia varsaviensi feria
secunda post Dominicam Letare in qua-
dragesimo proximo A. D. 1587. (Za-
pisanie do akt grodzkich konfederacyi
generalnej po polsku). 1587, fol.
    Branicki.
— Lublini in judiciis ordinariis,
general. Tribun. regni. Feria 2-da in
crastino Festi Nativit. S. Joan. Bapt.
1618.
Do ordynacyi ostrogskiej.
    Katal. księg. Cypcera.
— in curia regia Varsaviensi, feria
secunda post festum Visitationis beatissimae virginis Mariae proxima, A. D.
1669. Obacz: Porzadek na Seymie walnym Elekcyey uchwalony y postano-

wiony R. P. 1669. dnia 2. miesiąca Maia, folio, str. 32.

— in Piltin in Generali Commissione etc. B. w. m. (1686), fol. str. 15. Bibl. petersb.

— Toż, inne wyd. (1686), fol. str. 11. Obacz: Piltyń. Bibl. petersb.

— in curia regia Varsaviensi sabbatho post festum Visitationis beatissimae virginis Mariae proximo, anno Domini millesimo sexcentisimo nonagesimo septimo. Oznaymienie króla nowo obranego na seymie walnym Elekciey między Warszawą a Wolą dnia 27. Iunii anno 1697, fol., 7 k. nlb.

— Toż, inna edycya, 5 kart.
— Toż, inna edycya, 6 kart.
Jagiell. — Zielińs. — Branic. — Czartor. — Warsz. Uniw.

— in curia regia Varsaviensi, feria secunda post festum sanctae Margarethae virginis et martyris proxima anno Domini 1697. Ad officium et acta praesentia castrensia capitanealia Varsaviensia personaliter veniens generosus Joannes Wladislaus Kunat in Wyrozemby Wyrozembski, dapifer et nuntius terrae mielnicensis, ad pacta conventa infra contenta de eadem terra mielnicensi palatinatus Podlachiae deputatus, ex consensis commissoque ordinum regni ac magni ducatus Lithvaniae, eidem officio praesenti ad ingrossandum in acta praesentia, castrensia, capitanealia Varsaviensia articulos pactorum conventorum infra scriptorum una cum praecedente super fidem conscribendorum juramenti rotha, obtulit, de tenore ejusmodi.

Oblata: Iurament Ich Mosciów tak ex senatorio jako y equestri ordine regni ac magni ducatus Littuaniae ad pacta conventa infra scripta Deputatów. 1697. B. w. m. dr. folio, str. liczb. 26. Branic. — Zielińs. — Jagiell. — Warsz. Uniw.

— in Castro Ravensi sub interregno feria quinta post festum sanctae Margarethae virginis et martyris proxima. Anno Domini 1697. folio, kart 2.

Oblata protestacyi: Krosnowski Wład. i Magnuski Alex. protestują przed Grodem Rawskim, przeciw Janowi Krasiń-

skiemu wojew. Płockiemu, iż niechciał przyjąć manifestu przeciw elekcyi Augusta II. króla polsk. Ob. Krosnowski Wład. (Manifest wniesiony 1697).
Czartor. — Branic. — Jagiell. — Warsz. Uniw.

— in castro Ravensi sub interregno feria quinta post festum s. Aegidii abbatis proximo anno Dni millesimo sexcentesimo nonagesimo septimo. — Rokosz generalny ku obronie wiary świętey katolickiey y zaszczytu wolności uczyniony na poparciu elekcyey w okopach elekcyalnych między Wolą a Warszawą die 26 Augusti anno millesimo sexcentesimo nonagesimo 7-mo (1697), B. w. m. dr., folio, 6 k. nlb. (Syg. A—C₂).
Obacz: Manifest zur Unterst. (1697). — Obwieszczenie (1697). — Radziejowski M. (1697). — Rokosz gener. (1697).
Branic. — Czartor. — Jagiell.

— in curia regia Varsaviensi, feria quarta in vigilia festi S. Jacobi Apost. 1697. Articuli pactorum conventorum inter status serenissimae Reipublicae Poloniae et serenissimum principem Fridericum Augustum (1697). folio.
Ad officium venientes: gener. Joan. Gliński... Obacz: Articuli — August II — Pacta conventa. Czartor.

— Lublini in judiciis tribunalis. 1698. Przezdz.

— in castro Ravensi sabbatho ante festum nativitatis sancti Joannis Baptistae proximo anno 1698. Ad officium et acta praesentia castrensia capitanealia Ravensia personaliter veniens nobilis Martinus Strzelecki ex palatinatu Lanciciensi obtulit officio praesenti et in acta praesentia ad ingrossandum porrexit literas manifesti infra scripti, quarum est tenor, sequiturque talis.

My Rady, dignitarze, urzędnicy y wszystko rycerstwo z województw, ziem y powiatów do Łowicza pro die quinta Maji ad tractatum solennem z Jaśnie Wielmożnemi Ichmościami pany komissarzami od nayjaśnieyszego krola Imci polskiego zesłanemi wiadomo czyniemy etc. protestujemy się in quo ore et consensu, wolno przeciwko pomienionym sędziom obu trybunałów, tak piotrkowskiego jako y lubelskiego itd... Działo się w Łowiczu na zieździe walnym rokoszowym die quinta mensis Maii anno 1698. Następują podpisy: Michał kard. Radziejowski primas m. p. itd. B. r. i m. dr., fol., kart 2.

Obacz: Protestacya.   Branic.

— in castro Ravensi sabbatho ante festum nativitatis sancti Joannis Baptistae proximo. Anno Dni 1698.

Oblata: Traktat z rokoszem generalnym zawarty w Łowiczu die 5 Maii A. D. 1698, folio, str. 12. (Zaniósł do akt Marcin Strzelecki).

Obacz: Traktat.

Czartor. — Jagiell. — Branic. — Zielińs.

— in curia regia Varsaviensi feria secunda post dominicam Oculi quadragesimalem proxima anno Dni millesimo sexcentesimo nonagesimo octavo.

My Rady dygnitarze, urzędnicy etc. Łowicz 27 Lutego 1698, fol., 2 kart. (Oblata rokoszu prow. Małopolskiey).

Branic. — Czartor.

— in castri Wschovensi feria IV. die S. Petri in vinculis 1703.

Akt konfederacyi: Datum w Srzedzie od zaczęcia konfederacyi d. 9 Mca Lipca r. 1703. Ad offic. comparens Andr. Kozierowski, Petri Jacobi Bronisz aulicus, (tekst polski), fol., k. 3.

Jagiell.

— in castro Sandomiriensi sabatto ante festum sanctorum Viti et Modesti Martyrum proximo anno Dni millessimo septigentesimo quarto (1704).

Konfederacya generalna stanów koronnych i Wielk. Księstwa litewsk. na zjeździe walnym pod Sandomierzem postanowiona, folio, k. 17 nlb.

Warsz. Uniw. — Czartor.

— Toż, folio, 18 k. nlb. (odmienna edycya).

Obacz: Konfederacya generalna.

Czartor. — Krasińs.

— in curia regiae Varsaviensi feria tertia post festum sanctorum Viti et Modesti martyrum proxima A. D. 1704.

Manifest od Imci Ośw. książęcia Imości Michała Stefana kardynała hrabi na Kryłowie y Radziejowicach Radziejowskiego, prymasa korony polskiej y W. X. L. y pierwszego książęcia, sta-

nom Rzeczypospolitej y całemu światu podany. 1704, fol. syg. A—E$_2$. (k. 11).

Wnosi go Laur. Szpillowski, sekr. Radziejowskiego.

Wizerunki i roz. Wilno 1837. Tom 19, str. 109. — Obacz: Radziejowski Mich.

Jagiell. — Branic. — Zielińs. — Czartor. — Ossol. — Krasińs.

— in curia regia Varsaviensi, feria 6ta post domin. Jubilate proxima 1704, folio, ark. C$_2$. (str. 12).

Manifest Alex. królewicza de raptu królewiczów Jakuba i Konstantego.

Obacz: Sobieski Alexander (Manifestum).

Czartor. — Raczyńs. — Branic. — Zielińs. — Ossol. — Jagiell. — Kijow.

— in curia regia Varsaviensi sabbatho ante Dominicam Cantate proximo A. D. 1704.

Wniesione do akt: Konfederacya generalna circa religionem orthodoxam et avitam libertatem województw, ziem y powiatów zkonfederowanych, 1704 (21 Lutego), fol., syg. A—E. (5 ark.).

— Toż, inna edycya, fol., 9 kart.

Obacz: Konfederacya.

Branic. — Jagiell. — Ossol. — Czartor.

— Toż samo, B. m. w 4ce, str. 24.

Tytuł po łać. tekst po niemiecku.

— Toż, inne wydanie: Richtige Verzeichnisz derer Confoederations-Puncten, welche zu Vollenziehung derer mit der Krohn Schweden abgeredeten Tractaten wieder Aufrichtung derer bishero unterdrückten Rechte, von den Woywodschaften, Herschaften und Ritterschaft zu Warschau einmächtig beschlossen. Geschehen auff der Königl. Residence zu Warschau Sonnabends vor dem Sonntage Cantate dieses laufenden Jahres 1704. Gedruckt im Jahr 1704. w 4ce str. 24.

Branic. — Ossol. — Uniw. lwow. — Krasińs.

— in curia regia Varsaviensi sabbatho pridie festi sanctae Margaretae virginis et martyris A. D. 1704.

Oblata odpowiedzi na punkta konfederacyi sandomierskiej.

Ad officium et acta... Stephanus Urbanowski relationem illustrium et magnificorum deputatorum ab ordinibus regni die 19 Junii ad revisionem punctorum confoederationis sandomiriensis contra confoederationem generalem Varsaviensem designatorum ad ingrossandum in Acta praesentia obtulit de tenore tali:

My rady duchowne i świeckie i t. d. folio. Czartor. egz. niekompl. ma 12 kart nlb. (ark. F₂). Branic. — Czartor.

— in curia regia Varsav. Sabbato in vigilia festi sancti Matthaei apostoli et evangelistae 1705.

Deklaracya koronacyey Naj. Stanisława pierwszego, elekta Korony Polskiey y W. X. L. Dan w Zamku warszawskim, na sessyey naszey generalney, dnia 19 miesiaca Września R. P. 1705. B. m. dr. fol. k. nlb. 3.

Obacz: Deklaracya — Leszczyński Stan. Zielińs. — Jagiell. — Czartor. — Tow. P. N. — Warsz. Uniw.

— in castro Posnaniensi feria secunda in vigilia festi sancti Andreae Apostoli anno Dni 1706.

Ad officium et acta praesentia castrensia Posnaniensia personaliter veniens generosus Michael Bronikowski obtulit officio praesenti ad articandum et in acta praesentia ingrossandum copias infra scriptorum punctorum, ac paragraphorum et veniens Tractatus pacis, inter serenissimos, Carolum XII, Svecorum, Gottorum, Vandalorumque et Stanislaum primum Poloniarum reges, nec non Fridericum Augustum itidem regem, ducem Saxoniae i t. d. B. m. dr. fol. k. nlb. 7.

Obacz: Tractatus — Traktat. Tow. P. N. — Zielińs.

— Cracoviae in judiciis vigore confoederationis dictae Captur Palatinatus Cracov. in conventu partic. Prossoviensi proxime praeterito, per consiliarios, ordines, proceres totamque nobilitatem laudatis et institutis. Feria 5ta in crastino festo s. Laurentis Martyris anno Dni 1707. folio, k. 2. — (Podp. Franc. Dembiński). Jagiell.

— eucharisticum quo Deo T. O. M. pro clementissime oblata pestifera lue decentes ¡gratias persolvet studiosa iuventus gymnasii Thorun. et boni malique in mundo permistionem quibusdam orationibus d. XXV Aprilis 1709. hora VIII matutina in auditorio maximo con-

siderabit; indicunt rector, professores ac visitat. folio, k. 2. Czartor.

— w Grodnie na trybunale skarbowym 1717, fol. Branic.

— in praetorio sacrae regiae maiestatis Thorunensium... (Wyrok komisarski w sprawie między duchowieństwem i mieszczanami), 1724. fol. str. nlb. 12. Zarazem: Delatio vera quomodo et quibus causis Thorunenses Cives ob commissa sua crimina... judicati et condemnati sunt... str. nlb. 16.

Obacz: August II (Decretum 1724) — Decretum. Warsz. Uniw.

— oratorium memoriae Jesu Christi sacrum die crucifixionis et sepulturae celebrandum; sollenniter indicunt et maecenates, patronos et fautores litterarum omni observantiae cultu et mutui amoris testificatione invitant rector et professores gymn. Thorun. Thorun. impr. Ioh. Nicolai nob. senat. et gymn. typogr. (1717). folio, k. 2. Czartor.

— oratorium, quo diem sepulturae Jesu Christi sacrum celebratura est studiosa juventus Thorunien die XIX Aprilis a. 1726 indicunt rector et professores. Thorunii apud Joh. Nicolai. 1726, folio, kart 2. Czartor.

— Oblata: Porządek na sejmie walnym elekcyi między Warszawą a Wolą d. 25 Sierpnia R. P. 1733. postanowiony. Warszawa u XX. Sch. Piar. 1733. fol.

Obacz: Porządek. Branic. — Ossol.

— in civitate regia Kovaleviensi coram judicio civili scabinali feria quinta post dominicam Misericordiae proxima A. D. 1753.

Manifest i provelacya magistratu toruńskiego, 1753. folio, str. 2.

Obacz: Zieliński Albert (Protestatio). Branic. — Krasińs.

— in civitate regia Kovaleviensi coram judicio civili scabinali feria quinta post festum Annunciationis Beatis. ac Gloriosis. Virg. Mariae proxima anno Dni 1755, folio, k. nlb. 1. Krasińs.

— coram officio advocatiali civitatis sacrae regiae majestatis Graudentinensis die 16 Aprilis A. D. 1764.

Do urzędu y ksiąg ninieyszych mieyskich osobiście przyszedł Jmść P. porucznik de Saltza imieniem y ex commisso Imci P. generała majora de Chomutoff podał do ksiąg ninieyszych manifest in parata copia tenoris de verbo ad verbum sequentis. 1764, fol. str. 3.

Obacz: Chomutow.

Branic. — Krasińs. — Kijows.

— in curia regia Varsaviensi. Porządek na seymie walnym elekcyi między Warszawą a Wolą postanowiony R. 1764. B. w. m. dr.

Obacz: Porządek.

— in castro Grabovecensi... feria quarta in crastina festi nativitatis Bme Virginis Mariae A. D. 1767.

Oblata manifestu urzędników i obywateli województwa Bełzkiego przeciw sprawom dyssydentów. 1767, fol. str. 4.

Branic.

— in curia regia Varsaviensi Anno Dni 1767.

Oblata uchwał seymu pod konfederacyą zebranego co do stosunków z Rossyą (1767), fol., str. 5. Branic.

— in curia Varsaviensi feria sexta post festum s. Lucae Evangelistae proxima A. D. 1767.

Ad officium et acta castr. capit. Varsav. personaliter veniens Mcus Martinus Matuszewicz. (Constitutiones regni et M. D. L. comitior. extraord. Varsaviae sub nexu confoed. gener. sancitae). folio. Branic. — Czartor. — Raczyńs.

— in judicio extraordinario d. 12ma mensis Augusti anno 1769. Universis et singulis praesentium notitiam habituris praemissa studiorum ac officiorum nostrorum diligenti commendatione, notum testatumque facimus praeconsules atque consules civitatis thoruniensis, comparuisse coram nobis spectabiles et honoratos judicem et scabinos juratos veteris civitatis hujus thoruniensis exponentes contineri in libris eorundem judicialibus actum manifestationis infra scriptum de tenore sequenti... B. m. dr. folio, k. 4.

Obejmuje: Litterae mareschalci Mazowiecki et Fr. Mikorski (po polsku). Jagiell.

— in curia regia Varsaviensi feria tertia post dominicam conductus Paschae videlicet die vigesima mensis Aprilis

anno Domini septingentesimo septuagesimo tertio.

Oblata przystąpienia niektórych senatorów i ministrów do konfederacyi. 1773. folio.

Ob.: Konfederacya. Ossol. — Branic.

— in curia regia Varsaviensi die 20 m. Aprilis A. D. 1773.

Oblata konfederacyi generalnej stanu rycerskiego, 1773, folio, str. 8.

Krasińs. — Branic.

— in curia regia Varsaviensi feria tertia post dominicam conductus Paschae videlicet die vigesima mensis Aprilis, anno Domini millesimo septigentesimo septuagesimo tertio.

Oblata konfederacyi posłów K. i W. X. Lit. 1773. folio.

Obacz: Konfederacya.

Ossol. — Krasińs. — Branic.

— in curia regia Varsaviensi die 21 m. Aprilis A. D. 1773.

Oblata przystąpienia do konfederacyi generalnej niektórych posłów. 1773. folio, str. 2. Branic.

— in curia regia Varsaviensi die 24 m. Aprilis A. D. 1773.

Oblata przystąpienia do konfederacyi generalnej niektórych posłów. 1773. folio, str. 2. Branic.

— in curia regia Varsaviensi die 28 m. Aprilis A. D. 1773.

Oblata przystąpienia do konfederacyi generalnej senatorów i ministrów korony i W. X. Lit. 1773, fol. str. 2.

Branic.

— in curia regia Varsaviensi, sabbatho ante festum sancti Aegidii abbatis videlicet die vigesima octava mensis Augusti A. D. 1773.

Ad officium et acta praesentia castrensia capitanealia Varsaviensia personaliter veniens illustr. magnif. Jacobus Komorowski castellanus Santorensis, Novosillensis, Podlissensis, capitaneus eidem officio et actis ejus manifestationem suam, Polonico idiomate confectum tenoris talis... (w sprawie porwania Gertrudy Komorowskiej). B. m. dr. folio, k. nlb. 2.

Ob. Komorowski: Manifest przeciw Franc. Potockiemu. Branic. — Zielińs.

— in curia regia Varsaviensi feria secunda ante festum sancti Mathaei apostoli et evangelistae, videlicet die 20 mensis Septembris anno 1773. fol. 1 ark.

W sprawie o topienie Komorowskiej. Remanifestacya Potockiego. Obacz: Potocki Fr. S.   Branic. — Zielińs.

— in curia regia Varsaviensi feria quinta postridie festi sancti Aegidii abbatis videlicet die secunda mensis Septembris anno Domini millesimo septingentesimo septuagesimo tertio. (1773).

Oblata dekretu sejmowego przeciw królobójcom. 1773. fol.   Branic.

— in curia regia Varsaviensi die septima mensis Septembris anno Dni millesimo septingentesimo septuagesimo tertio. (1773).

Oblata objaśnienia ustanowienia Rady nieustającej. 1773. fol.   Branic.

— in curia regia Varsaviensi sabbatho post festum sancti Michaelis Archangeli videlicet die secunda mensis Octobris A. D. 1773. — Ad officium et acta praesentia castrensia capitanealia Varsaviensia personaliter veniens magnificus Florianus Junosza Drewnowski pincerna terrae Łom. etc. eidem officio ratificationem tractatuum porrexit tenoris talis (następuje ratyfikacya traktatów z dworami W. P. R. r. 1773). 1773. folio.   Branic.

— in curia regia Vars. die 28 m. Martii A. D. 1774.

Oblata konstytucyi: Rozporządzenie dobrami jezuickiemi. (1774). folio, str. 8.

ob. Rozrządzenie.   Branic.

— in curia regia Vars. die 14 m. Junii A. D. 1774.

Oblata konstytucyi: Trybunał koronny. 1774. fol. 2 karty.

ob. Trybunał.

Branic. — Krasińs.

— in curia regia Vars. die 23 m. Septembris A. D. 1774.

Oblata konstytucyi: Ustanowienie komisyi nad edukacyą młodzi narodowej szlacheckiej dozór mającey. 1774. fol. k. 2.

ob. Ustanowienie.   Branic.

— in curia regia Vars. die 14 m. Novembris A. D. 1774.

Oblata konstytucyi: Utrzymanie pedis monetariae. 1774. fol.

ob. Utrzymanie.   Branic.

— in curia Varsaviensi etc. etc.... die 13 April. 1775. fol. 2 karty.

Rozporządzenie względem papieru stemplowanego.

Podpisany Puchała. ob Kommissya skarbu — Konstytucye — Papier.

Jagiell. — Ossol. — Krasińs.

— in curia regia Vars. die 13 m. Aprilis A. D. 1775.

Oblata konstytucyi: Podymne generalne. 1775. folio.

ob. Podymne.

Branic. — Ossol. — Krasińs.

— in curia regia Vars. die 13 m. Aprilis A. D. 1775.

Oblata konstytucyi: Ustanowienie sądów sejmowych. 1775. folio, 3 str.

ob. Ustanowienie.

Branic. — Ossol. — Krasińs.

— in curia regia Vars. die 13 m. Aprilis A. D. 1775.

Oblata nominacyi: Osoby do sądów sejmowych na funkcye sędziowskie tychże sądów d. 11 Kwietnia 1775 porządkiem województw na sessyi sejmowej w izbie senatorskiej za zgodą stanów skonfederowanych wyznaczone z stanu rycerskiego. 1775. folio.

ob. Osoby do sądów.

Branic. — Ossol.

— in curia regia Vars. die 13 m. Aprilis 1775.

Oblata konstytucyi: Cło od soli zagranicznej. 1775. folio, str. 2.

ob. Cło od soli.

Branic. — Krasińs. — Ossol.

— in curia regia Vars. die 15 m. Aprilis A. D. 1775.

Oblata manifestu posłów wdztwa Łęczyckiego, powiatu Orłowskiego i ziemi Łomżyńskiej. 1775. fol. str. 3.

Branic.

— in castro Lanciciensi 28 Aprilis 1775. Wniesienie manifestu.

Oblata manifestu posłów wdztwa Łęczyckiego przeciw uchwałom sejmu z r. 1775. 1775. folio, str. 2.   Branic.

— in curia reg. Vars. fer. 6 post dominicam conductus Paschae videlicet d. 28 Aprilis A. D. 1775.

6

Manifest posła Bracław8. Anton. Stan. Xięcia Świntopełk Czetwertyńskiego.' fol. 2 kart.
— Toż. Manifest.... i Protest z okoliczności sejmu. folio, str. 6.
ob. Czetwertyński Ant. (Manifest, Protest).
Czartor. — Branic. — Krasińs.
— in curia regia Varsaviensi die decima septima m. Augusti A. D. 1776.
Oblata manifestu Stan. Krajewskiego i Adama Górskiego, z powodu zażalenia matki Ur. Zielińskiego. 1776. folio, str. 4. Branic.
— in curia regia Varsav. die 27 m. Augusti A. D. 1776.
Oblata manifestu i protestacyi posłów ziemi Ciechanowskiej z powodu pisma: Zażalenia śmierci Ur. Każ. Zieleńskiego. 1776. folio, str. 4. Branic.
— in curia regia Vars. d. 29 m. Augusti A. D. 1776.
Oblata: Sposób wybierania sędziów sejmowych. 1776. f. str. 2.
ob. Konstytucye — Sposób.
Branic. — Krasińs.
— in curia regia Varsav. d. 31 m. Augusti A. D. 1776.
Oblata nominacyi osób za sędziów sejmowych, obranych na sessyach prowincyonalnych. (1776). f. str. 3.
ob. Konstytucye.
Branic. — Krasińs.
— in curia regia Vars. die 2 m. Septembris A. D. 1776.
Oblata konstytucyi: Moc ratyfikacyi konwencyi granicznej z dworem rossyjskim. (1776). f. str. 4.
ob. Moc.
Branic. — Krasińs. — Ossol.
— in curia regia Vars. die 3 m. Septembris A. D. 1776.
Oblata konstytucyi: Deputacya do examinowania rady przy boku naszym nieustającej. 1776.
ob. Deputacya.
Branic. — Krasińs. — Czartor. — Warsz. Uniw.
— in curia regia Vars. die 6 men. Septembris A. D. 1776.
Oblata konstytucyi: Ordynacya sądów sejmowych. 1776. f. str. 6.
ob. Ordynacya.
Branic. — Krasińs. — Ossol. — Czartor.

— in curia regia Vars. die 7 m. Septembris A. D. 1776.
Oblata konstytucyi: Objaśnienie ustanowienia rady nieustającej przy boku naszym. 1776. f. str. 3.
ob. Objaśnienie.
Branic. — Krasińs. — Ossol. — Warsz. Uniw.
— in curia regia Vars. die 11 m. Septembris A. D. 1776.
Oblata konstytucyi: Zbiór praw sądowych. 1776. f. str. 2.
Polecająca And. Zamojskiemu ułożenie zbioru praw sądowych. ob. Zamojski A. — Zbiór praw. Czart. — Branic.
— in curia regia Vars. die 12 m. Septembris A. D. 1776.
Oblata konstytucyi: Moc ratyfikacyi konwencyi granicznej z dworem wiedeńskim. 1776. f. str. 2.
ob. Moc.
Branic. — Krasińs. — Ossol.
— in curia regia Vars. die 25 m. Septembris A. D. 1776.
Oblata konstytucyi: Ordynacya sądów sejmowych. 1776. f. str. 7.
ob. Ordynacya. Branic. — Kras.
— in curia regia Vars. die 25 m. Septembris A. D. 1776.
Oblata konstytucyi: Powinności i władza departamentów w radzie przy boku naszym nieustającej, oraz tłomaczenie obojętności prawa 1775. Ustawy tejże rady. 1776. Warszawa, Dufour. folio, str. 7.
ob. Powinności. Branic. — Czartor.
— in curia regia Vars. die 27 m. Septembris A. D. 1776.
Oblata: Moc ratyfikacyi konwencyi granicznej z dworem berlińskim. 1776. f. str. 2.
ob. Moc.
Branic. — Kras. — Czart. — Wolański.
— in curia regia Vars. die 3 m. Octobris A. D. 1776.
Oblata konstytucyi: Deklaracya o kommissyach i remissach z przeszłego sejmu wypadłych. 1776. f. str. 4.
ob. Deklaracya. Branic. — Krasińs.
— in curia regia Vars. die 5 m. Octobris A. D. 1776.
Oblata konstytucyi: Prorogacya sejmu. 1776. f.
ob. Prorogacya.
Branic. — Krasińs. — Warsz. Uniw.

— in curia regia Vars. die 12 m. Octobr. A. D. 1776.

Konstytucya: Dochody skarbu koronnego. Papier stemplowy. f. k. 1.
ob. Dochody.
Branie. — Czartor. — Krasińs.
— in curia regia Vars. die 14 m. Octobris A. D. 1776.

Konstitucya: Wydatki koronne — Tabella generalna expensy skarbu koronnego. fol. 1 ark.
ob. Tabella.
Bran. — Czartor. — Krasińs.
— in curia regia Vars. die 15 m. Octobris A. D. 1766.

Oblata konstyt.: Wydatki koronne. 1776. f. str. 4.
ob. Wydatki. Branie.
— in curia regia Vars. die 18 m. Octobris A. D. 1776.

Oblata konstytucyi: Zakon maltański w Polszcze. fol. 2 str.
ob. Konstytucyc. Bran. — Czartor.
— in curia regia Vars. die 21 m. Octobris A. D. 1776.

Oblata konstytucyi: Zaświadczenie czynności rady przy boku naszym nieustającej. 1776. folio, 2 str.
ob. Zaświadczenie
Branie. — Krasińs. — Czartor.
— in curia regia Vars. die 21 m. Octobris A. D. 1776.

Oblata konstytucyi: Skład wszelkich towarów. 1776. fol., 1 k.
Branie. — Czartor.
— in curia regia Vars. die 21 m. Octobris A. D. 1776.

Oblata konstytucyi: Edukacya narodowa. 1776. f. Branie. — Krasińs.
— in curia regia Vars. die 21 m. Octobris A. D. 1776.

Oblata konstytucyi: Ubezpieczenie sum ziemskich i po jezuickich. 1776. f.
ob. Ubezpieczenie.
Branie. — Krasińs. — Ossol. — Warsz. Uniw.
— in curia regia Vars. die 21 m. Octobris A. D. 1776.

Oblata konstytucyi: Objaśnienie legis sumptuariae. 1776. f. str. 3.
Branie. — Krasińs. — Czartor. — Warsz. Uniw.
— in curia regia Vars. die 21 m. Octobris A. D. 1776.

Oblata konstytucyi: Ustawa podatku Xięstwu litewskiemu. 1776. f.
ob. Ustawa podatku.
Branie. — Czartor.
— in curia regia Vars. die trigesima mensis Octobris A. D. 1776. fol.
Text polski, łaciński i niem.
Bibl. petersb.
— in curia regia Vars. die 17 m. Junii A. D. 1777.

Manifest imieniem miasta Pragi przeciwko P. Janowi Słomińskiemu metrykantowi koronnemu. 1777. f. 1 k.
Czartor.
— in curia Branscensi feria 2 ipso festo S. Mathaei apostoli et evang. scilicet 21 Septembr. A. D. 1778.

Remanifestacya urzędników i dygnitarzy etc. ziemi Bielskiej przeciw P. Stanis. Karwowskiemu. fol. 3 k.
Czartor.
— in curia regia Vars. die 11 m. Decembris A. D. 1778.

Oblata konstyt.: Wyznaczenie posłów do dworów cudzoziemskich. 1778. folio, str. 2. Branie.
— in castro Posnaniensi 22 Augusti 1782. Elias Prus Weropański obtulit officio praesenti ad acticandum et actis hisce in suo originali relinquendum Laudum Sredense. fol. Raczyńs.
— in curia reg. Vars. 2 Octobris. 1782. Ludovicus Gołyński... extractum manifestationis per Ad. Czarnecki ad ingrossandum porrexit. fol. Raczyńs.
— in curia regia Vars. die 18 m. Octob. A. D. 1782.

Konstytucya: Osoby do Rady nieustaiącey wybrane pluralitate votorum. f. 2 k. Czartor. — Raczyńs.
— Toż. Konstytucya: Osoby do komissyi skarbu koron. ex pluralitate wybrane. f. 1 k. Czartor.
— Toż. Konstytucya: Osoby do kommissyi skarbu W. X. Lit. ex pluralitate wybrane. f. 2 k. Czartor.
— Toż. Konstytucya: Wyznaczenie sędziów seymowych. f. 2 k.
Pius Kiciński ad ingrossandum obtulit.
Czartor. — Raczyńs.
— in curia regia Vars. die 25 m. Octob. A. D. 1782.

Konstytucya: Zaświadczenie czynności Rady przy boku naszym nieustającey. f. 1 k.   Czartor.
— in castro Sandom. Sab. post fes. S. Margarethae d. 20 Julii 1782.
Manifest sukcessorów Jana Skuby Pakosławskiego. fol. 1 k.   Czartor.
— in castro Sandomiriensi, feria quarta post festum assumptionis in coelum gloriosissimae Virginis Mariae proxima, videlicet die 18 m. Augusti A. D. 1784. fol.   Branic.
— in curia reg. Vars. 22 Octobris 1785. Protest deputowanych gmin ewang. przeciw Aug. Stan. Golczowi Gen. Lieut. że na synodzie zasiadał i wotował. fol.   Raczyńs.
— Toż. Vars. 28 Oct. 1785. Protest deputow. stanu miejs. gmin ewang. Augsb. wyzn. przeciw stanom rycerskiemu i duchownemu fol.   Raczyńs.
— in curia regia Vars. die 28 m. Octob. A. D. 1785.
Manifest deputowanych miejskich zgromadzenia ewangelickiego przeciwko deputowanym stanu rycerskiego i duchownego tegoż zgromadzenia. f. 1 k.
ob. List obywatela 1785.
Czartor.
— in curia regia Vars. die 17 m. Junii A. D. 1787.
Oblata manifestu magistratu praskiego pospólstwa 1787. f. str. 2.
Branic.
— Petricoviae in iudiciis ordinariis generalibus tribunalis regni die 3 m. Septembris A. D. 1787. Ordinatio in reassumptione. 1787. f.   Branic.
— in castro lublinensi die 28 m. Novembris A. D. 1787.
Oblata manifestu przeciw X. Kaz. Sapieże. 1787. f. str. 5.
ob. Sapieha (Manifest).   Branic.
— in curia reg. Luceoriensi feria 4a post festum S. Laurentii Mart. proxima videlicet die 13 Aug. A. D. 1788.
Zażalenie Pawła Kaniewskiego kapitana przeciwko Stef. Zambrzyckiemu i Ignacemu Cieciszewskiemu. fol. 2 k.
Branic. — Czartor.
— in curia regia Vars. die 9 m. Octobris A. D. 1788.

Oblata: Akt konfederacyi generalnej w sejmujących stanach obojga narodów. 1788. f. str. 11.
ob. Akt konfederacyi.
Branic. — Krasińs.
— in curia regia Vars. die 18 m. Octobris A. D. 1788.
Oblata konstyt.: Nakaz przysięgi. 1788. f. str. 2.   Branic.
— in curia regia Vars. die 22 m. Octobris A. D. 1788.
Oblata konstyt. Materye wojskowe. 1788. f. str. 2.   Branic.
— in curia regia Vars. die 6 m. Novembris A. D. 1788.
Oblata konstyt.: Czyli ma być departament wojskowy — czyli ma być kommissya wojskowa. 1788. f. str. 1.
Branic.
— in curia regia Vars. die 11 m. Novembris A. D. 1788.
Oblata konstyt.: Prorogacya sejmu. 1788. f. str. 1.   Branic. — Raczyńs.
— in curia regia Vars. die 11 m. Novembris A. D. 1788.
Oblata konstyt.: Kommissya wojskow. 1788. f. str. 1.   Branic.
— in curia regia Vars. die 26 m. Novembris A. D. 1788.
Oblata: Przepisy kommissyi wojskowej się tyczące. 1788. f. str. 4.
Przezdz. — Branic.
— in curia regia Vars. die 28 m. Novembris A. D. 1788.
Oblata konstyt.: Karność, posłuszeństwo, musztra, ubiór oszczędny — dla gemeynów i t. d. 1788. f. str. 2.
Branic. — Przezdz.
— in curia regia Vars. die 28 m. Novembris A. D. 1788.
Oblata: Wszystkie osoby składające kommissyą wprzód nim miejsca swoje zasiędą przytomne przed Nami.... przysięgę wypełnią i t. d. 1788. fol. str. 2.   Branic. — Przezdz.
— in curia regia Vars. die 28 m. Novembris A. D. 1788.
Oblata: Co się tyczy sądów, kommissya wojskowa urządzać będzie. 1788. f. str. 2.   Branic. — Przezdz.
— in curia regia Vars. die 1 m. Decembris A. D. 1788.

Oblata konstyt.: O pomocy wojskowej przy zatradowaniu. 1788. f. str. 4.

Branic — Przczdz.

— in curia regia Vars. die 3 m. Decembris A. D. 1788.

Oblata konstyt.: Płaca wojskowa obojga narodów. 1788. f. str. 2.

ob. Konstytucye sejmowe.

Branic. — Przczdz. — Krasińs.

— in curia regia Vars. die 6 m. Decembris A. D. 1788.

Oblata konstyt.: Prorogacya sejmu. 1788. f. str. 2. Branic. — Raczyńs.

— in curia regia Vars. die 9 m. Decembris A. D. 1788.

Konstytucya o zaczęciu rekruta. 1788. f. Branic.

— in curia regia Vars. die 15 m. Decembris A. D. 1788.

Oblata konstyt.: Kommissya wojsk. i osoby też kommissyą składające w wykonaniach odpowiedzieć powinny... na sądach sejmowych i t. d. 1788. fol. str. 4. Branic.

— in curia regia Vars. die 17 m. Decembris A. D. 1788.

Oblata konstyt.: Kommissya wojskowa ma się odbywać w miastach sejmom oznaczonych i t. d. 1788. fol. str. 2. Branic.

— in curia regia Vars. die 17 m. Decembris A. D. 1788.

Oblata konstyt.: Dobrowolna ofiara na naglące potrzeby ojczyzny. 1788. f. str. 2.

ob. Kommissya Rpltej skarbu.

Branic.

— in curia regia Vars. die 20 m. Decembris A. D. 1788.

Oblata konstyt.: Pensyi kommissarzom po zł. pol. 8000 i t. d. 1788. folio, str. 2. Branic.

— in curia regia Vars. die 19 m. Decembris A. D. 1788.

Oblata: Deputacya do ułożenia instrukcyi urodzonym posłom za granicę i dozoru negocyacyi z dworami zagranicznemi. 1788. folio, str. 4.

Branic.

— in curia regia Vars. die 20 m. Decembris A. D. 1788.

Oblata konstyt.: Gwardya konna i piesza i t. d. 1788. fol., str. 2.

Branic.

— in curia regia Vars. die 23 m. Decembris A. D. 1788.

Oblata konstyt.: Osoby za deputatów do ułożenia instrukcyi ur. posłom za granicę i dozoru negocyacyi z dworami zagranicznemi pluralitate votorum wybrane. 1788. folio, str. 2.

Branic.

— in curia regia Vars. die 27 m. Decembris A. D. 1788.

Oblata konstyt.: Zlecenie kommissyi skarbu koronnego. 1788. fol., str. 2.

Branic.

— in curia regia Vars. die 27 m. Decembris A. D. 1788.

Oblata konstyt.: Zlecenie kommissyi wojskowej obojga narodów. 1788. fol., str. 2.

ob. Zlecenie. Branic. — Krasińs.

— in curia regia Vars. die 27 m. Decembris A. D. 1788.

Oblata konstyt.: Osoby do kommissyi wojskowej obojga narodów wybrane pluralitate votorum. 1788. folio, str. 2. Branic.

— in curia regia Vars. die 9 m. Januarii A. D. 1789.

Oblata konstyt.: Zaczęcie rekruta. 1789. folio, str. 2.

ob. Akt konstytucyi.

Branic. — Krasińs. — Czartor.

— in castro Lublinen. Feria 2a post festum sanctorum trium regum proxima, id est die 12 m. Januarii A. D. 1789.

Uniwersał kommissyi rzeczypospolitey skarbu koronnego o dobrowolney ofierze na naglące potrzeby oyczyzny. folio, k. 2.

ob. Kommissya Rzpl. skarbu koronnego — ofiara. Czartor.

— in curia regia Vars. die 14 m. Januarii A. D. 1789.

Oblata konstyt.: Przysięga dla kommissyi i wojska obojga narodów. 1789. folio, str. 2.

ob. Przysięga.

Branic. — Raczyńs. — Krasińs.

— in curia regia Vars. die 21 m. Januarii A. D. 1789.

Oblata konstyt.: Uchylenic rady nieustającej. 1789. folio, str. 2.

ob. Uchylenie. Branic.

— in curia regia Vars. die 23 m. Januarii A. D. 1789.

Oblata konstyt.: Warunck. 1789. folio, str. 2.

ob. Warunek. Branic.

— in curia regia Vars. die 23 m. Januarii A. D. 1789.

Oblata konstyt.: Pozwolenie zaciągnienia sum dla wojska koronnego przez kommissyę skarbu koronnego. 1789. folio, str. 2.

ob. Pozwolenie. Branic. — Czartor.

— in curia regia Vars. die 23 m. Januarii A. D. 1789.

Oblata konstyt.: Pozwolenie zaciągnienia sum dla wojska W. X. Lit. przez kommissyę skarbową W. X. Lit. 1789. folio, str. 2.

ob. Pozwolenie. Branic.

— in curia regia Vars. die 28 m. Januarii A. D. 1789.

Ofiara na ten raz uczyniona. fol.

ob. Ofiara.

Raczyńs. — Czartor. — Branic.

— in curia regia Vars. die 29 m. Januarii A. D. 1789.

Oblata konstyt.: Ofiara na pierwsze potrzeby dla wojska W. X. Lit. 1789. fol., str. 2.

ob. Akt konstyt.

Branic. — Raczyńs. — Krasińs.

— in curia regia Vars. die 5 m. Februarii A. D. 1789.

Oblata konstyt.: Pomnożenie dochodu z papieru steplowego. 1789. folio, str. 4.

ob. Akt konstyt.

Branic. — Kras. — Czapski — Czart.

— in curia regia Vars. die 5 m. Februarii A. D. 1789.

Oblata konstyt.: Ustanowienie opłaty od przywilejów w W. X. Litewskiem. 1789. fol., str. 4.

ob. Akt konstyt. Branic. — Krasińs.

— in curia regia Vars. die 9 m. Februarii A. D. 1789.

Oblata konstyt.: Zaciąg kawaleryi narodowej i pułków przedniej straży w Koronie. 1789. folio, str. 2.

ob. Akt konstyt. — Zaciąg.

Branic. — Krasińs. — Czartor.

— in curia regia Vars. die 18 m. Februarii A. D. 1789.

Oblata konstyt.: Zlecenie deputacyi do interesów zagranicznych. 1789. fol., str. 2. Branic.

— in curia regia Vars. die 23 m. Februarii A. D. 1789.

Oblata konstyt.: Opatrzenie bezpieczeństwa województw ruskich. 1789. folio, str. 2.

ob. Akt konstyt.

Branic. — Raczyńs. — Krasińs.

— in curia regia Vars. die 25 m. Februarii A. D. 1789.

Oblata konstyt.: Approbacya konwencyi między kommissyą skarbu koronnego a urodzonym Piotrem Potockim orderów polskich kawalerem, z Imć. Panem Piotrem Tepperem, Karolem Schultzem, Wilhelmem Arndtem zaszłej. 1789. folio, str. 2.

ob. Actum 13 Junii 1789. — Akt konstytucyi — Potocki Pr. — Tepper Pr.

Branic. — Raczyńs. — Kras. — Czart.

— in curia regia Vars. die 30 m. Martii A. D. 1789.

Oblata konstyt.: Ofiara od Nas króla. 1789. folio, str. 2.

ob. Akt konstyt. Branic. — Kras.

— in curia regia Vars. die 1 m. Aprilis A. D. 1789.

Oblata konstyt.. Zaciąg kawaleryi narodowej i pułków przedniej straży w W. X. L. 1789. folio, str. 2.

ob. Zaciąg. Branic.

— in curia regia Vars. die 6 m. Aprilis A. D. 1789.

Oblata konstyt.: Ofiara wieczysta prowincyów obojga narodów na powiększenie sił krajowych. 1789. fol., str. 4.

ob. Ofiara.

Branic. — Raczyńs. — Dzików — Kras.

— in curia regia Vars. die 20 m. Aprilis A. D. 1789.

Oblata konstyt.: Zabezpieczenie spokojności publicznej. 1789. fol., str. 2. Branic.

— in curia regia Vars. die 20 m. Aprilis A. D. 1789.

Oblata konstyt.: Zalecenie kommissyi wojskowej obojga narodów. 1789. folio, str. 2.

ob. Zalecenie. Branic. — Krasińs.

— in curia regia Vars. die 24 m. Aprilis A. D. 1789.

Oblata konstyt.: Sztab generalny wojska koronnego. 1789. folio, str. 4.

ob. Sztab generalny. Branic.

— in curia regia Vars. die 25 m. Aprilis A. D. 1789.

Oblata: Zlecenie uu. marszałkom obojga narodów konfederacyi generalnej. 1789. folio, str. 2.

ob. Zlecenie. Branic. — Czartor.

— in curia regia Vars. die 2 m. Maii A. D. 1789.

Oblata konstyt.: Zlecenie kommissyi wojskowej obojga narodów. 1789. fol., str. 2.

ob. Akt konstytucyi — Zlecenie. Branic. — Krasiús.

— in curia regia Vars. die 6 m. Maii A. D. 1789.

Oblata: Przyspieszenie sprawiedliwości kryminalnym sprawom w W. X. Lit. 1789. folio, str. 2. Branic.

— in curia regia Vars. die 28 m. Maii A. D. 1789.

Oblata: Wyznaczenie examinatorów w sprawie o bunty oskarżonych. 1789. folio, str. 4.

ob. Wyznaczenie. Branic. — Raczyús.

— in curia regia Vars. die 30 m. Maii A. D. 1789. Ad officium ad veniens Paulus Łuszczewski... eidem officio... constitutionem infra scriptam obtulit ad ingrossandum tenoris talis.

Sposób wynalezienia ofiary z dóbr ziemskich i duchownych w Koronie i w W. X. L. 1789. fol., str. 29.

ob. Akt konstytucyi — Sposób wybierania. Branic. — Krasiús.

— in curia regia Vars. die 6 m. Junii A. D. 1789.

Oblata: Wymiar sprawiedliwości. 1789. folio, str. 2. Branic.

— in curia regia Vars. die 10 m. Junii A. D. 1789.

Oblata: Warunek do konstytucyi pod tytułem: Przyspieszenie sprawiedliwości kryminalnym sprawom W. X. L. 1789. folio, str. 2. Branic. — Kras.

— in curia regia Vars. die 13 m. Junii A. D. 1789.

Oblata konstyt.: Potwierdzenie układu zaciągnienia summy dziesięciu millionów. 1789. folio, str. 2.

ob. Potwierdzenie konwencyi. Branic. — Krasiús.

— in curia regia Vars. die 15 m. Junii A. D. 1789.

Oblata konstyt.: Opłata do skarbu Rzeczpltej z dóbr kawalerów maltańskich. 1789. folio, str. 2.

ob. Opłata. Branic. — Krasiús.

— in curia regia Vars. die 19 m. Junii A. D. 1789.

Oblata konstyt. względem oddania pod sąd Ad. Ponińskiego i wyznaczenie osób do sądu wybranych. 1789. folio, str. 4.

ob. Ponińiski Adam. Branic. — Raczyús. — Zieliús.

— in curia reg. Vars. d. 19 Junii 1789. — Wyznaczenie W. Swieykowskiego.

ob. Akt konstytucyi.

— in curia regia Vars. die 22 m. Junii A. D. 1789.

Oblata konstyt.: Lustracya dymów i podanie ludności. 1789. fol., str. 2.

ob. Akt konstytucyi· Branic. — Krasiús.

— in curia regia Vars. die 22 m. Junii A. D. 1789.

Ad officium et acta praesentia castrensia capitanealia varsaviensia personaliter veniens Mficus Joannes Paulus Łuszczewski sacrae Reg. Mtis et comitiorum ordinariorum generalium, atque confoederationem generalis regni secretarius, eidem officio actisque Illius constitutionem infra scriptam obtulit et ad ingrossandum in acta praesentia porrexit tenorio talis. Którzy to wybrani sędziowie seymowi przysięgę rotą konstytucyi 1775 dla sędziów seymowych przepisaną z przydaniem tych słów: Jako pensyi zagranicznych niebrałem, nie biorę i brać nie będę etc. Podpisani: Stanisław Małachowski, referendarz W. K. marsz. konfeder. prowincyi koronnych marszałek, Kaź. Xże Sapieha generał Art. Lit. marszałek konfoed. W. X. Lit. i inni. folio, k. 2.

ob. Akt konstyt. Zieliús. — Raczyús. — Krasiús.

— in curia regia Vars. die 22 m. Junii A. D. 1780.

Oblata konstyt.: Bezpieczeństwo listów. 1789. folio, str. 2.

ob. Akt konstyt.

Raczyńs. — Branic. — Krasińs.

— Toż, 22 Junii 1789. Zniesienie art. 2. w konstyt. 1776. p. t. Ordynacya sądów sejmowych. fol.

ob. Akt konstyt.

Raczyńs. — Krasińs.

— in curia regia Vars. die 22 m. Junii A. D. 1789.

Oblata konstyt.: Bezpieczeństwo podatku z dóbr królewskich. 1789. fol., str. 2.

ob. Akt konstyt. Krasińs. — Branic.

— Toż, d. 22 Junii 1789. Zlecenie kommissyi wojsk. obojga narodów. fol.

ob. Zlecenie.

Raczyńs. — Krasińs. — Czartor.

— Toż, d. 22 Junii 1789. Akt konstytucyi. Forteca Częstochowska. folio.

ob. Akt konstyt.

Raczyńs. — Krasińs. — Zielińs.

— in curia regia Vars. d. 23 m. Julii A. D. 1789.

Oblata konstyt.: Ułatwienie kommissyom wyznaczonym do wynalezienia ofiary 10-go grosza. 1789. folio, str. 2.

Branic.

— in curia regia Vars. d. 25 m. Julii A. D. 1789.

Oblata konstyt.: Zalecenie kommissyi wojskowej obojga narodów. 1789. fol., str. 2.

ob. Zalecenie. Branic. — Krasińs.

— in curia regia Vars. d. 27 m. Julii A. D. 1789.

Oblata konstyt.: Ubezpieczenie czasu sejmowego. 1789. folio, str. 2.

ob. Ubezpieczenie. Branic. — Krasińs.

— in curia regia Vars. d. 27 m. Julii A. D. 1789.

Oblata konstyt.: Fundusz dla wojska. 1789. folio, str. 4.

ob. Fundusz.

Czartor. — Krasińs. — Branic.

— in curia regia Vars. d. 24 m. Augusti A. D. 1789.

Oblata konstyt.: Sztab generalny wojsk W. X. Lit. 1789. folio, str. 2.

Branic.

— in curia regia Vars. d. 24 m. Augusti A. D. 1789.

Oblata konstyt.: Sztab generalny wojska koronnego. 1789. folio, str. 4.

ob. Sztab generalny. Branic.

— in curia regia Vars. d. 24 m. Augusti A. D. 1789.

Oblata konstyt.: Zrzeczenie się summ u. Nestorowi Kazimierzowi Xięciu Sapieże generałowi artylleryi W. X. Lit. należących na rzecz skarbu Lit. 1789. folio, str. 2.

ob. Sapieha Kaz. Branic. — Krasińs.

— in curia regia Vars. d. 26 m. Augusti A. D. 1789.

Oblata konstyt.: Ordynacya sądów sejmowych. 1789. folio, str. 4.

ob. Ordynacya.

Branic. — Krasińs. — Jagiell.

— in curia regia Varsaviensi die vigessima sexta mensis Augusti 1789. Ad officium et acta praesentia castrensia capitanealia Varsaviensia personaliter veniens ministerialis regni generalis nobilis Nicolaus Kriński authenticus et juratus officioque praesenti bene notus, palam ac libere recognovit. Quia ipse citationis istius die hodierna in actu contenta = Tenoris talis: Stanisław August z Bożey łaski król Polski, Wielki Xże litewski itd. Waszmości Wielmożnemu Adamowi Łodzi Xięciu Ponińskiemu podskarbiemu wielkiemu koronnemu rozkazujemy, ażebyś przed nami y sądem seymowym od daty i położenia pozwu niniejszego w czasie dni trzech stawił się. B. m. dr. folio, k. nlb. 2.

ob. Poniński Adam.

Zielińs. — Czartor. — Branic. — Raczyńs. — Krasińs. — Jagiell. — Ossol.

— Petricoviae in judiciis ordinariis generalibus tribunalis regni die 2 m. Septembris A. D. 1789. Iudicium praesens, ordinarium generale tribunalis regni Petricoviense. 1789. folio, str. 2.

Branic.

— in curia regia Vars. die 2 Septembr. A. D. 1789.

Citacya przed Sąd seymowy sukcessorów niegdy Gabryela Junoszy Podoskiego tudzież Antoniego Ostrowskiego etc. i exekutora testamentu. fol., k. 1.

Czartor.

— Petricoviae in judiciis ordinariis generalibus tribunalibus regni fer. 4. in crasstino festi S. Aegidii ab die videlicet 2 Septembr. A. D. 1789. folio, k. 1.

Wyrok unieważniający elekcyę delegata Józefa Tadeusza Fijałkowskiego i usuwający go z trybunału jako nie posiadającego dóbr ziemskich.

Czartor. — Branic.

— in curia regia Vars. d. 3 Sept. A. D. 1789.

Cytacya przed Sąd sejmowy Wojc. Turskiego. folio, k. 1.

ob. Turski W. Czartor.

— in curia regia Vars. die 10 m. Septembris A. D. 1789.

Oblata konstyt.: Komput i płaca jednej brygady kawaleryi narodowej z dwunastu chorągwi a 150 koni złożonej. 1789. folio, str. 4.

ob. Komput. Branic. — Krasińs.

— in curia regia Vars. die 10 m. Septembris A. D. 1789.

Oblata: Wyznaczenie osób do ułożenia projektów do formy rządu. 1789. folio, str. 2. Branic.

— in curia regia Vars. die 17 m. Septembris A. D. 1789.

Oblata konstyt.: Batalion skarbu koronnego. 1789. folio, str. 2.

Branic.

— in curia regia Vars. die 17 m. Septembris A. D. 1789.

Oblata konstyt.: Ofiara obywatelska (Jana Potockiego, posła poznańskiego). 1789. folio, str. 2.

ob. Ofiara. Potocki Jan (Ofiara 1788).

Branic.

— in curia regia Vars. die 23 m. Septembris A. D. 1789.

Oblata konstyt.: Powiększenie czopowego od trunków zagranicznych. 1789. folio, str. 2.

ob. Powiększenie. Branic. — Krasińs.

— in curia regia Vars. die 23 m. Septembris A. D. 1789.

Oblata konstyt.: Przedaż dóbr niżej wyrażonych. 1789. folio, str. 2.

ob. Przedaż. Branic. — Krasińs.

— in curia regia Vars. die 26 m. Septembris A. D. 1789.

Oblata konstyt.: Zapewnienie hypoteki długu Rzpltej. 1789. folio, str. 2.

Branic. — Krasińs. — Czartor.

— in curia regia Vars. die 26 m. Septembris A. D. 1789.

Oblata konstyt.: Zlecenie lustracyi dóbr i spisanie sum od najprzewielebniejszego książęcia prymasą rozrządzonych. 1789. folio, str. 2.

ob. Zlecenie. Branic. — Krasińs.

— in curia regia Vars. die 26 m. Septembris A. D. 1789.

Oblata konstyt.: Zlecenie uur. marszałkom konfederacyi generalnej obojga narodów. 1788. folio, str. 2.

ob. Zlecenie.

Branic. — Czartor. — Krasińs.

— in curia regia Vars. die 2 m. Octobris A. D. 1789.

Oblata konstyt.: Urządzenie względem generała lieutnanta, generałów majorów i innych szarż w wojsku obojga narodów. 1789. folio, str. 2.

Branic. — Krasińs.

— in curia regia Vars. die 8 m. Octobris A. D. 1789.

Oblata konstyt.: Etat wojska obojga narodów i tabella generalna komputu i płacy wojsk obojga narodów. 1789. folio, str. 33.

ob. Etat wojska. Branic.

— in curia regia Vars. die 2 m. Novembris A. D. 1789.

Oblata konstyt.: Zlecenie deputacyi do roztrząśnienia dochodów miasta Warszawy. 1789. folio, str. 2. Branic.

— in curia regia Vars. die 2 m. Novembris A. D. 1789.

Oblata konstyt.: Podatek z skór. 1789. folio, str. 2.

ob. Podatek. Branic. — Raczyńs.

— in curia regia Vars. die 5 m. Novembris A. D. 1789.

Oblata konstyt.: Zalecenie kommissyi skarbu koronnego. 1789. fol., str. 2.

ob. Zlecenie. Branic. — Krasińs.

— in curia regia Vars. die 9 m. Novembris A. D. 1789.

Oblata konstyt.: Zlecenie kommissyom skarbowym obojga narodów. 1789. folio, str. 2.

ob. Zlecenie.

Branic. — Krasińs. — Czartor.

7

— in curia regia Vars. die 14 m. Novembris A. D. 1789.

Oblata konstyt.: Zlecenie kommissyi wojskowej 1789. folio, str. 2.
ob. Zlecenie.   Branic.

— in curia regia Vars. die 19 m. Novembris A. D. 1789.

Oblata konstyt.: Kommissye wojewódzkie i powiatowe w W. X. Lit. 1789. folio, str. 10.
ob. Kommisye.   Branic.

— Toż, die 7 Decembris 1789.

Oblata konstyt.: Sposób dawania rekrutów. folio.
ob. Akt konst.   Raczyńs. — Krasińs.

— in curia regia Vars. die 14 m. Decembris A. D. 1789.

Oblata konstyt.: Zlecenie kommissyi wojskowej. 1789. folio, str. 2.
ob. Zlecenie.   Branic.

— in curia regia Vars. die 15 m. Decembris A. D. 1789.

Oblata konstyt.: Kommissye porządkowe cywilno-wojskowe wojewodztw, ziem i powiatów w Koronie 1789. fol.
ob. Kommissye.   Branic.

— in curia regia Vars. die 19 m. Decembris A. D. 1789.

Oblata konstyt.: Zalecenie kommissyi skarbowej W. X. Lit. 1789. folio, str. 2.
ob. Zalecenie.   Branic.

— in curia regia Vars. die 19 m. Decembris A. D. 1789.

Oblata konstyt.: Zalecenie WW. pieczętarzom koronnym y deputacyi do ułożenia projektu podatku na miasto nasze Warszawę wyznaczonej. 1789. folio, str. 2.   Branic.

— in curia regia Vars. die 19 m. Decembris A. D. 1789.

Oblata konstyt.: Wyznaczenie deputacyi do miast naszych królewskich. 1789. folio, str. 2.   Branic.

— in curia regia Vars. die 19 m. Decembris A. D. 1789.

Oblata konstyt.: Ustawa tymczasem podatku czterech kroć sto tysięcy złotych na m. Warszawę z jurydykami. 1789. folio. str. 2.   Branic.

— in curia regia Vars. die 24 m. Decembris A. D. 1789.

Oblata konstyt.: Zasady do poprawy formy rządu. 1789. folio, str. 4.
Branic. — Raczyńs.

— in curia regia Vars. die 11 m. Februarii A. D. 1790.

Oblata konstyt.: Awans w wojsku dla rodaków z służby obcej powracających, officyerów korpusu kadetów, ober-officyerów, gwardyów konnej i pieszej obojga narodów i kadetów, tudzież umieszczenie paziów naszych królewskich. 1790. folio, str. 2.   Branic.

— in curia regia Vars. die 15 m. Februarii A. D. 1790.

Oblata konstyt.: Wyłączenie kommissyi wojskowo-cywilnej dla ziemi Mielnickiej. 1790. folio, str. 2.
Branic.

— in curia regia Vars. die 18 m. Februarii A. D. 1790.

Oblata konstyt.: Lokacya kommissyi cywilno-wojskowej powiatu Rzeczyckiego. 1790. folio, str. 2.
Branic.

— in curia regia Vars. die 18 m. Februarii A. D. 1790.

Oblata konstyt.: Opisanie rang w kawaleryi narodowej i awansów. 1790. folio, str. 4.   Branic.

— in curia regia Vars. die 27 m. Februarii A. D. 1790.

Oblata konstyt.: Przyłożenie się do potrzeb Rzpltej przez żydów w Koronie i W. X. Lit. 1790. folio, str. 2.
Branic.

— in curia regia Vars. die 3 m. Martii A. D. 1790.

Oblata konstyt.: Zlecenie kommissyi wojskowej obojga narodów. 1790. folio, str. 2.   Branic.

— in curia regia Vars. die 4 m. Martii A. D. 1790.

Oblata konstyt.: Miasta i miasteczka.... 1790. folio, str. 2.   Branic.

— in curia regia Vars. die 8 m. Martii A. D. 1790.

Oblata konstyt.: Wyznaczenie deputacyi do porównania ofiary i podatków. 1790. folio, str. 4.
ob. Deputacya do porównania.   Branic.

— in curia regia Vars. die 10 m. Martii A. D. 1790.

Oblata konstyt.: Deputacya do kommissyi wojskowej. 1790. folio, str. 2. Branic.
— in curia regia Vars. die 17 m. Martii A. D. 1790.

Oblata konstyt.: Ustanowienie kommissaryatu wojskowego. 1790. folio, str. 2.
Branic. — Dzików. — Bibl. Czetwert.
— in curia regia Vars. die 31 m. Martii A. D. 1790.

Oblata konstyt.: Wzgląd na ur. Bernarda Zabłockiego. 1790. folio, str. 2. Branic.
— in curia regia Vars. die 31 m. Martii A. D. 1790.

Oblata konstyt.: Wyznaczenie posła do stanów hollenderskich. 1790. folio, str. 2. Branic.
— in curia regia Vars. die 31 m. Martii A. D. 1790.

Oblata konstyt.: Tłomacz do expedycyi ruskich. 1790. folio, str. 2.
ob. Tłomacz. Branic.
— in curia regia Vars. die 31 m. Martii A. D. 1790.

Oblata konstyt.: Ofiara obywatelska. 1790. folio, str. 2.
ob. Ofiara. Branic. — Czartor.
— in curia regia Vars. die 12 m. Aprilis A. D. 1790.

Oblata konstyt.: Zalecenie kommissyi wojskowej obojga narodów względem generał - leytnantów. 1790. folio, str. 2. Branic.
— in curia regia Vars. die 15 m. Aprilis A. D. 1790.

Oblata konstyt.: Zlecenie kommissyom cywilno-wojskowym. 1790. folio, str. 2. Branic.
— in curia regia Vars. die 22 m. Aprilis A. D. 1790.

Oblata konstyt.: Dopełnienie lustracyi dymów. 1790. folio, str. 2. Branic.
— in curia regia Vars. die 11 m. Maii A. D. 1790.

Oblata konstyt.: Sejmiki deputackie dla wdztwa witebskiego. 1790. folio, str. 2. Branic.
— in curia regia Vars. die 20 m. Maii A. D. 1790.

Oblata konstyt.: Starostwo zaś Kówelskie. 1790. folio, str. 4. Branic.
— in curia regia Vars. die 11 m. Junii A. D. 1790.

Oblata konstyt.: Duchowieństwo obojga obrządków w Koronie i w W. X. Lit. 1790. folio, str. 4.
ob. Duchowieństwo. Branic.
— in curia regia Vars. die 19 m. Junii A. D. 1790.

Oblata konstyt.: Zalecenie deputacyi interessów cudzoziemskich. 1790. folio, str. 2. Branic. — Krasiús.
— in curia regia Vars. die 18 m. Junii A. D. 1790.

Oblata konstyt.: Zalecenie czasu sejmikom poselskim i przyszłemu sejmowi. 1790. folio, str. 2. Branic.
— in curia regia Vars. die 24 m. Julii A. D. 1790.

Oblata konstyt.: Zalecenie kommissyi wojskowej obojga narodów. 1790. folio, str. 2. Branic.
— in curia regia Vars. die 24 m. Julii A. D. 1790.

Oblata konstyt.: Wyznaczenie deputacyi do ułożenia projektu względem ekonomii wewnętrznej krajowej. 1790. folio, str. 2. Branic.
— in curia regia Vars. die 31 m. Julii A. D. 1790.

Oblata konstyt.: Zalecenie kommissyi obojga narodów. 1790. folio, str. 2. Branic.
— in curia regia Vars. die 1 m. Septembris A. D. 1790.

Dekret na Adama Łodzi Ponińskiego. folio, str. 36.
Czartor. — Jagiell. — Krasiús. — Zieliús.
— in curia regia Vars. die 15 m. Septembris A. D. 1790.

Oblata konstyt.: Deklaracya względem szafunku krzeseł senatorskich i ministrów. 1790. folio, str. 2. Branic.
— in curia regia Vars. die 18 m. Septembris A. D. 1790.

Oblata konstyt.: Warunek. 1790. folio, str. 2.
ob. Warunek. Branic.
Sep — in curia regia Vars. die 27 m. ptembris A. D. 1790.

Oblata konstyt.: Czas sejmików. 1790. folio, str. 2. Branic.
— in curia regia Vars. die 4 m. Octobris A. D. 1790.
Oblata konstyt.: Wyznaczenie miejsca sądom i sejmikom powiatu Rzeczyckiego. 1790. folio, str. 2.
Branic.
— in curia regia Vars. die 28 m. Octobris A. D. 1790.
Wniósł Kamieniecki z polecenia Stan. Fel. Potockiego ad ingrossandum in acta praesentia: Odezwa obywatela y posła do narodu przed seymikami z determinacyi stanów 16 Novembra 1790 nastąpić mającemi, za bezpieczeństwem wolności Rzeczypospolitej.
ob. Odezwa. — Potocki Stan. Szczęs. Zieliński. — Krasiński. — Branic. — Raczyńs. — Czartor.
— in curia regia Vars. die 27 m. Octobris A. D. 1790.
Oblata konstyt.: Rozrządzenie zsypki zbożowej w Koronie i w W. X. Lit. 1790. folio, str. 4. Branic.
— in curia regia Vars. die 9 m. Decembris A. D. 1790.
Nobilitacya osób wojskowych, w 4ce. Przezdz.
— in castro radomiensi die 10 m. Decembris A. D. 1790.
Oblata: Głos W. Imć. pana Józefa Lipińskiego w materyi sukcessyi tronu. 1790. folio, str. 4. Branic.
— in curia regia Vars. die 25 m. Decembris A. D. 1790.
Oblata konstyt.: Zalecenie kommissyi skarbu koronnego. 1790. fol., str. 4.
ob. Zalecenie. Branic. — Jagiell.
— Lublini in judic. ordin. gener. trib. reg. 1791. w 4ce.
Katal. Jabłońs.
— in curia regia Varsaviae. 1791.
Uchwały sejmu odnoszące się do miast. 1791. folio. Branic.
— Toż, die 5 Januar. 1791. Ant. Siarczyński, oblata: Uroczyste zaręczenie porządku w izbie na teraz sejmie. folio. Raczyńs.
— Toż, die 5 Januar. 1791. Deklaracya: ktoby był przekonany o braniu od potencyi zagranicznych pienię-

dzy, ten ma bydź śmiercią karany. folio. Raczyńs. — Krasińs.
— Toż, die 8 Januar. 1791. Prawa kardynalne niewzruszone. folio.
Raczyńs,
— in curia regia Vars. die 10 m. Januarii A. D. 1791.
Oblata: Manifestatio (Henryka Karola de Heyking od stanu rycerskiego X. kurlandzkiego i semigalskiego delegata) przeciw rescriptowi de die 29 Octobris a. D. 1790 ad malam informationem wyjednanego. 1791. folio.
Czartor. — Branic.
— in curia regia Vars. die 11 m. Januarii A. D. 1791.
Oblata konstyt.: Deklaracya tymczasowa względem sędziów ziemskich i kommisarzów granicznych. 1791. fol., str. 2. Branic.
— in curia regia Vars. die 13 m. Januarii A. D. 1791.
Oblata konstyt.: Zlecenie uu. sejmowemu i konfederacyi obojga narodów marszałkom, iżby deputacyom do examinu depart. wojskow. insynuowali. 1791. folio, str. 1.
ob. Zlecenie. Branic. — Raczyńs.
— in curia regia Vars. die 13 m. Januarii A. D. 1791.
Oblata konstyt.: Rozkład materyi i czasu na teraźniejszym sejmie. 1791. folio, str. 2. Branic. — Raczyńs.
— Toż, d. 19 Januar. 1791. Ofiarę Jędrz. Zamoyskiego 100,000 złp. uczynioną przyjmując. folio. Raczyńs.
— Toż, d. 21 Januar. 1791. Deklaracya względem porządnego odbycia sejmików na 14 lut. 1792. dla W. X. Lit. folio. Raczyńs.
— Toż, d. 28 Januar. 1791. Wyznaczenie assesorów do sądów zadwornych W. X. Lit. folio.
ob. Akt konst. — Wyznaczenie. Raczyńs. — Krasińs.
— Toż, d. 28 Januar. 1791. Przystąpienie do aktu gener. konfederacyi. folio. Raczyńs.
— Toż, d. 3 Febr. 1791. Zalecenie komissyom skarbowym. folio.
Raczyńs.

— Toż, d. 10 Febr. 1791. Zalecenie deputacyi do examinu komissyi skarbu kor. fol. Raczyńs.

— Toż, d. 10 Febr. 1791. Rezolucya względem pałacu Rzeczypospol. Bryloski zwanego. fol. Raczyńs.

— Toż, d. 26 Febr. 1791. Zlecenie kommissyi Rzeczp. skarbu kor. fol. Raczyńs.

— Toż, d. 26 Febr. 1791. Przyśpieszenie dzieła deputacyi koekwacyjnej. fol. Raczyńs.

— Toż, d. 26 Febr. 1791. Ochrona czasu sejmowego. fol. Raczyńs.

— in curia regia Vars. die 26 m. Februarii A. D. 1791.

Oblata konstyt.: Uchylenie konstytucyi 1768. 1791. fol.
Raczyńs. — Branic.

— in curia regia Vars. die 5 m. Martii A. D. 1791.

Oblata konstyt.: Zlecenie urodzonym sejmowemu i konfederacyi obojga narodów marszałkom. 1791. fol. str. 2.
Raczyńs. — Branic.

— in curia regia Vars. die 5 m. Martii A. D. 1781.

Oblata konstyt.: Wyznaczenie assesorów dyssydentskich do sądów assessoryi koronnej. 1791. fol., str. 2.
Raczyńs. — Branic. — Kras.

— Toż, d. 5 Martii 1781. Zalecenie deputacyi examinującej kommissyą skarbu kor. Raczyńs.

— Toż, d. 5 Martii 1791. Wyznaczenie deputacyi dla Kurl. i Semigalii. fol., karta 1.
ob. Wyznaczenie.
Raczyńs. — Krasińs. — Dzików.

— Toż, d. 5 Martii 1791. Ubezpieczenie fabryk solnych. fol.
Raczyńs.

— Toż, d. 12 April. 1791. Odmiana podatku skórowego. fol. Raczyńs.

— in curia regia Vars. die 21 m. Aprilis A. D. 1791.

Oblata konstyt.: Miasta nasze królewskie Wolne w państwach Rzpltej. 1791. folio, str. 4.
ob. Akt konstyt.
Branic. — Raczyńs. — Krasińs.

— in curia regia Vars. die 5 m. Maji A. D. 1791. Ad officium et acta

personaliter veniens Mgf. Ant. Siarczyński. Eidem officio et actis ejus constitutionem infra exaratam obtulit tenoris talis. 1791.

Ustawa rządowa. Konstytucya 3 Maja 1791. fol. Branic. — Raczyńs.

— in curia regia Vars. die 28 m. Maii A. D. 1791.

Oblata konstyt.: Sejmy 1791. Sejm konstytucyjny extraordynaryjny. folio. str. 31. Branic. — Raczyńs.

—- in curia regia Vars. die 28 m. Maii A. D. 1791.

Oblata konstyt.: Sądy sejmowe. Sędziowie sejmowi obrani. 1791. folio, str. 12. Branic. — Raczyńs.

— in curia regia Vars. die 28 m. Maii A. D. 1791.

Oblata konstyt.: Deklaracya tymczasowa względem procesów i sądów. 1791. folio, str. 4. Także: Względem komissyów cywilno - wojsk. Warunek tymczasowy dla kancellaryi sądowych w Xięs. Mazowieckiem.
Branic. — Raczyńs.

— in curia regia Vars. die 28 m. Maii A. D. 1791.

Oblata konstyt.: Sejmiki. Xięga Ziemiańska. 1791. folio, str. 14.
Branic. — Raczyńs.

— in curia regia Vars. die 31 m. Maii A. D. 1791.

Oblata konstyt.: Jus aggratiandi na śmierć wskazanych. 1791. folio, str. 2. Branic. — Raczyńs.

— in curia regia Vars. die 6 m. Junii A. D. 1791.

Oblata konstyt.: Straż praw czyli Rada królewska. 1791. folio, str. 7.
Branic. — Raczyńs.

— Toż, 15 Junii 1791. Zalecenie kom. skarbu W. X. Lit. fol.
Raczyńs.

— Toż, 15 Junii 1791. Warunek względem lenności W. X. Lit. fol.
Raczyńs.

— Toż, 24 Junii 1794. Limita Sejmu. fol. Raczyńs.

— in curia regia Vars. die 24 m. Junii A. D. 1791.

Oblata konstyt.: Kommissya policyi i skład kom. policyi. 1791. folio.

Branic.

— in curia regia Vars. die 24 m. Junii A. D. 1791.

Oblata konstyt.: Kommissya policyi oblata nom. osób do kom. policyi wybranych. 1791. fol., str. 18. Branic.

— in curia regia Vars. die 24 m. Junii A. D. 1791.

Oblata konstyt.: Kommissya policyi. 1791. fol., str. 16. Branic. — Raczyńs.

— in curia regia Vars. die 80 m. Junii A. D. 1791.

Oblata konstyt.: Urządzenie wewnętrzne miast wolnych Rzpltej w Koronie i w W. X. Lit. Ostrzeżenie względem exekucyi prawa o majątek. 1791. fol., str. 14.

ob. Urządzenie.

Branic. — Raczyńs. — Krasińs. — Czartor. — Ossol. — Jagiell. — Wilno — Ztelińs. — Dzików.

— Toż, d. 30 Junii 1791. Oznaczenie deputacyi do napisania codicis civilis et crimin. dla prowincyi koronnych. fol. Raczyńs.

— Toż, d. 30 Junii 1791. Wyznaczenie deput. do napisania codicis civilis et crimin. dla W. X. Lit. fol.

ob. Wyznaczenie. Raczyńs. — Kras.

— Toż, d. 30 Junii 1791. Osoby wyznaczone na kommis. do policyi d. 28 Czerw. fol. Raczyńs.

— in curia regia Vars. die 4 m. Julii A. D. 1791.

Oblata osób wybranych do deputacyi napisania codicis civ. et crim. dla prowincyi W. X. Lit. 1791. fol., str. 2.

Branic.

— in curia regia Vars. die 28 m. Septembris A. D. 1791.

Oblata konstyt.: Deklaracya względem uniwersałów kommissyi skarbu koron. niżej wyrażonych. 1791. fol., str. 2.

ob. Deklaracya.

Branic. — Raczyńs. — Kras. — Jag.

— in curia regia Vars. die 6 m. Octobris A. D. 1791.

Oblata konstyt.: Urządzenie sądów miejskich i assessoryi. 1791. fol., str. 19.

ob. Akt. konstyt.

Branic. — Raczyńs: — Krasińs.

— in curia regia Vars. die 11 m. Octobris A. D. 1791.

Oblata konstyt.: Porównanie gatunku podatków w koronie i w W. X. L. 1791. fol., str. 2.

ob. Porównanie. Branic. — Racz.

— in curia regia Vars. die 11 m. Octobris A. D. 1791.

Oblata konstyt.: Deklaracya względem wartości i kursu złota. 1781. fol., str. 2.

Branic. — Raczyńs. — Jag. — Kras.

— Toż, d. 23 Octob. 1791. Zaręczenie wojenne ob. narodów. fol.

Raczyńs.

— in curia regia Vars. die 29 m. Octobris A. D. 1791.

Oblata konstyt.: Kommissya skarbowa Rzpltej obojga narodów. 1791· fol., str. 12.

ob. Kommissya.

Branic. — Raczyńs.

— in curia regia Vars. die 2 m. Novembris A. D. 1791.

Oblata konstyt.: Zapisywanie ksiąg ziemiańskich prowincyi koronnych i W. X. L. 1791. fol., str. 4.

Branic. — Raczyńs.

— in curia regia Vars. die 2 m. Novembris A. D. 1791.

Oblata konstyt.: Rozkład wdztw, ziem i powiatów z oznaczeniem miast, a w nich miejsc konstytucyjnych dla sejmików w prowincyach koronnych i W. X. L. 1791. fol., str. 20. Kończy się na ark. D₃. (reszty brak).

ob. Rozkład.

Branic. — Raczyńs.

— Toż, d. 8 Nov. 1791. Deklaracya względem osób podających się do Magistratur rządowych. fol.

ob. Deklaracya.

Raczyńs. — Jagiell. — Krasińs.

— in curia regia Vars. die 18 m. Novembris A. D. 1791.

Oblata konstyt.: Dozwolenie uzyfikacyi dymów. 1791. fol. Branic.

— in curia regia Vars. die 19 m. Novembris A. D. 1792.

Oblata konstyt.: Zalecenie kommissyom skarbowym obojga narodów. 1791. fol., str. 2. Branic.

— in curia regia Vars. die 30 m. Novembris A. D. 1791.

Oblata konstyt.: Przyspieszenie o-brania kommisarzów skarbowych obojga narodów. 1791. fol., str. 4.

ob. Przyspieszenie. Branic.

— Toż. 1791. fol., str. 2.

Branic. — Raczyńs. — Krasińs.

— in curia regia Vars. die 30 m. Novembris A. D. 1791.

Oblata konstyt.: Zalecenie kommissyom skarbowym obojga narodów. 1791. fol., str. 2.

Branic. — Raczyńs. — Jagiell. — Kras.

— Toż, d. 30 Nov. 1791. Warunek względem Xięztwa Siewierskiego. fol.

Raczyńs. — Krasińs. — Jagiell.

— in curia regia Vars. die 3 m. Decembris A. D. 1791.

Oblata konstyt.: Rozgraniczenie normalne w W. X. L. 1791. ob. Rozgraniczenie.

— in curia regia Vars. die 5 m. Decembris A. D. 1791.

Oblata konstyt.: Rozgraniczenie dóbr wszelkiej natury w prowincyach koronnych. 1791. fol., str. 12.

Zarazem: Oblata: Xięga ziemiańska. ob. Rozgraniczenie.

— in curia regia Vars. die 9 m. Decembris A. D. 1791.

Oblata konstyt.: Deklaracya względem manifestów. 1791. fol., str. 2.

ob. Deklaracya.

Branic. — Raczyńs. — Kras. — Ossol.

— Toż. d. 23 Decemb. 1791. Zasady do urządzenia na przedaż wieczystą królewszczyzn. fol.

ob. Zasady. Raczyńs. — Kras.

— in curia regia Vars. die 10 m. Januarii A. D. 1792.

Oblata konstyt.: Deklaracya o sądach ziemiańskich w prowincyach koronnych. 1792. fol., str. 2.

ob. Deklaracya — Sąd.

Branic. — Raczyńs. — Krasińs.

— in curia regia Vars. die 10 m. Januarii A. D. 1792.

Oblata konstyt.: Sąd ziemiański. 1792. fol., str. 8.

ob. Sąd.

Branic. — Raczyńs. — Kras. — W. Uniw.

— Toż, d. 10 Januar. 1792. Deklaracya o sądach ziemiańskich w W. X. L. fol.

ob. Deklaracya.

Raczyńs. — Branic. — Jagiell.

— in curia regia Vars. die 11 m. Januarii A. D. 1792.

Oblata konstyt.: Deklaracya o kommissyach cywilno wojskowych W. X. Lit. 1792. fol., str. 2.

Branic. — Raczyńs.

— in curia regia Vars. die 21 m. Januarii A. D. 1792.

Oblata konstyt.: Sąd trybunalski koronny. 1792. fol., str. 8.

ob. Sąd tryb. Raczyńs. — Branic.

— Toż, d. 21 Januar. 1792. Sąd trybunalski w W. X. Lit. fol.

ob. Sąd tryb. Raczyńs.

— Toż, d. 28 Januar. 1792. Deputacya do redakcyi praw Sejmu teraźn. fol. Raczyńs:

— Toż, d. 28 Januar. 1792. Zalecenie sądom ziemiańs. względem długów żydowskich. fol. Raczyńs.

— Toż, d. 30 Januar. 1792. Objaśnienie praw pod tyt.: Sąd trybunalski W. X. Lit. fol.

ob. Deklaracya — Sąd. Raczyńs.

— Toż, d. 30 Januar. 1792. Deklaracya względem osób wojskowych i zniesienie buław polnych. fol.

Raczyńs.

— Toż, d. 31 Januar. 1792. Zalecenie marszałkom: Wydanie dyaryusza Sejmu kosztem publ. fol. Raczyńs.

— Toż, d. 31 Januar. 1792. Limita Sejmu. fol.

ob. Limita. Raczyńs.

— Powtórzenie tych samych pozycyi według innych katalogów, jakoteż i dalsze inne obacz: Oblata, Manifest i pod odpowiedniemi materyami odnośnie do ich treści.

(Actus) Q. F. F. F. S. ad M. D. O. M. G. — A. D. 1785 die 24 Novembris horis matutinis celebrabitur Actus academicus, in quo EE. DD. Josephus Longchamps, physicae et medicinae auditor, Hyacinthus Kosiński, Joannes Falkowski, Josephus Lipiński, Michael Zehak, status academici candidati, physicae et mathematicae auditores, Andreas Matuszewicz, Antonius Lawrynowicz, Josephus Jasiński, Martinus Sulima, Anastasius Orłowski, alumni regii, physicae et medicinae auditores in alma universitate Vilnensi prima laurea decorabuntur. Promotore perillustri et adm. R. D. Andrea Strzecki, S. Theol. Dr. et astronomo regio, astronomiae prof. publ. atque collegii phisici praeside. (1785). Arkusz otwarty.

— accessionis ad vinculum confoederationis per illustrissimos, magnificos Senatores, dignitarios et officiales Magni ducatus Lituaniae. A. D. 1764. B. m. i dr. folio, k. nlb. 2. Ossol.

— der Auflösung und Verbrennung der Verbündniss, so im Closter bei den PP. Bernhardinern in Lemberg in Gegewart Ihrer Königl. Majest. den 23 Jul. 1663. geschehen ist. Wie auch Ihrer Königl. Maj. zu Polen etc. etc. deren vormals uniirten, nunmehr aber dissolwirten Armee, ertheilte General-Amnistia und darauff erfolgte universalia an alle Magistrat, darmit gesambte der Confoederirten übergebene Schriften, et actis publicis eliminiret und cassiret werden sollen. 1663. w 4cc. Branic.

— Confoederationis generalis, der bey der wahren rechtgläubigen Religion und allen Freyheit confoederirten Woywodschaften, Districte und Cräyse General-Confoederation. Warschau. 1704. 4to. sign. C₄. Przyłęcki.

— coronationis miraculosissimae imaginis socaliensis B. V. Mariae Angelicae manu depictae, in regno Poloniae, palatinatu Bełzensi anno Domini 1724 die 8 m. Septembris expeditus et in relatione orbi declaratus. w 4cc.

Akt ten po łacinie opisany zajmuje kart nieliczbowanych 29. Potem następują kazania podczas tej uroczystości w polskim języku miane przez następujących kaznodziejów, jakoto: Jana Tomasza Josephowica, protonotaryusza apostolskiego, kanonika lwowskiego; Grzegorza Stetkiewicza, penitencyaryusza, kaznodzieję y wikarego kościoła archikatedralnego ormieńskiego lwowskiego; Adryana Sergewicza minorytę obser-

wanta konwentu samborskiego, filozofii lektora; Raymunda Jezierskiego świętey theologii lektora, zakonu kaznodzieyskiego; Pawła Niesiaczkiewicza prowincyi małopolskiey reformata; Stefana Puzynę Soc. Jesu prowincyi litewskiey, s. theologii y ss. kanonów professora; Xiędza Franciszka z Warszawy B. M. Serafickiego zakonu kapucyna, gwardyana konwentu lwowskiego y magistra nowicyuszów; Augustyna Macedońskiego proboszcza kościoła Łaszczowskiego; Fabiana Łuszczyńskiego dyffinitora aktualnego prowincyi ruskiey zakonu braci mniejszych Oyca świętego Franciszka kaznodzieję, ordynaryusza konwentu leżayskiego; Jana Kapistrana Okolskiego, zakonu Franc. św. reg. obs. kaznodzieję etc.; Andrzeja Barszczewskiego, S. Th. Magistra etc.; Mikołaja Kieremowicza, S. J. lwowskiego kaznodzieję.

Kazania te oddzielnie liczbowane zajmują str. 361. Przyłączono do tej księgi znajduje się kazanie X. Wal. Wcisłowskiego, kanonika etc., w rocznicę koronacii 8 Września 1725 r. miane. Kazanie to zajmuje kart nlb. 23. (Koronacyi dopełnił Jan Skarbek arcyb. lwow., koszta łożył Michał Potocki, pisarz W. koronny). — Obacz również pod nazwiskami kaznodziejów (Józefowicz — Łuszczyński — Wcisłowski i t. d.).

Jocher 9026. III. 504. Akad. — Ossol.

— ad ecclesiam Metropolitanam Mohileviensem aliasque catholicas cathedrales ecclesias latini ritus in imperio rossiaco spectantes ab ill. etc. Laurentio Litta, Archiep. etc. ad Seren. Paulum I. signati et ill. etc. Stan. Siestrzencewicz de Bohusz metropolitano unico ecclesiae catholicae in Rossia etc. exhibiti. Obacz: Litta Laur. (1798).

— erectionem metropolitanae Mohileviensis catholicae ecclesiae concernentes ab Illus. Excell. et Rev. Dom. Joanne Andrea Archetti, archiep. Chalcedonensi, legato apostolico, ad Seren. ac Pot. Dom. Dom. Catharinam II. Imperatricem et Autoc. totius Russiae signati et in charta pergamena cum appensis sigillis Illus. Excell. ac Rev. D. Stanislao Siestrzencewicz a Bohusz, insignium polonorum aquilae albae et S. Stanislai equite, dictae ecclesiae primo archiepiscopo exhibiti. Petropoli a. 1784. w 4cc, str. 36. Obacz: Archetti.

Stanowi: Diltheja: Statuta imperialia, pars IIItia.

Jagiell. — Bibl. petersb. — Zieliński.

— (Ein statlicher vnd feyerlicher) der holdigund szo der allerdurchleuchtigster hochgeborner Furst, vnd groszmechtiger Herre, Herre Sigmundt von Gottesgnaden Künigk zu Polen Groszfurste yn Littawen, yn Reussen, vnd aller Lande Preussen etc. Herre vnd Erbeling, yn seiner küniglichen Stadt Dantzig, offentlich offen marckte in seyner Maiestet tzirlich sitzendt, gehalten, vnd den eydes pflicht von den eynwonern daselbst enthpfangen hat, sampt etzlichen Statuten vnnd Gedenunge daselbigst aufgerichtet. (Pod tem drzeworyt: król na tronie siedzący z mieczem w prawej ręce; u dołu po lewej stronie orzeł, po prawej pogoń, wszystko w czworoboku). Na końcu: Gedruckt zu Crackaw durch Hieronymum Vietorem. Pod tem orzeł na tarczy ukoronowanej w czworoboku. w 4-ce, k. nl. 4. dr. goc. Na końcu manifestu Zygmunta: Geschehen zu Dantzig montages vor Joannis des tauffers. Am iore noch Christ geburt MDXXVI.

Zapewne i druk będzie z tegoż roku. Bandt. Hist. druk. k. p. I. 161. podaje z rękop. Hoffmana, ale mniej dokładnie. Kórnic. — Czartor. — Branic.

— centenarii ob. Schola Mariana (1600).

— (Der Erste abgesonderte), worinnen die Freyheiten und Vorrechte derer nicht-unirten Griechen und Dissidenten, welche als Mitglieder des Staats und als Einwohner im Gebiete der durchlauchtigsten Republik Polen und derer dazu gehörigen Länder sich befinden, enthalten sind. Premier acte séparé, contenant les immunités et les prérogatives des Grecs Non-Unis, et des dissidents indigènes et qui vivent sous la domination de la sérénissime République de Pologne et des provinces qui y sont annexées. MDCCLXVIII. (1768) w 4-ce, str. 56 (druk w dwie kolumny po niemiecku i po francuzku).

ob. Acte. Warsz. Uniw. — Raczyńs. — Branic.

—gratulatoriusVladislao IV.ob. Agricola Krzy.(1633)—Einhorn Paul.(1633).

— lector. ecclipsium lunae ob. Broscius J. (1616).

— Leonis ob. Zyznowski Stan. (1647).

— limitationis Kommissyi prowincyalney W. X. Lit. vigore konstytucyi seymu pacificationis roku 1736 za uniwersałem J. K. M. w 1737 m. Maja 22 d. w Grodnie zaczętey a do r. 1738. ejusdem mensis dici zalimitowancy. B. m. i r., folio, kart 5 niel. Są tu także: Conclusum senatus consilii Vschoviae 1737. — Augusta III.: Zalecenie ekonomii 1736. o kommunikowaniu zażaleń przeciw bezprawiom. Warsz. Uniw.

— litterarius in quo alumni Scholae Rethorices universitatis Zamoscensis ex eloquendi arte publicum profectus sui specimen per exhibitam variarum in materia sacra ac profana politica orationum item a se confectarum declamationem, illarum formae et elocutionis modos explanantes coram eruditissima magnorum virorum frequentia sub assistentia sui professoris, anno Servatoris 1778. diebus Augusti commonstrarunt. Zamosci, typis academicis. w 4-ce, 14 kart nlb. syg. C₂.

Ded. Alexandrowi i Stanisławowi Zamojskim, synom Andrzeja kanclerza. Jestto programmat z retoryki, zawierający przykłady wymowy po polsku. Na samym końcu lista uczniów egzaminowanych.

— manifestationis 1769. ob. Actum.

— memorabilis solennitatis abdicationis J. Casimiri ob. Schroeder Elias (1668).

— oratorius sive de laudibus linguarum ebreae, graccae et latinae a Gedanensi juventute studiosa. Gedani 1689. w 12ce. Jocher 600.

— passionalis de tristitia animae Christi, in gymnasio Thoruniensi feria VI. Hebdomadis magnae post sacra pomeridiana exhibendus, cui ut benevoli intersint, ea, qua par est reverentia et humanitate mecaenates, patronos, singulosque bonae mentis favitores, piosque passionis dominicae aestimatores invitant professores, et visitatores. Thorunii, ex-

8

cudebat Johannes Conradus Rügerus, nobiliss. senatus et gymnasii typographus. A. D. 1706. fol., 2 kart.

Czartor.

— publici per clarissimos DD. Doctores et excellentes professores almae universitatis Zamoscensis sub praesidentia perillustrium clarissimorum DD. MM. Balthasaris Dulewski sacrae theologiae et juris utriusque doctoris et professoris, ecclesiarum cathedralis Chełmensis et insignis collegiatae Zamoscensis canonici, parochialis Goraiensis et sanctae Catharinae ad Zamoscium praepositi, facultatis theologicae, M. Stanislai Dunczewski iuris utrinsque doctoris, matheseos professoris, supremi tribunalis regni geometrae jurati, facultatis juridicae, M. Andreae Wątrobski theologiae speculativae professoris, scholarum provisoris, canonici Zamoscensis, facultatis philosophice decanorum absolvendi. 1757. folio, 1 arkusz.

— publicae promotionis in univ. Zam. 1782. ob. Karasiewicz Ant.

— publicus ob. Arnold Samuel. (1706).

— virtutum ob. Morawski Jan (1674).

Acutum ob. Sarbiewski Matthias.

ACXTELMEIER Stan. Reinh. Das Muscovitsche Prognosticon oder der glorwürdige Czaar Peter Alexowiz, v. d. russ. Macht, v. d. Tyrann Iwan Wasilowiz etc. Augspurg 1698. w 4ce. Odnosi się także do stosunków polsko-moskiewskich. Bibl. petersb.

ACZEWICZ Albert Alex. Victrices eruditi certaminis laureae depromptis ex veteri sapientia honorariis insignitae et VV. DD. X. primae laureae candidatis, dum in alma universitate cracoviensi per clarissimum et excellentissimum DD. M. Sebastianum Taralicz collegam minorem, ordinarium eloquentiae profess. ac interea philosophiae facultatis decanum, in nobilissima illustrium hospitum corona artium et philosophiae baccalaurei ritu solenni renuntiarentur, amoris et gratulationis ergo ab Alberto Alexandro Aczewicz ejusdem laureae candidato oblatae lucique publicae con-

secratae. Anno saluti e fasciis verbi 1672. men. Octobr. die 19. Cracoviae, ex offic. Schedeliana S. R. M. typ. 1672. folio, kart 6.

Na odwrotnej karcie tytułowej herb. — Dedykacya Stan. Lipskiemu kanon. krak. płock. Następuje oda do św. Jana Kantego. — Panegiryki do egzaminatorów Sebastiana Taralicz, Mich. Brosciusa, Samuela Kowalewskiego i do laurentów, którymi byli: Fr. Roliński, Jan Wolski, Fr. Kenc, Karol Dziedziczkowic, Marcin Nowakowic, Marc. Zachowic, Józ. Ig. Szaskiewicz, Adam Stirkowski, Kasp. Ciekanowski. — Aczewiczowi dziękuje Kenc Fr. Jan. — Na ostatniej stronie: Sub auspiciis S. M. Makowski.

Juszyń. Dykcyon. I.

Jagiell. — Krasiń. — Ossol.

Adaequatio eximiis heroicae virtutis meritis Petri Praczlewicz ob. Bellina Mich. (1698).

Adactum gymnasticum ob. Stefanius Jan (1679).

Adagia ob. Hagendorphinus Christ. (1535) — Knapski Grz. (Adag. polon. (1687) — Langius Jos. (sive sententiae 1596) — Żeglicki P. Arnolf (1751).

(Adalbertus). Pro commemoratione S. Adalberti episcopi martyris. B. w. m. i r. w 16ce, k. 1.

Jagiell.

Adalbertus Sanct. Martyr. ob. Andacht (Wahlfahrts 1759) — Bogusławski (1694) — Crugerius R. P. G. (1669) — Düring (1693) — Gundelius Philippus (1526) — Helwich Christianus (1693) — Hymnus (b. r.) — Jabłonowski Josephus Alexander (1761) Kieliński Martinus (1650) — Legende (1517) — Lureński Val. Jós. (1722) — Minasowicz Jos. Epiph. (1784) — Rucieński Jan Chr. (1685) — Seyler Jerz. Dan. (Warscheinl. Gedank. b. r,) — Stadtlender Fryd. (Exercitatio 1693) — Sylvester II. Papa (Vita 1629) — Treter Thomas (Vita S. Ad. b. r.) — Wojciech św.

Adalbertus Dei gratia Marchio Brandenburgensis Prussiae, Stetinensium, Pomeraniae, Cassubiorum et Vandalorum dux, burggravius norimbergensis ac regiae princeps, omnibus ad quoscumque

pervenerint hae litterae S. P. D. Regiomonti d. 20 Julii 1544. fol., k. 1.
ob. Albrecht.   Czartor.

Adalbertus a S. Teresia. Phoenix redivivus ob. Siewierkiewicz (1671).

(Adam św.). Officium albo Godzinki o św. Adamie. B. w. m. i r. w 8ce, sign. ark. B₈.   Warsz. Uniw.

Adam w pobożnych wychwalony godzinkach, albo officium o św. Adamie in gratiam ludzi tym zaszczyconych imieniem nowo złożone, i do druku cum licentia superiorum podane R. P. 1723. W Krakowie, w dr. Franc. Cezarego J. K. M. i J. O. X. J. M. bisk. krak. Xcia Siewier. ordyn. typogr. w 8ce, kart niel. 8.
Na odwrocie tytułu herb i wiersz na Sieniaskich Leliwę.   Jagiell.
— ob. Bankiet (1650) — Historya — Loredan Franc. (z włoskiego wytłomaczony 1651) — Pikulski Gaudenty ks. (1763) — Smarzewski A. (Nowy Bóg człowiek 1715).

ADAM. Stances de maistre Adam, au parc de Nevers. Sur le depart de la Serenissime Reyne de Pologne. A Paris, chez Toussainct Quinet, au Palais, souz la montée de la Cour des Ayde. Avec permission. 1645. w 4ce, k. t. i 12 str.   Czartor.

Adam z Bochni ob. Aretinus Leonardus (1515) — Bochyń Adam.

(Adam Daniel). Betrübter Hertzen beruhigung über den frühzeitigen Verlust... ihres Tochterleins Maria!... dem Ehregeachteten... Daniel Adam Vornehmen Bürger der Königl. Stadt Thorn... zu einiger Liederung... von einem treuverbundenen Freunde. 1664. Thorn, gedruckt durch Michael Karnall. (1664). w 4ce, str. 4.
Wierszem.

ADAM Jacob. Examen und Proba oder die von Jacob Adam in Danzig Spital Predigern, aff des Herren Michaelis christliche Warnungs und Vermahnungs Schrifft, ungereimbte, überformirte, nothdürftige gegebene Antwort. Mit welcher er seinen Sacramentschwarm bey hohes und niedriges Standes Personen, zu verthedigen, und den Eintfel-

tigen bey zubringen nicht wenig wiewol kindisch und sehr ungeschickt sich bemühet hat. Gedruckt zu Rostock durch Ioachim Fuess. A. D. 1615. w 4ce, k. 108 jednostronnie liczbowanych, prócz dedykacyi i przedmowy, które zajmują k. nlb. 19.   Ossol. — Warsz. Uniw.

Adam Jakób ob. Knauz Thomas (Chirurgia 1795).

ADAM John A. M. View of universal history etc. including an account of the celebrated revolutions in France, Poland, Sueden, Geneve etc. Tomów 3. London 1795. w 8ce.

Adam Stanislaus ob. Grabowski A. S. (1764).

Adam od Najśw. Trójcy, ob. Orłowski (Zebranie redempcyi 1783).

Adamantinus sapientiae. ob. Arnold Georg. (1644).

Adami ob. Gosky G. (1682).

ADAMI Ernst Daniel, Ministerii Candidatus (urodz. 1716). Zduny darff mich heute nicht allererst um Ursach fragen warum man durch Glocken-Schlag ein so vieles Auffsehen macht? Der Frau Lanterbachin Leib wird in Ihre grufft getragen, Leser sey all Augenblick auf dein End und Grab bedacht. Zduny, 1742. den 4 Januarii.
Wrocł. miej.

(Adami Joach.). Hochzeitliches Ehren- und Freuden-Fest, dess edlen, grossachtbahren, hochgeehrten Herrn Joachimi Adami, philosoph. et medicinae doct. und vornehmen practici in Rawitz. Wie auch der wol-ehrbaren, hoch-ehr- und tugendreichen Jungfr. Rosina, dess edlen, vesten und hochbenambten Herrn Johann Nikisches, der Hoch- Gräflichen Gütter Rawitz, Sierakowo, Schimnowo, Polnischen Dam, etc. bestandes Inhabern, hertzgeliebten Jungfer Tochter. So am 4 Novembr. dess 1670 Jahres in höchsten Freuden vollzogen mit nachfolgenden Ehren-Gedichten, beehret von gutten Freunden Anverwandten. Breslau, in d. Bauman. Erb. Druck. druckt Joh. Ch. Jacob Factor. fol. k. 6.

60

Wiersze łac. i niem.: Gothof. Hermanus, — Melch. Walther, Diac. zu Rawicz. — Mart. Blachius. — Zach. Hermann in Lissa i t. d. Wrocł. miej.

ADAMI Iohann Gottfried Pfarrer in Sandewaldau. Ein von Gott recht wohlversorgter Seelen-Sorger... Bey Beerdigung des M. Caspar Sommers treuverdientesten Pastoris in Geischen. Parentation. Epicedia. Schlichtingsheim Gedruckt bey Iohann Gottfried Hasen. folio. Wrocł. miej.

ADAMI Math. Encomium genealogicum familiae Firleianae. Heidelbergae 1602. 4to.
Katal. bibliot. elekt. Sask.

ADAMI Reinhold kaznodz. Jana Radziwiłła. (Regulamin scholae). Lubcza nad Niemnem (nie znane dziś).
Węgierski, Hist. eccl. 1652 s. 149. — Łukaszewicz, Wyzn. helw. w Lit. II. 162.

ADAMIDES Samuel. Scarbimiriensis. Excellentissimo Domino Paulo Hercio Curzeloviensi licentiam petendi doctoratum in philosophia sumenti a magnifico atq. admodum Rndo DD. Jacobo Janidłovio I. U. D. et professore Univ. Cracov. Procancellario dignissimo, Canonico Sandecensi, Protonotario apostolico etc. Samuel Adamides Scarbimiriensis offert. Cracov. in offic. typ. Fracisci Cesarii a. D. 1618. w 4ce, 1 ark. (wierszem).
Czartor. — Dzików. — Jagiell. — Uniw. lwow. — Ossol.

ADAMIUS Teodor (Adami). Oratio funebris memoriae et honori Hedvigis (Uxoris ducis Julii Brunsvic.). Helmstadt 1602. w 4ce.
Jadwiga Brandeburska była córką Zygmunta I. kr. pols.
Adelung. Gelehrt. Lex. I. 200.

Adamowicz Alex. (pseudonym) ob. Woyda Kar. (1794).

Adamowicz Hiac. ob. Sidus Hiac. (Symbolum amoris 1632).

ADAMOVIUS Chrisost. Paulin. Abecedarium vitae spiritualis, explicans naturam, causas, gradus, media, impedimenta et instrumenta practica religiosae perfectionis, omnibus vitae asceticae cultoribus scitu necessarium. Opera olim Rever. in Christo Patris Chrysost. Adamovij ord. s. Pauli primi Eremitae de-finitoris provinciae polonae et magistri noviciorum ex variis authoribus collectum. A. D. 1648. ab Eleutherio Biernacki, nunc vero in usum commodiorem religiosae juventutis praelo datum a. 1720. typis Clari Montis Częstochoviensis. w 4ce, z przodu 1 ark. i 160 stron.
Jocher 6099. Dzików.

— Toż, bez wyrażenia roku (nowy tytuł oddrukowany). w 4ce, kart 2, str. 160.

— Abecedarium vitae spiritualis, explicans naturam, causas, gradus, media, impedimenta et instrumenta practica religiosae perfectionis olim a R. P. Chrysostomo Adamovio provinciae Paulino-Polonae definitore et magistro novitior. ex variis authoribus collectum. Nunc vero honori et venerationi Stae Theclae V. et Mart. dedicatum. Una cum conclusionibus philosophicis menti D. Thomae Anhelici Ecclae Doctoris conformibus, quas in celeber. Clari Montis Częstochov. monasterio a. 1772 dieb. mens. Junii publice defendendas suscepit Fr. Fortun. Opełczyński ord. Monachor. S. P. p. E. professus et philosophus consummatus praesidente R. P. Laur. Schultz ejusd. ordin. AA. LL. et phil. doctore ac professore actuali. Częstochowa, typis Clari Montis (1772). w 4ce, str. 160.
Jabłonowski Musaeum s. 20. — Przyłęcki S. Rkps.

— Abecedarium perfectionis religiosae. Divinissimus presbyter et Martyr Valentinus per assertiones theologicas studii Varsaviensis ord. S. Pauli p. Etae. A R. P. Clemente Żukowski... propositum sub ascetico opusculo abecedarii. Opera R. P. olim a. 1648. compilati nunc vero 1767. in conventu Varsaviensi explicatum. w 4ce, k. 4, 160. (tylko tytuł dodrukowany de edycyi pierwszej). Uniw. Warsz.

— Toż, Siennicki Stan. przytacza edycyę Częstochowską z r. 1648, ale to jest bałamutne źródło, nie zasługujące na wiarę.

— Pabulum animae christianae, seu meditationes triplici perfectionis viae servientes, a R. P. Chrysostomo Adamovio

S. ordinis S. Pauli primi Etac Ascetae conscriptae. auctae vero et in singulos totius
anni dies dispositae a F. Bartholomaeo
Sotarevio eiusdem S. ord. presbytero,
atque ab eodem in gratiam omnium,
sive per lectionem sacram, ac medita-
tionem, sive per exhortationem et praedicationem, sive per conferentias et discursus spirituales perfectionem Christianam, tum sibi tum aliis procuran-
tium. publicae luci datae. A. D. 1706.
Impressae in privil. S. R. M. Clari
Montis typographia. w 8ce, k. 3, str.
756 i index k. 13.

<small>Dedyk. Const. Moszyński provinciali.</small>
<small>Jocher 5627. ma może przez omyłkę druku
datę 1700 r. Jagiell. — Ossol.</small>

(Adamski Adalb.). In Nomine Domini Amen. Decisiones juridico canonicae ad V. libros decretalium Gregorii
IX. Pont. Max. w 4ce. ob. Human (a)
Ioannes. 1771.

Adamus ob. Crelius Sam. (1700). —
Dangovius Puul (1605). — Pobiedzi-
scensis.

Adamus Polonus ob. Bochyń Ad.
(Dialogus 1508).

Adaukt męczennik ob. Rymaszewski
Damascen (Kazanie 1781).

Addenda ad Expositionem jurium
eorum qui Dissidentium nomine veniunt
summarumque potestatum, quarum partes illorum tueri interest. Petropoli mense
Decembri 1766. B. w. dr. w 4ce, 2 ark.
(str. 15).

<small>Jocher 9687.</small>

— Toż, Editio altera. Petropoli.
1766.

<small>ob. Expositio jurium.</small>
<small>Jagiell. — Krasińs. — Ossol. — Bran. —
Raczyńs.</small>

Additamenta ad statum causae 1666.
ob. Biron Ern. Jan.

Additamentum Missarum ad Missale
Romanum. In typ. Lovicensi 1788. fol.

Additiones resolutionis regulae D.
Fracisci obacz: Antonius Cordubensis
(1626).

Addytament do artykułu pierwszego
ułożenia Rady nieustającej. folio, 1 k.
<small>Czartor.</small>

— do gazet. Krótko zebrany aktu
koronacyi obrazu Nayś. Maryi Panny

w kościele Białynickim WW. OO. Karmelitów dawney obserwancyi prowincyi
s. Jerzego męczennika roku 1761 dnia
20 Septembra na uroczystość Imienia
Maryi, na ten dzień w dyecezyi wileńskiey przypadaiącą; dla długości dyaryusza zupełnego (z którym ma być
złączony) a łatwości prętszego wydru-
kowania iest rozdzielony, oraz na obli-
gacyą wielu ciekawych, w wiadomości
o koronacyi lubo zpóźnionym czasem
do druku iest podany. B. m. i r. w 4ce,
kart 4. <small>Jagiell.</small>

— do gazet. B. w. m. dr. i r. w 4ce,
(1753—1759) obacz: Kuryer cudzo-
ziemski. <small>Jagiell.</small>

— do gazet in 4to, str. n. 4.
<small>Krasińs.</small>

— do gazet warszawskich d. 29
Marca r. 1775. Warszawa 1775. folio,
str. 4. <small>Branic.</small>

— do gazety warszawskiej; z Warszawy dnia 1 Maja r. 1790. Zawiera
list króla pruskiego do Xcia Wirtem-
berskiego Ludwika, przechodzącego w
służbę Rzeczypospolitej. w 4ce, 1 k.
<small>Zielińs.</small>

— do gazety warszawskiej z Warszawy 8 Maja 1790, w 4ce, k. 2. Zawiera korrespondencyą między Stanisławem Augustem a królem pruskiem
względem traktatu handlowego.
<small>Dzikow. — Zielińs.</small>

— do gazety warszawskiej 1 Sierpnia 1792.
<small>Odpowiedź exrektora exklerykowi.</small>
<small>Zielińs.</small>

— albo opisanie krótkie koronacyi
cudowney statuy Matki Boskiey Maryi
na lewey ręce piastujacey Jezusa, a
w prawey berło od lat 250 cudami
sławney w kościele Rzeszowskim WW.
OO. Bernardynów prowincyi ruskiey
roku pańs. 1763 dnia 8 Września odprawioney. w 4ce, k. 2. <small>Czartor.</small>

Adele i Teodor czyli listy. ob. Genlis
(1782).

Adelfotes. Grammatika dobroglago-
lewaho ellenoslowienskaho jazyka. So-
werszennaho iskustwa osmi czastici
slowa ob. Grammatika 1591.

Adelsmans (En Polsk) bref om Romerske Pafwens Macht och Myndighet samt des Beslut emot Cardin. Primat. och Biskopparne Polniska Rikets Rad. Stokholm ob. Hermelinus Olaus (1705).

Adelson i Salvini ob. Łopuski A.

ADELT Martin. Past. et Insp. Eccl. Smigl. (1686 † 1742). Als Sr. Hoch-Wohl- Ehrwürden, Friedrich Weber... Dieses jetzlauffenden 1739. Jahres den 14 Augusti... selig entschlafen, und den 19 darauf.... bestattet ward, wolte... seine Liebe und Hochachtung... in etwas zu erkennen geben... B. m. dr. (druk. w Schlichtyngowie). folio, 2 k.

— Bey den durch Gottes gnade erneuertem Gedächtnisze des erschienenen hunderten Jahres nach Aufferbenung und darauf erfolgten Einweyhung des schon dritten evangelischen Gottes-Hauses in Schmigel, an dem auch dritten Orte (wo es noch itzo stehet) welche a. 1644 d. 12 Junii von unsern Vorfahren feyerlichst geschehen, wolte und solte seine liebe Gemeine zum herzlichen Lobe, Danck und Gebethe den 2 Sonntag nach Trin. a. 1744 d. 14 Junii, unter andern auch durch nachgesetzte gebundene Zeiten, zu einem künfftigen Andencken ermuntern und erwecken, Ihr in dem 26 Jahre seines Lehr-Ambtes verordneter treuer Lehrer Martin Adelt. Gedruckt mit Hunoldischen Schrifften. 8vo.

— Evangelische Jubel-Freude über ein Haus Gottes nach hundert Jahren dasz solches durch Gottes Hülfe noch bis auf diesen Tag stehet, wurde bey erneuertem Gedächtnisse des eingetreten hunderten Jahres nach Erbauung und Einweihung des evangelischen dritten Gottes-Hauses zum Schmiegel in Groszpolen a. 1744 d. 14 Junii var Dom. II. post Trinitatis aus den Worten 2 B. der Chron. VII. 27. einer volkreich versammeleten evangelischen gemeine daselbst vorgestellt, und zu einem künftigen Andenken sammt beygefügten historischen Anmerkungen und Freuden-Gesängen zum Drucke überlassen von

Martin Adelt Pastore prim. et Inspectore ministerii XXVI. Danzig, bei George Marcus Knoch. 1745. 8vo, str. 48.

Czartor.

— Historia de Arianismo olim Smiglam infestante, oder historische Nachricht von des ehmaligen Schmieglischen Arianismi Anfang und Ende. Nebst einer Kirche-Historie bis auf gegenwärtige Zeit der Stadt Schmiegel, in Gros-Pohlen. Mühsam verfasset und zusammengetragen von Martin Adelt, Past. prim. und Insp. der Evang. Gemeine daselbst. Dantzig 1741. Zu finden bey George Marcus Knoch. w 8ce, 6 kart na przodzie i 84 str.

Z ryciną widoku Szmigla i starożytności tamże wygrzebanych.
Jocher 9870. — Encyk. Orgelb. I. 119.
Czartor. — Uniw. lwow. — Akad. — Birgel. —
Ossol. — Raczyńs.

— Leichen Predigt H. Joh. Gottfried Fiedlers Eheliebsten gehalten 1719. folio.

Acta hist. eccl. nostr. temp. 1 Band p. 124.

— Lob- und Gedächtniss Rede gehalten auf das Ableben Frau Anna Constantia von Bojanowski gebohren von Wisnewski. Lissa. folio.

Acta hist eccl. nostr. temp. 1 Band p. 124.

— Standrede auf H. M. Sam. Laur. Puschmann Oberdiakonus in Lissa 1723.

Acta hist. eccl. nostr. temp. 1 Band p. 124.

— ob. Faustus M. G. F. (Funeralia 1718) — Hancke (Abitum juvenis 1707). — Laengner (Glückwünsche).

Adelung ob. Mrongovius Krzyszt. (1794).

Adeps elegantiarium Vallae obacz Acursius (1511).

Adhortatio ad concordiam amplectandam ob. Wereszczyński (1587).

— ad Theodosium Judaeum obacz Phillippus (1537).

Adieu à la Pologne ob. Desportes F. (1574).

Adjunctum testamentum ob. Krzysztanowicz (1603) — Sisinus M. (1603) — Solikowski Jan Dym. (1606).

Adler Blitz ob. Francisci Erasmus (Finx) Erzehl. der Kriegs Empörungen (1684).

ADLER Salvius J. Caussae ob quas Gustavus Adolphus coactus est cum exercitu in Germaniam movere. Stralsundii 1630. w 4ce.

ADLERFELD Gustaw (ur. 1671 w Stockholmie † 1708). Histoire militaire de Charles XII. roi de Suède depuis l'an 1700 jusqu' à la bataille de Poultawa en 1709, écrite par ordre exprès de Sa Maj. On y a joint une rélation exacte de la bataille de Pultowa, avec un journal de la retraite du roi a Bender, p. Gustave Adlerfeld chambellan du roy. Vol. I—IV. Amsterdam 1740. w 12ce, T. I. str. XXIX, 434, II. str. 627 (powinno być 525), III. str. 547, IV. str. 240. z planem bitw i portr. Karola XII.

Akad. — Krasiús. — Bibl. petersb.

— Toż, Paris 1741. w 8ce.

Bibl. petersb.

— Toż, po niemiecku. B. I—III. 1740—42.

— The military history of Charles XII. king of Sweden, to which is added an exact account of the battle of Pultowa. Translated in to English. London, 1740. 8vo. Bibl. petersb.

— The genuine history of Charles XII. with a more particular account of the battle of Pultawa. Translated by Jam. Ford. London, 1742. w 8ce.

Bibl. petersb.

— Warhaffter Entwurff der Kriegesthaten Carls XII. bis an den Alt-Ranstädtischen Frieden. (Übersetzt von A. K. Adlerfelt geb. Steb). Wismar, 1707. 4to.

— An exact account of the battle of Pultowa with a Journal of the king's retreat to Bender illustrated with plans of the battles and sieges. London 1740. w 8ce.

ADLERHOLT Germanus. Höchstgepriesenes Preussen oder umständliche Beschreibung und Verzeichnuss der herrlichen Landes Preussen nach dessen reichen Natur-Gütern, Fruchtbarkeit, Flüssen, Seen, Inseln und Halb-Inseln, alten Einwohnern und Heydenthum, auch Bekehrung zum Christen-thum etc. wie auch von dessen Beherrschung unter dem Marianisch-Teutschen Ritter-Orden, und folglich unter denen Königen in Polen und Preuss. Hertzogen etc. etc. Ferner von Erhöhung des Preuss. Herzogt. zur königl. Würde und Ueberschwemmung des königl. Poln. Preussens durch die Schwedische Kriegs-Flut; nebst einer Verzeichniss aller fürnehmsten Städte, Vestungen und Plätze, samt deren Merckwürdikeiten ausgefertigt durch.... Franckfurth und Leipzig, zu finden bey Joh. Leonh. Buggel. 1704. w 12ce, kart nlb. 10, str. 789, z 22. widokami rytow. i 1 mapką.

Jagiell.

ADLERHOLD Mart. Sieg-gekrönter Feld-Zug dess Adlers und Leuens im 1687. Jahr Christi;... dazu das Jenige, was in diesem obbenannten Jahr, von den Polnischen und Moscowitischen Kriegs-Verrichtungen wider den Erbfeind das Gerücht angesagt. Nürnberg, 1687. w 4ce. Petersb. bibl.

Adlernest polnisches obacz Tröster Johannes (Polnisches Adler-Nest 1666).

Adlerskraft oder Heldenkern, ob. Feigius (1685).

ADLERSTEEN Joran. Najaśnieyszego máiestatu krola J. M. szwedzkiego obrány generálny woyskowy commissarz Joran Adlersteen. (Uniwersał o kontrybucyi wojennej w obozie pod Krakowem). B. m. i r. (Krakau $\frac{2}{13}$ Augusti 1702). folio, 1 karta. Jagiell.

Administracya dochodów publicznych. Ogłoszenie wartości monety rossyjskiej stósownie do monety polskiej. 1795. folio, str. 2. Branic.

— dóbr ordynacyi Ostrogskiej. 1753. ob. Ostrogska Ordyn.

— duchowna dyecezyi Wileńskiey całemu duchowieństwu świeckiemu i i zakonnemu obojej płci zdrowie i błogosławieństwo. (Wilno 1789. Grudnia 19). folio, ark. tablicowy.

Jest to pierwszy list rządu dyecezyi, co do podatku Subsidii Charitativi. Podpisy: X. Piotr Toczyłowski, biskup. — X. Antoni Kruszewski, kanonik.

Jocher 7651.

— duchowna Wileńska wszystkim wiernym dyecezyi Wileńskiey zdrowia y błogosławieństwa od Boga. (Wilno 12 Maja r. 1790). folio, ark. rozłoż. Jocher 7652.

— dyecezyi Wileńskiey wszystkim wiernym i całemu duchowieństwu zdrowia i błogosławieństwa od Boga. $1/2$ ark.

Z powodu ustawy rządowey, z naznaczeniem nabożeństwa w Wilnie 3 Lipca. Jocher 7655.

— duchowna Wileńska żąda od WW. JJ. XX. proboszczów, plebanów y całego duchowieństwa świeckiego jak zakonnego płci obojej, aby o funduszach sejmików wszelkich ich dozorowi poruczonych, wiadomość jak najdokładnieyszą z dołączonemi w autentykach lub extraktach funduszami, kommisyom cywilno-wojskowym uczynili. Działo się na sessyi administracyjnej 181-ej dnia 22 Augusta 1790. B. m. d. fol. 1 ark.

— duchowna dyecezyi Wileńskiey wszystkim wiernym Chrystusowym zdrowia w Panu. 1 ark. rozłoż.

Z powodu zgonu Tomasza Zienkowicza, biskupa Aryopolitańskiego 9 Grudnia 1790. Między podpisami podpis X. Dawida Pilchowskiego. Jocher 7653.

— skarbu publicznego wyznacza officyalistów z oznaczeniem pensyj dla nich na różnych komorach w kraiu. Warszawa 1795. folio, k. 2.

Warsz. Uniw.

Administratio diocecesana universo clero tam seculari quam regulari salutem. 1 ark.

O ubiorze duchownych. Data 10 Lutego 1791. Sekretarz podpisany Mikołaj Tomaszewski. Jocher 7654.

Administration des Finances obacz Esprit (1768).

Admonitio atque hortatio legatorum sedis Apostolicae ad patres in Concilio Tridentino, lecta in prima sessione. Cracoviae, apud vid. Floriani MDXLVI (1546). w 8ce, k. 8. Jagiell.

Admiranda de vacuo obacz Magni (Strasnitz?) Waler. (1647).

— philosophia obacz Zapolski B. (1602).

Admonitio de rationis humanae deceptione in spiritualibus fugienda. Regiomonti, 1646. w 12ce, str. 70.

— ad fratres polonos ob. Kalwin (1563).

— ad lectorem in academiis Polonicis ob. Laudismann Casp. (1617).

— de irenico irenicorum e Socini secta ob. Komeniusz J. (1660). — Zwicker (1658).

— III. ad Zwickerum ob. Komeniusz J. A. (1662).

Admonitiones quinque circa Sacr. administr. ob. Karnkowski St. (1572).

Adnotationes historiae de antiquitate equitum Aquillae Albae ob. Sapieha.

— summopere necessariae Clero tam saeculari quam regulari ad ritus ecclesiasticos orthodoxos observandos et abusus si qui vigent eliminandos, partim ex decretis Summorum Pontificum, partim ex decretis S. R. C. et rubricis Missalis et Breviarii, partim ex synodis provincialibus et ex edictis loci ordinarii desumptae. A. D. 1782. Lublini ex typ. S. R. M. Collegii PP. ord. SSS. Trinitatis.

— ad libellum Patronorum regni Poloniae et Sueciae breviario ordinis praedicatorum adjunctum. Juxta intentum decretorum sacrae rituum congregationis ex ipsis genuinis decretis et rubricis generalibus breviarii ordinis praedicatorum collectae et adjectae. Disponentibus et approbantibus superioribus. Impressae a. D. 1798. Sandomiriae. w 8ce, str. 118 i 9 k. nlb. Kalendarium provinciae s. Hyacinthi. Wileńs. — Czartor. — Czetwert.

Adolescentis (Prima) commendatio proficiscitur a pietate in parentes. Cicero. Ojcze! boć wyraz ten właśniej przystoi. B. w. m. i r. w 8ce, k. 2.

Jestto wiersz polski ojcu na imieniny, druk Warszawski około 1790. Jagiell.

Adolescentum (Infausta parum consultae) amicitiae consilia in Jagiellone Mag. ducis Lit. filio theatrali coll. Lublinen. Soc. J. prolusione demonstrata. 1695. w 4ce, str. nlb. 4. (bez osobnego tytułu). Wolański A. w Rudce.

Adolphe G. ob Gottfried (1632).
Adolf Pfalzgraf Bruder des Königs aus Schweden ob. Copie (1656).
— król szwedzki ob. Acta pacis olivensis (1766).
— a S. Maria Visit. Carmel. ob. Fulgor inter umbras (1696).
— od S. Kazimierza obacz Chraczyński A. (1692).
Adolph obacz Brachellius Ad. Joh. (Historiarum 1655, 1659).
Adolphus ob. Jesus (1696).
Adolphi Christ. ob. Wende G. (Als Herzog 1682).
Adolphi Georgius Joh. ob. Fechner Joh. (Arae exsequiales 1686).
Adonibczec ob. Wieczerza wielka króla nad królami (1689).
Adonis, ecloga ob. Schoneus And. (1581).
Adorator (Pierwszy) anielskiego chleba, pierwszy Xiążę anielskiej hierarchii w kościele tryumfującym, pierwszy hetman i strażnik w kościele wojującym św. Michał Archanioł przez prawdziwą pokorę nad wszystkiemi chórami anielskiemi przełożony i podwyższony czyli kazanie na honor św. Michała Archanioła przy konkluzyi czterdziestogodzinnego nabożeństwa w kościele WW. OO. Bernardynów zakonu św. Franciszka Minorum de observantiae we Lwowie r. 1757 miane. We Lwowie r. 1757. folio, k. 10.   Ossol.
Adorea feriarum Antonii Paduen. ob. Pogorzelski Petr. (1639).
— illus. A. Lipski ob. Starowolski Szym. (1617).
— immortalis gloriae Sig. Gregorowic ob. Korzeniowski And. (1648).
— lauretae virtutis Ant. Cloche ob. Laskowski Dom. (1689).
— Mariae virginis ob. Starowolski Szym. (1637).
— Mariana ob. Szczygielski Stan. (1676, 77).
Adoreae poeticae spicilegium obacz Zamelius Frid. (1647).
— sapientium Virgini Mariae obacz Witwicki Alex. (1683).

Adrastea sarmatas obumbrans seu prosphonemata syncharmatica ob. Mierowski Alb. (1611).
Adres zgromadzenia narodowego francuzkiego do obywatelów tegoż narodu ob. Mirabeau (1791).
Adresse des habitans. Tłomaczenie odezwy obywatelów. 1790. ob. G.
Adrianopel ob. Radniewski (Relation 1667).
Adrianus obacz Albinus. (Musarum 1534).
Adryan, ojciec zakonu św. Franciszka ob. Tomasz à Kempis (O naśladowaniu 1545).
Adrian a Nativitate B. M. V. Schol. Piar. ob. Bielatowski Adryan X. (1733).
ADRIANUS kardynał (Adrianus VI. papa) (1467 † 1523). Adriani Cardinalis Venatio una cum scholiis non ineruditis Leonardi Coxi Britanni. Cracoviae in aedibus Hieronymi Vietoris typogr. diligentissime mense Junio 1524. w 8ce, k. nlb. 43.
Dystych in scholiarum commendationem napisał M. Pyrserius. — Dedykacya: Jodoco Ludovica Decio, podpisana przez L. Coxa Cassovino, 1524.
Zedler: Universal Lexic. 1732. I. 573.
Włocław. — Ossol.
Adryan II. ob. Odpusty (b. r.).
Adryanowicz Wal. ob. Andrzejowicz (Kazanie 1630) — (Ogród 1646).
ADRYCHOMIUSZ Christyan (Crucius) († 20 Czerw. 1585). Jeruzalem jakie było za czasów Chrystusa Pana, przedmieścia y co przednieysze mieysca opisane, przez Christiana Adrychomiusza, a teraz świeżo dla pożytku większego zbawiennego na polski język przełożone przez jednego z duchownych, Jeruzalem Nowego pod Czerskiem, roku 1671 d. 1 Stycznia. Drukowano w Warszawie. w 8ce, k. 13, str. 206. (ostatnia strona mylnie s. 109. liczbowana).
W kartach przednich zdania z Pisma św. i herb Królestwa Polskiego z herbem Wiśniowieckich. Przypisanie do Michała króla i przedmowa do czytelnika.
Jabłonows. Musaeum s. 20, daje datę 1661 i zwie go Adrifonius.
Do tego należą:
Historya żywota Matki y Syna Maricy y Jezusa, Przenaświętszey (sic) Boga-
9

rodzice, z proroctw, taiemnic, figur, Pisma świętego, y od czasu iey sczęśliwego Narodzenia, zebrana. Jezusa Pana z świętych Ewangelistow, cudow, dzieł, męki y śmierci iego zkompendiowana. Obiedwie tu dla nabożnych, Jezusa y Marya kochaiących pociechy położone y napisane przez tegoż co y pierwsza książeczka. W Warszawie r. p. 1671. w 8ce, 149 str. i 6 kart na przodzie.

Przypisanie: Eleonorze Mariey Jozephie polskiey krolowey. Na teyże herb na odwrocie tyt. wysztychowany, 6 wierszy. Kończą: Pieśni dwie z Ewangelii św.

Jeruzalem Newe we wsi z dawna nazwaney Gora obiawione przez cudowne widzenie na niebie Krzyża świętego na górze teraz Kalwaryey w roku 1667. Dnia 26 miesiąca Grudnia w nocy po nabożeństwie Narodzenia Pańskiego, godzin dwie trwaiącego. Przez Andrzeia Jana Frankiewica, Philos. Bak. z kaplicami męki Pańskiey wierszem opisane. W Warszawie r. p. 1680. w 8ce, str. 180.

Data druku pierwotnie była wybita 1670, a później 1680. ztąd cyfra jest zamazaną. Przypisanie wierszem: do Stephana Wierzbowskiego biskupa poznańskiego. Mieści zarazem modlitwy prozą. We wszystkich trzech książkach druk antiqua. Porównaj: Frankowicz A. J. Jocher 8147. 8832. 8852. Jagiell.

— Jeruzalem jakie było za czasów Chrystusa Pana, przedmieścia y przednieysze mieysca spisane przez Sebastyana Adrychomiusza, a teraz swieżo dla pożytku większego zbawiennego na polski język przełożone przez jednego z duchownych do druku podane. W Warszawie w drukarni koll. J. kr. M. Soc. Jesu r. p. 1725. w 4ce, k. 4, str. 110. — Część II. stanowi, tak jak popreednio było: Historya żywota Matki i syna Mariey, w 8ce, str. 76.

W pierwszej części strona 109 pomylona, wydrukowano str. 190. Kończą pieśni z Ewangeliey św. Załuski Progr. 50.
Chreptow. — Czartor.

— Toż, Warsz. koll. J. kr. M. Soc. Jesu r. 1726. w 4ce, k. 4, str. 110.

Rok 1726. tak wytłoczony, że wygląda na r. 1716. Przyłęcki notuje dedykacyą koll. Warsz. Soc. do Niesiołowskiego starosty Cyryńskiego. Nie ma jej w egzempl. Bibl. Jagiell. lecz jest przemowa do czytelnika. Zreszta jestto istotnie edycya z r. 1725, tylko karta tytułowa przebita, a imię wydrukowano: Sebastyana. Jagiell. — Ossol. — Uniw. lwow. — Uniw. warsz.

— Historya żywota Matki i syna Maryi i Jezusa przenajświętszej Bogarodzice przez Sebast. Adrychomiusza. W Warszawie 1725. w 4ce, 1 k. nlb. i 76 stron.

Imię podano mylnie zam. Chrystyan.
Chreptowicz.

Adsertio S. Testam. c. Calv. ob. Heshusius (1574).

Adstites gratiae connubialibus Mart. Anczowski ob. Kraus Jac. (1679).

Adulta fascia ob. Małachowski Jan (1676).

Adwent Chrystusow przez ośmiodniowe Rekolekcye otrzymane. Lublin, 1788. w 8ce.

— ob. Avrillon (1777), (1776) — Goliński Bazyli (1588) — Murczyński And. (Kazania 1753) — Wysocki Samuel od św. Floryana (1749).

Adwents - Betrachtungen 1687. ob. Quand Joh.

Adventu (In) principum obacz Xawerius.

Adventus exoptatissimus 1787. ob. Stanisław August.

— in Evangelia ob. Bartsch Fryd. (1601?).

Adverbia moralne ob. Lubomirski Stanisław (1701) — Tilmanus à Cameren (Adverbiorum moralium 1691).

Adversaria abo terminata ob. Zbigniewski Prok. (1621).

Advertissemens reçues de Vienne en Autriche touchant l'election de monseigneur le duc d'Anjou pour estre roy de Polongne. A Lyon par Benoist Rigaud avec permission 1573. w 8ce, kart nlb. 4.
Czartor.

Advys uyt Koninckx-bergen belangende het Tractaet van Sweeden ende Brandenburgh. Gouda, 1656. w 4ce, str. 4.

ob. Aitzema edyc. w 4ce, pars VIII. s. 490.

— van Gecommitteerde Raaden op de Requeste van Pye Rich en Wilkison, om bepaling der Impost van Ukrainsche Tabak en restitut. van te veel geconsigneerde penningen. 15 Maart 1771. fol., str. 12. Bibl. petersb.

Advocatus mundi ob. Zimorowicz B. (1642).

Advocati ob. Toryani Joa. Cant. (Decisiones 1777).

Adwokat polski za cnotą. Tum arbitramur cognoscere unumquodque cum causas primas et prima principia cognoscimus. Arist. Phis. L. 1. W Warszawie w druk. Wolnej 1791. w 8ce, str. 2. i 148.

Od str. 101. o adwokatach w Polsce. Na str. 71. Nota następująca: Tę satysfakcyą (wydawania posagów córkom patronów od klientów) w Polsce miał ojciec tego dzieła autora, że JW. Gajewski kasztelan Nakielski za wierne utrzymywanie interesów dwom jego córkom dał posagi, gdy jedną do klasztoru, drugą za mąż wyprawił.

— Toż, inna edycya 1791. w 12ce mniej. str. 150. i nlb. 4.

Akad. — Bran. — Bibl. Jag. — Czetwert. — Ossol. — Uniw. lwow. — Zieliús.

— (Dokładny) krajowy w którym się wszystkie w życiu ludzkiem potrzebne pisma sprawunkowe jakoto noty czyli prośby, memoryały, kontrakty, rewersa czyli zapisy długowe, zapisy ręczne, obligacye, zaświadczenia, plenipotencye czyli pełnomocnictwa, kwity etc. podług teraźniejszych cesarsko królewskich praw znajdują i bez pomocy adwokata ułożone być moga. W Krakowie kosztem Franciszka Gärtnera 1798. w 8ce, str. 85 i 5.

Warsz. Uniw. — Akad. — Jagiell. — Ossol. — Uniw. lwow.

— ob. Dzwon staropolski (1792) — Postylion (1791).

Aebeli Elias obacz Gryphius Andr. (Folter 1648).

Aedes Palatinae domus Plater ob. Plater Jan Andr. (1695).

Aediloquium ob. Torinus (1539).

Aedypus ob. Theatrum umbratilis eruditionis (1742).

Aegidius Romanus Cardin. ob. Egidius (Bophilaria 1515. — In theoremata 1513. — Regimiento 1494).

— Polonus ob. Idzi (Vaticinia 1600).

— a d. Iosepho ob. Madejski Aeg. (Gemmae 1728, Privilegia 1736).

— M. ob. Egidius (De urinarum 1525).

Aegis Palladia ob. Pastoryusz Joach. (1676).

Aegyptica servitus obacz: Heberer (1610).

Aegyptus Pontificio monastica ob. Zadzik Jan (1651).

Aelinopean ob. Szymonowicz Szymon.

AELSTERMANN Christoph Teodor. Journal über den zwischen der Römischen und Türckischen Käysere wie auch Käyserin von Russland zu Niemirow in der Ukraine angestellten Friedens-Congressus in der Mitte des 1737. Jahres. B. m. (1737). w 4ce, str. 32.

Dedyk.: Ios. Georg. v. Flemming, der Kron Armee General - Maior — dat. Niemirow 6 Octob. 1737. Christoph Theod. Aelstermann auditeur bey der Königinn Croninfanterie Regim.

Dzikow. — Ossol. — Bibl. petersb.

Aemilianus ob. Choynacki Iosephus (1740).

AEMILIUS Georg. Elegia de natura et viribus cerevisiarum et mulsarum.

Jest na k. 66—67 w dziele Eobani Hessii: De tuenda valetudine. Poczem idzie rozprawa: De Cerevisia.

Aeneas Sylvius ob. Sylvius.

Aeneasz ob. Vegius Maphaeus (O Aeneaszu trojańskim 1589).

AENETIUS Teofil prorektor gymn. Toruńsk. († 1631 r.). Oratio de S. Scripturae auctoritate et praecellentia. Thorunii. 1610.

Praetor. Athenae 207. — Zernecke: Summarischer Entwurf des Geherten u. Gelehrten Thorns. str. 34.

Aenigma Simsonis ob. Schmiedt D. (1681).

Aentekeningh en verklaringh obacz Szlichtyng Jan (1649).

Aequilibrium justitiae ob. Costenus Mar. (1641).

— jurisprudentiae ob. Wróbliński Sz. (1712).

Aequipolentes de J. Chr. phrases ob. Blandrata (1565).

Aequus judex ob. Herbest B. (1562).

Aër ob. Glogoviensis Ioannes (1514).
Aerarium sanitatis ob. Gazius Ant. (1549).
— piarum meditationum 1713. ob. Lancicius Nic.
Aesopus ob. Ezop — Jabłonowski Jan (Nowy polski 1731).
Aestetik ob. Graf Friedrich (b. r.).
Aesticampianus obacz: Sommerfeld (Modus epistolandi 1515).
Aestus philosophici ardoris ob. Bohm Mart. (1677).
Aetas aurea renascentis 1698. ob. August II.
— aurea Regno Poloniae 1744. ob. Kossakowski Stan.
— lachrymarum 1731. obacz: Rupniewski Stef.
Aeternitas obacz: Czyrzyczkowicz Andr. Augustyn (1683).
— stirpis Jagellonicae ob. Porzecki (1639).
Aeternum foedus virtutum J. Jabłonowski ob. Słowicki Łuk. (1693).
Aether ob. Tylkowski Maciej (Dissertatio 1777).
Aethiopica hist. interpr. St. Warszewicki ob. Heliodor (1534, 51, 52, 56, 96, 1601, 06, 19, 31, 51).
Af-beeldinghe van eenen seer wonderlijcken ende vreesschelijcken Visch, die int voorleden Jaer wirt gevangen inde Riviere Istola, die welcke altijdts troubel loopt by de vermaerde Stadt van Varsovien. T'Hantwerpen (1624). folio. Petersb. Bibl.
Afbild (En) of lyckones obacz Patkul (1701).
Afer Dionisius De situ orbis 1504. ob. Dionisius.
AFFAITA Izydor. Obsidio Toruniensis, armis et auspiciis Joannis Casimiri Polon. ac Svec. regis 1658. (plan wys. 39 centim., szer. 52 centim.).
Affecten (Unterschiedliche) zu der allerheyligsten Dreyfaltigkeit, zu dem allersüss. Heyland und zu seinen allerselig. Mutter, auch zu den HH. Engeln und anderen Heiligen. Braunsb. Coll. S. J. 1722. w 12ce, str. 337.

(Affectus). Unus et idem nunquam dissolubilis imo etiam post fata superstes trium decanatum Affectus in celeberrimo Archidiaconatu Pszczevensi, fratribus olim sociisque suis, statim ac vivis valedixerint: trino suffragandi sacrificio iam pridem initus et hactenus inviolabiter conservatus, imo denuo per novam libelli recusionem, post multorum decessum aliorumque in locum eorum accessum renovatus et luci publicae anno uniti cum carne humana Dei 1740. remonstratus. Posnaniae, typis clari collegii Soc. Jesu. Anno 1740. w 8ce, ark. D$_8$.

<small>Dedyk.: Theod. Czartoryski Episc. et Jos. de Werbno Pawłowski, eccl. cath. praelato. Zaczyna wiersz: Fontes Castalli. Potem: Ordo Decanatus in Archid Pszczevensi. (Spis duchowieństwa na 12 kartkach).</small>
<small style="float:right">Jagiell.</small>

— parochi onus tremendum curato animarum incumbens perpendentis et ad augustissimum missae sacrificium celebrandum se disponentis. Typis B. Joannis Cantii. Zamosci 1750. w 12ce, 10 kart nlb.

<small>Na odwr. str. tytułu imprimatur podpisał Józef (Szembek) biskup Chełmski w Skierbieszowie 19 Czerwca 1750 r. — Jestto modlitwa, którą ksiądz ma mówić przed Mszą św.</small>

— (Pii) ad S. Franciscum r. 166... ob. Franciszek Xawery.
— in lectum genialem Alb. Segeri ob. Seger Alb. (1667).
— in virginem ob. Heidenstein J. (1634).
— lugubris ob. Buczkowski Mat. (1617).
— politici, seu lucubrationes civiles ob. Zebrzydowski Jos. (1675).
— reciprocus 1701. ob. Zieliński Konst.
— sub missa contin. 1712. ob. Cochius Mart.

Affekt braterski abo pieśń nabożna w przewielebnym Jemelnickim Jezusa, Maryi, Józefa S. Bractwie Zakonu Cisterc. 1689. w 8ce, syg. B$_2$. z nutami muzyczn. dr. goc.

<small>Porównaj: Pieśń nabożna.</small>
<small>Przyłęcki.</small>

← Fr. Łodzińskiemu obacz Żarski Piotr (1651).

— nabożny do błog. Józafata 1672. 1743. 1746. ob. Kuncewicz J.

— radosny obacz: Otrębosz Dan. (1631).

— serdeczny duszy pobożnej do Pana Jezusa pod krzyżem idącego, a osobliwie ranę Najśw. ramienia Jego różncmi aktami i modlitwami przy rozmyślaniu drogi krzyżowej wielbiący, jakoteż i za dusze w mękach czyścowych zostające, serca ludzkie do modlitwy wzbudzający r. p. 1762. w Berdyczowie w druk. WW. OO. Karmelitów bosych. w 8ce, 3 k. nlb. i 66 str.

Na odwrotnej stronie tytułowej drzeworyt przedstawia P. Jezusa upadającego pod krzyżem. Warsz. Uniw.

— życzliwy Joach. Erazm ob. Gollaski Jan (1648).

Affekta Strzeliste do P. Jezusa w Antokolskim obrazie. Lwów, 17....

— Toż, (edycya 2ga). Lwów. 17....

— Strzeliste do P. Jezusa Nazarańskiego w Antokolskim obrazie łaskami słynącego — przedtym we Lwowie po dwakroć, a teraz potrzecie — do druku podane r. 1743. w Wilnie w drukarni Akad. S. J. w 8ce.

Jocher 6910.

Affekty ob. Skarb bogactw (1699).

Affhandlings - Beslut (Almenneligc) af alle Sveriges rijkes ständer. Stockholm 1600. ob. Beslut.

Affluencya wielkich honorów 1740. ob. Pociejówna Lud. H.

Affter- und Nebel-König. (Der unzeitig erwehlte und bereits flüchtige) in Grosz-Pohlen, mit seinem treu-vergessenen Anhange, auch was Franckreich und Schweden unter solcher Polnischen Unruhe und neuen Wahl zeithero intendiret und gesucht haben. 1704. w 4ce, k. 1, str. 70. Jagiell. — Ossol.

— Toż samo. 1705. w 4ce, str. 70.

Nova liter. German. 1704. str. 446.
Bibl. król. w Stockh.

Afhandling om Engellands och Polens borgerliga försattningar. — Na końcu: Stockholm, tryckt hos Carl Stolpe. 1771. w 4ce, 1 ark. dr. —

Zarazem: Bihang till Afhandlingen om Angelands och Pålens borgerliga försattningar. kart 2. Jagiell.

Afkondinge mitsgad. Coninck in Poolen ob. Solo Mahomet (1640).

Aforismi Politici e Militari obacz: Baccclini M. (1610).

Africa (L') supplicante, balletto guiclato dalla Maestà della regina di Polonia e Suezia. La domenica del carnevale dell' anno 1638. B. m. r. w 4ce, 4 k. nlb. Czartor.

Afryka ob. Bohomolec Franciszek (1756) — Brysson (Historya 1790) — Juniewicz S. J. (Listy 1756) — Lubieński Wład. (1740) — Missyonarze S. J. (1756).

Afskriff af nägre trowärdige bref, om dhet fächtande som förelupit emellan dhe swänske och sachserne dhen ⁹/₁₉ Aug. ey langt ifran staden Posen i Hög- Pohlen. — Posen, den ¹²/₂₂ Aug. 1704. — B. m. dr. w 4ce, 2 k. nlb.

ob. Abschrifft. 1704. — Poznań (Relation 1704). Jagiell.

Afskrifft ob. Karol XII. (Warschaw 1702). — Warschaw (1702).

Agalliasis tou Apollonos ob. Burkowski A. (1629).

Agalmata epigrammatica ob. Schoesser (1641).

Agama in peregrinationem Thom. Zamojski ob. Zamojski Al. (1617).

AGAPIT diakon. Izłożenije bławizu pouczitelnych, napisannoje od Agapita diakona. w 4ce, k. 6, str. 22.

Tytułu brak. Na przedostatniej stronnicy powiedziano: iż jest drukowana w roku od stworzenia świata 7136, zatem w roku naszej ery 1628. — Karatajew powiada, iż broszura ta drukowana w Kijowie w Ławrze Peczerskiej. Krasiński.

AGAPITUS męczennik. Trajedia wyprawiona w sali publicznej od młodzi ćwiczącej się w naukach w szkołach Collegium Warszawskiego Societ. Jesu r. p. 1760. w 12ce, k. nlb. 12.
Warsz. Uniw.

— Toż. Tenże tytuł. w 8ce (sign. A—B₄). k. nlb. 14.
Jagiell. — Warsz. Uniw.

AGATHANGELUS a S. Theressa. Na świecie noszący imię Aleksander Pinocipius (?), karmelita bosy, rodem Polak, pisał po roku 1672: 1) Meditationes de Beatissima Virgine et Sancto Joseph. — 2) Responsio ad quemdam Religiosum Ordinis S. Francisci, in suis editis Concionibus contendentem Monita Spiritualia S. Theresiae, non suis Carmelitis, sed Reformatis S. Francisci fuisse tradita. — Te mieszczą się w: Bibliotheca Carmelitarum Excalceatorum per R. P. Martialem a S. Joanne Baptista, Burdigalae, edita a. 1730. in 4to p. 1.

Encyklopedya powszechna Orgelbr. Tom I. str. 185. — Jocher. Nota N. 2216.

Ageisson Georgius ob. Szenrath Mateusz Jan (Conclusiones 1652).

Agenda secundum Rubricam Ecclesiae Cathedralis Cracoviensis. Cracoviae in officina providi viri Joannis Haller. B. r. (około 1520) w 4ce, k. nlb. 1, 29 liczb. G. druk gocki.

Ossol. — Dziedusz.

— sive exequiale divinorum sacramentorum per venerabilem virum dominum Martinum Canonicum Vilnensis Dyecesis edita, Impressum in Gdano per me Conradum bomghartem. Anno Dni milesimo quadringentesimo nonagesimo nono. Et finitum est secunda feria ante festum barnabe.

Jocher 6359. — Bandtke I. 82—83.

Bibl. Ossol. — Dzików.

— secundum Rubricam Ecclesiae Metropol. Gnesn. Cracoviae 1503. —

Friese Beytr. II. Th. I. Bd. p. 34.

„Z Agendy tej Friese przytacza 2 modlitwy, jedną podczas chrztu dziecka, drugą do umierających." Tak pisze Jocher. N. 6360. Tymczasem rzecz się ma inaczej. Friese bierze z Regenwolsciusa i przeistacza miejsce Lypsiae na Kraków i nie wymienia drukarza, więc edycya: Cracoviae prawdopodobnie urojona. Również i edycya Lipsiae, Melchior Lotter 1503. nie opisana i nie ma jej w Pancer: Annales T. VII. str. 143—5. — Nie wierzy w tę edycyą Wisłocki (Wisła 1873. s. 356).

Jocher 6360. 6361.

— dioecesis cracoviensis. 1504.

Na pergaminie. Petersb.

— latino et vulgari sermone polonico videlicet et alemanico. Imp. Cracoviae arte Dom. Iohannis Haller. A. 1505. w 12ce.

Tak Wiszn. III. 89. lecz zapewne myłka w dacie zamiast 1514 r.

— sive obsequiale secundum rubricam ecclesiae metrop. Gnesnensis. Cracoviae, Haller. 1512. Kórnic.

— latino et vulgari sermone Polonico videlicet et Alemanico illuminata incipit feliciter. (Te słowa bujnym gockim drukiem na tytule. Na końcu rubro): Impressum Cracoviae arte et impensis Spectabilis viri domini Ioannis Haller. Anno missionis verbi divini in carnem milessimo quingentessimo decimo quarto (1514). 8. fol. XCIIII. kart, oprócz karty tytułowej i 9 nlb. kart na końcu. Druk gocki.

Na końcu powieść o papieżu Urbanie po polsku i po niemiecku, ale jej nie ma w egzempl. Bibl. Jagiell.

Jocher 6362. — Janocki Nachr. str. 159—160. — Bentkows. O najdawn. książ. str. 65—6. — Maciejowski, Dodat. — Grabowski A. Starożytności 1840. Jagiell. — Krasiński. — Ossol. — Kórnic. — Szembeka.

Agēda sed'm cursum et rubricā Ecclie cathedralis Posnanien. Ad ritū metropolitane Gnesn. qm potuit vicini' reducta. Anno dni M.D.xxxiij. (1533).

Na końcu: Lypsie ex Prelo Melchioris Lottheri. Anno dni. M.D.xxxiij. w 4ce, k. liczb. 146 i niel. 2.

Wyd. Jana Latalskiego arcyb. gniezn. — Pod tytułem drzeworyt SS. Piotra i Pawła i herb Prawdzic.

Czartor. — Uphagen w Gdańsku. — Kórn.

Agenda sive obsequiale secundum rubricam ecclesiae metropolitane Gnesnensis. (Herb Mikołaja Dzierzgowskiego arcyb. Gniezn. który tę agendę wydać kazał. Na końcu czer. lit.): Cracoviae impressum per Hieronymum Scharffenbergum civem ac bibliopolam ibidem. Anno Dni 1549. w 4ce, kart CXLIII i na końcu 2 niel.

Jocher N. 6363.

Krasiński. — Raczyński. — Ossol. — Kórnic. — Dziedusz. — Kijów. — Katedr. lwow. — Gdańs. kapit.

— ecclesiae cathedralis Plocensis cum dubiorum 7 casuum rosolutionibus cura reveren. in Christo patris D. Andree episcopi Plocensis impressa MDLIII. In stemma ejusdem reverendissimi D. episcopi Plocen. (rycina herbu i distich.). Na odwrotnej rycina Zwiastowania z datą roku 1536. Na końcu Indexu wydrukowano:

Agenda insignis ecclesiae cathedralis et dioecesis Plocensis impressa Anno Dni 1554 Cracoviae opera ac industria famatorum fratrum Nicol. ac Stan. Scharffenberger calchographor. et civium Cracoviensium impensa reverendissimi in Christo patris D. Andreae Noskowski episc. Plocensi congesta vero et confecta, per venerabilem Laur. Zambrzuski praepositum S. Catherinae, venerabilis capituli Plocensis secretar., politioris literaturae, iurisque pontificis scientia, usuque rerum magnarum illustrem et amabili morum suavitate humanitateque perpolitum. w 4ce, kart 229. nlb. 8 i indexu k. 3.

Jest herb Zambrzuskiego i nań 8 wierszy. Jocher 6364. 6365. za Lelewelem ma przez omyłkę datę r. 1550. — Lelewel. Bibl. księgi. Dod. I. 103. Warsz. Uniw. — Kras. — Ossol. — Bran.

— sacramentalia ad usum dioecesis Varmiensis accommodata. Cum adjunctis verbis et admonitionibus polonicis et germanicis. Opus cuiuslibet dioecesis parochis et sacerdotibus perutile. — (Poczem w drzeworycie herb Warmii i Kromera z literami C. M. C. V.). Coloniae, apud Maternum Cholinum MDLXXIIII. Cum gratia et privil. Caes. Majest. folio małe, k. 2. str. 119.

Na odwrocie tytułu: Contenta in hoc volumine Agendorum sacramentalium. — Na k. 2. nlb. Okólnik Kromera, dat. Heilsbergae Februar. a. 1572. — Każdy arkusz ma kart 4 a signat. idzie od A—P. (ark. 15). — S. 1—2. Exorcisatio sali. s. 2—29. Formula baptizandi. s. 29. Infirmi pueri brevior baptismus. s. 30. Cautelae circa baptismum. s. 31. Informatio. s. 32. De iis qui in haeresi baptizati. s. 32—5. Formula reconeiliandi s. 36—9. Modus copulandi matrimonia. s. 39. Modus introducendi sponsam post nuptias. s. 40. Modus introducendi mulieres post partum. s. 41. Ad introducendam mulierem in partu mortuam. s. 42—51. De absolutione sacramentali poenitentium. s. 51—53. Ordo communicandi populum in ecclesia, tam in Paschate quam in aliis diebus. s. 54—56. Ordo communicandi infirmum. s. 57—96. Modus administrandi sacram unitionem extremam infirmo. s. 97—119. Catecheses sive institutiones latinae et polonicae, cuilibet sacramento et actioni accommodatae

per illmos dnos D. Stanislaum Carnkowski epnm Wladislaviensem et Martinum Cromerum, coadiutorem Warmiensem conscriptae. (Tekst tylko łaciński dano. Doprawiono zato przekład niemiecki bez tytułu ark. 3. (kart 12) nieliczb. Zaczyna się: Christliche Underweisung von der Taufe).

Bibliot. kapitulna w Frauenburgu (trzy egzemplarze).

— sacramentalia ad usum dioecesis Cracoviensis. Coloniae, 1574. folio.

— seu ritus sacramentorum (1575). Bibl. Moszyńsk. w Krak.

— caeremonialia, ad usum dioecesis Varmiensis accommodata. Opus aliarum quoque dioeceseon parochis et sacerdotibus perutule. Indicem omnium pagina post praefationem continet. (Poczem drzeworyt: herb Hozyusza z podpisem: Stanisl. Hosij cardinalis Varmiensis). Coloniae apud Maternum Cholinum MDLXXVIII. Cum gratia et privilegio Caes. Maiest. (1578). folio małe, str. 216 (ark. 27 po k. 4).

Na odwrocie tytułu drzeworyt herbu Kromera, ten sam co w edycyi z r. 1574. Po tytule idzie 6 kart nlb.: Przemowa Cromera do Hosiusa dat. ex arce Heilsbergensi calend. Junii. A. D. MDLXXV. karta 2. Contenta in volumine etc. karta 3. Admonitio ad sacerdotes 3. Sermo de officio, excellentique dignitate ac sanctimonia sacerdotum k. 4. Precatio sacerdotis audituri aliquorum confessiones. k. 5. Sacerdotes, quae scire debent, ex D. Augustino: et habentur. Dist. XXXVII. Cap. Quae ipsis. k. 6. Ex decreto concilii Tridentini sessionis sextae canon. 1. — Potem od str. 1. Agenda. — Część muzyczna ma nuty w czerwonych liniach.

Do tego dołączono:

Passio Domini Nostri Jesu Christi, quae, uti ab unoquoque Evangelista seorsim conscripta, sic etiam notis quaeque suis seorsim distincta, atque delineata est: et usui dioecesis Varmiensis accommodata. Studio vero atque opera Reverendi D. Thomae de Glaza, S. Stephani Cracoviae plebani etc. aedita. Coloniae apud Maternum Cholinum. MDLXXVIII. cum gratia et privilegio Caes. Maiest. folio małe, str. 115.

W tyt. drzeworyt: Chrystus na krzyżu. Tworzy całość z Agendą, bo sygnat. arkuszy w Agendzie idzie od a. do ee. Tu zaś idą arkusze od ff. do tt.

Bibl. kapit. w Frauenb.

— seu modus administrandi sacramenta secundum ritum cathedralis ecclesiae Olomucensis: ad usum ejusdem dioecesis. 1. Cor. 4. Sic nos existimet homo, ut ministros Christi et dispensatores mysteriorum Dei. (Tytuł z drzeworytem J. Chrystusa). B. w. m. i r. Na końcu: Cracoviae in offic. typogr. Lazari. A. D. 1585. folio małe, k. 5. str. 153.

> Na odwrocie tytułu herb Pawłowskiego i wiersze łacińskie na herb. Poczem idzie przemowa Pawłowskiego z daty Aug. 1584. Po indexie idą wiersze Jana Gergera kanon. a po nich duża rycina św. Wacława męczennika.
> Jocher 6367 (oznacza w 4ce).
> Te agendę ale z mylną datą r. 1581. ma Graesse Tresor I. 42. z katalogów Trossa i Ashera w cenach 20 i 40 franków. Wychwala drzeworyt św. Wacława zajmujący całą stronnicę, jako istotne arcydzieło.
> Jagiell. — Ossol. — Raczyńs. — Towarz. Nauk. Poznań.
> Część II. p. t.

— caerimonialia secundum ritum cathedralis ecclesiae Olomucensis: ad usum eiusdem dioecesis. Exodi 18. Ostendas populo caerimonias et ritum colendi viamq. per quam ingredi debeant, et opus, quod facere debeant. Na końcu: Cracoviae in officina typographica Lazari A. D. MDLXXXVI. w 4ce, k. 3. str. 348.

> Na odwrocie tyt. czworowiersz pod herbem biskupa. Dalej odezwa Stan. Pawłowskiego 14 lut. 1586 a na końcu tejże duża rycina św. Wacława. Czartor. — Jagiell.

— seu ritus caeremoniarum ecclesiasticarum, ad uniformem ecclesiarum per universas provincias regni Poloniae usum, officio romano conformati. Ex decreto synodi provincialis petricoviensis denuo conscripti et editi, studio et opera reverendi D. Hieronimi Powodowij, archipresbyteri et canonici cracoviensis (P. I—II). Cracoviae, in architypographia regia et ecclesiastica Lazari A. D. MDXCI (1591). Pars. II. A. D. MDXCII (1592). folio, k. 4. str. 290 i Index s. 6.
> Od str. 193 do 231.

Catecheses albo napominania y nauki wysszey opisane (po polsku, druk got.).
> Od str. 231 do 286.

Catecheses oder Unterweisung und Unterrichtung von den heiligen Sacramenten wie vorher polnisch und lateinisch beschrieben.
> Na str. 108—111. dwa śpiewy na cztery głosy.
> Jocher 6368. 6369. — Wiszn. IX. 200. — Maciej II. 490.
> Krasińs. — Czartor. — Ossol. — Uniw. lwow. — Uniw. Warsz. — Kijows.

— Toż samo z datą 1593 roku.

— seu ritus sacramentorum ecclesiasticorum, ad uniformem ecclesiarum per universas provincias Regni Poloniae usum, officio Romano conformati. Ex decreto synodi provincialis Petricoviensis, denuo conscripti et editi, studio et opera R. D. Hierō. Povodovij, archipresbyteri et canonici cracov. Praemissa est singulis sacramentis summaria illorum doctrina utilis et necessaria. Crac. Lazar 1596. fol. str. 267. (właściwie 276 i k. 4).
> Od str. 193.

Catecheses: albo napominania y nauki wysszey opisane (przez M. Kromera).
> Od str. 231.

Catecheses (po niemiecku).
> Sub epistem.: Joach. Bielski i list Jerzego kardyn. Radziwiłła do duchowieństwa dyecezyi krak. dat. Crac. Nonis Febr. 1596. Przyłęcki.

— seu modus administrandi sacramentorum cum gratia et privil. S. R. M. Cracoviae, in officina architypogr. regia et ecclesiastica Lazari. A. 1596. Pars II. fol., str. 252. Ossol.

— seu ritus sacramentorum ecclesiasticorum, ad uniformem ecclesiarum per universas provincias Regni Poloniae usum. Ex decreto synodi provincialis Petricoviensis, denuo conscripta et tertio editi, studio et opera D. Hieronymi Povodovij. T. I—II. Cracoviae in archityp. Lazari. 1605. fol. Tom I. kart 4. stron 208 i 2 k. — Tom II. k. 2. str. 240 i 1 k.
> Warsz. Uniw.
> Jocher 6369. podaje mylnie za Siarczyńskim przedruk z datą r. 1603.

— seu ritus caeremoniarum ecclesiasticarum studio et opera R. D. Hieronymi Povodovii. Cracoviae in officina

Lazari Matthias Andreoviensis excussit. A. 1617. fol. k. 2. str. 240 ind. 100.

Warsz. Uniw.

— Jerzego Radziwiła bisk. krak. 1598.

Mać. III. 848. — Mohiła Piotr (Pimin Euz.) Litos. s. 185.

Ob. wyżej Agenda Powodowskiego z r. 1596.

— Parva. In commodiorem usum sacerdotum provinciae Poloniae conscripta. Vilnae cum permissu superiorum. A. 1616. w 8ce, 121 str. i k. 1.

Schnaase: Zur pol. Lit. s. 42. pisze iż formularze są: po polsku, łacinie i niemiecku. Pomija że i po litowsku, co istotnie jest (str. 24—29 i nast.). — Jocher 6370. Edycye 1633 i 1715 są pod tytułem Rituale. Czartor. — Branic. — Ossol.

— sacramentalia ecclesiae Varmiensis. Bez m. A. Christi MDCXVI. (1616). str. 122.

Rozpoczyna się słowy Bisk. Rudnickiego: Introductis, deo auspice, missali et breviario romanis, in hanc nostram dioecesin: restare videbatur, ut manus pro debito officii nostri admoveremus libris ecclesiasticis, qui agenda vulgo vocantur.

— caeremonialia ecclesiae Varm. B. w. m. A. Chr. MDCXVII. str. 202.

— parva in commodiorem usum sacerdotum provinciae Poloniae conscripta. Superiorum permissu. Vilnae, typis academiae Soc. Jesu. Anno Dni MDCXXX (1630). w 8ce, 142 str. oprócz regestru.

Jocher 6371.

— z r. 1634. wydana pod imieniem Jana Wężyka arcyb. Gniezn. (o czem Mohiła Piotr: Litos. str. 185).

— albo forma porządku usługi świętej, w zborach ewangelickich koronnych i W. X. Lit. na wieczną cześć i chwałę Ojcu, Synowi i Duchu Ś. Bogu w Trójcy jedynemu, za zgodną zborów wszystkich uchwałą, teraz nowo przejrzana i wydana w Gdańsku, drukował Andrzej Hünefeldt Roku P. MDCXXXVII. (1637) w 4ce, z przodu 1 k. nlb. i 468 stron, spisu 2 karty nlb.

W przedmowie do pobożnych mówi: że na dwóch jeneralnych konwokacyach t. j. Orlańskiej 1633 r. i Włodawskiej 1634 r. jednozgodnie postanowiono, aby z agend zborowych trzech prowincyi t. j. Wielko i Małopolski i Litwy utworzyć jedną zgodną agendę dla wszystkich zborów. Dotąd

trzymano się najwięcej agendy X. Krzysztofa Kraińskiego; teraz ułożono nową, która drukiem ogłoszoną zostaje.

Opisana u Jochera 7125. Jestto ostatnia edycya. Nowszej nie było tak, że ta jest dotąd używaną we wszystkich zborach ewangelicko reformowanych na Litwie. Przed każdym aktem pomieszczone są prawa odnośne kanoniczne. — Pierwszą agendę ewangel. wydał X. Krz. Kraiński 1599 r. p. t.: „Porządek nabożeństwa...'' Branic. — Czar. — Raczyńs. — Zielińs.

— to jest porządek kościołów ewangelickich księztwa Oleśnickiego. Brzeg (lub Oleśnica?) 1664. w 4ce, wydał Chr. Bogusz Auerbach.

— to jest porządek kościołów ewangelickich księstwa Oleśnickiego i innych do niego należących powiatów, naprzód na miłościwe rozkazanie książęcia Jmci Karola z Mynsterberku Wtorego w niem. języku spisana i wieleb. duchowieństwu w r. 1593 oddana. Potym za miłościwym zrządzeniem J. książęcey mości Sylwiusza książęcia na Wyrtembergu i Teleu, w Szląsku na Oliśnicy przeyrzana y do druku roku 1664 podana a teraz kwoli kościołom polskim w przemienionym księstwie na pospolite księżey używanie z niemieckiego na polski język przetłomaczona. Wtora edycya. W Brzegu, Gottfried Tramp. 1715. w 4ce, str. 112.

Do czytelnika wiersz podpisał J(erzy) B(ock) A(rchid.) O(leśnicki). — Na str. 15—18 jest Ojcze nasz z nutami. — Na str. 110 Przydatek żeby miejsce próżne nie zostało. Jocher 7129. — Sembrzycki Przegląd 1887 s. 29.

Birgel — Ossol. — Bibl. J. K. Sembrzyckiego. — Czartor. — Jagiell.

— (mniejsza). Sześć aktów, to jest: Akt I. Usługi chrztu św. Porównaj Aktów sześć. — Wysocki Mikołaj (1643).

— ob. Dambrowski J. (Alimonia 1748) — Kraiński Krz. (Forma 1602, 1614) — Małecki H. (Ustawa 1571) — Morscovius Petrus (Politia ecclesiastica 1745) — Peterson Jan (1695).

(Agende). Lettische Kirchen-Agende. Königsberg. 1754. 8o.

Przyłęcki.

Agendorum ecclesiasticorum liber in usum provinciae Gnesnensis conscriptus. Coloniae, apud Mat. Cholinum. Cum

74

gratia et priv. S. R. M. 1579. fol. To-
mus I. k. nlb. 6 i liczb. 119 z ryc.
Podp. Stan. Carncovski episc. Vladislav. et
Pomeraniae Reverendis. etc. Praelatis etc.
Volborii. 1577. Zarazem: Catecheses lati-
nae et polon. p. Stan, Carnc. et Mart.
Cromer coadj. Varm. conscriptae.
Tomus secundus: Agendorum Cae-
remonialium. folio, k. 6. str. 246.
Tomus III. fol. str. 115.
Jocher 6366. przytacza wydanie bez drukarza
i format w 4ce.
Krasińs. — Warsz. Uniw. — Ossol. —
Sangusz.
Agger triumph. Jesu Christi ob.
Cramer Joh. (1625).
Aglaia nuptialis St. Witkowski ob.
Łukowski Vlad. (1635).
Agnell od ofiarowania Maryi ob.
Nowicki (Kazania 1725, 1790. Kazanie
1791, 1795).
AGNELIUS Ludwik ze szkół Zamojskich. Theatrum mundi sive decisiones
praecipuarum difficultatum in theologia
et philosophia occurentium ex doctrina
theologorum principis ecclesiaeque doctoris S. Thomae Aquinatis desumptae
publico certamini in congregatione generali Warszowiensi ad aedes divo Hyacintho sacras per Fr. Ludovicum Ag-
nelium ordinis praedicatorum expositae
A. D. 1619. m. Octobri. Zamosci in
typographia academiae. MDCXIX.
(1619) w 4ce, 8 k. nlb.
Przypis. Franciszkowi Diotallevio unneyuszowi
papieskiemu w Polsce. Na końcu: praesi-
debit pater F. Samuel Wierzchowicz respondente ad objecta F. Ludovico Agnelio.
Ord. Zamojs. — Warsz. Uniw.
— ob. Acta (1659).
Agnensis. Oraculum ob. Biczanowski (1682).
Agnieszka św. ob. Awedyk Konst.
(1748) — Cieszkowicz Tomasz X. (Ju-
trzenka 1722) — Surowiecki Br. Hippolit (Zwierciadło 1637) — Zieliński
Daniel (Ogród 1661).
AGNOSTUS Francus. Prodromus Fr.
R. C. das ist: ein Vorgeschmack und
beygläuffige Anzeig der grossen ausführlichen Apologi, welche bald folgen soll,
gegen und wider den Zambrecher, und
Fabelprediger Hisajam sub Cruce sampt
zweien Missiven, eine an die spanische

Nation, die ander an alle römisch-catholischen in Italia, Gallia et Polonia
etc. publiciret durch.... Anno 1620.
w 8ce, ark. 7.
Agnulphus to jest historia miłostek
ob. Zawisza Krzyszt. (1680).
Agnus ob. Grochowski Stan. (ter
magnus 1634) — Julianus a S. Jacobo
(purpuratus seu orationes 1703) — Radziejowski Kard. (Cardinalitia purpura
1690) — Szaniawski Konst. Fel. (in
Zodiaco coeli 1704, 1716, 1721) — Tomasz Aquino (purpuratus 1701) — Załuski And. Stan. (in omni campo honoris 1737).
Agonistica fidelium verba ob. Sartorius Joan. (1793).
Agonium philosophicum ob. Celejowicz Mat. (1692).
Agonizantes ob. Powodowski Hieronim (b. r.).
Agra ob. Burnomissa Jerzy (1596).
AGREDA Marya a Jesu (1602 † 1665).
Miasto święte niedościgłemi taiemnicami
ubłogosławione, cud cudów — przepaść
łask. — Wszechmocności, mądrości, miłości Boskiey — życie przedziwney
Matki wcielonego Boga Maryi, królowy
naszey, na oświecenie świata, kościoła
Bożego pociechę, i całego narodu ludzkiego zbawienie, Wielebney Maryi a
Jesu zakonu Franciszka S. de Observantia xieni w mieście Agreda objawione, a teraz wyraźna krótkością do druku podane przez X. Piotra Kwiatkowskiego. Z pozwoleniem starszych. W Kaliszu, w druk. J. Kr. M. Colleg. S. Jesu r. p. 1731. w 8ce. Część I. str. 224.
Część II. str. 240. Część III. str. 279
i rej.
List poświęcający przekład dzieła (oryginal-
nie w hiszp. języku napisanego, z tego
zaś na wiele innych przełożonego) pisany
przez kollegium kaliskie S. J. do Anny
z Grzymułtowskich hrabiny na Czarnko-
wie Czarnkowskiey, zajmuje kart nieliczbowanych cztery. — Karta następująca (piąta) zawiera przywilej króla Augusta IIgo dla drukarni kaliskiej Zgromadzenia Jezusowego fundacyi Karnkow-
skich. Podpisany na tym przywileju:
Maximilian z Tęczyna Ossoliński, w Krakowie 19 Listopada 1697 roku. — Na
czterech kartach dalej, znajdują się wysz-

czególnione approbacye tej książki w różnych krajach cudzoziemskich wydane — przy końcu wymieniona approbacya księdza Franciszka Karnowskiego biskupa Domicyopolitańskiego w Poznaniu, dnia 24 Stycznia 1730 wydana, tudzież księdza Alexandra Gorzeńskiego, archidyakona Kaliskiego w roku 1731 w Kaliszu. Dalej, na 31 kartkach znajduje się prolog, w którym się zamyka obrona i pochwała historyi życia Nayświętszey Matki, krótko zebrana. — Dalej idzie introdukcya do historyi życia Najśw. Matki, która zajmuje jedną i pół karty równie jak i poprzedzające nieliczbowanych. — W środku strony następującej po introdukcyi odbity jest drzeworyt: wizerunek Matki Boskiej. Po czem następuje: Życie Nayświętszey Boga-Rodzicy. Na końcu dzieła na stronie następującej 280, liczbą atoli nieoznaczonej, umieszczony jest w łacińskim języku dekret Benedykta XIII, pozwalający posiadania i czytania ksiąg niniejszych 21 marca 1729 roku wydany. Pod tym zaś: Roma, typis Rev. Cam. Apost. 1729. Ten podpis odnosi się do samego dekretu. Jocher 8191. — Brown. 250—1.

Ossol.

— Toż, tenże tytuł, w Lublinie, w drukarni S. J. 1732. w 4ce. Approbacye i prolog Ximeniusa Samiengo Generała zak. S. Franc. maja stron 44. Część I. ks. I. i II. str. 124. i Index k. 2. Część II. księga III—IV. str. 120. Część II. ks. V—VI. str. 128. i Index kart 3. Część III. księga VII—VIII. str. 154. i Index k. 2.

Jocher 8191 b.
Wileń. — Polkows. — Dzików — Jag.

— Miasto święte niedościgłemi tajemnicami ubłogosławione cud duchów, przepaść łask. Wszechmocności, mądrości, miłości Boskiey — życie przedziwny matki wcielonego Boga Maryi, Wielebney Maryi de Jesu zakonu Franc. świętego w mieście Agreda objawione a teraz do druku podane p. X. Piotra Kwiatkowskiego S. J. w Kaliszu w drukarni S. J. 1759. w 4ce. Cz. I. ks. 1. i 2. str. 124 i rej. k. 2. Cz. II. ks. 3. i 4. s. 128. Cz. II. ks. 5. i 6. s. 128. Cz. III. str. 159. i index k. 2.

Jagiell. — Warsz. Uniw.

— Toż, w Kaliszu, S. J. T. I—IV. 1767. w 4ce, str. 124, 128, 128 i 159.
Katalog ksiąg Jabłońskiego we Lwowie podaje edycyą w 2 tomach. Kalisz 1750. w 4ce, cena 2 złr.

— Mistyczne miasto boskie, cud jego wszechmocności, y przepaść łaski. Historya boska y żywot Przenajświętszey Maryi Panny, matki Jezusa Chrystusa, królowy y pani naszey, naprawującej winę Ewy i jednającej łaskę, objawiona w tych ostatnich wiekach od teyże Pani, służebnicy swoiey, wielebney Maryi od Jezusa, xięni konwentu Niepokalanego Poczęcia w mieście Agredańskim, prowincyi Burgeńskiey, regularney obserwancyi Seraficznego oyca Franciszka świętego, dla nowego światła świata kościoła katolickiego wesela i ludzi ufności pierwey z języków hiszpańskiego, francuskiego, włoskiego na łaciński przeniesiona, teraz na polski przetłumaczona y do druku podana, pracą y staraniem X. Stefana od S. Woyciecha (Staniewski) Scholarum piarum, rektora kollegium krakowskiego. Z dozwoleniem y approbacyą zwierzchności dodaje się życie teyże wielebney Xieni i protestacya publiczna wszelkie rozumie swoje, całemu światu do rosądzenia podającej. (Części trzy). W Krakowie w drukarni Michała Cezarego J. K. M. y J. Os. Jmc. X. bisk. krak. Xiąż. Siew. także szkół Nowodw. ordyn. typog. r. p. 1730. fol. — 1 k. tyt. Dedykacya Ewie z hr. Leszczyńskich Szembekowej kancl. Kor. zajmuje kart 3. Approb. kart 2. Wprowadzenie do życia Najśw. Maryi str. 7. — Cz. I. ks. 1. i 2. str. 205. — Cz. II. z osobnym tytułem. Tytuł i rej. kart 5., ks. 3 i 4. str. 262. — Cz. II. ks. 5. i 6. str. 355. — Cz. III. z osobnym tytułem, księga 7—8. str. 286. — Żywot wielebnej matki Maryi od Jezusa str. 101.
Żywot ten napisany był najprzód po hiszp. 1655 w Madrycie.
Encykl. Org. I. 188. — Jocher III. 410. N. 8190. — Załuski: Bibliot. 82. pisze: „Miasto mistyczne allegatur in Suppl. Jablonov. ut perperam; nam hoc opus continet versionem prosaicam civitatis mysticae Virginis exstaticae Mariae de Agreda."
Wilno — Dzików — Warsz. Uniw. — Jagiell. — Ossol. — Uniw. lwow. — X. Polk.

Agricola ob. Krasicki Ign. (Fabulae) — Marquart J. (Regis benef. 1791) — Tarnowski Z. (floridus 1677).

AGRICOLA Adamus Christianus.
Zions grosses Bekümmerniss von Gott
dem Herrn selbst, mit dreyen lieblichen
und tröstlichen gleichnissen beantwortet und abgelehnet. Beym Propheten
Esaia cap. 49. vers. 14. 18. Und in
einer Gastpredigt zu S. Elisabeth in
der Königlichen Stadt Dantzigk ausge-
legt. Im Jahr 1628. den 6. Julii. Von
M. Adamo-Christiano Agricola. Dantzigk, gedruckt durch Andream Hünefeldt, Buchhändler. w 4ce, 20 k. nlb.
                                    Czartor.

AGRICOLA Georg. Oratio de bello
adversus Turciam suscipiendo. Basileae,
1538.

ob. Sadoleti (De bello 1538).   Kórnic.

AGRICOLA Jan. Disputatio de He-
loti seu plica polonica. Basileae 1615.
  Umieszczone w Decad. IV Disput. Basilien-
    sium. — Mastallir: Über den Weichsel-
    zopf. Wien 1790. str. 21.

Agricola Julius ob. Cynerski Joan.
(1643).

AGRICOLA Krzysztof (ur. 1596.
† 1641). Actus gratulatorius ob impo-
sitam Vladislao Regi Poloniae coronam,
nec non traditam Jacobo, Curlandiae
et Semigalliae Duci, in imperio succes-
sionem : institutus a pastoribus ecclesiae,
inspectore, rectore et iuventute scholastica scholae Mitaviensis. Riga 1633.
w 4ce, 26 k. nlb.

ob. Einhorn Paul (1633, 43).
Recke u. Napiersky I. str. 17, 486—490.

AGRICOLA Rudolf młodszy z Grau-
bünden. Illustrissimae Reginae Bonae
Paraceleusis ad R. Epum Plocensem
p. Agricolam (herb Polski i Sforza, pod
niemi wiersz): Adivvat hęc aglā serpens
et devorat hostē Hoc Bona stēma tulit,
qmala ferre negt. w 8ce, kart 4. (W
Krakowie 1518, drukiem tym samym
co i Krzyckiego Epithalamia).

Na odwr. tytułu ded. Carolo Anto Moncine-
  reo Bononiensi R. D. dni Erasmi episc.
  Plocensis secretario, canonico plocensi et
  poltaviensi, Rudolfus Agricola junior poeta a Caesare laureatus salutem.
Janocki (Janoc. III. 2.) podaje z Decyusza
  Diarii etc., że R. Agricola napisał poemat
  na zaślubiny Zygmunta I. z Boną. — Inny jednak wiersz o Bonie nie dochował
  się.   Ossol. — Jagiell.

— De diuo Casimiro, regio Polonie
et Lituanie principe, signis ac miraculis clarissimo. Rudolfi Agricole Uasser-
burgen. carmen elegiacum. Venerando
praeceptori suo Paulo Crosnensi florent.
studii Crac. College oblatum. Impressum Cracoviae per Florianum Unglerium 1511. w 4ce.

Janoc. I. 7.

— Salutifera Domini passionis contemplatio ex 4. Evangelistis caeterisque
ecclesiae doctoribus mira diligentia hinc
inde congesta.

Rudolphus Agricola junior hexastichon.

Obacz: Contemplatio.

— Hymnus de diuo presule et mar-
tyre Stanislao, tutelari Poloniae patrono,
per Rudolfum Agricolam poetam a caesare laureatum aeditus. (Pod tem drzeworyt zajmujący $2/3$ karty tytułowej,
wyobrażający S. Stanisława wskrzeszającego Piotrowina. Na k. ost. s. g. po
tekscie): Hieronymus Vietor impraessit
Craccoviae. Anno domini 1519. w 4ce,
k. nl. 6. str. ost. biała (tylko 3 pierwsze
wiersze tytułu dr. goc.).

Na odwr. tyt. Rudolfus Agricola Christophoro
  Schydlowiecz, palat. et capit. crac. supr.
  Regni cancellario.
Są exemplarze tejże samej edycyi, ale z
  przedrukowaniem ostatnich dwóch kart,
  których strony mylnie idą w niektórych
  exemplarzach, oraz podpisem na końcu w
  dwóch wierszach: Hieronymus Vietor impraessit Craccoviae. Anno domini 1519. ·
Wiszn. VI. 315. podał podobnej treści książkę bez autora: Hymnus de diuo Stanislao. Crac. H. Vietor. 1520.
Uniw. lwow. — Czartor. — Ossol. —
  Dziedusz.

— Ad Joachimum Vadianum epistola
de locorum nonnullorum apud autores
veteres obscuritate: cum Joachimi Vadiani epistola responsoria. Viennae, per
Hieron. Vietorem, 1515. w 4ce.

Toż w Nigri Domin. Marii Geographia. Basil. 1557. fol. zamieszczone.
Adelung I. 337. — Jöcher. Lexic. I. 153.
  (zna edycyą bez wyr. miejsca). — Janociana I. 10—11, III. 3. (Janozki przeczy
  istnieniu tego dziełka, zna tylko list Vadiana do Agrykoli). — Janozki Nachricht
  IV. Th. str. 133 (podaje miejsce druku:
  Viennae, Johannes Singrenius). — W każdym razie edycya wątpliwa. Mayer (Wiens
  Buchdruckergeschichte) jej nie zna. Porównaj: Vadianus.

— Joanni (Łaski) archiep. Gnesnensi et patrono colendissimo Rudolphus Agricola iunior, poeta a Caesare laureatus felicitatem — dedicatio. Cracov. 1518. Zawarte w: Statuta provincialia prov. Gnesnensis. (ob. Łaski Jan).

— In iurisprudentiae laudem: Rud. Vasserb. elegia. Dołączona do: Processus iudiciarius Joannis de Urbach. Crac. Ungler. 1514. w 4ce. ob. Urbach.

Janoc. I. 9.

— Ad Rev. in Christo patrem et dominum d. Joa. Lubrański episc. Posnan. carmen saphicum. (W przedmowie do dzieła: Joa. Stobnicensis Introductio in Ptolomei Cosmographiam. Cracoviae, Ungler. 1512. w 4oc).

— Oratio ad reverendissimum in Christo patrem, dominum Petrum Tomitium diuina gratia episcopum premisliensem, et regni Poloniae vicecancellarium per Rudolfum Agricolam iuniorem Rhetum, die XVIII Jul. Anno d. MDXV Viennensis universitatis nomine habita. Cum ejusdem Carmine sapphico ad Rev. D. Michaelem Vratislaviensem, liberalium artium ac sacrarum litter. doctorem in alma Univ. Crac., divique Floriani canonicum, praeceptorem suum maxime colendum et observandum. Impressum Viennae Austriae per Joannem Singrenium. B. r. (1515). w 4ce.

Toż w dziele: Orationes Viennae Austr. ad D. Maximilianum p. Joach. Vadianum. Viennae 1516. ark. 22.

Janoc. I. 10.

— Passio dominica per septem horas canonicas distributa, elegantissimisque uario carminum genere conflatis hymnis, antiphonis, et sacra deuotione plenis orationibus conscripta, adiectis quibusdam in margine scholiis, et carminum appelationibus per Rudolphum Agricolam iuniorem poetam et oratorem a Caesare laureatum. Adjectis de conceptione intemeratae Mariae Virginis duobus hymnis per eundem Rudol. (Na końcu): Impraessum Cracoviae per Hieronymum Vietorem Anno domini Millesimo Quingentesimo Vigesimo. (1520). Die decimo Martii. w 4ce, 12 kart nlb. Druk rzymski.

Tytuł w obwódce drukarskiej; u dołu cyfra drukarza. Na odwr. tytułu: Generoso Domino Joan. Bethman Cracoviensi, Rudolfus Agricola iunior salutem propitiam optat. Po hymnach i modlitwach następują:

Hymnus de beatissimae virginis conceptu passino. Oraz: Ode dicolos distrophos (Metrum Hexametrum dactylicum et dimetrum Jambicum acatbalecticum) de dive virginis conceptione.

Z następującą krótką dedykacyą:

Excellentissimo viro, dno Joanni Salomoni scholastico Gnesnens. canonico Cracov. fautori unice colendo Rudolfus Agricola post commendationem felicitatem optat. — Na zakończenie ośmiowiersz z napisem: Ludovicus Bovillus Schafhusanus lectoribus.

Wydawca oświadcza, że hymny są autora niewiadomego. On je tylko wygładził. Wiszniew. VI. 315. — Jocher 7021. — Janocki Nach. 132. — Janociana I. 6—14. Czartor. — Jagiell. — Ossol.

Ad pubem litterariam. 1512. ob. Proclus Diadochus.

— Ad magnif. D. Sig. de Herberstein equitem auratum Rudolph. Agricolae iunioris poetae a Caesare laureato congratulatio. Obacz: Joannis Dantisci Soteria. Cracov. Haller. 1518. w 4ce.

Janoc. I. 11.

Agricola Rudolphus ob. Aesticampianus (Sommerfeld: Modus epist. A. 1515—22) — Anzelm arcyb. (Elucidar. dialog. 1515. 1544. 1549. 1555) — Aphtonius (Progymnasmata 1636) — Aretinus Leonardus (1515) — Aristoteles (De anima 1512—19) — Bartholinus Riccardus (1515) — Beroaldus Phil. (Declamatio 1514. Modus epistol. 1512) — Błonie Nicol. (Tractat. de sacram. 1512—1519) — Boetius (De consolat. 1516) — Bonaventura S. (Breviloquium) — Cato (Praecepta moralia 1516) — Cebes (1522) — Cicero (Pro Dejotaro 1518) — Cleophilus Octavius. — Coxus Leonard (De laudibus 1518) — Crates Thebanus (Epistolae 1518) — Daniel (Interpretatio 1533) — Dantiscus Ioannes (1518) — Diadochos ob. Proclus. — Decius Jod. L. (1518) — Ecchius Valent. (1519) — Egidius Rom. (Bophilaria 1515) — Erasmus Roterodamus (De rat. studii 1518) — Esticampianus Ioan ob. Sommerfeld (1515) — Euromodia (de) Rob. (Inst. Vitae 1529) — Faber Huld. (Epicedion sive naenia 1521) — Głogowczyk Jan (Physionomia 1518) — Gerdes Daniel (Scrinium antiquarium 1752) — Herberstein Sigismundus (1558, 1560) — Hieronymus Eusebius (Epistolae 1519) — Horatius (1521) — Hymnus. — Isocrates (Paraenesis 1518) — Lapide (a) Ioh. (Resolutorium dubior. 1519) — Łaski J. (1518) — Linacrus Thomas (1512) — Mancinellus Ant. (De compon. versibus 1513) — Marsus Ioan. Harm. (Comoedia 1515) — Nova domo (de) Ioannes (1518) — Orationes (1613) — Proclus Diadochus (Opusc. de sphaera 1512 — Ad pubem literariam 1512) — Prudentius Aurelius (Cathemerinon 1515) — Sacranus Jan (Modus epistolandi 1520) — Shadek ob. Szadek. — Seneca L. (Opera 1529) — Sommerfeld J. Aesticampianus (Modus epistol. 1515) — Statuta provincialia (1518) — Szadek Mikołaj (Iudicium astronomicum 1521) — Toliszkow (de) Mikołaj (Iudicium univers. 1518) — Urbach Ioannes (Processus iudiciarius) — Ursyn Gaspar (Variorum carminum liber 1517, (Epigrammatum de variis rebus bez r). — Vadianus Ioachimus (Epistola 1515) — Vergerius Petrus Paulus (Hic habentur haec 1511) — Vratislaviensis Michael (Epitoma 1518).

Jankowski, Rys logiki 1822. s. 180—1. — Sołtykowicz, Akadem. 239. — Vossius, De historicis lat. 566. — Janoz. Nachr. IV. 130.

AGRYKOLA Stefan. Christliche getrewe Ermanung fürnemlich der alten christlichen Religion halber, an König. Maiestat in Polen etc. verteutschet durch Stephan Agrikolam. Dilingen 1560. w 12ce. Obacz: Kromer Martin (1560).

Agricultura ob. Gautier de Salgues Pierre (1777). — Huet (1788).

Agrippa Andrzej obacz: Schoenflisius Jędrzej (Ufność 1642).

AGRIPPA Henryk Cornel. († około 1535). Contra pestem antidota securissima Cracoviae, Ungler, (1534). (S. l.

ac typogr. indicatione sed certo certius Cracov. a. 1534).

Notatka Haana we Lwowie...
Porównaj: Reuschius J. (1539).
Dziednsz.

— Krótka nauka rządzenia ku ustrzeżeniu od zarażenia powietrza, a gdyby kto iuż zachwycił, iako zasię ratować z boża pomocą, przez znamienitego człowieka Henryka Korneliusza Agryppę doctora cesarskiego sprawiona. (Na końcu): W Krakowie przez Macieia Scharffenberga. Lata 1543. w 8ce, k. nlb. 7. druk gocki.

Na odwr. tyt. drzeworyt SS. Kosmy i Damiana, jak w Miechowity: Conservatio sanitatis, nad obrazkiem napis: Naywyzszy stworzył lekarstwo w ziemie, a mąż mądry nie będzie się nim brzydził. Ecclesiastici XXXVIII. Na str. 1-ej k. nast. przedmowa „ku wssolkiemu Czcicielowi." Adelung Gelehrt Lexic. I. 338. nie zna tych dzieł. — Zebrawski T. O pieczęciach dawnej Polski i Litwy. 30.
Krasiś. — Szembeka bibl.

Agryppa Jan ob. Schosserus Christianus Theod. (Sirenum 1611).

AGRIPPA Venceslaus. Oratio funebris de illustrissimi principis et domini, domini Iohannis Radzivili Oliciae et Nesnisii (tak) ducis, uita et morte, scripta a VVenceslao Agrippa Lithuano. Epicedion scriptum a Philippo Melanchthone. — Addita est narratio, scripta a fide digno de Vualachorum tyrannis, quae ostendit, turcicos tyrannos non solum crudelitate, sed etiam astutia magna et fraudibus grassari. (W środku k. tyt. winieta drukarska, na tarczy wąż wijący się po słupie i rok koło tego :) 1553. B. m. i dr. w 8ce, k. nlb. 20. Druk ant. i kurs.

Na odwr. tyt. w medalionie okrągłym orzeł z herbami Radziwiłłów na piersi.
Wiszn. VIII. 69. IX. 401. — Janociana III. 6. — Encyk. Orgerlb. I. 203.
Czartor.

— ob. Brentius Jan (Kazania 1588).
— „Którýs Agryppa za czasów Zygmunta Augusta pisał przeciwko Lippomanowi i wiele innych ksiąg do druku podał."
Niesiec. I. 11. — Przyłęcki.

Agrippinensis Julianus ob. Rivius Ioannes (1541).

Agru dobywanie obacz Burzomissa Jerzy.

Agudda i. e. fasciculus s. collectanea talmudica in quibus per compendium exhibeatur instituta et ritus qui
in universo talmudis corpore exstant,
cum indice in calce adiuncto. Cracov.
1531. folio.
Widekind pag. 30. 49. — Notatka Haana
(Liber rarissimus).

Agugda (to iest krótki zbiór talmu-
du). W Krakowie, w drukarni Izaaka
Aaronowicza 1571.
Jocher 8033.

AGUILAR (d'). Vers par M. le comte
d'Aguilar, capitaine au régiment Royal-
Pologne cavalerie. 1731. w 16ce.

Ahasverus ob Relation (1614).

Ahndung (Rechtmässige) ob. Patkul
I. R. (1701).

Ahynhiłtf Jan obacz Tewendel Jan
(Łani pod rozkwitłem drzewem 1677).

Aiax ob. Spectaculum (1624).

AICHLER Glandinus Stanisław (Żo-
łądek, Stan. Dąbek). 1) Ad Dantisci
Musam epigramma, 2) ad lectorem, 3)
hexastichon, 4) tetrastichon Aichleri.
(Mieszczą się w: Joa. Dantisci Carmen
paraeneticum. Cracoviae Vietor. 1539.
w 4ce).
Janociana. I. 15. — Jusz. II. 382—3. —
Encyk. Orgerlb. T. 8. s. 76. T. 1. s.
225. — Wiszn. VI. 317.

— Epithalamium Isabellae, florentissimae filiae serenissimi regis Poloniae
Sigismundi, ad serenissimum maritum
Ioannem Hungariae regem proficiscen-
tis, per Stanislaum Aichlerum, U. I.
doct. (Pod tem w czworoboku na tarczy ukoronowanej herb królestwa orzeł.
Na karcie ost. herb węg. króla Jana,
a na końcu u dołu:) Cracoviae per
Hiero. Vieto. Anno 1539. w 4ce, kart
nlb. 4.
Przydana tu jest: Nuptialis elegia i epigramma do tejże Izabelli. Na odwrocie
tytułu jest epigramma: ad Reverendum D.
Samuelem Maciejowski, decanum Cracov.
Regni Pol. Secret.
Porównaj: Stanislaus Clericus (Pieśń o Izabelli).
Juszyński II. 382—3. zwie go Stan. Żołąd-
kiem innaczej Glandinus. — Czacki zwał
go Dąbkiem. — Niesiecki II. t. pod herbem Dąb, mieści herbowych Achler i Żo-
łądź. — Janociana I. 14—16.
Akad. — Czartor. — Jagiell.

— obacz Herberstein Sig. (1558,
1560) — Laetus Pomponius (De Roman.
magistr. 1544).

AICHLER (Aychler) Stephan. Catagraphe nuptiarum Caroli archiducis Austriae etc. et Mariae filiae Alberti Ba-
variae principis etc. Viennae celebrata-
rum a. D. 1571, edita a St. Aychlero
Stanisl. F. Justi Lud. Decii Senioris
e filia nepote. B. w. m. dr. i r. w 4ce,
ark. C$_{111}$.
Dedykacya Stan. Aychlero, castri Cracov.
advocato, patri suo. — Następuje opis
uroczystości ślubnych na 5. kartach. Poczem od ark. C. Epithalamion in nuptias,
zawarty na trzech kartach. Jagiell.

— ob. Gróicki: Tytuły prawa Magdeburskiego 1575 r. w Krakowie u
Łazarza, w 4ce. (Pod herbem Rokos-
sowskich jest jego wiersz polski).

AIBIUS Jędrzej rodem Szkot, profesor filozofii w gimnazyum gdańskiem.

—— Disp. de magnanimitate et mo-
destia respond. Thoma Adamo Rugen-
waldensi die 5 Novembris a. 1611.

— Disput. ethica de verecundia et
continentia. Gedani 1612.

— Disputatio theologica de subjecto
et accidente respond. Thoma Serojeno
Anglo. Gedani 1612.

— Epithalamium nuptiis secundis Collegae Andreae Dasii 1609. Gedani. w 4ce.
ob. Martini Greg. Silesii: De Fossilium me-
tallorum 1610. — Praetorius Athenae Ged.
s. 59.

AIGNER Piotr. Budownictwo wieyskie z cegły glino-suszoney, z plantami
chałup wieyskich, stosownie do gospodarstwa narodowego przez Piotra Aignera. W Warszawie w drukarni Piotra
Zawadzkiego, r. 1791. w 8ce, str. 19.
z ryciną i VIII. tablicami.
Na karcie położona taka uwaga: NB. Ciąg
dzieła tego będzie o nowey cegielni eko-
nomiczney poprawioney. — Rycinę przed
tytułem rytował J. L(ęski?), Tablice 1—8
Aigner.
Akad. — Jagiell. — Krasiń. — Ossol. —
Zieliń. — Czartor.

— Nowa cegielnia wynalazku Imci
Pana Aignera architekta warszawskiego.
W Łowiczu w drukarni JO. Xcia prymasa arcybiskupa Gnieźn. 1788. w 8ce,
31 str. i 1 tabl. figur. Ossol.

80

— Toż, przedruk, w Łowiczu 1788.
w druk. JO. Xcia prymasa, w 8ce, 46
str. i 1 tabl. figur z podpisem J. Perl
sculp. Orany. Ossol. — Jagiell.
— Toż, przedruk w Łowiczu 1788.
w druk. JO. Xcia prymasa w 8ce, 46
str. i 1 tabl. figur ryta z podpisem C.
C. Klopsch sculp. Varsaviae, Aigner
archit. invenit et delineavit.
Branic. — Jag. — Ossol. — Uniw. lwow. —
Wileńsk.
— Nowa cegielnia wynalazku przez...
W Połocku Przedrukowana w uprzywil.
od jej Imperat. Mości drukarni Colleg.
Soc. Jesu. 1791. w 8ce, str. 46, k. 3,
tabl. 2. (z dodatkiem: O sposobie ro-
bienia paraboli i ellipseos). Jagiell.
— Toż, przedruk we Wrocławiu.
B. w. r.
— Krótka nauka o pikach i kosach
przez... obywatela. W Warszawie, druk
P. Zawadzkiego. 1794. w 8ce, kart 5
i od str. 10 do 38 i 2 tabl.
Akad. — Branic. — Czartor. — Jagiell. —
Krasiń. — Zieliń. — Bibl. petersb.
— Projekt do urządzenia budowni-
czych policyi z umieszczeniem sposobów
zagradzających upadkowi miast a wzrost
im nadać zapewniających. Podany prze-
świetney kommissyi policyi oboyga na-
rodów przez budowniczego wojsk Rze-
czypospolitej (r. 179...), folio, k. 4.
Kuryer warsz. 1825. N. 128., r. 1827. N.
239., r. 1841. N. 215. — Bentk. II. 431. —
Roczniki T. p. Nauk. T. IX. 424.
Branic. — Czartor. — Uniw. lwow. — Bibl.
Jagiell. — Uniw. warsz — Zieliń.
AILHAUD Jan (1674 † w Aix 1756).
Informacya o używaniu i własnościach
proszku laksującego JP. Ailhaud med.
dr. w Aix 10 list. 1744. w 8ce, str. 8.
— Medicina universalis, to jest:
Lekarstwo powszechne na wszelkie cho-
roby czyli traktacik o źródle chorób,
a używaniu proszku ścierającego JM.
Pana Jana Ailhaud, konsyliarza J. K.
M. i Pana de Castelet, Vitrolles y Mon-
tinstin, doktora w lekarskiej sztuce w
mieście Aix w Prowancyi. W Warsza-
wie w drukarni Gröllowski J. K. Mci
y Rzeczypospolitej 1778. w 8ce, str. 80.
Krasiń. — Uniw. lwow. — Jagiell. —
Ossol.

Ailies Piotr ob. Alliaco Petrus.
**Aitzema (Aetsema. Aysma) Leo
(Lieuwe)**. Historie of Verhael van Saken van Staet en Oorlogh 1621—1668.
Graven-Hage, 1657—1671. 14 części
w 15 tomach, w 4ce.
Obejmuje po holendersku:
1621. Kerowsky, Légat de Pologne,
arrive à la Haye. — 1626. Gustave
Adolphe en Pologne. — 1626. Nov.,
1627, Mai, Départ de Honert, Bicker
et Beaumont comme ambassadeurs-médiateurs en Pologne. — 1627. Leur
voyage. — 1629. Commerce de grains
avec la Russie. Projet d'une ambassade. — 1629. Traité entre la Pologne et
la Suède (en Lat. et en Holland.). —
1630. Traité entre la Suède et Dantzick. — 1630. Ambassade d' A. C.
Burgh et Veltdriel en Moscovie. —
1631. Continuation de l'ambassade d'
A. C. Burgh et Veltdriel en Russie. —
1631. Olaybien et Lanonowitz, ambassadeurs Russes à la Haye. — 1631.
Péage établi en Prusse par les Suédois. — 1632. Les ambassadeurs Russes reçus une seconde fois en audience. — 1633. Radziwiłł, ambassadeur de
Pologne en Hollande. — 1633. Sassa-
sky, envoyé de Pologne en Hollande.
(Affaires de Suède). — 1635. Ambas-
sadé d'Honert et d'André Bicker en
Pologne. — 1635. Traité entre la Pologne et la Suède. — 1636. La Pologne s'offre comme médiatrice entre les
Hollandais et l'Espagne. — 1638. De
Bye, ambassadeur de Pologne, arrive
à la Haye. Sa mission. — 1639. Boom,
ambassadeur Neêrl. en Pologne. — 1640.
Ambassade Polonaise en Hollande et en
France. (Affaire du prince Jean Casimir). — 1646. Roncaillo, Ambass. Polonais à la Haye. — 1646. Ambassade
Russe à la Haye. — 1647. Départ des
ambassadeurs Russes. — 1647. A. C.
Burgh, envoyé comme ambassadeur en
Moscovie, meurt à Réval. — 1648. C.
Burgh, fils d' A. C. Burgh, remplace
son père. Ambassade, voyage, retour. —
1650. De Bye. Ambassadeur de Pologne, arrive à la Haye. — 1651. Les

États-Gén. écrivent au duc de Courlande. — 1654. Minutes d'un traité
entre la Pologne et la Républ. Neér-
landaise. — 1658. Ysbrantz va en Pologne comme ambassadeur. — 1658.
Avis des États de Hollande sur les
affaires du Nord. — 1659. Honert va
en Pologne comme ambassadeur. —
1661. Nouvelles de Dantzick. — 1663.
Ambassadeur Russe en Holl. — 1664.
Vasili Jecoflowitz et Dimitri Joanno-
witz, ambass. Russ., passent par la
Haye en allant en Angleterre. — 1664.
Boreel va en Russie comme ambassadeur Neêrlandais. — 1665. Wicquefort,
Ambassadeur de Pologne, arrive à la
Haye. — 1665. Continuation du voyage
de Boreel.

Katal. F. Müllera w Amsterdamie.

— Saken van Staet en Oorlogh,
enz. met het vervolg door L. Sylvius.
's Hage. 1669—1699. 11 wol. folio.

Obejmuje ważniejsze:

Kerowsky, Légat de Pologne arrive
à la Haye. — Gustave-Adolphe en Pologne. — Nov., 1627. Mai, Départ de
Honert, Bicker et Beaumont comme
ambassadeurs-médiateurs en Pologne. —
Leur voyage. — Traité entre la Pologne et la Suède. (en Latin et en Hollandais). i t. d. jak w edycyi in 4to.

Z katalogu F. Müllera w Amsterdamie.
Adelung. Gelehr. Lex. I. 367.

Aizoontinum Monumentum Jacobi
Piotrowicki obacz: Papużyński J. K.
(1642, 43).

Akademia dziecinna, albo zbiór krótki
nauk różnych na świecie zwyczaynych
każdemu do wiadomości potrzebnych
i wielce pożytecznych na osobne szkoły
podzielony, dla wygody młodzieży bądź
szkolnéy, bądź domowéy osobliwie pa-
rafialnéy krótko po polsku zebrany, na
żądanie zaś wielu za pozwoleniem oraz
zwierzchności duchowney do druku podany. W Wilnie w druk. J. K. Mci
i Rzpltej Sch. Piar. r. p. 1761. w 8ce,
k. 4, str. 208.   Jagiell.

— w Heidelbergu ob. Firlej Jan
(Valedictio ad Heidelbergam 1604).

— z historyi kościelney ku czci
Matki Boskiey y Maryi na cztery epo-

chy, albo wydziały czasów, na wieki,
przed Narodzeniem Jey: za życia: przez
pierwsze pięć wieków od Wniebowzięcia, y pózniejsze lata podzielona. Na
applauz Królowy nieba y ziemi, przez
JW. JMci X. Wacława Hieronyma Sierakowskiego bisk. Przemys. prezydenta
trybunału skarbowego koronnego, w cu-
downym obrazie Jarosławskiego kościoła
Soc. Jesu, koronowaney odprawiona.
Od szlachetney młodzi szkół Przemyskich Soc. Jezu Przeświet. Imciów duchem y odzieniem do stanu duchownego
sposobiących się: Iwona Drohojewskiego,
Wacława Sierakowskiego, Franc. Ła-
szowskiego, Kaj. Tęgoborskiego poetów,
każdego na wszelką questią odpowiedzieć gotowego. Z pozwoleniem starszych.
W Przemyślu w druk. Ad. Kleina J.
K. Mci i JW. J. X. biskupa Przem.
ordyn. typogr. a. 1756. w 4ce, k. 3.
nlb. str. 48. Spis k. 1.

Dedyk. Ignacemu Rogali Lewickiemu Łow-
czemu Podlask. Pawłowi Przeczkowskiemu
Cześnikowi Wiskiemu i Stefanowi z Tar-
nowa Dwernickiemu pisarzowi Grodzkiemu
Przemysk. — Ob.: Academiae Marianae.
Jocher 8151. 8224.

Jagiell. — Czartor. — Dzików. — Ossol.

— z historyi polskiey podzielona na
dwie części t. j. od panowania Lecha
do przyjęcia wiary św. a od przyjęcia
wiary do Unii z Litwą odprawiona od
ćwiczącey się w naukach średniey gram-
matyki i historyi przesw. młodzi szkół
Przemyskich Soc. Jesu. Roku od narodzenia Pańskiego 1756. d. 16 Lipca.
B. w. m. i dr. w 4ce.   Ossol.

Akademia krakowska. Folio. Zbiór
obejmuje: a) Summaryusz cały sprawy
względem otwarcia Akademii jezuickiey
we Lwowie, na seymiki przedseymowe
prześwietnych wojewódzw, ziem, xięstw
y powiatów koronnych y W. X. Lit.
od Akademii krakowskiey roku 1760,
dla informacyi podany, 2 kartki; —
b) Propugnatio jurium, privilegiorum et
praerogativarum generalis Regni scholae Universitatis Cracoviensis, adversus
praetensam erectionem Academiae in
Collegio Leopoliensi RR. Patrum Soc.
Jesu. A. D. 1759. 54 kartek. — c) Co-

11

pia Epistolae Decretalis, nomine particularis Congregationis Cardinalium, ad
cognoscendam causam erectionis Academiae Jesuiticae Leopoli, deputatorum,
ex mente sanctissimi fel. rec. Alexandri VII. Papae, per Illmum olim Prosperum Fagnanum, ad Illmum Nuntium
Apostolicum Regni Poloniae in Anno
1663. directae. Romae in Archivio Domus Fagnanae reperta. 1 karta. — d)
Attentata per Patres Soc. Jesu Collegii
Leopoliensis, post finitum, ut supra,
opusculum commissa ratione quorum
sequuntur Protestationes et Manifestationes hujusmodi... 9 kartek. — c) List
przyjacielski do nauczyc. szkół lwowskich. 1760. k. 21. — f) List powtórny
do Jezuit. Colleg. Lwow. z reflexyami
na skrypt o erekcyi pretend. we Lwowie akademii 1761. kart 19. z planem
okolic Zamościa p. Siarczyńskiego. (Osobno tłoczone lecz razem zbroszurowane).
ob. Summaryusz — Propugnatio — Fagnanus — List.

Jagiell. — Zielińs.
— obacz: Academia Cracoviensis
(1637) — Acta et decreta (1740) —
Acta literaria Mizleri (zawiera: Enarra-
tiones de Acad. Cracov. 1756) — Ambrożewicz J. J. (1766) — Andosillus D.
(Informatio juris 1630) — Appellatio
ad Urbanum VIII. (1630, 1632) —
August II. (Manifest 1714) — Bielski
Ioannes (b. r.) — Bogucicki Ioan. (Ora-
tio 1780) — Broscius Jan (Studiosae
juventuti 1626) — Catalogus (acade-
miarum orbis 1554) — Coxus Leon
(De laudibus 1518) — Cynerski Jan
(Eyktikon 1629) — Decisio (1629) —
Deklaratia (1632) — Drużbicki Kasper
(Deklaratia 1632) — Dyaryusz (1765) —
Epistola parisiensis (1730) — Examen
(1632) — Figureoa (Decimarum 1756) —
Garwacki Stan. (Bursa 1637) — Ga-
staldi (Academici 1676) — Gedefroy J.
(adv. Jesuitas 1630, 31) — Goliński
B. (Dwie fundacye Nowodw. 1622) —
Górski Jac. (Apologia 1581) — Grocki
Jan (Pochwała 1600). — Huyssen (De
statu 1709) — Informacya (Kamienice
b. r.) — Informatio (in causa cum Ney-
mann 1646) — Informatio (1774) —

Inhibitiones (b. r.) — Instancya (do Naj.
Stanów 1759) — Institutum (1774) —
Kochnowski Melchior (Mowa 1761) —
Lacki Kasper (Sertum acad. 1641) —
Lafontaine F. L. (Chirurgisch-med.
Abhandlungen 1792) — Lettre (a l'au-
teure anonyme 1781) — Leges scholis
eccl. jurisd. Crac. (1793) — Lipiewicz
And. Dom. (Manifest 1764) — Memoriale (1674) — Memoriale (ob Najma-
nowicz 1632) — Memoryał do X. prymasa (1764) — Memoryały (1774) —
Middendorpius J. (acad. orbis 1572) —
Muret (do króla Stefana w „Zaba-
wach") — Nayman Krzyszt. (1646) —
Naymanowicz J. (Dowód memoryału
1732, Memoriale exorbitancyey 1732) —
Nidecki Dom. (Protestatio 1759) — Ob-
żałowanie przeciwko Oj. jez. Sos. Jezu.
(1623) — Oculus speculator seu Ani-
madv. (1672) — Ordinatio studiorum,
lectionum (1765, 1774, 1776) — Pa-
pencovius Jak. (Encomium excelsi Novodvors. animi 1619) — Paraecianus
(Decimarum restrictus 1761) — Patelski Stanisł. (Pia gratitudo 1767) —
Piskorski Sebast. (Leges 1695) — Process Akademii (1761) — Projekt ustawy (1781) — Prophasis ad Ser. Regem
Polon. (b. r.) — Propugnatio jurium
(1759) — Protestatio (b. r., 1759) —
Protestationes (1671—74) — Przedborski Piotr (Wywód sprawy dóbr Będko-
wa b. r.) — Przetocki Hier. (Manifestatio 1634) — Przeworski Franc. (Mu-
nificentia Andr. Olszowski 1671) —
Putanowicz Józef Aloyzy (Stan 1774) —
Radymiński Mart. (Rationes quod non
exp. b. r.) — Rationes pro Univ. Leop.
(1759) — Relatio intimatae citationis
(1646) — Remanifestatio Almae Univ.
(1634 ob. Naymanowicz, Przetocki) —
Respons na statutum (1627) — Responsio
ad libellum (1622) — Responsum Anonymi ad libellum (1621) — Rogowski
Franc. (Ad officium castrense b. r.) —
Rozłożenie nauk (1781) — Ruszkowski
Wal. (Reprotestatio 1622) — Scholae
piae (1646) — Sententiae sacrae Rotae
(1629) — Series et ordo disputationum
(1765) — Sieykowski Michał (Chroni-

con 1733, Elogia 1747, Orationes 1748) —
Skoczyński Piotr (Kapitalista 1745) —
Sołtyk Kaj. Ign. (Dyaryusz 1745, In-
formacia 1766) — Sowiński Thom. Ioan.
(Novum post. mem. monument. 1696) —
Sprawa o szkodliwe otwarcie (1764) —
Stan wewnętrzny i zewnętrz. (1774) —
Starowólski Szym. (Laudatio 1639) —
Status causae między Akad. (1627) —
Stefanowski Adam vel Stephanides (Aca-
demica 1611) — Stęplowski Kaz. (Me-
thodus 1764) — Strzegocki Wacł. (Vera
justificatio 1646) — Summaryusz całej
sprawy (1760) — Świątkowski Andrz.
Mich. (Anchora bonae spei 1684) —
Szabel J. (Wzór lekcyi 1790) — Sze-
psius Gregor. (Laurus 1557) — Typus
fundationis (b. r.) — Unctorius Mathias
(Unio philadelphica 1760) — Universitas Cracov. (1613—1669) (Tractatus
1785) — Urbanus VIII. (Ad perpetuam
rei memoriam 1634) — Widmann Christ.
(Literae 1646) — Wilmerding W. A.
(Verzeichniss der Akademien 1795) —
Wzór lekcyi Akadem. (1790) ob. Szabel) — Zbiór prawa szkolnego (b. r.) —
Żołędziowski Ks. (Mowa od Akadem.
b. r.).

Porównaj również: Akademię lwowską, za-
mojską etc.

Akademia w Królewcu (regiomon-
tana, zu Königsberg) ob. Middendorpius
J. (Orbis 1572) — Privilegia (1614) —
Stobbe S. (1644).

Akademia w Lignicy. O Akademii
rycerskiej J. K. Mci pruskiej w Lignicy
w Szląsku, tudzież o nowo ułożonem
postanowieniu i niniejszym onejże stanie
uwiadomienie. W Lignicy 1775. w 8ce,
str. 16.

— Por. Notyfikacya (1749).

Akademia w Luneville ob. Dispositio
(1740).

Akademia lwowska ob. Acta Univ.
Leopol. (1786) — Alexander VIII. (Copia epist. Acad. jesuitic. 1663) — August III. (1758) — Argumentum rei
(1759) — Betański A. M. (1785) —
Descensus facilis averni (1719) — Dyskurs dwóch ziemianów (1760) — Erekcya
(1760) — Excerptum (b. r.) — Fagna-

nus Prosper (Academ. jesuit. 1663) —
Informacya (Academ. Leop. 1662, pre-
tensyj b. r.) — List (1760, powtórny
1761) — Lwów (Praelectiones) — Objaśnienie (ob. Potocki 1760) — Oświadczenie (1760) — Potocki Piotr (Objaśnienie 1760) — Propugnatio jurium
(1759) — Rationes (1661) — Refutatio
(ob. Sikorski) — Respons (1760) —
Sikorski Jan (Refutatio rationum 1661) —
Sprawa o szkodliwe otwarcie (1764) —
Summarium rationum (1761) — Summaryusz całej sprawy (1760) — Uwaga
na napis albo tytuł (1759).

Akademia pobożności ob. Mościcki
Mikołaj (1628, 1722).

Akademia poznańska ob. Lipiewicz
And. (Manifest 1764) — Middendorpius
J. (Orbis 1572) — Młodziejowski Stan.
(Gratulatio 1768) — Statuta Academ.
Pósn. (b. r.).

Akademia w Warszawie ob. Ustawy
Akademii szlacheckiej (1753).

Akademia wileńska ob. Apologia
Acad. Viln. 1738 (ob. Burzyński) —
Białozór J. Cas. (1615) — Burzyński
Stan. Ant. (Acad. et Univ. 1738) —
Dekret (1753) — Juraha Jan (1739) —
Konarski Stan. (1738) — Lafontaine
F. (Chir. Abhandl. 1792) — Łopaciński
Mik. (1753) — Memoryał (1764) —
Messis aurea (1648) — Mowy (1754) —
Olszewski J. (1634) — Preuschhoff Jan
Ant. (1707) — Regestrum (b. r.) —
Replika (1738) — Respons (1738) —
Sapieha L. (Acad. Vilnensis 1689) —
Skrypt (Na wydany 1738) — Supplika
(1767) — Universitas et Acad. Viln.
(1781, 1783) — Universitas (Lingua-
rum Lith. Grammatices 1737) — Wil-
no — Zienkowicz Jan (1762).

Akademia Załuskich obacz Załuscy
(Wiersze 1776).

(Akademia Zamojska). Kontrowersya lwowska. Jaką powagą Jan Zamoyski fortecę, albo akademią publiczną
w mieście naszym Zamościu założył? —
Manifesta za prawa akademickie Anno
Domini millesimo septigentesimo quin-
quagesimo nono, die lunae decima mensis Septembris. — Wypis z xiąg grodz-

kich zamku Włodzimierskiego roku tysiąc siedmset pięćdziesiąt dziewiątego miesiąca Septembris, dziesiątego dnia. Series originis et privilegiorum Academiae zamoscensis. B. m. (1759), folio, sign. A—B$_2$. (2 ark.)

Jocher 1961.   Jagiell.

— Status akademii zamojskiej z erekcyi i dekretu reformationis ostatniej wizyty apostolskiej i królewskiej w Zamościu zebrany najłaskawszym względom króla Imci P. N. M. Najjaśniejszego Stanisława Augusta szczęśliwie nam panującego i prześwietnym stanom najjaśniejszej Rzeczypospolitej w Warszawie roku pańskiego 1768. podany. (1768). w 4ce, str. 6.   Branic.

— Ustawy akademii zamoyskiey z opisaniem różnych nauk ku pożytkowi polskiey młodzi ściągaiących się zebrane a teraz przy otwarciu nowego konwiktu na perswazyą wielu godnych osób do publiczney wiadomości podane. B. r. i m. dr. (w Zamościu). folio, 3 ark. (sign. C$_2$).

Wiadomo, że konwikt zaprowadzono 1754 r. w Zamościu za staraniem X. Józefa Sikorskiego.

— Toż, w 4ce, ma ark. B$_2$.

Jocher 1690.

Branic. — Dzików. — Ossol. — Jagiell.

— ob. Abrek And. (Acad. Zamosc. 1648) — Academia zamoscensis — Actus literarius (1778) — Actus publici (1757) — Betuski Ant. (Manipulus 1660) — Bielski Ioannes (b. r.) — Bytomski Ioan. (Monumentum 1639) — Decisiones (1771)— Hilchen D. (1594)— Karwowski Tom. Ant. (1755) — Kłopocki And. (b. r., 1753) — Kochnowski J. M. (Mowa 1761) — Lipiewicz And. (Manifest 1764) — Memoryał (1764) — Nidecki Dom. (1759) — Process Akad. Zam. (1761) — Rivius Jan (Acad. Zamosc. 1595) — Uwagi Akad. zamojskiej (b. r.).

Akademicki memoryał ob. Koszucki Sebastyan (1632).

Akademickie kamienice ob. Informacya.

Akademicy ob. Academici. — Koszutski Sebast. (Informacya o sweywoli

studentów 1632) — Status causae między etc. (Ak. krak. 1627) — Summaryusz sprawy (b. r.) — Stęplowski Kaz. (Methodus 1765).

Akademien ob. Wilmerding W. A. (Verzeichniss 1795).

(Akadia). Roztrząśnienie krótkie dawnych granic Akadyi y obowiązków traktatu Utrechtskiego z strony onychże. W Warszawie w drukarni J. K. Mci y Rzeczypospolitey in Collegio scholarum Piarum r. 1755. Discussion sommaire sur les anciennes limites de l'Acadie et sur les stipulations du traité d'Utrecht qui y sont relatives. À Basle, chez Samuel Thourneisan. 1755. w 8ce, 1 k., str. 74.

Mitzler. Acta lit. 1756. 235.

Ossol. — Branic. — Czartor. — Jagiell.

Akafist albo pochwały Nayświę. Maryi Panny po wyswobodzonym Carogrodzie w r. 625. widoma Jeyże mocą od oblężenia pogańskiego, językiem greckim nabożnie ułożone, przedrukowane w Wilnie w drukarni XX. Bazylianów. w 12ce, k. nlb. 24.

— sive laudes quas beatissimae Virgini Dei genitrici Mariae Auxiliatrici Christianorum orientalis ecclesia pro acceptis beneficiis quotannis sabbatho post dominicam 5 m. Quadrag. stando devote persolvit. A quodam Praelato religionis sancti Benedicti inchoatae, et a conventualibus Berzuecensibus in ordinem redactae ac in lucem editae. Posthuma proles. Cum licentia superiorum. Vilnae. apud Basilianos SS. Trinitatis. A. D. 1650. w 4ce, k. nlb. 16.

Ded. Georgio Tyszkiewicz, episc. viln.

Czartor. — Jagiell. — Zamojs.

— swiatoj, sławnoj i wsechwalnoj wełykomuczenicy Warwarie w Bohospasajemom gradie Kijewie wo draho netljennych jeja uoszczy straża, Swiateho Archistratiga Michaiła, monastyra Zołotowerhogo, mnohaja Isciełenija s wieroju pritiekajuszczym podawajuszczej, soczynenyi. (Kijew) w swiatoj, wełykoj, czudotwornoj Peczersko-Kijewskoj Ławrie. W lieto od Rożdestwa Chrystowa 1698. w 4ce, k. nlb. 49.

Tołstoj N. 190. — Carsk N. 225. — Karat. N. 1131.
Bibliot. publicz. Petersb. — Akad. Nauk Petersb. — Bibl. Karatajewa — Petersb.
Towarz. historycz. — Jagiell.
— i Żitie sw. wielikomuczenicy Warwary, napiecz. w Kijewie w 1716, w 4ce, k. 5 i 48 z drzeworytami.
Sopikow Cz. 1. N. 11. — Karat. N. 1385.
Bibliot. Nowogrodo-Sofijskiego Soboru. — Bibl. Karatajewa.
— św. wielikomuczenicy Warwary, napiecz. w Kijewie w 1728. w 4ce.
Karat. N. 1556.
Bibliot. Moskiew. drnk. dworu.
— swiatej Warwary. Kiew 1758.
Undolski N. 2079. Czapski.
— swiatoy wełykomuczennycy Warwary. Poczajów 1783. w 4ce.
Przyłęcki.
— Żitie i służba sw. Nikołaju czudotworcu, napiecz. w Kijewie w 1638. w 4ce.
Sacharow N. 361. — Karat. N. 415.
Bibliot. publicz. petersb.
— służba i żitie sw. Nikołaja mirtikijskawo, napiecz. w Kijewie w 1694. w 4ce.
Sopikow Cz. 1. N. 18. — Karat. N. 1054.
Bibliot. Nowogrodzko-Sofijskiego Soboru.
— służba i zitie sw. Nikołaja mirtikijskawo, napiecz. w Kijewie w 1696. w 4ce.
Sopikow Cz. 1. N. 19. — Karat. N. 1090.
— służba i żitie sw. Nikołaja milikijskawo, napiecz. w Kijewie w 1698. w 4ce.
Karat. N. 1127.
Bibliot. Moskiew. druk. dworu.
— i moleben. Poczajów 1767.
— y moleben dwa sławne kościoła wschodniego do Matki Boskiey nabożeństwa etc. Wilno, w druk. XX. Bazylianów 1763. w 12ce, k. niel. 18. str. liczb. 109. Krasińs.
— ob. Akaphist — Filipowicz H. Ignacy Bazylian (1793) — Skoryna Franc. (1525).
Akafisty, napiecz. w Kijewie w tipogr. kijewo-pieczerskoj Ławry, na izdiwenii Namiestnika pieczerskawo Fiłofieja Kizarewicza w 1625. w 4ce, str. 16 i 205.
Sacharow N. 220. — Karat. N. 253.
Bibliot. publicz. petersb. — Bibl. Karatajewa.

— napiecz. w Kijewie w tipogr. kijewo-pieczerskoj Ławry w 1629. w 4ce.
Carsk. N. 90. — Sacharow N. 264. — Karat. N. 299.
Bibliot. publicz. petersb. — Bibl. moskiewskiej druk. dworu.
— napiecz. w Kijewie w tipogr. kijewo-pieczerskoj Ławry w 1634. w 4ce, k. 4 i 234.
Tołstoj N. 117. — Sacharow N. 570. — Karat. N. 648.
Bibliot. publicz. petersb. — Bibl. Karataj.
— (brak karty tytułowej). Z drugiego tytułu znajdującego się między str. 218 a 221, okazuje się, iż książka drukowana: w welikoj kinowii Ławry czudotwornyja Pieczerskija Kijewskija awhusta 3 leta hospodnia 1636. Tytuł ten drugi, w obwódce z ozdób drukarskich, zaczyna się od słów: „Wieczestnyj Paraklis, cze jest utieszytelnaja molba k Bohorodice Marii." Dalej „Treteje opasnieje (poprawne) izdanie" w 4ce, str. l. u góry 360. Krasińs.
— napiecz. w Kijewie w tipogr. kijewo-pieczerskoj ławry w 1663. w 4ce, k. 2 i 244. Drzeworyty.
Tołstoj N. 132. — Karat. N. 723.
Bibliot. petersb. — Bibl. petersb. Akad. nauk.
— i kanony, napiecz. w Kijewie, w 1667. w 4ce.
Karat. N. 757.
Bibliot. publicz. petersb.
— i kanony. napiecz. w Kijewie, w 1640. w 16ce.
Karat. N. 781.
Bibliot. moskiews. druk. dworu.
— napiecz. w Kijewie, w 1674. w 4ce, k. 2 i 246.
Tołstoj N. 153.
Bibliot. publicz. petersb. — Bibl. petersb. Akad. nauk — Bibl. Karatajewa.
— napiecz. w Kijewie w tipogr. kijewo-pieczerskoj ławry w 1677. w 4ce, k. 328 i 22.
Sopikow Cz. 1. N. 27. — Karat. 734.
Bibliot. Akad. nauk. — Bibl. Karatajewa. — Tow. hist. i innych.
— i kanony, napiecz. w Mogilewie w 1693. w 8ce, k. 2. 226 i 22. Z rycinami na miedzi.
Sopikow Cz. 1. N. 31 i Cz. 5 N. 12806. — Karat. 1035.
Bibliot. publiczn. petersb. — Bibl. petersb. Akad. nauk.

— i kanony Jis. Christu i Bogomateri napiecz. w Kijewie w 1693. w 4ce.
Sopikow Cz. 1. N. 33. — Karat. N. 1030.
Bibliot. moskiews. druk. dworn.
— so stichiry, kanony i procziimi molenijami. W swiatoj, welikoj czudotwornoj Peczerskoj kijewskoj Ławre pri wseczestnom hospodynie otcy Meletii Wujachewiczi archimandrytie toja swiata lawry Peczerskija typom obnowlennyi. W leto ot sozdania mira 7201, ot rożdestwa Christowa. w 4ce, k. n. 2. l. 272 i 1 nlb.
Karatajew 1039.
Bibl. petersb. Akad. N. — Krasiń.
— i kanony, napiecz. w Kijewie, w 1695, w 12ce, k. 2 i 281.
Dopełnienia N. 124. — Karat. N. 1066.
Bibliot. publ. petersb.
— wsiedmicznyje, napiecz. w Kijewie w 1697. w 4ce.
Sopikow Cz. 1. N. 30. — Karat. N. 1092.
Bibliot. Nowogrodo-sofijskiego soboru.
— drukowane w Mohylewie 1698 r. jak świadczy wzmianka na końcu: kosztom i nakładom Maksima Woszczanki w drukarni Stawropiegija Bohojawlenija Hospoda Boha i spasa naszeho Jisusa Christa. W bohospasajemom hradie Mohylewie w leto ot wopłoszczenija Boha Słowa 1698 miesiaca Jannuarija. w 4ce, k. n. 2. l. 293 i na końcu n. 14.
Sopikow Cz. 1. N. 31. — Karat. N. 1130.
Bibliot. publicz. petersb. — Bibl. Nowogrodo-sofijskiego soboru. — Krasiń.
— i kanony, napiecz. w Kijewie, w 1702. w 16ce, k. 2 i 282 z drzeworytami.
Karat. N. 1198.
Bibliot. publicz. petersb. — Bibl. mosk. druk. dworu.
— napiecz. wo Lwowie, w 1699. w 4ce.
Karat N. 1149. — Maksimowicz Wremiennik kn. 4. ot. 3. str. 4.
Bibliot. petersb. publicz.
— drukowane w Kijowie w ławrze peczerskiej 1706 r. (Na przedmowie podpisał się „Joasaf Krokowskij archimandryt sw. welikija czudotw. Ławry Peczerskija kijewskija z bratiju) w 4ce, k. nlb. 4. liczb. 364, nlb. na końcu 14.
Tołstoj N. 212. — Karat. L. 1254.

Bibliot. publicz. petersb. — Bibl. petersb. Akad. nauk. — Krasiń.
— i kanony, napiecz. w Kijewie, w 1707. w 12ce, k. 2. 264 i 32.
Sopikow Cz. 1. N. 29. — Karat. N. 1282.
Bibliot. Akad. nauk.
— napiecz. w Kijewie w 1709. w 4ce, k. 4. 280 i 1. z drzeworytami.
Karat. N. 1105.
Bibliot. publicz. petersb. — Bibl. Karatajewa.
— i kanony i proczija spasitelnyja molby, napiecz. w Kijewie w 1717. w 8ce, k. 2. 275 i 33.
Sopikow Cz. 1. N. 29. — Karat. N. 1397.
Bibliot. Akad. nauk.
— i kanony, napiecz. w Mogilewie w 1728. w 12ce, k. 2. 226 i 23 z miedziorytami.
Karat. N. 1559.
Bibl. publ. petersb. — Bibl. Akad. nauk.
— wsesiedmicznii błahoizbrannii, tszczanijem bratstwa pri chramie Uspienija Presw. Bohorodicy tipom izdannyje w Lwowie roku bożija 1742. w 8ce, k. nlb. 2. i liczb. 157. (ale egzemplarz bez końca). Krasiń.
— razlicznyi s procziim dusze poleznym moleniim, perwieje tipom izdany w tipografiii jeho korolewskoj miłości sw. czudotwornyja obiteli Poczajewskija czina sw. Wasilija welikoho. Roku hospodnia 1756 miesiaca marta dnia 18. w 8ce, k. nlb. 3 i str. liczb. 1067.
Krasiń.

Akami Dom. ob Abelly L. (Winc. a Paulo).

Akaphist panu naszemu Jezusowi Chrystusowi przez zakonn. św. ducha Bazylianów. Wilno w Monasterze św. Ducha. 1632. 9 Febr. Przezdz.
— do najśw. Bogarodz. pięćdziesięciodniowemi etc. Poczajów 1756. w 8ce.
Uniw. lwows.

Akatergaston ob. Kmita J. A. (Utracenie S. Faliboga 1622).

Akcess województwa Rawskiego do konfederacyi Targowickiej. 1792. fol.
— obywatelów i mieszkańców księstwa mazowieckiego do aktu powstania narodowego pod naczelnictwem Tadeusza Kościuszki, naczelnika siły zbrojnej

narodowej uczyniony w Warszawie d. 19 kwietnia 1794 r. (1794). fol. str. 2.
Branic. — Ossol.

Akcyza ob. Instruktarz (1673) — Kraków (b. r.) — Ustanowienie.

A' kereszlyénség fundamentomáról való rövid Tanusag ob. Szekely Istvan (1538, 44, 46).

AKIBA. Otiot sel Ribbi Akiba. Litterae Rabbi Akibae sive interpretationes mysticae quaedam litterarum alphabeticarum ad reconditam doctrinam pertinentes, quae R. Akibae tribuuntur. (po hebr.). Cracoviae 1579. w 4ce.
Jocher 8055.

Akienhiów Jan ob. Prętkiewicz Szymon (1677) — Wesołowski W. Fr. (Głos dyktynny 1677).

Akiermonowska ob. Szyler Franc. (Racye 1782).

A' Kriztutróz és azo Ekklésiáról ob. Ozerai Emer. (1546).

Aksak ob. Axak Gabr. i Stefan.

Aksiomnemoneutos encomium Const. Ferberi ob. Ferber Constant. (1654).

Akt abdykacyi lub wyrzeczenia się królestwa Jego Mości króla Polskiego, w Grodnie 14/25 listopada 1795. fol. ob. Acte.

— akcessyi do konfederacyi koronney trzech miast większych pruskich, Torunia, Elbląga, Gdańska, d. 10 kwietnia. 1767. B. m. i r. w 4ce, k. nl. 2.
ob. Acte.   Ossol. — Raczyńs.

— demarkacyi granic między Imperium wszech Rossyi i Królestwem Pruskim ob. Acte 1796.

— elekcyi roku 1764. miesiąca Sierpnia, dnia 27 (tu tenże drzeworyt co na Konf. gener. t. r.). W Warszawie, w drukarni JKM. y Rzpltej u XX. Schol. Piarum 1764. fol. str. 113.
Akad. — Wilno — Ossol. — Czartor. — Zieliśs. — Branic. — Jagiell.

— elekcyi roku 1764 miesiąca Sierpnia dnia 27 (ten drzeworyt co na Konfed. gener. z t. r.). W Warszawie w drukarni JKM. y Rzpltej w XX. Schol. Piar. fol. str. nlb. 70.
Wydanie odmienne, ściślej drukowane.
Ossol. — Czartor.

— elekcyi. Porządek na Seymie walnym elekcyj między Warszawą a

Wola postanowiony d. 27 Sierp. w Warszawie 1764. w dr. JKM. y Rp. u XX. Sch. Piarum. fol. str. 80. (z herbem).
Warsz. Uniw.

— w Jaworowie 1739. ob. Benedykt XI.

— Commissyey mynieznzey, odprawiony w Warszawie die XVI. Maij 1650. B. w. m. i r. fol. k. 3.

— Toż, odmienna edycya (podpis. Bogus. na Lesznie podskarbi. Jerzy Ossoliński kanc. W. kor.).
Zarazem dołączono folio tablicowe: Bogusław na Leśnie Leszczyński podskarbi W. kor. (Uniwersał o commissiey datow. 3 Czerwca 1620).   Jagiell. — Wilno.

— kommissyi odprawionej we Lwowie etc. Lwów 1766. fol.
Katal. Batows.

— konfederacyi w Srzedzie 1703. ob. Actum.

— konfederacyj prześwietnych Województw Wielkopolskich Poznańskiego i Kaliskiego. Działo się w Krotoszynie dnia 27 (?) Maja Roku 1767. folio, ark. 4.
Podpisał Marszałek Michał Drogosław Skórzewski podkomorzy Poznańs. d. 30 Maia. — W końcu dodano wierszem: Konfederacyj Wojewódzkich Wielkopolskich w Krotoszynie die 1 Junii hasło. 1767.
Branic. — Jagiell. — Krasińs. — Warsz. Uniw.

— konfederacyi zawiązaney w Warszawie d. 16 kwietnia. 1773. sign. A₂.

— konfederacyi. (Actum etc. d. 20 April 1773). ob. Actum.

— konfederacyi generalnej. (Actum etc. d. 20 Aprilis 1773). folio, str. n. 4. ob. Actum.   Krasińs.

— konfederacyi generalnej obojga narodów. (1776). fol., str. 3.
Ossol. — Krasińs.

— ob. Acte de la confed. générale.

— konfederacyi generalnej w sejmujących stanach O. N. (Datow. w Warsz. d. 7 Paździer. 1788 r.). B. w. m. d. fol., str. nlb. 4. ob. Actum.
Krasińs.

— konfederacyi (Actum etc. d. 15 Decembris 1788). fol., str. n. 4. ob. Actum.   Krasińs.

— konfederacyi Targowickiej 19 maja 1792. fol.

— konfederacyi generalnej wolney W. X. Lit. Wypis z ksiąg konfedera- cyjnych Województwa Wileńskiego R. 1792. m. Junii 25 dnia. fol. 3 ark. Pod- pis: Ignacy Szwykowski marszałek konfederacyi Wdztwa Wileńs. — Wstęp do aktu konfederacyi Wojew. Wileń- skiego. folio, 1 ark. Data w Wilnie. R. 1792. Mca Czerwca 27 dnia.

Krasińs.

— konfederacyi Wojew. Poznańs- kiego i Kalis. pod prezydencyą mar- szałka Jakóba z Paradysa Bronisza (na końcu data: Srzoda d. 9 Lipca 1703). B. w. m. i r. folio, k. n. 3.

Krasińs.

— konfederacyi Seymu skonfedero- wanego Grodzieńskiego pod laską JW. Stanisława Bielińskiego marszałka sey- mu tegoż w zamku JKM. Grodzieńskim na dniu 15 m. Września 1793 Roku, podpisami Nayjaś. Króla Imci i niżey wyrażonych stwierdzony. Grodno 1793. 15 Września. fol., k. 4.

Akad. — Branic. — Jagiell. — Ossol.

— konfederacyi general. oboyga na- rodów. folio, str. 3. B. w. m. i r.

Ossol. — Czartor. — Branic.

— tenże, fol., str. 3. (por. 1775).

Ossol.

— konstytucyi: Dalsza kontynua- cya artykułów nowo ustanowionej ko- missyi wojskowej na sessyach seymo- wych częściami decydowanych. (Actum etc. d. 26 Novembris 1778). fol., str. n. 4 i 2.

Krasińs.

— konstytucyi pod tytułem: Zaczę- cie rekrutu. (d. 9 Stycznia 1789 r.). folio, str. niel. 2.
ob. Actum. Krasińs.

— konstytucyi: O podatku. (Actum d. 28 Januarii 1789). fol., str. niel. 2.
ob. Actum. Krasińs.

— konstytucyi: Ofiara na pierwsze potrzeby dla wojska W. X. L. (Actum d. 29 Januarii 1789). fol., str. niel. 2.
ob. Actum. Krasińs.

— konstytucyi: Pomnożenie docho- du z papieru stęmplowego. (Actum d. 5 Februar. 1789). fol., str. nl. 4.

Krasińs.

— konstytucyi: Ustanowienie opła- ty od przywilejów w W. X. L. (Ac- tum d. 5 Februar. 1789). fol., st. n. 4.
ob. Actum. Krasińs.

— konstytucyi: Zaciąg kawaleryi narod. i pułków przedniej straży w Ko- ronie. (Actum d. 9 Februarii 1789). fol., str. niel. 2.
ob. Actum. Krasińs.

— konstytucyi: Opatrzenie bezpie- czeństwa województw ruskich. (Actum d. 23 Febr. 1789). fol., str. niel. 2.
ob. Actum. Krasińs.

— konstytucyi: Approbacya kon- wencyi między komissyą Skar. Koron. a urodz. Protem Potockim ord. pol. kawal. z Imci Panem Piotrem Teppe- rem, Karolem Szulcem, Wilhelmem Arndtem zaszłey. (Actum d. 25 Febru- arii 1789. fol., str. niel. 2).
ob. Actum. Krasińs.

— konstytucyi: Zlecenie komissyi wojskowej O. N. (Actum d. 2 Maii 1789). fol., str. n. 2.

Krasińs.

— konstytucyi: Ofiara od Króla: (Zrzeczenie się dochodu czopowego z miast Grodna i Brześcia na potrzeby woyska W. X. L.). Actum d. 30 Mar- tii 1789. fol., str. niel. 2.
ob. Actum. Krasińs.

— konstytucyi: Sposób wynalezie- nia ofiary z dóbr ziemskich i duchow- nych w Koronie i w W. X. L. (Ac- tum d. 30 Maii 1789). fol., k. nl. 15.
ob. Actum. Krasińs.

— konstytucyi: Wyznaczenie W. Swieykowskiego kasztelana kamieniec. do ułatwienia wywozu magazynów ros- syjskich. (Actum d. 19 Junii 1789). folio, str. n. 2. Krasińs.

— konstytucyi: Bezpieczeństwo li- stów. (Actum d. 20 Junii 1789). fol., str. niel. 2.
ob. Actum. Krasińs.

— konstytucyi: Opłata do skarbu Rzpltej z dóbr kościołom dyssydentskim i greko nie unickim applikowanych. (Actum d. 22 Junii 1789). fol., str. niel. 2.
ob. Actum. Krasińs.

— konstytucyi: Bezpieczeństwo podatku z dóbr królewskich. (Actum d. 22 Junii 1789). fol., str. n. 2.
ob. Actum. Krasińs.
— konstytucyi: Lustracya dymów i podanie ludności. (Actum d. 22 Junii 1789). fol., str. niel. 2.
ob. Actum. Krasińs.
— konstytucyi: W sprawie modyfikacyi roty przysięgi dla sędziów seymowych. (Actum d. 22 Junii 1789). fol., str. n. 2.
ob. Actum. Krasińs.
— konstytucyi: Approbacya funduszu przez wielebnego opata Klaustralnego Trzemczyńskiego uczynionego, z uwolnieniem od podatków duchownych. (Actum d. 22 Junii 1789). fol., st. n. 2. Krasińs.
— konstytucyi: Ostrzeżenie względem importancyi podatków. (Actum d. 22 Junii 1789). fol., str. n. 2.
Razem z tym: Zniesienie artykułu drugiego w konstytucyi 1776 pod tytułem: Ordynacya sądów seymowych. (Actum d. 22 Junii 1789)· str. n. 2.
ob. Actum. Krasińs.
— konstytucyi: Warunek dla komissarzów powiatowych. (Actum d. 22 Junii 1789). fol., str. niel. 2.
Krasińs.
— konstytucyi: O wylikwidowaniu intraty ze starostw przeznaczonej na utrzymanie garnizonu w fortecy Częstochowskiej. (Actum d. 22 Junii 1789). fol., str. niel. 2.
ob. Actum. Krasińs. — Raczyńs.
— konstytucyi: Pozew I. Łodzi Poniúskiego. (Actum d. 26 Aug. 1789). fol., str. niel. 4.
ob. Actum. Krasińs.
— konstytucyi: Sposób dawania rekrutów w Koronie i w W. X. L. (Actum d. 7 Decembris 1789). fol., str. niel. 4.
ob. Actum. Krasińs.
— konstytucyi: Wyznaczenie assessorów do sądów zadwornych W. X. L. (Actum d. 28 Januar. 1791). fol., str. niel. 2.
ob. Actum. Krasińs.
— konstytucyi seymu: Uznanie wszystkich miast królewskich w krajach Rzeczypospolitej za wolne. (Actum d. 21 Aprilis 1791). fol., str. n. 4.
ob. Actum. Krasińs.
— konstytucyi: Urządzenie sądów miejskich i assessoryi. (Actum in etc. d. 6 Octobr. 1791). fol., k. niel. 10.
ob. Actum. Krasińs.
— konstytucyi sejmu: (Actum etc. d. 5 Decembr. 1791). Różne postanowienia sejmu in 8vo, str. liczb. 38.
Krasińs.
— konstytucyi pod tytułem: Całość funduszów Kommissyi edukacyjnej. d. 10 Paździer. 1793. fol.
— konwencyi, między nayjaś. Królem Imcią y Rzpltą z iedney strony, a między nayjaś. Królem Imcią Pruskim z drugiey strony. Dla ułożenia granic wzajemnych krajów. Działo się w Warszawie 22 Augusta 1776. fol., kart. 2.
Branic. — Krasińs. — Ossol. — Warsz. Uniw.
— najwyżej utwierdzony w dniu świątobliwej koronacyi Jego Imperatorskiej Mości i dla chowania złożony na ołtarzu w katedrze Uspienskiej w S. Petersburgu d. 4 Stycznia 1788. fol., str. niel. 4. Krasińs.
— koronatiey Najj. Michała ob. Janicki J. A. (1670).
— limity podany od J. K. Mci. w 4ce, str. 4. Branic.
— limity (Projekt). fol., str. 2.
Branic. — Uniw. warsz.
— limity (1767). folio, str. 2. — (Stany koronne zjednocz. konfederacya wysłały poselstwo do Imperatorowej upraszając o kontynuacyą posiłków i o gwarancyą praw. Bez daty).
Branic. — Jagiell.
— limity (sejmu extraord. Warsz. r. 1773. i wykaz delegatów z Senatu, Ministeryum i stanu rycerskiego, w m. Maju). fol. sign. A₄. Uniw. warsz.
— limity podany od J. K. Mości, następnie i od laski Sejmowej (projekt). B. m. dr. i r. (Warszawa 1773) w 4ce, 1 ark. — (Z powodu żądań trzech mocarstw z m. 7-bris w roku przeszłym).
Warsz. Uniw. — Akad. — Branic. — Jagiell.

— limity. Deklaracye jednosłowne dnia 2 Lutego w roku teraźnieyszym 1773. folio, karta 1. Ossol.

— limity zawity y ostatnim niebezpieczeństwem grożące okoliczności. folio, karta 1.

— Toż, folio, str. 2. Ossol.

— limity (Actum d. 19 Maii 1773). folio, str. nlb. 7. Krasińs.

— limity podany do laski seymowey (Warsz. 1792). w 4ce, sign. A_2. Por. Konstytucya. — Limita.

— manifestu (Actum etc. d. 30 Septembris 1773). folio, str. nlb. 4. Krasińs.

— ogłoszenia y ustawy Wielkiego wschodu Król. polskiego y W. X. Lit. r. p. 1784. (Warszawa 1785). w 8ce, k. 2, str. 86 i rejestr. k. 1. Akad. — Jagiell. — Ossol. — Uniw. lwow.

— Toż, R. P. 5789 (1789). ob. Acte déclaratoire.

— plenipotencyi (Actum d. 19 Maii 1773). folio, str. nlb. 4. Krasińs.

— powstania narodowego dnia 24 Marca 1794 r. w Krakowie. B. m. i r. w 12ce, str. 16. ob. Acte des Wiederaufstehens. Ossoll.

— powstania obywatelów mieszkańców województwa krakowskiego. Działo się na zgromadzeniu obywatelów mieszkańców województwa krakowskiego w Krakowie d. 24 Marca 1794. (na końcu:) Przysięga wykonana przez Tadeusza Kościuszkę najwyższego naczelnika siły zbrojnej narodowej. B. m. i dr. folio, k. nlb. 2.

— Toż, tamże, i Organizacya rady naywyższey narodowey doczesney dla Polski i Litwy. w 12ce. Czetwert. — Branic. — Jagiell. — Ossol. — Krasińs.

— Toż samo, 1794 r. Marca 23 dnia w Krakowie w zamku. folio, kart nlb. 2. Ossol. — Branic. — Warsz. Uniw.

— Toż, folio, str. 4. Ossol.

— powstania obywatelów Xięstwa Żmudzkiego ziemi Szawelskiej. Wypis z ksiąg ziems. ptu Szawelskiego roku 1794. d. 5 Maja. folio, str. nlb. 4. Krasińs.

— powstania obywatelów Xięstwa Kurlandzkiego przystępujących do aktu powstania narodowego. Datow. w Lipawie 27 Junii. — Aufstandsakte der Bürger - Einwohner des Herzogthums Kurland. Beitritt zum Aufstandsakte der polnischen u. lithuanischen Nation 1794. folio, str. 2. Czetwert. — Branic. — Krasińs.

— protestacyi 1775. fol., str. nlb. 4. Krasińs.

— o przyłączeniu się do cesarstwa Rossyjskiego Xięstw Kurlandyi i Semigaiii 1795 r. d. 18 Marca. folio, str. nlb. 7. (tekst niemiecki obok rossyjskiego). Krasińs.

— przystąpienia szlachty Xięstwa Oświęcimskiego i Zatorskiego do konfederacyi generał. warszawskiey, pod laską Xięcia Augusta Czartoryskiego, wojewody i generała ziem ruskich, regimentarza głnego wojsk koronnych i marszałka konfederacyi, podpisany w Zatorze 23 Lipca 1764. (Warszawa 1764). folio, str. 7. Ossol.

— razgraniczenija mieżdu noworossyjskoju gubernieju i polskóju ukrainoju etc. zakluczonnyj w 5 dień genwara 1781 goda (w języku rossyjskim). B. m. dr. folio, str. liczb. 23. Krasińs.

— rządu i stanu rycerskiego okręgu Piltańskiego o przyłączeniu ich pod panowanie Jej cesarskiej M. folio, str. nlb. 4. (tekt niemiecki obok rossyjskiego) (1795). Krasińs.

— osobny traktatów między krajami Rzeczypospolitey polskiey i krajami państwa rossyjskiego zawierający wszystko co stosuje się do handlu obydwóch państw kontraktujących, w Warszawie 15 Marca 1775. fol., sign. A_2.

— Toż, między krajami Rzpltej polsk. i krajami państwa Austryackiego, w Warszawie 16 Marca 1775. fol., sign. A_3.

— Toż, między krajami Rzpltej polsk. i krajami państwa Pruskiego, w Warszawie 18 Marca 1775. folio, sign. A_3. Razem zbroszurowane. — Ob. Acte separé. Krasińs. — Zielińs.

— triumphalny albo triumph zakonu Soc. Jezu z Europy i Nowego świata najświętszemu imieniowi Jezus zhołdowanego, Najwyższemu Monarsze Bogu w Kaliszu wystawiony. Na uroczystość jubileuszową Soc. Jezu 6 Aug. 1640. folio.

Brown. Bibl. I. 24. Raczyńs.

— unii kościołów protestanckich oboyga wyznania w Xięstwie mazowieckim będących, z kościołami prowincyi małopolskiey. W Dreznie y w Lipsku. (Drugi tytuł:) Unions-Acte derer in dem Herzogthum Masuren sich befindenden protestantischen Gemeinden beyder Confessionen, m. denen Gemeinden der Provinz Klein-Polen. (po polsku i niem.). B. w. r. (1777). w 8ce, str. 44 i 4.

Jocher 9747. zna tylko edycye: Drezno i Lipsk 1781. Lipsk 1791. w 8ce, ostatnie tylko z katalogu Gr. — Chłędowski. Spis s. 72. ma datę r. 1781. Obacz niżej: i uchwały.

Akad. — Czartor. — Branic. — Kijow. — Jagiell. — Krasińs. — Ossol. — Zielińs.

— usługi chrztu 1644. obacz Wysocki Mik.

— weselny Teresy Anny Piotrkowczykowny ob. Piotrkowczyk Stanisław (1648).

— wydany w pałacu Rpltej Krasińskich, z protok. ekonom. Warszawa 1791. folio.

Katal. Kaj. Jabłońs.

— zjednoczenia mieszczan Korony polskiej y W. X. Lit. (oblata pełnomocników miast co do praw miejskich). Działo się na ratuszu m. Warszawy d. 24 m. Listopada r. 1789. folio.

Warsz. Uniw.

— związku generalney konfederacyi Seymu r. 1788. folio, k. 1.

Branic. — Czartor. — Krasińs. — Uniw. warsz.

— der Entsagung Sr. Durchl. des Herzogs v. Curland und Semgallen von den ihm daselbst zuständigen Rechten. Petersburg 1795. folio. (po francusku i niemiecku). Bibl. petersb.

Akta przystąpienia stanów W. X. L. do pospolitego ruszenia 1698. w Wilnie. W Wilnie w druk. Oyców Franciszka-

nów r. p. 1699. dnia 10 Marca. folio, 19 ark.

ob. Acta. Ossol.

— przygotowania się na śmierć. N. 1. ob. Młodzianowski T.

— publiczne do ordynacyi Ostrogskiej 1721. 1754 i 1780.

ob. Ostrogska ordynacya.

— rokoszu generalnego d. 26 Augusti 1697. Rokosz generalny ku obronie wiary św. katolickiey y zaszczytu wolności uczyniony na poparcie elekcyey w okopach elekcyjnych die 26 Augusti Anno 1697. folio.

Obacz: Actum in castro Ravensi. Anno 1698.

— sprawy Jędrzejowskiego klasztoru toczącej się w Rzymie, drukowane tamże po łacinie r. 1676—1678. folio.

Bibl. Uniw. warsz.

— sprawy zakonu Cystersów w Królestwie polskim przeciwko instygatorowi i innym ministrom Królestwa odbytej w Rzymie i tamże drukowane po łacinie 1685. folio. Bibl. Uniw. warsz.

— tho jest sprawy Zboru wileńsk. 1559. ob. Zacyusz z Proszowic Szymon.

— synodalne w Koźminku 1561. B. w. m. dr. i r.

Bandt. H. D. K. P. I. (z Arnolda). — Jocher 8015.

— i uchwały synodu wspólnego prowincyi mało-polskiey z Xięstwem mazowieckim oboiey konfessyi, w Sielcu d. 14, 15, 16, 17, 18 Junii 1781. W drukarni unii oboyga wyznania ewangelickiego w Małey-Polszcze i Xięstwie mazowieckim. — Acta u. Schlüsse der gemeinschaftl. Synode der Provinz Klein-Polen u. des Herzogthums Masuren der evangelischen Stände beyder Konfessionen, gehalten zu Sielec den 14, 15, 16, 17, 18 Junii. In der Buchdruckerey der Union beyder evangelischen Konfessionen in Klein-Polen u. dem Herzogthum Masuren. w 8ce, str. 48. Chłęd. Spis. — Jocher 8013. 8009.

Krasińs. — Kijows. — Akad. — Czartor. — Branic. — Jagiell. — Ossol. — Raczyńs.

— Toż samo w Acta historica eccl. Weimar 1731. w tomie VIII. str. 271.

— (Akty) ob. Aktów. — Campis Novis Piotr (Akta strzeliste 1730) — Młodzia-

nowski T. (nabożne 1706) — Naymanowicz Krzyszt. (Sprawy 1656) — Nie-
remberg Jan (nabożne 1732) — Porządek (b. r.) — Spiżarnia (rozmaite 1633).

Aktem komicznym hołduje Gymna-
zyum Leszczyńskie. Lesnae imprim.
Mich. Buk. 1639. folio, s. n. 5.
Krasińs.
Akteon obacz Zbylitowski Andrzej
(Historya 1588).

Aktorowie ob. Majestas (1696) —
Visimiris (1686).

Aktów spiżarnia ob. Filipowski M.
Spiżarnia (1640. 1655).

— (Sto) miłości boskiey, w 4ce, str.
XII. 102.
Jocher 6740. Ossol.

— (sześć), to jest: Akt I. Usługi
chrztu świętego. Akt II. Przygotowania
publicznego przystępujących do ś. wie-
czerzy Pańskiej. Akt III. Usługowania
ś. wieczerzą Pańską. Akt IV. Usługowania ś. wieczerzą Pańską przy chorych. Akt V. Dawania ślubu w stan
św. małżeński wstępującym. Akt VI.
Nawiedzenia chorych. Dla prędszego i
wygodniejszego używania z Agendy
Zborów ewangelickich koronnych i W.
X. Lit. wyjętych. B. m. i r. (Królewiec
Hartung 1742.) w 4ce str. 64. — Akt
poświęcenia domu prywatnego str. 12.
Proroctwa o przyjściu na ten świat
prawdziwego Messyasza Jezusa str. 14.
(got.).
ob. Agenda mniejsza.
Jagiell. — Birgel — Czartor. — Zbór wi-
leński.

Akty i affekty cnót, setnik o miłości
ob. Rho Jan Ign. (1646).

— codzienne z nabożeństwem do
ran w nogach Zbawiciela ukrzyżowanego w Krakowie, przez kapłana Soc.
Jezu. 1686. w 8ce.

— Tenże tytuł, w Krakowie w dr.
Franc. Cezarego MDCXCCI. (?) (1691)
w 12ce, 4 ark.
Katal. Kaj. Jabłońs.

— Tenże tytuł, w Lublinie w dr.
Coll. Soc. Jezu r. p. 1691. w 16ce,
ark. nlb. D_{12}.
Jagiell.

— nabożne do ran ukrzyżowanego
Jezusa etc. Kalisz w druk. Soc. Jezu
1754. w 12ce.

— Tenże tytuł. Kalisz w druk. Soc.
Jezu 1761. w 12ce.

— i pieśni których XX. Missyonarze Soc. Jezu podczas zwyczajnych
Missyi używają razem zebrane i dla
pomnożenia większey chwały Boskiey
w prawowiernych Chrześcianach do druku
podane. W Wilnie w drukarni J. K.
Mci przy Akademii r. p. 1786. w 8ce,
str. 48.
Jest stron 62 lecz kartki 41 i 48 oznaczone
mylnie.
Jocher 6701. — Brown 78 i Backer Bibliotheque I. str. 217. mają zapewne mylnie
rok 1746. Jagiell. — Wilno.

— które plebani przed komunią ś.
odprawiać powinni z ludźmi do komunii
ś. przystępującemi, także y po komunii
ś. tak w kościołach jako też kiedy cho-
rym wiatyk przenajświętszy administro-
wać będą. B. w. m. i r. folio, str. 1.
Ossol.

— Toż. B. m. i r. w 8ce. 2 karty.
Przyłęcki.

— nabożne zebrane ob. Młodzianowski T. (1680. 1706).

— z przydaniem różnego nabożeństwa do ran ukrzyżowanego Pana Jezusa. Warszawa 1778. w 12ce.

— przygotowania się na śmierć ob.
Młodzianowski T. (1685, 94, 1700).

— przygotowania się na dobrą
śmierć. Warszawa 1786. w 12ce.
Katal. Kaj. Jabłońs.

— strzeliste służące do zabaw całego dnia, przez kapłana Soc. Jezu.
W Krakowie w druk. F. Cezara 1696.
w 12ce.
Katal. Kaj. Jabłońs.

— ob. Akta.

Akuszerya ob. Nauka położna (1790).

Akwisgrański pokój obacz Skrypt
(1785).

Akwitania ob. Opisanie (1798).

Alae Sex 1703. obacz Machowski
Cypr.

Alacoque (Alakok) Małgorz. Marya
(1647—1690). Ascens do wysokich nieba preeminencyi najświętsze Jezusa serce
wszechmocną Boga ręką na gruntownym

fundamencie św. Franciszka Salezyusza fundatora zakonu pod tytułem: Nawiedzenia Najświętszej Maryi Panny, stopniami doskonałości świątobliwej Małgorzaty Maryi Alakok tegoż zakonu erygowany z wielkiemi odpustami od Ojców SS. Klemensa XII. temu Bractwu nadanemi, pomienionym zakonnicom konferowany. Teraz zaś dla postępujących z cnoty w cnotę wiernych Chrystusowych przez też zakonnice do druku podany. Roku którego się Bóg i człowiek poniżył aby naród ludzki podwyższył. W Wilnie w drukarni J. K. M. Soc. Jezu. (Rok aprobaty 1745). w 8ce, z ryciną herbu. Dedykacya Michałowi Kazim. Radziwiłłowi hetman. i wojew. Wileńskiemu.

— Opisanie nabożeństwa do serca Jezusowego objawionego siostrze Maryi Małgorzacie Alakok, zakonnicy Nawiedzenia Naysw. Panny Maryi z żywota jej wyjęte i z francuzkiego na polskie przetłumaczone. B. w. m. i dr. w 4ce, kart 6. Warsz. Uniw.

— Życie Maryi Małgorzaty A-la-Kok z francuzkiego przez zakonnice Nawiedzenia N. M. P. tłómaczone. W Krakowie 1719. w 8ce.

Jocher 8549 a)

— Życie wielebney Małgorzaty Alakok zakonu od Nawiedzenia N. M. P. zwanego, które z rozkazu swego spowiednika własną ręką napisała. W Wilnie 1724. w 8ce.

Jocher 8549. b)

— ob. Galliffet (de) Józef (1791).

Alamus Hieronymus ob. Wszołkowski Mathias (Epos gratulat. 1613).

ALANDUS Joan. S. J. (ur. we Lwowie 1590 † w Nieświeżu 1641) Devotio hebdomadaria ad S. Michaelem. Nabożeństwo tygodniowe do ś. Michała. Wilno 1630. (po łacinie i po polsku).

Jocher 6809. — Muczkows. Rozmait. histor. 190. — Brown Bibl. 9.

— O cudach SS. Aniołów Bożych w kościele ś. Michała Archanioła blisko Nieświeża w Litwie dziejących się. Wilno 1630. w 8ce.

Kraszowski Wilno IV. podaje (z Rostowskiego 443). tytuł ten po łacinie i z datą r. 1650.

— De miraculis in aede S. Michaelis Archangeli prope Niesvisium in Lithuania patratis, ex opere polonico. Vilnae typ. Acad. 1630. w 8ce.

— Toż. Vilnae typ. Acad. 1639. „Opus raritatis inmensae" (Załuski). — Backer I. 49. — Polski i łaciński tytuł nie są pewne.

— Pamiątka JO. sławney pamięci Panu JEgom. P. Mikołajowi Chrzysztofowi Radziwiłłowi Xięciu na Ołyce y Nieświeżu, Hrabi na Szydłowcu i Miru, Wojewodzie Wileńskiemu, Kawalerowi Bożego grobu etc. czyniona przy exequiach rocznych w Nieświeżu dnia 28 Lutego r. 1617. przez X. Jana Alanda Soc. Jezu. W Wilnie w druk. Leona Mamonicza. 1617. w 4ce, kart 21 niel. (druk gocki).

Dedyk.: Zygm. Karol. Radziwiłłowi. Maciej. Piśmienn. Uniw. lwow. — Branic. — Ossol. — Dzików.

— Soliloquia obacz Augustyn św. (Rozmyślanie) 1620. 1788.

Ob.: Rostowski Hist. Soc. Jezu str. 443. — Backer Bibl. I. 46. — Jocher T. II. 178.

ALAND Jerzy Dawid (ur. w Jüterbock 1712 † 4 Czerw. 1762). De imperii romano-germanici, regnante stirpe salica, habitu et praesertim erga Poloniam, documentorum auctoritate disserit Georgius David Aland PP. Lipsiae apud haeredes Lanckisios MDCCLII. (1752). (Na końcu:) Literis Stapfeliis. w 4ce, str. 102.

Przyp. Christiano Gottlieb ab Holzendorf. Akad. — Czartor. — Ossol. — Jagiell.

— Res regum et imperatorum romano-germanicorum, stirpis saxonicae, cum Polonis, ex idoneis monumentis collectae, Lipsiae, Langenheimius, 1749. w 4ce, str. 23. Kijows. — Raczyńs.

Alantsee Ambrosius ob. Lindenesi Wolfgang (1532) — Mymerus Franciscus (1532).

Alantsee Joannes ob. Contemplatio (salutifera 1520).

Alantsownna Anna ob. Cieniewiczowa (Threny 1651).

Alanus ob. Lucyanus (1680).

Alarm (An) to protestant princes and people, who are all struck at in the popish cruelties at Thorn and other barbarous executions abroad. London, printed for Eman. Matthews at the Bible in Paer-noster row, 1725. w 8ce, str. 39. Czartor. — Jagiell.

ALBANI Annibal. Ragguaglio delle solenne esequie fatte celebrare in Roma nella Basilica di S. Clemente alla sagrae Real Maesto di Federico Augusto re di Polonia dall. Emo e Rmo Signor Cardinale Annibale Albani protettore diquel regno. Roma. Appresso Giov. Mar. Salvioni stampator Vaticano (1733). fol., str. XXXV. z 5 rycin. i wielu winiet. z portretem króla: P. Bianchi inv. H. Rossi delin. Branic. — Czartor. — Przeźdz.

— ob. Borghi G. (Orazione 1751).

ALBANI Franciscus. Sacra rituum congregatione Emo et Rmo domino cardinali JO. Franc. Albani episcopo Sabinen. Polona concessionis, officii et missae propriae in honorem sanctissimi Cordis domini nostri Jesu Christi. Positio. Romae, typ. reverendae Camerae apostolicae 1765. fol. k. t. str. 28, 71, 8, 21 i 3. Czartor.

— obacz: Jan Kanty (1764. 1767).

Albanus obacz: Kazania (1780) — Misellius Josephus (1772).

(Albedyl i Kanitz). Accord. Welcher bey Abtretung der Vestung Neumünde zwischen Ihro Königl. Majestät von Schweden bestalten Obersten und Commandeur bey der vermeldten Vestung stehenden Trouppen Herr Gustav Ernst Albedyl und Ihrer Königl. Majest. von Pohlen bestalten Obersten und Commendanten der obgemeldten Vestung Herr Christoph Henrich von Kanitz den 11 Decemb. (Pernau). Anno 1701. auffgerichtet und verfasset worden. w 4ce, str. 8.

— Toż, w 4ce, druk. w Rydze.
— Toż, w 4ce, druk. w Revalu.

Albert nowy czyli teraźnieyszy albo sekreta nowe, doświadczone i approbowane. Zebrane z wynalazków naypóźnieyszych, iedne maiąc za cel zaradze-

nia wielkiey liczbie przypadków tyczących się zdrowia; drugie wiele rzeczy potrzebnych do wiadomości względem różnych potrzeb życia; trzecie nakoniec to wszystko co się ściąga do wdzięków i przyjemności tak na wsi, iako i w mieście. Podane do druku roku 1770. w Paryżu a teraz świeżo na polski język przetłumaczone r. 1790. W Wilnie, w drukarni J. K. Mci i Rzpłtej u XX. Piarów 1790. w 8ce, str. 250. Ossol.

— Tenże tytuł, także roku 1790. Wilno, Piar. w 8ce, str. 240. Kraszewski. Wilno.

— Toż, tamże, 1793. w 8ce.

— Toż. Edycya nowa. Warszawa, w druk. Tomasza Le Brun sukcess. P. Dufour. 1799. w 8ce, str. 292. i rejestr k. 10. Krasiń. — Drohob.

— Toż, w Krakowie, Ant. Ign. Grebla, 1799. w 12ce, str. 411. i rejestr. Ossol.

(Albert). Albrecht, Markgraf von Brandenburg, der sich wider den Churfürsten zu Sachsen als ein Feind eingelassen und bey Rochlitz erlegt und gefangen worden. 1517. ob. Albrecht.

Albert I. obacz Adalbertus — Albrecht — Łaski St. (Innocentia 1548).

Albert św. Reguła pierwotna, dana od ś. Alberta zakonnikom N. P. Maryey z Góry Karmelu. w 8ce, ark. H$_5$. Czartor.

ALBERT Henryk. Arien theils geistlicher theils weltlicher Reime ausgegeben von Heinrich Alberten. Cum privilegio 1648. Części 8 po 14 kart z osobnemi tytułami. Część IV. nosi tytuł: Viertel Theil (jak wyżej) Denen Gross-Achtbaren, Hoch- und Wolweisen, auch Hoch- und Wolgelahrten Bürgermeister und Raht d. löblichen Alten-Stadt Königsberg Dienstlichen zugeschrieben von Heinrich Alberten. In Verlegung des Autoris, zum drittenmahl auffgelegt. Zu Königsberg bey Paschen Mense. 1651. Tu na str. 2. i w przedmowie, dowiadujemy się, że w 4. częściach zbioru, umieszczono 9. obcych melodyj, jakoto: Aria Polonica, Aria Gallica, Air de Monf. Moulinne, Gondimel Psalm i t. d.

Część V. ma tytuł:
Fünffter Theil. In Verlegung des Autoris. Zum drittenmal gedruckt zu Königsberg... 1651.

Na str. 2. dedyk. kompozytora: an Sigismund Scharffen, Königl. Mayt. zu Pohlen und Schweden etc. wolbestalten Secretario. — Kurzes Vorwort an den günstigen Leser. — Nr. 17 u. 21 Aria incerti Autoris. — Nr. 20 Aria Polonica: 1. Indem jetzt meine Seele schawt.

ALBERTI Dominik Stan. X. z Palermo (ur. 1655). Corona di Gemme, cioè di varie divozioni da offrirsi in onore di S. Stanislao Kostka della Comp. di Gesù. Roma pel Rossi 1756. w 12ce.

Ciampi. 14.

— Miesiąc Lipiec poświęcony chwale ś. Ignacego z włoskiego na polski język przetłumaczony. W Lublinie w druk. kollegium S. J. 1771. w 12ce.

X. Brown, Bibl. S. J. str. 455.

ALBERTI Jan Krzysztof. J. A. Lineamenta Sarmatica, sub praesidio Conradi Samuelis Schurzfleisch publice asserenda, a Johanne Christoph. Alberti, habita in auditor. publ. anno 1670. die 1 Octobris hora autem. Wittenbergae, formis Wendianis, excud. Daniel Schmatz Acad. typ. Anno 1672. w 4ce, k. 12.

Dzików. — Zieliński. — Akad. — Ossol.

— Toż, tenże tytuł. Wittenbergae, typis Christiani Schrödteri, Acad. typ. Anno 1683 (cIɔIɔCXXCIII). w 4ce, 12 k. nlb.

Jagiell. — Czartor.

— Tenże tytuł. Cum privilegio Seren. Elect. Saxon. Lipsiae, apud Nicolaum Scipionum 1698. w 4ce, str. 25.

Ossol. — Raczyńs.

ALBERTI Valentin Szlązak (urodz. w Lehna † 19 Września 1697). Praelium lignicense a D. Henrico Pio cum Tartaris Victoribus A. MCCXLI. IX April. fortiter commissum, oratio, dixit publice in illustri Lipsiensi IX April ipso scilicet anniversario die Vigiliaq; Paschatis auspicatiori utinam omine! Evigilante Victore Nostro Iesu Christo M. Val. Alberti Lehnensis Silesius, Dial. et metaph. PP. Collegiiq. B. M. Virg.

cellegiatus. Lipsiae, literis Iohannis Erici Hahnii. Anno 1664. w 4ce, 16 k. nlb.

Jagiell. — Czartor.

— ob. Scholze Dawid (Als.... David Scholzens... Tochter 1696).

ALBERTINUS Aegidius (ur. 1560 † 5 Marca 1620). Dess Teutschen Lusthauses 4 Thl. München 1613. w 4ce.

Obejmuje: str. 304. Joh. Basilides, Grossfürst in d. Mosskau. — str. 307. Stephan Battori. — str. 317. Demetrius, Grossfürst.

ALBERTINUS Franc. (ur. 1562 † 15 Czerwca 1619). De S. Angelo Custode liber autore R. P. Francisco Albertino S. J. Theologo. Accessere nonnullae de Angelis piae commentationes ac precationes, ac demum officium canonicum et officium parvum de S. Angelo Custode. Omnia alibi antehac impressa, nunc recusa (per M. A. P. Soc. Jesu). Cracoviae in offic. vid. et haered. Fr. Cezary 1663. w 12ce, 316 str. 4 kart nlb. oraz 130 str. i 1 ark. na przodzie.

Nakładem Stan. Skarszewskiego kasztelana Małogostskiego·

Jocher 5871. — Wierzbows. (Konot. 136—7) — Ciampi Bibl.

Czartor. — Jagiell. — Zielińs.

ALBERTRANDY Antoni. Bieg teoretyczny malarstwa. Warszawa 1787. fol.

Branic.

— Wiersz o malarstwie. Pieśni V. Sed vos si fert ita corde voluntas — Hoc superate jugum et facili jam tramite sistam. Virgili. W Warszawie w druk. uprzywil. Michała Grölla, księgarza nadworn. J. K. M. 1790. w 8ce, k. 4 przedmowy i str. 8—136.

Dedyk. Stan. Aug. królowi.

Do wiersza tego dołączony jest:
Krótki wykład osteologii, myologii tudzież i proporcyi ciała ludzkiego wraz z przydatkiem powierzchownych odmian twarzy w każdey namiętności samym tylko malarzom i snycerzom służący (na str. 99—136).

Pieśni tych są napisy: Rysunek. Proporcya czyli rozmiar człowieczy. Wymysł. Kromatyka czyli Farbowanie. Wyraz.

Rastaw. Słownik I. — Wójcicki Cment. III. 36. — Gąsiorows. Hist. med. IV, 209. Akad. — Dzików. — Jagiell. — Kijows. — Ossol. — Zielińs.

— ob. Arnay (Życie 1768).

ALBERTRANDY Jan (ur. 1731 † 10 Sierp. 1808). Z Bożej i ś. Stol. Apost. łaski biskup zenopolitański, wikaryusz i officyał generalny warszawski. Process zalecający ogłoszenie listu Ojca ś. Dan w Warszawie 31 marca 1796 r. folio, 1 ark. Zielińs.

— Biskup zenopolitański, wikaryusz y officyał generalny warszawski. List z obwieszczeniem W. W. Jchm. XX. rządów kościołów paraf. i zakonnych warszawskich o nastąpić mianym administrowaniu sakramentu ś. bierzmowania. Dan w Warszawie 4 maja 1796. folio, 1 ark. Zielińs.

— List pasterski z powodu śmierci Szembeka biskupa płockiego. 1797. fol. kart 1. Branic.

— Ad celsissimum principem Stanislaum Lubomirium, magnum Regni Poloniae mareschalcum recens inauguratum, collegium Varsoviense Soc. Jesu. B. m. i r. (1766—7). w 4ce, 1 ark.
Lubomirski został marsz. W. Kor. po Bielińskim w roku 1766, w tym więc czasie wiersz drukowany. Kollegium składa mu swoje życzenia wierszem łacińskim, francuzkim i polskim. Autora wierszy wymienia Kat. Bibl. Raczyńs. (Ill. 329). Porównaj również: Janocki. Musarum sarmat. specimen novum Vratislav. 1771. w 8ce (Elegia nomine Collegii Varsav. Soc. Jesu ad Stanisl. Princ. Lubomirski, cum renuntiatus esset supremus Reg. Polon. Mareschalcus). Raczyńs.

— Felix, faustus, fortunatusque ut dies hic eveniat natalis Illmo Excell. Dno Jos. Andr. Comiti in Załuskie Załuski Kioviensium atque Czerniechov. praesule etc. votis omnibus regium collegium Varsaviense adprecatur etc. 1762. w 4ce, kart 4.
Wydanie bezimienne.
Akad. — Raczyńs.

— Musaei Nummorum ex remotiore antiquitate superstitum quod venale prostat Varsaviae, compendiaria descriptio unde in eius notitiam empturi deveniant. Addita est Mantissa nummorum recentioris aevi. Varsaviae 1799. w 8ce, 245 str. i karta tyt.
Jocher 890.
Czartor. — Jagiell. — Krasińs. — Dzików.

— De potestate Episcoporum circa verbi divini praedicationem commentatio. Joanne Baptista Albertrandio S. Theol. et SS. Canonum doctore, canon. metrop. Gnesn. et Vars. S. R. M. Poloniae Bibliothecae praeside authore. B. w. m. dr. i r. (1749). w 4ce, 22 str.
Jocher 7328.
Czartor. — Jagiell.

— Refertissimam beatitatis diem qua — Celsiss. S. R. J. Princeps Josephus Jabłonowski Palatinus Novogrodensis — celeberrimae Parisiensis academiae socius — datus est atque primum in lucem editus, Collegium Varsav. celebrat. S. J. 1762. w 4ce, 1 ark.
Bezimiennie.
Ossol.

— Uwagi nad wolnością drukowania i przedaży ksiąg publicznej. B. w. m. i r. (około 1790). fol., k. nl. 2.
Jagiell. — Czartor. — Branic.

— Varsavia cum circumjacentibus regionibus in clientelam Smi et Pot-mi regis Friderici Wilhelmi concedentibus et sacramenti religione seso obstringentibus ordinis ecclesiastici universi mentem sequentibus, expressit. 1796. fol., str. 3.
Branic.

— Wybór ekonomicznych wiadomości z ksiąg najprzedniejszych zagranicznych. W Warszawie, w druk. J. K. M. i Rzpltey Coll. S. J. 1770. w 4ce, XXVIII. i 432 str.
ob. Wybór.

— i Naruszewicz (Wydawcy): Zabawy przyjemne i pożyteczne z sławnych wieku tego autorów zebrane. Warszawa, Gröll. 1769—1777.
ob. Zabawy.

— Zbiór wiadomości gospodarskich. Tom I. w Warszawie, w druk. Jez. 1770.
ob. Zbiór.

(Albertrandy Jan). Ode illustrissimo et reverendissimo domino Joanni Baptistae Albertrandi ecclesiarum metropolitanae Gnesnensis canonico, insignis collegiatae Varsaviensis praeposito, vicario et officiali generali per archidiaconatum Varsaviensem dioecesis posnaniensis, ordinis S. Stanislai equiti, dum solemni ecclesiae ritu in episcopum Zenopolitanum consecraretur anno domini 1796. a scholis piis Varsaviensibus strenuo et constanti fautori suo ac vindici, in grati animi monumentum oblata. w 4ce, 2 k. nlb.   Jagiell. — Branic.

— Illustrissimo ac reverendissimo domino Joanni Albertrandi Dei et apostolicae sedis gratia episcopo Zenopolitano, ecclesiarum metropolitanae Gnesnensis canonico, regio insignis collegiatae Varsaviensis praeposito, vicario et officiali generali per archidiaconatum Varsaviensem dioecesis posnaniensis, ordinis S. Stanislai equiti etc. collegium academicum scholarum Varsaviensium suo protectori amplissimo, die ipsius consecrationis 2 Januarii 1796 gratulatur. w 4ce, 1 ark.

Wierszem.

— ob. Bukowski Tad. (1796) — Lengnich G. (1765) — Macquer (Dzieje Rzymskie 1768) — Monitor (1764) — Sarbiewski K. (Do Łubieńskich. Opera posth. 1769) — Schmidt Fryderyk August (Dzieje król. polsk. 1763—1766).

Dzienn. Wileńs. 1817. VI. 633. — Janoc. Excerp. 111. — Roczniki T. P. N. I. 99. VIII. 76. — Gołęb. Dziejop. 229. — Kurowski. O kościele św. Jana 163—4. — Przyjaciel ludu, rok VII. s. 289—290. — Wójcicki Cment. II. 162—4. — Brown. Bibl. S. J. 9—13. — Pilat str. 94. — Backer Biblioth. des écrivains T. I. 51—2. — Księga świata 1859. II. T. I. s. 143—9. — Tygod. illustr. 1863. T. 8. s. 485. — Chodynicki. Dykcyonarz.

Albertus, episcopus vilnensis (Wojc. Tabor) ob. Sacranus Joannes (Elucidarius około 1500).

Albertus de Brudzewo ob. Brudzewski (Comment. 1495) — Sierpcz (de) Albert (Ephemerides 1536).

Albertus Casimirus Princeps Polon. et Saxon. ob. Nurkiewicz Gabr. Jos. (1739).

Albertus Costhensis ob. Costen Alb. (Pandectae succesionum 1524).

Albertus de Crayna ob. Crayna Alb. (Judicium 1522).

Albertus Divus ob. Wojciech św.
Albertus Joannes ob. Jan Albert.
ALBERTUS Leander. Vita S. Hyacinthi, conf. ordin. praedicat. in Polonia auctore Leandro Alberto, ob. Surius Vitae Sanctorum d. 16. Aug. p. 170.

Toż, cum commentario praevio et notis Guil. Cuperi ob. Acta Sanctorum, T. III. p. 339—344.

Jocher 8409.

ALBERTUS Magnus (Grotus, Teutonicus, hr. Bollstadt) arcyb. Ratyzbońs. (ur. 1193 † 1280). De intellectu et intelligibili. (Pod tem w czworoboku u góry herby: Litwy pod jednorożcem z rogiem poziomym, Polski pod lwem, a pod niemi herb Krakowa; drzeworyt drukarni Hallera). U dołu: Impressum Cracouie. MDIIII. B. dr. (ale zapewne u Hallera 1504). w 4ce, k. nl. 28. dr. goc. ostat. str. biała.

Bez kustoszów. Na inicyały zostawiane próżne miejsca wysokości 3 wierszy, tylko na s. pierwszej wysokości 5 wierszy. Akad. — Czartor. — Jagiell. — Ossol. — Dzików.

— Liber Alberti Magni de duabus sapientiis et de recapitulatione omnium librorum Astronomiae. B. r. i m. dr. (Kraków, z pocz. w. XVI.) w 4ce, k. nlb. 12. dr. goc.

Żebrawski Bibliogr. matemat. str. 74—76. Ossol.

— Habes in hac pagina amice lector Alberti magni Germani principis philosoph. De natura locorum librum mira eruditione et singulari fruge refertum et jam primum summa diligentia recusum in lucem editum, quae legis diligentius si vel Cosmographia vel Phisica fecisse te volueris. Excussum Viennae Austriae Mense Nov. 1514. Opera Hieronymi Vietoris et Joannis Singrenii. w 4ce, k. 52.   Ossol.

— Philosophie naturalis isagoge, sive introductiones emendate nuper et impresse summa diligentia. In libros phisicorum, de celo et mundo, de generatione, metheororum, de anima Aristotelis. Cum annotatiunculis marginalibus. (Po bokach słupy, w górze orzeł polski literą S opleciony). Na końcu: Cracov. impensis Johannis Haller 1515.

Wiszn. IV. 128 bez bliższ. opisu. Wydanie skąd inąd nieznane. Pytanie, czy przepisujący dla Wiszniewskiego nie napisał

13

1515 za 1516, chociaż Wiszniewski przywodzi wydanie z r. 1516.
Tego tytułu jest edycya w 4ce, k. LXXVI. Na końcu: Vienne Pannonie per Joan. Singrenium. Expensis vero Leonh. Alantsee civis Viennensis Idibus Decembribus a. MDXIV. Wydał Laur. Armbruster Libiniensis. Na końcu tarcza księgarza z podpisem: Leon. Alantsee. Nie tu polskiego niema.

— Philosophie naturalis isagoge, sive introductiones emendate nuper et impresse summa diligentia. In libros: — Phisicorum, De celo et mundo, De generatione, Metheororum, De anima — Aristotelis. Cum annotatiunculis marginalibus. (Rycina: Po bokach słupy, a w górze orzeł polski literą S. objęty). Na końcu: Finit philosophia Alberti Magni: in tractatus et capita solerter distincta: necnon cum annotationibus in margine annotatis nunc denuo regia in civitate Cracovien. Impressa impensis spectabilis viri domini Joannis Haller civis Cracovien. 29. April. Anno missionis verbi divini in carnem 1516. w 4ce, kart LXViiij (ark. sign. a—m.).
Druk gocki, są jednak ustępy antykwą.
Na odwrocie karty tytułowej po krótkiej odezwie nienazwanego wydawcy lub też drukarza położony wiersz na pochwałę autora: Joachimi Vadiani poetae lau. in autoris laudem carmen. 16 wier. łać. Na ostatniej stronie: Laurent. Armbruster cibinensis Ad lectorem (carm. 4 w.).
Jocher 145. — Janocki Nachr. IV. 163.
Jagiell. — Branic. — Czartor. — Ossol. — Raczyńs. — Kórn. — Kijow. — Dzików — Dziedusz. — Pawlik. — Szemb.
— Philosophantium ducis aestimatissimi, philosophiae naturalis Isagoge, siue introductiones in libros Aristotelis Physicorum, De coelo et mundo, De gene. et corr., Meteororum, De anima. (Na końcowej karcie s. o. 4 wiersze łać. a pod temi): Gracchouię, Matthias Scharffenbergius, summa cum diligentia, operaque non vulgari impressit. Ductu suo proprio. Anno MDXLI. II. die Junii. (1541). w 8ce, syg. a—s₈. (k. nl. 120).
Tytuł w ramce ozdobnej; w słupach bocznych, stoją po prawej stronie Adam, po lewej Ewa. Na odwr. k. tyt. 16 wier. łać. Joachimi Vadiani.
Jocher 145 b. podaje kart. 122.
Bibl. kość. P. Maryi w Krak. — Czartor. — Krasińs. — Ossol. — Dzików.

— Philosophantium ducis aestimatissimi Philosophiae naturalis Isagoge sive introductiones in libros Aristotelis Phisicorum, De coelo et mundo De gene. et corr., Meteororum, De anima. Cracoviae in officina Hieronymi Scharffenbergeri MDXLVIII. (1548). w 8ce, k. 108. syg. A—Q₈, druk kursywa.
Na przodzie: Joachimi Vadiani poetae laureati in laudem authoris carmen. 16 w. łać.
Jocher 145 c.
Akad. Umiej. — Czartor. — Jagiell. — Ossol. — XX. Augustynów w Krakowie. — Kijow. — Dzików — Szembeka.
— Toż, Cracoviae, Hieron. Scharfenberg, b. r. Dziedusz.
— Episcopi Ratisbonensis Praeco Divini verbi per Simonem Okolski ampliatus. ob. Okolski S. (1649).
Jocher 4755.
— Prohemium philosophiae naturalis. Cracoviae, Haller, 1508. w 4ce. Zamojsk.
— Albertus Magnus o sekretach białogłowskich, mocy ziół, kamieni i zwierząt osobliwych przetłomaczony. W Amszterdamie w drukarni polskiej pod znakiem Orła białego. 1695. w 12ce, str. 564 i rejestr.
Dalej od str. 365 do końca: Michała Skotta: O sekretach przyrodzenia.
Warsz. Uniw. — Jagiell.
— Toż, tenże tytuł. W drukarni polskiej pod znakiem orła białego. Secunda editio correctior. Amstelodam 1698. w 16ce, str. 365.
Michała Skotta Sekretów przyrodzonych dwie części, od str. 366—564. Krasińs.
— Toż, w Amstelodamie w druk. polskiej pod znakiem orła białego. 1714. (?) w 12ce.
Notatka M. Wiszniewskiego.
— Toż, tenże tytuł w Amstelodamie w drukarni polskiej pod znakiem orła białego. 1741. w 12ce, 6 k. nlb. str. 564. Jagiell.
— Toż, tamże, 1742. w 16ce. Ossol.
— Summa philosophie naturalis Alberti magni per tractatus: capitula et particulas pulcherrime distincta: ita quod cuilibet legenti facile appareat quid quodque capitulum: queque etiam particula in effectu sibi velit. Primus, secun-

dus, tercius, quartus, quintus tractatus correspondet libris Phisicorum, De celo et mundo, De generatione, Metheororum. De anima. w 4ce, kart przeszło 70 (brak końca), druk gocki.

Herb Polski, Litwy i m. Krakowa, u dołu cyfra Hallera. Na odwrocie karty tytułowej: Epitaphium venerabilis Alberti praedicatorum ordinis patris religiosissimi ac sacrae theologiae professoris profundissimi olimque ratisponensis ecclesiae episcopi dignissimi. Fenix doctorum — fons expers philosophorum — princeps verborum — vas fundens dogma sacrorum. Hic jacet Albertus praeclarus in orbe dissertus. major Platone, vix inferior Salomone etc.
Na tejże stronie i przedmowa do Czytelnika. Joch. 144 a.

— Archiepiscopi ratisponensis Summa philosophiae naturalis in quinque tractatus distributa. Cracoviae. Anno MDLXXXVII (1587). B. dr. w 8ce, k. nl. 102 kursywą (ark. 6).

Na odwrocie tytułu stoi: Series tractatuum. (Wymienione 1 do 5. tak jak w poprzedniej edycyi na samym tytule).
Andreas Schonens, położył na przodzie dedykacyę (kart 6) do Andrzeja Gerina bisk. wrocł. Wspomina tu jako swego dobroczyńcę Stanisł. Sokołowskiego i datuje ją z jegoż domu (ex aedibus St. Sokolovii) d. 6 Nonas Julii 1587.
Jocher 144 b. — Chłędow. Spis 162.
Ossol. — Akad. — Bibl. Jag. — Czart. — Warsz. Uniw. — Krasińs. — Kórnick. — Szembeka.

Albertus Marchio ob. Albrecht.

Albertus palatinus Rheni ob. Czarnkowski Piotr (Oratio 1579).

Albertus à Pereg ob. Pannonia (1544).

Albertus Senior ob. Melanchton Phil. (Epistolarum 1642).

Albertus Stephan ob. Musonius Sim. (Epicedia 1570).

Albertus z Woyny. W Krakowie, z drukarnie Łazarzowey. Roku Pańskiego 1596. w 4ce, s. 36. dr. goc.

Będzie to edycya pierwsza, bo na początku wspomniana wojna Wołoska, która toczyła się od Sierpnia 1595 roku. Arkusz C. zaczyna się od wyrazów Cóż ci się tam, jak w edycyi z r. 1697. ale sygnat. arkusza przypada pod O—C. gdy w edycyi 1697 pod tij.
Bandt. H. d. krak. 403. — Jusz. II. 463.
Dzików — Czarnecki — Jagiell.

— Toż, teraz znowu wydrukowany. W Krakowie, w druk. dziedzi. Jak. Sybeneichera r. p. 1613. w 4ce, kart 15 nlb.   Warsz. Uniw. — Branie.

— Toż, 1614. w 4ce. sign. D₁.

Przyłęcki.

— Tenże tytuł. Albertus z woyny. (Po czem idzie ośmiowiersz) teraz świeżo wydrukowany. W Krakowie r. p. 1649. w 4ce, str. 32.

Tekst zaczyna się zaraz na odwr. tytułu. — Tę edycyę od 1ej rozpoznaje się, że rozmowy osób w pierwszej oznaczone są X. Alb. — gdy w następnych X. Al. — Arkusz B. zaczyna się od wiersza: Jeszcze dobrze.   Jagiell. — Ossol.

Albertus powracający z woyny. 1696. w 4ce, str. 36.

— Toż, tenże tytuł, w Krakowie, r. p. 1697. w 4ce, 36 str.

Drzeworyt w środku tytułowej karty: Albertus zsiada z konia, a u bramy wita go niewiasta.
Na odwrocie tytułu ośmiowiersz kończący się: że w Przemyślu koniowi, w targ ogon uznniono. Arkusz B. zaczyna się od wiersza: Jeżeli nie.
Jagiell. — Ossol. — Krasińs. — Akad. Wiszniewski H. lit. VII. 150. mieni autorem Brosciusza, bo się do tego przyznaje w Gratisie (1612?). Franke w życiu Brosciusza dowodzi, że nie może być autorem (s. 292). Brożek urodził się 1585 r. więc nie mógł być autorem, chyba tylko wydawcą edycyi z r. 1613.

(Albertus). Wyprawa Plebańska. W Krakowie w drukarni Łazarzowej r. p. 1590. w 4ce, k. nl. 12. dr. goc.

Na 1ej karcie napis: Wyprawa Plebańska. Pleban. Wendetarz. Albertus. Rostucharz. W ark. B. kustosz przypada pod litery dz.
Jusz. II. 462. — Bandt. H. d. krak. 403.
Dzików — Warsz. Uniw. — Jagiell. — Krasińs.

— Toż, teraz znowu wydrukowana w Krakowie, w druk. dziedziców Jak. Siebeneichera. 1613, w 4ce, 3 ark.
Ossol.

— Tenże tytuł. B. w. m. dr. drukowano r. 1614, w 4ce. k. 12.
Akad. — Dzików — Czartor.

— Wyprawa plebańska Albertusa na wojnę. — Chudy pleban na wojnę z wacka i z stodoły — Swej własnej Albertusa wyprawia ze szkoły. — Na wendecie o konia, mając mało myta: — I o rynsztunek stary Wendetarza py-

ta. — Ażeby głodu niemarł, obmyśla
żywnością: — Zatem mu błogosławi i
czeka z radością. — Co się z nim potym działo, w ten czas niespokojny. —
Kup drugą część, gdzie tytuł Albertusa
z wojny.
Teraz świeżo wydrukowana r. p. 1649.
w 4ce, str. 23.

Tytuł w ozdobach drzeworytowych.
Liczbowanie mylne, zamiast str. 12 jest 21.
zaś str. 5, 7, 9, 11, 13, 15, 17, 19 nie
są znaczone.
Krasińs. — Branic. — Czartor. — Jagiell. —
Ossol. — Akad.

— Wyprawa plebańska Albertusa
na woynę. (Po czem rycina: Albertus
konno przy bramie, a oknem z piątra
wygląda niewiasta). W Krakowie, w
4ce, str. 23.

Na odwrocie tytułu ten sam ośmiowiersz,
który jest na tytule w edycyi z r. 1649.
Edycya podobna do wydania z r. 1596.
Różnica ta, że na ark. B. kustosz przypada pod O a wiersz od góry kończy
kropka, gdy w innych przecinek.
Akad. — Branic. — Czartor. — Jagiell.

— Toż. 1697.

Wiszniewski VII. 150. ma widocznie przez
omyłkę druku rok 1677.   Ossol.

— Toż. 1699.

M. Wiszn. VII. 150.

— ob. Fidler Feliks (b. r.) — Gi-
sius T. (1580) — Wyprawa ministra
(1601).

Wiszn. H. lit. VII. s. 150—1. — Kmita
Jan Ach. Spitamegeranomachia. — Przyj.
Ludu I. s. 308.

Alberus Erasmus (z Weterau † 5 Maja
1583 r.) ob. Lasco Joannes (1559) —
Seklucyan Jan (Pieśni chrześciańskie
1559).

Alberyk de Archinto ob. Archinto.

Alberyk van der Kerchove ob. Kerchove.

(Albiczowa). Prośba urodz. Katarzyny z Siemaszków Albiczowy pułkowni-
kowy woysk rossyjskich do prześwietnych Rzpltey seymuiących Stanów. fol.
$1/_2$ ark.

Albicz zginął od konfederatów na Podgórzu.
Przyłęcki.

Albigenses ob. Camerarius Joach.
(Historico 1625).

Albimontan Szymon (Białogórski) ob.
Januszowski Jan (Praepar. devotae

1596) — Pruszcz Hyacint (Żywot po-
boż. kapłana) — Steinhelen C. V. Adam
(Praeparationes 1615).

Albina Maria Elisabeth ob. Heermann Jan (1651).

Albinowski And. archidiak. ob. Kruszewski A. D. (Hercules 1687).

ALBINUS Adrianus (Weiss) Lusatus (urodz. w Laubau 1513. † 4 Lipca
1590). Musarum nutrix Sarmatia. Cracoviae, apud Hieronymum Vietorem.
Anno MDXXXIV. (1534). w 4ce.

— ob. Mymerus Franciscus (1532) —
Seneka Lucius Annaeus (Formula 1541).

Janocki III. s. XXII. — Juszyń. Dykcyon.
I. — Neander Christ. De vita et obitu
Adr. Albini. Frankf. 1612. w 4ce. — Kü-
ster Biblioth. March. str. 803.

ALBIN Krzysztof, dyakon kościoła
ewangelickiego-luterskiego w Lesznie.
Kazanie na poświęcenie kościoła w Go-
rze na Szląsku niedaleko Leszna. Leszno 1635 r.

Zapewne po niemiecku.
Encyklop. powszech. Orgelbr. I. str. 336.

— Christliche Leich-Predigt bey ansehnlicher Sepultur des weyland ehrwürdigen, achtbaren und hochgelahrten
Herren Magistri Melchioris Maronii der
ewangel. augsporg. Confession zugetha-
nen Gemeine zur Lissa, wolverdienten
Pfarrers und Seelsorgers, welcher den
27 Maij anno 1640 sanfft und selig im
Herrn entschlaffen, und denn darauss
folgenden 4 Junii in der Kirchen daselbst mit Christlichen Leich-Ceremo-
nien zur Erden bestattet worden. In
sehr volkreicher Versamlung aus den
Propheten Esaiae Worten cap. 56. v.
13. gehalten von Christophoro Albino
gemeldeter Kirchen Diacono. Gedr.
durch Wigand Funck 1642. w 4ce,
ark. niel. D_4.

Dedykacya Annie z Reinholdów wdowie.
Jagiell.

— Memoria quam pientissimae omni-
busque virtutibus decoratissimae Matronae Elisabethae Clapiae conjugi desi-
deratissimae vir reverendus clarissimus
atque doctissimus dominus Christophorus Albinus ecclesiae Lesnensis Augustanae confessionis diaconus vigilantissi-

mus lachrymabundus P. E. S. ipsis ad-scensionis dominicae solemnibus anno tou logou MDCXLII. Lesnae Polonor. typis Wigandi Funcci. (1642). w 4ce, sygn. Aij—Ciij.
Wiersze niemieckie i łacińskie.
Wrocł. miej.

Albinus Christophorus ob. Wanckius Dam. (Servus 1651).

ALBINUS Georgius Cosminensis († 10 maja 1570). Decasticha novem musarum, natali Christi congratulantium. Cracoviae, apud Hieronymum Vietorem. MDXXXI. (1531). w 4ce.
Przypis. Łukaszowi Górce, kasztel. poznańs. Notatka Hanna we Lwowie, podaje wyjście tej broszury bez wyrażenia miejsca dr. i roku. Przyłęcki ma w tytule: congratulationes diverso genere carminum conscripta. Cracov. Math. Scharffenb. 1532. w 4ce.
— ob. Cervus (1533, 1535) — Cicero (Oratio pro Archia 1537) — Despauterius (De accentibus 1532) — Łowicz Simon (1532) — Lukanus (1533) — Publicius Jacob. (Epistolae 1830).
Wiszn. VI. 313. — Muczkowski Statuta. 183. — Łukaszewicz Hist. szkół. I. 89. zwie go Wojciechem Kaźmierczykiem. — Jocher I. VIII. — Janociana III. XXII. — Wizerunek i roztrząs. 1841. T. 58. s. 59 —60. — Encykl. Orgelb. I. 339—40.

ALBINUS Georgius (IIgi), episcop. Methonensis. Piae meditationes. Stichologia. Ad lectorem. Quisquis amas Christum precibus tibi flectere puris, Sacrum denotus hinc paradigma cape. — Cui magis aethereas placuit conscendere ad aedes, — Hinc mundi discat sedulo ille fugam Jo. Greg. Macer. — Cracov. Ex calcographia Matthaei Siebeneycher. Anno Salutis Christianae 1560. w 4ce, k. nl. 42. str. ost. biała.
Ded. Joanni de Oeziessino, cancellario reg. Pol. capit. gen. cracov.
Na odwr. tyt. herb Ocieskiego i dwa wiersze łac. — Na k. przedost. wiersze łac. ad Andream Patricium (Nidecium). — Na k. ost. herb i nań dwa wier. łać.
Ossol. — Czarnecki.
— ob. Mosellanus (Rhetor. 1530).

Albinus M. Jo. ob. Memoria (1754).

ALBINUS Petrus Nivemontanus (Weiss ze Schneeberg w Miśnii). Quaestio de vera ac nativa sententia dicti Paulini: Nonne panis quem frangimus

communicatio est corporis Christi. Respondente Paulo Crellio. Witebergae. 1576. w 4ce.
— Scriptores varii de Russorum religione. Speyer 1582.
— Vita Georgii Sabini. Wittenbergae 1588. w 8ce.
— Vita Georgii Sabini, Brandenburgensis, J. C. Theodorus Crusius denuo edidit. Lignicii. 1724. w 8ce.
— Epistola ad Joannem de Cracovia (w Schamelii: Numburgus litteratus).
Jöcher Lexicon I. 216. — Adelung Lexicon I. 480. — Encykl. Orgelb. I. 340.
— ob. Crellius Paweł (1576).

Albinus a S. Casimiro ob. Oczykowski (Officium 1768).

ALBINUS Stanisl. z Nowego Miasta, kanon. krakows. Exordia epistolarum Stanislai Albini, recollecta ad modum epistolandi Joannis Sacrani, per Stanislaum a Łowicz. Cracoviae apud Florianum. 1521. w 4ce.
Stanisław Albinus jest zdaje się tylko wydawcą. — Obacz: Łowicz Stanisl. — Sacranus Joh.   Dzików.
Jusz. II. 154. — Wiszn. VI. 134. — Encyklop. powsz. Orgelbr. 1. str. 336 — Łętowski Katalog II. 2 str.

Albinus Stanisław ob. Despauterius Joannes (1532).

ALBIZIUS (Albici) Antonius (urodz. 1547 † 17 Lipca 1626). Principum Christianorum stemmata et cum brevibus ejusdem notationibus ex archiviis principum descripta nunc adjecto stemmate othomanico, consentiente Dn. Autore, ex optimis autoribus locupletata et emendatiora reddita. Argentorati, aere et typis haeredum Christophori ab Heyden. 1627. folio większe.
Wydawca Izaak Troheinsemius. Są tu na str. XIX. królowie polscy od Piasta do Zygmunta III. (tego wizerunek), widok Grodna, i jazda ruska i polska po bokach, Inne edycye:
— Toż, Augsburg, przed r. 1608 folio, (ta może nie istniała).
— Toż, tamże, 1608.
— Toż, editio IIda. Augsb. 1610.
— Toż, Kempten 1609 (także z datami 1610, 1612).
— Toż, Kempten. 1617. folio.

— Toż, Kempten. 1619. (watpliwa).
— Toż, Strasburg. 1627. fol. duże.
— Toż, Florencya. 1627. (wątpl.).
Edycye niemieckie:
— Toż, Strasburg 1612 i 1627. folio.
Adelung. Gelehr. Lex. I. s. 468.

ALBO Josephus (Aibo) żyd hiszpański. R. Josephi Albonis R. Davidis Kimchi et alius cujusdam Hebraei anonymi argumenta, quibus nonnullos fidei christianae articulos oppugnant. G. Genebrardo Ba. Th. interprete. Ad eorum singulos disputationes ejusdem interpretis responsa, in quibus multa de Deo, de tribus divinitatis hypostatibus, de Christo, eucharistia, lege, evangelio, et mysteriis similibus, quorum nomenclaturam extrema pagina exhibet, pertractantur. Liber vel illo solo utilis, quod multa, adversus recens trinitariorum dogma, hoc infelici anno in Lithuania et Polonia de tribus divinis essentiis atque diis excitatum, declaret. Parisiis apud Mart. Juvenem sub insigni D. Christophori e regione gymnasii Cameracensium 1566. w 8ce, str. 123. Periocha hipoteseon trium partium huius opusculi k. 2.
Dedykacya Antonio Du Prat Abbati.
W przedmowie wymienił tłumacz Grzeg. Paulego, Kazanowskiego, Homannsa, Paclesiusa i Stan. Lutomierskiego, jako biorących udział w sporach religijnych w Polsce.
Jagiell.

— Toż. Genebrardus. Opuscula e Rabbinis translata. Paris 1575 i 1585.
Perisch H. F. Conspectus theologiae judiciae R. Joh. Albo. Jena 1720. — Adelung. I. 487.

ALBRECHT (Albertus) Marchio (ur. 1490 † 1568). Recessus Illustrissimi principis ac Domini, Domini Alberti senioris, marchionis Brandenburgensis, Prussiae etc. ducis etc. cui sine recusatione, omnes et singuli ditionis ipsius parochi obediant. Promulgatus Konigspergae XXIIII Septembris Anno MDLIIII. (1554). Excusum Regiomonte (tak) Prussiae, in officina Joannis Daubmani. w 4ce, z tyt. k. nl. 4. str. odwr. tytułu i karty ostatn. biała, druk antykwa.
Bibl. Stan. Krzyżanow.

— Des durchleuchtigen Hochgebornen Fürsten unnd Herrn Herrn Albrechten Marggraffen zu Brandenburg des jüngern, zu Stetin, Pomern, der Cassuben und Wenden inn Preussen auch inn Schlesien zu Oppeln und Ratibarn Hertzogen. Burggrafe zu Nürnberg, und Fürst zu Rugen etc. gemein Ausschreiben und ursachen dieser fürgenommen Expedition. Anno 1552. w 4ce, 10 k. nlb. ostatnia biała.
Bibl. miejska Gdańska.

— Von Gottes Gnaden Unser Albrechten des Eltern, Marggrafen zu Brandenburg, in Preussen, zu Stettin, Pomern, der Cassuben und Wenden Hertzogen, Burggrafen zu Nörenberg und Fürsten zu Rugen etc. Ausschreiben an unsere alle liebe getrewen und Landschafften, wes wirden Standes und Aestimation ein jeder ist, vornemlich auch Theologen, Pfarherrn, Predicanten und Kirchendiener etc. etc. Königsberg in Preussen. Na końcu: Gedruckt zu Königsberg in Preussen, durch Hans Lufft, den 25 Martii. Anno 1553. w 4ce, sygn. Aij—Ziij + A—Hij.
ob. Adalbertus.
Krasiński. — Wrocł. miejska.

Albrechtus (Marchio Brandeburg., princeps) ob. Adalbertus — Albertus — Bock Fr. (Grundris 1745) — Brentius Jan (1554) — Cassius (1562) — Falck Mich. (Oratio in laudem 1644) — Ferrerius Zach. (1520) — Gnapheus (Morosophus 1541) — Hosius Stanis. (1559) — Krzycki Andrzej (1525) — Łaski Stan. (Innocentia 1544) — Luter Marc. (1574) — Mączyński Jan (1563/4) — Majestas (1554) — Melanchton Fil. (1566) — Ossiander (von den Einigen 1554) — Phocylides (1536) — Runau Dion. (Hist. des 13. jähr. Kriegs 1582) — Sabinus J. (De nuptiis 1550) — Satyra (1520) — Schneeberger Ant. (Catalogus 1562, Książki 1569) — Schreckius Wal. (1568) — Seklucyan Jan (Catech. 1568) — Siccius Piotr (Oratio 1572) — Weigand (Andere warh. Verant. 1553) — Venetus G. (Von der Rechtfertigung

1552) — Vergerius (Dialogi quattuor 1559).

ALBRECHT Joh. Heinr. Contramanifest Johan Heinrich Albrecht Staabsfourir des löblichen Garde Infanterie Regiments, requivirter Actuarius des Seniorats Gerichts, und Mit- Bevollmächtigter des löblichen protestirenden Theils der evangelischen Confession auf Ansuegen der Gemeinde. — Ob. Kaufmann Heu. 1783.

— Der Raub des Königes Stanislaus Augustus seines Herrn. Ein Heldengedicht in vier Gesängen. Gesungen von einem Grenadier der Litthauischan Garde zu Fuss. Warschau, bey Mich. Gröll Hofbuchhändler. (Na końcu): Leipzig, gedr. bey Bern. Chr. Breitkopf und Sohn. 1772. w 4ce małej, str. 14.

Dedyk. Ad. Czartoryskiemu swemu szefowi. Kończy Oda: Das Geburtsfest des Kön. in Pohl. Stan. Augusti.
Autorem anonimu podług Thorn. wöchentl. Nachrichten jest J. H. Albrecht, pierwotnie czeladnik rymarski, później grenadyer gwardyi litewskiej.

Branic. — Jagiell.

— Dem allerdurchlauchtigsten Koenig und Herrn Stanislaus Augustus, Koenig in Polen, Gros-Herzog in Litthauen, Reussen, Preussen, Mazuren, Samogitien, Kiovien, Volhynien, Podolien, Podlachien, Liefland, Smoleńsk, Severien und Czernichovien, dem Vater seines Volks, dem Wiederhersteller der Ruhe in der evangelischen Gemeinde unveränderter Augsburgischer Confession zum Zeichen allerunterthaenigsten Gehorsams und reiner Dankbarkeit demütigst gewidmet von dem Kirchen-Collegio und der ganzen Gemeinde Evang. Unv. Augsb. Conf. Warschau, den 22ten des Monats Junii. 1783. fol. 2 k. Czartor.

Albrizzi ob. Salmon (Lo statto praesente 1739).

ALBRYCHOWICZ Don. Casimirus Fortunatus. Corona aurea aurum primum color optimus, ab invidis fatis mutatus, perillustris et reverendissimus dominus D. M. Hilarius Kasprzycki sacri ordinis benedictinorum, regalis Archi-caenobii tynecensis professus, in al-

ma ac celeberr. Univers. crac. AA. LL. etc. philosoph. doctor et professor, ducalis Monasterij Kościelnensis praepositus meritissimus, canonicus natus caliensis, congregationis polono-benedictinac visitator. Seu caenotaphium ad immortalem Magni Patroni amantissimiq'. in ordine Benedictino literarum literatorumq'; Maecenatis memoriam conservandam in conthema elogij officioso currenti calamo expressum. A Don. Cas. Fort. Albrychowicz, O. S. B. regalis Archi-Caenobij Tynecensis professo, bibliothecario et archivario. Cracoviae, typis Michaelis Dyaszewski, S. R. M. Typographi (b. r. około 1742). fol., kart 4.

Ded. M. Val. Żółtowski Abati plocensi, Cas. Mołodecki, Vinc. Cedrowicz. Jagiell.

— Gloria gentis benedictino honori avito Illustrissimae Żółtowsciorum prosapiae annulo subarrhata Pallas philosophica seu institutio studij philosophici provincialis in regali Archi-caenobio Tynecensi per illustrissimum reverendissimum ac amplissimum dominum D. Valentinum Żółtowski, divina miseratione abbatem Plocensem, congregationis Polono Benedictinae praesidentem generalem facta. Inter cuius institutionis solemnes applausus faventissimis studij promotoribus debitae gratitudinis argumentum conphilosophis gratulatorium ergo officioso calamo inscripsit, Don. Fortunatus Albrychowicz, Benedictinus Tynecensis A. D. MDCCXXXXI (1741). Die (13) mensis Novembris. Cracoviae, typis Michaelis Dyaszewski, Sacrae Regiae Maiestatis typogr. folio, ark. B₂.

W panegiryku tym autor oprócz Żółtowskiego obsypuje pochwałami Kazimierza Mołodeckiego, Hilarego Kasprzyckiego, Sylwana Trzcińskiego i Franciszka Starzyńskiego. Jagiell.

— Mater pulchrae dilectionis sanctissima Virgo Thaumaturga Tuchoviensis Maria in Monte Sancto excellentissima, Benedicta Benedictorum protectrix semper amplissima, Votorum frequentia, concursu assiduo solatiis continuis celebris, augusta gratiosa semper admirabilis, novo preconia a Don. Casimiro Fortunato Albrychowicz Sacri Ordinis Benedictorum Profess. in Alma ac celeberrima universitate Cracov. AA. LL. et philosophiae doctore, notario apostolico Maria-Caellensi, ad Tuchoviam priore et abbatiali archicoenobii Tynecensis secretario adorata. Anno quo aeterno Patri Mater pulchrae dilectionis filios irae reconciliavit. 1749. Cracov. typ. colleg. major. univer. 1749. fol., k. 9.

Ded, Stanislao Ben. Bończa Bartoszewski, coen. tynec. abbati.

Czartor. — Ossol.

— Pancarpiae a pallade jagellonica in coronamentum eruditiae virtutis VV. DD. primae laureae candidatorum contextae. Dum in alma universitate Cracoviensi per Illustrem, clarissimum et admodum reverend. Dom. D. M. Michaelem Cantium Czyrnicki philos. doct. et profess. coll. minorem, ecclesiae parochialis in Pobiedr curatum, in amplissima dignissimorum hospitum corona AA. LL. et philos. baccallaurei ritu solenni pronuntiarentur; in vim fraterni et gratulatorii applausus a V. Don. Casimiro Fortunato Albrychowicz sacri ordinis Benedictorum regalis archi-coenobij Tynecensis professo, ejusdem laureae candidato distributae. Anno quo in Terris Flos Nazaraenus apparuit 1742. d. 31 mens. Octobris. Cracoviae, typ. univ. 1742. fol. kart 9 nlb.

Dedykowane Antoniemu Wacław. Dobrzańskiemu zastępcy opata i kustosza klasztoru Benedyktynów w Tyńcu. Następuje Oda do św. Jana Kantego, dalej panegyrik do egzaminatorów: Michała Czyrnickiego i Ig. Kant. Herka i Józ. De Clos, a dalej do laureatów t. j. Jana Fl. Falęckiego, Paw. Matuszewskiego, Alb. Ant. Wawrykiewicza, Mich. Mrugaczewskiego. Kazim. Albrychowiczowi dziękuje Falęcki.

Jocher 1553. — Juszyńs. Dykcyon. I.

Jagiell. — Dzików — Ossol.

— Vivat aeternum pro virtutibus, sapientia et meritis admodum Rndo olim Patri Don. Benigno Buchowski ordinis sancti Benedicti regalis archi-coenobij Tynecensis professo et cancellario. In alma universitate cracov. AA. LL. et philosophiae baccallaureo, olim in praefato archi-coenobio sacrae theolog. lec-

tori, poetae laureato, operum musicalium compositori, multarum linguarum peritissimo a Petra Tynecensi repercussum, et in perennem tanti viri etiam post funera magni memoriam a Don. Casimiro Fortunato Albrychowicz, Benedictino Tynecensi, ejusdemq'. archi-coenobii bibliothecario et archivario, in sepulchrali lapide lugubri calamo impressum. Anno Dom. 1742. die (16) mensis (Septembr.). Cracov., typis Mich. Dyaszewski S. R. M. typographi. 1742. fol. k. niel. 4.

Jagiell. — Ossol.

— Stylus aureus ab avitis Starzensciorum armis subtilis et sublimis aestimandis virtuti et eruditioni; Perill. et R. Domini Lucae Francisci Starzeński inclyti Lubinensis Monasterii prioris congregationis Benedictino Polonae visitatoris accomodatus dumque in alma Universitate Cracoviensi per perillustrem reverendissimum Dominum D. M. Casimirum Pałaszowski sacrae theologiae doctorem et professorem, collegam majorem, ecclesiarum, cathedralis cracoviensis canonicum, collegiatae OO. SS. crac. praepositum, parochialis in Czerniechów curatum, scholarum Novodvorscianarum et Contubernii Hierosolimytani provisorem. Canonizationis B. Joannis Cantii procuratorem, librorum per diaecesim Cracoviensem ordinarium censorem. Sacrae theologiae doctor in amplissima illustrissimorum hospitum corona ritu solenni renunciaretur. Applausus ergo gentilitiae sagittae calamo in petra Tynecensi exaratus. Anno, quo digitus Altissimi sacculis aeternis aureo stylo verbi compendia scripsit. MDCCII. Die 9 Novembris. Cracoviae, typis Michaelis Josephi Antonii Dyaszewski, S. R. M. typographi. fol., kart niel. 10.

Na odwr. stronie karty tytułowej herb Lis i sześciowiersz Amanda Janowskiego. Dalej po dedykacyi prozą Fr. Łuk. Starzeńskiemu, wierszowane panegiryki dla tegoż i rodziny, odezwa poetycka do professorów Benedyktynów: Aug. Sierakowskiego, Hier. Szymańskiego, Falęckiego, Melit. Tomaszewskiego, Benedykta Falęckiego, Amandusa Janowskiego i Benign. Chyleńskiego. Kończy wiersz do Kantego Jakubskiego, opata trockiego, do St. Bartoszewskiego, opata tynieckiego, oraz do K. Pałaszowskiego, prof. Jag. — Dzików.

Albutius Paulus ob. Francken Christian (1610).

ALCANTARA Petrus (ur. 1499 † 18 Paźdz. 1562). Aureus libellus viri illuminatissimi Petri Alcantarae Hispani ord. min. regular. observ. recollectorum De Meditatione et Oratione ab ipso primum hispanice conscriptus, postea latine redditus a P. Antonio Dulcken Carthusiano. Nunc vero de Passione Domini incipiendo a domo Caiphae usque ad caput Sextum opera unius Patris conventus Posnaniensis PP. Bernardinorum iussu superiorum auctus. Accessit in fine praxis meditandae Passionis Dominicae et modus dilatandi affectus triplicis viae. Posnaniae in offic. Joan. Wolrabi A. D. 1627. w 12ce, str. 409, k. 2, (tytuł i dedyk.), k. 6 (vita) i 4 (Index).

Dedyk.: Maciejowi Łubieńskiemu biskupowi Poznańs.
Jocher 5546.
Czartor. — Jagiell. — Warsz. Uniw.

— Rozmyślania codzienne świętego Piotra z Alkantary zakonu św. Oyca Franciszka reformata z hiszpańskiego na łaciński, teraz na polski język z przydatkiem zebranych affektów W. Tomasza a Kempis przez jednego z zakonników św. O. Franciszka reformata kustodyi ruskiej, przetłumaczone, za pozwoleniem zwierzchności zakonney, nakładem pewnej J. W. tegoż zakonu dobrodziejki, (a teraz pobożnym zaleca się westchnieniom) do druku podane. W Zamościu w drukarni B. Jana Kantego r. p. 1750. w 8ce, str. 606. i k. 3 rejestru.

Na drugiej stronie approb. dat. Zamosci in residentia Academiae A. D. 1750. die 5. Januarii, podpisany: Paulus Łosiecki S. Th. D. et Prof., Protonotar. Apost., Scholasticus Zamoscensis, librorum censor.
Katal. Kaj. Jabłońs.

— Toż. Zamość, druk błog. Jana Kantego. 1759. w 8ce, str. 606.

W obudwu edycyach pod przedmową podpisany X. S. K. R(eformat.)
Katal. Kaj. Jabłońs. we Lwowie.

— Odpusty które papież św. Clemens dziewiąty poświęcając koroniki, różańce, obrazki, krzyżyki, metaliki, nadał ludziom przy kanonizacyi świętego Piotra z Alkantary zakonu Franciszka S. Obserwantów r. p. 1669. w 4ce, k. 4, z tych ostatnia czysta. Bez osob. tytułu, druk gocki.

Podpisani: Jan Seph. Ledzki, prowincyał ord. Observ., Fr. Vicarius Kalmorski, Alex. Sapieha Episc. 1670. d. 17 Martii.
Jagiell.

— Sposób krótkiego nabożeństwa do św. Piotra z Alkantary zakonu Braci Mnieyszey św. Franciszka, ściśleyszey obserwancyey reformatów prowincyi hiszpańskich y indyjskich Oyca y fundatora. Za dozwoleniem starszych. Kraków, Franc. Cezary. B. w. r. (około 1680), w 16ce, str. 34.

Na odwr. tyt. miedzioryt św. Piotra. — Na końcu imprimatur podpisał Franc. Przewowski. Jagiell.

— Toż, tenże tytuł. Za dozwoleniem starszych. W Warszawie, w druk. OO. Schol. Piar. A. D. 1698. w 4ce.

— Tenże tytuł. Za dozwoleniem starszych. W Poznaniu w druk. kolleg. Soc. Jesu r. 1715. w 12ce, str. 46.
Warsz. Uniw.

— Tenże tytuł, ... ściślejszej obserwacyey reformatora pewnego w każdych przygodach i potrzebach zbawiennych patrona. Za dozwoleniem starszych. W Krakowie roku pańsk. 1756. w 16ce, ark. A₁₂. Jagiell.

— Sposób krótkiego nabożeństwa do św. Piotra z Alkantary zakonu braci mniejszej św. Franciszka ściślejszej obserwancyi reformatów prowincyi hiszpańskich i indyjskich Oyca i fundatora. Za pozwoleniem zwierzchności przedrukowany r. p. 1779. W Łowiczu w drukarni JO. Xcia prymasa arcyb. Gnieźn. w 12ce, k. nlb. 25. Warsz. Uniw.

— Żywot św. Piotra z Alkantary. B. m. i r. folio.
Katal. Kaj. Jabłońs.

— ob. Broudinus Ant. (Hibernus 1670) — Paprocki Jan Alex. (Obraz prawdziwy 1671) — Teresia Sancta (Vita 1627).

14

Alchemia w Raju ob. Giżycki X. Stefan Bernardyn (1637).

Alchemickie fałsze ob. Poklatecki Stanisław (1595).

Alchimik ob. Sędziwoj M.

ALCIATUS Joann. Paulus Aryanin († w Gdańsku 1565). Epistolae ad Greg. Pauli a. 1564—5. Husterlitzii datae.

— 20. Theses de trino et uno.

— Epistola ad Abrach. Calovium. Gedani 1640.

Ciampi Bibliogr. I. 5. — Encyk. Orgelbr. I. 360. — Sandius Bibl. antitrinit. 27—8. (Są tu: Duae epistolae ad Gregor. Pauli 1564 i 1565). — Bock Hist. antitrin. Cz. I. T. I. s. 7. — Zeltner Hist. Socinismi.

Alcides, Thebarum Columen, Monsteorum Domitor seipsum suo nomine et fama universali exciens atque Serenissimo Principi Jacobo, Serenissimi ac Invictiss. Joannis III. Poloniae Regis filio, per scholasticam Juventutem. Regii Vladislai IV. Scholar. Piarum Varsaviens. Collegii inter teatralem apparatum donans et donatus dedicans, et dedicatus. Anno auctoritate divinitate Hominis 1683. die 21 Februarii. Varsaviae 1683. folio, k. 2.   Ossol.

Alcides Rossiyski Jan Mazepa ob. Orlik Filip (1695).

— saxonicus Augustus II. ob. Margowski And. Rud. (1697).

Alco sive in obitum ob. Rakwic Joan. (1593).

Aldobrandini Cynthius poeta florentski ob. Orzechowski Stanisł. (1594) — Zamojski Jan (De transitu 1594).

Aldobrandinus Hipolit Nuncius apost. (Klemensa VIII.) ob. Schoneus Andr. (De pace sarmat. 1589).

Aldobrandinus Piotr kardynał (1571 † 10 Lut. 1621) ob. Bellarminus Rob. (1616) — Malaspina German. (1596) — Orzechowski Stanisław (1594) — Peregrinus Lelius (1594) — Varsevicius Christophorus (Paradoxa 1601).

ALDROVANDI Pompejus. Instrumentum publicum sententiae latae per Reverendiss. O. D. Pompejum Aldrovandum, Patriarcham Hierosolimitanum Sacr. Rotae Romanae Decanum de voto omnium ejusdem Sac. Rotae RR. PP.

DD. Coadjutorum. Pro vener. Collegio Soc. Jesu civitatis Polociae contra Rvmum Archiepiscopum Polocensem totumque clerum Ritus Graeci uniti.... Datum Romae die 3 Augusti 1729. Romae, typ. Rev. Camerae Apostol. 1729. folio, str. 1.

Jocher 7975.   Ossol.

— Sacra Rituum Congregatione Emo et Rmo Dno Card. Aldrovando. Polona, seu Luceorien. beatificationis et canonizationis seu declarationis martyrii ven. servi Dei Andreae Bobola, sacerdotis professi Soc. Jesu. Responsio facti et juris ad novissimas animadversiones R. P. Fidei Promotoris super dubio, an constet de martyrio et causa martyrii, nec non de signis, seu miraculis in casu et ad effectum, de quo agitur. Romae 1749. Ex typ. Rev. Camerae Apostolicae. folio, str. 4, 13, 94, 48.

Jocher 7929.

— Sacra Rituum Congregatione Emo et Rmo Dno Card. Aldrovando Polona seu Luceorien. beatificationis seu declarationis martyrii ven. servi Dei Andreae Bobola sacerd. professi Soc. Jesu. Positio super dubio an constet de martyrio et causa martyrii nec non de signis seu miraculis in casu et ad effectum de quo agitur. Romae MDCCLI. (1751) ex typogr. Camerae Apostol. folio, str. 71, 56, 10, 24 i 13.

Jocher 7930.

Aldus Manutius ob. Manutius.

Ale Jakób królewicz Aragoński ob. Sława kwitnącej młodości (1682).

Alea mundi ob. Pastorius Joach. (1680).

ALEGAMBE Filip Bruxellensis S. J. (1592 † 1652). Bibliotheca scriptorum S. J. post occasum a. MDCVIII. Catalogum R. P. Petri Ribadeneire S. ejusdem theologi, nunc hoc novo apparatu librorum ad a. reparatae salutis 1642 editorum continuata, et illustrium virorum elogiis adornata. Accedit catalogus religiosorum Soc. Jesu, qui hactenus pro catholica fide et pietate in variis mundi plagis interempti sunt. Antwerp. apud J. Meursium. 1643. fol. k. nlb. 12, str. 586.   Jagiell.

ALEGRETTI et J. T. Lorbach. Literae unà cum protocollo commissariorum plenipotentium Regis Poloniae super tractatu, qui mediatoribus Sac. Caes. Majest. Ferdinandi III. legatis Alegretti ab Alegrettis et Johannis Theodori de Lorbach, cum Moschorum Czari commissariis plenipotentiariis, habitus et conclusus est Vilnae in Magno Ducatu Lithuaniae d. 3 Novembris, Anno 1656. interceptae à milite Succico, et è Polonico in Latinum idioma translatae. B. w. m. i r. w 4ce, ark. 2.

Polskich kommissarzy list dat. 8 Jan. 1657. Czartor. — Jagiell.

Aleksiewicz ob. Alexiewicz, Alexii.

ALEMBEK (Alempech, Alnpech) Aurelius Jan ze Lwowa. Syncharma gratulatorium in felicem e nationibus exteris adventum Illustrissimo et Reverendissimo DD. Georgio Tyszkiewic, Dei et Apostolicae Sedis gratia Episcopo Samogitiae ab Aurelio Joanne Alembek Leopolień. Philosoph. et Juris in alma Acad. Cracovień. stud. exhibitum. Cracoviae, Anno ab ortu Magni Pastoris 1641. (na końcu:) typ. Valeriani Piątkowski. w 4ce, kart 14.

Uniw. lwow. — Jagiell. — Ossol.

— ob. Slachetka Ignacy Stanisław (Ancylia 1641, Stephanoma 1641).

Muczkow. Statuta 312.

ALEMBEK Fridericus Leopoliensis (Alempech, Alnpech, Alnpek, Alembeg, † 1673). In laudem Joannis Leopolitae carmen ob. Joa. Leopolitae Quaestio de poenitentia 1619.

— Dissertatio de cometa, contra Hunterum de Argola 1652. (czy drukowana?)

— Quaestio de authoritate infallibili ecclesiae catholicae a perillustri ac admodum Rev. Dno D. Martino Campio Vadovio S. th. Doctore et professore, praeposito S. Floriani, M. Friderico Alembek philosophiae Doctori, S. theologiae licentiato, pro solenni inauguratione in Doctorem S. theologiae ad disputanda proponenda. Cracoviae in lectorio DD. theologorum die .... Julii hora .... Anno MDCXXXIV. (1634).

in offic. typogr. Mathiae Andreoviensis. w 4ce, ark. B₄.

Na odwr. str. tyt. herb Lewart, pod nim 6 wierszy łać. podpisał Waleriau Alembek bakałarz nn. ww. i filozofii. — Poczem dedykacya prozą łac. Henrykowi z Dąbrowiey Firlejowi biskupowi Przemyskiemu. W końcu idą konkluzye teologiczne. Jocher 3848.

Akad. — Jagiell. — Ossol.

— Xeniolum inclytae Civitati Leopoliensi, bonarum artium singulari propagatrici, patriae suae charissimae bono omine a Friderico Alnpechio, Leopolitano, in alma Academia Cracov. Phil. studioso, oblatum Cal. Jan. Anno Dni 1619. Cracoviae Chalcographo Basilio Skalski 1619. w 4ce, ark. C₃. (k. 11).

Przedmowa z daty 1618 r.

Bibl. Jagiell. — Ossol. — Czartor.

— ob. Fatowicz Nicolaus (1634) — Leopolita Joannes (1619) — Petrycy J. J. (1620) — Radziechowski Jan (1634) — Vadovius Martinus Campius (Quaestio 1634).

Bandt. Hist. dr. Krak. 450 — Torosiewicz. Die Brom zu Iwonicz 1838. — Krzyżanowski S. (Ognisko. Kraków 1862. N. 16 str. 5). — Józefowicz: Kronika Lwowa 1854. s. 158. — Enc. Orgelbr. I. 373. — Siarczyńs. I. 8. — Zacharyasiewicz Vitae Praes. IV—VII.

ALEMBEK Joannes (Alnpeck) († 1636) Carmen gratulatorium ad Georgium Radivilium Cardinalem, cum ex Italia ad administrandum episcopatum Cracoviensem revocaretur a Joanne Alnpeck Leopoliensi Rutheno. Patavii, 1591. w 4ce.

Krasińs.

— ob. Rudomicz Baz. (Leo leopoliens. 1651 s. 27). — Starowolski Szymon (Penu historicum 1620, 1653) — Szolc Caspar (Hymen nuptial. 1624).

Wiszn. VII. 538. VIII. 100. — Lipsius Just. Opera. Antverp. 1637. II. s. 358—9. — Bruin Georg. Civitates orbis. Colon. 1595—1618. Tom VI. 49. (Leopol.) — Chodyn. Hist. Lwowa 436—7. — Siarczyńs. Obraz. I. 8. — Pamięt. lwows. (Jan Bąkowski) 1816. — Encykl. Orgelbr. I. 541. — Łoziński Wład. Lwów staroż. II. 1890. — Barącz w Przeglądzie bibliogr. 1881. N. 8. s. 369.

ALEMBEK Lud. Valer. Pantheon virtutis et sapientiae eruditis prisci saeculi monumentis insignitum, laureato honori VV. DD. XX. primae laureae can-

didatorum, dum in alma Univers. Crac.
per Clariss. et Admodum Reverendum
Dominum D. M. Andream Augustinum
Czyrzyczkowic, Philos. Dr. et Profess.
Colleg. minorem, ecclesiae cellegiatae
SS. omnium Canonicum, in nobilissima
magnorum hospitum corona artium et
philosophiae baccallaurei ritu solemni
renuntiarentur, honorifice apertum. A-
moris et gratulationis ergo a Ludovico
Valeriano Alembek ejusdem laureae can-
didato panegyrico applausu coronatum.
Anno restauratae salutis 1682. mens.
April. d. 18. Cracov. in offic. Alberti
Gorecki 1682. folio, kart 12.

<small>Na odwr. str. tyt. karty herb z wierszem
Jak. Franc. Ożgiewicza. Następuje dedy-
kacya prozą Konst. Lipskiemu arcybisk.
lwowskiemu. Oda do św. Jana Kantego.
Egzaminatorowie: Baz. Olszyński, Franc.
Kaczorowicz, An. Aug. Czyrzyczkowicz.
Laureaci: Karlom. Myśliński, Dom. Rusz-
kiewicz, St. Barcz, Marc. Jak. Kozłowski,
Alb. Olszewski, Ant. Ventoni, St. Remai,
Alb. Dobranowski, Jak. Nowalski, Xaw.
Rotkiewicz, Paweł Młodecki, Laur. Gay-
kiewicz, Melch. Gogulski, Jan Pyzowicz,
Jak. Duninowicz, Jak. Kwaśnicki, Kazim.
Jan Cyranowicz, Józ. Poczełkowski, Mat.
Jagielski, St. Konracki. — Alembekowi
dziękuje za panegiryki Gogolski. (sic; nie
Gogulski, jak pierwej). — Za rektorstwa
Szymona Makowskiego.
Czartor. — Jagiell. — Ossol.</small>

— ob. Margowski Andr. Rud. (Coronamentum 1684).

<small>Juszyńs. Dykcyon. I.</small>

ALEMBEK (Alnpek) Waleryan prof.
matem. w Zamościu. († 1676). Dona
gratiarum venerabili Domino D. Martino Stanislao Wolfowic die 'quo ritu
solemni in magistrum artium et philos.
doctorem in Aula D. Jagellonis renunciaretur, exhibita per Valerianum Alnpek Leop: artium et philos. magistrum.
Cracov. in offic. typ. Martini Philipow-
ski. A. D. 1638. w 4ce, str. 12.

<small>Dedic. Andreae Wolfowic medic. doct.</small>

<small>Ossol. — Czartor.</small>

— Eucharisticon ad auspicatissimum
hymenaeum Valeriani Alembek, philo-
sophiae et medicinae doctoris, scabini
Leopoliensis et Catharinae Habermann.
Excudebat Andreas Jastrzębski Acad.
Zam. typogr. 1653. w 4ce, syg. C.

— Ode illustrissimo Domino D. Joanni in Zamoscie Zamoyski comiti in
Tarnów capitaneo Kałusiensi, etc. etc.
ab exteris nationibus feliciter redeunti
a M. Valeriano Alembek phil. D. in
Acad. Zamosc. math. profess. oblata.
Anno Dni 1646. Zamoscii typis acad.
exprim. Paulus Radicius, w 4ce, sygn.
C. (k. nlb. 10).

<small>Dedyk. Stan. Zamojskiemu, starości kałus-
kiemu.   Jagiell.</small>

— ob. Anczewski M. (Salutationes
1671) — Fatowicz Nicol. (Virtus non
expectans 1634 — Icon virtutis 1638) —
Mościcki Jakób (Salutationes 1671) —
Nowakowski A. (Minerwa 1638).

<small>Muczkowski (Statuta 307). — Zubrzycki
(Kronika s. 335, 445).</small>

Alembek (Alnpek) Zuzanna ob. Schulz
Gaspar (Hymen 1624).

Alen F. ob. Schmieden J. Ern. (Hymaeneus 1655),

(Alenbrok Jan). Lacrymae in excessum luctuoss. nobilis et consultiss. Domini Joan. von Alenbrok secretarii Rigae meritissimi. Rigae. 1640. w 4ce.

Alerac ob. Allayrac.

Ales Palatinus 1706. ob. Kocieł
M. K.

Ales Krasinius 1700. ob. Krasiński.

Alessandro nell Indie ob. Metastazy (1792).

Alessandro di Polonia ob. Crescim-
beni G. M. (Comment. 1711).

ALETHOPHILIS Germanus. Epistola
ad Sincerum Polonum de novi, quae
sub manibus est, Regis electione et in
serenissimum ducem Neoburgo-Palati-
num procerum nobiliumque Poloniae
inclinatione, maxime approbanda. Excusum anno Christi MDCLXXIV (1674).
w 4ce, 6 kart.

<small>O wyborze księcia Neoburskiego na króla
polskiego.
Autor zdaje się, że Jan Lyser (ur. 1631
† 1684) głośny z broszur o polygamii.
Adelung Gelehr. Lex. I. B. s. 559. odsła-
nia pseudonym i odsyła do Lysera J., lecz
tam ani o pseudonymie, ani o tem dziele
nie wzmiankuje.</small>

Alexander ad Indos, dramma 1747.
ob. Metastazy.

Alexander męstwem y odwagą Wielki z ukroconey Azyi w Daryuszu królu Perskim tryumfujący. Jaśnie Wielmożny Jey Mći Pannie P. Werenie z Dąbrowice Firlejownie kasztelance kamieńskiey, wielkich antenatów rowney heroinie, między teatralnemi umbrami od Łukowskiego schol. Piarum Merkuryusza produkowany. Roku tryumfującego z śmierci Chrystusa 1728. dnia (14 dopisane) miesiąca Lipca. W Warszawie, w drukarni WW. OO. schol. Piarum. fol. 4 kartki.

Dedyk. JW. Pannie kasztelance kamieńskiej. Na odwrotnej stronie tytułu herb Firlejów „Lewart." Treść dyalogu w 3 a. na 2 kartkach.
Jagiell. — Warsz. Uniw.

ALEXANDER ab Alexandro. Iuris periti Neapolitani. Genialium dierum libri sex. Illustrati et locupletati, semestribus eruditissimis et plane jucundis Andreae Tiraquelli, in curia olim Parisiensi senatoris amplissimi. Cui accessit Auctarium variarum notarum atq. observationum et pensiculata recognitio. Christophori Coleri Franci. etc. Francoforti, ex offic. typog. Nic. Bassaei. 1594. fol. k. niel. 6. str. 1011. i Index.

Dedyk. ad Vences. et Raphaelem Lescinios dominos in Lesno et Gołuchow Christophori Coleri Franci praefatio. 1 k. Z tej dedykacyi nic nie dowiadujemy się o Leszczyńskich.
Warsz. Uniw. — Jagiell.

ALEXANDER ab immacul. Virg. Casstris et Astris Marsowi y Jezusowi hołdujący kawaler JMPan Władysław z Lubrania Dąmbski towarzysz R. P. JW. J. P. Józefa Bogusława Słuszki marszałka nadwor. W. X. Lit. kazaniem pogrzebowym w kościele krakowskim Michała S. ogłoszony. Przez W. O. Alexandra ab immaculata conceptione B. M. V. karmelitę bosego dnia 23 Marca Roku P. 1684. uczyniona przytym starożytney Godziemby altimetria, z przydaniem pewnych w altimetryey na pożytek pospolity przed prasą drukarską dygressyi. Za dozwoleniem zwierzchności duchowney. W Krakowie, w drukarni Mikołaja Schedla

J. K. M. Typographi. s. a. (1684—5?). folio, str. 4 i ark. H. druk gocki.

Na odwrotnej stronie tytułu herb Dąbskiego i sześciowiersz polski. — Przedmowa do bisk. Dąbskiego. — Przeplatane zdaniami łać.
Akad. — Bibl. Jag. — Ossol. — Krasińs. — Branic. — Zbór ewang. wil.

— Castris et Astris Marsowi y Jezusowi hołdujący kawaler JMPan Władysław z Lubrania Dambski, towarzysz R. P. JW. JmPana Józefa Bogusława Słuszki, kasztelana Wileńskiego y hetmana polnego W. X. L. kazaniem pogrzebowym w kościele krakowskim S. Michała ogłoszony przez W. Oyca Alexandra ab immaculata conceptione B. V. M. karmelitę bosego dnia 23 Marca R. P. 1684. Przyczym wywiedziona starożytney Godziemby altimetria z przydaniem pewnych w altimetryey na pożytek pospolity przed prasą drukarską dygressyi, a na affektacyą ludzi wielkich, powtórnym drukiem światu wsławiony z przydatkiem registru rzeczy osobliwych. Za dozwoleniem zwierzchności duchowney. W Krakowie, nakł. Mikołaja Alex. Schedla J. K. M. typ. roku p. 1688. folio, k. 17.

Przypis Stan. Dąmbskiemu bisk. płock. Są tu skąpe szczegóły o rodzinach h. Godziemba. Polszczyzna mięszana z łaciną.
Akad. — Bibl. Jag. — Dzików — Ossol. — Uniw. lwow.
Jocher II. 70. — Cosmas de Villiers. Biblioth. carmelitana 1752. fol. T. I. str. 28. (Edidit patrio idiomate orationes funebres).

ALEXANDER a Conceptione B. M. Virg. Trynitarz. Diurnum spiritualium exercitationum in ordine SS. Trinitatis redemptionis captivorum longo usu receptorum novis quibusdam reflexionibus auctum. Religiosis ejusdem ordinis in provincia S. Joachimi oblatum. Varsaviae, typ. S. R. Majestatis. 1776. w 8ce, 4 k. nlb. str. 245 i I. errat.

Ded. Religiosis provinciae filiis.
Bibl. Jag. — Drohob.

— Summa doctrinae Christianae et moralis pro examine ecclesiastico a S. Concilio Tridentino et a multis summis Pontificibus requisita in gratiam ordinandorum, confessariorum succincto me-

110

thodo confecta. Varsaviae, typis S. R.
Mtis. 1776. w 8ce, str. 119.
ALEXANDRE, évêque-comte de Valence. Mandement de Monseigneur l'é-
vêque-comte de Valence, qui ordonne
qu'il sera fait un service solennel dans
son église cathédrale pour le repos de
l'ame du roi Stanislas de Pologne, et
des prières pour la conservation de la
Reine et le rétablissement de sa santé.
Paris 3 Mars 1766. De l'imprimerie de
G. Desprez, imprimeur du Roi et du
clergé de France. w 4ce, str. 6.
O Leszczyńskim Stanisławie.   Czartor.
Alexander a Jesu karmelita (1648
—1652) ob. Kochanowski Andrzej (Ex-
pedicya Gniazdo, Jednorożec, Metaphysica, Planety, Plastr, S. Potocki, Rzo-
ka, Śmierć, Topor. Wizerunek).
Jocher T. II. s. 70.
(Alexander Princeps). Epitaphium
quod principi Alexandro in Livonia,
Curlandiae et Semigalliae duci posuit
O. G. S. C. et S. D. C. S. I. 1686.
fol.   Bibl. petersb.
— ob. Frisen Henr. (1686) —
Weier L. (Naenia).
Alexander Carolus Poloniae princeps,
Sigism. III. filius, episc. samogit. ob.
Bogusz G. B. (In obitum oratio 1635) —
Geysz Heliaszewicz Stan. (Sereniss.
felicitatem) — Landi S. (Il. S. Alessio
1634) — Lipski Jan (Elogium funebre
1635) — Mascardi V. (Festa 1635) —
Olszewski Jakób (1632) — Ostrowski
X. Jakób (Kazanie na pogrz. 1635) —
Połubiński K. H. (Labarus funebr.
1635) — Przyłuski Baltaz. Stan. (Corona 1635) — Twardowski Samuel
(Pamięć śmierci 1634).
Alexander Casimirus princeps ob.
Starowolski Szymon (Lachrymae in o-
bitum 1634).
Alexander Benedykt princeps (ur.
1677 † 1714) ob. Sobieski Aleksander.
(Alexander I.). Na wspaniały festyn
z okoliczności urodzenia Alexandra Pa-
włowicza, pożądanego syna Nayiaśnieyszych Wielkich Xiążat i następców
tronu całey Rossyi w Warszawie, R.
1778. d. 24 maja uroczyście sprawiony

wiersz od obowiązanego Imperatorskie-
mu Maiestatowi zgromadzenia XX. JJ.
kraju zakordonowanego. W Warszawie,
drukiem Michała Grölla, księgarza nadwornego J. K. Mci (1778). w 4ce,
str. 7.   Czartor.
Alexander VI. ob. Vitellius Erasmus.
ALEXANDER VII. Papież. († 1667 r.).
Breve declarationis juramenti praestan-
di ab alumnis collegiorum pontificiorum
Alexander Papa VII. ad futuram rei
memoriam. w 4ce, k. nlb. 4. (druk z
XVIII wieku).   Warsz. Uniw.
— Copia epistolae decretalis 1663.
ob. Fagnanus.
— Responsa sac. congregationis u-
niversalis inquisitionis a SS. D. N. Alexandro VII. approbata; ad quaesita
Misionariorum Soc. Jesu apud Sinas.
Anno Dom. 1656. Superiorum permissu. Romae, ex typog. rev. com. apostol.
1656. fol. str. 14.   Ossol.
— Venerabil. Fratribus archiepiscop.
Poloniae et Lituaniae. Romae, ex typ.
reverend. Camerae apostol. 1657. w 4ce,
kart 3.   Ossol. — Czartor.
— ob. Biskup (1786) — Informatio (1661) — Nirembergius Joannes
Euzeb. (1666) — Rudzki Alex. M.
(1655) — Susza Jakób (Cursus vita
1665) — Tomisławski Franciszek Dominik (Auri veritas 1655).
Alexander VIII. ob. Lekarstwo (1749).
(Alexander Rex). Alexander super
mensas debellatus in Alexandro Rege
Scotiae inter solennes regiarum mensa-
rum epulas et hilares choreas, horrore
e tristi mortis saltu, prostrato, orbi
quondam exhibitus, nunc denuo ab Ill.
perill. praenob. ac magnifica oratoriae
facult. juventute in acad. Viln. Soc.
Jesu ludis antecineralibus in theatrum
deductus. Et a principe pacis nato
1716. die 22 Febr. fol. k. 2.
Kraszew. Wilno IV. 232.
Alexander, Valachiae princeps ob.
Łaski Wojc. (Oratio 1561).
ALEXANDER de Villa Dei Dolensis.
Prima pars doctrinalis Alexandri cum
sententiis notabilibus et vocabulorum
lucida expositione nonnullisque annexis

argumentis cum eorundem replicis, terminationum quoque finalium, declinationum sic ac conjugationum in foliorum marginibus noviter ad novellorum in grammatica incipientium profectum adjunctis: cum quibusdam aliis additis pro scientiis aliqualiter profectis. Praeterea omnium vocabulorum indicem, que in prima parte continent theutonice et polonice exposita secundum ordinem alphabeti antea nunquam impressum. Impressum Lyptzk (1525?). w 4ce, kart CXX.

Bandt. H. dr. krak. 71. — Jocher 903.

— Glosa notabilis secunde partis Alexandri etc. kart CV. Tertia et quarta partes doctrinalis(?) magistri Alexandri cum commento(?) valde utili textus dante intelligentiam summariam, quarum tertia docet de quantitate syllabarum, quarta de accentuatione cum novis quibusdam sententiarum additionibus. kart XXXII. a na ostatku na karcie bez liczby rzymskiej: Impressum Lipsie. Anno Domini millesimo quingentesimo vigesimo quinto.

Bandt. Hist. druk. krak. 72.

Alexander Gallus ob. Głogowczyk J. (Exercitium II. partis 1504, 1510, 1517. — Secunda pars doctrinalis 1500).

Alexander dux ob. Hartmann Phil. Jak. (1686).

Alexander episcopus vilnensis(?) ob. Mazowiecki S. I. (1644).

Alexander Hertzog ob. Chwałkowski Mik. (1686).

Alexander Hieronymus ob. Introductorium (1535).

Alexander od N. M. Panny ob. Magnuszewski.

Alexander Magnus genere, meritis 1704. ob. Wyhowski.

Alexander Wielki (Magnus) ob. Alessandro — Ciechanowski A. H. (1720) — Curtius Quintus (1618) — Czerwiński Kaz. Ant. (1753) — Historia (1550) — Historya o żywocie (1611) — Hoffman Jan Daniel (1763) — Kaliński Jan Damascen (1689) — Kolberg Godefred (1701) — Łochowski Stanislaus (sive

exempla 1646) — Morsztyn Piotr (Puer 1675) — Plutarch (b. r.) — Retorowie (1728).

Alexander król polski ob. Vitellius Er. (Obedientia 1505).

Alexander królewicz. Manifest 1704. ob. Sobieski Alex.

Alexander Sanctus ob. Sewerynowicz Jan Chryzost. (Vincula 1747).

Alexander Slucensis dux ob. Sturmius Joannes (Epistola 1581).

Alexander Vitoldus ob. Bellaria (1717).

Alexandrinus Codex ob. Woidius Carolus Godofredus (Notitia 1788).

Alexandrinus D. obacz: Memoriale (1627).

Alexandrowicz ob. Młodecki Józef (Żądania 1776) — Tyzenhaus (Replika 1790).

ALEXANDROWICZ Adrian X. Traktat mądrości duchowney albo experiment nabożny duszy, z trzema głównemi nieprzyjaciołami, to iest, z światem, czartem y ciałem, na cztyry części rozdzielony, na polu krwawey męki Jezusowey odprawiony, nowym nabożeństwa orężem uzbroiony, krótkim rythmem opisany, pod buława i komendą JW. Jego Mości Pana Stanisława Denhoffa wwdy Połock. hetmana poln. W. X. Lit. miecznika koron. grodowégo Nowomieyskiego y Mozyrsk., Kałusk., Latowick., Lucyńsk., Zydekańs., etc. starosty. Do używania wiernym duszom podany przez.... zak. braci mnieysz. S. Franc. de Observ. kaznodz. generaln. na ten czas kustosza y gward. konwentu wileńsk. w dr. akad. S. J. Roku traktującego z ludźmi Boga 1722. w 4ce, str. 341, Dedyk. i przedmowy k. 14.

Alexandrowicz Dominik marszałek tryb. litew. ob. Macedoniusz (1770) — Modrzewski Andrzej Fryd. (O poprawie 1770).

Encykl. pow. I. 448.

ALEXANDROWICZ Fabian. Głos J. W. Pana generała adjutanta B. W. Lit. majora kawaleryi narodowey, posła z województwa smoleńskiego na sejmie grodzieńskim roku 1790 Junii 24 dnia miany. 1793. fol.

Branic. — Krasińs.

— Głos J. W. generała adjutanta B. W. Lit. majora kawaleryi narodowej, posła z województwa smoleńskiego na sejmie grodzieńskim 1793. Junii 26 miany. fol. Branic.

— Głos Jaśnie Wielmożnego.... posła smoleńskiego na sejmie grodzieńskim 1793 Junii 28 miany. fol. 1 str.

Jagiell. — Krasińs.

— Głos J. W. posła smoleńskiego na sejmie grodzieńskim 1793 Julii 3 dnia miany. 1793. fol. Branic.

— Głos J. W. generała adjutanta B. W. L. majora kawaleryi narodowej, posła smoleńskiego na sejmie grodzieńskim roku 1793 Julii 12 dnia miany. 1793. fol. Branic.

— Głos J. W. generała adjutanta B. W. L. majora kawaleryi narodowej, posła z województwa smoleńskiego 1793. Julii 17 miany. 1793. fol. Branic.

— Głos J. W.... generała adjutanta B. W. L. majora kaw. narod. posła z wojew. smoleńs. na seymie grodzieńs. 1793. Julii 26 miany. B. w. m. d. folio, str. niel. 2. Krasińs.

— Głos Jaśnie Wielmożnego Imci Pana.... generała adjutanta B. W. Lit. majora kawaleryi narodowey, posła z województwa smoleńskiego r. 1793. m. Sierpnia 8 dnia miany. fol. str. 3.

Krasińs. — Jagiell.

— Przymówienie się... Vice brygadyera kawal. narod. in turno na sessyi seymowey d. 23 Novembris 1793 r. folio, str. niel. 1. Krasińs.

— ob. Grodno (Głosy 1793).

(Alexandrowicz Hier.). Produkt w sprawie W. I. P. Hieronima Alexandrowicza z ekonomią I. K. Mci Grodzieńską. B. m. (1784). fol. sygn. A—B₂.

Jagiell.

ALEXANDROWICZ Jan Aloj. Witold. Bisk. Chełm. (1716 † 10/9 1781). Ecclesiarum metropolit. Leopol. canonicus cathedr. Premisliensis decanus, camenecensis praepositus, vicarius in spiritua-

libus et officialis Varsav. ac per ducatum Masoviae generalis. Dat. Varsav. die (19) Febr. A. D. 177(4). Facult. vescen. carn. etc. temp. Quadragesimae.

— Eques ordinis sanc. Stanislai universo dioecesis nostrae clero intra regnum Galiciae constituto, salutem. Skurbinoviae, octava Augus. Anno 1781. fol. k. 1. Ossol.

— Toż. Crasnostaviae, 20 August. 1781. fol. ark. Ossol.

— Communicatio binarum literarum gubernii clero suo. 1781. fol. k. 2. Jocher 7941.

— Mowa JW. JXdza Jana Aloyzego de Witolf Alexandrowicza, kanon. i deput. z archikapit. lwowskiey, proboszcza kamienieckiego, skaliskiego etc. przy limicie trybunału miana dnia 30 Grudnia 1756.

Mieści się w: Mowy wyborne. Lublin 1759. str. 370—371.

— Mowa żałobna przy exportacyi (ś. p. Andrzeja Stan. Młodziejowskiego, Bisk. Pozn. i Warsz.) w kościele św. Jana kollegiaty warszaws. r. 1780 miana. B. w. m. i dr. fol. kart 4. Jagiell.

— Proces biskupa Chełmskiego (o śmierci Maryi Teresy). folio. (w Krasnostawie).

Katal. Batows.

Święcki Pamiąt. I. 273. — Encyk. Orgelb. I. 417—8.

Alexandrowicz Joannes Casimirus ob. Messis (1720).

ALEXANDROWICZ Jędrzej h. Szreniawa, filozofii doktor i profesor w uniw. krakowskim. Monopodii de tripode ruina seu columnae Ossolinianae iam ex tribus fratribus ultimae fortissimis illustrissimae asciae atlantibus, clarissimis patriae in orbe Sarmatico toga nestoribus, sago aiacibus, piissimis religionis catholicae pompiliis, nunc violentis inevitabilis necessitatis manibus fractae. Illustrissimi ac magnifici domini D. Maximiliani comitis de Tęczyn, in Ossolin Ossoliński castellani Czernensis depicta effigies a M. Andrea Alexandrowic philosoph. doct. ejusque in academia Cracovien. professore frequentissimis hospitibus luctuosa inter monodia in Klimuntów proposita anno a partu virginis 1655. die 28 Jan. Cracoviae, apud Lucam Kupisz S. R. M. typ. folio, k. 15 niel.

Na odwr. str. tyt. herb Topór i pod nim na pochwałę 6 wierszy łać. napisał Remigi Konstanty z Głowa Lasocki, student wymowy. — Przypisane prozą łac. Janowi komandorowi maltańskiemu poznańskiemu, Zbigniewowi opatowi koprzywnickiemu, Władysławowi kanonikowi krak. i płockiemu, Alexandrowi Maxymilianowi, Franciszkowi Sieciechowi na Tęczynie i Ossolinie Ossolińskim kasztelanicom Czerskim, synom zmarłego, przez autora panegiryku. Trudno uchwycić jakiś wątek do żywota Ossolińskiego. Krasiús. — Akad. — Jagiell. — Ossol.

— Job i Tobiasz, wierszem polskim. Jabłonow. Ostafi 1751. — Jabłonowski in Musaeo Pol. str. 20.

— De missae sacrificio. Jabłonowski in Musaeo Pol. str. 20.

— De secta Turcarum. Jabłonowski in Musaeo Pol. str. 20.

Alexandrowicz Józef Witołd ob. Jaworski Stan. II. (Pierwszy 1779).

Alexandrowicz Krzyszt. ob. Rasius Ad.

ALEXANDROWICZ Stanisław. Sprawa WJP. Stanisława Alexandrowicza, starosty wasiliskiego, pana a starozakonnego Nochima Kopelowicza kupca z JPP. Antonim Domańskim y Piotrem Teplerem. (r. 1785). fol. str. 8. Jagiell.

Alexandrowicz Stanisław ob. Gajdziński Marcin (Kazanie 1788).

Alexandrowicz Tadeusz ob. Chomińscy (Sprawa) — Kadłubowski Michał (1787).

ALEXANDROWICZ Tomasz († 1799). Głos J. W. Imci Pana Alexandrowicza kasztelana podlaskiego in turno miany dnia 3 Listop. 1788 r. Warszawa, Dufour. fol. k. 1. Czartor.

ALEXANDROWICZ Tomasz Witołd († 28 Wrześn. 1794). Kleomira albo igrzysko fortuny na cudownych szczęścia i nieszczęścia granicach fundowane, nayprzód francuzkim, potym angelskim językiem do druku przez pewną damę w r. 1449 podane, a na polski tłomaczone przez rzetelnego i prawdziwego

poczciwych polaków syna w r. 1754. W Warszawie, w druk. J. K. Mci i Rpti kolleg. Soc. Jes. 1754. w 4ce, str. 346.

Na odwr. str. herb Aug. III. Dedyk. Augustowi III. i Maryi Józefie. Jest tu od str. 314—346 Arselin i Kleomira tragedya wierszem w 3 a.

— Toż, tamże. 1754. (Jedyną różnicą od poprzedzającego jest sygnatura pierwszej kartki, zresztą wszystko zupełnie toż samo). Bandt. Hist. druk. II. 196. — Święcki Pamiąt. 1858. I. 273. Czart. — Dzików — Ossol. — Polkows. — Jagiell.

— ob. Corneille (Kornel) (Herakliusz 1749).

Alexandrowiczowie ob. Protokół.

Alexandrum omnium clariss. ob. Lützow B. C. (1664).

Alexiejewicz Jan († 1696) ob. Galatowski Joanicyusz (1683).

Alexiewicz Piotr ob. Piotr W.

Alexiewicz Fiedor (Teodor) († 1682) ob. Baranowicz Łaz. (1670) — Gizel Innocenty (1674, 1678, 1680) — Tanner Bernard Leopold Franciszek. (Legatio 1689).

Alexiewna Natalia ob. Iliński Michał (b. r.).

Alexis Ecloga ob. Samboritanus (1566).

Alexius a S. Bernardo, Lubelczyk ob. Brzechffa Jędrzej (Opisanie 1610).

Alexy Michałowicz Car († 1676) ob. Alexy (Człowiek Bożij, diałog 1674) — Galatowski (Messyasz 1672) — Müller Ernest (1662).

(Alexy Petrowicz Carewicz) († 7 Lipca 1718). Orbis geminus immortalis connubii foedere ad christiani nominis conjunctionem, ad integritatem universi colligatus, in Seren. a Poten. S. Careae (tak) Maj. filio unico Alexio Petrowicz Imperii Russiae Principe haerede; et Ser. Principe ac D. Dom. Charlotta Christina Sophia Duce Brunsvic. et Luneburgensi auspicatissimae fortunae sponsis inter publica Regnorum vota epithalamico plausu adoratus devotissime suae Careae Serenitati collegio Torunensi S[?] Jesu. Anno

MDCCXI. die VI. Decembr. Thorunii, impressit Johannes Nicolai nob. Senat. et Gymn. typographus. 1711. fol. kart 11.

Jezuici opiewają wierszem chwałę Alexego, Dołhorukiego, Mężykowa, Szeremete, Galiczyna.　　　Jagiell. — Krasińs.

— Supplex Parnassus Petri M. Russorum Caesaris filio Serenissimo Principi Alexio, dum hospes ex Polonia iter adornaret prono vertice advolutus. Cracoviae, typis Universitatis. 1710. w 4ce, 28 str.

Elegie, dytyramby i ody.
　　　　　Czartor. — Bibl. petersb.

— ob. Alexy Św. (1710) — Jamborski Matthias (Gazophylacium 1710) — Staehlin (Anegdoty 1789) — Zawiet (1703).

(Alexy św.) (Rzymianin, Spowiednik). Compendium vitae S. Alexii Romani confessoris et Officium ejusdem in gratiam studiosae juventutis editum. Lublini, typ. Coll. Soc. Jesu. A. 1699. w 16ce, k. 6.

Tytuł w obramowaniu.　　　Jagiell.

— Toż. Lublini. Typ. Coll. Soc. Jesu. 1700. w 12ce, k. nlb. 6.

Tytuł i całe dziełko odmiennym drukiem od edycyi z r. 1699.　　　Jagiell.

— Życie krótko zebrane S. Alexego Rzymianina, wyznawcy tegoż officium abo godzinki na przychęcenie do nabożeństwa ku niemu, nabywaiacey w szkołach młodzi wydane roku utaionego w ciele ludzkim Boga 1700. Z dozwoleniem przełożonych. W Krakowie, z druku Mikołaja Alexandra Schedla, J. K. M. ordy. typo. (1700). w 16ce, str. 24.　　　Jagiell.

— Żiwot błogosławenego Alexego spowednika. Drugi żiwoth Eustachiusza Męczennika. Ku czytelnikowi szostowiersik: Chceszli dostępitz niebieske radości — Zgardziż rozkoszi, ucz se cirpliwości — Nie mnimay iechatz z god potim na gody — Pomni bogacza hoynego przigody. — Zgardzitz rozkoszi żywot Alexego — A cierpliwości uczi Eustachego. — Jan. S. czinil. (Na końcu): Prassowano w Krakowie przez Macieia Szayffenberka. Lata Bożego 1529. w

8ce, 3 półarkusze. Syg. A—C. druk gocki.

Pisownia do czeskiej zbliżona n. p. spowednika. Jest także c i r z kropką w miejsce cz i rz, a z niemiecka tz za c.
Bandt. H. d, k. p. I. 441.　　　Jagiell.

(Alexy Św. Metropol. Kijowski). Niesłychany przedtem nowej świątobliwości przykład. Alexy święty w klejnotach herbowych niezwyciężonego ruskiej monarchii Czara ob. Frydrychowicz Dominik (1710).

(Alexy). Aleksij człowiek Bożij, sceniczeskij dialog w czest' Caria i Wielikawo kniazia Aleksia Michajłowicza przedstawlennyj i wznamenie wiernawo poddanstwa czrez szlachetnuju mołod' studentskuju w kollegium kijewo-mohilewskom na publicznom dialogu w hodot sotworenija swieta 7182, a ot rożdestwa Christowa 1674 paki miru jest jawlennyi. (Na końcu): Sie dieło po żełaniu Jewo Carskawo Preswietławo Wieliczestwa, Boliarina i Namiestnika Niżegorodzkawo i wojewody kijewskawo, błagorodnawo kniazia Gieorgija Pietrowicza Trubeckawo, napieczatasia w światoj, wielkoj, czudotwornoj ławrie kijewo-pieczerskoj ot Rożdiest. Ch. 1674 mies. fiewralia, dnia 22. w 4ce, kart niel. 6.

Jestto treść dyalogu, w języku cerkiewno ruskim.
Karatajew. N. 807.　　　Krasińs.

— Alexy drama abo więc Pasterka Jaśnie Wielmożnemu Panu a Panu Michałowi Kazimierzowi kniaziowi z Kozielska Ogińskiemu hetmanowi wielkiemu W. X. Lit., staroście kalwaryjskiemu, uszpolskiemu etc. etc. kwoli uszanowaniu wielkiey uroczystości Imienin, a życzliwych prawdziwie chęci oświadczenia od szkół Słonimskich Societatis Jesu wyprawiona i przypisana r. 1769. 4 marca. w 4ce, 13 kart nlb.

Dyalog grany w Słonimie.
Wizerunki nauk. Wilno. 1841. T. 55. str. 98.

— Alexy, prawdziwe okupu naszego wyrażenie. Tragedya w dzień uroczysty wprowadzenia bractwa Serca Jezusowego do Krośnieńskiego kościoła Soc. Jesu wyprawiona, a przez kawalerów konwiktu na publiczney szkół sali pu-

blicznemu widokowi podana. Roku od-
kupienia Narodzonego 1770. w 4ce, k.
nlb. 7.   Ossol.
— Biała Lilia na trzech S. Ale-
xego stopniach wyrosła, kvvitnącey
niesmiertelna Gozdavva herbownego
domu sławvie Jego Mości Pana P. Iana Gizickiego, chorążego owrvckiego,
rotmistrza Jego krolewskiey Mści, zu-
pełnym kandorem, od szlachetney poe-
tyckiey młodzi collegium Gorskiego,
Piarum Scholarum na publicznym theatrum wysadzona. I za należyty present ofiarowana. Roku z Liliey narodzonego w ciele kwiatu 1683. W Warszawie w druk. Piar. Schol. w 4ce, str.
nlb. 4.   Bibliot. A. Wolańsk. w Rudce.
— ob. Chróściński Stan. (Zbiór za-
trudnień 1712) — Frydrychowicz Dominik (1710) — Henschenius (Vita) —
Landi Stef. (dramma 1634).

ALEXY ksiądz. Officium albo godzinki do Panny Maryi przez Oyca Alexego. W Krakowie, M. Dyaszewski.
1742. w 8ce, str. 206.
Jocher 6909.

Alexy od Najśw. Panny. Kazanie
1692. ob. Magnuszewski Alexy.

ALEXSWANG Marcin. Gratulatio de
foelici e Polonia adventu in regiam terrarum Prussiae munitissimam arcem
Marienburgensem nobilis Michaelis Fri-
dewaldi, officij regij contra rebelles subditos instigatoris strenui. Scripta hortatu
bonorum Prutenorum civium per nobilem Martinum Alexsuangium, indige-
nam Elbingensem, Anno Dni 1572.
Cracoviae in officina Matthaei Siebeneycher. A. D. 1574. w 4ce, 12 kart
niel. na końcu herb polski z liliami
Francyi na piersiach.
Po tytule na Iej karcie jest portret Fride-
     walda w 53 roku życia w sukni hono-
     rowej i z trzema na piersiach medalami.
     Na odwrocie jest herb jego (Frydewald) —
     poczem powinszowanie na szczęśliwy jego
     przyjazd do Malborgu. — Autor mieni
     go mężem tak w publicznem jak i pry-
     watnem życiu bez skazy, którego wy-
     sokie cnoty gasiły wszelkie potwarze prze-
     ciw niemu przez nienawistnych wymierzane.
     Juszyńs. I. 4. mylnie ma r. 1572.
     Czartor. — Jagiell. — Krasińs. — Ossol. —
     Gdańska Kapit.

— ob. Kurowicz Jan (1650).

Alfa i omega, to jest naczatok i koniec, izbrannyja ot bożestwiennych pi-
sanii, ewangelskoj propowiedi, Apostolskich uczenii i ot prawit sw. Otec, i
procz. perewod s greczeskawo. Wilno,
1786. w 4ce.
— Toż w Supraslie. 1788. fol.
Jocher 2438.

Alfabet ob. Gadebusch Jak. (Vesti-
bulum 1621).

Alfaracius Gusmanus ob. Ens Gasp.
(1652).

Alfawit ritmami słożennyj, soczine-
nije archiepiskopa Joanna Maksimowi-
cza, napiecz. w Czernigowie, druk.
Klasztorna. 1705. folio, kart 9, 140, 1.
Nadto anagramma ryte na miedzi.
Tołstoj N. 208. — Karat. N. 1248.
Bibliot. publicz. Petersb. — Bibl. petersb.
Akad. nauk — Bibl. Karatajewa — Bibl.
Towarzyst. histor. — Krasińs.
— ob. Maksymowicz Jan.
— duchownyj w polzu inokom i
mirskim socz. sw. Dimitrija mitrop.
Rostowskawo napiecz. w Kijewie 1710
fiewrala 2. w 8ce, kart 4 i 192.
Sopikow Cz. 1. N. 42. — Karat. N. 1310.
Bibliot. publicz. Petersb. — Bibl. Akad. Nauk
     petersb.
— duchownyj, w polzu inokom i
mirskim, socz. św. Dimitrija mitrop.
Rostowskawo, napiecz. w Kijewie w
1713. w 8ce, kart 4 i 197.
Sopikow Cz. 1. N. 43. — Karat. N. 1352.
Bibliot. publicz. Petersb. — Bibl. petersb.
     Akad. nauk.

ALFELD Detleff. Einige Schreiben
von 9, 12, 16, 19 Januarii, 14, 17,
24 Febr. 1658 an den König von Dänemark die Polnischen Angelegenheiten
betreffend. w 4ce.

ALFONSI ducis Ferrariae Stanislao
Karnkovio episcopo Vladislaviensi epistola, qua viros nobiles equitem Guari-
num, Alexandrum Baransovium, et As-
canium Giraldinum ad eum salutandum
mittit. Datum Ferrariae annis 1575.
Octobris.
ob. Literae Clar. Virorum w Histor. polon.
     Dlugosii. Lipsiae 1712. T. II. str. 1733.

Alfons ob. Znak zwycięski (1702).

Alfurkan tatarski o! Czyżewski
Piotr (1616, 1617, 161.. 640).

ALGAROTTI. Seym walny Cyterski P. hrabiego Algarotti z włoskiego prze-tłumaczony przez Maryannę Maliszew-ską S. M. — B. m. dr. i r. (około r. 1790). w 12ce, str. 143.
Zielińs. — Jagiell. — Ossol.

Algebra ob. Czochron Seb. J. Kan-ty (Alg. Wiadom. 1780) — Hell X. Maxymilian (1760) — La Caille (1773) — L'Huiller (dla szkół narod. 1782) — Scherffer C. (1773) — Us-trzycki Andrzej Sebastyan (1773) — Węgleński Jozafat (Algebra początkowa 1775).

Algeos Mnemejon in funere Pauli Hercii ob. Jaxan Stan. (1648).

Algorismus, Algorithmus, Algoritmus ob. Algorithm — Joannes de Sacrobusto (ob. Sacrobusto) — Kłos J. (Algorithmus tj. nauka liczby 1537) — Łańcut Jo-annes (integrorum 1504, linealis 1510, 1515, 1517, 1519, 1534, 1538, 1548, 1556, 1558, 1562) — Peuerbach (1515, 1530, 1537) — Sacrobusto Joannes (b. r., 1504, 1509, 1511, 1517, 1518, 1521, 1522, 1524, 1533, 1537) — Scriptoris H. (proportionum 1514) — Stromer Henr. (linealis 1524, 1526, 1536).

Algorithm ob. Algorismus — Dessera-nus (to jest nauka liczby 1602). — Kłos (Nauka 1537) — Wojewódka (to jest nauka liczb 1553, 1574).

Algorithmus nouus de integris com-pendiose sine figurarum (more Italorum) deletione: compilatus artem numerandi omnemque viam calculandi enuncleatim brevissime edocens. B. r. m. i dr. w 8ce, k. 4. (brak końca).
Czy ʑ r. 1491? Porównaj edycyę z r. 1526. Czartor.

— novus de integris, compendiose sine figurarum (more Italorum) deletio-ne compilatus: artem numerandi, om-nemque viam calculandi enucleatim bre-vissime edocens. Na końcu: Impressum Cracoviae per Hieronymum Vietorem. 1526. w 8ce, k. nl. 8. dr. goc.
Pisany był zapewne 1491 bo w tekscie zwie ten rok annus currens. Być więc może, że to jest oddruk poprzedniej edycyi. Żebrawski: Bibl. mat. 354.
Czartor. — Jagiell.

— proportionum una cum mono-chordi generis duatonici compositione. Na końcu: Impressum Cracoviae per Volfgangum de Argentina Anno domini 1514. die 29 Julii. w 4ce, 8 k. nlb. typ. łat. (Na tytule w ozdobach drukarskich Valentinus Eckius Philyripolitanus po-łożył 6 wierszy): Tetrica frugalis cu-piens documenta Mathesis — Adsis, nam referant totius artis opes. — Eu-clides quidquid celebris, Boetius asper-Scripsere, exiguus continet iste liber. — Hinc tibi quadruuij (sic) si clausa est ianua opimi. — Non es prudentum dignus adire chorum. — (Niżej zdanie): Si dii volunt biga venena non vocebunt.
Na odwrocie tytułu dedykacya z napisem: Magnifico ac Generoso Domino Domino Christophoro de Nigromonte ac Boskowytz, domino in tribouin Henricus Scriptoris Er-phordensis liberalium artium baccalaureus. S. P. D. — Datowana z Krakowa 1514. Oświadcza w niej o wydaniu innego dziełka: Quod si tua mag. hec (ut non diffido) hilari vultu, obviisque manibus suscipiet, propediem tractatulum quendam de corporum mensuratione quem continuo absolvam in lucem dabo. — Na końcu rycina wyobraża króla w pancerzu z ber-dyszem (Bolesława Śmiałego?), św. Stani-sława oraz herb Sulima.
Żebrawski. Bibl matem. str. 87. Ossol.

ALHAZENUS Mazanus Arabs (Abu Aly Al Hasan Ben Alhasan). Opticae thesaurus Alhazeni Arabis libri VII. nunc primum editi. Ejusdem liber de crepusculis et nubium ascensionibus. Item Vitellionis Thuringopoloni libri X. Omnes instaurati, figuris illustrati et aucti, adiectis etiam in Alhazenum com-mentariis a Federico Risnero. Basileae, 1572. fol. str. 288 i 472.
Chreptowicz — Czartor. — Jag. — Warsz. Uniw.

— ob. Vitellio.

ALIBANI Andreas. Discorso di — per la Cometa conspicua al meridiano di Bologna la notte delli 17 Decembre 1664. dedicato all Illustr. et Eccellen-tiss. sig. Abbate Girolamo Lubomirshy. In Bologna, per gli heredi di evange-lista Dozza 1664. Con licenza di Supe-riori. w 4ce, str. 12. Jagiell.

Alidora ob. Skromność (1782).

Alienatio ob. Górski Jacob (1629).

Alimonia spiritualis ob. Dambrowski Josephus (1722, 1748, 1755, 1762, 1772).

Aliphius Ludovicus sekr. Bony ob. Cicero (Pro Archia 1518) — Franconius Mathias (1534).

Aliquid juris brevem notitiam juris canonici continens, modum simul allegandi ex utroque jure, breviaturas legendi juris canonici regulasque ejusdem iuris ordine alphabetico exhibens. In gratiam studiosorum iuris a quodam Soc. Jesu Theologo luci datum cum facultate superiorum. Imprimatur. Carolus episcopus m. p. Vilnae, typis academicis Societatis Jesu. A. D. 1728. w 4ce, sign. A—C₃.
Jagiell. — Wilno.

ALISCHER Sebas. z Buntzel (ur. 1602 † 4 Marca 1674). Piastus octo seculorum princeps serenissimus, versibus elegiacis celebratus a Sebastiano Alischero P. L. C. Min. Lign. Petro-Paulino. Lignici, typis Sartorianis. A. D. MDCLIII. (1653). w 8ce. Na początku wraz z tytułową kartą 4 karty nieliczbowane. Następnie idzie sygnat. A—B₅.
Katal. Batowsk.
Czartor. — Wrocł. miejska.

— Piastus e cive oppidano princeps Poloniae creatus, ex historiarum monumentis actu scenico repraesentatus. 1626. w 12ce.
Dyalog sceniczny. — Później pisali o Piaście dyalogi Bitiseus (1655) i Stief (1772).

ALITOPHILUS Calliander Sarmata. In senatulum loviceusem: cui praefuit Aloisius Luppomannus, legatus antychristi romani (carmen) Alithophili Calliandri, Sarmatae. A. D. 1556. w 4ce.
Tego pseudonymu używali także Morisot Kl. B. (1624) Fludd Rob. († 1624) i inni. Porównaj: Alethophilus.

Alkober Jan ob. Nowowiejski Felicyan (1753).

Alkoran ob. Galatowski Jan (machomet. 1683) — Guadagnolo Filip (na wywrócenie wiary 1699) — Nau X. Michał (Wiara 1692, 1697) — Rutka T. (ob. Guadagnolo) — Skarga Piotr (Messyasz 1612).

ALLAINVAL Leonore Christ. († 2 Maja 1753). Kłopot z bogactwy. Komedya we 3 aktach z francuzkiego przetłomaczona y na teatrze warszawskim reprezentowana. Warszawa, w drukarni Piotra Dufour. 1784. w 8ce, str. 150.
Ostatnia strona oznaczona mylnie 139.
Jagiell. — Czartor.

Allandus X. ob. Augustyn Aureliusz (1617, 1620, 1788).

Allart Hugo ob. Atlas (1660—67).

ALLART Lud. Mikołaj. Schreiben eines vornehmen Generals an Ih. Kön. Maj. von Pohlen abgefertiget aus der Gefangenschafft in Narva. (Aus dem Frantzösischen übersetzt). w 4ce, str. 4.
Podpisane: 6 Dec. 1700. Ludvig Nicolas von Allart. Drukowane w Rewalu.

— Desz bey der Russischen Armee gewesenen General Lieutnants und Ober-Ingenieurs in der glücklichen Victorie bey Narva gefangenen Ludwig Nicolai von Allart Schreiben und auffrichtige Relation, von der russischen Verwirrung an den König von Pohlen aus seinem Arrest in Narva (d. 6 Decemb. 1700). Stockholm, gedruckt in der königl. Buchdruckerey, bey Sel. Wankifs Wittibe. w 4ce, str. 8.

— Toż. B. w. r. (1700). w 4ce, k. 4.
Jagiell. — Czartor. — Bibl. petersb.

— General Lieutnantes och Öfwer-Ingenieurens Ludwig Nicola von Allart som wid Stadens Narva lyckeliga Undsättning, blifwet fängen, uprigtige Relation och sannfärdige Berättelse om Ryssiskes Czaren och hans folks grufweliga Förskräckelse och Förbistring til Konungen i Pohlen. (Stockholm, Kongl. Tryckeriet). Dat. 1 Februari 1701. w 4ce, 8 str. Czartor.

— Toż..., som wid stadens Narva lyckeliga Undsättning blifvit fängen, uprigtige Relation och sannfärdige Berättelse om Ryssikes Czaren och hans folks grufweliga Förskräckelse och Förbistring til Konungen i Pohlen. (Dat. Narwa 6 Dec. 1701). B. w. m. w 4ce, k. 4.
Jagiell. — Czartor. — Bibl. petersb.

118

Allatus Jan ob. Ubi devastaveritis devastabimini (1712).

Allayrac (D') ob. D'Allayrac (Dalerac) (Anecdotes 1684, 1699).

Alleaume Gilles Ś. J. ob. Tomasz od Pana Jezusa. (Boleści Pana naszego Jezusa Chrystusa 1761).

Allegoria o łabęciu herbie ob. Płotkowski Jerzy (1584).

Allegoriae albo kwiecia ob. Chalecki Krz. (1618).

— sive synthemata ob. Chalecki Krz. (1618).

Allegrezze et solennita 1574. ob. Henryk Walezy.

ALLEGRINI Alderani. De laudibus S. Stanislai Kostkae e Soc. Jes. oratio latino sermone conscripta ab Alderano Allegrini ac deinde ab eodem in vernaculam linguam conversa, et dicata Emin. ac Rev. S. R. E. Cardinali Aloysio Torrigiani Sanct. Dom. N. Clementis Papae XIII. secretario Status. Romae MDCCLXVII. (1767) apud Paul Junchi haer. Francisci Bizzarini Komarek Bibl. Vatic. provisorem librorum. In typohrapheo S. Michaelis ad ripam. Praesidibus adprobantibus. fol. małe, str. XIII. 232. (po włosku i po łacinie).

Ciampi Bibliogr. I. 6.   Jagiell.

Alleluya. B. r. m. i dr. (druk Łazarza w Krakowie) w 12ce, k. nl. 2. Syg. A_{11}—A_{111}.

Z mutami, na końcu których V. S. (Wacław Szamotulski?).

Sygnatura A_{11} na karcie pierwszej dowodzi, iż to jest ułomek broszury, i że poprzedzała karta tytułowa. — Pierwsza strofa zaczyna się: „O chwalcie Pana Boga wszechmocnego." — Ostatni wyraz jest „Dokończenye." — Na 1ej str. Alt, na 2ej Tenor, na 3ej Bass.

Wiszniews. VI. 454. twierdzi, że autorem jest M. Rej (obacz).   Bibl. Zielińsk.

Allemagne ob. Montigny (1773).

Allen F. rytownik ob. Courvé (1655) — Radziwiłł (1655).

Allenstein Joannes ob. Brede Georgius de Konicz (Textus philos. 1517, 1531).

Allenstein Gasp. ob. Santhoff (Lacrymae 1613).

ALLETZ Pons Auguste (ur. w Montpellier 1703 † 1785 w Paryżu). Les fastes de la Pologne et de la Russie. Vol. I—II. Paris 1770. w 8ce.

ALLIACO Petrus (Ailles) (ur. 1350 † 1419 lub 1429). Tractatus Petri de Eliaco episcopi Cameracensis super libros Metheororum. De impressionibus aeris de hijs quae in prima, secunda: atque tercia regionibus aeris fiunt. Sicut sunt Sydera cadentia. Stelle. Comete. Pluvia. Ros. Pruina. Nix. Grando. Ventus. Terre motus. Deque generatis infra terram. (Herby Litwy, Polski i Krakowa). Na końcu: Petri de Eliaco Episc. Cameracensis tractatus super libros Metheororum finit impressus Cracoviae in domo Joannis Haller. Anno dni 1506. In octava sancti Floriani w 4ce, k. XXI. druk goc.

Na odwrocie tyt. wiadomość o autorze.

Jocher 141. — Janoc. Nachr. IV. 152. — Łukaszew. Hist. szk. I. 105. — Żebraw. Bibliogr. 71—2.

Dzików — Bibl. Czarneck. — Kijows. — Ossol.

— Tractatus Petri de Eliaco episcopi Cameracensis super libros metheororum de impressionibus aeris et de his que in prima secunda atque tercia regionibus aeris fiunt. Sicut sunt sidera cadentia, stelle comate, pluuia, ros, pruina, nix, grando, ventus, terraemotus. Deque generatis infra terram. (Poniżej: herby Litwy, Polski i Krakowa). Na końcu: Petri de Eliaco epi Cameracensis tractatus super libros metheororum finit impressus Cracoviae arte et impensis spectabilis viri dni Joannis Haller ciuis cracoviensis Anno dni 1515. post dominicam Letare. w 4ce, 1 k. tyt. k. liczb. 20 i Inventatorium k. 1.

Na odwr. tytułu Petri de Eliaco vita (w 5 wierszach).

Jocher 143.

Ossol. — Czartor. — Jagiell. — Bibliot. Czarneck.

— Tractatus Petri de Eliaco episcopi Cameracensis, super libros metheororum de impressionibus aeris. Ac de hiis quae in prima, secunda, atque tercia regionibus aeris fiunt, sicut sunt Sydera cadentia, stellae comatae, plu-

nia, ros, pruina, nix, grando, ventus, terraemotus, deque generatis infra terram. Na końcu: Cracoviae in aedibus Hieronymi Vietoris impressum, summa cum diligentia. Anno Dni MDXXIIII. (1524). Nona Decembris. w 4ce, kart XIX. i 1 k. nl. Inventarium kursywą.
Tytuł wśród ozdoby drukarskiej, wyobrażającej bramę z łukiem u góry. Na dole związany monogram rytownika A. T. Jocher 142. — Encykl. Orgelbr. I. 219. — Bandt. Hist. dr. krak. 222.
Czartor. — Jagiell. — Ossol. — Dziedusz.
— Bywa przytaczaną u nas i edycya: Viennae, per Hier. Vietorem et Singrenium. 1514. w 4ce, k. XXV. ale ta do polskich edycyi nie należy. — Tę edycyą poprawioną przez Amb. Saltzera wydał Filip Gundelius. Jagiell.

Alliance und Verbündniss zwischen Ihr. Churf. Durchl. zu Brandenburg als Hertzogen in Preussen und den Ständen der königl. Lande Preussen zu beyder Parten Defension geschlossen im Jahre 1655. den 15 Nov. B. m. dr. w 4ce, A—B₃. (kart 6).
Są dwa różne wydania z tegoż samego roku. Jagiell. — Branic. — Dzików. — Ossol.
— ob. Traité (1793).

ALLIOT Piotr († 1779). Compte générale de la depense des édifices et batimens que le Roi de Pologne a fait construire dans Nancy. Nancy 1762. folio.
Encykl. Orgelbr. I. 494.
— Recueil des fondations et établissemens faits par S. M. le Roi de Pologne, duc de Lorraine et de Bar, qui comprend la construction d'une place, où est erigée la statue equestre de Louis XV. etc. Nancy. Antoine, 1758. w 4ce.
Querard (La France litt. I. 41) ma Précis zamiast: Recueil.
— Toż. Wydanie 2-gie. Luneville, 1762. folio.

Allocutio ob. Benedykt XIV. (1756).
— gratulatoria ad Georg. Lubomirski ob. Peschwitz Gotfr. (1659).

Allocutiones ob. Radziwiłł Georg J. (1611).

Alloquia Osiecensia ob. Sawicki Kasp. (1615).

Alloquium Gedano ob. Mochinger Joh. (1652).

Alluviones ob. Sieniński Paweł (De alluvionibus 1571).

Almanach ad annum incarnationis domini 1511. ob. Cracoviensis St.
— für das Jahr 1528. Druk krakowski zapewne z r. 1527. w 8ce.
Jest to tylko ułamek kalendarza niemieckiego, z którego zachowało się kart nlb. 8. ostatnia ma syg. B₁₁, było więc 1½ lub 2 arkusze. Z tytułowej karty została tylko część dolna, na której widoczna jest także dolna część herbu Krakowa, z resztą zachowana tylko cała karta na której jest drzeworyt, mający wyobrażać Marsa siedzącego z mieczem nad głową wzniesionym, z podpisem: Saturnus vnd Mars mithelyer, na str. odwr. drzeworyt, wyobrażający króla w koronie siedzącego, który trzyma lewą ręką na łonie wór z pieniądzmi z napisem: Avaritia, prawą ręką upuszcza na ziemię pieniądze. U spodu napis: Ad annum 1528. Juppiter eyn herr disz Jar. Druk gocki. Jagiell.
— (auf das Jahr 1548). (Na końcu:) Gedruckt tzu Krokaw durch Hieronymum Vietorem. w16ce. Ułamek mający kartek 8. z których jedna biała. Druk gocki drobny.
Tytuł ten daję ułamkowi kalendarza niemieckiego dlatego, iż pod tym tytułem znany jest niemiecki kalendarz Piotra Proboszczowicza na rok 1546. drukowany w Krakowie przez Macieja Scharffenberga. Kartki niniejsze obejmują półarkusz C. Na odwr. kar. pierwszej, jest wzmianka: Im Hornung anno 1548. tuż i na k. czwartej s. o., co dowodzi, iż to jest kalendarz na r. 1548. Druk Wietora. Wietor drukował to może jeszcze w końcu r. 1547. lub z początku r. 1548. w którym jak Bandtke w Historyi drukarni krak. z aktów podał (s. 249), wdowa po Wietorze stawała przed sądem biskupim. Być może, iż ten kalendarz ułożył także Piotr Proboszczowicz. Jagiell.
— royal de la cour du Roi de Pologne pour a. 1764. Luneville 1764. w 16ce, kart 67. Czapski.
— politique do Pologne pour l'année 1771. Varsovie, Mich. Gröll et à Dresde dans la même librairie 1771. w 16ce. Zieliński.
— politique du Royaume de Pologne et du Grand-Duché de. Lithuanie l'année bissextile 1772. selon le meridien de Varsovie. Varsovie chez Mich. Gröll. w 16ce. Krasińs.

— Tenże tytuł, pour l'année 1773. w 16ce. Krasińs.

— Toż, pour l'année 1774. w 16ce. Krasińs.

— Almanac politique du Royaume de Pologne pour l'année 1775. avec la carte itinéraire et générale, dessinée par M. la capitaine de Perthées et les tablettes. A Varsovie. w 16ce. Krasińs.

— Almanac de Pologne pour l'année 1766. à Varsovie, chez Mich. Gröll libr. et à Dresde chez le même. w 16ce. ark. 15.

— pour l'année bissextile 1776. Varsovie, chez Jean Auguste Poser libraire rue Trompetete, hotel de Reissen. w 16ce, str. 198. Ossol.

— Royal de Gallizie et de Lodomerie pour l'année 1776. Il se trouve au Bureau de la Direction générale de Gazettes des ann. publique des chaises à porteur etc. sur la place de la maison de Ville vis à vis le Hotel des domaines Imperiales. Leopol, chez Antoine Piller impr. du Gouvernement. w 8ce, str. 204, k. 2. Ossol.

— de Gotha pour l'année 1793. avec des estampes de M. Chodowiecki.

— historique et gènealogique pour l'année bissextile 1791. Histoire de Pologne avec 2 cartes, 7 portraits et 6 estampes enluminées, réprèsentant des costumes polonais et 7 sujets historiques gravées par D. Chodowiecki. Berlin, chez Joan Frideric Unger. 1796. w 24ch, str 294.

Od str. 50—136 zamieszczona: Histoire de Pologne, doprowadzona do r. 1572. Jej autor (bezimienny) Biester (Przekład z Histor. genealog. Kalender auf d. J. 1796. Berlin). Obacz: Biester.
Jagiell. — Ossol. — Czartor.

— Toż, pour l'année commune 1797. Obejmuje: Histoire de Pologne avec 6 estampes enluminées réprèsentant des costumes polonois et 7 sujets historiques, gravées par D. Chodowiecki. 12ce, str. 24 i 2—306.
Histoire de Pologne str. 160.
Krasińs. — Ossol.

— Toż. Berlin, Unger r. 1798. w 32ce, k. 10, str. 130 i k. 79.
Życie Katarzyny II., 7 portretów i 12 sztych. Chodowieckiego. Czapski.

— patriotique, contenant le nouveau calendrier français adapté au calendrier grégorien, la déclaration des droits de l'homme et du citoyen, la nouvelle constitution de la république française et la division de la France en- départemens, districts, cantons etc. Pour la troisième année de la republ. adepté au calendrier grégorien annés 1794. et 1795. Se trouve a Varsovie au mag. de librai. de Gay et Gide. w 8ce. Krasińs.

— auf das Jahr nach der gnadenreichen Geburt unseres Heilandes und Seligmachers Jesu-Christi 1779. welches ein gewesenes Jahr von 365 Tagen ist. Auf den Lemberger Mittags-Kreis berechnet, und also eingerichtet, das der Kalender auch nach vollendeten Jahren zu .... Gebrauche dienen könne. Lemberg, gedr. und zu finden bei Anton Piller, kais. kön. Gubernial Buchdrucker. w 4ce, kart 10. Ossol.

— Toż, za r. 1780.

— Toż, za r. 1781.

— oder allgemeiner Lemberger Kalender auf den Lemberger Mittags-Kreis berechnet. Lemberg gedr. und zu finden bei Witw. Josepha Pillerin k. k. Gubern. Buchdruck. 1782. w 4ce, str. 52. Ossol.

— Toż, z r. 1783.

— Toż, z r. 1784. w 4ce, str. 32. Ossol.

— Toż, z r. 1785. str. 32. Ossol.

— Toż, z r. 1786.

— Toż, z r. 1787.

— Toż, z r. 1788.

— Toż, z r. 1790.

— Także za lata od 1791—1798.

— Toż, z r. 1799. Lemberg, Witw. J. Pillerin, w 4ce, str. 36. Ossol.

— ob. Cracoviensis Stanisl. (ad a. 1511) — Dantiscus J. (1511) — Fontanus (auf 1590, 1591) — Kracker Bern. (1592, 1593, 1601, 1602, 1603, 1604, 1605, 1606, 1607, 1608, 1609,

1610, 1611, 1613, 1614) — Proboszczowicz Piotr (1546, 1553, 1558) —
Slowacyusz P. (1583, 1584, 1585, 1586,
1587, 1588) — Stryjewicz Seb. (abo
Kalendarz świąt 1656) — Szyeprtz Jac.
(anni 1517) — Usus (seu Ephemerides
1532) — Wiśniowski J. (abo Kalendarz
1680, 1683, 1684, 1686, 1687, 1688).

Almanzor Astrolabus Carmaniae Rex
in igne naufragiis fortunarum splendoribus per undas auctior, nomini ac
honori Illustriss. Excellentiss. DD. Jacobi Sigismundi in Rybna Rybiński,
palatini Culmensis, generalis praefecti
artileriae Regni, Kovaliens. Vislicens.
Lipiensis, Lipuscensis etc. etc. capitanei
authoratus, sub umbris theatralibus ad
lucem product. 1724. die 15 Julii in
Colleg. Varsaviensi Scholarum Piarum.
Varsaviae, typ. S. R. M. Schol. Piar.
1724. folio, k. 6.   Ossol.

Almeida Jan obacz: Modzelewski Z.
(Chwalebne sług 1703).

Almenar Joannes ob. Tectander Iosephus (Morbi gallici 1536).

Almenelige Affh. Beslut ob. Beslut
(1600).

Almeri Franc. ob. Grochowski Stan.

Almpek Valerianus ob. Alembek.

Alnpechius Frider. ob. Alembeck.

ALNPEKE Ditleb. v. Livländische
Reimchronik (1296). in das Hochdeutsche
übertragen u. mit Anmerkungen ver-
sehen v. E. Meyer. Reval 1748. w 8ce.
Przyłęcki.
Tej edycyi pisarza z XIII. w. nie przytacza
Recke w Lexicon d. Liefl. tylko edycyę
Bergmanna w Rydze 1817. w 4ce, str.
220.

(Aloisia Maria). Oratio ad Polonorum et Suecorum Reginam Aloysiam
Mariam Mantuanam de reditu in regnum
suum. B. w. m. i r. w 4ce (po łacinie
i francusku).
Odnosi się prawdopodobnie do Maryi Ludwiki Gonzagi.
Catal. des livres impr. de la Bibl. du Roi.
Paris 1750. T. I. X. N. 2470.

**(Aloisius Sanctus) (Św. Aloizy Gon-
zaga).** De Aloysio Gonzaga et Stanislao
Kostka in sanctorum numerum relatis.
Monachii 1727. w 12ce.

— Sanctiores gemini: Aloysius Gonzaga et Stanislaus Kostka virtute, aetate et vitae instituto prope gemelli
et beatorum numero ad fulgidissimum
Sanctorum Zodiacum translati a SS.
Domino nostro Benedicto XIII. in honoris et applausus comici argumentum
pro theatro assumpti. (Także tytuł po
niemiecku). Vratislaviae, Typis Acad.
Soc. Jesu. 1727. w 4ce, ark. B₃.
                              Warsz. Uniw.

— Die Heiligen Aloysius Gonzaga,
und Stanislaus Kostka ein Hertz und
ein Seel, nach feyerlicher dero Heilig-
sprechung in einem, ihrer Ehr zuge-
eigneten Schauspiel vorgestellt von der
Jugend des Churfürstl. Gymnasii der
Soc. Jesu in München. München 1727.
w 4ce.

— Anioł w ciele S. Aloizy Gonzaga
w krótkich uwagach z przydaniem modlitw, nauk i przykładnych cnót dla
większego pożytku odprawujących sześć
niedziel czci tegoż świętego poświęco-
nych, naprzód włoskim od jednego kapłana S. J. potym łacińskim, teraz dla
powszechnego zażywania, polskim językiem wysławiony w Kaliszu w drukarni
J. K. M. Colleg. S. Jesu r. p. 1744.
w 8ce, z przodu 6 k. nlb. i 136 stron.
(druk łaciński).
Kollegium jezuickie Kaliskie przypisało Ma-
ryannie z Zakrzewskich Kierskiej, kasztelanicowej Rogozińskiej. — Obacz niżej:
Juvenis angelicus S. Aloysius (1741).

— Anioł w ludzkim ciele S. Aloizy
Gonzaga na przykład doskonałego życia dany. Przez niektóre uwagi, ustawy, y przykłady cnót wybornych, dla
obchodzenia z większym pożytkiem nie-
dzielnej Sexenny na honor tegoż świętego. Naprzód włoskim, przez jednego
kapłana S. J. potym łacińskim, a teraz
polskim językiem. Z pozwoleniem starszych. W drukarni lwowskiey S. J.
r. p. 1746. w 16ce, str. 168.
                              Jagiell.

— Toż, tenże tytuł. We Lwowie,
w drukarni Bractwa SŚ. Trójcy r. p.
1776. w 12ce, str. 6, 171.   Ossol.

— Sacra Apotheosis divorum confessorum Aloysii et Stanislai Soc. Jesu

16

a Sanctiss. DD. Benedicto XIII. in Sanctorum caelitum fastos relatorum, humaniore Camoena celebrata et doctissimis DD. Neo-Magistris in Universitate Leopoldina Wratislaviae, promotore reverendo ac doctissimo Patre P. Francisco Weiner, e Soc. Jesu AALL. et. Philos. doctore, Metaph. et Ethicae prof. publ. et ordin. suprema laurei donatis, dicata a Rhetorica Vratislaviensi. A. 1727. Wratislaviae, typis Acad. Coll. S. J. w 8ce, str. 78. i nlb. 2. Jagiell.

— Cultus angelici juvenis sancti Aloysii Gonzagae. B. m. (Vilnae) 1753. w 8ce. Wileńs.

— Devotio ad S. Aloysium Gonzaga S. J. scholarum ejusdem S. J. in toto orbe et studiosae juventutis patronum a Benedicto XIII. Pontifice Maximo declaratum, ad promovendum cultum ejusdem Sancti reimpressa. Posnaniae, typ. Clari Coll. S. J. 1739. w 12ce, k. 1. str. 66 i k. 2. Jagiell.

— Devotio brevis ad St. Aloysium. Brunsb. 1741.

— Devotio ad S. Aloysium Gonzagam S. J. Vilnae, b. r.
Jocher 6999.

— Devotio ad S. Aloysium Gonzaga Soc. Jesu scholarum ejusdem Soc. in toto orbe et studiosae juventutis patronum a Benedicto XIII. Pontifice maximo declaratum: ad promovendum cultum ejusdem Sancti reimpressa. Vilnae, typis Academicis S. R. M. Soc. Jesu A. D. 1743. w 12ce, str. 88.
Życie św. Aloizego, str. 1—5. — Officium, str. 5—15. — Cultus, str. 16—35. — Motiva, str. 35—84. To wszystko wzięto z książki drukowanej w Wiedniu 1714 r. pod tytułem: Manuductio animae ad coelum. — Na końcu jeszcze (str. 84—88) o łasce powołania.
Jocher 6911. 6999. Krasiús.

— Tenże tytuł. Sandomiriae, typis Clari Collegii Soc. Jesu Anno Domini 1756. w 16ce, karta 1, str. 94 (brak końca). Jagiell.

— Die XXI Junii in testo S. Aloysii Gonzaga Confessoris Soc. Jesu in Polonia officium duplex etc. Romae ex typogr. Komarek 1736. w 12ce.
Bez osobnego tytułu. Ossol.

— Juvenis angelicus S. Aloysius Gonzaga in exemplum recte vivendi propositus, per aliquas considerationes, precationes regulasque et exempla virtutem. Ad celebrandas majore cum fructu sex Dominicas in honorem ejusdem Sancti consecratas. Opere primum in italica lingua edito, a quodam religioso ex Societate Jesu, nunc vero in latinum idioma translato. Typ. Colleg. Calliss. Soc. Jesu. 1741. w 16ce, k. 8, str. 72.
Jocher 8309. Jagiell. — Krasiús.

— Toż, tamże, 1748. w 12ce.
Ossol.

— Kazania panegiryczne miane podczas solenney introdukcyi do Warszaws. Soc. Jesu kościoła, nowo kanonizowanych Świętych Ludwika (sic) Gonzagi y Stanisława Kostki. W Warszawie, typogr. Coll. S. J., r. p. 1729. folio, 3 k. i 14 ark.
Dedyk.: Teodor. Jędrz. Potockiemu, archimetropolicie Gniezn. — Są tu kazania: Jana Aloiz. Humańskiego, kanonika Płock.; X. Romual. Włoszkiowicza, kanonika Warszaws.; Mikołaja Mateusza Zachniewicza, kanonika Warszaws.; Mikołaja Wodziúskiego, Augustyanina; Ludwika Miske, Zakon. S. Franc.; Fortun. Łosiewskiego, Franciszkana; Jana Kantego a B. V. M. de Monte Carmelo. — Obacz również luźne kazania pod nazwiskami kaznodziejów.
Jocher 9069. podaje mylnie datę wyjścia dzieła na r. 1719.

— Lilietum Aloysianum, rosetum Stanislaianum, olim ad divi Ignatii Societatis Jesu conditoris, mauresam plantatum ac enatum, anno C. MDCCXXVI. prid. Kal. Jan. a SS. D. N: Benedicto XIII. Sum. PP. Romae ad divi Petri apost. principis magnis religionibus consecratum, hodie ad divi Joannis Bapt. Tyrnaviae adumbratum, dum divinis beneficiis gratiam referret, et S. Aloysio Gonzagae ac S. Stanislao Kostkae Societatis Jesu in Divos relatis primis sanctorum honoribus litaret academicum ejusdem Societatis Jesu collegium. Tyrnaviae, typis academicis per Fridericum Gall. Anno 1727. Prid. Kal. Sept. fol. ark. G₁. Jagiell.
Por.: Richter Andreas Anton (Duo Seraphini, Zwey Liebstammende Seraph.) 1727.

— Lob- und Lohn-würdige Andacht zu dem H. Jüngling Aloysio. Braunsb. in der Druckerey Colleg. S. J. Anno 1752. w 12ce.

Ob. Stanisław Kostka (Andacht 1728).

— Officium B. Aloysii Gonzagae Soc. Jesu. Bez osob. tyt. B. w. m. i r. (z XVIII w.), w 16ce, kart nlb. 6.

Jagiell.

— Opisanie cudownego uzdrowienia przez przyczynę św. Alojzego Gonzagi S. J. d. 1 Marca 1765 r. w Hiszpanii w powiecie Tolossańskim w Guipuscon approbowane y publikowane z rozkazu J. W. w Bogu najprzew. JMci X. Gaspara de Miranda y Agają biskupa Pampeluńs, konsyliarza króla JM. Hiszp. Z hiszp. na włoski język w Rzymie, a z włoskiego na polski przetłómaczone przez pewnego nabożnego do tego świętego. (Na końcu:) W Warszawie w drukarni Soc. Jesu 1765. w 4ce, kart 2. Bez osob. tyt.

Podpisany sekretarz Ign. Fr. Altolaguirre.

Jagiell.

— Princeps aquila solis theologici novis sanctitatis radiis probata seu S. Aloysius Gonzaga cum D. Stanislaó Kóstka inter caelestes principatus a sanctissimo Benedicto XIII. relatus. In principe Divorum Apostolorum Petri et Pauli basilica Cracoviensi Soc. Jesu a quodam ejusdem Societatis humili Panegyri adoratus. Anno quo Aquila magnarum alarum lucem aspexit mortalem 1727. Cracoviae, typis haeredum Francisci Cezary. folio, k. 3 (dedyk.), k. nlb. 13, (sig. G—i).

Dedyk. Franc. Wielopolski, Gonzagae Myszkowski, palat. Siradiensi. Jagiell.

— Sexenna abo sześcioniedzielne nabożeństwo do anjelskiego młodzieniaszka, wcielonego anjoła, anielskiej niewinności stróża, osobliwszego studenckiey młodzi patrona S. Aloyzego Gonzagi Societatis Jesu, z łacińskiego ięzyka na polski wyłożone Jaśnie Wielmożney Jeymć Pani Elżbiecie z Ogińskich Puzyninie kasztelanowey Mścisławskiey starościnie Tryskiey etc. etc. ofiarowane. W drukarni J. K. M. Akademickiey Wileńskiey Soc. Jesu roku

1752. w 12ce, na karcie tyt. herb z Ogińskich Puzyniny, 5 kart nlb. sig. A—D₁₀.

„Dedyk. Elżbiecie z Ogińskich Puzyninie.

Jagiell.

— Pobożny sposób nabożeństwa, ku czci świętego Aloizego Gonzagi... przypisany. Połock 1790. w 8ce.

Wileńs.

— Cudowne uzdrowienie w Rzymie przez przyczynę św. Aloizego Gonzagi S. J. świeżo uczynione. Rzym, przez Józefa y Mikołaia Grossi, 1765. w 4ce, kart 4. Jagiell. — Ossol.

— Cudowne uzdrowienie za przyczyną św. Aloizego Gonzagi Soc. Jesu. W Rzymie 31 Grudnia 1765. (Na końcu:) W Rzymie 1766. za pozwoleniem starszych. Przedrukowano w Warszawie za pozwoleniem zwierzchności duchowney. B. r. i dr. k. nlb. 2.

— Wzór niewinności patron we wszystkich potrzebach doświadczony święty Alojzy Gonzaga, wyznawca Soc. Jesu dla przykładu życia i zjednania różnych łask od Pana Boga nabożnym duszom w szczupłej życia św. i nabożeństwa do cudownego patrona konnotacyi reprezentowany. Z dozwoleniem starszych. W Warszawie w drukarni J. K. M. Coll. Soc. Jesu r. p. 1752. w 16ce, k. nlb. 12. Warsz. Uniw.

— Prawdziwe zwierciadło niewinności, to jest życie czyste niewinne anielskie Alojzego Gonzagi. Obacz Sawicki Karol (1723, 25, 28).

— Życie bł. Aloizego z reflexyami. Katalog Pijar. Bibl. pod N. 297.

— ob. Argumentum (1727. ob. Trębicki) — Brzozowski Józef X. (1729) — Byszewski Fr. (Błogosławiona 1727) — Ceparin V. (Żywot 1609) — Chulewicz (Hulewicz) Philon (Laudatio 1606) — Denhoff Mik. (1727) — Gzowski Jan (Kanonizacya 1727) — Hulewicz ob. Chulewicz — Humański Jan Aloizy (Wymiar 1727) — Jan Kanty od N. M. z Karmelu (Światło 1729) — Klauber (Images) — Kostka Stanislaus (Caelestes gemini 1727, Descriptio 1727, Andacht 1728, Encomia 1606, Geminata laetitia 1727, Relatio 1728) —

Kozłowski Josephus (Ars 1744) — Łojewski Fortunat (1723) — Loka X. Hieronim (1727) — Łosiewski Fortunat (1728) — Męciński Wojc. (Regulus 1753) — Michalski D. (Angelico 1766) — Miske Ludwik (1727) — Narzymski Józef Ign. (1728) — Possevinus Antonius (1604) — Proprium (1740) — Ptolomeus (Drama 1754) — Richter A. A. (1727) — Sacchinus (Vita 1630) — Sawicki Karol (Prawdziwe żwierciadło 1725) — Stryjewicz Sebast. (Sententia 1676) — Świnarski Wawrzyniec (Tęcza koronna 1727) — Trębicki (Argum. 1727) — Turoczi Ladisl. (1727) — Węgrzynowicz Jan (Arcus 1666) — Włoszkiewicz Rom. (Jedność 1729) — Wodziński (Szkoda 1729) — Zachniewicz M. M. (Szczęśliwa 1728) — Załuski Józef And. (Eminencya 1727).

ALOISIUS a Matre Dei prof. Rhet. Colleg. Varsoviensis. Novum sidus occidentem oriente septemtrionem, meridie, orbem universum occasu reaccedens: Divus Cajetanus in coelo virtutis et honoris perillustris Reverendissimi DD. Justianiani Bernard. Zaruski, sacri ord. Cistertiensis abbatis Suleioviensis, S. R. M. secretarii, erutilans et primo oratoriae facultatis cultu e rostris Clericorum Regularium Theatinorum salutatum per P. Aloysium a Matre Dei prof. Rhet. Coll. Vars. Schol. Piarum. A. D. 1705. die 9 Aug. Varsav. typ. ejusdem Coll. folio, k. 11 (proza Oratio). Jagiell.

Aloisius a S. Casimiro ob. Oczykowski Ign. (1768).

ALOIZY X. od św. Ignacego, pijar. Kawaler doświadczony wojującego kościoła Antoni św. w Goniądzkim kościele kaznodziejska perorą ogłoszony, a pod wielkiem imieniem przewielebnego w Bogu JM. księdza Mateusza Mężyka Perkowskiego proboszcza kalnowskiego publicznem światłem objaśniony przez X. Aloizego od św. Ignacego Schol. Piar. ordyn. kaznodzieję Szczuczyńskiego r. 1739. cum facultate Superiorum, w 4ce, k. 18.

<small>Na odwr. str. tyt. herb Lubicz i pod nim 4. w. pol. — Autor przypisał to kazanie ks. Perkowskiemu.</small>

Alojzy od św. Józefa, pijar ob. Bodzański.

Alojzy Marzec obacz: Born C. Hr. (Dzieła Jana Naturalisty).

ALON Aleksander Przyjaźń fortuny Panią przy małżeńskim feście Jego M. Pana Andrzeia Celego i Jey M. Paniey Reginy Dubaszowicowey w sławnym Lubelskiego miasta horyzoncie przez Alexandra Alona poetyki w akademiey Zamoyskiey studenta ogłoszone r. p. 1683. d. 14 Lutego, w 4ce, k. nlb. 4. syg. A₃. (wierszem).

Alpha matheseos arithmetica et practica in usum et captum tyronum matheseos academiae Vilnensis Soc. Jesu, recens proposita ab ejusdem Societ. et Univers. in Math. PP. cum permissu superiorum. An. Dom. linea quem monstrat, vel crux, vel juncta columna. (Następuje kwadrat podzielony na 9 pól, na nich odpowiednie cyfry). Vilnae, typis academicis Soc. Jesu (1733). w 8ce, str. 196, k. 2. na końcu 9 tablic liczb.

<small>Żebraws. Bibl. Nr. 1347.</small>
<small>Kijows. — Krasińs. — Wileńs. — Zielińs.</small>

Alphabetum ob. Węgrzynowicz Antoni (immac. conceptionis 1710) — Wolski Jakób (1731).

— rozmaitym heretykom ob. Galatowski Jan X. (1681).

— theologicum ob. Dionisius Areop. (1511).

ALPHANUS. Signatura Justitiae R. P. D. Alphano Cracov. Pecuniaria. Pro Illmo D. Adalberto Bonazkowski promotore fiscali Cracoviae contra Rev. D. Adalbertum Olkuvuski. Facti cum summario. Proponam die Jovis 16 Dec. 1756. H. Alphanus. Typis Bernabo 1756. w 4ce, k. 6. Jagiell.

— Responsio cum Summario, druk tamże, w 4ce, kart 4.

<small>W tejże sprawie co poprzednie i razem oprawne. Jagiell.</small>

— Signatura Justitiae R. P. D. Alphano Cracovien. Decimarum. Pro Rmo D. Josepho Grodzicki Canonico Ecclesiae Cathed. Fundi Rzemiedzicka contra Rev. D. Antonium Kosinski curatum in Gdovu. Facti. Typis Bernabo 1756. w 4ce, k. 4. Jagiell.

— Signatura Justitiae R. P. D. Alphano Cracovien. praetensarum Decimarum. Pro Rev. D. Antonio Kosinski contra Rev. D. Josephum Grodzicki Responsio. Typis Bernabo 1756. w 4ce, kart 4. *Jagiell.*

— Congreg. Signaturae Justitiae R. P. D. Alphano Camenecen. decimarum pro Rev. D. Maximiano Matuszewski praeposito ecclesiae parochialis in Czerce contra RR. PP. Societatis Jesu Collegii Baren. L. Facti 10. Romae typis Bernabo 1756. fol. mniej. str. 12.

Kapituła Kamieniecka wyznaczyła na utrzymanie proboszczów parafii w Czercu dziesięciny z przynależnej do niej wioski Załucza, która dostała się jezuitom kollegium Barskiego, a ci mając do czynienia z biednym proboszczem Jasińskim, a potem Matuszewskim, nie chcieli płacić dziesięciny. Stąd proces proboszcza Czerczeńskiego z jezuitami Barskimi. *Warsz. Uniw.*

— Congr. Signaturae Justitiae R. P. D. Alphano Camenecen. Decimarum super utroq. pro Rev. D. Maximiliano Matuszewski praeposito ecclesiae parochialis in Czerce contra RR. PP. Soc. Jesu Collegii Baren. Responsio. Romae, typ. Bernabo 1756. folio mniej. str. 4. *Warsz. Uniw.*

— Signatura Justitiae R. P. D. Alphano Vladislavien. parochialis pro Rev. D. Matthia Zdonovvski contra Rmum P. abbatem monastarii Cracov. et R. P. Antonium Leski praetensum Commendatarium ecclesiae parochialis Utelnen. Facti. Typis Bernabo 1757. w 4ce, kart 4. *Jagiell.*

— Pro Rev. D. Matthia Zdonovvski contra Rmum P. abbatem monasterii Cracovien. et R. P. Antonium Leski praetensum Commendatarium ecclesiae parochialis Utelnen. Responsio. Typis Bernabo 1757. w 4ce, 2 kartki. *Jagiell.*

Alphes (R. Js. fil. R. Jac.) Sopher Rabb. S. commentar. in Talmud. Sabioneta. Tomów 3. Cracov. 1597. fol.

Alpruni Joannes Baptista ob. Dobrzeńsky de Nigro Ponte Jacob J. Wenc. (1680).

Alsen ob. Verbael van het gene gepassert (1658).

Alsinois (D') Ser. ob. Utenhovek (Epitaphium 1560).

Alstedius Henricus Joannes ob. Gołuchowski Abrahamus (1618). — Respublica (1627) — Różycki Jan (1622).

Alt und Neues Preussen ob. Hartknoch Chr. (1684).

Alt-Ranstadt ob. Friedens-schluss (1706, 1707). — Instrumentum (1706).

Alt-Stettinsche Geschichten ob. Hering J. S. (1605).

Altamorow Stefan ob. Słowiński Stanisław (Historya 1754).

Altare ob. Oratio (1681).

— Dei privilegiatum ob. Kurski Mac. (1677).

— Gideonis ob. Czeliński Car. (1687).

— incensi sive methodus ob. Opacki Mikołaj (1630).

ALTEN - BOCKUM Jerzy Fryderyk (14 Czerwca 1734 † 1780). Vorläufige Gedanken, wozu die Verbesserung der Gesetze des königlich piltenschen Kreises Anlass gegeben, entworfen von einem Einsassen des Kreises. Mitau 1777. w 8ce.

Recke u. Napiersky I. 200 str.

Alter Gotts Ende ob. Lebusch Dan. (1672).

Alterthümer ob. Börger Joh. Ludw. (Versuch 1778) — Rhode Jan Jakób.

Altes und Neues aus dem theurwerthen Gnaden-Schatz in der Wundervollen Gold - Au zu Glottau so wohl durch das von Alters per in Ehren gehaltene hochheilige Sacrament des Altars wie auch durch ein löbliche mit Zulassung Gutheissen und gegen Ihro B... Heiligkeit Clementis XII neu-auffgerichtete Bruderschafft zum andren Mahl auffgelegt... Gedruckt in Braunsberg. Typis Collegii Soc. Jesu 1739. w 12ce, str. 189. *Warsz. Uniw.*

— Toż. Gedr. in Braunsberg typis Coll. Soc. Jesu. A. 1747. w 12ce.

ALTHANN Mich. Fridericus (1678. urodz.). R. P. D. Althann Gnesnen. Decimarum pro V. ecclesia parochiali

Legonicen. ejusque moderno Rectore R. D. Josepho Pozevvski contra Rmum P. Adalbertum Znamierowski abbatem Plocen. et litis etc. Responsio. Typis de Comitibus 1715. w 4ce, kart 4.
Jagiell.
— W tejże sprawie: Facti. Tamże druk, w 4ce, kart 4. Jagiell.
— Toż. Romae ex Typogr. Rev. Cam. Apostolicae, w 4ce, kart 4.
Jagiell.
— Toż. Facti. Typis de Comitibus, w 4ce, kart 4. Jagiell.
— Toż. Romae ex Typogr. Rev. Camerae Apostolicae 1716. w 4ce, k. 2.
Jagiell.
— ob. Pozewski Józef (1715).

Althan Michael Adolphus (1574 † 1638) ob. Dębołęcki Andreas (1626).

Altimetria Godziemby ob. Aleksander ad imm. Virg. (Castris).

Altipolita Leonard (Słonczewski L.) ob. Łowicz Stan. (Maria) — Modrzewski (Ad regem oratio 1546).

Altitudo domus ob. Rotkiewicz Con. Sylw. (1656).

Altolaguirre Ign. Fr. ob. Aloisius Gonzaga (Opisanie 1765).

Alton Rychard ob. Surowiecki Karol (Podróż 1790).

Altonaischen - Brandes (Des) Ursachen, nebst einem ausführlichen Bericht, was bey Absendung des Türckischen Aga nach Pohlen, dessen Ankunfft daselbst, und Zurückkunft zu Constantinopel, sich Merckwürdiges zugetragen, auch endlich der Krieg wieder Moscau von neuen declariret. Wismar, gedruckt bey Matthias Martini. (Dat. 8 Jan. 1713 i 5 Dec. 1712). B. r. w 4ce, str. 8.

Altorius duchaunas kwepancia smilkima prisz Majestota Diewa, tay ira: Madlitwas roznas kures dwase karszta. Ponuy Diewuy afierawot-gał, naujey pardrukawota Metusy 1778. Wilniuy, drukarioy Karaliszko pri Akademios. w 12ce, k. nlb. 9. str. 444 i 5 nlb.
Jocher 6752. Czartor.

Altum obacz: Lubomirska Teof. L. (Lacrymarum 1723) — Opaleński Piotr (Opaleniae navis 1684) — Szołdrski Stef. (honoris 1733) — Trzciński Júz.

(infulati honoris 1732) — Winarski Kar. (Eurippi et honoris 1728).

Altus honor Nic. Trzebiński obacz: Bieżanowski (1659)

Altwasserskie wody obacz: Neifeld Ernest (Krótkie 1752) — Uwiadomienie zdrojów (1777).

Alumnatus obacz: Grodzicki Józef Benedykt (1764).

ALWAREZ Emanuel (ur. 1526 † 1582). Grammaticarum institutionum liber tertius. De syllabarum dimensione. Posnaniae, Melchior Nering. 1577. w 8ce, ark. H₅.
Drzeworyt z floresów i aniołów, u dołu starożytna głowa w wieńcu.
Wiszniews. VI. 131. Kórnic.
— De constructione octo partium orationis libellus. Posnan. excudeb. Joan. Wolrab. 1578. w 8ce, sign. H₃.
— De institutione grammatica (libri tres). Liber secundus: de constructione octo partium orationis. Cum gratia et privilegio S. R. M. MDLXXXVI. (Na końcu:) Posnaniae ex officina typographica Joannis Wolrabi. 1586. w 8ce, str. 381. — Liber tertius: de syllabarum dimensione. Posnan., Wolrab. 1586. w 8ce, 192 str.
Łukaszewicz Hist. szkół I. 275 str. — Wiszniowski VI. 131. — Katal. Racz. II. 21 (podaje tytuł: Grammaticarum institutionum liber II et III).
Raczyńs. — Kórnic.
— De institutione grammatica. Liber I. Scholiis auctoris praetermissis. Vilnae Anno 1592. B. w. dr. (zapewne Akad. S. J.) w 8ce, str. 50. Ossol.
— De institutione grammatica libri primi pars prior. De partium orationis declinabilium inflexione. Scholiis authoris omissis. Vilnae Anno 1592. B. dr. (zapewne Akad. Soc. Jesu) w 8ce, k. nl. 68. Ossol.
— De institutione grammatica libri tres. Ed. VII. Cracoviae, in officina Andr. Petricovii. Anno D. 1627. (Liber I. i II.). w 8ce, str. 204 i 203.
Zdaje się, że to u Piotrkowczyka wyszły: Edycya I. do VI. dziś nie znane.
Ossol. (?) Brak tyt.
— Toż. Cracoviae. 1631. w 8ce.
Że ta edycya istniała, widno z pozwolenia J. Argentusa danego Piotrkowczykowi.

— De institutione grammatica editio nova correctior. Cum licentia superiorum et privil. S. R. M. Cracoviae, in offic. viduae et haer. And. Petr. S. R. M. Typ. Anno D. 1662. w 8ce, k. niel. 8. str. 413.

Jest tu w texcie i polszczyzna. — Na odwr. tyt. Approbata Jana Argentnsa w Krakowie 15 Febr. 1631. juxta privilegium a Sigism. III. a. 1619. Dana Andr. Petricovieusi. Przywilej Zygmunta III. dany w Warszawie 25 Marca 1619. na drukowane dzieła przez Jezuitów, by ich księgarze nie przebijali, jest ogólnej treści, nie odnosi się zatem do Alwara. Po str. 202. Liber II. ma osobny tytuł z datą 1662. Od str. 399. liber III.

Jagiell.

— De institutione grammatica, lat. pol. et germ. Calissii. 1682. w 8ce.

Jocher 672 a.

— De institutione grammatica libri tres. Editio nova correctior. Posnaniae, typ. Soc. Jesu. A. D. 1697. w 8ce, k. 10. str. 261. Ossol.

— Toż. Editio nova correctior. Calissii, S. J. 1700. w 8ce.

Przyłęcki.

— Grammatica lat. polonica. Dantisci 1705. w 8ce.

Lawätz H. W. I. Nachtr. zum IV. B. (r. 1792). str. 333.

— De institutione grammatices libri III. nunc denuo revisi et a mendis accurate expurgati. Braunsberg. 1711. w 8ce.

— De institutione grammatica denuo correcta et a mendis expurgata. Libri tres. Gedani, typis Thomae John. 1724. w 8ce, str. 480.

Warsz. Uniw.

— De institutione grammatica liber secundus. Leopoli. S. J. 1726. w 8ce.

Zarazem: Petri Canissii Catechismus.

— Grammatica. Calisii 1731.

Katal. Friesego.

— De institutione grammaticae lat. pol. et german. Calisii. 1734. w 8ce, str. 452.

Jocher 672 b.

— Toż. Libri III. Nunc denuo revisi et a mendis accurate expurgati. Brunsbergae, typ. Soc. J. 1734. w 8ce, str. 452. Jagiell.

— Toż. Libri tres. Editio nova correctior. Cum privil. S. R. M. Leopol., typis Pauli Josephi Golczewski S. R. M. Typogr. Anno Domini 173... w 8ce, str. 11. 397. 7.

Golczewski drukował w latach 1739—48.

Ossol.

— Toż. Editio novo correctior. Cum privilegio Sac. Reg. Majest. (Augusta II.) Calissii, typis Colleg. Soc. Jesu. 1741. w 8ce, str. 437. Ossol.

— Toż. Libri tres. Nunc denuo revisi, et a mendis accurate expurgati. Brunsbergae, typis Coll. Soc. Jesu. Anno 1745. w 8ce.

— Toż. Libri tres. Editio nova correctior. Caliss. S. J. 1746. w 8ce.

— Toż. Libri tres. Editio nova correctior. Cum licentia superiorum. Leopoli, typis confraternitatis Sanctissimae Trinitatis cum Privilegio Sacrae Regiae Majestatis 1749. w 8ce, str. 372.

Przydany: Canisii R. P. (Petri) Societatis Jesu theologi Cathechismus, str. 15, kart nlb. 2. Warsz. Uniw.

— Toż. Libri tres, editio nova correctior. Et cum ad fontes ipsos studiose exacta, tum e recentissimis, italicis, germanicis, aliisque optimis editionibus, ac aliunde etiam illustrata. Prodit noviter. Cum privil. S. R. M. Caliss. typ. Collegii S. J. 1749. w 8ce, str. 468.

Obejmuje: Liber I. do str. 225 (właściwie 226). Liber II. od str. 226—250. Liber III. od str. 250—468. Poczem Tabella Calendarum. k. 1. Zarazem Petri Canisii Catechismus kart 16. Jagiell.

— De institutione grammatica latine, polon. et german. Calissii, 1754. w 8ce.

Backer Bibliot. s. 114.

— Toż. Libri tres, editio nova correctior. Caliss., S. J. 1755. w 8ce.

— Toż. Libri III. nunc denuo revisi et a mendis accurate expurgati. Brunsb. S. J. 1757. w 8ce, str. 432.

— Grammaticae institutiones. Calissi et Leopoli et Sandomiriae 1757.

Notatka Haana.

— Grammatica. Libri tres. Editio nova correctior. Prodit noviter. Sandomiriae. 1757. w 8ce.

Warsz. Uniw.

— Toż. Libri tres. Editio nova correctior et cum ad fontes ipsos studiose exacta: tum e recentissimis, italicis, germanicis, aliisque optimis editionibus, ac aliunde etiam illustrata. Vilnae 1758. w 8ce.   Drohobycz.

— Tenże tytuł: ... illustrata prodit noviter. Calissi 1760. w 8ce, Liber I. str. 278. Liber II. str. 136. Lib. III. str. ....   Bibl. Jagiell.

— De institutione grammatica libri tres. Vilnae 1761. w 8ce.   Wileńs.

— Toż. Vilnae 1762. w 8ce.
                                   Wileńs.

— Toż. Libri tres. Editio nova correctior et cum ad fontes ipsos studiose exacta; tum e recentissimis italicis, germanicis aliisque optimis editionibus ac aliunde etiam illustrata. Prodit noviter. Calissii, 1762. w 8ce, str. 263 i 210.
    Zarazem: R. P. P. Canisii S. J. theologi Catechismus, ark. 6₁.   Branic.

— Toż. Libri tres lat. polon. et germ. Vilnae S. J. 1764. w 8ce.
                                   Wileńs.

— Toż. Calisii 1764. w 8ce.
Backer Bibliot. s. 114.

— Toż. Libri tres. Nunc denuo revisi, et a mendis accurate expurgati. Brunsb. typis C. S. J. A. MDCCLXVI. w 8ce, str. 555.
    Odmienne od poniższej edycyi: inny druk, tylko arkusz pierwszy podobny.

— Toż. Libri tres. Nunc denuo revisi, et a mendis accurate expurgati. Brunsbergae, typis Col. Soc. Jesu. Anno MDCCLXVI. (1766). w 8ce, str. 432.
    Jocher 672 d.   Branic.

— Toż. Libri tres. Editio nova correctior, et cum ad fontes ipsos studiose exacta, tum e recentissimis italicis, germanicis aliisq. optimis editionibus ac aliunde etiam illustrata. Prodit noviter. Cum Privileg. S. R. M. Sandomiriae, typ. Coll. Soc. Jesu. Anno Dom. 1766. w 8ce, str. 336 i 22.
    Jocher 672.
    Krasińs. — Uniw. lwow. — Jag. — Ossol.

— Toż. Libri tres. Nunc denuo revisi, et a mendis accurate expurgati. Calisii, typ. Coll. S. J. 1767. w 8ce.
    Jocher 662 c. — Katal. Batows.

— Toż. Vilnae. S. J. 1767. w 8ce, str. 273 (finis libri 1).
    Jocher 672 f.

— Toż. Libri tres. Editio nova correctior et cum ad fontes ipsos studiose exacta tum e recentissimis, italicis, germanicis, aliisque optimis editionibus ac aliunde etiam illustrata. Prodit noviter. Cum Privilegio S. R. M. Calisii, typ. Colleg. Soc. Jes. Anno Dom. 1768. w 8ce, str. 336 i 22.
    Zarazem: Catech. Canisii.   Ossol.

— Toż. Libri tres. Nunc denuo revisi. Calissii, typis Coll. S. J. 1770. w 8ce, str. 463 i 32.
    Zarazem: Catech. Canisii.
    Jocher 672 g.   Branic.

— Toż. B. w. m. 1772.
    Backer Bibl. s. 114.

— Toż. Editio nova correctior. Vilnae, typis Acad. S. J. A. 1773. w 8ce, str. 233 i 199.
    Jocher 672 h.   Wileńs.

— Toż. Editio nova correctior, et cum ad fontes ipsos studiose exacta tum e recentissimis italicis, germanicis, aliisque optimis editionibus ac aliunde etiam illustrata. Prodit noviter. Cum Privilegio S. R. M. Calissii, typ. Coll. Soc. Jesu A. D. 1773. w 8ce, str. 463. tablica kalendarza str. 1.
    Zarazem: Reverendi Patris Petri Canisii Societatis Jesu Theologi Catechismus. B. m. dr. i r. w 8ce, kart nlb. 16.
    Akad. — Zieliński — Jag. — Ossol.

— Toż. Vilnae. 1775. w 8ce.
                              Wileńs. Bibl.

— Toż. Editio nova correctior. Et cum ad fontes ipsos studiose exacta, tum e recentissimis italicis, germanicis, aliisque optimis editionibus, ac aliunde etiam illustrata. Prodit noviter. Cum privileg. S. R. M. Calissii. A. D. 1777. w 8ce, str. 675 i Petri Canisii Catechismus kart 15 niel.
    Lib. I. idzie do str. 254. Lib. II. do 407. Lib. III. od 407—675.
    A że po str. 409 mylnie idzie 500, zaś po 509 mylnie 600, zatem liczba stron właściwie powinna być o 180 mniejszą.
    Jag. — Ossol. — Uniw. lwow. — Wileńs.

— Tenże tytuł. Calissii, typ. Coll. Soc. Jesu 1777. str. 473. Catechismus 14 nlb. kart.
    Odmienna od edycyi poprzedniej.   Ossol.

— Tenże tytuł. Calissii. Reimpressa Lublini, typ. Com. Educat. 1777. w 8ce, str. 306 i 284. Ossol.

— De institutione grammatica. Vilnae, typ. Acad. 1777. w 8ce.
Przyłęcki.

— Toż. Vilnae. 1778.
Backer. Bibliot.

— Toż. Vilnae. 1780. w 8ce.
Wileńs. Bibl.

— Toż. Editio nova correctior. Cum licentia superiorum et privileg. S. R. M. Vilnae, typis S. R. M. Acad. Anno 1782. w 8ce. Lib. I. str. 205. Lib. II. str. 176. Ossol.

— Toż. Editio nova. Vilnae 1783. w 8ce.
Jocher 672 k. Wileńska Bibl.

— Toż. Editio nova correctior. Cum licent. Superiorum et privil. S. R. M. Vilnae 1784. w 8ce.
Jocher 672. l.

— Toż. Polociae, typ. S. J. 1784. w 8ce, str. 272.
Backer Bibl.

— De institutione grammatica libri tres. Editio nova correctior cum licentia superiorum et privilegio Sacrae R. M. Vilnae 1785. w 8ce, str. 276.
Uniw. warsz. — Wileńs. — Jagiell.

— Toż. Vilnae 1787. w 8ce.
Wileńs. Bibl.

— Toż. Vilnae 1788. w 8ce, str. 348.
Katal. Bielskiego pod N. 27. — Kraszews. Wilno IV.
Wileńs. — Chreptowicz.

— Toż. Polociae typ. S. J. 1790. w 8ce.
Jocher 672. m. Wileńs.

— Toż. Editio nova correctior. Vilnae. Cum licen. super. et privil. 1790. w 8ce, str. 205 i 176.
Wileńs. — Krasińs.

— Toż. Editio nova correctior. Vilnae 1793. w 8ce, k. 1, str. 205 i 215.
Jagiell. — Wileńs.

— De institutione grammatica linguae latinae, libri tres. Polocciae, 1794. w 8ce, k. 4, str. 272.
Wileńs. — Krasińs.

— Toż. Libri primi pars prior. De nominum substantiorum declinatione,

str. 188. — Liber Secundus. De octo partium orationis constructione od str. 189—310. — Liber Tertius. De syllabarum dimensione, od str. 311—368. w 8ce.
W egz. Ossol. brak karty tytułowej.
Ossol.

— (Grammatyka łacińska ad usum scholarum Piar.?) w 8ce, str. 348. (brak tytułu, druk z drugiej połowy XVIII. wieku).
Przedmowa k. 2. wyjaśnia, że jest to stary Alwar częścią po polsku, częścią łaciną prostą i snadną przetłumaczony. — Od str. 1—249. Grammatyka. (Etymologia od str. 142) — od str. 251. Tłumaczenie niektórych imion do str. 284. — od str. 285 do 362 Syntaxis — od str. 363. Katechizm z rozkazu Klemensa VIII. przez Rob. Bellarmina do str. 348.
Może to Pół Alwaryk (obacz niżej Alwaryk).
U Jochera N. 678.
Jagiell.

— Auxilia tyronum latine discentium, ex Emm. Alvaro S. J. decerpta. Premisliae, typis Coll. S. J. 1769. w 8ce.
Jocher 673.

— ob. Alwaryk — Bielski Jan (Pro institutione 1746) — Jaworski Stan. (1767).

ALWAREZ Paz (de) Jakób z Toledo († w Styczniu 1720). De vita religiose instituenda. Sive de quotidiana virtutum exercitatione libellus. Auctore Jacobo Toletano a Societate Jesu. Nunc primum in lucem edita. Brunsbergae apud Georgium Schenfeld. Cum gratia et priv. S. R. M. 1615. w 4ce, k. 12, str. 600. Warsz. Uniw.

— Wielebnego Oyca Jakuba Alwarez de Paz theologa S. Jezu O wykorzenieniu złego i pomnożeniu dobrego, ksiąg pięcioro abo nauk duchownych tom wtóry z łacińskiego na polski język przetłumaczony z pilnością 1618. (przez Wojc. Pakosta). W Poznaniu w drukarni Jana Wolraba 1618. w 4ce, k. 2, str. 650. (Gockim drukiem).
Dedyk. Pannie Zophiey Sieniawski przez X. Woyc. Pakosta.
Jocher 4160. podaje str. 590.
Warsz. Uniw. — Branic.

— O żywocie zakonnym, iako ma bydź świętobliwie prowadzon, abo o

17

każdodziennym w cnotach świętych ćwiczeniu kiążka przez X. Jakuba Alvareza S. J. złożona, a na polski przez X. Symona Wysockiego tegoż zakonu przełożona. Z dozwoleniem starszych. W Krakowie w drukarni Mikoł. Loba r. 1613. 12, k. 1, str. 752 i k. 4 rej.

Stronnicowanie zmylone. Po str. 688 idzie str. 715, po str. 548 idzie 594, zamiast str. 516 wydrukow. 156, str. 257 mylnie zamiast 279, strona 380 zam. 308, 317 zam. 371, 459 zam. 495, po 497 mylnie idą 489, 477, 500. — Nadpis nad stronnicami : Każdodzienne ćwiczenie. Dzieło podzielone na 6 części.

Podobnego tytułu dzieło wydane r. 1618. w Krakowie pióra Pawła Kcynensis, jest całkiem odmienne.

Jocher 6164. Jagiell.

(Alwaryk). Puł Alwaryk czyli Grammatyka łacińska z polskim. w 8ce.

Jocher 678.

Alveare novi examinis ob. Marczewski Tom. Józ. (1682, 1688).

ALVERA (von) **Johann Baptista.** Triumph der Tugend in dem wittiblichen Stande, Eleonorae Mariae, der durchleuchtigsten Königin in Pohlen, Gross-Hertzogin in der Littau, zu Reussen, Preussen, Massovien, Samogitien Hertzogin, geborne Ertzshertzogin zu Oesterreich, Hertzogin zu Lothringen und Baar etc. An dero Exequien - Tägen, zur ewigen Gedächniss vorgestellet, und theils mit politischen, theils geistlichen, so wohl poetischen als oratorischen Concepten kurtz verfasset, durch Johann Baptista von Alvera der heiligen Schrift Doktorn Priestern. Gedruck zu Wienn in Oesterreich, bey Matthias Sischowitz, der löblichen Universität Buchdrucker, 1698. w 4ce, 2 k. tyt., sygn. A—C₂. (k. nlb. 12).

Dedyk.: Eleonorae Magdalenae, Theresiae, Röm. kayserin. Jagiell.

Alveum nuptiale ob. Szymonowicz Szymon (1599).

Alzyra ob. Voltaire (1778).

AMADEUS F. (Decisio Rotae Romanae). Signatura Justitiae R. P. D. Amadeo Cracovien. pro Clarissimo et adm. R. D. Magistro Thoma Muszyński, facultatis philosophicae in alma Universitate seu Accademia civitatis Cracoviae contra Clarissimum et adm. R. D. Magistrum Mathiam Zientkievvicz ciusdem Universitatis Rectorem, et litis etc. Facti cum Summario. Proponam die Jouis 8 Martii 1736. F. F. Amadeus. Typis Mainardi 1736. w 4ce, k. 8.

Jagiell.

Amadoris (de) **Antonius** ob. Malagonelli Antonius (Paneg. Johanni III. 1684).

AMADUTIUS Johannes Christophorus. Characterum ethicorum Theophrasti Eresii capita duo hactenus anecdota, quae ex cod. Rlss. Vaticano saeculi XI. graece edidit, latine vertit, praefatione et annotationibus illustravit... Parmae. ex regis typographia, 1786. w 4ce.

Dedyk. Xciu Ad. Czartoryskiemu Gł. austr.

Amalia obacz: Fielding (Awantura 1787—88).

(Amalia królewna). Dyaryusz Maryażu Drezdeńskiego Najjaśniej. królewny polskiej Amalii córy Najjaśniej. Augusta III. króla polskiego, elektora saskiego, z Maryi Józefy Anny xiężniczki austryackiej małżonków, za Najjaśniejszego Karola obudwu Sycylii króla, syna Najjaśniej. Filipa V, króla hiszpańskiego wydanej r. 1738. w Dreznie przez jednego na tym akcie będącego z W. spektatorów polskich dla ciekawy wiadomości do druku podany. (1738). w 12ce, ark. niel. A—B. Ossol.

Aman, od Asswerusa króla perskiego y medyiskiego, nad wszystkie inne xiążęta wywyższony, dla pychy y złości swoiey gdy ród cały żydowski na zemstę wygubić usiłuje, z pierwszey godności wyzuty y na szubienicy obwieszony. Dziewiącia pieśni ośmiorakiego rythmu z xiąg Estery królowey opisany. W r. p. 1745. B. m. (Kraków) w 8ce, str. 124.

Załus. Bibl. poet. przypisuje to dzieło W. Stan. Chrościńskiemu, później wydano je w zbiorze: Stan. Herakl. Lubomirskiego Wiersze zebrane, które wyszły w Warsz. r. p. 1782. w 8ce.

Ossol. — Uniw. lwow. — Kijow.

— obacz: Chrościński Woje. Stan. (1745) — Lubomirski Stan. Herakliusz (1745).

Amanda Dorota obacz: Praetorius Geor. (Carmen nuptiale 1596).

Amandówna Katarz. ob. Wizemberg M. (Epithalamium 1614).

Amandus ob. Toryani Felix (Meta theologici cursus 1768).

Amandus und Sonolettens Hochzeitlich Ehren-Fest beglückwüntschte ein wohlmeinender Freund. Den 11. des Winter-Monats im Jahr 1670. Zur Lissa, druckts Michael Buck. folio, 2 karty.   Wrocł. miejs.

Amandus Floryan ob. Propositiones (1777).

Amandus Jan ob. Jovius J. T. (Lachrymae parentales in funere P. Tylicki 1616).

Amanda Stanisław ob. Amenda — Wisemberg (Epithalamium 1614).

Amant doktor, komedya w iednym akcie. W Warszawie, w drukarni P. Dufour, drukarza J. K. M. y Rzpltej 1780. w 8ce, str. 47.
Czartor. — Dzików. — Jagiell. — Krasiń. — Ossol. — Zieliń.

— świegotliwy, komedya w dwóch aktach z powieści francuskiey 1791. w 8ce.

— wilkołak ob. Shakespeare (Samochwał 1782).

Amante (L') di tutte. Dramma giocoso per musica da representarsi nel teatro di Varssavia. Varssavia, nella stamparia reale, l'anno 1776. w 8ce, str. 84.   Czartor.

Amarant wonny Maryi Radominianki ob. Szczawiński J. (1632).

Amaranth albo wieniec Kasp. Scholca ob. Kuczkowski H. (1636).

AMASAEUS Romulus. De pace oratio habita Bononiae Calendis Januarii an. MDXXX (1530). (Na odwr. karty ost.:) Apud regiam Cracoviam Math. Scharffenbergius excudebat a. MDXXX w 4ce, k. nlb. 13.
Tytuł w ramce z kolumn i łuków. — Na karcie tytułowej dziesięciowiersz łaciński: In commendationem Romuli decassichon Aniani Burfonii.
Ciampi Bibliogr. crit. I. str. 6.
Jagiell. — Kórnic. — Czarnec.

Amasides obacz: Skorulski Andrzej (Problemata 1620).

Amaski Basilius obacz: Scholarius Gennadius (Interrogationes 1681).

Amator (Verus) duae patriae Curtius Romanus et Bogvslavs Jaxa Polonvs vterqve pro patriae integritate vitam impendens, aeqvalis fortitudine auspicante palatini Inowłocłaviensis honorem illvstrissimo Domino D. Stanislao Bykowski capitaneo Predecensi. Inter publica gratulantium vota, in scenam prodvctvs ac perillustri et magnifico Domino D. Andreae Bykowski capitaneo Kłodaviensi, ejusdem illustrissimi filio, per scholasticam Collegii Lovicien. Scholarum Piarum iuventutem imminentibus Augusti ferijs consecratvs. Anno veri amatoris generis humani 1688. die 16 Julii. (Ozdobna linia poprzeczna). Varsaviae, typis Coll. Schol. Piarum 1688. folio, str. nlb. 4. (z tytułem).
Ustępy polskie drukowane gockim drukiem.
Tekst łaciński i polski.
Wolański w Rudce.

AMATUS Sylvius Joannes Siculus, juris utriusque doctor Christophoro Sidlovecio: viro clarissimo, castellano Sandomiriensi et vicecancellario regni Poloniae meritissimo felicitatem.
Dedykacya należąca do broszury: In augnstiss. Sigism. Regis connubium Andr. Cricii Carmen. 1512. (obacz).

— ob. Cicero (1531) — Franconius Mathias (Epitome 1531) — Krzycki Andreas (Ad divum Sigismundum 1515) — Seklucyan Jan (Modlitwy 1559).
Ciampi 34. I. 6. — Tomiciana II. 28—30, III. 195, 254.

AMATUS Scipio. Posłowie japońscy do Pawła V. biskupa rzymskiego, naród i droga ich, z włoskiego w polski ięzyk przełożona przez X. Jakuba Śliwskiego J. V. D. kapellana Jaśnie Oswieconey Xiężny Ostrogskiey W. W. B. O. roku 1615. w Rzymie. W Krakowie w druk. Franciska Cezarego r. p. 1616. w 4ce, 2 ark. na przodzie i str. 112.
Na odwr. tytułu wiersz herbowy Mathiasa Śliwskiego wnuka tłomacza.

Dedykacya Annie z Stemberga Ostrogskiej wojew. Wołyńs. obejmuje kart 6.
Jocher 8162. — Maciej. Piśm. III. 604—6. Czartor. — Ossol. — Uniw. lwow. — Giejsztor.

Amazon Dembińsciana ob. Pilarski G. Casim. (1701).
— Przyjemsciana ob. Bieżanowski St. (1677).

(Ambassadeur). S'il est permis, de faire arreter un ambassadeur qui passe sans passeport par les etats de celui, avec qui son maitre est en guerre. B. w. m. 1745. w 4ce, str. liczb. 32.
(Czy polskie?)   Krasińs.

AMBAYSE Franciszek (d'). La Pologne de François d'Amboyse Parisien. Au tres — victorieux roy Henry sur les occurrences de l'election et observations des choses plus dignes de memoire veues par l'autheur en son voyage. En diverses langues. A Paris par Denis du Pré imprimeur en la rue des Amandiers à l'enseigne de la Verité 1573. w 8ce, k. nlb. 15.
       Ossol.

(Amberle Mart.) Hochzeit-Gedichte, dem edlen, ehrenvesten, wohlgeachten Hr. Martino Amberle von Newweselli, Bürgern in Bresslaw als Bräutigam, und der viel-ehren-tugend-reichen Fr. Annae, geborenen Butschkyn (Titul), Hrn. Matthiae Seydels, gewesenen Burger-Meisters zu Ohlaw, sel. nachgeliebenen Wittib, seiner vertrawten, und Herz-vielgeliebten Braut zu Ehren, auf dero hochzeitliches Ehrenfest, so in Bresslaw den 9. Tag Aprilis, dieses 1641. Jahres celebriret wird, gestellt. Zu Breslaw druckts Georg Baumann. w 4ce, kart 8.
Na drugim miejscu znajduje się wiersz w języku polskim.
       Wrocław miejs.

Ambitio è Regno arroganter affectato pvlsa et perillustri ac magnifico Domino D. Martino Rostocki, Lelouiensi, Capinosensi etc. capitaneo pro debito submissionis honorario ab illustribus et magnificis Regii Vladislai IV. Collegii Varsaviensis Scholarum Piarum rhetoribus scenica declamatione in theatrum prodvcta. Anno ablegati è Caelo in terras Dei Hominis 1684. Die 22 Novembris. (Na końcu:) Varsaviae typis Collegii Scholarum Piarum, w 4ce, str. nlb. 4. z tytułem.
Teatralne.   Wolańs. w Rudce.

Ambitionem turbarum, carmine ob. Renner B. (1668).

AMBLET (D'). Programma publicznego popisu J. W. JM. Panów Ignacego y Mariana Załuskich kuchmistrzowiczów W. X. Lit. synowców J. O. Xiążęcia Imci biskupa krakowskiego pod dyrekcyą Imci Pana d'Amblet ich guwernera. Miane w Krakowie 1 Novembris 1749. W Krakowie w drukarni J. O. X. biskupa krakowskiego 1749. w 4ce, kart 6.
Głównie popis z historyi.
       Jagiell.

Ambona ob. Morawski Jan (Ducha św. 1700).

AMBROGI Ant. Maria (ur. we Florencyi 1713 † w Rzymie 1788). A S. E. monsignor conte Gius. Załuski nell' avere consegnata alla cura de P. P. della Comp. di Gesu la nobile Libreria Załuskiana versi sciolti. B. w. m. i r. folio.
       Bibl. publ. Petersb.

AMBROSCIUS (Ambroski) Mathias Ostrogiensis, pastor w Żychlinie (ur. 1600 † 14 Sierp. 1646). Psalmi XV. analysis exegetica, didactica ex moderatione Rev. Clariss. Viri D. Georgii Vechneri S. Teol. Doct. proposita a Mathia Ambroscio Polono responsuro. Adiuncta ab eodem Paraphrasis poetica tum graeca tum latina. Bethaniae (Bytom), typ. Dorferianis. Anno 1622. w 4ce.
Dedyk.: starszym kościelnym Tarnowskiemu Spytkowi, Janowi i Tomasz. Węgierskim.
Jocher 2491. — Jusz. Dyk. I. str. 5.
       Dzików.

— Trenodia. Cupressus exequialis (na śmierć Symeona Gracyana, syna Marcina Gracyana, superintendenta zborów wielkopolskich). Toruń, Fr. Schelboth. 1624.

— Ternio votorum. Bethaniae 1621. Patrz: Ascheborn.

Juszyńs. Dykcyon. I. 4. — Siarcz. Obraz
I. 8. — Wiszniews. VI. 187, 219. VII.
525. — Łukaszews. Brac. Czesk. 385. —
Węgierski A. Syst. hist. 1642. s. 403. —
Encykl. Orgelbr. I. 586.

AMBROSIO Fr. Vita Xpti Cartuxano
romanzado por Fr. Ambrosio. Alcala
de Henares, Stanislao de Polonia 1502.

Ambrosia ob. Oratio (1681).

— praeambulata ob. Klimecki Krz.
(1696).

— theologica Stan. Jurkowski ob.
Bieżanowski Stan. (1649).

Ambrosius Episc. Mediol. ob. Ambroży św. — Amelri Fr.

AMBROSIUS Marcus. Arma sive insignia regni Poloniae eiusque praecipuarum familiarum. B. m. i r. dr. (Paryż, 1573/4). w 8ce, k. 76. syg. A—K.
Przypisane Henrykowi Walezemu. Jest to
dziełko liche, składające się z samych her-
bów bez wykładu ich lub jakiego tekstu.
Zaluski J. J. długo szukał tego dzieła, aż
je znalazł w bibl. Oratoryanów w Paryżu
od których je nabył. Jest ono również i w
bibl. oxfordzkiej. (Hyde T. Catal. bibl.
Bodl. 1, 25).
Porównaj Schrot Mart.
Przerys ogłosił W. Bartynowski r. 1882.
Janociana I. 17—18. — Hoppius Schediasma.
Branic. — Krasiń. — Czartor.

Ambrosius. Trophaeum Stanislao Le-
duchowski ob. Wąsowicz.

AMBROSIUS a Woynicz. Theotheli-
merminia seu divinae voluntatis, divini
interpretis, divina interpretatio, ad Illustrem et Magnificum D. Lucam Sapie-
ham per fratrem Ambrosium a Woynicz
ord. Praed. subdiaconum, et in conventu S. M. Magd. S. Th. Stud. in
comitiis provincialibus Provinciae Russ.
in conventu Leopoliens. Sanctis. Corporis Christi celebratis, publicae disputationi exposita. Anno Salutis 1626.
mense Januar. die... hora... Jaroslaviae
A. D. 1626. w 4ce, kart nlb. 7.
Z przedmową do Łukasza Sapiehy.
Jocher 3458.   Ossol. — Dzików.

Ambrożewicz Dawid Stanisław ob.
Janowicz Wawrz. (1662).

AMBROŻEWICZ Joannes Josephus.
In nomine Domini. Amen. Nihil obiter
quum in omni vitae honestioris condi-

tione Augusto Aureliani effato agendum.
Tum maxime in professione academica
sub felicissimo regimine Magnifici Perillustris et Reverendissimi Domini D.
M. Jacobi Marciszowski U. J. Doctoris... etc. etc. per M. Joannem Josephum
Ambrożewicz Philosophiae Doctorem,
ejusdem cursus Vladislavsciani professorem, collegam minorem, alumnorum
seminarii academico-dioecesani direc-
torem circa actum promotionis XVI.
VV. DD. ad primam in AA. LL. et
Philosophia lauream adspirantium coram maxima dignissimorum et distin-
ctissimorum hospitum frequentia die
22 mensis Decembris A. D. 1766. oratione suasoria demonstratum. B. m. dr.
(Cracov. typ. Uniwers. 1766). w 4ce,
syg. A—B₂ (kart 6).
Jocher 1585.
Ossol. — Jagiell. — Uniw. lwow.

— Palmetum Cracii academici, ad
coronamentum eruditae virtutis laureas in authumno fructiferas, proferens.
Et dum VI. VV. DD. primae laureae
candidati per clarissimum et admodum
revendum Dominum M. Sebastianum
Antonium Długayski Philosoph. Doct.
et Professoris collegae minoris ecclesiae parochialis in Lubień curatum
praesente florentissimo magnorum hospitum corona Artium LL. et Philosph.
Baccalaurei ritu solenni crearentur, a Joanne Ambrożewicz ejusdem primae laureae candidato stylo et cultura poetica
delineatum. Anno quo fLos CaeLI
praestans, et paLMes, proDIt In orbe
die 29 mensis Novembris. Cracoviae,
typis Univers. Colleg. Majoris (1753).
folio, kart nlb. 10.
Na odwrotnej stronie karty tytułowej herb
pod kapeluszem kardyn. — Dedykowane
Janowi Kant. Sałackiemu Dr. obojga praw
kanonik. krak. — Następuje Oda do św.
Jana Kantego. Egzaminatorzy: Sebast. Ant.
Długayski, Józ. Antoni Declos, Tom. Aleks.
Małyszko. — Laureaci: Jan K. Toriani
Waw. Jan Bularni, Cypr. Miller, Szym.
Świętoński, Stan. Petulski. — Ambroże-
wiczowi dziękuje Toreani.
Dzików. — Jagiell. — Ossol.

— In nomine Domini. Amen. Questio physica de toto composito substan-

tiali, ex libro I-mo Phys. Cap. 7 Tex. 31. et sequentibus desumpta ac sub felicissimo regimine magnifici, perillustris. clarissimi et admodum reverendi Domini D. M. Adalberti Biegaczewicz Sacrae Theologiae Doctoris et Prefessoris, collegae majoris, ecclesiarum: collegiatae S. Annae Cracoviae decani, parochialium in Pręmeków praepositi, in Zielonki curati, contubernii Regio — Jagielloniani provisoris, librorum per Diaecesim Cracoviensem censoris, ordinandorum et approbandorum examinatoris, Studii generalis Almae Universitatis Cracoviensis vigilantissimi rectoris per M. Joannem Ambrożewicz Philosophiae Doctorem, in classibus Novodvorsciiais Rhetorices Professorem. Pro loco in Collegio minori obtinendo, publice ad disputandum in perangusto CC. DD. theologorum lectorio proposita. B. m. i dr. (Cracov. r. 1764). folio, kart 2.

Rok druku wyrażony przez anagrammat.
Jagiell.

— ob. Kapuściński Casim. (1765) — Patelski Stanisław (1765) — Płecki Tom. Kanty (1768).

AMBROZY ŚW. Wyznanie wiary prawowierney św. Ambrożego, za pozwolen. Barlama archimandryty Szeptyckiego. W Kijowie w dr. Monast. Pieczarsk. 1698, w 8ce.

Jestto Hymn Te deum laudamus, z kommentarzem na słowiańskie przełożony. Obacz Augustyn św. (Pieśń).

— Ambrosii episc. mediolanensis Opera, Joanni a Lasco dedicatae. Basileae, 1567.

— Canticum Sanctorum Ambrosii et Augustini. Magnificis, nobilissimis, clarissimis, omni virtutum ac doctrinarum genere perpolitis, rerumque multarum usu praestantissimis viris ac dominis, Dn. consulibus, totique senatorio ordini inclytae, celeberrimaeque reipub. Vratislaviensis, dominis suis perpetuo honore persequendis, dedicatum vocibusque quivis confectum a Joanne Polono jllust. Electoris Brandenburgici Musico.

Magdeburgi, excudebat Salomon Richtzenhan. Anno 1606. folio 12 kart.
Ob. Augustyn św. (Psałterz).
Wrocł. miejs.

Ambroży św. ob. Amelri Fr. (Deliciar. 1608) — Bembus Mathias (1688) — Grochowski Stanisław (1607). — Pastorius Joachimus (1656) — Pieśń — Warszewicki Chr. (De vita 1601).

AMBROŻY X. Dominikan. Konwentu Krakowskiego. Wianek Najświętszej Panny Maryi (brak tytułu). w 12-ce, ark. niel. D₃.

Na karcie 6-tej nadpis:
Sposób mówienia Różanego Wianka P. Maryey. 1 Część Wesoła.

Obejmuje części 3. — Od ark. C₆: Litania o Naj. P. Maryi. — Kończą książkę odpusty. — Wspomina, że teraz świeżo od Klemensa X. bracka msza odpustami jest uprzywilejowana (zatem druk przypadałby między rokiem 1667 a 1676 lub nieco po śmierci tego papieża. Drugą część książki tworzy z nowym tytułem (od arkusza D₁ do H₄):

Nabożny sposób odprawowania Różanego Wianka Najsłod. Imienia Jezus: Bez w. m. i r.

W przedmowie powiedziano, że „Sposób Różańca Św. od W. O. Michała Bonella kardynała obmyślony, ś. p. nasz O. Waleryan S. Pis. Dokt. wprowadził zdawna dla konwentu Krak. Św. Trójcy." — Część III. pod tyt.:

Nabożny sposób y bardzo pożyteczny ratowania konających, przez odprawowanie Różanego Wianka Naświętszey Panny Maryey ustawicznego, z naukami, przykładami, y modlitwamy, do tego świętego bractwa służacemi: przez wzwyż pomienionego Oyca — w konwencie Krakowskim Ś. Trójcy Promotora. Za dozwoleniem Starszych podany. (Imprimatur Fr. Martinus Borovius S. T. D. Prior. Provincialis Poloniae m. p. Anno 1681). w 12ce kart nie licz. 30.

Egzemp. Bibl. Jag. bez daty i miejsca. W egzemp. tym nie ma approbaty. Liczy on 30 kart niel. ale brak mu końca. — Marc. Borowski był przeorem od roku 1678 w krak. — Kto to był X. Ambroży, trudno dociec. Barącz o nim nic nie mówi. — Prawdopodobnie będzie to Ambroży Zagajewski, który w latach 1681—1724 wyda-

wał różne religijne pisma. W tekście książki są liczne, ale liche drzeworyty.

Jagielloń. — Warsz. Uniwers.

Ambroży X. od S. Laurentego, ob.
Klisiewicz Amb. (Zebranie 1753).

Ambroży X. kameduła ob. Climaeus
Jan (Scala 1601).

Ambrozya turecka obacz Krusiński
Tadeusz (1769).

Amelia, księżna Oranii obacz Orzechowski Paw. (Manuale 1647).

Amelia, królowa neapolitańska ob.
Sokolnicki (1738).

AMELOT Abrah. Nicol. (de la Hous-
saye). (1634 † 1706). Tacyt Polski albo
raczey Moralia Tacyta nad podchleb-
stwem przez J. O. X. Stanisława Jabłonowskiego, Woiewodę Generała ziem
Rawskich, Starostę Białocerk. Między-
rzeck. Świeckiego, do druku podany.
Typis Coll. Leopol. S. J. 1744. w 4ce k.
3. stron 248.

> Dedykacya Rzeczypospolitej polskiej, Braci
> Szlachcie, Aequalitati. Jabłonowski mówi
> w niej, że to opusculum już lat kilkana-
> ście temu napisał, za młodu i wcale nie
> przyznaje się iż to jest tłómaczenie z Ame-
> lota.
>
> Jocher 471.   Bibl. Jag. — Krasiński.

AMELRI Franc. Deliciarum spiritualium libellus. Sive de amante anima devotissimus dialogus. E flandrico idiomate, iam pridem in latinum conversus
nunc vero in gratiam piorum hominum
ex suo archetypo fideliter recussus et
a mendis quibusdam repurgatus. (Edidit Stan. Grochowski). Cracoviae in officina Nicolaj Lobij, Anno Dni 1608.
w 8ce, 7 kart na przodzie i 103 str.

> Dedyk.: Math. Pstrokoński Epis. per Stan.
> Grochowski Cnst. Cracov. — Dziełko do-
> chodzi do str. 76; od str. 76 do 81 umie-
> szczone przez tłómacza Hemerciusa: Pa-
> raenesis ad animam Christi sponsam; od
> str. 81 do 98: Dialogus inter aeternam sa-
> pientiam Christum et suum cultorem; od
> str. 98 do 101 umieszczona przez wydaw-
> cę Grochowskiego: Oratio Sancti Ambro-
> sii de singulis articulis passionis Domini.
> Na str. 102 i 103: Testamentum hominis
> Christiani quolibet die coram Deo dicen-
> dum translatum ex libello polonico cui
> titulus est, Oeconomia spiritualis. — Tłó-
> maczem tej książeczki na język łaciński

jest X. Antoni Hemertius kanonik regu-
larny.

Jocher 5809.

Czartor. — Jagiell. — Ossol.

Amandus Georgius ob. Talco Michael (1596).

Amenda (Amanda) **Stanisław** (1549
† 3 lipca 1627) ob. Chodowicz Gbr.
(1632). — Makowski Adam x. (1628). —
Wisemberg M. (Epithalam. 1614).

> Siarcz. Obr. I. 9. — Łabęcki Górnic. I. 234.
> i w Bibl. Warsz 1852. T. 48. str. 360. —
> Encyk. Orgel. I. 611. 595. — Święcki,
> Hist. Pam. I. 3.

Amendowna Jadwiga ob. Jezierski
Stefan (1625). — Jurkowski Stanisław
(Nuptialis 1624).

Amendowna Zuzanna ob. Makowski
X. Adam (Wesele 1628).

Amendzina Katarzyna ob. Amandówna — Historya (1615).

Americus Polonus Astrolog obacz
Torquatus A. (De eversione 1540).

Amerpachius Vitus (Amerbach) ob.
Chrysostomus Joannes (1552).

Amerstyn ob. Koniecpolski Stanisł.
(1627).

Ameryk Mateusz obacz Węgierski
Andr. (Politicus Christianus. Lesnae,
1632).

Jusz. Dyk. I. 5.

Ameryka ob. Bohomolec Franciszek
(1756) — Jezierski (b. r.) — Juniewicz S. J. (1756) — Łubieński Wład.
(1740) — Missyonarze S. J. (1756) —
Kollacz Paw. (Rewolucya 1778) —
Raynal (Rewolucya 1783) — Rewolucya (b. r.) — Robertson (1789) —
Rozmowa (1760) — Voyage (Ameri-
que).

Amerykanin (Dziki) do Europy z Le-
liuszem przybyły. Komedya we trzech
aktach. Warsz. 1778. w 8-ce. str. 102.

Jagiell. — Kijows.

Amerykanki ob. Beaumont (1784—
1786).

AMES Wilhelm. Deklaracia, objaśnienia abo pokazanie o świadku Bożym, w człowieczych wzwnętrznych
częściach po angielsku napisane przez
Wilelma Amesa, a teraz na polski język przełożone. W Amsterdamie, dru-

kowano u Chrzysztofa Kunrada roku
pańskiego 1679, w 4ce, 11 stron.
Druk łaciński czysty i piękny.
Jagiell. — Akad.
— ob. Miko S. (1638). — Rywocki
Jan (Arma 1636).

Amethystus ob. Schnebergerus Ant.
(Gemma 1565).

Amica amplicatio ob. Vorstius Conr.
(1617).
— disputatio adv. Judaeos ob. Bre-
nius D. (1644).
— et sponsula Anna Mar. Hockin
ob. Scholtz Fried. (1655).

AMICINUS Stanisław. Carmen gratulatorium in solennem electionem, ad-
ventumque in Poloniam felicissimum
nec non ingressum totius Sarmatiae metropolim Cracoviam magnificentissimum,
serenissimi ac potentissimi principis D.
Dni Henrici Valesy Dei gra. Regis Poloniae, Magni Ducis Lithuaniae, Russiae, Prussiae, Masoviae, Samogitiae, Livoniae etc. nec non Andium, Borbonio-
rum, Alvernorumque Ducis etc., Dni
nostri clementissimi, scriptum a Magistro
Stanislao Amicino Cracoviensi. 3. Regum X. Capite: Sit Dominus Deus tuus
benedictus cui complacuisti, et posuit
te super thronum Israel et constituit te
Regem, ut faceres judicium et justitiam.
Cracoviae in officina Stanislai Scharffenbergi. Anno 1574, w 4ce, 7 ark.
Na odwrotnej stronie tytułu Orzeł polski a
na pierwszej herb litews. Pod nim 10
wierszy łac. przypisał Amicinus prozą łac.
X. Stanisławowi Karnkowskiemu, biskupowi kujawskiemu. Całe powinszowanie
wierszem łacińskim. Na końcu: 8 wierszy łac. Szymona Goryckiego do autora
oraz 16 wierszy łacińs. Pawła Liconiusa,
kanonika regularnego do autora i do Zoila. — Przydane jest do tego:
In celeberrimam coronationem ejusdem serenissimi principis Domini ac
Dni Henrici Valesii Dei gratia Regis
Poloniae. Parodia Vergiliana in novem
musas distributa, ejusdem authoris. w
4ce, 1 arkusz.
Juszyńs. I. 5.
Czartor. — Jagiell. — Chreptow. — Akad. —
Warsz. Uniw. — Raczyńs. — Czarnecki —
Dzików — Szembek — Moszyński.

— Fax nuptialis etc. Crac. 1578.
b. dr. w 4ce.
Dziewosłąb ślubny Janowi Chwalibogowskie-
mu, przedstawiający go pierwszym poetą.
O innym poecie Krzysztofie Chwalibogow-
skim wspomina w Herbach Paprocki.
Jusz. II. 418. — Wiszn. VI. 320.
— Gratulatio Musarum scripta in
gratiam novem egregiorum adolescentum ingenuarum artium baccalaureo-
rum de virtute et literis bene meritorum jam vero magisterii gradum assu-
mentium in celeberrima Academia Cracoviensi a Stanislao Amicino Cracoviensi
uno ex promovendis. Cracoviae, in officina Nicolai Scharffenbergii. An. 1572
w 4ce, k. nlb. 10.
Jocher 1346. — Muczk. Statuta 211.
Dzikow. — Ossol.
Amicitia (Felix) sive Polyeuctus
tragoedia ab oratoria juventute athenais
Vars. S. J. ludis bacchanalibus anno
1747. Varsaviae in typ. Coll. reg. S. J.
w 4ce, str. n. 46.
Teatralne. Krasińs.
Amicorum certamen ob. Arnold S.
(1706).
Amicum salve w Warszawie i Lwowie naturze ludzkiey dla Konserwy oddane a teraz nowym drukiem w Krakowie na wesoła z włoskich krajów
Salve z applauzem wielkiego Imienia
Jaśnie Wielmożnego JMci Xiędza Jędrzeja Ankwicza Kanonika Katedralnego Krakowskiego od życzliwego y
wiadomego sługi z winną apprekacyą
obiaśnione y ofiarowane roku pańskiego 1747. Dnia 29 Listopada. (Kraków)
w drukarni Michała Józefa Antoniego
Dyaszewskiego J. K. M. typografa.
w 8ce, dwa arkusze.
Ob. Ankwicz Jędrzej.
Amicum (Ad) Varsaviae in comitiis
generalibus ibidem celebrandis degen-
tem (2 Maii 1701). Vilnae 1701. w 4ce
większej, kart. 2.
Jagiell. — Czart.
— Ob. Litterae — Freund (An einen auff den(!) allgemeinen Reichstage
in Warschau befindlichen Freund).
Amicus mensae Bacchanalis malus
genius Leandro Principi adolescenti ad
Cytharas et Cyathos, primum serviliter

familiaris, dein cum in cor non posset, in caput hostiliter infensus, a perillustri rethorica juventute Aethaenei Varsaviensis Societatis Jesu in ludum antecineralem productus. Anno 1732, Die 23 Februarii. Fol. 2 kart. nlb. (Objaśn. po pols. i łac.).

Jagiell. — Krasińs.

— ad amicum pro arte disputandi Peripateticorum. Crac. 1755. w 4ce, s. 24.

Jagiell.

— fidelis ob. Servius Filip (1664).

AMIET H. Catalogue des desseins, tableaux, miniatures, estampes, marbres porcelaines, instrument (sic) de phisique et de mathématique et autres curiosites contenues dans le cabinet de S. E. Mr le comte Vincent Potocki etc. Varsovie, 1780, w 8ce.

AMLERSKI Jakub, Prof. Akad. Zamojs. Flores gratiae eruditarum frontium coronae secundae laureae, dum eas plurimum patrocinantibus rosis illustrissimi excellentissimi et reverendissimi Domini D. Josephi Eustachii in Słupow Szembek, Dei et Apostolicae Sedis gratia episcopi Chełmensis, abbatis Węgrovecensis, Universitatis Zamoscensis cancellarii faventissimi, praevio examine perillustris et admodum reverendus Dominus D. M. Mathias Pawołowicz, Sacrae Theologiae doctor, Collegiatae Zamoscensis scholasticus, praepositus Tarnogrodensis, curatus Radziecinensis, Studii Generalis Universitatis Zamoscensis procancellarius ad actum licentiaturae conferret, in terra academica apparentes penes doctoralis laureae collationem per me Jacobum Amlerski canonicum Zamoscensem, curatum Lukoviensem, ejusdem laureae candidatum in folium panegyricum pro adorea gratiarum explicatae. Anno quo hortus conclusus florem gratiarum dedit universo 1739, die vero.... Mensis..... Typis Universitatis, folio, 3 arkusze.

Na odwr. stronie tytułu herb Łaszczów, pod nim 6 wierszy łać. — Przypis prozą Józefowi Antoniemu na Łaszczowie Łaszczowi, biskupowi Antypatreńskiemu, suffraganowi i officyałowi Chełmskiemu, opatowi Witowskiemu. Można tu niektóre szczegóły do jego życia napotkać. — Dalej oda na cześć św. Jana Kantego. — Potem podziękowanie wierszem hexametrowym professorom egzaminatorom w Akad. Zam.: Maciejowi Pawołowiczowi, Józefowi Nowakowiczowi, Aleksandrowi Pilszeckiemu i Antoniemu Górskiemu. — Dalej wiersz elegijny na cześć Józefa Węgra wraz z jego herbem i napisem: Utraque texit adoreas. — Kończy wiersz elegijny przez Węgra na cześć swego spółpromowanego Amlerskiego, gdzie także jest herb Amlerskiego z napisem: „Te scribunt variis in floribus horae." — Za rektorstwa Pawła Łusieckiego. — Pawołowicz Maciej ogłosił obudwóch t. j. Amlerskiego i Węgra do ktorami NN. WW. i filozofii. — Herb jego tu umieszczony wyobraża skrzydło rozszerzone i strzałą przebite.

Zamojs. — Jagiell.

(Amman Erasmus). Ain hüpscher spruch von der Kays. May. (Maximilian I), wie er zu Wienn ist eingeriten mit sambt den kunigen fürsten vnd andern, herren. Bez wyrażenia m. i roku (1515). w 4ce, kart 4.

Wierszem. — Odnosi się do wjazdu Maxymiljana I. wraz z Władysławem II, Zygmuntem Starym i Ludwikiem.

Kertbeny Bibliogr.

AMMELUNG Jan Jakób, Dantiscanus. Disputatio juris publici de Prussorum comitiis, quam sub praesidio viri nobilissimi, consultissimi, excellentissimi Dni Samuelis Friderici Willenberg, J. U. D. ejus ac historiar. prof. publ. nec non Athenaei inspectoris, fautoris sui omni qua par est pietate colendi in auditorio maximo Anno MDCCXX. ad diem 30 Maii publico eruditorum examini submittit Johann. Jacobus Ammelung, Ged. valedicturus. Gedani, typis Johannis Danielis Stollii, Senatus et Athenaei Typog. Anno 1720, w 4ce, kart 8.

Czartor. — Jagiell. — Krasińs. — Ossol.

— ob. Schultz: Historia interregni.

AMMIANUS Marcelinus. Rerum gestarum ex recensione Val. Gronoviana, cum indice nec non glossar. latin. Aug. Gvil. Ernesti. Lipsiae 1773, w 8ce.

Przypisane Xciu Józefowi Alex. Jabłonowskiemu.

Amnestya ob. Lubomirski Jerzy Seb.

Amoenitatum musicalium hortulus plantulis amoenissimis, flosculisque non tam odoratu, quam auditu suavissimis, iisque quasi centum: Fantas. Canz.

18

Padovan. Intrad. Galliard. Courant. Ballet. Volt. Almand. Bransl. Gallicarum, Anglicarum et Belgicarum, infertis etiam choreis, inclitae Polonicae nationi hoc tempore usitatissimis, ab authoribus variorum quidem varijs plantatus, in hunc vero ordinem quam acuratissime redactus omnibus nobiliss. musicae scientiae cultoribus et fautoribus dedicatus inque lucem editus, studiosa philomusi cuiusdam opera. Tenor. Anno MDCXXII. (1622) w 4ce.

Obejmuje 41 tańców, poczem: Sequuntur cantiones incertorum autorum, quibus voces intermediae ab authore huius operis adiectae sunt. 6 Courant. 10 Ballet. 6 Volt. 4 Almande. 3 Brausle. 30 Choreae Polonicae.—Kompozytorzy: C. Antegnati(2), Mart. Berger, Dav. Emmerus (4), M. Christ. Greventhal, I. L. Hassler, Paul Peurl (3), Philippus, Isaac Pösch, M. P. C. (Michael Praetorius Creutzbergensis?) (2), I. H. Schein, Gottfr. Scholtz (5), Ioh. Scholtz, Ioh. Staden, Er. Wideman, Lib. Zangius i bezimienni (74). Wrocławs. miejsk.

Amolitio Brevis ob. Jan Zygmunt Marchio Brandeb. (1617).

AMOR Caroline. Dankrede beym Schluss des Jahres 1781. Warschau, (1781) w 8-ce.

Amor dolorum triumphator, in Christo passo activissimus, generis humani e captivitate peccati vindicator, sub auspiciis illustrium et magnificorum Dominorum, D. Mathiae Przeradowski, capitaneidae Rozanensis, D. Joannis Wilczewski, vexilliferidae Visnensis, Dni Martini Zaklika, dapiferidae Laticzeviensis, D. Stanislai Zębrzuski, judicidae Sochaczoviensis, lectissimorum poeseos auditorum, per illustrissimam, illustrem et magnificam ejusdem scholae juventutem, scenica repraesentatione decertans. In Regio Vladislai IV. Varsaviensi Scholarum Piarum Collegio, Anno 1727. Die 17, Mense Aprili. fol. str. nlb. 10 i Dedicatio.

Teatralne. A. Wolański.

Amor ob. Bieżanowski Stan. (in igne 1646) — Cyboni Chr. J. (Nalecius perfectus 1680) — Kochinger Joh. (Amoris testimonia 1652) — Maksymilian Palat. Rheni. (in cordis 1694) — Mniszech Jan Wand. (Cordium 1741) —

Rudziński (Sponsus 1732) — Stefanius Jan (patriae 1680) — Suslyga Laur. (Amoris symbola 1605) — Treter Kaz. (distantia jungens 1677).

Amore (L') Artigiano, dramma giocoso per musica da rappresentarsi nel nuovo teatro nel Palazzo di S. A. il principe Radziwiłł. Sotto la direzzione del Giuseppe de Kurz. Varsavia, l' anno 1774, w 8-ce, kart 44.

W trzech aktach. Akad. — Krasińs.

AMORT Eusebius Kanon. w Pollingen († 5 Lut. 1775 r.) Principia critica honoribus perillustris. J. Rakovski, dum in alma universitate cassoviensi prima aa. ll. et philosophiae laurea ornaretur, a neo-bacalaureis condiscipulis dicata. Cassoviae. 1746, w 12ce.

Kijows.

— Reflexiones et principia meliora de jurisdictione ecclesiastica opposita principiis Poloni Nobilis. Francof. et Lipsiae, ap. J. Fr. Gaum. 1757. w 4ce 122 str.

Jocher 7425a.

— Tenże tytuł. Ulmae 1757. w 4ce.

Jocher 7425 b.

Amorum libri. Obacz Celtes Conrad (1501, 02).

Amours (Les) et histoires galantes du prince Charles et de l' impératrice douairière et aussi les intrigues agréables des Marquis de Bolaucon de Verembon et Pont de Vaux, avec mesdemoiselles de Tournon et d'Orbigny contenant les delices et galanteries arrivées en France. A Paris, chez Daniel Jossecourt. 1699. w 12ce.

Są tu szczegóły o Michale Korybucie i jego żonie.

— de B. Sforza ob. Sforza (1682).

Amphion novus (1646—7). ob. Łobżyński J.

— ad petram canens ob. Siermantowski Sim. (1713).

— logodaedalus Petri Tylicki ob. Maczowski Seb. Lud. (1645).

Amphiteatrum honoris ob. Bonarscius Cl. (Scribunius 1605) — Jambicki Tomasz (Breza palatini 1692).

— magnificentiae sub Andr. Trzebicki ob. Sierzycki Szym. (1674).

— worinnen alle Nationen nach ihrem Habit represänt. u. d. Länder, Situation, Religion, vornehmsten Städten, Ritterorden etc. angeführet sind. (Części cztery w J tomie). Erffurth 1723. folio, ze 165 drzewor.

Część I obejmuje Europę: No. 28 Böhmen und Mähren, 31 Croatien, Slavonien, Dalmatien, Bosnien u. Servien, 37 Tartarey. 38 Pohlen, 40 V. d. Cosacken, 43 Finnland. 46 Moskau, 47 Cur- Lieff- und Ingermannland, 48 Moscow, Tartarey.

Amphitheatrum infractae fortitudinis ex quo Siekierzynscianus Leo in publica scena spectatus et magnifico Domino D. Joanni Siekierzynski, ensiferidae Belsensi honorifica repraesentatione demonstratus. Per magnificam Collegij Varesensis iuventutem rhetoricam, Scholarum Piarum. Anno, quo vicit Leo de tribu Iuda, 1698. Die 2 Februarii. 1698, folio, str. nlb. 4 (z tytułem).

Tekst łaciński i polski. Dedykacya: Praefatio ad magnificum domiuum Ensiferidam.
Wolański w Rudce.

Amphitruo ob. Plautus (1530).
AMPLIAS Joannes Ostrorogensis. Oratio qua Christi duae naturae in una hypostasi, item vita, et virtutes eius breviter enarrantur, ad eiusdem genethliacon exornandum conscripta et recitata in celeberrima Noricorum Altorphiana Academia. Joanne Amplia Ostrorogense Polono, divinarum et humanarum artium studioso. Altorphi, typis Gerlachianis. Anno 1584, w 8ce, kart 24 nlb.

Z przedm. Ad Albertum Witoslavium.
Czartor.

AMPLIAS Joann. Soschinensis. Panegyricus ad ill. Joan. Jacobum comitem de Ostrorog. Lugduni 1598.
— Obacz Soszyński.

Amplificator polonae gloriae augustissimus, conjurantium contra Daciam hostium gloriosissimus augustiator, Casimirus Jagiellonides, rex Poloniae felicissimus; angusto nomini et honori illustr. D. Vladislai Kretkowski S. R. M. camerarii ex Palatinatu Marieburgiensi ad Tribunal Radomiense thesauri Regni judicis commissarii, in theatro Radomiensis Rhetoricae Scholarum Piarum militans anno d. 1723, mense junio, die 15. Varsaviae, typis S. R. M. Scholarum Piarum. fol. kart nlb. 4.
Uniw. warsz.

AMPZING S. Toncel van Europa met hare personagien afgebeelt. Vertonende de bysonderste deugden, raedslagen, enz. der Koninghen, Prinzen en Republijcken, mitsgaders den tegenwoord, ende toekomst, toestand van geheel Europa. Harderw. 1631. w 4ce, str. 76.

Wierszem. Obejmuje: str. 10 Sigismond de Pologne, str. 20 Vladislaus prince de Pologne.

AMSEL Jan w Królewcu 1664 † 13 Październ. 1732. De successione collataralium secundum Ius Culmense Regiomonti 1706, w 4ce.
Lilienthal Erleut. Pr. V. 54 str.

— De singularibus juris maritimi. Regiomonti 1722. w 4ce.
Tamże. V, 59 str.
Ob. Lilienthal: Erl. Pr. V. 290 str. — Acta Borussica Th. III. (biogr.)

Amurat III. obacz Beschreibung (1576) — Stryjkowski Maciej (O wolności korony 1587).

(Amurat IV). Copia listu cesarza Tureckiego do Króla J. M. w 4-ce, 3 karty (dosłowne tłómaczenie). (Data 1032 roku Hegiry tj. 1623).
Bibl. Horodecka.

— Obacz: Gratiae (1634) — Kuhn Paweł (Arcus 1635, 1667) — Manipulus (1639) — Starowolski Szymon (Wyprawa i wyjazd 1634) — Władysław IV. (Responsio).

Amuretka ob. Memoires (1782) — Przypadki i pochwały (1786).

Amyntas in mentem ob. Herbest,B. — Samboritanus Georg. (1560).

Anabaptismus obacz: Informatio (de anabapt. secta b. r.) — Vigandus Joannes (De anabaptismo 1582) — Wolan (1586).

Anacephaleosis flosculos complectens ob. Szamotulski Grzeg. (1535).

— animastica ob. Ressius Gotofr. (1647).

Anagrammata obacz: Bieżanowski (Agnensis 1682) — Brilliades Urban (Diadema 1608) — Bujwidowicz M.

(na wesele Lubom. 1602) — Chiliadis Liber anagramat. 1696 — Hadnusch And. (Curia gedan. 1714) — Heerman Abr. — Horst J. R. (in electionem (1669, 1676) — Klimecki Krz. (1696) — Konstanty (Sobiescianides 1697) — Loeachius Andr. (1608) (ad F. Sitanium 1626) — Loka H. (Sidus 1716) — Łękowski Mar. (Triumph. 1667) — Makowski Piotr (Wódz Kaz. Sw.) — Malicki B. (Centuria 1688) — Nieszporkowitz Ambr. (1699) — Piekułowski (Zbiór eligizacyi) — Rudomicz Cas. Basil. (e nominibus 1671) — Twardowski Paw. (1636) — Tylkowski Wojc.

Anagrammatischer Hochzeit-Schertz ob. Hancke (1687).

ANAKREON Poeta Grecki. — Nec si quid olim lusit Anacreon Delevit aetas. Horat. — W Warszawie, nakład. Mich. Gröla 1774. w 4ce, kart nlb. 5 i od str. 5—82, i 1 k. erraty.

Tłómaczenie Adama Naruszewicza z łaciny. Jest tutaj Pieśni LVIII. z tych tłómaczenia Naruszewicza 53, a 5 Jana Kochanowskiego i nadto trzy Pieśni tłómaczenia tegoż, te same, które i Naruszewicz przełożył.

Dedyk.: Franc. Ksaw. Branickiemu, hetm. poln. koron. w dzień jego ślubu z Dorotą Jabłonowską.

Jocher 32.

Uniw. lwow. — Przeźdź. — Ossol. — Jagiell. — Chreptow.

— Anakreonta pieśni tłómaczenie polskie: Ode I. Na swoją lutnię. — Ode III. Kupido przed deszczem schroniony w dom Anakreonta. — Ode V. Na różę. — Ode XL. Kupido od pszczoły ukąszony. — Ode XLVI. Przeciw złym skutkom złota. — Ode LII. Winobranie.

Tłómaczenie J. E. Minasowicza w Zb. rytm. pols. J. Ep. Min. Warsz. 1756. w 4ce, str. 55.

Analecta quaedam hist. philologica, ex hist. passionis Jesu Christi. Thorunii, apud Theoph. Ehrenfried Waetzoldt. 1745. fol. ark. Et₂. Czartor.

— silesiaca oder zufällige Anmerkungen zur Erläuterung der Historie des Hertzogthums Schlesien und angräntzender Länder zusammengetragen. Erste Abtheilung. Leipzig bey Michael

Rohrlach 1733. w 8ce, kart nlb. 5, str. 100. Ossol.

(Analecta). Supplementum Analectorum terrae Scepusiensis, pars prima, saeculum XIII. Bez m. i r. w 4ce, str. 296.

ob. Wagner Karol (Analecta 1773—1776).

— ob. Kochański Adam (Mathematica 1661, 74, 77) — Łobżyński Jan (Elegiorum 1644) — Załuski Józef Andreas (Historiae de sacra).

Analecticorum libri 1510, 1518 ob. Aristoteles.

Analemmata doctoratus ob. Puzyna Stef. (1647).

Analisis Aristotelis ob. Aristoteles (1510, 1518) — Keckermann B. (1614).

Analogia Disput. ob. Zagajewski Amb. (1681).

— X. Smoszewskiego ob. Sanner Stan. (1686).

Analogismus Omnipotentiae ob. Chamocki A. (1639).

Analyse d'une brochure 1773. ob. Pologne.

Analysin Aphorysmi Apostolici ob. Prochnau H. (1706).

Analysis physio — scientifica seu Philosophia naturalis juxta profundam Aristotelis vereque angelicam Doctoris angelici mentem, in sua principia communia scientifice refusa et F. F. Carmelitis Discalceatis in Conv. Cracov. SS. Mich. et Ioseph philosophiae studiosis publicae eruditorum censurae exposita. An. 1660. mense.... die.... hora.... Cracoviae 1660. vidua Lucae Kupisz S. R. M. typogr. w 8ce, str. 112, kart nlb. 2.

Dedyk.: Perillustri et admodum reverendo DD. Lucae Dąbski canon. Crac. carmelitae discalc. Jagiell.

— theologica obacz: Podborski J. (1622).

— theolog. difficultatum ob. Mackiewicz Kar. (1683) — Pollacz Rud. (1684).

— aquarum mineralium ob. Kozin. (1760).

Anamartitos sive oratio ob. Barszcz Petr. (1650).

ANANIA Jan Lorenzo. L'universale fabrica del mondo, overo Cosmographia di M..., divisa in quattro trattati, ne i quali distintamente si misura il cielo e la terra et si discrivono particularmente le provincie, città, castella, monti, mari, laghi, fiumi et fonti, et si tratta delle leggi et costumi di molti popoli: de gli alberi et sell' herbe, e d' attre cose pretiose, et medicinali, et de gl' inventori di tutte le cose. Di nuovo posta in luce. Con privilegio. In Venetia, ad instantia di Aniello San Vito di Neapoli 1576. (Na końcu:) In Venetia, apresso Iacomo Vidali 1576. ad instantia di Anielo San Vito. w 4ce, k. 11 k. nlb. str. 336 i 16 k. nlb.

Dedyk.: Alla Seren. Caterina Jaggellone Sforza d' Aragonia, principessa di Polonia e Reina di Suetia.

Czartor. — Warsz. Uniw.

Anapestiches Danck- und Glück Getichte ob. Heermann Ephr. (1655).

Anastasius Sanctus ob. Athanazy (Dialogoi 1570).

Anastazy od Najśw. Trójcy, karmelita. Directorium. Nucleus sacer Sanctorum venerationi in annum 1749. expositus nec non A. R. P. N. O. R. P. Anastasio a Sanctissima Trinitate Carmelitarum Discalceatorum etc. Leopoli, typis Confr. SS. Trinitat. w 12ce, kart nlb. 24. Krasińs.

— Lilium ad influxum pectoralis Phoebi D. Thomae Aquinatis mirabiliter reflorescens seu candor philosophiae naturalis octo libros physicorum, libros de generatione et corruptione, de anima ac compendium metheorum complectens. Per RP. F. Anastasium a SSma Trinitate, Carmelit. Discalceatorum, provinciae S. Spiritus definitorem candidae juventuti carmelitanae demonstratus. Leopoli. A. D. 1751. folio, str. 220, 101, 46 i 42. Index. Ossol.

Anatidi Joannes ob. Tainer Lud. Mik. (Praemium 1666).

Anathema ob. Jan Kanty (Spei publicae 1698) — Sapieha Jan Fr. (ad aram 1723).

Anatome virtutis S. Słowakowicz 1701. ob. Podgórski Sim.

Anatomes ob. Bauchinus Caspar (1597).

Anatomia abo stósowanie człowieka łakomego z wieprzem karmnym. w 4ce, (brak tyt.). Ossol.

— ambarum literarum universalium Suecicarum ad Polon. et Littua., Mariaeburgi 1 et 8 Maii 1656. emissarum. 1656. w 4ce.

Toż po niemiecku: Nothwendige Anmerkungen über das Kön. schwedische Manifest 1655. w 4ce. Obacz Anmerkungen.

Hoppe 87.

— binorum Sueciae Regis universalium, die prima et octava Maji hujus anni Mariaeburgi publicatorum, peracta anno 1656. B. w. m. w 4ce, ark. 3. sign. A—C₃. (Dwie edycye w roku).

Czartor. — Dzików — Jagiell.

— binorum Sueciae Regis universalium, das ist eine einfältige Auslegung, aus dem Lateyn ins Deutsche übergesetzet. Gedruckt 1657 Jahr. B. m. w 4ce, str. nlb. 20.

ob. Nicoynius.

— oder Untersuchung dero beyden des Königs in Schweden Universalien oder Auszschreiben so er den 1 und 8 May dieses Jahres zu Marienburg auszgelassen. Geschehen und aussm Lateinischen ins Deutsche übersetzt. Anno 1656. w 4ce.

— ob. Bisio Stefan (1781) — Celestinus (des Papsthums 1569) — Cichocki (edicti de pace 1615) — Garczyński Stef. (Rzeczypospolitej 1751) — Guido (1498) — Horolt Stan. (Anat. duchowna 1730) — Janowski (Anat. consilii) — Jurgiewicz (libelli famosi 1591) — Kirchheim Chr. H. (Anatomica facies 1722) — Łabęcki Balt. (Anat. conscientiae 1638) — Licinius J. (et Oekonomia 1593) — Mori Jacob (ridotta ad uso 1679) — Perzyna L. (Krótko zebrana 1790) — Roterodamczyk Erazm (Mar. Lutra 1546, 1579) — Sawicki K. (Anat. consilii 1611) — Schleissing Jerzy (Russiae reformatae 1668) — Schultz Laur. (medic. lect. 1589) — Skrzetuski Jan (moralis 1698) — Weichardt Teodor (1786)

Anatomicus ob. Willichius Iodocus (Commentarius 1544).

Anbindung Reimen Fried. Scholtzen ob. Hantsch Christ. (1651).

Anbringen türkischer Legation E-brahim Strotschi ob. Strotski (Strasza) Ebrah. (1562).

ANCAJANUS. (Decisiones Rotae Romanae). Congregatione Signatura Iustitiae R. P. D. Ancajano Plocen. Pro Rmo D. Canonico Iosepho Zavvadski. Contra D. D. oppidanos Stanislauienses, et subditos villae regalis Ciszovvka et litis. Facti. (Romae), Typis de Comitibus. 1718. w 4ce, 3 kartki.

— Pro Rmo D. canonico Iosepho Zavvadski Summarium. Romae, de Comitibus. w 4ce, 2 kartki.   Jagiell.

Anchora spei obacz: Sanguszko E. (1731) — Swiatkowski And. (1684).

ANCHUSCIUS Jan (Nominat na Biskupstwo Kijowskie, żył w połowie XVI wieku). Wiersze łacińskie na cześć 14tu Franciszkanów umęczonych 1333 roku w Wilnie.

X. Grzybowski Antoni przełożył je na język polski i umieścił w dziełku: Skarb nieoszacowany OO. Franciszkanów Litewskich. w 8ce.

Dziennik Wil. 1825. II. 209 str.

Ancile caelo delapsum quondam Romam in Scipionibus nunc Poloniam in serenissimis Janiniis defendens in gentilitia columna illustris ac magnifici Domini D. Lucae Ciecciszewski Pincernae terrae Livensis a magnifica juventute rhetorica collegii Wierzbowiani Scholarum Piarum Gorae pro exercitio mensis Julii repraesentatum. A. D. 1684. Varsaviae, typis Collegii Schol. Piar. (1684). w 4ce, k. 2.   Jagiell.

— libertatis polonae ob. Piotrowski Józef (1696).

Ancourt ob. Dancourt F. (Mieszczki 1780).

Ancuta Franc. Thad. ob. Chisius (1761) — Joannes a S. Vladislao (Trifolium canonico-juridicum 1754).

ANCUTA Jerzy Kazim. († 16 Maja 1737). Jus plenum religionis catholicae, in Regno Poloniae et M. D. L. iuri praetenso dissidentium in supplici libello et supplemento privilegiorum ac constitutionum ad comitia generalia congre-gatis ordinibus praesentato Grodnae, anno 1718. oppositum, demonstrans: nullam dissidentes habere capacitatem activae et passivae vocis in Regno Poloniae et M. D. L. a Georgio Casimiro Ancuta, U. J. D. canonico cathedrali et officiali generali Vilnensi concinnatum. Vilnae, typis Universitatis 1719. w 8ce, str. 306, 21 kart na przodzie i 16 na końcu.

Dedykacya do Stanisława Szembeka Arcyb. Gnieźn. Poczem Epigramma na pochwałę dzieła (14 wier. łac.) — W przedmowie cytuje autor: Epistola ad confidentem dissidentis Poloni, contra Calendarium a Domino Waryski editum pro an. 1711. — W katalogu bibliot. b. Uniw. Wileńs. dopisano: „auctor hujus operis P. Stanislaus Sokulski S. T. Dr. praefectus inferiorum scholarum Acad. Viln." — Ob. Sokulski. Jocher 9641. — Janociana I. 20. — Brown. 356.

Chreptow. — Czetwert. — Uniw. lwow. — Zielińs. — Dzików — Branic. — Akad. — Kijows. — Ossol. — Jagiell. — Raczyńs. (ma z datą 1715). — Wilno.

— Prawo zupełne wiary katolickiey w Koronie i W. X. L. przeciw prawu uprzątnionemu dyssydentów in supplici libello i w suplemencie przywilejów i ustaw; na Seym powszechny zgromadzonym Stanom prezentowanemu w Grodnie roku 1718. w łacińskim ięzyku wystawione; ukazuiące: iż nullam capacitatem dyssydenci maią vocis activae et passivae w Koronie i w W. X. L. A teraz toż samo na oyczysty przetłumaczone. Przez Leona Pruszanowskiego stoln. Rzeczyckiego r. p. 1767. w 8ce, str. 360, 15 kart na przodzie i 19 kart na końcu.

Przypis tłumacza Patronom Królestwa Polskiego. — W przedmowie mówi tłumacz, że dzieło X. Ancuty: Jus plenum Religionis Catholicae, którego to jest tłumaczenie, przez dyssydentów wykupione i wytracone zostało.

Jocher 9643. — Janoc. I. 20.

Czartor. — Jagiell. — Polkow.

— Stadiodromus orthodoxus, Erratici Heterodoxi, vestigator Prodromi, seu manifesta deprehensio errorum, ineptiarum, contradictionum anonymi dissidentis, sub titulo: Prodromus Poloniae, cavillantis jus plenum religionis catholicae, ab authore Juris Pleni Geor-

gio Casimiro Ancuta etc. ad oculos posita. Vilnae, typis Academicis Soc. Jesu. A. D. 1721. w 8ce, str. 68.
Jocher 9645.

(Ancuta Jerzy Kazim.) Prodromus Poloniae plenissimo jure ad servandam dissidentibus datam fidem publicam adstrictae contra G. C. Ancutae Jus plenum religionis catholicae sic dictae 1721. w 4ce, str. 42.
Druk Królewiecki.
Jocher 9642.
Birgel — Branic. — Czartor. — Dzików — Jagiell. — Krasiń. — Ossol.
— ob. Jabłoński D. E. (Libellus Supplex 1718) — Sokulski Stan. (Jus plenum 1719) — Supplique (1725).
Święcki Histor. Pam. 1858. I. 274. — Lukaszew. Br. Czescy str. 24.

(Ancuta X. Mac. Józef). Sidus sagittae inter phosphorum et lunam... Math. Ios. Ancuta.... conspectum. Vilnae, 1771. folio.   Wileńs.
— ob. August II. (1718) — Barszcz X. Jerzy (Kazanie na pogrzeb 1735) — Dowgiało Aleks. (Niebo 1714).
Janociana I. 21. — Encykl. Orgelb. I. 738.
Rzepnicki Vitae Pr. II. 200—1.

ANCUTA Tadeusz. Kazanie pierwszego dnia miane na pogrzebie Xcia Jerzego Radziwiłła Wojewody Nowogrodzkiego przez X. Tadeusza Ancutę. Nieśwież, w drukarni Radziwiłłowskiej S. J. 1757. folio.
Przyłęcki.

Ancylia Palladis ob. Slachetka Ign. (1641).

Anczewska Anna ob. Castelli Joan. (Applausus 1670) — Złotorowicz Mich. (Omina 1670).

ANCZOWSKI Marcin Nikanor († 1682). Campus intra et supra Campum seu ex praesagio armorum Janina intra dictam a Campo Poloniam ad regalem inauguratus Coronam, civis, et Pater Patriae sereniss. ac potentiss. D. D. Joannes III. Dei Gr. rex Poloniarum, M. D. Lithuan., Russ., Pruss., Masoviae, Samogit., Kijoviae, Volhyniae, Podoliae, Podlachiae, Livoniae, Smolensciae, Severiae, Czerniechoviae, in cuius avitum Campum Leo rossus Devinctissimi honoris, et candoris passibus anno egressi in Campum naturae nostrae et prognati Lea virgine Leonis Dei hominis MDCLXXVI. progressus per nobilem et excellentissimum Martinum Anczowski S. R. M. secretarium et medicum actualem, consulem urbis Leopolis, metropolis Russiae. Typ. Coll. Sieniaviani Soc. Jesu 1676. folio, ark. G. (kart 38).
Są tu między innymi krótkie wiersze Bartł. Zimorowicza, Tomickiego, Andrz. Szymonowicza etc.
Ossol. — Chreptow. — Czartor. — Krasiń.

— Salutationes Michaelis I. et Leonorae Austriacae nec non episcopi Culmensis. Leopoli, typis Jacobi Mościcki 1671. w 4ce. Obacz: Wiśniowiecki Michał (Salutationes Sacrarum Regiarum).

— Salutatio Sereniss. Joannis III. Poloniae Regis post felicem reditum ex castris Zoraviensibus et conclusam cum Turcis et Tartaris pacem, cum dedicatione operis elogiorum S. R. M. per nobilem et excellentum Martinum Anczowski S. R. M. secretar. et medicum die 15 Decembris, anno Domini 1676. w 4ce, kart 2.
Dzików — Jagiell. — Ossol.

— Salutatio Sereniss. Joannis III. Regis Poloniar. ingredientis Leopolim die 12 Junii 1678. per nobilem et excellentem Martinum Anczowski S. R. M. secretarium et medicum, consulem Leopoliensem. 1678. w 4ce, kart 2.
Ossol.

— Salutatio Nicolai de Granow Sieniawski, mareschalci curiae regni, generalis Leopoliens., Rohatin. gubernatoris in ingressu Leopolim die 2 Januarii 1680. w 4ce, kart 2.

— ob. Bieżanowski Stan. (1679) — Kraus Jacobus (1679) — Wiśniowiecki Michał (Salutationes 1671).
Łoziński Wład. Lwów 1890. II. 179.

Andacht (Die) Jakobs (po hebr.). Lemberg, 1778. w 4ce.   Ossol.
— (Die) Jacobs mit dem hebraischen Texte. Lemberg, gedr. mit Pillerischen Schriften. 1789. w 4ce, str. 23.
Jocher 7236.   Jagiell. — Ossol.
— Siebentägige zu dem Josepho, Pfleg-Vatter Christi Jesu. Braunsberg,

widerumb gedruckt im Collegio der Soc. Jesu. Anno Domini 1704. w 12ce, str. 213.

Jocher 7011.

— Toż, tamże, 1727.

— (Hertzliche) zu dem heil. Josepho. Zweyte Aufflage. Braunsberg, 1749. w 12ce.

— (Kurtze) welche zu Ehren der schmertzhaften Mutter Mariae in der Dorff-Kirchen Plauten alle Freytag gehalten wird. Eingerichtet im J. 1739. Cum lic. Sup. . Braunsberg, im C. der Ges. J. w 12ce.

— zum allerheiligsten Herzen Jesu, welche in der Kirche der PP. Scholarum Piarum in Warschau zu sonderbaren Nutzen aller Christgläubigen verrichtet werden kann. Warschau, 1759. w 8ce, kart 126. Warsz. Uniw.

— (Kurze) zu Verehrung 1779. ob. Jan Nepom.

— (Wahlfarts) wie solche am Fest der heiligen Pfingsten zu Ehren des bittern Leidens und Sterbens Jesu Christi auf dem Kalwari-Berg von der deutschen Gemeinde in Krakau, bei St. Adalbert ausgehend, gepflegt verrichtet zu werden. In Ordnung gebracht und in Druck gegeben. Breslau, 1759. w 8ce, str. 169, k. 2 i Anhang str. 44.

Czartor. — Jagiell. — Warsz. Uniw.

— ob. Alojzy św. — Kostka Stan.

Andachten kurz und gut, das ist kurze und schöne Andachten den Tag über nutzlich zu üben. Wilna, druk Seiner königl. Maiestet, 1784. w 12ce, str. 387 i rejestr. Warsz. Uniw.

— (Kurze und schöne) in verschiedenen Gelegenheiten zu verrichten. Sammt beygefügtem Amte der Abgestorbenen. Warschau, druck Coll. Sch. Piar. 1785. w 8ce, str. 349. k. 2.

Jagiell.

Andachts- Uebungen ob. P. T. Soc. Jesu.

Andenken (Zum) des dritten Novembers 1771. folio.

ob. Bericht. Warsz. Uniw.

— Mathei Beckers obacz: Söhner Frid. (1659).

(Anders). Bey dem Anders und Schönischen Hochzeit - Festin, so in Zduny den 3 Sept. 1720. celebriret wurde.... Bresslau, in der Baumannischen Erben Buchdruckerey, druckts Johann Theophilus Straubel, Factor. (1720). folio, k. 2.

Wrocław s. miejska.

— Das eilende Sandwerck der Liebe, bey dem Anders- und Schönischen Hochzeit-Feste, welches d. 3 Sept. An. 1720. in Zduny celebriret wurde. Bez w. m. dr. (1720). folio, k. 2.

Wrocław s.

— Indem man heute schaut in Zduny celebriren ein Freuden-Fest, an dem Herr Anders Hochzeit hat mit Jungfer Schönin.... Anno 1720. den 3 Sept. B. m. dr. (1720). folio, k. 2.

Wrocław s.

— Als sich Herr Anders... mit... Rutschin hat, in Lieb und Treu vertraut.... Carmen von dreyen Brüdern. Schmiegel, anno 1727. den 18 Junii. Lissa, gedruckt bey Michael Lorentz Pressern (1727). folio, k. 2.

Wrocław s.

Anders Daniel obacz: Rost Samuel (Bey der Ungl. Begebengeit 1721).

ANDERS Johann Christoph. Den von der Trübsaal vollen Bach zum lautern Strohm des lebendigen Wassers geführten Samuel Friedrich Lauterbach wollte bey volckreicher Beerdigung in einige Betrachtung ziehen... Lissa, gedruckt bey Michael Lorentz Pressern (1728). folio, k. 2. Wrocław s.

Andeschow Jacobus ob. Hierocles (1524) — Plinius (1529).

ANDLIKIEWICZ Wojciech Dominik. Insignia eruditae Palladis in palmare decus docto certamine victoribus VV. DD. primae laureae candidatis post eruditum agonem, dum per clarissimum et excellentissimum DD. ill. Jacobum Sarnecki philos. doctorem ejusdemque regium professorem, collegam majorem, S. R. M. secretarium, artium liberalium et philosophiae bacalaurei ritu solenni crearentur, ornante nobilissimorum hospitum et ordinum academicarum corona; in generali regni palaestra, in vim applausus congratulatorii concentu metrico ab ejusdem laureae candidato Adalberto Dominico Andlikiewicz, Cracovien. dispartita. Anno quo increata sapientia in terris victrix triumphavit MDCCXIV. die 14 Martii. Cracoviae, typ. Univers. 1714. folio, str. 22.

Dedyk.: M. Węgrzynowiczowi, teologii i O. P. drowi, rektorowi. — Na odwr. tytułu jego herb. — Rozpoczyna wiersz: Ad D. Joannem Cantium. — Następuje wiersz do Kaz. Chochmańskiego prezbytera. — Laurenci: Piotr Robaczewski, Stan. Jan Kanty Ziółkowski, Szymon Skowroński, Kaz. Jugiewicz, Franciszek Antoni Jeżowski, Józ. Fr. Jastrzębski, Jan Stan. Rypiński, Franciszek Adamowski, Adalb. Kaz. Wieczorkiewicz, Józef de Goudrecourt, Adalbert Tyburcy. — Andlikiewiczowi dziękuje za panegiryki Wieczorkiewicz.
Jocher 1503.
Jagiell. — Czart. — Dzików — Krasińs. — Ossol.

— obacz: Krauz J. (Clypeus Orbis 1715).

Andomarus obacz: Martinus Jan (1669) — Taleus (Rhetorica).

ANDOSILLA A. Signatura sanctiss. R. P. D. Andosilla Cracovien. juris legendi, pro alma universitate generalis studii cracoviens. contra RR. PP. Soc. Jesu Cracoviae, facti et juris. Romae, ex typographia Reverendae Camerae Apostolicae. Superiorum permissu. 1630. folio, kart nlb. 6.

Tytuł na str. ostatniej. — Na str. pierwszej wydrukowano tylko: Cracov. juris legendi. — Porównaj: Decisio quinta S. Rotae romanae (1629) — Sententiae S. Rotae rom. (1629) itp. Jagiell.

— SS. DD. N. Urbano VIII. Cracovien. juris legendi, pro sereniss. olim DD. Vladislai Jagellonis regis Polon. et Hedvigis reginae, Universitate generalis studii Cracovien. contra PP. Societatis Jesu Cracoviae. Referente in Signatura SS. R. P. D. Andosilla informatio juris et facti. Venetiis, ex typogr. Nicolai Misserini. Superiorum permissu (1630) folio, str. 28.

Jest tu opis powstania, historya i organizacya Uniwersytetu. Między innymi zawiera to pismo list Wawrz. Goślickiego do papieża Urbana VIII. (str. 18), i protestacyę sejmiku proszowsk. przeciw Jezuitom. Na

str. 14—17. memoryał z podpisem Jakóba Uścickiego, któremu Sołtykowicz autorstwo całego pisma przyznaje.
Jocher 1291. — Ossol. Wiadom. II. 97. — Sołtykowicz s. 570.
Ossol. — Jagiell.

ANDOSILLAE Rudesindi, presbiteri Benedictini: Praefactio in dissertationem inaeditam Juliani Caesarini cardinalis Legati Eugenii Papae IV. ad Ladislaum regem Poloniae et Hungariae. Florentiae 1762. (czy to nie rękopis?)

Tu podano rzecz o bitwie pod Warną.
Ciampi Bibliogr. I. N. 38.

ANDREA Bartolomeus. Pentas thesium theologicorum: I. De Prophetis in genere, II. Malachias Propheta, III. De Propheta Cygni, IV. Igne Johanneo, V. De Achillis argumento contra communicationem idiomatum humanae Christi naturae factam quam ferente Divina Gratia rectore magnificentissimo sereniss. atque excellent. principe ac Dno Dno Friderico Wilchelmo regni Prussiae et elector. Brandenburg. haerede etc. etc. consensu venerandae facultatis theolog. praeside viro maxime rever. excellentiss. atq. amplissimo D. Paulo Pomian Pesarovio SS. Theol. D. ejusdemq. profess. extraord. etc. sub omni observantiae cultu prosequendo publico eruditorum examini H. Lq. solitis Bartholomeus Andrea Philos. et Theolog. studens Johannis Pruss auctor et respondens, A. 1702. die Octobr. Regiomonti, typis Reusnerianis (1702). w 4ce, str. 134.
Ossol.

ANDREANUS (Andriani) Jan Chrzciciel, przełoż. domu professów w Warszawie (urodz. 1604 † 6 Sierp. 1678). Orationes binae de Spiritus S. adventu habitae ad Urbanum VIII. a Seminarii Romani convictoribus. Romae, typis Corbeletti 1641 i 1645. w 4ce.

Brown Bibl. Soc. Jesu str. 13, 14 i 476.

— Paradisus voluptatis eversus sive de Christi Domini cruciatibus oratio Jo. Babt. Andriani S. J. habita in sacello pontificum Vaticano ad SS. D. N. Urbanum VIII. ipso parasceves die. Superiorum permissu. Romae, typis haeredum Francisci Corbeletti 1653. Var-

19

146

saviae in officina Petri Elert S. R. M.
typ. 1647. w 4ce, ark. 2.
Drukarz Piotr Elert przypisał tę mowę X.
Janowi de Torres AB. Adrianopolitańskie-
mu i nuncyuszowi Stolicy Apost. do Wła-
dysława IV. króla.   Jagiell.
Brown Bibl. 14. i Backer przytaczają różne
jego dzieła, lecz one (tak jak i Oratio-
nes), nie należą do Bibliografii polskiej.
Andreas ob. Pilawski Ignacy (1791).
ANDREAS Bambergensis (von **Staffel-
stein**) Vita S. Ottonis apostoli Pomera-
norum etc. cum notis Valerii Jaschii.
Colberg. 1681. w 4ce.
Inne wydania: Jacobi Gretseri w „Divis
Bamberg." i w tegoż Opp. Część 10. —
Surii Acta SS. (pod dniem 2 Jul.) — Lu-
dewig: Script. Bamberg. Cz. I. — również
tłómaczenie włoskie.
Andreas Bochnensis. Bellum obacz:
Lubelczyk.
Andreas Cardinal ob. Treter Thomas
(Pontificum romanorum effigies 1580).
Andreas Clemens ob. Diadochus Pro-
clus (Ad pubem 1512).
Andreas de **Comitibus** ob. Bieliński
Seweryn (1724) — Kazanie (b. r.).
ANDREAS Ernest Braunfelsio Solmen-
sis pastor Ecclesiae reformatae Dantisci.
Bella Jehovae seu meditationes sacrae
contra Vitia.
Dzieło to przyznaje mu syn jego Samuel,
naówczas teolog Marburgski, w przedmowie
do dzieła: Fracturae Josephi 1682. Mar-
burg w 12ce.
Placcius Theatr. Anonym. str. 82.
— Fracturae Josephi sive pia sus-
piria pro statu et incolumitate ecclesiae
catholicae, nominatim per Germaniam,
Helvetiam etc. et Lithuaniam reformatae... luci data a filio Samuele Andreae.
Marpurgi, Cat. Kürsnerus. 1681. w 12ce.
Czartor.
— Lux semitae. Brem. 1646. w 8ce.
ANDREAS Fulvius Sabinas M. Isa-
gogicon artis versificatorie... Simonis
Prossoviani duo libri ad artem versifica-
toriam ut necessarii ita perutiles. (Cra-
coviae) Venundatur a Floriano Ungle-
rio. 1532. w 8ce, półarkuszy nlb. K₄.
W tytule czterowiersz Szym. Prossoviannusa i
ośmiowiersz Petri a Tarczyn ad lectorem. —
Dedykowane: Nic. Bidlicio canon. Cracov.
vicario Petri Tomicii Episc. Cracov. przez
Prossowiannusa. — Od C₃. zaczynają się:
Libri duo ad artem versif. necessarii. —

Kończy wiersz: in arma Nicolai scholastici Cracov. Bidlicii.
Jocher 696.   Jagiell.
ANDREAS Hispanus Megarensis. Contenta hoc libello. Modus confitendi com-
positus per reverendum Episcopum Andream Hispanum sancte Romane Eccle-
sie Penitentionarium. Interrogationes et
doctrine quibus quilibet sacerdos debet
interrogare suum confitentem. Canones
penitentionales per episcopum Civitatensem. compositi. Casus Papales et Epis-
copales. (Na końcu:) Impressum Cracoviae per Math. Scharffenberg A. D.
1535. w 8ce, k. nlb. 24. (syg. ark. E₆).
Jocher 4343 b.
Jagiell. — Krasińs. — Ossol. — Kórnic.
— Tenże tytuł. Impressum Cracovie
per Mathiam Scharffenberg A. D. 1540.
Spis inkunab. do T. III. Bibl. ksiąg dwojga.
Jocher 4343 c.   Zamojs.
— Tenże tytuł. Na końcu: Impres-
sum Cracovię per Hieronymum Vietorem A. D. MDXLI. w 8ce, kart 26,
(ark. syg. A—Ciiii). druk goc.
Jocher 4343 d.
Jagiell. — Ossol. — Włocław. — Branic.
— Canones poenitentiales per episco-
pum Civitatensem etc. (w końcu:) Crac.
per Math. Scharffenberg 1534.
Przyłęcki.
Obacz powyżej Contenta 1535. Tutaj są Canones do ark. Eiij. Zapewne osobno w r.
1534. nie wyszły.
Jocher pod 4343 a. mylnie z temi drukami
łączy Modus c. będący wyciągiem z Cel-
siusza Mapheusa.
Obacz Cervus J. (Methodus sacr. 1537).
ANDREAS Jacob (ur. 1528 † 1590).
Refutatio pia et perspicua criminatio-
num, calumniarum et mendatiorum, quibus Stanislaus Hosius non solum Pro-
legomena Joannis Brentii, verum etiam
universam vere piam Doctrinam conta-
minare conatus est. Autore Jacobo Andreae theologo et pastore ecclesia Göp-
pingensis. Una cum praefatione Joan.
Brentii. Francofurti in officina Petri
Brubachij. An. MDLX (1560). mense
Martio w 4ce, str. 455 i kart 25 na
przodzie.
Dedic.: Alberto Seniori Marchioni Brandeb.
et Christoph. duci Wirtenbergensi.
Jocher 2902. — Encykl. pow. I. 746, 774.
Ossol. — Akad. — Warsz. Uniw.

Andreas a Jesu obacz: Brzechffa Andr.

Andreas Posthumus a Grafembergk ob. Posthumus.

Andreas Sanctus ob. Andrzej św. — Forro Paulus (b. r.) — Goski Paul (1641) — Grodzicki Stan. (1607) — Szurowski Stan. Michał (Propugnaculum 1688) — Żarski Balt. Bened. (Corona 1690).

ANDREAS a Spirito S-to (Trynitarz, definitor prowincyi polskiej). De bello in Europa gravissimo ab potentissimis imperatoribus et regibus gesto epitome historiae duobus brevissimis libris comprehensae. Auctore P. F. Andrea a Spiritu S-to Ordis Discalceator. SSmae Trinitatis Redempti. Capti. definitore Provinciae. Varsoviae, typis S. R. M. An. Dni 1776. w 8ce, kart 3, str. 47 i 1.
Rzecz o wojnie siedmioletniej.
Wilno — Krasińs. — Jagiell. — Ossol.

— Casus conscientiae pro Regno Poloniae ex declarationibus Summorum Pontificum, Consiliorum Provincialium ciusdem Regni decretis, nec non ex auctoribus theologis istius gentis collecti universim 100. Auctore P. Andrea a Spiritu Sancto Ord. Discalceatorum SS. Trinitatis Red. Capti. sacerdote professo et definitore provinciae Polonae. Varsaviae typis Sacrae Regiae Magestatis (sic). An. 1776. w 8ce, str. 110 i regestru kart 7.
Jocher 4339.
Ossol. — Jagiell. — Akad.

ANDREASOWICZ Christop. († 1716). Applausus Apollinis venerabilibus DD. primae laureae candidatis R. et V. Dom. Stephano Krukowski presbytero, V. D. Petro Leszczyński, V. D. Mathiae Mikołayski, dum in alma Universitate Zamosciensi a clarissimo et excellentissimo Dom. M. Francisco Casimiro Grabowicz, Phiae doctore, logices ac metyphysices in eodem Universitate ordinario professore, prima in artibus et philosophiae laureae ritu solemni insignirentur per Christop. Andreasowicz, Phiae et Eloquentiae auditorem, observatus et officioso ac gratulabundo calamo expressus.

An. Dni MDCLXXXII. die 7 mensis Febr. Zamosci, typis academicis. 1682. w 4ce, str. nlb. 8.
Na herb akad. podpisał wiersze Piotr Gruszecki.
Jocher 1968. — Juszyńs. Dyk. I.
Ossol.

— ob. Żędzianowski Tom. (Manubiac 1684).

Andree Joannes obacz: Szamotulski Grzeg. (Processus 1531, 1534, 1537).

ANDREJ Archiep. Swiatoho Otca naszeho Andreja archiepiskopa kesarija kappodokijskija — Tołkowanie na Apokalipsiu Swiatoho Apostoła i Ewangelista Christowa Joanna Bohosłowa. Z woli, starania i błogosławieństwa archimandryty Ławry Peczerskiej Zacharjasza Kopysteńskiego. W Ławrze poraz pierwszy wydane roku od stworzenia świata 7133, od Chrystusa 1625. folio, kart nlb. 8, str. 156 i w końcu tekstu p. 1.
Tytuł w drzeworycie z figurami świętych. Na odwrotnej stronie obrazek Wniebowzięcia P. M. i herb Leliwa z głoskami polskiemi Z. K. A. K. (Kopystyńskich, co widać z wiersza). Przedmowa do czytelnika przez mnicha Tarasa Lewonicza Ziemnhę.
Krasińs. — Bibliot. publ. petersb. — Akad. Nauk petersb. — Muz. Rumiancowa. — Karatajew (N. 255).

ANDREIDES Simon. Epos melicum illmo ac rmo domino D. Petro Tilicki, Dei gratia episcopo Cracoviensi, duci Severiensi, dum ac sacram inaugurationem urbem foeliciter ingrederetur, mansuetorum Musarum maecenati, optimo largo pioque D. D. A Simone Andreide Crac. art. bac. devotissimo cliente. Cracoviae, Anno Domini 1607. w 4ce, k. nlb. 6.
Czartor.

ANDREJEWICZ Dawid. Lament po światobliwie zeszłom welcbnom hospodynu Otcu Joannie Wasilewiczu prezwiterie, imenem cerkwi Prawosławija wostocznaho bratstwa Łuckaho wozdwyżenija czestnaho i żywotworiaszczaho Kresta hospodnia, napisannyj przez mnohohrisznaho Jerodiakona.. inoka czyna swiatoho Wełykaho Wasylija. W Łucku, roku 1628. miesiaca februarija 11 dnia.

W drukarni Pawła Jeromonacha, (1628) w 4ce, kart nlb. 11.

Wierszem, druk kirylicą.

Sopikow I. 81.   Birgel. — Czetwert.

ANDRELINUS Publius Faustus. Publii Fausti Andrelini, Foroliuiensis, poetae laureati atque oratoris clarissimi: Epistolae prouerbiales et morales longe lepidissimae nec minus sententiosae. Cracouiae Anno MDXXVII. (Na końcu:) Finis novem epistolarum adagialium P. Fausti Andrelini iuxta musarum videlicet numerum et trium (quot charites sunt) epigrammatum. Cracoviae per Mathiam Scharffenberger. Impensis vero domini Marci civis ac bibliopolae Cracoviensis. A. MDXXVII. duodecima die Sept. w 8ce, str. 32. (druk kursywa).

Dedyk.: Joanni de Ganay Francię cancellario.

Ciampi Bibliogr. I. 7.

Czartor. — Jagiell. — Krasiń. — Kórnic.

Andreothesia genethalica ob. Buczkowski Mac. (1619).

ANDREOVIA (de) Maur. Frid. Presbyter, Jurisprud. Baccal. († 1631) Quaestio de Sanctorum honore. (Brak tytułu). Cracoviae 1604. w 4ce, k. 4.

Dedyk.: Math. Spinek de Bętkow, abbati Vitoviensi. — Obejmuje: Conclusiones.

Por. Jędrzejowczyk.   Jagiell.

Andreoviensis ecclesia ob. Chrzanowski Tomasz (1791) — Damalewicz Stefan (1650) — Kazanie (Klasztor b. r.) — Rudzki Alex. Mac. (1655) — Zajaczkowski Emer. (Sol et lux 1656).

Andreozzi ob. Songs in Lodoiska (1794).

ANDRIAN Karol z Tisens (ur. 1680 † 1745). Series regum Poloniae (Inscr. Dr. phil. sub P. Ign. Langetl a Metaph. Graec.). Graccii 1733. w 12ce.

Backer s. 166.

— ob. Schwitzen.

Andriani Jan Ch. ob. Andreanus.

ANDRIES Iodocus S. J. (Josse) (ur. 1588 † 1658). Medulla Crucis perpetuae ex cruce perpetua, Rev. P..... excerpta. Olivae, typ. Georg. Franc. Fritsch 1681. w 12ce, k. 5, str. 102 i index.

Catal. Janss. pod rokiem 1682. — Jocher 5900. (podaje również r. 1682, opierając się na tymże katalogu).

ANDROCY Fulvius (Androtio) (1523 † 1575). Nauka iako stan wdowicy przystoynie i chwalebnie może bydź prowadzony. Każdey personie, nabycia prawdziwego nabożeństwa pragnącey, bardzo potrzebna i pożyteczna. Z rozlicznych ksiąg Wielebnego X. Fulwiusza Androcego Societatis Jesu wyięta, a teraz z włoskiego na polskie przez iednego kapłana tegoż zakonu iest przełożona. W Kaliszu, w drukarni Woyciecha Gedeliusza r. p. 1606. w 8ce, str. 208.

Przyp. tłómacza Szymona Wysockiego: Elżbiecie Sieniawskiey z Lezienic, marszałkowej nadwornej.

W końcu dodano:

Kształt pobożności, to jest: Żywot świątobliwy i śmierć chwalebna jej M. Pannie i P. Katarzynie z Maciejowic Wapowskiej, kasztelanki przemyskiej, etc. Z kilku exemplarzów przez ks. Szymona Wysockiego S. J. krótko zebrany. W Kaliszu, w druk. Wojciecha Gedeliusza r. p. 1606.

Jocher 4222.

Ossol. — Warsz. Uniw.

— Rozmyślanie o drogiey męce Pana naszego Jezusa Chrystusa. Przez X. Fulwiusza Androcego Soc. Jesu złożone a przez X. Symona Wysockiego tegoż zakonu z włoskiego na polskie przełożone. W Krakowie w druk. Jana Szarffenbergera r. p. 1611. w 8ce, str. 92 i k. 2 regestru. Druk gocki.

Na rycinie ostatniej stronnicy wybity rok 1538.

Jocher 5811.   Jagiell. — Ossol.

— Scieszka pobożnego chrześcianina to jest Nauki y przestrogi co potrzebnieysze na poratowanie wszystkich zbawienia pragnących. Z włoskich scriptow kapłana iednego Soc. Jesu. Przekładania X. Stanisława Grochowskiego. Psalm 118: Nawiedź mię Panie na ścieszkę mandatów twoich. W Krakowie w drukarni Jakuba Siebeneychera Roku Pańskiego 1600. w 4ce, k. nlb. z tyt. 8, k. liczb. 40.

Tytuł otoczony linią podwójną. Druk gocki, prócz wyrazów głównych w tytule i dedykacyi.

Przypis. Janowi Dymitrowi Solikowskiemu arcybiskupowi lwowskiemu, z Cerska 28 Octobra roku 1599. — Na str. odwr. tyt.

Jednorożec (Bończa) herb Solikowskiego. Dedykacya zajmuje następnych kart 3 i połowę 4-tej. Na jej odwrocie znajduje się przedmowa: Do czytelnika, z której widać, iż Grochowski tłómaczył to dziełko z włoskiego Fulviusa Androtinsa Societatis Jesn. Następmo 3 karty zajmuje regestr, a odtąd na kartach liczbowanych samo dzieło. Na ostatniej karcie jest odezwa typografa do czytelnika, iż jeszcze roku przeszłego oddano mu książkę do officyny, ale plaga pańska (zapewne powietrze morowe) „rozprószyło nas z miasta tego y domów naszych, zaczym y drukarnia vakować musiała.“ Kartę 38 i 39. zajmuje: Sposób pożytecznego mówienia pacierza. Wiszn. IX 214. wspomniał, lecz nic opisał dokładnie. — Jocher 6045 a. (tak samo). Exemplarz znajdujący się w bibl. PP. Klarysek w Krakowie, ma dopis własnoręczny na tytule: Illustri et adm. rev. D. Mich. Maliszewski, divina providentia abbati Calvi Montis S. Crucis Duo et benefactori suo S. Grochowski.

Czartor. — Jagiell.

— Toż. Tenże tytuł, …. powtóre wydana y na wielu mieyscach poprawiona. W Krakowie, w drukarni Jakóba Sibeneychera r. p. 1601. w 4ce, kart 8 nlb., a 40 kart liczbow. Druk gocki.

Dedyk.: Janowi Dymitrowi Solikowskiemu (prozą). Na końcu: Sposób pożytecznego mówienia pacierza (wiersz). Obejmuje rzecz o grzechach, spowiedzi, skrupulach, lekarstwach przeciw grzechom i o frasunkach. Jagiell.

— Tenże tytuł. W Krakowie w drukarni Mikołaia Loba r. p. 1608. w 4ce, k. 3, str. 77.

Dedykacya na odwrocie tytułu wierszem do Jana Zamoyskiego arcybisk. lwowskiego. Tu się tłumacz podpisał jako Kustosz kruświcki. Jocher 6045 a.

Ossol. — Czartor. — Jagiell.

— Tenże tytuł, …. powtóre wydana y na wielu mieyscach poprawionych. Z pozwoleniem starszych. W Poznaniu u Woyciecha Regulusa r. p. 1647. w 4ce, k. 37 i 1½ ark. na przodzie.

Dedykacya drukarza do Piotra Bardzkiego dziedzica na Brudzewie. Jocher 6045 d. Ossol.

— Toż, tamże, 1648. w 4ce. Warsz. Uniw. — Raczyńs.

— Skarbnica duchowna, rozmaite książeczki nabożne z drogimi naukami w sobie zamykaiąca przez …… S. J.

po włosku wydana, a teraz przez X. Szymona Wysockiego tegoż zakonu na polskie przełożona 1660. w 12ce, kart 12, str. 192, 170 i 71, ze 6 drzeworytami.

Dedyk.: Annie z Kurlandyi Radziwiłłowej, Marsz. W. X. Lit. Obejmuje: O częstem przyjmowaniu Najśw. Sakramentu. O Najśw. Ofierze którą zowią Mszą św. Bibl. Emer. Czapskiego. — Warsz. Uniw.

Andromacha ob. Morsztyn Andrzej (1689, 1697).

Andromachus Senior (Dr. medyc. z Krety) ob. Tidicaeus Fr. (De theriaca 1607).

ANDROMAK. Alla Speciaria della Madonna in Venezia. Zwyczaj, cnota i miara. Dryakiew Andromaka starego komponowana w aptece della Madonna na placu S. Bartłomieja w Wenecyi. 1 kartka. Warsz. Uniw.

Andromeda, dramma serio per musica in due atti da rappresentarsi per la prima volta avanti di sua Maesta il Re di Polonia nel Theatro nazionale in Varsavia presso di P. Dufour cousiliare aulico di S. M. et Direttore della Stamperia del R. Corpo de Cadetti. MDCCXC (1790). w 8ce, str. 54 (wierszem).

La Musica è del Sigr. Pietro Persichini Maestro di Cappella Romano. Akad. — Jagiell. — Dzików.

— Favola obacz: Puccitelli (1664).

ANDRONICUS Tranquillus Parthenius Dalmata. Dialogus: philosophandumne sit? (Na końcu:) Cracouie ex officina Hieronymi Vietoris, Anno Domini MDXLV (1545). w 4ce, kart nlb. 21. (sygn. A.—E).

Przypisane Sewerynowi Bonerowi, kasztelanowi Bieckiemu. Janocki I. 22. — Jankowski, Rys logiki 185. — Encykl. powsz. I. 781. Jagiell.

— Ad optimates polonos admonitio. Cracoviae apud Hier. Viet. MDXLV (1545). w 4ce, k. nlb. 19.

Dedykacya do Andrzeja Górki kaszt. pozn. Wydaniem zajmował się X. Tomasz Płaza. Wiszniews. IX. 343. Czartor. — Ossol. — Kórnic.

— Toż, cum praefatione Jacobi Gorscij ad illustrissimum et magnificum

150

Dominum Stanislaum comitem de Gorca palatinum Posnanien. Cracoviae, in officina Lazari, Anno Dni 1584. w 4-ce, str. 53.

Najprzód list Górskiego do Górki prozą łac., w którym chwaląc zasługi Górków, wymienia powody dlaczego wydał powtórnie ten list Andronika, (głównie dlatego, iż napomnienia Andronika znalazł godne powtórzenia zwłaszcza w chwili zagrażającej na nowo wojny tureckiej). Andronika list rozpoczyna się od str. 20. Pisany jest do Andrzeja Górki kaszt. poznańskiego i generała Wielkopolskiego, datowany zaś w Krakowie d. 2 maja 1545 roku. Pisze w nim Andronicus, iż bawiąc przez czas niejaki w mieście Wiewiórce u Jana Tarnowskiego, kaszt. krak. w godzinach wolnych zajmował się napisaniem napomnienia do senatorów polskich.

Pamięt. Warsz. 1819. T. XIV. s. 49—58. Jagiell. — Czartor. — Warsz. Uniw. — Dzików. — Przezdz. — Ossol. — Kórnic. — Czarnecki — Moszyński — Kijows. — Dziedusz. — Pawlikow. — Szembeka — Branic.

Andruszkiewicz Mathias prowincyał ob. Grzybowski Ant. (Skarb 1740).

(Andruszow). Puncta approbatae pacificationis Andrusoviensis inter Polon. et Moschov. (1667).

W Chwalcovii Ius publ. 7, 384.
— ob. Relatione (1684).

(Andrychiewicz Franc. Xav.). Nota od kommisyi skarbowey koronney do Nayjaśnieyszych skonfederowanych Stanów wnosząca, ażeby Franciszek Andrychiewicz sekretarz kommissyi skarbowey przypuszczony do Stanu szlacheckiego od Scarta bellatu był uwolniony. folio, ½ ark. Warsz. Uniw.
— ob. Kommissya Rzpltej skarbu (1790).

ANDRYCHIEWICZ Serafin. Series reverendorum patrum et fratrum eremitarum Camedulensium congregationis Montis Coronae tam eremi Montis Argentini supra Cracoviam in Polonia quam eremi Montis Pacis supra Coronam in Lithuania Professorum vivorum et vita defunctorum conscripta. Viennae Austriae ex typ. Gheleniana. B. w. r. w 8ce, ark. D.

Wydał Don Seraphinus prior Montis Argentini około r. 1760.
Czartor. — Warsz. Uniw.

Andrychowicz Jan Tomasz ob. Okazanie (1773).

ANDRYSIEWICZ. O leczeniu i zachowaniu zdrowia 1564.

Bentk. Histor. Lit. II. str. 441. — Czacki O litewskich i polskich prawach Tom II. str. 39. (w spisie autorów). — Wizerunki Nauk. 1839. XI. 135.
Jestto omyłka Czackiego. — Żadnego Andrysiewicza lekarza nie było, dzieło wzmiankowane jest Siennika, a było tylko drukowane w Krakowie u Lazarza Andrysowicza.

Andrysowicz Lazar ob. Artykuły prawa Magdeburskiego (1560).

Andrzej Arcybiskup ob. Andrej Archiep.

Andrzej Hr. z Gączyna ob. Paprocki Bartłomiej (1578).

Andrzej Kazimierz Skarbnik W. X. Lit. ob. Jezierski Stefan (1624) — Jurkowski S. (1626) — Smieszkowicz Laurentius (Odo 1622) — Wojniłowicz Michał (Drzewo 1622).

Andrzej Laurenty od św. Rozalii ob. Szydłowski Laur. Sch. Piar.

Andrzej S. (Jędrzej) ob. Andreas — Gaworski Jan Nep. Ignacy (1769).

Andrzejewicz ob. Andrzejowicz Józef — Dissertatio philosophica (1727).

Andrzejewski Wincenty ob. Sprawa XX. Piarów (około r. 1795).

ANDRZEJKIEWICZ Jan Andrz. Gintowt (1609 † w Tykocinie 1674). Memoryał nieśmiertelney pamięci godnym Panom JW. WW. Pawłowi Janowi na Czerci y Bychawie woiewodzie Wileńskiemu, Wielkiemu W. X. Lit. hetmanowi itd. oraz JW. WW. Kazimierzowi Leonowi, podkanclerzemu W. X. Lit. Sapiehom pogrzebnym kazaniem przez X. Jana Andrzeykiewicza na ten czas domu warszawskiego S. J. proboszcza na sercach życzliwych słuchaczów, w kościele świętego krzyża kartuzyey Bereckiey r. p. MDCLXVI d. 9 czerwca napisany. W Wilnie 1667. w druk. S. J. w 4-ce, 3¼ ark.

Z portretami i z tablicami herbowemi Sapiehów. Willatz w Wilnie sztychował. Druk gocki. — Przypis. Alexandrowi Naruszewiczowi, podkanclerzemu W. X. Lit.
Paweł Sapieha miał za żonę Annę Kopciównę siostrę Jana Karola Kopcia, wojewodziankę

Połocką, Kazimierz miał synów Kazimierza Jana, Benedykta Pawła, Franciszka Stefana i Leona. Jest tu wiadomość o życiu Kazimierza Leona Sapiehy. Niesiecki I. 55. — Brown. Bibl. s. 14. — Backer s. 169.

Czartor. — Ossol.

— Senffkörlein des bitteren Leiden Christi Jesu. Regensburg 1719. w 8ce.

— Ziarno gorczyczne gorzkiey męki Nasłodszego Zbawiciela Chrystusa Jezusa nabożnemi rozmyślaniami roztarte, octem y żółcią tegoż Pana zaprawione, a na posiłek nabożnym ludziom podane, przez X. Jana Andrzeykiewicza S. J. kapłana natenczas Collegium Nieświeskiego Rektora r. p. MDCLXXIII. W Wilnie w druk. Akad. S. J. (1673). w 4ce, k. 4, str. 262.

Przypis. Alexandrowi Hilar. Połubińskiemu W. X. L. marszałkowi.

Obejmuje Rozmyślań XL.

Kraszewski Wilno T. IV. — Joch. 5882 a. — Juszyńs. (zwie go Cintowski).

Czart. — Czetw. — Jagiell. — Wileńs. — Ossol.

— Tenże tytuł. W Wilnie w druk. Akad. S. J. r. 1688. w 4ce, kart 6 i 267.

Krasz. Wilno IV. — Jocher 5882 b.

Kijows. — Ossol. — Wileńs.

— Tenże tytuł. ... r. p. 1673. a teraz dla pożytku dusz krwią Chrystusową odkupionych z woli i sumptu JWJP. Anny na Zamościu Zamoyskiey podskarb. WK. r. p. 1701. przedrukowane. W Zamościu w drukarni Akad. 1701. w 4ce, str. 2 i 264.

Czartor. — Ossol.

— Tenże tytuł. ... w Wilnie w drukarni Akad. Soc. Jesu. Dla szczególnego zalecenia tey książki y smaku w niej duchownego przy nabożnych uwagach, postnych exortach z nowym przydatkiem znowu przedrukowane z dozwoleniem zwierzchn. duch. W Kaliszu w druk. JKM. Coll. Soc. Jesu 1746. w 4ce, k. 1, str. 245 i rejestr.

Jocher 5882 c.

Ossol. — Jagiell. — Wilno — Kijows.

— Tenże tytuł. W Kaliszu w drukarni S. J. 1756. w 4ce, kart 2, str. 245 i rejestr.

Jocher 5582 d.

— Tenże tytuł. Wilno 1757. w 4ce. Wileńs.

W rękopismie S. Przyłęckiego jest też data: Zamość 1740. w 4ce, lecz nie poparta. — Także edyc.: Wilno 1707. ob. Dowgiałło.

Andrzejkowicz Tadeusz ob. Sprawa skarbu Rzeczypospolitej (b. r.)

(Andrzejkowicz W.) Ewazya W. Andrzejkowicza Pisarza grodz. Pińsk. od zarzutów JW. Instygatora Litt. prostą odpowiedź na produkt w sprawie skarbowej podany zawierająca (ok. 1778). folio, sign. D₂.

ANDRZEJOWICZ Józef. Dissertatio philosophica de connotatis et constitutivis denominationum tribus disputationibus comprehensa, authore quodam e S. J. theologo Polono. Leopoli. 1727.

— ob. Dissertatio philosophica.

ANDRZEJOWICZ Waleryan (Adryanowic), Dominikan (Lithuanides) (1574 † 24 Paźdz. 1635). Kazanie na pogrzebie wysoce urodzonego wielkiey nadzieie młodzieniaszka jegomości P. Dadziboga Władysława Słuszki kasztelanica Żmudzkiego, starościca Rzeczyckiego, pacholęcia pokoiowego, królewica Jego Mci Naiaśnieyszego Władysława Zygmunta obranego cara moskiewskiego. Przez .... kaznodzieję Stołpeckiego Dominikana. Miane w kościele kaznodzieyskim die 3 lipca r. p. 1631. Drukowano we Lwowie. w 4ce, dedykacya i kart 18 nlb., sign. E₂.

Na odwrocie karty tytułowej: Herb: tarcza przedzielona na 4 pola; w 1 herb Ostoja czy Przegonia, w 2 Ślepowron, w 3 Jelita, w 4 Bogorya. Nad herbem litery D. W. S. nieco niżej K—Z., jeszcze niżej S—R. Pod herbem P.P.—K.W. na samym dole C.M. Na następnej karcie: dedyk. Alexandrowi Słuszce, kasztelanowi Żmudzkiemu, Rzeczyckiemu etc. starościc i Zophiey Constanciey Zienowiczownie kasztelanowey Żmudzkiey etc. na końcu dedykacyi: w Stołpcach 8 Novembr. r. p. 1630. Podpis: X. Waleryan dominikan.

Birgel — Czartor. — Dzików — Jagiell. — Krasins. — Akad.

— Toż .... Miane w kościele kowalewskim przez X. Waleryana Adrianowica, dominikana, kaznodzieję Stołpeckiego 3 dnia Lipca r. p. 1630. w 4ce, ark. 5.

Jestto wydanie inne, poprawniejsze powyższego kazania. Że tytuł pierwszego wydania jest pełen błędów, okazuje się z dedykacyi, która w obu wydaniach ma datę 8 Novembra 1630, oraz z poprawy wszystkich omyłek, które się znajdują w exemplarzu edycyi pierwszej, lubo mylnie datę 1631 noszącej. Przy drugiej edycyi jest list Władysława Zygmunta, który oprócz zwyczajnego tytułu krolewica polsk. i szwedz. obranego W. Cara moskiewskiego, pisze się jeszcze administratorem Xięstw Siewierskiego i Czernichowskiego. W liście tym pisanym do Alexandra Słuszki, ojca zmarłego donosi mu o śmierci syna, z Warszawy d. 8 maja.
Maciej. Pism III. 743. — Siarcz. I. 285.

— Ogród Różanny abo opisanie porzadne dwu szczepów wonnej Róży Hierychuntskiej, t. j. o dwu świętych Różańcach dwojga bractw błogosław(ionej) Panny Maryey Naświęt. Imienia Pana Jezusowego w zakonie kaznodziejskim wszczepionych. Kwoli braciey y promotorom oboyga Bractw świętych. Przez WO. Br. Waleryana Lith. presidenta Bractw pomienionych tegoż zakonu. W Krakowie, w druk. Franc. Cezarego 1627. w 4ce ark. Hhhh². — Cz. 1. 42. Cz. II. 50. Cz. III. 76. Cz. IV. 100. Cz. V. 40. Cz. VI. 81. Cz. VII. 128. Cz. VIII. 46. Cz. IX. 64. i Summaryusz 3 k.

Dedyk.: Zophii Xżnie z Druckn Horskiey Chodkiewiczowey woiewodziney wileńsk., bobruysk., krewsk. etc. starościny.
Jocher 6609 a.
Krasińs. — Ossol. — Warsz. Uniw.

— Tenże tytuł. .... bractw błogosławioney Panny Maryey i Naysw. Imienia Jezusowego.... Przez WO. Br. Waleryana Lithuanidesa wydany a w Congregacyey Litewskiey Anyoła Stróża przez brata Hilarego Mackiewicza promotora Wileńs. Różańca św. przedrukowany. W Wilnie w drukarni Oyców Jezuitów a. 1646. w 4ce, k. liczb. 42, 43, 80, 97, 42, 40, 128, 50, 64.

Jocher 6609 b. mniema za Kraszewskim, że autor zw ał się Kamiński od Litos, co mylne. — Maciej. Piśm. s. 715. — Kraszews. Wilno IV. — Siarcz. I. 28.
Jagiell. — Krasińs. — Ossol.

— Pius modus recitandi publice per choros SS. Rosarium B. V. Mariae Romae sub Paulo V. Pontifice, per illustr.

P. Hieronymum Xavierium S. R. E. Cardinalem apud Minervam introductus, postmodum in ecclesiis FF. Praedicatorum per totam Christianitatem propagatus nunc primum in gratiam Congregationis oratorii academici Sacratissimi Rosarii impressus, authore F. Valeriano S. T. D. Ord. Praed. cui adjuncta sunt alia duo Rosaria SS. Nominis Jesu et B. M. V. privatim recitanda. Cracoviae, typ. Antonii Wosiński 1629. w 12ce, ark. nlb. D₁₂.

Stronnice w ramkach. Liche drzeworyty w tekscie.
Jagiell.

— Commentarius super Mattheum.
„Fr. Valerianus Litvanides ord. praed. astronus, reliquit quaedam scripta in scientia mathematices, typis praeparata."
Ruszel p. 103.
Ob. Encykl. Orgelbr. T. 17. s. 164. — Program Dominikańs. 1828. s. 41. — Siarczyński. Obraz I. 285. — Jocher II. 50 i 60. — Sękowski Albert (Modus publice 1629). — Muczkows. Roznaitości 138. — Maciejow. Piśmienn. III. 714. — Wiszniews. Hist. lit. IX. 223. — Barącz. Dzieje Zak. kazn. II. 272. — Quetif. Script. Ord. praedic. II. 484.

ANDRZEJOWSKI Karol X. Duch św. Oyca naszego y Patryarchy Benedykta. W Wilnie w druk. XX. Schol. Piar. 1765. w 4ce, str. Cz. I. 783. Cz. II. str. 662. X. Polkowski — Wileńs.

— Góra Tabor dla bawiących się przez dni X. bogomyślnością pracą pewnego Benedykta R. C. 168. w Einsieldzie dla łatwieyszego widzenia Boga usypana a teraz polskim ięzykiem z łacińskiego przeniesiona od X. Karola Andrzejowskiego professa Lubińskiego, WW. Panien Benedyktynek Wileńs. spowiednika ordyn. r. p. 1764. W Wilnie, w druk. XX. Schol. Piar. w 4ce, str. 330 i regestr.
Jocher 5706. Czetwert. — Wileńs.

— Kalendarz Benedyktyński na każdy dzień całego roku życiem świętych pańskich zakonu św. Oyca y Patryarchy Wielkiego na zachodzie Benedykta na chwałę Boga w Troycy św. jedynego na wystawienie licznego pułku tychże świętych y ku zbudowaniu y naśladowaniu czytaiących zapisany, a zaś najprzewielebniej. w Bogu JMPannie

Franciszce Annie Wołłowiczownie Xieni klasztoru Wileńsk. tegoż zakonu na dowód szacunku y wdzięcznoy pamięci przez X. Karola Andrzejowskiego, Benedyktyna Lubińskiego, spowiednika ordynar. swego, ofiarowany y za dozwoleniem zwierzchności do druku podany. W Wilnie, w druk. JKM. XX. Bazylianów w druk. JKM. y Rzpltey XX. Schol. Piar. r. p. 1768. folio, str. 10, 638 i 12, 554.

> Przypis. JPannie Franciszce Annie Wołowiczównie Xieni klasztoru Wileńs. zakonu S. Benedykta.
> Jocher 6595, 8276. — Kraszews. Wilno. — Bieliński Stan. nauk. 109.
> X. Polkows. — Ossol. — Jagiell. — Wilno — Czetwert.

— Zwierciadło dla ustanowienia dobrych obyczaiów według ustaw powszechnych, godnym prześwietnych imion Palemonu damom dawno z gotowością obrządków jak na gotowalni codziennie dla nabycia chwalebnych cnot a poprawy menkamentów światowych wystawione, teraz dla większey w czytaniu ciekawości wierszem polskim otwarte. W Wilnie 1762. w 4ce, str. 97 i k. 8.

> Wiersze te dzielą się na 6 artykułów pod następnymi tytułami: Jako się ma sprawowné panna mistrzyni z temi które tylko dla ćwiczenia w klasztorze mieszknią; czego ich ma uczyć panna mistrzyni, co należy do zbawienia; porządek godzin i zabaw na każdy dzień pannom świeckim itd.
> Wileńs. Bibl.

— ob. Joachim X. (Uwagi nad reguła 1755).

> Encyklop. Orgelbr. I. 763.

ANDRZEJOWSKI X. Rafał. Kopiec śmiertelny z duktu żadnym terminem nieograniczonego Boga przy rozgraniczeniu w Ukrainie ostatnim przez JO. X. JMci Michała Swatopełka na Czetwertni Czetwertyńskiego, podkomorzego Bracławskiego, rotmistrza wojsk J. K. Mci y Rzplej znaku pancernego usypany, a na utulenie z konfederowanych żalów JO. X. JMci z hr. Koreckich z domu Żurakowskich Heleny Swatopełkowej Czetwertyńskiej podkanc. Bracł. z całey skoligowanej JO. familii przy pochowaniu ciała w kościele WW. OO. Dominikanów Łuckich rozrzucony przez X. Rafała Andrzejowskiego, predykatora generalnego, natenczas przeora Niewirskowskiego, Dominikanina prowincyi polskiej r. p. 1763. d. Stycznia. Lwów, w druk. Jana Filipowicza J. K. Mci sekr. i uprzyw. typographa. folio, kart nlb. 17.

> Przypis. Helenie Czetwertyńskiej.
> Ossol. — Krasińs.

Andrzejowski kościół ob. Andreoviensis ecclesia — Chrzanowski Tomasz X. (1791) — Kazanie (Klasztór b. r.).

Anecdota Jabłonoviana ob. Załuski J. A. (1752).

Anecdotes ob. Dallerac (de Pologne, Sobieski 1699) — Laplace (du Nord 1770) — Recueil (1734) — Patkul J. R. (1761) — Pombal (du ministère 1784).

Anekdota żydowskie pod różnemi imionami wydane y przedrukowane. B. w. m. i r. w 8ce, str. 117.

> Ossol.
> Jocher 3584.

Anegdoty ob. Fryderyk II. (czyli znamiona 1787) — Magazyn (b. r.) — Piotr W. (orygin. 1789) — Samuel Rabbi. — Szembek Fryderyk (Zbiór różnych).

Anfang der Mineralischen Dingen ob. Sędziwoj (1656).

Anfologion, napiecz. w Jewiu w 1613 g. w 16ce, kart 3, 240 i 2.

> Tołstoj N. 58. — Sacharow N. 152. — Karat. N. 177. Bibl. publ. petersb.

— s Bohom sderżaj cerkownuju służbu izbrannych swiatych na weś hod. Napeczataen w obiteli obszczezitelnoj monastyra Peczerskoho w Kijewie, w leto bytija Adamla 7126, ot Christowa że wopłoszczenija 1619, henwara 16 dnie. folio, k. nlb. łącznie z tytułem 5 i liczb. 1048.

> Tołstoj N. 63. — Carsk N. 64. — Sacharow N. 178. — Karat. 207.
> Krasińs. — Bibl. petersb. Akad. Nauk. — Muzeum Rumiancowa. — Bibl. publ. petersb.

— napiecz. we Lwowie w tipograf. Stawripigialnawo bratstwa pri Chramie Uspienia 1632. folio, kart 3 i 521.

> Sacharow N. 285. — Karat. N. 331.
> Bibl. publ. petersb. — Bibl. Akad. Nauk. petersb.

— napiecz. w Kijewie w typogr. Kijewo Pieczerskoj Ławry w 1636. w 16ce, kart 12 i 418.

Tołstoj N. 83. — Sacharow N. 334. — Karat. N. 384.
Bibl. publ. petersb. — Bibl. petersb. Akad. Nauk.

— sirecz Cwietosłow ili Trifołog, sostawlennyj ot swiatych Otec izobra-żennych zde (to jest tutaj: w wizerun-kach rytowanych dokoła tytułu). We Lwowie roku od stworzenia świata 7146, a od Narodz. Chr. 1638. W tipograf. Stawropigialnawo pri Chramie Uspienija w druk. Ioan. Kunotowicz w 1638. fol., kart 7 i 537.

Sacharow N. 359. — Karat. N. 413.
Krasińs. — Bibl. publ. petersb. — Bibl. ross. Tow. histor. — Bibl. Karat.

— sirecz Cwietosłow ili Trifołog sostawlennyj ot swiatych Otec izobra-żennych zde (to jest tutaj: w wizerun-kach na około tytułu). Tszczanijem i iżdiwenijem bratstwa pri Chramie Uspe-nija Preczistyja Bohomatere w tipografii ich wsesowerszenie tretieje uże izdade-sia. W Lwowie w leto bytija mira 7151, ot woptoszczenija że Hospodnia 1643. folio, k. nlb. 8, liczb. u góry 713.

Na ostatniej karcie jedna str. obejmuje po-prawki, druga herb bractwa wielkiego formatu.
Tołstoj N. 100. — Sacharow N. 432. — Karat. N. 497.
Krasińs. — Bibl. publ. petersb. — Bibl. petersb. Akad. Nauk.

— sirecz Cwietosłow ili Trifołog sostawlennyj od swiatych Otec, tszcza-nijem że i iżdiwenijem bratetstwa pri Chramie Uspenija Preswiatyje Bahoma-tere, w tipografii ich wserowerszenie czetwertoje (po raz czwarty) uże izda-desia. W Lwowie w leto bytija mira 7159, ot wopłoszczenija że hospodnia 1651. folio, kart nlb. łącznie z tytu-łem 8, liczb. 672. Druk we dwie kolu-mny z licznemi rysunkami.

Sacharow N. 535. — Karat. N. 611.
Krasińs. — Bibl. publ. petersb.

— napiecz. w Nowgorodzie Siewier-skom w 1678. folio, kart 7, 699 i 70.

Bibl. publ. petersb. — Bibl. petersb. Akad. Nauk. — Bibl. Karat.

— napiecz. w Czernigowie w 1678. folio.

Sopikow Cz. I. N. 60. — Karat. N. 847.

— napiecz. we Lwowie w 1694. folio, kart 8, 671 i 1.

Sopikow Cz. I. N. 62. — Karat. N. 1057.
Bibl. publ. petersb. — Bibl. petersb. Akad. Nauk.

ANFOROWICZE. Sprawa.... Justyna i Giertrudy z Chlewińskich Anforowi-czów wojskich pow. Oniksz, sędziów Starodubów z J. W... Tadeuszem Żabą wojew. Połock. syndykiem, X. Kres-centym Daleckim kustoszem i z wszyst-kiemi OO. Bernardynami Wileńs. Bez w. m. i r., folio, kart 4.

Jagiell. — Wileńs.

— Krótka odpowiedź.... XX. Ber-Wileńs. przeciwko Anforowiczom. Bez w. m. i r., folio. Wileńs.

— ob. Białobłocki Bog. (Sprawa 1799, Odpowiedź 1799) — Mikulicz Winc. (Sprawa 1799).

Angelicus Doctor (Thomas Aquinas) ob. Cichowski Mik. (Angelici doct. de virg. conc. 1651, 1660) — Rutka Theop. (contra J. Galat. 1694).

Angelin X. ob. Mazzinghi (1761).

Angelegenheiten (Ueber die) obacz Gdańsk (1784).

ANGELO (ab) **Frater,** rytownik. Ta-bula chronographica provinciae Russiae in inclyto Regni Poloniae, sub titulo B. V. Mariae immaculatae conceptae or-dinis minorum regularis observantiae. Fr. ab. Angelo delineavit Stanislavoviae.

Ta mappa wyobraża wszystkie klasztory OO. Bernardynów na Rusi od r. 1452 do 1753. Płytę miedzianą do odciskania tej mappy posiada klasztor OO. Bernardynów we Lwowie.
X. Barącz Pamiątki Stanisławowa str. 172.

Angelographia (Ex) ob. Weber An-drzej (1638).

ANGEŁŁOWICZ ANDREAS, Baliński Antonius, Berezowski Paulus. Tenta-men ex physica quod die... m. Julii MDCCLXXXIV. subiverunt Rev. ac Erud. Andreas Angełłowic, Sem. Gen. ritus Graeci Cath. alumnus, — Erud. D. Antonius Baliński, — Erud. D. Pau-lus Berezowski. Leopoli, typis viduae

Josephi Piller Caes. Reg. Guber. typogr. 1784. w 4ce, k. 7. Ossol.

Angełowicz Josephus Andreas ob. Positiones (1796).

Angełowicz Antoni ob. Idzelewicz Michał X. (Przemowa przy konsekr. 1796).

Angełowicz Simeon ob. Matheseos (1784).

ANGELUS Krzysztof (Engel) († 1639) Enchiridion de Statu religionis russicae Christophori Angeli. Gedani 1595.

— Status et ritus Ecclesiae graecae, graece descripti a Christophoro Angelo Graeco, latine autem conversi a Georgio Thelovio (Fehlavii) Ecclesiaste Dantiscano in templo parochiali. Cum eiusdem annotatis....... Francofurti sumpt. J. Beyer. MDCLV (1655). w 12ce, str. 195 i 2 ark. na przodzie.

Dedykacya Senatowi miasta Gdańska, gdzie tłómacz powiada, iż jest rodem z tego miasta, a tłómaczył z polecenia Jana Mochingera.

Jocher 3060. 7098.

— Encheiridion peri tes katastaseos ton semeron heuriskomenon Hellenon. — Enchiridium de statu hodiernorum Graecorum. Opera Chr. Angeli Graeci, graece conscriptum; jam cum versione latina e regione posita, et adnotationibus, multo quam antehac locupletioribus, cura Georgii Fehlavii, Ecclesiastae Dantiscani adornatum. Lipsiae, impensis J. Grossii et socii. Literis Joh. Coleri. (Epist. ded. Gedani 1668). w 4ce, str. 898. Index kart 8.

Na początku: Epistola dedicatoria Urbis Gedani Burgrabio et Senatui Ged. kart 16. Epistolae Joh. Mochingeri; G. Dorschei; J. Conr. Dannhaueri; Dan. Lagi; Nicolai Żorabii alias Jurawski med. doct. (Żurawski), Varsavia graece exarata; Eliae Vejelii; Thom. Stegeri; kart 6. — Annotata ad praefationem, ark. nlb. A—R₂.
Jagiell.

— De statu hodiernorum Graecorum Euchiridion cum latina interpretatione Georgii Felavii. Franequerae, ex officina Joannis Gyselaes, illustrium Frisiae ordinum et eorundem academiae typographi ordinarii. Anno 1678. w 4ce, str. 123 i kart 2. Jagiell.

— Toż. Przekład polski kaszt. Wosińskiego z edycyi z r. 1655. (czy drukowany?).

Juszyńs. II. 341. — Święcki Hist. pam. II. 327. — Siarczyński Obraz I. 9.

ANGELUS Dn. Catalogus medicamentorum spagyricorum pharmacopoea (sic) spagyricae Illustr. D. D. Comitis Odoardi de Pepulis, in quo de eorum virtute, usu et dosi agitur, cui adjuncta est appendix de compositione medicamentorum generis cujuscunque ad morbos diversos. Authore .... Dantisci. Typ. Simeon. Reenigeri. Sumpt. Gasp. Vaechteri, Bibliop. Francoforti 1667. w 8ce, k. 5, str. 129, 65.

Uniw. Warsz. — Kijows.

Angelus de Comitibus ob. Comitibus Andreas — Sienkiewicz Bernard (Innocentiae doctor 1722).

Angelus Constantius ob. Zolcinius (In funere 1576).

Angelus magni consilii in principe ob. Radziejowski Mich. Stef. (1680).

Angelus Maria Quirinus ob. Quirinus — Załuski Józef Andrzej (Epistolae 1749).

Angelus a S. Maria ob. Bernard św. (Disciplina virtutum 1668).

Angelus a S. Theresia Polonus ob. Anioł od św. Teresy.

Jocher Obraz T. II. s. 71.

Angelus (Angeli) ob. Anioł — Albertinus Fr. (De S. Custode 1664) — Biedrzychowski K. (Officia 1628) — Claudius A. S. (poenitens 1714) — Gierczyński Ern. (1721) — Joachimus a S. Francisco (1760) — Młodzianowski Tomasz (1667) — Perowic Joannes (1632) — Peuscher Gottfr. (1638) — Porębski Math. (1728) — Radziwiłł Mikołaj Krzysztof (De sanctis 1609) — Radzki Joannes 1679) — Schoneus Andreas (Quaestio 1602) — Schönwald Samuel (Meditatio 1687) — Ścisłowski Remigian (Colligatio 1721) — Tarło Joan. (posnanien. ecclesiae 1723) — Tomasz św. (consilii 1730) — Weber Andreas (Ex Angelographia 1628).

Angelus in Valfrido principi divini honoris vindex illustrissimo ac excellentissimo Domino Dno Adamo in Szaniawy

Szaniawski castellano Lublinensi etc. fortunatus ab illustribus collegii Lucoviensis Scholarum Piarum rhetoribus in publicam theatri scenam introductus. Anno quo Angelus Incarnatae Sapientiae nuntium in terris egit 1723. mense Julio. Lublini, typis Coll. Soc. Jesu. folio, kart 8. Warsz. Uniw.

ANGERMUND Joan. Berlin. Lex Valexia, sive an perduellionis delatus inaudita causa interfici possit; enucleata, et ex probatissimis quibusq. historicis, variis rerum eventibus, monitis politicis, aliis juris Caesaraei capitibus denique authoritatibus breviter illustrata, per Joan. Berlin Angermund marsch. Curiae provincialis Ducat. Głogov. Advoc. Anno 1634. Lesnae Polonorum excussa 1634. w 4ce, kart 10.

Jocher 914. Jagiell. — Ossol.

Angielski Joannes ob. Cwierzowicz Franc. Ant. (Arbitra jurisprudentia 1763).

Angina ob. Chmielnik Jan Łukasz (1621) — Toński Jan (Quaestio 1648).

ANGIOLINI Franc. z Placencyi (1750 † w Połocku 1788). Traduzione dell' opere di Giuseppe Flavio con note, Verona 1779. w 4ce, 4 tomy.

Było przedrukowane w Rzymie i Medyolanie.

— Tradutione del greco in italiano delle Tragedie di Sofocle intitolate l'Electra, l'Edippo, l'Antigone stampate in Roma l'anno 1782. w 8ce.

Autograf tego dzieła znajdował się w bibliotece Uniw. Wileńs.

— Komedya w języku polskim.

Ciampi Bibliogr. crit. T. I. str. 8. — X. Brown. Biblioteka Jezuitów str 15.

(Anglia). Uwagi nad rządem Angielskim i inne dla wolnego narodu użyteczne. B. w. m. 1791. w 8ce, 3 k. nlb., 132 str.

Branic. — Czetwert. — Jagiell.

Anglia ob. Antonowicz Jul. (Język 1788) — Jezierski Jacek (Angielczyk 1791) — Jodłowski X. (Historya 1789) — Loaechius Andreas (1603) — Millot (Historya 1789) — Okrucieństwo (1582) — Olizar L. (Co uważać ma Polska? 1789) — Opisanie (1651) — Orzechowski Klem. (Królestwo ang. b. r.) — Paczyński Mac. (Anglica historia 1626) —

Paprocki (Dzieje pretendentów ang. korony 1758) — Rzut (b. r.) — Utenhovius Joannes (1560) — Wolter (Listy, Angielczycy 1793).

Anglicanum edictum ob. Cristanovic (1607).

Anglikański kościół ob. Poszakowski Jan (1748).

Anglus Gulielmus Soteronus ob. Soteronus.

ANGOULESME (Le Duc) Charles de Valois († 1650). Mémoires très particulières pour servir à l'histoire d'Henry III., roy de France et de Pologne, et d'Henry IV., roy de France et de Navarre. Paris 1667. w 12ce.

— Toż. Paris 1662. w 12ce.

Adelung. Gelehr. Lex. 1. 880.

— Toż. Paris 1706. w 12ce.

— Toż (w Memoires de d'Estrees et Deagent). Paris 1756. w 12ce.

— Toż w d'Aubais: Pieces fugitives. Paris 1759. w 4ce. Wydawca Jacob Binnau.

Anguł centralny ob. Frydrychowicz Dom. (1703).

Angrocki Jac. Joz. ob. Kwapiński Stan. (Species 1733).

Angustura ob. Simmons (O korze drzewa angustury 1791).

Anhalt ob. Venda, reine de Pologne (1705).

Anhang des kurtzen Auszuges alter und neuer polnisch- preuss. Kriegs-Geschichten von unpartheyischer Feder gesammelt. Cölln bey Hans Paul Merian. 1740. w 4ce, kart 2, str. od 1105—1424 i kart 18 nlb.

ob. Auszug. Jagiell.

— zu dem A. 1722. in Elbing durch den Druck herausgegebenen historischen Bericht vom preusischen Münz-Wesen. 1726. B. w. m. w 4ce.

— obacz: Gdańsk (der Declaration 1577) (Eines Ministerii geg. Calovium u. Joh. Caesarem 1646).

Anielska dobroczynność ob. Tłuczyński Ign. (1677).

Anielski doktor Tomasz Św. obacz: Koczorkowski Franc. (1738) — Tomasz Święty.

Anielskie pozdrowienie ob. Grymosz Marc. (1698, 1699).

Anima obacz: Anastasius (Lilium 1751) — Aristoteles (Libri 1519) — Arundinensis J. (Libellus 1554) — Assertiones (1578) — Brocki Mathias (1684) — Chrysostomus Joan. (1541) — Declos Jos. Ant. (Quaestio 1791) — Gomułczyński Daniel Tom. (1685) — Feliński Sebastianus (1698) — Jurgewicz Stan. (1596) — Kalewski Franciscus (1720) — Kleinfeldius Nicolaus (1598) — Kolendowicz Matheus Józef (1720) — Łancucki (Quaestio 1646) — Micanus Stephanus (1578) — Ośliński M. (1686) — Profecki Gabr. (1687) — Quaestio (ob. Łancucki 1646) — Rogalicz Jan (1621) — Rydulski Piotr (1771) — Sagittarius (Quincunx decadum 1636) — Sandius Christophorus (Tractatus 1671) — Słonkowicz Martinus (Questio 1661) — Stupanus Emanuel (Animae humanae essentia 1627) — Temesvari Ign. (poenit. 1707) — Tylkowski A. (Pars IV. physicae 1680) — Włyński Sigismundus Alexander (Dissertatio 1776).

— consiliorum coelo ob. Konarski Stan.

Animadversia na Abryz komety astronomiczney w roku 1681. dnia 9 marca inconsultis Superioribus et sine approbatione M. D. Rectoris wydaney, w 4ce, str. 10.

Ob. Ciekanowski.   Ossol.

— na książkę która pod tytułem: Granica między władzami sądowemi duchowną y świecką w obserwacyi około kompozycyi inter status wyznaczona; absque approbatione officii z pod prassy mytslerawskiey iest wydana. B. m. r. i dr. (po r. 1755). w 4ce, k. nlb. 10.

Jocher 7269.   Ossol.
Ob. La Borde (1753) — Odpowiedź (1756).

(Animadversio). Brevis et extemporanea fidelis cuiusdam patriotae animadversio ad Equitis Poloni ante comitia electionis discursum. Bez osobn. tytułu. B. w. m. i r. (1697). w 4ce, kart 6.

Przeciw propozycyi 18 letniego Leopolda Xcia Lotaryngii na króla.   Jagiell.

— (Consona et conscientiosa) circa eligendi Regis Pol. ob. Konarski Stan.

— justa in deductionem 1701. ob. Patkul J. R.

— in Joan. Hülsemanum ob. Hieronymus X. a S. Hyacintho (Cyrus Andreas) (1646).

— contra theol. Vitenberg. ob. Gorscius Jac. (1586).

Animadversion obacz: Patkul J. R. (1701).

Animadversiones in M. Cromeri 1560. ob. Statorius Piotr.

— circa lectionem martyrologii. Cracoviae 1649. ob. Haskowski Andr.

— subitaneae in epist. Regis Poloniae 1701. ob. Hermelinus Olaus.

— ad Dissertationem quandam, liceatne dissidentibus Thorunensibus Fanum vulgo Zbór pro exercitio suae augustanae confessionis erigere Thorunii? (1753—4). folio.

Toż samo w Acta Histor. Eccl. An. 1753. p. 687. i nast. i 1754. p. 194 i nast.
ob. Leski Wojciech St. (Dissertatio 1753).
Jocher 9672.   Czartor.

— Rev. Fidei Promotoris super dubio, an sententia D. Episcopi Laod. Suffr. Ill. Episcopi Cracov. super immemorabili etc. sit confirmanda. (Brunsbergae 1730?). str. 7.

Jocher 8806.
Ta data według Jochera. Lecz raczej 1676.
Ob. Bernardini J. (Canoniz. Joan. Cantii). (Responsio juris). — Responsio ad Animadvers.

— medici practici. Varsaviae 1786. w 8ce.

Katal. Kaj. Jabłońs.

— ob. Wolan A. (1681).

— et scholia obacz: Jansenius N. (1622).

— in assertiones de trino ob. Socinus Faust. (1583, 1618).

— in confessionem Thorunensem ob. Calixtus Georg. (1645).

— ad hist. Lechi ob. Ayrer.

Animadversionum ad Scriptores rerum Poloniae ob. Semler J. S. (1771).

Animae humanae essentia ob. Stupanus M. (1627).

158

Animastica seu corpus animatum. Calisii 1637.
Katal. po Prusinowskim 1872. str. 4.

Animi grati M. Działyński ob. Pracki A. (1639).

Animorum in Europa motus obacz: Frischman Joan. (1656).

— votiva ob. Wackerbart (1733).

Animus ob. Loaechius A. (Constantiae reginae 1608).

Animusz Jadama ob Nieboraczkowski (16...).

ANIOŁ Marcin z Jarosławia. Rzym stary przez Marcina Anioła wykonterfektowany roku pańskiego 1630. Nov. 11. S. Augustinus tria haec vidisse unice desideravit: Christum in carne conversantem — Romam in flore et pristino imperii splendore triumphantem — Paulum in sede et cathedra fulminantem — Ita Ravisius Lipsius etc. We Lwowie w 4ce, kart nlb. 7.

Na odwr. str. tyt. herb Róża.
Przypisał wierszem Maciejowi Hajderowi rajcy lwowskiemu Marcin Anyoł; w wierszu tym opisuje Rzym, jego początek, położenie, osadę, budynki, kościoły, zamki, rynki, łaźnie, sale i lud.
Siarczyńs. Obraz I. 9. — Wiszniews. Hist. lit. VII. 569. — Maciej. Piśm. III. 741.

ANIOŁ X. od Św. Ducha, Karmelita bosy. Kazanie między oktawą uroczystej koronacyi Niepokalanie poczętej Najśw. Maryi P. w Przemyślu cudami słynącej w kościele Franciszkańskim miane, a pod imieniem sławy nieśmiertelnej godnem JW. z Ankwiczów Anny Borzęckiej podstoliny kor. z obowiązku wdzięczności na powszechny widok wydane przez X. Anioła od Ducha Św. Karmelitów bosych konwentu przemyskiego r. p. 1778 d. 14 Czerwca. Z pozwoleniem zwierzchności. We Lwowie, w drukarni Antoniego Pillera J. C. K. M. gubern. typogr. w 4ce, str. 30.
Jocher 8957 i 9011. (podaje str. 102).
Ossol. — Czartor.

ANIOŁ od Ofiarowania N. Maryi P., Karmelita bosy, kaznodzieja ordyn. Kazanie o życiu miękkiem i rozkosznem, w piątki marcowe miane w kollegiacie

Warsz. W Berdyczowie 1785. we fortecy N. M. P. w 8ce, str. 157.
Jocher 4270.

— Kazanie w dzień 28 Kwietnia 1791. miane. Kraków, w druk. szkoły głównej, w 8ce.
Jocher 5117.

— w ludzkim ciele. Lwów 1776. ob. Aloisius Gonzaga.

— w ciele apostoł ob. Wincenty Ferreryusz (1741).

— z ludzką twarzą ob. Wincenty Ferreryusz (1761).

ANIOŁ od Św. Teresy. Jastrzębiec gniazda szlacheckiego w osobie Jegomości Pana Alexandra z Mirowa Myszkowskiego, Tyszowieckiego etc. Starosty pogrzebnem kazaniem zalecony, w kościele lubelskim W. Ojców Karmelitów bosych d. 12 Lipca r. p. 1650. przez W. O. Anioła od Św. Teresy tegoż zakonu, a przez JM. X. Jakuba Rostkowskiego kanonika Chełmskiego, Tyszowieckiego, Dubińskiego plebana, do druku podane. Z dozwoleniem starszych. W Lublinie w drukarni Jana Wieczorkowicza, w 4ce, ark. 3.

Tytuł w ramach drzeworytowych. Przypisał Władysławowi margrabi Myszkowskiemu panu na Pińczowie i Xiążęciu wojewodzie, Sandomierskiemu, Grodeckiemu itd. staroście, X. Jakub Rostkowski. Samo kazanie mało znaczące.
Akad. — Uniw. Warsz. — Dzików — Czartor. — Ossol. — Jagiell.

— Podskarbi według statutu Evangelii postępuiacy w JW. JEgom. Panu P. Janie Mikołaju z Zubowa Daniłowiczu, podskarbim W. koronnym, Przemyskim, Samborskim, Dolińskim, Drohobyckim, Rotyńskim etc. etc. staroście, kazaniem przy exequiach w Lublinie, w kościele WW. OO. Karmelitów bosych, przez W. Oyca Anioła od Św. Teresy tegoż zakonu r. p. 1650. d. 11 Kwietnia pokazany, a do druku w Poznaniu 1651. podany, z dozwoleniem starszych. W drukarni Wojciecha Regulusa 1651. w 4ce, kart 13.

Przyp. Zofii z Tenczyna Daniłowiczowej. — Na odwr. str. tyt. herb Daniłowiczów.
Uniw. lwow. — Akad. — Ossol. — Zamojs. — Krasińs. — Jagiell.

— Strzała od śmierci z ziemie zebrana, JMci Paniey Anny z Kościelca Grudzińskiey, a Bogu z katedry kaznodziejskiey w kościele Poznańskim św. Józefa WW. OO. Karmelitów bosych przy pogrzebie d. XVI Września roku MDCLII. oddana przez O. Anioła od św. Teresy tegoż zakonu kapłana, y do druku na żądanie godnych osób podana, z dozwoleniem starszych. W Poznaniu, w drukarni wdowy y dziedziców Woyciecha Regulusa, drukował Woyciech Młodniewicz 1652. w 4ce, kart nlb. 14.

Przyp. Stan. Działyńskiemu. — Druk gocki. Czartor. — Branic. — Krasińs. — Ossol. — Dzików.

— Zbrojny mocarz śmiercią od mocniejszego Boga zwyciężony, abo kazanie na pogrzebie JMci Pana P. Stephana z Grudny na Ryczywole Grudzińskiego przez W. Ojca Anioła od św. Teresy Karmelity bosego w kościele Poznańskim swego zakonu miane r. p. 1651. 13 Lutego, z dozwoleniem starszych do druku podane. W Poznaniu, w drukarni Wojciecha Regulusa, w 4ce, k. nlb. 14.

Na odwr. str. tyt. herb Grzymała, przypisał prozą Jędrzejowi Karolowi z Grudny Grudzińskiemu, kasztelanowi Nakielskiemu, staroście Rogozińskiemu i pułkownikowi wojska Wielkopolskiego, autor. Krasińs. — Akad. — Ossol. — Czartor. — Jagiell. — Kazanie.

„Kazanie to mogło być miane po Stanisławie Działyńskim Wojewodzie Malborskim, zeszłym roku 1677. Miał on za sobą Maryannę z Tomic Grudzińską, pozostałą wdowę po Grudzińskim kasztelanie Nakielskim.“ Notatka Sobolewskiego bez bliższego opisu. Łukaszewicz Obr. M. Pozn. II. 40.

Anioł Stróż obacz: Mickiewicz Jan (1772) — Officium (1614) — Segnery Paweł (Przyjaciel 1772).

Anioła z obronną ręką to iest Prześwietnego Województwa Kiiowskiego wprowadzaiącego korony od Oyca św. Benedykta XIV. własnym sumptem konfederowane, na ukoronowanie obrazu Naysw. Panny Maryi do kościoła OO. Karmelitów bosych konwentu Berdyczowskiego, relacya. Roku, którego anioł pokoiu Bóg y człowiek oddał naturze ludzkiey koronę łaski MDCCLIII. fol. 10 ark.

Zawiera w sobie: Opis relacyi. — Przemowa X. Kajetana Ignacego Sołtyka, biskupa, koadjutora Kijowskiego na wyprowadzenie koron z katedry do Berdyczowa. — Mowa Kazimierza na Chojecznie Chojeckiego, wojskiego i sędziego pogranicznego województwa Bracławskiego, pisarza Grodzkiego, generała wdztwa Kijowskiego itd. — Kazanie X. Kajetana Ignacego Sołtyka itd. miane w Berdyczowie przy introdukcyi koron. — Mowa JO. księcia Antoniego Lubomirskiego Wdy Lubelskiego. — Oratio habita a R. P. Josaphat a S. Casimiro conventus Berdiczoviensis Carmelitarum discal. ordinario concionatore. — Kazanie podczas introdukcyi koron przysłanych od Ojca Ś. Benedykta XIV. miane w święto WW. ŚŚ. w konwencie Berdyczowskim OO. Karmelitów bosych a R. P. Eugenio a S. Mathaeo Carm. disc. concionatore ordinario. Jocher 8759. Katalog. Kijows. 40681. ma mylnie: Ręka anioła obronna Benedykta XVI. Uniw. Warsz. — Krasińs. — Ossol. — Kijows.

Aniołowie ob. Chęć (1755) — Koronka (1722) — Tłuczyński Ignacy Maciej (Anielska dobroczynność 1677).

Anjou (d') **Duc** ob. Advertissemens (1573) — Pavillon (1573).

Anius Symon ob. Dormann Tomasz (Nova Tyberis 1591).

ANKIEWICZ Marcin. Kazanie na dzień św. Antoniego z Padwy o łaskach, które Bóg świadczy przez niego i nabożeństwie ku temu Świętemu w kościele Franciszkanów w Nowym mieście przez Marcina Ankiewicza komendarza i prebendarza Otfinowskiego r. p. 1779. dnia 13 Czerwca miane. W Krakowie, w drukarni akademickiej, w 8ce, kart 3 i syg. A—B.

Dedyk.: Xiędzu Antoniemu Żwanowi. Jagiell. — Warsz. Uniw.

Anklage (Die gründliche) ob. Toruń (1724).

Ankunft ob. August III. (1728) — Brühl (des Herrn 1774) — Fryderyk August (beglückte 1765).

Ankwicz ob. Tragedya nieboszczyków (1794).

(Ankwicz Alojzy). Sposób do Mszy św. służenia dla JMci Aloizego Andrzeja hrabi Ankwicza syna kasztelana San- deckiego ułożony. W Krakowie w dru- karni Ignacego Grebla typ. JKM. 1788. w 16ce, str. 75.

Warsz. Uniw.

ANKWICZ Andrzej Alojzy X. z Po- sławic, kanon. kat. Krak. († 17 marca r. 1784). Kazanie na konsekracyi JO. Xiążęcia JE. Adama Ignacego hrabi na Liptowie y Orawic z Komorowa Komorowskiego z łaski Boskiey y Sto- licy apostolskiey arcybiskupa Gnieźnień- skiego legati nati, Korony Polskiey y W. X. L. prymasa i pierwszego Xia- żęcia, Tynieckiego y Jędrzyiewskiego opata, kawalera Orła białego, w ko- ściele Nayśw. Panny Maryi w rynku Krakowskim solennie odprawioney, mia- ne przez X. Andrzeja z Posławic An- kwicza, kanonika katedralnego Kra- kowskiego r. p. 1749. d. 28 Paździer- nika. W Krakowie, w drukarni Michała Józefa Antoniego Dyaszewskiego JKM. typografa 1749. folio, kart nlb. 22.

Jagiell. — Ossol.

— Mowa kaznodziejska przy instal- lacyi Andr. Stan. Załuskiego na bi- skupstwo Krakowskie (1747). folio.

— ob. Amicum (1747) — Cwierzo- wicz X. Franciszek Ant. (Prawa ręka 1763) — Podzyński Val. Joan. (1767).

Lętowski Katalog II. 5—6.

ANKWICZ Józef. Discours de S. E. Mr. le comte Joseph de Posławice An- kwicz castellan de Sandecz, chevalier des ordres de Pologne, prononcé à la séance du 27 Octobre 1788. Varsovie, Gröll libraire de la Cour. folio, 2 kartki.

Jagiell.

— Discours du 22 Novembr. 1788.

— Głos JW. Józefa hr. Ankwicza kasztel. Sandeckiego na sessyi dnia 12 Października r. 1782. miany. Warsza- wa, druk P. Dufour 1782. folio, str. 4.

Ossol. — Krasińs. — Czartor. — Branic. — Jagiell.

— Głos JW. Józefa hr. Ankwicza kasztelana Sandeckiego na sessyi dnia 22 Października r. 1782. miany. War- szawa, drukarnia Dufour r. 1782. folio, str. 4.

Czartor. — Branic. — Krasińs. — Ossol.

— Głos JW. Józefa hr. Ankwicza kasztelana Sandeckiego ex turno na sessyi dnia 30 Października r. 1782. miany. Warszawa, drukarnia Dufour r. 1782. folio, k. 1.

Ossol. — Czartor. — Branic. — Jagiell.

— Głos JW. Józefa hr. z Posławic Ankwicza, kasztelana Sandeckiego na sessyi sejmowej dnia 13 Maja 1790. przy wprowadzeniu relacyi od deputacyi do interesów duchowieństwa wyznaczo- nej miany. 1790. w 4ce. Branic.

— Głos ..... posła Wojew. Krak. przy podniesieniu starej laski sejmowey na dniu 17 Czerwca 1793. w Grodnie. foliio, str. 2.

Na odwr. str. Głos tegoż starej laski mar- szałka po Elekcyi nowego.

Uniw. warsz. — Akad. — Branic. — Krasińs.

— Głos na sessyi sejmowey dnia 21 Sept. 1793 roku miany. folio, str. nlb. 2. Krasińs.

— Głos JW. Imci P. hrabi ..... posła Wojew. Krakowskiego na sessy (tak) d. 17 Julii miany. folio, str. 1.

Przeciw rozbiorowi Polski. Jagiell.

— Kopia listu JW. Imci P. Józefa hrabiego Ankwicza, kasztelana Sande- ckiego, do JX. Bogucickiego Rektora szkół wydziału Krakow. w 4ce, ¹/₂ ark.

Jestto list pisany d. 12 Lipca 1781 r. przy którym Ankwicz posyła pierścionek z wyo- brażeniem króla uczniowi klassy V. Ła- bajewskiemu, który na examinie dał do- wody najcelniejszego postępu.

Ossol. — Jagiel.

— Mowa JW. Józefa hr. Ankwicza kasztelana Sandeckiego na sessyi dnia 26 Października 1776 r. miana. folio, kart 2. Warsz. Uniw.

— Mowa JW. ..... kasztelana San- deckiego na sessyi seymowey d. 2 Paź- dziernika 1783. w 4ce, kart 4.

Zieliński.

— Mowa JW. hr. ..... kasztelana Sandeckiego na sessyi d. 26 Paździer- nika 1786. miana. folio, kart nlb. 2.

Branic. — Krasińs. — Uniw. Warsz. — Czartor. — Jagiell.

— Mowa ..... na sessyi sejmowey dnia 27 Października 1788. w 4ce, k. 2.

W materyi władzy nad wojskiem.

Warsz. Uniw. — Jagiell. — Dzików — Branic. — Raczyńs.

— Mowa JW. hr. z Posławic .... kasztelana Sandeckiego na sessyi sejmowej dnia 22 Maja r. 1789. w 4ce, str. 4. Branic. — Raczyńs.
— Mowa JW. Józefa hr. Ankwicza kasztelana Sandeckiego na sessyi sejmowey dnia 2 Października 1789 roku miana. w 4ce, kart 4.
— Mowa przy zagajeniu sejmiku Wojew. Krak. w Proszowicach 8 Lut. 1790. miana. Warszawa, u XX. Sch. Piar. 1790. w 4ce. Raczyńs.
— Relacya kasztelana Sandeckiego, jako delegowanego do examinowania Rady nieustającej na d. 20 Października 1784 r. folio, str. 3. Branic.
— Zabezpieczenie rządu krajowego (Projekt na sejmie czteroletnim) 1790? folio, 1 ark. Branic.
— Zdanie .... względem propozycyi od tronu podanych na sessyi d. 22 Octbris 1784. w Grodnie. folio, str. 4. Jagiell. — Ossol.
— Zdanie .... na sessyi z d. 11 Listopada 1788 r. Przy rozpoczynaiącym się urządzeniu kommisyi wojskowej. B. osob. tyt. w 4ce, kart nlb. 2. Branic. — Warsz. Uniw.
— Zdanie .... na sessyi z d. 22 Listopada 1788 r. względem propozycyj, czy komisarze wojskowi maią bydź zaraz na początku seymu obierani, czyli aż po elekcyi kommissarzów skarbowych. W Warszawie w drukarni Michała Grölla. folio, kart nlb. 2. Warsz. Uniw. — Czartor.
— Zdanie .... kasztelana Sandeckiego na sessyi d. 24 Kwietnia 1789 roku. W zachodzącej kwestyi: czyli kommissarze do examinowania intrat obywatelskich maią być na sejmie wyznaczeni, czyli po województwach na sejmikach obrani. Warsz. druk. XX. Sch. Piar. (1789). w 4ce, str. 8. Branic.
— obacz: Ankwiczowa z Bibersteinów-Starowieyskich.
Ankwicz Kajetan ob. Sołtyk Maciej (Oddana 1779).
ANKWICZ Stanisław. List przed kontraktami JW. Kapalickiego do J. P. Doświadczyńskiego i respons. R. 1786. ob. List przed kontraktami.

— ob. Drohojewski Józef (Kazanie na pogrzeb 1785) — Lipski Jan (Programma 1636). — Wilkoszowski Ant. Fr. (Navigium 1736).
(Ankwicz Wal.). Dyaryusz pogrzebowy ś. p. JW. JMC. P. Walentego z Posławic Ankwicza kasztelana Konarskiego, Sieradzkiego r. p. 1766. opisany. B. w. m. dr. 1766. w 4ce, kart 4. (Bez osob. tyt.). Jagiell.
— obacz: Bętkowski Franc. Ant. (Wielkość chwalebna 1766).
Ankwicz Wawrzyniec hr. ob. Ilnicki Wincenty (1780?).
(Ankwiczowa z Małachowskich). Portret JW. hrabiny z Małachowskich Ankwiczowy zostawiony w zakład wdzięczności od odieżdżaiących z iey domu po miłey w ostatki zabawie d. 22 Lutego 1792. folio. 1/2 ark. (wiersz).
Ankwiczowa z Bibersteinów-Starowiejskich, kasztel. Sandecka (żona Józefa) ob. Prokopowicz Maksym. (Przypadki 1786, 1792).
Ankwiczówna Anna ob. Warszycka Barbara (Sprawa sukcessorów 1789).
Anleitung zur Schreibart in Briefen und einigen anderen Aufsätzen zum Gebrauche für Schüler der Deutschen Schulen in den kaiser. königl. Erblanden. Kostet gebunden 10 Kreuzer. Mit S-er römisch. kaiser. königl. Apostol. Majestät allergnädigsten Druckfreiheit. Lemberg, gedruckt mit Pillerischen Schriften. Bez w. r. in 8ce, kart 2, str. 91. Ossol.
— Tenże tytuł. Lemberg, gedruckt mit Schriften der Gebrüder Piller. Bez w. r. in 8ce, k. 1, str. 96. Ossol.
— den Kindern das deutsche Rechtsprechen und Rechtschreiben am fasslichsten beizubringen. Krakau, bei Jos. Georg. Trassler. B. w. r. w 8ce.
— obacz: Opis (zur Vorbeugung 1784) — Schultz D. Greg. (zu dem Jure publ. 1710) — Wohlfeil Kaz. (zu d. Einsicht 1797).
Anmerkungen (Nothwendige) über das königl. schwedische Manifest auffgesetzet von einem unparteyschen Deu-

tschen. Gedruckt zu Augspurg im Jahr 1655. w 4-ce, k. 5. (A—B₂).

— über das den 15 April 1726. an den königl. und churfürstl. Sächs. Printzen abgelassene päbstliche Breve. Dilecto in Chr. filio nostro Frid. Aug. 1727. B. w. m. w 4-ce.

— über die Bewegunsgründe der Entschliessung des Allerchristlichen Königes. Mit hoher Bewilligung in das deutsche übersetzt, und zu drucken erlaubet. Dresden bey Joh. Wilh. Harpetern 1733. w 4-ce, str. 20.

Wydane z okazyi wyboru Stan. Leszczyńskiego na króla. — W jednej połowie są drukowane Beweggründe, w drugiej Anmerkungen. Jagiell.

— und historische Erläuterungen über die königl. schwed. Erklärung d. d. Helsingfors den 21 Julii 1788. nebst Beilagen (1788). w 4-ce.

Istnieją 2 mało się różniące edycye z tego samego roku.

Branic. — Bibl. petersb.

— obacz: Gdańsk (Unpartheyische 1783) — Heyking (Ueber die zu Mitau) — Lüschner Ern. (der Ursachen 1700) — Poniński Wład. (über Manifest 1711).

(Anna Jagiellonka) (ur. 18 Października 1522 † 9 Września 1596). Królewny polskiej Anny po śmierci Zygm. Augusta króla pols. etc. a brata swego na swe przypadki żałobliwe utyskowanie albo Lament. Na kształt pieśni owej: Żal mi kiedy zgrzeszył i t. d. Roku MDLXXIII. Łazarz Andrysowicz drukował (1573). w 4-ce, k. 4. (wiersz).

Na 1 str. nuty discant i tenor.

— obacz: August (1576) — Batory (Litterae 1575) — Bielski Joachim (1576) — Birkowski X. Fab. (Lacrymae 1596) — Chwałkowski Z. (Deliberatio 1587) — Custa Hil. — Dawid (1564) — Górski Jac. (Praelect. Plocens. 1582) — Grodzicki St. (O jednej osobie 1589) — Gyseus Joannes (Charites in ingres. 1588) — Kłodziński Maciej (Sirin) (Wizerunk łaski 1587) — Kłodziński Bartł. (1570) — Michael (1584) — Modlitwy nabożne (158..) — Piscorevius M. (funeb. laud. 1597) — Possevinus

Ant. (1586) — Siebeneycherowa (1594) — Sirin (Wizerunk 1587) — Skarga Piotr (Kazania 1597) — Skarzyński X. Szcz. (Kazanie na pogrzebie Katarzyny Jagiell. 1584) — Stephanus rex Pol. (Litterae 1575) — Testament (Nowy) polski (1577) — Wereszczyński Józef (List 1584) — Wilkowski (Dziesięć dowod. 1584) — Wujek J. (Postylla Część I. 1584, Maluczki Katechizm 1570).

Niemcewicz Zbiór pamiętn. T. II. 108—138.

(Anna Austryjacka) żona Zygm. III. (1573 † 31 Stycz. 1598). Eigentliche Beschreibung desz Einzugs oder Einbelaittung, auch den Krönung vnd Copulation, sampt den Presenten vnd Thurnierens Auffzug. Desz Durchleüchtigsten, Groszmächtigsten, Hochgebornen Fürsten vnd Herrn, Herrn Sigismunden dem Dritten dieses Namens, König in Poln, auch gebornen König in Schweden etc. Grosz Fürsten in der Littaw, Hertzogen in Roussen vnd Preussen etc. Mit der auch Durchleuchtigsten Hochgebornen Fürstin vnd Fräwlein, Fräwlein, Anna, geborne Ertzherzogin zu Oesterreich, Hertzogin zu Burgund, Steyr, Kärndten, Crain vnd Wirtenberg, Gräuin zu Tyrol vnd Görz etc. seiner geliebsten Braut vnd Gemahel etc. Gehalten vnd beschehen zu Cracaw, den 26 vnd 31 May dieses 92 Jars. Amor Distantia Jungit Post Animos Sociasse Juvabit. Zu Wienn in Esterreich, Druckts Leonh. Nassinger A. 1592. w 4-ce, k. 10. (Syg. A—C₂).

Jagiell.

— Toż, tenże tytuł. Nürnberg, Nic. Knorr 1592. w 4-ce.

Obejmuje dokładny opis pochodu, ubioru luźnych grup. Razem było 4900 osób konno a 5700 pieszo, zaś 262 w karocach. Na ark. B₁₁. jest: Auss Cracaw den 3 Junii: opisanie ślubu i koronacyi z Niedzieli 31 Maja. Obiad był na 152 mężczyzn, drugi stół na 120 kobiet. Z dziczyzny dawano niedźwiedzie i lwy. Dalej idzie jedna karta spisu podarunków danych królowej d. 2 Czerwca. Dwie ostatnie karty obejmuje opis pieszego turnieju wyprawionego w sali balowej, w nim brał udział żywy rosły lew. Wreszcie opis maskarady na placu wyprawionej. Były przytem ognie sztuczne, muzyka i chór śpiewaków.

Raczyńs.

— Gründliche und kurtze Beschreibung des Einzugs welchen der Durchlauchtig, Grossmächtig Hochgeborene Fürst und Herr, Herr Sigismund der Dritte dieses Namens König in Poln, geborner König in Schweden et Grossfirst in der Littua Hertzog in Reussen und Preussen etc. mit seiner liebsten Braut und Gemahel der Durchleuchtigsten Hochgeborenen Fürstinn und Fräulein Fräulein Anna, geboren Ertzherzogin zu Oesterrich, Hertzogin zu Burgund, Steyr, Kärnthen, Crain und Wirtenberg, Gräfin zu Tirol u. Görtz etc. den 26 Monats dieses 92 Jahres zu Cracav gehalten und wie ihre König. May. et Höchstbeamte Braut, hoch und erwirdiglich empfangen. Psalm 45 (cytata niemiecka). Gedruckt zu Wien in Oesterreich. Leonh. Nassinger, wohnhaft in der Weissenburg an. 1592. w 4ce, k. nlb. 8.   Czartor. — Ossol.

— Heimführung (Königliche) in Polen, darinen ordentlicher weise, beschrieben wirdt, welcher massen Freulein Anna Ertzherzog Caroli in Oesterreich etc. Christmelter gedächtnuss Tochter, am Sonntag Trinitatis, novo stylo, dieses lauffenden 1594. Jars, in Polen ankommen, vnd mit grossem Pracht vnd Frewden, von Ihrem Gemahl Sigismundo, König in Polen ist empfangen, gen Crakaw gebracht, vnd die königliche Krönung, Hochzeyt vnd Beylager, nach königlichem Brauch gehalten worden. Alles in einem künstlichen Kupfferstück fürgebildet, vnd durch Ziffern erkläret. Gedruckt nach dem polnischen Original 1592. B. m. i dr. w 4ce, k. nlb. 5.

Pod tem mały drzeworyt wyobrażający wjazd królowej i króla konno naprzeciw siebie.
    Czartor.

— Eigentliche Verzeichniss der Vermählung oder Copulation des durchlauchtigsten, grossmächtigsten Fürsten und Herrn Herrn Sigismunden dem Dritten dieses Nahmens und König in Poln auch geborenen König in Schweden und Grossfürsten in den Lithauen und Hertzogen in Reussen und Preussen etc. Mit der auch durchlauchtig-

sten, hochgebornen Fürstin, Fraülein Fretlein Anna, geborene Erzherzoginn zu Oesterreich, Burgund, Steyer, Kärnten, Crain und Wirtenberg, Gräwin zu Tirol und Görtz etc. (Sprach 26: Wie die Sonne, wenn sie aufgegangen ist an dem hohen Himmel des Herrn, eine Zierde ist, also ist.... etc.). Beschehen und gehalten auf dem königl. Schloss Crackau, Sontag den 31 May dieses 92 Jahres. Gedruckt zu Wien in österreich bei Leonhard Nassinger, er wohnt in der Weyschenburg. 1592. w 4ce, kart 4.   Ossol.

Zaślubiny te opisuje również Heberer w: Aegyptiaca 1610. i Piasecki w swej Kronice.

— Zprawa kterak Anna arcikněžna rakuská do Krakowa přiwezena jest. W Praze u Bur. Waldy 1592. w 4ce.
    Jungmann 390.

— ob. Beckman Martinus (Exhortatio 1598) — Bielski Joach. (Epithalamium 1592) — Codurus Flaminius (In funere 1599) — Grochowski St. (Pogrzebowe plankty 1599, Trenopis 1599, Żal pogrzebowy 1609) — Koryciński Andrzej (In obitum 1600) — Peinius J. (Gratulatio 1592) — Pontanus von Breitenberg G. B. (Oratio funebris 1600) — Porembius J. (Prosfonesis in advent. 1592) — Quadrantinus Fab. (Speculum pietatis 1605) — Siebeneycherowa (Rozmyślania męki Jezusa Chryst. 1594) — Skarga Piotr — Sokołowski Stan. (Epithalamion 1592) — Stargardus Fabian (Speculum pietatis 1605) — Szymonowicz Szym. (Epitalamium 1592) — Szyszkowski Marc. (De obitu 1598, In funere 1599, In obitum 1599) — Typotius Jacob (Oratio 1594, Threnus 1598) — Warszewicki Krzysztof (In mortem 1598, O śmierci 1599, Panegyricus Sigism. 1595).

(Anna) królewna Polska i Szwedzka, siostra Zygm. III. (urodz. 1568 † 6 lut. 1625). In obitum Annae princip. Sveciae, professores gymnasii Thorunensis 1636. folio.
    Przyłęcki.

— Relatio de augustis exequiis Serenissimae Dominae Annae principis

Sveciae, felicis memoriae, Thoruni Borussorum die 16 mensis Julii anno Domini 1636 celebratis. Thoruni Borussorum apud Franciscum Schnellbotz 1636.
w 4ce, kart 6, (sign. B₄). Ossol.

— ob. Borawski X. Jan (1613) —
Cerazyn X. J. (Przyczyn kilkadziesiąt
1612) — Chlebowski Wawrz. (1618) —
Dambrowski X. Sam. (Kazania 1621) —
Loaechius (Tirocinium patientiae 1605)
— Moulins P. (Heraklit 1298) — Opitius Mart. (1636) — Rybiński Jan (Powitanie 1591) — Skarzyński Szczęsny
(Kazanie 1584) — Syrenius (Zielnik
1613) — Turnowski Jan (Pogrzebne
słowa 1612) — Typotius Jac. (Threnus
1598) — Wiśniowski Walenty (Pieśń
radosna Zygm. III.) — Zbylitowski A.
(Pisanie satyrów 1589).

Anna, żona kr. Ferdynanda († 1547).
ob. Royziusz (Inclyto 1547).

Anna Katarzyna Konstancya, króle-
wna polska i szwedzka, zamężna (1642).
za Filipem Wilhelmem synem palat.
(ur. 1620 † 1651) obacz: Bellaria aca-
demica (1642) — Drexelliusz Jerem.
(Słonecznik 1630) — Filip Wilchelm
(Penu 1642) — Hospes grati animi (1632)
— Olszewski Jak. (Snopek 1635) —
Sarbiewski Mac. (Serenissima 1636) —
Wassenberg E. (Panegyricus 1642) —
Wiśniowski Walenty (Pieśń).

ANNA IWANOWNA (ur. 1694 † 1740).
Copia responsu Imperatorowy na list
króla Jmci polskiego z Petersburga 3
Sept. 1738. w 4ce, ark. 1. (Supplement
do gazet).

— Manifest, w którym wyjaśnia dla
czego wojska rossyjskie wkroczyły do
Polski, aby utrzymać na tronie Augusta III. i wszelkie nieporządki wewnętrzne uspokoić. Dan w Petersburgu d.
16 Novembr. 1734. W Sankt Petersb.
typogr. academiae scientiarum 20 Nov.
1734. wielkie folio, 1 ark.
Akad. — Jagiell.

— Manifest Anny Imperatorowy i
samodzierżycy cały Rossyi etc. (dat.
w Peterhofie d. 30 Julii 1737 r.) Tłomaczenie z rossyjskiego. Drukow. w Pe-

tersburgu przy Imper. Nauk. Akad. D.
2 August. 1737 r. w 4ce, str. nlb. 3.
Krasińs.

— Uniwersał carowey Imci asseku-
ruiący, że handlom żadnym przeszka-
dzać nie będzie. W Petersburgu d. Decembris 1733. folio.

— Uniwersał carowey Imci strony
prowiantów według taryffy 1661. anno
1733.

— Uniwersał carowey ImCi w Warszawie d. 7 Decembr. 1734. („Jako
zawsze za ....").

— (Manifestum Petropoli 1 Decemb.
1733). folio, 1 ark. rozłożony.
Krasińs.

(Anna). Apollo in tempo, serenata in
musica nel gloriosissimo giorno dell'
incoronatione, della Sacra Maesta Imperiale Anna Ivanovna clementissima
e potentissima amabile Imperatrice di
tutela Russia etc. etc. di cellebra la
gran festa nel castello reale della Sacra Maesta invitissimo Federico Augusto III. sapientissimo Re di Polonia, e
clementissimo Elettore di Sassonia, con
gran pompa d'Eroi, magnifica illumina-
tione, famosa musica, e canti pretiosi,
con artificiosi fuochi, a cannoni, ta-
burri traversi, e trombette che battino,
e non cupi v. v. v. In Varsovia ai 8
di Febraro 1736. nella stamperia de
RR. delle Scole Pie. folio.
Bibl. petersb.

— ob. Kanony (1731) — Müllen-
dorff Joh. Erdm. (Gedanken 1735).

Anna Święta w Chełmie ob. Wax-
mański Wacł. (Nowa Jerozolima 1767).

(Anna Św.) Legenda S. Matronae
Annae, genitricis V. M. matris et Jesu
Christi aviae. Lipsiae, Lotter, 1477,
1505, 1512. ob. Stobnicensis.

— Nabożeństwo do S. Anny Matki
Bogarodzicy Maryi. (Kraków 1549?)

— Nowenna albo dziewięćdniowe
Nabożeństwo do Św. Anny Królowey
nieba i ziemie N. P. Maryey Matki a
Boga wcielonego babki, na pamiątkę
dziewięć miesięcy przez które córkę
swoję N. P. w żywocie swoim nosiła,
spisane y świeżo dla większego honoru

y czci tey świętey Patronki do druku podane. Lublin, w druk. Coll. S. J. 1747. w 8ce, k. nlb. 5, str. liczb. 72.

Krasińs.

— Societas Sanctae Annae per Poloniam, Lithuaniam, Russiam et alias S. Regis Poloniae ditiones instituta. Fructus charitatis salus. Sperate in Domino omnis etc. Cracoviae in officina Lazari. Anno 1590. folio, str. 18.

Na tytule drzeworyt św. Anny i N. Panny. Na odwr. str. herb Dym. Solikowskiego (Bończa) i wiersz na ten herb. Na końcu dodano po polsku (od str. 11): Artykuły bractwa św. Anny y historya tego bractwa, które poczęło się po przywróceniu Połocka z rąk moskiewskich w rok. — Na wstępie odezwa Jana Dymitra Solikowskiego arcyb. lwowskiego, twórcy tego bractwa, wydana 2 lutego 1589. Potwierdzenie tego bractwa przez legata apostolskiego jest z r. 1581.

Warsz. Uniw. — Jagiell.

— Societas S. Annę (Visliciae) fundata et instituta. 1590. folio, k. 2.

Wyraz: Visliciae dopisany. — Jestto okólnik arcybiskupa Solikowskiego z dopisaną datą: ultima Martii 1590.

Jagiell.

— Societas S. Annae aviae maternae Christi, Servatoris nostri, in Polonia sub rege Stephano et Anna Jagellonia regina, instituta 1578. Symbolum primum: Fructus charitatis salus. Samosci, in typogr. acad. An. Dom. 1598. w 4ce, str. 50.

Autorem tekstu polskiego według Janockiego (Nachr. I. 51) jest Symon Hagenau kanonik wolborski, tłumaczył go zaś na język łac. Jan Mislanius, bernardyn. Podług Maciejowskiego zaś (Piśmiennictwo III. 367–8). tekst napisał Jan Mysław (a nie Mislanius) z Kościana; Simonis Hagenovii z Heilsberga kustosza wolborskiego, są tylko 4 dwuwierszowe modlitwy łacińskie na str. 12. — Mislan pisze w dedykacyi (do Jana Zamojskiego str. 3), że Solikowski kazał mu przetłumaczyć na łacińskie: libellum permissu superiorum meorum polonice conscriptum. Podlega więc wątpliwości, kto dziełka tego po polsku napisanego jest autorem. — W przedmowie do czytelnika tłumaczy się Mislan dlaczego wydaje ten przekład łaciński po tylu edycyach w języku pospolitym. Było zatem kilka edycyi polskich poprzednio (ob. Bractwo). Jocher 9126 a. — Freitag. Analecta 875–6. — Sienkiewicz, Dod. do Bentkows. — Muczkowski: Rozmaitości histor. str. 122 i 123.

Ossol.

— Tenże tytuł. MDLXXVIII. Symbolum primum: Fructus charitatis salus. Samosci. In typographia Academiae. Anno Domini MDXCIX (1599). w 4ce, str. 86. Sign. Liij.

Wewnątrz są wiersze łać. (na cześć N. M. P.) z literami J. D. S. (zapewne Solikowski). — Dedyk.: Jan. Zamojskiemu Jan Mislanius, Bernardyn.

Janoc. Nachr. I. 52. — Jocher 9125, 9126 h. Czartor. — Dzików.

— Żywot świętey Anny, naczystszey Panny Mariey matki bożey y Pana Jezusa Chrysta starey matki iego. (Pod tem drzeworyt: N. Panna z dzieciatkiem Jezus i św. Anna). B. r. m. i dr. (około 1532. z drukarni Wietora lub Mac. Scharffenberga). w 8ce, sygnatura niejednostajna A. B. C. D. półarkuszki, E. cały ark., F. pół ark., G. cały ark., H. I. półark., wszystkiego k. nlb. 43, druk gocki.

Rycina tytułowa powtarza się później w książce do nabożeństwa, drukowanej u Piotrkowczyka r. 1636. — Na odwrocie tytułu Przemowa ku św. Annie (wierszem, wierszy 10). Poczem idzie: Przemowa przed początkiem pisania żywota św. Anny. — Rozdzielenye syodmenaste kończy Żywot, potem idzie: Przyclad o naswyetssey Annie. Bandt. H. d. k. p. I. 443. — Siarcz. Obraz II. 208.

Jagiell.

— obacz: Bonaczkowski Szymon (1769) — Bractwo (1594, 1617, 1618, 1626, 1630, 1634, 1642, 1654) — Buchowski Andr. (Gloria 1703, Abrys kollegiaty 1744) — Chełmicki Jan (1761) — Costenus Jan — Cultus (1691) — Czapski Mich. (1768) — Degorski Sebastyan (1719) — Eugeni od św. Mateusza (1736, 1739) — Głuchowski Wacł. (Nabożeństwo 1692) — Goritius Sim. (1568) — Hagenovius Sim. (1599, 1612, 1643) — Karpowicz Michał (1775) — Korczyński Kassyan (1760) — Korsak Jan (1750) — Łodziński X. Józef Antoni (1796) — Łuszczewski Paweł Ignacy (1688) — Mislanius, Mysław (1598) — Modlitwa (1766) — Montanus Jacobus (1522) — Myszkowska Anna (1736) — Ormiński Stan. (1689) — Otwinowski Józef (1737) — Piekoszowczyk Jakób (1610) — Sacranus Joannes (Modus epistolandi 1520) — Seriewicz X. Adryan

(Xiężyc mistyczny 1726) — Skarb (1773) — Sobotkowicz Andr. (Hymaeneus 1604) — Solikowski Jan Dymitr (Societas 1590) — Sowiński Tomasz Jan (Nosum 1696) — Stobnicensis Joan. (Legenda) — Tomasz z Akwinu (1755 i b. r.) — Wadowski Aeg. Stephanus (Coelum 1719) — Wilkowiecka (z) Mikołaj (Historya 1577) — Wlekliński Konrad (Kazanie 1771) — Włyński Zygmunt Alexander (Portret niebieski 1676) — Żydowski Alexander (Apopempticon 1648).

Anna Samotrzecia Św. obacz: Trzy książki (1719) — Rychter X. Bonawentura (Honor 1754).

Anna Ungaria ob. Brassicanus Joa. Alex. (1528).

Annaberga ob. Barth Michał (1557).

Annales de le petite Russie 1788. ob. Scherer.

— Poloniae ob. Kochowski Wespasian (1683, 88, 98) — Orzechowski Stan. 1611, 43, 96) — Sarnicki Stan. (1587).

— ecclesiae, annales ecclesiastici ob. Baronius (1609, 1613, 1624, 1687) — Bzowski A. (1616, 17, 21, 30).

Annahme der poln. Krone ob. Annehmung (1791) — Beleuchtung der Gründe — Etwas gegen (1792) — Erinnerungen (1792) — Warum soll (1792).

ANNANIA (di) Lorenzo. L'universale fabrica del mondo, overo Cosmografia. Venetia appresso Jacomo Vidali 1576. w 4ce.

Dedykacya Katarzynie Jagiellonce, królowej szwedzkiej. — Jest tu Nicolai Secovii: Epigramma ad Vates.

Annaty obacz: Grabowski X. Piotr (1595).

Anne Bell powieść obacz: Arnaud F. T. Czartor.

Annemung (Ueber die) der polnischen Krone An Sr. kurfürstl. Durchlauchtigkeit Friedrich August den Dritten, den Vater der Sachsen. Von einem Patriote. Teutschland. 1791. w 8ce, str. 43.

Na to posypały się odpowiedzi w r. 1792. p. t.: Warum Soll — Beleuchtung — Etwas gegen — Erinnerungen. — ob. Annahme.

Ossol. — Jagiell. — Kijows. — Branic.

Annetta, e Lubino, Opera comica, tradotta dal francese d'all avvocato Giuseppe Badini. La musica è del signor Gaetano Pugnani, Sopraintendente generale della musica, e Capella da Sua Maesta il Re di Sardegna. Rappresentato nell' inclito teatro di Varsavia. In Varsavia Dal P. Dufour, Stampatore privilegiato di S. M. Reale. 1780. w 8ce, str. 72. Jagiell.

Annex Nr. 2. do protokołu deputacyi do listy cywilnej, 1794. folio, str. nlb. 2. Krasiń.

Annexa do Części pierwszej relacyi w materyi o buntach na sejmie 1790. roku uczynionej. W Warszawie w drukarni nowey JK. Mci Piotra Zawadzkiego 1790. ob. Tański Ignacy.

Anni caelestis ob. Nadasius J. (1706).

— Crescentiae ob. Szostakowski J. (1713).

Annibal Polonus Boleslaus Crivoustus, magnus Poloniae princeps, in tenera novem annorum aetate de Moravis et Pomeranis felicissimus triumphator, heroico theatrali actu in scenam reproductus, illustrissimo Domino D. Carolo Josepho Hyacintho Pieniążek Sedlnicki, magnorum parentum illustrissimi et excellentissimi Domini D. Caroli Julij de Choltitz Sedlnicki S. R. I. comitis, haereditarii Domini in Geppersdorff, Schonwiese, Nossidl, Klemstein etc. Sacrae Caesareae regiaeque Majestatis conciliarij actualis et intimi, trium ducatuum in Silesia Brigensis, Lignicensis et Vohlaviensis plenipotentarij administratoris etc. etc. nec non illustrissimae ac et excellentissimae Dominae D. Mariae Casimirae de domo Pieniążkorum Sedlnicka S. R. I. comitissae, palatinidis Siradiensis etc. maximo filio, per magnificam rhethoricam iuventutem Regij Vladislai IV. Varsoviensis scholarum Piar. Collegij ad gloriam et honorem militans. Anno 1719. mense Februario. Varsaviae, typis S. R. M. Scholarum

Piar. folio, kart 4. (Argumentum na 2 k.).

Na odwrotnej stronie herb Odrowążów Pieniążków. Jagiell.

— ob. Acies fortitudinis et voluptatis (1696) — Czartoryski Theod. (ad portas 1739) — Mylius Michał (1644) — Plutarch (1593) — Triumphatrix orbis Roma perfida (1718).

Anno Sanctus (Arcybiskup koloński). ob. Opitius Martinus (1639).

Annotacye do etatu stu-tysięcznego woyska w Koronie i W. X. Lit. przez Kommissyą woyskową oboyga narodów pod prezydencyą JW. W. Hetmanów ułożonego za zleceniem Nayiaśn. Rzpltey skonfederowanych stanów. B. roku (18 w.), folio, kart 3. Branic.

— N. Testamentu ob. Wołodkowicz M. (1601).

Annotata ad manifestum ob. Karol XII. (1711).

— ad res Prussorum ob. Schurtzfleisch Konr. (1674, 1698).

— in aliquot locos obacz: Osterod. (1598).

— in Ciceronem ob. Górski Jakób (1575, 85) — Sierpski Wojciech (1585).

Annotationes (Breves) quibus justitia et authrritas Decisionum Commissorialium de anno 1717 exponitur. B. m. i r. (Varsaviae, 1766). w 4ce.

Katal. Batowsk. podaje w tytule datę 1716 zamiast 1717. — Broszura ta odnosi się do spraw kurlandzkich.

Bibl. petersb.

(**Annotationes**). In regiae Maj. Prussiae adversus aulam saxonicam electoralem Berolini 1745. typis editum Manifestum, annotationes, cum argumentorum tum factorum veritate confirmatae. Dresdae 1745. folio, k. 1, str. 66.

ob. Fryderyk II. (Manifest). Jagiell.

— summopere necessariae 1772, 1782. ob. Martynowicz Seb.

— Thorunia in colloquio ob. Calixt Georg. (1685).

— ob. Sierpski Wojciech (1575).

Annua doloris (1681). ob. Trzebicki Andr.

Annuli nuptiales 1651. ob. Kanon Andr. (Sam. Korecki et S. Koniecpolska).

Annulus ob. Lubomirski St. (Polycratis 1676) — Zamojski Tom. (aeternitatis 1726).

— charitatis Joanni Cynerski ob. Bieżanowski St. (1653).

— desperati honoris ob. Tomaszewski Alb. (1698).

— gentilitius Andr. Zborowski ob. Cynerski Jan (1642).

— honoris Joan. Węgrzynowic ob. Straszye Stef. (1668).

— in flumen Lubomirscianum ob. Potocki Fel. (1661).

— quo Vinc. Morze desponsebatur ob. Jacobus, frater min. conv. (1663).

— spiritualis obacz: Kawalczewski Greg. (1687).

Annuntiatio triumphalis ad sacerdot. ascensus Joan. Ant. Skalski ob. Odymalski Stan. (1700).

Annus tertius Auctorum praelegendorum in Schola syntaxeos per prov. Polonam Soc. Jesu. Calissii, typ. S. J. 1745. ob. Authores.

— 1760. 28 Aprilis Vars. pro admodum Rev. ac religiosis patribus S. theol. ex protocollo actorum sacrae nunciaturae Apos. D. Nicol. Serra. folio, sign. E'₂. Czartor. — Krasińs.

— gratiae circa gratiosissimum aduentum illustrissimorum reverendissimorum excellentissimorum Dominorum ad supremum Regni tribunal judicum deputatorum salutantibus elogiis ab eloquentia Scholarum Piarum Collegii Petricoviensis publicatus. Anno Regis saeculorum immortalis qui tempora et momenta rerum hominumq. disponit 1740. Typis Clari Montis Częstochoviensis.

Zieliński.

— Marianus sive exempla brevia e gestis et vitis adolescentum sodalium in singulos anni dies digesta, studiosae juventuti proposita. Primum Coloniae Agrippinae impressa, nunc Sandomiriae, in typographia Societatis Jesu 1740. reimpressa. w 16ce, k. 4, str. 267.

Dedyk.: D. Mariano à Potok Potocki capitaneo Dubinensi et c. illustrissimi capitanei Grabovecensis etc. magnae spei filio. Jagiell.

— sanctus sive exempla brevia e gestis et vitis adolescentum excerpta.' In singulos anni dies digesta, studiosae juventuti proposita. Typis Coll. Sandomir. Soc. Jesu, an. D. 1740. w 16ce, str. 264.

Treść i druk tenże co poprzednio, tylko tytuł zmieniony.
Jocher 5677.
Uniw. lwow. — Jagiell. — Ossol. — Wilno — X. Polkows.

— puerilis tot floribus sententiarum venustus, quot dies integer numerat annus. B. w. m. 1774. w 16ce.

Wileńs.

— ob. Stan. August (primum regni) — Werner Lud. Rein. (Commentatio 1745).

— climactericus ob. Hevelius Jan (1685).

— coelestis Jesu Regi ob. Nadasi Jan (1694, 1696).

— gratiae ob. Bieżanowski St. (J. Cynerski 1653) — Janowski Hipolit (1701).

— jubilei ob. Czarnkowski Fr. J. (1625).

— heroicus ob. Szymanowski Michał (1687).

— regalis sacerdotis Nic. Oborski ob. Bieżanowski St. (1686).

— scholasticus ob. Piasecki Wacł. (1696).

ANNUTINI Joachim. Matylda, tragedya przez Joachima Annutiniego włoskim językiem napisana, a polskim wierszem wyłożona przez X. Samuela Chróścikowskiego Schol. Piar. We Lwowie, drukiem Pillerowskim 1783. w 8ce, str. 78 i 6. Ossol.

Annuty Franciszek Tadeusz ob. Radziwiłł Jerzy (Kazania 1757).

Annuum melos Joan. Cantio ob. Tainer Lud. (1665).

— vectigal amoris ob. Skórkowski El. (1669).

Anofromera Genesion ob. Gładysz Mac. (1664).

ANONIM. List anonima do króla pruskiego pisany w interesach Francyi i Polski z francuzkiego na polski język wyłożony. 1792. ob. List anonima.

Anonyma listy do Stan. Małachowskiego ob. Kołłątaj.

Anonymi dissertatio obacz: Socyn (1630).

ANONYMI Rerum ab a. 1330—1424. gestarum historia.
ob. Mitzler Script T. 3. str. 76.

— archidiaconi Gnesnensis brevior Chronica Cracoviae ad a. 1395.
ob. Mitzler Script. T. 3. str. 163. — Sommersberg Siles. Script. II. Lipsiae 1730.

— chronica Polonorum.
ob. Mitzler str. 259.

— Chronica Principum Poloniae, cum eorum gestis sub finem saec. XIV.
ob. Mitzler str. 274. — Sommersberg Siles. rerum T. I.

ANONYMUS Theologus Gedanensis. Sam. Friderici Willenbergii praesidis juris divini, quibus tuetur thesim in schediasmate suo de finibus poligamiae licitae contra imbelles conatus. 1713. ob. Willenberg Sam. Fryderyk.

ANONYMUS. Singularia processus judiciarii primae instantiae ad praxim utriusque fori in gratiam studiosae legum juventutis cum summario et repertorio ad finem posito. Posnaniae, 1729. ob. Singularia.

Anordnung E. E. Raths ob. Gdańsk (1626).

Anotable exemple ot God's Vengeance ob. Kromer.

Anrede an die zu Pohlen ob. Jan Kazimierz (1656).

— an neu erwählt. König 1697. ob. August II.

— des Raths d. Stadt Danzig ob. Fabricius Winc. (1656).

— eines polnischen Edelmanns an die Grossen von Polen. Die Ruhe und Einigkeit des Königreiches durch Wegschaffung derer Jesuiten zu befördern betreffend. Anno 1727. ob. Philopolites.

Anreitung (Keiserlicher Maiestät) zu Wien, m. d. Künig von Vugarn vnd Künig von Polen, mit sampt den Küniginen, vast kostlich in guldinen wägen vnd vil ander getzierden, als her-

nach stat. B. m. i r. (Wien 1515). w
4ce, kart 10, ostatnia biała.
Drzeworyt na tytule i na końcu.
Kertbeny Bibliogr. 111.
Biblioteka Monachij. — Bibl. w Ulm. — Bibl.
prof. Gasslera.
Ansaldus ob. Zielopolski Andr. (contra S. Orłowski 1700). — Żuchowski
Stef.
ANSEAUME († w lip. 1784). Dwóch
strzelców i mleczarka, opera w 1 akcie
z francuskiego na teatrze warszawskim
przez aktorów JK. Mci reprezentowana
(tłum. Jan Boduen). Warszawa, w druk.
P. Dufour JK. Mci i Rzpltej jedynie
uprzywilejowanego na muzykę, 1781.
w 8ce, str. 52.   Czartor.
ANSELMUS a SS. Martyribus. Desertum disertum clamantis et amantis
voce B. Ioannis a Cruce primi Carmelitae discalceati: et sanctae matris Teresiae in reformatione coadjutoris infracti: post excultum Carmeli siluescentis verticem, et in fructus nouos renovatum sanctissimo domino nostro Clemente X. inter beatos adscripti: ludis
literariis in publica suae beatificationis
celebritate opera et penna Anselmi a
SS. Martyribvs Schol. Piar. Coll. Vars.
rhetorices professoris, illustratum. Varsauiae anno 1676. die 22 martii. w 4ce,
kart 8.
Na odwrotnej stronie dedykacya św. Janowi
a Cruce, 2 str.; potem na 13 str. rzecz
właściwa. Ustępy prozaiczne przeplatane
wierszami p. t. „Affectus poetici.“
Branic. — Drohob.
Anselmus, archiepisc. ob. Anzelm.
— Polonus ob. Anzelm.
Anserin Benedykt ob. Rożniatowski
(1609).
Anserinus Stanislaus ob. Szczerbicz
Paweł (Speculum saxonum 1581).
Anstrich ob. Antwort (1666).
Antamoebe amoris philosophici ob.
Freitag Ad. (1619).
ANTASZ Klemens. Honor debitus
honori infulato pretiosissimi virtutum et
meritorum cimeliis radianti Dni Jacobi
Radliński exhibitus. Cracoviae, typ.
Dyaszewski, 1744. folio.   Dzików.
— Pax regnorum concordia principum in vim et applausum concordiae

voti optime sibi consulentis peraugusti
generalis Capituli Miechoviensis: sub
felicissimis auspiciis et praesidentia illustriss. et reverend. DD. Theodori de
Ludinghauzen Wolff Dei et S. Sedis
Apostol. gratia Episcopi Chełmensis,
Coadjutoris Livoniae et Curoniae, ordinis canonicorum regularium sanctissimi
Sepulchri Domini Hierosolymithani generalis praepositi, celebrati in praesentia
perillustriss. et admodum reverendorum
patrum et fratrum a P. Clemente Antasz, ejusdem sacri ordinis professo, FF.
juniorum directore et novitiorum magistro; brevi peroratione denuntiata anno
restauratae pacis aeternae 1711. die 15
Kalend. Junij. Cracoviae, typ. Fr. Cesarii S. R. M. illustr. et rev. D. Episcopi Cracovien., Ducis Seueriae nec
non Schol. Novodvorsc. ordinar. typogr.
1711. folio, kart 9.   Ossol.
Antecollo ob. Conclusiones (1786).
Antelenchus to jest odpis ob. Sielawa Anast. (1622).
ANTHING Fryderyk Jan († 1805).
Geschiedenis der Voldtogten van den
Graave Al. Suworow-Rymnikski. In
den Hage, 1799. w 8ce, 2 tomy.
Bibl. petersb.
— Essai d'une histoire des campagnes du comte Alex. Suworow-Rymnikski. Gotha. 1796. w 8ce. Tom I.
Bibl. petersb.
— Les campagnes du Feldmaréchal
comte de Suworow-Rymniksky, traduit
de l'alleman, par M. de Serionne membre des plusieurs academies. Avec des
planches. Gotha, 1799. w 8ce, 3 tomy.
Zawiera: Tom II. str. 184 i plany N. IX—
XIII. z 1 ryc. — Tom III. str. VIII. i
176. z ryciną wejścia do Warszawy oraz
4 plany i 3 ryciny.   Jagiell.
— Toż, Paris, 1799. w 8ce, 2 v.
Bibl. petersb.
— Toż, Londres, 1799. w 8ce, 2 v.
Bibl. petersb.
— History of the campaigns of
Count Al. Suworow-Rymniksky. London, 1799. w 8ce, 2 v.
Bibl. petersb.
— Versuch einer Kriegsgeschichte
des Grafen Alexander Suworow-Rymnikski, Russ. kaiserl. General Feld-

22

marschal. Mit Kupfern. T. I. II. III. Gotha, 1795—9. w 8cc.

Zawiera: I. Theil str. XVIII. 196. z rycinami: Sieg. über Ogiński 1770. Einnahme Krakau. — II. Theil str. VI. i od 8—170. —, III. Theil str. VIII. i 174. z rycinami w 4ce, między temi: Einzug in Warschau, Schlacht bey Brześć, Kobyłka, Prag. Jagiell. — Bibl. petersb.

Anthologia ob. Antologia.

Anti ob. Acta societatis Jabłonovianae (1772, 1773).

Anti - Babilon ob. Orzechowski St. (1565).

Antichristomachia ob. Odszczepieństwo (1608).

Antichristus Rigensis ob. Cyrinus (Hermes 1641, 44).

Anticyrae ob. Clagius Th. (1640).

Antidiatribe albo odprawa gońca podolskiego ob. Raab Justus (1610).

Antidot soczinienyi słuckawo i kopysenskawo protopopa Andrzeja Muziłowskawo, napiecz w 1629. w 4ce. ob. Mużyłowski.

Sopikow Cz. 1. N. 53. — Sacharow N. 259. — Karat. N. 293.

Antidota contra pestem ob. Agrippa Henryk (1534).

Antidotareus per Struthium ob. Galenus (1536, 37).

Antidotum abo lekarstwo duszne ob. Węgierski Wojc. (1646).

— adversus pestilentiam ob. Hegendorphinus Chr. (presentiss. 1539) — Reuschius J. (1539).

— albo lekarstwo na odtręt K. Wilkowskiego (1583) ob. Żarnowec Grzeg.

Jocher 9834. Tom II. s. 488.

— circa artic. fidei Sarnicii ob. Pauli Greg. (1563, 1579).

— narodowi ruskiemu ob. Muzyłowski And. (1629).

— seu brevis cura pestis ob. Henning Sim. (1651).

— spirituale contra amarum grassantis pestilentiae languorem ex sanctissimis devotionum et patrociniorum speciebus confectum.... Typis Clari Montis Częstochoviensis, Anno Domini 1707. w 12ce, ark D. Warsz. Uniw.

— spirituale ob. Schönfels Jędrzej (1638).

— ob. Kampianus Edmund (Kalwińskie 1584) — Poszakowski J. (contra Antidotum 1754) — Sichardus J. (contra haereses 1528).

Antiechon coeli plaudentis ob. Celejowicz Mat. (1694).

Antigelargosis ob. Kuszewicz Sam. (1641).

Antigone ob. Jakubowski Walenty (1574).

Antigrafe albo odpowiedź (1608) ob. Kopystyński M.

Antihobbesius (Neuer) Recht und Klugheit im Kirchen Wesen für die bürgerliche Gleichheit der Dissidenten an allen Orten. Warschau u. Krakau, 1767. w 8cc. Warsz. Uniw.

Antihrafn albo odpowiedź 1608. ob. Kopisteński Mich. (Kopystyński).

Antijesuita sive discussio ob. Samsonius Herm. (1615).

Antilogiae et absurda ob. Clementinus Dan. (1623).

— seu contradictiones Sacrae Scripturae ob. Magrius Dom. (1645, 1670).

Antimare Balticum ob. Pfenning J. (1639).

Antimisocapnus (Hymnus tabaci). Warszawa, Soc. Jesu. 1618.

Wydane przeciw dziełu króla Jakuba: Misocapnus. Tak podaje A. Bukowski w Wiadom. farmaceut. 1887. N. 1., zaś Meyer w Encyklop. pisze, że pseudon. Charius wydał 1628. Hymnus tabaci. Jest zatem jakaś niedokładność w przytoczeniu Bukowskiego.

Antimemoryał nad interessami teraźniejszemi polskiemi w narodowym języku wydany r. 1791. w 4ce, str. 74.

Po jednej stronie jest memoryał Hailesa posła angielskiego, a po drugiej odpowiedź na niego. Obacz Hailes. Pilat R. O literat. str. 118.

Anti - Monachomachia ob. Krasicki Ignacy.

Antimonitor Monitora albo reflexye na półarkuszyk Monitora tegorocznego nakształt logika nowomodnego 1766. pod liczbą XIII. d. 11 lutego pisany. B. m. i dr. w 4ce, k. nlb. 4.

Pisemko przeciw artykułowi Monitora za dyssydentami. Autor zbija wszystkie skargi Monitora. W przydatku mówiąc, że za

nieszczęśliwych czasów Zygmunta Augusta, oprócz biskupów, pięciu tylko czy sześciu było prawdziwych religii Senatorów, opiera się na świadectwie listu pasterskiego biskupa Kujawskiego, temi dniami drukowanego. Wreszcie powiada: Byle dyssydenci nie mieli zborów ani publicznych budynków nikt im nie zabroni uprawić kunszty i rzemiosła. Na dowód czego przywodzi sukienników w Lesznie, żupników w Bochni i w Wieliczce etc.
Jocher 2020.
Branie. — Jagiell. — Krasiśs. — Uniw. lwow. — Ossol.

Anti-Ostorodus seu Refutatio ob. Feuerbornius J. (1628, 1631).

Antipasty małżeńskie (Historya o Banialuce) obacz: Mórsztyn Hier. (1650, 1703, 1719, 1736).

Antiperaspistes in S. Hosium ob. Bredebachius (1568).

Antiperistases humanae felicitatis, inter desperata eventu prospero, inter mortes, vitae praemio, inter supremas gratias, summis odiis, inter favores, invidia; violentae sibique conterminae, in Lamprino juvene Corfensi semper extremae. Ad terminalem anni scholastici exitum per illustrissimam illustrem, magnificam rhetorices juventutem Collegii Varsaviensis Scholarum Piarum, apparatu scenico adumbratae. Anno Domini 1728. folio, ark. 1.
Treść dyalogu po łacinie. — Łukaszewicz Hist. szkół IV. str. 257.

Antiphona z Modlitewnika, o Niepokalanym Poczęciu Naświętszey Panny etc. B. w. m. i r. (wiek XVII). folio, 1 kartka.
Katalog Ashera.

Antiphonarium iuxta ritum Breviarii Romani, ex decreto sacrosancti concilij Tridentini restituti et Pij V. Pontificis maximi iussu editi: ad uniformem ecclesiarum, per universas Regni Poloniae provincias, usum congestum, accommodatum; auctoritate et consensu Illustriss. et Reverendissimorum DD. archiepiscopi Gnesnensis et provincialium Regni Poloniae episcoporum editum. 2-da editio correctior et auctior. Cum supplemento de Sanctis noviter Breviario Romano per S. Sedem apostolicam insertis. Cra-

coviae, in offic. haered. et viduae Andr. Petricovii 1645. folio, str. 435 i 125.
Na odwrocie tytułu sześciowiersz Stan. Petricovii Stud. Poes. — Dedyk.: Petro Gembicki, Episc. Crac. 24 Octobr. 1645.
Czartor. — Wileńs.

Antiphonarium de tempore et Sanctis, iuxta ritum sacri ordinis praedicatorum. Pars hyemalis. Cracoviae, Apud Lucam Kupisz. MDCLV. (1655). folio, kart 2, str. 289, cxxxvii i 82.
Bibl. Uphagena w Gdańsku.

Antipodes ob. Domkonius Johannes (1685).

Antipolita Leonardus ob. Modrzewski Frycz Andrzej (1546).

Antiquae urbis splendor ob. Lauro Giac. (1612).

Antiquitas ob. Hankius Martinus (1702) — Kamieński (praedicatorum 1642) — Lilienthal (Die Antiquitäten 1714) — Micraelius Joh. (Ant. Pomeraniae 1723) — Sponholz (Collection d'antiquités b. r.) — Stella Erazm Lib. (Antiquitates Borussiae 1518) — Tylkowski Wojc. (amorum kierłovianae domus 1652).

Antirresis (Antirrhisis) ob. Arcudius Piotr (albo apolog. przeciw Philaletowi 1600).

Antisari, Vienna liberata. Ronciglione 1693. w 8ce.
Obejmuje pochwałę Sobieskiego.
Ciampi Bibl. Nr. 52.

Anti-Socinus h. e. confutatio errorum 1612. ob. Socinus.

Antistegmannus gegen der Warnung J. Stegmanni ob. Botsacus Joh. (1635).

Antistes carmeliticus ob. Wierzbicki Alt. (1651).

— Culmensis ob. Kuszewicz Sam. (1640).

— magnus A. Sapieha ob. Wołłowicz J. (1668).

Antitheses natalitiae ob. Smoliński J. (1609).

Antithesis doctr. Christi ob. Johannes Erasm (1585, 86).

Anti-trinitarii ob. Sandius Christophorus (Bibliotheca 1684) — Schegkius (Schekius) Jakób (1564).

Antivalerianus ob. Haberkorn Petr. (1652).

ANTOINE Paulus Gabriel S. J. (ur. w Luneville 1669 † 1743). Theologia moralis universa, complectens omnia morum praecepta et principia decisionis omnium conscientiae casuum suis quaeque momentis stabilita ad usum parochorum et confessariorum authore RP. Paulo Gabryele Antoine Soc. Jesu presbytero, Sacr. Theol. Dr. et ex professore Juxta edit. Venetam Cracoviae sumptibus Christophori Bartl et Consorti Bibliopol. Univ. Cracov. 1747. w 4ce, Pars I. str. 6, 996 i 31. Pars II. str. 512 et index.

Ossol. — Czartor. — Dzików — Wileńs.

— Theologia universa, speculativa, dogmatica et moralis; complectens omnia dogmata et singulas quaestiones theologicas, quae in scholis tractari solent, ad usum theologiae candidatorum accommodata. Authore RP. ... Soc. Jesu presbytero, SS. Theologiae doctore et exprofessore. Tomus I—III. Juxta editionem Venetam. Cum privilegio Caesareo. Augustae Vindelicorum .et Cracoviae 1755. sumptibus Christophori Bartl et Consarti, Bibliopolarum Univers. Cracov. w 4ce. — T. I. str. 983 i k. nlb. 9. — T. II. str. 752 i k. nlb. 25. — T. III. str. 714 i k. nlb. 12. (brak końca).

Bandtke H. dr. III.

Uniw. lwow. — Warsz. Uniw.

— Sententiae dogmaticae ex universa theologia speculativa et dogmatica Reverendi Patris Pauli Gabrielis Antoine Soc. Jesu ad usum candidatorum Theolog excerptae. Cum facultate superiorum. Praemisliae typ. Adami Klein SRM. et Illustr. Excell. et Rndi Episc. Premisliens. ordinar. typ. An. 1756. — Pars prior continens tractatus de fide divina, de SS. Trinitate et de angelis. Adjiciuntur: Canones conciliorum, propositiones proscriptae, catalogus conciliorum, pontificum. w 8ce, kart 5, str. 463. (str. 317 dwa razy liczbowana).

Pars posterior. Continens tractatus de Incarnatione, de actibus humanis, de Gratia, de Sacramento in genere et in specie. Adiciuntur Canones Conc. Trid. et Propositiones damnatae. Premisliae, typ. Ad. Klein 1756. w 8ce, str. 10 i 441.

Wydał X. Jan Kowalski S. J. — Dedyk.: Andreae Pruski, episcopo Tanensi.

Jocher 2592. przytacza za Janockim edycyą z r. 1764. lecz może to myłka co do daty, bo Janocki pisze tylko: prodiit nunc, ale daty nie podaje, a Jocher prawdopodobnie na tej podstawie bierze mylnie datę 1764. z daty wyjścia dzieła Janockiego.

Jocher 2606. (podaje w tytule nazwisko wydawcy: Sententiae... excerptae per Joannem Jakowski. W rzeczywistości nazwiska w tytule podanego nie ma, a wydawcą jest Kowalski nie Jakowski). — Chlędowski. Spis.

Ossol. — Czartor. — Wileńs. — Jagiell. — Uniw. lwow.

— Theologia universa speculativa et moralis, complectens omnia dogmata et singulas quaestiones theologicas, quae in scholis tractari solent, ad usum Theologiae candidatorum accommodata, tribus tomis comprehensa. Cracoviae, 1760. w 4ce.

Przyłęcki.

— Theologia universa, speculativa, dogmatica et moralis, complectens omnia dogmata etc. tribus tomis comprehensa. Augustae Vindelicorum. Sumptibus Chr. Bartl et Consarti Bibliopolarum Univers. Cracov. 1762. w 4ce.

Approbata X. Piotra Śliwickiego, proboszcza S. Krzyża w Warsz. d. 3 Nov. 1754.

Backer Bibliot. I. str. 231. — Jocher 2591.

— Theologia moralis universa complectens omnia morum praecepta et principia decisionis omnium conscientiae casuum, suis quaeque momentis stabilita ad usum parochorum et confessariorum. Authore RP. Paulo Gabryele Antoine Soc. Jesu presbytero, SS. Theologiae doctore et exproffesore. Augustae Vindelicorum et Cracoviae sumptibus Christophori Bartl et Haered. Bibliopol. Universitatis Cracoviensis 1764. w 4ce.

Pars prior. In nova hac editione praeter ea quae operi adjecta fuere An. 1754. Tractatus de actibus humanis disputatio de antiqua et nova Ecclesiae disciplina circa proscriptionem librorum et notae nonullae accedunt, quas addidit P. Fr. Philippus de Carboneano ordini Minorum Regul. Observantiae. Kart nlb. 12, str. liczb. 560.

Pars altera. De Sacramentis et censuris. Accedunt in hac parte: tractatus de sacris Christianorum ritibus, eorumdem in Ecclesia orientali varietate, deque orieutalis Ecclesiae circa Sacramenta disciplina atque appendix de damnata ab Apostolica Sede doctrina et notae, seu additiones, quamplurime quas adjecit P. Fr. Philipus de Carboneano ordinis Minorum Regul. Observantiae. Cum privilegio. str. VIII, 451.

Czartor. — Ossol. — Bibl. kościelna katol. w Libawie.

— Tenże tytuł. Pars prima in nova hac editione praeter ea quae operi adjecta fuere anno 1754. Tractatus de actibus humanis, disputatio de antiqua et nova Ecclesiae disciplina circa proscriptionem librorum et notae nonnullae accedunt, quas addidit P. Fr. Philippus de Carboneano ordinis Minorum Regul. Observantiae. — Pars altera. De sacramentis et censuris. Accedunt in hac parte : tractatus de sacris Christianorum ritibus, eorumdem in ecclesia orientali varietate, deque orientalis Ecclesiae circa Sacramenta disciplina, atque appendix de damnata ab Apostolica Sede doctrina et notae seu additiones quamplurimae, quas adjecit P. Fr. Philippus Carboneano, ordinis Minorum Regul. Observantiae. Cum privilegio caesareo. Augustae Vindelicorum et Cracoviae. Sumptibus Christophori Bartl et haered. Bibliopol. Universitatis Cracoviensis. 1768. Część I. w 4ce, k. nlb. 12, str. 560. Część II. w 4ce, str. VIII i 451. Obie części w 1 voluminie.

Jocher 4108. podaje według katalogu Grebla: Cracoviae 1765. Prawdopodobnie będzie to taż sama edycya.

Jagiell.

— Toż. Aug. Vindelic. et Cracoviae 1774. w 4ce.

Uniw. lwow.

— Compendium theologiae moralis universae. Tomus I. II. Reimpr. Vilnae,

typis Schol. Piar. Anno 1784. w 8ce. T. I. str. 313. T. II. str. 394.

Jocher 4111.

Wileńs. — Dzików.

— Toż. Cracoviae, 1787. w 4ce, str. 702 i 747.

Notaty Haana.

— Bohosłowije prawoucziteľnoje, iż bohosłowija Antoine, Tourneli i Reiffenstuel prostranno rimskim dialektom o tajnach i censurach, sirecz kazniech libo nadziranijech cerkownych napisannaho, na ruskij dialekt wkratce po błahowoleniju i błahosłoweniju jeho preoswiaszczenstwa kir Kiprijana Steckaho perewedenoje, tipom po poweleniju tohore izdanoje. W sw. i czudotw. Obiteli Poczajewskoj 1779 hoda. w 4ce, kart. nlb. 2, liczb. 227.

Krasińs.

— obacz: Avis (b. r.) — Kulczycki Pantaleon (1787, 1792).

Brown. Bibl S. J. s. 476.

(Antokol). Opisanie publicznego przeniesienia statuy P. Jezusa Nazareńskiego niezliczonemi cudami wsławiony etc. z Rzymu do kościoła XX. Trynitarzów na Antokolu ob. Opisanie (1766).

Jagiell. — Krasińs.

— Opisanie solenney konsekracyi kościoła Antokolskiego, Wileńskiego WW. XX. Trynitarzów r. 1756 dnia 12 Septembra odprawiony. w 4ce, 1 ark.

Jocher 9100.

— ob. Affekta (1743) — Obrona (1775) — Sapieha Alexander (Mowa 1789) — Żrzodło (1739).

Antologia (Anthologia) sirecz mołytwy i pouczenija dusze połeznaja, w duszewnuju połzu Spudeow i wsiech błahoczestywych, lubo mołytwennik w kratcie sobranaja i błahoczynnie raspołożenaja. Tszczaniem Jasne Prewełebneho Jeho Myłosti hospodyna otca Petra Mohyły mytropołyta kijow. Roku 1636. Maja 24. w 16ce, kart 416.

Jagiell.

Antologion sirecz: Cwietostow ili trifołog, sostawlennyj ot stych otec izobrażennych zdie. Wsesilnago Boga wo Trojci błḡdtii, błḡwleniem czetweroprestolnych Wostocznych stiejszych patriarch. Tszczaniem, że i iżdiweniem Bratstwa, pri chramie Uspenia prtyja Bgomatere, w tipografiii ich wsesower-szennie czetwertoje uże izdadesia. W Lwowie w lieto bytia mira 7189. ot wopłoszczenia że Gānia 1651. (w 3 to-mach), folio, 8 k. i 669 k. liczb.

Czartor. — Uniw. lwow.

Antologia hebraica Tomów 2. Lwów 1787. ob. Fessler.

ANTON Karl Gottlob (ur. 1761 um. 1818). Erste Linien eines Versuches, über der alten Slaven Ursprung, Sitten, Gebräuche, Meinungen und Kenntnisse. Mit 2 Kupfern. Verlegts Adam Friedr. Böhme. Leipz. 1783. w 8ce, 7 k. nlb., 162 str., 6 k. nlb. spisu.

— Toż. Zweiter Theil, Leipz. 1789. w 8ce, 6 k. nlb., 116 str., 2 k. nlb. spisu i 2 tabl.

Akad. — Bibl. petersb. — Branic.

ANTONELLO. Sacra Congregatione Consistoriali RPD. Antonelli secretario Cracovien. Pensionis pro Illmo et Rmo D. Potkański suffraganeo Cracov. cum Celsissimo Illmo et Rmo D. Andrea Stanislao Kostka Załuski episcopo Cracovien. Restrictus facti et juris. 28. Romae, typis Bernabo, folio mniejsze, str. 24.

Badana kwestya o dochodach i pensyi suffra-ganów.   Warsz. Uniw.

— Tenże tytuł. Restrictus respon-sionis facti et juris. Romae, typ. Ber-nabo 1758. folio mniejsze, str. 12.

Warsz. Uniw.

— Tenże tytuł. Replicatio facti. 9. Romae, typ. Bernabo 1758. folio mniej-sze, str. 8.   Warsz. Uniw.

— Tenże tytuł ..... cum Celsissimo, Illmo ac Rmo episcopo Cracoviae nec non Illmis DD. Exequutoribus testa-mentariiis bonae memoriae episcopi Za-łuski. Restrictus facti et juris. Romae, typis Bernabo 1760. folio mniejsze, str. 24.   Warsz. Uniw.

— Tenże tytuł ..... cum Celsissimo Illmo, et Rmo Dno Cajetano Sołtyk episcopo Cracoviae nec non Illmis DD. exequutoribus testament. episcopi Za-łuski. Restrictus responsionis facti et

juris. Romae, typ. Bernabo 1760. folio, str. 16.   Warsz. Uniw.

— (Decisio Rotae Romanae). Sacra congregatione consistoriali RPD. Anto-nello secretario Cracov. Suffraganatus et praetensae congruae. Pro celsissimo et Rmo D. Cajetano Sołtyk episcopo Crac. ac Illmis DD. haeredibus cl. mem. Sta-nislai Kostka Załuski. Cum RPD. Fran-cisco Potkański suffraganeo ipsius cel-sissimi episcopi. Restrictus facti et juris. Romae, typis Bernabo 1760. w 4ce, kart 13.   Jagiell.

(Antoni Św. Padewski). Droga na niebie y na ziemi szczęśliwa cudotwórca Antoni Padewski jasnemi cnót życia gwiazdami y łask swiadczeniem etc. W drukarni Poczajowskiej 1754. w 8ce, kart nlb. 28.   Krasińs.

— Cudotwórcy w kościele farnym Kraśniańskim w diecezyi Łuckiej św. Antoniego Padewskiego dzieła do wia-domości ludzkiej podane. Lwów, w dru-karni Bractwa św. Trójcy 1755. w 4ce, str. nlb. 80.   Krasińs.

— Contra demones fulmen. B. m. m. i r. folio, 1 kartka.   Jagiell.

— Hortulus Antonianus odoriferis ad recreandum devotam animam variis-que consitus floribus. Quem in solenni ejusdem sancti Antonii confraternita-tis introductione, pusillus grex fratrum minorum regul. observant. in ecclesia conventus Kobylinensis ad M. D. G. et Patroni honorem cum permissu superior. fundavit et excoluit. Calissii 1682. w 12ce, k. 2, str. 213.

Dedyk. Divo Ant. Paduano (modlitewnik).
Jagiell.

— Brevis instructio exercendi de-votionem novennae, novem feriis tertiis ad honorem S. Antonii de Padua quae practicatur in ecclesiis, duodecim Apo-stolorum Romae, Paduae, Mediolani, Neapoli, Bononiae, Florentiae, Craco-viae, Posnaniae et in tota religione Fratrum Min. S. Francisci Convent. ad excitandam plurium devotionem omni-bus sancto huic Thaumaturgo devotis oblata minoribus conventualibus. Cracov.

ap. Nic. Schedel (1695). w 12ce, liczy str. 143. na końcu brak kilku kart.

Na odwrocie tytułu rycina św. Antoniego.
Jagiell.

— Kazanie na św. Antoniego. w 4ce.

Przypisane Domin. Mikoł. Radziwiłłowi. — Approbata z r. 1685. Dzików.

— Kazanie na uroczystość św. Antoniego z Padwy. W Lublinie 1791. w 4ce.

Notatka Haana we Lwowie.

— Lebén, Tag - Zeiten, Litaney, Neun-Dienstägige Andacht und andere Gebetlein zu Ehren dess h. Antonii von Padua. Gedr. zu Braunsberg im Coll. der Soc. Jesu 1707. w 12ce.

— Tenże tytuł. Braunsb. gedr. im Coll. der S. J. 1742.

— Nowenna czyli nabożeństwo dziewięciowtorkowe na honor ś. Antoniego z Padwy. Warszawa, 1786. w 12ce.

ob. Synakiewicz Felix.

— Ogród świętego Antoniego Padewskiego na zbawienie dusz rozmaitymi woniejącymi posiany kwiatami, duszę nabożną cieszącymi na większą Boską chwałę a św. Patrona cześć, z dozwoleniem starszych roku p. 1697. W drukarni kollegium Kaliskiego S. J. w 12ce, str. 195.

ob. wyżej : Hortulus. Jagiell.

— Ogród św. Antoniego. W Krakowie 1700. w 16ce.

Jocher 6858.

— Ogród św. Antoniego Padewskiego na zbawienie dusz, rozmaitemi woniejącemi posiany kwiatami. Kraków 1713. w 12ce.

Katal. Kaj. Jabłońskiego we Lwowie.

— Pocieszyciel strapionych serc ludzkich Antoni święty z Padwy łaskami niezliczonemi w farnym kościele Chełmskim niegdyś katedralnym Xięży Schol. Piar. z dawna wsławiony w całey prześwietney Ziemi Chełmskiey z Boskiey Opatrzności w wszelakich frasunkach i przygodach patron doświadczony, a teraz z króciuchnym nabożeństwa zebraniem teyże całey prześwietney Ziemi Chełmskiey od koll. Xięży Chełmskich Schol. Piar. ofiarowany roku którego Bóg człowiek cudami światu

pociechę uczynił 1745. w 12ce, kart nlb. 20.

Dedykacya: Całey prześwietney Ziemi Chełmskiey y powiatowi Krasnostawskiemu.
Warsz. Uniw.

— Sacrum Manuale. Officia S. Antonii Patavini Thaumaturgi nec non Deiparae Virginis Compassae, ac S. Patris Francisci, cum variis selectis et devotissimis orationibus, continens. Studio religioso PP. Franciscanorum Posnaniensium erga patronum. Editum Anno Domini MDCLXXIV. Lesnae excussum, per Mich. Buck. (1674). w 12ce, stron przeszło 130.

Dedykacya: Christoforo de Grzymułtowice Grzymułtowski, Castell. Posnan.
Jocher 6628. 6827. Ossol.

— Manuale Antonianum. Officia parva ejusdem sancti Compassae Deiparae Virginis et S. Francisci Continens. Opera PP. Franciscanorum Posnaniensium. Superiorum permissu. Sumptibus Joannis Tobiae Keller Sac. Reg. Maj. Bibliopolae. Typis Academiae Posnan. Anno Domini 1692. w 24ce, str. 322.
Warsz. Uniw.

— Serdeczne westchnienie w potrzebach grzesznika do cudotwor. św. Antoniego Padewsk. gorącością miłości ducha św. zapalone. Bez osob. tyt. B. w. m. i r. (z XVIII wieku). kart nlb. 2.

— obacz: Alojzy od św. Ign. (Kawaler 1739) — Ankiewicz Marcin (Kazanie 1779) — Bzonowski Dom. (Pogończyk 1723) — Ceremoniarz (1797) — Chybiński Lud. (Himny 1734) — Cypryan od św. Alexego (Lucyfer 1681) — Czarnecki Andr. (Vita 1640) — Daszkiewicz Joh. (Wiersze 1776) — Filipecki And. (Kazanie 1779) — Fogilewicz Bernardyn (Róża 1687) — Franciszek prowincyał (Informacya 1734) — Gąska G. G. (Lux orta 1725) — Giżycki Grzegorz (Kazanie 1724) — Gruber Teodor (Kazanie 1786, 1787) — Gostkowski Ignatius (Oratio 1767) — Gromalski M. (1757) — Gruszecki Hier. (Kopia 1747) — Jaszczułt Placyd (Splendido lumini 1768) — Joannes Neopol. Convent (Officium 1673, 1705) — Jordan Andr. (Argumentum 1766) — Kalowski Marc. (Informacya 1723) — Kiełkowski Mauritius (Hipomnema 1718) — Kocieński Józef Ign. (Wielka chwała 1754) — Korczyński Kas. (1764—67) — Korzon Tom. (Mistyczny 1718) — Krobanowski Ant. (Kazanie 1718) — Lipiewicz Ant. (Korona 1766, 1745) — Małachowski Adam (Wielki kanclerz 1683) — Mamczyński Stan. (1737) — Miastkowski L. (Wszechmocność 1695) — Misiewicz Ludwik (1775) — Naramowski Ad. (1721) — Nowicki ob. Jaszczułt — Obrępalski X. (1732) — Pogorzelski Piotr (Adorea 1639) — Rodrasem (Rozdrażewski) Franciscus (Vita 1645, 1646) — Rupniewski Stefan (ob. Gaska G. 1725) — Schindler Adr. (Miraculum 1693) — Stephanowicz Ant. (Solinum 1667) — Synakiewicz Fel. (Nowenna) — Szulc Ant. (Lilie polne 1679) — Votum in clientela (1769) — Zajkiewicz Lud. (Żywot 1754).

Antoni od Św. Ducha ob. Wielhorski (Pragnienie serdeczne duszy 1746, Źródło 1746).

Antoni z Gledzianowa ob. Carosy i Petrelli (1727).

ANTONI od Imienia Maryi Trynitarz. Rozdział z życiem w Bogu zeszłej i już samemu żyjącej Bogu WJM. Pani Róży z Żebrowskich Karczewskiej i Starościny Żytomirskiej, Sokolnickiej etc. etc. dla nierozdzielnej w jej życiu z wolą Boską konjunkcyi w rozdziale Xięgi żywota zapisany, a przy skoligowanym publicznych żalów kongresie pogrzebowym kazaniem w kościele Beresteckim Ordinis SS. Trinit. RC. fundatorskim wiekopomnie Karczewskich zaszczytem erygowanym promulgowany przez X. Antoniego od Imienia Maryi św. theolog. lektora tegoż zakonu r. p. 1735. dnia 5 Października. We Lwowie, w druk. Brackiej św. Trójcy z przywil. JKM. 1735. folio, kart 13.

Przypis. Żebrowskiemu, starośc. Stryjskiemu. Katal. Batowskiego.

Ossol. — Czartor.

Antoni X. z Kobylina ob. X. Antoni z Kobylina (Napachania 1523).

ANTONI X. od Nawiedzenia N. M. P. Kazanie w srzodę między oktawą przeniesienia obrazu Nayświętszey Maryi Panny z kaplicy do ołtarza wielkiego, w kościele archikatedralnym lwowskim na uroczystych nieszporach przez ..... kaznodzieje ordynaryusza trynitarza miane (15 Maja 1767). Transibo in locum tabernaculi usqu' ad domum Dei. Paulus 41. folio (ułamek z dzieła od str. 136 do 151. tj. Tf. do Ii₂).

Porówn. Ostrowski G., Strykowski W., Szylarski W. Czartor. — Krasińs.

Antoni od Św. Nepomucena obacz: Chojnacki Ant. (Kazanie 1747).

Antoni od Niepokal. poczęcia Maryi Pijar. ob. Marzęcki Ant. (Życie zabawne 1740 — Krzywda na oku y celu 1731).

ANTONI od Przenajśw. Sakramentu, Trynitarz. Światło z pięciu gwiazd wynikające różnemi pobożności dewocyami przyozdobione Święty Jan Nepomucen, patron dobrej sławy, przez X. Antoniego od przenajśw. Sakramentu exprowincyała i definitora prowinc. św. Joachima zakonu Tróycy przenajśw. Lwów, druk Colleg. Soc. Jesu. 1737. w 12ce, ark. 7½.

— Lumen in quinque syderibus resplendens variis devotionum exercitiis adornatum. Beatus Joannes Nepomucenus tutor bonae famae. Leopoli, typ. Coll. Soc. Jesu. A. D. 1726. w 12ce, k. 6 i str. 236, k. 2. Ossol.

— Toż. Tenże tytuł z odmianą: Sanctus J. Nepom. Leopoli, typ. Coll. Soc. Jesu. A. D. 1737. w 12ce, k. 9, str. 231 i index k. 2.

Dedyk.: Alex. Silicki pincernae Czerwonogrodensi. Jagiell. — Wileńs.

— Toż, resplendens variis devotionibus cum adjuncta Hebdomada Sancta adorandum, S. Joannes Nepomucenus tutor bonae famae. An. Dni 1763. Accedit: Appendix ad hebdomadam etc. Berdiczoviae, typis Fortal. B. V. Mariae. w 12ce, str. liczb. 279. Appendix str. liczb. 63.

Wileńs. — Krasińs. — Ossól.

— ob. Raphael de S. Joanne (De lectione canonica 1737).

ANTONIJ. Ziercało ot pisanija Boze-stwiennawo, socz. jeromonacha Antonija napiecz. w Czernigowie w 1705. folio, kart 9 i 61.

Rysunek rossyjskiego orła i herbu Mazepy na miedzi ryte.
Tołstoj N. 209. — Karat. N. 1249.
Bibl. publ. petersb. — Bibl. Karataj.

Antonia Walpurga królowa obacz: Walpurga (Nawrócenie 1751).

Antonida Jan obacz: Jonston Jan (1660).

ANTONIN z Przemyśla, Dominikan († 1 Stycz. 1619). Rosarium seu libellus in quo S. Rosarii fraternitatis B. Mariae Virg. nuncupatae rationes, progressus, mysteria et commoda breviter explicantur. Accessit etiam de ritu consecrandi Agnus Dei. F. Antonino Premislien. Dominicano collectore B. m. (Leopoli), 1591. w 16ce, dedykacyi kart 3 nlb. i kart po jednej str. liczb. 164.

Dedyk. J. D. Solikowskiemu.
Uniw. lwow.

— Spráwá dobra o zakonney prowinciey Jacka Świętego w kościele u Dominicanow stánowioney, albo ráczey dozwoloney naprzeciw świetskim niepotrzebnym rozruchom, z oczyścieniem postępku y rzadu Zakonnego do ludzi podana. We Lwowie, drukował Maciey Bernat r. p. 1599. w 4ce, 36 k. nlb.

OO. Dominikanie przypisali Zygmuntowi III. Druga dedykacya do Jana Zamojskiego.
Jocher 9225.
Autora wykrywa Barącz: Rys dziejów II. 78. — Okólski. Russia florida p. 143. ("Scripsit aliquas conciones").
Czartor.

— ob. Ludwik z Granaty (Różaniec 1583).

Antonin Teoli ob. Teoli (Życie św. Wincentego 1750).

Antoninus Genuensis ob. Genuensis (Art. logic. 1771).

ANTONIN X. Kapucyn. Siedm kazań pokutnych, które też zamiast rozmyślania na siedm dni tygodniowych przydatne być moga przez ks. Antoniego kapucyna za. pozwoleniem starszych do druku podane. Poczajów, 1759. w dru-

karni JKM. OO. Bazylianów. w 4ce, sign. A—T₂.

Dedyk. Pannie i Matce Bogarodzicy.
Warsz. Uniw. — Jagiell.

ANTONINUS Joannes, Cassoviensis, Dr. med. Elegia in mortem Petri Tomicii episc. Crac. Cracoviae ex officina Hieronymi Vietoris. 1535.

Jusz. I. 7. — Janoc. I. 25.

— Elegia in mortem Erasmi Rotterodami. Cracoviae, ex officina Floriani Vnglerii. 1536.

Jusz. I. 7. — Janoc. I. 25.

— Sejm zwierząt 1521.

Cytuje Stan. Potocki w Pochwale Szymanowskiego. Może to Dubraviusa Consilium.

— De tuenda bona valetudine. Cracoviae ex officina Hieronymi Vietoris regiae cancellariae calcographi XI. cal. novemb. an. a Christo nato MDXXXV. w 4ce.

Przypis. Piotrowi Tomickiemu, kanclerzowi koronnemu.
Jusz. I. 6. — Janoc. I. 25.

— ob. Coxus Leonardus (Libellus 1526) — Dubravius J. (Consilium 1521) — Erasmus Roterodamus (1525, Epistolarum 1538) — Janicki Klemens (1542, 43) — Luctus Pannoniae (1544) — Schneberger A. (Xiążki 1569) — Sedulius (In libros 1528).

Osiński (Czacki str. 212). — Maciej. Piśm. III. — Ossol. Wiad. hist. II. 239, 244. — Rocznik Towarz. Warsz. Przyj. N. VII. 177—9. — Jusz. Dykcon. I. 5. II. 441. — Janociana I. 24—6. — Potocki Pochwała Szymanows. (Sejm zwierząt 1521).

Antonius Cardinal ob. Saracinus Petrus (Testamentum 1646).

Antonius Marcus de Dominis ob. Dominis.

ANTONIUS Marek, Archiepiskop Spalatenskoj. Priczini ujechanija jego ze Włoch. Drukow. w Frankffortie u Nepu. 1616. w 4ce, str. 19. Ossol.

Antonius a B. Cunigunde ob. Wysocki Samuel.

ANTONIUS a S. Francisco. Propositiones ex universa philosophia communiori eruditorum calculo in scholis receptae quas Religiosiss. in Christo Patri Ignatio a Sanctis per complura in ordine magna cum laude .... Provincia S. Joachimi Ministro Provinciali, Phi-

23

losophicum ante collem ad Vilnam studium Ord. Disc. SS. Trinitatis R. C. in publicis disputationibus exponit. w 4ce.

W przyp. podpis: F. Antonius a S. Francisco philos. lector.

Antonius a SS. Sacramento obacz: Antoni od Najśw. Sakram. (Raphael de S. Joanne 1737).

Antonius a S. Samuele ob. Wiśniewski Antoni (Propositiones 1746).

ANTONIUS a Spiritu Sancto. Directorium mysticum, in quo tres difficillimae viae, scilicet purgativa, illuminativa et unitiva undique illucidantur et sanctorum patrum, praecipue angelici doctoris D. Thomae ac seraphicae M. N. S. Theresiae splendoribus illustrantur. Opus sane cunctis ambulantibus in harum trium viarum tenebris apprime utile et necessarium. Nunc primum in Gallia prodit. Lugduni, 1677. folio.

Przyłęcki zalicza między polskie druki, lecz nie objaśnia dlaczego?

Antonius Fr. de **Zaciszowice** obacz: Abrek Jan (1654).

Antonius de **Camelin** ob. Camelin (1766).

Antonius de **Fauntis** ob. Fauntis (1517).

Antonius Sancta Crutius ob. Sancta Crutius (1628).

Antonius Sylvius ob. Sylvius (1594).

Antonius Vicecomes ob. Vicecomes (1768).

ANTONOWICZ Julian, naucz. w Włodzimierzu. Grammatyka dla Polaków chcących się uczyć angielskiego języka krótko zebrana przez ...... Bazyliana prowincyi litewskiéy za pozwoleniem zwierzchności pierwszy raz pod prassę oddana. (Na końcu:) „Various letters". Warszawa, w drukarni nadworney J. K. Mci i P. K. Edu. Roku 1788. w 12ce, k. nlb. 6, str. 144 i 6 k. nlb. (z 2 drzewor. w texcie).

Dedyk.: Karolowi Whithworth pełnom. ministrowi W. Brytanii na dworze polskim. Zieliński. — Akad. — Jagiell. — Kijows.

— Mowa z okoliczności uroczystego obchodu stoletniéj pamiątki zwycięztwa Jana Sobieskiego króla Polskiego nad Turkami pod Wiedniem, miana przez.... Z. S. B. W. Prow. Lit. nauczyciela wymowy w szkołach Włodzimierskich r. 1783. d. 12 Paźdz. w 4ce, sign. B₄.

Chodyniecki I. 143. — Łukaszew. Histor. szkół II. 471. Dzików.

— Starzec pobożny, wiersz naśladowany z prozy. B. m. i r. (r. 17....) w 4ce. Dzików.

— obacz: Stanisław August (Powitanie 1787).

Antonowicz Michał, kanon. Warsz. ob. Marcyalis Marek Waleryusz (Widowiska 1759) — Persius Aulus Flaccus (Satyrae 1751).

Janoc. I. 5. — Bentk. I. 595. — Jocher I. s. XVIII. N. 324-328.

Antonowicz Mikołaj ob. Muratowicz Franc. Alojzy (1759).

Antopologia abo Apologiey zniesienie ob. Kisiel Ostafi (1632).

— t. j. odpowiedź ob. Clementinus D. (1630).

Antoszewski Wojciech ob. Wytyszkiewicz Adalbert (Orationes 1776).

Antrag an die Polen ob. Gustaw Adolf (1632).

Antvoort van Burgemeesters ob. Gdańsk (1656).

Antwort an Chris. Grasseus ob. Felbinger Jerem. (1655).

— an einem Churfürstl. Rath ob. Tranquillus (1656).

— auf die hönischen Gedichte unterm Nahmen der Stadt Thoren und Elbing, auff die gute Stadt Danzig ausgesprengt. Anno quo CertanDVM pro LIbertate. (1656). obacz Toruń.

— auf das Exposé der Rechte Sr. Majestät des Königs von Preussen auf das Herzogthum Pomerellen ob. Łojko F.

— auf d. Buch Bened. Herbest ob. Niemojewski Jak. (1589).

— auf die praeliminar. Erzehlung ob. Nicoymius Nicef. (1656).

— auf die Replicam Joh. Waltheri ob. Lefinus (1650).

— auf die von Car. Gust. angezogene Ursachen ob. Karol Gustaw (1659).

— auf Fragen von der heil. Schrifft ob. Botsacus Joan. (1662).

— der Hochmögenden Herren Staaten Generalen auff die Proposition des Herrn Coyets. 1660. ob. Ruytsch.

— der Gemein zum Schmigel ob. Schlichting Wolfg. (1593).

— eines freyen Polnischen Edelmanns, aufs Manifest oder Universäl-Brieff, so nach zerrissenen Reichs-Tage dieses 1666 Jahres den 4 Maji aus der grossen Canzelley zum Anstrich und Beschönigung des Hofs ausgesprenget worden. 1666. w 4ce, B_2—C_4.

Branic.

— ob. August II. (auf K. v. Preussen 1718) — Dohm (1789) — Gdańsk K. (van Burgemeesters 1656, Eines Schweden 1757) — Heyking (zur Rechtfertigung 1792) — Kurlandya (auf Patrioten 1763) — Ossoliński (e. Senators 1734, auf das von Schatz Meister 1734) — Rosenberg (der St. Danzig 1712) — Sobieski Jan III. (1658) — Toruń (der Räthe 1615).

(Antwort). Aus dem Perfertischen Buchladen zu Breslau verdeutsch erhobene unterthänigste Antwort so an Ihr. Koenigl. May. in Polen und dann auch Ihr Ertz-bischofflichen Gn. zu Gniesen auff Dero, zu dem in Thoren den 10 Octobris hujus anni angestälten Religions-Colloquio jüngstes Beruff- und Ausschrieben, die zu Orlau versamlete, Evangelische Stände gethan, und mense Septembri, dieses 1644 Jahres schriftlich insinuiret. Gedruckt im Jahr Christi 1644. w 4ce. sign. Aij—C.

Warsz. Uniw. — Wrocł. miej.

Antwort-Schreiben ob. Schreiben.

Antychryst ob. Brzeziński Pafnucyusz (1783) — Cyryll S. (b. r.) — Huniusz Aeg. (O rzymskim 1613) — Opisanie (1791) — Serwet (Okazanie b. r.).

Antycypacya w biletach skarbowych (Projekt do prawa na 4-letn. sejmie). folio, $1/2$ ark. (1791?). Branic.

Antyhym wzgardzonych sług. 1568. ob. Pauli G.

Antymemoryał ob. Memoryał (1791).

Antyochia ob. Erazm Roterodamczyk (1792).

Antypasty małżeńskie zaprawione cukrem ob. Morsztyn Hier. (1650, 89).

ANTYST Justynian Wincenty (Antistius Hispanus) Dominikan. Traktat o Niepokolanym poczęciu Nayświętszey Panny Maryi zkomponowany po hiszpańsku przez X. Wincentego Justyniana Antysta Zak. kaznodz. Przełożony nakoniec po polsku (z francuskiego Ant. Thomas) przez przysiężonego niewolnika Maryey, Jana Jabłonowskiego Woiewodę Ruskiego, w Koenigsteynie roku 1716. W Brunsbergu, 1722. w 8ce, kart 8, str. 134.

Jocher 3731. Wileńs. — Zielińs.

— obacz: Jansenius Nicol. (1622).

Antythesis albo rozmowa kościoła chrześciańskiego z odszczepieństwem ob. Czerniowski Jan (Chuchrecki Wal.). (1624).

ANUSZEWIC Piotr, Fescenninus. De luce Streniae corona martialis D. O. M. Doctore Sigismundo III. Rege Polon. invictissimo Rectore, Vladislao Regis Polon. filio felicissimo ductore. Augustissimae Polon. martis ê pectore dedicata filiis illustriss. bellatoribus in Turcam Nicolao et Procopio Sieniavsciis. Floret fructuosa 1624. Authore Petro Anuszewic Maas Artium et Philosoph. bacal. (wiersz pols. i łac.). Zamości, Anno 1624. w 4ce, kart 7 (sign. B_4). Ossol.

— Ovis sponsis nobilibus virtute, industria spectabilibus, Paulo Celari et Annae Pipanovnae. Exhortor moneoq. te libelle — Ut sponsis placeas novis videbis — Si te pectore, si manu, tenebunt — Versum non fieri rudem putabunt. Per Petrum Anuszevic Art. lib. et Phil. bac. Cracoviae, Anno Domini 1616. w 4ce, karta 1. Ossol.

Anweisung, wornach diejenigen Bürgere welche bey dem Canon exerciren wollen, sich werden zu richten haben. Dantzig, gedruckt bey Thomas Johann Schreiber, E. Hoch-Edl. Hochw. Rahts und des löbl. Gymnasii Buchdrucker. 1733. w 4ce, kart nlb. 6. Czartor.

Anvila (D') J. X. ob. Compaing (1782).

Anville ob. D'Anville.

Anzeige (Ausführliche) der Rechte der Dissidenten, wie auch die Rechte derjenigen Mächte derer Interesse es erfordert, dieselben aufrecht zu erhalten. Warschau, 1767. w 4ce. Raczyńs.

— (Kurze) wider den auf den 22 Jun. h. a. ausgeschriebenen Huldigungs-Actum. (1763?) fol., 1 ark.
Mizler.

Anzeigen (Lemberger wöchentliche). Jahr 1796. Lemberg, Piller. w 4ce.

Czasopismo polityczne, wychodziło dwa razy na tydzień: w Niedzielę i we Czwartek po półarkuszu, obejmującym wiadomości polityczne. Co Niedzielą wydawany był prócz tego dodatek obejmujący obwieszczenia rządowe, spis zmarłych, ceny targowe. W Bibl. Wronowskiego we Lwowie był Nr. 40 do 75. od Czwartku 19 Maja do 18 Września w Niedzielę 1796.
Notaty Haana.

— (Wöchentliche Danziger) und dienliche Nachrichten von den Jahren 1771—1789.
Katal. Lissnera.

Anzeiger d. denckw. Kriegs- und anderer Händel zu unsern Zeiten im röm. Reiche u. dessen angrenz. Ländern v. 1618 bis Sept. 1660. Im Königreiche Pohlen auch dessen angrentzenden Ländern v. 1655 bis Sept. 1660 etc. beschehen. Unpartheyisch ausgeg. v. G. G. C. N. B. w. m. i r. (1660).
Katal. księg. Schmidta.

Anzeigung (Grundliche u. wahrhaffte) und Erzelung eines newen wunderbarlichen Mirackels unnd geschicht, so sich aus verhengknus Gott des Allmächtigen, in dem hochwirdigsten Sacrament des Altars dises Tausendt fünffhundert sechs und fünffczigsten Jars, im Land und Konigreich Poln erzaigt und zugetragen hat. 1556. w 4ce, kart nlb. 5. (podp. A. Lippomanus).

Pod tem drzeworyt: ksiądz daje kommunią kobiecie klęczącej przed ołtarzem.
Czartor. — Kórnic.

— (Gruntliche) was die Theologen des Churfürstenthumbs der Marck zu Brandenburgk von der Christlichen Ewangelischen Lehr halten, lerhen und bekennen. Auch warinne Andreas Osiander wider solche Lehr unrecht lerhet, welchs auch in diesem Buch, aus Heiliger Schrifft nottürfftiglich gestrafft und widerleget wird. Gedruckt zu Franckfordt an der Oder, durch Johannem Eichhorn im Jar 1554. w 4ce, sign. A₃—P₂. Wrocł. miejs.

ANZELM Święty, Arcyb. Canterbury (Cantuariensis) z Piemontu (1033 † 21 kwiet. 1109). Elucidarius dyalogicus theologiae tripertitus: infinitarum quaestionum resolutionis. Vade mecum. (Rudolphus Agricola junior położył na tytule 18 wierszy). Na końcu: Impressum Vienne per Hieronymum Vietorem. Impensis vero Leonardi et Luce Alantsee fratrum. Ann. vero Christi 1515. men. Jun. w 4ce, kart XXVI i 3 karty regestru.

Na odwrocie cyfra nakładców druku. Dzieło Anzelma arcybiskupa kanterburskiego, wydane przez Rudolfa Agrykolę.
Jocher 2584 a. — Janoc. Nachr. IV. 131.

— Elucidarius dialogicus omnibus Sacrae Theologiae studiosis perutilis et necessarius, tum infinitarum et quidem antiquarum questionum nodos accurate explicans. (Na końcu:) Cracoviae in officina typographica Hieronymi Vietoris Anno salutis 1544 die 11 mensis Junii. w 8ce, 51 k. liczb. i 4 regestru na końcu. Druk kursywa.

Jocher 2584 b. — Fabricius J. A. Bibliot. latin. I. 113.
Ossol. — Jagiell. — Czartor.

— Tenże tytuł .... explicans. Noviter ab authore recognitus. Cracoviae, in officina typographica Hieronymi Scharffenbergi XLIX (1549). w 8ce, 51 k. liczb. (rzeczywiście tylko 50).

Zgodne karta w kartę z wyd. r. 1544.
Jocher 2584 c.
Ossol. — Jagiell. — Czartor.

— Tenże tytuł. Noviter ab authore recognitus. Cracoviae in officina Hieronymi Scharffenbergi. Anno a Christo nato 1555. w 8ce, k. 51. Druk kurs.

Jocher 2584 d. i 704 b. — Bandt. H. d. K. p. I. 279.
Czartor. — Jagiell. — Ossol. — Krasińs.

— Tenże tytuł. Hac postrema editione sumptib. et industria Dni Joannis

Wolski, Superintendentis generalis theloncor. Regni et quarti grossi, ex ultimo incogniti authoris exemplari illustratus et auctus. Posnaniae, in officina Joa. Wolrabi 1625. w 8ce, k. 112.

Dedyk.: Jon. Trach Gniński episc. Ennensi, suffragan. et archidiac. Posnanien. Joa. Wolski. (sign. A₄).

Według Adelunga I. 909, przyznają także autorstwo Lanfrancowi i Coventry, wreszcie Honoriuszowi z Autun oraz Giubertowi Novigentinowi.

Brunic. — Jagiell. — Warsz. Uniw.

— Obiaśnienie trudności teologicznych zebrane z doctorów św. od Anzelma świętego a teraz znowu z przydatkiem większey częśći językiem polskim do druku podane, ku większey czci Bożey, ku pożytkowi prawowiernych, osobliwie około dusz pracuiących. Za staraniem W. X. Woyciecha Waśniowskiego plebana Brzeskiego. Za dozwoleniem starszych. W Krakowie, w druk. Łukasza Kupisza, J. K. M. typ. r. p. 1651. w 4ce, str. 8, 96. (Druk gocki).

Dedyk. Aleks. Lubomirskiemu, koniuszemu koronnemu.
Jocher 2951.
Ossol. — Jagiell. — Raczyńs. — Dzików — Uniw. lwow.

— ob. Piekarski Krzysztof (1665).

ANZELM Polak, Bernardyn. Fratris Anshelmi ordinis minorum de observantia, lucidior terrę sanctę descriptio ob. Stobnicensis Johannes (Introductio in Ptolomei Cosmographiam 1512, 1517 i 1519).

— Chorographia albo topographia, to iest osobliwe a okolne opisanie Ziemie świętey: Z wypisania oney, ludzi pewnych, tam bywałych. Teraz niedawno z łacińskiego ięzyka na polski przetłómaczona. Przez Andrzeja Rymszę Litwina, sługę Jego X. Mości Pana, Pana Krzysztofa Radziwiła, woiewody Wileńskiego, hetmana naywyższego Wielk. X. Litew. etc. etc. A natenczas z roskazania Jego X. Miłości, praetora miasta Jego X. Mości uprzywileiowanego, Birż. Coelum non animum mutant, qui trans mare currunt. Napatrzyłem się tego, gdy kto jeżdził do Włoch, Jak

ztąd dureń wyjachał, tak się i zwrócił płoch. W Wilnie, w drukarni Jana Karcana roku 1595. w 8ce, str. 85 i kart 4.

Dedyk.: Elżb. Ostroskiej Paniey Krzysztofowej Radziwiłłowej wojew. Wileńs.

Na odwrocie tytułu wierszy sześć na herb Ostroskich podpis R. L(itwin.). Dedykacya: Pisan w Birżach w mieszkaniczku moim r. 1593. mies. Paźdz. 4 dnia. Mówi, że po chorobie która go kilkanaście niedziel ciężko trzymała, znalazłszy łacińską książkę drukowaną, tę przełożył. — Kończy dziełko czworowierszem: Póki łaciny zstało, Póty się też pisało, Miejciesz dosyć na tym, Ja wam czołem zatym.

Bibl. Moszyńsk. — Jagiell. — Dzików — Kijows.

— Chorographia to jest opisanie Ziemie świętey, w którey Pan Jezus przebywał y nauczał, będąc tu na tym świecie. W Lubczu, w drukarni Piotra Blastusa 1617. w 8ce, k. 3, str. 81.

Stanowi część drugą dzieła. Józef Flavius. Historya. Krasińs.

— Peregrinacia prawdziwego opisania Ziemi świętey, Betleem y Jerozolimy, gdzie Pan nasz Jezus Chrystus: żyiąc nauczał, tam sie narodził, i za nas grzesznych w teyże ziemi umarł i pogrzebion. Naprzód przez ludzi godnych duchownych y świeckich peregrynuiących w r. 1509 łacińskim ięzykiem wydana, a polskim w r. 1595 do druku podana. Y teraz pozyskawszy extra regnum, ponowiona w r. 1696. W Warszawie, OO. Schol. Piar. w drukarni J. K. M. roku 1696. w 8ce, k. nlb. 6, str. 100 i k. nlb. 3.

Kraszewski. Wilno IV. str. 216. (podaje stron 116 i miejsce druku Wilno, a wydawcę zowie Bychowski).

Edycyą tę wydał X. Ant. Bykowski prowincyał W. X. Lit. zak. Bernard. — Dedykacya z Pragi Warszaws. d. 8 Mai 1696. Przypisane Maryi Kazimierze królowej polsk. W przedmowie do czytelnika, mówi o odkryciu Ameryki, dalej o peregrynacyach przez Włochy do Ziemi św. Napomyka, że dziełko to jest rekuperowane extra Regnum przez Józefa Ładzińskiego, piwnicznego i sędziego pograniczn. W. X. Lit. który po wiele razy od Korony polsk. do państwa moskiewskiego posłuiąc, in lucem podał.

Jagiell. — Warsz. Uniw.

— Tenże tytuł ..... i teraz pozyskawszy extraregnum ponowiona w roku 1698. w 8ce.

Przypis Maryey Kazimierze królowej polskiej, u którego podpis: X. Antoni Bykowski prowincyał W X. Lit. ze wszystką bracią zakonu Bernardyńs. Dzien. Wileńs. 1825. II. 207—8. — Jocher 8120. (mylnie wydawcę zowie Rybiński). — Toż samo powtarza i Łukaszewicz Bibl. Warsz. 1861. T. III. s. 403—4.
Krasińs.

— Tenże tytuł ..... łacińsk. językiem, wydana. A na polski język w r. 1595. przetłumaczona. Teraz znowu kosztem Jerzego Krakiewicza, obywatela Wileńs., do druku podana. W Supraślu, w druk. WW. OO. Zakonu S. Bazyl. Wielkiego. Roku 1725. w 8ce, str. 160 i k. nlb. 4.

Stanowi część drugą dzieła Flaviusa: Sława dawnej Jerozolimy. Supraśl 1725. (obacz). Jocher 8120 b.
Pierwotnie był inny tytuł wydrukowany, ten wycięto, a w jego miejsce wydrukowano obecny, na osobnej kartce.
Jagiell. — Ossol. — Czartor.

Janocki Janocia. I. 23. — Panzer VI. 457. — Canisius Henr. Antiquae lectiones Jngols. 1604. T. VI. str. 1287—1380. — Canisius H. et Jacob Basnagius Thesaur. Monum. eccles. et histor. T. IV. Antverp. 1725. s. 786—794. — Coronelli Bibliot. Universalis T. III. N. 2774. — Jocher Obr. II. 64. — Wiszniews. Hist. lit. IV. 100. — Zedler Univ. Lexic. II. 1732. s. 459. „Er mag wohl aus Pohlen und zwar von Cracau gewesen sein, wie aus einem Orte seiner Reise Beschreibung schlüsst." Vossius de Hist. lit. III. 10. — Jöcher Gelehr. Lexic. 1750. I. 431. (ein Franciscaner aus Pohlen wie Vossius muthmasset.). Kwartal. hist. Lwów, 1891. I. 225.

ANZELM X. od Sw. Franciszka, Pijar. Korona polska w pewnej nadziei rozprzestrzenienia granic, rekuperacyi avulsorum, zupełnych fortun i pokoju ufundowana, przy odebraniu do rąk katolickich kościoła Toruńskiego Matki Bożej tituli Anuntiatae przez JO. J. K. Mość Augusta II. kommissyą avitae religioni romanae przywróconego; kazaniem przy konkluzyi oktawy i Niepokal. poczęcia Maryi P. i aktu chwalebnej tradycyi tegoż kościoła die 15 Decembris A. D. 1724. assekurowana JO. Xięciu na Wiśniczu i Jarosławiu hr. Jerzemu Dominikowi Lubomirskiemu podkomorzemu koron., Kazimirskiemu, Olsztyńskiemu staroście, generałowi lejtnantowi wojsk J. K. M. i Rzpltej fundatorowi Scholar. Piarum i dobrodziejowi reprezentowana przez X. Anzelma od św. Franciszka Schol. Piar. kapelana i teologa JW. wojewody Chełmińskiego r. p. 1725. W Warszawie, w drukarni J. K. M. Schol. Piar. folio, 14 kart nlb.

Na odwr. str. tytułu herb Srzeniawa i pod nim 4-ro wiersz pols.
Dedykacya podkomorzemu koron.
Jocher 9019.
Bibl. Warsz. — Ossol. — Zielińs. — Krasińs. — Dzików.

Anzelm a Matre Dei. Kazania obacz: Pachowski (1754, 1759).
Jocher 4529.

Aonides in armis contra infamem alienae famae praedonem anonymum. B. m. i r. dr. (17...). w 8ce, k. nlb. 12.

Satyra. W przedmowie wymieniony Campi Dux Lithuan. Con. Denhoff (Stan. hetman od 1709—1728) mówi autor, że Poloniae Pasquinus schedam integrae filurae typis ut asserebat Gedani impressam e sinu proferre. Broni napaści na broszurę „Pisces in culmine", przeciw której ktoś w Warszawie wystąpił. Czartor.

Apafi Michał ob. Grondski Samuel (Hist. belli 1789).

Apel Joh. Wolfgang. De vita et fatis Julii Caesarei Vanini ob. Deutsche Jacobus Apellus.

APELIUS Georg. Glück - Wunsch, welchen denen Hoch - Wol - Edlen, Gestrengen, Hoch- und Wol- benamten Herren Herren Praesidii und Rath-Mannen der Kayser- und königlichen Stadt Bresslau, Seinen Hoch-Geehrten Herren und Patronen in einer Musicalischen Harmoni mit 17 und 22 Vocal- und Instrumental-Stimmen sammt dem Basso Continuo verfasset, und damals, als der Wol-Ehrwürdige, Gross-Achtbare und Hochgelehrte Herr Johann Acoluthus, SS. Theol. Doctor, dan 20 Augusti dess 1669 Jahres bey der Haupt-Kirchen zu St. Elisabeth allhier, als Pastor und Inspector der sämmtlichen Kirchen und Schulen augsb. Confession öfentlich installieret worden, zu möglichster Bezeugung seiner Schuldigkeit demüthigst überreichen wollen Georgius Apelius p. t. Cantor u. Organ. Zu Schlichtingstein in der Cron Grospolen gelegen. Zu Breslau, in der baumanischen Erben-druckerey, verfertigts Johann Christoph Jacob, Factor. folio, 2 karty. Wrocławs.

Apellacya ob. Przyczyny (b. r.).

— konfed. warsz. ob. Gliczner Fr. (1598).

Apelles symbolicus ob. Ketten Joh. (1699).

Apellilicus cerannubolcus ob. Boravius Joan. (1621).

APELLUS Johannes (1486 † 1536). Methodica dialectices ratio ad iurisprudentiam accommodata. Norimbergae, 1535. w 4ce, sign. od A_2—P_4. (k. 61). Dedyk. R. P. Joanni à Choien(ski), Episcopo Praemisliensi etc.

Ob. Apel. Jagiell.

Apeonktikon Nicolao Dombrowski ob. Cynerski Joan. (1632).

Apertio portae sanctae ob. Podgurski Jan (1700).

Apex theologicae sapientiae, sacrae eruditionis culmine sucrescens ob. KraZenob. (1681).

— aureus infularum ob. Wyżycki Nic. (1737).

— poloni nominis ob. Leszczyński Stef. (1712).

Apherdianus ob. Pomej F. (1782).

Aphorismi. Zbiór 1793. ob. Hipokrates.

Jocher 207.

— obacz: Bentik Franz (1521) — Strauch Aeg. (Astrologici 1675).

— de Scriptura Sac. ob. Herdenius Joh. (1679).

— oder Gesundheits Regeln ob. Gehema J. (1696).

— theologici ob. Frantzius Petrus (1669) — Schelgnigius Gotl. (1702).

Aphorismorum obacz: Hippocrates (1532) — Scholz L. (1589).

— metoposcopicorum lib. I. ob. Hagecius ab Hagek Thad. (1584).

APHTONIUS, Sophista z Antiochii. Żył w II wieku. Progymnasmata partim a Rudolpho Agricola, partim a Jo-

anne Maria Catanaco latinitate donata. Cum luculentis et utilibus in eadem scholiis. Dantisci apud And. Hünefeldt. 1636. w 8ce, str. 406 i kart 12.

Za granicą przedrukowywane z tym tytułem bardzo często, jakoto: Francofurti, Egenolphus 1565. w 8ce — Coloniae, Birkmannus 1566. w 8ce — Tamże, 1574. w 8ce — Francofurti, Egenolph. 1578. w 8ce — Tamże, 1594. w 8ce — Tamże, 1598. w 8ce — Lugduni, Butgenius 1602. w 8ce — Francofurti, Saurius 1603. w 8ce — Francofurti, Steinmeyer 1619. w 8ce — Genevae, Chover 1619. w 12ce — Francofurti, Weh 1660. w 8ce — Vesaliae, Hoogenhuysen 1670. w 8ce.

Jagiell.

— ob. Juvencius Józef (1753).

Apiophorus Janus ob. Gratiani Ant. Maria (De J. Heraclide 1759).

Apis attica religio rorem et florem sanguinis e florida colligens aetate Minorennis Vincentii Florini Attici Dynastae filii ob Christi fidem apum, vesparum et scorpionum aculeis expositi ad lachrymosas patientis Salvatoris ferias ab illustrissima, perillustri, praenobili ac Magnifica humanitatis palaestra almae Academiae et Universitatis Vilnensis Soc. Jesu, poetico descripta acumine. Anno potati felle et aceto Numinis 1714. Martii (26). folio, 2 kart nlb. Jagiell.

Apocalypsis ob. Johannes S. (reserata d. i. Offenbarung) — Jan święty Ewangelista (1694) — Orzechowski Stanislaus (1626, 1630) — Rej Mikołaj (to jest dziwna sprawa 1565) — Schosser Christ. Theod. (Agalmata 1641) — Tylkowski Wojciech (ob. Jan Święty).

Apocrisis ob. Duchowski W. (ad quaest. de Lecho 1771) — Philalet Chrystofor (b. r. 1597?).

Apodictica Palladis Jagiell. ob. Podgurski Jan Sam. (1698).

Apoftegmata ob. Budny Sz. (1745).

Apogaeum virtutum ei meritorum Franc. Kaczorowic ob. Ormiński Tom. (1689).

Apographum virtutum Pet. Gembicki ob. Stokowski Jan (1643).

Apokalipsis w Sicach, rieżan na dierewie jerejem Prokopijem (w Kijewie) w 1646—1662. w 4ce, kart 24. Bibl. Karatajewa. — Ces. publ. petersb.

— t. j. dziwna sprawa tajemnic ob. Rey Mik. (1565). ob. Apocalypsis.

Apokatasesis, hoc est defensio articuli obacz: Żarnowca (z) Grzeg. (1598, 1618).

Apokris, izd. na litowsko - ruskom narieczii. Bez oznacz. miejsca i druku lecz prawdopodobnie wydane w r. 1597 lub 1598 w Ostrogu. w 4ce, kart 222. Bibl. publ. petersb. — Akad. Nauk. — Karatajewa. — Tolstoj N. 38. — Sacharow N. 105. — Karat. N. 124.

Apokrizis abo odpowied na kniszki. Apokr. albo odp. na książki ob. Smotrycki M. (Philalet 1597).

Apolinaris Laurea ob. Cottunius Joannes (1695) — Świątkowski Andrzej Michał (Laurea 1683).

Apolisis das ist Widerlegung der Dialiseos ob. Simonis Joach.

Apolleja Apologii, kniżki dialektom ruskim napisanoj zsumowanaja. 1628. ob. Smotrycki Melecyusz.

Apollo acerbo dulcis ob. Bergen Röttger (1651).

— brzmiący lutnią ob. Krzeczkiewicz Paw. (1675).

— głośno brzmiący (wiersz). 1747. w 4ce.
Juszyński Dykcyon. pols. T. II. str. 390.

— chrześciański obacz: Baranowicz Łaz. (1670).

— chrześciański oyczystą arfę przebierający. W Krakowie, 1692. w 4ce.

— chrześciański nabożną uwagą ojczystą arfę przebierający na odgłos ewangelicznej historyi niewinnej męki Syna Bożego a Pana naszego Jezusa Chrystusa od wjazdu Jerozolimskiego aż na stolicę krzyżową przez jednego zakonnika ex Conventu Crac. S. Marci Evangelistae Can. Reg. de Poenitentia BB. MM., częścią czasowi częścią nabożnemu umysłowi akkomodowany: Cna Falkonia twą lutnią Wirgili, Króla boleści rzewne żale kwili, Jakoż się ten plankt zmieścił w Eneadzie? Ponieważ nie był u poety w radzie, Tobieć to córko Syońska przystoi Nieco się z wieści Trojańskich wykroi Wiedzieć o trudach Greków dla Heleny Ale serdeczne w rząd sprzągłszy kameny, Na Kalwa-

ryjskie zapuścić się niwy Z słodkiemi treny, gdzie zbawienia dziwy. Roku Książęcia pokoju z Nazareth królem ogłoszonego 1697. z dozwoleniem starszych. w 4ce, z przodu 3 karty nlb. i 38 str.

Na odwr. str. tytułu przypis w 14 wierszach pols.: Jezusowi Chrystusowi — dalej przypis prozą łac. Konztantemu Kazimierzowi Brzostowskiemu, biskupowi wileńskiemu od autora.

Obejmuje: Decas Votorum, Centuria epigrammatum. Orator godny do Urbana VIII. Wiele tu przeciw żydom, w jednym epigramacie wspomina: Krakowie, miasto święte, drugim zwane Rzymem, w którym żyd, każdodziennym za bramy pielgrzymem, Kroniki twój akt sławią, żeś wywiódł bożnicę, a Baptyście z Lewitą dał wzgląd na ulicę, Niechby ten naród gdy chcąc, z miasta wygnał Pana, z Twardowskim przy Krzemionkach targował z Cygana. — Na końcu stoi A(d) M(aj) D. G(l.) B. M(ar.) V(isg.) H(on.) SS.(orum) O(mn.) V. P. Może dwie ostatnie litery ukrywają nazwisko autora.

Jagiell. — Ossol. — Warsz. Uniw.

— do żałosnych trenów przyuczony. Sandomierz, 1734. ob. Moniecki.

— gratulatorius Adalb. Koryciński ob. Bełza Franc. (1664).

— laudi et honoris Joan. Alberti principis ob. Blosius M. (1634).

— laurifer Seb. Dobraszowski ob. Abrek And. (1644).

— lyricus ob. Hacki F. M. (1712).

— Musas vitovianas ob. Władysław IV. (1648).

— parnaski Mich Stefanowiczowi ob. Krzyżanowski Jan (1671).

— sauromacki ob. Ornowski Jan (1703).

— Sieradzki na fest obrazu Bogarodzice ob. Kroczewski Hyac. (1650).

— słodkobrzmiący przy akcie Ad. Gerz. Rajskiego ob. Krzeczkowski Jan Franc. (1666).

— słowiański ob. Rożniatowski A. (1617).

— Togatus ad hymen. Ad. Hier. Sieniawski ob. Tomiecki A. (1643).

— vindemiarum autumnalium ob. Lewicki G. (1643).

— z muzami Al. Fabrycemu ob. Kośnikiel J. (1630).

— ob. Abrek Andr. (laurifer virtuti 1644) — Anna Joanowna (in tempe 1736) — Arquian (jubilans 1696) — Burszowicz Mathias Thadeus (1625) — Goliński B. (musae 1617) — Hacki Franc. Mich. Ant. (heroicus 1692) — Moschus (1524?) — Lubomirski Stan. (ojczysty 1705) — Ornowski Jan (sauromacki 1703) — Potocki Mich. (okrzyki 1689) — Radzewski Franc. (1730) — Rupniewski Stef. (1722) — Wielopolski Hieronim (Honor 1741) — Wiazkiewicz Paulin (Korona z Sapieżyńskich 1740) — Vladislaus IV. (Epicrotesis 1637, 9) — Zaleski Jan Wł. (Korrespondencya 1723).

Apollogia ob. Apologia (Mejer P.: Apollogia, że Rusi 1771—2).

Apolloniusz rycerz ob. Bielski Jan (1755).

Apolog na związek I. Różyckiego ob. Życzewski W. (1639).

Apologetica exegesis ob. Vorstius Conr. (1611).

Apologeticon adversus satyram Dan. Heinsii ob. Przypkowski Sam. (1644).

— honestatis episcoporum titularium ob. Paprocki Wacł. (1642).

Apologeticorum veritates fidei pars I. ob. Hacki Jan (1690).

Apologeticus contra panegyricum C. Gustawo ob. Dziedzic Jan (1655, 1657).

— pro Card. Bellarmin ob. Rogeriusz Ludw. (1600).

— pro S. J. ob. Argentus J. (1616).

Apologia der Augspurgischen Confession. Dantzig, 1700. w 12ce.

Jocher 3088.

— pro Episcopis Regni Poloniae. Obrona biskupów Królestwa polskiego 1755. B. m. w 8ce, kart 31. (w łacińskim i polskim).

Jestto wyjątek z komentarzem z X. Lud. Muratoriego (Lamindy Prytaniusa): O pomiarkowaniu rozumu w materyi wiary, pisma wydanego w Rzymie. — Wydane na obronę przeciwko Bulli świeżo ogłoszonej a potępiającej książkę: Nauki o istności, różnicy i granicach dwóch władz, duchownej i świeckiej. Bulla pomawiała biskupów polskich o niedbalstwo. Przetłumaczono rozdział V. a od ark. C, idą odsyłacze. Z tych widno, że książkę Nauki o gran. władz.

potępiła inkwizycya r. 1753. — Autorem jej był La Borde.

Warsz. — Jagiell. — Branic. — Krasiús.

— pro fortissima polonorum gente extraneis regibus, non sine summo conservandae libertatis arcano haetenus feliciter usu. Authore equite polono patriae quam coronae amantiore qua literae per manus sparsae honesto Piasti nomine ambitionem velantes expendiuntur. Anno 1669. B. w. m. i dr. w 4ce, kart nlb. 30. Akad.

— ad calumnias pestiferae ob. Volanus A. (1587).

— ad decret. ordin. (Apologia ofte Verantwordinghe) obacz: Osterod Chr. (1600).

— ad diluendas Stancari calumnias ob. Statorius S. (1559).

— con. Defensionem Brzozow. ob. Czechowicz Stan. (1561).

— contra l'errore ob. Polacco Giorgio (1650).

— contra imposturas jesuitarum ob. Magni Valer. (1653, 58, 61).

— c. obtrectationes obacz: Kromer (1556)

— d. ist Verantwortung ob. Krowicki Marcin (1602).

— diluens nugas Erasmi ob. Carvaltus (1540).

— gründl. gegen Bericht ob. Morgenstern B. (1567).

— libri sui de invocatione Sanctor. ob. Faunteus L. (1589).

— peregrinatii do krajów wschodnich ob. Smotrzycki Mel. (1628).

— perfectionis vitae ob. Opacki Mik. (1626, 27, 28, 29, 31, 38, 53).

— kalendarza obacz: Broscius J. (1641).

— pontificum roman. ob. Mayer Joh. (1705).

— praw Rzpltej ob. Lisiecki A. (1625).

— pro Acad. Crac. ob. Górski Jak. (1581).

— pro Aristotele et Euclide obacz: Broscius J. (1652, 99).

— pro cath. fide ob. Nowopolski Alb. (Novicampianus 1559).

24

— pro Coll. Jes. ob. Sadecius Gab. (1583).

— Joan. Basilide ob. Iwan Basilides (1711).

— pro quondam Palatino Vilnensi ob. Radziwiłł Janusz (1656).

— pro sexu foemineo ob. Ireneus Joan. (1544).

— pro Scoto obacz: Caselli Hugo (1623).

— pro S. J. ob. Montanus Franc. (1597).

— pro veritate accusata ob. Schlichting Jon. (1654).

— przeciwko Luteranom ob. Wargocki N. (1605).

— tho jest dowod y obrona confessyi ob. Niemojewski Jak. (1572).

— t. j. obrona Postylli ob. Wujek (1582).

— t. j. obronienie wiary św. ob. Lwowianin Stan. (1554).

— Triplici modo ob. Bellarminus (1610).

— und Vertheidigung ob. Huber J. (1606).

— wider Verläumder ob. Gchema J. Abr. (1691).

— większa t. j. Obrona ob. Krowicki M. (1584, 1604).

Apollogia że Rusi Unitom nie godzi się odstępować od swojego obrządku (1771—1772) ob. Mejer Paweł.

— ob. Ausa (1598) — Burzyński Stan. (Acad. Vilnens. 1738) — Basilides Jan (pro duce 1711) — Bellarmin R. (pro responsione 1610) — Bzowski Abr. (pro Scoto vindicando 1620) — Faunteus Art. (assertionum adv. Sadeel) — Juraha Jan (pro Univ. Vilnensi 1739) — Leutschomnutz Cyriak (1602) — Marienburg der Stadt (1627) — Mejer Paw. (pro ritu gr. ruth. 1771) — Potocki Teod. (vexati honoris 1720) — Radziwiłł Janusz (pro principe) — Rösner (d. Gespräche 1725) — Socinus (1581) — Warszewicki Krz. (1584).

Apołogija Florentijskawo Sobora, napiecz. W Wilnie w 1604 g. w 4ce.

Sacharow N. 122. — Karat. N. 143.

— w utolienie pieczali, Socz. Mitropolita Rostowskawo Dimitrija, napiecz. w Czernigowie w 1700. w 4ce, str. 40.

Bibl. publ. petersb. — Akad. Nauk. — Karat. N. 1163.

— w utolienie pieczali czełowieka, suszczawo w biedie, Socz. sw. Demitrija, Mitr. Rostowskawo, napiecz. w Czernigowie 1716 g. Jjunia. w 4ce, kart 20.

Bibl. publ. petersb. — Akad. Nauk. — Karatajewa. — Karat. N. 1382.

— w utolienie pieczali czełowieka, i procz. napiecz. w Mogilewie 1716 g. Diekabria 11. w 4ce, kart 20.

Bibl. publ. petersb. — Akad. Nauk. — Karatajewa — Sopikow Cz. I. N. 71 — Tołstoj N. 229. — Karat. N. 1383. ob. Apolleja.

Apolski Antoni ob. Fleury (Podział historyi 1782).

Apomaxis albo zniesyenie ob. Żarnowca (z) Grzegorz (1600).

Apopempticon SS. Joachimi ob. Żydowski Alex. (1648).

Apophoreta parnassia, in charmosynis egregiorum quatuordecim juvenum, prima in alma universitate cracovien. Laurea decoratorum a Palaestra Golinscianae agonistis oblata. a. MDCXXVII d. VII Octob. Cracoviae, apud Matthiam Andreoviensem 1627. w 4ce, str. 16.

Są tu podpisani uczniowie: Theodor Cielecki do Stef. Sianowskiego, Venceslaus Wąsowic Jacobo Smareczkowic, Adam Sułowski cast. żarnov. Petro Zarski, Jan Oraczowski Joanni Kruzelowicz, Ludowic Cielecki Alberto Jaxowic, Georg. Pipan Joachino Sperniowic, Hyac. Gisz, Alberto Sułoszowic, Jac. Gisz Andreae Kucharski, Petr. Bogusławski Mat. Wojaszowicz, Petr. Lubowiecki Nicol. Sigelio, Rom. Koryciński Alb. Żywiecki, Stef. Oraczowski Valent. Fąfrecki, Vlad. Urbański Alb. Pawłowic.

Jusz. Dykcyon.

Uniw. lwow. — Dzików — Jag. — Ossol. — Raczyńs. — Zielińs.

— ed. Arbiter. 1518. Martialis (Xenia).

— Elis. Botgerinae ob. Pancratius Balt. (1597).

— virtuti obacz: Kramkowski N. (1656).

Apophoretum gratulatorium Joan. Scrobero ob. Fornerus And. (1617).

Apophtegmata (Apoflegmata) obacz:
Budny Bien. (1614) — Camers Varinus
(1522, 29, 30, 38, 39) — Drews J.
(1713) — Kołęcki Jerzy — Plutarch
(1508, 30) — Rej Mikołaj (1567) —
Witkowski Stan. (1615) — Zinegraf
Juljan (oder Klug Weisheit (1640).

Apophtegmatum flores ob. Grotowski J. (1574).

Apoplexia ob. Roliński M. Franciscus (1642) — Zajączkowic Jan (Optimum 1695).

Apopompeus ob. Raynaud Teofil (1669).

Aposmasion operis hodeporici ob. Porsius Henr. (1592).

Apostasia ob. Hagenski Sebastyan (1672) — Tirellus Carol (De apostasia 1641).

Apostate. Oratio lingua Slavonica ob. Strotzki (1562).

Apostoł. Wilno. 1525. ob. Skoryna Franciszek.

APOSTOŁ. (na początku) karta z herbem Chodkiewiczów i napisem: „Grigorej Alexandrowicz Chodkiewicza" Dalej 14 kart nlb. i 264 k. liczb. (na końcu:) A naczasia sija kniga drukowati rekomyj Apł w b̄gospsaemom gradie Lwowie, w nej że dniejania apłskaja i posłania sbornaja, i posłania ŝtago apła Pawła. Po wopłoszczenii gā b̄ga i spŝa naszego. Is chā w lieto 1575. Februaria, w 25 dn. i swerszisia w lieto 74. e tego że m̄ca, w 15 dn. folio, kart nlb. 15, liczb. 264.

Na ostatniej stronie herb miasta Lwowa i drukarza, taki jak w Biblii Ostrogskiej, ale większy. U dołu: Iwan Teodorowicz drukarz moskwityn. Lwów, Hryhorei Aleksandrowiczi Chodkiewicza. Herb Chodkiewicza na całej karcie z literami antykwą G. A. C. — do koła kolumny i łuk. Druk kirylicą.

Zubrzyc. Badania o druk.
Krasińs. — Czartor.

— Wtorym Tysnieniem napeczatany Diakonom Iwanom Teodorowym. W Lwowi 1574. folio, k. 14 i 264. Rozpoczęty druk roku 1573. Fewralia 25. ukończony 1574.

Na początku wizerunek Św. Łukasza Ewangelisty. Na odwrocie karty ostatniej figura

i herb miasta Lwowa, a niżej: Iwan Teodorowicz drukarz moskwityn.
Jocher 2352.
Sopikow Cz. I. N. 74. — Tołstoj N. 18. — Sacharow N. 55. Karat. N. 67. — Strojew N. 18.
Bibl. publ. petersb. — Akad. Nauk. — Karat.

— in folio, bez miejsca, mający na końcu przywilej królewski, drukowany około 1576 w Wilnie (?).
Bibl. Karat. Motropolity Eugeniusza: Słow. istor. o pesat. duchown. Czen. Wyd. 2. 1827. Cz. I. s. 267. — Karat. N. 71.

— W Wilnie w tipogr. Mamoniczej po błagosłoweniju Konstantynopol. patr. Ieremii i Kiews. mitr. Michaiła Rachozy 1591. folio, k. 3, 14 i 259 i k. 1.
Na początku drzeworyt wyobr. Św. Łukasza Ewangelistę.
Jocher 2355.
Sacharow N. 86. — Strojew N. 38. — Karat. N. 103. — Keppen Bibl. hist. N. 275.
Bibl. publ. petersb. — Muzeum Rumiancowa.

— tetr, siriecz diejanija i posłania Chw̄ych styh bžestwewnyh Apł., wsia po czynu i ustawu styja sobornyja wostocznyja crkwe, woobszczuju, na wsiako godiszcznago wremene deń prawilnuju potrebu, czinowne i z obrażenna: wo gradie Kiewie, kosztom i nakładom J. M. Pana Bogdana Stetkiewicza, podkomorogo Mstislawskogo, w tipografii Spiridona Sobola r. 1630. folio, kart nlb. 242. Brak końca.
Tytuł wśród figur świętych rzeźbionych na drzewie. Na odwr. str. herb Wielmożnych ich miłostej panów Stetkiewiczów i wiersz na pochwałę herbu. Na tarczy Kościesza, herb Ogińskich, Bogorya oraz czwarty miecz między dwoma sercami. Dalej idzie poświęcenie książki Stetkiewiczowi z datą 1630 w Kijowie, podpisane przez Spirydona Sobola. Następnie zalecenie dzieła, spis rzeczy i sam tekst.
Tołstoj N. 79. — Sacharow N. 267. — Karat. N. 302.
Krasińs. — Czartor. — Bibl. publ. petersb. — Akad. Nauk. — Karat.

— si jest kniha Nowaho Zawieta soderżaszczaja w sebie Diejanija i Posłanija swiatych Apostołow, soczinienaja i raspołożenaja za priwilejem Jeho korolewskoje Miłosti, a za błahosłowenijem swiatiejszich patriarchow im Petra Mohiły mitropolita kijewsk. halick. i procz. We Lwowie w tipografii Michaiła Slioski roku 1639. miesiaca Junia 8 dnia. folio, k. 20 i 244.

Tytuł z wizerunkami świętych na około. Na drugiej stronie herb Mohiły z epigramatem. (Katalog Krasińs. podaje kart 24 i liczbow. kart 244).
Jocher 2368. — Tołstoj N. 92. — Sacharow N. 377. — Karat. N. 437.
Bibl publ. petersb. — Akad. Nauk. — Muzeum Rumiancowa. — Krasińs.

— si jest kniga nowago zawieta soderżaszczaja w sebie Diejanija i posłania stych Apostołow. Po drewnemu stoj prawosławnoj Wostocznoj crkwe ustawu, w upotreblenie cztenij na prawilech crkownych soczinenaja i raspołożenaja. Za priwilejem Jego Krole. Młti a za błweniem stiejszich patriarchow i preoszczenago mitropolita Kiewskago i bgolubiwago eptepa Lwowskago i pro. Wtoroje typom izdadesia. We Lwowie w typografii Michajła Sloski r. 1654. Mca Nowria 15 dnia. folio, kart 16 i 245.

Sacharow N. 569. — Karat. N. 647.
Bibl. publ. petersb. — Czartor.

— napiecz. we Lwowie w tipogr. Bratskoj w 1666. folio, kart 14 i 242.

Tołstoj N. 100. — Karat. 740.
Bibl. publ. petersb. — Karatajewa — Tow. histor.

— napiecz. w Kijewie 1694. folio.
Karat. N. 1048.
Bibl. Troicko-Siergiewskoj ławry.

— si jest kniha Diejanij i Posłanij Apostołow. W Ławre Peczerskoj Kijewskoj tszczanijem Meletija Bujachewicza archimandryta — perwoje tipom w leto ot sozdanija mira 7203, ot wopłoszczenija ze Słowa Bożija 1695. izdadesia. folio, kart nlb. 16, liczb. u dołu 295.

Na ostatniej stronnicy u dołu powiedziano, iż druk ukończono w lutym 1695.
Sopikow Cz. I. N. 92. — Karat. N. 1065.
Krasińs. — Bibl. publ. petersb.

— napiecz. we Lwowie 1696. folio.
Maksimowicz Wremrennik Obsz. Iswr. Kn. — Karat. N. 1081.
Bibl. publ. petersb.

— si jest kniga nowago zawieta soderżaszczaja w sebie diejanija i posłania stych apostołow. Po ustawu crkownomu k upotreblenii cztenii na pra-

wilech crkownych soczinenaja i raspołożenaja. Pszczaniem i izdiweniem: Bratstwa pri chramie Uspenija Pre. Bgo Mtere. w tipografii ich sowerszennie izdadesia. W Lwowie w lieto bytija mira 7227. ot wopłoszczenia że gdnia 1719. folio, kart 11, 246 i kart nlb. 5.
Czartor.

— napiecz. w Kijewie 1722 g. Jjula 10. folio, kart 12 i 292 (?).
Karat. N. 1474.
Bibl. publ. petersb.

— si jest kniha diejanij i posłanij sw-tych Apostoł, za derżawy welikaho korola Stanisława Awhusta, błahosłowenijem Kiprijana Steckaho egzarcha wsieja Rossii, tszczanijem i iżdiwenijem monarchow cz. Sw. Was. Wel. Swiatyja czudotwor. Ławry Poczajewskija tipom izdan, roku Hospodnia 1783. folio, kart nlb. 6, liczb. 232.
Krasińs.

— s tołkowaniem razlicznych Sw. Otec perewod s greczeskago. W Poczajewie, 1784. folio.
Drukowano przez Staroobradcow z dawnego rękopismu.
Jocher 2371.

— obacz: Skoryna Franciszek (Poczynajet sia knyha 1525) — Tabłyca ne wydemnia serdca człowszczeskaho (1666).

Apostolicus instructus ob. Castellana (de) A. (1644).

Apostoły i Ewangelie, czrez wsie niedielie i prazdniki i izbranim swiatym na weś god, perwoe izobrazisia w Ugorcach roku (sic) 1620. w tipogr. jeromonacha Pawła Domżiwa Liutkowicza, w 8ce, kart 2 i 135.
Zubrickij Zurnał Minist. Narod. proswinaszczenia r. 1838. N. 9, str. 583. — Karat. N. 218.
Bibl. I. Ja. Łukaszewicza.

— i Ewangielia, napiecz. w tipogr. Łuckawo Monastyrija w 1640. w 8ce, kart 8 i 282.
Sacharow N. 388. (liczba stron fałszywie podana). — Karat. N. 450.
Bibl. Karat. — Łukaszewicza.

— i Ewanhełyja nedelam wsieho lita i na prazdnyki Hospodskija i na pamiati Swiatych. Tszczaniem Bratstwa

Uspenia Preczyst. Bohomatere z typogr. izdannyi. Wo Lwowie, 1706. w 12ce, kart 2, kart liczb. 120 i nlb. 11.

Karat. N. 1263.
Bibl. publ. petersb. — Karat. — Ossol. — Jagiell.

Apostropha gymnasii Dantiscani ob. Hojerus L. Andr. (1523).

Apostrophe ad Serenissimos Poloniae Candidatos. Treu und offenhertzige Instruction u. Unterricht an die sämbtliche Durchl. Fürsten, welche zu dem Königreich Pohlen zu gelangen, bemühet sind. Alles ohne Heuchelei nach Pohlnischen Aufrichtigkeit eröffnet u. zum offentlichen Druck gegeben. Im J. 1674. w 4ce, kart 4 (proza).

Podaje to T. Wierzbowski w 8ce, kart 8. lecz z datą 1572—3. prawdopodobnie pomyłka o lat sto. Branic.

— do czułych y zacnych osób. (Wiersz z końca 18-go w.). „O wy co czułe serce w sobie macie." w 4ce, str. 1. Ossol.

Apotheosis familiey Szydłowskiego ob. Kmita J. A. (1617).

— philosophiae ob. Sieprawski J. (1646).

— Soph. Sztemberk ob. Molanus Joan. (1639).

— Sacra divorum ob. Alojzy Św. (1727).

Apparat na gody Wład. IV. ob. Szubski M. (1637).

— na ślub Bayera ob. Lubiecki S. (1663).

Apparato fatto de Rep. di Ven. ob. Manzini (1574).

Apparatus actus ob. Sokal (coronatio).

— ad philosophiam ob. Possevinus A. (1604).

— nuptiarum Sig. Augusti ob. Cernota Christ. (1543).

— nupialis suadae Paulinae ob. Korybut Michael (1670).

— sacer distinctus ob. Possevinus A. (1606, 8).

— sacerdotum ob. Wąsowski Bartł. (1685, 87).

— sive idea ob. Kekermannus B. (1609).

APPEL Franciscus, Prof. Acad. Zamojs. Primula veris munera in florentissimae academiae Cracoviensis encomia decerpta. Et perillustri et admodum rndo dno D. Jacobo Skwarski, decano infulato Zamoscensi praeposito Sczebresinensi etc. per Franciscum Appel primae laureae candidatum in alma eadem academia officij ergo et debitę observantię praesentata atq; oblata. Cracoviae, apud Valerianum Piatkowski. (1648) w 4ce, kart nlb. 8. (ark. B₄).

Dedyk.: Jacobo Skwarski, decano infulato Zamoscensi, praeposito Szczebres.
Oda jambiczna do Akad. krak., oktostych dla Skwarskiego — na końcu berła Akad. krak. — proza. Podp. Nepos ex sorore.
Juszyński I. 7. przytacza go tylko z notat Przybylskiego. — Muczk. Stat. 322. — Liśniewicz Fr. (Aquila acad. 1652).
Czartor. — Ossol. — Jagiell.

APPELBOOM. Propositie van den Heer Appelboom, Resid. vande Croon v. Sweden, aen de Stat. Gen. d. Vereen. Nederl. Aug. 1655. Delft. 1655. w 4ce, str. 8.

Wydane z okazyi umów Hollandyi z Polską o gotowości wojennej na morzu w r. 1654. w skutek czego Hollendrzy uzbroili 20 okrętów, a tymczasem Gdańsk nie uczynił żadnych przygotowań. Wyjaśnień żądał pełnomocnik szwedzki.

Appellatio ad SS. D. D. N. Urbanum VIII. In causa juris legendi inter Almam Jageloniam Universitatem sive academiam studii Cracoviensis scholam Regni polon. generalem ac Religiosos Presbyteros Societatis Jesu Cracoviae, a certa sententia R. D. Francisci Maria Ghisilerii, S. Rotae auditoris, istius causae Judicis Commissarii, per dictam Almam Universitatem, illiusque Magnificum D. Rectorem interposita cum protestatione. (Na końcu:) Crac. typ. Math. Andreov. 1630. folio, kart 5.

Protestacyą wniósł Adam Opatovius rektor. Ob. Ghisilerius.
Jocher 1292 a.
Czartor. — Jagiell. — Ossol.

— ad SS. D. D. N. Urbanum VIII. in causa juris legendi Cracoviae...... Cracoviae, 1632. folio, kart 8.

(Tytuł ten sam co edycyi z r. 1630, rzecz całkiem odmienna). Tę protestacyą zaniósł

Zachar, Starnigielius procurator Univers. Crac. Świadkowie byli: Komasiński, Seb. Koszucki i Jak. Grocky.   Jagiell.

— ob. Żukowski Joan. (Dissertatio 1768).

Appendix ad tyrocinium s. Artis ob. Mościcki Mik. (1626).

— addendorum, confirmandorum et emendandorum ad Nucleum Historiae Eccelesiasticae in qua sub finem adduntur III. Epistolae. Coloniae, 1675. w 4ce.

Jocher 9865. — obacz: Sandius.

— albo zawieszenie wyznania niektórych Aryanów, bluźnierskiego zboru Rakowskiego na sentencyach z Pisma budowane. Autor Nurkom ofiaruje, aż potym więcej zbuduje Naprzód Rakowskim oddaje. Bodaj zabit, kto nałaje. Drukowano o złej farze — tego roku co w Nawarze. To jest własna pokora nurców krakowskich nowego Babilonu w Polsce. W końcu stoi: A toż macie nurki Wolą zostać turki Niż w trójcy jednego Boga znać pierwszego. B. w. m. i r. w 4ce, kart 6. druk gocki.

Jestto prozą anegdotyczny paszkwil przeciw Aryanom. Opowiada autor krótkie bajki o Aryanach. Wzmiankowane osoby te to: Jerzy minister i xiądz Laternia (nieboszczyk † 1598 r.) Szuman minister, Buccella, Naborowski, Testament Bekieszów (na króla Stefana, umierający), Budny (przy zgonie), Jaszek z Kazimierza, Smalcyusz Walenty teraźniejszy, Moskorzowski, Lubieniecki poluje po Podgórzu, nie bardzo jeszcze utył na nowokrzczeńskiej wierze, Kaźmierski, Radec Walenty (czyli Radek drukarczyk — wysyłali go Siedmiogr. ziemie na ministerium), Statoryuszek nauczyciel Rakowski jest tak mądry jak Kozłowski. Zakończa: Pokora Aryańska.

Maciejows. Piśm. III. 163. — Jocher 3388. 9839.   Warsz. Uniw.

— de Russorum erroribus ob. Pistorius. Skarga P. (1582).

— des Schwedischen Spiegels ob. Duglas (1658).

— der Wochentlichen Zeitung 1656. von Numero 16. w 4ce, str. nlb. 4.

— Toż, von Numero 17. w 4ce, str. nlb. 4.

— Europaeischer Zeitungen, von Num. 2. Alt. Stettin vom 12 Januarii Anno 1656. B. m. w 4ce, str. 4.

— Toż, von Num. 4. Alt. Stettin vom 26 Januarii Anno 1656. B. m. w 4ce, str. 4.

— Toż, von Num. 38. Alt Stettin vom 10 Septembr. Anno 1656. B. m. w 4ce, str. 3.

— Toż, von Num. 41. Alt. Stettin vom 11 Octobr. Anno 1656. w 4ce, str. 4.

— Toż, von Num. 43. Alt. Stettin vom 25 Octobr. Anno 1656. w 4ce, str. 4.

— Toż, von Num. 44. Alt. Stettin vom 1 Novembr. Anno 1656. w 4ce, str. 4.

— Toż, von Num. 47. Alt. Stettin vom 22 Novembr. Anno 1656. w 4ce, str. 4.

— Toż, von Num. 48. Alt. Stettin vom 29 Novembr. Anno 1656. w 4ce, str. 4.

— Toż, von Num. 52. Alt. Stettin vom 27 Decemb. Anno 1656. w 4ce, str. 4.

— Toż, von Num. 2. Alt. Stettin vom 10 Januarii Anno 1657. B. m. w 4ce, str. 4.

— Toż, von Num. 7. Alt. Stettin vom 14 Februarii Anno 1657. w 4ce, str. 4.

— Toż, von Num. 8. Alt. Stettin vom 21 Februarii Anno 1657. Bez osob. tyt. w 4ce, str. 4.

— Toż, von Num. 11. Alt. Stettin vom 14 Martii Anno 1657. w 4ce, str. 4.

— Toż, von Num. 12. Alt. Stettin vom 21 Martii Anno 1657. B. m. w 4ce, str. 4.

— Toż, von Num. 13. Alt. Stettin vom 28 Martii Anno 1657. Bez osob. tyt. w 4ce, str. 4.

Obacz: Zeitung europ.

— scoparum ob. Simonius (1589).

— t. j. przypadek do dyskursu ob. Gdacius Ad. (1680).

— ob. Actorum (1663) — Demetrius (the Amour 1677) — Gdańsk. (Declarationis 1577) — Lambertinus (ad casus conscientiae) — Ługowski Mar. (Via ad salutem 1724) — Tylkowski

Alb. (ad Opusculum) — Wyżycki G. (infularum 1737).

Appia obacz: Łoś Wł. (Triumphalis 1685) — Radomicki Mat. (honoris 1703).

Appianus Petrus ob. Vitellionis mathematici Perioptikes (1535).

Applauso devoto obacz: Capeci C. (1712).

Applaus prześwietnemu hymeneuszowi JW. JEgom Pana Chorążego z JW. JMć Panną Woiewodzianką Wołyńską (czy Stadnicka?) z Pragi 30 Januarii 1698. w 4ce, str. 12.
Ossol.

— do stolicy Konst. Brzostowskiemu ob. Żochowski Cypr. 1688).

Applausus academici Doctori Angelico (Tomasz z Aquinu) a rhetoribus regii Varsaviensis Collegij schol. Piar. folio.
Dzików.

— hieroglyphici sedecim nobilibus ingenuis ac eruditis artium liberalium et philosophiae licentiatis cum anno MDXCVII. 10 Julii in alma acad. Olomucensi Soc. Jesu suprema philosophiae laurea sive doctoratus gradu decorarentur: Amoris et benevolentiae ergo decantati ab ejusdem academiae poeseos studiosis. Olomutii, ex oficina typogr. Georg. Haedelii an. MDXCVII (1697). w 4ce, ark. D₄.
Pisali wiersze J. Stephetius, Ign. Sirakowski Moravus. Pet. Skydziciński Nob. polonus. Nicolaus Lubomierski, Frid. Brandt Nob. Silesius, Stan. Riemor Nob. polonus, Simon Scultetus Silesius.
Bibl. Z. Pusłows.

— VIII. venerabilibus Dominis Candidatis dum eisdem sub felicissimo regimine Magn. perill. et rever. D. M. Antonii Żołędziowski utriusque J. et S. Th. D. et Pr. eclesiarum Cath. Cracov. canon., Collegiatae Vislic. Scholast. Facult. theolog. medic. et philos. procanc., studii gener. Univ. Crac. amplis. rectoris primae in artibus liberalibus et philosophiae laureae in publica hospitum et Senat. Acad. frequentia ritu solenni conferentur, An. Dni 1778. 11 mensis Decembr. exhibitus. Typis Coll. majoris

Universitatis Cracoviensis, 1778. w 4ce, kart 4.
Nazwiska kandydatów wymieniono, poczem: Ode.   Ossol. — Jagiell.

— VIII. Candidatis prima Philosophiae laurea decoratis exhibitus. Cracoviae, typ. Univers. Coll. maj. 1788. w 4ce.
Jocher 1592.

— academ. Christ. Grzymułtowski ob. Sałecki And. (1660).

— acromaticus Szyszkowski obacz: Buczkowski M. (1612).

— ad festa Felicis Potocki ob. Żelazowski Stan. (1641).

— Adam. Hier. Sieniawski, obacz: Wojtowicki (1640).

— Apollinis ob. Andriasowicz Chr. (1682).

— bellicae virtutis ob. Spławski Alex. (1638).

— Charitum Joan. Bapt. Zamojski ob. Czechowicz Jan Bapt. (1650).

— coronationi Vlad. IV. ob. Grimza Daw. (1633).

— dominicus ob. Silski J. (1620).

— de pace auspiciis ob. Władysław IV. (1636).

— XII. adolesc. ob. Maczowski Sebast. (1645).

— epithalamicus Maxim. Vogel ob. Ekart Jan (1679).

— festivitatis Sig. Tarło ob. Kalnicki J. C. (1636).

— G. Kirnicki ob. Laskowski T. F. (1641).

— gratulatorius Andr. Kucharski ob. Slachetka Stan. (1658).

— gratulatorius in ingres. Petri Gembicki epis. ob. Wojakowski Thom. (1643).

— gratulatorius Joan. Casimiro ob. Thilo Valent. (1619).

— gratulatorius Seb. Piskorski ob. Ośliński Mart. (1683).

— gratulatorius Th. Aquinatis ob. Zagrebski A. (1638).

— ill. in Coll. S. J. Brunsberg ob. Szyszkowski Marc. (1608).

— in Vlad. Sigismundum ob. Sulikowski Mik. (1633).

— in reditum ob. Zamojski Tom. (1617).

— Joanni Car. Kopeć ob. Kopeć (1669).

— laetitiae in adven. St. Grochowski ob. Zajączkowski Zachar. (1635).

— Mercurii ob. Czartoryski Kaz. Flor. (1651).

— meritorum Przyłęcki ob. Puczyński St. (1640).

— Mich. Górski ob. Dunin Piotr (1679).

— musarum, Vladislao IV. ob. Speronowic Joach. (1633).

— musarum Martini Paczoszka ob. Kwaszkiewicz J. B. (1641).

— natalibus ob. Radziechowski Jan (1634).

— nuptialis Georg. Segeri ob. Thamnitius And. (1664).

— observantiae Alex. Janussio in Ostrog. ob. Brzeziński Franc. (1671).

— parnassidum obacz: Ciszkiewicz Kasp. (1619).

— P. Gembicki ob. Kuszewicz Sam. (1643).

— Pieridum ob. Wilski Krz. (1639).

— quo nuptias Ant. Baumgarten prosequntur amici ob. Baumgarten A. (1664).

— quos in Andr. Szymonowicz effudit ob. Castelli J. (1670).

— quosin desiderat. Pol. princip. Ladislaum Sigm. ob. Władysław IV. (1617).

— salutarius ob. Lubomirski Józef (1675).

— sapientiae ob. Tutkowski Sz. (1654).

— Sarmatiae ob. Praetorius Mat. (1691, 65).

— Saxoniae in Polonia triumphantis. Dess in Pohlen triumphirenden und sich selbst Gratulirenden Sachsens Freundige Bezeugung. (Na końcu:) Breslau, zu finden bey George Saydeln. B. w. r. (1697). w 4ce, str. 8. (po niem. i łac.).

— solennitati nuptiarum ob. Cleselius Got. (1658).

— triumphalis ob. Czechucki Fr. (1683).

— virtuti ob. Lichański J. (1610).

— virtuti S. Dobraszewski ob. A-brek And. (1638).

— virtutum viris XXI. ob. Grimza Daw. (1612).

— vocale obacz: Tuszowski Wal. (1701).

— votivi God. Thilo obacz: Thilo God. (1689).

— votivus Alb. Krasiński ob. Roling M. (1675).

— votivus obacz: Brunsenius Ant. (1673).

— obacz: Apex. (publici 1712) — Augustus II. (Applaudere 1697) — Bartkowski M. (in principem 1617) — Gostumiowski Joan. (M. Mroskowski 1666) — Jodłowski Alb. (helicopus 1676) — Jan Kazimierz (inter nuptias 1649) — Lubomirski Jos. (votivus 1755) — Lureński Val. J. (panegyricus 1717) — Mocki Georg. (1743) — Osicki Cons. Fr. (in Coll. Posnan. 1679) — Podoski Jan G. (geminatus 1768) — Rostkovius J. F. (votivi nuptiis 1742) — Rostocki Teod. (illustr. 1784) — Świątkowski A. M. (Anchora 1684) — Szeptycki Atan. (1763) — Władysław IV. (in principem 1617) — Władysław Zygm. (cum ingreder. 1617), (in inaugurat. 1633) — Wodzicki Mich. (ingressus 1761) — Zamojski Klem. (sponsis 1763).

Applauz hymeneuszowi ob. Krasiński Stan. (1698).

— od całego muz parnasu obacz: Reszczyński Jan J. (1696).

— uczonej Pallady etc. (wiersze) w 4ce, 2¹/₂ ark. (brak tytułu. Druk łaciński).

Przyłęcki.

— wielki w Koronie z chwalebnych cney pogoni gonitw, gdzie brzmiący w trzech trąbach orzeł wylatując ku słońcu w pierwszej honorów osiada porze. Warszawa, 1762. w 4ce, str. 3.

Krasińs.

— obacz: Jabłonowski Joz. (wdzięczności) — Małachowscy (domowi) — Potocki Teod. (tryumfalny) — R. J. (Mar. Walewski 1775) — Radziwiłł

Jerzy (Applaudujące echo 1744) — Radziwiłłowa Kat. (weselne 1758) — Stanisław Ang. (na dzień 1766) — Szeptycki Atan. (Sławy) — Załuski J. A. (A. Zamojskiej 1743).

Applauzy wesołe ob. Soter Teod.

Applikacya polityczna na przykład młodzi retoryczney Collegium Piotrkowskiego scholarum Piarum produkowana Jaśnie Wielmożnemu Imci Panu P. Maciejowi z Kozarzowa Borzęckiemu z woiewodztwa Poznańskiego na trybunał koronny, deputatowi, podwoiewodzemu Kaliskiemu, przy powinszowaniu imienin na wiązanie do poważnych rąk oddana. Roku p. 1739. w 4ce, ark. nlb. sign. D. Warsz. Uniw.

Approbacya obrazu N. P. Maryi ob. Szczygielski Stan. (1670).

— transakcyi o wieś Murzynów. folio, 1. karta. Branic.

— transakcyi graniczney między dobrami Dupinem w Polszcze a dobrami Gogolewiec, Grzybielin y Stabocin w Szlonsku pruskim. folio, 1. karta. Branic.

— i ratyfikacya dzieła delegacyi naszej jakoteż Actorum generalnej konfederacyi obojga narodów i jej rozwiązanie. (Projekt do prawa na sejmie 1775. Warsz.) folio, 1/2 ark. pag. fr. Raczyńs.

— obacz: Actum 25 Febr. 1789. (Konwencyi Potock. i Teppera) — Rembieliński St. (ordynacyi 1766) — Tepper P. i Prot. Potocki (konwencyi 1789).

APRAXIN Stef. Fedorowicz (1702 † 1760). Manifest Nayiaśnieyszey imperatorowey Iey Mci samodzierżycy wszystkiey Rossyi general-feldmarszałek etc. przy wkroczeniu woysk rossyjskich w granice Królestwa polskiego w Maju r. 1757. folio. Kijows.

APRONIUS Lucianus (pseud.). Observationes magnatum Europae. „Inventa quae novitate constant, sectatores laudatoresque facile inveniunt." (Tacit II. Annal. 4). B. w. m. 1656. w 4ce, sign. A—C₄. Jagiell.

— Denncksprüche iziger Potentaten. 1656. Weller (str. 169). nie odkrył tego pseudonymu.

Apsis summa eruditae virtutis ob. Ormiński Tom. (1691).

Apteczka wonno zbawiennych oleyków. Duńczewski II. 347, 350 (1757), książkę tę „Dominikańską" nazywa. Przytacza ją razem z dedykacyą konkluzyi Ochabowicza: Złote żniwo, Canonicor. regular. Cracov. Jest tu wiadomość o famlii Wyszyńskich herbu Roch. Jocher 5735.

— domowa, która w niedostatku medyka snadno zdrowie człowieka poratować może. Editio quinta prioribus sanctior Anno Dni 1693. w 12ce, kart nlb. 85. (defekt.). Warsz. Uniw. — Wilno.

— Toż. Edycya 1, 2, 3, 4, w latach . . . . .

— lekarstw domowych które każdy mając, w niebytności medyka snadno zdrowie człowieka poratować można tak z ziół jakoteż zwierząt bardzo doświadczone, tak dla ludzi jako i dla bydła, zebrana i przedrukowana. We Lwowie, r. p. 1756. w 8, str. nlb. 116. Ossol.

— Toż, które każdy człowiek maiąc w niebytności medyka snadno zdrowia poratować może. W Lublinie, 1766. w 8ce. Katal. Kaj. Jabłońskiego.

— domowa, zawierająca zbiór lekarstw po większej części prostych etc. etc. przez jednego z księży Schol. Piar. ob. Tukałło Mac. (1793).

— ob. Buchoz (Końska Supplement 1785) — Głos (1727) — La Guérinière Fr. (Końska, nowa 1796, 97) — Nauki (Podróżna 1686) — Pietraszkiewicz Ant. X. (Końska 1780, 1782, 1783), (Przydatek 1786, 1796) — Twater (podróżna, Kalend. polski 1700).

Apteka domowa dla poratowania zdrowia potrzebna z autorów różnych zebrana, tak też lekarstwa dla koni, bydła i innego drobiu. Z przydatkiem ciekawych wiadomości za pozwoleniem zwierzchności do druku podana. W Poczajowie, w drukarni XX. Bazylianów 1788. w 8ce, str. 16, 270 i 32. rejestru kart 9. Przydatku str. 13.

— obacz: Launay Dr. (domowa. B. w. r.) — Lubelczyk Jak. (Ducha św. 1558) — Mathiophil (ubogich 1689) — Promptuarium (1716) — Szkoła salernitańska (1634) — Vade mecum medicum (domowa 1721) — Załuski Józef Andrzej (Apteka dla tych co ani lekarza 1750).

APULEJUS L. Madaurensis. Philosophi Platonici Opera, quae quidem extant, omnia et imprimis de Asino aureo libri XI. cum eruditissimis Philippi Beroaldi comentariis ab innumeris quibus scatebant mendis nunc demum vindicati etc. Basileae, per Henricum Petri. (1560). w 8ce, 14, k. 1 i str. 816.

Dedyk.: Stanislao et Joanni Pieniążek, fratribus germanis Polonis przez Marka Hoppera, data 1560. Jagiell.

— Toż samo. Lugduni sumptibus Seb. a Porta 1587. w 8ce.

Przypisał wydawca Marcus Hopperus: Stanislao et Joanni Pieniaszek (Pieniążkom). Czartor.

— ob. Morsztyn Andrzej (1689, 1697).

AQUA (Dell) **Andr.** z Wenecyi (ur. 1584). Della congregatione, et scola di bombardieri regii novamente fondata nella citta di Varsavia dal seren. et invitiss. Sigismondo III. re di Polonia l'anno MDCXXII. Autore Andrea dell' Aqua venetiano ingegniere milit. dell' Illust. Sign. Tomaso Zamoschi Palat. di Chiovia etc. etc. con l' Lizenza dei Superiori stampata in lingua italiana et polacca, nella stamperia di Zamościa Simon Nisolio stampatore. 1622. folio, kart nlb. 27. z rycinami i portretem autora. (Dedyk.: Zygmuntowi III. i Senatowi). O zgromadzeniu i szkole puszkarzów króla Jego Mości — teraz nowo od Naiasnieyszego y niezwyciężonego Zygmunta III. króla polsk. w Warszawie r. p. MDCXXIII (1623). postanowionej przez autora spraw wojennych iadzieniera JWP. Tom. Zamojskiego wojewody Kijowskiego, starosty Knyszyńskiego, Goniądz. etc. za dozwole-

niem starszych włoskim językiem i polskim wydane. W Zamościu w drukarni Akademii drukował Symon Nizolius w 4ce wielkiej, kart nlb. 22.

Na odwrotnej stronie tytułu herb państwa. Przypis Zygmuntowi III. ten sam co po włosku — i drugi przypis Senatowi polskiemu. W pierwszym przypisie wiele znajduje się szczegółów do życia autora, poczem jest ten sam portret autora. Cała rzecz składa się z jedenastu rozdziałów: w I. mówi jako się mają rządzić w bractwie i szkole puszkarskiej królewskiej pod nabożeństwem św. Barbary P. i męczenniczki. — II. Jako mają nawiedzać chorych w bractwie puszkarskiem królewskiem. — III. Chorzy jeśliby mogli stawić inszego na swe miejsce póki nie ozdrowieją. — IV. Umarłych z bractwa puszkarskiego i szkoły św. Barbary, jakim zwyczajem ich chować mają. — V. Forma i reguła szkoły puszkarskiej królewskiej i uczniów, gdzie się mają uczyć professyi puszkarskiej. — VI. Forma i reguła miejsca gdzie mają puszkarze strzelać z muszkietów do celu. — VII. Forma i reguła gdzie mają strzelać do góry sypanej z działa każdego miesiąca dnia pierwszego. — VIII. Sposób i reguła rozdawania z skrzynki braterskiej pieniędzy między chorych braciej puszkarskiej. — IX. Sposób jako mają być rozdane pieniądze na umarłych z skrzynki, albo jeśliby w skrzynce niedostało. — X. Sposób jako się ma odmieniać ława na dzień św. Barbary. — XI. Deklaracya, co za kondycye i pożytki ma mieć to bractwo puszkarskie od króla JMci, tak gdy będą na wojnie jako i gdy doma siedzieć i od kogo mają być sądzeni, oprócz ich szkoły. Zakończa: Jaki koszt ma nałożyć Rzplta na tę szkołę puszkarską królewską. Druk gocki. Spisu rzeczy nie ma wcale.

Żebrawski Bibl. matem. 253. — Ciampi Bibliogr. I. 1. Krasiús.

Aqua Martia Alberto Papenkowicz ob. Taralicz Seb. (1666).

— ob. Dwernicki Bernard de Tarnow (Lubinensis b. r.) — Magni Valerianus (1648) — Turrecremata Joannes de (Tract. de a. benedicta 1533).

AQUAVIVA Claudius († 31 Stycznia 1615). Epistola admod. R. P. N. Claudii Aquavivae, Praepositi Generalis Soc. Jesu, ad Patres et Fratres ejusdem Societatis. Vilnae, anno 1605. Superiorum permissu. w 16ce, k. 1, str. 70. Datowane: Romae 24 Junii 1604.

Jagiell.

(Aquaviva) Opisanie chwalebnego męczeństwa dziewięci chrześcian Japońskich
podjętego dla wiary chrześciańskiej w
królestwach tamecznych, w Fingu, Sus-
samie i Firandzie, przesłane od Wieleb.
Ojca prowincyała Soc. Jesu w Japonii
miesiąca Marca w r. 1609 i 1610. prze-
wielebnemu Ojcu Claudiusowi Aquaviva
generałowi tegoż zakonu. W Rzymie,
językiem włoskim wydane, a teraz na
polski przetłumaczone. W Krakowie,
w drukarni Mikoł. Loba r. p. 1612.
w 4ce, kart nlb. 24. (ark. F₄). Druk
gocki.

Autor bezimienny jezuita przypisał Elżbiecie
z Leżenic Sieniawskiej, marszałkowej W.
Kor.
Maciejows. Piśm. III. 79.
Czartor. — Warsz. Uniw. — Ossol.

— ob. Trigawt X. Mikołaj (Nowiny
abo dzieje chineńskie 1616).

Aquila academica ob. Lizniewicz A.
(1652).

— aquilonis ob. Widawski Wężyk
P. (1601).

— aquilonis deplorandam reipubl.
Polon. conditionem ob. Sobotkiewicz
And. (1608).

— e rogo evolans ob. Józefowicz
Joan. (1685).

— grandis portans medullam cedri
ob. Oborski Mart. (1692).

— in funere Joan. Fugaszowic ob.
Piskorski Seb. (1660).

— in petram obacz: Podgórski S.
(1709).

— Jovi ob. Jeleński Mik. (A. Wyhowski 1703) — Sczucki Jac. (1652).

— Magnarum Alarum Maria lumi-
nis aeterni haeres soli sapientiae amica
in stemmatico signo Illustrissimorum Palatinatuum Brestensis Cujaviae et Iuni-
vladislaviensis insignis ex utroque eruditae Palladis arenae gratiarum ministra
ab exedris Scholarum Piarum Radzie-
joviensium humili cultu adorata anno
1731. Thorunii, impressit Joh. Nicolai
Nob. Senat. et Gymn. typographus.
folio. ark. G.   Czartor.

— occurens polona ob. Poturski
Mac. (1634).

— Poloniae armata ob. Behr Chr.
(1698).

— Poloniae redux ob. Zetzke Jak.
(1657).

— Polono - Benedictina ob. Szczygielski Stan. (1668).

— Polubiniana sagittatis crucibus
munita ob. Dziedzic Jan (1652).

— Polubiniana horas Christ. Połubiński a juventute ob. Połubiński Krz.
(1684).

— pro Deo et Patria regibus et legibus armata. Varsaviae.

— Radiviliana elegia ob. Rynt Hyac.
(1663).

— Regni Poloniae ob. Konstancya
(1605).

— sarmatica super nuptiis Joan.
Casim. ob. Pastorius Joach. (1652).

— supremi Jovis ob. Paczygiewski
Alb. (1687).

— ob. Aloysius Gonzaga (Princeps
1727) — Jętkiewicz Teofil (grandis Ży-
rowiciana 1730) — Paulutio Cam. (coronata 1729) — Radziwiłł (Regnatrix
1725) — Sołtyk Joz. (Secunda orbis
1732) — Sołtyk Kaj. (in montibus
1763) — Wychowski A. (Jovis 1703)
— Żabicki Mik. (polona cum alarum
pennis (1646) — Załuski And. Stan.
(Aquilarum 1747).

Aquilae veriori Jovi Poloniae nido
ob. Kuuk Paw. Jan (1696).

— fulminatrix Joannis, Serenissimi
Poloniarum Tonantis armigerae, olim
luctantibus, cum infestis Tartarorum
Harpyis, Militaribus Polonorum Aquilis,
in avitis, victricibusque Divorum Patronorum alitibus, coelitus in suppetias
expeditae. Nunc vero in solemni Divi-
nissimorum Stanislai Kostka, et Aloysii
Gonzaga S. J. Sacro-Sanctae Apotheo-
seos promulgatione, triumphalibus lau-
reis adornatae. Colligato Divis nomini,
ac numini Illustrissimi, ac Excellentissimi D. D. Francisci Marchionis Gonzaga, in Mirovo ex Wielopolscijs, Myszkowski, comitis in Żywiec, Palatini
Cracoviensis etc. etc. Maecenatis Munificentissimi totiusque Gonzaganis Aquilis conjunctae Domus honori, ac glo-

riae immortali consecratae: atque à per-illustri, Magnifica ac Generosa, in Almo ejusdem Serenissimi Joannis Casimiri, fundatoris gratiosissimi, Resscliensi Soc. Jesu Collegio juventute, theatrali plausu adoratae. Anno Aquilae magnarum ala-rum, humano generi in subsidium de coelo venientis, et ad volandum provo-cantis pullos suos, supra millesimum se-ptingentesimum vigesimo octavo. Mensis Junij die... (1720). folio, kart 5. (Teatr).

Treść o Janie Kazimierzu i Stan. Kostce.
Jagiell.

Aquilonia seu vitae sanctorum ob. Vastonius Jan (1708).

Aquilonius Eubulus ob. Hermelin (Epistola 1701).

Aquinaticum mare seu Oratio obacz: Winkler M. (1658).

AQUINO (de) **Karol** S. J. z Neapolu (1654 † 1737). Oratio in funere Jo-hannis III. Poloniae Regis M. Lithuan. Ducis habita in sacello Pontificio Qui-rinali, ad Innocentium XII. Pontificem Max. a Soc. Jesu die 5 Decemb. anni 1696. Romae, typ. Barberinis, excu-debat Dom. Ant. Hercules anno 1697. folio, kart 5, z portretem. (sign. C₂).

— Oratio in funere Eleonorae Au-striacae Poloniae Reg. Lotharingii, Bar-rique Ducis. Habita a — S. J. dum ei-dem Eleonorae inclyta natio Lotharingica justa persolveret. Romae, 1698. Ex typ. Ant. de Rubeis. folio, str. 11.

— Orationum tomus I. complectens funebres. Romae, MDCCIV. ex typo-graphia Antonie de Rubis in Platea Cerensi. w 8ce, k. t. 1 k. aprob. 2 k. ind. str. 192. — Tomus II. 1704. str. 270. 8 k. nlb. ind. i 1 s. errata.

Między innemi są tu mowy pogrzebowe: 1) In funere Joannis III. Poloniae regis, habita in sacello pontificio ad Innocentium XII. P. M. — 2) In funere ejusdem Jo-annis III. Poloniae regis, habita a nobili Polono in inclytae nationis Polenae tem-plo S. Stanislai inter sacra exequialia eidem celebrata ab eminentissimo et reve-rendis. principe Carolo S. R. E. card. Bar-berino Poloniae Protectore. Descriptio exe-quialis pompae, in templo S. Stanislai inclytae nationis Polonae exhibitae in fu-nere Joannis III. Poloniae regis ab emi-nentis. et reverendis. principe Carolo S.

R. E. card. Barberino Pol. protectore. — 3) In funere Eleonorae Austriacae Poloniae reginae, Lotharingiae Barrique ducis ha-bita in aula maxima collegii romani. Backer. Bibl. des ecriv. I. 259.
Czartor.

Aquino Tomasz ob. Tomasz.

Ar Anti krisztu sról obacz: Ozorai Imro (1535).

Aragno immolando ob. Markowicz Sim. (1701).

— grati animi ob. Boehm M. (1709).

Ara gratitudinis saecularis, Eminent. Ill. Rev. perill. Adm. Rev. Magnificis, etc. Dominis D. Fundatoribus et Be-nefactoribus erecta a Coll. Brunsberg. S. J. Anno saeculari eiusdem Collegii Christi 1665. Sexto nonas Maias. Brunsb. typ. Henrici Schultz. folio, ark. A—F.

— gratitudinis S. Goralski ob. Or-liński Mat. J. (1651).

— gratitudinis Deo optimo ob. Ar-nold Sam. (1705).

— Lubomirsciana ad urnam ob. Bie-żanowski Stan. (1649).

— manalis honori J. Scharschmidiae erecta ob. Scharschmid Judith (1640).

— maxima pietatis christianae. Var-saviae, 1743. w 12ce.

Katal. Kaj. Jabłoń.

— maxima pietatis christianae .... publica illustrata. Lublini S. J. 1743. w 12ce, str. 552.
Warsz. Uniw.

— nuptialis Sim. Böhm ob. Böhm Sim. (1659).

— Palladis in capitolio philosophici honoris ob. Sawicki Bas. (1696).

— perennaturae gloriae Franc. Prze-woski ob. Ośliński Marc. (1684).

— pietatis manibus G. Schrammi ob. Schramm Georg. (1674).

— post pestem ob. Boehm M. (1711).

— publici doloris in funere obacz: Oborski Th. (1645).

— puris ignibus ardens ob. Skrze-tuski Jakób (1706).

— Themidis Stan. Bedleński ob. Wesołowski Alb. (1676).

— triplex Sig. Cas. Vlad. ob. Doen-hoff J. A. (1643).

— salutis Crux sacratissima in Tri-bunalitia urbe, Lublini, Regni Poloniae, quantitate magnitudinis et miraculorum pondere innumero toto Christiano Europaeo orbe percelebris etc. votivis plausibus a Studio Thomistico Conventus Regii Lublinensis in Universae Philosophiae Thesibus adornata etc. folio, 10¹/₂ ark.

Dedykacya do członków trybunału 3¹/₂ ark. Wiadomości o drzewie krzyża Lubelskiego 3 ark. gdzie są: Theses. Na końcu: Disputabuntur publice in studio Lublinensi Ord. Praedic. etc. A. D. 1754.

Arabia ob. Breidenbach B. Bykowski A. Czarnocki S. J. Rymsza. Wargocki And.

Arabica peregrinatio ob. Czarnocki Wojciech (Explicatio b. r.).

Arae exequiales in funere Johan. Fechneri ob. Fechner (1686).

— gratitudinis, elógia episc. Varmiensium ob. Tylkowski Wojc. (1653).

— Ołycenses Andr. Const. Łącki ob. Konradzki Paw. (1688).

— perennes laureato honori obacz: Przecławski Jan (1667).

— votivae Corn. Winhold ob. Winhold C. (1622).

— Themidis sub protect. Joan. Małachowski ob. Arteński Raf. (1681).

ARAKIEŁOWICZ Grzegorz (ur. 1732 † 1798). De mundi systemate dissertatio cosmologica, in qua de Coperniciani systematis cum philosophiae sacrisque praesertim litteris congruentia, quaestio discutitur. Auctore P. Gregorio Arakiełowicz e S. J. Praemisliae, typis Coll. S. J. (1768). w 4ce, kart nlb. 9.

Ossol.

— Propositiones selectae ex universa philosophia adnotationibus illustratae quas indiscriminatim defendendas suscepit mense Januario M. D. Ignatius Witoszyński ob. Witoszyński J. (1768).

Brown. str. 105. — Barącz. Żyw. Ormian 32. — Zebrawski Bibl. matem. 425. — Backer I. 261.

Wileńs. — Ossol.

ARAKIEŁOWICZ Jakób Paschalis, Dr. teol. prof., kanonik Zamojski (pochowany 17 Września 1739). Trzy kopiie herbowne, z których nieśmiertelność pierwsza, prawowierney kościoła bożego usłudze, druga ojczyzny, nieustannej

obronie, trzecią przezacnym kolligacyi domów zaszczytom dedykowała. Na pogrzebie JW. J. M. P. Marcina Leopolda z Zamościa Zamojskiego Bolemowsk. Rostockiego etc. starosty z ambony kollegiaty Zamojskiej, przez X. M. Jakóba Arakiełowicza S. theol. Dr. prof. kanon. Zamojsk. plebana Wilkołazkiego i akad. Zamojskiej rektora, żałosnym stylem demonstrowane. Roku 1718. dnia pogrzebowego 28 Marca. W Zamościu, w drukarni akad. folio, kart 14.

Pisali tu: Carolus Jos. Comes de Biberstein Krasicki Castellanid. Halic. alumn. acad. Zamosc., Joa Węgleński supdapiferides Mielnic. alumn. poes. — Dedyk.: Konstancyi z Podbereskich Zamojskiej Bolemowskiej Rostockiej starościnie.. (2 karty) z herbem Gozdawa.

Jagiell. — Ossol. — Czartor. — Branic. — Krasińs. — Zielińs.

— Species triumphorum in Cruce Christi primitiva in Portugalliae Rege Alphonso contra incursiones saracenorum derivativa in tuo tiarato capite, decorum Compendium, sponsae ecclesiae delicium, Christe Domini, Luci Academici phaebe, Comes Cleantis Clarissime, Virtutum omnium Pantheon, vitae Apostolice exemplar, Sapientiae Majestas, perillustris et Reverendissime Domine M. Jacobe Arakiełowicz sacrae theologiae doctor, protonotarie Apostolice, ecclesiarum Cathedralis Praemisliensis Canonice, insignis Collegiatae Zamoscensis, Decane Infulate Szczebrzesinensis et Crosnensis praeposite, Wilkołazensis Curate etc. Summa pro specimine debitae submissionis et submissae absq. cerusla venerationis scenicis coloribus impressa in praelato aestimatissimo Reipublicae literariae patre emeritissimo, Litteratorum Corculo, principum amore, consiliis publiciis peride, gravitate Catone, judiciis Aristide, pietate Metello, divina scientia Hieronimo, suavitate nectarei oris Ambrosio, Aureo verborum pondere Chryzostomo. Aere templa, homines exemplo aedificanti Gregorio, mitris Ecclesiasticis Augustino, ex utroq. Caesari imperio digno, quam uti coram sole umbram, coram Tullio verba, coram Platone favos mellis coram Hortensio rosas, coram Roscio scenas, praesentat juventus analogica studii generalis Univ. Zamosc. cum voto: Quot mundus species, species quot sydera coeli Sors tibi tot species, tot ferat omnis honor. Anno speciem humanam induti Verbi 1736. die 27 Martii. folio, 3 karty.

Dialog przez uczniów z Zam. wyprawiany, w 3 aktach z prologiem. Rzecz dzieje się w Portugalii za czasów Henryka, który syna osadza na tronie i wyprawia przeciw Saracenom. Treść dyalogu jest po polsku.

— ob. Dulewski Baltazar (Naeniae 1739) — Duńczewski Stan. (Gladius 1735, 1734) — Fredro Alex. (Juskrypcya 1734) — Mikołajski Josephus (Trenus votivus 1733) — Piskorski Seb. (Regia solis 1702) — Sokołowski Kasper (Academia 1721) — Szynglarowicz Jęd. (honor infulare 1724) — Weisłowski Wal. (Laureae doct. 1715).

ARAKIEŁOWICZ Symforyan, Reformat. Fabryki duchowney materya albo punkta do meditacyi według starodawnego zwyczaju prowincyi naszey służące. We Lwowie, w druk. brackiey św. Troycy 1729. w 12ce, 1 ark. i 343 str.

Dedyk.: Jerzemu Rzeczyckiemu, pułkown. woysk JKMci.

X. Barącz, Żywoty Ormian. 30 i 1 str.
Ossol.

Aram memoriae posthumane Christ. Hyllero ob. Hyller Chr. (1669).

ARAMUS Daniel et NEMORECKI Johannes. Orationes. Problema politicum de praecipuo civitatum requisito seu fine ex parte excutientes ac in Encaeniis gymnasii Elbingensis publice inter alias habitae. Juxta et orationes Christi patientis typum et resurgentis triumphum explicantes ibidem ab iisdem dictae ac editae. Elbingae, 1646. w 4ce.

Oratio I. Propter securitatem civitatis esse conditas, contendens, munitiones praecipue in iis spectandas statuet. D. Aramus.
Oratio II. Christi patientis typum explicans. D. Aramus.
Drugie dwie orationes ob. pod Nemorecki.
Branic.

Aranda Hisp. Legatus ob. Konarski Stan. (Ode 1762).

ARANT Odon X. Cysters, profess Koronowski. Foelix capturae perennaturae gloriae in publico disputantium ex universa philosophia actu magno cum plausu a studio landensi exposita.

W początku XVIII wieku wydane. Są to konkluzye z loiki, fizyki, animastyki i metafizyki bronione w klasztorze Lędzkim Cystersów przez Odona Aranta Cystersa. Łukaszewicz Hist. szkół I. str. 317.

ARATUS z Soli albo Pompejopolis w Cylicyi (żył około 270 roku przed Chrystusem), obacz: Cicero. Kochanowski Jan: Aratus ad graecum exemplar expensus et locis mancis restitutus. Cracoviae, 1579 i 1612.

Arbiter aequitatis ob. Mokrski J. (1619).

Arbitra myśli. B. m. i r. (Warszawa 1790). w 4ce, kart 2.

O sądach sejmowych. Że oprawne razem z pismami i mowami Mich. Zaleskiego — czy więc nie jego?
Porównaj Głos patryoty, List do obywateli (1788) — Rozmowa (1791).
Jagiell.

— Ostrzeżenie od Arbitra do Obywatelow ob. Ostrzeżenie.

— List przytomnego na seymie Arbitra do pozostałych w domach Obywatelow z Warszawy dn. 4 Listopada 1788 pisany. folio, k. 2.

Porównaj: Szczawiński J. (1792).
Czartor.

— (stary), do nowego posła. B. m. r. i dr. w 4ce, kart nlb. 2. (około r. 1790).
Ossol.

Arbiter Joannes ob. Martialis (1518).

Arbitrium liberum ob. Lagus Jacobus (1648) — Przeworski M. Franc. Józ. (1684) — Uberus Joannes (De libero arbitrio 1611) — Ustiensis Jacobus (Quaestio de liberi humani 1639).

ARBM Georg. Copia oder warhaffte Abschrifft des grossen Treffens, welches zwischen dem König in Pollen unnd Schweden, den 17 Junii, dess 1729 Jahrs geschehen, von Herrn Georgen von Arbm, an ihr Fürstl. Gnaden Hertzog von Friedlandt uad Sagan Abgangen. Gedruckt zu Prünn in Mähren, bey Christoff Hagenhoffer, im Jahr Anno 1629. w 4ce, kart 2.

W tytule drzeworyt wyobrażający dwóch rycerzy poniżej pasa z zamierzonymi na siebie mieczami. Wrocław.

Arbogensium peractionum (Universalis) conclusio, ab omnibus regni Sueciae ordinibus qui ibidem congregati fuerunt unanimiter affirmata 5 Martii Anno 1597. Allmeneliget Affhandlings Beslut aff the Ständer, som vthi Arboga haffne församlade warit then 5 Martii Anno 1597. Stockholmiae, apud Andr. Gutterwitz, 1597. w 4ce, ark. sign. Ai—Ei. Jagiell.

Arbor myrrhae de cujus cortice inconciso rubeae stillant guttae, seu meditationes; de praecipuis sanguinis effusionibus et vulneribus Christi, in septem dies hebdomadae distinctae ex operibus spiritualibus, cujusdem devotissimi ad passionem Christi ascetae desumptae, litaniis de passione Domini, et aliis piis orationibus corda, duras hominum mentes emollientibus audaciae. Cracoviae, typ. Academicis reimpress. B. w. r. w 16ce, k. 1, str. 104.
Druk z początku 18 wieku. Jagiell.

— scienciae boni et mali ob. Kalinowski Stan. (1689).

— scientiae Th. Aquinas ob. Malicki Bartł. (1692).

— in tertili ob. Szumowicz Mich. (1700).

— vitae ob. Piskorski S. (1700).

— vitae virgo Deipara Maria ob. Arteński Raf. (1684).

Arbores consanguineitatis ob. Cusanus Joannes (Textus lecture quatuor 1529).

Arcadius Imperator ob. Synesii episcopi Cyrenes. (1563).

Arcae exequiales. Bytomi 1624.

Arcana philosophiae rationalis ob. Sławek Ant. (1670).

— profunda ob. Bardziński Alan. (1681).

— Sideris obacz: Tomasz Aquino (1681).

— theologica a D. August. selecta ob. Polinus Jak. Filip (1663).

— Trinitatis 1650—1659. ob. Tomasz Aquino.

ARCANGELO Valerius. Legationis Polonicae olim Auditoris. Ad Polonos pacis persuasio. Serenissimo Sigismundo III. regnante. Cracoviae, 1608. w 4ce, ark. D₂.
Wiszniews. Hist. lit. VIII. 58.
Petersb. — Jagiell.

ARCANGELO da S. Nicola. Ill pellegrino Mariano, cive il devoto di Maria vergine instradato, nella visita estidiana delle di lei miracolose imagini, e chiese sparse per tutto il mondo: dove se ne propone da visitare, almeno mentalmente, una per ogni giorno di tutto l'anno. Autore Fra Arcangelo da S. Nicola erem. Agostiniano Scalzo Semestre secondo con doppio indice. In Milano, nella stamperia di Giuseppe Malatesta 1725. w 12ce, str. 527.

Z polskich są tu: La Madonna di Zelenisia Luogo nella Polonia, La Madonna di Siepre citta del regno di Polonia, La Madonna di Cestacovia luogo del regno di Polonia, La Madonna dell' Orsa citta di Lituania in Polonia, La Madonna di Esimonte Borgo nella Lituania.
Czartor.

Arcano (de) obacz: Congregatio (1676) — Gastaldi (1676).

Arcanum amoris altissimi, Angelico Astrolabio Adajdis apertum, divinissimus Joannes Mattensis fundator Ordinis S. Trinitatis de redemptione captivorum i t. d. An. Dni 1736. Leopoli, typis Confraternitatis S. Trinitatis. folio, ark. 7.

Mowa ta wydana przez Bractwo Troycy Ś. przypisana Ambr. Strutyńskiemu pisarzowi Kor. składa się ze słów zaczynających się od litery „A"! Ossol.

— divinae providentiae decretum circa Henricum secundum Romanorum imperatorem manifestatum illustrissimo ac excellentissimo domino D. Casimiro Kucharski, notario castrensi Siradiensi, et ad tribunal regni ejusdem palatinatus Siradiensis judici deputato ab illustrissima et magnifica scholae poeseos iuventute Collegij Petricoviensis scholarum Piarum per scenas explicatum, anno 1719. die... mensis Martis. Varsaviae, typis S. R. M. in Collegio scholarum Piarum. folio, k. 4.

Argument dyalogu na dwóch kartkach. — Na odwrotnej stronie tytułu herb Kucharskich. Jagiell.

— cordis obacz: Kossakowski Br. (1721).

— principis obacz: Szembek Stan. (1710).

Arcas Pastor ob. Merito(al) Grande (b. r.).

ARCE Don Pedro. La Comedia de el Sitio de Viena, Tiesta qve se representó a los felires annos de la Reyna Madre Nvestra Sennora Donna Mariana de Avstria, el diaveinte y dos de Diziembre de MDCLXXXIII. en el Real Salon de Palacio. Con privilegio En Madrid: Por Francisco Saur, Impressor del Reyno, y Portero de Camara de su Magestad, anno 1684. Vendese en su Imprenta en la Plaçuela de la Calle de la Par. w 4ce, str. 61.

Bibl. narod. w Madrycie.

— La Comedia, Segvnda parte del Sitio de Viena, y Conqvista de Estrigonia, Fiesta qve se representó á sus Magestades. Anno de 1684. Con licencia, En Madrid: Por Francisco Saur, Impressor del Reino, y Portero de Camara de su Magestad. Vendese en su Imprenta, en la Plazuella de la Calle de la Par. w 4ce, str. 36.

Bibl. narod. w Madrycie.

Arcemberski Jan de Herzberge ob. Zyznowski And. (Kaz. pogrzeb. 1717).

ARCEMBERSKI Valent. Mathias de Hertzberge († 1717). Panegyricus celsissimo Severiae, etc. S. R. Imperii Principi, Illustr. et Rever. Cracov. antistiti, D., D. Georgio Albrachto Denhoff, in solenni cathedrae ascensu, et publico omnium regni ordinum concentu, a Valent. Mathia Arcemberski, Cantore Sandomir., Canon. Vars. S. R. M. intimo Secr., dedicatus. Anno coelestis militiae nato sacrorum pontifici primum accinentis 1701. folio, signatura A—J₁. (ark. 10¹/₂).

Janociana III. 6—7. (mówi, że panegiryk ten jest bardzo rzadki.)

Krasińs. — Jagiell. — Ossol. — Dzików.

— Meridies virtutis et scientiae septemtrionem illustrans scilicet honore et infulis illustrissimus scientiae et eruditione excellentissimus religione et pietate reverendissimus Dominus Dominus Valentinus Arcemberski Dei et Apostolicae Sedis gratia Episcopus Kijoviensis, Abbas Sieciechoviensis Praepositus Cathedralis Posnaniensis etc. Septemtrionalem Cathedram felici ascendens passu. a fatidico Poetarum Apolline demonstratus. In obligatissimo Illustrissimo Nomini Collegio Posnan. Soc. Jesu. Annô Quô. CLaret praesVLeIs raDIans septeMtrIo VIttIs. Posnaniae, typis Clari Societatis Jesu (1715). folio, knl. 18. (wiersze). Jagiell.

— obacz: Nikodemski Joan. Jos. (1717) — Plucieński Fr. (Sors gloriae 1715) — Zyznowski Adr. (Jeleń 1717) — Orłowski Jan N. (Kronika wojew. Kijows. str. 102) — Rzepnicki Franc. (Vitae praes. III. 158) — Niesiecki I. 23. (wyd. lipskie) — Encykl. Orgelbr. II. 78—9. — Friese Chr. J. (de episc. Kijow. 93).

Archan Michael ob. Markiewicz Jan (Certamen. 1728).

ARCHDEKIN (Arsdekin, Archdeacon) Ryszard S. J. (1619 † 1693). Sidła zbawienne na szczęśliwy dusz połów do prawowiernej religii katolickiej z xiąg X. Archidekina zebrane i do druku podane przez J. Z(ałuskiego) R. K. Kraków, w druk. JO. X. Załuskiego bisk. krakows. 1758. w 16ce, kart 15.

Jagiell. — Warsz. Uniw.

Archelia to jest nauka ob. Uffan (1643).

ARCHENHOLTZ Joh. Wilh. z Gdańska (1745 † 1812). England und Italien von .... vormals Hauptmann in Kön. Preuss. Diensten. Warschau, bey Joh. Thom. Edlen von Trattner kais. kön. Hofbuchdrucker und Buchhändlern. 1786. w 8ce. — T. I. Cz. I. str. XVI i 382. — T. I. Cz. II. k. tyt. i str. od 329—691. — T. II. Leipzig, 1786. str. 300.

Czartor. — Zielińs.

ARCKENHOTZ Jean. Memoires concernant Christine Reine de Suede pour servir d'eclaircissement a l'histoire de son regne et principalement de sa vie privée, et aux evenemens de l'histoire de son tems civile et litteraire: suivis des deux ouvrages de cette savante princesse etc. etc. T. I—IV. Amsterdam et Leipzig, chez Pierre Mortier libraire. 1751. do 1760. w 4ce. T. I. str. XXVIII. 560 i k. 1. T. II. k. 8, str. 348. Appendice str. 202. Ouvrage str. 118. Panegyrique do str. 144. Liste des auteurs str. 34. Table des Matieres ark. nlb. 10. T. III. (narration de ce qui s'est passée depuis la morte de Gustave Adolphe). R. 1759. w 4ce, k. 7, str. XVII. 523.

Approbata na druk dana przez Fryd. Augusta króla polskiego.

„Krystyna córka króla Gustawa Adolfa, która abdykowała była tron w Szwecyi, po plemiennika swego Jana Kazimierza abdykacyi, chciała w Polsce panować. Znajdziesz to, jako i wiele innych rzeczy tyczących się Polski w tych pamiętnikach." (Załuski). Jagiell.

ARCHETTI Jan Andrzej. Actus erectionem metropol. Mohilev. cathol. eccl. concernentes ab illustr. etc. .... archiepiscopo chalcedonensi ad Ser. etc. Catharinam II. signati et in charta pergamena cum appensis sigillis Ill. Exc. ac Rev. Stan. Siestrzencewicz a Bohusz exhibiti. Petropoli anno 1784. w 4ce, str. 36.

obacz: Actus.

Zieliński. — Jagiell. — Bibl. petersb.

— Epistola Illustriss. Excellent. et Reverend. Dni Nuntii Apostoli. ad superiores Provinciorum, Congregationum, Monasteriorum et Conventuum ordinum regularium in Regno Poloniae et Magno Ducatu Lithuaniae existentium. 1776. w 4ce, k. 1. Ossol.

— Litterae Illustrissimi Excellentissimi Reverendissimi Domini Joannis Andreae Archetti ex Marchionibus Formigariae Archiepiscopi Chalcedonensis, in Regno Poloniae Nuntii apostolici. Ad V.° Capitulum datae Scholarum Piarum provinciae Polonae die 31 Julii A. D. 1777. folio, k. 1. Jagiell.

— Mowa JW. IMci Xiędza nuncyusza Archetti, posła od oyca świętego do N. Imperatorowy całey Rossyi, miana w Petersburgu w kościele kato-

lickim przy włożeniu Palliusza na JW. IMC. X. Stanisława Bohusza Siestrzeńcewicza arcybiskupa mohilewskiego d. 18 Stycznia 1784 r. Oratio habita Petropoli in ecclesia catholica d. 18 Januar. 1784. ab excell. et reverend. Nuntio Archetti legato S. Pontif. propter impositionem palii rev. St. Bohusz Siestrzeńcewicz Archiep. Mohilev. (z tłumaczeniem polsk. obok). Warszawa, w druk. Schol. Piar. folio, k. 1.

Encykl. powsz. II. 91.

Dzików — Ossol. — Branic.

— Mowa tłum. po rossyjs. (paliusz Siestrzencewicza). Peterburg, 1784. w 4ce, str. 12. Czapski.

— Sub prosperum adventum Vilnam Metropolim Lituaniae Illustr. Exc. ac Reverend. D. D. Joannis Andreae Archetti ex marchionibus Formigariae Archiepiscopi Chalcedonensis S. D. n. Pii Papae VI. cum facultatibus Legati a latere in Regno Poloniae et M. D. Lit. Nuntii cum legatione Rossiaca ab eodem SS. Pontifice fungeretur. Anno Chr. (B. m.) 1783. w 4ce, ark. 1. (wiersze łacińskie i włoskie Józ. Narolskiego i X. Knieżyńskiego). Wileńs.

— ob. Ustanowienie bractwa miłosierdzia (1777).

Ciampi Bibl. II. 109.

Archetyp albo perspektywa żałobnego rozwodu ob. Wieszczycki Adryan z Wieszczyc (1650).

— cnót Stef. Grudzińskiego obacz: Lipczyński Hier. (1640).

Archetypus animorum ob. Niewieski Stan. (1668).

Archiconfraternia obacz: Dyaryusz (1740) — Konstytucye (1632) — Michał S. (1755) — Muszyński Adam (1668) — Olchawski Jan (1632).

Archiconfraternitas sacrosan. Hierosolymitani sepulchri Domini Nostri Jesu Christi, per Julium Pontificem Max. restaurata et instituta. An. Dni 1554. typis impressa. Cura autem et studio M. Jacobi Pauli Radlinski Poloni, S. Theol. doct. ordin. canonic. Regular. Praepositi generalis infulati, reimpressa adiunctis in fine aliquot Summorum Pontificum Bullis et diplo-

matibus patriarchalibus ad honorem S.
Sepulchri spectantibus. An. Dni 1758.
Cracoviae, typis typogr. S. C. A. S. K.
Załuski episc. Cracov. Praefecto Rev.
D. Petro Antonio Frola. w 4ce, k. 4
i str. 86. (z miedzior. ryt. Żukowskiego).
Jocher 7787.   Ossol.
— literatorum obacz: Awedyk K.
(Hospes 1741).

Archidoxe ob. Theophrastus Para-
celsus (1569).

Archidux ob. Ecchius Valent.

Archidyakon Leodyiski. Post stary
Polski ob. Kowalicki Fr.

Archiepiscopatus ob. Chodykiewicz
Klemens (Kijoviensis et Haliciensis
1770) — Legatio (Gnesnensis 1677) —
Olszowski Andr. (Gnesn. b. r.) — Załuski And. Ch. (Gnesn. 1710).

Archiepiscopus ob. Bużeński X. St.
(Gnesn. 1754) — Catalogus (Katalog)
(Gnesn. b. r.) — Damalewicz St. (Gnesn.
1649) — Eucaedius Aug. (Rigenses
1794) — Janitius Clem. (Gnesn. 1574)
— Kącki Krzyszt. (Cracov. 1593) —
Spinola Nic. (Oratio 1710).

ARCHINTO Giuseppe (1657 † w kwiet.
1712). ob. Wojeński St. (Comp. relazione 1685).

ARCHINTO Alberyk Nuncyusz (1698
† 1758). ob. Mignonius Ubaldus (1751)
— Rosetti Ign. (1753).
Łętowski Katal. IV. 285. — Orgelbr. Encykl.
II. 103.

ARCHINTUS Filip (ur. 1500 † 18 lip.
1558). Christiana de fide et Sacramentis
contra haereticorum id temporis errores
explanatio. Accessit praeterea edictum
Caroli V. Caesaris cum articulis quibus
docetur fidei et religionis christianae
vera observantia. Apud Hieronymum
Vietorem. Anno MDXLV (1545). w 8ce,
158 str. liczb., 10 kart na przodzie i
11 kart na końcu nlb. Druk łac. Na
końcu powtórzono: Impressum Cracoviae
per Hieronymum Vietorem Anno Domini MDXXXXV (1545).
Dzieło to najprzód wyszło w Rzymie 1545.
w 4ce. Ed. 3-cia Romae 1578. Jan Dan-
tyszek bisk. Warmiński, kazał je przedru-
kować, co Stanisław Hozyusz wykonał.
Z przedmową Jana Dantyszka.

Jocher 3144. — Freytag Anal. s. 242—3. —
Ciampi Bibliogr. I. 10, II. 25. — Janocki
Nachr. I. 23. — Clement. Bibl. Curieuse
T. IX. str. 318.
Czartor. — Dzików — Krasiń. — Ossol.

Archipedia cursus scientiae ob. Falęcki J. (1641).

Archipelagus titulorum ob. Lubomirski Jerzy (1730).

Architecta gloriae ob. Jeliński Seb.
(1685).

Architektura kościoła Kruszyńskiego
ob. Małecki Stan. (1694).

— militaris ob. Freitag, (Freytag
1631, 35, 42, 54, 63, 65, 66).

Architekt wieyski (z figurami). B.
m. 1798. w 8ce, k. 9, str. 271, 1 k.
erratów i tabl. ryt. 2—4.
Ossol. — Czartor.

— polski obacz: Solski Stanisław
(1690).

(Architektura). Pytania z Architek-
tury wojennej w koll. Nobil. Lwowsk.
S. J. przez kogożkolwiek z gości podane.
ob. Pytania.

Architektura (Architectura) ob. Barozi (1791) — Bystrzonowski W. (Informacya 1743) — Callitectonicorum liber
unicus (arch. sacra 1678) — Cointe-
reaux Fr. (Architecture 1790—91) —
Grodzicki Faust. (1747) — Haur Jakób (Architektonika 1679) — Hube
Mich. (Architecture 1765) — Orłowski
Jan (1777) — Sierakowski W. (1796) —
Strawiński Fl. (Exercice sur l'arch.
1767) — Szmid Henr. (sztuki 1662) —
Sztuce (O) budown. (1764) — Waso-
wicz B. Nat. (1678) — Zdański Kaj.
(Elementa 1749).

Architypus solarium Astrolabium ob.
Regiomontanus J. (1531).

Archiv (Neues patriot.) ob. Würtemberg Christ.

Archiwa ob. Sposób urządzenia ar-
chiwów (1790).

Archivum Jagiellonici Apollinei ob.
Kaczorkowic Udalr. (1685).

— Regni ob. Nowicki (1767).

ARCIECHOWSKI Daniel. Strzała Sar-
mackiej Dyany JO. Xiężny Katarzyny
Dolskiej Korybutowej Wiśniowieckiej

we wtorej honorów kwadrze JO. Xiężyca fortunne aspekty publicznym na-
dziejom skazująca przy szczęśliwym
wjeździe na Starostwo Pińskie JO. Xięcia Michała Serwacyusza Korybuta na
Zbarażu Wiśniowieckiego, marszałka
głównego trybunału W. X. Lit., generalnego wojsk W. X. Lit. pułkownika,
starosty Gliniańskiego etc. Tejże JO.
Xiężnie z uniżoną submissyą reprezentowana od Pińskiego kollegium Soc.
Jesu r. p. 1701. folio, ark. 2. (wiersz).
Ossol.

Arciszewski Ad. ob. Szyszkowski
Mart. (Applaus 1608).

Arciszewski Antoni ob. Bohon Jean
Lambert. „A l'heureux jour de l'union....“ (1776).

Arciszewski Christianus ob. Cnoeffel
Andr. (1643).

Arciszewski Eliasz ojciec ob. Api-
tius Mart. (1636) — Socinus Faustus
(De Jesu Christo servatore 1594).

Encykl. Orgelbr. II. 276, 114. — Łukaszews,
kościoł. Poznańs. II. 250. — Siarczyńs.
Obraz I. 10. — Sandius Bibl. Antitrinit.
95.

(Arcissevius Eliasz) syn Eliasza,
kapitan duński, później dworzanin króla
polsk. Scriptum cujusdam equitis Poloni, quo regi ipsi rationem reddit conscientiae suae, quod relictis aliis religionibus uni, quam vocant Arianicae se
addixerit. B. w. m. 1649. w 8ce.

Jocher 3414. Dzików.

— ob. Omina (1612).

Pisał list do Kazanowskiego marszałka kor.
o swojem przystąpieniu do Aryanów. List
ten pozostał w rękopiśmie.
Sandius Bibl. Antitrinit. 141. — Wiszn. IX.
144—5. — Przyjaciel ludu 1834. Rok I.
s. 119. — Kwiatkows. Panow. Włąd. IV.
66, 128, 156. 203—4. — Święcki Histor.
pam. 1858. I. 4. — Siarcz. Obraz I. 10.

Arciszewski Jacobus kanonik (1470
† 1533). ob. Antoninus Joa. (1521).

Janoc. II. 7. — Encykl. Orgelbr. II. 113—4,
276. — Łętowski Katal. II. II. 6—7.

ARCISZEWSKI Krzystof (ur. 1592
† 1656). Epistola de podagra curata
per Doctorem Andream Cnoeffelium.
Amsterdami, apud Johannem Blaen.
1643. w 12ce, str. 118.

— Tenże tytuł, primo Amstelreda-
mi excusa, secundo Gorlicii. 1644. w
12ce. Kijows.

— obacz: Barlaeus Casp. (1660) —

Kczewski Piotr (Corona 1714).

Siarczyńs. Obraz I. 10. — Zbiór Pamiętn.
Niemcew. IV. 269. — Przyj. ludu 1834.
R. I. 119. R. VI. 99—102. R. X. 189. —
Encykl. Orgelbr. II. 277—8, 114—117. —
Plater Mała encykl. I. 11. — Milewski
w Bibl. Warsz. 1842. IV. 132—142. —
Sobieszczański Życie 1850. — Raczyński
Wspomn. Wielkop. I. 229—31, 279. —
Życiorysy Znakom. ludzi 1851. II. 71—
111. — Mrówka Poznańs. II. 105—117. —
Dziennik Wileńs. 1827. IV. 332—346. —
Pamiętnik Warsz. 1809. III. 94—103. —
Lech dzien. pols. 1823. II. 192. — Thea-
trum Europaeum. Frankf. — Tyg. illustr.
1869. I. 16—18. — Bibl. Ossol. 1848. I.
181—6.

ARCOV (Arconatus) Hier. Na karcie
formatu dużego arkusza u góry następująca dedykacya: „Sereniss. Electo
Poloniae Regi, Archiduci Austriae, Dn.
Maximiliano etc. etc. Illustri Adolpho
Baroni Schwartzenbergio etc. post Deum Opt. Max. victoribus, et de Javri-
no triumphatoribus.“ — Poniżej wiersz
w dwu kolumnach z podpisem: „Hieron.
Arcov. L. F.“ — Idący potem wiersz
drugi opatrzony jest w dedykacyą następująca: „Nobili et clariss. viro, Domino Hieronymo Arconato, L. Secretario aulae bellico.“ Jako autor drugiego wiersza podpisał się: „M. Andreas
Calagius, Vratisl. P. Caes. L.“ U dołu:
Vratislaviae, in officina typ. Georgii
Baumann. Anno MDXCVIII (1598).
Wrocł. miejs.

Arcticae borulae successivae obacz:
Bohorizh Ad. (1581).

Arctoae Breve Chronicon partis Germaniae et vicinarum gentium (Poloniae,
Russiae, Belgii etc.) ab An. 1581. usq.
ad 1587. B. w. m. 1587. w 4ce.
Przyłęcki.

Arctos sarmatica epist. Alb. Bariczka ob. Samborski Albert (1638).

ARCUCIUS Joa. Bapt. Neapolit. Oda-
rum libri II. ad Sigismundum Augustum Poloniae regem. Na końcu: Excudebat Joannes Boyus Neapolit. Anno

MDLXVIII. w 8ce, k. nlb. 64. (sign. A—H₈).

Przypis Zygmuntowi Augustowi, Joannes Franciscus Brancaleo utriusque academine Sirenorum et Eubulorum. Polskę obchodzą tylko: oda 1-sza do Zygmunta Augusta i 2-ga i 12-ta ad Paulum Stamposchum reg. Pol. a secretis, i na k. przedostat. ad D. Constantium Sebastianum monachum olivetanum (zdaje się klasztorn Oliwskiego) epistola V. — Także jest tu wiersz: Jani Pelusii Crotoniatae ad Sigism. Aug. Ciampi Bibl. I. 10.
Jagiell. — Czartor.

— obacz: Zolcinius J. (In funere 1576).

ARCUDIUS (Arkadyusz) Piotr greczyn, dziekan Piński († 1635). Antirresis, abo apologia przeciwko Krzysztofowi Philaletowi, który niedawno wydał książki imieniem starożytnej Rusi, religii greckiej, przeciw książkom o synodzie Brzeskim, napisanym w roku p. 1597. etc. Sirach 13. Jeśli kiedy wilk się z owcą zgodzi, tedy grzesznik z sprawiedliwym. Wilno, p. Daniela Lanczyckiego, 1600. w 4ce, str. 230.

Dedyk.: Leoni Sapieha Cancellario M. D. L. Capitaneo Słonimensi. Dalej jest list Zamojskiego do bisk. Włodzimirs. Hipacego Pocieja. — Tłumacz Hipacy Pociej. — Dzieło przeciw Krzyszt. Brońskiemu Arynnowi.
Maciej. Piśmien. III. 422. twierdzi, że autorem jest Hipacy Pociej.
Jocher 9452. — Wiśniews. VIII. 303—8. — Dzieduszyc. M. Skarga II. 519. — Kraszews. Wilno IV.
Czartor. — Krasiń. — Bibl. Pawlikow. — Bibl. petersb.

— Libri VII. de concordia ecclesiae occidentalis et orientalis in septem sacramentorum administratione. Lutetiae Parisiorum, apud Sebastianum Cramoisy, via Jacoboea, sub Ciconiis. 1626. folio, kart 10, str. 617 i kart nlb. 18.

Dedyk.: Sigismundo III. Poloniae et Sueciae regi.
Wiszniews. Histor. lit. VIII. 303—8. może omyłkę ma z datą 1616. Czartor.

— Toż. Parisiis. 1619. folio.

— Tenże tytuł. Paris Joh. Dupuis. 1672. w 4ce. (graece et latine).

Dedyk.: Zygm. III.

— Toż. Hamburg. 1739.

— Opuscula aurea theologorum quorundam clarisissimorum virorum graecorum circa praessionem spiritus Sancti. Romae, 1630. w 4ce.

Przypisał to dzieło Urbanowi VIII. i jego synowcowi kardynałowi Franciszkowi Barberiniemu.

— Toż. Romae, 1670. w 4ce.
Encykl. Orgelbr. II. 180—1.

— obacz: Beccius J. (Inscriptiones 1603) — Bessarion Card. Arcyb. (opusculum 1602, o pochodzeniu 1605).

Arcus pacis in adventum Aug. II. ob. Hacki Mich. (1698).

— pacis non sine sanguine Vladislao IV. obacz: Kuhn Paulus (1635, 39, 67).

— sublimis honoris Stan. Ant. Łopacki ob. Burski Seb, Ant. (1691).

— triumphalis ob. Ogiński (1740).

— triumphalis Adalb. Bogusławski ob. Eynarowicz Christ. (1698).

— triumphalis Adamo Biskupski ob. Węgrzynowicz Jan (1666).

— triumphalis Joanni Casimiro ob. Bieżanowski Stan. (1647).

— triumphalis 2-dae laureae candidatorum ob. Jaskrzewicz Mich. (1690).

Arcybiskup obacz: Naramowski Ad. (1724) — Paprocki Bartł. (Gnieźnieńs. 1608).

Arcybiskupów (Od) y Biskupów, Rady Korony polskiey snadź przednieyszey, odpowiedź niektorym heretykom: Stanisławowi Sarnickiemu, Jakubowi Sylwiusowi, Andrzeiowi Prasznikowi, Krysztophowi Treckiemu y inszym im równym obłędliwym kacerzom. B. m. r. i dr. (około 1565—1567). w 8ce, kart nlb. 32. (sign. G₃).

Jocher 9763.
Lelewel I. 147. domyśla się, iż druk Szarffenbergerów. — Maciejows. Piśmien. Tom dodat. 401. Czartor. — Ossol.

Arcybiskupstwa obacz: Temprowski Mateusz (Kalendarz 1744).

Arcybractwo obacz: Geszka Piotr (1766) — Odpusty (Paska arcybr. 1599).

ARDALESIUS Leon. Próba na obieranie wiary do zbawienia koniecznie potrzebney, z łacińskiego na polskie przez Baltazara Miaskowskiego przełożona. Kraków, w druk. Fr. Cezarego. 1616. w 4ce.

Ardens irac div. ignis ob. Gdacius Adam (1643, 46).

Ardeschow Jacobus ob. Moschus (1524?).

Area academica ob. Lochman Jan M. 1666).

— triplex ob. Madaliński Bonaw. (1674).

Arena palmaris ob. Lubomirski St. (1736).

Areola Epigrammatum ob. Łobżyński (1647).

Areopagiticus Hegendorfini ob. Isocrates (1534).

Areopagus t. j. wykład ob. Skarga Piotr (1609).

AREND Chr. L. Antropos oligobios das ist eine Trost Schrift an dehn.... Henrich Brückmann.... Als demselben sein... Söhnlein... 1665... verschieden... von Christiano Ludovico Arendes. Thorn, gedruckt durch Mich. Karnall. w 4ce, str. 8.

ARENDS. Essai d'un examen soutenu par des jeunes demoiselles sous la direction du Arends. Leopol. 1779. w 4ce.

ARENDTS Johann. Christliche Erinnerungs Puncten zum Denckmahl in Eingang des Bibels zu schreiben. Dantzig. 1695. w 12ce.

Jocher 2237.

ARENDT Karol X. Kazanie na poświęcenie kościoła przez J. X. Karola Arendta, kanonika kollegiaty, professora seminaryum Pułtuskiego, proboszcza Audrzejowskiego w kościele WW. OO. Kapucynów Łomżyńskich dnia 2 Września 1798 r. miane. W Łowiczu. B. r. w 8ce, str. 32. Jagiell.

Arendy obacz: Smiglecki Marcin (O lichwie 1607).

ARENT Tobiasz X. S. Jesu (1646 † 6 kwiet. 1724). Firmament prawdy według Apostoła 1, 3. Timoth. v. 14. gruntownej prawdy szukającym ofiarowany przez ...... a przez X. Anastazego Kierśnickiego Soc. Jesu, królewskiego kaznodzieję na ojczysty język z łacińskiego przetłomaczony. Teraz pod zaszczytem wielkiego Imienia Imci

X. Pawła Dominika Dromlera v. J. D. Archidyakona Pułtuskiego etc. etc. do druku r. 1738 podany. W Warszawie, w drukarni Collegium J. K. M. Soc. Jesu. w 4ce, str. 532. Warsz. Uniw.

— Studium polemicum pro Doctrina Catholica susceptum in gratiam studiosae Juventutis Catholicae ex zelo apostolico ad parochias et missiones acatholicis vicinas aspirantis per interrogationes et responsiones digestum a R. P. Tobia Arent Soc. Jesu S. Th. doctore. Vilnae, typis Acad. S. J. 1716. w 8ce. Cz. I. k. 10, str. 197. Cz. II. str. 325. Cz. III. str. 247. Appendix pro graecis catholicis str. 104, a regestrów k. 5.

<small>Przypisanie Konstantemu Brzostowskiemu bisk. Wileńs. i Przedmowa.</small>

<small>Jocher 2802.</small>

<small>W Biels. Katalogu mylnie: Studium polonicum. Jagiell.</small>

— Joannis Żelechowski SS. Trinit. Scutum fidei orthodoxae. Leopoli, typis Confr. SS. Trinit. 1749. folio.

<small>Jest to prawie słowo w słowo przepisane dzieło Arenta jezuity: Studium Polemicum, bez wymienienia autora tego. Wydanie kosztem Pawła Benoego, W. instygatora, kasztelana Warszaws.</small>

<small>Jocher 2791. — Janoc. Excerpt. 27—8. — Kraszews. Wilno II. 459—60. — Brown. Bibl. S. J. 106.</small>

Areopag ob. Skarga Piotr (Areopag 1609).

Areopagus Dijs terrestribus severianus terrestri nimirum in Solio Lycaeo Venceslao Imperatori nec non Tetris Larvatorum ejus in solo saliis Severus, a principibus olim Imperii in principum reformationem formatus. Nunc a principe scientiarum Tulliano Eloquentiae et ejus in Collegio Grodnensi Soc. Jesu, Auditoribus autecinerali Dramate exhibitus Anno a praeside Iustitiae Deo nato: Item Thesauro-Tribunalitios Congressus succedaneo et proximis praecedanco. 1718 die 26 Febr. folio, ark. 1. (program dyalogu).

<small>Wizerunki Naukowe 1841. Wilno. T. 55. str. 94 i 5.</small>

— Poloniae 1723. obacz: Kretkowski Fel.

ARESTI PIERUGOLINO da Camerino. L'Asia supplicante prostrata al piede d'Innocentio XI. mentre fu liberata Vienna dall' assedio del Turco con l'esterminio dell' armata ottomana, Oda. In Camerino, 1683. w 4ce, str. 8.

Ciampi Bibliogr. N. 65.

ARETINO Piotr. Lettere a Messer Alessandro Pesente di Verona ministro di Bona Sforza moglie di Sigismondo I. Re di Polonia. (w T. II. Lettere. Parisii, 1609. str. 60).

Ciampi Bibliogr. I. str. 13. — Encykl. powsz. Orgelbr. I. str. 158 i 9.

Aretinus Leonardus Brauns. obacz: Bruni.

Aretius (Marti), Bened., Bernens. († 22 kwiet. 1574). Valentini Gentilis (1566). justo capitis supplicio Bernae affecti brevis historia et contra ejusd. blasphemias orthodoxa defensio de sancta trinitate. Censura propositionum, quibus nituntur Catabaptistae in Polonia probare baptismum non successisse circumcisioni. Genevae, 1567. w 4ce, str. 67.

Clement. Bibl curiosa.

Arfa dziesięciostrunna 1598. obacz: Laterna.

Arfföreningen som aff menige Rijkens Rådh, Ridderskap, Biskoper, Prelater, Ständer, Städher Krijgsfolck, och then menighe Man, ar blefwen förnyet och cendrächteligen stadfäst och bekräfftiget vthi Norköpings Herredagh. Then 22 Martii ahr 1604. Stockholm, tryckt aff Ignatio Meurer, och fins hoos til kiöps. w 4ce. (sign. A—C₂).

Jagiell.

ARGELLES Jakób z Fleuranie, Major gwardyi w Toruniu.

— Expositio criminum Jacobi d'Argelles. 1731.

— Libellus apologeticus Jacobi d'Argelles. 1731.

— ob. Brodowski Sam. (Corpus j. milit. 1753).

Argenida ob. Barclajus Jan (po zawartych kontraktach 1697) — Bugnocyusz Gabr. (1756) — Trotz Abraham (Bibliotheca polono-poetica 1728).

ARGENS J. B. de Boyer (ur. 1704 † 11 stycz. 1771). Niestałość w miłości czyli awantury Markiza de Vandreville

napisane po francuzku przez Markiza d'Argens a teraz nowo przełożone na polski język przez Franc. Jaxyc Makulskiego. W Warszawie, u Dufoura, 1793. w 8ce, str. 244 i 6 kart na przodzie.

Dedyk. wierszem do Wacława i Katarzyny Zakrzewskich kasztel. Nakielskich, podpisana: Franciszek Jaxyde Makulski T. K. N. bywszy S. D. R. — W odezwie do czytelnika oświadcza: Tłumaczenie to moje nie jest co do słowa. Wiele w nim znajduje się nowo dodanych i odmiennych myśli, a wiele też i wyrzuconych, które były przeciwne skromności.

ARGENTRÉ Car. Du Plessis de (1663 † 27 paźdz. 1740). Collectio judiciorum de novis erroribus, qui ab initio XII. seculi usque ad a. 1713 in ecclesia proscripti sunt; censoria etiam judicia insignium acad., et collegior. theolog. apud Germanos, Italos, Hispanos, Polonos, Hungaros, Lottharos etc. 3 voll. Lutet. Paris., L. Coffin, 1724—26. folio.

Brunet VI. col. 78.

ARGENTUS Jan Soc. Jesu. (1561 † 26 list. 1626). Actio pro restituenda Societate Jesu in Transylvania habita a Joanne Argento ejusdem Societatis in Transylvania Vice Provinciali apud Transylvanorum Ordinis Claudiopoli Comitijs generalibus congregatos, die 15 Junij an. 1607. B. w. m. i r. w 8ce, str. 38. Branic. — Chreptow.

— Toż. B. w. m. i r. w 4ce.

— Toż. Coloniae Agrip. B. w. r. w 12ce.

ob. niżej: De rebus Soc. Jesu.

— Copia d'une lettera — al molto Rev. D. Claud. Aquaviva prep. Gener. della medes. compagnia. Delle insolenze delli heretici arriani, fatte nella chiesa et collegio di detti padri in Claudiopoli di Transilvania etc. etc. Brescia, per li figliuoli di Vinz. Sabbio 1603. w 8ce, str. 14.

Data di Cracovia 1603. il giorno dell' Assontione al Cielo della Beatiss. V. Maria. Backer Bibl. I. 278.

— Defensio Societ. Jesu adversus Mathaei Turoscai Arrianorum et Michaelis Tasnadi Calvinistorum Superintendetium, accusationes, habita a Joanne Argento ejusdem Soc. in Transylvania Vice Provinciali, apud ipsos transylvanorum ordines Medgiesini Comitiis generalibus congregatos, die 14 Septembr. Anni 1605. dum Stephanus Botskai rerum politus Societatem publico e Transylvania decreto proscribere adniteretur.

Katal. Bibl. Ossolińskich ma r 1695. w 8ce. str. 46. lecz jestto część składowa dzieła z r. 1620 p. t.: De rebus Soc. Jesu.

— Ad Sigismundum III. Poloniae et Sueciae Regem potentiss. Mag. Lith. Ducem etc. etc. Joannis Argenti e S. J. Visitatoris provinciarum Poloniae et Lithuaniae Epistola de statu ejusdem Societatis in iisdem provinciis. (Na końcu:) Cracoviae, in offic. Andr. Petricovii S. R. M. typogr. A. D. 1615. w 4ce, kart 3 i str. 150.

Jocher 9272 a. — Bentkows. I. 4.
Kijows. — Ossol. — Warsz. Uniw. — Wileńs. — Jagiel. — Branic. — Krasińs. — Dzików — Czartor.

— Tenże tytuł. Editio altera, priore longe completior. Ingolstadij, per Elisabetham Angermorium. Anno 1616. w 4ce, kart 3, str. 244.

Ossol. — Dzików — Przeżdz.

— Apologeticus pro Societate Jesu R. P. Joannis Argenti eiusdem Societatis Jesu. In quo pleraque omnes calumniae, quae in hanc societatem a variis, in causa Venetorum, regni Gallicani, Angliae, Boemiae, Transylvaniae et aliarum provinciarum conijci solent breviter ac dilucide refelluntur. Ad serenissimum, Sigismundum Pol. et Suec. regem potentissimum, magnum Lithuaniae ducem etc. Permissu superiorum. Coloniae Agripinae, apud Joannem Kinckium sub Monocerote. Anno 1616. w 4ce, str. 134.

Jagiell. — Czartor.

— De rebus Societatis Jesu in Regno Poloniae. Ad Serenissimum Sigismundum tertium Poloniae et Sueciae Regem Potentissimum Magni Ducatus Lituaniae Ducem etc. etc. Auctore Joanne Argento eiusdem Societatis in provincia Poloniae Praeposito prouinciali. Editio tertia, aucta recenti eiusdem Societatis ex regno Boëmiae, Moraviae, Silesiae et Vngariae proscriptione. Dua-

bus item actionibus ab eodem auctore in Transyluania, in ipso generali omnium Ordinum Conuentu habitis. Superiorum permissu. Cracoviae, in officina Francisci Caesarij. Anno 1620. w 8ce, k. nlb. 4 i str. 415. indexu str. VIII.

Do dzieła tego dołączono:
Index virorum illustrium Polonorum quorum hic mentio aliqua fit. k. nlb. 4.

Defensio Soc. Jesu adversus Mat. Turoscai Arrianorum et Michaelis Tasnadii Calvinistarum Superiendentium accusationem. (Bez osob. tyt.) w 8ce, ark. nlb. C₈. (kart 24.)

Actio pro restituenda Soc. Jesu in Transylvania habita die 15 Junii an. 1607. (Bez osob. tyt.) str. liczb. 38.

Backer I. 278. jeszcze ma jakąś edycyą. Cracoviae, 1625. w 12ce, widocznie mylną. Jocher 9278 c.
Głównie z powodu zarzutów w piśmie. Zeugniss (Wahrhaffte) damit Patres Soc. Jesu zu Crakau nach Nilo geführt. Meyntz 1586. — Por. wyżej: Defensio.
Akad. — Chreptow. — Branic. — Czartor. — Dzików — Jagiell. — Krasińs. — Kijow. — Ossol. — Raczyńs. — Warsz. Uniw.

— Pie docendi pieque studendi ratio. Cum R. P. Joannis Argenti S. J. sermone de septem B. V. Excellentiis habitus ad Parthenios Sodales Vilnae, quorum leges et indulgentiae subjiciuntur. Brunsb. per G. Schonfels MDCXIIII. w 12ce, ark. A—O.

W przywileju z r. 1612. przedmowa zaczyna się: Ill. et Generosis Parthenicae Sodalitatis iuvenibus Collegii Brunsberg. Tobias Bretnerus Bibliopola Salutem.

— Septem Excellentiae Beatissimae Virginis et Modus quotidie eandem salutandi, ejusque coronam et Officium devote recitandi, in gratiam Sodalitatis B. V. Annunciatae in Academia Vilnensi Societatis Jesu. Vilnae, in offic. Josephi Karcani A. 1614. w 4ce, ark. 4.

Przypis Alberta Surowskiego Abramowi Wojnie, bisk. Wileńs.
Jocher 6792.   Dzików — Czartor.

— obacz: Bałazy Albert (Narratio 1622).

Kraszews. Wilno II. 427, 453. — Wiszn. VIII. 232. — Bentk. Hist. lit. I. 3—4. — Siarcz. I. — Encykl. Orgolbr. II. 296. — Brown. Bibl. 106. — Ciampi Bibl. I. 13. — Wolf Gesch. der Jesuit. IV. 359. — Bibl. Bunav. T. III. Vol. I. s. 562 b.

Argo coronata ob. Czarnecki Stef. (1659).

— Jasonis ob. Rzeszowski F. (1640).

— illus. Andr. Szołdrski ob. Jakszan (Jaxan) J. P. (1650).

— Opalenia ex antiquo ob. Opaliński Piotr (1673).

— sarmatica ob. Piskorski (1664).

— Szreniawa na wesele St. Lubomirskiego ob. Hadziewicz K. (1676).

— theologica Cynerski ob. Zawadzki Simon (1647).

— triumphalis patritia ob. Piniążek Henr. (1697).

Argonauticon Americanorum ob. Bisselius J. (1698).

— nuptiale Joan. Opaleński ob. Poniatowski Stef. (1682).

Argonavis Opalenia ob. Opaleński Kaz. (1682).

Argument Opery włoskiej w dwóch aktach pod tytułem: Il curioso burlato czyli ciekawy wyśmiany. (Scena jest w Gennui). B. w. m. i r. w 4ce, k. 2. (po polsku i po włosku).

Warsz. Uniw.

— światowej mądrości ob. Jaroszewicz Hen. (1775).

— opery włoskiey pod tytułem: Credulo czyli łatwowierny. B. m. i r. w 4ce, karta 1. (w drugiej połowie 18 wieku). Jagiell.

Argumenta ob. Albo J. (1566) — Jaenichius Petrus (1712).

Argumentandi ratio ob. Valla Georgius (de expedita 1520).

Argumentatus ad hominem ob. Grudziński Jakób (1664).

Argumentum Rei. Reverendi Patres Soc. Jesu ab Aula commendatitias Literas subreptitie obtinuerunt, a Summo vero Pontifice A. 1759 Apr. 1 literas, quibus Collegium eorum Leopoliense in Universitatem seu Academiam erigeretur; idque totum fundarunt, super privilegio Joannis Casimiri Regis, quod Anno 1661 subreptitie illis fuit collatum, quodque a tota Republ. in Comitiis sequentibus reiectum, ac protestationibus iteratis Cracoviensi et plurimorum Palatinatuum labefactatum mox fuit, proinde toto fere saeculo exoletum, et oblivione sepultum. — Jam praesenti scriptura et rationes RR. Patrum Soc. Jesu, ut eorum verbis vulgatae sunt exponuntur, et responsis eaedem dilucentur, ac in Supplemento, Veteres Protestationes Equestris Ordinis contra privilegium Anni 1661 ac Rescripta Regia adiunguntur. folio, 7 ark.

Jocher 1661.   Ossol.

— Theologiam ex praemissis. Varsaviae, 1708.

— Achileum juratae suo Chironi mentis in Grato discipulo candido Sarmaticae Aquilae pullo Lescone Albo invictum Achillem evincens, contra ingrata suis Chironibus capita militans; nunc vero ad formam dramaticam reductum et pro conclusione scholastica actu metagymnastico in alma Academia et Universitate Vilnensi Soc. Jesu ab Illustrissima, perillustri, praenobili ac Magnifica Sarmatico — Palaemonia juventute orbi erudito propositum anno divinioris Achillis sub suo Chirone proficientis sapientia et aetate, et gratia apud Deum et hominis 1717. Kalendis Augusti. B. m. (1717). folio, k. nlb. 2.

Porówn. Lesco.   Jagiell.

— (Grande) virtutum meritorum et clarissimorum natalium ab ipsa Vice-Regia potestate, celsissimis.... judicibus deputatis sub auspicatissimo in areopagum Majoris Poloniae-ingressu plausu oratorio propositum a Collegio Petricoviensi Soc. Jesu. Anno 1744. Calissii, typis in Collegio Soc. Jesu. folio.

— triennii philosophici Divarum Trinitati, nempe Doctori eminenti S. V. Joanni de Mata et lectissimo Regum Sangvini S. V. Felici Valesio vitae asceticae in schola humilitatis Magistro excellenti necnon Doctor: mellifluo divo Bernardo amoris gratitudinis et venerationis ergo dicatum atque in Aula literaria Collegii Sapiehano - Antecollensis Ord. SS. Trinitatis a Religiosis ejusdem Ord. publicae disputationi proponitur. Anno Dni MDCCL. mensibus Junio et Julio (1750). w 4ce, k. 5.

— felicitatis in N. Schedel obacz: Schedel Nic. (1687).

— in libr. Porphyrii ob. Glogoviensis J. (1504, 1516).

— ob. Cunaeus A. (de fabricat. concord. 1567) — Kostka St. (1727) — Samnocki Elj. (gratit. 1701) — Wyszyński W. (theologicum 1708).

Argus (Centoculus) ne ad unum quidem instans sopitus, sed ad omnia, praeterita, praesentia, futura, simplicissimo intuitu, perpetuas agens excubias, seu actissima divinae scientiae arcana, omnem in omni signo infinito lumine attingentia entitatem; nunc praeeunte solis aquinatici luce luci publicae patefacta, a Ffr. Carmelitis Discalceatis Coll. Cracov. S. Th. Stud. Anno Domini 1668. mense Octob.. die.... hora.... Cracoviae, apud haeredes Christophori Schedel S. R. M. typogr. w 4-ce, k. 6.
Dedyk.: Reverend. Joseph a Cruce, visitatori generali Carm. Discalc.
Obejmuje kart 4. Conclusiones theolog.
Jagiell.

Argyropylus Joannes (1416 † 1476) ob. Aristoteles (1519).

Aria zum Ehren-Tag des Bieners ob. Roesner Joach. (1666).

— ob. Toruń (1703).

Ariadne oratoria ob. Juglaris Al. (1702).

Arianismus ob. Adelt M. (Historia 1741) — Arcissevius E. (Scriptum 1649) — Argentus J. (Copia 1603) — Aryanie — Lauterbach S. (socinian. 1725).

Arias Antoni (1548 † w Wilnie d. 2 Marca 1591) ob. Constitutiones et decreta (1590 od str. 108—117).
Rzepnicki Vitae praes. II. 183—4. — Encykl. powsz. Orgelbr. II. 303. — Kraszewski Wilno II. 442. IV. 34—5. — Jocher T. II. str. 178.

ARIAS Franc. z Hispali (ur. 1533 † 23 Maja 1605). Gwiazda zaranna na horyzoncie polskim nowo wschodząca, naybezpiecznieysza drogą prawowiernego chrześcianina do pożądanego portu sczęśliwey wieczności prowadząca, to iest ksiąszka naśladowania życia Maryi Panny; — w dziesiąciu cnotach ewangelicznych iey upodobanych, przyzwoi-

cie różney kondycyi stanom, tak duchownym iako i świeckim służąca. Od W. X. Franciszka Arias zakonu Societ. Jesu wydana, nayprzód językami hiszpańskim, włoskim, francuskim i łacińskim, teraz zaś świeżo przez pewnego kapłana zakonu Niepokalanego Poczęcia Nayświętszéy Panny kongregacyi polskiey Maryana, na język polski przetłumaczona i do druku podana. W Warszawie, w drukarni J. K. Mci i Rzeczy Pospolitey Coll. Soc. Jesu roku 1749. w 4-ce, k. nlb. 10, str. 317. i rej. k. 2. (z ryciną Jędrzejowskiego).
Kazimierz Wyszyński, proboszcz gener. zakonu, dedykuje Jerzemu Matuszewiczowi, staroście Stokliskiemu. Tu przytacza ród Matuszewiczów według Stryjkowskiego i Okolskiego, a dalej genealogię sam wiedzie. Mówi, że tłumaczył dlatego, że jednocześnie wydane Agredy Miasto mistyczne, jest za obszerne. — Opowiada w przedmowie o Zgromadzeniu Maryanów fundowanem przez Stanisława od Jezusa i Maryi Papczyńskiego i bisk. Stef. Wierzbowskiego.
Jocher 5962.   Dzików — Jagiell.

— O naszladowaniu Panicy naszey, Panny przeczystey Bogarodzice Maryey, ksiąszka. W ktorey się wyraźny opis, poiedynkowych teyże Panny cnót zamyka; których chrześcianin każdy ku niey nabożny, ma naśladować. Przez W. O. Fránciszka Ariasza Soc. Jesu nápisaná, á przez X. Symoná Wysockiego tegoż zakonu na polskie przełożona. W Krakowie, w drukarnicy Mikołáia Lobá r. p. 1613. w 12-ce, 569 str. 9 kart na przodzie i regestr.
Jocher 5816 i 8202.
Ossol. — Zielińs. — Raczyńs.

— Traktat abo nauka o Różanym Wianku Naświętszey Panny Maryey, w którym się tego Rożańca odprawowania osobne sposoby podaia i dziwne jego pożytki opisuja. Przez X. Franc. Ariasa Soc. Jesu theologa po hiszpańsku wydany i w rozmaite ięzyki przełożony. A teraz częścią skrócony, częścią też rozszerzony y obiaśniony, y na polskie przez X. Simona Wysockiego tegoż zakonu przetłumaczony. W Krakowie, w drukarni Jana Szarffenbergera R. 1611. w 8-ce, k. tyt., 3 k. i 284 str.

27

210

Od str. 153. Wieniec Najśw. Panny. Od str. 207. Różańców kilka z ksiąg Jana Justa Lantsperginsa. Od str. 247. Psałterz Najś. P. Maryi. Jocher 6789. — Bandt. Hist. druk. Kr. p. I. 281. Jagiell. — Krasińs. — Ossol. — Uniw. lwow.

— Wielebnego Oyca Franciszka Aryasa Soc. Jesu theologa Trzy Tractati Duchowne: 1) O Duchownym postępku. 2) O prawdziwey nieufności sobie samemu. 3) O umartwieniu samego sobie. Wprzód z włoskiego na łacińskie a teraz z łacińskiego na polskie nowo-przełożone. W Poznaniu, w drukarni Jana Wolraba 1610. w 4ce, 2 k., str. 463 i 2 karty.

Imię tłumacza: X. Wojciech Mesochenius Pacost (Półgęskowicz), jest pod przemową do Panien zakonnych zakonu św. Benedykta.
Jocher 6054.
Branic. — Czartor. — Jagiell. — Ossol. — Uniw. lwow.

— Zdroy wody żywey abo ćwiczenia wielce świętobliwe o przytomności Bożey które X. Franciszek Arias S. J. po hiszpańsku napisał: a teraz onoż X. Simon Wysocki na polskie przełożył. W Krakowie, w drukarni Jana Szarffenbergera r. 1611. w 8ce, 63 str. i ¹/₂ ark. na przodzie.

Jocher 5812. — Maciejow. Piśmiennictwo. Ossol.

Arien etlicher theils geistlicher theils weltlicher Reime in sechstheile aufgegeben von Heinrich Alberten. Cum privilegio. Tytuł miedziorytowy. B. w. m. i r. folio. Każda część ma osobny tytuł obszerny. I. Theil. Königsberg in Preussen zum drittenmal gedruckt bey Paschen Mensen im Jahr unsers Heyls. 1646. str. 25. Dedykacya Louisen-Charlotten und Hedewig Sophien Margräffinen zu Brandenburg anno 1642. Mit königl. Mayt. zu Pohlen u. Schweden privilegiis. — Ander Theil 1643, dem Heinr. Schützen königl. Capellmeister, seinem Hr. Oheim a. 1640. zugeschrieben. str. 20 i k. nlb. 3. między str. 12 a 13 jedna str. nieliczbowana. — III. Theil 1643. kart nlb. 14. — IV. Theil 1645. str. 24. — V. Theil 1645.

Dedyk. Sigism. Scharffen, kart 14. — VI. Theil 1645. Dedyk. dem Conr. Buckstorff Brandeb. Ober-Cammerherrn, kart 14. — VII. Theil 1648. Königsberg, bei dem Autor. B. w. dr. k. 14.

Nuty z tekstem, który pisali: Simon Dach, Robert Robertin, Heinr. Albert, J. S., Chasmindo, C. V. M. Sichamond (Sim. Dach), Christoph Wilkaw, M. Georg. Mylius, P. S., Andr. Adersbach, M(ich.) B(ehm.), Berrintho, Martin Opitz, Barchedas, Celadon, Joh. Peter Titz, Christ. Kaldenbach, Joh. Sand., C. W., Jonas Dan. Koschwitz. Głównie zasilił ten zbiór poezyą Simon Dach.

Z melodyj dotyczących rzeczy polskich, są te: 1. 24. Laxns juventus. Aria polonica podp. Sichamond (S. Dach). II. 13. Proportio nach Ahrt der Pohlen. III. 22 i 23. Multa gaudia. Tantz nach Art der Pohlen, podp. (S. Dach). V. 9. Bey Actu oratorio v. Churf. zu Brandenb. nach Belehnung von Kön. in Pohlen. 30 Nov. 1641. V. 19. Tantz nach Art der Pohlen. V. 20. Aria polonica podp. Celadon. VI. 12. Hin. Conr. von Burckstorff vor seiner Abreise zu kön. May in Polen. VII. Letztes Ehren-Gedächtniss Chr. Joach. v. Packmohr Kön. May. zu Pohlen Cammerherrn, podp. S. Dach. — Inni których tu pieśniami uczczono są: Hel. Hartmannin, Joh. Er. Adersbach, Magdal. Albertin, Martin Opitz von Boberfeld, Christ. Maraun, Elis. Starckin, Ern. Kappo, Hier. Weinbeer, Cath. Pantzerin, Sigism. Scharff, Anna Schlieben, Bernh. Schön, Rein. Mauwerck, Barb. Witpohlin, Mart. Newman, Helene Pröhken, Cather. Kittlitz, Rottge Tieffenbrock, Ahasverus von Brandt, Euphr. Mislente, Cath. Harderin, Dietr. Schwartz, Georg Blum, Greg. Schubert, Mich. Friese, Reinh. Michael. — Dzieło zalecili wierszami łacińskiemi Alb. Linemann prof., Valent. Thilo prof.

Przywilej króla Władysł. IV. z Warszawy 21 Aug. 1645. zabrania przedruku pod karą 200 złp. Jagiell.

Inna edycya jedną osobną całość tworząca jest:

— Poetisch musicalisches Lust Wäldlein das ist Arien oder Melodeyen etlicher theils geistlicher, theils weltlicher, zur Andacht, guten Sitten, keuscher Liebe und Ehren-Lust dienenden Lieder. In ein Positiv, Clavicimbel Theorbe oder anders vollstimmiges Instrument zu singen gesetzt von Heinr. Alberten. Erstlich gedruckt zu Königsberg in Preussen. B. w. r. (1645). folio, ark. nlb. sign. N₆.

Tytuł pierwszy w rycinie miedziorytowej. Na odwrocie tytułu wiersze podpisali: Alb. Linemann i Val. Thilo. Całość obejmuje 144 pieśni, których autorami: S. Dach, J. P. Titz i inni. Do polskich odnoszą się: N. 24. Aria polonica. Laxat sibi. N. 38. Utere laetitiae. Proportio nach Art der Pohlen. in Pohlen 30 Novemb. 1641. — Do całości zbioru tego należy: Musicalische Kürbs-Hütte welche uns erinnert menschlicher Hinfälligkeit, geschrieben und in 3 Stimmen gesetzt. (Aryi 12). folio, dwie edycye, każda po 5 kart. — Na końcu jednej wyrażono: Gedruckt zu Königsberg bey Pasche Mensen, im Jahr 1645. Jagiell.

— obacz: Albert Heinr.

ARIOSTO Ludwik (1474 † 1533). Poema Orland szalony; z włosk. Ludwika Aryosto przekładania Piotra Kochanowskiego w Krakowie, 12 Marca 1798. Jan May. w 8ce, 4 k. (Uwiadomienie).

— Orland szalony, wiersz Ludwika Aryosto w pieśniach XLVI. niegdyś kardynałowi Hippolitowi z Esty ofiarowany z argumentami Ludwika Dolce. Przekładania Piotra Kochanowskiego, dzieło pośmiertne, aż do końca pieśni 25 doprowadzone, w Bibliotece akademii krakowskiej odkryte, pierwszy raz we II. tomach wydane (przez X. Jac. Przybylskiego). Kraków, w drukarni J. Maja 1799. w 8ce. Tom I. str. 432 i 10. Tom II. str. 444 i 4.

Krasińs.—Jagiell.—Zielińs.—Chreptow.—Ossol.—Czartor.—Uniw. lwow.

Arista logicae obacz: Axak Gabr. (1645).

Aristarchus ad academicos ob. Clagius (Klage) Tom. (1643).

Ariste ob. Leszczyński Stanisław (1750).

Aristides justus obacz: Titius Joh. (1650).

Aristobule ob. Dialogue (1763).

Aristogenes ob. Uwaga polityczna na skrypt (1697).

Aristomenes ob. Lafontaine H. Jul. A. (1799).

Aristonous obacz: Dernatowicz S. (1775).

ARISTOPHANOUS, eutrapelotatou komikou Ploutos. Aristophanis facetissimi comici Plutus. Ad lectorem (19 wierszy). Norimbergae apud Jo. Petreium Anno MDXXXI. cum privilegio (1531). w 4ce, kart nlb. 52. Tekst grecki i łaciński.

Dedyk.: Sewerynowi Bonerowi burgrab. i żupnikowi krak. przez Thom. Venatoriusa. (kart 2). Na ark. n₃. Eobanus Hessus Anselmo Ephorino, amico suaviss. suo (wiersz). — Wspomina tu Venatorius, że Boner wysłał syna na nauki najpierw do Niemiec, potem do Włoch.

Czartor. — Jagiell.

ARISTOTELES. Aristotelis de arte rhetorica libri tres, Carolo Sigonio interprete (pod tem drzeworyt pół kozła z rogami). Cracoviae, ex offic. Stanislai Scharffenbergii Anno Dni 1577. w 8ce, k. nlb. 12 i str. 231.

Na odwrotnej stronie tytułu herb Junosza i pod nim 6 wierszy łacińskich, podpisał M. J. U. — Dalej dedykacya Łukaszowi Podoskiemu proboszczowi Gnieźnieńskiemu, kanonikowi i administratorowi biskupstwa krakowskiego, którą podpisał Marcin Ujazdowski. Poczem są umieszczone świadectwa autorów o dziełach wymowy Arystotelesa, spis omyłek i na ostatniej stronie jest drzeworyt, który przedstawia rozprawiającego nauczyciela.

Jocher N. 113. — Wiszniew. Hist. lit. VI. 143, 172. — Ciampi I. 14.

Akad. — Czartor. — Jagiell. — Ossol. — Kórnic. — Kijow. — Dzików — Zielińs. — Moszyńs.

— Argumentum in librum Porphirij in kathegorias Arestotiles ob. Głogoviensis J. i Versor Joan. (1516).

— Auctoritates Aristotelis et aliorum philosophorum per modum alphabeti ob. Beda.

— Descriptio Universae naturae ob. Carpentarius Jacob (1576).

— Dialectica graece ex Aristotele compendiose collecta per Joannem Ursinum.

Juszyńs. II. 291. — Ursinus Grammat. 1619. edit. G. Trądkowski.

— Aristotelous peri tes katha hypnon mantikes. Aristotelis de divinatione per somnum. Josephus Struthius Posnaniensis ad Lectorem. Quam sit Aristoteles graeco sermone venustus — Lector si dubitas experiare rogo. — Hic ille est, merito quem dixeris alpha Sophorum. — Summus enim vere est verus Aristoteles. — Hunc lege, cognosces graecae quam plurima linguae — Commoda, quae vulgus nescia turba negat. Cracoviae, MDXXIX. (Na końcu:) Cracoviae per Math. Szarffenbergk MDXXIX (1529). w 8ce, k. nlb. 8. druk grecki drobny.

Na ostatnich 2 kartkach są: Sententie Aristotelis philosophantibus apprime utiles. (Po grecku z tłumaczeniem obok).
Przypis do Stan. Biela kanon. krak.
Jocher 122, 125.   Czartor. — Ossol.

— Epitome figurarum in libros phisicorum 1519. ob. Vratislaviensis.

— Ethicorum Nicomachiorum libri X. Ex Dion. Lambini interpretatione graecolatini Theod. Zwingeri argumentis atque scholiis, tabulis quinctiam novis methodice illustrati etc. Basileae, Eusebii Episcopii opera ac impensa. 1582. folio, str. 36, 726, 15. (Ex offic. Henricpetriana).

Dedic.: Alex. duci Slucensi et Copeliensi, Theod. Zwingerus. — W dedykacyi mówi Zwinger, że Alex. Radziwiłł odbywając podróż naukową po Niemczech i Francyi wraz z Janem Dzierzeciusem sekret. królews. odwiedził go w r. z. Chwali ród Radziwiłłów i Aleksandra, matkę Katarzynę z Tenczyńskich wdowę. — Ob. niżej: Politicorum libri (1582).   Jagiell.

— Eticas traducidas al castellano. Hispali (Sevilla) per Meinardum Ungut e Lancalao (1493). w 4ce.

— Ethyki Arystotelesowej to iest iako się każdy ma na świecie rządzić z dokładem ksiąg dziewięciorga. Pierwsza część w którey pięcioro ksiąg. Pożyteczne każdemu nie tylko do poczciwego na świecie życia, ale też aby człowiek każdy wiedział, którym sposobem ma przychodzić do nawiętszego na świecie błogosławieństwa i szczęścia. Przydane są do każdego rozdziału przestrogi, które trudnieysze rzeczy krótko wykładają. Przydatki też są położone na końcu ksiąg każdych, dla gruntownieyszego rzeczy w księgach tknionych wyrozumienia, częścią dla zaostrze-

nia dowcipów buynieyszych potrzebne, przez doktora Seb. Petricego medyka. W Krakowie, w drukarni Macieia Jędrzeiowczyka 1618. folio, str. 408 i Porządne spisanie kart 10.

Księga I. ma dedykacją do Wawrzyńca Gembickiego arcybiskupa Gniezn., oraz dwa regestra. — Księga II. przypisana Janowi Jędrzejowi Próchnickiemu arcybiskupowi Ziem ruskich. — Księga III. Henrykowi Firlejowi z Dąmbrowice biskupowi Płockiemu, podkancl. koron. — Księga IV. Piotrowi Firlejowi z Dąmbrowice wojew. Lubelsk. — Księga V. Mikołajowi Firlejowi kasztelanowi Bieckiemu. — Więcej ksiąg nie wyszło. Każda księga ma osobny tytuł. Na odwrocie każdej są na herby wiersze M. Waw. Śmieszkowicza.
Jocher 152. miał widocznie inny tytuł dzieła, krótszy i jak pisze w notach, bez wymienienia tłumacza.
Warsz. Uniw. — Ossol. — Branic. — Krasińs. — Jagiell. — Raczyńs.

— Aristotelis de juventa et senectute, vita et morte libellus, cum scholiis Michaelis Ephesii, Mart. Cromero interprete. w 8ce, kart nlb. 22. (ark. E₆). Na końcu imię drukarza: Hie. Vie. (Hieronymus Victor).

Przypisanie do Jana Chojeńskiego biskupa Przemyskiego, datowane z Krakowa 1532 roku. Dalej: Ode dicolos distrophos, Gliconico et Asclepiadeo Choriambico constans (24 wiersze). Oprócz scholiów Efezinsza, są tu i noty Kromera na brzegach; text i scholia są jego tłumaczenia. Na karcie ostatniej herb Habdank pod infułą.
Jocher 123.   Czartor. (brak tytułu).

— Libri de anima Aristotelis philosophorum peripatetice familie principis sub gemina translatione. Ad lectorem Rudolfus (Agricola) Vasserburgensis (wierszy 8). Florianus Unglerius Civis Cracouien. impressit. Anno Dni 1512. w 4ce, kart nlb. 84. (ark. od A—X₄). druk gocki.

Wydanie Rudolfa Agricoli młodszego. Tytuł w ozdobach drukarskich białych na tle czarnem, mających w górze orła polsk. w dole herb Krakowa. — W ark. 1. są dwie duże ozdobne litery początkowe, drzeworytowe, dalej idą mniejsze do ark. K. Poczem zostawione miejsca próżne i zastąpione zwykłemi literami. — Wierzbowski T. (Bibl. Polon.) znaczy liczbę kart 1. 88.
Jagiell — Ossol. — Warsz. Uniw. — Dzików — Włocławs. — Bibl. Pawlikows.

— Trium librorum de anima Aristotelis familiaris expositio cum ordinatissima questionum per difficultates seu dubia dissolutione ad intentionem doctoris subtilis pro honore Dei et utilitate communi in gimnasio Cracouiensi congesta. (Na końcu:) Impressum Cracouie curriculo virginei partus 1513. per Florianum Unglerium. w 4ce, kart XCII. (właściwie 82, pomyłka jest w liczbowaniu) i 6 k. nlb. druk gocki.

Karty są liczbą rzymską znaczone, lecz błędnie i nie wszędzie. Tytuł wśród kwiatowych (we wazonach) ozdób drukarskich, na których wierzchu orzeł polski, u spodu zaś herb Krakowa. Dzieło niniejsze, różne jest zupełnie od dzieła pod podobnym tytułem przez J. Głogowczyka wydanego. Jocher 139.

Krasińs. — Ossol. — Jagiell. — Czartor. — Włocławs. — Dziedusz. — Pawlikows.

— Libri de anima Aristotelis philosophorum peripatetico familię principis sub gemina translatione. Ad Lectorem Rudolphus Vasserburgensis (junior). Si tibi cuncta placet phisicos archana latentis — Noscere philosophi quae dicuere senes — Consule Aristotelis praeclara volumina magni — Quo vix in terris doctior alter erat. — Et quamvis lacer ante fuit, mendosus et asper, — Jam tamen hic phoebi clarior orbe nitet. — Hunc lege sub gemino procussum interprete nuper. — Hic ubi Croca suos tendit ad astra lares. (Na końcu:) wierszy 14 na cześć Jana (Argyropula) i Wolfganga (Mosnanera?) — poczem: Impressum Cracouię, in edibus domini Joannis Haller. Anno post virgineum partum 1519. w 4ce, kart nlb. 75. druk łaciński, tytuł w obwódce drukarskiej z cyfrą w górze Jana Hallera.

Liber II. zaczyna się od ark. D₅. Liber III. od Kij. Inicyały w literach dużych ozdobnych. Jocher 121. — Wiszniewski III. 215, 323. VI. 324. — Janoc. I. 8. Nach. v. Büch. IV. 130. Ossol. — Jagiell. — Czetwert. — Akad. — Czartor. — Krasińs. — Dzików — Kórnic.

— Priorum analeticorum Aristotelis philosophorum principis libri duo castigate impressi secundum exemplar Jacobi Stapulensis. (Herb Polski, Litwy i Krako-

wa oraz cyfra Halera). Na końcu: Expliciunt Priorum analeticorum libri duo Aristotelis emendate impressi Cracouie impensis domini Iohannis Haller. Anno salutis millesimo quingentesimo decimo (1510). Die octavo supra decimum Aprilis. w 4ce, k. nlb. 60. druk gocki. Jocher 92.

Czartor. — Czetwert. — Jagiell. — Ossol. — Branic. — Krasińs. — Włocławs.

— Tenże tytuł. (Tytuł ten wśród drzeworytu, który w górze ma orła polsk. z literą S. na piersiach, w dole zaś herb Krakowa). Na końcu: Impressum Cracovie in edibus dni Joannis Haller. Anno 1518. w 4ce, kart nlb. 66. (ark. sign. Iiiii.) tylko pierwszy wiersz tyt. druk gocki.

Liber II. zaczyna się na odwrocie karty F₂. Inicyały rozdziałów z liter ozdobnych. Jocher 93. Jagiell. — Ossol. — Zyg. Pusłows. — Kórnic. — Dzików — Dziedusz.

— Liber posteriorum analeticorum 1499. ob. Glogoviensis Joannes.

— Summi philosophorum principis Aristotelis libri octo de phisico auditu, phisicorum appellati jam denuo vigili cura et diligenti studio castigati correcti et bene emendati. Quibus vniversaliter et in genere totum negocium phisicum et vniversalia philosophie principia per que propter quid aliorum ostenditur, continentur. Ad lectorem. Semina si inuerit vel causas noscere rerum — Entia nature quidne gerant proprij — Huc age reflectas aciem studiosa iuuentus — Consule Aristotelis dogmata rara vafri. Impressum Cracoviae. B. r. i dr. folio, kart nlb. 83. Druk piękny gocki, bez kustoszów, na inicyały miejsca zostawione.

Jocher 114. — Żebrawski Bibl. str. 97. Czartor. — Ossol. — Jagiell. — Bibl. Pawlikows.

— Libri octo physicorum Aristotilis per Joannem Argyropylum e graeco in latinum traducti. Joannis Camertis ordinis minorum, theologorum minimi, in novam Aristotilis translationem epigramma (12 wierszy). Na końcu: Phisicorum Aristotelis liber octauus et ultimus finit per Joannem Argiropylum accuratissime e gręco in latinum translatum. Impressum Craccouię in ędibus famati viri dni Joannis Haller ciuis Cracovien. Anno saluatoris Jesu Christi 1519. w 4ce, kart nlb. 121.

> Na odwr. str. tytułu: Bolfgangus Mosnauer liberalium artium Magister theologo et ppilosopho (sic) doctissimo Joanni (sic) Camerti. S. D.
> Jocher 115. — Zebrawski Bibl. matem. 97. Ossol. — Jagiell. — Czetwert. — Krasińs. — Czartor. — Warsz. Uniw. — Kórnic. — Dzików — Moszyński.

— Aristotelis Stagirite philosophorum maximi Economicorum Libri duo sub gemina translatione. B. m. r. i dr. w 4ce, k. nlb. 14.

> Druk tenże co Textus Elenchorum (bez r.). Na karcie tytułowej recto: 12 wier. łac. Ad Lectorem, verso: Prologus Leonchardi Aretini. In libros Economicorum.
> Jocher 153. Czartor.

— Oeconomicorum Aristotelis libri graecis et latinis annotationibus suis locis illustrati. In quibus pia, grauia, et Christiana documenta sunt omnia. Hos aere modico, si coemes et leges, aliis quoque ut emant et legant author cris, et ipse iterum atque iterum emere non grauaberis. (Na końcu:) Cracouiae per Mathiam Scharffenberg iij die Marcij Anno MDXXXVII (1537). w 4ce, kart nlb. 18.

> Dedyk. Ad generosum et spectabilem Dnum Franciscum Bonerum insignis urbis Cracoviensis consularem virum prudentem munificum, literis et eruditione praestantem, singularem studiosorum Mecaenatem M. Georgius Libumus Lignicensis Presbyter ex aedibus nostris Cracoviae. An. 1537. — Ad eundem epigramma (po grecku). — Leonardi Aretini in libros Oeconomicorum Aristotelis prologus ad Cosmam Medicen. (kursywą).
> Janoc. I. 168. III. 195. Nachr. IV. 188. — Jocher 154. — Jocher i Wiszniewski VI. 181. mają rok druku mylnie 1532.
> Czartor. — Czetwert. — Szembeka.

— Oeconomika Aristotelesowa albo raczej nauka domowego gospodarstwa. Kraków, druk Łazarza, 1601. fol., s. 107.

> Arystoteles idzie do str. 52, a dalej przydatek tłumacza i rejestru str. 7. Tłumaczył Seb. Petrycy. — Dedykacya do Mikołaja Oleśnickiego.
> Maciej. Piśm. II. 984.
> Warsz. Uniw. — Branic. — Czetwert. — Krasińs.

— Oeconomiki Arystotelesowey to iest rządu domowego z dokładem księgi dwoie. W których się może nauczyć każdy gospodarz, iako się obchodzić z żoną, z dziećmi, z czeladzią, z maiętnością. Na końcu ksiąg iest przydatek, w którym się szerzey i łacniey dokłada, co do teyże materyey należy. Powtóre wydane, poprawione y w wielu rzeczach potrzebnych przyczynione na pożytek y zaostrzenie umysłu z pracey Dra Seb. Petricego, medyka. W Krakowie, w drukarni Macieia Jędrzejowczyka 1618. folio, str. 135, przedmowy i regestrów kart 4.

> Na odwrocie tytułu wiersz na herb z podpisem D. S. P. M. (Seb. Petrycy). Od str. 44 do 135. są przydatki Petrycego, początkowe zaś 43 str. są tłumaczeniem z Aristotelesa, z objaśnieniami tłumacza po każdym rozdziale. Nadto na przodzie 2 ark., na których dedykacya do Mikołaja Oleśnickiego, kasztelana Radomskiego.
> Jocher 155.
> Krasińs. — Branic. — Jagiell. — Ossol. — Raczyńs. — Warsz. Uniw.

— Aristotelica philosophia quaestionibus ac notis illustrata cum notis illustr. Rudzki. Lublini, 1750. w 12ce.

> Jocher 160.

— Polityki Arystotelesowey to iest rządu Rzeczypospolitey z dokładem ksiąg ośmioro. Część pierwsza. Pożyteczne nie tylko pospolitemu człowiekowi, który stąd może wiedzieć, iako się ma w Rzeczypospolitey sprawować, iako ma swoim przełożonym poddaność oddawać, iako się ma z swemi własnemi sprawunkami do pospolitego pożytku przychylać; ale też więcej ludziom przełożonym, iako się maią z podwładnemi obchodzić, iako buntów y niezgody uchodzić, iako niedostatkom y zbytkom zabiegać, iako dostatnia spokoyną Rzeczpospolitą czynić. Przydane są do każdego rozdziału przestrogi, które krótko rzeczy trudnieysze ułacniaią. Przydatki też są położone na końcu ksiąg, częścią dla dokładnieyszego wyrozumienia rzeczy w księgach zamknionych, częścią dla zaostrzenia dowcipów ludzkich potrzebne przez doktora Sebastyana Petrycego medika. W Krakowie, w drukarni Symona Kępniiego, 1605. folio, kart 13. regestru 6 i str. 472.

— Toż. Część wtóra: Księgi piąte, w których o przyczynach skazy Rzeczypospolitey uczy str. 128. Księgi szóste, w których o złych Rzeczachpospolitych y o ich z kluby swoiey wykrotach uczy str. od 129—200. Księgi siódme, w których nalepsza ile na tym świecie może być Rzplta opisuje str. 201.—308. Księgi ósme, które w sobie zawieraja urzędowe ćwiczenie młodzi y krótka naukę o sprawach woiennych str. 309—421. Rejestru k. 5.

Dedyk.: Ks. I. Zygm. III. królowi polsk. Janowi Zamoyskiemu kancl. i Bernatowi Maciejowskiemu bisk. kart 12. Ks. II. Benedyktowi Woynie bisk. wileńs. Ks. III. Marc. Szyszkowskiemu bisk. łuck. Ks. IV. Mikołajowi Zebrzydowskiemu wojew. krak. Ks. V. Mikoł. Chr. Radziwiłłowi, wojew. wileńsk. Ks. VI. Stan. Mińskiemu wojew. łęczyc. Ks. VII. Januszowi z Ostroga na Zasławiu wojew. wołyńs. Ks. VIII. Mik. Oleśnickiemu kaszt. małogosk. — Portret Zygm. III. roboty Łuk. Kiliana w Augsburgu. Wiersze przy dedykacyach wszystkie pióra Petrycego. — W niektórych egzemplarzach jest przydatek do piątych ksiąg po str. 128. jeszcze str. CXXIX—CXXXIIII. pod napisem: Jesli żydowie więcey podeyrzani a gorszy są Rzplty niżli Ormianie. (Tutaj dość zajmujące szczegóły przeciw Ormianom we Lwowie, jak zagarniali handel i wykupywali domy). Jocher 156.

Chreptow. — Czartor. — Jagiell. — Warsz. Uniw. — Krasińs. — Ossol. — Branic. — Uniw. lwow. — Raczyńs.

— Aristotelis politicorum libri tres latine versi per Carolum Sigonium. Cracoviae, 1557—1577.

Ciampi 69. T. I. s. 14. nie opisuje bliżej. Edycya skądinąd nie znana, być więc może, iż Ciampi się omylił.

— Politicorum libri 8. Ex Dion. Lambini et P. Victorii interpretationib. puriss. graecolatini Theod. Zvingeri argumentis atque scholiis, tabulis quinetiam in tres priores libros illustrati: Victorii commentariis perpetuis declarati. Pythagoreorum veterum fragmenta politica a Jo. Spondano conversa et emendata. Index rerum et verborum pleniss. Cum grat. et privil. Caes. Maj. ad decennium. Basileae, Eus. Episcopi

opera ac impensa. 1582. w 8ce, str. 20, 623 i 13.

Dedyk.: Alex. Duci Słucensi et Copeliensi (Radziwiłł) a T. Zwingero. Jagiell. — Warsz. Uniw.

— Problemata Aristotelis. Gadki z pisma wielkiego philozopha Arystotela y tesz inszych mędrczów tak przyrodoney iako y lekarskiey nauki z pilnością wybrane; pytanie rozmaite o składności człowieczich członków rozwięzuiące; ku biegłości rozmowy ludzskiey tak roskoszne iako y pożyteczne. (Rycina pod tym tytułem wyobraża filozofa). Na końcu: Prassowano w Krakowie przez Floriana Unglera roku od narodzenia Bożego 1535. w 8ce, ark. przeszło 15.

Druk takiż jak w Herbarzu Falimierza r. 1534. u Unglera drukowanym.

Janoc. wymienia drukarnią Szarffenberga. — Tłómaczem (choć na tytule nie wymieniony), jest Andrzej Glaber z Kobylina. Na odwr. karty tyt. zaczyna się dedykacya: Wielmożney Paniey y dobrze znaczney, Paniey Hedwidze z Kościelcza, kasztelance Żarnowskiey, Żuppniczce, Wielkiey rządciney, Burgrabiney Krakowskiey, Oświecimskiey, Zatorskiey, Bieczskiey, Rapstinskiey, Czechowskiey etc. Starościney Paniey łaskawey, M. Andrzej Glaber z Kobylina służbie swą wskazuje. W Krakowie, w dzień czwartkowy 1 lipca 1535. — Ob. Glaber. — Były trzy edycye z jedney daty. Jocher 149. — Janocki I. 89.

Czartor. — Ossol. — Szombek. — Krasińs.

— Problemata abo pytania o przyrodzeniu człowieczym z łacińskiego na polski język przełożone przez ..... Do ktorych przydane są y przedmowy, aktom weselnym i pogrzebnym służące, przez Kalixtego Sakowicza. W Krakowie, roku AXK (1620). w 8ce, kart 6, str. 249 i kart nlb. 24.

Miejsce druku i rok podano literami greckiemi (β κπακοβιέ ρozου ΛΧΚ). Rzeczywiście jestto druk Kijowski.

Na odwrotnej stronie tytułu herb Drewińskich, pod nim hexastych polski. — Przypisał Laurentemu Drewińskiemu, cześnikowi Wołyńskiemu, podpisany w Krakowie 1620. Kalixty Sakowicz (obacz pod Sakowicz).

Obejmuje rozdziałów 26. pierwszy: o twarzy człowieczej.

Juszyński II. 150 i Jocher I. N. 150. uznają to za przekład Problematów Arystotelesa. — Maciejowski Piśmien. III. 671. twierdzi, że nie tylc tu Arystotelcs źródłem ile Albertus Magnus. — Całe dzieło, to przedruk Glabra z Kobylina z r. 1535. z zamilczeniem źródła. Dla zatajenia wydawca zmienił układ, przeistoczył tytuły rozdziałów, niektóre opuścił, inne upstrzył swemi dodatkami. — Ob. Sobieszczański w Bibl. Warsz. 1849. Tom 2 (515—524 str.). Dzików — Uniw. Warsz.

— Problemata Aristotelis determinantia multas questiones de variis corporum humanorum dispositionibus valde audientibus suaves. (Na końcu:) Impressum Cracovie per Mathiam Scharffenberger. Impensis vero Marci Scharffenberger, civis ac bibliopole Cracouien. Anno Domini MCCCCCXXVIII (1528). uigesima sexta die Februarii. w 8ce, kart nlb. 32. to jest sign. Evi. Druk gocki drobny.

Jocher 148. — Wiszniewski Hist. Lit. IV. 128. znaczy datę 1527.
Akad. — Czartor.

— Textus parvuli philos. moralis 1517, 1531. ob. Brede de Konitz.

— Textus pervuli philos. naturalis 1512, 1513. ob. Brede — Stobnica Jan.

— Textus elenchorum Aristotelis. Impressum Cracouiae. B. r. i dr. w 4ce, kart nlb. 36. Druk gocki.

Na pierwszej karcie: Liber primus sophisticorum elenchorum, id est syllogismorum apparenter redargutinorum: feliciter incipit. Na karcie dziewiętnastej verso: Liber secundus sophisticorum elenchorum feliciter incipit.
Jocher 94.
Czartor. — Jagiell. — Ossol. — Dziednsz. — Bibl. Potock. w Brzeżanach.

— Textus elenchorum Aristotelis. (Tytuł w ozdobach druk. z cyfrą J. Hallera w górze). Na końcu: Apud inclytam Poloniae Cracoviam, MDXXI. w 4ce, k. nlb. 36. (ark. sign. Giiij). tylko tytuł dr. goc.

Na odwrocie tytułu dedykacya: Magnifico ac eximio artium et juris pontificij doctori, dno Jacobo Erdziessnow, inclitę Academię Cracouien. rectori, ac ecclesię collegiatę canonico Christophorus Stratander Steynensis se commendatum reddit. Z datą: Cracuie ex diuę Marię Pedagogio. Anno MDXXI.
Jocher 95.
Jagiell. — Czartor. — Ossol. — Kórnic.

(Aristoteles) Asserta de physico auditu, ad mentem Angel. et ecclesiae

Doctoris D. Thomae Aquinatis. Ex doctrina Aristotelis decerpta. Ac publico certamini a F. F. Carmel. Discalceat. philos. studiosis exposita. Anno sanctiss. jubilaei mense... die... hora 2. post meridiem. Cracoviae, in officina Val. Piątkowski An. Dni 1650. w 4ce, kart 8.

Dedyk.: Joanni Remiszewski (popr. piórem na Romiszowski) praepos. Lasceusi, Scholast. Cracov. Lancic. Canonico.
Jagiell.

— Aristoteles in Alma Academia et Universitate Vilnensi per Suprema AA. LL. et philosophiae laurea decertans. Vilnae, 1749. w 4ce, ob. Hylsen Józef.

— Euripus Aristotelis sub auspic. Swinarski. Calissii, typ. Coll. Soc. J. 1726. ob. Swinarski.

Porównaj: Awedyk Conchylium Euryppi. 1728.

— Exercitium physicorum exercitari solitum per Facultatis Artium Decanum studii Cracov. pro bacalauriandorum et magistrandorum in Artibus completione. ob. Głogoviensis J.

— Flores Aristotelici radio Aquinatici solis perfusi a F. F. Carmel. discalceatis. 1660. ob. Flores.

— Utilissima introductio in libros de anima Aristotelis ob. Joa. Faber Stapulensis (1510, 1518).

— Logica .... juxta mentem D. Thomae Angelici doctoris in sua principia scientifice resoluta et a FF. Carmelitis Discalceatis in Conventu Cracoviens. SS. Michaelis et Josephi philosophiae studiosis publicae eruditorum censurae exposita. Anno a Partu Virginis 1650. mens. (Octob.) die (9) hora (2 post merid.) Cracov. apud Lucam Kupisz SRM. typ. 1650. w 4ce, kart 8.   Ossol.

— Nova et antiqua methodus sciendi anthore Aristotele. Lublini, 1749. folio. ob. Toczyski.

— Philosophiae rationalis assertiones ex dialectica Aristotelis a Ordin. B. Mariae de Monte Carmelo FF. Carmelitis Disc. sub tempus adv. praepositi generalis disp. propos. 1666. Cracov. apud Cezar w 4ce, ark. C4.

ob. Assertiones.   Jagiell.

Szamocki Andr. (Disputatio 1635) — Szymonowicz Szymon (In universam Aristotelis philosophiam b. r.) — To- czyski Casimirus (Nova et antiqua me- thodus 1749) — Tomicki Bern. (1562) — Trembecki Antoni Józef (Conclusiones 1713) — Trzciński Andr. (Theses 1771) — Tvater Casimirus (Triquertium phi- losophicum 1693) — Ursinus Joannes (Kefaliomos Aristotelis b. r.) — Wie- czorkowski Laur. (Principes 1731) — Wielogórski Jan (Descriptionis univer- sae naturae 1576) — Wildenbergius Hieronymus (Totius rationalis philoso- phiae epitome 1547) — Wolski Jan Franc. (Cursus philosophici 1635) — Wolski Mathias Augustinus (Manipuli Aristotelis 1654) — Vratislavia (de) Michael (Epithoma b. r.).

Arithmetices introductio ex variis authoribus concinnata. Denuo diligenter reuisa. Cracouiae excudebat Hieronymus Scharffenberg, anno MDXLIX (1549). w 8ce, kart nlb. 20. (ark. C₄). Druk kursywą.

Na odwr. k. tyt. 12 wierszy łac. nad któ- remi litery: H. V. R. pod tem winieta drukarska Scharffenberga: skały, na nich kozioł; u dołu dwa kozły mocują się ro- gami, a pod niemi litery: H. S. na małej tarczy.   Branic. — Jagiell.

— Toż. Cracoviae, H. Scharffen- berg. 1552. w 8ce.   Dzików.

— Tenże tytuł. Nunc denuo revi- sa. Cracoviae, apud viduam Hieronymi Schar. Anno ab orbe redempto MDLVI (1556). w 8ce, kart nlb. 19. kursywa.

Na odwrocie tytułu 12 wierszy łac. na po- chwałę arytmetyki, oznaczonych na po- czątku literami H. V. R.   Ossol.

— Toż samo. Cracouiae, apud Mat- thaeum Siebeneycher. Anno salutis hu- manae MDLXV (1565). w 8ce, kart nlb. 20. kursywa.

Lelew. Bibl. ks. I. 101.
Bibl. Tow. Przyj. Nauk. Pozn. — Ossol. — Kórnic.

Arithmetica practica in usum Scho- larum Societatis Jesu opera PP. eius- dem Societatis conscripta. Superiorum permissu cum gratia et priuilegio S. R. M. Cracoviae, in officina Nicolai Lobii,

Anno Domini MDCIX (1609). w 8ce, str. 95 i errata kart 2.

Warsz. Uniw. — Jagiell. — Krasiń.

— brevis et facilis ad usum stu- diose juventutis per questiones collecta. Varsaviae, ex offic. Mitzleriana, 1761. w 8ce, k. 3, str. 253, k. 4.

Jagiell. — Ossol. — Wileń.

— pro suprema grammatices classe e germanico in latinum translata. Cra- coviae, literis Jos. Georg. Trassler. B. w. r. (z końca 18 w.) w 8ce, str. 39.

Jagiell. — Warsz. Uniw.

— ob. Algorytm — Algorismus. — Alpha (1733) — Broscius Joannes (in- tegrorum 1620) — Dobszewicz Ben. (1756) — Formankowicz Joannes Stan. (practica 1669) — Glareanus Henricus (1549, 1551) — Herbestus Benedictus (linealis 1561, 63, 64, 68, 69, 74, 77) — HöllMax. (1768) — Janicius (Joannicius) — Kaczwiński Mich. (1757) — Kry- ger Oswald (1635) — Laurenbergius P. (Institutiones 1646) — S. K. ob. Sche- del. — Schedel Krzysztof (t. j. nauka rachunku 1692, 1735) — Sikorski Ka- zimierz X. (1761) — Tacquet Andreas (practica 1745) — Toński Jan (vulgaris 1640, 42, 45, 54) — Tylkowski Adal- bert (curiosa 1668) — Willichius J. (Argent. 1540).

ARITHMAEUS Walenty z Lignicy. Periculum (Pericolum?) poeticum, tum editione iterata innovatum, tum locu- pletata melioratum. Francof., Frider. Hartmann, 1618. w 12ce.   Ossol.

Arius ob. Sarnicki Stanisław (Col- latio).

Arka pociechy albo godzinki obacz: Górny Honorat X. (1695, 1702, 45, 61, 82, 93, 96?, 97).

— testamentu ob. Starowolski Szym. (1648, 49).

Arkadya (18 w.) folio, str. 2.

Branic.

Arkadyusz. Antirresis albo apologia przeciwko Krzysztofowi Philaletowi ob. Arcudius.

Arlekin ob. Bohomolec.

Arlequin Janseniste ou Critique de la femme docteur, comedie. A Cracovie,

chez Jean le Sincere, imprim. perpetuel. 1732. w 8ce.
Oczywiście druk to obcy a miejsce zmyślone.

Arma catholica obacz: Miko F. X. (Ostendetur 1638) — Rywocki J. X. (contra Anti- Bellarminum 1636).

— emerita obacz: Ćwiekalski Jan (1655).

— heroes, duces ob. Jabłonowski Stanisław (1685, 95).

— lucis contra opera tenebrarum seu modi expugnandae luxuriae ac propagandae castitatis. Varsaviae, in offic. Petri Elert 1647. w 12ce, str. 166.
Warsz. Uniw.

— sive insignia regni Poloniae. B. m. i r. dr. (Paryż, 1573—4) ob. Ambrosius Marcus.

— sapientiae ob. Majkowski Stan. (1613).

— spiritualia contra Turcos ob. Lubelczyk A. (1544).

— ob. Czapski Krzysztof (1684) — Gabriis Luca (1657).

Armamenta gloriae ob. Sobieski Jan III. (1676).

Armamentarium catholicum confessiones seu professiones fidei doctrinasque de Deo aliquot Orthodoxorum, eorumque vetustissimorum Patrum non minus Catholicas ac pias quam eruditas, hisque temporibus accomodatissimas (maxime vero Concionatoribus et aliis Catholicae fidei propugnatoribus non infrugiferas) compendiose continens. Ex variis monumentis et Bibliothecis excerptum, ac ob communem Catholicorum utilitatem et Ecclesiae puritatem unitatemque indicandam, in unum congestum publicatumque, quod instar locorum communium esse poterit. Cracoviae, in officina Stanislai Siradiensis. Anno 1572. w 8ce, ark. A—M₁₁₁.
Na odwrotnej stronie dedykacya Wojciechowi Łaskiemu i herb jego, rytowany przez F. G. C.
Wiszniews. IX. 169.
Warsz. Uniw. — Kórnic.

— ob. Drews Aloisius (1677) — Rzączyński G. (Regni polon. 1725).

Armata obacz: Aurimontan Eliseus (1649).

— florentiss. scholae ob. Tomasz Aquino (1672).

Armatae laudes ob. Jabłonowski Stan. (in sago 1685).

Armatura fortium seu rosaria sanctissimi nominis Jesu. Vilnae, 1684. w 12ce.
Wileńs.

Armbruster Laur. ob. Albertus Magnus (Philosoph. 1516).

Armée ob. Etat (1781) — Griesheim Karol (1789) — Reflexions (1789) — Vorstellung (z rycin. mundurów 1775).

Armenia obacz: Baptismus (Armeni 1544) — Galanus (Armena eccles. 1650, 58, 61, 90) — Głuszkiewicz (Exculta Arm. 1754) — Gutkowski (Arm. Religio b. r.) — Łasicki Joan. (1615) — Lubelczyk Jędrz. (1544) — Ormianie.

Armes (Les) du Roy justifiées contre l'Apologie de la Cour de Vienne. B. w. m. 1733. w 4ce, kart 12.
Treść dotyczy Polski; wydane z okazyi broszury: Reponse à l'ecrits Motifs de resolut. du Roi 1733.

Armen-Wesen ob. Kowalewski Celest. (1729).

ARMI Fra Niccolo. Presagio della imminente rovina e caduta dell' Imp. ottomanno. Padova, 1684. w 4ce.
Autor przepowiada, że Sobieski zgładzi Ottomaństwo, a to z dopuszczenia Bożego.

Armida abandonata ob. Puccitelli E. (1641).

Armilla sarmaticae Palladis adolescentum ob. Wośniowski A. (1642).

Armilustrium Sarmaticum ob. Przybyłowski Cas. (1696).

Arminio, dramma obacz: Metastazy (1761).

Arminius ob. Makowski Jan (Maccovius Redivivus 1654).

Armistitium oder getroffener Vergleich der Waffen, so auff Interposition Röm. Kays. May. Commissarien zwischen Ihr Königl. May. in Pollen und dem Gross-Fürsten in Moscaw erfolget. B. w. m. 1656. w 4ce.
Bibl. petersb. publ.

ARMSDORF Nicol. Auff Osianders Bekentnis ein Unterricht und Zeugnis, das die Gerechtigkeit der Menschheit Christi, darinnen sie entpfangen und geboren ist, allen Gleubigen Sündern geschanckt und zugerechnet wird, und für ihr Person hie auff Erden nimmermehr Gerecht und heilig werden. Nicolaus von Armsdorff. Exul. Anno 1552. w 4ce, sign. Aij—Biij. (Na końcu:) Gedruckt zu Magdeburg bei Christian Rödinger. Wrocławs.

ARNAUD Franc. Tom. Marya de Bauclard (1718 † 1805). Adelson y Salvini. Historya angielska z francuzkiego. Wielmożny Antoni Łopuski, generał-adjutant buławy polney koronney tłumaczył. W Warszawie, nakładem i drukiem Michała Grölla. 1794. w 4ce, str. 78. Czartor.

— Anna Bell, powieść angielska z francuzkiego przełożona. Warszawa, druk P. Dufour, 1780. w 8ce, str. 114. Czartor.

— Lorezzo i Nina, powieść sycyliyska z francuzkiego z dzieł pana Arnaud, tłumaczył Jan Nowicki. Tomów 2. W Krakowie, w druk. Gröbl. 1796. w 12ce.

— Lamentations de Jérémie. Odes dédiées à la Reine de Pologne, electrice de Saxe. Par M. d'Arnaud conseiller de légation du Roi de Pologne, electeur de Saxe des Académies Impériale etc. Royales des sciences et belles-lettres du Russie, Prusse, Danemarc etc. Nouvelle edition. B. m. dr. 1757. w 8ce, str. XXIV i 109. Czartor.

— La mort du maréchal de Saxe, poëme. 1750. w 4ce.

— Toż, 1752. w 12ce.

— Toż, 1759. w 8ce.

— Nancy albo nieszczęścia z nieroztropności i zawiści pochodzące. Przekład E. K. C. L. E. Ö. B. G. W Warszawie, w drukarni P. Dufour, 1778. w 8ce, str. 110.

— Nieszczęśliwi w kochaniu to jest hrabia de Cominge i margrabianka de Lussan, na świecie tak zwani, w zakonie zaś Brat Arseni i Brat Eutym. A kto bodzie serce — Pokazuie czucie. Ekkl. Roz. 22. wier. 24. B. w. m. dr.

i r. (Z końca 18 wieku). w 8ce, kart nlb. 27. Dedyk.: Zofii Szumańczowskiej.

— Odpoczynki człowieka czułego wyjęte z dzieł francuzkich przez Jana Nowickiego tłumaczone. W Krakowie, w druk. uprzyw. A. J. Grebla. B. w. r. w 8ce, Tom I. k. 4, str. 300, Tom II. r. 1798. k. 4, str. 342. Dedyk.: do Janowy Slaskiej kasztelanki Czechowskiej. Akad. — Ossol.

— Sydney y Wolsan, powieść angielska. W Warszawie, nakładem Fr. Chr. Netto na Krak. Przedmieściu wedle Zamku, 1792. w 8ce, str. 102 i i 6 kart na przodzie. Tłómaczem jest: Ignacy Bykowski, jak widać ze spisu dzieł jego na końcu poematu: pt. Kościół sławy, (tegoż autora). W dedykacyi do Hilarego Wicherta Stolnika Mścisławskiego, podpisanej na końcu: Przyjaciel m. p., narzeka tłómacz, iż od przyjaciół i krewnych, dla których wszystko poświęcał, był zdradzony i prześladowany. Czartor. — Jagiell. — Krasińs. — Ossol.

— Sydney y Wolsan, powieść angielska przez Ignacego Bykowskiego porucznika wojsk rossyjskich. W Wilnie, w drukarni XX. Pijarów. 1799. w 8ce, str. 80. Krasińs.

— Xżna Szatellon, powieść wyjęta z wiadomości historycznych z francuzkiego wytłómaczona. W Kaliszu, w drukarni JO. Xiążęcia Jmci prymasa arcybiskupa Gnieźnieńskiego. 1785. w 8ce, str. 102. Warsz. Uniw.

ARNAULDUS Antoni (Arnaldi) († 1618). Oratio M. Antonii Arnaldi Advocati in Parlamento Parisiensi, et antea Consiliarii ac Procuratoris generalis defunctae Reginae Matris Regum. Pro Universitate Parisiensi actrice contra Jesuitas reos. Habita IIII et III Idus Julias cIɔIɔXCIV. Nunc primum latina facta, et missa ad Senatum Populumque Vilnensem. Lugduni Batavorum, ex offic. Joannis Paetsii et Ludovici Elzevirii. Anno cIɔIɔXCIV (1594). w 4ce, str. 84. Dedyk.: Senatui populoq. Vilnensi in M. D. Lit. Jocher 9294. Bibl. Słuc. — Jagiell. — Czartor.

— Oratio pro Universitate Parisiensi actrice contra Jesuitas reos, habita IV et III Idus Julias. Arrestum contra Joannem Castellum scholasticum, ob parricidium ab ipso tentatum in regem et Jesuitas omnes pronunciatum IV Kal. Januar. 1594. Latina facta et missa ad S. P. Q. Vilnensem ab Cl. V. F. J. Accesserunt Jo. Passeratii praefatiuncula, in disputationem de ridiculis, quae apud Cic. II de orat. Et, quae huc faciunt, alia. Lugd. Batav., ex officina Joann. Paetsii et Lud. Elzevirii. 1595. w 4ce, str. 84.

Wiszniews. VIII. 237. — Encykl. Orgelbr. II. 197. Kijows.

— ob. Montanus Franc. (1597).

ARNAY (D). Zwyczaie starożytnych Rzymian tak w sprawowaniu Rzeczypospolitey iako też w potocznych sprawach y w obrządkach bałwochwalskich używane. W Wilnie, w druk. Schol. Piar. 1762. w 8ce, k. 4, str. 99 i k. 2.

W dedykacyi do Józefa Szczytta kasztelanica Smoleńs. y Hieronima Mohła oboźnica Xięstwa inflantskiego, podpisano: X. B. M. S. S. P. (X. Bernard Maciey Sirué Schol. Piar.).
Całkiem odmienne od dzieła Arnay'a: Życie Rzymian. Jednakże zdaje się, że jest także tłómaczone z Arnay'a, a mianowicie z jego dzieła: Habitudes et moeurs privées.

Zieliń. — Ossol. — Czartor.

— Tenże tytuł. Powtórnie do druku podane. W Wilnie, w druk. J. K. M. y Rzeczypospolitey Schol. Piar. 1772. w 8ce, kart nlb. 4 i str. 108. Spisu kart nlb. 2.

Przypisane Antoniemu i Stanisławowi Reytanom podkomorzycom Nowogrodzkim.
Kraszewski ma to pod r. 1771.

Czartor.

— Tenże tytuł. Powtórnie do druku podane za nayłaskawszym pozwoleniem c. k. Gubernium. W Lwowie, w druk. Schlichtynowskiey, 1774. w 8ce, str. 147 i 1.

Jocher 779 b.
Uniw. lwow. — Czartor. — Ossol. — Jagiell.

— Toż .... w sprawowaniu Rzeczypospolitey ako (sic) też potocznych czynach i obrządkach bałwochwalskich używane. Powtórnie do druku podane za nayłaskawszym dozwoleniem c. k. Gu-

bernium. W Lwowie, w druk. Schlichtenowskiey, 1779. w 8ce, str. 147, 5.

Ossol.

— Życie prywatne Rzymian wydane przez P. d'Arnay, a dla przysłużenia się Publico, na oyczysty ięzyk przełożone (przez X. L. Sokołowskiego). W Warszawie, nakładem Mich. Grela J. K. M. Komisarza i Bibliopole, 1768. w 8ce, k. 5, str. 347 i katalogu k. 2.

Dedyk.: ks. Ad. Czartoryskiemu generałowi Ziem Podolskich. — Tłómacz podpisał się literami S. L. — Rycinę nad dedykacyą rysował Albertrandi (inv. et del. Bibliopola) rytował M. Keyl. W Przestrodze zapowiada co od dwóch lat drukuje. Zaleca Büschinga Geografią.

Jocher 892 a.
Wilno — Zieliń. — Uniw. lwow. — Akad. — Jagiell. — Ossol. — Czartor.

— Tenże tytuł. Warszawa. 1776. w 8ce.

Ta data nie pewna, bo ją Jocher (892 b.) tylko z katalogu Grölla czerpie.

ARND Joannes. Binae lectiones sacrae oder zwo Studenten Predigten gehalten und herausgegeben von... Thorn, gedr. bey Joh. Nicolai, 1717. w 4ce, ark. E₃. Czartor.

— Meteoron oder himlisches Wunder-Licht welches Anno 1716. in der Nacht von 17 bis 18 Mont. in Dantzig selbst gesehen, nachmahls eigentlich beschrieben, auch mit phisicalischen Reflexionibus erläutert, und demselben einen Entwurf deren Pareliorum oder Neben-Sonne die abermahl selbst in Thorn den 10 April dieses Jahres umb 4 Uhr nachmittags geschen, beygefüget. M. Johann Arndt. Am Thorn. Gymnas. philos. profes. ord. Thorn. Gedruck (sic) bei Johann Nicolai, E. E. Raths und des Gymnasii Buchdrucker. (1716). w 4ce, str. 20. Ossol. — Czartor.

— Eilfertige Nachricht von dem fliegenden, feurigen Drachen, welcher Anno 1717. den 10 Augusti bey angehendem Abend über Thorn geschen worden entworfen von Johann Arnd, Prof. Gymn. Thor. Thorn, Druckts Johann Nicolai, E. E. Raths und des Gymnasii Buchdrucker, 1717. w 4ce, kart 2. Czartor.

222

— Schediasma de Auroris boreali-
bus quae annis proximis MDCCXV,
MDCCXVII, MDCCXVIII. apparue-
runt. Quo earundem observationes, con-
firmationes, explicationes et significatio-
nes distinctis capitibus exhibet Jo. Arnd
Gymn. Thorun. prof. publ. ord. Anno
MDCCXVIII (1718). Thorunii impressit
Joh. Nicolai. w 4ce, k. nlb. 4, str. 36
i 1 tablica figur na blasze rytych w
Gdańsku.

Żebrawski Bibliogr. matem. str. 361.
Jagiell.

— Miscellanea mathematica. Sub
praesidio P. Patris. Gedani, 1707. w
4ce, kart 8.

— Specimen de Hugone Grotio, a
commentatoribus Juris belli et pacis aliisque immerito vapulante. Alma Resatum,
Schwiegerovius, 1712. w 4ce.

— obacz: Proprietas (1717).

ARNDT Joh. Gottfr. z Halli, konrektor
w Rydze, (1713 † 1767). Der Liflän-
dischen Chronik I. Theil: Von Liefland
unter seinen ersten Bischöffen, oder die
Origines Livoniae Sacrae et Civilis, wie
solche Joh. Dan. Gruber aus einem
alten Manuscript Lateinisch herausgegeben nunmehro aus andern Handschrif-
ten ergenzet und ins Deutsche übersetzet. Anderer Theil von Liefland unter seinen Herren Meistern nebst ange-
hängten Tabellen, worinne die Sigille,
die Wappen beschrieben worden von
Joh. Gottfried Arndt. Halle gedr. bey
Gebauer im Magdeburg. I. Theil, 1747.
folio, str. 220 i nlb. 44. — II. Theil,
1753, folio, str. 364 i nlb. 18.

Encykl. Orgelbr. II. 200, 342—3. — Ga-
debusch Abhandl. v. Liefl. 186—201. —
Recke u. Napierski I. 42.
Ossol. — Warsz. Uniw.

— obacz: Gruber J. D. (1747) —
Pisański J. K. (1768).

Arndt Johannes obacz: Gleichius J.
A. (Trifolium 1726).

Arndt Wilhelm August ob. Actum
(1789) — Potwierdzenie konwencyi (18
wiek) — Punkta zaciągu (B. w. r.).

Więcej obacz pod: Arnt.

ARNHOLD Daw. Gotfr. Im Namen
Jesu! Christlicher Lehrer Ampts-Cron

und Propheten-Lohn, nach Veranlassung
der Histori von Henoch, aus 1 B. Mos.
V. 22, 24. Bey ansehlicher und sehr
volckreicher Beerdigung, dess Wol-
Ehrwürdigen, Gross-Achtbaren, und
Wolgelahrten Herren Gottfried Hoff-
manns, der Christlichen Evangelischen
Kirchen und Gemeine zu Rawitz in
Gross-Pohlen, treugewesenen Pastoris
Primarii, und Scholae Inspectoris. Im
Jahr Christi 1673. den 20 Novembris,
in einer Christlichen Abdanckungs-Rede
entworffen, und hernach, auff begehren
zum Druck aussgefertiget durch M. Da-
videm Gottofredum Arnholdum Pfarrem
zu Neu-Bojanova. Gedruckt zur Lissa
durch Michael Bucken. 1674. w 4ce,
sign. Aij—D. Wrocław. miejska.

— ob. Neukirch Joh. Frideric (Klag-
und Trostgedanken 1700) — Weber Andreas (Ex Angelographia 1638) — Zer-
nau Sim. (1674).

(Arnhold Math.) Bey hochzeitlichem
Ehren- und Freuden-Feste des Johann
Maijers, der aufwachsenden Schul-Ju-
gend in Bojanowa treu-fleissigen Con-
Rectoris, wie auch der Justina ge-
bohrner Arnholdin. So den 21 Octobris lauffenden 1681 Jahres glückselig
angestellet wurde, wolle hiermit seine
gebührende Schuldigkeit bezeugen Matthaeus Arnhold, Liberalium Artium in
Gymnasio Magdalenaeo Studiosus. Breslau, in der Baumannischen Erben Druckerey, druckts Joh. Günther Rörer,
Factor. (1681). folio, 2 karty.
Wrocław.

— Guttulae consolatoriae, das ist,
fünff wolkräfftige Trost-tröpflein auss
dem Lehr-Becher des Königlichen
Propheten Davids, Psal. 4. v. 9. Bey
Christlicher Sepultur Weyland der Ehrbaren, viel Ehrenreichen, Wol Tugend-
samen Frawen Elisabeth gebornen Kla-
pin, des Ehrwürdigen, Achtbaren und
Wolgelahrten Herrn Christophori Albini, der Christlichen Evangelischen
Gemeine Augspurgischer Confession in
Lissa wolverordneten Diaconi, Hertz-
Trewgewesenen Ehegenossin gezeiget
und abgehandelt den 29 Maij Anno

1642. durch Matthaeum Arnholdum Pfarr in Gross - Tschirna. Gedruckt durch Wigandum Funck. w 4ce, sign. Aij—H₃.   Wrocławs.

— ob. Wende G. (1682).

Arnold Antoni ob. Arnauld.

Arnold od Św. Floryana ob. Rostkowski Makary (1731).

Arnold, zak. Bened. Chronica Slavorum ob. Helmold.

ARNOLD a Jesu Maria Ord. Carm. Excal. Manuale devotionis erga S. Joseph. 1682. w 8ce.

> Jocher 6835. podał tytuł według łacińskiego źródła Bibl. Carmel. I., mogło zatem to dzieło wyjść i po polsku. Tego rodzaju znany jest modlitewnik karmelitański p. t.: Protekcya pewna Józef Św. — ale tylko w edycyi z r. 1724.

— Septenna sacra seu cultus et devotio pro septem feriis quartis in honorem septem gaudiorum et dolorum S. Joseph nutritii Jesu Mariaeque sponsi ac omnium suorum clientum, patris, patroni et protectoris. Adduntur ad haec et alia exercitia spiritualia, variae orationes, pro sacrament. confessione et communione et pro impertranda felici morte et pro aliis quibuscunque necessitatibus cum officio S. V. Theresiae et litaniis, ultimo aliquae orationes de S. Patre Joanne a Cruce in afflctione dicendae. Cracoviae, ex offic. Nic. Alex. Schedel. 1686. w 12ce, k. 6, str. 154. (strona 57 drukowana dwa razy).

> Na czele tytułu napis: Jesus, Maria, Joseph, Theresia.
> Approbata w Krakowie 26 Junii 1686.
> Jocher 6841. ma z datą 1687 r., i pisze, że jest po polsku i łacinie, co wcale nie oznacza by razem był tekst podwójny, lecz że dwa dzieła wyszły.
> Drohob. — Jagiell. — Warsz. Uniw.

— Septenna sacra, to jest na siedm srzód o siedmiu radościach, y boleściach nabożeństwo do mniemanego oyca słowa przedwiecznego, syna bożego Chrystusa Jezusa i matki jego p. przenayśw. Maryi, a sprawiedliwego męża y oblubieńca Józefa św. y wszystkich nas ratunku wszelakiego szukających oyca patrona y opiekuna: które to siedm radości y bolești, przy odkupieniu y zbawieniu naszym z Jezusem y Maryą

tenże Józef święty ponosił. W Wilnie, w druk. akad. Soc. Jesu, r. p. 1726. w 8ce, karta tyt., kart nlb. 12, str. 166 i 2 karty nlb. rejestru.

> Na czele napis: Jezus, Marya, Józef.
> Prawdopodobnie była pierwej edycya z roku 1687. o której Jocher (6841) wzmiankuje.
>   Czartor.

— Tenże tytuł ..... i oblubieńca Józefa św. i wszystkich nas ratunku wszelakiego szukających ojca, patrona i opiekuna. W Warszawie, w druk. JKM. Coll. Soc. Jesu r. p. 1741. dnia 22 Septembra. w 8ce, kart 5, str. 219 i kart 3.

> Dedykacya Karmelitów bosych do jednego z Szembeków.
> Jocher 6906.   Ossol.

— Septenna Jezus, Marya, Józef czyli siedmiorakie nabożeństwo, które św. Józefa Konfraternia w kościele Karmelitów bosych odprawuje. Lublin, 1761. w 8ce, kart 4, str. 226 i 4.

>   Bibl. Czapskiego.

ARNOLD Jerzy. Adamantinus sapientiae clypeus ad sagittam proponitur a Georgio Arnold Partheniae Academiae Consiliario, in Collegio Sieniav. Leopol. Soc. Jesu. Leopoli, typis Coll. S. J. apud Sebast. Nowógorski. 1644. w 4ce, 2 ark.

> Dedyk.: Jakubowi z Sobieszyna Sobieskiemu, wojewodzie ziem Ruskich, staroście Krasnostawskiemu.
> Są to: Conclusiones universae naturalis Theologiae.
> Jocher 2648.   Ossol.

ARNOLD Georg Christian (1747 † 19 Listop. 1827). Denkmahl dem um die evangelische Gemeinde zu Warschau wohlverdienten Herrn Joh. Sam. Gierings von seinen kirchlichen Mitgefährten der kirchlichen Laufbahn gesetzt. Warschau, bei Mich. Gröll. 1790. w 8ce, str. 32.

— Dissertatio de motu fluidi nervei per fibras medullares nervorum. Lipsiae, Breitkopf, 1768. w 4ce, 1 ark. (Zarazem Programma cum vita auctoris).

>   Raczyńs.

— Gedanken von der Zulässigkeit der Meynung, die Mutter wirke in die Bildung ihrer Frucht durch die Einbildung nebst einigen dahin gehörigen

Beobachtungen I. Versuch. Leipzig, typ. Hilscher Joachim, 1775. w 8ce.
— Toż. II. Versuch. Leipzig, 1775.
— Deutsche Lieder eines Polen an seine Freunde. Warschau, Marienville bei Gröll, 1780. w 8ce. Krasiús.
— Observatio anatomico-physiologica de foetu bicipite ad anteriora connato trimestri abortu excluso. (Acta phys. medica Academiae Imperialis Naturae Curiosorum Socii, T. VI. str. 159 do 200. Observantionum Physico Medicarum Annus 1772). Vratislaviae, 1777. w 8ce, str. 92. Warsz. Uniw.
— Tractatus de partu serotino 324 dierum ex oedemate uterino cum singulari graviditate et puerperio. Lipsiae, 1775. w 8ce. Warsz. Uniw.
— Vita Ernesti Jeremiae Neifeld (w Acta phys. medica Acad. Nat. Cur. 1795).
— ob. L. A. (wiersz 1792).
Czajkowski (Roczn. T. N. Krak. T. XIV. str. 124). — Gąsiorowski Hist. med. III. 160—4. — Wójcic. Cmentarz III. 233—4. — Bentkows. Hist. lit. II. 459. — Roczniki Tow. Warsz. P. N. XX. 100—109. XI. 127. XVI. 15. — Kuryer Warsz. 1827. 313. — Encykl. Orgelbr. II. 345—6.

ARNOLD Daniel Henryk z Królewca (1776 † 1775). Kurtzgefasste Historie der Königsbergischen Academie, 1746.
Umieścił Lilienthal Erleutertes Preussen IV. 157—185 str. Ciąg 2-gi tamże 313—354 str. Ciąg 3-ci tamże 577—608 str. Ciąg 4-ty tamże 669—685 str. Ciąg 5-ty tamże 711—730 str. Dokończenie tamże 767—809 str. i 813—823 str. Dodatki i poprawy do historyi Akademii w Królewcu są umieszczone tamże V. 269—325 str. r. 1756. Akadem.
— Kurzgefasste Nachrichten von allen, in Ost-Preussen gestandenen Predigern. Herausgeg. von Fried. Wilch. Benefeld. Königsb. 1777. w 4ce.
Adelung Lexic. I. 1121.

ARNOLD Jan Daniel fizyk miasta Leszna (1671 † 13 Paźdz. 1709). Praeside Car. Drelincourt de acido peccante et corrigente humores. Lugduni Batav. 1694. w 4ce.
Arnold Physiker zu Lissa s. 15—18.

ARNOLD Krzysztof. Send-Schreiben von dem Zustande und Drangsalen de-
rer Dissidenten oder Protestanten in Pohlen und Littauen etc. An einen guten Freund. Darinne insonderheit Bericht gethan wird, von der betrübten Begebenheit und Bedruckung, des Herrn Siegmund von Unruh, etc. etc. Wie auch von dem gefährlichen Religions-Artickel, welcher bey letzterem Friedens-Tractat in Pohlen errichtet worden, und Seiner Königlichen Majestät in Pohlen darüber ertheiletem Gnaden-Briefe. Frey-Stadt Anno 1717. w 4ce, str. 92.
Bezimienne pismo nader rzadkie, daje wiadomość o wypadku Zygmunta Unruga (ob. pod Unrug), niemniej o najnowszych uciskach jakich luternie doświadczyli.
Jocher 9635. — Łukaszewicz Kośc. br. Czesk. w W. Polsce, str. 240. Czartor.
— Similitudinem in dissimilitudine et dissimilitudinem in similitudine i. e. nuptias in exequiis. Nuptias magnificae et generosissimae virginis Mariae Annae Unruzanka et illustris et magnifici domini Dni Petri de Zychlino Zychliński Subcamerarii Calisiensis in exequiis illustris illustris atq. magnifici Domini Johannis Christophori de Miedzychod Unrug Capit. Gnesnens. condolens et gratulabundus Christophorus Arnoldus, Pastor.... Lesnae, impr. Mich. Buk. (1671—86). folio, str. 4.
Piotr Zychliński podkom. Kaliski miał drugą żonę Unruzankę, jej ojciec Władysław ożeniony z Golczówną (1676—1688). — Piotr Zychliński w roku 1697. już miał trzecią żonę Bobrownicką.
Żychliński Złota księga I. s. 340.

ARNOLDI Filip (ur. 1582 † 1642). Caeremoniae Lutheranae, das ist ein Christlicher gründlicher Unterricht von allen fürnembsten Caeremonien etc. von M. Philippo Arnoldi. Königsberg, 1616. w 4ce, kart nlb. 10, str. 290. Krasiús.
— Confessio vera et Lutherana, oder Warhaftige Glaubens Bekentnisz von den vier Haupt Artickeln unsers Christlichen Glaubens etc. von M. Philippo Arnoldi, Pfarrern. Königsberg, 1614. w 4ce, kart nlb. 5, str. 163. Krasiús.
— Excommunicatio Apologiae Fusselianae, oder Gründlicher Bericht, und

Antwort auff die vermeinte Apologiam Martini Fusselii etc. durch M. Philippum Arnoldi. Königsberg 1615. w 4ce, kart nlb. 6, liczb. 28. Krasińs.

— Schola Pastoralis, oder einfeltige, jedoch gründliche Entwerfung vom ordentlichen Beruff, hohen Ambt, lieben Creutz, sampt entgegengesetztem krefftigen Trost, rechter Christlicher Lehrer und Prediger etc. von M. Philippo Arnoldi. Königsberg, gedruckt durch Joh. Schmidt. B. w. r. i dr. (1616). w 4ce, kart nlb. 48. Krasińs.

ARNOLDI Jan. Christliche Gedächtniss-Predigt, dem weyl. Hoch- Wol-Edel-Gebohrnen Ritter und Herrn Herrn George Osswald von Czettritz und Neuhauss, Herrn auff Schwartzwaldaw, Cunradswaldaw, Gablaw, Vogelgesang und Käntichen, zu wolverdienten Ehren und Andenken, am XXVI. Sonn-Tage nach Trinitatis MDCXCIII. im Kl. Gafronischen Gottes-Hause gehalten von Johanne Arnoldi, Pfarrern daselbst. Gedruckt zur Lissa durch Michael Bukken. 1694. folio, str. 16. Wrocławs.

Arnoldus Martin (Lesna Polonus) ob. Beuck L. (Viro Clariss. sponso 1661) — Jonston J. (Lessus honori exequiarum 1675).

ARNOLDUS Nicolaus (Lesna Polonus) (ur. 17 Grud. 1618 † 15 Paźdz. 1680). Atheismus Socin. Joannis Bidellii refutatus. Franekerae, 1659. w 4ce.
Jocher 3421.

— Discursus theologicus contra Jo. Amos Comenii praetensam lucem in tenebris, seu prophetias Cotteri, Poniatoviae et Drabitii vulgatas et nupero scripto virulento commendatas. Franekerae, offic. J. Arcerii 1660. w 4ce, kart 2, str. 102 i 6.
Jocher 3438.   Czartor. — Czapski.

— Echardi Henrici Lutherani Scopae dissolutae, seu fasciculus eius controversiarum succincte refutatus, et quadraginta publicis disputationibus in Academia Franequeriana dissolutus a Nicolae Arnoldo theol. professore. Franekere excudit Idzardus Bakk. 1654. w

8ce, str. 640 oprócz dedykacyi i przedmowy.
Jocher 3249.
— Toż. Editio II. Franekerae, 1676. w 12ce.
Adelung. Lexic. I. 1123.
— Lux e tenebris visiones et revelationes Christoph. Kotteri, Christianae Poniatoviae et Nic. Drabitii. Amsterd. 1663. w 4ce, z ryciną.
Notatki Haana we Lwowie.
— Lux in tenebris seu brevis et succincta vindicatio etc. Editio altera parte auctior, ac completior. Franekerae sumpt. Ioan. Wellens acad. typogr. 1665. w 4ce, str. 12 i 531. Locorum novi Testamenti controversorum vindiciae str. 500. Index.
Wydane przeciw J. Comenii (Joan. Acoluti).
Lux in tenebris 1657.
Jocher 2478.
— Toż. Franekerae, 1667. w 12ce.
— Toż. Franekerae, 1660.
Według Adelunga Lexic.
— Lux in tenebris, seu brevis et succincta vindicatio simul et conciliatio locorum vet. et novi Testamenti, quibus omnium sectarum adversarii ad stabiliendos errores suos abutuntur. Editio quarta, magna parte auctior, ac utili sub calcem indice locupletior. Francofurti et Lipsiae, sumptibus Martini Theodori Heybey, imprimebat Immanuel Titius. MDCXCVIII (1698). w 4ce, str. 637 i 558, kart 7 na przodzie i 17 rejestru na końcu, z wizerunkiem autora.
Jocher 2478 b.   Ossol.
— J. Maccovius redivivus seu manuscripta ejus typis expressa. Franekerae, 1654. w 4ce.
Jocher II. 183. N. 2617. Tamże II. s. 474.
— Toż. Editio III. Amstelodami 1659.
Jöcher Gelehr. Lexic. I. 563.
— ob. Makowski J.
— J. Maccovii. Loci communes theologici cum praefatione Nic. Arnoldi ob. Makowski.
Jöcher Lexic. I. 563.
— Refutatio compendii manualis Martini Becani, Jezuitae, quinquaginta disputationibus, sub praesidio reverendi,

29

clarissimi et doctissimi viri, D. Johan. Cocceji, ss. theol. doct. ejusdemque ut et Linguae Sanctae professoris in acad. Franeq. celeberrimi, adornata a Nicolao Arnoldo Polono. Franekerae, ex offic. Balckii, academiae typographi ordinarii. Anno 1646. w 8ce, kartek 12 i ark. Eee₃.

> Dedyk.: Nic. Latalski de Labiszyn. Sewer. Gołuchowski, Petro de Hoczew Bal, Paulo Bog. Orzechowski, Paulo de Seczkowo Rożyński, Stan. et Joan. Wyliam. — W przedmowie chwali Jana Kraińskiego. Wspomina Leszczyńskich, Górnickich, Potockich. — Dalej idzie: Carmen Joannis Kraiński i Joh. Audziejewicii Lithuani. Jagiell.

— Religio Sociniana seu catechesis Racoviana maior refutata cum ipsius Catecheseos contextu, authore.... Amstelod. 1654. w 4ce.

> Jocher 3420 a.

— Tenże tytuł ..... seu catechesis Racoviana major, publicis disputationibus (inserto ubique formali ipsius catecheseos contextu) refutata. Nicolao Arnoldo ss. theol. doct. et Professore in academia Franekerano-ordinaria. Franequerae, typ. et imp. Idecardi Alberti et Joan. Faussiani. 1654. w 4ce, kart nlb. 12, str. 742. Index kart 12.

> Dedykował to dzieło: Illmo Cellmo heroi ac domino Janussio Radziwiłł S. R. J. principi Birżarum etc. Nicolaus Arnoldus Lesn. Polonus etc.
> W tej książce jest wzmianka, że Grzegorz Żarnowiec pisał w języku polskim: apocatastasin sive defensionem articuli de satisfactione contra Socinum, quae postea latine versa est a Conrado Nubero ecclesiaste gedanensi et recusa Franekerae A. 1618. Jacobus Zaborovius scripsit tractatum polon. cui titulus: Ignis et aqua id est tractatus de unione, cur ille cum Socinianis iniri nequeat A. 1619.
> Jocher 3420 b.   Czartor. — Krasiń.

— Theologia philosophiae domina. Franekerae, 1667. w 12ce.

— ob. Echardus Henricus (1654) — Komenius J. Am. (Vindicatio (1659) — Krokoczyński Władysław (1669) — Makowski Joan. (Loci 1658, Cursus theologicus 1627, Distinctio 1656).

> Encykl. powsz. Orgelbr. II. 206.

ARNOLDUS Samuel. Amicum certamen artium liberalium in castris Palladis scilicet stadio literario illustris Gymnasii Lesnensis a generosis ejus civibus, aemulo conatu in actu publico oratorio repraesentatum, ad quod spectandum et audiendum illustres generosos nobilissimos DD. Patronos, plurimum reverendos, excellentissimos, clarissimos Theologos, Ictos, Medicos, Philosophos, amplissimos, consultissimos, spectatissimos Reip. Lesnensis praesides, consules, judices, cives, nobilissimam etiam Gymnasii juventam, et omnes artium lib. amatores ac fautores ad d. 13 Julii clɔDCCVI. horam VIII. antem. in auditorium majus qua par est observantia invitat Samuel Arnold V. D. M. ap. Coetum Ref. et Gymnasii R. Lesnae, imprimebat Benjamin Friedericus Heldius (1706). folio, 1 ark. (Programmat szkolny).   Akad.

— Ara gratitudinis ad offerendum sacrificium laudis Deo optimo maximo erecta in Ill. Gymnasio Lesnensi: ad quam, dum post exactum sesqui-seculum, gymnasium vota sua reddit Deo: ad ea audienda illustres, generosos, nobilissimos DD. Patronos, plurimum Reverendos, Excellentissimos, Clarissimos, Theologos, Ictos, Medicos, Philosophos, amplissimos, consultissimos, spectatissimos, Reip. Lesnensis praesides, consules, judices, cives, nobilissimam etiam Lycaei Lesnensis juventam et omnes literarum fautores ad d. 28 Decembr. ClɔDCCV. horam VIII. antem. in auditorium majus, qua par est observantia, invitat Samuel Arnold, V. D. M. ap. Coetum Ref. et Gymnasii R. Lesnae, imprimebat Benjamin Friedericus Heldius (1705). folio, 1 ark.   Akad.

— Q. D. B. V. Dissertatio inauguralis medica de febribus quam rectore magnifico Sereniss. Principe ac Dno Guilielmo Henrico Duce Saxoniae, Juliaci, Angoriae, Westphaliae et reliqua, praeside Joh. Adolpho Wedelio philos. et medic. dre, theoretices prof. publ. ord., comit. et archiatro Duc. Saxon., patrono praecept. ac promotore colendis. hospite per quam gratiosa pro licentia summor. in arte medica honor. et privil. doctoralia more majorum rite consequendi publico eruditorum disquisitioni subjecit Samuel Arnold. Lis. Pol. Ad. d. Mart. 1723. horis ante et post. meridiem. Statis. Lc. Jenae, litteris Ritterianis 1723. w 4ce, str. 24. Ossol.

ARNOLDUS Valent. (I). Judicii astrologici summarium in annū Christi 1555. auctore Valētino Arnoldo Philomate Praetorij Cracouien. Praefecto diligenter et suctin (ctim lucubrati.) (tak). Eclipsis Lunae notabilis ad quintā diē Junij sub ortu solis futura. Quā Cracouiēses tātisper videbunt donec Lūa suo lumine penitus priuata sub horisontē mergetur. Cracouiae, in officina Hęredū Marci Scharffenbergij. Anno Dūi 1555. w 8ce, kart 8 antykwa.

Lel. I. 103. — Żebraws. Bibliogr. 186.

— Prognosticon astronomicum. Cracoviae, Victor. 1525. w 4ce.

Świdz.

— ob. Trzecieski And. (Epigram. lib. II. 1565).

ARNOLDUS Valent. (II). Sin to Theo. Collegii Theologici disputatio XXI. de Magistratu Politico. w 4ce, p. 149—156.

Na brzegu pierwszej karty: Resp. Valentino Arnoldo Polono.

Sin to Theo. Collegii Theologici Disputatio XXII. de Coniugio 157—164.

Na brzegu: Resp. M. Benjam. Gerlachio Polono. Są to urywki ze zbioru dyssertacyi jakiegoś zagranicznego, niekatolickiego Kollegium. Wyszło przed r. 1660. bo po tym roku Gerlach prace swe w Toruniu wydawał.

Jocher 2645.

ARNOLD Zygmunt. Wirydarze cztery pięknie roskwitłego ogrodu poznańskiego, na wesołym w stan małżeński wstępie zacnie urodzonych p. Alexandra Ungra J. U. L. z panną Jadwigą Smidlowną wystawione przez ..... w kollegium poznańskim Soc. J. eloquentiey słuchacza. W Poznaniu, w drukarni Jana Wolraba Roku P. 1624. w 4ce, k. nlb. 14.

Wierszem wychwaleni Jan i Aleks. Ungierowie, Anna Grodzicka Ungrowa, Anna Ungrowa Chruściewska, Barbara Goltsmidowna, Jan, Jakób i Stanisław Grodziccy, Katarzyna Żabińska, Jan, Stefan i Elżb. Winklerowie, Rodzina Smidlów.

Jagiell.

Arnolph Casimir. Corde Jesu obacz: Żeglicki (Adagia).

Arnotti Jakób obacz: Abircrumbeus Patricius (Epithalamium 1605).

ARNT (Arndt) Jan syn Jakóba i Anny Schotingowney (ur. 27 Grudnia 1555 r. w Ballenstet w Xtwie Anhalt † 11 Maja 1621). Cna mądrość to iest książeczka ręczna zawieraiąca w sobie piękne nauki o życiu i obcowaniu chrześciańskim w niektórych regułach służące, z chrześciaństwa męża nabożnego Jana Arndta, teraz na polskie przełożona przez Jana Koschnego, rektora Byczyńskiego. W Brzegu, drukował Gottfred Tramp, (około 1730 roku). w 24ce.

Olof Beyträge I. 311, 104.

— Jana Arnta, ś. p. Generalnego Księstwa Luneburskiego Superintendenta Sześć Ksiąg: o prawdziwym chrześciaństwie, o zbawienney pokucie, serdeczny skrusze i żalu za grzech, prawey wierze, światobliwym żywocie i przystoynym prawdziwych chrześcianów obcowaniu: oraz Informatorium iego Biblicum i dziewięć listów tu należących, które w niniejszych najdoskonalszych edycyach niemieckich tak wydane, że do każdego rozdziału modlitwa przyłożona, albo w Ogródeczku Rajskim pokazana, a miejsca trudniejsze do wyrozumienia, krociuchno wyłożone: z reiestrem pożytecznym, tak na wyroki Biblii świętej i wszystkie pamięci godne rzeczy w tey księdze iako i na ewanielie i lekcye niedzielne i świateczne, i na katechizm cały; teraz ale z niemieckiego na polski ięzyk, na rozmnożenie chwały BOżej w krajach polskich przy asystencyi BOskiej przetłumaczone przez X. Samuela Tschepiusa, archipresbytera i proboszcza Działdowskiego, Nidborskiego i Dąbrowieńskiego. Na końcu też przydana książka modlitew Ducha świętego pełnych, Rayski Ogrodeczek nazwana. W Królewcu Pruskim, drukowano nakładem i literami Jana Henryka Hartunga, roku 1743. w 8ce większej, k. 12, str. 970 i 26 kart regestru.

Jest tu nadto: Rayski Ogrodeczek podług edycyi polskiej od X. Samuela Ludowika Zasadyusa Fararza Strasfurtskiego w Brzegu Śląskim, r. 1736 wydanej, z poprawą rejestrów i omyłek drukarskich i z przydatkiem nowych dziejów cudownych, które się z tym Rayskim Ogrodeczkiem i z księgą, Prawdziwe Chrześciaństwo nazwaną, przydały. Królewiec, Hartung, 1743, w 8ce, 8 k., 247 str. i 4 k. rej.

Dedykacya: Niezwyciężonemu królowi Pruskiemu Fryderykowi.

Autor mówi w dedykacyi z 15 Stycz. 1743, że księgi te teraz pierwszym razem na polskie są przełożone. W poetycznej uwadze powiedziano, że J. Arnt wpadł był w rzekę do Renu, a tonącego uratował szlachcic polski. Mówi, że przekład ruski tego dzieła wyszedł jeszcze r. 1735 (Wersya Ruska) w Halli, w druk. Jana Gebauera. Niemiecki wydawca D. Rambach twierdził, że Polacy mają przekład od r. 1717, lecz Tschepius przeczy temu stanowczo.

W tłumaczeniu pomagali Tschepiusowi Sam. Gallasius, X. Krzysztof Link, katecheta i rektor Jan Fryd. Gross. Na początku wiersz Tschepiusa.

Tytuł dzieła drukowany w 4ce, czerwono i czarno.

Jocher 3291 a.

Birgel — Czartor. — Dzików — Jagiell. — Wileńs. — Zielińs.

— Tenże tytuł ..... Teraz ale z niemieckiego na polski ięzyk na rozmnożenie chwały Bożey w kraiach polskich przy assystencyi Boskiey przetłumaczona przez X. Samuela Tschepiusa i t. d. W Królewcu Pruskim drukowano nakł. i literami Jana Henryka Hartunga r. 1748. w 8ce, tyleż str. co i w poprzedzającem wydaniu.

Przypis. tłumacza Fryderykowi II. królowi prusk. dat. w Działdowie 15 Stycznia r. 1743. Oprócz tego 247 str. gdzie z oddzielnym tytułem: Ogrodeczek Rayski z poprawą rejestrów i omyłek drukarskich i t. d. W Królewcu, drukiem i nakł. Hartungowskim r. 1743.

Jocher 3291 b.   Wileńs.

— Toż. W Brzegu, nakł i druk. Jana Ernesta Trampa r. 1775. w 8ce, 7 kart nlb., 960 str. i 4 k. nlb.

Ossol. — Raczyńs. — Czartor. — Wileńs.

— Rajski Ogródeczek. Kraków, 1594. w 8ce.

— Rajski Ogrodeczek pełen cnót chrześciańskich, aby przez nabożne i pocieszne modlitwy były w duszę wszcze-

pione, chrześciaństwu otworzony z przydatkiem nowo drukowanym. W Brzegu, nakł. Sam. Traupmanna, 1736. w 8ce, str. 247.

Wydawca niemieckiej księgi Arnta o chrześciaństwie Dor Rambach, twierdzi, że Rajski Ogródeczek w przekładzie polskim wyszedł w Krakowie 1594 r. w 8ce z rycinami. Księga ta za czasów Rambacha była w Królewcu w bibliotece Wallenrodskiej, zapisana w katalogu pod: Class. G. g—g. N. 1, a w r. 1681. wydaną została jednemu z Wallenrodów. Tschepius nie umie wyjaśnić, czy istotnie ta książka była przekładem z Arnta.

Dzików — Ossol.

— Tenże tytuł ..... chrześciaństwu otworzony, a teraz podług edycyi polskiej od X. Samuela Ludowika Zasadyusa Fararza Strasfurtskiego w Brzegu Szląskim r. 1736. wydaney, z poprawą reiestrów i omyłek drukarskich i z przydatkiem nowych dziejów cudownych, które się z tym Rayskim Ogródeczkiem i z księgą Prawdziwe chrześciaństwo nazwaną przydały, a w przeszłey edycyi polskiey i w wielu z niemieckich nie są opisane subtelnieyszemi i większemi literami nowo drukowany. W Królewcu, dr. i nakł. Hartungowskim, A. D. 1743. w 8ce, str. 15, 247 nlb.

Jocher 7159.   Ossol. — Zielińs.

— Toż. Brzeg, J. E. Tramp, 1775. w 8ce.   Raczyńs.

— Toż. (Brak tytułu). w 8ce wydłużonej. Przedmowy Arnta kart 7. Dzieje z Rajskim Ogród. (cuda) kart 9. Modlitw Część I. od str. 1—122. Część II. od 123—202. Część III. od 203—281. Duchowne dusze lekarstwo od str. 282—358. Część IV i V. od 359 idzie do str. 394. (mylnie wydruk. str. 594). Rejestr kart 13. — Inny egzemplarz całkiem podobny. Przedmowy kart 7. Dzieje kart 11. Ostatnia strona ma dobrze wydrukowaną liczbę 394.

W przedmowie podano szereg cudów, jakie ta książka od r. 1621. sprawiała w Niemczech. Było tych cudów 13 do r. 1717. Od str. 385 do końca idą Pieśni.

Jagiell. — Wileńs.

— Wykład na dziesięcioro Boże przikazanie i wiarę świętą krześciańską w kazaniach ku zbudowaniu w niemieckim języku podany od Ks. Jana Arnda, Superintendenta Luneburskiego, a na polski język przetłumaczony przez Ks. Samuela Ludowika Zasadyusa, sługę Słowa Bożego przed Cieszynem. W Brzegu, drukował Goffred Tramp roku 1725. w 12ce, 5 ark. Przy tym: Doktora Marcina Luthera, prosty a dobry sposób do modlenia się, dobremu prziiacielowi podany. 3 ark. Razem 8 ark.

Jocher 3124.   Czartor. — Ossol.

ARNU Mikołaj (ur. 1629 † 1692). League between the Emperor an the king of Poland against the grand Seignior. Padua, 1684.

(Arquian Henr. Cardin.) Apollo jubilans et auspicatissimae Cardinalitii byreti, ex benignitate et gratia Sanctissimi Domini Innocentii Papae XII, per manus Serenissimi Joannis III. Poloniarum Regis invictissimi factae, applaudens: ac eminentissimo principi Dno Henrico divina miseratione S. R. E. Diacono Cardinali Arquiano, recenter creato, Christianissimi S. Spiritus ordinis Commendatori, Serenissimae Mariae Casimirae Poloniarum Reginae patri immeditatum et extemporaneum carmen, ad solennem pompam a Regio Vladislai IV. scholarum Piarum Varsaviensi Collegio dedicans. Varsaviae, in Collegio Scholarum Piarum typis S. R. M. Anno Dni 1696 die 26 Febr. folio, 3 ark.

W panegiryku tym wierszem łac. skreślonym składają swe życzenia Pijarzy nowo mianowanemu kardynałowi d'Arquian ojcu Maryi Kazimiery.   Warsz. Uniw.

— ob. Sobieski J. (Majestas honoris 1696).

Arquian (de) Anna ob. Bieżanowski Stan. (1678).

Arquien (d') Maria Casimira de la Grange ob. Abrek Andreas (1658) — Marya Kazimira — Wacławowicz Stan. (Melpomen 1658) — Wielopolska (1730).

Arragonia (de) Isabella ob. Ostroróg Stanisław (Oratio).

Arrest du conseil d'estat du roy, sa majesté y estant. Qui fait mainlevée des saisies faites sur les rentes appartenantes à la succession de la Reine de

Pologne. Du 16 Aoust 1716. Extrait des Registres du Conseil d'Estat. A Paris, de l'imprimerie Royal MDCCXVI (1716). w 4ce, str. 3.   Czartor.

— de la cour, 1646. obacz: Molé Math.

— de la cour souveraine de Lorraine et Barrois, qui à l'occasion de la mort de la Reine, ordonne de sonner dans toutes les paroisses et églises de son ressort, et défend les fêtes, danses et jeux publics. Du 2 Juillet 1768. A Nancy, chez Nicolas Charlot, imprimeur de la cour souveraine etc. w 4ce, str. 4.   Czartor.

— de la cour de parlement, qui ordonne qu'il sera sonné dans toutes les églises du ressort pendant quarante jours, à l'occasion de la mort de la Reine. Du 23 Juillet 1768. A Metz, chez Joseph Collignon, imprimeur ordinaire du Roi et de Nosseigneurs de Parlement, à la Bible d'or. w 4ce, str. 2.

Odnosi się do Maryi Leszczyńskiej.   Czartor.

Arrha dotalis gloriae Andreas Trzebicki ob. Kanon And. (1658).

— salutis humanae, sponsus sanguineus suavitatis illicio dilectus, amoris documento candidus, redemptionis profusione rubicundus, Christus patiens, defensae peccatoriae conscientiae foederatus, a paranympha religione ad theatrales taedas in scenam actus in Lycaeo poetico Varsaviensis Schol. Piar. Anno procedentis in mundum tamquam de thalamo sponsi 1713. die 8 Aprilis post Dominicana Passione. folio, k. 4.   Warsz. Uniw.

Arrhenius Klaud. Oernhielm obacz: Oernhielm (Vita 1690).

Arrigo III. ob. Braccioli (1576) — Henryk III. Walezy (1574).

Arrivée du Roi 1574. ob. Henryk Walezy.

Ars artium practica, methodus bene moriendi exemplis sanctorum in singulos dies illustrata; atq' sub felicissimis auspiciis perillustris reverendissimi Domini Antoni Bernardi a Lubomierz

Treter canonici Łascensis, praepositi Minscensis, publicae luci data cum facultate superioru. Anno 1726. die 1 Junii. Varsaviae, typis Collegii Soc. J. w 16ce, kart nlb. 8, str. 261. (brak końca). Jagiell.

— ob. Cracovia (de) Math.

— confic. epist. ob. Publicius Jac. (1530, 1538).

— de epistolis ob. Niger Fr. (1660).

— demonstrationis ob. Śleszkowski Alb. (1621).

— et praxis musicae ob. Lauxmin Zyg. (1667, 69, 93).

— lucis et umbrae, truncata pro imaginibus manu D. Joannis Damasceni in regno Clarissimi Senatoris in cremo profundissimi ascetae utrobique divini poetae olim per vitae suae lineamenta expressa nunc pro Idea Academ. Juventuti aestivo postgymnasmate, in scenam data, ab illus. perillus. ac Magnif. D. poëticae facultatis auditoribus in Acad. Viln. Soc. Jesu. An. 1733. Kalend. Aug. folio, kart 2.

— magna per parva ob. Drużbicki Kasp. X. (1699).

— metrica Sive Ars condendorum elegantes versuum, ab uno e Soc. Jesu. Primo Pragae edita, dein reimpressa. Posnaniae, typis R. P. Cleri Colleg. S. Jesu. An. Dni 1745. w 12ce, str. 192. Ossol.

— Toż. Sandomiriae, typis S. R. M. Coll. S. J. An. Dni 1754. w 12ce, str. 192. Jagiell. — Ossol.

— Toż. Lublini, typis S. R. M. Coll. Soc. Jesu. An. Dni 1758. w 12ce, str. 180. Akad.

— Toż. Leopoli, typis Academicis Coll. Soc. J. An. Dni 1769. w 12ce, wraz z przedmową str. 192.

— sphygmica ob. Galenus (1555) — Struś (Struthius) Józ. (1540, 1573, 1602).

— vivendi in sacerdotio ob. Rychalski Mich. (1682).

— vivendi spiritualiter ob. Joannes a J. Maria (1622).

Ars (Artes) ob. Andreas Fulvius (versific. 1532) — Arte — Dobrzycensis Joannes (memorativa 1504) — Ecchius Valent. (versificandi 1515) — Estko Piotr (rhetorica 1799) — Khevenhüller (Brodowski) (militaris 1750) — Kozłowski J. (militaris 1744) — Krzyżkiewicz Ign. (poetica 1674) — Mościcki Mikoł. (bene vivendi 1627) — Opusculum de arte memorativa (1504) — Otrębosz Daniel (Quaestio de arte 1624) — Radunszyc Antoni (ob. Opusculum) — Siemienowicz Kaz. (1650).

Arsacyusz. Pierwsza część Postille 1557. ob. Corvin Ant.

— Wtóra część Postille 1557. ob. Arzacysz.

Arsenał ob. Potocki Stan. Szczęsny (b. r.) — Wojsznarowicz (Dom mądrości 1668).

ARSENIUS (Grek, Metropolita demonicki i helasiński). Grammatika Ellino slowenskaho jazyka. Lwów, 1691, ob. Adelfotes Grammatica — Smotrzycki Melec.

Arsenius a S. Hyacintho, karmelita ob. Złotnicki Arseni.

ARSENIUS a nomine Mariae, Schol. Piar. Lydius aureae libertatis, sapientia virtutum pretio, meritorum gloria, honorum majestate Illustrissimi et Excellentissimi Domini D. Michaelis in Zakliczyn Jordan, palatini Bracłaviensis, ad Tribunal regni Palatinatus Crac. iudicis deputati, Dobczyensis, Jodłoviensis, Barcicensis etc. etc. capitanei, illustrissimus. Celsissimo tribunalis Regni Areopago ab exedra Petricoviensis Tullii Scholarum Pijarum oratoriis argumentis demonstratus. Typis Clari-Montis Częstochoviensis. Anno angularis lapidis 1713. die 15 Octobris. folio, karta tytułowa, 4 karty nlb. przedmowy, ark. I₂ i k. 1. Jagiell.

Arsenius Sophianus ob. Wiszowaty A. (Arsenii Sophiani Religion 1703).

ARTAUD de Montor, Chevalier Alexis François (urodz. 1772). Histoire de l'assasinat de Gustaw III. roi de Suède par un officier polonais, temoin oculaire. Paris, A. Forget 1797. w 8ce, str. 182.

Z portr. Gustawa, rys. Defraina i portr. Ankarstroema.

Wyniszczył egzemplarze Xże Sudermanii. — Autorem ma być Potocki Jerzy Michał.

Artaserse drama per musica in Varsavia, 1761. w 8ce.

Catal. Bibl. Schol. Piar. 1822. str. 416.

Artaxar ob. Kuszel (1765).

Artaxerxes tragedya. Natrent komedya od szlachetnej młodzi pobożnych szkół Szczuczyńskich prezentowane r. 1768. d. 23 Maja. w 4ce, kart 4.

Są to programata afiszowe.

Warsz. Uniw.

— Ein Singspiel, welches auf dem K. Churf. Theater an dem glorreich Namensfeste Sr. K. M. Augusti III. König von Polen, Churf. zu Sachsen aufgeführet worden. Warschau, d. 3 Aug. 1760. w 8ce. (po franc. i niem.).

— ob. Lubomirski St. H. (Rozmowy 1683, 1694) — Lumen honoris (1755) — Metastazy (1782) — Portalupi Ant. M. (tragoed. 1745).

Artaxes (rex persicus) ob. Lubomirski Stan. (Rozmowy 1683, 1694).

Arte (De) poetica libri tres ad usum et institutionem studiosae juventutis roxolanae, dictati Kijoviae in orthodoxa academia Mohyleviana. Mohyloviae 1786. w 8ce, str. 4 i 22.

— (De) rhetorica veterum libri. Lublini, 1783.

Notatki Haana.

— rhetorica libri quinque ob. De Colonia.

(Artecki Hieronym). Hieronymo Artecki... cum nominalem suam diem celebraret, devota sibi totius monasterii communitas in grati animi ac debitae observantiae documentum hoc obtulit encomiasticon. B. w. m. 1779. w 4ce.

Wileńs.

ARTEMEDES Seb. De Sigismundo III. epigramma. Bez w. m. dr. 1581. w 4ce, k. 1.

Świdzińs.

Artemis komedya wyprawiona przez Ichmościów Panów akademików Wileńskich na sali publicznej Soc. Jesu r. p. 1760. w 4ce.

Jestto program dramatu w 5 aktach.

Trębicki Bibl. Warsz. 1843. T. 12. str. 343.

ARTEMONIDES A. Memorie van A. Artemonides Ambassadeur plenipotent. zijner Czaarsche Majesteyt by hare H. M. de Stat. Gen. Bez m. 1709. w 4ce, str. 26.

Jestto Relacya batalii Połtawskiej i Perewołocznej w lipcu 1709 r.

Arten zu Reden ob. Volckmar Mikołaj (Fiertzig Dialogi 1688).

ARTEŃSKI Rafał Kazimierz. († 1699). Arae Themidis incenso virtutum, eruditionis meritorumq; refulgentes. Dum sub eximia protectione illustrissimi et reverendissimi Domini Dni Joannis Małachowski, Dei et Apostolicae sedis gratia episcopi Cracoviensis, ducis Severiae, almae Universitatis Cracoviensis cancellarij faventissimi sub felicissimis vero auspiciis magnifici, perillustris et admodum reverendi Domini D. M. Simonis Stanislai Makowski, S. Theol. doctoris et professoris, collegae majoris, ecclesiae collegiatae S. Floriani custodis, curati Nasiechovicensis, contubernii hierosolymitani provisoris, S. R. M. secretarii, almae Universitatis Cracoviensis generalis et vigilantissimi rectoris a perillustri, clarissimo et admodum reverendo Domino D. M. Samuele Formankowicz U. J. doctore et professore, protonotario apostolico, ecclesiae collegiatae SS. Omnium custode, curato premykoviensi, contubernii Jagelloniani provisore, perillustres, excellentissimi et admodum reverendi Domini D. M. Joannes Stanczewic, protonotarius apostolicus, ecclesiae cathedralis premislien. et Bobovien. canonicus, illustrissimi loci ordinarij Praemislien. causarum auditor et D. M. Jacobus Zelazowski, protonotarius apostolicus, scholasticus Tarnoviensis, canonicus Boboviensis, ad ecclesiam archipraesbyteralem B. M. V. in circulo Crac. Poenitentiariorum Domus senior pater, philosophiae doctores et U. J. licentiati laurea doctorali juris utriusq; in florentissima illustrium hospitum corona ritu solenni et magno omnium applausu in lectorio collegij DD. iure consultorum insignirentur, honori tantorum virorum erectae et a M. Raphaele

Casimiro Artenski philosophiae doctore, collega minore, ordinario eloquentiae professore, amoris et benevolentiae ergo gratulatorio calamo, serae posteritati dedicatae Anno Domini 1681 die 11. Decembris. Cracoviae, typis Francisci Cezary S. R. M. nec non illustrissimi et reverendissimi Episcopi Crac. Ducis Severiae, typogr. (1681). folio, ark. 2.

Stylem nakamiennym chwali Jana Stanczewicza, Jakóba Żelazowskiego, których Samuel Formankowicz ogłosił jako doktorów filozofii i licencyatów obojga prawa, doktorami obojga prawa. Obydwaj doktoryzowali się niegdyś z filozofii w Akad. krak. i byli nawet profesorami. Żadnych ciekawych szczegółów nie dostarcza.

Branic. — Krasiń. — Jagiell. — Ossol. — Zamojs.

— Arbor vitae coelestibus gratissima germinibus sanctissima immaculate concepta virgo Deipara Maria unica trium filiorum mater, unum primogenitum naturalem, supernaturaliter concipiens et pariens Jesum Christum Salvatorem aeterni Dei patris filium; alterum consecratum in utero Elizabeth, fonte sacro gratiarum levans a peccato originali Joannem Baptistam praecursorem; tertium sub cruce commendatum suscipiens et adoptans Joannem Evangelistam Apostolum; magnifico Domino, perillustribus, clarissimis et adm. reverend. Dominis praelatis D. M. Jacobo Baltazarovic Collegii majoris seniori patri, ecclesiarum Cathedralis Crac. canonico, Collegiatae SS. Omnium praeposito, curato Prosoviensi, Contubernij Staringeliani provisori, Studij Universitatis Cracoviensis generali Rectori; D. M. Joanni Michalski ecclesiarum Collegiatarum S. Floriani praeposito, S. Georgii in arce Cracoviensi Custodi, Curato in Odrowąż, Collegii Vladislaviani provisori, Universitatis procancellario; D. M. Francisco Josepho Przeworski, ecclesiarum Collegiatarum Cracov. S. Annae decano, Cureloviensi scholastico, Contubernii hierosolymitani provisori, Curato Zielonecen. Universitatis procuratori, S. Theologiae licentiatis et professoribus dignissimis ac meritissimis, dum ejusdem S. theologicae facultatis doctoratum cum insignibus in Ecclesia collegiata. S. Annae a perillustri et admodum reverendo Domino D. M. Martino Winkler S. Theol. doctore et professore, Collega majore, praeposito Sandomirien. ad S. Florianum Decano, Cancellario posnaniensi, Contubernij Smieszkoviani provisore, S. R. M. Secretario, ritu solenni magno cum applausu et frequentia magnorum hospitum prensarent per M. Raphaelem Casimirum Artenski, philosophiae doctorem, ejusdemq; Regium ac Tylicianum eloquentiae professorem, Collegam majorem S. Annae Canonicum in vim officiosissimi cultus et gratulationis ergo ipso die Solennitatis actus, mense primo denunciante orbi arboris caelestis florem ac fructum vitae die 27 Jan. An. Dni 1684. oblata ac dedicata. Cracoviae, typis Universitatis. folio, 3 ark.

Na odwrotnej stronie tytułu berła Akademii i wykład ich symboliczny wierszem. Dalej przypis prozą nowym doktorom teologii; sam zaś panegiryk stylem nakamiennym. Jocher 1450.

Dzików — Zamojs. — Jagiell.

— Clypeus Sarmatiae serenissimi et potentissimi Principis ac Domini Joannis III. Dei gratia Regis Poloniae, Magni Ducis Lithuaniae, Russiae, Prussiae, Mazoviae, Samogitiae, Livoniae, Smolensciae, Kijoviae, Volhyniae, Podoliae, Podlachiae, Severiae, Czerniechoviae, etc. etc. virtutum, meritorum atq'; triumphorum, anagrammaticis et epigrammaticis gemmis consignatus et ad solennem augustissimae regalis inaugurationis actum, a M. Raphaele Casimiro Artenski, Łovicien. Philosophiae doctore, Rhetoricae professore in Vladislaviano Collegio Universitatis Crac: Contub: Philosophorum seniore cum officiosissimo cultu, luci publicae praesentatus, Anno cuM Dignum CuLmen Tibi ReX struXêre triVmphI, atq'; secundarunt id mense dieq'; secundo. Cracoviae, ex officina Fr. Cezary S. R. M. typog. 1676. folio, ark. F. (kart 12). Z ryciną: orzeł polski i Janina.

Dedyk.: Andreae Olszowski, arch. Gnesn. Pod herbem wiersz podp.: Andreas Olszowski subdapiferides regni, Vielunen. Mszczonovien. Bogucen. Capitaneides, Rhetoricae Auditor. — Autor wywodzi Sobieskich od Leszka III.

Ossol. — Jagiell. — Czartor. — Krasińs. — Dzików — Branic.

— Divae Themidis insignia emblematice adumbrata, perillustri et admodum reverendo Domino D. M. Sebastiano Piskorski U. J. doctori et prof., ecclesiar. colleg. Sanct. Omnium Crac. archidiacono, Velunensi canonico etc. S. R. M. secretario, dum pro loco inter U. J. doctores et professores Almae Universitatis Cracov. in magnorum hospitum florentissima corona responderet, per M. Raphaelem Casimirum Artenski philos. doctorem, ejusdemq. regium et Tylicianum eloquentiae professorem, collegam majorem, ecclesiae colleg. S. Annae canonicum, applausu gratulatorio dedicata. Anno Dni 1683. die 4 mensis Novembris. Cracoviae, typis Universitatis, 1683. folio, kart 3.

Juszyńs. Dykcyon. I.

Ossol. — Krasińs. — Dzików — Czartor.

— Emerita togatae Palladis munera, X. nobilibus et egregijs adolescentibus, primam in artibus et philosophia lauream prensantibus per clarissimum et admodum reuerendum Dominum M. Joannem Michalski philos. doctorem et profess. collegam maiorem, in frequentissimo nobilissimorum hospitum consessu, collata atq. luci publicae a Raphaele Casimiro Artenski ejusdem laureae candidato in vim fraternae observantiae concentu lyrico praesentata Anno Domini 1667. die 15 Octob. hora 13. Cracoviae, in officina Schedeliana, S. R. M. typograph. An. 1667. w 4ce, kart 8.

Jocher 1440.

Jagiel. — Ossol. — Dzików.

— Encyclopedia theologica, sphaerarum emblematibus expressa perillustri, clarissimo, et admodum reuerendo Domino M. Martino Winkler, S. Th. doctori et professori, praeposito Sandomirien. decano S. Floriani, prouisori contubernij Szmieszkouiani, S. R. secretario, dum pro loco inter S. theologiae doctores et professores almae Universitatis studij generalis Cracovien. in flo-

rentissima magnorum hospitum corona, magno cum omnium applausu et laetitia in lectorio DD. Theologorum responderet; a M. Raphaelo Casimiro Artenski, philos. doctore, ejusdemq'; regio et Tyliciano eloquentiae professore, collega maiore, ecclesiae coll: S. Annae canonico, in vim debiti cultus et applausus gratulatorij, consecrata. Anno Dni 1683. die 9 Nouembris. Cracoviae. Ex officina Francisci Cezary, S. R. M. illustriss. ac reuerendiss. Dñi episcopi Cracouien. ducis Seueriae, necnon scholarum Nouoduorscianarum typogr. folio, ark. B₂.

Przedmowa prozą, rzecz wierszem.

Juszyńs. Dykcyon. I.

Jagiell. — Ossol. — Czartor.

— Fastigium Senatus poloni in illustrissimo olim et excellentissimo Dño D. Stanislao a Warszyce Warszycki, comite in Pilca et Ogrodzieniec, castellano Cracoviensi, dum cum officiosae pietatis ergò, generale studium almae universitatis Cracouiensis in ecclesia collegiata S. Annae, funeralium honore prosequeretur; a M. Raphaele Artenski philosophiae doctore, collega minore, ordinario eloquentiae professore, lugubri carmine adumbratum. Anno salutis 1681. die 25 Februarii. Cracoviae, typis Universitatis. folio, ark. C₂.

Na odwr. stronie tytułu herb Warszyckich „Habdank“. Dedyk. prozą Janowi Kazim. Warszyckiemu, kasztelanowi Ojcowskiemu, synowi zmarłego. Rzecz cała wierszem.

Niesiecki IV. 446. — Batow. 4502.

Jagiell. — Ossol. — Czartor.

— Pretiosus lapis e corona capitis almae Universitatis Crac. avulsus aeterno virtutum et meritorum perillustris olim et admodum reuerendi Domini D. M: Joannis Radzki S. Th. doctoris et professoris, ecclesiae cathedralis Cracouiensis canonici, protonotarij Apostolici, collegiatae SS. Omnium praepositi, Curzelouiensis scholastici, librorum ordinarij per dioecesim Cracoviensem censoris, S. R. M. secretarii, scholarum Vladislauia Novodvorscianarum et contubernii Sisiniani provisoris, in ecclesia collegiata S. Annae Crac: magno omnium cum dolore et apparatu funebri

sepulti, lumine coruscans, et a M. Raphaele Casimiro Artenski philosophiae
doctore, collega maiore, regio professore, S. Annae canonico, lugubri carmine
serae posteritati dedicatus. Anno salutis
1682 die 16 Novembris. Cracoviae, typis Univers. (1682). folio, kart 4.

Jagiell. — Ossol. — Czartor.

— Lumen vitae virtutum meritorumq; splendore, in aeterna felicitate
refulgens ad justa funebria perillustris
olim et admodum reuerendi Domini D.
Adami Sztameth U. J. doctoris, praepositi ecclesiae Neo-Wisnicensis, decani
Lipnicensis, S. R. M. secretarij: dum
vltimo pietatis Christianae obsequio,
exuuiae mortalitatis eius tumularentur;
a M. Raphaele Casimiro Artenski philosophiae doctore, collegij Vladislavia-
Novodvorsciani, in Universitate Cracouiensi, dialecticae professore, contubernij philosophorum seniore, serae posteritati expositum. Anno exorientis in
terras, justitiae solis 1680. die 8 Januarij. Cracoviae, in officina Francisci
Cezary S. R. M. typogr. (1680). folio,
kart 5.

Dedyk.: Prof. Samuelowi Formankowiczowi,
prof. Janowi Sułkowskiemu, plebanowi
Pawłowi Dudzickiemu, prob. Fryd. Waytt-
manowi, wójtowi krak., egzekutorom testamentu.

Ossol. — Akad. — Uniw. lwow. — Jagiell. —
Czartor. — Krasiñs.

— Paradisus terrestris, Wielopol-
sciano sonipedi, in porta Oginsciana,
reseratus. Nuptialibus festis, illustrissimi
et excelentissimi Domini D. Martiani
de Kozielsko Oginski, Cancellarii M. D.
Litvaniae, Radoszkieuicensis, Mscibori-
ensis, Dorsunensis etc. etc. capitanei;
ac illustrissimae et lectissimae virginis
D. Constantiae Christinae Wielopolsciae
illustrissimi et excellentissimi DD. Joannis comitis in Zywiec et Pieskowa
Skałá Wielopolski, supremi Regni Poloniae cancellarii, Minoris Poloniae generalis, Cracovien. Neoforen. Bochnen.
Dolinen. Premikovien. etc. etc. praefecti, unicae ac dilectissimae filiae, officiosissimi cultus et auspicatissimi ominis
ergò, a M. Raphaele Casimiro Artenski,
in alma Universitate Cracouiensi collega

maiore, Tyliciano eloquentiae professore,
S. Floriani canonico consecratus. Anno
reseratae per nuptias agni caelestis, portae Paradisi 1685, mensis Martii, quo
Paradisus creatus est, die 4. Cracoviae,
typis Universitatis, anno 1685. folio, k.
nlb. 10. (sign. D).

Panegiryk ten opiewa wierszem pochwały
Marcina Ogińskiego, kanclerza litews. i
Konstancyi Krystyny Wielopolskiej, jedy-
nej córki kanclerza koron., z powodu ich
zaślubin.

Juszyńs. Dykcyon. I.

Jagiell. — Ossol. — Czartor. — Krasiñs.

— In nomine Domini, Amen. Quaestio physica de Coelo, quam sub felicissimis auspiciis et permissu magnifici,
perillustris et adm. reverendi Domini
D. M. Alberti Papenkowicz Ustien. S.
Th. doctoris et professoris, protonotarij Apostolici, ecclesiae collegiatae S.
Floriani ad Cracouiam praepositi, contubernij Staringeliani prouisoris, studij
almae Uniuersitatis Cracoviensis, generalis et vigilantissimi Rectoris; M. Raphael Casimirus Artenski Ph. doctor,
Nouoduorscianus Dialecticae professor,
Contub. philosophorum senior, pro Collegio minori, in lectorio DD. Theologorum publice ad disputandum proposuit.
Salutis anno, qui exprimitur Primo
aenigmatice, Latinorum more, qui per
duodecimam literam, in Alphabeto, per
tertiam, quartam, undecimam et vige-
simam primam, numerant. Secundo ca-
balistice, more Graecorum, exprimen-
tium numeros literis, quarum ordo, nu-
merorum ordini respondet. Ab undecima, quae viginti denotat, iam consequenter decades designantur, usq'. ad
decimam nonam, quae Centum signifi-
cat: vigesima ducentos, vigesima prima
trecentos etc. Taliter numeri literis expressi et computati, Annum indicant,
siue in primo versu, siue in secundo,
siue in tertio ex his: Bis Sex, Ter,
Quater, Undecim hac legit si, — Qua
Crux ter, Serie, est Dea alphabeti, —
E re, tertia lux erat tum Aprilis. — Cracoviae, in officina Francisci Cezari, S.
R. M. typogr. (1680). folio, 2 karty.

Obejmuje: Konkluzye z fizyki.

Akad. — Jagiell. — Ossol.

— In nomine Domini, Amen. Quaestio physica, de intellectu, ex libro tertio Aristotelis de anima, sub felicissimis auspiciis et permissu magnifici, perillustris et admodum reverendi Domini D. M. Simonis Stanislai Makowski S. Theol. doctoris et professoris collegae maioris, ecclesiae collegiatae S. Floriani custodis, curati Nasiechovicen. contubernij Hierosolymitani provisoris, S. R. M. secretarii, almae Universitatis Cracoviensis generalis et vigilantissimi Rectoris. A M. Raphaele Casimiro Artenski phil. doctore, collegij minoris ordinario Eloquentiae professore, pro loco in Collegio maiori obtinendo publice ad disputandum proposita, in lectorio DD. theologorum. Anno Domini 1682. die 14 Aprilis. (dopis. hora 12). Cracoviae, typis Francisci Cezary, S. R. M. nec non illustriss. et reverend. episc. Crac., ducis Severiae, typographi. (1682). folio, kart 2. Jagiell. — Ossol.

— Quaestio theologica de Sacramentis in genere ex cursu sacramentali juxta mentem D. Thomae et comentatorum ejus publicae disputationi praesidente M. Raphaele Casimiro Artenski S. T. bacal. exposita (1694). Obacz: Celejowicz Paweł Maciej.

— Quaestio theologica de visione Dei, ex M. sententiarum L. IV. Dist. 49. et ex D. Thomae doct. Angelici, I. p. q. 12. et 1, 2. q. 5. collecta: et pro doctoratu in sacra theologica facultate, almae Uniuersitatis studii generalis Cracoviensis, obtinendo; a M. Raphaele Casimiro Artenski, S. Theologiae licentiato et professore, collega maiore, ecclesiarum, collegiatae S. Floriani, Florentiae ad Cracoviam, canonico, parochialis Pajęcznen. curato, contubernij Gelanij prouisore, publicae disputationi, in lectorio DD. Theologorum, proposita. Anno Domini 1698. mense Julio, die 11. horis vespertinis. Cracoviae, typis Universitatis. (1698). folio, kart nlb. 2.

Nad tytułem nadpis: † J. N. R. J. In nomine Domini, Amen. — Na końcu str. 4: Sub auspiciis Sebastiani Piskorski, rectoris. Jagiell.

— Quaestio theologica de voluntate Dei, ex 1. Sentent. dist. 45 et ex 1. p. q. 19. doct. Angel. collecta et pro licentia doctoratus in sacra Theologia obtinenda, per M. Raphaelem Casimirum Artenski, collegam majorem, sacrae Theologiae baccalaureum et cursus theologici sacramentalis professorem Radyminscianum, ecclesiarū collegiatae S. Floriani, Florentiae ad Cracoviam canonicū, parochialis Pajęcznensis curatū, contubernii Gelanij provisorem, publicae disputationi proposita, in lectorio DD. Theologorum, Anno Domini 1698. die 12. Martij, horis antemeridianis. Cracoviae, typis Francisci Cezary, S. R. M. ac illustr. et reverend. Dni episc. Crac. ducis Severiae; necnon scholarum Novodvorsc. typogr. (1698). folio, kart nlb. 2.

Na początku tytułu nadpis: † J. N. R. J. In nomine Domini, Amen. — Na końcu str. 4.: Sub auspiciis Christophori Francisci Sowinski, rectoris. Jagiell.

— Sceptra Regni praenuntia, virtutis et merita magnifici olim perillustris et admodum reverendi Domini D. M. Alberti Papenkowicz Ustien. S. Th. doctoris et professoris protonotarij Apostolici ecclesiae collegiatae S. Floriani ad Cracouiam praepositi, contubernij Staringeliani provisoris, studii almae Universitatis Cracoviensis generalis et vigilantissimi Rectoris dum in eadem ecclesia collegiata S. Floriani, Clepardiae ad Crac. mortalitatis ejus exuuiae magno cum omnium dolore tumularentur a M. Raphaele Artenski, philosophiae doctore, Collegii minoris ordinario eloquentiae professore, ad seram posteritatem transmissa. Anno Dni 1681. die 15 Januarii. Cracoviae, typis Universitatis (1681). folio, kart 4.

Krasiūs. — Czartor. — Ossol. — Jagiell.

— Triumphans herculea virtus XXXVI. V. V. DD. secundae laureae candidatorum dum sub felicibus auspicijs, illustrissimi et reuerendissimi principis ac Domini D. Andreae Trzebicki, Dei et Apostolicae sedis gratia episcopi Cracouiensis, dvcis Severiae, almae Vniuersitatis Cracouiensis cancellarii fauentissimi, a perillustri et admodum reuerendo Domino D. M. Andrea Kycharski, S. Theol. doctore et professore, ecclesiarum Crac. cathedralis canonico, et collegiatae SS. Omnium praeposito, curato Prosouien. scholarum Vladislauia-Nouoduorscianarum, et contubernij Hierosolymitani prouisore, canonizationis B. Joannis Cantii procuratore, maioris collegij seniore patre, Academiae Crac. procancellario dignissimo, post certaminis philosophici, examinisque rigidi superatos plusquam herculeos labores, magisterij in artibus et in philosophia doctoratus licentiam consequerētur, symbolis varijs expressa: herculeisque triumphis, pro uniusq cuiusq' candidatorum meritis et virtutibus, adornata et a Raphaele Casimiro Artenski, Lovicien. scholae Beatissimae Mariae Virginis in circulo Crac. seniore, eiusdem secundae laureae candidato, amoris fraterni et gratulationis ergò, concentu lyrico celebrata luciq' publicae consecrata. Anno triumphantis diuini verbi incarnati 1672 mense... (dopis. Junio) die... (dopis. 14). Cracoviae, typis Stanislai Piotrkowczyk S. R. M. typographi. folio, 10 ark. (sign. K.).

Na odwrocie tytułu miedzioryt (podznaczony B. W.) przedstawiający symbolicznie tryumf herkulesowskiej cnoty. U góry miedziorytu herb Prażmowskiego i dwuwiersz łac. z podpisem: Nicolaus Alb. Wayttman, stud. poes.

Dedyk.: Mikołajowi na Prażmowie Prażmowskiemu arcybiskupowi Gnieźnieńskiemu. — Dalej wiersz do Jędrzeja Kucharskiego S. teol. doct. i profesora, oraz wiersz do egzaminatorów: Franciszka Przewoskiego, Walentego Mazurkowicza i Mikołaja Broscinsza. — Doktorami filozofii i magistrami nauk wyzw. byli: Jan Rochowicz, Kazimierz Olszowski, Marcin Ignacy Frankowicz, Wojciech Szkomarowic, Floryan Machowicz, Wojciech Gawlikowicz, Piotr Praczlewie, Jan Franciszek Gomułczyński, Franciszek Antoni Tokarski, Dominik Paweł Cyrus, Jędrzej Moskiewicz (Lwowianin), Antoni Franciszek Sławek, Wawrzyniec Józef Głodkowski, Franciszek Romer, Jędrzej Stanisław Sochański, Wojciech Aleksander Ciechanowski, Bazyli Plaszczewski, Sebastyan Muszewic senior szkoły u WW. SS., Stefan Franc. Szymankiewic, Jędrzej Amadei (Krakowianin), Karol Aleksander Cyranowic, Jakób Głowacki, Daniel Gomułczyński, Jerzy Bystrowski, Stefan Ćwikliński, Jan Woszczyna, Walenty Franc. Lurinowicz, Wojciech Stachowski, Kazimierz Wolfowic (Krakowianin), Maciej Abramowic, Aleksander Bętkowski, Stanisław Dobrzycki, Jan Balicki, Jan Gąsiorkowic (curatus in Stare Brzesko), Zachariasz Thesnarowic. — Na wywdzięczenie się zaś Arteńskiemu, pisali na cześć jego wiersze: Jan Floryan Machowicz, Gawlikowicz i Antoni Franc. Tokarski. — Odbyło się to za rektorstwa Szymona Makowskiego.

Juszyńs. Dykcyon. I. Dzików — Jagiell. — Ossol. — Czartor.

— Thronus Regni Poloniae; diversis imperatorum regium et Saxonum principum sanguinis heroicarum virtutum et augustae magnificentiae decoribus, orbi christiano affulgens: serenissimo, potentissimo, invictissimo et clementissimo Augusto II. Dei gratia regi Poloniae orthodoxo, Magno Duci Lithuaniae, Russiae, Prussiae, Masoviae, Samogitae, Kijoviae, Volhyniae, Podoliae, Podlachiae, Livoniae, Smolensciae, Severiae, Czerniechoviaeque, duci Saxoniae haereditario, Juliae, Cliviae Montium, Angriae et Vestvaliae, S. R. I. archi-mareschalco et electori, landgravio Thuringiae, marchioni Misniae necnon superioris et inferioris Lusatiae, burgrabio Magdeburgensi, comiti Marcae, principi Hennebergensi, comiti Ravensbergae et Barti, domini in Ravensztein. Ad primam, felicissimae suae coronationis, fasciumque imperij possesionis diem: e voto publicae orbis Christiani letitiae emblematicis et epigramaticis panegiribus a M. Raphaele Casimiro Artenski in alma Universitate studij generalis Cracovien. collega majore, Sacrae Th. sententiario et professore, S. Floriani Florentiae ad Cracoviã canonico, dedicatus. Anno et die, expresso in carminibus rari artificii; quorum sensus et arcana literarum significatio cum explicante clave, in fine operis, est apposita. Cracoviae, ex offic. Fr. Cezary, S. R. M. illustrissimi et reverendissimi Dni episc. Crac., ducis Severiae, necnon scholarum Novodvorscianarum typographi. (1697). folio, kart nlb. 9.

Na odwrocie tyt. cytata z „Cycerona polsk." Stan. Orzechowskiego; — na końcu ów „carmen rarae constructionis" wyrażający w sztuczny sposób rok druku 1697. — Na ostatniej stronie objaśnienie tego wiersza. Krasińs. — Czartor. — Dzików — Akad. — Jagiell. — Ossol.

— Unio theologicus pretio, viribus splendoreq'; carus: magnifico, perillustri et admodum rndo Domino D. M. Simoni Stanislao Makowski S. Theologiae doctori et professori collegae majori, ecclesiae collegiatae S. Floriani custodi, curato Nasiechovicensi, contubernii Hierosolymithani provisori, S. R. M. secretario, almae Universitatis Cracoviensis generali et vigilantissimo Rectori, dum Sacrae Theologiae doctoratus insignia a perillustri et admodum rever. DD. Alberto Dąbrowski S. Theologiae doctore et professore, ecclesiae collegiatae S. Floriani decano, patre seniore collegij maioris etc. etc. in ecclesia collegiata S. Annae magno applausu et laetitia omnium Universitatis ordinum et illustrium hospitum, solenni ritu in peruigilio translatae festivitatis B. Joannis Cantii, prensaret. Per M. Raphaelem Casimirum Artenski, Ph. doctorem collegam minorem, ordinarium eloquentiae professorem in vim debiti et officiosissimi cultus gratulatorio affectu oblatus. Anno salutis 1681. Cracoviae, typis Francisci Cezary S. R. M. necnon illustriss. et reuerendiss. episc. Crac. typ. folio, kart 7.

Na odwr. str. tyt. rysunek przedstawiający słońce wschodzące nad oceanem, z którego wynurza się kobieta, trzymająca w ręku muszle. Nadto w texcie 3 ryciny.
Czartor. — Jagiell. — Ossol. — Branic. — Krasińs.

— Vindex elegus piissimis manibus clarissimi olim et excellentissimi Domini D. M. Francisci Roliński philosophiae et medicinae doctoris ac professoris, consulis Cracoviensis, virtute, prudentia, eruditione, summe conspicui viri, dum in ecclesia collegiata SS. Omnium justa ei funebri apparatu, magno cum dolore omnium persolverentur ad conservandam nominis et meritorum ejus memoriam a M. Raphaele Casimiro Artenski Lo-

vicien. Novodvorsciano rhetorices professore, contubernij philosophorum seniore, luci publicae consecratus. Anno Domini 1674. die 17 Julij. Cracoviae, typis Universitatis (1674). folio, kart nlb. 3. (wiersz).

Dedyk.: Franc. Rolińskiemu, synowi zmarłego.
Juszyńs. Dykcyon. I.
Jagiell. — Krasińs. — Ossol.

Arteński Raphael ob. Bellina Mich. (Census merit. 1698) — Daszczyński St. (Meridies 1698) — Dzielski Wojciech (Auspicium 1688) — Dziurkiewicz Kaz. Ant. (1680) — Fidetowicz Martinus (Gratiae 1698) — Jacobi Ign. Stan. (1681) — Jeliński Seb. (1681) — Łopuszyński Joan. Alb. (Praemiatrix 1698) — Łukini J. A. (Fatalis arctoi 1699, Fastigium honoris 1698) — Piskorski Seb. (1698) — Podgórski Samuel Jan (Definitio viri 1698) — Wosiński Sim. (Celsitudo triumph. 1698).
Muczkowski Statuta 336, 341.

Artes et imposturae ob. Junga Ad. (1589) — Parcovius Melchior (1589, 1594).

— novi evang. ministrorum ob. Junga Ad. (1583).

— reconditae ob. Crescentius D. (1685).

— ob. Ars — Artis — Herburt Jan (dobromilienses 1613) — Sierakowski Zygm. (liberales 1755) — Skarga (duodecim sacramentorum 1582).

Arthiereuthica ob. Nowowiejski Łuk. (1601).

Arthritis obacz: Dzidowski J. S. (1692) — Sulcius Joannes (Theses medicae 1619).

ARTHUS Gothard Dantiscanus (Nauczyciel w Gdańsku, ur. 1570). Commentariorum de rebus in amplissimo Antichristi regno. Auctore Gotardo Arthusio Dantiscano. Francofurti, typ. J. Spiessii. MDCIX (1609). w 8ce.

— Cometa orientalis. Beschreibung dess Cometen dess 1618. Jahrs durch Goth. Arthusium Dantiscanum. Frankfurt am Mayn, b. Sig. Latomo. MDCXIX (1619). w 4ce, str. 21.

— Nicodemi Frischlinii Nomenclator trilinguis graeco-latino-germanicus. Opus auctum studio et opera Gotardi Arthus Dantiscani. (1608, 1612). Ob. Frischlinius.

— Historia chronologica Pannoniae, res per Hungariam et Transylvaniam gestas, a Joanne Jac. Boissardo Veruntino, delineatas, continens. Continuata studio et opera Gotardi Arthus Dantiscani. Francofurti, An. MDCVIII (1608). w 4ce, str. 290.

Na str. 139. Acta Polonica.

— Historia Indiae orientalis ex variis auctoribus collecta et iuxta seriem topographicam regnorum, provinciarum et insularum per Africae, Asiaeque littora, ad extremos usq. Japonios deducta, qua regionum et insularum situs et commoditas, regum et populorum mores et habitus, religionum et superstitionum absurda varietas, Lusitanorum item Hispanorum et Batavorum res gestae atq. commercia varia, cum rebus administratione et memoratu dignissimis aliis, iucunda brevitate percensentur atq. describuntur. Coloniae Agripp. 1608. w 8ce, str. 616.

— Sechster Theil der orientalischen Indien. Historische Beschreibung des Königreichs Guinea. Frankf. am M. bey Wolfg. Richtern MDCIII (1603). folio, str. 157.

— Mercurii Gallobelgici succenturiati, sive rerum in Gallia et Belgio potissimum; Hispania quoque, Italia, Anglia, Germania, Ungaria, Transylvania, vicinisque locis, a nundinis Francofordiensibus anni 1603. vernalibus usque ad ejusdem anni autumnales potissimum gestarum, historicae narrationis continuatae. — Tomi quinti liber primus, vere et fideliter conscriptus a M. Gotardo Arthus Dantiscano. Francofurti, sumptibus Sigis. Latomi an. 1612. w 8ce, p. 183 (V). cum una tabula. — Liber secundus (VIII). 164 (IV). cum una tabula. — Liber tertius an. 1611. (XVI). 248. (Dedicatio M. G. D. Joanni et Andreae Firleiis Baronibus à Dambro Wica). — Liber quartus an. 1612. (VIII). 184.

Jagiell.

— Toż. Tomus VI 1605. Liber primus (VIII). 208 (V). — Liber secundus 1605. (VIII). 184. — Liber tertius 1612. str. 228. — Liber quartus 1606. str. VII, 115.

Jagiell.

— Toż. Rerum in Gallia et Belgio potissimum, Hispania quoque, Italia, Anglia, Germania, Ungaria, Transilvania, vicinisque locis, ab a. 1603. usque ad a. 1607. gestarum, historicae narrationis continuatae Tomus V., Quatuor libris absolutus. Francofurti, sumpt. Sigism. Latomi a. 1613. w 8ce, k. 4, str. 87 i k. 8.

Jagiell.

— Toż. Tomi IX. liber II. a. 1612. Francofurti.

— Mercurii Gallobelgici seu Rerum in Gallia et Belgia 1614. gestarum, histor. narratio. Tomi X. liber secund. auct. M. Gothardo Arthus Dantiscano. Francofurti, 1614. w 8ce. — Tomi XI. Lib. III. an. 1617. w 8ce, k. 4, str. 170. — T. XII. Lib. II. an. 1620: k. 4, str. 172 i mapp 2. Lib. III i IV. k. 4, str. 152 i 1 plan. k. 4, str. 154 i plan. 4. — T. XIV. Lib. I—II. an. 1622. k. 4, str. 152 i 5 planów, k. 4, str. 120 i 2 plany.

Jagiell.

— Toż. Tomi XV. liber I. Francoforti, 1626. w 8ce.

Tom XVI. wydał Georg Beatus. Tom XVII, XVIII i XIX. Joh. Phil. Abelin.

— Mercurii Gallobelgici Sleidano succenturiati, sive Rerum in Gallia et Belgio potissimum historicae narrationis continuatae Tomus I—VII. Francofurti sumptibus Godofr. Tampachij. Anno 1620. w 8ce.

— Ramo-Philippus, hoc est in Rami et Philippi Melanchtonis dialetica libros commentarius. Francofurti, 1604.

— Reidanus redivivus, 1628.

Siarczyńs. Obraz I. str. 12.

— ob. Neugebauer Sal. (1611) — Spielbergen Georg (Schiffarth 1605).

Artickel dess Sechs Jährigen Still- und Frieden-Standes, zwischen der Königlichen Majestät in Polen und Schweden, Gross Fürsten in Litthawen etc. und dem Königreich Polen und Gross Fürstenthumb Litthawen, an einem:

Und dann der Königlichen Majestät und Königreich Schweden, andern Theils. Auffs trewlichste auss dem Lateinischen ins Deutsche versetzt. Gedruckt im Jahr Christi MDCXXIX (1629). w 4ce, k. 4.

Są dwie z tego samego roku odmienne edycye. Przeździec. — Jagiell. — Czartor. — Wrocławs. miejska.

— der Stumsdorffischen Vereinigung. Darin von beyder Königreiche, des Polnischen und Schwedischen Commissarien durch fleissige Unterhandlung etlicher Könige, Fürsten und Stände Gesandten und Mittelpersonen ein Stillstand der Waffen zwischen obgemelten Königreichen bestimmet ist, und die Theile Preussen, welche im vorigem Kriege eingenommen, ihren rechtmessigen Herrn und Besitzeren wieder zugestellet sind. Welches geschehen im Monat Septembr. im Jahr 1635. B. w. m. i r. dr. w 4ce, kart 2.

Czartor.

Articles des Pacta Conventa dressez et conclus. Entre les Etats de la Serenissime Republique de Pologne, tant de l'Ordre des Sénateurs, que de l'Ordre-Equestre du Royaume et du Grand Duché de Lithuanie, et de toutes les Provinces annéxés, d'une part. Et le Serenissime Prince Royal de Pologne et Grand Duc de Lithuanie Frideric Auguste, Duc de Saxe, de Juliers, de Cleves, de Mons, d'Angrie et de Westphalie, Archi-Marêchal et Electeur du S. Empire Romain, Landgrave de Thuringe, Marquis de Misnie et de la haute et Basse Lusace, Burgrave de Magdebourg, Comte Souveraine de Henneberg, la Marck Ravenensberg et Barbi, Seigneur de Ravenstein etc. à present Elû par la grace de Dieu Roi de Pologne et Grand Duc de Lithuanie; de Russie, de Prusse, de Masovie, de Samogitie, de Kijovie, de Volhynie, de Podolie, de Podlachie, de Livonie, de Severie, de Smoleńsko, de Czernichow, de l'autre — Ratifiez et approvez par les Trés Illustres et tres Excellents Seigneurs Joseph Antoine Gabaleon comte de Wackerbarth Salmour, conseiller privé d'Etat, Grand-Maître de la Cour du

Prince Royal et Electoral, Chevalier des Ordres de S. Maurice et de S. Lazare, et Guelphe Henri de Baudissin, général de la Cavalerie et de Mousquetaires, Chevaliers de l'Ordre de l'Aigle Blanche, Ministres du Cabinet, et Plenipotentiaires deputez pour le present acte d'election, qui ont eux memes repondu et juré en personne. Traduit du Polonois sur la Version latine. (Na końcu:) Fait et donné à Varsovie le I. de Novembre, l'an du Seigneur 1733. w 4ce, str. 36.

ob. Articuli (1733).
Czartor. — Ossol. — Akad. — Jagiell.

Artickul dess Vertrags: Zwischen den Keyserischen vnd Polnischen Commissarien: Sampt gründlichem vnnd warhafftigem bericht, was in dem Polnischen Zustand, seit König Stephani Bathorei tödtlichen Abgang, mit der newen Wahl, vnnd darauss erfolgendes Blutvergiessen, biss auff diese friedliche Tractation, sich zugetragen hat. Darinnen klärlich, als inn einem Spiegel, die gantz feindliche vnnd friedliche Handlung, zwischen Ertzhertzogen Maximiliano, den Polnischen und Hertzog Sigismunden, jetzigen polnischen König ergangen, zusehen: Welches alles von Anfang biss zum Ende, vom grösten biss zum kleinsten, fleissig angedeutet, vnd hierinn eygentlich erklärt wirdt. Erstlich: Gedruckt zu Schlesingen, durch Martinum Galsnebloc, im Jahr 1589. w 4ce, kart nlb. 7.

Akad. — Czartor. — Pawlikowski.

— Toż. Gedruckt zu Nürnberg durch Leonhardt Heussler, 1589. w 4ce, kart nlb. 6. Ossol.

Articoli alli della Pace e Lego offensiua, e diffensiva trà la Maestà del Rè di Polonia el le Maestà de' Czari di Moscouia etc. 25 april 1686. Modena, 1686. Katal. Aschera.

Articul des sechss- und zwanzigjährigen Still- und Friedensstandes zwischen der Königl. Mtt. und Königreich Schweden etc. etc. etc. an einem: und dann der Königl. Mtt. und Krohne Polen etc. etc. etc. am anderen theill beschlossen zum Stumssdorff den 2 Septbr. stylo vet. Anno 1635. Auss dem Lateinischen auffs trewlichste ins Deustche versetzet. Gedruckt zu Elbing, bey Wendel Bodenhausen. B. w. r. (1635). w 4ce, (sign. A—B₄). kart 8.

Czartor. — Jagiell.

— obacz: Formula — Pacta induciarum.

Articulen der Stumsdorpsche Vereeninge daerin van de Poolsche en Sweedtsche Commisarien, door onderhandelinghe van ettelijcke Coninghen, enz. cen stilstant der wapenen bestemmet is, ende de deelen van Pruyssen inde voorgaende Oorlogh inghenomen, haeren rechten Heer wederom overgelevert zijn. Amsterdam, 1635. w 4ce, str. 8.

— tusschen de K. M. van Sweeden en den Keur-Furst van Brandenburch; nu jongst getracteert ende onderteyckent. Gouda, 1656. w 4ce, str. 4.

— tusschen den Grav ende Palatins van Posnanien ob. Wittenberg (1655).

— tusschen S. M. van Polen ob. Würtz Paweł (1657).

— van Accoord gemaeckt den 1 Iuly tusschen de Hoogh-welgeboren Heeren Heer Andreas Triebiezki, Joannes Graef van Lezno, Georgius Graef Van VVisniez Lubomirski, Stephanus Graef van Pylczo Corycinski, Vincentius Gonziewski, Nicolaus de Bnin Op Alenski (sic), als Gedeputeerden vanden Koningh aen d'eene zyde. Ende Den Hoochwel-geboren Graef ende Heere Arfwed Wirtemberg van Debern, Graef van Neuburg, aen d'ander zyde. Wegen het overgeven der Stadt Warsaw. Anno MDCLVI (1656). w 4ce, str. 4.

ob. Acord (1656).

— van vrede Tractaet; Gesloten tusschen de Staeten van Groot Polen ende de Staeten van het Keurfurschap Brandenb. op den 12 Decembr. 1656. In s'Graven-Hage, gedruckt voor den Auther: by Christianus Calaminus, ende men vercoopse voor den Auther, by

Hendricus Hondius etc. 1657. w 4ce, str. 8.

Zbioru Calaminusa Nr. 10. folio, od str. 73 do 80.　　　　　Czartor.

Articuli orthodoxam religionem, sanctamque fidem nostram respicientes. A sacrae theologię professoribus Lovaniensis Universitatis aediti, per sacratissimam Caesaream Majestatem merito confirmati: qui ab omnibus recte et religiose vivere cupientibus et syncere de eadem orthodoxa fide sentientibus, servandi et firmiter credendi veniunt. (Na końcu:) Impressum Crac. per Hieron. Wietorem. Anno Domini MDXXXXV (1545). w 8ce, kart nlb. 11.

Jocher 2760.

Czartor. — Branic. — Wrocławs.

— derer Confoederirten in Pohlen, ueber bewilligte Krieges Disciplin. Gedruckt im Jahr 1659. folio, str. 3.

W artykule ostatnim 26. powiedziano, że deputowani powinni z końcem kwietnia jechać do Lwowa celem narady. W artykułach tych zabroniono pojedynków, zatrzymywania poczt i bryk kupieckich, zabierania z domów drzewa, przechowywania kobiet podejrzanych, znieważania szlachty i niewiast.

Branic. — Jagiell. — Ossol.

— Pactorum Conventorum. B. m. i r. (1669). folio, str. 20.

Zaprzysiężone przez króla Michała Korybuta r. 1669.　　　Jagiell. — Ossol.

— pacis turcico polonicae in campo Bassae 1676. initio octobris conclusae.

Po łacinie i niemiecku.

— foederis de pace perpetua servanda, belloque contra Turcas gerendo a Reg. Maj. Regnoque Poloniae cum Moscoviae Magnis Ducibus 4 Maji an. 1686. initi. — Articul und Puncten, des zwischen S. K. M. und der Cron Pohlen, mit den Moscowitischen Czaaren, getroffenen ewigen Friedens und Alliantz wider die Türcken, den 4 Maji 1686. B. w. m. (1686). w 4ce.

Bibl. publ. petersb.

— pactorum Conventorum inter status sereniss. Reipublicae Polonae etc. et sereniss. principem Fridericum Augustum Ducem Saxon. etc. Electum Dei grac. Poloniae Reg. M. D. Lith. etc. conscripti et conclusi atque per

Jać. Henr. Baronem de Fleming ratificati et comprobati. folio, str. 26. (Bez
osobn. tytułu).
Obacz toż samo pod: Actum in curia Vars.
post festum S. Margarethae. 1697.
Ossol. — Czartor.

— pactorum Conventorum Stanów
tey Rzeczypospolitey y W. X. Lit. y
Państw do nich należących. Z posłami
J. K. M. Ich Mcie Pany Franciszkiem
z Windyków Grzybowskim kasztela-
nem Inowrocławskim y Stanisławem
Kożuchowskim, cześnikiem Wieluńskim,
rothmistrzem J. K. M. folio, str. 24.
Jurament króla Jmci obranego Stanisława I.
super Pacta Conventa w kośc. św. Jana
w Warszawie, uczyniony 3 Paźdz. 1705.
(podp. Stanisław I.).
Branic. — Czartor. — Jagiell. — Ossol. —
Zieliński.

— pacis inter Aug. II. et Carolum
XII. (1706?). folio, kart 6.
Przyłęcki.

— In nomine Sanctissimae Trinitatis Articuli armisticii inter exercitum
auxiliarem Saxonicum et Polonum. Ra-
vae, A. D. 1716. folio, kart 10.
Ossol.

— Postquam inter partes paciscen-
tes ab utriusq. Conventum sit de Ar-
misticio generali, Articuli sequentes
sunt conclusi, ac subsrcipti. Lublini, d.
4 mense Julio An. 1716. folio, kart 3.
Artykułów 13. o ustąpieniu Sasów z Zamościa i Lwowa. Podpisał Xżę Grzeg. Doł-
horuki, Konst. Szaniawski, J. H. Fleming,
Józef Potocki, Franc. Rudzewski, Kazim.
Ogiński i inni. Jagiell.

— XIV. ad stabiliendam concordiam inter exercitum Polonum et Saxonum. 1716. folio.

— Foederis Imperatorem inter Re-
gesque Magnae Britaniae et Poloniae
Viennae in Austria sanciti, articuli
quindecim 1719. w 4ce, kart 7.
Czartor. — Ossol.

— pactorum Conventorum inter status serenissimae Reipublicae Poloniae,
tam Senatorij quam Equestris ordinis
Regni et Magni Ducatus Lithvaniae
omniumq. ad eadem Dominia annexarum Provinciarum ab una; et serenissimum Principem Regium Poloniae et M.
D. Lithvaniae; Dominum D. Frideri-

cum Augustum Ducem Saxoniae, Juliaci Cliviae, Montium Angriae et Westphaliae, Sacri Romani Imperij Archi-
Marcschalcum, et Electorem, Landgra-
vium Thuringiae Marchionem Misniae,
necnon Superioris ac Inferioris Lusatiae,
Bugravium Magdeburgensem, Comitem
principem Hennebergensem, Marcae,
Ravensbergae et Barbij, Dn in Ravenstein etc. nunc vero Electum Dei gratia
Poloniae Regem et M. D. Lithvaniae,
Russiae, Prussiae, Masoviae, Samogitiae,
Kijoviae, Volhiniae, Podoliae, Podlachiae, Livoniae, Severiae, Smolensciae,
Czernichoviaeque; parte ab altera conscripti et conclusi, atque per illustrissimos et excellentissimos D. D. Josephum Antonium Gabaleonem comitem
de Wackerbart Salmour, consiliarium
Status Intimum, Aulae principis regii
et Electoralis Praefectum necnon SS.
Mauritij et Lazari equestrem militem
atque Guelphum Henricum à Baudissin,
ducem generalem Copiarum equestrium
necnon Equitum Sclopetariorum, vulgo
Carabiniorum ad Custodiam Corporis
Serenissimi Regis destinatorum, praefectum, Aquilae albae polonicae equites
conclavisq. Regii secretioris ministros,
ad praesentem electionis actum ablegatos ministros plenipotentiarios, praesen-
tanea sponsione ac personali Juramento
ratificati et comprobati. Ex polonico
idiomate in latinam linguam translati.
(Na końcu:) Actum et datum Varsoviae
die Novembr. Anno Dni 1733. folio,
kart nlb. 34.
Na odwrocie tytułu, drugi tytuł po niemiecku. Tekst łacińsko-niem.
Ossol. — Jagiell.

— Toż, tenże tytuł łaciński z ma-
łemi zmianami w pisowni i z opuszczeniem wyrazów: Ex polonico... translati.
folio, od str. 33 do 62. (od ark. I₂
do Q₁).
Obejmuje sam tekst polski.
W egzempl. łacińsko-niemieckim tytuł obejmuje całą kartkę. W egzempl. polskim
stronicę. Jagiell. — Ossol.

— Toż. B. w. m. dr. i r. (1733).
folio, str. 26. Warsz. Uniw.

— Laudetur Jesus Christus. folio, str. 20. Następuje: Articuli pactorum Conventorum Stanów Rzpltej Korony polskiej y W. X. Lit. do niey należących z posłami JKM. etc. W Warszawie, w drukarni JKM. y Rzpltej Coll. XX. Schol. Piar. r. p. 1733. folio, od str. 23—66. Ossol.

— pactorum Conventorum zwischen Ihr. kön. Maj. von Pohlen u. der Republic Pohlen. Dresden, 1734. w 4ce.
Katalog Bibl. Kras. notuje wydanie łacińskoniem. z datą: Drezno, 1751., ale to data prawdopodobnie mylna.

— conventionis inter S. R. M. et Reip. Poloniae Commissarios, atque Ducis Curlandiae Plenipotentiarium initae. Vergleichs-Articul, welche zwischen S. K. M. und der Respublic von Pohlen Commissarios, und des Hertzogs von Cuhrland Gevollmächtigten geschlossen sind. B. w. m. 1737. w 4ce, str. 20.
Dzików — Krasiń. — Raczyń. — Bibl. petersb.

— juxta quos perfici debet ab A. A. R. R. Parochis, aliisque beneficiatis status Ecclesiae cujusque, ac beneficii descriptio. Obacz: Lipiński Augustyn (1791).

— de Deo ob. Calixtus Mart. (Analysis 1693) — Glosius Joan. (1693).

— de notitia Dei ob. Baystrup Pet. (1679).

— theologici obacz: Świtalski M. (1713).

Articuły woienne hetmańskie, autoritate Seymu aprobowane. 1649. ob. Artykuły.

Artikuły wiary krześc. ob. Artykuły — Radomski Jan (1561).

Artilleria ob. Braun Ernest (Novissimum 1682) — Siemienowicz Kazim. (1659).

Artis magnae Artilleriae pars I. ob. Siemienowicz Kaz. (1659).

— grammaticae observationes ob. Cingularius Hier. (1515).

— poenitentiariae tirocinium ob. Mościcki Mik. (1625, 1631).

— sphygmicae lib. V. ob. Struś Józ. (1573).

ARTOMEDES Seb. M. Sammlung von 22 Leichenpredigten. Danzig, 1615. w 4ce.
Jocher 5223.

ARTOMIUS Christoph. (z Torunia). Disputatio inaug. de gravissimo renum affectu calculo. Quam defendet Christophorus Artomius Thoruniensis Borussus. MDCXVIII. Basileae, Jo. Jacobi Genathj. 1618. w 4ce, str. 24.

— ob. Schoenfels Jędrzej (Medyk chrześciański 1638).
Adelung Gelehr. L. I. 1150.

ARTOMIUSZ Piotr (Krzesichleb) (ur. w Grodzisku 1552 † 2 Sierp. 1609). Diaeta duszna potraw i zabawek chrześciańskich. W Toruniu, 1601. w 12ce.
Jest to odpowiedź na Panaciusa: Recepta na Thanatomachią.
Jocher 6280. — Adelung Gel. Lex. I. 1151.

— Homilia albo kazanie pogrzebne nad szlachetnym ciałem senatora Korony polskiej niepośledniego 25 Januarii r. 1592. w Kurniku czynione. W Toruniu, z drukarniej And. Koteniusa r. p. 1593. w 4ce, kart 20 nlb.
Przedmowa do Jana ze Zborowa, kasztelana Gnieźnieńskiego. Czartor.

— Cantional to jest pieśni chrześciańskie. Toruń 1578.

— Toruń 1587.

— Toruń 1596. (Przedmowę podpisał r. 1595. P. A. G.).

— Toruń 1601. (Ta edycya ma dopiero w przedmowie podpis Artomiusza Grodic.).

— Toruń 1620.

— Toruń 1638.

— Gdańsk 1640.

— Gdańsk 1646.

— Toruń 1648.

— Toruń 1672.

— Toruń 1697. (dwie edycye).

— Lipsk 1728.
Obacz te wszystkie edycye pod: Kancyonał.

— Kazanie pogrzebowe Jana Grabi z Ostroroga y Katarzyny z Olchowca. Bez w. m. i dr. 1582. w 4ce (brak końca).
Tak zanotował Świdziński w katalogu swoim. W innej notatce stoi: Kazanie nad ciały Jana Ostroroga i Halszki Świerczownej.

— Kazanie na synodzie w Toruniu 1595. miane.

Jocher 5220.

Wyd. r. 1599. w 4ce przez Turnowskiego przy jego kazaniu synodalnem. — Obacz: Kazania synodowe.

— Kazanie o weselu w Kanie Galileyskiey miane w Toruniu r. 1601. w 4ce, 2 ark.

Jocher 5216. — Maciej. III. 374. według Siarczyńskiego podaje rok wyjścia 1604.
Chreptow.

— Kazania o personie Syna Bożego. W Toruniu, 1588. w 8ce.

Jocher 5195. mylnie ma: prawie zam. personie.

— Kazanie o ziawieniu Króla w żydowstwie narodzonego. W Toruniu, 1604.

Jocher 5217.

— O sądzie pańskim przyszłym i skończeniu świata, kazanie adwentowe. W Toruniu, A. Cotenius. 1604. w 4ce.

Jocher 4022.

— Sermon to jest Kazanie na dzień wniebowzięcia Panny czystey, który się co rok 15 Augusti wraca. Epiphan. Lib. 3. tomo V. Haeresi 79. „Etsi pulchrum est lignum, sed tamen non ad cibum, etsi pulchra est Maria, et sancta et honorata, sed non ad adorationem data. W Toruniu drukował Andr. Kotenius, roku 1595. w 4co, kart 14.

Dedyk.: Wielmożnemu Panu, Panu Sędziwuiowi hrabi z Ostroroga etc. etc. kart nlb. 3. Pod dedykacyą: w Toruniu 20 Augusti 1595. X. Piotr Artomius.
Birgel.

— Nomenclator, selectissimas rerum appellationes tribus linguis, latina, germanica, polonica, explicatas indicans. In usum Scholarum Borussicarum et Polonicarum. Cum Serenissimi Regis Poloniae gratia et privilegio ad decennium. Anno MDXCI (1591). Na końcu: Torunii Borussorum ex officina typographica Andreae Cotenii, mense Augusto. w 8ce, sign. u dołu A₂—O₂.

Wyrazy polskie wyłożył Artomiusz.
Włocław s.

— Toż. Toruń 1597. w 8ce.

— Toż. Torunii Boruss., And. Kotenius. 1603. w 8ce.

Ewangel. Wileńs.

— Toż. Editio IV. w 16ce.

— Tenże tytuł. Quinta editio quartae conformis. In usum Scholarum borussicarum et polonicarum maxime vero gymnasii Thoruniensis. Thorunii, typis Francisci Schnelboltz, sumptibus Andreae Hünefeldii bibliopolae, Anno MDCXXXVIII (1638).

Łukaszewicz Hist. szkół I. 404. str. w przyp.

— Tenże tytuł. Sexta editio quintae conformis. In usum Scholarum borusicarum et polonicarum: maxime vero gymnasii Thoruniensis. Dantisci, typis et sumptibus Andreae Hünefeldi bibliopolae. 1643. w 8ce, kart nlb. 120.

Wiersz: „Ad Lectorem" podp. Petrus Artomius. Krasińs.

— Toż. Toruń, 1684. w 8ce.

— Piosnka nabożna niegdy pobożnego męża X. Piotra Artomiusza, zawołanego kaznodzieję Thoruńskiego polskiego, którą wedle imienia y nazwiska swego złożył i zażywać się może, podczas publicznych plag y kaźni od Boga na ludzie zesłanych. Anno 1574.

Umieszczona w dziele Jędrzeja Schönflissiusza p. t.: Wirydarz duszny męski i t. d. W Lubeczu 1648. w 8ce, na str. 677.

Jocher III. 262.

— Thanatomachia, to iest boy z śmiercią. Traktacik każdemu, kto się jedno śmiertelnym czuie, zawsze przygodny. W Toruniu, w druk. Andrzeia Koteniusza r. 1600. w 8ce, karta tyt., przemowy do Mik. Koteniusza 10 kart nlb., str. 142 i 1. k. nlb.

Przypis Mik. hr. z Ostroroga. — Na to odpisał Panaetius Recepta.

Jocher 6279. — Maciej. Piśm. III. 373. — Wiszn. IX. 73. Czartor.

Artomius Petrus obacz: Czechowicz Marc. (Rozsądek 1581) — Graserus Konrad (Manes famosi 1609) — Kazania (1599) — Locks Kilian (Circinus 1609) — Panaetius Bartłom. (Recepta 1600) — Radliński Paweł (Święcenie 1601) — Thamnicius Jan (Kancyonał 1624) — Thysenus Cas. (Justa 1610) — Trisner Marcin (Leichenpredigt 1609).

Juszyńs. Dykc. I. 7—8. — Bentk. Hist. lit. I. 234—5. — Siarcz. Obraz I. 12. — Wiszniews. VI. 514—19, IX. 72—3. — Woronicz Pisma IV. 101. — Encykl. Orgelbr. II. 367, 231—2. — Załuski Bibl. poet. s. 14. — Olof Poln. Lieder 9—26,

229, 412—419, 426—7. — Maciej. Piśm. III. 373—4. — Lukaszews. Kościoły br. Czes. 143, 157. — Starowolski Monum. 391. — Lelewel Bibliot. ks. II. 211. — Schnaase Zur polu. Literat. 1862. s. 29— 30. — Wengierski Hist. eccles. Slav. s. 422. — Woronicz Rocznik Tow. przyjac. Nauk. II. 384. — Witte Diar. biograph. (pisze, iż umarł 2 Aug. 1609. aetatis 57.) — Sembrzycki Przegl. lit. 1887. s. 10—11. — Rhesa Lud. Nachr. von Predigern 1834. — Döring G. 30 slavon. Melodien. Leipz. 1868. — Kuehnast Deutsche Kirchenlieder. Rastenb. 1887.

Artur Laurent. Faunteus ob. De la Roche (1592) — Faunteus (De controversiis).

Artykuł I. ułożenia Rady nieustającej i addytament do artykułu pierwszego ułożenia Rady nieustającej. Excerpta z konstytucyi anni 1775, ściągające się do obierania konsyliarzów i marszałka Rady nieustającej, tudzież kommissarzy skarbowych (na sejmie 1776 w Paźdz.) folio, sign. A₃. (str. 6).

Branic. — Czartor. — Krasińs.

Artykuł XV. traktatu Neusztadskiego między carem Jegomościa y koroną szwedzką. B. w. m. d. (r. 1721) folio, 1 pół arkusz. Krasińs.

Artykułu (Do) gwardyów w etacie wojskowym. Warszawa, Gröll, (18 w.) folio, str. 4. Branic.

Artykułów (Siedemdziesiąt siedm) arystokrackich. w 8ce, (z końca 18 wieku).

Artykuły bractwa kupieckiego Warszawskiego z dawnych przywilejów zebrane i nowo przyczynione rękami Ichmościów Panów kommissarzów i assessorów sądu Jego królewskiej Mości dnia 4 Maja roku pańskiego 1729. podpisane. Drukowane w Warszawie 1729 r. folio, ark. 4.

— chwal. bractwa św. Anny. Bez w. r. folio.

ob. Bractwo św. Anny. Raczyńs.

— bractwa wianka różanego Panny Maryi postanowione w Wilnie przy kościele św. Ducha 1587. w 12ce.

Notaty Haana we Lwowie.
Porównaj Herbest Bened. (1568).

— które do wizyty generalney przygotowane być mają w języku polskim.

Datow. w Warszawie d. 31 Stycznia 1786 r. folio, str. nlb. 8. Krasińs.

— w których zgadzają się Ewanielicy z ludźmi greckiego nabożeństwa y s kościoły oryentalnemi w naucc zbawienney. Bez r. i m. dr. w 4ce, kart nlb. 2.

Maciej. Piśm. pol. III. str. 167.

Ossol.

— nowo ustanowionej kommissyi wojskowej na sessyach sejmowych częściami decydowane. folio.

Porównaj: Kommissya. — Przywrócenie.
Raczyńs.

— prawa magdeb. ob. Groicki B. (1558, 59, 60, 62, 68, 73, 1616, 18, 29).

— przeciw Jezuitom ob. Niemojewski X. (b. r.).

— sądów marszałkowskich w Krakowie, na szczęśliwey koronacyey króla Jmci Jana III. W Krakowie, w drukarni Akademickiey Roku pańskiego 1676. folio, kart nlb. 17.

Maciej. Piśm. III. 159.
Branic. — Warsz. Uniw. — Ossol.

— Toż, tamże. 1676. folio, k. 4.

Obejmuje artykułów 20. Podpisany Alex. Hil. Połubiński, marszałek W. X. Lit.
Jagiell.

— sądów marszałkowskich na Seymie walnym W. X. Lit. w Grodnie 1678. An. 15 Decembris. folio, kart nlb. 6. Warsz. Uniw.

— securitatis przy boku J. K. M. 1646. ob. Szczerbicz Paweł.

— seymu w Preszporku węgierskiego, z których każdy pozna y domyślić się może, iako węgierskiey ziemie ostatek ginie. Z własnego exemplarza łacińskiego przełożone. Providentia est virtus, per quam sagaci subtilitate futurorum eventus colligitur adversaque praevidet solerte animus praemunitus. B. m. r. i dr. w 4ce, k. 8, druk goc. i antykwą. Branic. — Ossol.

— według których ma być uczynione jak naydokładnieysze opisanie całey Dyecezyi na uskutecznienie mappy czyli karty geograficzney. B. m. (Wilno?) i r. (z 18 wieku?). folio, kart 4.

Na stronie 4.: Przykład do opisania stosownie do punktów dziewięciu na ten ko-

niec wydanych. Parafia Podbrzeska. —
(Na końcu:) „Takowe opisanie mojey podpisem ręki własney stwierdzam. X. Piotr
Puciłowski, obóyga prawa doktor, sądów
zadwornych pisarz, pleban Podbrzeski." —
Parafia Podbrzeska leży w dekanacie wileńskim.   Jagiell.

— wiary ob. Herbest B. (1565) —
Radomski Jan.

— wojenne hetmańskie totius Reipublicae na seymie Anni 1609. approbowane. B. m. folio, kart 4.

Jest tych artykułów 70.
                          Jagiell. — Zielińs.

— wojenne hetmańskie authoritate
seymu approbowane 1609 r. B. m. dr.
(Lwów), folio, str. 23.

Chodkiewicz Grzegorz napisał po łacinie
artykuły wojenne, które są zamieszczone
w zbiorze Gwagnina, Pistoryusza i Elze-
wirskim.

Maciej. Piśmien. III. 75. — Batows. Katal.
892. daje datę: Żółkiew 1609, zaś pod
N. 895. bez wym. miejsca.
                          Branic. — Ossol.

— Tenże tytuł: ..... approbowane
Anni 1609. folio, str. 18.

Jestto inna edycya od poprzedzającej.
                          Warsz. Uniw. — Ossol.

— Toż, kart 5. druk gocki.
ob. Konstytucye Sejmu (1609).
                                      Ossol.

— Toż samo. Warszawa, w druk.
Jana Rossowskiego. 1633. folio.

— Toż. W Lublinie, w druk. Wie-
czorkiewicza 1649. folio, kart 5.
                                      Zamojs.

— Toż. 1733. folio.

— wojenne powagą Rzpltey, królów
polskich y hetmanów W. X. Lit. ró-
żnymi czasy ustanowione, teraz zaś z
rozkazu JO. Xiążęcia Jegomości Michała
V. Kazimierza Radziwiłła wojewody Wileńskiego, hetmana W. X. Lit. przedrukowane w Nieświeżu, w drukarni Ra-
dziwiłłowskiey in Collegio Societ. Jesu
r. p. 1754. w 8ce, 1 k. tyt., k. nlb. 3
(dedyk.), str. 250, k. nlb. 40. (Excerpt
ex Volumine legum titulo militares et
nobiles).

Dedyk.: Mich. Kaz. Radziwiłłowi przez X.
A. Z.(adorowski?) Soc. Jesu, prefekta ty-
pogr. Ducatus Rad.
Z herbem sztych. Radziwiłła.
                          Zielińs. — Jagiell.

— Tenże tytuł ..... ustanowione z
rozkazu JO. Xiążęcia Jmości Michała V.
Kazimierza Radziwiłła wojewody Wileńskiego i t. d. przedrukowane w Nieświeżu, w drukarni X. Radziwiłłow-
skiey, a teraz po uczynioney ścisłey
rewizyi y argumentacyi drukiem powtórzone. W Elblągu w drukarni Jana
Teofila Nohrmana r. 1755 w 8ce, str.
208, (od str. 193 rejestr alfabetyczny)
i 80 str.

Na tych 80 str. mieści się: Excerpt ex Volumine legum de authoritate Buławy Korony
y W. X. Lit. — Oprócz tego przypisanie
Xciu Michałowi Radziwiłłowi, u którego
podpis: S. Brodowski K. R. P. B. P. i regestr. (razem 5 kart nieliczb). W dedykacyi
wyraża wydawca, że Compendium to z rozkazu Xiążęcia było zrobione; ustawy zaś
i prawa w nim zawarte, z manuskryptów
biblioteki Nieświeskiej wypisane, w drukarni Radziwiłłowskiej pierwej już drukowane były. Również wspomina Brodowski,
że ma polecenie od Xięcia ułożyć Corpus
juris militaris Lithuanici.

Zawiera się tu między innemi: Art. Wojsk.
Hrehora Chodkiewicza, hetmana W. X. L.;
X. Janusza Radziwiłła het. W. X. L. (de
a. 1648); Mich. Kaz. Paca het. W. X. L.
(de a. 1673); Regulamen X. Mich. Kaz.
Radziwiłła het. W. X. L. (de a. 1746);
Artykuły artylleryi ułożone za panowania
Wład. IV. przez Jana Platera Oberszte-
ra, których text niem. podpisał w Warszawie
dnia 30 Aug. 1664 r. Fromhold de Lu-
dinghaus Wolff, generał artylleryi koron.
Żebraws. Bibliogr. matem. 396.

ob. Brodowski S.   Chreptow.

— wojskowe za królów polskich i
hetmanów W. X. L. wojsku ustanowione, a teraz, aby tem snadniej do wszystkich wiadomości dojść mogły i ściślej
były zachowane z rozkazania JW.
JP. Michała Kazimierza Paca wojew.
Wileńsk. hetmana W. X. L. do druku
podane. Wilno, w drukarni S. J. 1673.
folio, k. 2, str. 32, druk gocki.
                                      Branic.

— wojskowe z konstytucyi wyjęte.
Warszawa, 1769. w 8ce, str. 55.

Wydane na skutek zjednoczenia ziem poznańs. i kalisk. celem donoszenia się do
konfederacyi Barskiej, a to pod marszałkiem Ign. Malczewskim.   Jagiell.

— woyskowe. Kriegs artikel [pod
tem: Orzeł w koronie]. W Warszawie,

1775. w 8ce, str. 53. (po polsku i po niemiecku).

Zarazem: Proceder prawny woyskowy z r. 1775. (obacz).
Akadem. - Warsz. Uniw. — Raczyńs. — Zielińs.

— Tenże tytuł. W Warszawie, 1790. w drukarni uprzywilciowaney M. Grölla, księgarza nadwornego J. K. M. w 8ce, str. 55. (po polsku i po niemiecku).

Wydane jako część II. przy dziele: Proceder prawny woyskowy 1790. r. (obacz).
Branic. — Krasińs. — Warsz. Uniw. — Jagiell. — Dzików — Czartor. — Ossol.

— ob. Konstytucye (hetm. 1609) — Pac Michał Kaz. (wojskowe 1673) — Proceder (wojsk. 1790) — Radomski (szmalk. 1569).

Artylerya ob. Artilleria — Artykuły wojenne (1755) — Bezout P. (1781 — 83) — Braun Ernest (1682, 1710) — Brühl Alojzy Franc. (1774) — Grodzicki Faustinus (1747) — Jakubowski Józef (1781, 1783) — Potocki Stanisław Szczęsny (b. r.) — Powinności (1775) — Siemienowicz Kazimierz (Artis 1650) — Stan korpusu artylleryi (b. r.) — Uffan Diego (Archelia 1643).

ARUMAEUS Dominik Leovardiensis (1575 † 1637). Disputationes ad Pandectarum leges (mieści: Kakrzowsky, Pol. eq. exercit. Justin.). Jena, 1620. w 4ce.

Katal. Schmidta N. 499. r. 1886.

Arundinensis Joannes obacz: Jan z Trzciany Arundinensis. (De natura 1551, De religione 1563. Vita B. Michaelis Giedroyć 1546. 1605).

Arvay (D') ob. Czartoryski Adam Xiąże (1776).

Arvidus Gustav ob. Zygmunt III. (Mandata 1596).

Arya patryotyczna. W Warszawie, w druk. P. Zawadzkiego.

Koresp. Warsz. 1792.

Aryamen obacz: Zawiszanka Marya Beata.

Aryanie (Ariani) ob. Adelt Mar. (Historia 1741) — Appendix (b. r.) — Arciszewski El. (religio 1649) — Argentus J. (Assymbolum 1630) — Arianismus — Augustinus S. (Minus jacula) — Balduinus Frid. (catechismi 1620) — Blosius

Maciej (1619) — Censura Refut. (b. r.) — Cichocki Mik. (1641) — Clementinus Daniel (1630) — Czartoryski Jerzy (1617) — Exemplum (1681) — Gliczner (Societas 1565) — Górski Jan (1608) — Grabiecki W. (Aryański błąd 1660) — Jasz-Berenyi (1662) — Lauterbach Sam. (Ariano-Socinian. 1725) — Lubieniecki Andrzej (b. r.) — Maimburg Luigi (1686) — Morscovius Petrus (1632) — Moskorzewski H. (Niewstyd 1617) — Namowa (1654) — Nawara (b. r.) — Niemojewski J. (Błędy 1566) — Odpis (1619) — Pac Mikołaj (1566) — Pawłowski Krzysztof (1607) — Paxillus F. Bern. (1616) — Petrycyusz J. (Niewstydliwość 1600) — Pikielius Sebast. (1643) — Powodowski H. (1582) — Przedmowa (b. r.) — Przysługa ariańska (1657) — Sandiusz Christophorus (Nucleus 1669) — Schreiter J. (1613) — Scriptum (1649) — Skarga P. (1604) — Smalciusz P. (1619) — Smiglecius Martinus (De erroribus 1615, Nova monstra 1612) — Stoiński Piotr (Okazanie 1600) — Tretzy K. (Błędy 1566) — Ursinus Zachar. (Judicium 1563) — Wigandus Joannes (De Deo 1566) — Wietrowski Max. (Historia 1723) — Virorum omina (1642) — Zdrady aryańskie (1657) — Zwicher Dan. (1672—5).

Arye obacz: Alberti. — Arien. — Rozrywka.

Aryetka do I. Krasickiego ob. Krasicki Ign.

Arys i Galatea, balet heroi-pantomiczny. Treść baletu wyjęta z metamorf. Owidiusza ks. XIII. Bez w. m. dr. i r. w 4ce, str. 8. Krasińs.

Aryst obacz: Saint Brison, Segnier (1792).

ARYSTEAS (Aristeas). Kroniká stárodawna y ktemu pobożna, o poważnych rozmowach Ptolomeá Filádelfá monárchi Egiptskiego, ktore miał z vczonemi Hebreyczyki, ktorych pospolicie siedmdziesiąt wykłádáczow ábo tłumáczow zakonu Bożego zowia, o porządnym y spráwowániu y záchowániu krolestwá swoiego. Przez Arysteásá sekretarzá iego, przed 1928. lat po Grecku nápisána. A teraz nowo, (zá szczęsnego pánowánia Jego Krolewskiey Miłości Stefána pierwszego Krolá Polskiego. Roku po národzeniu Christusá Pána 1578). pracą Woyćiecha Rzymskiego z Wárszáwy ná polskie przełożona. Drukował Alexánder Turobińczyk. Roku od narodzenia Jezusá Christusá syná Bożego. 1578. B. m. dr. (Kraków?), w 4ce, kart nlb. 30 i k. tyt. druk gocki.

Na odwrocie kartki tytułowej herb Łodzia z epigrammatem, dalej 2 kartki przedmowy (dedykacyi): Jaśnie Wielmożnym hrabiom z Gorki Andrzejowi i Stanisławowi. — Na karcie 4-tej argument tej kroniki, dalej kartka imion 70 tłumaczów. Samego pisma nieliczbowanych kart 26.
Jocher 8737. — Lelewel Ks. bibl. I. 232. — Sob. w Encykl. powsz. T. 22. s. 743.

Arystobul ob. Vattel Emer. (Rozmowa 1762).

Arystokracya ob. Punkt (b. r.).

Arystoteles ob. Aristoteles.

Arystoneus ob. Dernałłowicz.

Arytmetyczne reguły ob. Kownacki Józ. (Uwagi 1772).

Arytmetyka o rachunkach z tabellami do układania regestrów. Warszawa, 1776. w 8ce.

— praktyczna z tablicami do układania regestrów. Warszawa, 1780. w 8ce.

Por. Bielski Szymon.

— praktyczna kieszonkowa. Porywcze codziennie trafiaiące się rachunki, przy redukcyach monet, przy kupi y przedaży, z wielką łatwością odprawuiąca, przez taryffę, o ktorey na samym czele kładzie się informacya. W Warszawie, w druk. J. K. M. y Rzpltey u XX. Schol. Piar. 1773. w 32ce, str. 38 i 100.

Krasiń. — Jagiell. — Ossol.

— ob. Aritmetica — Behmen Kasper (Rechnenkunst 1768) — Bielski X. Szymon (praktyczna, krótkim i łatwym 1775, 1793) — Czarnocki Aloizy X. (czyli nauka o rachunkach 1775, 1744) — Gorczyn Jan Alex. (1644) — Hederichs Benjamin (podług reguł 1774) — L'Huillier Sim. (dla szkół narod. 1778, 1785, 1787, 1788 i t. d.) — Lenczewski Ant. (1757) — Marquart Józef

(Nauka matem. 1772) — Obermeier Fulgenty (1760) — Siekierzyński Tomasz (t. j. rachmistrz. nauka 1766) — Siruć Barnard Maciej (Arytmetyka prostacka 1767) — Skaradkiewicz Patrycy (czyli nauka 1766, 1769, 1771) — Sławiński A. Bernardyn (Institutiones 1782).

ARZACYUSZ (Arsacius). Wtora część Postille przedtem z Arsacyuszowey Postille wziętey, uczynioney y przełożoney [p. Ostaph. Trepkę]. (Na końcu:) Drukowano w Królewcu Pruskim przez Jana Daubmanna, Anni 1557. folio, k. 3—293. druk gocki.

Ossol. — Warsz. Uniw. — Kórnic.
Część 1-sza obacz: Corvin Antoni.

ASARIEL. Haereditas Israelis. Francofurti ad Oder. 1691. folio.

Asariel był rabinem w Tarnogrodzie.
Jöcher Gel. Lexic.

ASARICUS Daniel, bibliotekarz i kantor w Gdańsku, († 24 Stycznia 1606). Commonefactio de miserrimo calamitoso horum extremorum temporum cursu. 1591. w 4ce. (wierszem).

Ascanio obacz: Ordel (Don) Asc. (L'applauso 1637).

Ascens do nieba preeminencyi 1795. ob. Alakok.

Ascensiones piae mentis ad Sanctissimam Trinitatem per distinctos orationum gradus. Reimpressa 1734 anni. Posnaniae, typis Academicis, w 8ce, 1¹/₂ ark.

Rok wyrażony w logogryfie.
Warsz. Uniw.

— Toż. Warszawa, 1755.

Ascensus obacz: Hosius (purpureus 1733) — Nowacki Mateusz (triumphalis 1689) — Strzetuski Chr. Adr. (Soleatae 1715) — Tomasz a Kempis (piae cogit. 1761) — Zawadzki Dom. (purpureus ad ferculum 1687).

Ascesis spiritualis pro confraternitate S. Joseph, sponsi Beatae Virginis Mariae ac pro omnibus ad eundem devotis, generoso ac magnifico Dno D. Josepho de Goray Gorayski, a confratribus dictae confraternitatis in ecclesia Varsaviensi Carmelitarum Discalceatorum congregatis, dedicata. Anno Domini 1669. Varsaviae, typis Elertianis. w 12ce, str. 145.

Na odwrotnej stronie tytułu herb Gorajskich (Korczak) i pod nim 4-ro wiersz. — Przypisana Józefowi Gorajskiemu. Książka ta zawiera w sobie statut dla bractwa św. Józefa, świeżo wówczas do Polski wprowadzonego i nabożeństwo do tego świętego,

Dziennik warszawski 1852. N. 16.

ASCEVOLINUS F. Cong. Signaturae Justitiae R. P. D. Ascevolino Cracovien. praetensarum Decimarum pro Mag. Civibus et Oppidanis Zarnovecen. Contra Ven. Monasterium et R. R. Moniales Imbramovvecen. Ord. Praemostraten. Facti. Proponam die Jovis 19 Septemb. 1754. F. Ascevolinus (Romae), typis Bernabò 1754. w 4ce, 4 kartki.

Jagiell.

— Signaturae Justitiae R. P. D. Ascevolino Cracovien. pro Rev. D. Michaele Severino Bierziński praeposito parochialis ecclesiae Pacanovien. Contra RR. DD. Martinum Matlakovuski, ac instigatorem fiscalem mensae episcopalis Cracovien. Facti. Proponam die Jovis w 4ce, kartek 4.

Na 1-szej karcie Cracovien. Decimarum super Attentatis. Jagiell.

— w tejże sprawie: Pro R. D. Michaele Sev. Bierziński etc. Summarium. Typis Bernabò, 1756. kart 4.

Jagiell.

— Cracovien. Decimarum super Attentatis. w 4ce, kart 2. Jagiell.

— Signaturae Justitiae R. P. D. Ascevolino Cracovien. Pertinentiae Causae. Pro perillustr. et Adm. Rev. D. Martino Matlakovuski parocho Zborovvecen. Contra perillustr. et Adm. Rev. D. Michaelem Severinum Bierziński, parochum Pacanoviens. Facti. Typis Bernabò, 1756. w 4ce, 6 kartek.

Jagiell.

— w tejże sprawie. Pro Rev. Mart. Matlakovuski Summarium. Typis Bernabò, 1756. w 4ce, 6 kartek.

Jagiell.

— Responsio. w 4ce, 2 kartki.

Jagiell.

ASCH. Sposób leczenia w czasie powietrza zaraźliwego praktykowany w Jassach, opisany niemieckim językiem przez Imci P. barona de Asch. Teraz przełożony na oyczysty język ku wygodzie powszechney. R. 1770. We Lwowie, w druk. J. K. M. y bractwa S. S. S. Troycy. Anno 1770. w 8ce, kart nlb. 8. Wilno — Ossol.

— Sposób leczenia chorujących na zarazę powietrzną czyli czumę, w Jassach praktykowany przez barona von Asch, który przy okazującym się w tym roku 1797. powietrzu dla obywatelów powiatu Uszyckiego końcem ratowania siebie samych i swoich poddanych, staraniem obywatela tegoż powiatu Uszyckiego do druku podany. Mińkowce, 1797. w 8ce, str. 18. Dzików.

ASCHENBERG Rütger. Extract Schreibens an Ihre königliche Maytt. zu Schweden von Hn. Obr. Aschenberg. Aus Slochaw de dato 25 Decemb. stylo veteri. Anno 1656. B. m. dr. w 4ce, str. 4.

— ob. Copia (1656).

ASCHENBORN Daniel L. S. (z Bytomia, rektor w Lesznie). Ludovicae Mariae Gonzagae · ingressum Gedanum et portae arcuumque triumphalium delineatio carmine heroico. Dantisci, 1646. folio.

Hoppe 41.

— Pentas epigrammatica in ingressum Joannis Casimiri. Dantisci, 1656. folio.

ASCHENBORN Michael († 1627). Monumentum exequiale Samueli Gratiano optimae indolis adolescenti Ostrorogi 26 Sept. 1621. denato et Octob. ibidem humato ab amicis erectum. Bethaniae, typ. Joan. Dorfferi, w 4ce. Dzików.

— In obitum antiquissima et nobili prosapia oriundi, propriaque virtute excellentissimi, magnifici et generosi herois D. Johannis Potocki de Potok capitanei Tlumacensis et ductoris turmarum regis Poloniae felicissimi etc. qui A. D. 1627. die 16 Julii pie placideque in Domino obdormivit, Lessus exequiales. Bethaniae, lit. viduae Dörfferianae, w 4ce, kart nlb. 8.

Są to wiersze zbiorowe. Prócz Aschenborna są także wiersze łacińskie: Jerzego Vechnera, Dawida Vechnera, Jana Sculteta, Michała Henrici, Wojciecha Węgierskiego, Jana Musoniusa, Stanisława i Władysława Trzcińskich; — francuskie Wacława Teodora de Budowa, ucznia szkoły w Lesznie; — na końcu są wiersze greckie Eustachego Gizeliusza. Akad.

— Lacrymae super luctuoso obitu Sendivogii comitis ab Ostrorog, castell. Międzyrzecensis etc. Bethaniae, impr. Mart. Brüxer. 1625. w 4ce.

Wspomina tu razem zgon wielu innych osób, w tymże czasie zmarłych, jako to: Opalińskiego wojewody poznańskiego, Gorzyńskiego i Jana Zakrzewskiego, przełożonego zborów. — Piotr Opaliński wojewoda poznańs. umarł 1624 r. Dzików.

— In solemnem nuptiarum festivitatem. Bethaniae, in offic. haered. Joan. Dorfer. 1623.

Wiersz na zaślubienie Jana a Brause, dziedzica Klostawy z Barbarą córką Kaspra Szlichtynga Bukowieckiego. Dzikows. Juszyńs. Dykcyon. I. 9. — Siarcz. Obraz 1. 13. — Wiszn. VI. 381. — Łukaszewicz Kośc. Br. C. 357. — Węgierski And. Hist. eccles. 1652. 402.

Ascia obacz: Tarło Pet. (ad petram 1687).

— Charmesciana ob. Sieciński Step. (1650).

— domus Smosczeviorum ob. Steczewicz Jan Cas. (1653).

— gentilitiae Car. Tarło ob. Krzyżański Fr. (1683).

— immortalis gloriae Step. Księski ob. Turoniecki Sz. (1676).

— Paczeniana ob. Bieżanowski Stan. (1664).

— Radoszeviana ob. Radoszewski Bog. (1634).

— sacris capituli ob. Tarczewski Jan (1697).

— sanctuarium aedificans ob. Radzimiński Wal. (1657).

— sub arma clavis ob. Rudzki Jan S. (1660).

— Tarłoviana ob. Ormiński Thom. (1690).

— Tarłoviani decoris ob. Nowalski Jak. (1685).

— triplici aere fusa ob. Szumowic Mich. (1697).

Asclepias ob. Mercurius Trismegistus (Roselli Hannib. 1590).

Ascoli (Askoli) de Alfons ob. Przypadki (1778).

ASCONIUS Pedianus. Commentationes in aliquot M. Tulii Ciceronis, cum accuratissimis editionibus collatae. Lugd. Bat., ex officina Arnoldi Doude, 1675. w 12ce.

Na końcu są: Selectae variorum notae, a między niemi i Andr. Patricii (Nidecki). Jocher 398.

Asculo Tomasz (Cianaveni de Asculo) ob. Godzimirski G. (Historya 1618).

ASHWELL Georgius, S. Th. baccal. et eccles. Anglicanae presbyter (1612 † 8 Lut. 1692). De Socino et Socianismo dissertatio. Autore Georg. Ashwello. Oxoniae. Excudebat H. Hall, 1680 anni. w 8ce, k. 7, str. 315.

Jocher II. str. 556. Warsz. Uniw.

Asiana diaeta ob. Odrowąż Stan. (1535).

Asinus aureus ob. Apulejus.

Asketomoria ob. Juszyński Hieron. (1795).

Asmation ob. Piaseczyński Aleks. (1604).

Aspasmos A. Szołdrski ob. Woytowicki Alb. (1641).

Aspazya ob. K. W. (Cnota 1787).

Aspectus faventis orbi polono coeli. Varsaviae, 1703.

— felicitatis Sarmatiae ob. Sieniawski A. N. (1686).

— Oginsciorum ob. Chochłowski Stan. (1690).

— sapientiae ob. Sucharzewski Kanty (1758).

Aspekt generalny na rok p. 1707. w 4ce, kart 10. (A—E$_2$).

Obejmuje wiersze na każdy miesiąc przeciw Moskalom. Ossol. — Jagiell.

— ob. Sołłohub Ant. (Orła 1744) — Zamojski M. (Księżyca, Hastae 1721).

Aspes (de) Martinus ob. Kalnicki J. Carolus (b. r.).

Asphyxia ob. Regnier Mikołaj (1789).

Aspice ergo calumniator ob. Fridewaldus Mich. (1579).

Aspriglio Sigismundi III. polon. ob. Pacello (1608).

Assecuratio ob. Monti (Regis Galliae 1733).

Assekuracya ob. Monti (1733).
ASSEMANUS Jos. Simon († po r.
1770). Bibliothecae Vaticanae praefecti
et canonici. Kalendaria ecclesiae universae in quibus tum ex vetustis mar-
moribus, tum ex condicibus, tabulis,
parietinis pictis etc. sanctorum nomina,
imagines et festi per annum dies Ecclesiarum Orientis et Occidentis recensentur, describuntur, notisque illustrantur.
Tom I—VI. Romae, 1755. w 4ce.

Znajdują się tu wiadomości o początkach kościoła chrześciańskiego u wszystkich lu-
dów sławiańskich, a zatem i w Polsce.
Jocher 7907.

— Oratio in funere Friderici II.
regis Poloniae etc. habita ad eminentiss. Cardinales in Basilica S. Clementis
die XII Maii anno 1733. Romae, apud
Joannem Mariam Salvioni. folio.

Obacz: Ragguaglio delle solenni esequie di
Federigo Augusto Re di Polonia.
Ciampi Bibl. I. 14.

ASSEMANUS Stephanus Evodius.
Laudatio in funere Friderici Augusti
III. Regis poloniae, Ducis Saxoniae S.
R. J. principis Electoris, habita coram
eminentissimis ac reverendissimis S. R.
E. Cardinalibus in aede Sanctissimi Salvatoris in lauro VIII kal. Jun. 1764.
Romae, 1764, ex typogr. Franc. Bizzarini Komarek provisoris libror. S. R. E.
in bibliotheca Vaticana. folio, str. 14.
(z rycinami Campanelliego).

Dedyk.: Mariae Josephae Saxonicae, Gallia-
rum Delphinae.
Dwa wydania z tego roku zupełnie jednakie.
Ciampi Bibl. I. 14. Czartor.

ASSERMET Franc. Maria, Franciszkan. Speculum veridicum, in cujus
primâ parte sincere repraesentantur errores, refellunturque prava Jansenia-
norum, et aliorum Novaugustinianorum
dogmata. Vindicatur constitutio Santis-
simi (sic) Patris p. m. Clementis XI.
Pont. Max. quae incipit: Unigenitus
Dei filius etc. Deinde confutatur libellus Planctuum Paschasii Quesnelli Jan-
senistae, contra dictam Bullam expli-
canturquè genuinè juxta mentem S. Rom.
Ecclesiae 101 propositiones damnatae
ejusdem auctoris. In secundê parte Calvinistarum et Lutheran. Theologia pro-

ponitur ac eorum prava doctrina anti-
logiarum demonstratur et solvitur Catho-
lice. Jussu illustrissimi et reverendissimi
Officii consistorialis Culmensis á quodam
presbytero Romano Catholico, theologo,
Polono, Janseniani erroris hoste capitali
in multis auctum. Reimpressum An. Dn.
1725. — Tytuł części II.: Perspicilio-
rum pro nasutis Protestantibus, P. II.
Speculi veridici contra Calvinistas et
Lutheranos. Jussu illustrissimi et reverendissimi Officii consistorialis Culmensis ab eodem (à quo I. pars contra Jan-
senistas) Polono presbytero Romano Catholico. Reimpressa anno Domini 1726.
w 4ce. Część I. obejmuje k. 6. (przedmowy) i str. 352. Część II. str. 336,
1 k. (regestrów i omyłek).

Na końcu 4 karty: Historia Thoruniensis in
Prussia Regali. Sereniss. Poloniae Regis,
zawierająca opisanie zaburzeń w tem mieście r. 1724. mies. Lipca. — Jest to prze-
drukowanie dzieła Assermeta de Divina
Gratia, wydanego w Paryżu r. 1715. —
Przypis. wydawcy Teodorowi Potockiemu
arcybisk. Gniezn.
Katalog pijars. pod N. 63. podaje: Culmae
1724. — Jocher 3285.
Wileńs. — Czetwert. — Jagiell. — Ossol.

Asserta concordia S. Thomae ob.
Melitho Grat. (1669).

— de physico ob. Aristoteles (1650).

(Assertio). Brevis augustissimi ac
summe venerandi Sacrosanctae Missae
Sacrificii ex Sanctis Patribus contra
impium Francisci Stancari Mantuani
scriptum assertio. Jussu et autoritate
Rev. D. Jacobi Vchanski, Gnesnensis
Archiep. nunc primum edita. Quid hic
libellus continet, versa pagella docet.
August. in Epist. 23 ad Bonifacium.
Nonne semel immolatus est Christus in
se ipso? et tamen in Sacramento non
solum per omnes Paschae solemnitates
sed omni die populis immolatur. Coloniae Agrippinae, apud haeredes Arnoldi
Birkmanni. An. 1577. w 8ce, k. nlb.
6, liczb. 65.

Na początku Uchańskiego Jak. Epistola ad
lectorem.
Jocher 6428.
Czartor. — Dzików — Jagiell. — Ossol. —
Warsz. Uniw. — Uniw. lwow.

Assertio charitatem non esse praest. fide ob. Novicampianus A. (1555, 57).

— orthodoxae doctrinae de persona filii Dei ob. Praetorius Petr. (1581).

— orthodoxae doctrinae de sophismatibus Sim. Budnei ob. Simler Jos. (1576).

Assertiones canonicae ob. Kosztowt Kaz. (de regularibus 1686) — Paszkiewicz St. (canonico-legales 1699) — Rogalla J. (de constitutionibus 1691).

— canonisticae. Ex libr. III. Decretal. Titulo XLIX. De immunitate ecclesiarum coemeterii et rerum ad eas pertinentium. Quas in Collegio Karnkoviano, Soc. Jesu tum ex Jure Canonico.... etc. Calissii, 1718. mense Decembri die 17. w 4ce, str. nlb. 7.
Krasińs.

— de Controversiis ob. Chlebicius.

— de existentia Dei ob. Ciranus Math. (1596).

— de juris canonici articulis ob. Sławieński Stan. (1618).

— de ordinatione ministrorum Luther. ob. Sierakowski Stef. (1590).

— de satisfactione Christi ob. Radoszycensis Ambr. (1643).

— dogmaticae ob. Korona Mar. (1620).

— ex jure de emptione ob. Kaszyc J. (1605, 1606).

— ex juris prudentia ob. Bułkiewicz Józ. (1647).

— juris pontificii ob. Wacławowicz J. O. (1602).

— logicae ex universa Aristotelis dialectica. Ad mentem Angelici ac Ecclesiae doctoris D. Thomae de Aquino decerptae et a FF. Carmelitis Discalceatis prouinciae Polonae Philosophiae studiosis publico certamini expositae. Cracov., in officina typ. Matthiae Andreouiensis. Anno 1634. w 4ce, k. 8. Ossol.

— logicae a Carmelit. Prov. Polon. publ. def. Crac., Andreoviensis. 1654. w 4ce, sign. B₄.
Dedyk.: Stanisł. Lubomirskiemu wojewodzie ruskiemu.
Przyłęcki.

— ex logica ob. Cnogler Kwiryn (1597) — Tański M. S. (1630).

— metheorolog. ob. Siculus Math. (1598).

— philosophicae menstruae ex sexto, septimo, et octavo libro physicorum Aristotelis discutiendae in Collegio Vilnensi Soc. Jesu, Julii .... hora 17 An. Dni 1577. Ex typogr. Radivili. w 4ce.
Körnic.

— philosophicae menstruae ex posteriori De ortu et interitu, et primo De anima, libris Aristotelis, defendendae in Collegio Vilnensi Soc. Jesu 17 die Decembris, hora 21. Vilnae, typis Nic. Chr. Radivili. Excudebat Daniel Lancicius. 1577. w 4ce. Körnic.

— philosophicae menstruae ex secundo libro Aristotelis De anima, de iis quae ad sensus exteriores spectant, et ex primo libro Metaphysicae, defendendae in Collegio Vilnensi Soc. Jesu 28 Februarii, hora 21. Vilnae, typis ill. N. Chr. Radzivil per Danielem Lāciciū. 1578. w 4ce. Körnic.

— philosophicae ex praecipuis totius philosophiae Aristotelis difficultatibus defendendae in Collegio Vilnensi Soc. Jesu Maii 16, hora 17. Vilnae, typis illustr. N. Chr. Radziuil per Danielem Lāciciū. 1578. w 4ce.
Na odwr. str. drzeworyt, herb Leliwa: Valeriani (Protaszewicz) Episcopi Vilnensi i na niego 6 wierszy łacińs. Körnic.

— philosophicae ex octo phisicorum libris, defendendae in Collegio Soc. Jesu Vilnensi, sub autumnalem studiorum renovationem An. Dni 1579. Vilnae, an. a Chr. nato 1579. typ. ill. DD. Nic. Chr. Radivili ducis etc. Joann. Slecki excudebat. w 4ce, k. nlb. 4.
Jagiell.

— ex universa philosophia. Pars I. in Collegio Posnan. Soc. Jesu. Posnan., 1591. folio. Świdzińs.

— de philosophiae revat. div. indice ob. Gładyszowski Kaz. (1707).

— ex philosophia, logica nimirum, physica et metaphysica a religiosis ord. Excalceatorum S. S. S. Trinitatis in Collegio Antecollensio ad Vilnam propugnatae An. MDCCLVI (1756). w 4ce.

— ex universa philosophia et metaphysica. (Na końcu:) Propugnabuntur publice in Collegio Regio Varsaviensi Societatis Jesu praeside R. P. Joanne Bohomolec A. A. L. L. et Philosophiae Doctore ejusdemq'. professore. Anno 1765. mensis Junii, die 19. B. m. i r. dr. w 4ce, sign. A—C₄. Jagiell.

— Selectiores ex vniversa philosophia Assertiones ad mentem Angelici doctoris D. Thomae concinnatae honori divinissimi principis Angelorum Michaelis tutelaris Ecclesiae et patroni specialissimi PP. Carmelit. Discalceat. Coll. Cracov. consecratae a studiosis praefati Coll. et ordinis philosoph. Anno reparatae salutis 1768. V. diebus mensis Maij. w 4ce, kart 5. Ossol.

— Scholasticae ex universa philosophia scholastico peripatetica in Conventu Calisiensi Fratrum Minorum de Observantia S. P. Francisci publicae concertationi expositae. Anno Domini 1770. w 8ce, kart nlb. 10. Warsz. Uniw.

— ex universa philosophia quae in scholis Ostrogiensibus Patrum Basilianorum Prouinciae protectionis Beatissimae Virginis Mariae navantibus operam facultati philosophicae, tradebantur et variis adnotationibus tum praviis tum subjunctis explanatae sunt. Saelectae. In iisdemque scholis publicis disputationibus expositae. Anno salutis 1779. Diebus Julii. Typ. S. R. M. in Monasterio Poczajoviensi O. S. B. M. 1779. w 4ce, ark. 3½. Ossol.

— ex universa philosophia selectae S. Bartholomeo apostolo titul. Eccle. Lovicen. patrono dicatae. 1797. w 4ce, kart 9. Krasińs.

— universales philosophicae ad mentem Angelici ac Ecclesiae doctoris D. Thomae de Aquino decerptae et a FF. Carmelitis Discalceatis Conv. Crac. publico certamini expositae. Cracoviae, in officina typographica Mathiae Andreoviensis. Anno Domini 1636. w 4ce, kart 14. (ark. D₄).

Dedyk.: Jacobo Zadzik episc. Crac.
Ossol. — Jagiell.

— (Philosophiae rationalis) ex Dialectica Aristotelis, juxta mentem D. Tho-

mae doctoris Angelici explicata, desumptae. A FF. Carmelitis Discalceatis Conventus Cracov. philosophiae studiosis sub tempus adventus admodum rever. Patris Nostri, praepositi generalis, publicae disputationi expositae. Anno a partu Virginis 1666. mensis Junii die 6 hora post meridiem. Cracoviae, in officina haeredum Francisci Caesarij, S. R. M. typ. 1666. w 4ce, k. 12.
Ossol. — Jagiell.

— philosophicae de anima per Carmelit. Discalc. Cracoviae, 1686. w 4ce.

— philosophicae obacz: Bereźnicki Nic. (1698) — Bernardinus Samborien. (1611) — Falck Mich. (1642) — Górski Tom. (1642) — Handzlewicz G. (1620) — Rejkowicz Sz. (1611) — Waczławowicz J. (1597) — Wartenbergensis (ex Aristot. 1577).

— in perenne gratitudinis monumentum obacz: Ecclesiae doctori Leoni (1764).

— pro baptismo infantium obacz: Gliczner E. (1569).

— quorundam qua inter ceteras non paucas affirmant ob. Novicampianus (Nowopolski).

— rhetoricae ac philosophicae ob. Faunteus L. (1582).

— de Scriptura Sacra et traditionibus, a Clericis Regularibus Schol. Piar. in Collegio Vilnensi propugnatae 1746. Vilnae, typis Academ. Soc. J. w 4ce, ark. D₄. Wileńs.

— theologicae et logicae in collegio Vilnensi Soc. Jesu. Vilnae, ex officina Nicolai Christoph. Radiwill. 1576. w 4ce.
Kórnik. — Świdzińs.

— theologicae de sacro sancto et vivifico missae sacrificio. Vilnae, typ. Nic. Christ. Radiwilli, Dan. Lancicius excudebat. 1576. w 4ce. Kórnic.

— theologicae de vera et reali corporis Christi in Eucharistia praesentia. Propositae in Collegio Posnaniensi Soc. Jesu in verna studiorum renovatione. Posnaniae, excudebat Melchior Neringk. An. 1577. w 4ce, ark. 2.
Jocher 3915. Czartor. — Kórnic.

— theologicae de usu Sacrosancti Eucharistiae Sacramenti ac primum quidem de veritate et necessitate communicandi, deinde vero de hujus mysterii integritate sub una specie, propositae in Colleg. Posnanien. Soc. Jesu in autumnali studiorum renovatione. Anno Dni 1577. Joan. VI. Nisi manducaveritis carnem filij hominis et biberitis ejus sanguinem, non habebitis vitam in vobis, et qui manducat me et ipse vivet propter me. Discutientur mensis Octobris die (dopisane 16). Posnaniae, ex officina Melchioris Neringk. Anno Domini 1577. w 4ce, k. nlb. 12.

Kórnic. — Ossol.

— in Gymnasio Vilnensi Soc. J. sub vernam studiorum instaurationem. Vilnae, in officina Nic. Chr. Radziwill. 1577. w 4ce.   Kórnic.

— theologicae, de vera Christi Ecclesia: ubi sit et quomodo cognoscenda. Disputandae in Vilnensi Societatis Jesu Collegio, sub vernam studiorum instaurationem die 11 Maji, Anno Dni 1579. Vilnae, typ. illustr. DD. Nic. Christoph. Radiuili, D. in Olica et Niesuiss, M. D. L. Marsalis, Joannes Slęcki Anno Dni 1579. excudebat. w 4ce, ark. 1.

Jocher 2914.

Porówn. Faunteus A.   Czartor.

— theologicae de charitate ex secunda secundae divi Thomae, in Collegio Vilnensi Societatis Jesu disputandae die (dopisano: 16) Octobr. hora (dopisane 8). [Niżej godło Jezuitów; u dołu:] Vilnae, anno a Christo nato 1579. typis illustr. d. d. Nicolai Christophori Radziuili, ducis etc. Joannes Slecki excudebat. w 4ce. k. nlb. 4.   Jagiell.

— theologicae ex verbo Dei scripto de Sacro Sancti Eucharistiae Sacramenti sub una specie communione. Et primum quidem de institutione, tum de usu, postremo de praenunciatione unius speciei. Propositae in Collegio Soc. Jesu Posnaniensi, in autumnali studiorum innovatione. (Winieta Jezuitów i godło z Joan. VI). Discutientur mensis Octobris, die.... hora.... (nie wypełnione).

Posnaniae, Joannes Wolrab. Bez r. (1580—1?). w 4ce, k. nlb. 8.

Warsz. Uniw.

— theologicae de trino et uno Deo adversus novos Samosatenicos. Ex praelectionibus Collegii Posnaniensis praeteriti semestris excerptae. Discutiendae Octobris, die... hora... (nie wypełnione). Posnaniae, in officina Joannis Wolrhabii. An. Dni MDLXXXI (1581). w 4ce, kart nlb. 8. (sign. A—Biij).

Tytuł w ozdobnej ramce. — Wymierzone przeciw Szym. Budnemu.

Porównaj Faunteus A. (Assertiones de Christi ecclesia 1582).

Jocher 3644.   Jagiell. — Czartor.

— theologicae de trino et uno Deo, adversus novos Samosatenicos. Ex praelectionibus Collegii Posnaniensis excerptae. Una cum animadversionibus Fausti Socini Senensis. Quae plenae responsionis loco esse possunt. Editio secunda. Racoviae, typis Sebastiani Sternacii. 1611. w 8ce, sign. A—C₂.

Z przodu 2 k. nlb. Poczem paginacya zaczyna się odrazu od str. 29 i dochodzi do 132. — Od str. 95 jest przydane: Thesis adversariorum, Christus est unus Deus.

Czartor. — Jagiell. — Warsz. Uniw.

— Tenże tytuł. Editio tertia. Racoviae, typ. S. Sternacyi, 1618. w 8ce, 2 karty, str. 29—94, 1 karta na końcu.

Numeracya taka stron ztąd pochodzi, iż w drugiej edycyi to pismo wraz z innemi wydrukowane, tę numeracyą miało a przez omyłkę zachowano ją iw tej trzeciej.

Jocher 3679. — Sandius: Bibl. Antitr. 70.

Ossol. — Jagiell.

— theologicae publico certamini propositae, à Rndis Patribus Discalceatis Ordinis B. Virginis Mariae de Monte Carmelo. Lublini in Polonia ad aedes Spiritus S. dicatus, et a catholicis in festo solemni SS. Principum Apostol. ab hereticis autem in festo S. Margar. V. A. M. Anno 1616. oppugnatae. Bez w. m. w 4ce.

Załuski Conspec. Coll. legum. str. 27 (a Carmelitis socinianis oppugnatae).

— theologicae de scientia, voluntate, praedestinatione ac reprobatione divina. Ex PP. scien. theologicae D. Thomae doctoris Angelici decerptae et a Carmelitis discalceatis Seminarii Vilnensis publico certamini expositae. Anno Domini 1639. mens. (dopis. Junio), die (dopis 26), hora (dopis 2), post meridiem. Vilnae, Anno Dni 1639. w 4ce, kart 8. (sign. B₄).

Dedyk.: Piotrowi Gembickiemu, bisk. pozn.
Ossol.

— theologicae ex prima parte Angelici doctoris D. Thomae decerptae et a FF. Carmelitis Discalceatis, Provin. Polon. studiosis Sacrae Theol. publico certamini expositae. A. D. 1641. die 11 mensis Augusti. Leopoli. w 4ce.

Dedyk.: Perillustr. D. Alexandro de Mirow
Myszkowski, capit. Tyszovecensi.
Jocher 2646.

— theologicae SS. Patrum ob. Narwiński M. (Corona 1683).

— ex theologia historico-dogmatica de ecclesia, Summis Pontificibus, conciliis, ac SS. Patribus a clericis regularibus Scholarum Piarum in Collegio Vilnensi propugnatae, Anno Domini MDCCXLVII (1747). Vilnae, typis Acad. S. J. w 4ce.

Przypis. Anton. Dowojnie Sołłohubowi, generałowi artyleryi Lit.
Jocher 3852.   Wileńs.

— theologicae, praeter illa, quae scholastici pertractant, multa ad dogmata fidei historiam ecclesiae, artemque criticam spectantia continentes. (Na końcu:) Propugnabuntur publice in Gymn. Varsav. Societ. J. a Patribus ejusdem Soc. A. 1762. w 4ce, 1½ ark.
Jocher 2684.

— theologico-exegeticae ex diatribis omnium explanationi prophetarum praeviis, in quibus varia, quae hac de re sacris in litteris occurrunt exempla illustrantur, ac difficultates pleraeque dissolvuntur, nec non ex prophetia Isaiae explanatione in Universitate Leopolitana Soc. Jesu tradita depromptae, atque (tak) ibidem publicae disputationi expositae An. Dni 1767. w 8ce, ark. 2.
Jocher 2498.   Ossol.

— theologico - canonicae ex juris ecclesiastici explanatione in Universitate Leontopolitana Soc. Jesu tradita, depromptae, publicae disputationi propo-

sitae Ań. Dni 1767. Cum permissu superiorum. B. w. m. dr. w 8ce, ark. 1.
Ossol.

— theologicae ex tractatu de locis theologicis. (Na końcu:) Defendentur publice in capitulo provinciali à studio Varsaviensi ordinis Minorum S. P. Francisci conventualium anno 1777. diebus determinatis. B. m. dr. w 4ce, 4 k. nlb.
Jagiell.

— ex universa theologia Christiana exegetica, dogmatica, morali, liturgica selectae etc. Defendentur in conventu Grodicensi sub tempus Capituli Provincialis die 25 Julii an. 1779. w 8ce, kart nlb. 8.   Krasińs.

— ex theologiae dogmaticae in systema redactae parte isagogica. Tractatu de Deo uno, et Tractatu de Deo trino. Selectae in Academia Leopoliensi anno salutis 1784 die 5-ta mensis Augusti publicae propugnandas susceperunt: R. D. Joannes Potoczki, R. D. Florianus Minasiewicz, R. D. Christoph. Manugiewicz, R. D. Antonius Krzysztofowicz, caes. reg. Seminarii generalis ritus latini Alumni armeni SS. Theologiae auditores. Sub praesidio A. R. ac Clar. Patris Vincentii Dihanicz ord. praedic. SS. Theol. doct. eiusdemque Dogmaticae in laudata Academia professoris caes. reg. p. o. Leopoli, typis vid. Josephae Piller, caes. reg. gubern. typograph. 1784. w 8ce, k. nlb. 8.

Dedyk.: Jacobo Valeriano Tumanowicz archiepiscopo Leopoliensi Armenorum (ur. 1713 † 1798 r.) Przytem dodane z osobnym tytułem: Q. Septimii Florentis Tertuliani Liber de praescriptionibus adversus haereticos ob. Tertullianus.
Jagiell. — Ossol.

— Toż, tenże tytuł. Selectae quas in Academia Leopoliensi publice propugnandas susceperunt R. D. Joannes Jozefowicz, R. D. Mathias Szwortz Seminarii Genlis Cao Regi alumni ritus latini ex dioecesi Praemisliensi An. Dni MDCCLXXXIV. die.... mensis.... Sub praesidio admodum Rever. ac Clariss. Vinc. Dihanicz ord.: praed. SS. Theol. doct. ejusdemq. dogmaticae Caeo Regi publici et ordinarii prof. Leopol., typ.

Cas. Szlichtyn S. R. M. typ. (1784). w 8ce, kart nlb. 12.

Dedyk.: Ant. Vences. Betański Episc. Premisl. — Są to przedrukowane też same XXVI. Assertiones, co w poprzedniej edycyi. Jagiell. — Ossol.

— theologicae (ex theologia) ob. Bernardinus Bidg. (theolog. 1608) — Bratkowic A. (1620) — Cestenus Bonaw. (1625) — Faunteus L. (de Christi ecclesia 1582, Apologia 1584, de ordin. ministr. 1590) — Gałecki Ant. (1642) — Jaskmanicki J. (1664) — Kaznowski A. (1627) — Kownacki J. (1602) — Królik F. N. (1611) — Lipczyński Aug. (1614) — Mlawen A. (theologicae 1612) — Ochendalius An. (1621) — Potrykowski Seb. (1693) — Rochmanius Ad. (ex theolog. 1602) — Samboria Cam. (ex morali et specul. th. 1597) — Savillius C. (J. D. Scoti 1616) — Socinus Faust. (de trino et uno Deo) — Strzała Fr. Chr. (1633) — Tomasz z Akwinu (1641) — Vega Eman. (theolog. 1585) — Węgierski Th. (1617) — Zaleski Anton. (1635).

Assertionum refutatio obacz: Sadeel Ant. (de Christi eccles. 1583, 84, 91).

Assessorya ob. Objaśnienie względem sądów assessorskich — Przyczyny na fundamencie — Urrządzenie sądów miejskich (1791).

Assewerus król ob. Chrościński Wojc. Stan. (1745).

Assig Jerzy Henryk (z W. Polski) ob. Hentschel Sam. (Postilla 1719).

Oloff Poln. Lieder 21. — Bentk. I. 286. — Hansi Mat. (Memoriae Concionn. Vratisl. 1710. str. 60). — Sembrzycki J. K. Przegląd 1887. str. 29. — Jocher 5211.

Assistentia ob. Wolffówna (1688).

Assotiatio sive unio piarum mentium. Brunsbergae, 1675.

— Toż: .... mentium, ad impetrandam felicem mortem, et purgatorium sine mora transeundum. Sub protectione et praesidio Beatissimae Virginis Mariae, ad honorem ejus Immaculatae Conceptionis. Orate pro invicem, ut salvemini. Jacobi 5. Vilnae, repetitis typis Universitatis Societatis Jesu. Anno Domini 1726. w 12ce, XII kart nlb.

Na odwrocie ostatniej kartki jest approbata pierwszej edycyi przez Michała Radow,

rektora Kollegium Jezuickiego w Brunsbergu, 1675 r. — Pismo to przetłumaczył na łacińskie z francuzkiego Jezuita A. G. — Na odwrocie tytułu rycina Najświętszej Panny w promieniach. Jocher 6888.

Association de la dévotion à l'amour des sacres coeurs de Jesus et de Marie. — D'apres l'édition datée à Rome en 1780. Polock, 1795. w 12ce, str. liczb. 133. Krasińs.

— ob. Załuski Józef (Projet 1744).

Assonlevilla Krzysztof ob. Possevinus Antonius (Moscovia 1587).

Assyrya (Assyryjczycy) ob. Carosy i Petrelli (Ass. bazylika 1727) — Kownacki J. (Monarchia ass. 1772) — Rollin (1743) — Wolski Mikołaj (Mowa 1784).

Assyski Franciszek (z Assyżu) ob. Franciszek — Kazania (1767).

Assystencya Marianny Wolffówny ob. Wolffówna M. (1688).

Ast Jan ob. Mathaei Georg.

„Wendischer Pastor in Bautzen, verfertigte auf Befehl der Stände das Wendische Gesangbuch. 1710". — Beyträge I. 22.

Asteryi przypadki ob. Narbutowa.

ASTEXANUS, Minoryta z Asti. Canones penitentionales ex varijs sanctorum pontificum decretis collecti, quorũ notitia viris ecclesiasticis non minus vtilis quã necessaria. Hieronymus Victor has Canones ob christianae pietatis incrementum quam potuit emendatissima (sic) impraessit. Cracoviae, in Academia sua M. D. XXI (1521). w 4ce, 4 k. nlb., tytuł w obwódce drukarskiej, druk łaciński.

Na odwrocie karty ostatniej rycina przedstawiająca Św. Stanisława wskrzeszającego Piotrowina. Na odwrocie karty tytułowej: Incipiunt Canones penitentionales secundum processum venerandi patris Astexani ordinis minorum per varios casus expressi atque in tractatulum breviter collecti. Jocher 4324. — Wiszn. IX. 281—2. Katalog Bibl. Dzikows. podaje druk Wietora, z datą r. 1541. Porównaj Andreas Hispanus (Modus, Canones 1541). Dzików. — Akad. — Czartor. — Jagiell. — Kórnic. — Krasińs. — Ossol. — Bibl. Zyg. Pusłows.

— Canones penitentiales venerandi Patris Astexani ordinis minorum per varios casus expressi. Cracouię, apud Flor. Unglerinm excusum. (Na końcn:) Excusum Cracoviae, a Flor. Unglerio anno a Chr. nato MDXXXIIII. w 8ce, k. nlb. 26. Druk gocki i ozdoba drukarni Unglerowskiej.

Jocher 4324 b.   Czetwert. — Kórnic.

— Canones penitentionales ex varijs sanctorum pontificum decretis collecti, quorum noticia viris ecclesiasticis non minus vtilis quam necessaria. (Na końcu:) Cracouię, per Mathiam Scharffenberger. Anno. 1534. w 8ce, k. nlb. 8. druk gocki.

Ostatnia karta na prawo ma drzeworyt wyobrażający Świętego kleczącego przed ukrzyżowanym Chrystusem. — Na odwrocie tytułu: Incipiunt canones penitentionales secundum processum venerandi patris Astexani ordinis minorum: per uarios casus expressi atque in tractatulum breuiter collecti. Pri. Can.
Jocher 4324 c.
Bibl. Jagiell. ma dwa egzemplarze o tyle różniące się, że w jednym zamiast rozpocząć na odwrocie tytułu, nadpis dziełka: Incipiunt canones, odbił drukarz drugą stronicę a pierwsza z nadpisem zaczyna się na kartce drugiej.
Czartor. — Jagiell.

— Canones penitenciales venerandi Patris Astexani ordinis minorū per varios casus expressi atqu; in tractatulum breviter collecti. (Na końcu:) Finis Anno Dni 1538. Cracouię ex officina Ungleriana. (1538). w 8ce, k. nlb. 32. druk gocki.

Jocher 4324 d.
Akad. — Branic. — Kórnic. — Ossol. — Uniw. lwow.

Astma ob. Lanckisch Joan. Georg. (1707).

ASTOLFI Jan Felix, can. S. Salv. Historia univ. delle imagini miracolose della Gran Madre de Dio riverite in tutte le parti del Mondo. Nella quale si narrono le origini et i progressi delle princip. diuotioni di Polonia, delle Indie Occidentali etc. Venetia, 1624. w 4ce, kart 32, str. 877.

Astra ob. Concursus (1692) — Glogoviensis Joannes (1514).

Astraea apud Jovem 1605. obacz: Loaechius A. (1605).

Astraea bipatenti Olympo lapsa crucem Sapiehanam Reipublicae, Lechicae orbi deinde universo spectandam proponit. B. w. m. w 4ce.

— redux magno minoris Poloniae Polo. In numinibus amplissimorum nominum nempe: illustrissimi ac reuerendissimi Domini D. Joannis Lipski, pro cancellarii Regni, cantoris Gnesnensis, canonici Cracoviensis, praepositi haereditarij Choten: tribunalis Regni praesidentis. Illustrissimi et excellentissimi Domini D. Jacobi Sigismundi in Rybno Rybiński, palatini Culmensis, generalis Artileriae Regni, Kovalov: Vislicen: Lipnicen: etc. etc. capitanei, tribunalis Regni mareschalci, summorumque illmorum judicum in suo ad prouincias inferiores ingressu resplendens à nobili palatinatus Cracoviensis G. B. cunctis remonstrata. Anno Domini 1725. die... folio, k. nlb. 13.

Na kartkach dwóch spisano nazwiska członków trybunału.
W egz. Bibl. Jagiell. brakuje końca dzieła.
Jagiell. — Ossol.

— (Die Europäische), welche den gegenwärtigen Zustand der vornehmsten Höfe in Europa entdecket. Cum notis variorum. Klostergabe 1706. w 4ce.

Są tu i wiersze dotyczące Polski.

— do Trybunału koronnego Piotrkowskiego na akt limity d. 22 Marca 1782 r. w 4ce, kart 8. (wiersz).
Jagiell. — Zieliński.

— Sarmatica obacz: Biczanowski Stan. J. (1692).

— terris fugitiva ob. Podolski (1689).

— Thomistica 1752. ob. Stobiecki Joan.

— unicuique tribuens ob. Machator Jan (1658).

Astrognosia ob. Marquardt (1734) — Strauch Aeg. (synoptice adornata 1682, 1685).

ASTROLOGO (L') Dramma giocoso da rappresentarsi in musica nel teatro di S. M. il Re di Polonia in Varsavia 1766. (czy 1746?). w 8ce, str. 42 i karta 1.
Ossol.

Astrologia ob. Arnoldus Valentinus (Judicium 1565) — Bernat (Wyrozumienie 1608) — Duńczewski Stanisł. (1740) — Freytag Ad. (Prognost.) — Galenus (1535) — Indagine Jan (1770) — Islza Jak. (pluviae 1519) — Latos Jan (Obwieszczenie 1572) — Lowicz Simon (1532) — Lucianus Samosatensis (1531) — Mymerus Franciscus (1531) — Nicolai H. (De veritate 1657) — Sixtus V. (Litterae processus 1586) — Świetlicki Paulus (Astrologiam 1720) — Tylkowski Adalbert (Matheseos curiosae 1694) — Venceslaus Cracoviensis (Introductorii b. r.) — Zawadzki Stanisł. (Examen (b, r.) — Szabel T. (konjektura 1767) — Żebrow-Szczęsny (Zwierciadło 1603).

Astronomia ob. Computus — Dybliński Wojciech (1639) — Exercitatio (1765) — Głogowiensis Joannes (1514, 1522) — Grügerus Petrus (1625) — Hevelius — Jabłonowski Józef Alex. (1763, 1753) — Kaufmann Nicolaus (1651) — Keckermann Bartol. (1611) — Kopernik — Kryger Osw. (Centuria 1639) — Krzykawski Christoph. (1686) — Kubalewicz Kaz. (1700) — Niegowicki Jakób Franc. (1754) — Przypkowski M. Joannes Josephus (1738) — Poczobut M. (Observation 1777) — Tylkowski Adalbert (curiosa 1694, Matheseos curiosae pars 1694) — Wiśniowski Józef (Quaestio anaclastica 1684) — Wolff (Observationes 1785) — Vratislaviensis Michael (Computus 1507, Introductorium 1506) — Zwierciadło (tablice 1603).

Astrosophiczne uważanie o ułożeniu powietrza ob. Furman Stef. (1664).

Astrum honoris Pauli Blachnik ob. Blachnik (1666).

Asyla (Inter) Israelitarum et vulnera Christi 1736. invitant rector et professores. Thorunii, typ. Joh. Nicolai. 1736. folio, k. 2. Czartor.

Asylum periclitantis ecclesiae obacz: Józefowicz Jan (1692).

— reginae sapientiae ob. Gładyszowski Kaz. (1704).

Asymbolum Socinianorum ob. Clementinus Dan. (1630) — Morczkowski Piotr (Odpowiedź 1632).

ASZARD J. E. Opisanie sposobu uprawiania Runkel-Buraków. Berlin, 1799.
Notatki Haana we Lwowie.

Atalanta obacz: Dębowski Andrzej (1587) — Nikodębski Jan Józef (1718) — Tyszka Adryan (1617).

Ateizm i Ateusz ob. Atheismus, Atheus.

Atenae gedanenses ob. Praetorius Efr. (1713).

ATENAGORAS. Powieść moralna o prawdziwej i doskonałej miłości czyli przypadki Teogenesa i Charidy, Ferecyda i Melangenii, wprzód z greckiego Atenagory na język francuzki, a teraz dla piękności i osobliwej w nich znajdującej się nauki obyczajów kierującej na język polski przełożone [przez M. D.] Za nakładem Wilhelma Bogumiła Korna w Wrocławiu, 1776. w 8ce, str. 110.
Tłumacz M. D. podpisał przestrogę na jednej karcie. Jagiell. — Czartor.

Ateny nowe ob. Chmielowski X. Benedykt (1745—56).

Aterologia physicae gener. Math. Łubieński ob. Komecki Seb. (1633).

Atestius Hercules ob. Ricci Barthol. (b. r.).

ATHANASIUS. Athanasiou Dialogoi e peri tes hagias Triados. Basileiou logoi D. kata dyseidois Eunomiou. Anastasiou kai Kyrillou ekthesis syntomos tes orthodoxou pisteos. Athanasii Dialogi V. de Sancta Trinitate. Basilii libri IIII. aduersus impium Eunomium. Anastasii et Cyryli compendiaria orthodoxae fidei explicatio. Ex interpretatione Theodori Bezae. Foebadi sive Soebadii liber contra Arianos. Quae Athanasij, Anastasij et Cyrilli sunt et quae Foebadij nunc primum eduntur. Anno M. D. LXX (1570). Excudebat Henricus Stephanus. w 8ce, str. 16 przedm., 432 tekstu i 28 Foebadii episcopis.
Dedyk.: Omnibus in utraque Polonia, Lithuania, Russia, Livonia, Masovia, coeterisque amplissimi Polonici regni provinciis, illustribus heroibus, spectabilibus et magnificis dominis, piarum ecclesiarum patronis, pastoribus item cunctisque fidelibus catholicam et orthodoxam fidem profitentibus de unica Dei essentia et tribus in

eadem subsistantibus personis, adversus renovatas Arianorum, Samosatenianorum, Tritheitarum, Eutychianorum, Macedonianorum blasphemias, dominis honorandis, et fratribus charissimis, Theodorus Beza Vezelius, gratiam et pacem in domino. Laetentur coeli. — Na 12-tej stronie przedmowy, koniec jej: Genevae, XV. Augusti anno temporis ultimi $\overline{\text{CD}}$ $\overline{\text{D}}$ $\overline{\text{LXX}}$.
Przeździec. — Warsz. Uniw.

— obacz: Baronius M. (1609) — Campensis J. (Paraphr. interpretatio 1534) — Gentilis J. W. (De trinitate 1569) — Sartorius Joh. (Dissertatio 1697).

Athanasius (pseudonym) ob. Vergerius P. (Catalogus 1556, Scholia 1554).

ATHANASIUS. Gramota.... episkopa mohilewskago i połockago 1795. folio. Jocher 7995.

(Athanasius). Athanasium in persecutione fugiens obacz: Hagymasi And. (1697).

ATHANIUS. De reverendissimo D. Stanislao Hosio Varmiensi episcopo, Apostolico nuncio per Germaniam destinato. Bez w. m. i r. (1560). w 8ce, 8 kartek.
List do Andrzeja Trzycieskiego. U spodu listu czytamy: Vale mi frater, pridie Calendis Martii MDLX. Tuus Athanius.
Wrocł. miejs. — Toruńska.

Atheismi Luteri, Melanchtonis, Calvini, Bezae ob. Possevinus Ant. (1586).

Atheismus ob. Arnold Nic. (socin. Joh. Bibellii 1659) — Gengel Georgius (1716) — Gradus (1717) — Jabłoński Daniel Ernest (1696) — Liszyński Casimirus (1689) — Minasowicz J. E. (Ateizm 1776) — Pałucki M. (Ateusze 1773) — Scripturis (De) (1757).

Atheneum ob. Epulum (1722) — Pruski Andreas (Premisliense) — Werpoorten Wil. Paw. (Gedanense 1779).

Atheneusz ob. Perot d'Ablancourt M. (1787).

Atheus proprio gladio jugulatus ob. Praetorius Ffr. (1693).

Athmosphera ob. Czucki Andrz. Edm. (1776).

Atila ob. Callimach Filip (1574) — Rudawski Laurentius (Historia barbarica b. r.).

Atlas. Amsterdam, Fred. de Wit. (1667?). folio, kart 40.
Są tam mapy Hugo Allardt'a, mianowicie: Noviss. Russiae tabula — Nova totius Regni Poloniae tabula etc.

— (totius orbis). Amsterdam, Fred. de Wit. (około 1670?) folio, map 101.
Obejmuje: 66. Regn. Poloniae (Danckerts). — 67. Russia vulgo Moscovia (Danckerts). — 68. Tartaria (De Wit).

— (totius orbis). Amsterdam, Fred. de Wit. (około 1670?) folio, map 200.
Obejmuje: Suecia et Norvegia (et magna pars Russiae hod.) (Piscator). — Livonia (Jansson). — Russia vulgo Moscovia (De Wit). — Polonia (De Wit). — Prussia (Visscher). — Tartaria (De Wit).
— Toż. Bez tytułu. Map 130.
Autorami map są: Blaeu, Visscher (le jeune), De Wit, Danckerts, Schenck, Allardt et Jaillot. — Są tam: Russia, Polonia (Schenck), Prussia (Danckerts).
Porówn. Blaeu W. (1664).

— The English Atlas, containing Muscovy, Poland, Scandinavia, Germany and the Netherland. T. I—IV. Oxford. 1680. folio.

— obacz: Blaeu W. i J. Grooten (1664) — Błoński Nicef. (fractium (1713) — Büsching A. Fr. (de Pologne (1770) — Guedeville (historique 1714) — Gumpenberger Guil. (marianus 1657, 76) — Krokowski Piotr (orbis D. Joan. Nep. 1683) — Mercator G. (minor 1630, 1634) — Micchoviensis Just. (thomisticus 1621, 26) — Piotrowski Józef (orbis poloni pacis asylum 1696) — Schaltezen J. J. (Homannianus 1736) — Spiankowski Adam (sarmaticus 1688) — Szybiński Dom. (dziecinny czyli Nowy sposób 1772, 3).

Atrabast prawej Chrystusa wiary aż do krwi wylania mężny obrońca. Tragedya, imieniem JP. Ignacego Trembeckiego... zaszczycona od prześw. młodzi ćwiczącej się w nauce krasomówskiej i historycznej na publicznej sali szkół Gdańskich S. J. na widok wydana r. 1764. d. 3 Marca. w 4ce, str. nlb. 5. (teatr).
Krasińs.

Atrium illustr. domus Swięcicianae ob. Swięcicki St. (1680).

— immortalitatis ob. Radziwiłł Alb. Stan. (1658).

Aïrybucya Rady Najw. ob. Sapicha Kaz. (Głos 1775).

Attak niebieskiej twierdzy ognistemi miłości Boskiej pociskami uzbrojony, na przykład rycerstwu Chrystusowemu w wojujacym kościele żołdujacemu, z Fortecy Berdyczowskiej N. P. Maryi pokazany. Roku od zaczętey woyny Chrystusowey 1772. W Berdyczowie, w drukarni N. P. M. za przywilejem J. K. Mci. w 4ce, kart 7. (tyt. i kalendarz), str. 568 i od str. 269. (bo paginacya zmylona) do 400 i rejestr z 12 większemi drzeworytami.

> Na jednej rycinie data r. 1760. Tytuł w ramkach drzeworytowych. Imprimatur daje Josepbus a B. V. Maria de Monte Carmelo Carmelitarum discalc. provincialis et per Dioec. Kijov. censor. Jagiell.

Attelmajer Jan Bapt. obacz: Bieżanowski Stan. Józ. (Hymeneusz 1662).

Attelmajerówna Agnieszka ob. Bieżanowski Stan. Józ. (1662).

Attelmajerówna Barbara ob. Grygorowic Mich. Jan (1671).

Attelmajerówna Christina ob. Bieżanowski Stan. (Królik 1686).

Atthendoriensis ob. Rivius Joannes (1541).

Attentata per patres S. J. Collegii Leopoliens. post finitum ut supra opusculum, commissa ratione quorum sequntur protestationes et manifestationes hujusmodi protestatio peraugusti Capituli ecclesiae metropolitanae Leopoliensis. Anno Dni 1759. die Sabbati decima quinta mensis Decembris. folio, kart 10. Ossol.

— Toż b. w. r. (1760). w 4ce, k. 9.
> Są tu protestacye: Kapituły lwowskiej z r. 1759. — Akademii krakowskiej z r. 1759. — Akademii Zamojskiej z r. 1759. — Kolonii Akademickiej we Lwowie z r. 1759. — Kapituły chełmskiej z r. 1760. Jocher 9333.

— per patres Soc. Jesu Collegii Leopoliens. commissa ratione quorum factae sunt protestationes et manifestationes hujusmodi.... Anno 1759. w 4ce, kart 11.
> Odmienna edycya.
Ossol. — Czetwert.

Attentati dei difensori di Buda per l'accelerazione del soccorso; sforzi del Gran Visir per introdurlo; ed acquisto fattone dall' armata imperiale, con l'aggiunta di ciò che va operando il Re Polacco. Firenze, 1686. w 4ce, kart 2.
Ciampi Bibl. crit. 79. Ossol.

Attestation de Mess. l'Evesque et Magistrats d'Anvers [pour les P. de la Comp. de Jésus] contre le libelle diffamatoire: L'Hist. du Pere Henry Bruslé. Et une autre attestation de Poloigne contre quelqu' autre calomnie. Tolose, 1603. str. 28.

Atthendoriensis obacz: Rivius Joan. (1541).

Attica musi Parnassi colles obacz: Krzyżkiewicz Ign. (1669, 74).

Attilla seu De gestis ob. Callimachus Filip (1740).

Attioni d'Arrigo ob. Porcacchi T. (1574).

Attlemajer Stanisław. Decuria secunda ob. Goliński B. (Apollo 1617).

Atwarning uppa Hans Kongl. Mai. Nüdigste Befallning af des Cantzlie Collegio utgängen, til hömmonde of niritade och föröfwade miszbruk, emot kongl. Förordningar angäende hwarjehanda kötterska och andra skadeliga Böckers upläggiande, inforande eller försälliande i Kongl. Maj. tz Rike och des tilbörige Länder och Herrskaper, wederbörande til efterrättelse Stockholm den 10 Julii 1706. Stockholm, tryckt af Johann H. Werner. w 4ce.
> Notat. Mich. Wiszniews. jako materyał do rzeczy polskich.

AUBERT Antoni. Leben des Stanislaus Leszczński mit dem Zunahmen des Wohlthätigen, Königes von Polen, Herzogs von Lothringen und Baar durch Herrn ..... Advokaten in den Landesregierungen des Königes von Polen und bey dem höchsten Gerichtshofe in Lothringen aus dem französischen übersetzt [von Chr. Friedr. Juenger]. Leipzig, in der Dykischen Buchhandlung. 1770. w 8ce, str. 478 i kart 8.
Bentk. II. 769. Czartor. — Jagiell.

— Leven van Stanislaus Leszczinski, Koning van Polen. Uit het Fransch vertaald door J. de Jongh. Utrecht, 1770. w 8ce, tomów 2.

— La vie de Stanislas Leszczyński surnommé le bienfaisant roi de Pologne duc de Lorraine et de Bar par M.... avocat aux conseils du roi de Pologne et de la cour souveraine de Lorraine, divisée en deux parties. A Paris chez Moutard, quai des Augustins près le Pont-Saint-Michel, à St. Ambroise 1769. w 8ce, z przodu 2 k. nlb., VIII i 503.
Akad. — Czartor. — Jagiell.

AUBERY de (du) **MAURIER Louis.** Mémoires de Hambourg, de Lubeck et de Holstein, de Danemark, de Suède et de Pologne. Blois, 1736. w 12ce.

— Memoires de Hambourg, de Lubeck et de Holstein, de Dannemarck, de Suède et de Pologne. Par feu Messire Aubery du Maurier, auteur des memoires de Hollande. A Amsterdam, 1736. w 8ce, k. nlb. 3, str. 360.
Czartor. — Jagiell.

— Tenże tytuł. A La Haye, chez C. Rogissart et Saurs, Anno 1737. w 8ce, str. 8 i 264.
Ossol.

— Tenże tytuł. La Haye, 1748. w 8ce.

AUBLET de **MAUBUY** adwokat. Vie de Marie Leczińska princesse de Pologne, reine de France et de Navarre par ..... Paris, Brunet et Demoncille imp. lib. rue St. Severin, la veuve Duchesne lib. rue St. Jaques, Rualt lib. rue de la Harpe. 1773. w 8ce, k. tyt. str. 135. k. 1 i ryc. 1.
Branic.

— Toż, tamże. 1774. w 8ce.
Czartor.
Querard. La France litter. I. 114. — Gazeta Warsz. 1857. N. 83.

Auch ob. Faucher P. Chr. (1777).

Auctarium operis concionum ob. Faber Mat. (1647).

Auctionen ob. Nachricht (1762).

Auctor causarum ob. David Judaeus (1503).

Auctores praelegendi in schola rhetorices per provinciam Poloniae Societatis Jesu. Anno quarto. Posnaniae, typis S. R. M. Clari Collegii Soc. Jesu. 1746. w 8ce, sign. A—H₇.
Jagiell.

— Toż, in Schola poeseos per provinciam Poloniae S. J. anno V. Calissii, typ. S. J. 1755. w 8ce.
ob. Authores.
Jocher 762.

— (Rerum Moscoviticarum) varii: unum in corpus nunc primum congesti. Quibus et gentis historia continetur: et regionum accurata descriptio. Additus est index rerum et verborum inprimis notabilium copiosus. [Winieta drukarska]. Francofurti, apud heredes Andreae Wecheli, Claud. Marnium et Joan. Aubrium. M. DC. folio, kart nlb. 14, oraz sign. A—Z₄ i Aa—Vv₄.

Obejmuje:

1) Dedykacya: Nob. V. D. Marquardo Frehero, podpisana przez Cl. Marniusa i J. Aubriusa, oraz listy cesarzy niemieckich i królów polskich, odnoszące się do podróży moskiewskich Zygmunta Herbersteina (kart nlb. 3).

2) Magni Moscoviae Ducis genealogiae brevis epitome, ex ipsorum manuscriptis annalibus excerpta. [Na końcu: Datae die 22 Maii Anno à restituta salute 1576]. (kart nlb. 3).

3) Rerum moscoviticarum commentarii Sigismundi baronis in Herberstain, Neyberg et Guettenhag: Russiae et quae nunc ejus metropolis est, Moscouiae, breuissima descriptio. Chorographia denique totius imperii Moscici, et vicinorum quorundam mentio. De religione quoque varia inserta sunt et quae nostra cum religione non conueniunt etc. (k. nlb. 7, str. 1—118, 3 ryciny).

4) Pauli Jovii Novocomensis, De legatione Basilii Magni principis Moscoviae ad Clementem VII. pontificem etc. (od str. 119—130.

5) Ad sereniss. principem Ferdinandum, Archiducem Austriae, Moscovitarum juxta mare glaciale religio, a D. Joanne Fabri aedita (od str. 130—141).

6) Anglorum navigatio ad Moscovitas (od str. 142—154).

7) Omnium regionum Moschoviae monarchae subiectarum, Tartarorumque campestrium, arcium, civitatum praecipuarum, morum denique gentis, religio-

nis et consuetudinis vitae, sufficiens et vera descriptio. Adjuncta praeterea gesta praecipua, tyrannisq'. ingens moderni monarchae Moschouiae Joannis Basiliadis, nuper perpetrata, vera fide descripta. (od str. 154—209).

Dedykacya: Candido lectori Alexander Gvvagninus Veronensis peditum in arce Vitebska finitima Moschouiae praefectus S. P. — Od str. 206—209. wyjątek z dzieła Miechowity, odnoszący się do Moskwy: De Moscovia Mathiae de Miechovia.

8) Historia belli livonici quod Magnus Moschovitarum Dux contra Liuones gessit. Per Tilmannum Bredenbachium conscripta. Una cum breui narratione praeclarae ejus victoriae qua paucis abhinc mensibus Lithuani vicisim contra Moschouitas potiti fuerunt (str. 210—239).

9) Joannis Basilidis Magni Moschoviae Ducis vita a Paulo Oderbornio tribus libris conscripta (od str. 240—324).

10) Reinoldi Heidensteni secr. regii De bello moscovitico, quod Stephanus rex Poloniae gessit Commentariorum libri VI. (str. 325—434).

Dedykacya: Sigismundo Battori de Somlio, principi Transsilvaniae.

11) Phoenix, sive luctus Austriae ad mortem D. Annae, Quiritium Pannonum ac Bohemorum reginae.

Wiersz, dotyczący Polski.

12) Legationes D. Sigismundi liberi baronis in Heberstain.

Podpisany pod wierszami J. L. Braslicanus.

13) Colloquium Sigismundi et mortis.

Wiersz. Te trzy ostatnie utwory ciągną się od str. 434—443.

14) Dwie tablice genealogiczne, wykazujące pokrewieństwa między domami panującemi w Austryi, Polsce i Moskwie, ułożone przez Zygm. Herberstaina (jedna zajmuje stronę 444, druga in folio sign. Pp.).

15) Verborum et rerum memorabilium Index (k. nlb. 28).

Chreptow. — Czartor. — Czetwert. — Jagiell. — Kijows. — Dzikows. — Pawlikows. — Petersb.

Auctoritates Aristotelis et aliorum philosophorum ob. Beda (1533).

Auctorum praelegendorum ob. Annus III. (1745).

Auctuarium historiae naturalis ob. Rzączyński G. (1742).

AUCUPS Casparus Transylvanus. In honorem Illustr. ac Magnifici DD. Andreae Bobolae capitanei Pilznens. et Sereniss. Sigismundi III. Reg. Polon. secretarii dignissimi, nobili ac generoso Domino Jacobo Bobola ipsius nepoti cum pudicissima lectissimaque virgine Eva, nobilis. Domini Pauli Popowski olim Chencinensis surrogatoris filia matrimonium contrahenti et 25 Novembr. Cracov. celebranti Caspari Aucupis Transylvani Saxonis Oratio. Cracov. in offic. Lazari An. Dni 1602. w 4ce, ark. 2½.

Ossol.

AUDEON (Sw. Dado z Soisson † 689 czy 676). Żywot Sw. Eligiusza biskupa Nowiomeńskiego, apostoła Flandryey, patrona zgromadzenia złotniczego, pisany od Sw. Audeona biskupa Protomagenskiego towarzysza jego. Według zaś Bedy, Vswarda, Molána, Baroniusza, z historyi Saryuszowych, opera Francisci Haraei Ultraiectini S. Theolog. Licentiati napisany, do słowa wyięty y na polskie przetłumaczony. W Krakowie, w drukarni Franciszka Cezarego J. K. M. i JMci Xiędza biskupa krakows. Xięcia siewierskiego typogr. r. p. 1687. w 4ce, k. 6.

Dedyk.: Mikoł. Oborskiemu bisk. leodyjsk., suffrag. krak. przez Jana Ceyplera.

Jocher 8364.

Czartor. — Warsz. Uniw. — Ossol.

Audiatur et altera pars ob. Ernestus Landgraf (1661).

Audientia scholast. ob. Jarzębowicz Sylw. (1708).

AUDIFFRET Joan. Bapt. († 1733). Géographie ancienne moderne et historique. 1694. w 12ce.

„Siła tu znajdziesz o Polsce". Załuski.

AUDINOT Mikoł. Med. aktor († 21 Maja 1801). Bednarz opera krotofilna w jednym akcie. Tłumaczona z francuzkiego, t. j. do kraju z niektóremi odmianami przystosowana przez Jana Baudouin. A pierwszy raz grana 7-go Września roku 1779. przy otwarciu nowego teatru. W Warszawie, nakładem i drukiem Michała Grölla księgarza nadwornego J. K. M. 1779. w 8ce, k. 2 i str. 73. Zarazem: Katalog niektórych książek nakładem Grölowskiej księgarni nadworney J. K. M. drukowanych. W Warszawie, A. D. 1779. w 8ce, str. 16.

Dedykacya ambassadorowi Stackelbergowi po francuzku, pisana z wielką uniżonością i upokarzającem godność własną pochlebstwem. Ossol. — Jagiell.

Auditor virtutis ob. Podgurski Sam. (1712).

Auditores obacz: Konarski Ign. (1744) — Sinapius Joh. (1725).

Auditoris Camerae apostol. literae 1615. ob. Literae.

Auditus phisicus ob. Chrzanowski Szym. Jan (1635).

Audomarus (Omer) Talaeus obacz: Taleus.

AUDZIEJEWICZ Jan (Audziewicz † 1671). Idea supremorum justorum et gestorum fortississimi herois illustr. magn. et gener. D. D. Gregorii in Kasple Mirski, excubiarum M. D. Lithua. praefecti G. K. M. Poloniae Chiliarchae etc. repraesentata a Johanne Audziejowicio verbi Dei Ministro. Bez w. m. dr. i r. (rok dopisany 1673). folio, ark. 3.

Przypis Stef. Oborskiemu starośćie Kiejdańs. Dopisana data druku mylna, bo kniaż Hrehory Mirski, strażnik litewski umarł 20 Marca 1661. a druk zapewne odnosi się do niego. (Wolf J. Senatorowie s. 322).

— Disputatio de foedere Dei cum homine. Bez r. i m. dr. w 8ce.

Jocher 3813.

— obacz: Arnoldus Nic. (Refutatio 1646).

AUER Andreas. Nobilis Lithuani et geometrae iurati in districtu Cauensi Disquisitio problematis mathematici „mensurare et distribuere sylvam aut palludem inaccessibilem etc." quam praemio Jablonowskiano societatis (sic) physica gedanensis adfecit 1766. d. 19 Martii. Sint Maecenates, non desunt Flacce Marones. — Hr. Andreas Auer Lithauischen Edelmanns und geschwornen Landmessers in dem Kaunischen District Abhandlung über die geometrische Aufgabe

„Einen unzugänglichen und undurchsichtigen Wald oder Morast auf die beste Weise auszumessen u. s. w." welcher von der Naturforschenden Gesellschaft in Danzig 1766. d. 19 Merz der fürstl. Jablonowskische Preis zuerkannt worden. Aus der lateinischen Urschrift übersezt. Danzig, bey Daniel Ludewig Wedel, 1767. w 4ce, 1 k. tyt., str. 32 i 2 tabl. rycin.

Obacz: Sammlung über die Jablonowskischen Aufgaben. Jagiell.

Auerbach Chr. Bogusz ob. Agenda (1664, 1715).

AUERROES (Abulwalid Mohammed, Ebn Achmed) († 1198 lub 1206). De substantia orbis Auerrois commentatoris. (Pod tem w obwódce: u góry lew z lewej strony, jednorożec z prawej, trzymają tarczę z orłem polskim; a pod tem po lewej stronie herb Krakowa, po prawej pogoń a między niemi cyfra Hallera). Na końcu: Finis adest laus Deo. Impressum Cracouie in domo domini Johannis Haller. Anno salutis MCCCCCX. in vigilia sancti Bartholomei apostoli (1510). w 4ce, k. nlb. 15. druk goc. bez kust.

Czartor. — Ossol.

Auersperg ob. Uwiadomienie w jakim porządku wjazd etc. (1796).

Auffmunterung an alle treu und redlich gesinnete polnischen Patrioten. B. m. i r. (1701). w 4ce, sign. A—C₄. (k. 12).

Bez osobnego tytułu. Wydane przeciw Augustowi, zachęca aby go detronizować. Wyszło w lat trzy po zjeździe w Rawie. Jagiell.

Aufgaben Jablonowskische ob. Sammlung (1767).

Aufmunterung Andächtiger Hertzen zum Lob Mariae oder Tag-Zeiten von der Unbefleckten Empfängnis Mariä der Mutter Gottes. Perm. Sup. Braunsberg, gedr. im Coll. S. J. im J. 1741. w 8ce, str. 16.

Aufruf an den Genius des scheidenden Jahrhunderts zur Ausrottung der Blättern. Thorn. 1797. w 8ce.

Aufsatz der vornehmsten Exorbitantien, dadurch die uhralten Satzungen der Republic Pohlen umbgestossen und aus dem Grunde gehoben worden, welche die dritte Ordnung auf vorstehendem Reichstage anzubringen wissen wird. Anno 1666. Bez m. dr. w 4ce, kart 2. Akad.

Aufsätze (Vermischte) ob. Schlegel G. (1774—83).

Aufswitz ob. Zeitung (1581).

AUGAR Balt. Fryd. kaznodz. w Kalau. (Katechizmowy przewodnik do nieba, przekład z niemieckiego przez Mich. Speccoviusa). Elbląg, 1732.

Z wielu błędami językowymi.
Tolckemit A. Lehrer Gedächtn. 1753. s. 140.

Augerius Busbequius. Drogi trzy do Solimana ob. Busbequius.

Angezd Alex. ob. Seklucyan.

AUGIER Du Fot An. Amable (1733 † 1775) i **Saucerotte**. Nauka położnicza przez pytania y odpowiedzi po francuzku napisana a teraz wyłożona po polsku przez Józefa Berger de Lonchamps ucznia medycyny, nauk wyzwolonych i filozofii doktora, korrepetytora anatomii w Szkole głównej W. X. L. Za wiadomością i aprobatą profesorów medycyny i chirurgii w Akad. wileńs. W Wilnie, w druk. Akad. 1789. stron XIV. i 253.

Dedykacya do Józ. Langmaiera Dra med. prof., Jakóba Bristel, prof. chir. i Jana Lobenweina prof. med. teor.
Gąsiorows. Histor. med. IV. 145—6.
Jagiell.

Augsburgische Confession (Augspurska konf.) ob. Bericht (Nothwendiger und gründlicher 1660) — Koelichen G. (Nauki 1730) — Kwiatkowski Marcin (Sejm 1564) — Maukisch Johannes (Kurtze Erläuterungen des Berichts 1660) — Zieleński Marc. Zyg. (Nieodmieniona 1730).

Auguria ob. Boczkowski A. — Juniewicz N. (solis 1713) — Pater Paul. (et vota pro C. Fredero 1707) — Sapieha J. K. (spei publicae 1673).

Augurium Themidis ob. Zadzicki J. (1615).

— paludatae sortis ex septena aquila septeni consulatus interprete Caio Mario Consuli. Non sine decumano ausu, decumanisque periculis re ipsa probatum et patritia aquila gaudenti magnifico ac generoso Domino D. Martino Kaminski in gratae mentis tesseram publici actus repraesentatione consecratum a nobili juventute Rhetorica, „Collegii Szamoniani Loviciensis Scholarum Piarum anno Aquilae grandis, medullam Cedri ad Libanum ferentis 1681 d. 17 Julii." w 4ce, str. nlb. 8. (Po polsku gockim drukiem). [teatralne].

Wolański w Rudce.

Augusta Amazon ob. Wierzbowski Łuk. (1694).

— nowa ob. Przeborowski Adam (1680).

Augustana religio ob. Bulovius Levinus (Consilium 1593).

Augustus (Divus) orbis totius unicus pacificator, serenissimo et invictissimo principi Joanni III. Dei gratia Regi Poloniae, Magno duci Lithuaniae, Russiae, Prussiae, Mazoviae, Samogitiae, Livoniae, Podoliae, Podlachiae etc. dum post Viennensem victoriam, et Strigonij expugnationem, ac nuperrimam ad Camenecum, ac Tyram, contra Turcas, et Tartaros, expeditionem primum Varsaviam triumphator veniret. Compar et Comparatus et inter scenicos apparatus, in arce theatroq; regio, eidem serenissimo Regi, assistente sibi florentissimâ Regni totius coronâ pro tunc ad Comitia Generalia congregatâ a Regio Vladislai IV. Scholarum Piarum Varsauien: Collegio, eiusquê alumnâ literarum juuentute, in vectigal submissae propensionis, dedicatus anno Dei inter Homines, et Hominis inter Divos relati 1685. die 2 Martii. [Ozdobna linia poprzeczna]. Varsaviae, typis Scholarum Piarum. folio, str. nlb. 4.

Tekst polski i łaciński — po polsku gockim drukiem (teatralne).

Wolański w Rudce.

August I. Monarcha Rzymski tragedya przy publicznym całego województwa oraz szkół kollegyum Rawskiego Soc. J. powitaniu w Senatorskim honorze Prandoty Trzcińskiego kasztelana Rawskiego na widok dana roku 1750 dnia 22 Czerwca. W Warszawie, w drukarni Kollegium Soc. Jesu. folio, 7 kart nlb.

ob. Trzciński Felix (Dyaryusz 1780).

August Jagiełło wzbudzony ob. Grochowski Stanisław (1598, 1603, 1608).

AUGUST V. Elektor Saski, syn Henryka Piusa (ur. 1526 † 11 lut. 1586).

W Luniga J. Chr. Literae procerum Europae 1712. T. I. są drukowane te jego listy:

Literae ad Annam principem ex inclyta regum Poloniae stirpe natam, de pecunia mutua, quam ipsi senatus Lipsiensis, solvere debebat, agentes. Ex arce nostra Annaeburg VIII. Id Febr. 1576. T. I. (str. 816—817).

— Literae ad Ordines Regni Poloniae, quibus Christophoro Duci Megapolitano, residuam stipendii gratuiti, vulgo pensionis summam exsolvi petit. Dresdae VI. Cal. Jul. 1576. (str. 817 do 819).

— Literae ad Stephanum Pol. Reg. quibus ipsi pro favore Georgio Friderico Marchioni Brandeb. ob suam intercessionem tributo gratias agit, ac denuo oratores suos perficiendi, quod inceperant, negotii ergo ablegatos esse, nuntiat. Dresdae 7. Cal. Febr. 1578. (str. 831—833).

— Literae credentiales, quas Abrahamo Boccio et Andreae Pauli, internuntiis suis, ad Stephanum Poloniae regem tradidit. Bornstensteinii 15 Cal. Febr. 1578. (833—835).

— Literae ad Stephanum Pol. regem, quibus ipsi militem quendam veteranum, manu et scientia rei militaris insignem, auspiciaque Polonica contra Moscos sequi flagrantem, studiose commendat. Dresdae, prid. Cal. Nov. 1580. (str. 853—854).

— Literae ad Stephanum Pol. regem, quibus debitam sibi ab eo pecuniae summam, Alberti Ziswicki (Ciswicki) internuntii ejus, cura probe repraesentatam esse testatur. Dresdae, 18 Cal. Dec. 1582. (str. 861—862).

— Literae ad Stephanum Poloniar. Regem, quibus pro Fabiano a Dohna ciusque fratribus suis in Livonia praediis immerite exutis, sollicite intercedit.

Dresdae, Id. April. 1583. (str. 862—863).

— ob. Herburt Jan (Oratio 1574).

AUGUST II. (urodz. 1670 † 1733). Augustus II. von Gottes Gnaden König in Pohlen, Grossfürst in Litthauen, Reussen, Preussen, Masovien, Samogytien, Kiov, Wolhynien, Podolien, Podlachien, Liefland, Smolensko, Sewerien u. Czernichov etc. Hertzog zu Sachsen u. Chufürst etc. etc. Signum Belli eines für zwei aus dem Pohlnischen übersetzt 15 Nov. 1698. (Na końcu:) Geschehen zu Warschau den 15 Novembr. 1698. unseren Regierung II. w 4ce, kart 4. Ossol.

— Augustus II. Dei Gratia Rex Poloniae, M. D. Lithuaniae, Russiae, Prussiae, Masoviae, Samogitiae, Podoliae, Podlachiae, Volhyniae, Livoniae, Kijoviae, Smolensciae, Severiae, Czerniechoviae, nec non hereditarius Dux Saxoniae et Princeps Elector. 1714. w 4ce, kart 2.

Rzecz tyczy się przywileju akademii krakowskiej. Ossol.

— Anordnung wie es mit Bestellung gewisser Buss- Bet- und Fasttage im Jahre 1728. gehalten werden solle. Dresden, Joh. Con. Stösseln.

— Antwort Sr. Kön. Maiestät in Pohlen etc. auf das von dem Könige in Preussen an dieselbe unter dem 8 Novembr. 1718. abgelassene und zu Berlin durch den Druck bekannt gemachtes Schreiben dto. Grodno den 26 Nov. 1718. aus dem lateinischen Original übersetzt Anno 1719. B. m. i dr. w 4ce, kart nlb. 2. Ossol.

— Conclusum Najaśn. króla JM. Augusta II. Pana naszego miłościwego Stanów koronnych y W. X. Lit. na Radzie Walney Seymem Lubelskim postanowioney, pod continuacyą generalney konfederaciey Sandomirskiey, w Grodnie dnia 16 miesiąca Grudnia r. 1705. Praesentibus et consentientibus ex Senatu. folio, 4 ark. (kart nlb. 9).

— Toż. Inna edycya (zmieniona pisownia: konfederacyey). (Oblatum in

Castro Posnanicnsi 1706). folio, kart nlb. 10. (sign. A—E₁).

Zielińs. — Czartor. — Jagiell. — Ossol.

— Ihr. Kön. Maj. in Pohlen und Churf. Durch. zu Sachsen erweitertes und geschärftes Contagion-Mandat d. a. 1709. Dresden, 1709. folio.

— Contenta Instructionis S. R. M. Poloniarum cubiculario et stabuli praefecto, vice domino ab Ecrsedf data. Varsaviae, die 6 Januar. 1702. folio, k. nlb. 1. (8 artykułów). Zielińs.

— Copey eines gnädigsten Befehligs, den S. Kön. Maj. in Pohlen etc. ad dero hochpreis. geheimden Rath-Collegium zu Dresden abgehen lassen, betreffend den bekannten wieder D. Chr. Thomasens Schrifften aus dem Ober-Consistorio zu Dresden ergangenen Befehls etc. Halle, 1698. w 4ce.

— Copey des von Ihro Kön. Majestät in Pohlen etc. an Ihro Czaar-Majestät, sub dato Fraustadt dem 16 Martii 1719. abgelassenen Schreibens. Nach dem Original ins Teutsche übersetzet. Bez w. m. dr. Im Jahr 1719. w 4ce, k. nlb. 4.

Czartor. — Bibl. petersb.

— Copia zweener Brieffe, vom jetzigen Zustande in Pohlen, als nehmlich des Königes Augusti Schreiben an die sämtliche Stände der freyen Königlichen Republique, und das andere des Cardinalen Radtziowski Primatis Regni an die sämtliche Woywodschafften und Districten. Vom jetzigen Jahre. 1701. [Dat. Warschau 29, 30 Aug. 1701]. B. w. m. (Stokholm, druk. król.). w 4ce, str. 8. Jagiell.

— Copia listu Xcia JMci Saskiego do JO. X. JMci kardynała arcybiskupa Gnieźnieńskiego primasa koronnego y W. X. Lit. de dat. Baden 4 Junii Anno 1697. B. w. m. dr. i r. w 4ce, karta 1.

Upewnienie względem religii katolickiej. Obacz niżej: Kopia.

Branic. — Warsz. Uniw. — Akad. — Jagiell.

— Copia Literarum Sacrae Reg. Majest. ad eminentiss. Cardinal. Primatem Reg. Breslau, 1698. w 4ce, k. 1.

Branic. — Ossol.

— Copia literarum Sac. Reg. Maj. ad eminent. Cardinalem Primatem Regni et responsum. Varsav. 1698. Dabantur in arce nostra Varsaviensi, die 22 mensis Januarii anno dom. 1698. regni nostri I. Augustus. folio, k. 1.

Po polsku o uspokojenie kraju.

Na odwr. stronie: Responsoriae (Proponuje zjazd w Łowiczu). Squiernievicijs die 24 Januarij 1698.

Obacz niżej: Epistola. Zielińs.

— Copia responsoriarum S. R. M. Poloniae ad serenissimum Electorem Brandenburgicum (Frider. III). Varsaviae, 1698. d. 16 Novemb. folio, k. 2.

Branic. — Jagiell.

— Copia responsoriarum Sereniss. Augusti II. pro fide vere catholicorum; pro Majestate, August. Regiarum; pro generositate German. Polon. ad Literas Serenissimi Brandebugici etc. etc. 1724. folio, k. 2. Ossol.

— Copia responsoriarum ad literas Sereniss. Brandeburgici, 1725. w 4ce.

Tyczy się okrucieństw toruńskich. Obacz: Wilhelm.

— Copia listu JK. Mci Polskiego do woiewódzctw ad instar Manifestu danego. (1704). folio, 1 ark.

List króla Augusta II. datowany w Baranowie dnia 18 Marca r. 1704. przeciw konfederacyi warszawskiej. — Zarazem: Regestr dokumentów produkowanych y publico czytanych na Walnej Radzie w Krakowie r. 1704. 21 Febr. kart 3. Wizerunki i roztrz. 1837. XIX. str. 109.

Obacz p. t. Kopia.

Czartor. — Warsz. Uniw. — Ossol.

— Declaratio S. R. M. Domini nostri clementissimi in senatus consilio post comitiali facta, die 27 mensis Februarij, an. dom. 1702. folio, 1 ark.

Zielińs.

— Declaratio respectu custodiae Rever. Episcopi Posnan. Augustus Secundus Dei gratia Rex Poloniae... Manifest Augusta do narodu wydany. In castris ad Kamiona die 16 Septembr. 1704. w 4ce, k. 4. Warsz. Uniw.

— Decretum inter collegium Societatis Jesu Thorunense actores, atq. magistratum et communitatem Thorunensem citatos, latum anno Dni 1724.

Ob. Decretum.

34

— Dekret Augusta II. w sprawie Toruńskiej 30 Octobra 1724.

Ob. Actum. Warsz. Uniw.

— Demonstratio quibus justis ex causis serenissimus ac potentissimus princeps Augustus II. Poloniarum Rex, Elector Saxoniae h. t. Sacri Romani Imperii vicarius, regis Sveciae in Pomerania citeriore subsistentem exercitum aggreditur. A. O. R. MDCCXI (1711). mense Augusto. B. w. m. dr. w 4ce, k. nlb. 6. Czartor.

— Diploma abdicationis serenissimi Regis Augusti etc. etc. Entsagung des Reichs des Aller-Durchleuchtigsten Königes Augusti etc. etc. [Dat. 20 Oct. 1706].

Obacz niżej: Instrumentum i (August II.) Diploma.

— Diploma do województw koron. i W. X. L. przyrzekające wojska Sas. z kraju wyprowadzić. Dan w Warszawie 16 Marca 1716. folio. Ossol.

— Edictum ad typographos per totum Regnum, ne lucubrationes mathematicae seu Calendaria sine approbatione Rectorali et speciali consensu ordinarii privilegiati mathematici imprimantur. 20 Xbr. 1714. w 4ce, kart 2.

Jocher 1811.

— Epistola Regis Poloniae ad Michaëlem Stephanum cardinalem Radziejowski primatem regni. Dat. in arce Varsav. 22 Januar 1698.

Ob. Copia.

— Foedus inter S. R. M. atque Remp. Pol. et S. R. M. Sveciae conclusum. Varsav. $^{18}/_{20}$ Nov. 1705.

— Friedenspuncte 1706. ob. Karol XII.

— Friedensschluss zwischen Ihro kön. Maj. d. Churf. Durchl. zu Sachsen und den JJ. K. Maj. zu Schweden u. Pohlen am $^{14}/_{24}$ Sept. 1706. zu Altranstädt geschlossen. w 4ce, ark. C₂.

Ob. Friedenschluss zu Carlowitz (1699).

— Instrumentum abdicationis et remissionis, oder: Freywillige Abdanckung und Resignation der Crone Pohlen zwischen Hn. Augusto dem Andern und Hn. Carl dem Zwölfften verabredet, folgends den 20 Oct. ratificiret. Aus dem Lateinischen ins Teutsche übersetzet. Gedruckt im Jahr 1707. B. m. w 4ce, str. 8.

Ob. niżej: (August II.) Diploma.

— Königes in Pohlen und Gross Hertzogens in Littauen etc. etc. Jurament, so er denen auf Seiner Seite confoederirten Ständen bei Sendomiers den 2 Juny 1704. geleistet. B. m. w 4ce, str. 4.

— Kopia listu Xiążęcia JMci Saskiego do JO. Xiędza JMci kardynała arcybisk. Gnieźnieńsk., primasa koron. y W. X. Lit. (Mich. Radziejowskiego) de dato: Baden 4 Junij anno 1697. B. w. m. dr. w 4ce, str. 2.

Na drugiej stronie jest list: JM. X. biskupa Kujawskiego (St. Dąbskiego) do JO. Xiążęcia JM. kardyn. prymasa w sam dzień nominacyi. 1697.

Ob. Dyaryusz sejmu electionis (1697).

Ossol. — Raczyńs.

— Kopia listu Kr. JM. do Xiędza kardynała prymasa koron. 1698. folio, k. nlb. 1.

Ob. Copia. Branic. — Ossol.

— Kopia mandatu król. do JM. pana generała Graffa Trautmansdorfa. August II. z Bożej łaski król pols. etc. Xiążę Saski y Elektor etc. Dan w Warszawie d. 9 Maja 1699. folio, k. nlb. 1.

Czartor. — Ossol.

— Kopia listu JK. Mci do województw koronnych y Wielkiego X. Litewskiego. August II. z Bożey łaski król polski, W. X. Litewski, Ruski, Pruski, Mazowiecki, Żmudzki, Kijowski, Wołhyński, Podolski, Podlaski, Inflandzki, Smoleński, Siewierski y Czernichowski a dziedziczny Xiążę Saski i Elektor etc. folio, k. nlb. 3.

Warsz. Uniw.

— Kopia listu JK. Mci do województw koronnych y W. X. Lit. Dan w Baranowie d. 16 mies. Marca r. p. 1704. panowania naszego VII rok. folio, kart 3.

Wyłuszcza powody pojmania Jakóba i Konst. Sobieskich. Por.: (August II.) Ursachen.

Czartor. — Branic. — Jagiell.

— List króla Augusta II. in vim Manifestu względem zabrania królewiców Jakóba i Konstantego do województw dany. Datum w Baranowie die 17 Martii 1704. folio, kart 2.

— 1) Listy króla Augusta II. do senatorów. — 2) Listy tegoż do Xdza Pawła Sapiehy. — 3) List tegoż do Xcia prymasa Radziejowskiego. — 4) List do Xcia prymasa Szembeka. — 5) Listy do Jana Sapiehy, kasztelana trockiego. — 6) List do Kaz. Sapiehy, wojewody trockiego.

Ostrowski Danejkowicz (Jan Fryd. Sapieha) Swada korrespondencyjna. 1745. s. 4—43.

— Litterae Regis Poloniae, ad regem Borussiae, de Curlandiae, Gedanensi itemque Prussiae negotio, de dato Fraustadiae 16 Mart. 1719. Cum responsoriis ad easdem. B. w. m. (Berolini). 1719. w 4ce, str. 15.   Bibl. petersb.

— Ihr. Kön. Maj. in Pohlen etc. erneuer und geschärfftes Mandat wieder die Selbst-Rache, Friedens-Störungen und Duellen, de dato Cracau den 15 April 1706. Dresden, dr. Joh. Riedel Hoffbuchdruck. 1706. folio, ark. sign. A—F.   Jagiell.

— Ihrer Königl. Maj. in Pohlen und Churfl. Durchl. zu Sachsen etc. etc. Mandat, wie es auf allen Fall, wenn der Schwedische General-Major Crassau, mit bey sich habenden von der pestilenzialischen Seuche angesteckten Corps, in das Churfürstenthum Sachsen und incorporirte, auch andere Erb-Lande, eindringen möchte, zu halten; im Jahr 1709. [Dat. Dressden 21 Sept. 1709]. B. m. w 4ce, str. 8.

— Ihrer Königl. Maj: in Pohlen, und Churfl. Durchl. zu Sachsen, etc. Mandat, wegen eines besorgenden gewaltsamen feindlichen Einbruchs mit der Stellung des Land-Volcks zu halten. Im Jahr 1711. Dresden, gedruckt und zu finden bey Johann Riedeln. [Dat. 10 April 1711]. B. m. folio, str. 12.

— Toż. Nach dem in Dreszden bey Johann Riedeln gedruckten Original. B. m. w 4ce, str. 8.

— Mandat wie es mit den Subhastationen derer Ritter- und anderer

Güther gehalten werden soll. Warschau, 1732.

— Ihrer May. in Pohlen etc. Müntz Mandat de dato: Warschau d. 9 Julii, Anno 1732. Dresden, folio (z ryciną).

— Manifest przeciw popierającym stronę innych tronu kandydatów. 1697. folio.   Branic.

— Toż, przeciw konfederacyi (inne wydanie) 1697. folio, k. 2.   Branic.

— Manifest. Działo się w Krakowie d. V. miesiąca Września 1697. B. m. dr. 1697. folio, kart 5.

W manifeście tym dowodzi prawowitości swego wyboru na króla i żali się na wichrzycieli.   Zielińs.

— August wtóry z Bożej łaski obrany król Polski, W. X. Litewski, Ruski, Pruski, Mazowiecki, Żmudzki, Kijowski, Wołhyński, Podolski, Podlaski, Inflantski, Smoleński, Siewierski y Czerniechowski, dziedziczny Xiążę Saski, Juliacki, Kliwski, Gór, Augryjski y Westfalski, państwa rzymskiego Arcy marszałek y Xżę Elektor, Landgrabia Thuryngii, margrabia Miśniński, także wyższej i niższej Luzacyi, burgrabia Magdeburski, hrabia Marchiej, Rawensbergii y Bartu, pan na Rawensteynie. (Kiedy dotychczas jeszcze zapamiętała nad ojczyzną zaciętość...) Manifest względem okazania męstwa y cnoty a nie dania w osobie swojej sławie a w niej wolnościom samym upadać. Działo się w Krakowie dnia 6 miesiąca Września 1697. folio, kart nlb. 2.

Branic. — Ossol. — Czartor. — Jagiell.

— Manifest. Działo się w Krakowie d. VII. Września 1697. folio, kart 2.

— Manifest w którym uznaje królem polskim Stanisława I. (Leszczyńskiego). Datowany w Piotrkowie 18 Września 1706 r. folio, k. 1.   Warsz. Uniw.

— (Manifest, tyczący się przywilejów Akademii krakowskiej). 1714. folio.   Uniw. lwow.

— Ihro Mayestät Augusti II. Königs in Pohlen etc. An Dero Reichsstände, beyder Nationen, auss Dero

Cantzley den 17 September 1698. ex-tradirtes Manifest. w 4ce.

— Manifest Ihrer Königl. Majestät König Augusti II. in Pohlen, bey Dero angetretenen Marche in das Königreich Pohlen. Im Jahr 1709. [Drugi tytuł:] Manifestum Sacr. Reg. Maj. Augusti II. D. G. Poloniarum Regis in Poloniae Regnum reducis. A. O. R. MDCCIX. [Dat. Dressden 8 Aug. 1709]. Bez m. w 4ce, str. 32. (po łac. i niem.).

— Manifest Ihrer Königl. Majestät König Augusti II. in Pohlen, bey dero angetretenen Marche in das Königreich Pohlen. Im Jahr 1709. Dresden, mit Königl. u. Churfürstl. Sachs. allergnä-digst. Freiheit druckts Johann Riedel Hofbuchdrucker. 1709. folio, kart 10.

— Toż. B. m. w 4ce, str. 16.

— Toż. B. m. w 4ce, str. 16. (Dwa odmienne wydania).

Branic. — Czartor. — Jagiell. — Ossol. — Raczyńs.

— Manifest Sr. Königl. Majestät in Pohlen und Churfürstl. Durchl. zu Sachsen, bey dero angetretenen Marche in das Schwedische Pommern. B. w. m. [Dat. pod Strelitz 20 Aug. 1711]. w 4ce, k. nlb. 4.

Są jeszcze dwa inne wydania z tegoż roku w 4ce, każde po 8 str.

Czartor. — Jagiell.

— Manifest króla Fryderyka Augusta (na końcu data: Dresden am 23 October a. 1717). w języku niemieckim. B. w. m. dr. 1 arkusz składany.

Krasińs..

— Manifeste de Sa Majesté Auguste II. roi de Pologne etc., sur son retour en Pologne, l'an 1709. trad. du latin en français. (Dresde). Imprimé chez Jac. Harpeter. folio, kart 9.

Ossol.

— Manifeste de S. M. Auguste II. roi de Pologne sur son retour en Pologne. La Haye. 1709. w 4ce, str. 18.

— Toż. L'an 1709. traduis du latin en français. Sur la copie imprimée à Dresden chez Jaques Harpeter. w 8ce, str. 48.

Czartor.

— Manifestum Sacr. Reg. Maj. Augusti II. Poloniar. Regis etc in Poloniae regnum reducis Anno O. R. 1709.

[Datum Dresdae 8 Augusti 1709]. folio, ark. D₂. (k. nlb. 8).

Branic. — Czartor. — Jagiell.

— J. K. M. von Pohlen Memorial und Vorstellung wieder die Warschau-ische Confoederation auf dem Reichs-tage zu Regensburg übergeben 1704. w 4ce.

Ob. Werther (Manifestatio 1704).

Bibl. król. w Sztokholmie.

— Pardon jeneralny przebaczający zbiegłym woyskowym od Augusta II. Dan w Warszawie dnia 15 Maja r. p. 1729. panowanie naszego. 32 roku. w 4ce, str. nlb. 4.

Ossol.

— Ihrer kön. Majestät August II. in Pohlen u. Churfürstl. Durchl. in Sachsen etc. publicirtes Patent, zur Versicherung der Liebe und Sorgfalt gegen seine Unterthanen. Gegeben zu Guben 20 Aug. 1709. w 4ce, ark. 1.

Branic.

— Patent wegen des übernommenen Vicariats. B. w. m. 1711. k. 4.

— Praeliminair-Puncte zum Frieden zwischen der Königin von Schweden und dem König von Pohlen. 1720.

— Process und Gerichts-Ordnung, Tax-Ordnung. Dresden, 1724. w 4ce.

Na tytule herb Polski.

— Erläut. u. Verbesserungen der bis-herigen Prozess- u. Gerichts-Ordnung, u. Tax-Ordnung. Dresd. 1724. w 4ce.

Uniw. lwow.

— Proposition, so der Republik von Pohlen durch des neuen Candidaten Ihro Durchl. von Sachsen Envoyé ex-traordinaire vorgestellt worden (1697).

Ob. Proposition.

— Propozycye do Najjaśn. Rzpltej polskiej od nowego kandydata Najjaśn. Xcia JMci Augusta Elektora Saskiego, przez JMcia P. Ablegata extraordyna-ryjnego cum sufficienti et omnimoda plenipotentia ordynowanego podane. B. r. i m. dr. (1697 r.) folio, k. 2.

Ob. Proposicye — Propositio — Vorstellung. Czartor. — Jagiell. — Uniw. lwow. — Ossol.

— (Przywilej dany przez Augusta Marcinowi Załuskiemu sufraganowi etc. na założenie miasteczka Załuszczyn). — Gegeben zu Warschau den 18 December im Jahr 1731. folio, 1 ark. (w języku niemieckim).   Krasiús.

— Walną tedy radę in fundamento confederacyey sandomirskiey składamy, przed którą uniwersał ten na seymiki województwom, ziemiom y powiatom wszystkim, tak Koronnym jako y W. X. Lit. pro die... wydajemy. Dan w Thoruniu dnia... miesiąca... r. panowania naszego.... B. m. dr. folio, 1 ark. (formularz niewypełniony).   Zieliśs.

— Reskrypt Najjaśn. króla JMci pols. kassujący przywilej na episkopią Mohilowską i całej Białej Rusi, przez Serafiona Połhowskiego Dyzunita in praejudicium Arcybiskupa Połockiego subreptitie otrzymany, w r. 1699. m. Augusta d. 9. wydany. folio, k. 1.
                                       Raczyśs.

— Respons J. K. Mci Pana N. M. urodzonym Hrehoremu Kotowiczowi chorążemu Grodzieńskiemu i Józefowi Jasieńczykowi Krajewskiemu z kongressu W. X. Lit. w Rożanej odprawionego do siebie ordynowanym posłom dany w kancellaryi W. X. Lit. d. 26 Marca 1701.
    W „Swadzie polskiej" Ostrowskiego 1745. f. I. 3. str. 15—18.

— Respons J. K. Mci Pana N. M. na instrukcya Poznańskiego i Kaliskiego województw Wielkopolskich z sejmiku Szrzedzkiego wyprawnym posłom, urodz. Stanisł. Karol. Suchorzewskiemu i Ludwikowi Gorzewskiemu w kancellaryi dany, w Warszawie 23 Marca 1701 r.
                                       Tamże.

— Respons J. K. Mci na instrukcyą Jana Sapiehy kasztelana natenczas Trockiego od trybunału skarbowego W. X. Lit. 1718.
                                  Tamże str. 24.

— Ihro Königl. Maytt. von Pohlen Salve-Guarde und Schutz-Brieff vor alle Einwohner dess Hertzogthumbs Lieffland. Breslau, zu finden bey George Seydeln, Buchhändlern. Nebst denen Avisen. 1700. w 4ce, 2 karty.
                                      Czartor.

— Tractatus pacis inter Fridericum Augustum regem, ducem Saxoniae, Ca-

rolum XII. regem Succorum et Stanislaum I. in pago Alt-Ransteda die $^{14}/_{24}$ Sept. 1706. sancitae. B. w. m. 1706. folio, k. 6.   Jagiell. — Krasiús.

— Tractatus inter sereniss. Augustum II. Regem Poloniae, abdicantem ac serenissimum Carolum XII. Regem Succiae ejusque foederatum sereniss. Stanislaum Regem Poloniae Altranslatiensis in Saxonia (1706). folio, kart 7.
    Obacz wyżej : Manifest (1703).
                                   Warsz. Uniw.

— Uebersetzung der wegen Absterbens August II. von dem Primate ergangenen Universalien. Obacz: Potocki Teodor (1733).

— Uniwersał na Seym konwokacyjny pod Warszawą 6 Sept. 1697. folio, k. 1.   Warsz. Uniw.

— August II. z Bożej łaski król Polski, W. X. Litewski, Ruski, Pruski, Mazowiecki, Żmudzki, Kijowski, Wołyński, Podolski, Smoleński, Siewierski y Czerniechowski, a dziedziczny Xiążę Saski y Elektor etc. etc. Dnia 11 mies. Października r. p. 1697. panowania naszego I. w zamku naszym krakowskim. folio, ark. rozłoż.
    Uniwersał ostrzegający o książęciu JM. de Contim.   Jagiell. — Ossol.

— Wici jedne za dwoje. 1698. folio, $^1/_2$ ark.   Branic.

— Uniwersał oznaczający termin Sejmu Walnego 6-niedzielnego na dzień 16 Kwietnia r. 1698. folio rozłożone.
                                       Ossol.

— Uniwersał wszelkie excessa w królestwie polskim przez woysko Saskie dotychczas pod różnemi pretextami czynione, najsurowiej zakazujący o datt. w obozie pod Brzeżanami dnia 27 m. Września r. p. 1698. folio, k. 2.
                                 Ossol. — Czartor.

— Uniwersał względem wynagrodzenia szkód poczynionych przez wojsko Saskie prowincyom polskim 1698. folio.

— Uniwersał naznaczający dzień po skończonych traktatach z portą Ottomańską na Seym walny 6-niedzielny ordynaryjny 16 Czerwca r. 1699. (Dan w Warszawie r. p. 1699). folio, k. 1. Ossol.

— Uniwersał oznaczający termin na Seymik przedseymowy dzień 18 Kwietnia 1701 roku, a Seym walny sześcioniedzielny w Warszawie na dzień 30 Maja 1701 r. Dan w Warszawie dnia 17 Marca 1701. folio rozłożone w 1 ark. Ossol. — Czartor.

— Uniwersał wici pierwszych za dwoje na pospolite ruszenie. Dan w Warszawie 1702. folio rozłoż., ark. 1. Czartor.

— Uniwersał. Wici trzecie y ostatnie na pospolite ruszenie pod Korczyn na dzień 19 Lipca. Dan w Krakowie d.... miesiąca Czerwca 1702. folio, 1 ark. Czartor.

— Oznaymuiemy wszem wobec y każdemu z osobna etc. etc. iż my zbliżywszy się z woyskami naszymi auxiliarnymi Saskimi do woiewództw i ziem etc. etc. Działo się na polu między Wisłą a Sanem pod Sendomierzem dnia 22 miesiąca Sierpnia w roku 1702. folio, 3 karty. Czartor.

— (Uniwersał do Polaków w którym oznajmuje, iż z PP. radami, urzędnikami etc. którzy ex limitatione immediati consilii Thorunens. etc. zgromadziwszy się za zgodą wszech Panów postąpił r. 1702). folio. Ossol.

— (Uniwersał bez daty). Iż za nastąpieniem nagłych na tę Rzeczpospolitą niebezpieczeństw — udaliśmy się do pospolitego ruszenia — przez wydanie Uniwersałów z Pany radami na dzień 27 Novembra 1702 do Torunia zgromadzonymi. Zjednoczenie i ubezpiecz. państw Rzeczypospolitej. folio, k. 4. Jagiell. — Czartor.

— (Uniwersał do Polaków względem obrony oyczyzny). Dan w Malborgu d... miesiąca.... r. p. 1703. panowania naszego 6 roku. 1 ark. rozłożony in folio. Ossol.

— Uniwersał. Wszem wobec etc. Iz z PP. radami urzędnikami et cum plenipotentiariis z województw etc. pro die 16 Mart. 1703. do Malborka zgromadziwszy się.... Malbork, 11. Kwietnia

1703. (Zwołanie pospolitego ruszenia w ogólności). folio, k. nlb. 8. (sign. D₂). Czartor. — Jagiell. — Krasiński.

— Uniwersał naznaczający zgromadzenie się pospolitego ruszenia pod Gołębiem 1703. folio.

— August wtory z Bożej łaski król Polski, W. X. Lit. etc. Dan w Krakowie dnia... miesiąca... r. p. 1703 panowania naszego 7 roku. Uniwersał ostrzegający y wyrażający niebezpieczeństwa Rzpltej, zagrzewający ad executionem sancitorum Seymu przeszłego. W Krakowie r. 1703. folio, 1 karta. Dwie odmienne edycye. Branic. — Ossol.

— (Uniwersał do Polaków względem zwołania Sejmu extraordynar. i obrony ojczyzny a to z przyczyny postponowanego y od korony szwedzkiej odrzuconego traktatu). W Elblągu, 12 Maja 1703. folio, 1 ark. Ossol.

— Uniwersał. Wici iedne za dwoie na pospolite ruszenie. Dan w Krakowie dnia... miesiąca... roku 1704. folio, 1 ark. rozłoż. Ossol. — Czartor.

— Uniwersał ostrzegający y wyrażaiący niebezpieczeństwa Rzeczypospolitey, oraz zagrzewaiący ad executionem sancitorum seymu przeszłego. Dan w Krakowie dnia... miesiąca... r. p. 1704. folio, 2 ark. Czartor.

— Uniwersał ostrzegający do woyska koronnego y W. X. Litewskiego. Dan w Krakowie dnia... miesiąca Lutego r. p. 1704. folio, 1 ark. rozłoż. Branic. — Czartor. — Ossol.

— Uniwersał. Trzecie i ostatnie wici. Dan w obozie pod Sandomierzem d.... miesiąca... r. p. 1704. folio, 2 ark. Branic. — Czartor. — Ossol.

— Uniwersał trzech wici do pospolitego ruszenia pod Szczebrzeszyn. Dan w obozie pod Sandomierzem 1704. folio, 1 ark. Czartor.

— Toż. (Ta zmaza która nigdy na cny naród polski nie padła). Uniwersał trzecich wici na pospolite ruszenie. Dan w obozie pod Sandomierzem d. mies. Maja 1704. folio, kart 7. Jagiell.

— Uniwersał do województw i woysk koronnych y W. X. Lit. wzywaiący na ratunek oyczyzny do boku Pańskiego. Dan.... dnia... miesiąca... r. p. 1704. 1 ark. folio rozłoż. Czartor. — Ossol.

— August wtory z Bożej łaski król Polski, W. X. Lit. Dan w obozie naszym pod.... dnia... miesiąca... r. p. 1704. panowania naszego 7. Uniwersał zwołujący sejmik extraordynaryjny. folio rozłożone, 1 ark. Ossol.

— Uniwersał królewski pe sejmie Lubelskim 1705.

— August wtóry z Bożej łaski król polski W. X. Lit. etc. Dan w zamku naszym dziedzicznym Dreznie dnia 13 miesiąca Kwietnia r. p. 1705. panowania naszego 7 roku. folio rozłożone. Ossol.

— Uniwersał. Wszem wobec osobliwie jednak wszystkim in genere cujuscunque status, gradus, a conditione adhaerentom, fautorom i wszelkim pomocnikom strony nieprzyjacielskiej szwedzkiej, wiadomo czynimy. Datowany w Warszawie 1706 miesiąca Listopada. 1 ark. rozłoż.
Czartor. — Zielińs.

— Dan w Warszawie dnia... miesiąca... r. p. 1706. panowania naszego etc. (Wzywa do wierności dla siebie, chwytania adherentów szwedzkich, płacenia podatków na wojsko). folio, 1 ark.
Zielińs.

— Uniwersał oznajmujący powrót Augusta II. 1709.

— Uniwersał ostrzegający o imprezie króla szwedzkiego i porty ottomańskiej, zalecający executionem sancitorum walnej rady warszawskiej i gotowość ad expeditionem militarem. r. 1710. ark. rozłoż. Ossol.

— Uniwersał wzywaiący do pogotowia z powodu grożącej wojny z Turkami. Dan w Lipsku d. 30 Stycznia 1711. ark. 1. Czartor.

— Uniwersał Augusta II. naznaczający sejmiki. W Dreznie 8 Stycznia 1711. folio.
rłęcki.

— Uniwersał Augusta II. nadający amnestyą generalną. W Krakowie 20 Czerwca 1711. folio.
Przyłęcki.

— (Uniwersał). Dan w Krakowie dnia 20 miesiąca Czerwca r. p. 1711. panowania naszego 15 roku. Uniwersał wyznaczający dzień seymiku. folio, ark. rozłożony. Ossol.

— (Uniwersał). Dan w Dreznie mieście naszym stołecznym dnia 8 miesiąca Sierpnia r. p. 1711. panowania naszego 13 roku. (Do wiadomości podaje, iż per durae necessitatis legem w oddaleniu zastawać musiał etc.) 1711. ark. rozłoż.
Ossol.

— Uniwersał zwołujący sejmiki na 13 Września. Dan w Międzyrzycu d. 13 Sierpnia 1712. ark. 1. Czartor.

— Uniwersał na sejmik Relationis. Dan w Warszawie r. p. 1713. folio, karta 1. Ossol.

— Uniwersał do województw przyrzekający wyprowadzić wojska saskie i oddać je pod komendę hetmanów 1713. ark. 1. Czartor.

— (Uniwersał tyczący się kongresu Wileńskiego, przeciw uchwałom zjazdu). W Warszawie r. p. 1715. folio, 1 ark.
Ossol. — Czartor.

— Uniwersał do województw wzywający do obmyślenia środków zapłaty wojsku i przyrzekający wyprowadzenie wojsk skoro bezpieczeństwo granic Rzpltej na to pozwoli. Dan w Warszawie 1715. ark. 1. Czartor.

— (Uniwersał w celu uspokojenia Litwy). Wielmożnym urodzonym senatorom, dygnitarzom, urzędnikom ziemskim, grodzkim, rycerstwu, szlachcie, obywatelom. Datum w Poznaniu Januarii 1716. panowania naszego 20 r. W Poznaniu 1716. folio. Ossol,

— Uniwersał zwołujący seym walny pacificationis. Dat. w Warszawie r. p. 1716. folio rozłoż. Ossol.

— Uniwersał. Dan w Warszawie dnia 16 Marca r. p. 1716. folio rozłoż.
Ossol.

— Uniwersał względem wojska. 1716. folio, 1 ark.
Przyłęcki.

— Uniwersał na sejm. Dan w Warszawie 8 Lipca 1720.
Przyłęcki.

— Uniwersał przeciwko werbonkom postronnym. Dan w Warszawie 25 Marca 1724. folio, str. 1. (po polsku i niem.).

Jagiell.

— Uniwersał powołujący zbiegów wojskowych. W Warszawie 15 Maja 1729. folio, 1 ark. (po polsku i niem.).

— Uniwersał na sejm. Dan w Warszawie 3 Czerwca 1729.

Przyłęcki.

— Uniwersal wegen e. allgemeinen Aufgeboths gegen den Churfürsten von Brandenburg, der sich der Stadt Elbing bemächtigte; aus d. Polnischen 1698. (Warschau 15 Novemb. 1698). w 4ce, 1 ark.

— Uniwersale (Der Pohlnischen Senatoren) oder Denuntiation an die gesambten Woywodschaften von der Rückkunfft Ihr. königl. Maj. Augusti II. in das Königreich Pohlen. Anno 1709. B. w. m. dr. w 4ce, kart nlb. 4.

Czartor.

— Uniwersalia Ihrer königl. Maj. König Augusti II. in Pohlen, an die Republic Pohlen. Im Jahr 1709. geschehen. Dresden d. 1 Augusti 1709. w 4ce, 4 karty. (po łac. i niem.).

Branic.

— Ihrer königl. Maj. Augusti II. Königs in Pohlen Gross-Hertzogs in Lithauen etc. publicirtes Universal an die Polnischen Senatores, Ministros, Amt-Leute, Ritterschaft, Adelschaft, insgemein an alle Einwohner der Wojwodschaften, wegen des besorgenden Schwedisch- und Türkischen Einbruchs. Aus dem Polnischen übersetzt. In Monath Februar 1711. w 4ce, 1 ark.

Ob. wyżej Uniwersał ostrzegający.

Czartor. — Branic.

— Königl. Pohln. Verordnung an die Sächsische Land Stände wegen der anmarschirenden Schwedischen Trouppen. [Dat. Dressden 9 Sept. 1706]. B. w. m. dr. w 4ce, str. 4.

— Sr. königl. Maj. in Pohlen etc. Churfürstl. Sächs. an die Creysze des Churfürstenthums Sachsen und Lande, ergangene Verordnung, wegen der, von denen Königl. Schwedischen Trouppen daselbst erhobenen Contribution und an-

derer aufgegangenen Einquartierungs-Kosten. [Dat. Dressden 21 Dec. 1706]. B. m. i r. folio, kart 2.

— Verordnung Sr. königl. Majestät Augusti etc. etc. an dero getreuen Unterthanen in Sachsen, wie sie sich bey dem Abmarche der Schwedischen Völcker zu verhalten. [Dat. Dressden 16 Juli 1707]. B. w. m. w 4ce, str. 4.

— Ihr königl. Maj. in Pohlen und Churfürstl. Durchlaucht zu Sachsen etc. etc. fernere Verordnung wegen des unter schwedischen General-Major, Crassau, stehenden und mit der pestilentzialischen Seuche angesteckten Corps, wenn solches in das Chur-Fürstenthum Sachsen und incorporirte, auch andere Erb-Lande eindringen sollte. [DD. Dresden den 23 Sept. An. 1709]. w 4ce, 1 ark.

Ob. wyżej Mandat. Branic.

— Des durchlauchtigsten Fürsten u. Herren Frid. August Kön. Maj. in Pohlen etc. Versicherung dero Chur- u. Fürstlichen Landen Freyheiten u. Gerechtigkeiten durch zwei Edicta. 1697. w 4ce, karta 1.

Przyłęcki.

(August II). Serenissimo ac potentissimo Augusto II. Poloniarum regi, Magno Duci Lithuaniae Rusiae, Prussiae, Massoviae. Samogitiae, Kijoviae, Volhiniae, Podlachiae, Podoliae, Liuoniae, Smolensciae, Severiae, Czernechoviae etc. etc. nato Duci Saxoniae, Juliae, Cliviae, Montinum etc. S. R. Imperii Archimareschallo et Electori, Landtgravio Thuringiae, Marchioni Misniae, nec non Superioris et Inferioris Lusatiae etc. per principes mitras, per castrenses laureas ad triumphalem in antemurali Christianitatis corona Augustale Sarmaticum scandenti applaudit Societas Jesu polona. 1697. B. w. m. dr. folio, ark. H₂. (kart 16) i tytuł w rycinie (z napisem: Prospere, procede et regna).

Rycina tytułu miedziorytowa, wyobrażony August II. konno, podpis na rycinie J. J. z datą 1697. — Istnieje tegoż tytułu Panegiryk i dla Augusta III. z tąż samą ryciną, lecz data na rycinie wypuszczona.

Jagiell. — Ossol.

— Tenże tytuł. Viennae, typ. Joan. Georg. Sclegelii 1697. w 8ce, str. 51.
Jagiell.

— Augustus II. ipse sibi panegyricus, ter serenissimus, ter potentissimus Poloniarum rex a provincia Polona Soc. Jesu salutatus obacz: Jagieliński W. (1698).

— Augustus Sarmatiae, regnator civium, civis cordium, Palemoniae gentis pridem Vilnae desideratus hospes, Augustus II. Poloniarum Rex cordis et capitis censu a Collegio Academico Vilnensi Soc. J. salutatus. Vilnae. B. w. r. (1706). folio, str. nlb. 57. (prócz karty tytułowej).

Porówn. Kierdej J.
Krasińs. — Wileńs.

— Inter festivos Pomeraniae applausus gratulatorio Gedanensis Rozrażoviani Collegii Soc. J. obsequio salutatur Fridericus Augustus I. Anno 1685. folio.

Tę datę ma Brown Bibl. pis. S. J. s. 22. widocznie mylną.

— Actus electionis Serenissimi Regis Augusti et Pacta Conventa ejusdemque. 1733. folio.

— Administracya od Najjaśniejszego króla Augusta II. dóbr ordynacyi Ostrogskiej. Obacz: Ostrogska ordynacya.

— Aetas aurea renascentis e suis cineribus sub Augusto Octavio Romani Imperii, auspiciis et felicitate Augusti II. Poloniar. Regis invictis. iterum Sarmatiae renascens post publicas orbis Christiani plausus scenico apparatu celebrata a celsissima, illustr., perillustri, magnifica studiosa juventute in Colleg. Varsaviensi Soc. Jesu. An. Dni 1698. folio, kart 4. (program). Ossol.

— Das über die Ankunft Friedrich August's, König von Pohlen anno 1728. frohlockende Wittenberg. Wittenb. 1728. w 4ce, str. 44 i 1 rycina. Ossol.

— Die an den neu-erwehlten König von Pohlen in Tarnowitz gethane Anrede, von der Gesandschaft der durchleuchtigen Republic gehalten, aus dem lateinischen übersetzt. Anno 1697. Bez m. i dr. w 4ce, kart nlb. 4.

Porównaj: August II. (Oratio). — Dzieduszycki Jerzy (Ansprache).
Ossol. — Raczyńs.

— Anrede, welche an den neu-erwählten König von Pohlen (August II), jemand, der dieser auf Sr. Majest. aussgefallener Wahl halber, nach Tarnowitz abgeschickter Pohlnischer Herren Senatoren aller unterthänigst vor Deroselben abgelegt. w 4ce, kart 4.

ob. niżej: Versio. Branic.

— Beschreibung wie der Chur-Fürst zu Sachsen Friedrich Augustus den 12 Sept. 1697. in Crackau seinen königlichen Einzug gehalten. (Na końcu:) Bresslau, zu finden bey George Seydeln. w 4ce, str. 8.

— Beschreibung der Ehren-Pforte so bei erstem in Warschau Einzuge des aller-durchlauchtigsten Hr. August II. von Gottes Gnaden König in Polen etc. auff den 12 Januar 1698. aufgesetzet aus der polnischen und lateinische Sprache treu u. fleissig ins Teutsche übersetzet. (1698). w 4ce, k. 8.

ob. niżej: Opisanie. Ossol.

— Beschreibung des Einzugs Aug. II. in Danzig mit Beschreibung von Marienburg und Danzig. w 4ce.

Przyłęcki.

— Beschreibung des Einzugs, welchen Ihr K. Maj. in Pohlen etc. in die Stadt Dantzig gehalten im J. 1698. w 4ce.

Tak podaje tytuł Przyłęcki (za Hoppem). — Porównaj jednak niżej: Einzug (1698) i Lange L. (Beschreibung 1698).

— Beschreibung des Grossen Herzogs und Churfürstens zu Sachsen Friderici Augusti als neuerwehlten Königs in Pohlen etc. magnifiquen gehaltenen Einzug zu Cracau. Samt der hierauf erfolgten Crönung d. 5. 15 Sept. 1697. nebst einem Kupfer vorgestellet. Nürnberg, bei C. S. Froberg, (1697). w 4ce, kart 4.

Rycina folio poprzeczne. Portret króla. Wjazd i koronacya z przytoczeniem osób biorących udział, tudzież widok Krakowa.
Czartor.

— Beschreibung (Kurtze) der den 5 (15) Septembr. 1697. zu Crackau geschehenen königlichen polnischen Crönung. B. m. i r. (1697). w 4·ce, k. 4. Jagiell.

— Toż. (Na końcu:) Breslau, zu finden bey George Seydeln. w 4·ce, kart 2.

— Toż. Dresden, gedr. bey Johann Riedeln. w 4·ce. kart 2.

Czartor. — Branic. — Bibl. Zygm. hr. Pusłows.

— Beschreibung (Kurtze) von dem betrübten Todes-Fall des Friderici Augusti höchstseel. Andenckens, u. dem in Warschau kostbar aufgerichteten Parade-Bette etc. Bez podania miejsca druku. 1733.

ob. niżej: August II. (Todesfall).

— Beschreibung (Ausführliche) der prächtigen Leichen - Procession Seiner Höchstseel. Majestät Augusti Königs in Pohlen, wie auch des vor 36 Jahren verstorbenen Königs Sabietzky, nebst dessen Gemahlin und Printzens, welche den 11 August 1733. von Warschau nach Cracau gebracht und allda beygesetzet worden. Gedruckt in Bresslau. (1733). w 4·ce, k. 2. Czartor.

— Carmen triumphale Augusto II. Poloniarum Regi post receptum Camenecum, Podoliam, Ukrainam etc. incruento victori inter festivas tripudiantis Europae acclamationes a Societate Jesu provinciae Polonae dedicatum (1699). folio, 9 ark.

Jest tu przydana rycina na miedzi ryta przedstawiająca bramę Kamieńca z której Turcy wychodzą wynosząc z sobą manatki. U góry napis: Luna migra solis statio est regisq. coronae, a u dołu zaś napis: rursus post tenebras spero lucem. Nazwisko rytownika nieznane. — Przypis prozą królowi Augustowi II., dalej wierszem hexametrowym wysławia przymioty i zasługi króla Augusta II. — B. w. r. i m. dr., lecz druk krakowski.

Czartor. — Jagiell. — Zamojs. — Krasiń.

Toż samo. Swada latina Ostrowskiego 1747. str. 108—122.

— Corona christianitatis in serenissimo ac invictissimo principe Augusto II. Dei gratia Poloniae rege orthodoxo, Magno Duce Lithvaniae, Russiae, Prussiae, Masoviae, Samogitiae, Kijoviae, Volhyniae, Podlachiae, Livoniae, Smolensciae, Severiae, Czernichoviaeque, haereditario duce Saxoniae, Juliae, Cliviae, Montium, Angriae et Vestphaliae, S. R. I. Archimareschallo et electore Landgravio Thuringiae, marchione Misniae, nec non Superioris et Inferioris Lusatiae, burgravio Magdeburgensi, comite principe Hennebergensi, comite Marchiae, Revensbergae et Barbii, Domino in Ravenstein etc. etc. inter faustas regnorum comprecationes atq'; festivos populorum plausus coronato, ad ecclesiae militantis subsidium, terrorem hostium, Poloniae tutelam et ornamentum, Coelo auspice destinata, a devotissimo et subjectissimo S. R. Majestati Collegio Varsaviensi Societatis Jesu stylo panegiryco demonstrata. Anno post coronatum in Carne Verbum 1697. Torunii, imprimebat Joannes Balthasar Bresler. 1697. folio, ark. 14. (sign. A—N).

Ossol. — Wileńs. — Czartor. — Jagiell.

— Declaration der Confederation zu Thorn nach Ankunfft Sr. Königl. Maj. Augusti II. in dero Königreich Polen. d. 2 Octobr. Anno 1709. Dresden, bey Jos. Riedeln, Hof-Buchdr. 1709. folio, kart 4. Jagiell.

— Das in ganz Europa herschende Churhaus Sachsen und das sonderbare Geheimniss der Wahl. 1697.

ob. Chur-Haus Sachsen.

— Deorum munus, gentium votum, gratiarum labor. Serenissimus augustissimorum parentum Friderici Augusti et Mariae Josephae neonatus. Tanquam materni sanguinis flos, paterni corporis, vigor et simulacrum, mentis avitae imago et haeres adoratus. Anno Domini MDCXX. Varsaviae, typis S. R. M. Collegij Scholarum Piarum (1720). folio, kart 2 i ark. A—E. (kart nlb. 11).

Rozpoczyna przemowa do Augusta II., w której autor gratuluje królowi urodzin wnuka. Jagiell.

— Descriptio synoptica die inventionis S. Crucis ob. Descriptio.

— Designation der polnischen Magnaten, wie auch der gesammten Hofstatt u. übrigen Suite, welche Ihre K. Majest. in Polen a. bevorsteh. Herausreise in Sachsen bedienen werden. — Etwas Neues von der· Leipziger Michael-Messe, 1699. Vorstellend die Ankunft Sr. Majest. in Polen u. die Lieste der anwes. hohen Standes - Personen. Bez w. m. 1699. w 4ce, kart 6.

— Diploma abdicationis per serenissimum Augustum Regem et Saxoniae Electorem extraditum. Abdications-Instrument, wormit J. K. M. der König Augustus, sich allen ferneren Ansprüchen auf die Cron Pohlen verziehet. Gegeb. in Petercau d. 20 Octobr. 1706. w 4ce, 1 ark. Branic. — Czartor.

— Diploma abdicationis serenissimi Regis Augusti etc. etc. — Entsagung des Reichs des Aller-Durchleichtigsten Königes Augusti etc.· etc. [Dat. 20 Octobr. 1706]. Bez m. w 4ce, str. 8. Po łacinie i niemiecku. — Porównaj wyżej: Instrumentum.

— Dyploma wyboru Augusta II. (1697). folio. Hoppe.

— Diaryusz negociáciey Jáśnie Wielmożnych Wielmożnych, Ichmościow Panow posłow, od Rzeczy - Pospolitey, do Krola Jego Mości obranego, Fryderyka Augusta, cum denuntiatione wyprawionych z Warszawy. 15 Julii 1697. Bez m. folio, kart nlb. 5. Na końcu podana mowa wojewody Wołyńskiego. — Porównaj wyżej: Anrede. Jagiell. — Ossol.

— Na wieczną pamiatkę. Dyaryusz dostateczny wiazdu y aktu koronacyey króla Jego Mości Augusta II. szczęśliwie nam panuiącego (we wrześniu 1697). folio, kart 2. Warsz. Uniw. — Branic. — Czartor. — Ossol. — Jagiell.

— Crackau den 14 Sept. (Alhier ist nichts mehr zu hören etc.) Einzug Sr. königl. Majestät in Pohlen etc. zu Crackau, am 12: 2 Sept. 1697. (Na końcu:) Dressden, zu finden bey Johann Riedeln. w 4ce, kart 2. Czartor.

— Einzug Seiner Königlichen Majestät in Pohlen zu Crakau den ¹²/₂ Sept. 1697. (Na końcu:) Bresslau, zu

finden bey George Seydeln. (1697). w 4ce, str. 4. ob. wyżej: Beschreibung.

— Der höhst - prächtige Einzug, vollenführete glückliche Kröhnung, des durchläuchtigsten, grossmächtigsten Fürsten und Herrn Augusti II. Königes in Pohlen, Gross-Fürsten in Litthauen, Reussen, Preussen etc. des heil. Römischen Reichs Ertzmarschallen u. Churfürsten zu Sachsen etc. etc. in denen Tagen des September Monats 1698. von 12 bis zum 17. vollenzogen, aus Polnischen curieusen Relationen zusammengetragen, von dem der seinem gnädigsten Könige und Herrn getreu verbleibet. B. w. m. dr. w 4ce, kart nlb. 6. ob. niżej: Relation. Czartor.

— Der Einzug Ihro königl. Majt. von Pohlen Augusti des II-ten in die Stadt Dantzig gehalten den 18 Martii 1698. Breslau bei Georg Seideln Buchhändlern. w 4ce, kart 4.

— Des allerdurchläuchtigsten Augusti II. Königes in Pohlen höchstprächtige Einzug den 18 Martii Anno 1698. in die Stadt Dantzig gehalten. In zwey Theilen, derer erstere die praeparatoria, der andere den königl. Einzug an sich in sich hält. Ihrer königl. Majestät zu Ehren unterthänigst aufgesetzet, und auf vieler Freunde Begehren dem Druck übergeben, durch einen Ihr. königl. Majestät getreuen Untersassen, dessen symbolum Bonis Legibus. Dantzig, Stolle. Ob. Lange Balthasar.

— Königl. Majest. zu Pohlen freudenreicher Einzug in Dantzig. (1698). B. w. m. dr. folio, str. 54, tabl. 8. Wrocł. miejska.

— Epistola nobilis Poloni super electione serenissimi potentissimi Saxoniae Electoris in Regem Poloniae (August II). Zervestae, An. 1697. mens. Sept. w 4ce, ark. C₃. (str. 22). Branic. — Krasiśs.

— Gebeth (Ein christlich.), welches nach tödtlichem Abgang Augusti II. Königes in Pohlen und Churfürstl. Durchl. zu Sachsen etc. unserns weyland allergnädigsten Königs und Herrn, in der

Gemeine Gottes der Königlichen Stadt Dantzig öffentlich vorgelesen und andächtig gesprochen worden. Dantzig, gedruckt bey Thomas Johann Schreiber, E. Hoch. Edl. Hochw. Raths und des löbl. Gymnasii Buchdrucker 1733. w 4ce, kart nlb. 8. Czartor.

— Gespräch im sogen. Reich der Todten zwischen Georg I. v. Grossbritanien u. August I. von Pohlen u. Sachsen. Worin dieser beydten König. merkw. Leben und Thaten. [3 części]. Frankf. 1735. w 4ce z ryciną.

— Gratulatio Augusto II. ab acad. Halensi. Magdeb. 1697. folio.

Przyłęcki.

— Das durch den schmerzensvollen tödtlichen Hintritt des allerdurchl. Friedrich August König in Polen. 1733.

— Inscriptio ad arcum triumphalem sub ingressum Augusti II. Regis Poloniae Varsaviam.

Sunda Danejkowicza: Inscript. 40—47.

— Insignes rixae contendentium de vultu principis gentium, deorum providentia in favorem Poloniae feliciter decisae, s. sereniss. Augusti II. post biennalem absentiam, expectatissimus in regnum reditus, ab Equite polono celebratus. Varsaviae, typis in Collegio Scholarum Piarum. 1729. folio.

Toż samo: Ostrowskiego Sunda latina poet. 1747. fol. II. s. 261—268. Kijows.

— Intimation wegen des tödtlichen Hintritts König. Maj. in Polen Aug. II. von allen Canzeln abgelesen 8 Febr. 1733. ob. Intimation.

— Friedrich August der Gerechte König von Sachsen. Sein Leben und Wirken in allen seinen Verhältnissen. Leipzig.

Katal. księg.

— Merckwürdiges Leben Ihro Königl. Majest. von Pohlen und Churf. Durchl. zu Sachsen, Friedrichs Augusti, darinnen alles, was von dieses grossen Printzen hohen Geburth bisz auf dessen tödtlichen Hintritt notabel und denckwürdig, kurtz und aufrichtigst entdecket ist. Franckfurt und Leipzig 1733. w 4ce, str. 32.

Jagiell.

— Toż, tamże. Edycya odmienna. 1733. w 4ce, str. 32.

Obiedwie edycye różnią się winietami i tem, że jeden tytuł ma drzeworyt herbu króla, a drugi nie ma. Jagiell.

— Lebensbeschreibung Frid. Aug. II. König in Polen und Churfürsten zu Sachsen. Berlin, 1734. w 8ce.

— Lettre au serenissime prince Frédéric Auguste roi de Pologne, sur sa réunion à l'eglise catholiqne, apostolique et romaine. Lettre sur ce sujet de la serenissime princesse Marie Jeanne Batiste, duchesse mère de Savoie, princesse de Prémont et reine de Chipre, écrite à l'auteur. Lettre sur la regence de la même princesse. Lettre au roi d'Angleterre. Par M. Pontiez prêtre protonotaire du S. Siege Apostoliqne et de l'Académie de Ricourati de Padoüe. Addition au Cabinet des Grands, imprimé avec privilège du roy. A Paris, chez la veuve Quinet, dans la Grande Salle du Palais auprès de la Chapelle. 1699. w 12ce, str. 32.

ob. niżej: Ursachen. Czartor.

— Na list imieniem kasztelana Bydgowskiego ficte z Socharzewa datowany do biskupa kujaws. Respons ob. Dąbski Stan.

— Manifest derer von Ihro Königl. Majest. in Polen Herrn Augustum II. confoederirten Stände der Republick Polen, wider die von dem Anhang des Cardinal Primas vorgenommene Dethronisation dero rechtmässigen gesalbten Haubtes und geschehene unbillige Wahl eines After- oder neu vermeinten Königes. Mit etlichen kurtzen, doch zum Verstande höchstnöthigen Anmerkungen. Leipzig, bey Joh. Theod. Boetio auf dem Auctions-Platz in Rothhaupts Hofe. 1704. w 4ce, kart 8.

Czartor.

— Mars Saxoniae triumphans super aureo Poloniae pomo a tot principibus affectato, dum ex invicto principe et S. R. Imp. Electore serenissimus et potentissimus Fridericus Augustus in Regem Poloniarum et Magnum Ducem Lithuaniae, Russiae, Prussiae, Masoviae, Samogitiae, Kijoviae, Wolhyniae, Podla

chiae, Podoliae, Livoniae, Smolensciae, Czerniechoviae etc. eligeretur anno 1697. Warschaviae. B. w. r. folio, 1 ark. nlb.
<small>Jagiell. — Krasiń̃s. — Raczyn̄s.</small>

— Augusti II. Reg. Polon. aeterna Memoria in nummis cum fig. 1733. ob. Schultz Jerzy Piotr.

— Mowa do dobrych Rzeczypospolitej synów ob. Mowa.

— Quum omnium serenissimus ac potentissimus princeps etc. Dominus, Dominus Augustus II. Rex Poloniae etc. etc.... post recuperata uno anno tria castella, actos in fugam hostes, clausamque obsidione Livoniae Metropolin, adeoque spei et rei victoriosae plenus, rebus foris probe dispositis, ad felicius tractandas domi habenas in Varsaviensem suam acropolin, a. IIX. Cal. Novembr. A. aer. Chr. clɔlɔCC (1700). fausto pede reservus esset, ipsius Majestatem Regiam et Serenitatem Electoralem, omnium humilima, bene tamen ominanti gratulatione in ipso itinere raptim meditata, excipiendam humillime statuit omnium subjectissimus auctor anagrammaticus: Vir Fide Caleus Secura. folio, k. 4.
<small>W anagramacie imię łatwo odgadnąć Fridericus. Na nazwisko składa się reszta liter: V.ale Secun. Wrocław̃s.</small>

— Opisanie bramy tryumfalnej na pierwszy do Warszawy wjazd najjaśniejszego Pana Augusta II. z Bożej łaski króla polskiego etc. pro 12 Stycznia 1698. wystawionej. Bez m. r. i dnia (1698). w 4ce, kart 2.
<small>Z opisania tego dowiadujemy się, że napisy na bramie były: opera et ingenio patrum Soc. Jesu. Branic.</small>

— Opisanie wjazdu króla JM. Augusta II. do Warszawy die 12 Januarij 1698. folio, k. 1. <small>Ossol.</small>

— Oratio qua Reip. Pol. praecipuus legatus Ser. Electori Sax. coronam Regni Tarnovicii in confiniis Poloniae obtulit 21 Jul. 1697. w 4ce, 2 karty.
<small>ob. wyżej: August II. (Anrede 1697).</small>

— Ordnung der Entrée, welche den 6. 16 Septembris bey Ihr. Kön. Maj. in Pohlen Huldigungs - Empfang vom Magistrat von Cracau observiret wor-

den. Dressden, gedruckt bey Johann Riedeln 1697. w 4ce, 2 karty.
<small>Czartor. — Pusłows.</small>

— Nigra penna aquilae albae tristi et atro fatorum serenissimi Augusti secundi Poloniarum regis colore fusca brevi. Vitam et obitum eiusdem serenissimi principis in se complectens defungens. Episodio anno Domini 1733. mense Februario. folio, 2 karty.
<small>Poemat składający się z 6-ciu strof o nierównej ilości wierszy (1-sza ma 22; 2-ga 10; 3-cia 14; 4-ta 8; 5-ta 12; 6-ta 8 wierszy) — razem wierszy 74. Drohobycz.</small>

— Planta felicitatis publicae in sanato pede sereniss. Friderici Augusti, Poloniar. regis et electoris Saxoniae, ad populor. solatium, ab equite polono erecta. Vars. Schol. Piar. 1727. folio, ark. C2. <small>Poemat. Kijows.</small>

— Przywileje i konstytucye sejmowe za panowania Augusta II. 1697. ob. Przywileje.

— Reglement, wornach-wegen Augusti II. Absterben sowohl die Damen als Cavaliers mit der Trauer sich zu achten haben. Berlin ob. Reglement.

— An einen auf dem allg. Reichstage in Warschau befindlichen Freund ob. Freund.

— Relacya gestorum na górach Tarnowskich ob. Relacya (1697).

— Relatia wjazdu solennego do Krakowa y zamku z iak największą magnificentią y pompą Naiaśnieysaego (sic) y Niezwyciężonego króla J. M. polskiego etc. Xiążęcia elektora Saskiego etc. odprawionego die 12 Septembris, y consequenter praeliminaria actus coronationis opisane. Bez m. dr. i r. (1697). w 4ce, kart nlb. 6.
<small>Krasiń̃s. — Raczyn̄s. — Jagiell.</small>

— Relacya wyjazdu Jego Król. Mci z Warszawy y tego co się subsequenter działo r. p. 1700. folio, str. 10.
<small>Branic. — Czartor.</small>

— Relacya szczęśliwego przybycia J. K. Mci Augusta II. do Warszawy. 1709. folio, k. 1. <small>Ossol.</small>

278

— Relatio latina solennissimi ingressus in urbem metropolitanam Cracoviensem et arcem magnificentissimam cum summo plausu et pompa serenissimi et invictissimi Regis Poloniae etc. Ducis haereditarii ac Electoris Saxoniae etc., peracti die 12 Septembris, ac Relatio actus coronationis. B. m. dr. i r. (1697). w 4ce, kart nlb. 6.

Krasiūs. — Jagiell. — Ossol.

— Relation wie die grosse Gesandschaft aus Pohlen ihrem erwählten Könige Sr. Chur-Fürstl. Durchlaucht zu Sachsen die Königl. Krone mit grosser Solennität angetragen. 1697. w 4ce, 1 ark.

Ossol.

— Relation wie Sr. Königl. Mai. von Pohlen und Churfürstl. Durchl. von Sachsen etc. den 2 (12) September Anno 1697. in der Haupt-Stadt Cracau auf das prächtigste eingezogen, und den 5 (15) Sept. darauf mit gewöhnlichen Solennitäten glücklich gecrönet worden. Worbey zu mehrerer Erläuterung einige reflexiones und Anmerckungen mit immisciret zu finden. Cracau, Anno 1697. w 4ce, k. nlb. 8.

Pochód otwierało konno kupiectwo, mieszczanie trzymali baldachim nad królem, a przed miastem stało 600 górników z żup solnych.

Czartor. — Zygm. Pusłows.

— Relation welchergestalten der neuerwählte König in Pohlen Fridericus Augustus. (1697). w 8ce.

Katal. księg.

— Eigentliche Relation, welcher gestalt Ihro Königl. Majestät in Pohlen Augustus II. An. 1699 d. 1 Septemb. durch Frau-Stadt passiret. Gedruckt zur Lissa durch Mich. Bukken. Verlegt und Verkauffts Joh. Cundisius, Buchhändl. in Fraustadt. w 4ce, k. nlb. 6.

Branic. — Czartor.

— Reprezentacya męki Jezusowej z okazyi przywrócenia zdrowia Aug. II. przez officyalistów żupp J. K. Mci Wielickich w kościele farnym Wielickim trzydniowemi scenami wystawiona. 1727.

ob. Reprezentacya.

— Reskrypt szlachcica polskiego na pewnego Zoila przestrogę i odpowiedź czyli Reskrypt na Reskrypt.

ob. Reskrypt.

— Die gerechte Rettung seines Rechtes, durch dieses Manifest. 1700.

ob. Rettung.

— Saxo percussit Philistaeum seu responsio theologica Cracoviensis ad resolutiones theologi Varsav. cujus falsitas et dogmata depravata deteguntur et honor Augusti II. defenditur.

ob. Saxo.

— Sermo gratulatorius serenissimo potentissimoque Domino Domino Friderico Augusto Regi Poloniarum, Magno Duci Lithuaniae, Russiae, Prussiae, Masoviae, Samogitiae, Kyoviae, Wolhyniae etc. etc. Domino suo indulgentissimo, in solenisima panegyri humillima devotione nuncupatus ab Academia Lipsiensi. Lipsiae, litteris Christiani Scholvini (1697). folio, k. 6.

Por. Gratulatio. Jagiell.

— Sidera terrae Chełmensis ac districtus Crasnostaviensis post fatalem occasum Solis Lechici Augusti II. Poloniarum Regis tranquillitate Regni, clementia, militari gloria serenissimi; zelo legum patriarum, amore libertatis avitae, manutentione securitatis internae, justitiae rigorosa administratione, radiantia (ozdobna linia poprzeczna). Lublini, typis Collegii Societatis Jesu Annô Domini 1733. folio, str. nlb. 46.

Na odwrotnej stronie tytułu: Cerae procerum ac judicum senatoriis majorum splendoribus flammis in bello triumphalibus colligatorum familiarum claritate rectegestorum luminibus illustrissimae a Studio Philosophico Chełmensi Scholarum Piarum pro inextingvibili memoria, exemplo, imitatione observatae. Anno ab ortu solis justitiae 1733. A. Wolański.

— Augustus II. von Gottes Gnaden König in Pohlen etc. Signum belli eines für zwey, aus dem Poln. übersetzt. Gegeben in Warschau d. 15 November 1698. w 4ce, kart nlb. 4.

ob. wyżej: Uniwersał.

Czartor. — Uniw. lwow.

— Friederici Augusti betrübter Todesfall nebst Beschreibung seines Lebens und in Warschau aufgerichteten Parade-Bettes. 1733. w 4ce.

ob. wyżej: Beschreibung.

— Trauerlied auf den Tods - Fall Friderici Augusti aufgesetzt von sämmtlichen kathol. Bergknappen Sachsens. Freyberg, 1733.

— Tryumf wieczności zapisany albo raczey miecz zwycięztwa Nayiaśn. Rp. korony polskiej przez wielkość y dzielność Nayiaśn. y niezwyciężonego Augusta II. z Bożey łaski króla polskiego prawdziwie nam panującego szczęśliwie erygowany na pociechę oyczyznie, przy szczęśliwym Panie w wszelkiej szczęśliwości z Nieba y ozdoby obfitujący y opływaiący, dedykowany J. W. J. P. Janowi Tarłowi. Ob. Szydłowski Wojciech Antoni (1729). Warsz. Uniw.

— Ursachen warum der König in Polen den Prinzen Jacob hat in Verwahrung bringen und halten lassen. Leipzig, 1704. w 4ce.

Por. wyżej: Kopia listu. — List.

— Ursachen warumb der Churf. v. Sachsen Friedr. Augustus, nunmehr neuerwählter König in Pohlen, katholisch worden. Bez w. m. 1697. w 4ce, kart 6.

— Veritas a calumniis vindicata seu responsum regis Succiae, quo nefandae artes et calumniae regis Poloniae manifestantur. 1700.

ob. Karol XII.

— Versio der an den neu-erwehlten König von Pohlen gehaltenen Anrede in Tarnowitz derer Ablegaten von der durchlaucht. Republic. Auss dem Lateinischen. Bresslau zu finden bey George Seideln Buchhändlern. 1697. w 4ce.

ob. wyżej: Anrede — Oratio. Czartor.

— Vórstellungen so wegen Chursachsen durch dero Gesandten [Flemming?] der Königl. Wahl halber geschehen. (1697). w 4ce, 2 karty.

Przyłęcki.

— Gründliche Vorstellung, mit was vor gerechten und dringenden Ursachen der durchleuchtigste und grossmächtigste Fürst Augustus II. König in Pohlen etc. Churfürst zu Sachsen etc. und zu dieser Zeit des heil. Röm. Reichs Vicarius, be-

wogen worden, des Königes von Schweden in Vor-Pommern stehende Armée anzugreiffen. Im Monath August. 1711. B. w. m. w 4ce, str. 8.

Tytuł w 17 liniach.   Jagiell.

— Toż. B. w. m. w 4ce, str. 8.

Tytuł w 16 liniach.

— Toż. B. w. m. w 4ce, str. 8.

Tytuł w 13 liniach.

— Weine Sachsen, denn die Ceder deines Landes ist gefallen, von dem Durchl. Fürsten Friedrich Augustus König in Polen am $^{12}/_2$ 1733. gehalten.

— Vortrefflichkeiten Friderici Augusti König in Pohlen bey Gelegenheit des 1730. unweit Mühlberg errichteten Campaments. B. w. m. i r. (Dresden), 1730. w 8ce, kart 2.

Autor: I. F. L. utrinsq. juris studiosus. — Obacz L. I. F. — Por. Buchta, Jordan.

— Życie i zdrowie Najjaśn. Augusta II. z Bożej łaski króla polskiego, W. X. Lit., Ruskiego, Pruskiego, Mazowieckiego, Żmudzkiego, Kijowskiego, Wołyńskiego, Podolskiego, Podlaskiego, Inflantskiego, Smoleńskiego, Siewierskiego, Czernichowskiego, a dziedzicznego księcia Saskiego i Elektora prawowiernemu katolictwu przy solennej wotywie za przywrócenie zdrowia królewskiego i oraz przy supplikacyach za szczęśliwe powodzenie następującej rady Warszawskiej, w kościele Toruńskim św. Jana przez kaznodzieję tegoż kościoła ordynarium Soc. J. kapłana zalecone r. 1727. w Niedzielę wtórą postu. Cum facultate Superiorum. W Toruniu, impressit Joh. Nicolai, nob. Senat. et gymn. typogr. (1727). folio, k. nlb. 10.

Przypisało prozą pol. koll. Toruńskie S. J. radnym miasta. Tomaszowi Skomorowskiemu burgrabiemu JKM., Jakubowi Rubinkowskiemu sekretarzowi JKM. i Kazimierzowi de Schwerdtmann sędziemu Toruńskiemu.

Uniw. lwow. — Ossol. — Jagiell. — Zieliń. — Warsz. Uniw.

— obacz: Actum (1697) — Affter-König (1704, 1705) — Albani Annib. (Ragguaglio 1733) — Amand ob. La Chapelle (1739) — Applausus Saxoniae triumphantis (b. r.) — Arteński Raf.

(Thronus regni 1697) — Articles (1733) — Articuli (pactorum 1697, 1705, pacis 1706, armisticii 1716, foederis 1719) — Behr Christ. (Aquila 1698) — Beichlingen Joh. (Panegyricus 1697) — Berhnauer Georg Chr. (Program. Frid. A. 1733) — Bericht (1702) — Berne Gerard Josef (Syncharisticon b. r.) — Beschreibung (1698) — Bibliotheca (1718) — Bielecki Martinus (Majestas regni 1697) — Bizardière De (Histoire de la scission 1699, 1700, 15; Histoire der Wahl-Täge 1733; Der poln. Wahl-Schoppen 1698) — Blankiet (1697) — Bodenehr Mor. (Augustus redux 1727) — Boerner Chr. Friedr. (Orat. paneg. 1733) — Bornmann Krys. (1699) — Bratkowski Dan. (Świat po części 1697) — Brieffe (1699) — Buchowski Andr. St. (Paneg. coronam 1697), (Pax ab oriente (1699) — Buchta (1730) — Buddaeus Joh. Christ. Glorwürd. Leben 1733, 1734, Vorläuf. Bericht 1735) — Bulow Frid. Gott. (1747) — Carmen (b. r.) — Cedern Hayn (1698) — Cellarius Kr. (1697) — Chur-Haus Sachsen (1697) — Christiane Eberhardine (1713) — Chwałkowski Mikoł. (1712) — Compendium (portret 1704) — Conradi Mich. (Lebens und Regier. 1797) — Copey (1700) — Coste Pierre (Discours prononcé 1733) — Cunabula (1697) — Curicke G. R. (Freuden Bezeugung 1698) — Cyboni Chr. Joh. (Culmen gloriae 1698) — Dabski X. Stanisław (Uniwersał 1697) — Dank (b. r.) — Declaration (1709) — Desfontaines (1735) — Des Roches ob. Parthenay — Deubler Jan Jerzy (Espèce 1710) — Diesseldorf Jan Gottfryd (1700) — Discurs podróżny (1701) — Długosz Jan (Historia 1712) — Dreux du Radier (portret 1777) — Dyaryusz sejmu (1697) — Dzieduszycki Jerzy (Die Begrüssung 1697) — Entrevue (1733) — Elenchus (b. r.) — Epistolam (in) Animadvers. (1701) — Erndtelius Christian Henricus (1730) — F. J. od św. Józefa (Propozycye od Jezusa 1740) — Fassmann Dawid (Glorwürd. Leben 1733, 1734) — Favini Giuseppe (1716) — Fieschi Maurycy (b. r.) — Flemming

(Schreiben 1713) — Fortuna (1726) — Franz (1733) — Frentzell Hyac. (1697) — Freytag Fried. G. (Programma de meritis 1733) — Fryderyk Wilhelm (Schreiben wegen Gerüchte 1718) — Frydrychowicz Dominik (b. r.) — Geschichte (b. r.) — Gespräche (1733) — Ghelen G. V. (1697) — Głos płaczliwej matki — Gliński Joannes (Puncta 1697) — Golejowicz St. Alb. (1713) — Gomoliński (Memoriale nomine Regis 1698) — Gościecki Franc. (Poselstwo Chomętowskiego do Achmeta 1732) — Gottsched Jan Krzysztof (Ein wahrer Held 1733) — Hacki M. A. (1698) — Hanacius Chr. (1733) — Herden Jakob (Den allerdurchlauchtigsten 1702) — Herka Jan Cant. (Memoria saeculor. 1734) — Histoire (1734) — Histoire d'un gentilhomme ecoss. (1750) — Humiecki (Mowa 1698) — Jabłonowski Joannes (Oratio 1697, 1747) — Jabłoński D. E. (Libellus supplex 1718) — Jagieliński Waleryan (ipse sibi paneg. 1698) — Jętkiewicz Teofil (Aquila 1730) — Innocentius XII. (Copia literarum 1698) — Instrumentum traktatów (1699) — Jordan Konstanty Walawski (1730) — Jurament (1697) — Kącki Martinus (1699) — Kierdey Joz. (salutatus 1706) — Kirchmajer G. L. (Panegyricus 1727) — Klemens XI. (Copia 1704, Litterae 1704) — Kobielski Franc. (Mowa na pogrzebie 1734) — Koenig Joh. (Heldenlob 1719, Trauer Gedicht 1733) — Konfederacya (Opatows. 1704, Sandomir. 1704, Województw 1704, w Tarnogrodzie 1715, w Wilnie 1716) — Konwikcya (b. r.) — Kopia listu (1704) — Kopia des Schreibens (1724) — Kostowski J. Kożuchowski B. F. — Krasiński Jan (1697) — Krzistanowicz St. (1697) — Kulpiński Józef (1697) — Labarre de Beaumarchais Ant. [Parthenay?] (Histoire de Pol. 1733, 1771) — La Bizardière M. D. [Bizardière] (Histoire de la scission 1699, 1700, 1715) — La Chapelle Amand (Mémoires 1739) — Lamberti (Mémoires 1748) — Langallery (Mémoires 1743) — Lange Balthasar (Beschreibung 1698) — Lauterbach Samuel Fryder. (1727) — Leben (1733) — Lengnich Godofredus (Lobrede 1733, Geschichte des Kön. Polen 1755, Indulgentiam, Laudatio 1733, Oratio 1733) — Lesgewang K. L. (Panegyricus 1720) — Leszczyński Stan. (Der fälschl. vermeinte König. 1704, Bericht 1733, Berüttelse 1733) — Leszczyński Seb. Jan (Roxolani leonis plausus 1698) — Libellus supplex a dissidentibus (1718) — Linde Johann Ern. (Oratio in adventu b. r.) — Livonia summa injuria impetita — Livonia perfide cruentata (1700) — Lubomirski Stan. H. (Consultationes 1700) — Luchini Antonio Maria (1718) — M. L. C. (Histoire 1739, 1750) — Macphail Alex. (Panegyris 1729) — Majestas Regni sarm. (1697) — Małachowski Stan. — Malicki B. K. (Tractat. ling. polon. 1699) — Manifest (1704) — Margowski Andrzej Rudolf (Alcides saxonicus 1697) — Massuet Piotr (Histoire de guèrre 1735) — Meder B. G. (Schützen-Acta 1699) — Meder Joan. Valent. (Gedicht 1698) — Meier Joach. (1702) — Memoires (1710, 1741) — Mencken (Bey Vermählung 1719) — Michałowski Ign. Paweł (1720) — Mittag Joh. G. (Leben und That. 1733, 1734) — Mowa do dobrych synów (b. r.) — Murinius (1712) — Obwieszczenie (1697) — Oratio (1697) — Orzechowski St. (Fidelis subditus 1698) — Ośliński Mart. (Panegyricus 1697) — Ossoliński (in inaugurationem 1697) — Ostrowski (Suada polska 1745, I. 3, str. 1—7, 10, 25) — Ożarowski Jerzy (1733) — Oznajmienie (króla 1697), (interregni 1707) — Parthenay J. B. Desroches (Labarre), (Histoire de Pol. 1733, 1771), (Geschichte von Polen 1771) — Pascius Nicolaus (Fausta electio 1697) — Patkul Jan Reinhold (Berichte 1705, 1792—97) — Patthenius Joh. Phil. (Dissert. de dethronis. 1704) — Pasquini mit dem Marforio (1707) — Perrimezzi Joseph Maria (1727) — Piccolomini Aeneas Sylvius (1745) — Plutóvius Joannes (1698) — Poelhnitz Kar. Lud. (La Saxe galante 1734, 1776, Liebschaften 1755, 1784) — Poklatecki Fr. (Poselstwo Pawła Lesz-

czyńskiego od Augusta II. 1744) — Polen (1704) — Polonia desponsata — Poniński Ant. (Insignes rixae, Planta, Deorum munus, Pacis deliciae) — Potentaten Helden Briefe (1701) — Potocki Teod. (Uniwersal wegen Absterben 1733) — Potulicki Jan (Gesta) — Propozycye (1697) — Prozess (1724) — Przebendowski Piotr Henr. (Hist. Nachricht üb. Polen 1710), (Memoires sur revolutions 1710) — Radzewski ob. Poklatecki — Radziejowski Michael (Uniwersał przeciw A. 1704) — Reglement (1733) — Reflexye ziemianina (1697) — Relacya traktatów (1699) — Relation (1699) — Reprezentacya (1727) — Respons (1697) — Rinck Chr. Got. L. (Oratio cum genealog. 1733, Oratio docens 1734) — Rokosz ku obronie wiary (1697) — Rubinkowski Jakób Kazimierz (Promienie cnót 1742) — Rzewuski Wacław (Żal po śmierci Augusta II. 1773) — Saint Amand (Mémoires 1739) — Sapieha Jan Fryderyk (Adnotationes 1730) — Saxo percussit (1697) — Schau Franc. (Bravium 1697) — Schedel Nicolaus Alexander (Na akt wjazdu) (Muza z Helikonu 1697) — Schelgwig Sam. (Rede 1697) — Schlakow Joh. Jacob (Gedicht 1698) — Schmieden Joa. Ernest (Augusto II. b. r.) — Schulz Fried. ob. Poelhnitz — Schultz Georg Petr. (Aeternam memor. 1733) — Schurzfleisch Conr. S. (Solemnia gratul. 1697) — Schutz Konstanty (Predigt 1697) — Seyler G. D. (Orat. in memor. 1733) — Siècle d'or le siècle d'ordre (1698) — Sienieński Stan. Nep. (Słowo 1733) — Skrzetuski Jan (Anatomia moralis 1698) — Słowicki Łukasz (Heroica poesis 1726, Prospere 1697) — Soares de Barros Jos. J. (Vita di Aug. 1739) — Spinola Mikołaj (Oratio 1710) — Staats-Mann (Der Curieuse 1698) — Suffragia województw i ziem (1697) — Summaryusz rachunków generalnych (b. r.) — Sylvius Aeneas (Oratio b. r.) — Szala do rozważenia (1697) — Szczuka Stanisław (Powitanie 1699) — Szydłowski Wojciech Antoni (Tryumf wieczności 1729) — Szyrwiński Fr. (A. in sarmat. corona 1697) — Tenzel Wilh. Ernest (Chur- und fürstlicher Kalend. 1697) — Thumel Joan. Andreas (Gedicht 1698) — Tractatus inter (b. r.) — Traktaty między Augustem II. (1706) — Uchwały i sancita (1707) — Wahl Andreas (Magnum magni Augusti II. nomen 1697) -- Warzecha Józ. (Panegyris 1698) — Wedemeier Jan Henryk (Kurtze Relation b. r.) — Weidemann M. (Glückwunsch b. r.) — Wend G. (Sylloge observat. 1698, Coronam gratulat. 1698) — Wendel Wolf D. (Hieloglyphische Beschreib. 1699) — Werch Samuel (Gedicht 1698) — Veronensis Candidus (Ecclipsis Poloniae 1709) — Verzeichniss der Confederat. Puncte (1704) — Wiadomości cudzoziemskie (1699) — Wieruszewski Kaz. (Azylum koronne 1724) — Wieruszewski Pet. (Die 3 Reichs Stette der Ehren 1724) — Wiśniowiecki Janusz (Kazanie 1733) — Wiszniowski Greg. Adalb. (Princeps honorum 1697) — Włocki Jan Fraciszek (Propozycyje 1740) — Vortrefflichkeiten (1745) — Załuski Andrzej (Oratio 1702, Analecta 1721, Legationsrecht 1726) — Zawisza Krz. (Mowa 1697) — Zech Bernard (1705).

AUGUST III. (1596 † 1763). Anrede des Königs Augustus III. an die Abgeordneten der Stadt Danzig. Dresden.
Katal. księgarni Lissnera.

— August Trzeci z bożey łaski król polski etc. (Pozwolenie otworzenia typografii JW. Xięciu Radziwiłłowi w Nieświeżu). Dan w Warszawie d. 27 Sierpnia 1750. B. m. i r. dr. w 4ce. 1 karta.
Jagiell.

— Briefwechsel (Merkwürdiger) zwischen S. K. M. von Preussen und S. K. M. von Polen, betreffend die Verhandlung beider Könige in den Lägern von Pirna, die Recrutirung in Sachsen, und die Correspondenz der königl. Familie in Dreszden. B. w. m. 1737. w 4ce.

— Conclusum seren. Regis Augusti III. Domini nostri clementissimi, ordinum Regni et Magni Ducatus Lithuaniae, in congressu ad latus regium per generalem eorundem · confoederationem constituto. Olivae, die 30 Julii A. Dni 1734. sub continuatione eiusdem confederationisexpeditum. w 4ce, 2 ark.
Akad.

— Conclusum Nayiaśniejszego króla JMci Augusta III. Pana naszego miłościwego, Stanów koronnych y W. X. L. na Radzie przy boku Pańskim, generalną tychże Stanów konfederacya postanowioney pod kontynuacya pomienioney konfederacyi expedyowane. W Oliwie, d. XXX. miesiąca Lipca r. p. 1734. B. m. dr. (w Oliwie). folio, k. 4.
Jagiell. — Akad. — Krasiń. — Warsz. Uniw.

— Concordatum etc. inter SS. D. N. Clementem XII. Sanctamque Sedem et S. M. Augusti III. regis Poloniarum, electoris Saxoniae etc. super monasteriis ejusdem Regni. B. w. m. dr. (1737). folio.
Ciampi Bibl. crit. Nr. 91.

— Confirmatio generalis jurium. Dat. Cracoviae in conventu felicis coronationis d. 29 Januar. 1734. folio.
Przyłęcki.

— Confirmatio privilegii Joan. Casimiri quo collegium Leopoliense Academia crearetur. Dat. 19 April. 1758. ob. Academiam nuper institutam. 1760.

— Copia literarum fidei a sereniss. Friderico Augusto Reg. Polon. et M. D. Lith. principe regio, electore Saxoniae, ad celsiss. Regni Polon. et M. D. Lith. primatem et principem Theod. Potocki, illustribus et magnif. Dominis, comiti Josepho de Wackerbart — Salmour, et libero baroni Henr. de Baudissin, ministris suis plenipotentiariis, datarum. (Dresdae, 1 Aug. 1733). w 4ce, k. 2.
Por. Articuli pactorum. Akad.

— Copia rescripti Sacrae Regiae Majestatis ad Status ducatuum Curlandiae et Semigalliae emanati. Die 15 April. a. 1763. B. w. m. (1763). folio.
Bibl. petersb.

— Declarations du roy aux princes et Electeurs de l'empire. 1734. folio.

— Deklaracya J. K. Mci strony ewakuacyi woysk Saskich y zabieżenia wszelkim aggrawacyom. (Iż lubośmy

już nieraz...). Dan w Warszawie d. ....
mies. .... r. 1735. folio, 1 ark.
Jagiell. — Akad.
— Denuntiatoriae coronationis Serenissimi Regis Augusti 1733. folio.
ob. Ogłoszenie — Oznajmienie.
— Denuntiatio regis coronati. Augustus III. etc. [Zarazem:] Reasumpcya
konfederacyi gener. warszaws. Stanów
kor. i W. X. Lit. po szczęśliwej koronacyi Najjaśn. króla JMci Augusta III.
w Krakowie d. 19 m. Stycznia r. p.
1734. B. d. folio, str. nlb. 12. i Rea-
sumpcyi 36.
W egz. Bibl. Krasiús. brak jednak końca.
Krasiús.
— Diploma electionis Serenissimi
Augusti tertii regis Poloniae. Dat. Varsaviae, sub tempus comitiorum pacificationis die 9 Julii An. 1736.
Zamieszcz. w Swada polska Ostrowsk. 1745.
f. I. 3. str. 11—15. — Zarazem: Zalecenie sejmików przedsejmowych senatorom.
Dan w Wschowie, 30 maja 1738. tamże
s. 26. — W tejże materyi do dygnitarzów
i starostów sądowych; do urzędników powiatowych i szlachty; kredens w tejże materyi do posła, tamże s. 26. — Instrukcya
od J. K. Mci na Sejmiki urodz. posłańc.,
tamże s. 26. — Uniwersał króla J. Mci
Augusta III. na sejm. Dan w Warszawie
r. 1744., tamże s. 28—31.
— August III. król Polski W. X.
Lit. Ruski, Pruski, Mazowiecki etc. a
dziedziczny Xiąże Saski i Elektor etc.
Diploma. Dan w Warszawie 10 Kwietnia 1736. panowania III. roku. (Warszawa). folio, kart 2.
Krasiús. — Jagiell.
— Edictum regium d. 15. V. 1759.
folio, 1 karta. Ossol.
— Edykt Nayjaśniejszego króla
JMci polskiego, elektora saskiego względem negocyacyi in rem dożywotnich
dochodów. W Dreznie, d. 13 Januarij
1748. wydany. folio, ark. H₁.
Jestto założenie Tontiny czyli Banku loto-
ryjnego w Lipsku u Jan. Tob. Gerbera i
w Warszawie u barona Piotra de Riau-
cour. Jagiell.
— Ihrer Königl. Majestät in Pohlen
etc. als Chur-Fürstens zu Sachsen etc.
etc. neue Gesinde-Ordnung Ergangen
de dato Warschau d. 16 Julii Anno
1735. Dressden, gedruckt mit der ver-

witt. Hof-Buchdr. Stösselm Schriften
1735. folio, sign. A—C₂. Jagleli.
— Copie. [Kopia listu Augusta III.
do Franciszka Bielińskiego marszałka
W. Kor. d. 5 Marca, polecającego mu
ugodzenie różności zaszłych w województwie Mazowieckiem i Płockiem mię-
dzy duchownym a świeckim stanem]
Anno 1753. i Respons Bielińskiego d.
20 Marca. folio, kart 2.
Branic. — Ossol. — Jagiell. — Krasiús.
Warsz. Uniw.
— Kopie listów Najjaśn. króla JMci
przed reassumpcya trybunału głównego
W. X. Lit. pisanych 1763. do JMci
X. [Ign.] Massalskiego bisk. Wileńsk.
(listów trzy). folio, str. nlb. 4.
Krasiús.
— Lettre de S. M. le Roi de Po-
logne à S. M. l'Impératrice de toutes
les Russies Elisabet. B. w. m. (1750).
folio, 1 ark.
O księciu Bironie.
Mizler Acta 1756. s. 303.
Krasiú. — Czartor.
— Lettre de S. M. le Roi de Po-
logne, Electeur de Saxe écrite aux
Etats Généraux des provinces unies,
datée de Varsovie le 20 Decembre
1756. w 4ce, str. 8.
— List króla Augusta III. do Jana
na Kodniu Sapiehy, natenczas kasztelana Trockiego, teraz kanclerza Wgo
W. X. Lit. 1725. i Listy tegoż króla
z r. 1738 i 1740.
Swada Ostrowskiego I. 4. str. 11—13.
— Literae regis de praestito per se
juramento. Tarnomonti in Silesia. 6 Januar. 1734. folio, k. 2. Ossol.
— Literae praestiti juramenti regii
in actu coronationis, 17 Januar. 1734.
folio, k. 2. Ossol.
— Manifest. (Na końcu:) dn. VI.
m. Nowembra r. p. 1733. folio, jedna
tablica. Krasiús.
— Manifest datowany w Dreznie
24 Octobr. An. Chr. 1740. (w języku
niemieckim). 1 wielki arkusz.
Krasiús.
— Manifest, darinne die Ursachen
mit mehreren enthalten, warum Ihro
Majestät der König in Pohlen und Chur-

284

fürst zu Sachsen sich genöthiget gesehen die Waffen zu ergreiffen, in der Absicht, Dero Königlichen Chur-Hauses vorzügliche Gerechtsame auf die von weyland Kayser Carls des VI. Majestät hinterlassene Königreiche und Länder bestmöglichst zu vertheidigen und zu behaupten. Dressden im Monath October 1741. Augspurg, zu finden bey Bernhard Homodeus Mayer, Reichs-Vicariats- Buch- u. Zeitungs-Druckern. w 4ce, str. 32. Czartor.

— Manifeste, contenant plus amplement les raisons, pour lesquelles Sa Majesté le roy de Pologne, électeur de Saxe, s'est trouvé obligé de prendre les armes, en vue de défendre et de soutenir au possible les droits préférables de sa maison royale et électorale aux royaumes et états, que feu Sa Majesté l'empereur Charles VI. a délaissez. Dresde, au mois d'octobre 1741. folio, str. 16 i 14. Kijows. — Czartor.

— Manifest. (Varsaviae, d. 2 Decembr. 1754). w 4ce, 1 kartka. Krasińs.

— Manifeste d'Auguste III. roi de Pologne, pour justifier l'entrée des troupes saxones dans le royaume. [6 Nov. 1733]. La Haye, chez Adrien Moetjens 1733. w 4ce, str. 8. Jagiell.

— Manifestum [Protestatio palatinorum cracov. sendom. trocen. contra Maximilianum Ossoliński supr. regn. thesaurarium et V. Sierakowski cust. coronat. reg. ratione asportationis diadematum et insigniorum ex thesauro Regni]. Actum Varsaviae feria secunda post dominicam Laetare Quadragesimalem proxima die scilicet vigesima 1ma mensis Martii An. Dni 1735. B. m. dr. folio, kart nlb. 1. Jagiell. — Zielińs.

— Sae Riae Poloniarum Mtis Magni Ducis Lithuaniae, Russiae, Prussiae etc. etc. nec non haereditarii ducis Saxoniae et principis electoris etc. etc. Augusti tertii Ordinationes regiae Polonae civitati Gedanensi clementissime datae. Editio tertia. Dresdae, 1751. litteris viduae Harpeterianae. — Sr. Königl. Majestät in Pohlen, Gross-Herzogs, Reus-

sen, Preussen etc. etc. wie auch Erb-Herzogs zu Sachsen und Chur-Fürsten etc. etc. etc. Augusti III. allergnädigste Verordnungen für die Königl. Pohlnische Stadt Danzig. Dritte Auflage. Dresden, 1751. gedruckt mit der verwittbeten Harpeterin Schrifften. w 4ce, k. 8, str. 64 i 2 k. (po łac. i niem.). Porówn. Verordnungen. Katal. Pijars. Biels. N. 58. ma datę 1761. może mylna. Jagiell. — Czartor. — Krasińs. — Branie.

— Sit Nomen Domini Benedictum. [Protestacya z racyi Liberum veto i przeciw Elekcyi Stanisława Leszczyńskiego. — Oznaymienie króla nowo obranego Augusta III. na seymie walnym electionis pod Kamienną] (1733). folio, str. 34. Por. Leszczyński. Ossol.

— Propositiones ex parte serenissimi principis Poloniae et electoris Saxoniae Friderici Augusti, inter caeteros diadematis regii candidatos coronam inclyti regni Poloniae et Magni Ducatus Lithuan. per libera liberrimae gentis suffragia ambientis, sereniss. Reipubl. Poloniae in perpetuam amicitiae benevolentiaeq. tesseram oblatae. Bez r. (1733). folio, str. 8. Kijows. — Ossol.

— Propozycye z strony Naj. królewicza JMci polskiego y elektora Saskiego Fryderyka Augusta między innemi Królestwa Polskiego korony kandydatami etc. do tejże korony aspiruiącego Naj. Rzpltej pol. na oświadczenie wiernej przyjaźni ofiarowane. B. m. d. r. (1733?). w 4ce, kart nlb. 5. Krasińs.

— Rescript (Sr. königl. Majest. in Pohlen u. Churfürstl. Durchl. zu Sachsen allergnädigstes) d. d. Warschau, den 13 Aug. 1757. an den Magistrat der Sechsstadt Zittau; nebst Schreiben eines Zittauers von dem kläglichen Zustande, in welchen diese Sechsstadt den 23 Julii 1757 ist versetzt worden. (1757). w 4ce. Kijows.

— Rescript (Sr. königl. Majestät) an den Magistrat und die Einwohner zu Danzig, dass sie die königl. Assessorialgerichte still erwarten. Katal. Lissnera.

— Augustus III. Dei gratia Rex Poloniae, Magnus dux Lithuaniae, Russiae, Prussiae, Mazoviae, Samogitiae, Kijoviae, Volhyniae, Podoliae, Podlachiae, Livoniae, Smolensciae, Severiae nec non haereditarius Dux Saxoniae et princeps Elector. *a)* Rescriptum ad Status Ducatuum Curlandiae et Semigaliae 27 Januar. ratione fidei Principi regio Carolo. *b)* Gravamina delegatorum Curlandiae. Otto Christoph. ab Howen et Friderici a Mirbach. *c)* Responsum cancell. Regni Michaelis Wodzicki episc. Premyslicnsis iisdem delegatis datum. Varsaviae, 1763. folio. Ossol.

— Responsum regium [ex causa arresti super omnes proventus Ducatus Curlandiae per aulam Russicam positi]. Datum Varsaviae, die 13 Junii Anno Domini 1762. B. m. dr. i r. (Warszawa 1762). folio, 1 kartka. (Przytem :) List króla w sprawie ks. Kurlandzkiego do ks. Karola z dnia 6 Września 1762. folio, 1 karta. (sign. F.—F₂). Urywek z dzieła o sprawach kurlandzkich. Jagiell.

— Schreiben an Se. Röm. Kaiserl. Majestät (Franc. I). welches Se. Königliche Majestät in Polen und Churfürstl. Durchl. zu Sachsen unterm 22 November 1756. aus Warschau erlassen haben. Katal. Lissnera.

— Schreiben, welches Ihro königl. May. von Pohlen und Churf. Durchl. zu Sachsen an die Herren General-Staaten der Vereinigten Niederlande de dato 20 Dec. 1756 ergehen u. den 25 Jan. 1757 im Haag übergeben lassen. Hamb. 1757. w 4ce, 1 ark. Ossol.

— Uniwersał JKM. Pana naszego miłościwego eventualiter podpisany na sejm extraordynacyjny zostawiony w mocy y woli J. Kr. M. per resultatum Senatus Consilij jeżeli y w którym czasie za rzecz potrzebna uzna takowy sejm złożyć. (August III. z Bożej łaski król polski i W. X. Lit. .... w 4ce, kart 4. Krasińs. — Ossol.

— Uniwersał na kongres rady (Za manudukcyą dexterae Excels. ....) (Dat.

Warszawa, 1734). Bez m. dr. 1 ark. składany. Krasińs.

— Uniwersał na seymik przedseymowy króla JM. Augusta. 1735. folio.

— Uniwersał na sejmiki relationis (datowany: w Warszawie d... m. Lipca r. 1736). folio, 1 ark. Krasińs.

— Uniwersał na kommissyą prowincyonalna W. X. Litewsk. d. 30 Julii 1736. folio, 1 ark. Warsz. Uniw.

— Uniwersał JKM. przeciwko werbunkom i najazdom pogranicznym. (Na końcu data: Warszawa dnia 5 miesiąca Kwietnia 1739 r.). 1 wielki ark. składany.
Ossol. — Krasińs. — Bibl. Trzemeskiego.

— Uniwersał. Dan w Wschowie, d. 21 Maja r. p. 1742. folio, 1 ark. rozłożony.
Przeciw sprowadzeniu exekucyi do dóbr miasta Torunia. Jagiell.

— Uniwersał. Dan w Wschowie d. 21 Maja 1742. folio, 1 ark. rozłożony. Jagiell.

— Uniwersał zwołujący sejm na dzień 3 Października 1746 r. Bez m. i r. folio rozłoż. Warsz. Uniw.

— Uniwersał o monecie. Dan w Warszawie, 5 Grudnia 1760. folio, ark. rozłoż.

— Uniwersał na seymik poselski (datowany w Warszawie d. 31 Stycznia 1761 r.) 1 ark. Krasińs.

— Uniwersał z d. 16 Marca 1761. folio, ark. rozłoż. Jagiell.

— Uniwersał z 1762. folio rozłoż. Jagiell.

— Universaux du Roy, pour indiquer le terme du grand conseil à tenir à Varsovie, traduit du Polonois. Varsoviae, le 16 Decembre 1734. folio, k. 2. Czartor.

— [Uwiadamia, że urzędnikom solnym dyspozycyą względem wydawania soli suchedniowey wydał]. Dan w Warszawie, w Kwietniu 1736. Na całym arkuszu (zarazem: Oświadczenie marszałka). Warsz. Uniw.

— Sr. Königl. Majestät in Pohlen Gross-Herzogs von Litthauen, Reussen, Preussen etc. etc. etc. wie auch Erb-Herzogs zu Sachsen und Churfürstens

etc. Augusti III. allergnädigste Veror-
dnungen für die Königl. pohlnische Stadt
Danzig. B. m. dr. 1750. folio, 1 portret
ryt., k. 8, str. 72 i 2 k.
Ob. wyżej: Ordinationes.
Jagiell. — Czartor.

(August III). Redivivum septem Poloniae, septemdecim Saxoniae saeculorum amphitheatrum, assurgentium in
occursum, cultum, adorationem Serenissimis et augustis hospitibus Friderico
Augusto Regio Poloniae, electorali Saxoniae principi nec non Mariae Josephae
Archiduci Austriae inter maximos universi orbis Poloni applausus, a minima
Societate Jesu provinciae Lituanae sa-
lutatoriis adorationibus; ad ipsam Januam Anni Sese aperientis 1762. reseratum, post clausam Romae portam Sanctam. Anno a primo in Polonia Augusto
hospite Ottone III. ex domo Saxonica
Caesare 725. folio, 25 ark.
Powinszowanie prozą dla nowo zaślubionych
ułożone przez jakiegoś jezuitę.
Akad.

— In pseudo-criticum seu obtrectato-
rem aliquem anonymum, qui Universale
sive edictum serenissimi principis Augusti
III. solium regni Polonici jam jam, si Diis
placet, conscensuri, cavillationibus, scom-
matis et malis artibus proscidere conatus est Annotationes Apologeticae: quibus triplex objectionum genus, quarum
aliae elegantiam et puritatem sermonis,
aliae sinceritatem et candorem assceve-
rationum, aliae denique pondus et gra-
vitatem rationum momentorumque im-
pugnant, dilucide et veluti uno ictu
refellitur ac enervatur. Varsaviae, excudebat Oglach San-Ainm regius typographus sub signo occasionis 1734. w
4ce, str. 10.
Czartor.

— Articles de Pacta Conventa conclus entre les Etats de la Republ. de
Pologne et Frederic Aug. 1733.
ob. Articles.

— Articuli pactorum conventorum
inter status Regni Poloniae et Augustum III. 1733.
ob. Articuli.

— Augusto III. (Die dem Könige
in Pohlen) sich submittirende Stadt

Dantzig, oder wie sich dieselbe in dessen hohen Nahmen an den russischen
Kayserl. Gener. Laszy ergeben. Breslau,
1734. w 4ce. Bibl. petersb.

— Serenissimo ac potentissimo Augusto III. Poloniarum Regi, Magno Duci
Lituaniae, Russiae, Prussiae, Masoviae,
Samogitiae, Kijoviae, Volhyniae, Podlachiae, Podoliae, Livoniae, Smolensciae,
Severiae, Czerniechoviae etc. etc. nato
Duci Saxoniae, Juliae, Cliviae, Montium etc. Sacri Romani Imperij archimareschallo et electori; Landtgravio
Thuringiae, marchioni Misniae nec non
Superioris et Inferioris Lusatiae etc. per
principes mitras, per castrenses laureas
ad triumphalem in antemurali Christianitatis corona Augustale Sarmaticum
scandenti applaudit Societas Jesu Polona. B. w. m. i r. (1733). folio, ark.
sign. N_2. (kart nlb. 26 i tytuł).
Tytuł w rycinie sztychowanej. August konno
na kolumnach.
Cały tytuł i rycina wzięte z panegiryku dla
Augusta II., lecz odbicie ryciny bardzo
zniszczone i bez daty roku 1697. Początek
przemowy: Hodie demum.
Ob. niżej Panegyricus.
Jagiell. — Ossol.

— Avertissement ultérieur. (Względem długów przez Augusta III. zacią-
gnionych). Dresde, 1765. w 4ce, k. 4.
Ossol.

— Beschreibung des prächtigen Einzugs des Königl. und Churf. Prinzen
von Sachsen mit seiner durchlauchtigsten Gemahlin (Maria Josepha) in Dresden (2 Septemb. 1719). Dresden, 1719.
w 4ce.

— Beschreibung deren Vermählung-
ceremonien u. Abreise d. Erzherzogin
Maria Josepha u. d. Pohln. sächs. Chur-
printzen. 19—20 Aug. 1719 in Wien.
B. w. m. i r. w 4ce.

— Cantate bei der feierlichen Lob-
und Trauer-Rede der Durchl. Grossm.
August III. König in Polen, welche
den 10/11 1763. im Danziger Gymnasio gehalten worden.

— Commerce des lettres au sujet
de la diète 1734. obacz, Leszczyński
Stan.

— Confederacya alias spisek Wileński w r. 1734. uczyniony ob. Konfederacya.

— Copia literarum cuinsdam equitis Poloni ad Sereniss. Electorem Saxoniae Ducem 1733. neoelectum. w 4ce, 1/2 arkusza.

— Danck-Gebeth, welches gesprochen worden, nachdem der durchlauchtigste und grossmächtigste Fürst und Herr Fridericus Augustus, Königl. Printz in Polen und Litthauen, Hertzog zu Sachsen, Jülich, Cleve und Bergen, auch Engern und Westphalen, des heil. Römischen Reichs Ertz-Marschal und Churfürst, Land Graf in Thüringen, Marggraf zu Meissen, auch Ober- und Nieder-Lausitz, Burggraf zu Magdeburg, Gefürsteter Graf zu Henneberg, Graf zu der Marck, Ravensberg und Barby, Herr zu Ravenstein etc. etc. am 5 Tage Octobris des 1733 Jahres zum Könige in Polen und Gross-Hertzoge in Litthauen war erwehlet, auch folgends den 17 Januarii gegenwärtigen 1734 Jahres zu Cracau mit üblichen Ceremonien gecrönet worden. Dantzig, gedruckt bey Thomas Johann Schreiber, E. Hoch. Edl. Hochw. Raths und des löbl. Gymnasii Buchdrucker. w 4ce, kart nlb. 6. (Przytem:) Gebeth für die Stadt-Garnizon. w 4ce, kart 4. Czartor. — Krasińs.

— Declarationis publicae a statibus Reipublica pro tuitione Augusti III. neoelecti Poloniae Regis, confoederatis factae. 1733. ob. Declarationis.

— Denkmahl, welches Friedrich August u. d. Erzherzogin Maria Josepha von Oesterreich bei deren Vermählung in Dresden gestiftet worden. Mit 1 Kupfer. Frankf. 1719.

— Description du feu d'artifice, tiré dans le jardin du Palais Royal, pour celebrer le jour du nom de Sa Majesté le roi de Pologne, electeur de Saxe etc. etc. Mars. Varsovie 1760. w 4ce, kart nlb. 4. Czartor.

— Description du feu d'artifice, que l'on tirera le 5 Mars 1762. jour de Frédéric, dont Sa Majesté porte le nom. Varsovie, 1762. w 4ce, kart nlb. 4. Czartor.

— Deskrypcya bramy tryumfalney w Warszawie na krakowskiem przedmieściu etc. na wiazd króla Augusta III. die 25 Novembris 1734. w 4ce. Krasiń.

— Dzień wielki całego zegaru godziny oznaczaiący, dzień wesoły uniwersalnym applausem wszystkich napełniony t. j. dzień elekcyi Najjaśn. i nieczwe. Augusta III. etc. przez polskiego Apollina u drzwi J. K. Mci współkollegami swemi inwigilującego, ojczystem językiem ogłoszony. Warszawa d. 5 Paźdz. r. 1756. folio, kart nlb. 2. Krasińs.

— Echo adulantis praetii male fausto, nam sine DEI Gratia perjuram Serenissimi Electoris Saxoniae in regem Poloniae electionem planctens metallo. 1734. folio.

— De prospera electione Regis Poloniae inter Varsav. et Wolam 1733. peracta equitis Poloni ad amicum confidentem epistola. w 4ce, str. 36. Obacz niżej: Sendschreiben. Porówn. Electione.

— Erklärung des Kupfers, welches bei erfolgter Krönung Sr. Königl. Maj. Churf. v. Sachsen und dessen Gemahlin (17 Januar 1734), verfertigt worden. (wierszem). w 4ce, 2 karty.

— Exposé des motifs, qui ont obligé le Roi de Pologne Auguste III. de donner des trouppes auxiliaires à l'Empereur, avec d'autrer pieces interessantes touchant la guerre du Roi de Prusse Frederic II., avec Marie-Thèrese, reine d'Hongrie 1744. folio.

— Fides indubitata contra fidem congregatorum ad Kamionam in seductionem Electoris Saxoniae post Stanisl. I. proclamationem exposita ob. Fides.

— Formular der den 11 Jul. 1734. von den Canzeln geschehenen Intimation ob. Formular.

— Fortuna in Lechiam hospes seu felicissimus serenissimi regii electoralisque principis Friderici Augusti in Poloniam adventus ab equite Polono celebratus ob. Poniński Ant.

— Polnisches Freudengeschrei bei Aug. III. Einzuge zu Krakau. 1734. ob. Freudengeschrei.

— Friedens Versöhnung u. Freundschafts-Tractat zwischen dem Kön. v. Preussen und dem Kön. Pohlen geschlossen obacz: Friedens Versöhnung (1746).

— (Augustissimus) Hymenaeus, inter serenissimos, Fridericum Augustum regium Poloniae, electoralem Saxoniae principem nec non Mariam Josepham archiducem Austriae, favorabili septem planetarum aspectu et coniunctione celebratus ob. Poniński Ant.

— Information de l'état des affaires de Pologne avec un Manifeste des Ordres confederés pour soutenir la libre election d'Auguste III. 1734. ob. Information.

— Inscriptiones ad arcum triumphalem Varsaviae erectum, circa publicum ingressum Augusti III. Regis Poloniae. Suada Ostrowskiego, 1747. Inscript. str. 48.

— Intimation wegen des tödtlichen Hintritts Aug. III. von den Canzeln abgelesen 16 Octobr. 1763. ob. Intimation.

— Konfederacya warszawska przy królu JMci Auguście III. 1733. folio. ob. Konfederacya.

— Krönung (Auf die) Augusti III. Kön. v. Pohlen. Dresden. w 4ce. Wiersz.

— Krönungs-Geschichte (Pohlnische) Ihro Königl. Majestät Augusti des III. Chur-Fürstens zu Sachsen etc. Dero allerdurchlauchtigsten Frau Gemahlin Mariä Josephä, Kayserl. Printzessin aus dem Ertz-Hertzogl. Hause Oesterreich, wie solche den 17 Januar 1734 in Cracau mit ungemeiner Pracht geschehen, und was vor-bey-und nach derselbigen vorgegangen. Mit vielen Uhrkunden erläutert und beschrieben. Dressden und Leipzig, bey Gottlob Christian Hilschern, Königl. privileg. Hof-Buchhändler (1734). w 4ce, str. 72. Czartor. — Jagiell. — Ossol.

— Merkwürdiges Leben aller durchlauchtigsten Könige in Polen von Anfang bis auf den regierenden König August III. Franckfurt, 1734. ob. Leben.

— Leben August's III. Kön. von Polen und Churfürst von Sachsen, historisch und praktisch geschildert. Leipzig, 1764. w 8ce.

— Manifest rady Gdańskiey przeciwko koronacyi króla JMci Augusta. 1733. folio.

— Manifest przeciw bezprawnemu w Krakowie aktowi 1734. ob. Manifest.

— Sit nomen Domini benedictum. Manifestatio ordinum regni Poloniae et Magn. Duc. Lithuaniae; instrumentum electionis Augusti III. in regem Poloniae, cum pactis conventis et confoederatione circa tuitionem ejus 14 Septembris 1733. folio, str. 122. Kijows.

— Manifestum ordinum regni, et M. D. Lithuaniae et annexarum provinciarum circa liberam et legitimam electionem ac tuitionem majestatis serenissimi Augusti III. regis Poloniae et electoris Saxoniae, confederatorum, una cum informatione vera de circumstantiis sciendi necessariis. Die XVI. mensis Aprilis Anno Dni 1754. folio, kart 11. Krasiń. — Kijows. — Jagiell. — Ossol.

— Memoriale ad Regni Poloniae status in causa electionis Augusti III. ob. Memoriale.

— Memoryał usprawiedliwiający powodzenie króla pruskiego przeciwko fałszywym zarzutom dworu saskiego. 1756. ob. Memoryał.

— Mowa na pochwałę Nayiaśnieyszego świętey pamięci Augusta III. króla polskiego miana in Collegio Nobilium Soc. Jesu w Wilnie 1763 roku dnia 15 Grudnia. B. m. i r. dr. (Wilno 1763). w 4ce, 4 karty. Jagiell.

— Munus (Deorum) gentium votum gratiorum labor serenissimus augustissimorum parentum Friderici Augusti et Mariae Josephae neonatus ob. Poniński Ant.

— (Die klagende) Muse bei dem höchstschmerzlichen Todesfall Ihr. Königl. Majest. des Allerdurchlauchtigsten,

Grossmächtigsten Fürsten und Herrn Friedrich August III. weyland glorwürdigst regierenden Königs in Pohlen und Churfürsten zu Sachsen auf dem Gymnasio der Königl. Stadt Elbing bei einer öffentlich gehaltenen Trauerrede drammatisch vorgestellet. Den 24 November 1763. Mit Nehrmanischen Schriften 1763. w 4ce, str. 4. Ossol.

— Nachricht von dem prächtigen Einzuge Augusts III. gehalten in Krakau am 14 Januar 1734. Dresden, 1734. w 4ce.

— Nachricht (Gründliche), von der Crönungs-Geschichte Ihro Maj. Augusti des III. und Mariae Josephae von Oestreich. Crakau und Dresden, bei Gotlob Christ. Hilscher. 1734. w 4ce.

— Navis Reipublicae Polonae in amplissimo orbis publici oceano detenta cui expeditae Regni Sarmatici aquilinae albam desiderabilem intrandi subministrant portam quam ob rem Sereniss. Augusto III. d. G. Regi Poloniae ob. Denisewicz Baz. (1758).

— Numa, dramma per musica il giorno natal. di Aug. III. per commando della Regina. Dresdae, 1741. ob. Numma.

— Odpowiedź na projekt do konfederacyi na Augusta III. folio, kart nlb. 2. Warsz. Uniw.

— Officium (Supremum pietatis) serenissimo ac potentissimo Domino Domino Augusto III. Regi Poloniae, electori Saxoniae et rel. domino olim nostro clementissimo Dresdae d. V. Octobr. 1763. rebus humanis exemto iussu et auctoritate magnifici et amplissimi senatus civit. Thorunensis d. VIII. Novembr. praestandum officiose indicunt rector, prorector et professores gymnasii Thorunensis. Thoruni, imprimebat Paul Marcus Bergmann, nobilit. senat. et gymnas. typograph. (1763). folio. Czartor.

— (Opis solennizacyi imienin Augusta III. króla polskiego w Warszawie d. 3 Augusta 1734). B. m. (Za-

czyna się:) Dnia 3 mies. Aug. 1734. odprawiła się tu.... folio, kart 2.

Opisuje illuminacye, tańce i główny udział Owcyna podpułkownika wojsk rossyjskich, który miał z 800 ludzi komendę. Jagiell.

— Oświadczenie się przed Najjaśn. Rzplłą prowincyi W. X. Lit. obacz: Oświadczenie.

— Oznaymienie koronacyi Augusta III. (Na końcu data: 19 Stycznia 1734). folio, 1 arkusz. Krasiń.

— Panegyricus Serenissimo ac potentissimo Augusto III. Poloniarum Regi dictus a Soc. Jesu Polona. folio, str. 52. Porównaj wyżej: Augusto III. Ossol.

— Plausus Serenissimis Regnorum Augustissimis Europae, Saxoniae et cordium principibus haereditariis in votis et affectibus urbis Cracoviensis triumphatoribus Augusto III. et Mariae Josephae Regibus Poloniae, nec non toti Serenissimae familiae, ad ingressum augustissimae Majestatis die anniversaria coronationis suae in Amphitheatro triumphali metropolitano a magistratu populoque Cracoviensi voto servitutis perpetuae, et fidelitatis mancipio per chorum capellae acclamatus. Anno Domini 1745. die 17 Januarij. Cracoviae, typis Dominici Siarkowski S. R. M. ordinarij typographi. folio, kart 4.

Chorus III. jest po polsku. Dwa pierwsze po łacinie. Jagiell. — Ossol.

— Vrai portrait d'Auguste III. Roy de Pologne et Electeur de Saxe etc. presenté à l'adoration du public. le 3 l'Aout l'an 1735. B. w. m. folio, kart nlb. 2. (wierszem). Krasiń.

— Princeps (Serenissimus et Potentissimus regius) Poloniae, et Magni Ducatus Lituaniae, elector Saxoniae, Fridericus Augustus, duodecies descendens a Jagell. seu Vladislao Poloniae Rege. B. m. dr. folio, str. 1. (genealog.). Por. Genealogia. — Rinck Christian Gottfr. (1733). Ossol.

— Racye (prawdziwe) dysapprobowania elekcyi i obrania Augusta III. 1733. ob. Leszczyński.

— Relacya elekcyi króla JMci Augusta III. die 5 Octobris 1733. w 4-ce, $^1/_2$ ark.

Na brzegu pierwszey stronnicy wydrukowano: Ad N. CC. Gazet.
Porówn. Relation.

— Relacya wjazdu solennego do Krakowa i zamku z jak naywiększą magnificentią y pompą Nayjaśnieyszego i niezwyciężonego króla JMci polskiego etc. Xiążęcia elektora Saskiego etc. odprawionego die 12 Septembris, y consequenter praeliminaria actus coronationis opisane. An. Dni 1734. w 4-ce, kart 6. (sign. B₂).

Branic. — Ossol. — Raczyńs.

— Umständliche Relation von der bey Bekanntmachung des von Ihro Königl. Majestät in Pohlen Augusti III. der Alt-Stadt Braunsberg verlyhenen Gnaden-Brieffes begangenen Solennität. p. ark. A—F.

Uroczystość z 12 Stycz. 1771. — Zawiera: Rede des Stadtsecretarius Östreich, Oratio Petri Schulz S. J. i łacińskie poema.

— Remarques sur les motifs des resolutions du Roy T. C. (1773). obacz: Remarques.

— Replika na paszkwil y reprezentacya zwaryowanego przy Auguście rozumu obacz: Replika.

— Respons na list promuiący królewicza Jego Mości Augusta do korony. B. m. r. (1733?). w 4-ce, k. nlb. 4.

Warsz. Uniw. — Krasińs.

— Resultatum Nayjaśnieyszego króla JMci Augusta III. pana naszego miłościwego y przytomney przy boku jego Rady w Warszawie dnia 22 miesiąca Marca r. p. 1736. odprawionéy. Warszawa, w drukarni Scholarum Piarum (1736). folio, kart A—B₂.

Kijows. — Przeźdz. — Jagiell. — Ossol.

— Sendschreiben eines Polnischen vom Adel an seinen Freund von dem, was bei der a 1733 volzogenen Königl. Poln. Wahl 1733. vorgegangen obacz: Sendschreiben.

Por. wyżej: De electione epistola.

— Słońce ukoronowane dwudziestoczwartoletnim rekursem przy styczniowym chłodzie wszystkich serca do miłości zagrzewające, w dzień anniwer-salny szczęśliwey koronacyi Najjaśn. i niezwyciężonego króla JMci Pana naszego miłościwego [Augusta III]. przy słodkim dniu elekcyjnego wspomnienia przez wiernych poddanych odźwiernych adorowane. Warszawa d. 17 Stycznia 1757 r. folio, 1 str. druku.

Krasińs. — Kijows.

— Trauer Cantate, welche bei dem den 5 October zum allgemeinen Leidwesen erfolgten tödlichen Hintritt Ihr König. Majestät in Pohlen und Churfürsten Durchlaucht zu Sachsen Friedrich August des III. in der Kirchen zu St. Marien musikalisch aufgeführet war. Elbing den 30 October 1763. Gedruckt u. zu bekommen bei Johann Gottlieb Nohrman. w 4-ce, k. 2. Ossol.

— Das frohlockende Warschau oder Beschreibung, so wohl der am 24 Januarij 1734 Jahres ejusdem Crönungs-Actu etc. Augusti III. und Gemahlin Mariae Josephae gemachten Illumination obacz: Warschau.

— Willkomm Kross Koenigk-Paar! Die komm aus Pohl ssurueck, und euth an die Stadt Pfoert Sie Schenck die Knad und Klueck dass Ihre Majestees sick woll da divertir, mit tiefäst Submission darssu es gratulir die Deusch — Françôs den 12 Octobr 1750. Dressden, gedruckt bey der verwittw. Koenigl. Hof. Buchdr. Stoesselin. (1750). folio, kart nlb. 4. Jagiell.

— obacz: Achbaur (1763) — Acta pacis olivensis (1763) — Alexandrowicz Tomasz Witold (1754) — Anna imperatorowa (Copia responsu 1738, Appollo 1736) — Articuli pactorum (1733, 34)— Articuli conventionis (1737) — Assemanus Evodius (1764) — Ayrmann Chr. F. (Oratio gratul. 1719) — Barszczewski Franciszek (1736) — Barszczewski Jan Franciszek (1738) — Bertling Ernest August (Predigt 1763) — Berne (Syncharisticon) — Beschreibung (1719, (1734) — Biegański (Mowa do króla b. r.) — Bodenehr G. (Triginta b. r.) — Borowski Fr. (1756) — Boehme Joan Erenfried (Gratulatio 1750) — Burzyński Stan. (Dekret 1737—50) — Carpzow

Sam. B. (Danck und Tauf Predigt 1696) — Compendium (1712) — Copie (1734) — Czapski (Copia listu 1738) — Denisewicz Bazyli (Navis reipubl. 1738) — Dogiel (Codex diplomat.) — Domicello Guar. (Vertrautes Gespräch 1764) — Dubiński Jan (1765) — Dyaryusz (b. r.) — Erzäblung (1733) — Exposé (1733) — Falsitas narrationis de elect. Leszczynii — Flemming Ad. Heine Henr. (Crone der Raute 1734) — Flemming J. G. (Predigt 1734) — Formulae (1758) — Forster Jan (1735) — Francke Henr. G. (De nexu foederum 1748) — Freudengeschrei (1734) — Freislisch Jan Baltazar Krystian (Cantate 1755) — Friesen Chr. A. (Gratulatio 1695) — Fuchs Daniel Karol (1744) — Fuhrman Ch. (Bekröntes Sachsen 1696) — Gelenius Jon. (Hodoeporicon 1719) — Gespräch (1764) — Gespräch zw. c. Silylsker und Ulanen (1757) — Grüttner Samuel Fr. (1740) — Guarino ob. Domicello (Gespräch 1766) — Hartitzsch J. Teod. (Oratio gratulat. 1716) — Henselius Zacharias Arnold (1736) — Hentschel Christ. Benjamin (Als Aug. 1746, Der Grosse 1754) — Hoffmann Józef (1758) — Hosius Stanislaus Josephus (1733) — Hymne (1754) — Jabłonowski J. A. (Tabulae 1748) — Jagielski Adam Szczepan (1754) — Jan Adolf Xiąże (1735) — Jarmundowicz Kaz. (Panegyricus 1734) — Information (1734) — Intimation (1763) — Joachims D. Friedrich Johann (1764) — Joubert (Histoire 1775, 1778) — Junker Gottl. (1735) — Kapp Joh. Erb. (Oratio paneg. 1734) — Klemens XIII. (1759) — König Joh. (Huldigung 1734) — Korycki Mich. (Ex campis eliseis) — Krasiński Adam (1762) — Kries Joannes Albinus (1754) — Krönungsgeschichte (1734) — Krosnowski Wł. (b. r.) — Lambert (b. r.) — Lange Joannes (Panegyr. aetern. mem. 1763) — Lavnal Jean (Harangue 1734) — Lengnich G. (Pacta conventa 1736) — Leszczyński ob. Stanisław I. — Lipski Jan (Sermo invitans 1734), (1738) — Łubieński Wład. Alex. (Świat 1740, Uniwersał

1763) — Łuczyński Fr. Kanty (1748) — Manifest (1734) — Massuet P. (Histoire de la guerre 1735) — Memoriam (1754) — Memoryał (1762, 1763) — Menke Joh. Bur. (Rede bei der Vermählung 1719) — Metastasio (Arminio 1761, Le triomphe 1762, Sogno di Scipione 1758, L'Eroe 1754, Héros 1754, Nitteti 1759, Il re pastore 1762, Semiramide 1760, Demophonte 1759) — Michałowski Ign. Paul. (Sermo 1735) — Michelessi D. (b. r.) — Mignonius Ubaldus (1751) — Mittag Joh. Gottfried (Leben und Thaten 1737) — Mniszech Joz. (Oświadczenie się 1735) — Morawski L. (1738) — Mowy wyborne (1754) — Mueller Gottfr. Ephr. (Triumphus debellatis 1735) — Mylius Mich. Mart. (Aug. III. wird Gymnasium 1734) — Nachricht (1734) — Nachrichten (1764) — Niesiołowski Kazimierz (Otia 1743) — Numa (1741) — Orlandi (Abecadario 1753) — Ossowski Maxymilian (Copia de la lettre 1736) — Ostrowski (Suada 1745, I. 3, s. 10) — Oświadczenie się (1736) — Pacta conventa (1736) — Pallavicini Stefan (1744) — Pasqini (1746) — Pietrowicz Ignacy (b. r.) — Poellnitz Karol Ludw. baron (Lettres 1747, Etat abrégé 1734, po niem. 1736, po holend. 1735) — Pomian Hilary (1750) — Poniński Antoni Łodzia (Augustiss. hymen. 1720, Fortuna 1726, Declarationis 1733, 1734, Opera 1739) — Postanowienie (1734) — Przywilej (1748) — Pszczevski (Chronogr. gloriae 1734) — Pseudo-criticum (1734) — Putanowicz M. J. A. (Kalendarz 1760) — Racye (b. r.) — Reassumpcya (1734) — Reflexye (1734) — Reinhardtus C. G. (Nexum inter Poloniam 1747) — Remmerson (Rede 1755) — Replika (b. r.) — Respons (1733, 1734) — Rittersdorf Daniel (Predigt 1764) — Robertson Wilhelm (Sermo 1734) — Rodkiewicz Michał (b. r.) — Rudawski Wawrzyniec Jan (Histor. Polon. 1755) — Rudzki Jędrzej (1763) — Rzewuski Wacław (Felicitas b. r., Rex incolumis 1762) — Sammlungen der Schriften (1764) — Schmidt Fryderyk August (Dzieje królestwa polskiego 1766) — Schottendorf Carl H. (Spes patriae 1703) — Seidel Sam. (Krönungs Gedächtn. 1736) — Seyler Dn. G. (Dissertatio 1740) — Sołłohub J. (Copia liter. ad Poniatows. 1734) — Sołtyk Kajetan (1763) — Specyfikacya post praestitam (1736) — Spes Poloniae magnae expectationis (1738) — Stanisław I. [Leszczyński] (Prawdziwe i konwinkujące racye b. r.) — Stanisławski Zygmunt (Trauer u. Lobrede 1763) — Starowolski Szymon (Tractatus tres 1734, Polonia 1734) — Stay A. Benedykt (Oratio 1764) — Stolterfoth (Entwurf 1768) — Storia della guerra presente (1771—72) — Strunz Frid. (Panegyricus 1719) — Summaryusz rachunków generalnych (b. r.) — Supplika żydów kontratalmudystów (1759) — Tarnowski Jan (Owoce pokoju 1754, Pożytki 1754) — Teuscher C. F. (Theophane 1719) — Tietz Dan. (Denkmahl 1763) — Tirregaille (Plan de la ville de Varsovie 1762) — Toucement (Reiss aus Polen 1736) — Trauercantate (1763) — Triller Dan. Wilhelm (Panegyr. ad honorem 1764) — Troc Abr. (Biblioth. polon. poet.) — Tyszkiewicz Antoni (Królewska droga do nieba 1752) — Uniwersał (1733) — Unterredung (1764) — Wackerbart Salmour Józef (Responsum 1734, Glückwünschende 1733, Votiva expositio 1733) — Warschau (Das frohlockende 1734) — Welczek Gotfr. (Anpreisungsrede 1734) — Wernsdorf Gottlieb Teofil (Paneg. orat. 1754, Memoriam celebr. 1763) — Wolski Tomasz Stanisław (Potentissimo et screniss. 1740, Illustris peregrinatio 1737) — Wołłowicz Antoni (Szczęśliwość ojczyzny 1743) — Wołłowicz Dominik (Mowa b. r.) — Załuski Józef Andrzej (Mowa 1763) — Zech Ludwik Adolf (De legitima electione 1734).

Augusta III. dzieci: Fryd., Chryst., Franc., Karol i Marya obacz: Swinarski W. (Pańska ofiara 1736).

(August Fryderyk, elektor saski). Ueber die beglueckte Ankunft des durchlauchtigsten Fuersten und Herrn Friedrich Augusts, Herzogs zu Sachsen, Juelich, Cleve, Berg, Engern u. Westphalen, des heil. Roem. Reichs. Erzmarschalls und Churfuersten etc. wie auch der durchlauchtigsten Fürstinn und Frauen Frauen Marien Antonien verwittweten koeniglichen Prinzessin in Pohlen und Lithauen, Churfuerstinn zu Sachsen etc. und des durchlaachtigsten Fuersten und Herrn Herrn Xaverii koenigl. Prinzen in Pohlen und Litthauen, Herzogs zu Sachsen, Juelich, Cleve, Berg, Engern und Westphalen etc. der Chur Sachsen Administratoris bezeigen ihre devoteste Freude saemtliche auf der Universitaet Leipzig Studirende. B. m. dr. r. 1765. folio, kart nlb. 3.   Jagiell.

— ob. Annahme (1791) — Trzciński (Dyssertacya o wzroście 1791) — Verfasser (An den 1792).

Augusta nowa Augustina św. matka ob. Przeborowski Adam (1680).

Augustale ob. August III. — Bieżanowski St. (Korybutheum 1682) — Dłużniewski (1715) — Martigni Jak. (Vlad. IV. 1638) — Źródliński Cas. (theologicum 1691).

Augustana Confessio ob. Acta Borussica 1730. T. I. s. 279, 447, 765. 1732. T. III. s. 858, 909. — Augsburgische Confession — Hedericus Johann (Confessio).

Auguste octave obacz: Siècle d'or (1698).

Augustiniana physiologia 1646. ob. Physiologia.

Augustiani obacz: Augustyanie — Gandolfo Fra Domenico Antonio (1704).

Augustinus Magister obacz: Messis (b. r.).

Augustinus a S. Erasmo ob. Ignatius a S. Marya (1756, 1758).

Augustowo ob. Sulkowski August von Hertzog zu Bielitz (1784).

Augustum omen ob. Loytz Stef. (1619).

— immortalis mausoleum ob. Bieżanowski St. (1658).

— svadae Andr. Lipnicio ob. Bieżanowski St. (1648).

Augustus (Divus) Joanni III. regi dum post Viennensem victoriam venerit, a juvent. S. P. Vars. Coll. dedicatus. Varsaviae, S. P. 1685. folio, str. nlb. 4.
Bibl. Wolańs. w Rudce.

AUGUSTYN Aureli z Tagasty, biskup Hipponeński (354 † 430). De grammatica Liber pro clementariis Hippei Samosciani. [edid. Joan. Ursinus Leopoliens]. Samoscii, Łęski, 1594. w 4ce, sign. A—Qii. (kart 60).

Na odwrocie tytułu wiadomość o tej grammatyce.
Jocher 535 a, b. — Bandt. Hist. druk. kr. p. III. 328. ma datę 1593. może omyłką. — Maciejows. Piśm. II. 112.
Akad. — Ossol. — Zamojs.

— Kazanie o wydawaniu dziesięcin. B. m. i r. w 8ce, kart 6.
Jocher 7413. Ossol.

— Omnes libri beati Augustini Aurelii de doctrina christina tres. Proter quartum. Qui tractat de modo pronunciandi sermones katholicos. (Bez osob. tytułu). folio. kart nlb. 172.

Miejsce druku nie wyrażone. Inicyałów nie wydrukowano, pozostawiając wolne miejsca na domalowywanie liter. Arkusze nie oznaczone kustoszami i nie liczbowane. Od nowych arkuszy zaczynają się traktaty: De fide, de correctione, de conflictu, ale nie tworzą całości osobnej. — Druk i papier ten sam co krakowskiego dzieła Turrecremata z r. 1475. i co Fr. de Platea, także podobno druk w Krakowie. — Nie znanem było dzieło to bibliografom niemieckim. Może być więc drukiem krakowskim z r. 1475. co tem prawdopodobniejsze, że egzemplarze dochowały się tylko w Krakowie. — Opis jego ob. Estreicher, Günter Zainer 1867. str. 33—5. — Bandt. Hist. dr. I. 145. — J. Polkowski. Nieznany druk krakows. str. 8.
Jagiell. — Potocki w Krak. — X. Polkowski w Krak. — Szembek w Porembie. — Moszyński w Krak.

— Minus jacula feriunt quae praevidentur Ariana haeresis, quae omnibus christianis detestanda est succincta describitur a Divo Aurelio Augustino in libro: De Haeresibus octoginta octo ad quod vult deum Diaconum Romanum haeresis inquam quadragesima nona in illo ordine quae sic ad verbum habet. w 4ce, str. 10. Ossol.

— Modlitwa S. Augustyna od Bonifacego VIII. y Benedykta XI. uprzy-

wiliowana wzięta z drzwi Laterańskiego kościoła. w 8ce, 1 kartka. Ossol.

— Monumenta antiquitatum marianarum in imagine vetustissima, vulgo Gregoriana à S. Augustino Romano depicta. (1721). ob. Sapieha.

— De moribus ecclesiae catholicae Divi Aurel. Augustini Hipponensis episcopi Liber I. sub auspicio Rever. D. Petri Tomicii, antistitis Cracovien. editus per Joannem Cervum Tucholien. ejusdem Celsitudinis servitorem minimum. Cracoviae, in offic. Floriani Unglerii. An. Dni MDXXX (1530). die mensis Junii. w 4ce.
Jocher 2568. — Janoc. I. 34.

— Mowa przeciw opilstwu obacz: w Powodowskiego: Korab 1598. str. 295—316.

— De musica dialogi VI. reverendi patris et domini Erasmi [Ciołek, Vitelio] abbatis Mogilensis auspicio editi, per venerab. D. Sebastianum de Felstin, artium baccalarium, ac Sanocensis ecclesiae paroecum. Cracoviae, in officina Hieronymi Vietoris d. VIII. Anno Sal. Nostrae MDXXXVI (1536). w 4ce.
Jocher 526. — Janoc. I. 78.

— Nauki chrześciańskie z xiąg Augustyna Sgo, doktora kościelnego wybrane, a z łacińskiego na polski język przez jednego kapłana [Jedrz. Załuskiego] dla pożytku dusz nabożnych przetłumaczone r. 1683. W Warszawie, w drukarni Coll. Schol. Piar. (1686). w 4ce, kart nlb. 135 (ark. Z₂ i Ll₂).
Jocher 2571.
Warsz. Uniw. — Wileńs. — Ossol.

— Nauki chrześciańskie z ksiąg S. Augustyna doktora kościelnego wybrane a w 1653. sentencyach zkompendjowane a z łacińskiego na polski język przetłumaczone przez Andrzeja Załuskiego, nayprzód anonime 1687. w Warszawie wydane, potym w typografii kaliskiey Soc. Jesu przedrukowane. R. 1730. publikowane. folio, ark. NN₂.
Jocher 2571.
U Niesieckiego IV. 660. mylnie wydrukowany rok druku: 1630.
Warsz. Uniw.

— Pieśń Augustyną y Ambrożego biskupow świętych: Te deum laudamus po polsku. Nå tę notę co w kościele śpiewáią. B. r. m. i dr. (po r. 1550). w 8ce, kart nlb. 2. druk gocki.

Nut nie ma, pieśń zaczyna się: Cyebie Bogá chwalemy, Cyebie Páná swego wyznawamy. — Pieśń ta wydrukowana także na końcu psałterza Dawida, tłumacz. Jakóba Lubelczyka, druk. w Krakowie u Wierzbięty 1558. — Ob. Ambroży (Wyznanie). Jocher 7023. — Wiszniewski VI. 447. — Lelew. I. 159.

Czartor. — Zamojs. w Warsz.

— Psałterz, który kwoli nabożeństwu Matki swej złożył (bez tytułu). w 4ce, kart 4, sign. I—Iiii. (prozą).

Jagiell. — Czartor.

— Psałterz Augustyna Ś. biskupa Hipponeńskiego przez Adryana z Wieszczyc Wieszczyckiego przełożony. (Na końcu:) W Krakowie u Piątkowskiego 1650. w 4ce, 3 ark. (wierszem).

Na odwrocie przypisanie bratu Janowi Chryzostomowi, sekr. król. — Ob. Ambroży (Canticum).

Jocher 7045.   Ossol.

— Beatissimi Patris.... de communi vita Clericorum. Huic adiecta Collectio D. Patri Claretae canonici regularis, de Domo Rudnicensi, super statuta canonicorum regularium ac modus investiendi atque profitendi in eodem ordine canonico ex capitulis statutorum secundo et IV. nec non Bulla S. D. N. Pii P. P. quinti, in usum canonicorum regular. Cracov. conventus eccl. S. Corporis Christi in Kasimiria. (Na końcu:) Cracoviae, in typogr. Matth. Andreov. 1618. w 8ce, str. 154 i 2 ark. (od ark. N—O) na końcu, oraz 2½ ark. na przodzie (ark. A—C₂).

Wydawca: Krz. Leniewski kanon. regul. — Dedyk.: Matthiae Gaszyński canon. regul. Sternbergensium praeposito.
Jocher 7725. zowie wydawcę Zaniewski.
Wiersze pisali: Stefan Smoliński i Łukasz Nowagk Crosn.
Czartor. — Ossol. — Jagiell. — Warsz. Uniw. — Wileńs.

— Regula S. Augustini episcopi et Constitutiones fratrum ord. praedicat. Cura et impens. conventus Vercoviensis congreg. S. Ludovici Bertrandi ord.

praedic. Vilnae, typis Acad. Soc. Jesu 1682. w 24ce.

Jocher 7748.

— Regula S. Aurelii Augustini episcopi Hipponensis et doctoris ecclesiae de communi vita clericorum: ad usum Canonicorum regularium lateranensium congregationis per Minorem Poloniam et M. D. Lithuanie extensae. Cracoviae, typis Francisci Cezary S. R. M. typogr. Anno Dni 1715. w 8ce, kart nlb. 24.

Na odwrotnej stronie tytułu herb Łabędź, pod nim 8 wier. łacińskich. Przypis prozą łac. Janowi Herkulanowi Matuszewiczowi św. teol. dr., przełożonemu prowincyałowi kanoników Bożogrobców w Małopolsce i Litwie, podpisał J. A. S. C(an.) R. L(ater.).

— Regula sancti patris Augustini reimpressa. Cracoviae, typis Dominici Siarkowski S. R. M. et eminentissimi reverend. D. Domini S. R. E. card. episc. Cracov. ducis Severiae ordinarii typ. et bibliopoli A. D. 1742. w 8ce, str. 22.   Ossol.

— Regula S. Augustini episcopi et Constitutiones fratrum ordinis praedicatorum. — Indulgentiae Regularibus concessae nec non epistola SS. P. Domini ad Fratres Polonos scripta reimpressa. Vilnae, typis Acad. 1798. w 24ce, str. 270.

Jocher 7751.   Wilno — X. Polkowski.

— Reguła Ś. Augustina Hipponeńskiego biskupa i doktora kościelnego, którey wiele zakonów używa. (Na końcu ark. B. stoi:) Con(stitucye). w 4ce, str. 12.

Oprawa współczesna z dziełkiem Mościckiego Infirmaria z r. 1624. — Druk widocznie z początku XVII. w. w Krakowie u Cezarego, bo podobny do druku Summariusza w dziele Lairwels: Zwierciadło na regułę św. Augustyna 1619 i razem i z tem dziełem współcześnie oprawne. Taż sama Reguła przełożona przez F. N. Mościckiego, nieco ogładzona w stylu, wydana dla zakonnic bez wyr. r. w zbiorze liczącym stron 283., ma stron 13. — Wydaną była dla PP. Norbertanek. Porównaj niżej.

Czartor. — Jagiell. — Ossol.

— Reguła Ś. Augustyna, konstytucye y direktorium dla Sióstr zak. Nawiedzenia Nayśw. P. Maryey przetłumaczone y do druku podane przez W. X. Woyciecha Grabieckiego D. P. S. natenczas przeor. Warszaws. r. 1664. W Warszawie, u wdowy y dziedzicow P. Elerta. w 12ce, str. 420, 6 kart na przodzie.

Przypis tłómacza do królowej Maryi Ludwiki.

Jocher 7761.

— Reguła Ś. Augustyna Hippońskiego, biskupa i doktora kościelnego. Constitucie Sióstr wtórego habitu zakonu kaznodziejów, przełożone na polskie przez F. N. M.(ościckiego) ord. praed. z zlecenia przełożonych. (Kraków, F. Cezary?). Bez wyr. m. i r. w 4ce, str. 283.

Katalog księgarski podaje tenże skrócony tytuł lecz z datą Warszawa 1695.
Jocher 7744. ma tytuł niedokładny.
Od str. 14. poczynają się Konstitucye siostr zakonu kaznodziejów, lecz po stronie 14. idzie strona 2 i tak dalej. — Od str. 77. deklaracye, reguły i Constitucey. — Od str. 217. Instrukcya abo nauka w zakonie przez Humberta gener. Dominik.
Ossol. — Jagiell.

— [Reguła dla braci zakonu S. O. Augustyna prowincyi polskiej. 1766].

Istnienie tej edycyi widne z tytułu edycyi z r. 1797.

— Reguła Ś. Oyca naszego Augustyna Hipponeńskiego biskupa itd. dla braci zakonu S. O. Augustyna prowincyi polskiej objawiona i zebrana r. p. 1766. a teraz świeżo z dodatkiem niektórych modlitw przedrukowana. W Krakowie, w drukarni Anny Dziedzicki. 1797.   Zieliński.

— Entrétiens de l'âme avec Dieu; tirés des paroles de Saint Augustin dans ses méditations, ses Soliloques et son Manuel. Par M. l'abbé Clément, docteur en Théologie, Aumônier ordinaire du Roi de Pologne, duc de Lorraine et de Bar. á Varsovie, de l'imprimerie du Roy et de la République au Collège de la Comp. de Jesus. 1770. w 8ce, kart 4, str. XVI i 206.

Dedyk. a Mme la Comtesse Helène Ogińska par F. Bohomolec de la Comp. de J. — (Tekst wyłącznie francuski).
Jagiell. — Wilno.

— Entrétiens de l'âme avec Dieu, tirés des paroles de Saint Augustin

dans ses méditations, ses soliloques et son manuel. Par M. l'abbé Clément docteur en Théologie. Rozmowy duszy z Panem Bogiem wybrane z słów Ś. Augustyna w medytacyach y inszych xięgach iego. B. m. (Nancy). Roku pańskiego MDCCXLV (1745). w 8ce, str. 403.

Od str. 305 jest: Pseautier de S. Augustin. Psałterz Świętego Augustyna. Text francuzki prozą a przekład polski wierszem. Tłumaczem jest król Stanisław Leszczyński. Na przodzie jest krótka odezwa po polsku do córki jego królowey francuzkiey, anonyme ob. wyżej Entretiens.

Jocher 5682.

Toż samo przytacza Jocher 2573. z tytułem łacińskim: Soliloqnia, podając arkuszy liczbę Alfabet i ark. 3. Takie dzieło nie wyszło, widocznie ktoś podał w przekładzie łacińskim tytuł dzieła: Entretiens.

Czartor. — Czetwert. — Jagiell. — Przezdz. — Ossol.

— Entrétiens de l'âme avec Dieu, tirés des paroles de Saint Augustin dans ses méditations, ses soliloques et son manuel. Par l'abbé-docteur en Théologie. Rozmowy duszy z Bogiem wybrane z słów Ś. Augustyna w medytacyach i innych xięgach iego, na wiersz polski powtórnie przez J. X. Macieia Józefa z Łubny Łubieńskiego dziekana metrop. Gniezn. y katedry Warmińs. archidyak. katedr. Krak. przetłumaczone, y do druku za pozwoleniem starszych podane (po francuzku prozą a po polsku wierszem). Braunsberg, 1761. w 4ce, str. nlb. 246, (ark. Ff₄).

Zaczyna przemowa do córki pierwszego tłumacza. Dalej drugiego tłómacza do Kaj. Ign. Sołtyka, bisk. krak. przez X. J. M. I. Ł.(ubieńskiego). Dalej tegoż powtórnie tłumaczącego do czytelnika. — Przemowa pierwszego tłumacza do córki, oświadcza, że te modlitwy które Św. Augustyn dla Św. Moniki matki swej napisał, on dla córki wierszem polskim przetłumaczył. Język ten będzie ci oraz w modlitwach kochaną ojczyznę przypominał, żeś ją polką urodziła, żeś się stała sławą narodu twego. — Oczywiście pisze to Leszczyński do królowej francuskiej. Drugi tłumacz powiada, że na nowo przełożył, bo dawniejszego tłumaczenia, nie wiele się w ojczyznie naszej znajduje egzemplarzów.

Czartor. — Jagiell. — Warsz. Uniw.

— Rozmowy duszy z Bogiem, wyjęte z ksiąg Ś. Augustyna. W Warszawie, u Posera 1770. w 12ce.
Jocher 5676 b.

— Rozmowy duszy z Bogiem wyjęte z ksiąg Augustyna Ś. przez X.
Clement.... z francuzkiego na polski
język przełożone. W Lublinie, w drukarni Rzpltej 1772. w 12ce, kart 3,
str. 194 i rejestr. Warsz. Uniw.

— Rozmowy duszy z Bogiem wyjęte z ksiąg Augustyna Ś. przez X.
Clement doktora teologii z francuskiego
na polski język przełożone. W Warszawie, w drukarni Nadworney JKM.
roku 1781. w 24ce, str. 202, k. nlb. 1.
Jocher 5676 c. ma datę roku 1782.
Por.: Serroni Jac. (Rozmowy duszy z Bogiem,
na siedm psalmów, 1739).
Warsz. Uniw.

— Ksiąg pięcioro: Rozmyślania,
Mowy tajemne, Broń duchowna, O
skrusze serca, O marności świata. Teraz nowo z łacińskiego języka na polski
według pewnieyszych exemplarzów przełożone y paragrafami rozdziałów oznaczone przez Piotra Kazimierza Tryznę
starościca Bobroyskiego. W Wilnie, w
drukarniey akademiey Soc. Jesu 1617.
w 4ce, kart nlb. 5, kart po jednej str.
liczbow. 136 i kart 4.
Dedykacya: Zofiey z Kielca Chodkiewiczowey wojewodziney Wileńs., hetmanowey
W. X. Lit.
Właściwy tłumacz jest Jan Aland lwowianin
jezuita. O tem Rostowski Histor. lithuan.
S. J. str. 443. — Jocher 2562 a, (6062,
3965).
Ossol. — Krasiń. — Warsz. Uniw.

— Rozmyślania nabożne, Mowy tajemne do P. Boga, Broń duchowna,
przez J. M. P. Piotra Tryznę na polskie przełożone, a teraz nowo za zleceniem Jaśnie Oświeconej Xiężny Jej
Mości Paniej Anny z Stemberga Xiężny Ostrogskiej etc. przedrukowane.
W Krakowie, w drukarni Andrzeja
Piotrkowczyka JKM. typographa roku
pańskiego 1629. w 8ce, z przodu 7 k.
nlb. i dzieła 384 str., spisu 2 karty.
Zbiór ten następne zamieszcza w sobie pisma: a) Rozmyślania nabożne Św. Augustyna, w niem cały rozdział 26. hymny
o chwale niebieskiej Piotra Damiana kar-

dynała, są przełożone wierszem polskim
czystym i dosyć jędrnym, rozdziałów 41.
do str. 151. b) Soliloquia albo mowy tajemne z Panem Bogiem Św. Augustyna
biskupa Hipponeńskiego, rozdziałów 37.
od str. 152—278. c) Manuale abo broń
duchowna Św. Augustyna, rozdziałów 36.
od str. 279—341. d) O skrusze serca
traktacik Św. Augustyna B. H., rozdziałów 11. od str. 342—369. e) O marności
świata traktacik Św. Augustyna B. H.,
rozdziałów 3. od str. 370 do końca.
Jocher 5572 a, ma z datą 1620. i w tytule
nadto: O skrusze, o marności świata —
czego w rzeczywistości nie ma. Data sama
jest tak niedbale wybita, że można ją czytać bądź 1620, bądź 1629. Być może, iż
był także tytuł inaczej tłoczony, bo Walewski notuje w tytule „z poleceniem“,
gdy w egz. Bibl. Jagiell. jest: „za zleceniem.“ — Tłumacz mówi, że młodym be-
dąc, jeszcze uczniem, księgi te tłumaczył.
Akad. — Jagiell. — Ossol. — Warsz. Uniw.

— Rozmyślania nabożne, Mowy tajemne do P. Boga, Broń duchowna,
przez J. M. P. Piotra Tryznę na polskie przełożone. A teraz nowo dla nabożnego czytelnika przedrukowane. W
Krakowie, w drukarni Andrzeja Piotrkowczyka, 1644. w 4ce, 386 str., 3
karty regestru i 7 kart na przodzie
przedmowy.
Jocher 2569 b.
Jagiel. — Ossol. — Czartor. — Warsz. Uniw.
Wilno.

— Augustyn Ś. biskup Hipponeński, kościoła Bożego doktor, XX. kanoników pod regułą Apostolską żyjących reformator i wielu innych zakonów prawodawca w pięciu traktatach
z ksiąg jego wyjętych, to jest: 1) Rozmyślania nabożne, 2) Mowy tajemne
z Bogiem, 3) Broń duchowna, 4) O
skrusze serca, 5) O marności świata,
wiernie na polski język przetłumaczony
staraniem i kosztem X. Mateusza Kra-
szewskiego, opata kongregacyi Czer-
wieńskiej XX. kanoników laterańen-
skich, kanonika katedralnego płockiego, proboszcza błońskiego. Za dozwoleniem zwierzchności duchownej przedrukowany. W Warszawie, w drukarni
S. K. M. i Rzpltej St. Schol. Piar. r.
1759. w 8ce, str. 405, kart nlb. 13
i rejestru kart 5.
Jocher 2574. Warsz. Uniw. — Ossol.

— Ksiąg pięcioro.... r. 1617. z łacińskiego języka na polski od Piotra
Kazimierza Tryzny starościca! natenczas
Bobrujskiego przełożone a J. W. Zofii
Chodkiewiczowej ofiarowane, teraz powtórnie do druku podane. W Nieświeżu,
w drukarni książęcej Coll. S. J. 1759.
w 4ce, str. 335, prócz 5 kart przedmowy i 5 kart rejestru.
Jocher 2574.   Wileńs. — Krasińs.

— Duchowne traktaciki: 1) Manuale albo broń duchowna, 2) O skrusze serca, 3) O marności świata. Przedrukowane w Wilnie w drukarni XX.
Bazylianów r. p. 1760. w 12ce, ark.
sign. G₄.
Jocher 2575.
                      Wilno — X. Polkowski.
— Rozmyślania, Mowy tajemne do
P. Boga, Broń duchowna, O skrusze
serca y marności świata. W Poznaniu,
1770. w 8ce.
Jocher 2576 i 5572 b. — Jocher zdaje się
jeden tytuł podzielił na dwa dzieła.

— Rozmyślania nabożne, Mowy tajemne do P. Boga, Broń duchowna,
O skruszę serca y marności świata, przez
Piotra Tryznę na polskie przełożone.
W Krakowie, w drukarni Andr. Piotrkowczyka r. 1644. przedrukowane. A
teraz dla mało wiedzianey tey xiążki
itd. expensem pewnego na nowo przedrukowane w Poczajowie u OO. Bazylianów r. 1777. w 8ce, str. IV i 408.
Jocher 2569 c.
Kijows. — Krasińs. — Dzików — Branic.

— Rozmyślania nabożne, Mowy tajemne z P. Bogiem, Broń duchowna,
Traktacik o skruszę, Traktacik o marności świata: tłumaczenia X. Tryzny
przedrukowane. Wilno, w druk. Akad.
Soc. Jesu 1788. w 8ce, str. 326.
                      Wilno — X. Polkowski.
— Toż. Połock, druk Soc. Jesu.
1788. w 8ce.
Przyłęcki.
— Rozmyślania nabożne, Mowy tajemne do Pana Boga etc. przez J. P.
Piotra Tryznę. Warszawa, druk Rago-
czego, 1798. w 8ce, przedmowy str. 12,
tekstu str. liczb. 401, rejestru str. 7.
                              Zielińs.

— Electa Divi Augustini Ecclesiae
doctoris a celsissimo principe Casimiro
Floriano duce in Klevvan Czartoryski
archiepiscopo Gnesnensi ex septem Divi
Doctoris tomis inter publicas regni et
cathedrae Vladislaviensis curas A. D.
1671. accuratè collecta et perillustris
ac reverendissimi Domini Domini Thomae Stanislai Niemierza archidiaconi
Vladislaviensis cura in monumentum
gratae in tantum principem memoriae
A. D. 1688. publicae luci exposita. In
typographia Collegii Posnaniensis Soc.
Jesu. folio, k. tyt., 1 k. przedmowy,
2 k. spisu, str. 844 i 10 k. indexu.
U góry każdej karty nadpis: Sententiae ac
loci selectiores operum sancti Augustini.
Jocher 2572.
          Czartor. — Zielińs. — Jagiell.
— Sententiae de eucharistia explicatio Bened. Herbesti Neapolitani. Coloniae, M. Cholinus, 1567. w 8ce.
ob. Herbest (Libelli duo).
— Soliloquia albo mowy osobne
duszy do Pana Boga Św. Augustyna
biskupa Hipponeńskiego, dawniej na
polski język przełożone, teraz i t. d.
Chełmno, 1769. w 12ce.
ob. wyżej: Rozmowy.   Zielińs.
— Speculum vitae apostolico-cano-
nicae, digito Dei formatum, virtutibus
apostolicis firmatum, et per D. Aure-
lium Augustinum pristino fulgori red-
ditum. Reimpressum impensis R. D.
Adami Małowieski canonici regularis
Lateranensis praepositi Błonensis. Qui-
cunque hanc Regulam secuti fuerint,
pax super illos et misericordia. Ad Galat. 6. v. 16. — Varsavie, typis Coll.
Scholarum Piarum. w 12ce, 46 kart
nlb.
Druk przed r. 1694, bo Małowieski umarł
2 Marca 1694.
Połowę zajmuje Reguła Św. Augustyna —
a w drugiej połowie mieści się: Nabożeństwo do Św. Augustyna i bulla papieża
Piusa V.
Jocher 7730, 8331 a.   Wileńs.
— Speculum vitae apostolico-cano-
nicae sapientia et discretione Divi Aurelii Augustini episcopi Hippon. Max.
ecclesiae doctoris et canonicorum sub

38

regula sua militantium reformatoris refulgens. Nunc iterum novo virtutum religiosarum apparata studio cujusdam canonici e Congreg. Lateranensi prius novitiis expositum, post ea publicae luci reproductum. Cum permissu superiorum. Varsaviae, typis Coll. S. J. 1741. w 8ce, kart 8, str. 160.

Porównaj: Radliński Jakób Paweł: Speculum S. Augustini vitae apostolicae (1759). Jocher 8831 a.

Czartor. — Warsz. Uniw.

— De vita Christiana, ad sororem suam viduam, Liber unus. Cracoviae, Hieronymus Vietor excudebat. A. Dni MDXXIX (1529). kalendis Septembribus. w 4ce.

Przedmowa Walentego Eckiusza ad Michaelem de Vratislavia suum praeceptorem. Jocher 2567. — Janoc. I. 70.

(Augustinus). Considerationes supra praecipuos articulos regulae divi Aurelii Augustini (1760). Obacz: Kraszewski Maciej.

— Doliva sive trium rosarum adeoque verissime Tremesnense stemma, ex vita S. P. Augustini episcopi Hipponensis compositum, atque in conventu Tremesnensi spectantium oculis exhibitum anno Domini 1649. Posnaniae, in officina typographica Alberti Reguli. w 4ce, kart nlb. 8. Czartor.

— Dzięki serdeczne za wynalezienie ciało Ś. Oyca Augustyna Tróycy przenajświętszej cudownej w świętych... etc. Warszawa, druk. Schol. Piar. (1729). w 8ce, kart nlb. 8, str. liczb. 116.

Krasińs.

— Filialis patri adorea sive panegyrica in laudem divi Aurelii Augustini oratio reddita. Bez m. 1781. w 16ce, kart nlb. 13. Krasińs.

— Annuum obsequium Aurelio Augustino Hipponensi Episc. haereticorum malleo exhibitum, atq' panegyrica oratione in laudem Sancti Patris recurrente anniversaria conversionis ejus die ante propugnatas theologicas dissertationes proclamatum a studio theologico Varsaviensi uti suo Duci et Magistro dedicatum 1782. (Warsz.) w 8ce, kart 12.

Warsz. Uniw.

— Novus Prometheus orbis Christiani D. Aurelius Augustinus, die suae conversionis oratoria panegyri celebratus a relig. auditore Theol. Soc. Jesu in basilica Varsavien. 1699. sub ausp. Petri Kczewski vexillifer. Marienburg. 1700. w 4ce, ark. B. Ossol.

— Propositiones theologicae menti Sancti Patris Augustini conformes a RR. Studentibus ordinis Eremitarum S. P. Augustini in Conventu Vilnensi ad propugnandum publicae propositae ob. Propositiones.

— Światło dróg niebieskich wielkiego w kościele Bożym luminarza Augustyna św. reguła i konstytucya świ. Jana Bożego dla braci od miłosierdzia, w splendorze godnych imion przewielebnego w Bogu Oyca Franciszka Neuman prowincyała, y Wielebn. Oyców przeorów polskiej i litewskiej prowincyi tegoż zakonu, publicznemu na widok światu wystawiona przez W(iel.) O(jca) R. B. K. W. G. P. 1728 roku. w 4ce, str. 8, 12, 88, 16.

Jocher 9397. Ossol.

— Thesaurus in fertilissimo Magni Augustini agro inventus ob. Thesaurus (1722).

— Trybut obligowany synów wdzięczności Ś. Oycu naszemu Augustynowi. w 8ce.

Jocher 8332.

— Vota solennia in prima fidei professione à D. Aurelio Augustino instaurata, novo miraculo die conversioni ejus sacro in ipso authore ad spectaculum orthodoxo orbi proposita a religioso theologiae auditore S. J. in Basilica Varsaviensi Adm. RR. PP. Eremitarum instituti ejusdem D. Augustini sub fortunatissimis verò auspiciis perillustris, magnifici Domini, D. Cypriani a Kręsko Kręski, vexilliferi Wielunensis, S. R. I. comitis, publicae luci donata. Anno 1700. B. w. m. dr. 1700. w 4ce, kart 4 i ark. C₂. (razem 14 kart).

Jestto: Oratio o Św. Augustynie.

Na odwrocie tytułu ośmiowiersz na herb Kręskich. Jagiell. — Kijows.

— obacz: Ambroży święty (Canticum 1606) — August — Augustyn francuzki (1756, 1759) — Barszcz Jerzy (Kazanie 1719) — Bembus Mathias (1688) — Brygida święta (1673) — Coelius Gregorius (Explanatio regulae 1642) — Conclusiones ad mentem (1760, 1768) — Constitutiones (1731) — Czapliński Carolus (1684) — Dawid — Directorium (1767) — Elertowski Andrzej (1756) — Grabia Stanisł. Stef. (1747) — Gratianus Melitho (1669) — Grekowicz Cyryl (Kazanie 1782) — Grochowski Stanisław (1607) — Jan de Nigra Valle (1619) — Jaroszewicz Szymon (Parelia 1709, Echo 1711) — Informatio (1694) — Kausino Mikołaj (1786) — Kiełczewski Gabr. (Sposób 1613) — Korczyński Kassyan (1749) — Kraszewski Matthaeus (b. r.) — Lairnes Serwacyusz (1617, 1619) — Liberiusz Jacek (1644, 1657) — Łoniewski Krzysztof (1618) — Małdas (1772) — Meditationes (1763) — Mieloński Hieronim (1681) — Modest (Objaśnienie reguły 1639) — Morawski Jan (Droga przed Bogiem 1698) — Mościcki Mikołaj (b. r.) — Możański P. S. (1741) — Naramowski Adam (Splendor cienia 1721, Łzy 1721) — Objaśnienie ob. Modest — Ormiński Tom. Fr. (1689) — Pastorius Joachim (1656) — Pieśń (b. r.) — Pikulski Gaudenty X. (1765) — Polinus Jacobus Philippus (1663) — Pontius Basilius M. (1632) — Powodowski Hier. (1578) — Procewicz Piotr (1705) — Propositiones (1764) — Przeborowski Adam (Augusta 1680) — Radliński Jak. Paweł (1759) — Rutka Teofil (1690) — Sapecki Cypryan (Sekretarz 1717) — Serroni Jacek (Rozmowy duszy 1739) — Stawiarski Maciej Franc. (Wesołe ogrodu 1665) — Szkorczowski Bernat (Regula 1657) — Truszyński Math. (1778) — Walpurga Antonia (Confersione 1750, Nawrócenie 1751) — Witoński Paweł (Oratio de laudibus 1617) — Wolski X. Kazimierz S. J. (Vindiciae 1691).

Augustyn Aureli od Ś. Kazimierza
ob. Aureli.

Augustyn B. rzymski
ob. Sapieha Jan Fryd. (Monumenta 1723).

Augustinus Baltazar
ob. Dormann Tomasz (In Nova Tyberis 1591).

AUGUSTYN od Ś. Jana Chrzciciela, Pijar.
Kopije Sarmackie, które w odważney obronie nieustraszony bohatyr Stanisław Stokowski porucznik JW. Jego M. Pana Lubomirskiego, chorążego koron. we krwi własney ochynione o śmierć skruszył. A X. Augustyn od Ś. Jana Chrzciciela Schol. Piar. przy solennym apparacie funeralnym do punktu wieczności złożył w kościele Rzeszowskim Schol. Piar. d. 15 mies. Czerwca r. 1676. W Warszawie, w drukarni dziedziców Piotra Elerta roku 1676. w 4ce, kart nlb. 10, druk gocki.

Dedyk.: Andrzejowi Ściborowi Chełmskiemu porucznikowi chorągwie pancerney chorążego koronnego.

Czartor. — Ossol. — Branic.

— Oceanus Aquinaticus, quem anniversaria die Doctoris Angelici stylo panegyrico in Basilica Sancti Hyacinthi Ordinis praedicatorum Varsaviensium produxit Pater Augustinus a S. Joanne Baptista Schol. Piar. Anno a partu virgineo MDCLXX. die 7 Martii. Typis Varsaviensibus, 1670. w 4ce, kart 8.

Dedyk.: Cypr. Stefanowski doct. et priori Convent. Varsav.   Jagiell.

AUGUSTYN francuzki
miłosiernemu zwycięzcy Bogu powinne poddaństwo z stateczną wiernością przyrzekający, a z naywiększym uszczęśliwieniem swoim heroicznie przed niebem i całym światem grzechy własne wyznający. Przez jednego kapłana S. J. prowincyi polskiey dla duchownego y politycznego pożytku czytaiących z francuzkiego ięzyka na polski przełożony, z pozwoleniem zas (sic) zwierzchności duchowney od druku podany. W drukarni J. K. M. Col: Sandomierskiego S. J. Roku 1756. w 8ce, k. tyt., kart 5. Księga I. liczy str. 208. Księga II. str. 227.

Colleg. S. J. dedykowało: Eleonorze z Potockich Potulicki, starościnej Borzechowskiey. W tej dedykacyi wzmiankowano, że po matce pochodziła z Kątskich.

Na odwrocie karty tytułowej herb Potockich oraz herb Grzymała i czterowiersz. Jagiell. — Ossol. — Dzików — Wileńs. — Warsz. Uniw.

— Toż, tenże tytuł, tamże, 1756. w 8ce, str. 195 i 229. Jagiell. — Ossol. — Wileńs. — Warsz. Uniw.

— francuski miłosiernemu zwycięzcy Bogu powinne poddaństwo z stateczną wiernością przyrzekający a z najwyższem uszczęśliwieniem swojem heroicznie przed niebem i całym światem grzechy własne wyznawający, przez jednego kapłana prowincyi polskiej do druku podany. W Kaliszu, w drukarni J. K. M. Societ. Jesu, 1759. w 8ce, str. 331. Bibl. Drohob. — Wileńs.

AUGUSTIN Tomasz. Opisanie boleści Pana Jezusa. Tomów 3. W Poznaniu. Tytuł nie jasny i niedokładny, może i błędny — wzięty z notatek Hanna we Lwowie.

Augustyan ob. Fontanna (1740) — Pociecha (1744).

Augustyanie X. X. ob. Łoniewski Krzysztof (1660) — Milensius Fel. (De monasteriis 1613).

Augustina świętego matka ob. Przeborowski Adam (1680).

Augustynowicz Christophorus ob. Symbolum Apostolico-Theol. (1722).

Augustynowicz Jacobus ob. Bernatowicz Krzysztof J. (1772) — Głuszkiewicz Ant. (Panegyris 1752, Armenia 1754) — Propositiones (1753). Janoc. Lexic. I. 203. II. 176. — Barącz, Żywoty Ormian 42—6.

Augustynowicz Jan Kazim. ob. Domaniewski Fr. Józ. (Porta 1749).

Augustynowicz Jan Tobiasz (ur. 20 Listop. 1664 † 1752) ob. Chodykiewicz Klem. (Noe 1752) — Czapkowski X. Konstanty (Życia konsekr. 1726). Barącz, Żywoty Ormian. — Encykl. Orgelbr. II. 450. — Janocki Lexic. II. 176.

Augustynowicz Józef ob. Chodykiewicz Klemens (Noe 1752) — Ignacy od św. Jana (Żywot 1752). Jabłonows. Musaeum Pol. 20.

AUJEZDECKI Aleksander (z Augezda, Ujezda). Kancyonał ewangelicki. W Sza-

motułach na zamku Łukasza Górki wojewody Łęczyckiego, starosty Buskiego. 1561. folio. Ob. Kancyonał.

Jest to Kancyonał dla wyznania braci czeskich. W Geschichte der Buchdruck. in Königsberg 1840. str. 5, zowią go Al. Aviezdeckim z Lutomyśla w Czechach, przybyłym w r. 1549 z braćmi czeskiemi do Prus. Zwać się miał w Czechach Aleks. Böhm. Drukował przekład Jana Seklucyana „Nowy testament" w Królewcu w Październ. 1551. a Część II. we Wrześniu 1552. (Ob. Seklucyan). — Potem wyniósł się do Sambora. „Tenże Aujezdecki napisał Kronikę turecką wydaną w Litomirzycach 1565." (Encykl. Orgelbr. I. 884). Arnold Hist. d. königsb. Univ. B. II. s. 553. Zus. s. 107. — Pisański Preuss. Litterärgesch. s. 217.

Aukcya wojska ob. Urbanowski X. P. (1756).

Aukcye ob. Informacya (1762).

Aula D. Jagellonis ob. Alembek Waleryan (1638).

Aula caelestis devotissimis atque flagrantissimis erga Deum, beatissimam Virg. Mariam et Sanctos Dei, affectibus. Obacz: Taczalski Onufry a SS. Sacramento (1741).

— Dei aetern. cultui dicatam ob. Temborski Stan. (1649).

Aulaea Romana contra peristromata Turcica expansa: sive dissertatio emblem., concordiae christ. omen repraesentans. 1. ad Corinth. XIV. v. XXX. EX Vrget protInVs IehoVa qVIa non est DeVs DIssensIonIs seD paCIs (1642). Bez w. m. w 4ce, str. 7 i 64. Na końcu podpis: G. P. H. — Druk ten sam, co Peristromata z r. 1641. Lutetiae Parisiorum apud Toussaint du Bray. Katalog księgarski podaje może mylnie toż samo bez w. roku 1587. w 4ce, kart 32, z 6 rycinami i z pięknemi inicyałami. — Treść obejmuje: I. Imperium Turcicum. II. Religio christiana. III. Imperium Romanum. IV. Regnum Galliae. V. Regnum Poloniae (kart 2). VI. Reliquae Europae regna et respubl. libertat. Jagiell. — Ossol.

Aulaeum nuptiale. Nouelli Poetae Academiae Samosciensis contexebant Anno Dni 1599. d. 16 Kalend. Mart. w 4ce, kart 14. (sign. D₂).

Na odwr. karty tytułowej: Powitanie łacińskie gości przybyłych: Salve septentrionis rex maxime i t. d. sign. Aii: Sigismundus III. rex i dwa wiersze pod tem. U dołu: In insignia Petri Firlej et Hedwigis Vlodecae novorum coniugum (6 wierszy). Od sign. A₁₁₁, wyliczone najznakomitsze osoby owego czasu, pod każdem nazwiskiem 2-wiersz. Od sign. C₁₁₁ do końca wiersze: ad Nicolaum Firleum palat. Crac., z podpisem: Simon Simonides faciebat in nuptias Petri Firlej et Hedwigis Volodecae.
Wiszn. VII. 190.

ob. Szymonowicz Szymon.　Ossol.

AULANDER. Der nach der Pultawischen Schlacht in dem Türkischen Bender sich aufhaltende Carl XII. entworfen von Aulander 1716. w 8ce.
Petersb.

Aulicus inculpatus ob. Refuge Eust. (1643, 49).

AULINSKI Adam. Fasciculus Palladis prensantibus interim XIII. ingenuis adolescentibus primam in artibus honestissimis et philosophiâ lauream, publicè in almo Athenaeo Jagelloniano. Decanatu Excellentissimi ac Doctissimi D. M. Stanislai Osędowski Coll: minoris, praeceptoris sui candidissimi. Ab Adamo Aulinski ejusdem laureae concandidato in pignus amoris eâ quâ par est animi beneuolentia oblatus. Anno restauratae salutis humanae 1640. mense Octob. hora.... Crac., in officina Stanislai Bertutowie (1640). w 4ce, kart 8.

Dedyk.: Franc. a Dembiany Dembiński Vexillifero terrae Cracov.
Pisał wiersze na tych: Grzeg. Pekalski, Jan Przygocki, Math. Pestrzyński, Bartłom. Ostrzesoviensis, Stan. Przeworski, Simon Pilarski, Mart. Nowakowic, Mat. Komeski, Franc. Bagiński, Jan Czechowic, Stan. Rab, Dom. Kromer itd. Kończy Votum Joan. Cantio. — Na końcu: Sub auspic. Math. Wonieński.
Jocher 1390. i 1358. Tu mylnie ma datę 1611 r.
Dzików — Jagiell. — Krasińs. — Ossol. — Uniw. lwow.

AULNOY Marya Katarzyna Jumelle de Berneville (1650 † 1705). Historya angielska politicò-moralis, Hippolita Millorta z Duglas, z Julią córką hrabi z Warwiku, awantury przyiaźni opisuiąca, z angielskiego ięzyka na francuzki, z francuzkiego na polski przetłumaczona.

Jaśnie Wielmożnemu Jego Mości Panu Leonowi Antoniemu z Raczyna Raczyńskiemu, woiewodzicowi Poznańskiemu, generałowi majorowi woysk J. K. M. y Nayiaśnieyszey Rzeczypospolitey polskiey, staroście Bernhoffskiemu, fortecy Elblądzkiey komendantowi y gubernatorowi oraz Jaśnie Wielmożney Jeymości Pani Wirydyannie hrabiance z Bnińskich kasztelance Kowalskiey Raczyńskiey, generałowy, y starościny Bernhoffskiey, dedykowana. Dla zábawy życzliwym przyjaciołom, przez J. P. Józefa Jana Nepomucena Raczyńskiego, podczaszyca Wieluńskiego r. p. 1743 do druku podana. W Poznaniu, w drukárni akademickiey. folio, 10 ark., (str. 130).

Na odwrotnej karcie tytułu 6 dwuwierszy na herby Raczyńskich i Bnińskich. — Poczem dedykacya Leonowi Raczyńskiemu.
Janoc. Pol. I. 67.
Warsz. Uniw. — Jagiell. — Zieliński — Czartor. — Horodecka.

— Toż. Bez m. dr. 1756. folio.
Branic. — Ossol. — Uniw. lwowski — Zieliński.

Aulock Fryd. obacz: Legationum (1585).

Aulus Persius Flaccus ob. Persius.

Aura favens ob. Szaynowski Stan. (1710).

AURATUS Joannes (Dorat, d'Aurat, Doré), (1508 † 1 Listop. 1588). Ad amplissimos Polonorum Legatos Parisiorum urbem ingredientes Jo. Aurati poetae regii prosphonetici versus. Parisiis, ex officina Federici Morelli, typographi Reg. MDLXXIII. cum privilegio Regis. w 4ce, kart nlb. 4. (sign. Aiij).

Na str. ostatniej herbowna tarcza na 4 części podzielona, w dwóch po 3 lilie, a w dwóch połączona pogoń z orłem.
Czartor. — Ossol. — Kórnic.

— In Henrici III. Regis Galliae et Poloniae, foelicem reditum, versus, in fronte domus publicae Lutetiae urbis ascripti, quo die supplicationes et ignes solennes publico conventu celebrati sunt. Qui dies fuit mensis Septembris XIII. Anno 1574. Urbis iterum praefecto Jo. Charonaeo viro amplissimo, aedilib. Jo.

Iaio, Jacobo Perdrerio, Cl. Daubraeo, Gvil. Perfecto, viris sui ordinis ornatissimis. Parisiis, ex officina Federici Morelli typographi regii 1574. w 4ce, kart nlb. 6.   Czartor.

— Magnificentissimi spectaculi a Regina Regum Matre in hortis suburbanis editi. In Henrici Regis Poloniae inuictissimi nuper renunciati gratulationem. Descriptio Jo. Aurato poeta regio authore. Parisiis, ex officina Federici Morelli, typographi Regij MDLXXIII. (1573). Cum privilegio Regis. w 4ce, kart 26.

Na Aij. Dialogus ad numeros musicos Orlandi. — Na Aiij. De magnificentissimo spectaculo exhibito elegia.
Zedler Lexicon 1732. II. 2206. — Wiszn. VIII. 118. — Wierzbowski II. 1472. Czartor. — Kórnic. — Ossol. — Jagiell. — Zyg. Puslowski. — Petersb.

Aurei flores dialecticae ob. Valerianus Fr. (1579).

AURELI Augustyn od Ś. Kazimierza, Karmelita. Kazanie podczas uroczystey kanonizacyi świętego Józefa od Matki Boskiey Kalansankeiusza, szkół pobożnych fundatora przez X. Aurelego Augustyna od Św. Kazimierza Karmelitę bosego miane r. 1769. d. 4 Lipca. W Wilnie, w drukarni Piarów. w 4ce, str. 24.

Jocher 5070.   Przeźdz.

Aureli Augustyn od Najśw. Sakram. Pijar ob. Chryszkiewicz Aureli (Sprawiedliwość 1741, Honor 1745).

AURELIAN od Narodzenia N. Maryi, Trynitarz. Homo, cui nomen Joannes de Matha doctor Parisiensis ord. SSS. Trinit. de Redempt. Capt. primus pater atque fundator missus a Deo Christanis apud Mahometanos captivis ad solatium die suo cultui pro ecclesia universa praefixo sexto idus Februarii MDCCXCIII (1793). ab uno filiorum instituti eiusdem Alumno oratione panegyrica exceptus. B. m. w 4ce, 3 ark.

Przypis. Kunegundzie Czackiej, strażnikowej W. Kor.
Jocher 5521.

— De laudibus S. P. Joannis de Matha doctoris Parisiensis ord. SSS.

Trinitatis Red. Capt. primi patris et fundatoris Oratio panegyrica Celsiss. Principi Xaverio Ogiński, praefecto Culinae M. D. a Vłodimiro Magno per lineam rectam descendenti nomine conventus Oginsciano-Molodecensis a Religione Ord. SSS. Trinitatis Red. Capt. inscripta et consecrata. Vilnae, typis Basilianorum. w 4ce, 3 ark.

Przypis autora: Obrępalskiemu wizytatorowi szkół w Litwie i Andrzejowi Tokayło profossorowi prawa w szkołach Brzeskich.
Jocher 5522.   Wileńs.

— De triplici magisterio S. Joa. de Matha, ord. S. Trinit. de red. capt. fundatoris, oratio panegyrica. Vilnae, 1794. w 4ce, kart 12.

Dedyk.: V. Kwiatkowski et Val., Stephan. et Lud. fratribus in Sondowa Wisznia praepos.

Aurelius Victor Sextus ob. Victor Sextus Aurelius.

Aurelius Prudentius ob. Lengnich G. (De patria 1713).

Aureliusz Marek ob. Marek (Esprit 1765) — Thomas (Pochwała 1789).

Aureola Ludovico Caelestino Dydziński ob. Dydziński.

Auri veritas albo rzecz ob. Tomisławski Franc. (1655).

AURIA (De) Andrzej. Copia litterarum missarum ab illustrissimo Vicerege neapolitano, ad illustrem D. Comitem de Cifuntes oratorem Caesareae Majestatis apud romanum Pontificem de auxilio classe armata, praestito coronae per mare, et expeditione facta per illustrissimum D. Andream de Auria mense Augusto anno 1533. Cracov., Flor. Ungler 1533. w 8ce, kart nlb. 4.

Drzeworyt: popiersie męża z długą brodą.
Wiszn. VIII. 75. pisze go Aurla zapewne mylnie.

AURIFABER Andrzej (urodz. 1514 † 12 Grudnia 1559). De repletione et evacuatione disputatio medica. Authore Andrea Aurifabro Vratislaviensi medico. In Academia Regio-Montana Prussiae. (Na końcu textu:) Anno M. D. LIIII (1554). w 4ce, 4 kartki.

Wrocławs.

— Schola Dantiscana cum exhortatione ad literas bonas (latine et germ.). Gedani, 1539. w 8cc.

— Succini historia. Königsberg, 1551. w 4ce.

Zedler Univ. Lexic. 1732. II. 2220. — Adelung Lexic. 1784. I. 1275. — Tölkemit Lehrer Gedächt. 1753. s. 236. — Jöcher Gelehrt. Lexic. 1750. I. 664.

Kijows.

(Aurifaber Johann) z Wrocławia, [Goldschmied] (1517 † 19 Paźd. 1568). Vermanung an die Pfarherrn und Kirchendiener des Hertzogsthumbs Preussen. Von wegen der itzt vorstehenden Sterbens leufft. Johannes Aurifaber Doctor und der Samlendischen Kirchen President. (Na ostatniej karcie u dołu:) Gedruckt zu Königsberg in Preussen, bey Johann Daubman, 1564. w 4ce, (sign. idzie dołem A₂—H₂).

Wrocław s.

— ob. Luter M. (Vergerius, Cur et quomodo 1557) — Lipomanus Alojsius (Epistolae 1556, Dwa Listy 1559) — Vergerius P.

Zedler Univ. Lexic. — Adelung Lexic. — Jöcher Lexic. — Janocki Nachrichten von Załusk. Bibl. I. 62. — Arnold Dan. H. Kirchen Gesch. Preuss. s. 337. — Gerdes Scrinium literar. v. Miscelanea. Groning. Cz. III. s. 350. (Epistola ad Paul. Vergerium 1556). — Zembrzycki Die Reise v. Vergerius 1890. s. 37.

Auriflamma ob. Kczewski (1727).

Aurifodina pietatis ob. Kaczorkowic Adam (1689).

— sapientiae in Bibl. Univ. Jagiell. ob. Bieżanowski St. (1671).

AURIMONTANUS Elisaeus. Ad Dantiscanos bellum et arma circumspicientes; Epistola in qua vatem eis popularem exhibet. Anno Dni M.DC.XXXVIII (1638). Bez w. m. w 4ce, kart 8.

— Toż, także bez w. m. dr. 1638. w 4ce, kart 6.

Pod nazwiskiem tem ukrył się jakiś Gdańszczanin podług Piaseckiego (Chronica 1648. s. 501) Daniel Kruzyusz, a podług innych Filip Lacki, były sekretarz Gdański, którego list wyszedł 1638 r. Obacz: Charitii Comment. de viris eruditis Gedani ortis Vittenb. 1715. w 4ce, str. 1.

Jest tu przytoczone wierszem proroctwo Jana Dantyszka o Gdańsku.

Akad. — Czartor. — Jagiell. — Ossol. — Uniw. lwow.

— Ad Elisei Aurimontani epistolam responsoria: quae vanitatem ipsius peculiarem exhibet. Excusa Alithipoli, anno MDCXXXVIII (1638). w 4ce, kart nlb. 6.

Porówn. Borek.   Krasińs.

— Gdański prorok abo Elizeusza Aurimontana do Gdańszczan o woynie y armaćie kiedyś zámyśláiących, list, w którym Ziemek (tak) wystáwia im proroká Ziemká, o Gdańsku mieśćie prorokuiącego. Z łáćińskiego ięzyká ná polski przez X. Iacyntha Przetockiego plebaná ná Wysoki, z niezdrożnym przetłumáczony przydátkiem. Anno Dni 1649. die 2 Augusti. W Krakowie. w 4ce, kart nlb. 20. (sign. E₄).

Dedyk.: Mikołajowi z Przytyka Podlodowskiemu, chorążemu Dobrzyńskiemu. Zawiera oryginał łaćiń. i polskie tłumaczenie. (Proroctwo Dantyszka przełożone wierszem). — W końcu jest spis chronologiczny zdarzeń w Gdańsku do r. 1648.

Czartor. — Jagiell. — Ossol. — Warsz. Uniw.

— ob. Carniolus (Aurim. defensus 1639) — Borek [Patricius Just.] (Ad epistol. responsio) — Sincerus Const. (Spongia 1638).

Maciejows. Piśm. III. 845. — Wiszn. Hist. lit. VIII. 667.

AURIMONTANUS Hieronymus a Ferimontanis. Pro culmensis Gymnasii instauratione ad primates Prussiae oratio in comitiis turonensibus habita anno MDXXXI. (Cały tytuł inicyałami). Cracoviae apud Hieronymum Vietorem artis typographicae alumnum. Bez r. (1531). w 4ce, kart nlb. z tyt. 5.

— Perhorrendae pestilentialis ephemeris, quam falso sudatoriam luem vocant: curandi ratio. Quatenus Deus optimus, maximus ad salutem in se sperantium hactenus permisit. Math. XXV. Vigilate nescitis enim diem neq. horam. (Na końcu:) Cracoviae, in officina Hier. Vietoris 1530. mense Aprili. w 8ce, ark. nlb. Diij. czyli kart 15. (arkusz po 4 karty).

Juszyńs. II. 43.   Dzików.

— ob. Wildenbergius Hier. (Philosophiae epitome 1548).

Aurora aeternitatis, qua piae mentes ad felicem aeternitatem excitantur. Cracoviae, typogr. Stan. Stachowicz (po r. 1790). w 12ce, str. 434 i kart 14.

— na horyzoncie lwowskim świecąca, przeoświeconemu Exarsze Ś. tronu Apostolskiego Konstantynopolitańskiego. We Lwowie, u Michała Sloski.

> Książka ta wyjść mogła co najwcześniej 1639 r. z powodu, że Sloska druki ruskie i łacińskie rozpoczął we Lwowie od 1638. a Exarcha Jeremi Tissarowski umarł w r. 1641.
>
> Pismo to przez konsystorz lwowski r. 1639. z ambon za uwłaczanie Stolicy Apostolskiej wywołane zostało, exemplarze wszystkie zabrano, krzyż wraz z herbem tu przydany wytarto i wydanie całe na ogień skazano.
>
> Józefowicz Annales Urbis Leopoliens. 402. — Wiszniews. Hist. lit. VI. s. XII. mylnie ma datę 1633.

— ob. Arnd Joh. (borealis 1718) — Bonaventura Divus (minoritia 1739) — Ossędowski Stan. (natalium A. H. Sieniawski 1638) — Rzewuski St. M. (in domo 1700).

Aurum auro superadditum i. e. Illmus et Rndmus Joannes Skarbek thesauro archidiecaesano Leopoliensi coelo demissus ob. Skarbek Jan (1713).

— auro additum per Boleslaum Krywousty rectefactorum gloria memorabilem Herois Dołęgae Mostowscianae prosapiae protoparentis pro aurea libertate ferrei Bellatoris arma armis augentem nunc vero sub auspiciis perill. Magn. D. D. Valeriani Mostowski castellanidae Sierpscensis inter scenicas refulgens umbras theatrali igne probatum Anno 1729. 5½ ark. prozą.

> W dedykacyi podpis: Regio Varsaviense Athenaeum S. J.

— divi Nicolai ob. Paszczykowski Mik. (1657).

— maximi pretii ob. Banaszewicz Ad. (1689).

— regum ob. Przebendowski 1717.

Ausa principis Caroli Sudermaniae ob. Sturcius (1598).

AUSCHWITZ Ant. De obsidione Samariae, tempore Joannis per.... Thorun. Thorunii, ex officina Sen. et Gymn. 1703. w 4ce, kart 2. Czartor.

(Auschwitz Georg). Hochzeitliche Ehrengedichte auff den hochzeitlichen Ehren Tag des Georg Auschwitz und der Barbara Rupler welchen sie gehalten zu Thorn Anno 1647. Gedruckt zu Thorn, bey Michael Carnall. (1647). w 4ce, str. 8.

(Auschwitz Joach.) Secundis nuptiis Joachimi Auschwitz et Annae Blasiae bona omnia gratulantur votivae mentes. Thorunii, apud Michaelem Karnall Anno 1657. w 4ce, str. 4.

— ob. Teschinius Joh. (Epicedia 1663).

Ausführung (Vorläufige) der Rechte des Königreichs Hungarn auf Klein oder Roth Reussen und Podolien, und des Königreich Böheim auf die Hertzogthümer Auschwitz u. Zator. Wien, bei Joh. Thom. Trattnern 1772. w 4ce, str. 68.

> Jagiell. — Kijows. — Petersb.

— Toż. Bez m. 1773. w 4ce, str. 123. Nadbitka z dzieła: Der Kriegsgeschichten [Theil XXI—XXII].

> Jagiell. — Petersb. — Zielińs.

— derer Curländischen Rechte ob. Keyserling Herm. (1736).

— der Rechte Sr. Königl. Maj. von Preussen auf das Herzogthum Pomerellen und auf verschiedene andere Landschaften des Königreichs Polen. Mit Beweis-Urkunden. Berlin, Georg J. Decker 1772. w 4ce, str. 56.

> Porównaj: Wykład praw króla pruskiego do księstwa Pomerelli — Odpowiedź na Wykład.
>
> Ossol. — Jagiell. — Krasińs. — Czartor.

Auslegung arab. Wörter ob. Komarek (1683).

— des LI. Psalm ob. Spangenberg Joan. (1679).

AUSONIUS Decyusz (Decimus Magnus) Burdygalczyk, konsul rzymski i cesarza Gracyana nauczyciel (urodz. 309 † 394). Epigrammata, nagrobki

i edyllia wybrane, przekładania J. E. Minasowicza K. K. I. K. M. S. W Warszawie, w druk. Mitzler. 1765. Nakładem Towarzystwa litteratów w Polszcze ustanowionego. w 8ce, kart 4, str. 136.
Bentk. (I. 594). wymienia rok wydania 1795. z tą samą liczbą stronic, mylnie zamiast 1765. Por. tamże s. 386. — Od str. 64 zaczyna się: Epigrammata Selecta ex Anthologia Graecorum poetarum, z tłómaczeniem polskiem, a na str. 130. Syllabus brevis poetarum classicorum metaphrasi polonica donatorum, po łacinie.
Jocher 338.
Kijows. — Ossol. — Zielińs. — Krasińs.

— obacz: Załuski J. i Minasowicz Józ Epif. (Zbiór 1755).

Auspex genetliacos C. B. Ossoliński ob. Ossoliński F. G. (1646).

— belli moschovitici ob. Kotyński Jan (1634).

Auspicata omina ad ingressum Bon. Madaliński ob. Barankowic Mart. (1674).

Auspicatum futurae felicitatis obacz: Malicki Bart. (1683).

— laureatae sapientiae certamen ob. Dzielski Woje. (1688).

Auspicatus ingressus ob. Sławieński St. (1639).

Auspiciis exsurgit Euax. ob. Lindner Abr. (1655).

Auspicium anni Rostochiensis ob. Thannicius Conr. (1645).

— felicitatis in Joan. Casim. IV. ob. Lanckoroński Jan (1649).

— in Alb. Łańcucki ob. Piskorski Seb. (1661).

AUSPURGER Kazimierz. Historya o jedenastu tysiącach dziewic. Drukowana w r. p. 1674. (Poczem drugi tytuł:) Przezacna o Urszuli S. Pannie y Męczenniczce historia. Z różnych authorów starodawnych zebrana, na instancyą Wielebnych Panien Owinskiego konwentu, Zakonu S. Cistercieńskiego.... wierszem udarowana polskim. Od wielebnego X. Kazimierza Auspurgera zakonnika klasztoru Oberskiego, a natenczas proboszcza Lobzenickiego y notariusza apostolskiego. (Kraków, 1674). w 4ce, str. 128.

Dedykacya panom Działyńskim, Helenie wojewodzinnce Brzeskiej, Innowrocławskiej, córce Zygmunta, — i Apolinarze, Urszuli i Annie, córkom Stan. Krzyckiego podkom. Kalisk.
Jocher 8654. — Juszyńs. Dykcyon. I. — Załuski Bibl. Poet. s. 27.
Dzików — Krasińs. — Ossol. — Raczyńs.

Auspurski sejm ob. Kwiatkowski Marcin (1561).

Ausschreiben der Expedition ob. Albrecht J. (1552).

Aust Agneta ob. Baumgart Dan. (Acclamatio 1660).

(Aust Joh.) Ehren - Gedichte auff des.... Joannis Austen und.... Elisabethät.... Preussen.... im Jahr 1652. gehaltene Hochzeitliche Ehrenfest. Geschrieben von Etlichen Pflichtschuldigen. Thorn, drucks Michael Karnall 1652. w 4ce, str. 8. (wiersz).

— Sacra nuptialia a Joanne Austen.... et Elisabetha.... celebranda brevissimo carmine adornare volebant. Ex Animo Cupientes. (Thorunii), typis Michael Karnal. w 4ce, str. 8.

— Vota metrica, in honorem matrimonii Quod juvenis.... Joannes Austen.... cum Elisabetha.... Pruss... Solenniter iniit die XV. Jul. M. DC. LII. Scripta a professoribus et visitatoribus in Gymn. Thor. B. w. m. dr. r. w 4ce, str. 12. (wiersz).

— ob. Baumgarten Ant. (Vota nuptiis) — Hübener Georg (Freuden-gedicht 1652).

AUSTEN Paul Georg J. U. D. Disputatio ordinaria de pace hosti denegata, quam Gymnasio Thorunensi praeside Georgio Petro Schultzen defendet d. 24 Febr. 1712. Paul Georg. Austen Thorun. Thorunii, impressit Johann Nicolai Nobil. Senat. et Gymn. typ. 1712. w 4ce, kart 8.
Ossol. — Czartor.

Austeniana domus ob. Grandaus J. (1689).

Austeritas Christi erga matrem ob. Vechner G. (1640).

Austrya ob. Kto (1796) — Przimski (Austriaci 1657).

39

Austryjacko-polskie stosunki w w. XVII. ob. Lundendorpius (Acta 1621) — Seckenberg H. Chr. (1745—51).

Auszug der preussischen Chroniken ob. Chronica (1566—7).

— eines ausführlichen Schreibens, von vornehmer Hand aus Sambor von 4 Octob. dieses lauffenden 1660 Jahres, betreffende die newliche Niederlage der Moskowiter, bey Lubertow. B. w. m. 1660. w 4ce. Petersb.

— aus der Erklärung des Catechis-Lutheri. Danzig. w 12.
Jocher 3130.
Por. Lehrer Erklärung 1648.

— des Dantziger Catechismi. Dantzig, 1692. w 12ce.
Jocher 3110.

— verschiedener die Neue Preussische Krone angehender Schrifften. Bez w. m. 1701. w 4ce, str. nlb. 116. oprócz karty tytułowej. Krasiús.

— (Kurzer) alter und neuer Poln. Preussischer Kriegsgeschichten, mit Kupfern. Thornische Begebenheit, die zu gleicher Zeit mit der danziger Belagerung 1733 und 1734. sich merkwürdigst zugetragen. Cölln, 1737.

— Alter und neuer Polnisch. und Preuss. Kriegsgeschichte Auszug, nebst einem Anhang von der Belagerung Dantzig. Dantzig, Knoch, 1737. w 4ce.

— (Kurzer) polnisch preuss. Kriegsgeschichte als ein anderer Theil der Accuraten Nachricht von der russisch-sächsischen Belagerung der Stadt Danzig. Tagesregister von den Unternehmungen der Russen und Sachsen bei Belagerung Dantzigs. Thornische Begebenheit zu dieser Zeit. Elbinger Begebenheit zu dieser Zeit. Anhang des Auszuges alter und neuer poln. preuss. Kriegsgeschichten. Cöln, 1738. w 4ce, z rycinami.
Jestto ciąg dalszy wprzód wydanego dziełka. Zaczyna się od przedmowy str. 8., text od 369—1424. Verzeichniss str. 36.
Petersb. — Zieliús.

— (Kurtzer) alter u. neuer Polnisch-Preussischer Kriegs-Geschichte, oder 2-ter Theil der accuraten Nachricht von der Russisch-Sächsischen Belagerung

der Stadt Dantzig. Danzig, 1741. w 4ce, z mapą.
Porówn. Gdańsk (der Beschwerden 1763. historisches 1651).

— aus einer auf der Reichstag-Session von 26 März 1790 gehaltenen Rede.... Bez wyr. m. dr. w 8ce, stron liczb. 92.

— (Vierteljähr. chronolog.) der von dem k. k. Landes Gubernium in Galizien von 1 Aug. bis letzten Octob. 1784 bekanntgemachten in das allgem. einschlagenden Verordnungen. Extrakt ćwierćrocz. chronolog. rozkazów do publiczności ściągających się przez c. k. Gubernium galicyjs. od 1 Sierp. aż do ostatniego Październ. 1784 ogłoszonych. (rozkazów 132). folio, ark. 7.

— Toż. od 1 Lut. do Kwiet. 1785. (rozk. 77). folio, ark. E.

— Toż. od Sierp. do Paźdz. 1785. (rozk. 93). folio, ark. G.

— Toż. Listopad 1785 — Styczeń 1786. (rozk. 100). folio, ark. G.

— Toż. Luty 1786 — Kwiecień 1787. (rozk. 93). folio, ark. G.

— Toż. Maj, Lipiec 1786. (rozk. 100). folio, ark. G.

Toż. Sierpień, Paźdz. 1786. (rozk. 161). folio, ark. L.

— Toż. Listopad 1786 — Styczeń 1787. (rozk. 147). folio, ark. K.

— Vierteljähriger chronologischer Auszug aus den von dem kk. Landesgubernium in Galizien und Lodomerien von 1-ten November 1786 bis letzten October 1787. bekannt gemachten in das Allgemeine einschlagenden Verordnungen. folio, k. nlb. 85.
Z tłumaczeniem polskiem obok. Ossol.

— Toż. Maj, Lipiec 1788. (rozp. 149). folio, ark. L.

— Toż. Sierpień, Paźdz. 1788. (rozp. 137). folio, ark. K.

— Toż. Listop. 1788, Stycz. 1789. (rozp. 164). ark. N.

— Toż. Luty, Kwiecień 1789. (rozp. 150). ark. M.

— Toż. Sierpień, Paźdz. 1789. (rozp. 126). ark. L.

— Toż. Listop. 1789, Stycz. 1790. (rozp. 103). ark. J.

— Toż. Luty, Kwiecień 1790. (rozp. 91). ark. H.

— Toż. Sierp., Paźdz. 1790. (rozp. 50). ark. D. Jagiell.

— Tegoż zbioru: Vom 1-ten November 1790 bis letzten October 1795. kart nlb. 180. Ossol.

— Chronologischer aus den von der k. k. bevollmächtigsten Einrichtungs-Kommission in Westgalizien vom 1 Hornung bis letzten Juni 1796. kundgemachten in das Allgemeine einschlagenden Verordnungen. — Wypis chronologiczny z ogłoszonych i w całość wpadających rozporządzeń c. k. pełnomocnej nadwornej komissyi Galicyi zachodniey od dnia 1 Lutego aż do ostatniego Czerwca 1796. (Rozporządzeń 67). folio, ark. F.

— Toż: od Paźdz. do Grud. 1796. (rozp. i repertorium tychże od Lutego). folio, ark. O.

— Toż. Styczeń, Marzec 1797. (rozp. 55). folio, ark. H.

— Toż. Kwiecień, Czerwiec 1797. (rozp. 96). folio, ark. G₂.

— Toż. Lipiec, Wrzesień 1797. (rozp. 142). folio, ark. H.

— Toż. Paźdz., Grudzień 1797. (i repertor. za cały rok). folio, ark. Aa.

— Toż. Stycz., Marzec 1798. (rozp. 38). folio, ark. Q.

— Toż. Kwiecień, Czerwiec 1798. (rozp. 77). folio, ark. G.

— Toż. Lipiec, Wrzes. 1798. (rozp. 113). folio, ark. F.

— Toż. Paźdz., Grudzień 1798. (i repertor. za cały rok). folio, ark. T.

— Toż. Stycz., Marzec 1799. (rozp. 37). ark. G.

— Toż. Kwiecień, Czerw. 1799. (rozp. 68). ark. F.

— Toż. Lipiec, Wrzesień 1799. (rozp. 69 do 95). folio, ark. E.

— Toż. Paźdz., Grud. 1799. (rozp. od 96 do 118. i repertorium za cały rok). folio, ark. R. Jagiell.

(Auszug). Des systematischen Auszugs aus den für Gallizien bestehenden politischen Gesetzen, und Verordnungen I und II Heft. — Systematycznego wypisu z politycznych praw i rozporządzeń dla Galicyi wydanych i dotąd nieuchwalonych. Tomik I. i II. w 4ce, str. 57, 88, 16. Ossol.

— ob. Chronica (der preuss. Chron. 1568)—Fidelis Św. (des Lebens 1747)—Gdańsk (Veränderung 1651, 1652, Beschwerden 1763, alter Kriegsgeschichte 1738) — Karol Gustaw (was fürgegangen 1660) — Kurlandya (und Anzeige 1762) — Moskowiter (e. Schreibens 1660) — Polen (chronolog. Geschichte 1768, und Begriff 1706) — Preussen (der Chronicken 1566).

Authoritas ecclesiae convulsa obacz: Naymann Krz. (1646).

Authorum praelegendorum in schola Grammatices. Anno I. et II. Bez w. m. i r. w 8ce. Tomów dwa.

— Triennalium in schola Grammatices per provinciam majoris Poloniae Societatis Jesu praelegendorum, quorum Syllabum sequens pagella exhibet, annus quartus. Calissii, An. Dni 1758. w 8ce, str. 86.

Na odwrotnej stronie tytułu: M. Tulli Ciceronis Epist. fam. liber XIV. et XV. primo semestri. — P. Ovidii Nasonis Tristium liber IV. secundo semestri.

— Toż. ex anno 1758. in 1759.

— Toż. ex 1763. in 1764.

— Toż. ex 1768. in 1769.

— Toż. ex 1773. in 1774. Warsz. Uniw.

— praelegendorum in schola poeseos per provinciam Poloniae Societatis Jesu. Quorum Syllabum sequens pagella exhibet. Annus tertius. Calisii, typis S. R. M. Coll. Soc. Jesu An. Dni 1745. w 8ce, kart nlb. 2, str. 112 i 30.

Raczyńs. — Jagiell. — Warsz. Uniw.

Auctores praelegendi in schola poeseos per provinciam Poloniae Soc. J. Anno quinto. Calissii, typis Coll. S. J. An. 1755. w 8ce. Jocher 762. Raczyńs.

— praelegendi in schola rhetorices per provinciam Poloniae Societatis Jesu. Posnaniae, typis S. R. M. clari Collegii Soc. Jesu. B. w. r. w 8ce, str. 183. Mieści wyjątki: Cicero pro Cornel. Livius Decad. III. — Seneca Heracles. Warsz. Uniw.

Auctorum praelegendorum in schola rhetorices per provinciam Poloniae Soc. Jesu quorum syllabum sequens pagella exhibet. Annus tertius. Calisii, typis S. R. M. Colleg. Soc. Jesu 1745. w 8ce, str. 191.

Obejmuje: Cicero pro Corn., Oratio pro Sylla — Seneca — Tucydides — Persius A. — Selecta ex Satyris — Livius: Decad. I. liber IV. — Demostenes.
Raczyńs. — Warsz. Uniw.

— Toż. Anno quarto. Posnaniae, typ. S. R. M. clari Coll. Soc. J. 1745. w 8ce, sign. A—H₇.

ob. Autores. Jagiell.

Auctores praelegendi in schola Rhetorices per provinciam Poloniae Societatis Jesu Anno quinto. Calisii, typis S. R. Majestatis Collegii Societatis Jesu. 1745. w 8ce, (strony nlb.)
Warsz. Uniw.

— Toż: in schola Rhetorices. Annus III. et IV. T. I—II. Calisii, 1755. w 8ce.

— Toż. Annus IV, V, VI et VII. T. I—IV. Posnaniae, 1746—1758. w 8ce.

Auctorum praelegendorum in schola Rhetorices per provinciam Poloniae Societatis Jesu. Annus VIII. Posnaniae, typis S. R. M. Soc. Jesu anno Domini 1758. w 8ce, kart nlb. 53.
Warsz. Uniw.

— praelegendorum in schola Syntaxeos per provinciam Poloniae Societ. Jesu quorum Syllabum sequens pagella exhibet (annus tertius). Calisii, typis S. R. M. Coll. Soc. Jesu. 1745. w 8ce, str. 284.

Obejmuje: Cicero i Epistola ad Famil., paradoxa, Somnium Scipionis, Ovidius de Fastis, Virgilius, Ecloga. Chryzostom. De Orando Deo.
Warsz. Uniw. — Raczyńs.

— Toż. Annus IV. Calisii, 1746. w 8ce.

— triennalium in schola Syntaxeos per provinciam Poloniae Societatis Jesu praelegendorum, quorum Syllabum sequens pagella exhibet. Annus secundus. Calisii, typis S. R. M. Soc. J. Anno Dni 1748. w 8ce, str. 72.

Łukaszewicz Hist. Szkół I. 278. — Brown s. 51. Nr. 14.

— praelegendorum in schola Syntaxeos per provinciam Poloniae Societ. Jesu quorum Syllabum sequens pagella exhibet. Annus quartus. Calissii, typis S. R. M. Coll. Soc. J. Anno Dni 1748. w 8ce, str. 147.

Łukaszewicz Histor. Szkół T. I. s. 277. — Brown s. 51. Nr. 13.

— praelegendorum in schola Syntaxeos per provinciam Majoris Poloniae Soc. Jesu Annus I. Calissii, 1761.

Katalog po X. Prusinowskim str. 8.

— triennalium in schola Syntaxeos per provinciam Poloniae Societ. Jesu praelegendorum, quorum Syllabum sequens pagella exhibet. Annus sextus. Calissii, typis S. R. M. Soc. J. 1764. w 8ce, str. 86.

Prozą i wierszem. Ossol.

Auteur (A'l) anonyme d'une lettre concernant la reforme de l'université de Cracovie écrite au Cracovie en date du 15 Mai 1781. et insérée dans le Journal encyclopedique de mois de Iuillet, même année, partie I-ere, page 131. Bez w. m. kart liczb. 4. Krasińs.

Autor komedyi. Komedya w trzech aktach. Quid Romae faciam? Mentiri nescio. Juven. Sat. 3. W Warszawie, w drukarni nadwornej J. K. M. 1779. w 8ce, sign. A—Hij. (kart 63).
Akad. — Dzików — Jagiell. — Krasińs. Zielińs.

Autora (Do) anonima. Bez w. m. dr. 1789 r. w 8ce, str. liczb. 28.
Krasińs.

— (Do) zgody i niezgody z autorem uwag nad życiem Zamoyskiego 1788.
ob. Zbior pism do których były powodem uwagi nad życiem Jana Zamoyskiego. Pismo szóste.

Autora (Dla) pisma: Raczej piórem niż orężem. Bajka wschodnia. Warszawa, w drukarni P. Zawadzkiego 1792. w 8ce.
Ob. Raczej. Branic. — Zielińs.

Autoritates Aristotelis 1533 ob Beda.

Autumale eruditi honoris ob. Bojanowski Stef. (1671).

Autumnales fructus ob. Sławkowic Stan. (1693).

Autumnus academicus ob. Piątkowski Fr. (1648).

— vindemians promovente Andr. Białkowski ob. Sienkowicz Ad. (1644).

AUVENTO di D. Franco Caro. C. R. Somasco detto in S. Maria della Salute di Venezia dedicata. Varsoviae, 1699. w 4ce.

Katal. Kaj. Jabłoński.

Auxilia historica oder historischer Behülff, und bequemer Unterricht von denen darzu erforderlichen Wissenschaften. V. Theil. Von Pohlen, dessen Geschichte, Provintzen, von Preussen, von pohlnischen Regiments-Form, Absichten; von hungarischen Geschichten und Verfassungen; von der hungarischer Nation, Land etc. Von der europäischen Türckey, türckischen Geschichten, Verfassung des Reichs, mahometanischer Religion, türckischem Kriegwesen; von der africanischen Türckey. Stadt am Hof nächst Regenspurg. Anno 1747. w 8ce.

— tyronum 1769. ob. Alwar Eman.

Auxiliares copiae ob. Kupiński Jan (1703).

AUXIRON Cl. Fr. Jos. d' (1728 † 1778). Principes de tout gouvernement, ou examen des causes de la splendeur ou de la foiblesse de tout état considéré en lui-même et indépendamment des moeurs. A Varsovie et à Dresde, chez Michel Gröll. 1768. w 8ce, 2 tomy, 24 kart (preface et table sommaire), str. 155, kart 18 i str. 235.

Dedié au Stan. August Roi de Pologne par M. Gröll. Jagiell.

Awans w wojsku dla rodaków z służby obcej powracających, officyerów korpusu kadetów, ober-officyerów gwardyów konnej i pieszej obojga narodów i kadetów, tudzież umieszczenie paziów naszych królewskich. folio, ½ ark.

ob. Actum z 11 Febr. 1790.

— w wojsku obojga narodów (projekt) z r. 1791?) folio, str. 8. (w połowie po francuzku). Branic.

Avantius Hieronymus ob. Seneka L. A. (Tragoedia secunda 1513).

Awantura Amelii obacz: Riccoboni (1787).

— Elżbiety 1790. ob. Riccoboni.

— Ernestyny z francuskiego prze-

łożona. W Supraślu 1787 roku, w 8ce, str. 123. Czartor. — Jagiell. — Ossol.

— Olinda ob. Czaplic C. (Historya 1754).

— Idziego Blasa z Santyllany 1769. ob. Le Sage.

Awantury arabskie lub tysiąc nocy i jedna. 1766, 1772. ob. Galland.

— filozofów kochających się w modnych kobietach. Tom I. i II. W Supraślu, 1789. w 8ce, str. 203 i 164. Krasińs.

— Fortunata. Warszawa, 1768, 1796. ob. Mickiewicz Igor.

— Idziego Blasa 1769. ob. Le Sage.

— Roder. Randon. 1785. ob. Fielding.

— Markiza Vaudreville ob. Argens (1793).

— kawalera de Miran czyli charakter kobiet z francuskiego przetłum. W Lipsku (Lwowie), 1775. w 8ce.

Avaux (D') Jan Antoni de Mesme (1640 † 1709). ob. Gratian Ant. Maria (1669).

Avaux (D') Klaud. de Mesme (1595 † 19 Listop. 1650). ob. Grabiecki Alb. (1649) — Ogerius K.

Niemcewicz, Zbiór Pamiętn. — Sienkiewicz, Skarbiec I. 97—161. — Encykl. Orgelbr. II. 535—6. — Pamiętn. o Koniecpolskich str. 305—6.

Ave Maria gratia plena ob. Bieżanowski St. J. (Oraculum 1668, 1682).

AWEDYK Bonawentura Dominikan, († 1762). Akademia niebieska w seraficzney Pannie y Matce Teresie Ś-tey wystawiona kazaniem w kościele WW. OO. Karmelitów bosych konwentu posn. ogłoszona a potym Illustri et admodum Rndo Dno Francisco Antonio Idkiewicz ecclesiarum parochialis Pawłovicensis curato, hospitali S. Barbarae in Poniec praeposito dedykowana przez X. Bonawenturę Awedyka, dominikana Ś. teologii lektora, onejże professora, kaznodzieję domowego. Cum licentia Superiorum do druku podana roku 1734. d. 3 Sept. W Poznaniu, w drukarni akademickiej. folio, 4 ark. (Kazanie).

Program Dominik. 1828 r. str. 47.

Warsz. Uniw. — Dzików.

— Donatywa bez aggrawacyi familii nie z krzywdą herbowey Rzewuskich krzywdy od Boga samego mile akceptowana, śmierć JW. JMość Pani Eleonory z Rzewuskich hrabiny Krasicki kasztelanowy Chełmskiej na solennym pogrzebie w kościele WW. OO. Dominikanów Lubelskich in praesentia JO. Trybunału funebralnym kazaniem demonstrowana, a na poskromienie żalów JJ. WW. Ichm. Panom Janowi kasztelanowi Chełmskiemu, Wincentemu staroście Korytnickiemu, Felixowi, Dominikowi y Jackowi z Sieczyna na Krasiczynie hrabiom Krasickim kasztelanicom Chełmskim żałosnym po utraconej matce synom konsekrowana przez X. Bonawenturę Awedyka prowincyi polskiey dominikana św. theol. lektora, natenczas przeora konwentu Włodzimirskiego r. p. 1739. dnia 15 Octobr. z pozwoleniem starszych do druku w Lublinie podana. W Lublinie, w druk. S. J. Acad. 1739. folio, str. 12 i 27.

Przypis. Janowi Winc. Fel. Dom. i Janowi z Sieczyna na Krasiczynie Krasickim synom zmarłego.
Akad. — Jagiell. — Krasiśs. — Ossol.

— Konsolacya w smutku przy expulsyi wszystkich strachow w życiu y po śmierci, Józef S. kazaniem w kościele WW. OO. Karmelitów bosych kowentu poznańskiego ogłoszona; a potym clarissimo et excellentissimo DD. Joanni Francisco Barszczewski utriusq' juris Doctori S. R. M. Secretario, apostolico et officii consularis posnaniensis notario, confraternitatis Stmi patriarchae Joseph praefecto cum licentia superiorum ofiarowana przez X. Bonawenturę Awedyka dominikana, św. teologii lektora, filozofii professora, kaznodzieję domowego r. p. 1734. dnia 19 Marca. W Poznaniu, w drukarni akadémickiey. folio, 5 ark.

Na odwr. str. tyt. herb (drzeworyt), klucz, a pod nim 2 dwuwiersze łac.
Przypis prozą temuż Barszczewskiemu i kazanie polskie przepełnione łaciną. Z niego dowiadujemy się, iż wprowadzenie bractwa Ś. Józefa do kościoła OO. Karmelitów w w Poznaniu nastąpiło 1669 r.
Barącz Rys. Zak. kazn. II. 78.
Akad. — Jagiell.

— Zodiak oyczystego Rogali JW. JM. Pana Alexandra Ferdynanda z Bibersztejnow hr. Krasickiego kasztelanica Halickiego z ziemskiego parowu na niebieski firmament przyniesiony funebralnym kazaniem w bazylice koszyrskiego kamienia demonstrowany, a na uśmierzenie żalów JW. JMci Panu hrabiowi z Bibersztejnow hrabi Krasickiemu kasztelanowi Chełmskiemu jako żałośnemu po utraconym synowcu stryjowi konsekrowany, przez X. Bonawenturę Awedyka prowincyi polskiej dominikana, Ś. theologii lektora, profesora, prymaryusza ordynaryjnego w konwencie Łuckim kaznodzieję r. p. 1737. d. 16 Maja. We Lwowie, w drukarni Brackiej Troycy Świętey r. 1737. folio, ark. 7.
Krasiśs. — Ossol.

AWEDYK Konstantyn (ur. 11 Marca 1708). Kazania w niektórych materyach tego polityczneyszego i uczeńszego wieku wielce potrzebnych. Wielkich zasług imieniem JW. Szczęsnego Czackiego, podczaszego koronnego, starosty Nowogrodzkiego, rotmistrza znaku pancernego woysk J. K. Mci i R. P. zaszczycone. Wydane przez X. Konstantyna Awedyka Soc. Jesu, r. 1757. w drukarni J. K. Mci i Colleg. lwows. Soc. Jesu. w 4ce, kart 12, str. 424.

Approbata 12 Lut. 1756 r. — Żoną Szczęsnego była Katarzyna z Małachowskich.
Jocher 4722 b.
Jocher pod 4722 a. ma te Kazania z datą r. 1754, ale zdaje się, że ta edycya nie istniała, skoro approbata w edycyi z r. 1757. pochodzi z r. 1756.
Czartor. — Jagiell. — Ossol. — Kijows.

— Kazania na niedziele całego roku wielkim imieniem W. JM. P. Michała z Grabowa Grocholskiego sędziego ziemskiego Bracławskiego, rotmistrza JKM. y Rzpltey znaku pancernego zaszczycone. Przez X. Konstantego Awedyka Soc. Jesu wydane r. 1766. W drukarni JKM. akademickiey Coll. lwows. Soc. Jesu 1766. w 4ce, str. 16, 621 i 8.
Czartor. — Drohob. — Ossol. — Wileńs.

— Kazanie na pogrzebie JW. JM. P. Michała na Xstwie Poryckim Czackiego, kasztelana Wołyńskiego, woysk

JKM. y Rzpltey znaku pancernego rotmistrza, miane przez X. Konstantego Awedyka Soc. Jesu dnia pierwszego pogrzebu w kościele Łuckim OO. Jezuitów roku pańskiego 1745. dnia 17 Maja. W Lublinie, w drukarni JKM. Coll. Soc. Jesu 1745. folio, k. nlb. 13.

Dedyk. synom Czackiego.

Branic. — Czartor. — Dzików — Kijows. — Krasińs. — Ossol.

— Kazanie na powitaniu Jasnie Wielmoznych Wielmoznych Jasnie Oswieconego Trybunału koronnego deputatow, po ufundowany w gornych wojewodztwach głownych sądów jurysdykcyi. Miane w kościele farnym Piotrkowskim przez X. Konstantego Awedyka Societatis Jesu, tegoż kościoła kaznodzieję roku 1747. dnia 15 Października. W Kaliszu, w drukarni JKM. Coll. Kaliskiego Societatis Jesu. 1747. folio. Tytuł i przedmowa str. 7 i ark. D. (razem kart 11.)

Dedyk. Trybunałowi imiennie wymienionemu pod przewodnictwem Alex. Gembarta, kanonika i Mich. Łosia kasztel. Kamien.

Branic. — Jagiell. — Kijows. — Ossol. — Zielińs.

— Kazanie na zaczęcie Trybunału koronnego, miane przez X. Konstantego Awedyka S. J. r. 1758. W drukarni Coll. Lubelskiego. w 8ce, 4 ark.

Warsz. Uniw.

— Kazanie gdy pierwsza wiadomość przyszła o nominacii J. W. X. Wacława Hieronima z Bogusławic Sierakowskiego biskupa Przemyślkiego na arcybiskupstwo Lwowskie miane w Archi-Katedrze Lwowskiey, na wotywie publiczney przez X. Konstantego Awedyka Soc. Jesu za rozkazem y nakładem JW. Antoniego Rozwadowskiego, kasztelana Halickiego do druku podane roku 1759. in Septembr. W drukarni JKM. Colleg: Lwow: Soc: Jesu (1759.) w 8ce, str. 8 i 31.

Dedyk. Ant. Rozwadowskiemu.

Ossol. — Jagiell. — Przeździec.

— Kazanie miane w katedrze Lwowskiej d. 10 Maja 1759 r. w 4ce.

— Kazanie po dysputach Contra Talmudystów w Lwowie w kościele katedralnym Lwowskim miane. Przytem historia o Contra Talmudystach wszystkie dwornieysze okoliczności, nawrócenia ich do wiary św. i dalszych postępków opisująca, imieniem JW. JM. Pana Ignacego na Wielkiem Rozwadowie Rozwadowskiego, kasztelana Halickiego, starosty Ostrowskiego, generała majora buławy polnej koron. zaszczycona. Lwów w drukarni Akad. S. J. 1760. w 8ce. Przedmowy kart 8, kazania k. 18, historyi str. 121 i rejestr.

Rzecz o Franku.   Wileńs.

Obacz niżej: Opisanie wszystkich okoliczności (1760).

— Mądrość każdego kondycyi proporcyonalna JO. Trybunałowi koronnemu y innym stanom za kalendę dana, to jest: Kazanie kolendowe w dzień Ś. Agnieszki miane wielkim i dystyngwowanym imionom prześw. palestry Piotrkowskiey trybunalskiey przypisane przez X. Konstantego Awedyka Societ. Jesu kaznodzieję ordynaryusza farnego Piotrkowskiego r. 1748. 21 Stycznia. W Kaliszu, w drukarni JKM. Coll. Kaliskiego Soc. Jesu 1748. folio, kart 14.

Spisał w dedykacyi nazwiska członków palestry.

Jocher 5010.   Ossol.

— Nagroda długo umartwionych wiekow, w prześwietnym województwie Sieradzkim wybor tak godnego ziemstwa, godni sędziowie ziemscy Sieradzcy W. Jegomość Pan Szymon Zaremba sędzia ziemski Sieradzki, W. Jegomość Pan Woyciech Kolumna Walewski, podsędek ziemski Sieradzki. W. Jegomość Pan Floryan Łubienski, pisarz ziemski Sieradzki, przy nowo ufundowaney sądów swoich jurysdykcyi publicznym kazaniem na solenney wotywie w kościele Xięży Jezuitow mianey, powitani przez X. Konstantego Awedyka S. J. kaznodzieię kościoła farnego Piotrkowskiego roku 1747. dnia 24 Kwietnia. W Kaliszu, w drukarni JKM. Collegium Kaliskiego Societatis Jesu. folio, kart nlb. 10, ark. D₁.

Na karcie drugiej cztery czterowiersze w dwóch redakcyach polskiej i łacińskiej, poświęcono sędziom wymienionym na tytule oraz herbowi ziemi sieradz. Na karcie trzeciej

dedykacya łaciń. tymże sędziom, poczem panegiryk polski.
Jocher 5006.

Zielińs. — Jagiell. — Ossol.

— Opisanie wszystkich dwornicyszych okoliczności nawrocenia do wiary s. Contra - Talmudystów albo historya krotka ich początki i dalsze sposoby przystępowania do wiary s. wyrażająca. Za pozwoleniem s. zwierzchności do wiadomości publiczney podana. We Lwowie, w drukarni akademickiey JKM. Coll. Soc. Jesu roku 1760. w 8ce, k. tyt., przedm. k. 1, dedykacyi k. 7, kazanie k. nlb. 18, opisanie str. 121 i rejestr stron 3.

Dedykacya do Ignacego Rozwadowskiego, starosty Ostrowskiego. — Toż samo dzieło wyszło równocześnie bez żadnej zmiany p. t.: Kazanie po dysputach Contra-Talmudystów (ob. wyżej).
Jocher 9906. — Janocki Lexic. II. 87.

Ossol. — Jagiell.

AWEDYK Michał Jan Nep. († 1780). Conchylium gemmas Aristotelici Eurippi in praemium V. V.V..D.D. primae laureae candidatis, dum in alma Universitate Cracoviensi per illustrem clarissimum et admodům reverendum Dominum D. M. Stanislaum Venceslaum Panisium philosophiae doctorem, ejusdemq; in Collegio minori seniorem professorem, ecclesiarum collegiatae S. Annae canonicum, parochialis in Kromołow curatum, in numerorissima nobilissimorum hospitum et senatus academici praesentia, artium liberalium et philosophiae baccalaurei ritu solenni crearentur proferens, applausůs gratulatorij ergo à Michaele Joanne Nepomuceno Awedyk Crac: ejusdem laureae candidatô, pöético calamô explicatum. Anno quem hic Cabalisticon refert

```
       o             o        oo
75331. 53. 8585. 6529. 3985. 3543556111.
oo    o ooo    ooo   o o      ooo
           o o o
         85622991.
         o  oo  o
```

Cracoviae, typis haeredum Francisci Cezary S. R. M. Illustrissimi ac Reverendissimi Domini Episcopi Cracoviensis, Ducis Severiae necnon Scholarum Novodvorscianarum ordinarii typographi, (1728). folio, kart nlb. 11.

Na odwrotnej stronie tytułowej rycina Św. Jana Nepomucena na blasze robiona, pod nią 6 wierszy. — Przypis prozą Św. Janowi Nepomucenowi. — Dalej oda na cześć Św. Jana Kantego, anagramma dla Św. Jana Nepomucena, podziękowanie wierszem profesorom egzaminatorom Stanisławowi Filipowitzowi, Grzegorzowi Filipowskiemu i Stanisławowi Panisius. Bakałarzami nadzw. i filozofii byli: Paweł Jan Kutlinowski, Paweł Jan Kanty Łusiecki, Józef Jan Kanty Jędrzeykiewicz i Mikołaj Antoni Wilimski. Dla Awedyka zaś pisali pochwały także wierszem: Paweł Kutlinowski i Paweł Łusiecki. Na końcu berła Akad. Za roktorstwa Jana Łukiniego.

Daty wyraźnej nie było, lecz ukrył ją autor w liczbach podznaczywszy też liczby kółkami. Liczby zmieniać trzeba na odpowiednie litery. Liczby 1—10 znaczą litery A. do K. Liczby 20—90 znaczą litery L. do S. Litery T. do Z. znaczą liczby 100 do 500. Tak jest też datowane Micińskiego A. Augustale.

Jagiell. — Ossol. — Zamojs.

— Epaminondas pro domo vitae humanae et felicitatis bono decertans, S. Joannes Nepomucenus metropolitanae ecclesiae Pragensis canonicus, Thaumaturgus martyr Christi, regni Bohemiae et famâ periclitantium patronus, dum ad solennem canonizationis suae pompam, ex cathedrali Cracoviensi Basilica, per Confraternitatem Literatorum sub titulo Assumptionis B. V. M. et ejusdem S. patrocinio gaudentem ad ecclesiam S. Adalberti, in circulo Cracoviensi introduceretur. Praesente magnorum hospitum corona, a M. Michaele Joanne Nepomuceno Awedyk, in alma Universitate Cracoviensi philosophiae doctore et professore, devoto cultu panegyrico adoratus annô quô MagnVs De CaeLo VenIt heros a VXILI arI humanae vitae maximus ille Deus. Die 22 Septembris. 1729. Cracoviae, typis Jacobi Mátyaszkiewicz S. R. M. typographi (1729). folio, kart 15.

Na odwrotnej stronie tytułu herb Szaniawskich na blasze robiony. Przypis prozą Konstantynowi Felicyanowi Szaniawskiemu biskupowi krak. i kanclerzowi Uniwersytetu krak. Poczem mowa miana w dzień uroczystego przeprowadzenia wizerunku Ś. Jana Nepomucena z katedry krak. do kościoła Ś. Wojciecha przez bractwo literac kie p. t. Wniebowzięcia N. P. Maryi. Por. niżej: Praesidium. Jocher 5436. (mylnie Constantin przezwany). Akad. — Czartor. — Jagiell. — Krasińs. — Ossol. — Zamojs.

— Hospes in urbe metropolitana Cracoviensi P. Onufrius magnus anachoreta, regis Persarum filius, thaumaturgus circa solennem reliquiarum introductionem ex Basilica Cathedrali Cracoviensi, ad ecclesiam S. Adalberti Archiepiscopi Gnesnensis, patroni principalis Regni Poloniae, per Archiconfraternitatem Literatorum sub titulo Assumptionis B. M. V. et S. Joannis Nepomuceni Martyris, invitatus ab universo devoto populo Annô Domini 1741. die 11 Julij per 4 dies perseverante solennitate cum summa veneratione et cultu in numerosissimo concursu adoratus, synopsi, breviq; compendio posteritati per M. Joannem Nepomucenum Awedyk, in alma Universitate Cracoviensi philosophiae doctorem et professorem orbi christiano praesentatus. Cracoviae, typis Universitatis. (1741.) folio, kart nlb. 12. (Z ryciną roboty Labingera z Krakowa).

Dedyk. św. Onufremu.
Kuryer Warsz. 1764. N. 28. — Muczkows. Statuta 309. — Wiadom. Warsz. 1765. N. 29, 99.
Krasińs. — Czartor. — Ossol. — Jagiell.

— Memoryał potomności, to iest opisanie porządku w lazarecie krakowskim zá bramą nową podczas jubileuszu wielkiego w roku tysiącnym siedmsetnym pięćdźiesiątym pierwszym, przez sześć miesięcy, to iest od dnia siodmego miesiąca marca do dnia piatego września zachowanego. Do druku podany roku pańskiego 1751. W Krakowie, w drukarni Michała Jozefa Antoniego Dyaszewskiego J. K. JMCJ typografa. w 4ce, kart nlb. 12.

Dedykacya Michała Awedyka radcy i lonhera miasta Krakowa, prowisora lazaretu: proconsuli et consulibus urbis metrop. cracov.
Jagiell. — Ossol. — Warsz. Uniw.

— Pantheon veri numinis Dei ter Optimi Maximi, sub titulo SS. Theressiae et Joannis à Cruce ignibus aelianis clarissimum, rosis gentilitiis, illustsissimi (tak) et excellentissimi domini, D. Jo-

annis comitis in Słupow Szembek, supremi Regni Poloniae cancellarii, Graudentinensis, Lubaczoviensis, Capinensis etc. etc. etc. capitanei, fundatoris munificentissimi, florentissimum; inter solennia consecratiónis encaenia, festivo laetitiae publicae plausu: à M. Michaele Joanne Nepomuceno Awedyk, in alma universitate Cracoviensi philosophiae doctore et professore, celebratum. Anno quô opus salutis humanae, Deus homo fundavit 1730. die 16. Aprilis. Cracoviae, typis Jacobi Matyaszkiewicz S. R. M. typographi. folio, karta tyt. 1 i kart nlb. 23.

Na odwrocie tytułu herb z podpisem: Joann. Frantz Origa del. — Henr. Czech sculp. Crac.
Dedic.: Christoph. Joann. Szembek episc. Varm.
Jocher 9070.
Jagiell. — Krasińs. — Ossol.

— Praesidium universi cracias inter turres D. Joannes Nepomucenus, Sacrae Theologiae et I. V. doctor, canonicus cathedralis Pragensis, thaumaturgus ob servatum Sanctae Confessionis sigillum martyr, famâ periclitantium singularis patronus, dum ejus Sacrae Reliquiae ad ecclesiam Divi Adalberti Archiepiscopi et martyris ex Basilica cathedrali Cracov.: ritu solenni introducerentur? Architecta pietate Archiconfraternitatis literatorū et aliorum cultorum erectum et devota panegyri a M. Michaele Joanne Nepomuceno Awedyk in alma Universitate Crac.: AA. LL. ac philosophiae docto: et profes: scholae B. V. Mariae in circulo Cracov.: seniore, delineatum. Annô quô praesidium ad reparandam salutem humanam, Deus homo factus 1731. die 22. Septembris. Cracoviae, typis Jacobi Matyaszkiewicz S. R. M. celsissimi, illustrissimi et reverendissimi episcopi Cracoviensis, ducis Severiae ordinarij typographi. folio, 15 ark. (sign. b₂ i M₂).

Na odwrotnej stronie tytułu portret X. Jana Lipskiego ozdobiony różnemi emblematami. Rytował Strahowsky Wratislaviae. Przypis prozą łaciń. X. Janowi z Lipia Lipskiemu biskupowi nominatowi Łuckiemu, podkanclerzemu kor., opatowi mogilskiemu (Clarae Tumbae), proboszczowi jeneralne-

40

mu Miechowskiemu, w Chodczu i Wschowie. — Sam panegiryk skreślony na cześć Ś. Jana Nepomucena częścią prozą częścią wierszem nakamiennym. — Por. wyżej: Epaminondas.

Jocher 5458. mylnie go zwie: Konstanty. — Brown Bibl. S. J. s. 106—7. ma datę 1731. z polskim tytułem: Kazanie gdy relikwie Ś. Jana Nepomucena do katedry krakowskiej wniesiono. Powołuje się na Kuryera polskiego. Zapewne będzie to też samo.

Czartor. — Jagiell. — Ossol. — Warsz. Uniw.

— obacz: Komorowski Ant. Ign. (1751)—Reszczyński Jan Jakób (Aplauz 1696) — Rudzki Wężyk Tadeusz (1729) — Varesio (Signat. justitiae 1760) — Zagajowski Ambroży (Rosae 1712).

Awedyk Wojciech (Albert) obacz: Kargolewski Marc. Ant. (Asylum 1729).

Awedykówna Wiktorya ob. Biegaczewicz Wojciech Kant. (Applauz poet. 1736).

Awellinus Jędrzej z Castel Nuovo (1521 † 10 Listop. 1608) obacz: Acta canonizat. (1720) — Bernatowicz Krz. Józ. (1772) — Chodykiewicz Klemens (1753) — Gawłowicz Jan (1713).

Avernia Petrus obacz: Vaddingus (Annales T. VII).

Averoult (Davroultius) Antoni Soc. Jesu (1554 † 21 Wrześ. 1614). obacz: Major Jan (Zwierciadło przykładów).

AVERROES (Abu Mulid ben Rasciad) († 1206). De substantia orbis. Cracoviae, Haller, 1510. w 4ce.   Ossol.

— ob. Tomitanus Bern. (In prim. librum 1562).

Avicenna (Abensina) Abduhali Elhusein (980 † 1036) ob. Gebri (1682) — Lublinus Valentinus (1554) — Montanus J. B. (1556).

AVILA Franciszek (de) kanonik w Beaumont. Excitarz duszny albo przestrogi chrześćiańskie dla żyćia w káżdym stanie bez obłądzenia, ktoby w duchu y w prawdzie Pánu Bogu służyć chćiał świątem gárdząc, á grzechu się wiárując, barzo vćieszne y pożyteczne. Przez doktora Franćiszká de Auila naprzod po hiszpáńsku vczynione, potym

ná włoski język przełożone: náostátek ná polski przez X. Symoná Wysockiego Societatis Jesu przetłumáczone. Cum gratia et priuilegio S. R. M. W Krakowie, w drukárni Mikołáia Lobá. Roku páńskiego 1608. w 8ce, kart 4, str. 355 i rejestru str. 5. Druk gocki.

Dedyk. Janowi And. Próchnickiemu, bisk. Kamienieckiemu.

Jocher 4181. T. II. str. 346 i 613.

Branic. — Jagiell. — Ossol. — Warsz. Uniw.

— Przestrogi chrześciańskie dla każdego ludzi stanu pożyteczne, niegdyś przez dokt. .... po hiszpańsku napisane, powtórnie po polsku przedrukowane r. 1752. w Warszawie, w drukarni Schol. Piar. w 8ce, 283 str., 5 kart na przodzie i rejestr.

Przypis. Zofii z Krasińskich Lubomirskiej, wojewodz. Lubels.

Jocher 4193.   Czartor. — Ossol.

AVILA Jan z Almodovar (1501 † 1569). O świątobliwości y obowiązkach kapłanów, xięga trzecia w rzeczy stosowanéy do nich: naypierwéd przez dwa kazania X. J. d'Avila y przestrogi jego zbawienne, powtóre przez porządek żyćia po kapłańsku zachować się maiacego, potrzecie przez naukę o mszy świętéy i o paćierzach kapłańskich. Wilno, 1782. w 8ce. Obacz: Compaing (O świątobliwości xiąg troje).

Avis économiques aux citoyens eclairés de la Republique de Pologne ob. Baudeau Mik. (Lettres historiques sur l'état actuel de la Pologne 1771).

Avis au public. Avec permission de S. A. Mgr. le Grand Mareschal de la Couronne, sur l'approbation de M. Gagatowicz Conzeiller et Medicin ordinaire du Roi. Du 18 Juin 1777.

· — divers. Warszawa, 1782. w 8ce.

Dodawano też: Supplement à la feuille des Avis divers N. XV. — N. XVIII. (30 Sept. 21 Octobr.).

— Toż. Roku 1783. Varsovie.

— Toż. Le bureau d'indication est chez P. Dufour imprimeur du Roi à Varsovie, privilegié pour les Annonces. Varsovie, 1784. w 8ce, po 1 arkuszu.

Raz na tydzień w Sobotę wychodziły w językach francuskim, polskim i niemieckim.

Warsz. Uniw. (ma od N. 32 do 41).

— aux Polonois rélativement à la conduite toute nouvelle de la Russie à leur égard. B. w. m. i r. (Warszawa, 1788). w 4ce, kart 4.

Przeciw nocie Stackelberga z 5 9-bra 1788. Akad. — Ossol. — Jagiell. — Zielińs. — Petersb.

— ob. Bono Ant. (est arrivée).

Avisen ob. Beschreibung (1657).

(Aviser). Af den 22 Maij ankompne Nya Aviser Anno 1656. B. m. w 4ce, str. 4.

Odnosi się do wojny polsko-szwedzkiej.

Avisi et lettere ob. Barezzo Barezzi (1606).

Aviso. Ifra Tyskland, Ungern, Turkiet, Polen, Italien, Franckrijket, och Andre Orter. Anno MDCXXXIV. w 4ce, str. 8.

Z miesiąca Kwietnia roku 1634.

Awizki czyli doniesienia tygodniowe. Warszawa, P. Dufour, 1786.

Awizy z Grodna z Sejmu 6 Februarii i 27 Januarii 1679.

Przyjaciel ludu Rok XI. 1844. s. 103 i 118.

— różne cudzoziemskie z poczty i extraordynareyne o wziętej Budzie. Z Krakowa 14 Septembr. 1686. folio, k. 1. (Zarazem:) Z Krakowa 21 Septemb. 1686. Relacya i opisanie sposobu przez który expugnowana forteca Buda od wojsk Cesarza J. M. folio, k. 1.

Jagiell. — Przeźdz.

— wszelakie za osobliwszym przywilejem króla J. Mci drukowane w Krakowie, 1696. w 4ce. Przeźdz.

— warszawskie, lwowskie y gdańskie z Krakowa wydane 17 Augusti 1697. w 4ce, k. 1.

Są w miejskiem archiwum we Lwowie. — Osnowę podaje Przegląd bibliograficzno-archeolog. 1881. N. 9. s. 439—440.

— Grodzieńskie, item z Brześcia, ze Lwowa, z Krakowa d. 13 Decembris 1698. w 4ce, k. 1. Jagiell.

— różne cudzoziemskie r. 1698. w 4ce.

— Toż. z r. 1699. w 4ce.

— Z Warszawy, z pod Rygi, ze Lwowa. W Krakowie, 17 Julii 1700 wydane. w 4ce, 1 k. (Zarazem:) Wiadomości różne cudzoziemskie. W Kra-

kowie 17 Julii 1700. wydane. w 4ce, karta 1. Jagiell.

— (krakowskie) 1702. w 4ce. Przeździec.

— ob. Contynuacya (1699) — Dyaryusz (1698) — Relacya (1697—8) — Wiadomości różne.

AVRIL Filip, Soc. Jesu. Podroz do roznych kraiow Europy i Azyi przez missyonarzow S. J. w roku 1690. odprawiona koncem odkrycia nowey drogi do Chin. Zamyka w sobie wiele ciekawych uwag fizycznych, geograficznych i historycznych, z opisaniem Tartaryi W. Przypisana Stanisławowi Jabłonowskiemu hetmanowi W. Kor: tłumaczona z francuzkiego przez X. Remigiusza Ładowskiego S. P. W Warszawie, u P. Dufour, konsyliarza nadwornego J. K. Mci, dyrek: druk: korp: kad: M.DCC.XCI w 8ce, 2 k. i str. 328.

Jagiell. — Czartor. — Ossol. — Uniw. lwow.

— Reize door verscheidene Staten van Europa en Azië als Turkyen, Persien, het Zuider-Tartaryen, Muscovien, Poolen, Pruissen en Moldavien, gedaen zedert den Jaare 1684—1692. Uyt het Fransch door H. v. Quellenburgh. Utrecht, 1694. w 4ce z ryciną.

— Voyage en divers états d'Europe et d'Asie entrepris pour decouvrir un nouveau chemin à la Chine, contenant plusieurs remarques curieuses de physique, de geographie, d'hydrographie et d'histoire avec une description de la Grande Tartarie et les differens peuples qui l'habitent. Paris, 1692. w 4ce, kart 10, str. 406, rejestr, 1 mapa i 3 ryciny.

Z portretem Stan. Jabłonowskiego, wojewody i gener. ruskiego rytow. (Picart Romanus fecit 1691). Dedykowane temuż Jabłonowskiemu. Czartor.

— Toż. Paris, chez Jean Boudot 1693. w 12ce, k. 10, str. 342, k. 1.

Dedyk. a Mr. Jabłonowski palatin et general de Russie. Jagiell.

AVRILLON Jan Chrzcic. Eliasz, zakonu św. Franciszka de Paula (1652 † 1729). Rok miłości Boskiey z pieni świętych ná każdy dzień roku przez affekta rozłożony, przez Wielebnego Oyca Jana Eliasza zakonu S. Franciszka de Paula potrzeciraz (sic) do druku w roku pańskim 1719 podany, a teraz z francuskiego języka na polski przcz zakonnice Nawiedzenia Nayświętszey Maryi Panny klasztoru Krakowskiego przetłumaczony. Roku pańskiago 1767. W Krakowie, w drukarni Seminarium biskupiego akademickiego (1767). w 4ce, kart 7, str. 379.·

Dedyk. Karolowi Wielopolskiemu, chorążemu koronnemu.

Czartor. — Jagiell. — Ossol. — Warsz. Uniw. — X. Polkows.

— Sposób odprawowania świętobliwic czasu adwentu, gdzie się znajdują na każdy dzień duchowne ćwiczenia, uwagi, affekta, zdania z Pisma św. y Oyców ŚŚ. y punkt o wcieleniu Chrystusowym, przez W. Xiędza Awrylona zakonu św. Franciszka a Paulo na polski ięzyk z francuzkiego przetłumaczone r. p. 1776. Za dozwoleniem zwierzchności. W Warszawie, w drukarni XX. Schol. Piar. 1777. w 8ce, k. nlb. 7, str. 517.

Jocher 6579. Warsz. Uniw.

Avvisi de' gran d' anni che hanno patito la Moldavia c Podolia per li gran freddi c acquc del presente anno 1678. E la gran strage et uccisione tanto d'huomini, come di animali, seguita in quella provincia. In Pavia, Torino, Firenzo et in Todi, per il Faustini, con lic. de Sig. Sap. 1678. w 4ce, kart nlb. 2. Czartor.

— (Dagli) di Mantova del di 31 Dicembre 1683. s'hanno le sequenti particolarità. In Sienna, nella stamparia de publico 1683. w 4ce, k. nlb. 2.

Z Krakowa wiadomość o Polsce i o królu w Wiedniu. Czartor.

— Tenże tytuł: .... il di 10 Dicembre. w 4ce, kart 2. Czartor.

Avviso della gran vittoria 1605. ob. Zygmunt III.

AXAK Gabryel. Aristae logicae in fertilissimo Lycei Sarmatici agro per generosum Gabrielem Axak collectae, et publicè in augusta D. Vladislai Jagellonis aula ad discutiendum propositae assistente sibi excelleń. M. Stanislao Wieczorkowsky Collega majore, canonico S. Annae, cursus philosophici

Vladislauiani professore, permissu magnifici D. Rectoris. Anno post Deum hominem factum 1645. die 24 Septembris, hora 19. Cracoviae, in officina Christophori Schedelij S. R. M. typ. (1645). w 4ce, str. 28.

Dedyk. Joanni Zamoyski, Kalus. Rzeczyc. Capit.

Na odwr. k. tyt. herb Zamojskich i 8 wiersz: In stemma illustr. domus Zamoscinae, pod którym podpisany: Nicolaus de Ostrorog, Regni poccillatorides.

Jagiell. — Ossol. — Uniw. lwow.

Axak Stefan ob. Mirowski Paweł (Symb. cpit. 1630).

AXAN Michał. Mortuus in vita ct vivus in eadem morte fuisse B. Stanislaus Casimiritanus sacerrimus ordinis S. Augustini canonicorum Lateranensium professus canonicus presbyter Regni Polon: Academ: Crac: urbisq'; Casimiriae ad Cracoviam singularis patronus et miraculis celebris incidente sacrata sibi feria hospitanti gravissimorum virorum frequentia in templo Sanctissimi Corporis Domini ex miraculo Augusti fundato impellente debita veneratione per M. Michaelem Axan AA. LL. et philosophiae doctorem et profes. promulgatus. Cracoviae, Anno Dni 1766. die 3 Martij. Cracoviae, 1766. Ex prelo typographaeo Seminarii Episcopalis academico Dioecesano. w 4ce, str. 24.

Dedyk. Jos. Sawicki eccles. paroch. Neoforensis praeposito.

Jocher 5296. 5496. — Muczk. Statuta 417. Dzików — Ossol.

Axiomata Christ. philosophiae ob. Manni Jan Bapt. (1709, Chrześciańs. filozof. 1744).

— oeconomica, politica ob. Richter G. (1615).

Axis ad fastigium Paul. Joan. Wojewódzki ob. Balicki Jan St. (1691).

AXT Samuel, Fraustadio Polonus. De locustiş biblicis sive de avibus quadrupedibus, dissertationem philologicam primam submittens. Praeses M. Jo. Casper Faber, respondens Samuel Axt, Fraustadio Polonus, die 31 Decembr. 1710. Vitembergae, Schroedter, 1710. w 4ce, kart 8.

— Jesu Christo favente, auspiciis Rectoris Academiae magnificentissimi serenissimi principis regii ac Domini Domini Friderici Augusti electoratus Saxon. heredis etc. etc. etc. de... [tu tytuł hebrajski]... sive de avibus quadrupedibus ex Levit. XI. com. 20, 21 et 22 dissertationem philologicam alteram in illustri ad Albim academia A. O. R. 1711. d. 25 April. publicae eruditorum ventilationi exponet. Praeses M. Jo. Caspar Faber Hohenbuca Lusatus, respondente, Samuele Axtio Fraustadio Polono, philos. et SS. Theol. cultore. Vitembergae, ex officina Christiani Schroedteri, Acad. typogr. 1711. w 4ce, kart 8. (od ark. C. do D₄).　　Czartor. — Jagiell.

AYALA Lopes Pedro. Cronica del rey don Pedro. Sevilla Meynard Ungut et Estanislao Polono. 1495. folio.

Aychler ob. Aichler.

Ayn Georgius Henricus ob. Schultz Georgius Petrus (Ad stabilitam harmoniam vitae et mortis).

AYRERUS Georg. Henr. Profes. jur. Göthing. (ur. 1702 † w Meiningen 1774). Animadversiones ad historiam Lechi.

Umieszczone w III. części dzieła Józ. Alex. Jabłonowskiego p. t. Lechi et Czechi adversus scriptorem recentissimum Vindiciae. Lipsiae. 1771. Ob. (Acta Societatis Jabl. tom I).

— Hermanus Slavicus brevi delineatione adumbratus a Georgio Henrico Ayrero. Göttingae, sumptibus Victorini Bossiegel 1768. w 8ce, kart 8, str. 128.

Dedyk. Ferdinando duci Brunsvicensi ac Luneburgensi.　　Czartor. — Jagiell.

— Opuscula varii argumenti. T. I—II. Göttingae, 1746 i 7.

Encykl. Orgelbr. I. 116. — Heyne Chr. G. Programma, memoria Goetting. 1775. — Betrachtungen von d. Würde e. Schullehrers. Kiel. 1779.

AYRMANN Christoph Friedrich (ur. 1695 † 25 Marca 1747). Oratio gratulatoria s. fortuna aurea Augustorum Saxoniae ex connubio Friderici Augusti cum Maria Josepha. Wittebergae, 1719. w 4ce.

Bericht von Fr. Ayrmann 1734. — Strieder Die Hessischen Gelehrte 1785.

Azaryasz ob. Musiałowski X. Wojc. (1776).

AZARYCZ Leonard. Manifest od ur. ... z oblaty warszawskiej na dniu 14 List. przed kommunikacyą Ur. Pinińskiemu, podstaroście grodzk. łuckiemu in autentico wysłany. Warszawa, d. 14 9-bris 1776. folio, str. nlb. 3.　　Krasiń.

Azarycz Ludwik obacz: Trembecki Stan. (Syn marnotrawny 1780).

Azbuka. Supraśl. 1781.

— sławenskaja ob. Zyzani (Tustanowski) Laurenty (1596).

AZEDO (R. P. D.) Cracoviens. Collegii studiorum super manutentione studentium. Veneris 4 Julii 1777. Romae, ex typogr. Rev. Cam. Apost. 1779. (Bez osobn. tyt.) folio, kart 2.

W sprawie Cyryla Duchowskiego.
Warsz. Uniw.

— Cracoviens. Exemptionis super circumscriptione Lunae 23 Junij 1777. Superiorum permissu. Romae, ex typographia Reverend. Camerae Apostolicae 1777. folio, kart 2.　　Ossol.

— Cracoviens. Collegii studiorum super pertinentia censuum. Roma, typ. Reverend. Camerae Apostolicae. 1779. folio mniejsze, kart 5.

O czynsz do kościoła św. Jadwigi w Krakowie.　　Warsz. Uniw.

— ob. Decisio Rotae rom. (ratione conv. Miechoviens. 1777).

Azelt J. rytownik ob. Gerhard (Rozmyślania 1683).

Azoletta Zadoski ob. Howell (1798).

AZON Filip. Academia funebre nel giorno anniversario della morte di Maria Clementina regina nella gran Brettagna, recitata nella gran sala del collegio Urbano alla presenza del Sagro collegio delli eminentissimi e reverendissimi Sig^ti Cardinali della S. R. C. per commandamento della Sagra Congregazione de propaganda fide. Transportata dall' idioma latino nell' italiano dall' abbate Filippo Ortenzio Fabri P. A. e dedicata all' illustrissima et excellentissima signora, la signora D. Isabella Aquaviva Strozzi duchessa di Forano. In Roma. Nella stamparia del Chracas

presso S. Marco al Corso 1737. folio,
str. VII. i 62 i 1 rycina (prócz winie-
tek w texcie).   Czartor.

— Parentalia in anniversario funere
Mariae Clementinae Magnae Britaniae
etc. Reginae habita in aula maxima Collegii Urbani coram sacro Collegio emi-
nentissimorum, et reverendissimorum
DD. S. R. E. Cardinalium jussu sacrae Congregationis de propaganda fide
auctore Philippo d'Azon Romano in
eodem Collegio Eloquentiae professore.
Romae, 1736. typis Sacrae Congregationis de propaganda fide. Superiorum
facultate. folio, str. 38.

> Obejmuje: Oratio. Na str. 12: Carmen. Na
> str. 13—25: Elegia, Ecloga, Epistola (Ti-
> bris ad Vistulam), Ode. Na str. 26: Elo-
> gia quibus Mariae Clem. virtutes variis
> collegii Urbani linguis indicantur (hebraice,
> graece, arabice, syriace, armenice, caldaice,
> coptice, turcice, polonice, ruthenice, teu-
> thonice, hungarice, georgiane, slavonice,
> suece, malabarice, graece, illyrice, epiro-
> tice, hollandice, tartarice).
> W texcie kilka rysunków, które „Dominicus
> Muratori inv. et delineavit."
> Ciampi Bibl. Crit. I. 103. — Załuski Bibl.
> s. 27.   Czartor. — Jagiell.

AZPURN (R. P. D.) Cracoviens. decimarum pro Illmo D. Mathaeo Blendowski praeposito Rusiczen. contra Illmum
D. Joannem Linowski haeredem nec
non incolas villae Gorka facti. Romae,
typ. Bernabo 1760. małe folio, str. 16.

> Dotyczy sporu, czy dziesięcina ma być pła-
> coną w naturze czy w monecie.
>   Warsz. Uniw.

— Cracoviens. decimarum pro Illmo
D. Mathaeo Blendowski praeposito Rusiczen. contra Illmum D. Joannem Linowski haeredem nec non incolas villae
Gorka facti. 6. Romae, typ. Bernabo
1761. folio mniejsze, str. 8.
          Warsz. Uniw.

— Cracoviens. decimarum super re-
servatis pro Rmo D. canon. Josepho
Grodzicki contra Rev. Dominum Antonium Kosiński curatum in Gdow. M.
Responsio cum Summario in calce. 29.
Romae [Rok i drukarnia odcięta przy
oprawie]. folio mniejsze, str. 8.

> Ks. kanonik Grodzicki upomina się o dzie-
> sięciny 6 wsi będących w granicach pa-
> rafii Gdowskiej.   Warsz. Uniw.

Aztiz paraucsolatnak a hit ágazati-
nak ob. Dévai Mat. (1544).

Azub ob. Wybór (roztropny 1782).

Azulewicz. Apologia tatarów. 1630.

> Pisał przeciwko Piotrowi Czyżewskiemu, któ-
> ry w dziele p. t.: Alfurkan (1616) obwi-
> nia Tatarów o czary i zbrodnie.
> Encyklop. powsz. Orgelbr. II. str. 564. —
> Czacki Dz. II. 134, 140 mniema, że to
> pseudonym.

— ob. Czyżewski Piotr (Alfurkan
tatarski 1616).

Azya ob. Avril Filip (Podróż 1791,
Voyage 1692) — Bohomolec Fr. (1756)
— Hołyński (Az. Państwa 1791) — Ju-
niewicz S. J. (1756) — Kadmus z Mi-
letu (Azya mniejsza 1783) — Łubieński
Władysław (1740) — Tłuczkiewicz Jan
(Azyat. sułtani 1737).

B.

B. A. K. obacz: Stanisław August (Pasterz).

B. B. Soc. Jesu. Wiersz Ignacemu Karniewskiemu stoln. Różańsk. w dzień imienin d. 31 Lipca 1787. w 4ce.

Krasińs.

B. B. E. ob. Bohrinn El. Barb.

B. F. Ad Thadaeum Kościuszko, manes Polonorum.

Czterowiersz łaciński, po którym następuje drugi czterowiersz łaciński z tym napisem: Ad Urbem Varsaviam, seu Neo-Louis-Bourg. [z podpisem: F. B. — Po tem następuje toż po polsku z podpisem: X. S. M.]. B. w. m. i r. (Warszawa około 1794 r.) w 4ce. str. 1.

Branic.

B. G. Palma (Olympiaca) post felicem vitae cursum perillustris et admodum reverendi Domini D. Joannis Baranowicz, sacrae theologiae doctoris ecclesiarum insignis collegiatae Sandomiriensis canonici, parochialium Wieliciensis, Żarnovecensis praepositi, legitime certantis cessantisque die 28 mensis Martii Anno Domini 1722. Ab intimo amico suo G. B. magno ejus nomini oblata. B. m. dr. folio, 2 karty.

Jagiell.

— ob. Astraea redux (1728).

B. J. Series Episcoporum Varmiensium cum eorum insignibus, autore J. B. Typis monasterii Olivensis, 1681. w 4ce, 5 ark.

Jocher 9199.   Ossol.

B. J. Letzte ehren-Gedächtnüss-Rede, welche bey dem Leich-Gepränge des weyland Hoch- Edel- Gebohrnen Ritters und Herrens, Herrn Adam von Lossens, auff Gross-Osten und Quaritz, Ihro Röm.

Kayserl. und Königl. Majtt. unter dem Hochlöblichen Curassirer-Regiment, Ihro Excell. Herrn Feldmarschall Leutenant Graffens von Dünnewald, Wohlverdienten eltisten Ritt-Meisters, ablegen und hernachmals übergeben muste J. v. B. Zur Lissa druckts Michael Buck, 1684. w 4ce, str. 11.

Wrocławs.

B. J. Wiersze od nayostatnieyszego sługi Matki Nayświętszey w Częstochowskim kościele cudami y łaskami słynącey, nie poetycznie ale naturalnie napisane, niech będą na Jey chonor po świecie publikowane, dla większey Jey czci y chwały y uszanowania. folio, str. 3.

Zapewne w połowie 18 wieku. Na końcu położone głoski J. B. — Zaczyna się: Ach Matko w Częstochowie Nayświętsza Marya!

Jocher 8821.

B. J. Do JW. Karola Wodzińskiego starosty grodowego ziemi Nurskiej w dzień przybycia z Warszawy do Suchy, po wysiedzeniu wieży pół roku 1790. w Maju. w 8ce, kart 2. (wierszem).

Akad.

B. J. ob. Białobocki Jan — Boczyłowicz Jak. (Cztery części świata 1691).

B. J. rytownik ob. Bielski M. (Kronika 1564).

B. J. C. rytownik (1556). ob. Rej M. (Kroynika albo Postilla 1571).

B. M. Eloge historique ob. Barail (1781).

B. M. F(rater?) sztycharz ob. Bardziński Al. (Profunda 1681) — Missae (1648) — Theoremata (1671) — Wiśniowski P. T. (Fasciculus 1732).

B. N. ob. List.

B. P. Ad Adamum Conarski amplissimum dioecesis Posnaniensis episcopum. P. B. Carmen. Anno 1564. B. w. m. dr. w 4ce, kart 6.

Autor wróży mu świetne rządy owczarnią. Jeden Rzym może iść oporem jego dobrym chęciom, ale nie powinien się mu poddawać.

Wierzbowski II. N. 1411.   Czartor.

B. P. ob. Wereszczyński Józef (Gościniec 1585).

B. S. (urodz. 1715). Grunt wiary chrześciańskiey, to iest summowne obiaśnienie katechizmu małego, k'woli młodzi pobożney w nabożeństwo chrześciańskie pilno się zaprawuiącey, w krótkich pytaniach y zrozumitelnych odpowiedziach zebrane y do druku podane od I. P. S. S. B. W Królewcu drukował kosztem swoim Jan Henryk Hartung. Roku pańskiego 1744. w 8ce, kart 4, str. 153.

Dedyk. latorośli domu Ottenhauzowskiego. Czetwert. — Jagiell. — Warsz. Uniw.

— Pałac dusze chrześciańskiey o wielkich salach t. i. modlitwy y westchnienia w rozmaitych tak publicznych jak y prywatnych, cielesnych y duchownych, doczesnych y wiecznych potrzebach, wielce nabożne y gorliwe, z łacińskiego języka na polski przetłumaczone, dla chwały bożey, a dla zbawiennego dobra Syonu Pańskiego do druku podane od I. P. S. S. B. W Królewcu, drukował swoim kosztem Jan Henryk Hartung. Roku pańskiego 1744. [Tytuł wydany w 4ce na dwóch stronach] w 8ce, k. tyt., k. 5, str. XXXI. 316 i Plan pałacu abo regestr od str. 317—320.

Dedyk. Bogusł., Kazimierzowi, Marcianowi, Stefanowi, Józefowi Ottenhauzom, podkomorzycom derptskim. Oryginał p. t. Enchiridion precum, wyszedł w Londynie 1715. „tego samego roku, gdym się ia ieszcze urodził", pisze tłumacz w dedykacyi.

Warsz. Uniw. — Czetwert. — Jagiell.

— Zegar myśli chrześciańskich, to iest meditacye abo rozmyślania święte y nabożne, którymi człowiek chrześciański zabawiać się powinien słysząc zegar biiący, niegdyś przez X. K. Z. K. Z.

K. S. D. B. R. wydane, a teraz nieco augmentowane, od omyłek drukarskich oczyśćione, y świeżo do druku podane ku chwale Boga w Troycy S. iedynego, y pomnożeniu kościoła Jego od I. P. S. S. B. W Królewcu, drukował kosztem swoim J. H. Hartung, Roku 1744. w 8ce, kart 5, str. 124.

Dedyk. Dorocie z Ottenhauzow Grabowskiey starościney Jakimowickiey, Krystynie Cedrowskiej, istarościney Bobruyskiey, Zuzannie Pakoszowey stolnikowey Kowienskiey, Jadwidze Pakoszowey majorowey.

Wydawca B. S. pisze, iż znalazł książeczkę w wielkiem zarzuceniu wydaną od lat stu, a może i dawniej, bo dedykowaną Xżnie pannie Ludow. Karolinie Radziwiłłownie, jeszcze ówczas młodej. Początku i tytułu książki brakło. Temu przedrukowi dał tytuł: Zegar — Pierwsza edycya dziś nie znana. — Zegar ten podzielony jest na godzin 12.

Warsz. Uniw. — Jagiell. — Czetwert.

B. X. A. L. ob. Jan Boży (1690).

Baal Jakob Hattarim ob. Deah Joreh (1625).

Baar ob. Relacyone (b. r.).

BAAZEL Jan X. Obraz mary, albo prawdziwy kontrafet ubogiey osierociałey wdowy na pogrzebie przeznaczney y bogoboyney matrony Jey Mości Paniey Crystyny Härtmannowey, urodzoney Tokarskiey sławney pamięci Jego Mości Pana Jana Daniela Hartmanna kupca y obywatela Wileńskiego, faktora Jego Krolewskiey Mości, przytem też dobrze zasłużonego seniora kościoła Wileńskiego Aug. Confess. invar. naymilszey pozostałey wdowy: Z książki Ruth cap. 1. v. 20. w Wileńskim kościele Anno 1686 10 Febr. w wielkiey frequenceyey zacnych audytorów kazaniem wymalowany przez X. Jana Baazela pasterza y kaznodzieię niemieckiego y polskiego Augspurskiey Confessiey w Wilnie, szkoły tameczney inspectora. W Toruniu, drukował Christian Bekk w roku 1687. w 4ce, sign. E₃.

Przypis synom, córom i wnukom zmarłego. Dziennik Warsz. 1851 r. N. 259.

Baba choruiąca. Komedya.

Katal. księg.

— ob. Matłaszewski Prokop (abo inwentarz).

BABATIUS Joach. Christliche Leich-predigt. Uber den tröstlichen Spruch Pauli Christus ist mein Leben, und Sterben ist mein Gewin Phil. 1. V. 21. Bei ehrlichem und volckreichem Leich-begängnüss des Weyland Ehrenvesten und Wolgelarten Herrn Walerii Hertz-bergeri Philosophiae und S. S. Theolo-giae studiosi. Welcher auff der löbli-chen Universität Königsberg den 8 No-vembris des abgewichenen 1641 Jahres des Morgens zwischen 3 und 4 in noch blühender Jugend sanfft und selig im Herren entschlaffen und den 10 ejus-dem im Thumb zur Erden bestätiget worden. Gehalten und auff Begehren der H. Anvervandten zum Druck über-geben von M. Joach. Babatio, Diacono der Thumbkirchen in Kneiphoff. Ge-drukt durch Johann Reusnern im Jahr 1642. w 4ce, sign. A₃—F.

Wrocław.

BABECKI Andreas. Oratio funebris quam in supremo et luctuoso officio Serenissimi Domini D. Joannis Alberti, Poloniae et Sveciae principis, S. R. E. cardinalis, eminentissimi, Episcopi Cra-covien: Ducis Seueriensis, pompae se-pulchrali nobilis Andreas Babecky elo-quentiae et philosophiae in Academia Cracouień. studiosus, cum debita animi submissione obtulit. (Na końcu:) Cra-coviae, in officina Francisci Cezarij, Anno 1635. w 4ce, kart 11.

Dedykacyą: Andreae Szyszkowski, Sholastico (sic) Cracouień. Archidiacono Zabichoyceń. Praeposito Ilzeń. Cantori Płoceń. S. R. M. secretario.

Na odwrotnej stronie tytułu herb Szyszkow-skich, pod nim 6 wierszy łac. podpisał Krzysztof Skotnicki student poetyki. — Żadnych szczegółów do żywota kardynała. Wiszniows. IX. 278.

Jagiell. — Ossol. — Czartor. — Chreptow. — Uniw. lwow.

BABECKI Marcin. Oratio qua illiba-tum Virginis purissimae conceptum non illibatam nullo pacto potuisse fieri in aede sacra insigni Collegiata Zamo-scensi, coram amplissimo clarissimorum virorum conventu Martinus Babecki Rhetorices auditor sub assistentia Adal-berti Ignatii Kobylański anno 1777,

idus Decembr. declaravit. Typis Univ. Zamoscensis. w 4ce, str. 14.

Dedyk. do Jerzego Mniszcha kaszt. krak.
Branic.

BABECKI Paweł X. Bernardyn. Złote żniwo z nieśmiertelney sław y pochwał kresceneyi, z doyrzałego w cnotách y heroicznych dźiełach żyćia Jaśnie Wiel-możnego Jego Mośći Paná Macieia Krzyckiego kasztelanica Nakielskiego ná rodowitym prześwietnego domu polu zebrane, á ná supplement w przyiazuym żyćiu osierociałey Jaśnie Wielmożney Jeymośći Pani Annie z Swinarskich Krzycki, kasztelanicowy Nakielskiey w kośćiele Wielebnych Oyców Bernardy-nów przy funebralnym akćie, y fre-kweneyi poważnego audytorá, przez X. Pawła Babeckiego káznodźieie ná ten czás ordynaryusza konwentu poznań-skiego, prowineyi Wielkopolskiey obser-wantá oddane roku pańskiego 1738. W Poznaniu, w drukarni akademickiey. folio, kart nlb. 16.

Na odwr. tytułu herby Świnarskich i Krzyc-kich, a pod niemi 16 wierszy pols. Przy-pisał prozą kasztelanicowej Nakielskiej. Kazanie napisane po polsku, lecz przepla-tane łacińskiemi zdaniami — polszczyzna niegodziwa.

Akad. — Jagiell. — Ossol. — X. Polkow-ski — Raczyńs.

Babel turris obacz: Pauli Gregorius Polonus (b. r.) — Severinus Frater (Theatrum 1597).

BABICKI Walenty. Splendor eruditae Virtuti IV. VV. DD. primae Laureae Candidatorum. Ex multiplici stellarum firmamenti specie inclarescens. Et dum in alma Universitate Cracoviensi, ab illustri clarissimo et admodum reveren-do Domino D. M. Petro Filipowski, philosophiae doctore et professore, Col-lega minore, Universitatis Syndico, ritu solenni AA. LL. et philosophiae baccal-laurei renuntiarentur; a Valentino Ba-bicki ejusdem Laureae candidato, affec-tûs et gratitudinis ergo applausu poëtico demonstratus. Annô quô Lumen Increa-tum Salvator generis humani orbi in-claruit 1749 die 19 mensis Novembris. Cracoviae, typis Universitatis 1749. folio, kart 6.

41

Dedyk. Nicol. Janowski Canon. Luceor. — Dalej oda do św. Jana Kantego. — Za panegiryki dziękuje Józef Grzybiński. — Na odwrocie tytułu herb Janowskich. Jocher 1561. — Juszyńs. I.

Jagiell. — Ossol.

Babicz Jakób ob. Skoryna Franciszek (Poczynajet sia knyha 1525).

BABIELSKI Waleryan. Zbiór przygodnieyszych kazań y przemów publicznieyszych. Część I. W Częstochowie 1782.

Notat. Haana.

Babienie obacz: Kostrzewski Jakób (1774) — Nauka położna (1790) — Różański Jan (1788) — Steidelc Rafał Jan (Księga o sztuce (1777).

BABILONOWICZ Paweł X. Methamorphosis ad gloriam, VI. V. V. DD. primam in artibus liberalibus et philosophia Lauream, in alma Universitate Crac: capessentium, quam dum per manus Clarissimi Excellentissimi et admodum Reverendi Domini M. Mathaei Josephi Kolendowicz, philosophiae doctoris, Collegae majoris vocati, et ordinarij, in Collegio minori, poeseos professoris, ritu solemni in Almo Divi Jagellonis Lyceo, ad inclytam magnorum hospitum coronam, reciperent, plaudente fratrum honori, Paulo Laurentio Babilonowicz, in ecclesia parochiali Wielicensi praebendario, ibidemq'; mansionario, ejusdem Laureae primae Candidato opere poetico, evulgata. Annô quô admiranda metamorphosi Deus homo factus est 1720 die 23 Marij (tak). Cracov., typis academicis (1720). folio, kart 8.

Na odwrotnej stronie karty tytułowej miedzioryt herbu (Baranowicza?) pod kardynalskim kapeluszem.
Dedyk. D. Joanni Baranowicz Sacr. Theol. et juris utriusque doctori. — Następuje oda do św. Jana Kantego. Egzaminatorzy: Franciszek Pluciński, Jak. Sarnecki i Mat. Józ. Kolendowicz — Laureaci: Jan Kanty Sałacki, Paweł Gołkowski, Kaz. Jarmundowicz, Karol Konratowski, Mat. Włochowski. — Za panegiryki autorowi dziękuje wierszem J. K. Sałacki.
Juszyński I. 10. daje temu tytuł polski: Przeobrażenie do chwały, 1720.

Jagiell. — Ossol.

Babinowski Mateusz Sacra Falerna ob. Święcicki G. (Theatrum S. Casimiri). Juszyński Dyke. 1. s. 10.

Babin ob. Beschreibung (1654) — Chwałkowski M. (Singularia 1696) — Essais (1762) — Kmita Ach. (Monogamia 1617) — Nosce te ipsum.

Babiński Alexander ob. Radziwiłłowa Regina (Supremus honor 1637).

Babiński Jerzy ob. Radziwiłłowa Regina (1637).

BABISKI Szymon Hiacynt, filozofii dr. i professor w Akad. krak. Ternio gratiarum gentilitia Cruce, illustris ac magnifici Domini D. Michaelis de Szczepánow Szczepanowski dapiferi Żytomiriensis signatus, dum D. Agnetis de Monte Politiano introductio ad ecclesiam ordinis praedicatorum insignis Conventûs Bochnensis, sumptu ejusdem illustris ac magnifici Domini ex antiquis parietinis relevatam, solemni institueretur apparatu per M. Simonem Hyacinthum Babiski, in alma Universitate Crac: philosophiae doctorem et professorem panegyricô cultu celebratus. Anno Domini MDCCXXVII. die 7 Septembris. Cracoviae, typis Universitatis (1727). folio, 5 ark.

Na odwrotnej stronie tytułu herb Szczepanowskich i pod nim 6 wierszy łac. Przypis temuż Szczepanowskiemu prozą; cały panegiryk także prozą. Wysławia zasługi Szczepanowskiego za wzniesienie własnym nakładem na dawnych ruinach nowego kościoła dla OO. Dominikanów w Bochni, kiedy tamże obraz św. Agnieszki został wprowadzony. Pisze, że blisko przed czterema wiekami kościół w Bochni wystawiony był kosztem skarbu królewskiego.
ob. Nechrebecki Aud. (Anchora 1724).

Jagiell. — Ossol. — Zamojs.

BABSKI Dymitr. Treny smutku i żałości, o przemianie dziwney morowego powietrza. W Krakowie, 1677. w 4ce. Juszyński Dyke. I. s. 10.

Babuk obacz: Voltaire (de) Arouet (1785).

Baby (akuszerki) ob. Babienie. Nauka położna (1790).

Babycza rzeka ob. Wiadomości (o potyczce 1708).

Babymoiski starosta obacz: Bericht (1656).

BABZIHN Michał. Schertz und Ernst auff die Zusammengebung Hn. Georg Blümigks und Benignen Brückmann von Michael Babzihn. Thorn, Joh. Coepselini 1670. w 4ce, str. 4.

Bacarlin Petrus ob. Węgierski Andrzej (Epithalamia 1629).

BACCELINI Matteo. Aforismi politici e militari, ne'quali si dimostra come il Principe e la Republica s'ha da governare colla militia, e l'arte di creare un esercito, d'armarlo, esercitarlo, alloggiarlo, e condurlo alla giornata, il modo di edificare terre e fortezze, come si possano espugnare e difendere, nuovamente posti in luce e dedicati al Gran Maresciallo di Polonia. (Datowane:) à Paris chez Jean de l'Haise; rue Saint Jaques près le lion d'argent, 1610.

Wspomnianym marszałkiem W. Koron. był Zygmunt Myszkowski margrabia Mirowski, któremu przypisał swe dzieło podpisany na końcu: Frate Matteo Baccelini. Żebrawski Bibliogr. matemat. str. 242. — Ciampi Bibliogr. I. 2.

BACCHUS orbis Dominus ipsis Bacchanaliorum ferijs comicè ab ipsa pueritia, ad usq'; senectam et tumulum deductus et J. P. M. P. N. Dominis, item famatis, honoratis, laboriosisq'; viris etc. etc. etc. quicunq'; vel sub hedera, vel sub quonis alio signó Baccho militant, et cremato, cereuisiae, mulso, vino, cretensi, ungarico, hispanico, gallico etc. etc. addictissimi sunt, dedicatus. — Viuite sed fati memres tumuliq'. paterni. — Varsaviae, apud viduam et haered. Petri Elert S. R. M. typogr. 1644. w 4ce, kart 4.

Dyalog, program po łac. i po polsku.
Jagiell. — Ossol.

— obacz: Bachanalia — Bachus.

Baccius Piotr ob. Bakciusz P.

BACFART (Bacfarre, Bekwark) właściwie Graew Walenty z Siedmiogrodu (urodz. 1515 † 13 Sierpnia 1576). Harmoniarum in usum testudinis Tomus I. Ad potent. Sarmatiae principem Sigism. Aug. Cracoviae, imp. Lazarus Andr. 1565. folio. — Toż, Tom II. 1568. folio.

Lyceum muzycz. w Bononii.

— Première livre de tablature de luth., contenant plusieurs fantaisies, motets, chansons francoises et madri-

gals. Paris, Adrian le Roy et Rob. Ballard. 1564. w 4ce poprzecznej.

Mendel Musikal. Convers. Lexicon. 1870. I. 392. — Swieżawski w Tyg. illustr. 1882. N. 363. — Falibogowski Discours Marnotrawstwa. 1625. — Theatrum musicum longe amplissimum. Lovanii 1571. — Fetis I. 185. — Brunet Manuel du libr. 1860. I. 599. — Estreicher w Tyg. illustr. 1882. — Echo muzyczne 1887. N. 192—196. art. Alex. Poliúskiego. — Kaz. Wenda w Przegl. archeolog. bibliogr. 1881. — Przeździecki Alex. Jagiellonki V. 153. — Windakiewicz w feulet. „Czasu" 1888. Luty.

Bach Sztychwic ob. Leben des St. Leszczyński (1767).

Bachanalia czyli dyalogi z intermedyami reprezentowane na teatrach szkolnych, w jedno opus zebrane. 1640. w 4ce. (Czy nie rękopis?)

Juszyński Dyke. poet. pols. II. str. 391—4. (Guślarze, Albertus rotmistrz, Pielgrzym i pątnica). — Wójcicki w Encykl. Orgelbr. II. s. 653. — Tyg. petersb. 1838. s. 47.

Bacherius Pet. Soc. Jesu ob. Happ Cas. (Disputatio de gratia 1595).

BACHIN Leonard S. J. († 12 Kwiet. 1665). Corona Mariana complectens XII. viridarii parthenii lilia. Monach. 1716. lub 1745. (13 ryc.).

Obejmuje między innemi biografie i portrety tych: S. Alexy, S. Casimirus i Stan. Kostka.
— Toż. 1756. z 12 ryc.

BACHMIŃSKI Bonawentura X. Bernardyn. Colloquia Mariana. [Tytuł w rycinie miedziorytowej, przedstawiającej Matkę Boską. Na dwóch kartach następnych drugi tytuł w kształcie dedykacyi:] Augustissimae imperatrici caeli terraeque potentissimae reginae, divinioris sapientiae magistrae, orbis christiani decori et fulcimento, erga filios matri amantissimae, clientum protectrici dulcissimae, servorum liberalissimae dominae, quam laudant astra matutina, jubilant omnes filii Dei, etiam aspirat. Spiritu meliori quia amoris quem spirare fecisti praesumit servus, quem ad serviendum tibi servasti gratiis, provocasti favoribus pulsat ut filius ad januam gratiae. Cui infixo in profundo limi limen gratiae porta salutis aperuisti haec scribit quem proscriptum perire non permiserunt Colloquia Mariana, ut solius post Deum tuae hoc esse profiteatur communicatae gratiae, tuarum per filium inspirationum effectum, quibus eo usq' intercedendo pulsasti cor, (licet proh dolor repulsa pluries), donec vinclas manus; subditum cor, praeberem amori. Et ideo quam alloquentem amicabiliter, allicientem svaviter ausus eram non audire tecum ab hinc post Deum. Colloqui te vicissim solam alloquentem amenitate plus quam dulci, amore plus quam materno quia Mariano desiderat perenniter obstrictum, plurimis devictum titulis cor ilius quam servum fecit conditio, filium maternus amor. Leopoli, typi (sic) apud Joan: Fiipowicz (sic, zamiast Filipowicz) cum P. S. R. M. Bez roku (1764). w 12ce, kart nlb. 13, str. 189.

> Dedykacya: Ill. Dom. Dominico Cetnor, capitaneo Stecensi (zajmuje str. nlb. 11). — Następuje potem: Allocutio ad Poloniam (str. nlb. 7). — Imprimatur datowane: 9 Martii 1764, 11 Januarij i 10 Januarij. Jocher 6002.
>
> Jagiell. — Drohob. — Ossol.

— Poznanie Boga i religii z przeświadczenia rozumu a na Woltera, Russa i innych libertynów, ateistów zarzuty odpowiedź, przez X. Bonawenturę Bachmińskiego zak. O. S. Franc. Bernardynów lektora teologii. W Berdyczowie, w drukarni fortecy N. M. Panny za przywilejem J. K. M. 1783. w 8ce. Tom I. k. 11, str. 440.

> Osobno Tomik II. pod tytułem:

Dowody różne wiary św. spowiedzi, sakramentu ołtarza przez X. Bonaw. Bachmińskiego zak. O. S. Franc. Bernardynów lektora teologii. T. II. w Berdyczowie, w drukarni fortecy N. P. Maryi. 1783. w 8ce, kart 4, str. 331.

> Jocher 6001.   Ossol.

BACHOWSKI Feliks, plebau Kazimirowski, dziekan Ołycki. Miłość Boża na dzień św. Maryey Magdaleny w kościele Collegiaty Ołyckiey kazaniem przez X. Szczęsnego Bachowskiego custosa teyże Collegiaty wystawiona roku pańskiego MDCLXXVI. (1676). W Zamościu, w drukarni akademickiey. w 4ce, kart 59.

Approbatę dał Jędrzej Abrek scholastyk Zamojski 1676. w Zamościu. Przypis siostrze królewskiej księżnie Katarzynie z Sobieszyna Radziwiłłowej podkancl. i hetmanowy W. Kor. — Kazanie o św. Magdalenie nic wiele warte. Na końcu żywot z cudami św. Maryi Magdaleny.

— Divini amoris suavitates seu theologia mystica. Cracoviae, in offic. Schedeliana 1682. w 8ce, kart nlb. 4, str. liczb. 283, indexu str. 5.   Krasińs.

— Różne dyalogi pobudzające do cnotliwych powinności. w 4ce.

> Pierwszem źródłem o tem dziele jest Jabłonowski, a więc źródło mętne i nie wiarogodne. Będzie to zapewne Epiktet: Mąż doskonały 1652.
>
> Jabłon. Museum s. 22. — Bentk. I. 310. — Załuski Bibl. poet. pols. 28. — Juszyński Dykc. I. 11. — Kronika Warsz. 1858. N. 17.

— obacz: Epiktet (Mąż doskonały 1652).

BACHSTRÖM Jan Fryd. Szlązak (fryzyer, lekarz, pastor, drukarz i dyrektor fabryk Radziwiłłowej). L'art de nager ou invention à l'aide de laquelle on peut toujours se sauver de naufrage par.... docteur en médecine et directeur général des fabriques de S. A. S. Mme la Duchesse de Radziwiłł Grande Chancellière de Lithuanie. A Amsterdam, chez Zacharia Chatelain 1741. w 4ce, str. 70.

> Lilienthal Erläutertes Preussen III.

— Disputatio medica de plica polonica. Respond. .... sub praes. Geo Fr. Franci de Frankenau. Hafniae, 1723. w 4ce, str. 40.

> Gazeta polska 1864. N. 47.
>
> Chreptow. — Petersb. publ.

Bachus, przy nim na ostatnie trzy dni szalone kazanie dworskie y trzy pieśni po kazaniu. R. 1586.

> Index librorum prohibitorum. Zamosci 1604. Juszyński II. 394.

— ob. Bacchus — Bachanalia — Libicki Jan (miraculosus) — Niebylski Nikodem (Bacchicae contiunculae 1615) — Uciechy lepsze i pożyt. (1655) — Urceus Codrus (Hymni 1528) — Wernsdorf Theoph. (Dissert. de B. 1753).

BACKER (de) **Jodocus** Bruxellensis. Innocentio XI. post transmissum sibi a Joanne III. summum imp. Othomanni

Vexillum, Deo grates referenti. Elegia ad eundem Poloniae regem. Matriti ex typ. regia, 1683. w 4ce.

Uniw. lwow.

— Sanctissimo Domino nostro Innocentio XI. Pont. Opt. Max. post transmissum sibi a gloriosissimo heroe Joanne III. Poloniae Rege summum imperii Othomanni vexillum, pro obtenta in Turcas victoria apud S. Mariam majorem Deo ac deiparae Virgini grates pie referenti. Elegia ad eundem Poloniae Regem tanti triumphi auspicem et authorem. Matriti ex typ. regia 1683. deinde Cracoviae in officina Alb. Gorecki 1684. w 4ce, kart 8.

Wydane razem z Grandii: In Viennam liberatam, 1684. w 4ce, kart 4. Krasins. — Jagiell. — Dzików — Czartor. Czetwert.

Backer Johannes ob. Kleinwächter (Fax 1650).

BACKMANN G. Fr. Cupressum funebrem ornatissimo juveni et spei oppido bonae Paulo Muscalio viri Reverendi, Clarissimi, Doctissimi, Domini Pauli Muscalii, pastoris in Roschkowitz fidelissimi filio Anno Christi MDCLXXVI. die 28 Martii ex hoc mundo placide digresso et ultimo ejusdem honorifice sepulto sacram Auditori Elisabethani nomine dicavit Georgius Fridericus Backmannus Neagora-Siles. Wratislaviae, in haeredum Baumanianorum typographia exprimebat Godofredus Gründer. (1676). fol., 2 k.

Wrocław.

BACON (Bako) Franciszek Wernlamski (1560 † 1626). Systema kształcone wiadomości ludzkich. Bez w. m. dr. i r. (Warszawa u Dufoura). Na arkuszu (tablicowe).

Jocher 1989.

Czartor. — Warsz. Uniw. — Zieliński — Krasins.

BACIŃ (Baco, Bacho, Baccon, Bacondorp, Baconthorp) Joannes, Karmelita († 1346). Ad M. D. G. Conclusiones theologicae ad mentem V. P. Mri Joannis Bacconii cognomento D^or resoluti publicis comentationibus expositae et in Conventu majori Leopoliens.

ordin. Carmelitarum A. R. O. a religiosis praedicti ordinis propugnatae. Anno reparatae salutis 177(5?) die.... mensis... Leopoli, typ. S. R. M. et Confraternit. SSS. Trinitat. 177(5?) w 4ce, kart 5.

Ossol.

— Ver philosophicum purpurea luce carmelitici Phoebi, D. Angeli Mart. Carmelitae explicatum seu conclusiones ex logica juxta doctrinam Bacconii. Cracoviae, typ. acad. 1710. folio.

Dzików.

— ob. Bargiel Marcellus (Conclusiones 1765) — Charzewski Marc. (Florilegium theolog. 1650).

BĄCZALSKI Seweryn z Daliechowic. Fortuna albo szczęście Seweryna Bączalskiego. — W ktorey kto co ma rozumu — Obaczy to, że nikomu — Fortuna nie służy wiernie, — Kto ią masz, żyi w niey pomiernie. — Byłoby teraz nie naygorzey ze mną, — Kiedyby nie to, co widzisz przedemną. — Cum gratia et privilegio S. R. M. W Krakowie, w drukárni Łukasza Kupiszá J. K. M. typografa. Bez w. r. (około 1644—46).

Na drugiej karcie wydrukowano:

Nauka tego losu. NAyprzód ná tey karcie gdzie Fortuná wydrukowána, masz rzucić parą kostek, pomyśliwszy ná co będziesz chciał z tych rzeczy poniżey mianowanych. Co gdy uczynisz, przypátruy się drukowánym kostkom, przy ktorych wierszách to obaczysz, co urzucisz, to iuż będzie należáło tobie. A naydziesz tám Essy, Tus, Es, Drya es, tuzy, áż do końcá, cożkolwiek na kostkách páść może. w 4ce, kart 2, str. 102 i k. 1. (druk gocki).

W tytule rycina Kozaka grającego na lutni a na stole kostki. — Na odwrocie tytułu rycina fortuny z napisem: Nie myśl wiele, ciskay śmiele. — Dzieło ułożone w czterowierszách, dających odpowiedzi na zapytania, z odpowiednim rysunkiem kostek oznaczających liczby wyrzucone.

— Toż. w 4ce, str. 111.

Różnica w tytule w wierszu, gdzie wydrukowano: żyj w iney (pomiernie). Dalsze edycye obacz: Gawiński Jan (1690, 1744). Wcześniejsza ob. Bochni (z) Stanisław (1531).

„Simile Opus sortium edidit apud Gallos Colletet et recentius Comiers." — Załuski Bibl. s. 28.
Czartor. — Chreptow. — Jagiell. — Ossol. — Uniw. lwow. — Warsz. Uniw.

— Ochrona koronna Seweryna Baczalskiego — Ktorą pilnie przeczytawszy, — A mieysce w niey prawdzie dawszy — Każdy porozumie snadnie, — Że nam przyidzie zginąć marnie — Bóg to tylko zmienić może — Dowcip ludzki nie pomoże. — W Krakowie, r. pańs. 1606. w 4ce, kart 35. (druk gocki).

Są to narzekania na nierząd w Polsce w przemowach do różnych stanów a razem napomnienia o poprawę. — Załuski Bibl. s. 28 mówi, że książki tej nie widział. — Juszyński Dykc. I.

— Przestrach śmiertelny. Z którego każdy porozumieć może, — kiedy się owo nagle rozniemoże. — Jako mu serce wnet strach opanuje: — Przetoż przestrzegam, niech się każdy czuje — w powinności swéj z poprawą żywota, — chceli ujść tego, com ja miał, kłopota. — Cum gratia et privil. S. R. M. W Krakowie, w drukarni Mikoł. Loba 1608. w 4ce, ark. F₃. (kart 23). (wierszem).

Dedyk. Ieronymowi Gostomskiemu z Leżenic wojewodzie Poznańskiemu, staroście Sendomierskiemu.
W wierszu: „Do tego co przeszedł" wychwala jako poetów: Jeronima Morsztyna, Wolyúca i X. Stanisława Grochowskiego.
Akad. — Czartor. — Krasiński. — Przeźdz. Juszyński Dykc. I. 17. powinda, że o autorze wspomina Kmita w dziełku Monogamia 1617, wyliczając urzędników rzeczypospolitej Babińskiej — „A Baczalski zaś stary, polskim nowiniarzem" (na ark. C₁).
Maciejowski Polska I. 220—3. — Encykl. Orgelbr. II 1084—5. — Załuski Bibl. poet. s. 28. — Siarczyński Obraz I. 14—15.

BACZKO Ludwig Adolf Franc. Józef z Ełku (urodz. 8 Lipca 1755 † 1723). Annalen des Königreichs Preussen herausgegeben von Lud. v. Baczko und Theod. Schmalz. I—II. Quartal. Königsberg und Berlin 1792. in Commission des Fried. Maurer. w 8ce, str. X. 146 i 146. z 3 tabellami.

Obejmuje: Entstehung des preuss. Adels. Biographie des Simon Dach. Tabelle der Fabriken in Ostpreussen, Beschreibung des Kön. Mindowe über Litthauen vom J. 1254. An das litthauische Hof Gericht

Verordnung 28 August 1749. Biogr. des Conr. Zölner Hohemeister 1382. Preussens Lage in Ansehung seines Handels mit Pohlen. Statist. Nachrichten von Dantzig 1791. Populations Listen Ostpreuss. und Litthauis. Depart. 1790. Populat. Westpreuss. 1791. Dzików — Jagiell.

— Annalen des Königr. Preussen herausgegeben von Ludw. v. Baczko I—IV. Quartal. Königsberg, bei Friedr. Nicolovius 1793. w 8ce, str. VIII. 152, 175, 151 i 168.

Obejmuje: Beschreibung der Stadt Bromberg. Nachweisung wie viel Salz nach Polen ausgegangen. Statist. der Ostpreuss. und Litthau. Cammer Depart. Leben Georg Alb. Donalitius. Handelsgesch. von Ostpreussen. Aus Danzig 1792. Der heilige Adalbert. Von Aufhebung der Unterthänigkeit in Preussen. Seltsames Schreiben des Pohln. Magistrat zu Kallwary (Calvariae) anno 1792. Privilegien der kleinen Westpreuss. Städte.
Dzików — Jagiell.

— Geschichte Preussens v. Ludwig v. Baczko. Königsberg, bey Gottlieb Leberecht Hartung 1792—8. Erster Band: str. XXIV. i 406. — Zweyter Band: kart 2, str. 422. — Dritter Band: bey Friedrich Nicolovius, str. VIII. i 440. — Vierter Band: u tegoż 1795. karta 1, str. 502. — Fünfter Band. — Sechster Band: 1798.
Czartor. — Jagiell.

— Kleine Schriften aus dem Gebiete der Geschichte und Staatswissenschaften. 2 Bändchen. Leipzig, 1796. w 8ce.

— Handbuch der Geschichte und Erdbeschreibung Preussens. I—II. Theil. Dessau und Leipzig, im Verlage der Buchhandlung der Gelehrten. 1784. w 8ce, kart 7, str. 260. i kart 10. i od str. 261—482.

W Cz. 1. Geschichte des deutschen Ordens bis 1525. W Cz. II. Ostpreussens unter polnischen Oberherrschaft. Od str. 405. Geographische Nachrichten.
Jagiell.

— Versuch einer Geschichte und Beschreibung der Stadt Königsberg. (Königsberg) in der Hartungschen Hof-Buchdr. und Buchhandlung 1787—88. w 8ce, str. 680. Jagiell.

ob. Literar. Nachr. von Preussen 1781. s. 3.

Baczyński Antonius ob. Tepper Walenty Maciej (Oratio 1780) — Mikoszewski A. (Oratio de laudibus 1775).

Baczyński Jędrzej biskup ob. Baumeister Chr. (Lubomudrija 1790).

BACZYŃSKI Ludwik. Propositiones theologicae iuxta mentem Doctoris subtilis et Mariani, ex tractatu de Angelis, defend. ad aedes D. Francisci Cracov. sub assist. P. Ludovici Baczyński theol. magistri, studii minor. conventual. regentis. Bez w. m. 1764. folio, 1 ark.
Jocher 2689.

Baczyński Marcin ob. Jurkiewicz Stan. J. (Violatum 1673).

BACZYŃSKI Stanisław Kostka. Mowa JW. Jmci P. Stanisława Kostki Baczyńskiego, woyskiego Owruckiego, komor. ziems. Bracław. przy reassumpcyi JO. trybunału kor. imieniem palestry trybunalskiej miana d. 25 Kwiet. r. 1754. W Lublinie. folio, kart nlb. 2.
Krasińs.

— ob. Szystowski K. (Do W. Jegomości 1774).

Baczyński Thomas ob. Catalogus (1756).

Bade. Der wohl zugerichtete und verfertigte Bade-Mandel, welchen des Türkischen Sultan Mahomets Gross-Vezier, als er auss der Wiener Bad-Stube entlauffen, an die Ottomanische Pforte mit zurücke brachte, und wie ihm des Sultan Mahomets Acha da warme Bad gesegnen soll. 1684. w 4ce, kart 4.   Wrocław.

Bade-Stube (Die Türkische vor der Stadt Wien gehaltene). Im Monat September dess 1683 Jahres. w 4ce, str. 8.

Bade (de) ob. Pont (du) (1785).

(Baden). Zdanie szlachcica polskiego cudzych interesów wiadomego o Xiążęciu J. Mci de Baden. Ob. Ludwik margr. Badeński (1697).

Badeni Jan ob. Marchocki Franc. Jos. (Navales coronae 1732).

Badeni Stanisław, (wydawca). Dyaryusz seymu ordynaryjnego warszawskiego sześcioniedzielnego roku pańskiego 1780. ob. Dyaryusz.

Badeniowie ob. X. Zubowski Xaw. (Helikonki 1789).

Badenkoht Joh. ob. Oloff Ephraim (Ein Hertz 1713).

Badensis curia Regis (Königshofen) ob. Gorecki L. (Walach. Kriegs. 1578).

— Marchio 1697. ob. Ludwik.

BADER Mateusz X. Soc. Jesu. Syntagma de statu morientium ex MSS. codicibus latine factum per Matthaeum Bader Soc. Jesu. 1604. Bez w. m. dr. w 24ce.

Badini Giuseppe ob. Annetta e Lubino opera (1780).

Badius Jodocus (Assentius) z Assen pod Bruxella (ur. 1462 † 1535). ob. Cicero M. T. (Epistolae 1510, 1523).
Encykl. Orgelbr. II. 67.

Badowicz Grzegorz. Acta Capituli prov. Polon. ord. pr. Praemisliae 1666. sub tempus elect. in provincialem Gregorii Badowicz ob. Acta.

— Acta Capituli prov. Polon. ord. pr. Climuntoviae 1669. sub Gregorio Badowicz ob. Acta.

— Veritates theol. de fine ultimo 1661. ob. Zygmuntowicz H.

Badowska Magd. ob. Przyjemski T. (Pieśń).

BADOWSKI Amandus. Sancti Thomae Aquinatis studium theologicum et juridicum theses offert, quas Amandus Badowski notarii Castrensis Lublinensis filius in Univers. Zamoscensi theologiae, juris utriusque et mathesos auditor in assistentia Nicol. Onuphrii Olgerd juris canon. professoris, tunc Valentini Tepper juris naturae et gentium professoris propugnant. Zamość, 1784. w 8ce.
Tez 22. z prawa natury są pióra Teppera.

Badowski Konrad ob. Kostkiewicz And. G. (Decisiones 1775) — Złoba Mat. (Conclusiones 1774).

BADOWSKI Michał X. Titulus monumenti magnis manibus perillustris Domini Alexandri Woyna capitanei Poivrensis, Chpheidanensis etc. tenutarii aulici S. R. Maiestatis erectus a Michaele Badowski theol. artium et philosophiae magistro, illmi eppi Vilnensis capellano. Vilnae, typis Acad. Soc. J. Anno 1644. w 4ce, kart 14. dr. gocki. Kraszews. Wilno IV.

BADOWSKI Winc. pisarzewic grodzki Lubels., w Uniw. Zamojs. retoryki słuchacz. Oratio pro laudibus immaculatae conceptionis Mariae in publico oratorio sodalium titulo ejusdem immaculatae Virginis 1768. 3-tio Idus Decembr. dicta. Zamości, typ. Univers. w 4ce, ark. B$_2$.

— ob. Propositiones (1771).

Badura ob. Lament (b. r.).

BADURSKI Andrzej (1740 † 18 Marca 1789). Dissertatio oeconomica de officio parentum et liberorum per M. Andream Badurski AA. LL. et philosophiae doctorem in classibus Novodvorscianis Scholae pöeseos per horas primas professorem, collegam minorem vocatum, pro loco obtinendo in minori Universitatis Cracoviensis Collegio, publicae disputationi in lectorio CC. DD. theologorum A. D. 1765. die 20 7-bris exposita. Cracoviae, in typographia Seminarii Episcop: Academ: (1765). w 4ce, k. 27. (ark. E$_3$).

Dedyk. Mathiae Bajer proconsuli, Balt. Hintz cons. Crac., Josepho Feismantel, Joanni Kozłowski, urbis Crac. consulibus, equitibus aurat. (Dedykacya pisana na jednej stronie po łacinie, a na drugiej po polsku), Brodowicz J. Żywot Badurskiego 1839. str. 6—18.   Jagiell. — Ossol.

— In nomini Domini Amen. Dissertatio medica de variolis. Tum de praesidiis huc facientibus; remedio rusticano et inoculatione quam authoritate et consensu magnifici perillustris et reverendissimi Domini Domini M. Antonii Żołędziowski J. U. et Sac theologiae doctoris ejusdemqué professoris, ecclesiarum cathedralis Cracoviensis canonici, Vieliciensis praepositi, Almae Universitatis Cracoviensis dignissimi rectoris, nec non clarissimi ac doctissimi viri M. Joannis Camelin philosophiae ac Medicinae doctoris ejusdemqʼ, facultatis decani pro loco inter CC. DD. Medicinae doctores obtinendo M. Andreas Badurski in Alma Universitate

Crac. Collega minor. philosophiae; in celeberrima Bononiensi medicinae doctor. Exposuit A. Dni 1770. Cracoviae, in typhographia (sic) Seminarii Academie: w 8ce, kart 30 i 1 str. (Errores).

Dedyk. Josepho in Kielczew Kiełczewski episcopo Hermopolitano, suffraganeo Chełmensi.
Cześć swoją dla francuzkiego poety osobliwie wyraził drukując w jednem przytoczeniu wielkiemi literami: „Dominus Voltaire.“
Akad. — Jagiell. — Krasińs. — Ossol.

— Luminare in academia umbris refulgens doctor Joannes Cantius, devota oratione praesentatum. Posnaniae, typ. Acad. 1761. folio, kart 13.

D. Walkrowski rytow. herb.   Krasińs.

— Mowa roztrząsaiącá skutki powietrza stósowné albo niestósowné do zachowaniá zdrowiá i życiá człowieka w ogólności a w szczególności dzieci, z przełożóniem przyzwoitégo zaradzéniá i ratunku. Na publiczném posiedzéniu szkoły głównéy koronnéy z okoliczności imiénin J. O. Xiążęcia JMCi Michała Poniatowskiégo, prymasa Korony polskiéy i W. X. Litewskiégo, arcybiskupa gnieźnieńskiego, administratora krakowskiégo, prześwietnéy kommisyi nad edukacyą narodową prezesa, orderów Orła białégo i S. Stanisława kawalera, przy zaczęciu roku szkolnégo w sali Jagiellońskiéy przez M. Andrzeia Badurskiego filozofii i medycyny doktora, J. K. Mci konsyliarza, patologii i praktyki lekarskicy w szkole głównéy koronney professora; szpitala S. Barbary fizyka, kollegium fizycznégo prezesa. Dnia 6 Października roku 1787. mianá. W Krakowie, w drukarni szkoły głównéy koronnéy (1787). w 4ce, kart nlb. 17.

Jagiell. — Dzików — Branic. — Akad. Krasińs. — Ossol. — Zielińs.

— Powinszowanie Jaśnie Oswieconemu Xciu JMCi Józefowi Jabłonowskiemu wojewodzie Nowogrodzkiemu etc. etc. — Jaśnie Wielmożnemu JMci Panu Józefowi Wielopolskiemu kawalierowi orderu S. Stanisława, chorażycowi kor. — Jaśnie Wielm. JMCi Pánu Józefowi Wielopolskiemu staroście Lanckorońskiemu i Zagoyskiemu, rotmistrzowi pancerney chorągwi. — Jaśnie Wielm. JMci Pánu Józefowi Wielopolskiemu margrabiczowi Pinczowskiemu. — OsVVIaDCzenIe VprzeIMc serCa oboVVIązanego VV poVVInszoVVanIV doroczney uroczystości świętego Józefa JO. Xciu JMci i JW. PP. nayszlachetnieysza krwią złączonym Imionom, życzeniem Szkół Nowodworskich Akademii krakowskiey przcz M. Andrzeia Badurskiego, filoz. dokt: kollegę mniejszego, szkoły pòétyki professora wyrażone dniá 19 miesiąca Marca (1766). w 8ce, kart 7.

Zawiera wiersze na cześć Jabłonowskiego i Wielopolskich. — Zarówno tytuł jak i wiersze są pisane po jednej stronie w języku polskim, po drugiej w łacińskim.
Jagiell. — Ossol.

— Responsio vocationi divinae adaequata, in comparitione pro termino illustris olim clarissimi et adm. Rndi Dni Georgii Zubrzycki in alma Univ. Crac. philos. doctoris, in inclyta Academia Posnaniensi s. theol. professoris, collegae minoris vocati, ecclesiae parochialis in Łukowica praepositi, seminarii academico - dioecesani praefecti, dum in ecclesia parochiali S. Margarethae Virginis et M. in Srzodka, ad Posnaniam sita, sub directione Congregationis oratorii S. Philippi Nerii existente, magno omnium dolore, justa ei funebria persolverentur a M. Andrea Badurski in alma Univ. Crac. philos. doctore, in inclyta academia Posnaniensi scholae grammatices professore denuntiata. An. 1761 die 17. Decembris. Posnaniae, typis academicis. folio, k. 7.

Przypisał autor prozą egzekutorom testamentu: X. Łukaszowi Lubaszowskiemu filoz. dr., proboszczowi Czerleńskiemu i dziekanowi Kostrzyńskiemu, Janowi Chryzost. Sewerynowiczowi św. teolog. dr., dziekanowi kollegyaty w Szamotułach i X. Piotrowi Myszczyńskiemu, proboszczowi kościoła świętej Małgorzaty. Stylem nakamiennym opłakuje śmierć professora Zubrzyckiego.
Ossol. — Warsz. Uniw.

— Sapiens uno minor Jove DD. Comes de Aquino Thomas dr. Angelicus redeunte annua suae festivitatis die in ecclesia celeberrimi conventus Posna-

niensis ordinis Praedicatorum praesente illustrissima hospitum corona a M. Andrea Badurski in alma Universitate Cracoviensi philos. doctore, in inclyta Academiae Posnaniensis scholae gramatices profes. demonstratus anno quo aeterna sapientia in Cathedra Mariana salutem nostram peroravit. 1762 die 7 Martis. Posnaniae, typ. Acad. 1762. folio, k. 4.

Jocher 5488. Branic. — Ossol.

— Testificatio concepti doloris ex obitu clarissimi olim ac doctissimi viri M. Pauli Ignatii Manka in alma Universitate Cracoviensi philosophiae doctoris, in classibus Vladislaviano-Novodvorscianis scholae rhetorices professoris, contubernii Hierosolymitani senioris, collegae minoris vocati, dum in ecclesia collegiata Divae Annae pia ei funebria persolverentur à M. Andrea Badurski philosophiae doctore, pòéseos professore, collega minore vocato exhibita. Annô Dni 1765 die 14 Junii. w 4ce, 1 ark.

Dzików — Jagiell. — Ossol.

(Badurski Andrzej). Wiersz do Wielmożnego JMci Pana Andrzeja Badurskiego konsyliarza J. K. M. filozofii y medycyny doktora. W dzień jego imienin r. 1780 dnia 30 Listopada. W Krakowie, w drukarni Seminaryum biskupiego Akademickiego, (1780). w 4ce, kart 4.

Na karcie ostatniej: wiersz łaciński do Badurskiego „die ejus natali."
Jagiell. — Ossol.

— obacz: Czerwiakowski Raf. Józ. (1779).

Łukasz. Hist. szkół II. 103. — Gąsiorows. Hist. med. II. 25. III. 17—18, 146—153. — Roczn. Wydz. lek. krak. III. 36—48. II. 83—152.

Bądźcie zdrowi. „Ledwo com was powitał, a już żegnać muszę." B. m. i r. w 8ce, kart 1. (wiersz).

Przyłęcki.

Bądziński Albert obacz: Bocheński Hyacint (1701).

Bądziński Jan z Osieka obacz: Tutkowski Sz. (Laurea artium et philosophiae 1653. epigr. in Zamoscium).

BĄDZYŃSKI Antoni. Głos JW. JMci Pana .... stolnika y posła ziemi Mielnickiey województwa Podlaskiego dnia

7 Listopada roku 1778. w Izbie posel-
skiey w czasie Seymu ordynaryjnego
wolnego miany. Względem prawa em-
phiteuticznego. W drukarni P. Dufour
JKM. (1778). folio, kart 2.
Branic. — Warsz. Uniw. — Raczyńs. —
Krasińs.

Baeharius Petrus Soc. Jesu obacz:
Happ Casparus (Disputatio 1595).

Baffus Hieronimus ob. Sabellicus M.
Antonius (1521).

BAGGE Joh. Daw. Sammlung von
der wahren Natur, Art und Beschaffenheit der Güter in Esth- und Livland
sammt der Insel Oesel. Reval, 1762.
w 4ce, str. 256.   Petersb.

BAGIEŃSKI Antoni Soc. Jesu (ur.
1714 † 1770). Kazanie na pogrzebie
Jakuba Pruszaka, kanonika krakows. i
chełmińs., deputata JO. Trybunału koronnego, miane w kościele farnym Piotrkowskim d. 13 Listopada 1759 r. Bez
w. m. dr. w 8ce. str. 29.
Brown Bibl. pis. S. J. s. 108.
                                    Jagiell.

BAGIŃSKI Antoni. Propositiones ex
geometria et trigonometria theorethica
et practica, sub auspiciis illustr. et
excell. comit. in Potok Potocki, demon-
stratae ab EE. MM. DD. mathematicis
gymnasii Vars. S. J. Antonio Bagiński,
Petro Twardowski, Simone Pinczewski.
Varsaviae, ex typographia Mitzleriana
1767. w 8ce, str. nlb. 13.
                                    Krasińs.

**BAGIEŃSKI Franc. Salezy [Bagiń-
ski].** Kazanie o potrzebie trojakiego ducha mądrości, mocy i dobroci. Poznań,
1759.

— Kazanie pogrzebowe przy złożeniu do grobu ciała sławney y świętey
pamięci Jaśnie Wielmożnego Jego Mci
Xiędza Adama hrabi z Bnina Opaleń-
skiego kanonika katedralnego Poznańskiego w kościele farnym Grodziskim
dnia 14 Stycznia 1767. miane przez
X. Franciszka Salezyusza Bagieńskiego
proboszcza kościoła parochialnego Łęk-
nińskiego, á z dozwoleniem zwierzchności do druku podane. W Poznaniu,
w drukarni JKM. y Rzpltéy Collegium
S. J. w 8ce, 3 k. nlb. i 70 str.

Dedyk. Woyciechowi Opaleńskiemu wojewodzie Sieradzkiemu bratu zmarłego. W samem kazaniu są niektóre szczegóły, odnoszące się do rodziny zmarłego.
                                    Jagiell.

— Kazanie o wielkiey potrzebie dobrych pasterzów przez obowiązek powołania swego, sprawuiących obfite pożytki w kościele Chrystusowym, z okoliczności uroczystego poświęcenia na
dostoieństwo Jaśnie Wielmożnego Nayprzewielebnieyszego Jegomości Xiędza
Andrzeia Stanisława Kostki Młodziejowskiego, z Bożey y stolicy Apostolskiey łaski biskupa Przemyslkiego, podkanclerzego Wielkiego koronnego, kawalera orderu S. Stanisława. A za ła-
skawym pozwoleniem Jaśnie Oświeconego niegdyś świętey pamięci Xiążęcia
JMci prymasa Władysława Łubieńskiego arcy-biskupa Gnieznieńskiego naza-
iutrz po skończonych uroczyście poświęcenia obrządków miane w kaplicy pa-
łacowey w Skierniewicach dnia 3 Lutego 1767. w 8ce, karta tyt., str. 6,
38, 4.

Na końcu dedykacyi do Stan. Młodziejowskiego podpisany F. S. Bagieński proboszcz
kościoła paroch. Łeknińskiego. — Na dwóch
ostatnich kartkach jest: Wiersz polski na
powinszowanie złożony do tegoż JW. JMP.
X. A. S. K. Młodziejowskiego B. P. gdy
pieczęć W. Koron. w tym czasie odebrał,
którego autor kończył kazanie w druku.
Jocher 9024.

                Ossol. — Czartor. — Jagiell.

— Kazanie o ratunku umarłych z
okoliczności pogrzebnych obrządków
sławney i ś. p. W. JM. Pani Magdaleny z Niegolewskich Skaławskiej uroczyście powtórzonych w kościele Sza-
motulskim WW. OO. Reformatów d.
15 Listopada 1771. z woli i zbawiennych pobudek, a oraz z przykładnego
przywiązania ku siostrze rodzonej JW.
X. Bernarda z Niegolewa Niegolew-
skiego z Bożej i stolicy Apost. łaski
opata Jędrzejowskiego miane przez X.
Franciszka Sal. Bagieńskiego proboszcza kościoła Łeknińskiego, a z pozwoleniem zwierzchności do druku podane.
W Poznaniu, w drukarni J. K. M. i
Rzpltej Coll. Soc. J. w 8ce, 4 k. nlb.
i 72 str.

Wiele tu jest o Niegolewskich. Dodana ró-wnież in folio genealogia Grzymałów Nie-golewskich.
Raczyńs. — Ossol. — Zielińs.

— Na powrót Najjaś. Pana z Wol-borza dnia 9 Czerwca 1775 r. Bez w. m. i r. w 4ce, kart nlb. 2. Akad.

— Wiersz z okoliczności imienin JO. Xiażęcia JMci Massalskiego bisku-pa wileńskiego d. 31 Lipca 1775 r. w 4ce, kart nlb. 2. Akad. — Czartor.

BAGIŃSKI Wincenty Wojciech Kanty. Kazanie powinną wdzięczność za hoyne dobrodzieystwa nayosobliwszemu funda-torowi głoszące w czasie solennego na województwo Trockie wjazdu JW. JP. Tadeusza na Kozielsku Ogińskiego wo-jewody Trockiego, na Hanucie, Łuczaju, Mołodeczney etc. hrabi, Rctowskiego Ba-blińsk. etc. starosty, orderu Orła białe-go kawalera, w kościele Trockim Do-minikańs. r. 1770 d. 2 Września miane przez Xiędza Woyciecha Kantego Ba-gińskiego S. T. lektora, ordynaryj-nego niedzielnego Wileńskiego u S. Ducha kaznodzieję zakonu kaznodziej-skiego. W Wilnie, w druk. J. K. M. y Rzpltey XX. Schol. Piar. 1770. folio, kart 21.

Przed kazaniem pomieszczone są: Radość JW. JP. Jadwigi z Załuskich Ogińskiey i Gaudia et plausus. Krasińs.
Kraszews. Wilno IV. 310. — Atheneum 1845. Tom IV. 135—143. (Chorogr. Żmudzi) — Barącz Rys. dziej. Zak. kazn. II. 79—80.

Bagiński Wojciech ob. Batory Stef. (Gratulat. 1579) — Protasiewicz W. (Epicedia 1580).

Baglioni Sig. Antonio ob. Carpacio Antonio.

BAGNACABALLENSIS Jacobus. Con-stitutiones reverendiss. in Christo pa-tris magistri Jacobi Bagnacaballensis, vniuersi ordin. min. Conuentualium S. Francisci ministri generalis pro omni-bus fratribus eiusdem ordin. in inclyto Poloniae regno degentibus editae, in personali eiusdem visitatione Anno Do-mini 1622. Cracoviae, in officina Math. Andreovensis 1622. w 8ce, str. 4—200.
Wiszn. IX. 286. — Ciampi Bibliogr. 1. 16. Ossol.

— Exercitia spiritualia omnium Re-ligiosorum usibus accommodata; quae ex varijs probatorum authorum locis, pro utilitate fratrum suorum in visita-tione prouinciae regni Poloniae collecta, in hunc modum digessit Rmus P. Ja-cobus Bagnacaballensis, Artium et S. T. doctor, uniuersi ordinis minorum Conuentualium S. Francisci Minister Generalis. Cracoviae, ex officina typo-graphica Franc. Cesarij, Anno reparatae salutis, M. DC. XXII (1622). w 12ce, 5 kart na przodzie, str. 2637 (właści-wie str. 1589). i indexu str. 21.

Przypis. M. Szyszkowskiemu biskupowi kra-kowskiemu z podpisem tłumacza Adryana Bratkowicza gwardyana w Collegium Szysz-kows. Oryginał był pisany po włosku.
Paginacya dzieła bardzo pomylona. Miano-wicie: po str. 1 do 1099 następuje 2000 do 2028, poczem 1229 do 1299, poczem 12100 do 12104, poczem 2105 do 2293, wreszcie 2359 do 2637.
Jocher 5738, 6606.

Dzików — Czartor. — Jagiell. — Ossol.

BAGNICKI Chryzostom Soc. Jesu. Prawdy do chrześciańskiey doskonało-ści i żywota wiecznego prowadzące, fun-duiące się na wyrokach prawdy przed-wieczney we czterech częściach księgi: w pierwszey o bogoboyności, w dru-giey tajemnice duszy z Panem Bogiem, rozmowy w trzeciey o dwojakiey dro-dze szczęśliwey i nieszczęśliwey w ni-nieyszym życiu pielgrzymuiących, w czwartey różne akty nabożne, rozmy-ślanie męki pańskiey i modlitwy do świętych patronów wydane przez sługę Matki Boskiey już trzeci raz z pod prasy drukarskiey wychodzące ku większey czci i chwale Boga w Tróycy świętey jedynego i niepokalanie poczętey Maryi Panny. W Wilnie, r. p. 1769. w druk. JKM. księży Bazylianów. w 8ce, kart nlb 5, str. 354.

Porównaj Augustyn św.: Duchowne traktaciki (Wilno, 1760). Warsz. Uniw.

Bagniewska Barbara z Chełstow-skich ob. Skrzetuski Krzysztof (Popis cnót 1729).

Bagniska ob. Sokołowski Kazimierz (Projekt).

BAHRYNOWSKI Urban X. († 1711). Laur nieśmiertelności JW. ś. p. JMości Ojca Inocentego Winnickiego z Bożej y stolicy Apostolskiej łaski episcopa Przemyskiego, Dermańskiego y Dubieńskiego, archimandryty ritus graeci unita mowa Wielebnego w Bogu X. Urbana Bahrynowskiego św. theologiej bakałarza, przeora Samborskiego zakonu Dominika świętego w Ławrowskim OO. Bazylijanów monastyrze r. p. 1701 dnia 10 Stycznia złożony, przez tegoż do druku podany. We Lwowie, w druk. Coll. Societ. Jesu 1701. w 4ce, kart nlb. 21.

> Dedyk.: Jerzemu Winnickiemu, bisk. Przemyskiemu bratu zmarłego.
> Barącz Rys dziejów zak. kazn. II. s. 80.
> Akad. — Dzików — Krasińs. — Ossol. — Uniw. lwow.

— Lilie herbowne do niebieskiey Florencyey od Park przeniesione szczęśliwey wieczności swera ogrodzone przy solenney inhumácyey Wielmożego Jegomości Pana Marcyana z Szpanowa na Nowodworze Czaplica podkomorzego generału województwá Kiiowskiego w kościele Luckim OO. Dominikánów obfitemi łez strumieniámi skropione publiczną mową Wielebnego X. Urbana Bahrynowskiego s. teologiey pierwszego professorá tegoż zakonu y konwentu przy heroicznych dżił i zasług kwitnącey koronie, oraz niezwiędniáłych cnot kándorze obiaśnione w roku pánskim 1697. dniá 25 Novembris. Od tegoż potym do druku w roku 1698 podane. W Krakowie, w drukárni Mikołaja Alexandra Schedla JKM. typografá. w 4ce, k. tyt. i 35 str. druk goeki.

> Dedykacya: Jerzemu Andrzejowi Czaplicowi, staroście krzemięczuckiemu, stolnikowi owruckiemu etc.
> Akad. — Czartor. — Jagiell. — Krasińs. — Uniw lwow.

BAIANUS Andreas, Lusitanus. Panegyricus, memoriae rerum gestarum ab illustriss. et excellentiss. DD. Joanne Zamoscio magno Cancellario regni Poloniae, et copiarum imperatore perpetuo, ejusque superstiti splendori filio tanti patris implenti vestigia illustriss. Dom. Dom. Thomae Zamoscio praefecto Knissinensi, Goniadzensi etc. scriptus, et ab Jacobo Lauro Romano dicatus. Romae apud Bartholomaeum Zannetum 1617. w 8ce.

> Dedykacya: Tom. Zamoyskiemu.
> Panegyrik ten był przedrukowany 1651 r.
> Ciampi Bibliogr. I. 16—18. — Encykl. Orgelbr. II. 701.

(Baiazethes) Praesidente illustrissimo et reverendissimo Domino D. Christino Dunin Karwicki custode Gnesnensi archidiacono Lanciciensi, canonico Sandomiriensi etc. vicemareschalco, illustrissimo domino Stanislao Valeriano de Janowice Chwalibog subdapifero palatinatus et judice castrensi Cracoviensi, polono tribunali, oblati duo orbis vastatores Bajazethes et Tamerlanes, a perillustri juventute collegii Wierzboviani Societatis Jesu Petricoviae, anno judicati in terris Dei hominis 1714 die [26 et 28] mensis Novembris. Calissii, typis Collegij Soc. Jesu. folio, 3 ark.

> Dedykowane deputatom do Trybunału koronnego (z wymienieniem nazwisk deputatów).
> Jestto programma do aktu szkolnego po łac. i po polsku.
> Trębicki Bibl. warsz. 1843. T. 12. s. 325. — Bandtke Hist. dr. Król. pols. II. 471.
> Czartor. — Jagiell.

Bajazeth ob. Uniwersał cesarza tureckiego (1621).

Baieczki Nr. 1. (Stój pióro, by kto wierszy mych nie brał na nice, albo się nieozwały na stole nożyce. Sat. Naruszewicza). W Krakowie, w drukarni Jana Maya 1797. w 8ce, str. 11.

> Na początku wierszyk do Pana Joachima....
> Bajki zaś są: Dwa zające i wąż. Zdrój i Kał.   Ossol. — Jagiell.

Bajer (Bayer) Abraham ob. Lubiecki Paw. Franc. (Apparat 1653).

BAJER Adryan. Harmonia Struvio-Grotio-Schrobeliana observationibus aucta a Joanne Schultze. Gedani, 1693. w 4ce.

Bajer Jan ob. Epigrammata (1608).

Bajer Jan Andrzej (Bair) ob. Gawiński Jan (Wenus polska 1673).

BAJER Jan Czesław († 17 Sierpnia 1670). Kazanie na pogrzebie sławney i świątobliwey p. JMPana Abrahama ze Zbączyna Zbąskiego, który dnia

18 Grudnia Panu Bogu swemu w ręce ducha oddał 1634. Przez X. Czesława Bajera Dominikana teologa y na ten czas przeora Lubelskiego w kościele Kurowskim miane, a potem do druku podane. W Lublinie, w drukarni Pawła Konrada r. p. 1635. w 4ce, kart 18.

Dedyk.: Stanisł. i Janowi Zbąskim synom nieboszczyka.
Jocher 5158.
Czartor. — Dzików — Krasińs. — Ossol.

— Congregatio Lithuaniae praedicatorum ordinis ab emin. et rev. DD. Hieronymo Verospio tit. S. Agnetis in Agone presbytero Cardinali Comprotectore (sic) praedicti ordinis 5 kalend. Junii 1643. ex speciali ordine SS. D. N. Urbani divina providentia Papae VIII. ultimum conclusa et feliciter inchoata, ad Generalissimum Capitulum a. 1644. in Urbe habendum pro sui in provinciam institutione R. P. F. Joannis Ceslai Baier, prioris Merecensis, negotii in Urbe apud ordinem et Sanctam Sedem Apostolicam procuratoris calamo, Fratrum et Conventum Lithuaniae nomine, cursim in procinctu in Urbem expedita. Merecii, 1644. w 4ce, str. 58.
Jocher 7749.

— ob. Acta (1659).

Barncz Rys dziejów II. 81. — Chodyk. I. 316. — Maciejows. Piśmien. III. 784. — Jabłonowski Jos. Musaeum polon. s. 22. („Conciones in Dominicas et aliae variae.")

BAJER Jan Nepomucen. Fluvii aurifflui et gemmiferi eruditae in pretium virtutis VIII. VV. DD. primae laureae candidatorum effusi, ac dum; in alma Universitate Cracoviensi per Clarissimum ac Excellentissimum Dominum D. M. Antonium Michalski philosophiae doctorem et professorem collegam minorem praesente magnorum hospitum coronâ, artium liberalium et philosophiae baccallaurei ritu selenni crearentur; a Joanne Nepomuceno Bajer ejusdem laureae candidato artificiô pòéticô educti. Anno Dni 1746 die 5-tâ mensis Novembris. Cracoviae, typis Universitatis, 1746. folio, kart 7.

Na odwrotnej stronie karty tytułowej miedzioryt przedstawiający Sgo Rocha (podpis rytownika Jana Surmackiego). — Dalej na-

stępuje wezwanie do tegoż świętego prozą i panegiryki do Laureatów: Kasp. Szaster, Tom. Olchawski, Ant. Komorowski, Józ. Szczechowicz, Franciszek Mąsiorski, Andrzej Gluziński, Mik. Konturkiewicz. — Bajerowi dziękuje Szaster.
Jocher 1559.
Akad. — Jagiell. — Ossol.

Bajer Joannes Ferdinandus obacz: Bayer.

Baier Ignatius Andreas notarius ob. Joachimus a Nativitate (Sideris felix 1671).

Bajer Jędrzej, biskup Chełmski († 1784) ob. Mirowski Józef Mich. (Sidus amicum 1759).

Bajer Mathias ob. Badurski Andreas (Dissertatio 1765) — Schneider (Widowisko 1735, Doskon. opisanie 1790).
Kuryer warsz. 1860. N. 314.

Bajer Theoph. Sigfried ob. Bayer T. S. (Commentarius 1722, Dissertatio 1723).

Bajerowa ob. Cieszkowski (Projekt).

BAJERSKI Adam. Z dotrzymanego indygenatu pruskiego dobro pospolite, z niedotrzymanego uszczerbek y ruina prowincyi przez indygenę pruskiego świata wywiedziona. (Pod tem orzeł pruski w drzeworycie). [Przydano:] Juris correcti terrarum Prussiae inter fratres et sorores de successione defensio 1696. w 4ce, 8 ark. (kart 32).
Akad. — Czartor. — Krasińs. — Ossol. — Zieliński.

ob. Respons indygenie (1697).

— Replika indygeny pruskiego na Respons gruby, in veritate et justitia błądzący, z obszernieyszym koło tego wywodem, każdemu, prawdę i dobro pospolite kocháiacemu, pod rozsądek podána. A. B. Anno Domini 1697. w 4ce, str. 62.
Bentk. Hist. lit. II. 227, 240. — Braun De scriptor. 1739. s. 320—4.
Akad. — Czartor. — Krasińs. — Uniw. lwow. — Kijows. — Ossol.

BAJEWSKI Filip. Choreae bini solis et lunae aulae et ecclesiae in serenis nuptiis illustrissimorum sponsorum principis Janussii Radivil archicamerarii M. D. L. et Mariae illustrissimae Jo. Basilii palatini et despotae Moldaviae filiae applaudente Collegio Mohiliano Kioviensi per Philippum Wasilewicz Bajewski ejusdem Collegii studiosum orbi praesentatae Anno 1645. folio, 13 ark. druk gocki.

Tytuł w pięknej emblematycznej rycinie na blasze rytej bezimiennie.

Przypis prozą łac. Januszowi Radziwiłłowi, Xięciu na Birżach i Dubinkach, podkomorzemu W. X. Lit., staroście Kazimierskiemu, Kamienieckiemu, Sejwenskiemu, Bystrzyckiemu i Maryi córce Jana Bazylego wojewody i deszpoty Mołdawskiego, podpisał Filip Wasilewicz Bajewski, student kollegyum Kijowskiego. — Samo powinszowanie pisane jest prozą łac. i wierszami łac., a w texcie są różne herby (w drzeworycie odbite), poczem na blasze ryty herb Radziwiłłów. — Następuje powinszowanie wierszem polskim, również ozdobione drzeworytami. Na samym końcu rycina na blasze ryta, przedstawia w drobnych portretach znakomitszych członków rodziny Radziwiłłów.

BAJEWSKI Teodozy Wasilewicz. Sancti Petri metropolitae Kijoviensis Thaumaturgi Rossiae illustriss. Dominus et rever. Pater D. Petrus Mohiła archiepiscopus metropolitanus Kijoviensis Haliciensis et Univers. Rossiae S. Sedis Apostolicae Constant. exarcha archimandrita Pieczariensis etc., patroni sui Iconismus sibi ipsi in die patronalis obitus, sua vero natalitia praesentatus ab F. Theodosio Wasilewicz Bajewski ord. S. Basili. Kijoviae, typ. Pieczariensibus, Anno Domini 1645. w 4ce, kart 22.

Dedykacya: Piotr. Mohile, którego herb na odwrocie tytułu.

Wiszn. VIII. 382.   Krasiiis. — Ossol.

— Tentoria venienti Kioviam cum novi honoris fascibus Domino Adamo de Brusiłow Sventoldicio Kisiel. Kioviae, 1646. folio (wiersz).

Petersb. publ.

— ob. Narolski Jan (1677).

BAII (de) **Michael.** Epistola Michaelis Baii regii in Sacra Theologia professoris, cancellarii et conservatoris priuilegiorū Academiae Louaniensis: De statuum inferioris Germaniae vnione cum ijs, qui praeter omnium hactenus haereticorum morem, se Desertores Romanae Catholicae religionis vocant: Et de juramento, quod eorum iussu à Clero

et Monachis exigitur. Vae filij Desertores, dicit Dominus, vt faceretis consilium, et non ex me: et ordiremini telam, et non per spiritum meum. Esaiae XXX. Cracoviae, typis Andreae Petricovii 1578. w 8ce, kart nlb. 12.

Na początku dziełka: Reverendo patri abbati Parcensi, Michael de Baij. — Na końcu: Lovanio. — Na ostatniej karcie czterowiersz: In credendi libertatem.

Jagiell.

(Bajka). Bayka Niedźwiedź, pszczoły y żołny. w 12ce, str. 13.

Warsz. Uniw.

Bajka nie bajka. W Warszawie, w drukarni Nowey J. K. Mci. Nakładem Piotra Zawadzkiego 1790. w 8ce, str. 180.

Warsz. Uniw.

Bajki czyli zabawka niepróżnujacego. Supraśl, 1780. w 8ce, str. nlb. 30. z rycinami.

Krasiiis.

— Toż. W Supraślu, 1782. w 8ce, str. nlb. 30. z rycinami.

Odnows. Bibl. 286.

(Bajki). Bayki zabawne dla rozrywki myśli nieproźnujacym do czytania, z przydaniem także ciekawych wierszy zebrane. W Łowiczu, w drukarni JO. X. prymassa 1783. w 8ce, str. 96.

Ossol.

— Toż, tamże. 1790. w 8ce, str. 95.

Bajki ob. Bajeczki — Ezop (1575) — Krasicki J. (i przypowieści 1779) — Lawrynowicz Ant. Tom. (1789) — Trąbczyński Ignacy (Bajki i przypowieści 1787).

Bajkowski Alexander ob. Popiołek Józef Jerzy (Apogaeum virtutum 1737).

Bajkowski Jan Albert ob. Jaskólski Jan Władysław (1644) — Stefanowski Cypryan (Novus Salomon 1640) — Regulus Joan. Młodujewicz (Sacrat. primitiis gratulat. 1640) — Szołdrski Andr. (Gratulationes 1636).

(Bajkowski Mik.) Summarium documentorum ex parte gener. Nicolai Elegii Baykowski contra Stanislaum Lubomirski palat. Kij. parentem (1776). folio.

Ossol.

— Zażalenie Ur. Mik. Eligiusza Baykowskiego regenta ziemskiego Czerniechowskiego przeciwko Xiążętom Lubomirskim wojewodzicom Kijowskim y innym, a w rzeczy samej przeciwko dekretowi sądu assesoryi koronnej w roku przeszłym 1775. ex feriis controversis pozwanemu. 1776. folio.

ob. Lubomirscy (Odpowiedź na pismo: Zażalenie 1776).

Baimler ob. Beimler.

Bains (Les) de terre ob. Marsigli Dr. (1775).

Bair Jan ob. Bajer.

Baka Adam skarbnik Mścisławs. ob. Baka Józef (Nabożeństwo 1844).

Baka Iwan ob. Licinius Joannes Namysłovius (Ad fratres 1597).

BAKA Józef (urodz. 18 Marca 1707 † 2 Czerwca 1780). Nabożeństwo do S. Jana Franciszka Regisa wyznawcy y missyonarza S. J. y do innych świętych w kościele Błońskim XX. Missyonarzów S. J. W. J. Panu Adamowi Bakowi, skarbnikowi Mścisławskiemu ofiarowane od X.[iędza] J.[ózefa] B.[aki] S.[ocietatis] J.[esu] Miss.[ionarza]. R. P. 1744. W Wilnie, w druk. Akad. S. J. w 8ce.

Jocher 6917.

— Wielki obrońca upadłey grzesznikow przed Bogiem sprawy abo gorliwy o zbawienie dusz ludzkich Missionarz S. Jan Franciszek Regis Soc. Jesu wyznawca pod imieniem Antoniego Borzęckiego, życie swe do naśladowania y uwagi z niego do wykonania wierpodaiący. R. P. 1755. W Wilnie, w druk. Akad. Soc. Jesu. w 4ce, 30 ark. oprócz 2 ark. na przodzie.

Dedykacya od Missyi Błońskiej do Antoniego z Kosarzowa Borzęckiego starosty Krzywosielskiego, gdzie wiadomość o familii Borzęckich. — Autor wysławia tam dobrodziejstwa Adama Baki, skarbnika Mścisławskiego.

Autorstwa X. Baki dowodzą następujące okoliczności: 1) że on był w tym czasie przełożonym missyi błońskiej (Błoń, w powiecie Ihumeńskim), imieniem którei pisana dedykacya. 2) że poprzednie dziełko (Nabożeństwo 1744) również o św. Janie Franc. Regis traktujące, pisał niewątpliwie ks. Baka. 3) że w dedykacyi tego dziełka (podobnie jak w „Nabożeństwie" z roku 1744) wysławia autor Adama Bakę.

Jocher 8387. — Kraszews. Wilno IV. s. 286. X. Polkowski — Wilno.

— Nabożeństwo codzienne chrześciańskie. w 8ce, str. 46.

Edycya dziś nie znana. Wyszedł jej przedruk przez Józ. Legowicza w Wilnie u Bazylianów z r. 1808. Są tu wierszem: Rozmyślania o śmierci czyli Popielec. — Byłyżby one podstawą do mistyfikcyi ogłoszonej w r. 1807. przez Korsaka i Borowskiego?

Jocher Obraz III. s. 117.

— Uwagi o śmierci niechybney, wszystkim pospolitey wierszem wyrażone przez Xiędza Bakę S. J. profess. poetyki, a sumptem JMP. Xawerego Stefaniego obywatela miasta J. K. M. Wileńsk. do druku na pożytek duchowny podane w r. 1766. Wilno, 1766.

Na końcu dzieła Imprimatur: Carolus Karp J. U. D. Canon. Cathedr. et Off. Vilnensis m. p. — Egzemplarza pierwotnego nikt nie opisał, a może i nie widział, znanem jest tylko podrobienie Wileńskie z roku 1807. — Baka nie znany w oryginale, plącze się niewiedzieć czemu po historyach literatury naszej, bo ani osnową wiersza zasługuje na to, ani autentycznoć wiersza dowiedziona. Mniemany przedruk z r. 1807. czy nim jest, i czy wierny? Po rejestrze dolepiono kartkę Imprimatur: C. Karp J. U. D. C. C. et O. V. m. p. — Całe to dolepienie podejrzanej natury, zwłaszcza, że po drugiej stronie tej kartki było wydrukowane toż samo co w tytule: Sumptem JM. C. P. .... przedrukowane. Widno, że fabrykancyi edycyi z r. 1807. nie zdecydowali się byli zrazu, co umieścić na końcu. Początkowo nie było zamierzonem podać: Imprimatur. Ja powątpiewam czy istotnie Baka napisał poema w tej formie — czy nawet istniała na prawdę edycya z r. 1766. i czy przedruk jest wierny? Już Bentkowski wskazał, że dedykacyą do Dubińskiego pisał Borowski, resztę dorabiała może współka. — Jakoż Juszyński w Dykcyonarzu poetów, nie wymienia Baki, snadź miał do tego jakieś powody. — Należałoby rozświecić wątpliwość przez porównanie istotnych wierszy X. Baki w broszurach: Pienia święte i rytmy pobożne z rozmaitych pisarzów. Wilno, u Bazylianów 1801. str. 184. i Magazyn duchowny ku zasilaniu duszy. Poczajów, u Bazylianów 1810. w 8ce, str. 105. (Tu od str. 59 wiersze X: Baki o śmierci wydane r. 1805?). Obu dwóch tych broszur nie znam.

Encykl. Orgelbr. III. 33. II. 712—713. — Brown Bibliot. 108. — Encykl. kość. I. 590. — Kraszewski Wędrówki 1839. str. 33—47. — Bentkows. I. 488. — Kuryer litews. 1762. d. 5 Lut. — Księga świata I. s. 63—5, r. 1851. (p. Bartoszewicza). — Balińs. Akad. s. 209.

BAKAŁOWICZ Jan major. Czynności woienne przez Jana Bakałowicza ingeniera J. K. Mći y geometre przysięgłego. W Warszawie, w drukarni korpusu katedów Mitzlerowskiey. 1771. w 8ce, kart 4, str. 242.

Dedyk. Stanisł. Augustowi. Mówi tam, że król łożył na jego edukacyą. Jest tu opisana (str. 103—109), przygoda Maurycego Xcia Saskiego z r. 1705. z konfederatami. Żebraws. Bibliogr. 425—426. — Chłędows. Spis 147.
Akad. — Czartor. — Jagiell. — Ossol. — Uniw. lwow. — Zielińs. — Krasiús.

— Essai sur la fortification ou application de la fortification au terrein (sic). Dedié au Roi par M. Bakałowicz géometre juré et capitaine ingenieur au service de Sa Majesté le Roi de Pologne. A Varsovie, chez Jean Auguste Poser libraire. 1769. w 8ce, kart 5, str. 249.

Dedyk. Stan. August.
Czartor. — Jagiell. — Dzików — Krasiús. — Ossol.

— Traité sur le nivellement par Mr. Bakałowicz ingénieur du roy. Varsovie, 1773. w 8ce, str. 62 i 1 tablica figur.

Katal. Pijars.

— Zdanie o pożytku y potrzebie fortec w Królestwie polskim i państwach iego przez Jana Bakałowicza maiora w woysku koron. inżiniera J. K. M. W Warszawie znayduie się u Jana Posera bibliopoli J. K. M. 1777. w 8ce, kart nlb. 4, str. 164. w końcu spisu rzeczy 2 karty.

W katalogu pism Bakałowicza znajdujących się u Posera dołączonym do tej książki, wymieniono nadto: Manuel de l'attaque et de defense des places. — Bakałowicz w r. 1764 i 65 był w liczbie uczących się prawa cywil. w Akademii krak.
Akad. — Chreptow. — Dzików — Krasiús.

— ob. Dowód (1776).

BAKCIUS Piotr Jakób. Żywot świętego Filipa Neriusa z Florencyi: Congregationis oratorii fundatora, włoskim y łacińskim, przez W. Piotra Jakóba Bakciusa z Arettu, teyże kongregacye kapłana napisany, a polskim darowany

językiem przez Wielmożnego Jego Mości P. Adama z Konarzewa Konarzewskiego, w roku pańskim 1668. od Oÿców Congregationis oratorii świeteÿ gory Gostynskiey podanÿ do druku. W Lesznie, Michàlowi Buk 1683. w 4ce, str. 464 i rejestru str. 28. z ryciną.

Jocher 8372.
Czartor. — Jagiel. — Ossol. — Warsz. Uniw. — Uniw. lwow.

BAKER Jerzy. Opisanie epidemicznych katarów panuiących w Londynie r. 1762. przez Jędrzeia [Jerzego] Bakera, doktora nadwornego królowej angielskiej, teraz z łacińskiego języka przez Jana Wilhelma Mellera medycyny doktora dworu i konsyliarza nadwornego króla polskiego przetłumaczone. W Warszawie, 1789. w 8ce, str. 16.

Warsz. Uniw. — Kijows.

Baker Jodocus ob. Backer.

Bakon Fr. ob. Bacon.

Bakowiecki Benedykt Mokosia Archimandryta ob. Stefanowski Cypryan (Zgromadzonych wód pochwała 1655).

Bakowiecki Józef, biskup ob. Rudomicz Bazyli (Genealogia domus 1648) — Stefanowski Cypryan (Zgromadzonych wód pochwała 1655).

Bąkowska Anna Konstancya z Denhoffów, wojew. ob. Denhoffia Constantia — Elert Franc. (Wety z drzewa 1676) — Weber Mich. (Pompa nuptial. b. r.).

Bąkowska Elżbieta podkom. Chełm. obacz: Sałecki Andrzej (Łzy Minerwy 1662).

BĄKOWSKI Franciszek Józef. Conceptus ad Verbum Dei Mariae Conceptio in publico scholarū Rgni oratorio sub titulo et confraternitate ejusdem immaculatae conceptionis erecto a Francisco Josepho de Zaborow Bąkowski pocillatorida Ciechanoviensi auditore dialectices in nobilissima hospitum et iuventutis academicae coronâ demonstratus. Anno Domini 1721. die 8 Decembris. Cracoviae, typis Iacobi Matyaskiewicz S. R. M. typographi. folio, 3 ark.

Na odwrotnej stronie tytułu herb Srzeniawa, pod nim 6 wierszy łac. — Przypis prozą

Dominikowi Lochmanowi ob. pr. D., kanonikowi katedr. i infułatowi krak. — Dalej: mowa mianna w uroczystość Niepokalanego poczęcia N. P. Maryi.

Krasińs. — Czartor. — Dzików — Jagiell. — Zamojs.

BĄKOWSKI Jan Jacek wojewodzic Pomorski. Brevis expositio actionis sub Chotimo toto orbe celebratissimae, declamatione publica ipso die D. Joannis Evang. 1674 in Coll. Gedanensi S. J. celebrata p. Joa. Hyac. Bąkowski palatinidem Pomer. ibid. eloq. studiosum. Olivae, mandata typis incipiente 1675 Anno. w 4ce, ark. C₃.

Dedyk. Jacobo principi Poloniae.

Hoppius Schedias. s. 60. — Trębicki Bibl. warsz. 1843. T. 12. s. 323.

Bąkowski Joannes Ignatius ob. Weber Michał (Pompa nuptialis).

BĄKOWSKI Jan Nepom. (ur. 25 Maja 1742). Kazania na różne święta y po różnych mieyscach przez X. Jana Nepomucena Bąkowskiego w Tow. Jezus. miane. Tomik I. i II. W Kaliszu, w drukarni J. K. M. i Rzpltej r. p. 1780. w 8ce, Tom I. str. 249, Tom II. kart nlb. 4, str. 309 i regestra.

Jocher 4551. — Bentk. II. 583. — Brown Bibl. 113.   Wileńs.

Bakowski Józef ob. Pilszewski Alex. Franc. (1721).

Bakowski Maciey ob. Firley Henr. (Leopardus 1624).

BĄKOWSKI Stan. Mich. Expeditio romana B. Stanislai Kostka allegorica panegyri adumbrata et sacro coetui sodalium Deiparae Virginis sub titulo Annunciatae et Immaculate Conceptae a perill. et magnif. D. D. Stanislao Michaele Bąkowski palatin. Pomeraniae, auditore eloq. oblata, dicta ab eodem in Parthenio oratorio Hosiani collegii Brunsberg. Soc. Jesu Anno salut. 1669 28 Septemb. Typis Henr. Schultz (1669). w 4ce, kart 7.

Jocher 5309.

Bąkowski X. Reformat ob. Bzonowski X. Dominik (Majestat 1723).

BAKSCHAY (Abrahami) Shemnicensis, Pannonii, secretarii illustrissimi Domini D: Alberti à Lasko palatini Syradiensis etc. Chronologia, de regibus Hungaricis, prius nunquam edita. Cracoviae, in officina Matthaei Siebeneicheri MDLXVII (1567). w 4ce, k. nlb. 34. druk kursywa.

Na odwr. tyt. herb Łaskiego. Są tu wiersze Jana z Świdnicy, Andr. Trzecieskiego, Ad. Schrotera.

Dedykacya do Alberta Łaskiego dat. in arce Cels. tuae Ostrog in Volynia. Na kar. sig. H₃ jest dodatek: Ill. dni Alberti a Lasco palatini Siradiensis etc. exhortatio ad milites in expeditione Moldauica cum Jacobum Basilicum despotam in regnum introduceret. Anno 1561.

Wiszniews. VIII. 74. i Juszyńs. II. 222—3. mają mylnie rok 1547. — Bandtke Hist. dr. krak. 351.

Czartor. — Jagiell. — Ossol. — Pawlikowski.

Bakster (Baxter) Glicery Józef ad S. Bernardum, Pijar (ur. w Łowiczu 9 Kwiet. 1729 † w Mikulińcach 1 Sierp. 1799). ob. Callières (Prawdz. polityka 1752, 1788) — Horatius — Montesquieu (Uwagi nad przyczynami 1762) — Wolter (Alzyra 1778).

Juszyński I. 16. — Bielski Vitae 116. — Bentk. II. 790. — Łukaszewicz L. Piśm. 60. — Encykl. Orgelbr. II. 1053. — Horanyi Script. II. 128. — Jocher 820.

Bakus (Baka?) Stanisl. et Mathias ob. Statorius Petrus (Emanuel 1561).

Bakyth Paulus ob. Ecchius Valent.

Bal Joannes ob. Biczanowski Stan. (Utraque cives decernantes 1660).

Bal Michael ob. Biczanowski Stan. (Utraque cives 1660).

BAL Stefan, herbu Gozdawa [nowowierca i Aryanin, pisarz śpiewów pobożnych ułożonych z pisma świętego].

Siarcz. Obraz I. str. 15. — Wiszn. Hist. lit. pol. VI. str. 4. — Sandius Bibl. antitrinitariorum str. 90.

Bałaban Alexander ob. Jan Złotousty (1614).

Bałaban Daniel. Epigramma.

Juszyńs. Dykc. I. — Okolski Orbis Polon. I. 339. — Zubrzycki Kronika Lwowa 1848. s. 172.

— obacz: Berynda Paweł (Lexicon 1627).

Bałaban Dymitr ob. Berynda Paweł (1627).

BAŁABAN Gedeon († 1607). Ewanhelie uczitelnoje na wsiaku nedeliu i na

43

hospodskija prazdniki naroczitych swiatych, izbranno ot swiatoho Ewanhelia swiatiejszym Kalistom. Kryłow, 1606. folio. ob. Ewanhelie.

Jocher 4407. — Engel Ukrain. Gesch. — Łukasz. Wyzn. helwec. I. 74, 80, 124. — Zubrzycki Kronika s. 190—1. — Wiszn. VII. 433. — Encykl. Orgelbr. II. 776—8. XXII. 538. — Akta Ros. Zach. Kijow. IV. 43.

BAŁABAN Jerzy, starościc Wiski. Illustri Joanni Żółkiewski in patriam redeunti gratulatio laetitiae et perpetuae observantiae ergo dicata. Cracov., M. Andreovien. 1622. w 4ce.

— ob. Janidlovius Jacobus (Threnodia 1620).

Juszyńs. Dykc. I. 12.

Bałaban Teodor obacz: Liturgia (1604).

Bałabanówka ob. Worcell S.

Bałamut modny, komedya w pięciu aktach. Warszawa, w drukarni P. Dufour 1779. w 8ce, str. 124.

Jagiell. — Warsz. Uniw. — Zielińs.

Bałamut kobiet, opera we 3-ch aktach z włoskiego tłumaczona, z muzyką Baltazara Gallupi, na teatrze warszawskim przez aktorów narodowych J. K. Mci reprezentowana. W Warszawie, u P. Dufour 1783. w 8ce, str. 104.

Zielińs. — Akad. — Czartor.

BALARSKI Melchior. Elegia in obitum Sebastiani Montelupi. Wiceburgi, typ. Georg. Fleischmanni 1600. w 4ce.

BALASSA Bálint. Betegh Lelkeknek valo fwues kertecẏke meliben sok fele io szagu, es egesseges fwuek talaltatnak, melẏ fwuek altal az lelkek mindennemö beteghsegekben, fogiatkozaksokban meg eleuenedhetnek es megh Vẏulhatnak: E-hez foglaltatot egẏ szep tudomanẏ: Tudni illik mikeppen kellien embernek magat biztatni, az niomorusagnak wldeözesnek es kennak idcieben. Mellyet Giarmathẏ Balassẏ Balint forditot Nemetböl Magiarra az ö szerelmes szwleẏnek haborwsagokban valo vigaztalasara. Bock Mihaly altal zereztetett Nemeteöl. [Na końcu:] Cracoban Nẏomtattatott Kiraly eö Felsege Nyomtatoẏa Wirz-

bieth Mathias altal. 1572 esztendeöben. w 12ce, ark. sign. a—H₆. (k. nlb. 90.

Szabó K., Régi Magyar Könyvtár. I. s. 47.

Balassi Andreas ob. Bielski Joach. Wolski (In obitum 1577).

BAŁAZY Wojciech. Narratio epistolica Alberti Bałazy philosophiae in Leopoliensi Societatis Jesv collegio auditoris. Ad Adum rdum patrem P. Joannem Argentum Societatis Jesu nuperrimė in Polonia praepositum provincialem, nunc in Austria visitatorem, in qua referuntur feriae post acceptum de SS. Ignatio et Xaverio in Diuos cooptatis nuncium institutae Leopoli nobilissima totius Russiae Polonicae urbe. Anno Domini 1622. Jaroslaviae, apud Joannem Szeligam. w 4ce, ark. C₄. (kart 11).

List ten datowany na końcu: Leopoli, pridie nonas Augusti 1622.

Jocher 8947. — Wiszniewski VIII. 176, 232. Załuski Collect. leg. str. 60.

Krasińs. — Jagiell. — Ossol.

(Bałazy Wojciech). Corolla juris utriusque qua admodum reverendus et clarissimus Dominus Albertus Bałazy praepositus Uchanensis in inclyta Academia Zamoscensi per illustrem et admodum reverendum Dominum Benedictum Żelechowski U. J. D. Canonicum Zamosc., Acad. procancellarium exornabatur confluente publica virorum illustrium panegyri faustissimis nobilis juventutis academicae plausibus humanissime excepta. Anno erae Christinae 1644 Martii 10. In officina typographica Acad. Zamoscensis. w 4ce, sign. B.

Na odwr. str. tytułu ustęp z mowy w czasie rocznicy pogrzebu Jana Zamojskiego, mianej przez Burskiego. Na końcu pegaz i pod nim 2 wiersze łac.

Balbierzyska ob. Wiśniowiecki Mich. (Manifest 1734).

BALBINUS Bohuslaus Societ. Jesu (urodz. 1621 † 29 Listopada 1688). Diva Wartensis seu origines et miracula magnae Dei hominumque matris Mariae, quae a tot retro saeculis Wartae, in limitibus Silesiae, comitatusque Glacensis, magna populorum frequentia colitur, clarissima miraculis; libris duobus comprehensa et nunc primum in lucem edita, impensis reverendissimi et amplissimi Domini D. Simonis abbatis Camenecensis. Anthore.... e Soc. Jesu. Cum facultate superiorum. Pragae, formis Caesareo Academicis, cum privilegio Sac. Caes. Majest. Prostant apud Nicolaum Hosing bibliopolam ibidem MDCLV (1655). w 4ce, str. 304 i k. nlb. 4. [1-sza kartka tytułowa sztychowana].

Dedyk. Simoni monast. Camenecensis Cister. abbati. Czartor.

— Diva Wartensis, oder Ursprung und Mirackel der grossmächtigsten Gottes, und der Menschen Mutter Mariae, welche von so viel Hundert Jahren hero zu der Warten in den Gräntzen dess Landes Schlesien, und der Grafschaft Glatz mit unzehlbargrossen Wahlfarten verehrt wirdt, und hoch mit Wunderwercken leuchtet. In zwey Bücher getheilet und verstrichenes 1655 Jahr, auff Verlag Ihro Hochw: und Gn: Herrn Praelatus zu Camentz an das Liecht gegeben von P. Bohuslao Aloysio Balbino der Societät Jesu Priestern. Nunmehro aber zu grosserer Ehre Gottes und seiner glorwürdigsten Gebährerin, auff christliches Verlangen eigentlich in allem und jedem, auss der Lateinischen in die Teutsche Sprach gebracht an vielen Orthen gebessert, und eben Ihro Hochw: und Gn: zu Camentz widermahl zugeschrieben von Ferdinandt Augustin Tannern, von Lewenthal beyder Rechten Doctore, Notar: Pub: Caes: p. t. dess Hertzogthumb Mönsterberg- und Franckensteinischen Weichbildes fürstlichen Auerspergischen Ambts Secretario. Cum licentia superiorum. Pragae, typis Universitatis Carolo Ferdinandeae in Colleg. Soc: Jesu ad S. Clementem. Anno MDCLVII (1657). w 4ce, sign. A₂—Z₃, OC oc—Tt₃.

Wrocł. miejska.

— Vita ven. patris Nicolai Lancicii e Soc. Jesu compendiosius scripta, primum a reverendo P. Casimiro Wijuk Koiałowicz S. J. SS. Th. D. nunc vero curis secundis revisa, denuo conscripta et claritatis gratiae certis capi-

tibus divisa ac plus quam dimidia parte aucta. Obacz: Kojałowicz Kaz. (Vita 1690).

Bandtke Histor. drukarń III. 179—171. — Siarczyński Obraz I. s. 296. — Encykl. Orgelbr. II. 732. — Jocher 8680.

— obacz: Jabłonowski Józef Alex. (1761).

BALBITZKI Mathias. Extract eines Schreibens, dass der Schwed. Abgesandte, Herr Matthias Balbitzki, dem Gross-Cantzler des Königreiches Pohlen übergeben. Bez wyr. m. 1665. w 4ce, ¹/₂ ark. Warsz. Uniw.

BALBUS Hieronym, Dominikan († 1535). Hymnus in coronatione Bonae Aragoniae Sfortiae Reginae Poloniae.

— ob. Decius Jodocus Ludovicus (1518).

Janociana III. 10. — Tomiciana (Górski). — Decius (Dycz) Diarium nuptiale Sig. I. epist. ad Pet. Tomicki. — Ciampi Bibliogr. crit. I. 18. — Encykl. Orgelbr. II. 731.

Balc. Franc. Vilnen. sztycharz ob. Balcewicz.

Balcerkowski Kazimierz ob. Piskorski Seb. (Sacratissima majestas 1698) — Tomaszewski Albert (Annulus desponsati honoris 1698).

Balcewicz Franciszek, sztycharz ob. Skarga Piotr (Żywotów świętych 1747) — Szymah G. (Żywot 1752).

Baldacius Manfidus, Pupiensis ob. Hyacinthus Basilius (Panegyricus 1580).

BALDE Jakób S. J. (1603 † 9 Sierp. 1688). Poema de vanitate mundi [tytuł w miedziorycie]. (Na końcu:) Monachii, formis Cornelii Leysserii, electoralis typographi. Anno 1638. w 12ce, kart nlb. 12, str. 208 i kart nlb. 10.

Dedyk. Sigis. comiti a Dönhoff palatinidae Siradiensi. Wspomina tutaj o studyach w Ingolstadzie i o oratorstwie Dönhoffa w Krakowie, mówiąc dalej: Orationem de laudibus Virginis Mariae scripsisti. — (Wiersze łac. i niem.). Jagiell.

— Sen żywota ludzkiego wierszem łacińskim przez W. O. Jakvba Balde Societ. Jesv napisany: a przez Jana Libickiego sekretarzá J. K. M. rhytmámi polskiemi wyrażony. W Krakowie, w drukárni Fránciszká Cezarego, Roku

P. 1647. w 4ce, str. 16. (wierszem ośmiozgłoskowym, sto strof).

Dedyk. Gryzeldzie z Zamościa Wiśniowieckiey wojew. ruskiey.

Czartor. — Branie. — Jagiell. — Krasińs. — Ossol. — Warsz. Uniw. ˙

— Toż. W Krakowie, Schedel, 1677. w 12ce.

Załuski Bibl. poet. 1.   Chreptow.

— Somnium vitae humanae etc. Sen żywota ludzkiego wierszem łacińskim przcz W. O. Jakuba Balde Soc. Jesu, od jednego z tegoż zakonu rytmami polskiemi wyrażony. Kraków, Łukasz Kupisz. B. w. r. w 24ce, k. nlb. 37.

Wiersz łaciński z tłumaczeniem polskiem. Załuski Bibl. str. 1. mniema, że tłumaczem był Kasper Drużbicki, nie zaś Atan. Kiersnicki lub Dominik Rudnicki.

— Toż.... przcz W. O. Jak. Balde S. J. od iednego z tegoż zakonu rytmami polskiemi wyrażony. W Poznaniu, w drukarni Coll. Soc. Jesu r. p. 1682. w 12ce.   Warsz. Uniw.

— Somnium vitae humanae carmine latino per R. P. Jacobum Balde Soc. Jesu a quodam ex eadem Societate rhytmis polonicis expressum. Posnaniae, typis Collegii Societatis Jesu. Anno Domini 1689. — Sen żywota ludzkiego wierszem łacińskim przcz W. O. Jakuba Balde, Soc. Jesu od jednego z tegoż zakonu rhytmami polskiemi wyrażony. W Poznaniu, w drukarni Coll. Societ. Jesu r. p. 1689. w 12ce, kart 53.

Ossol. — Dzików.

— Sen żywota ludzkiego wierszem łacińskim przcz W. O. Jakuba Balde Soc. Jesu od jednego z tegoż zakonu rytmami polskiemi wyrażony. W Lublinie, w drukarni Colleg. Societ. Jesu 1691. w 12ce.   Warsz. Uniw.

— Toż. W Warszawie, w drukarni J. K. M. Scholarum Piarum r. 1697. w 8ce, kart nlb. 26.

Warsz. Uniw.

— Somnium vitae humanae, carmine latino per Jacobum Balde Soc. Jesu, a quodam ex eadem Societate rhytmis polonicis expressum, reimpressum vero Vilnae, 1732. — Sen żywota ludzkiego wierszem łacińskim przcz Jakuba Balde Societ. Jesu, od jednego

z tegoż zakonu rytmami polskiemi wyrażony, przedrukowany w Wilnie 1732. w 12ce, kart 48.

W katal. Bibl. Kijowskiej (2883). tłumaczem mianowany Zyg. Brudecki. — Ob. niżej: Rymy (1781˙.

Brown str. 487.   Ossol. — Kijows.

— Toż. Wilno, druk. Societ. Jesu, 1739. w 12ce.

Kraszewski: Wilno, przyznaje (mylnie) ten przekład Kiersnickiemu.

— Rymy miłej y przystoyney zabawie oraz zbudowaniu służące w jedno zebrane y przedrukowane za pozwoleniem zwierzchności kościelney. Edycya piata. W Wilnie, w drukarni królewskiey przy Akademii, Roku pańskiego 1781. w 8ce, k. tyt. i str. 186.

Zawiera:

1). Sen żywota ludzkiego wierszem łacińskim przcz X. Balde Societ. Jesu polskim zaś od X. Brudeckiego tegoż zgromadzenia kapłana wyrażony, str. 1—130.

2). O złączeniu się słowa przedwiecznego z naturą ludzką. Wiersz od X. Hieronima Drexeliusza po łacinie napisany, a na polskie przełożony od X. Piotra Puzyny obu kapłanów Tow. Jezusowego, od str. 131—166.

3). Słodkie pieszczoty z niemowlęciem Jezusem przy żłobie z rytmów tegoż X. Drexeliusza Soc. J. wybrane y na polskie przełożone, od str. 169—186.   Ossol. — Czartor.

Balde Mathias ob. Tobolski Adam (Ecclnga nuptialis 1588).

Baldi Lazzaro ob. Dondinus Guil. (1650).

Baldinoti Cesar ob. Elmi Giuseppe (Copia 1673).

Baldratus Jos. Mar. ob. Miske Lud. (1725).

BALDVINUS Franciscus (Balduin — Baudoin) (ur. 1520 † 23 Paźd. 1573). Franc. Baldvini J. C. Ad Academiam Cracoviensem dispvtatio, de quaestione olim agitata in auditorio Papiniani. Parisiis, ex officina Petri l'Huillier, via Jacobea sub signo Olivae 1573. Cum privilegio. w 4ce, str. 7 i k. liczb. 16.

Przypis: Philippo Huraldo Chevernio, cancellario regis Poloniae, ducis Andium. — W tej dedykacyi do kanclerza króla (nowo obranego) Henryka wspomina w orszaku posłów polskich dwóch uczonych: Jacobum Panetouium (Pongtowski) et Franciscum Maslovium.
Po dedykacyi idzie Extraict du Privilege du Roi, dany Piotrowi L'Huillier na drukowanie dzieł: Caroli Carsi: Oratio ad legatos Polonorum. La Harengne du messire Charles de Cars. — L'Histoire des roys et princes qui ont dominé en Poloigne. — Oratio Balduini.
Wierzbowski Bibliogr. II. N. 1474.
Czartor. — Jagiell. — Kórnic. — Raczyńs.

— De legatione polonica oratio Fran. Baldvini J. C. ad Cl. V. Jo. Sarium Zamoscium legatum polonum [pod tem drzeworyt: drzewo oliwne z dewizą: Oliva in fructifera domo Dli (sic, zam. Dei) Psal. 51. i u dołu znak drukarza]. Lvtetiae, ex officina Petri l'Huillier, via Jacobaea sub signo Oliuae 1573. Cum privilegio Regis. w 4ce, kart liczb. 30.
Ciampi ma datę 1574 r. — Wierzbowski II. 1473.
Akad. — Czarnec. — Czartor. — Jagiell. — Raczyńs. — Kórniek. — Przeździec. — Ossol. — Uniw. lwow.

— ob. Herburt Jan (Histoire de roys 1573).
Czasop. Bibliot. Ossol. 1830. I. 3—14. — Wiszn. VIII. 56, 118. — Jöcher i Adelung Gelehr. Lexicon I. 735. — Ciampi Bibliogr. I. 18. — Placcius Theatr. animorum 594. — Hoppe.

BALDUIN Fryderyk (ur. w Dreznie 1575 † 1627). Refutatio Catechismi Ariani, qui Rackoviae A. 1608. excusus et Apostolicae Confessioni de persona et officio Jesu Christi oppositus est. Wittebergae, 1620. w 8ce.
Jocher 3329.

— Ausführliche und gründliche Wiederlegung des deutschen Arianischen Catechismi, welcher zu Rackaw in Polen anno 1608. gedruckt und der uhralten algemeinen Apostolischen Bekenntnuss der Christlichen Kirchen von Jesu Christi Person und Ampt entgegengesetzet ist. Aus einiger Heiliger Göttlicher Schrifft genommen unnd zu Rettung der Ehr Jesu Christi, und unsers Christlichen Bekenntnus von ihm gestellet unnd in druck verfertiget durch die Theologische facultet zu Wittenberg. Mit dreyerley Register 1. der Capitel 2. der erklerten Sprüch 3. und der denckwürdigsten Sachen. Wittenberg, gedruckt bey Johann Matthaeo in verlegung Paul Helwigs Buchh. Anno 1619. w 8ce, kart nlb. 20, str. 622 i k. nlb. 16.
Katalog ksiąg. ma datę 1618.

— Toż.... Anno 1620. w 8ce, kart 20, str. 622, k. 16 (rejestr).
Przedmowa datowana: Wittenberg den 30 Decembr. Anno Christi 1618. Podpisani pod nią: Decanus, senior unnd andere der H. Schrift Doctores unnd Professores in der Universitet zu Wittenberg.
Warsz. Uniw. — Jagiell.

BALDUINUS Georgius. Epistola ad incomparabilem mathematicum Dn. Johannem Hevelium Reipubl. Gedanensis consulem de eiusdem machina coelesti maxime vero de proteo suo hyperbolico novo aliisque speculis praegrandibus chalybaeis paratis. Ratisbonae, typis Augusti Hanckwitz anno MDCLXXIX (1679). w 4ce, kart 10.
Żebrawski Bibliogr. 988.
Warsz. Uniw.

Baldwinus ob. Laurus (1685).

BALEMANN Anton. Exercitatio theologica de peccatis post mortem commissis per.... Gedani, typis Joan. Zach. Stollii 1708. w 4ce, str. 53.
Czartor.

Balet w osobie Oresta, karę bogów na ludźi sprowadzona za nieuszanowanie świątnic, y oraz pewną obronę w niebespieczeństwie żyćia garnącym sie do nich, wyrażający, w sali akademii Wileńskiey Societatis Jesu, roku 1754. miesiąca Augusta dnia... Argument. w 4ce, kart 3.
Osnowa baletu przeplatana wierszami.
Jagiell.

— wieśniacki na theatrum JW. JM. Pana Antoniego hrabi Tyzenhauza pod skarbiego nadwornego W. X. Lit. orderów Orła białego i S. Stanisława kawalera w Grodnie r. 1778. miesiąca Augusta produkowany.
Na odwr. str. tyt. spis baletników, baletniczek i figurantek. — Na końcu jest drugi

balet piekarski, w których główną rolę
ma Kajetan Pettineti nauczyciel i twórca
baletu.
Trębicki w Bibl. warsz. 1843. IV. 354.

Ballet wiek ludzki w czterech częściach zamknięty wiosną młody, latem
srzedni, jesienią podeszły, zimą szędźi-
wy wiek wyrażający. [Na końcu:] Spie
wany w Wilnie na sali puliczney Societatis Jesu 1761. Bez m. i r. dr. w
4ce, kart nlb. 2.   Jagiell.

— ob. Cleopatre (1789) — Lutnia
(1685) — Riccardi Dominik (Kapitan
1789) — Saunier (Le temple 1766).

Balewicz Antoni ob. Plenck Jakób
(1790).

Balewicz Matthaeus ob. Franciscus
Salesius (1777).

Balewiczowa Ludowica Marya ob.
Ryszkiewicz Maciej.

BALFFY Tomasz X. od Św. Piotra,
Pijar (ur. w Trenczynie 1690 † w Warszawie 1729). Corona gemmis augusti
sanguinis auro meritorum in patria et
ecclesia pretiosa ante thronum gentilitii
Agni illustrissimi et reverendissimi Domini D. Joannis Felicis in Szaniawy
Szaniawski Dei et Apostolicae Sedis
gratia episcopi Chełmensis in ascensu
ad pontificale solium a devotissimis magno nomini dioecesanis collegijs Scholarum Piarum Chełmensi et Varecensi
posita Anno coronantis nos in misericordia Agni 1725. Cracoviae, typis Jacobi Matyaszkiewicz S. R. M. typographi. folio, 10 ark.

Autorem jest Tomasz a S. Petro et Paulo,
pijar. — Na odwr. str. tyt. herb Szaniawskich, pod nim 2 serye epigrammatów.
Przypis sam wierszem — zaś panegiryk
prozą.   Ossol. — Krasiń.

— Dom nieśmiertelney sławy, przy
wspaniałym Radziwiłłowskiego Orła
gniazdzie, pracowitym w oyczyźnie
Bełchackich toporem wybudowany, do
długoletniego mieszkania J. O. Rzymsk.
państ. Xiążęciu JMci Marcinowi Mikołajowi Radziwiłłowi Xiążęciu na Nieświeżu y Ołyce, hrabi na Mirze y
Szydłowcu, krayczemu W. X. Lit.
Grabowskiemu, Pokrzywnickiemu itd.
staroście y JW. JM. Pani Alexandrze
Bełchackicy kasztel. Bieckiej przy zam-

knięciu dożywotniej przyjaźni przysługą
sprzyjającego Apollina Collegium Warszaws. Schol. Piarum otwarty. Roku
Xiążęcia pokoju w domu natury ludzkiej goszczącego 1728. W Warszawie,
w druk. J. K. M. Schol. Piar. 1728.
folio, ark. E₂.   Ossol. — Kijows.

— Olympus altissimae Radivilianae
stirpis gloriae ac augustiss. summorum
nominum culminibus eminens pro domestico nido grandi magnarum alarum
aquile celsiss. illustr. ac excellentiss.
S. R. J. principis Martini Nicolai Radziwiłł ducis in Nieswiez et Ołyka,
comitis in Mir et Szydłowiec incisoris
M. D. Lith. Graboviensis etc. capitanei ac illustriss. dominae D. Alexan-
drae Bełchacka castell. Biecensis, prope solem honoris ad splendidas Hy-
maenei faces inter publicos plausus et
votiva homagia Colleg. Varsav. Schol.
Piar. patens. Anno quo princeps Regum de Culmine caeli descendit 1728.
Varsaviae, typ. S. R. M. Schol. Piar.
1728. folio, kart 16.   Ossol.

— Prodigium orbis Poloniae arden-
tissimo divini honoris zelo, ecclesiasti-
cae immunitatis conservatione, alt. judiciis consiliis, pacificatione, totius Reipublicae apud exteros principes aesti-
matione, immensa meritorum amplitudine, magnum, celsissimus princeps Constantinus Felicianus in Szaniawy Szaniawski, episcopus Cracoviensis Dux
Severiae, penes fortunatiss. ingressum,
ad cathed. Cracov. submissisimo calamo a dioecesanis Suae Celsitudinis Coll.
Cracov. nec non Podoliensi, Radomiensi,
et Lucoviensi Schol. Piar. protector co-
lendissim. provinciae Polonae et Li-
thuanae adoratus. Anno prodigij pro-
digiorum Dei hominis 1721. 4° Maji.
Cracoviae, typ. Joan. Domański S. R.
M. typogr. A. 1721. folio, kart 17.
                     Dzików — Ossol.

— Thesaurus divinarum et humanarum scientiarum D. Thomas de Aquino angelicus ecclesiae doctor, in Varsaviensi Sacri Ordinis praedicatorum
basilica ipsa suo nomini sacra die 7
Martii ab exedris declaratus et decla-

matus. Sub auspiciis perillustris et rūdi Dñi Nicolai Zachniewicz canonici Varsaviensis, ad S. Mariam praepositi etc. luci publicae consecratus per P. Thomam a SS. Petro et Paulo Scholarum Piarum Anno D. 1719. cum licentia Superiorum. Varsaviae, typis S. R. M. Scholarum Piarum. folio, 6 ark.

Przypisał wierszem łac. X. Zachniewiczowi autor. Sama mowa prozą wypowiedziana.
Akad.
Horanyi Scriptor. I. 119. — Bielski Vitae 43.

Balfor Maciej ob. Madterni D. F. (Obeliscus honoris 1673).

Juszyński Dykc. I. str. 11.

Balicka Agnieszka ob. Krzesławski Stanisław (1675).

Balicka Kunegunda ob. Krzesławski Stanisław (Epithalamium 1675).

BALICKI Franciszek Klemens. Cornucopiae sanguinis, virtutis et honoris autumnalium fructuum abundantiâ plenissimum in felicissimo ad peraugustam Cathedram Cracoviensem ingressu Illustrissimo et Reverendissimo principi ac Domino D. Joanni de Małachowice Małachowski Dei et Apostolicae Sedis gratiâ Episcopo Cracoviensi, Duci Severiae, almae Universitatis Cracoviensis Cancellario faventissimo, Domino Domino clementissimo e voto publicae laetitiae et auspicatissimi ominis ergò a M. Francisco Clemente Balicki in eadem alma Universitate Cracoviensi philosophiae doctore et professore clientûm humillimo ad perenne debiti honoris tributum calamo elogiastico consecratum. Anno felicis per fructum benedictum orbi natae salutis 1681 mensis Septmeb. (sic) die 27. Cracoviae, typis Universitatis. folio, 6 arkuszy.

Na odwr. str. tytułu herb Nałęcz na blasze robiony, pod nim 6 wierszy łac. — Podpis sztycharza jest W. K. — Panegiryk sam stylem nakamiennym napisany dla Jana Małachowskiego, kiedy tenże wjeżdżał po raz pierwszy na biskupstwo krakowskie, z biskupa Chełmińskiego zostawszy biskupem krakowskim. — Wiadomości o życiu Małachowskiego są mało znaczące.
Akad. — Branic. — Jagiell. — Ossol. — Zamojs.

— Laureae autumnales variorum fructuum symbolis intertextae; virtuti et honori VII. VV. DD. primae laureae candidatorum, dum in celeberrima Universitate Cracoviensi, per Clarissimum et admodùm Rndum. Dominum M. Simonem Wacławski, philosophiae doctorem et professorē, collegam minorem, artisticae Facultatis Decanum in amplissima celeberrimi Senatûs Academici praesentia, primò in artibus et in philosophia laureati honoris decore, ritu solenni insignirentur, amoris verò fraterni, et gratulationis ergò, a Francisco Clemente Balicki ejusdem laureae candidato, cum officioso gratulātis Lyrae applausu mutuoq'; affectu, consecratae. Anno salutis 1677 die 18 mensis Septem. Cracoviae, typis Universitatis. folio, k. nlb. 8.

Na odwrotnej stronie karty tytułowej herb Leliwa, a pod nim ośmiowiersz łaciński z podpisem: Stanislaus Balicki, auditor dialectices. — Dedykacya: Laurentio de Granov Wodzicki, thesaurario terrare Nurensis. — Następuje Oda do Ś-go Jana Kantego. Egzaminatorzy: Szym. Wacławski, Wal. Mazurkowicz, Kaz. Straszyński. Laureaci: Albert Węgrzynowicz, Seb. Kowalski, Kaz. Januszkowicz, Jan Dumicz, Joach. Stanczewski, Seb. Wodziński. — Balickiemu za panegiryki dziękują Węgrzynowicz i Dumicz.
Jocher 1446. — Juszyńs. I. 11, daje temu według J. Przybylskiego tytuł polski: Wieńce jesienne.

Jagiell. — Ossol.

— Trophaeum victoriosis triumphis palmisque insigne, virtuti doctrinae et honori VV. DD. XXVII. secundae laureae candidatorum dum in alma Uniuersitate Cracouiensi Regni Poloniae generali Athaeneo, sub eximia protectione Illustrissimi et Reverendissimi principis ac Domini D. Joannis Małachowski Dei et Apostolicae Sedis gratia Episcopi Cracoviensis, Ducis Severiae, celeberrimae Uniuersitatis Cracouiensis Cancellarii faventissimi a perillustri et adm. Reverendo Domino D. M. Alberto Łancucki J. U. D. et profess: eccles: Cathedr: Cracou: Canonico, Collegiatae SS. Omnium Cancellario, Pilecensi Archidiacono, curato Luboricensi, Academiae Cracouiensis procancellario dignissimo in magna Illustrium et Nobilissimorum hospitum frequentia et amplissimi Senatûs Academici consessu, post peractum rigidi examinis certamen magisterii in artibus et in philosophia doctoratûs, licentiam ritu solenni consequerentur, in vim fraterni amoris et publicae gratulationis a Francisco Clemente Balicki, ejusdem secundae laureae candidato, concentu panegyrico dedicatum. Anno victoriose triumphantis humana in carne verbi diuini 1681 die (dopisane 3), mensis (dopisane Junii). Cracoviae, typis Universitatis. folio, 9 arkuszy.

Na odwr. str. tytułu herb (Junosza) Radziejowskich i pod nim 8 wierszy łac., podpisał Marcin Węgrzynowicz. — Przypis prozą Michałowi Radziejowskiemu.— Pieśń do N. M. P. i Jana Kantego. — Osobno jest wiersz do W. Łańcuckiego i podziękowanie egzaminatorom (P. Wojewódzkiemu, Michalskiemu, Sowińskiemu). Spółdoktorami jego byli: J. Chaśnicki, A. R. Łapczyński, J. K. Witeski, J. S. Dzidowski, P. Bronisz, W. J. Jodłowski. S. F. Turoniecki, Ł. J. Ostawski, Fr. Miroszewski, Chr. J. Cyboni, G. Profecki, T. Sertkowicz, Św. Sarnecki, Wojciech Mikołaj Węgrzynowicz, Marcin Karol Węgrzynowicz, Jan Behm, Marcin Bielecki, Stanisław Antoni Freznekier, Stan. Rafał Leytlmer, Stefan Barwinkiewicz, Bartłomiej Malicki, Jędrzej Zielopolski, Jan Jędrzej Kognacki, Jędrzej Kaz. Willamowicz, Jędrzej Paweł Warzyński, Marcin Rogozowicz. — Zaś na cześć Balickiego pisali: Jędrzej Chaśnicki, Krz. Cyboni i Wojciech Węgrzynowicz. Pod każdem nazwiskiem spółdoktorów umieszczony jest herb rodzinny lub też symbol jaki.

Jocher 1447.

Krasińs. — Jagiell. — Zamojs. — Ossol. — Czartor.

— Panegiryk Morsztynom. 1681.

Juszyński Dykc. I. 11.

Balicki Ignacy ob. Szpądrowski Stanisław (Conclusiones 1775).

BALICKI Innocenty. Fragrans odor in amoeno virtutum flore, perpetuo meritorum vigore nec non rectefactorum immarcescibili radice eximio et admodum R. patre Magistro Narcisso Potocki S. Theologiae doctore, ordinis Eremitarum S. P. Augustini vigilantissimo conventus Brestensis priore, ab innumeris annorum spatijs intra viridarium Sacrae Augustinianae vineae mira magnitudinis

svaveolentia redolens, tandem ab A. R. P. Innocentio Balicki ejusdem ordinis, studii Varsaviensis Magistro regente ac provinciae visitatore in nomine soleatae Crucis ad olfactum universi sub auram nocivae mortalitatis diffusus, ac selectis theologicis thesibus per comitia provincialia Brestensia approbatus. Sustinente adversantium argumentorum vim V. P. Chrisostomo Piotrowski theologo absoluto, anno quo odoratus est Dnus odorem victimae crucis 1709 mensis Aprilis die 8. Zamosciis, typis Universitatis. folio, 15 kart.

Na odwr. str. tytułu herb Potockich, pod nim 6 wierszy łac. — Dalej arkuszowy wiersz alkaiczny na cześć Narcyssa Potockiego przeora klasztoru OO. Augustynów w Brześciu. — Następnie panegiryk prozą dla tegoż Potockiego, obejmujący samą tylko przemowę bez tez, które były podane do dysputy.

Ordyn. Zamojs.

BALICKI Jan Stanisław. Axis ad excelsum honoris theologici fastigium perillustrem et admodum Reverendum Dominum D. M. Paulum Joannem Wojewodzki sacrae theologiae doctorem, collegam maiorem, ecclesiarum collegiatarum S. Floriani custodem, Pilecensis canonicum, concionatorem cathedralis. etc. dum in alma Universitate Cracovien. pro loco inter perillustres et admodum Renerendos Dominos sacrae theologiae doctores, in nobilissimo magnorum hospitum consessu et inter solennes publicae laetitiae applausus ritu solenni responderet, deferens et a M. Joanne Stanislao Balicki, philosophiae doctore, collega maiore, regio professore, canonico ad S. Annam; in vim officiosissimi cultûs, panegyrico applausu exhibitus. Anno salutis nostrae á diuino axe in terras delapsae 1691. die 27 Augusti. Cracoviae, ex officina Francisci Cezary S. R. M. Illustr: ac Rñd. Dñi Episcopi Crac. Ducis Seueriae necnon Schol. Nouoduor: typogr. folio, kart nlb. 5.

Czartor. — Dzikows. — Jagiell. — Ossol.

— Plausus Apollineus triumphanti ad fortunatas honoris infulas Opaleniae navi ad primum Posnaniam ingressum

Illustrissimi et Excellentissimi Domini D. Joannis de Bnin Opalenski palatini Brestensis capitanei Posnaniensis, Maioris Poloniae generalis, publicae laetitiae et gratulationis ergô per M. Joannem Balicki phil: doctorem, almae Academiae Posnanień. cursûs phil: professorem, exhibitus. Anno 1678. die 5 Decembr. Posnaniae, typis Alberti Reguli Młoduiewicz. folio, 3 ark.

Na odwr. str. tytułu herb (Łodzia) Opaleńskich, pod nim 8 wierszy łac. — Przypis prozą Janowi z Bnina Opaleńskiemu. Juszyńs. Dykc. I. 11. ma mylną datę 1670. Akad. — Jagiell.

— In Nomine Domini Amen. Quaestio logica, de ente rationis, sub felicissimis auspiciis magnifici, perillustris, et reuerendissimi Domini D. Alberti Łancucki, J. V. doctoris et professoris, ecclesiarum cathedralis Crac: canonici Collegiatae SS. Omnium cancellarii, Pilecensis Archidiaconi, contubernij DD. Jurisperitorum provisoris, almae Universitatis Cracouiensis generalis et vigilantissimi Rectoris a M. Joanne Stanislao Balicki philosophiae doctore et professore, pro loco in Collegio minori obtinendo, publicè ad disputandum proposita. In peraugusto D. D. theologorum lectorio Anno Dni 1683 die [20] mensis Februarij hora [15]. Cracoviae, typis Universitatis (1683). folio, str. nlb. 4. Jagiell. — Ossol. — Uniw. lwow.

— In Nomine Domini Amen. Questio metaphysica de accidentibus ex 7 Lib: Methaphysicorum Aristotelis sub felicissimis auspiciis magnifici, perillustris, et reverendissimi Domini D. M. Jacobi Baltazarowic S. Th: doctoris et professoris inter Collegas maiores senioris patris, ecclesiarū cathedralis Crac: canonici, Collegiatae SS. omnium praepositi, curati Prossouiensis, contubernij Staringeliani provisoris, studij almae Universitatis Cracoviensis generalis et vigilantissimi Rectoris a M. Joanne Stanislao Balicki philosophiae doctore et professore collega minore, pro loco in Collegio majori obtinendo in peraugusta diui Jagellonis aula pvblicè ad disputandum proposita Anno Dni 1684 die

[30] mensis Septembris hora [13]. Cracoviae, typis Universitatis 1684. folio, str. nlb. 3. Jagiell. — Ossol.

— ob. Dzielski Wojc. (Auspicatum 1688) — Frączkiewicz Jan Stan. (Speculum 1688) — Gidzielski Walenty Ant. (Conclusiones 1687) — Jasiński Mik. (Rupes 1691) — Kostowski Georg. (Doctor absolutus 1714) — Krzesławski Stan. (Epithalamium 1674) — Moskalski Alexy (Conclusiones 1696) — Preisz Jędrz. (Corona 1694) — Świątkowski Andrzej Michał (Olea Minervae 1683).

Balik gospodarski. Opera komiczna ob. Zabłocki Fr. (1780).

— Marwaniego ob. Makulski Fr. (1791).

(Balin, wieś). Przełożenie do Nayiaśnieyszych stanów względem dóbr lennych przed statutem Alexandrowskim roku 1504. na Rusi y Podolu; aby prawa kardynalne tym wojewodztwom służące naruszone niebyły, z powodu doniesienia partykularnego o wsi Balinie. Z przyłączoną repliką w końcu na wystawione pismo strony przeciwney o Balinie niezgodne z dokumentami y z prawdą. Bez m. i r. dr. folio, kart nlb. 6.

— Odpowiedź na przełożenie do Stanów Rzeczypospolitey, względem starostwa Balińskiego uczynione. folio, k. nlb. 2.

Wydane w poparciu rezolucyi Rady Nieustającej z r. 1781. na rzecz skarbu kor. Jagiell. — Warsz. Uniw. — Zielińs.

Baliński Antonius ob. Angełłowicz Andreas (Tentamen 1784) — Positiones (1788) — Tentamen publicum (1784).

BALIŃSKI Joannes et **Stanislaus** i **Ursinus Joannes** Mariaeburgensis Prutenus. (Zaczyna się przedmowa:) Joannes Ursus Marianus Leucovianae academiae baccaleureus S. P. D. (Następuje:) Oratio dicta in encomion sacratissimi regis Poloniae Sigismundi eius nominis primi Anno a orbe redempto orbe 1530. XIIII. mensis Junij. — Oratio dicta in praeconium sarenissimae reginae Poloniae Bonae XV. mensis Junij. — Oratio gratulatoria in coronationem se-

44

renissimi principis iunioris Poloniae regis in arce Gracouiana XXIIII. mensis Junij habita. — Oratio encomiastica ad senatum Polemonici imperij dicta XVII. mensis Junij. — Oratio dicta tertio Julij in encomium ac laudem gymnasij Gracoviensis in lectorio collegii maioris. — Oratio panegyrica reuerendissimis in Christo patribus dominis ac dnis episcopis Petro Tomitio Gracovien. et Andreae Critio Plocensi XVI. mensis Junij dicta. (Na karcie ostat.:) Cracouiae ex aedibus Hie. Vieto. MDXXX (1530). w 4-ce, sign. A—D$_{111}$. (kart nlb. 16).

> Są to mowy Jana i Stanisława Balińskich, synów Jana Balińskiego, kasztelana gdańskiego, wydane przez nauczyciela ich Jana Vrsus, który je temuż kasztelanowi przypisał, i na końcu umieścił swoje wiersze łacińskie.
>
> Tomiciana II. 149. — Wierzbowski II. 1070. Czartor. — Krasiń́s.

— Oratio dicta in laudem sacratissimi regis Poloniae Sigismundi eius nominis primi. Anno à redemto orbe MDXXX. XIIII. mensis Junii. — Oratio in laudem serenissimae Bonae reginae Poloniae habita XV mensis Junii. — Oratio gratulatoria in coronationem serenissimi principis, iunioris Poloniae regis in arce cracoviana XXIIII mensis Junii habita. — Oratio encomiastica ad senatum polonici imperii habita XVII Junii. — Oratio dicta III Julii in laudem gymnasii Cracoviensis, in auditorio collegii maioris. — Oratio panegyrica reverendissimis in Christo patribus et dominis, dominis episcopis, Petro Tomicio Cracoviensi et Andreae Cricio Plocensi XVI mensis Junii dicta. — Cracoviae, Mathias Scharffenberg impressit. Kalendis Augusti. Anno Domini MDXXX (1530). w 4-ce.

> Janociana III. 360.

BALIŃSKI Jacobus. Epithalamion honori illustris et magnifici Domini Dn. Fabiani Czema palatinidis Mariaeburgensis, capitanei Stumen: etc. etc. ac illustris virginis Catharinae de Leszno, dignissimae memoriae illris et magnifici Domini Dn. Andreae, comitis de Leszno, Brzestens. Cujavien. palatini etc. etc.

filiae. Scriptum à Jacobo Balinski. Thorunii, typis Augustini Ferberi. Anno M. DC. XI (1611). w 4-ce, kart 10. (ark. C$_2$).

> Rozpoczyna: Invitatio Phoebi, (anakrostych). Na odwrocie tytułu dedykacya wierszem. Siarcz. Obraz 1. 16. — Juszyń́s. Dykc. 1. 11. — Encykl. Orgelbr. II. 748.
> Jagiell.

Baliński Piotr obacz: Firlej Henr. (Leopardus 1624).

Baliński Stanisław ob. Regnard.

BALIŃSKI Teofil Alexander (z Laskarysów?) De praestantia medicinae. Bez w. m. dr. i r.

> Wiszn. III. 68. IV. 200, 202. — Czacki O litewskich i polskich prawach II. 40. — Encykl. Orgelb. II. 48. III. 51. — Bentk. II. 591. — Baliński Historya Wilna II. 40—1. — Janocki (Literar. propagatores).

BALK Dan. Georg. Was war einst Kurland? und was kann unter Katharina's Scepter werden? Mitau, 1795. w 8-ce.
> Petersb. publ.

Bałkaw obacz: Swiechowski (Status causae creditorum 1787).

Ballet wiek ludzki ob. Balet (1761).

BALLEXSERD Jakób (1726 † 1774). Dyssertacya na to pytanie: jakie są przednieysze przyczyny śmierci tak wielkiey liczby dzieci, y jakie są nayskutecznieysze sposoby do ocalenia ich życia, przez P. Jakuba Ballexserd obywatela genewenskiego uwieńczona przez Akademia królewska nauk w Mantuy w roku 1772. Powiększona przemową i niektoremi notami przez P. Kurcyusza konsyliarza J. K. Mci polskiey, doktora filozofii i medycyny w Akademii Pawieńskiey, współtowarzysza fizyokrytyków Syeńskich i akademików Padewskich i Bonońskich. Tłumaczona z francuskiego przez Stanisława Szymańskiego. W Warszawie, w drukarni Nadworney J. K. Mci i PP. Kommis: edukacyiney 1785. w 8-ce, k. 14 i str. 188.

> Dedykacya francuzka, podpisana przez F. Curtiusa: à Son Altesse Mad. la princesse Sanguszko, douairierre grande mareschalle de Litvanie (kart 2).
> Jagiell. — Krasiń́s. — Wilno. — Warsz. Uniw.

— Sposób dla rodziców fizycznego wychowania dzieci, napisany po fran-

cuzku przez P. Ballexserda, biegłego w sztuce doktorskiey; z francuskiego zaś na oyczysty język przetłumaczony. Znajduie się w Warszawie y we Lwowie u Jana Aug. Posera bibliopoli warszawskiego 1774. w 8ce, str. VI i 252.
Jagiell. — Dzików — Czartor.

Ballordnung. [Ogłoszenie ze strony policyi co do utrzymywania porządku na publicznych balach]. W Lwowie 1 Kwietnia 1787 r. folio. kart 2. (po polsku i po niem.). Jagiell.

Balnei ob. Wolff Carolus Ludovicus (De abusu balneorum 1790).

Balon. Nil mortalibus arduum. Horat. (Wiersz): Gdzie bystrym tylko orzeł polotem, Pierzchliwe pogania ptaki itd. W Warszawie, w drukarni nadwor. J. K. M. i PP. Ko: eduk. narodowey. Bez w. r. i dr. (17....) w 4ce, str. 4.
Czartor. — Ossol.

— ob. Blanchard (1789) — Jaskiewicz Jan (Opisanie doświadczenia) — Opis (1784) — Osiński J. X. (1784) — Pingeron Jan Aland (1783).

Balsam ob. Barcellin Piotr (Quintae essentiae 1619) — Galois (Skutki).

BALSAMO Ign. S. J. (1543 † 2 Paźdz. 1618). Instructio R. P. Ignatii Balsamonis S. J. theologi de perfectione religiosa et de vera recte orandi et meditandi methodo. Braunsberg, apud G. Schönfels. Anno MDCXIIII (1614). w 12ce, str. 152. Warsz. Uniw.

Balsamo Józef ob. Cagliostro (1793)— Kniaziewicz J. G. (Życie 1793).

BALSAM Kasper, Jezuita (ur. 1716 † 10 Grud. 1759). Kazania przygodne W. X. Kaspra Balsama Soc. Jesu o cnotach: wiary, nadziei, miłości y obowiązkach z nich wynikaiących. Za pozwoleniem starszych do druku podane. W Poznaniu, w drukarni J. K. M. y Rplt. Soc. Jesu r. p. 1764. Tom I. Kazania o cnotách, wiáry, nadziei, miłości, y obowiązkach z nich wynikáiących. w 8ce, kart 3, 304.
Są egzemplarze z dwojakim odmiennym tytułem.

Tom II. Kazania o występkach ludzi młodych y obowiązkach. 1765. w 8ce, str. 351, 1.

Tom III. 1767. str. 400.
Tom IV. 1767. str. 555, 1. (O czwartej cnocie kardynalnej).
Tom V. 1768. str. 534, 2.
Tom VI. 1769. str. 2, 761, 3.
Tom VII. 1772. str. 2, 646, 2.
Jocher 5143, 3785. — Bentk. II. 576.
Ossol. — Wilno — Jagiell. (T. I).

— Toż samo. Tom I—VII. Poznań, w drukarni J. K. M. i Rzpltej 1765—1778. w 8ce, str. 785, 402, 400, 555, 534, 761 i 646.
Zdaje się, że tylko Tom I. i II. nowo przedrukowano.

— Toż. Tom II. O występkach y obowiązkach ludzi młodych. Za pozwoleniem starszych do druku podane. W Poznaniu, w drukarni J. K. Mci y Rzeczypospolitey. Roku pańskiego 1778. w 8ce, k. 1 str. 570 (strona 107 drukowana dwa razy). Jagiell.

— Kazania ná niedziele cáłego roku X. Gaspra Balsama Soc: Jesu ná dwá tomy podzielone. W Poznaniu, w drukarni J. K. M. clar. Collegii Soc. Jesu. Roku p. 1761. w 8ce.
Tom I. str. 6, 507.
Tom II. kart 2, str. 564.
Jocher 4531.
Akad. — Jagiell. (T. II). — Czartor. — Ossol.

— Kazania na święta całego roku X. Kaspra Balsama Soc: Jesu po śmierci jego za szczegulnym J. K. Mci przywileiem i pozwoleniem zwierzchności wydane. W Poznaniu, w drukárni J. K. M. i Rplt. Societatis Jesu. w 8ce.
Tomik I. 1762. str. 2, 447 i 4. (str. 134 dwa razy liczbowana).
Tomik II. 1764. str. 753 i 9.
Jocher 4532.
Jagiell. (T. I.) — Wilno — Ossol. — Drohobycz.

— Kazanie pobudzające do modlitwy na uproszenie szczęśliwego powodzenia sejmowi walnemu w r. 1754 d. 30 Września poczynaiacemu się w Warszawie, w kościele katedr. krakowskim pódczas solennej wotywy przedsejmowej miane przez jednego kapłana Soc. J. i za pozwoleniem starszych, tegoż roku do druku podane. W Krakowie, w drukarni JO. Xięcia biskupa krak. folio, kart nlb. 15.

Rozpoczyna krótką przemową do czytelnika, poczem idzie kazanie.
Brown. 87.   Krasińs.

— Kazanie o troiakiey iedności do publicznych obrad potrzebney, pobudzaiące ku ziednaniu przez modlitwy seymowi walnemu ná rok pánski 1758. przypadáiącemu w Warszawie, teyże potrzebney iedności podczas wotywy przedseymowey, w Krakowie miane przez X. Kaspra Balsama Societatis Jesu, kościołá SS. Piotrá y Pawłá káznodzieie, tegoż roku zá pasterskim rozkázem do druku podane. W Krakowie, w drukarni JO. Xięcia JMci biskupa krakowskiego wydrukowane r. 1758. w 4ce, ark. E₃. (kart 24).

Dedyk. Andrz. Stan. Kostka Załuskiemu. Jagiell. — Krasińs. — Ossol. — Uniw. lwow.

— Oratio in Isaiae XLVIII. anno 1748 Cracoviae, habita et impressa.

Tak podaje Brown. Było to kazanie po polsku. Z tego roku istnieje kazanie bezimienne p. t. Chwała Trójcy świętej.
Bentkowski II. 576. — Janocki Lexic. II. 171—2. — Barącz Żywoty Ormian 59—64. — Brown Bibl. 108—9.

Balsamus vulnerarius obacz: Mizler Laurentius (1744).

Bałsas sirdies pas Wieszpati Diewa, Panna Szwęciansia Maria, ir Szwętus danguy karalaujęcius szaukiancios par giesmes, pagał iszpazinima Baźnincios Szwętos kataliczkos Rima Sudietas; Odabar naujey su daleydymu Wirasniuju zduotas, par wiena Kuniga Societatis Jezu. Metuose 1752. Odabar wid su pridiennu nauju giesmiu pardrukowotas Metuose 1762. Wilniuy, drukarniey akademios Soc. Jesu. w 12ce.

Są to pieśni pobożne z polskiego tłumaczone, z nadpisami polskiemi.
Kraszewski Wilno IV. — Jocher 7015 a.

— Tenże tytuł .... iszduotas par wiena Kuniga Soc. Jesu. Metuose nug użgymima balsinga zody amzina 1774. Wilniuy, drukarnie akademios. w 12ce, kart tyt. 5, str. nlb. 334 i 7 str. nlb.
Jocher 7015 b.   Czartor.

Balthasarus. Tirocinium theologicum. Calissii, 1740.
Katal. Lissnera.

Baltazar Andreas ob. Konstitucie (1603).

BALTHASAR Samuel, notarius z Herrnstadt w Szlązku, prof. w Eblągu (ur. 1627 † 26 Octobr. 1677). Typus declinationum et conjugationum latino polonicarum regularium cum annexis quibusdam observationibus, tum theoriam tum praxin in declinationis et conjugationis exercitationibus in gratiam juventutis edit. a S. B. Cl. III. Coll. Elbingae, 1664. w 8ce.

Tolckemith. Elbing. Gedächtn. 1753. str. 348—9.

Baltasar episc. Vratislaviensis ob. Hillebrandus Michael (1542).

Balthasar Divus ob. Orawski Felix (1684).

Baltasar rex Babyloniae ob. Sojecki Hyac. (Pompa 1748) — Stęplowski Casim. Franc. (Luctus fatalis 1728).

Balthasar extra Babylonem in Vandalia marchio Durlacensis in sacrilega Deo dicati calicis profanatione redivivus, pari exitio, dispari exitu, manu diviná, è vita proscriptus, atquè ab illustrissima, perillustri ac magnifica Palaemonio — Tulliana juventute almae Academiae ac Universitatis Vilnensis Societatis Jesu, ad spectaculum in umbra theatrali Bacchiophilis calices liberi Patris explentibus reproductus, Anno calicem salutis ad mensam crucis propinante divino in carne humana conviva 1695. B. w. m. (Vilnae, 1695). folio, kart 2.

Kraszews. Wilno IV.   Jagiell.

BALTAZAROWICZ Jakób. A. M. D. G. Quaestio logica, de accidente communi, praedicabili sub felicissimis auspicijs, magnifici, clarissimi et excellentissimi Dñi D. M. Francisci Roliński philosophiae et medicinae doctoris ac professoris ejusdem facultatis Decani, consulis Cracuviensis et in alma Universitate Cracouiensi; studij generalis Rectoris. In peraugusto Diuorum Jagellonum Lyceo, publicae disputationi

a M. Jacobo Baltazarowicz Ph. D. S.
C. G. proposita. Anno a partu Virg.
millesimo sexcentesimo octauo VII. Idus
Septembris. (Cracoviae 1658). w 4ce,
kart 5.

Na odwr. tytułu: In stemma Acad. Crac.
per Joan. Cant. Niewiarowski. — Poprzedza Charisteria Joanni Cantio.
Jagiell. — Ossol.

— Quaestio theologica, de gratia Dei
ex prima secundae D. Thomae: a ....
inter collegas maiores, seniore patre,
sacrae theologiae professore, ecclesiarum,
cathedralis Cracouič: canonico collegiatae S. S. Omnium praeposito, curato
Prosouien: contubernii Staringeliani prouisore, studii Universitatis Cracouiensis
generali rectore: pro licentia in Sacrae
theologia obtinēda publicè, ad disputandum, proposita in lectorio D. Jagellonis theologico, Anno à natiuitate
Domini, M.DC.LXXXIII (1683). mense
Nouembri die (23), horâ 15. Cracoviae,
typis Universitatis folio, kart 2.
Jagiell. — Ossol.

— In Nomine Domini Amen. Quaestio theologica, de gratia Dei ex 1ma,
2dae, D. Thomae, secunda, prioris con-
termina: a M. Jacobo Baltazarowicz,
inter collegas maiores, seniore patre,
Sacrae Theologiae, licentiato, ecclesiarum, cathedralis Cracouič: canonico,
collegiatae SS. Omnium praeposito, curato Prosouien: contubernii Staringeliani prouisore, studii Uniuersitatis Cracouiensi generali rectore: pro gradu
doctoratûs, in Sacra Theologia, obtinendo, publicè ad disputandum, proposita.
In lectorio D. Jagellonis Theologico.
Anno a natiuitate Dñi 1684. mense
Januarij die 13, horâ 20. Cracoviae,
typis Universitatis (1684). folio, kart 2.
Jagiell. — Ossol.

— ob. Arteński Raf. (Arbor vitae
1684) — Balicki Jan Stan. (Quaestio
1684) — Brocki Mathias (Quaestio 1684)
— Bieżanowski Stan. (Splendor 1684,
Effigies 1687) — Kawalczewski Kasp.
(Quaestio 1684) — Milczarski Joannes
(Quaestio 1684) — Ormiński T. Fr.
(Niobe academica 1687) — Ośliński
Martinus (Sacrarium 1683) — Paschacy

Adam Sigism. (Laurea theol. 1684) —
Racki Krz. (Honor virtutis 1648) —
Styrkowski Adamus (Quaestio 1683) —
Thesznarowicz Zachar. (Quaestio 1733)
— Warzyński Andrzej Paweł (Palma
immortalis 1674) — Winkler Marcin
(In solemni actu promotionis 1684) —
Wiśniowski Józef (Quaestio anaclastica
1684).
Łętowski Katal. II. Prałaci 10.

Balthasar ob. Baltazar.

BAŁTROMIEJOWICZ Prokop. Censvra
albo zdánie y uważenie .... o nominácyey
biskupá Wileńskiego, przez Je° M. X.
Podkánclerzego koronnego uczynioney
y przestroga do Ich Mości Pánow oby-
wátelow W. X. Lith. z strony urázu
praw, y nápotym niebezpieczeństwá ich.
Roku 1598. w 4ce, kart nlb. 7.

Wyszło z powodu, iż kapituła wileńska od-
rzuciła żądania Zygm. III. iżby Ber. Maciejowskiego obrać biskupem.
Wizer. i roztrząs. 1840. T. 50, str. 88.
Jagiell. — Krasiń.

(Baltyk). Mare Balticum id est historica deductio utri regum Daniae ne an
Poloniae praedictum mare â multis jam
annorum centenariis, asserente non fal-
laci hominum censura, sed ipsâ nunquam fallibili natura, se desponsatum
fateatur et agnoscat, Poloni cujusdam
nuper typis excuso tractatui qui Discursus Necessarius inscribitur opposita.
Anno M. DC. XXXVIII (1638). B. m.
w 4ce, str. nlb. 52.

— Toż. Anno M. DC. XXXIII. B.
w. m. w 4ce, kart nlb. 18, (ark. E₂)
i tablica folio: Imperium maris.

Jestto odpowiedź na Daniela Krusiusa: Discursus necessarius (obacz). — Porównaj:
Pfenning Joannes: Antimare balticum.
1640.
Poszło z racyi dwóch okrętów, którymi wła-
dając głośni piraci Spiringowie, uciemię-
żali cłem kupców żeglujących. Do wła-
sności tych okrętów przyznawał się król
polski, a pismem wystosowanem do króla
duńskiego d. 17/27 Grudnia 1837, uznawał
się za pana morza oblewającego kraje polskie. Opponując temu król Danii i Nor-
wegii, powołuje się na Kromera lib. 1.
cap. 1. De situ Poloniae.
Czartor. — Jagiell. — Warsz. Uniw.

— Baltischees Meer das ist historische Ausführung, welchem unter bey-

den Königen, der zu Dennemarken, oder Pohlen Königl. Majestät jetzt besagtes Meer von vielen hundert Jahren hero, nicht nach Anweisung der Menschen Meinung oder Gedicht, sondern nach Anleitung unfehlbaren Natur selber sich unterworffen zu sein erkennet und bekenent. Einem newlich von Seiten Polen ausgegangenen Tractatlein, welcher Discursus Necessarius titulirt wird, entgegengesetzet 1638. w 4ce, kart 22.   Ossol.

Balticum mare (Baltisches Meer) ob. Consideratien (1654) — Höpken D. (Lettre 1714) — Krusius D. (Discursus necessarius) — Nova literaria (b. r.) — Pfenning Joannes (Antimare 1640) — Preiss (Reasons, Lettre 1715) — Remarques (1715) — Vellingk M. (Memoire 1715).

BALTYZER (Balcizer) z Kaliskiego. Biesiady roskoszne Baltyzera z Kaliskiego powiatu. (Podczem rysunek głowy turczyna). Do czytelnika: We wszystkim umieć począć, rozum to sprawuje, Lecz z miłością niech żaden radzę, nie żartuje. Nie płaci w niej rozsądek, żart żaden nie płaci, Gdy do kogo w miłości człek serce utraci. B. w. m. i r. (z XVII w.) w 4ce, kart 20.

Na odwr. tytułu prozą: Relacya Mazowiecka (humorystyczna). Dalej na karcie A₂ napis: Biesiad roskosznych zabawa. — Obejmuje wierszowane epigramata i fraszki częstokroć tłuste. W jednej mówi o Stefanie co w Moskwie pod Smoleńskiem przy Xciu Zbarazkim wojował. W innych wierszach: Trzebuchowski co się z Moskwą ścierał, Średziński którego oskoczyło Moskwy trzynaście pod Smoleńskiem, o Gajowskim staroście Wiskim poległym pod Smoleńskim. Zawiera nagrobek Pawła Palczewskiego, dworzanina król. Juszyński Dykc. II. s. 394. — Jabłonowski Musaeum pol. s. 22. zwie go: Balcizer ex Callisiensi districtu. — Maciej. III. 441. Porówn. Bartoszewski W. (O biesiadzie 1610). Ossol. — Warsz. Uniw.

BALURKIEWICZ Mat. Societ. Jesu, (urodz. 1626 † 26 Maja 1729).

„Wydał niektóre dzieła." Brown. Bibl. S. J. 109.

(Bałutow). Pieśń o Najświętszej Pannie Maryi Bałutowskiej, którą Ojcowie Bernardyni śpiewają przed obrazem. [Poczyna się:] Perło droga cna Panienko, Z rozlicznych kwiatków rownianko itd. [Na końcu przydana:] Pieśń, ufność w Panu Bogu mająca. Bez roku i m. dr. w 4ce, kart nlb. 2. druk gocki.

Bałwochwalstwie (O) y zabobonach. w 4ce, kart nlb. 6. druk gocki.

Nie jest to dzieło, ale jakiś druk z XVII. wieku po jednej stronie tłoczony, z inicyałami czerwonemi, cały nalepiany na jakiś inny druk z którego wystają ramki. Zdaje się, że to druk Królewiecki lub Gdański. Obejmuje Bałwochwalstwo Chineńczyków, Siamczyków, Peguinów, Narsingów, Indyańskie, Japończyków, Moluckie, Tatarskie. Być może, iż to jest wycinek z kalendarza, lecz nie jest osobnem dziełem.   Ossol.

— y obrazach z pisma starego y nowego testamentu nauka etc. wyd. 1590.

Dzieło jakiegoś ewangelika przeciw któremu pisał Adr. Junga S. J. Odpis drukowany przy dziele Jungi: Rozwiązanie 52 kwestyj. 1593. Juszyński II. 435. znał to dzieło o bałwochwalstwie, dziś zatracone.

Bałwochwalstwo ob. Jeschke Marcin (de quaercu Romowe) — Odpowiedź katolicka na pytanie heretyckie przez J. T. M. S. N. (1600).

Bamberg obacz: Weigand (Anndere warhafftige Verantwortung 1553).

Bamberg (de) **Othon** obacz: Potocki Jean (Essai sur l'histoire 1789). ob. Otton.

Banaczkowski Norbert ob. Ryszewski Joach.

BANACZKOWSKI Symon Bonawent. Aetas ab origine conditae generalis Regni scholae Universitatis Cracoviensis prope novies, quinquagenaria, IX. VV. DD. primae laureae candidatis, per clarissimum et admodum reverendum Dominum D. M. Stanislaum Patelski, philosophiae doctorem et professorem, collegam minorem, Seminarii academicodioecesani Crac: praefectum. In publica dignissimorum hospitum praesentia, ad gradū baccalaureatūs AA. LL. et philosophiae promotis; in memoriam revocata, et à Simone Bonaventura Banaczkowski ejusdem laureae candidato;

applaudente novenario Musarum choro, per dicta et sentimenta sapientûm virorum, ad justè, pié; simulq'; christianè vivendum permoventia, enumerata. Anno quo praesIDebat reCtor ChorIs ange-LorVM. Die verò 20 mensîs Maji. Cracoviae, typîs Academicis Collegii majoris (1757). folio, kart nlb. 21.

Dedyk. Antonio Bełdowski, canonico Crac. W tej dedykacyi wspomniani w genealogii Jastrzębeccy, Rej, Stadnicka, And. Załuski.

Na odwrotnej stronie karty tytułowej herb. — Następuje Oda do Świętego Jana Kantego. — Egzaminatorzy: Ant. Woyciechowski, Piotr Filipowski, St. Barański. Laureaci: Szymon Bonaw. Banaczkowski, Bartł. Fr. Bergier, Stef. Pinoci, Melchior Szajowski, Błażej Barczykiewicz, Tomasz Pagaczewski, Kazim. Bykowski, Nepom. Trąbski, St. Jagielski. — Za rektorstwa Pałaszowskiego.

Jagiell. — Ossol. — Uniw. lwow. — Zieliński.

— Iu Nomine Domini Amen. Dissertatio philosophica. Ex ethica de jure naturae. Per M. Simonem Banaczkowski philosophiae doctorem, Ecclesiae Collegiatae Voynicen: scholasticum, Seminarii Dioeceseos Posnaniensis vice praefectum. Pro loco obtinendo in minori Universitatis Cracoviensis Collegio publicae disputationi in lectorio CC. DD. Theologorum Annô Domini 1768 die 3 mensis Februarii exposita (Cracoviae, 1768). w 4ce, ark. E₂. (kart 22).

Dedyk. Franc. Ziębiński J. U. D., collegiatae SS. Omnium Decano.

Dzików — Jagiell. — Ossol.

— Honor philosophicus à generis claritate maior à virtutum et eruditionis praestantia maximus; XVIII. VV. DD. secundae laureae candidatis excellens, et cùm sub faventissima protectione celsissimi illustrissimi et reverendissimi Domini D. Cajetani Ignatii Sołtyk episcopi Cracoviensis, Ducis Severiae, Aquilae Albae equitis, Universitatis Crac: cancellarii faventissimi, a magnifico perillustri et reverendissimo Domino M. Stanislao Mamczyński U. J. doctore et professore eiusdemq' facultatis Decano Ecclesiarum cathedralis Crac: canonico, Collegiatae S. Michàélis in arce Crac:

decano, parochialium; Premykoviensis praeposito in Smarzowice curato, Collegii juridici seniore patre, contubernii jurisperitorum provisore; librorum per Dioecesim Crac: censore, Canonizationis B. Joannis Cantii procuratore, illustrissimi Consistorii generalis Crac: surrogato judice, studii generalis Cracoviensis procancellario et rectore, in numeroso magnorum hospitum conspectu magisterii in AA. LL. et in philosophia doctoratûs licentiam ritu solenni consequerentur, in vim fraterni affectus et plausus per Simonem Bonaventuram Banaczkowski ejusdem laureae candidatum pòético calamo declaratus annô quô Mentes eDoCtas seCtata es LeX sata sorte. 270, 253, 300, 95, 325, 192, 325. Cracoviae, typis Universitatis (1760). folio, ark. nlb. E₂.

Dedyk. Andreae Młodziejowski, canonico. Na odwrotnej stronie karty tytułowej miedzioryt (bez podpisu) herbu Korab pod kardynalskim kapeluszem. — Następuje Oda do Sgo Jana Kantego, wiersz pochwalny do dziekana Stanisł. Mamczyńskiego. — Egzaminatorzy Jak. Niegowiecki, Jan Rygalski, Adalb. Foltański. Laureaci: Szym. Banaczkowski, Bartł. Bergier, Stef. Pinoci, Melch. Szaiowski, Nepom. Trąbski, Stan. Jagielski, Piotr Jastrzębski, Walenty Pudzynski, Hyac. Trąbski, Piotr Rydulski, Stan. Kaliciński, Fr. Matawowski, Ignacy Pawluskiewicz, Józ. Kłosiński, Antoni Sobek Sobczyński, Tom. Karasiewicz, Tom. Felkier, Tad. Okoński. — Autorowi za panegiryki dziękuje Kaliciński. — Herby są umieszczone przy każdem nazwisku. Wszystkie miedziorytowe.

Jocher 1574.

Dzików — Jagiell. — Ossol.

— Kazanie w sam dzień Anny Św. w kościele Ksiązkim miane, a przy obchodzeniu imienin: Wielmożnéj Jej Mości Pani Teresie z Zakrzewskich Wielowiejski uprzejmym oświadczeniem od X. M. Szymona Banaczkowskiego w Akad. krak. kollegi mniejsz. Poznańskiej S. Theologii próf., seminaryum wice prefekta, kollegiaty Wojnickiej scholastyka r. p. 1769. d. 15 Paźdz. ofiarowane. Poznań, druk Akademii. w 4ce, ark. D₂.

— Kazanie na pogrzebie Wielmożnego ś. p. JP. Stanisława Scibora z Rudołtawic Kotkowskiego, generalnego ziemskiego wojewodztwa krakowskiego sędziego, w kościele Zakliczyńskim u WW. OO. Reformatów roku 1776 dnia 10 Lipca miane przez X. Szymona Banaczkowskiego kollegiaty Woynickiey scholastyka kościoła Mikluszowskiego plebana i za pozwoleniem zwierzchności do druku podane. W Krakowie, w druk. Akademickiey 1776. w 4ce, kart 22.

Uniw. lwow. — Ossol.

— Kazanie na pogrzebie Wielmożnego ś. p. Jegomości X. Łukasza Lubaszowskiego w przesławney akademii krakowskiey filozofii doctora, w prześwietney dyecezyi Poznańskiey dziekana Kostrzyńskiego, proboszcza Czerleińskiego przez X. M. Szymona Banaczkowskiego w Akademii krakowskiey kollegę mnieyszego, w Poznańskiey S. Teologii professora, seminaryum wiceprefecta, examinatora synodalnego, kollegiaty Woynickiey scholastica, w kościele Czerleińskim miane r. p. 1769 dnia 24 Kwietnia. W Poznaniu, w druk. Akademickiey. 1769. w 4ce, str. 38.

Ossol.

— Media ad salutem humanam utilissima septem ecclesiae sacramenta a Christo Dno instituta per theses theologicas ad disputandum proposita. Anno 1764. w 4ce.

Dzików.

Banasch Dan. ob. Benek L. (1661).

BANASZEWIC Adam Kazimierz. Argus centoculus, à Deo ad custodiam salutis humanae S. Michael Archangel deputatus, illustri magnifico ac generoso Domino D. Michaeli Valeriano de Raciborsko Morstyn, subdapifero Cracoviensi deputato tribunalitii judicii Regni Poloniae etc. Domino Dno et benefactori suo, pro annua solennitate S. hujus, patroni ejus, in vim gratulatorij applausus et debitae obseruantiae, a M. Adamo Casimiro Banaszewicz, in alma Universitate Cracouiensi philosophiae doctore et professore, dedicatus. Anno quo centimano aeternus centoculus eripuit salutem humanam 1686. 29 Septemcris. Cracoviae, typis Universitatis (1686). folio, kart nlb. 5.

Na odwr. tytułu pod herbem podpisał sześciowiersz Stan. Morstyn subdafiderides.

Jagiell. — Ossol.

— Aurum maximi pretii igne in craticula S. Laurentij Martyris probatum et annuo solennitatis ejus festo recurrente perillustri et admodum Reverendo Domino D. Laurentio Matuszewski protonotario Apostolico S. Georgii in arce Cracov. canonico officiali, Pilsnens. presbyterorum praesidi, curato Kołacicensi et Dom. et patrono colendissimo a M. Adamo Casimiro Banaszewic, in alma Academiae Cracoviensi philosophiae doctore, brevi elogio commendatum et conciliandae gratiae amorisque ergo eidem patrono suo oblatum. Anno verbi incarnati 1689 die 10 Aug. Cracoviae, ex officina Francisci Cezary S. R. M. illustriss. ac reverendiss. Dni episcopi Crac. ducis Severiae nec non Scholarum Novodvorsc. typographi. 1689. folio, kart 3.

Ossol.

— Bellerophon vir innocentiae, academico Pegaso insidens, contra Othomanicam Chimaeram procedens: B. Joannes Cantius Confessor: Regni Poloniae patronus: almae Universitatis Cracoviensis patriarcha et Sacrae Theologiae doctor: recurrente eius solennitatis die, 19 Octob. A. Domini 1690. Becijs, ad ecclesiam parochialem SS. Corporis Christi et SS. Apostolorum Petri et Pauli: in nobilissima hospitum corona demonstratus. Debitaeqvè pietatis, et cultûs devotissimi ergò, luci publicae expositus: a M. — in eadem Universitate Cracou: philosophiae doctore, sacrâ authoritate apostolicâ notario: protunc gymnasij Becensis directore Anno Domini 1691. Cracoviae, typis Francisci Cezary S. R. M. illustriss. et reuerend. Dni Episc. Cracovien̄, ducis Severiae. Necnon Schol. Novodvorsc. typogr. (1691). folio, kart 8.

Na odwr. tytułu pod herbem wiersz podpisał Ant. Rogulski, alumnus Becensis.

Dedyk. Stephano Meczyński de Kurozweki. Dalej idzie: Oratio.

Branic. — Jagiell. — Krasińs.

— Jubar eximio illibatae vitae et sanctitatis fulgore nitens solis Academici B. Joannis Cantii in Universitate Cracoviensi S. Theologiae doctoris et in ecclesia Dei Confessoris, recurrente annua ejus festivitate Beciae, ad ecclesiam parochialem SS. Corporis Christi et Apostolorum Petri et Pauli in numeroso hospitum coetu, a longe reverentia exceptum et brevi dictione adumbratum majorisq'; obsequii et debitae pietatis ergo, luci publicae expositum a M. Adamo Casimiro Banaszewic in eadem Universitate Cracov. philosophiae doctore, sacra authoritate Apostolica notario, protunc gymnasij Becensis directore. Anno solis justitiae 1790 die 19 mens. Octobr. Cracoviae, typis Francisci Cezary S. R. M. illustriss. et reverendiss. Dni episc. Cracovien. ducis Severiae necnon Schol. Novoduorsc. typogr. folio, 3 ark.

Na odwr. stronie tytułu herb Krzeszów, pod nim 4 wiersze łac. podpisał Michał z Kurozwęk Męciński, student w tymże gimnazyum. — Przypis prozą Stanisławowi na Męcinie Krzeszowi sędziemu i podstaroście Bieckiemu, miecznikowi Bracławskiemu. Mowa miana w coroczną uroczystość Ś. Jana Kantego w kościele parafialnym Bieckim.

Jocher 5372.   Ossol.

— Oculus Episcopi, ad radiantem publicorum negotiorum solem, irretortâ pupillâ cernens. In perillustri et admodùm reverendo Domino D. Andrea Zielopolski, J. V. D. protonotario Apostolico, archidiacono Sandecensi, scholastico Scarbimiriensi. dum eiusdem archidiaconatûs provinciam susciperet. debitae venerationis ergò nomine officialatûs Becensis a M. Adamo Casimiro Banaszewic, philosophiae doctore, scholae Becensis directore, publ: notario. umbratili elogio observatus, et luci publicae demonstratus. Anno Domini 1693. die... Cracoviae, typis Francisci Cezary, S. R. M. Illustrissimi ac Rndissimi Dni episcopi Cracoviensis ducis Severiae, necnon Scholarum Novoduorscianarum typogr. folio, ark. B₂. (kart 4).

Na odwr. stronie tytułu dedykacya Zielopolskiemu.

Jagiell. — Krasińs. — Ossol.

— Ortus Bethleemitici Phoebi supra christiani chemisphaerij chorizontem orientis stellâ inter monstrante tribus regibus de Sabba venientibus, nativitas Filij Dei Unigeniti ex Maria Virgine in Bethleem nascentis, in festo Trium Regum deprehensus et pio cultu venerabundoq'; applausu a M. Adamo Casimiro Banaszewic, in alma Uniner: Crac: philosophiae doctore, adoratus. Anno à primò ortu Phoebi huius lucidissimi 1687. 6. Ianuarij. Cracoviae, ex officina Francisci Cezary, S. R. M. Illustriss. ac Rndiss. Dni episcopi Crac. ducis Seueriae, necnon Schol. Nouoduorsc. typ. (1687). folio, kart 6. (wierszem).

Dedyk. Nicolao Oborski suffrag. Crac.

Na odwr. tytułu pod herbem sześciowiersz, podpisał Josephus Firley de Konary Konarski, eloq. auditor.

Juszyński Dykc. I. — Jocher 5359.

Jagiell. — Ossol. — Czartor.

— Piscis de piscina S. Stanislai cum sanctissimo ejus digito intra solenissimae festivitatis octavam eidem in honorem, pijssimi et debiti cultûs hamo captus, illustri et admodum Reverendo Domino D. Stanislao Kępski, canonico Tarnoviensi, curato Vierschoslauicensi etc. etc. in argumentum debitae observantiae a M. Adamo Casimiro Banaszewic in alma Universitate Cracouiensi philosophiae doctore et professore, oblatus Anno Domini M. D. C. LXXXVII. Cracoviae, ex officina Schedeliana S. R. M. typ. (1687). folio, kart nlb. 3.

Jagiell. — Ossol.

Banck Erazm ob. Groicki Bartłomiej.

BANDEMER (a) Ditericus. Dissertatio politica de legibus inter arma loquentibus quam in Athenaeo Gedanensi, praeside Sam. Schelguigio, submittit Ditericus à Bandemer.... Gedani, imprim. David Frid. Rhetius. w 4ce, str. 18.

Bandinus M. Angelus ob. Victorius Petrus (Epistolae italorum 1758).

(Bandis). Fama in tubis vocalis, seu elogium Guelphi Henrici L. B. de Bandis Augusti III. regis Poloniae ministri et plenipotentiarii. Bez wyr. m. 1733. folio.

Bando przeciwko gorzałce y wszystkim icy naśladowcom. W Supraślu, r. 1720. w 4ce.

Juszyński Dykc. II. s. 394.
— Toż. 1742. w 4ce. Ossol.

— przeciw gorzałce y wszystkim icy naśladowcom. Na rekwizycya różnych osób gorzałka się bawiących, tak w Polszcze, w Litwie iako y po inszych kraiach etc. etc. z przydatkiem odzowu tabaki do przyiażni z gorzałką, tudźież kalumnij włożonych od niektórego na te dwie siostry filozofa, a refutacyami, przez wziętych w ich szkołach studentów Moczy-wąsa y Tabakolubskiego obiaśnionych. Przez nieznajomego zaś autora do przedrukowania podane. Roku Pańs. 1756. w 4ce, kart nlb. 12.

Na ostatniej stronie poezyą tę kończy prozą:
Manifest J. P. Bibona. Działo się w Alembiku. Ossol.

BANDORKOWICZ Jan. Calendarium.
Az MDCXXXV. Esztendöre valo calendarivm ki az Bisextilis után harmadic szereztetet. Az Cracai Academiában tanito M. Bandorkovecs Janos, philosophus és mathematicus doctor és professor által. Csepregben, nyomtattatot Farkas Imre által. 1635. w 8ce, ark. A—D. (kart 32).

Szabó K., Régi Magyar Könyvtár. Tom I. str. 281.

— Quaestio de actione coeli in haec inferiora. A M. — in alma Academia Cracouiensi ad disputandum publicè proposita, in mense Martio, die 23. hora 14. Anno Domini, M. DC. XXI. Permissu M. D. Rectoris. Cracoviae, ex officina typographica Francisci Cezarij (1621). w 4ce, kart 8.

Dedyk. Stan. Łubińskiemu opat. Tynieckiemu. — Na odwr. karty tyt. herb Łubińskiego i dwuwiersz łac. — Na końcu: Sub felic. auspiciis Jac. Turoboyski.
Siarcz. I. 16. — Bandt. H. dr. kr. 454. — Muczk. Stat. 273, 277.
Warsz. Uniw. — Jagiell. — Dzików.

— Quaestio de luminis profusione a M. Joanne Bandorkowic in alma Acad. Crac. ordinario astronomiae professore ad disputandum publicè proposita. In mense Augusto, die 22. hora 10. Anno Domini M. DC. XXVI. Permissu M. D.

Rectoris. Cracoviae, ex officina typographica Francisci Caesarij. w 4ce, kart nlb. 8. z figurami w tekscie.

Przypisał Sebastyanowi Lubomirskiemu staroście Sądeckiemu. — Na odwrocie tytułu pod herbem wiersz, podpisał Joach. Rarowski S. C.
Żebrawski Bibliogr. matem. str. 252.
Jagiell.

— Rozsądek y przestroga z gwiazd y obrotów niebieskich: na rok p. 1621. pierwszy po przestępnym a od początku świata 5583. według Bully Ojca Świętego Sixta V. przez M. Jana Bandorkowica w sławnej akademicy krakows. philosophicy doktora y professora wyrachowany. w 8ce.

Na odwrocie tytułu herb.
Bibl. Zyg. hr. Pusłowskiego ma tylko kartę tytułową w 8ce.

Baneer i Baner ob. Banner Gustaff i Steno.

Banffia Caecilia Franciszka obacz: Skwarski Alb. Hyac. (Thalassio b. r.).

Bangert Henr. (1610 † 1665) ob. Micraelius Joh. (Helmoldi Chron. 1743).

BANGIUS Tomasz z Flemlos (ur. 1600 † 27 Paźdz. 1661). Exercitationes philologico-philosophicae, quibus materia de ortu et progressu literarum, ex intimis et genuinis suis principiis ita succincte pertractatur ut nihil in hac amplius desiderari videri possit. Cracoviae, impensis Joh. Laurentii. Anno M. DC. XCI (1791). w 4ce, str. 224.

Exercitatio prima, de Pliniana literarum aeternitate, primis literarum natalibus, libro Henochi et literis coelestibus. — Exercitatio secunda specialis de literatura patriarchali, literis Adami, Sethianorum, Henochi, Noachi, Hetruscorum: item de literarum coelestium et angelicarum figura et utilitate. — Exercitatio literariae antiquitatis tertia Hieronymi opinioni de Esdraeo hodierni characteris Hebraici novo invento modeste opposita.

Niewiadomo dlaczego na tytule miejsce druku oznaczone: Cracoviae, pewnie bowiem druk nie krakowski. — Pierwotnie miało tytuł: Coelum orientis. Hafniae, 1657.
Bandt. Hist. dr. w Król. pols. I. s. 236. — Jocher 10. Ossol.

Bania powietrzna obacz: Balon — Jaskiewicz Jan.

(Banialuka) Historya ucieszna o zacnej królewnie Banialuce ob. Morstyn Hieron. (Antypasty małż. 1650, 1689, 1703, 1719, 1736, 1750, 1752, 1756).

BANICIUS Stanisław, student jurisprudencyi w Collegium Lubrańskiem. Processia ktora się zwykła (sic) w niedziele kwietno (sic) w kościele powszechnym katolickim odprawowować, na pamiątkę wiazdu Jezusa Christusa do Jerusalem. W Poznaniu, 1622.

Przypisał burmistrzowi y raycom y wszystkiey rzeczypospolitey sławnego miasta Poznania.

Maciej. Piśm. pols. III. str. 690. przytacza z Bibl. Raczyńskich, lecz tego dzieła drukowany katalog nie wymienia.

Bank krajowy. (Projekt do prawa na 4-letniem Sejmie). 1790. folio, ark. B₂. (str. 8 fracta pag.).

Branic. — Czartor.

Banku (O) Narodowym w Polszcze ustanowić się łatwo mogacym. Wstęp. Bez w. m. dr. i r. (1790). w 4ce, str. 40, oraz 6 tabelli in folio, oznaczonych literami A, B, C, D, E, F.

Korzon. III. 320.

Akad. — Branic. — Jagiell. — Kijows. — Ossol. — Warsz. Uniw.

— Projekt do ustanowienia Banku krajowego (na sejmie 1780). folio, ½ arkusza.

— przez deputacyą wyznaczoną uformowany. (19 Sept. 1793). Ustanowienie komissyi do rozsądzenia sprawy upadłych krajowych Banków. Anno 1793. folio, kart 6. Branic. — Ossol.

— Objaśnienie projektu do Banku folio, 1 ark. Branic. — Czartor.

— Układ ogólny dwóch Banków dla Rzeczypospolitey, jednego na dobra ziemskie, a drugiego na dobra ruchome (około 1790). w 4ce, kart 7.

Branic. — Dzików — Zielińs.

— Ustanowienie Banku patryotycznego na wydział Poznański. W Poznaniu. folio, str. 9.

— Uwagi nad Assygnatami czyli kartami Banku Narodowego, 1794. w 8ce, str. 15. Branic.

Bank ob. Buchholz L. (Nota 1793) — Examen philosophique — Glave Karol (1790) — Jezierski Jacek (Projekt banku narod. w Pam. hist. pol. 1790) — Kaposztas (1758) — Korrespondencya bankowa (1793—4) — Marperger P. J. (Beschreibung 1717) — Mieczkowski (1793) — Moszyński (1789) — Plater Kaz. Konst. (1789) — Prawo (1793) — Stan sprawy (berliński 1790) — Trompeur (Uwagi 1792).

Bankiet albo historya jako Adam bankietował trzech synów swoich już żonatych z pokrewnemi i przyjaciołmi, tudzież Jana młodzieńca pobożnego i mądrego i co za koniec tego bankietu tak zły jako i dobry, rzecz niemniej ucieszna jako i pożyteczna ku czytaniu, osobliwie przy bankietach i biesiadach przyjacielskich przez „Ja jestem który jestem." Vilnae, typis Academ. 1650. w 16ce.

W dedykacyi do Piotra Tyszkiewicza marszałka Słonimskiego, podpisał się autor: Zakonnik Ś. Bazylego niegodny.

Jakiś Adam sprawuje bankiet, na którym obecny S. Jan Ewangelista daje mu radę, żeby raczej duchownego bankietu używał. Adam żałuje swego postępku, następuje zatem płacz abo siedm boleści Adama pokutującego — każdego dnia inny lament wierszem — poczem wiersze czyli napisy: czułym, niemściwym, miłosiernym, słuchaczom słowa Bożego, a także złym, jak: złodziejom, wydziercom cudzym. — Wiersze dość gładkie.

X. Ant. Moszyński.

— ob. Czernicki (Stół obojętny) — Hercius Stan. Kaz. (narodowi ludzkiemu 1660) — Sokół Bartłom. (duszny 1617).

Bankocetle ob. Uwagi względem ceł.

Bankowski Jerzy ob. Tuczyński Piotr (In obitum 1591).

Bankowski Krzysztof ob. Schmit Thomas (Epicedia 1590).

Bankructwo ob. Potocki Protazy (b. r.).

Bankrut (Ubył) komedya ob. Kublicki St.

Banku (O) ob. Bank.

Banner Gustaff († 1600). obacz: Sentens och dom — Sententia ordinum (1605, 1610).

Banque ob. Examen.

Banquerouter-Ordnung (Neu-revidir-te) der St. Danzig ob. Gdańsk (1777).

Bappenheim ob. Freher Marq. (Rerum germ. script. 1717).

Baptismus ob. Gliczner E. (Assertiones 1569) — Lubelczyk A. (Armenorum 1544) — Moscorovius Hier. (1617) — Odrowąż E. (Conclus.) — Orzechowski St. (Ruthenorum 1544) — Polani (1613) — Sitkovius Christian (De persona 1707) — Śmiglecki Marcin (De baptismo 1615) — Socinus Faustus (De baptismo 1613).

Baptista Joh. Mantuanus, Hispaniolus (Spagnoli) Karmelita (1448 † 1518). (De vita 1517, Poetae carmen) ob. Mantuanus.

(Bar). Ode I. in expugnationem Barii. 1675. ob. Ode.

— Animadversia do konstytucyi sejmu przeszłego, pod tytułem: Dobra Bar. (1776). Warszawa, w drukarni P. Dufour. folio, k. nlb. 1.   Krasiński.

— Dobra Bar. (Actum d. 5 Octob. 1774). folio, k. 1.   Krasiński.

— Sprawa o dziedzictwo Baru z mocy konstytucyi r. 1774 d. 21 9-bris zaczęta, w przytomności urzędów instygatorów koronnych sądzące się. folio, ark. A$_2$.

— Replika ostatnia z strony UU. instygatorów koronnych, w sprawie Barskiej (ok. 1775). folio, ark. A$_2$.

— Replika instygatorów na racye JO. X. Lubomirskiego do sądu i Najj. kommissyi wnoszone (ok. 1775). folio, ark. B$_1$.

— Obrona z strony instygatorów koron. w sprawie Barskiey y odpowiedź na produkt Xcia Lubomirskiego. folio, ark. C$_1$. i kart 2.

— Kontynuacya obrony. folio, str. 6.   Branie. — Krasiński.

— obacz: Lubomirski Jerzy Marcin (Produkt sprawy 1774, Odpowiedź 1776).

Bar (de) **Katarzyna Mechtylda** ob. Giry W. (Woń najwdzięczniejsza 1738).

BARAIL. Xawery z Nancy. Eloge de Stanislas I. roi de Pologne 1766. w 8ce. Quérard La France littér. 1827. I. s. 170.

— Eloge historique de Stanislas I. dit Le Bienfaisant roi de Pologne, duc de Lorraine et de Bar par M. B. ***. A Paris, chez les libraires associés MDCCLXXXI (1781). w 8ce, VIII. i przeszło 58 str.   Akad.

Baranek ob. Wacław Ś. (niewinny 1747) — Węgrzynowicz Ant. (Nuptiae agni 1711).

Barankiewicz Andr. ob. Strzelski Jan (Disputationum 1652).

Barankiewicz Jakób ob. Radliński Jacobus Paul. (Octava corp. Christi 1758).

Barankiewicz Jan Joachim ob. Szydłowski Marcin Fr. (Gemmae 1687).

BARANKOWIC Marcin. Auspicata festorum pontificalium omina illustrissimo et reverendissimo D. Dno, Bonaventurae de Niedzielsko Madalinski, Dei et Apostolicae Sedis gratiā episcopo Płocensi, ad solennem Cathedrae Płocensis ingressum, inter festos publicae laetitiae applausus, officiosissimi cultûs et gratulationis ergò, a Martino Barankowic scholae cathedralis Płocensis directore, dedicata. Anno salutis, M. DC. LXXIV. die VIII. Septembris. Cracoviae, typis Universitatis (1674). folio, ark. 4.

Z herbem Madalińskich, pod nim rycina kościoła katedr. w Płocku.

W egzempl. Bibl. Jag. na odwrocie tytułu nie ma ryciny, tylko u spodu ośmiowiersz. Czartor. — Jagiell. — Krasiń. — Ossol.

— Navigium laureatum post emensum rigidi examinis pelagus VV. XIV. primae laureae candidatorum, felici opera in portu honoris consistens; cumque illis, in alma Uniuersitate Cracouiensi, per excellentissimum ac doctissimum Dominum M. Joannem Gostumiowski philosophiae doctorem, collegam minorem, ordinarium astronomiae professorem, in frequentissima nobilissimorum hospitum coronâ, prima in artibus et philosophia laurea, ritu solenni conferretur amoris et gratulationis ergò a Martino Barankowic ejusdem laureae candidato lecto celeusmate exceptum. Anno restauratae salutis MDCLXXII (1672). mensis April. die 9. Cracoviae, apud Stanislaum Piotrkowczyk S. R. M. typogr. folio, 4 ark.

Na odwrotnej stronie tytułu miedzioryt przedstawiający łódź, w której widać siedmiu młodzieży po jednej stronie. W górze na lewo Św. Jan Kanty, z którego ust wychodzą słowa: Non nisi legitime certantibus, — a z obu rąk sypią się wieńce; po prawej ręce zaś jest herb Szreniawa. — Przypis Janowi z Lipia Lipskiemu, staroście Czchowskiemu, komissarzowi województwa krakowskiego i rotmistrzowi powiatu Sądeckiego. — Sam panegiryk wierszem łacińskim. — Na 3 ciej karcie oda łacińska ku czci błog. Jana Kantego, dalej wiersze na cześć trzech professorów egzaminatorów: Franciszka Przewoskiego, Walentego Jana Mazurkowicza i Jana Gostumiowskiego. Kandydaci byli: Szymon Erazm Sierzycki, prof. klasztoru Miechowskiego OO. Bożogrobców, Jan Albert Zołwiński, Jan Dominik Zajączkowic, Jakób Albert Zajączkowic, Kazimierz Łojewski, Krzysztof Jan Grzybowski, Stanisław Franciszek Lalewic, Walenty Działyński, Jan Ekart, Stanisław Franciszek Ozimkowic, Jędrzej Jan Wawrzynkiewicz, Grzegorz Stanisław Łagowic, Baltazar Dylowski. — Każdego z osobna skreślił pochwałę wierszem. — Dla Barankowica napisał Jan Albert Zołwiński, także wierszem. — Na końcu: za rektorstwa Szymona Makowskiego.

Juszyński Dykc. 1. 12. — Bandt. Hist. dr. krak. — Przyłęcki: Wojna Chocimska Lipskiego 1850. str. XI—XII. Akad. — Jagiell. — Ossol. — Dzików.

Barankowicz Stanisław. Erato ob. Goliński B. (Apollo Musae 1617).
Juszyńs. Dykc. I. 12.

Baranów ob. Przeniesienie kwarty i hyberny (1773).

Baranowicz Franciszek ob. Chrapowicki Eust. (Sprawa skarbu 1781).

(Baranowicz Jan). Olympiaca palma post vitae cursum Joan. Baranowicz oblata. 1722. obacz: B. G.

Baranowicz Joannes obacz: Decisio (1702).

BARANOWICZ Łazarz, arcyb. Czernichowski (1593 † 1693). Anthologion sirecz Cwietosłow ili Trifołog, sostawlennyj ot swiatych otec. W tipografii Nowhorodskoj trudolubijem Simeona Jalinskoho, perwoje izdannyj, roku ot roż-

dcnija Christowa 1678. folio, k. nlb. 6. prócz tytułu, liczb. 699 i 70.

Przedmowę pisał Łazarz Baranowicz.
ob. Anfologion.   Krasińs.

— Apollo chrześciański opiewa żywoty świętych z chwałą ich cnoty ucho skłoń z ochoty. Na błogosławiąca rękę jako na takt jaki patrząc Jaśnie przewielebnego w Bogu Jego Mości Ojca Łazarza Baranowicza archiepiskopa Czernihowskiego, Nowogrodskiego i t. d. Chwalcie Boga w świętych jego. Psalm 150. Z typografii Kijowo-Pieczarskiej roku p. 1670. w 4ce, z przodu 3 k. nlb. i 404, spisu 6 k. nlb.

Niczem się nie różni od wydania mającego tytuł: Żywoty ŚŚ.

— Błagodat' i istinna Isus Chrystom byst', jehda od neho Joan Aleksiejewicz znamenujuczyj błagodat', i Petr Aleksiejewicz znamenujuczyj istinnu, postawłeny sut Carije nad horoju swiatoju jeho wysokaho dostoinstwa wełykija derżawy prawosławnaho Carstwija Rossijskaho, na nem że jako błagodat' i istinna carstwujut.... O sem jasne w Bohu preoswiaszczenyj Jeho Miłost hospodyn otec Łazar Baranowicz prawosławnyj archiepiskop Czernichowskij.... opisa siju błagodat' i istinnu... W drukarni Swiato-Troickoj Ilińskoj Czernihowskoj w roku 1683 miesiaca Dekemwrija dnia 20. folio, kart 19 i na ark. wielkim miedziorytowe wizerunki.

Strojew str. 343. — Mich. Wiszniews. VIII. 389. — Sopikow N. 146. mylnie ma datę 1680 r. — Karataj. N. 916. — Tołstoj s. 169.
Bibl. Akad. Nauk. w Petersb. — Bibl. Karatajewa.

— O Chirotonii sirecz o rukopołożenii, swiatitelskom na nowo postawlennom jerei. W jehoż [autora] drukarnie Nowhorodskoj-Siewierskoj izdano 1676. w 4ce, kart nlb. 6, liczb. 18.
           Krasińs.

— Czuda preswiatoj i prebłohosłowennoj Diewy Maryi. Błahosłowenijem jeho miłosti hospodina otca Łazara Barananowicza archiepiskopa czernihowskaho, nowhorodskaho i wscho Siewera. Z tipografii archiepiskopskoj w Nowhorodku Siewierskom. Roku ot rożdestwa

Christowa 1677. miesiaca Aprilija dnia (zatarte). w 4-ce, k. nlb. 3, liczb. 48.
Krasińs.

— Czuda preswiatoi Bohorodicy. w 4-ce, karty liczbowane.

Książka bez początku i końca, z ułamkowych kart złożona. Jaki jest rzeczywisty jej tutuł, niewiadomo. Widocznie jest tłumaczeniem lub przerobką książki zagranicznej, mówi bowiem przeważnie o cudach spełnionych za granicą we Włoszech, w Hiszpanii itd. (Są jednak wymienione i kraje Polski szczególniej przechrzczone n. p. na odwrotnej stronie karty 90-tej. „W Małoj Rossii w powietie Lwowskom w monastyru Kreszczowskom — W Małoj Rossii w powietie Halickom niedaleko od miesta Kołomyi“ i t. p.).
Krasińs.

— Księga rodzaju w ktorey palcem Oycowskim napisane: „Na początku było słowo.“ Przez jaśnie w Bogu przeoświecono:go Oyca Łazarza Baranowicza, z Bożey łaski archiepiskopa Czernich., Nowogrodz. i Siewiers. W typografii archiepisk. w Nowogrodku-Siewierskim zostającey otworzona r. p. 1676. w 4-ce, kart nlb. 57. z dwiema rycinami, druk gocki.
ob. niżej: Zodiak.
Krasińs.

— Księga śmierci albo krzyż Chrystusow na ktorey żywot nasz umarł, ale śmierć sama żyć nauczył. Przez jaśnie... JMości Oyca Łazarza Baranowicza archiepiskopa Czernich. śmiertelnego śmiertelnym podana. Z typogr. archiepisk. w Nowogrodku-Siewierskim zostającey r. p. 1676. w 4-ce, kart nlb. 43.
ob. niżej: Zodiak.
Krasińs.

— Lutnia Apolinowa kożdey sprawie gotowa na błogosławiaca ręke jako na takt jaki patrząc Iaśnie w Bogu przeoświeconego Jego Mości Oyca Łazarza Baranowicza archiepiscopa Czerniehowskiego Nowogrodzkiego y wszytkiego Siewierza. Z typographiey Kijowo-Pieczarskiey roku pańskiego 1671. w 4-ce, kart nlb. 4 i 552 (wydr. omyłka 542), rejestru kart nlb. 16 w tem 4 kart omyłek (druk gocki).

Zaczynają wiersze dedykacyjne do carewicza Jana Alexiewicza. Ogarnia pieśni religijne na zdania przysłowiowe przez siebie obmyślane. Głównie o Bogu, o Jezusie. Od s. 216. o Najśw. Pannie Maryi Bogarodzicy, od s. 236. o ŚŚ. Aniołach, Pro-

rokach, od s. 246. o św. Józefie Patryarsze, o ŚŚ. Apostołach, Męczennikach, str. 275. o słońcu, dniu, miesiącach, s. 299. o ptaszętach, owocach, zbożu, pogodzie, cnotach, modlitwie, grzechu, pijaństwie, o malowaniu twarzy, o cielesności, o powietrzu, o wojnie, na monastyr Nowogrodzki. Mars puścił klocki, o dobytym zamku Nowogrodzkim r. 1668 Februar 29. o inkursyach tatarskich (s. 414), jak świat światem nie bedzie rusin polakowi bratem, s. 431. o niestatku świata, o pokoju roku 1667, o chorobach, o lekarstwie nim przydą doktory, (s. 460). o śmierci, nagrobek carycy Maryi, carewiczom, Ad. Kisielowi, (s. 495). Piotrowi Mohile, Sylw. Kossowi, Dyoniz. Bałabanowi, Józ. Tryznie, Clem. Staruszycowi, Klem. Witoszyńskiemu, Barlaamowi malarzowi Pieczarskiemu, Herm. Połupanowiczowi, o strasznym sądzie, o tytulach. — Po rejestrze idzie: Żona przy końcu zostawiona, po spisie omyłek: nagrobek Alexiju Turowi ihumenowi monastera.

Mrówka Pozn. 1821. II. 97—105. — Wiszn. Histor. liter. VIII. 384—8. — Chodynic. Dykcyon.
Akad. — Czartor. — Jagiell. — Krasińs. — Ossol. — Warsz. Uniw.

— Nowa miara starey wiary Bogiem vdzielona jaśnie w Bogu przeoświeconemu Jego Mości Oycu Łazarzowi Baranowiczowi archiepiskopowi Czernihowskiemu, Nowogrodzkiemu y wszystkiego Siewierza. Na wymierzenie władzy S. Piotra y papieżów rzymskich y pochodzenia Ducha S. od Oyca która aż i do was dosięgła. Z typographiey archiepiskopskiey w Nowogrodku Siewierskim zostającey. Roku p. 1675 (1676). Aże tysiac lat jako dzień wczorayszy. Psal. 89. v. 4. według komputu proockiego od narodzenia Pańskiego jeszcze y dnia drugiego nie masz jak jest wydana. Krolowi wiekow nieśmiertelnemu, niewidzialnemu samemu Bogu cześć y chwała, na wieki wieków. A. 1. Tim: I. v. 17. w 4-ce, str. 354 i 11 kart na przodzie.

Lazarz Baranowicz podpisuje wierszowaną dedykacyą do N. M. P. — Autor przypisał dzieło: Alexiu Michaiłowiczu, carowi. — Potem idzie przemówienie do X. Pawła Boymy, wreszcie: Do Czytelnika. — Obejmuje: Część I. o władzy S. Piotra i papieżów (do s. 114). Część II. o pochodzeniu Ducha S. (do s. 336). Wiersze o pochodzeniu Ducha Ś., Votum Starej Rusi. Przypominają one styl wierszowy Barano-

wicza. Jest Galatowskiego osobne dzieło
o pochodzeniu Ducha Św. p. t.: Stary
kościół 1678.
Jocher II. s. 561—563. dokładnie opisuje
dzieło. — Pisze Galatowski (Stary kościół
1678), że jezuici Cichovius i Boym książ-
kami paszkwilowemi w Krakowie i Wilnie
wydanemi p. t. Trybunał (Kraków), Stara
wiara (Wilno), przeciw cerkwi wschodniej
wystąpili. — Porównaj niżej : Notiy piec.
Jocher 3062.
Czartor. — Dzików — Ossol. — Uniw.
lwow. — Warsz. Uniw.
— Toż. Edycya druga. Czernihów,
1679. w 4ce.
Eugeni Metrop. Istor. Słowar. II. s. 317.
— Miecz duchownyj, iż jest' gła-
goł Bożij, na pomoszcz cerkwi woju-
juszczej, iz ust Chrystusowych podan-
nyj ili propowiedi na dni woskresnyje
i prazdnicznyje soczinenia Czernihow-
skawo archiepiskopa Łazaria Baranowicza. Tipom izdadesia w swiatoj, welikoj, czudotwornoj Ławrę Peczerskoj
Kijewskoj w leto ot sozdania mira 7174.
ot rożdestwa że Chrystowa 1666. folio,
kart nlb. łącznie z tytułem 15, liczb.
464 i nlb. 1 na końcu.
W tekście jest kilkadziesiąt rycin.
Jocher 5176. — Sopikow I. 140.
Krasińs. — Ossol.
— Notiy piec ran Chrystvsowych
pięć. Wszyscy ktorzy drogą idziecie vwa-
żaycie y vpatruycie, ieżeli iest boleść,
iako boleść moia. Thren: I. v. 12. Dwie
madre Panny pod krzyżem stoia, —
O tych Notiy pieć concepta stroia, —
Nową mu boleść zadáie, — Kto do tych
ran co przydáie. — Przez Jáśnie w Bogu przeoświeconego Jego Mśći Oycá
Łazarza Baranowicza z łáski Bożey pra-
wosłáwnego archiepis. Czernihowskiego, Nowogrodz. y wszystkiego Siewierzá, policzone y drogą idącym vważá-
niu y vpatrowaniu podane. Vważáyćie
y vpatruyćie. W typographiey moná-
stera S. Troycy Ilińskiego Czernihowskiego. Roku 1680. w 4ce, str. 355,
kart na przodzie 41.
W przypisaniu carowi Teodorowi Alexiewi-
czowi i w przedmowie autor Łazarz Baranowicz archiepiskop Czernichowski wymieniony.
Kolej mięszaniny w tej książce jest następująca: Najprzód arkusze nieliczbowane.
W nich drobne wiersze z nadpisami łaciń-

skiemi lub ruskiemi, o śmierci, o krzyżu.
Dalej rozmyślanie o męce Pańskiej (prozą)
Marya Bogonosica. — Notio secunda od
cara Dawida carowi Theodorowi Alexie-
wiczowi duchem prawdy przy weselu opo-
wiedziana, kiedy mu Bóg caricę Agafią
Symeonownę darował (kart 7. cerkiew.
drukiem po rusku. przeplatana wierszem
polskim); o Bogu; dalej kart 4 po rusku
do cara Alexiewicza. — Następnie temuż
dedykacya po polsku. Poczem rycina M.
Boskiej Czernichowskiej. Dalej wierszyki
o Bułdyńskich górach. Przeciw Turkom.
Do orłów moskiewskiego i polskiego. Brat
wschodni bratu zachodniemu (prozą). Tu
powiada: Napisałem do P. Rzymian Miarę
Wiary, którą i Paweł Rzymski pisał. —
W przemowie do Czytelnika oświadcza
„Notią wydaję powtóre broniąc cerkiew o
pochodzeniu Ducha Św. od Oyca." „Jak
nowa miara u mnie była Janowa i według XV. ewangels. rozdziału tak tą Notia
nad Jana więcej wiedzieć nie chce." — Po
tych wstępach, zaczyna się dzieło już
stronnicowane, mające nadpis: Notiy pięc
ran Chrystusowych pięc. Prozą, czasem
wierszem, niekiedy po łacinie, lecz parę
wyrazów po rusku. — Na str. 314. Nadpis: Lech, Rusin, z sobą jak się godzić
mają. Na str. 336. (nlb.) Jezus, Rusin.
Rusin się bierze do głowy Jezusa. —
Maria, Rusin (str. 338 nlb.) Bóg, Car,
Ruś. — Bóg, Ruś. — Kończy dzieło:
Chrystus patrizał y matrizat. Cerkiewna
głowa jey do nas mowa. Zoilowi.
Jocher 5896. — Karatajew N. 880.
Akad. Nauk. petersb. — Chreptow. — Czartor. — Jagiell. — Krasińs. — Ossol.
— Płacz o preslawlennij wielikago
gosudara caria Alekśieja Michajłowi-
cza i priwietstwije cariu Fiodoru Alek-
siewiczu soczyn. w stichach napieczat.
(wierszem). W Kijowie, 1676. w 4ce.
Sopikow I. N. 823. — Karataj. N. 820. —
Wiszn. Hist. lit. VIII. 385.
— O przygodach życia ludzkiego
wierszem polskim. Czernihów, 1678.
Wiszn. VIII. 389.
— Rozmowy o wierze y życiu świę-
tych. Kijów, 1671.
Wiszn. VIII. 389.
— Słowo błagodarstwiennoje Go-
spodu Izusu Christu (to jest wyraz
wdzięczności ku Jezusowi Chrystusowi).
Druk w Poznaniu, 1680. w 4ce (po
rossyjsku).
Rogals. w Dzienniku Wileńs. — Wiszniews.
VIII. 389.
— Słowo na swiatuju i nieraz die-
linnuju Trojcu. Ko spaseniju dusz

christiauskich wydanoje. [Osobnego tytułu nie ma, na końcu zaś:] W drukarni Nowhorodka Siewierskaho izdadesia. Bcz daty. w 4-ce, kart nlb. 8.
Krasiús.

Do tego dodano lub tylko razem oprawiono,
ale tym samym drukiem i w tym samym
formacie odbito:

— Słowo na błahowieszczenije preswiatoj Bohorodicy priłuczszejesia w sre-
du kresto pokłonnuju r. 1674. w 4-ce,
kart nlb. 4, z dwiema rycinami.
Bez miejsca druku i nazwiska autora.
Krasiús.

— Słowo na uspienije preswiatyja
Bohorodicy, jeho miłosti hospodina otca
Łazara Baranowicza archiepiskopa Czernihowskaho, Nowhorodskaho i wsiecho
Siewiera, sostawlennoje roku 1680. Tipom izdadesia w drukarni Swiato Tro-
jeckoj Ilinskoj Czernihowskoj. w 4-ce,
kart nlb. 9. Krasiús.

— Truby słowien propowiednych,
na naroczytyja dni prazdnikow: gospod-
skich, bogorodicznych, anhelskich, pro-
roczeskich, apostolskich, muczenniczo-
skich, czudotworcow, biezsretnikow, bła-
gowiernych cariej i kniaziej i procz —
Jaże Łazar Baranowicz mł. Bozijeju,
prawosławnyj archijepiskop Czernie-
chowskij, Nowgorodskij i procz — siłoji
Bozijeju wostrubi, posłuszaja hospoda
jako truba wozniesi głas twoj i woz-
wiesti ludiem moim. (Isaii gł. 58). Tipom w swiatoj, wielikoj, czudotwornoj
Ławrie Kijewo- Peczerskoj, stauropigii
archiep. Konstan. patriarchi Wsielenskaho. W leto od sozdania mira 7182.
ot rożdestwa Christowa 1674. napiecza-
tany. folio. Cytat religijnych, wierszy
i przedmowy kart nlb. 10, tekstu str.
403 i rejestru kart nlb. 3.
Jocher 5177. Krasiús.

— Toż. Wyd. 2-gie, tamże, 1679.
folio, z rycin.

— W wieniec Bożey mátki, SS.
Oycow kwiatki. Naswiętszey Panny
Sertum, ex floribus SS: Patrum decer-
ptum. Y ten ktory sobie sprzyiá, áby
zákwitło ciáło iego, z ziemi swey, obra-
cáiąc się w żiemię, na wieniec kwiatki
przynośi. Jáśnie w Bogu przeoświecony

Jego Mść Ociec Łazarz Baranowicz prá-
wosłáwny archiepiskop Czernihowski,
Nowogrodzki, y wszystkiego Siewierzá.
Z typographiey archiepiskopskiey Czer-
nihowskiey roku od narodzenia Panskiego 1680. przybyszowego Do nátu-
ry człowieczej, że Pan przybył z Nie-
bá, — Przybyszá nam takiego dáwno
było trzebá. w 4-ce, kart na przodzie 4,
str. 80 i str. 142.

Pierwsza karta tytułowa jest to rycina szty-
chowana, pod którą napis: Wieniec wziął
Oblybieniec.

Dedyk. hetmanowi Jeho carskoho preswitło-
ho weliczestwa, [niewymienionemu imiennie (Janowi Samoiłowi)].

Dzieło prozą i wierszem. Do strony 78 są
wyjątki z Ojców SŚ. o Najświętszej Pannie, porządkiem alfabetu ich nazwisk
umieszczone, a z Kazań Rychłowskiego,
Radziwiłła Żywotów, Liberyusza Gwiazdy
zaczerpnięte. Kończy na str. 79 wiersz:
Pan z Tobą Panno. — Część II. wierszem
i prozą zaczyna od napomknień o swoich
wydać się mających dziełach: „Na Księdze
śmierci niech Panie nie stanie — sługa
twoy Łazarz....; — niech.... ku twey y
Matki twey wyda ozdobie — Matce twey
Wieniec, Notią Duchowi...." — Są tu
liczne nadpisy drobnych artykułów": Wieniec wie nic, — Kolęda da koło, — Rzymskie Pańskie Narodzenie wprzod a potym
dziwnjem Ruskiemu? — Rara concordia
fratrum (Rusin i Lech). — Maryey chwała
lubo nie cała. — Na r. 1680 (wiersz.) —
Podziękowanie za murów (Cerkwi) stanie
(carowi Teodorowi). — Ruś kończy. — Na
matki przyczynę, odpuść naszą winę. —
Na końcu: Zoiłowi Dawid mowi. — (Wiele
nadpisów jest po rusku).

Jocher 5895, 8186.

Na egzemplarzu Biblioteki Jagiell. zapewne
autor napisał: JEM. P. Mazepie w Duchu
Św. miłemu synowi na błogosławieństwo
ofiaruje.

Jagiell. — Krasiús. — Ossol.

— (Brak tytułu). Na ark. A. nadpis:
Zodiak w Narodzeniu Pańskiem. w 4-ce,
ark. M₂.

Lecz arkusz D₂ jest podwójny i od drugiego
D₂ zaczyna się co innego. Do D₂ (kart 13)
idzie: Chrzest Pański, Zmartwychwstanie,
Wniebowstąpienie. — Drugie D₂ do M₂,
(kart 33, brak zaś kart 14), zdaje się,
że z innego dzieła Baranowicza. Obejmuje od lit. K. abecadłowo ujęte wiersze,
o krzyżu Pańskim. Na odwrocie L₃ jest:
Dobry na Turki chrześcianom omen. Na
karcie M₂ pisze: Anno 1676. szósta księ-
żeczka na świat wyszła, siódmą zaś wy-

dał xiążkę śmierci. — Przy końcu są wiersze: Krzyż, Księga śmierci, y Księga żywota, — czytać wam na nich, niech będzie ochota.

Z Galatowskiego Stary kościoł r. 1678. widno, że Lazarz Baranowicz wydał wówczas: 1) Miecz, 2) Trąby, 3) Lutnia, 4) Miara, 5) Żywoty ŚŚ., 6) Xięgi rodzaju, 7) Xięgi śmierci i księgi insze. — Gdyby istotnie w tym porządku wychodziły te dzieła, ówczas Zodiak należałby do xięgi rodzaju. Druga część zaś należy do Xięgi śmierci albo krzyż Chrystusów. — Żywoty ŚŚ. i Apollo, zaczynają się od Narodzenia Pańskiego. Jagiell.

— Żywoty świętych ten Apollo picie iak ci działali niech tak kozdy dziec. Na błogosławiącą rękę jako na takt iaki patrząc Iaśnie przewielebnego w Bogu Jego Mosci Oyca Łazarza Baranowicza archiepiskopa Czernihowskiego, Nowogrodskiego et caet: Chwalcie Boga w Świętych iego. Psalm: 150. Spiewaliśmy wam, à nie skakaliście. Mat: 11. Z typogràphiey Kijowo - Pieczarskiey. Roku panskiego 1670. w 4-ce, kart nlb. 4, str. 404 i 14.

Cały panegiryk w oblamkach drzeworytowych, druk gocki.

Przypisał autor wierszem polskim Teodorowi Alexiejowiczowi carewiczowi i wielkiemu księciu wszystkiej Wielkiej, Małej i Białej Rusi. Poczem idzie przemowa do Czytelnika wierszem polskim ułożona. Całe Żywoty także wierszem polskim napisane, poczynają się od Narodzenia Pańskiego. str. 23. o Zmartwychwstaniu Pańskiem. s. 29. o zesłaniu Ducha Św., s. 43. o Św. Krzyżu, s. 66. Snop męki Jezusa Chrystusa tragoedia Wielkopiątkowa wystawiony, (z drzewor.), s. 89. O Nájśw. Pannie Mariey, s. 120. O N. Pannie Kupiatyckiej, Częstochowskiej, Pińskiej, s. 138. o ŚŚ. Archaniołach, Prorokach, Apostołach, s. 176. O cesarzu Konstantynie, Włodzimierzu, Boryszę Bazylim W., s. 229. o ŚŚ. Męczennikach, s. 317. o ŚŚ. Pustelnikach, s. 385. o ŚŚ. Ojcach Pieczarach i o Pieczarach Kijowskich. Kończy: Na przeciwnika świętym Ariusza.

Na końcu dodrukowano dwie kart, z tym nadpisem:

Jezus Maria. Pięć Panien mądrych pięć tych liter licza — Na pięciu palcach tak się mądrze cwicza — Za to liczenie policza ich w niebie — Nie będą mieli głodu tam przy chlebie — Ma ten pięć smysłów co litery liczy — W tych dwoch Imionach, precz od nie-

go biczy. — Jam szczepił, Apollo polewał, ale Bóg dał przymnożenie, a tak ani ten co szczepi iest czym, ani ten co polewa, ale Bóg który pomnożenie dawa. 1. cor. 3. r. 6. — Chorda in Cithara, si minus tenditur, non sonat. si amplius raucum sonat. Gregor. libr. 10. Moral. c. 31. — Struna w lutni iesli mniey naciagniona, nie gra, iesli więcey, różni.

Poczem idzie rejestr Świętych stron 7. — Menda emenda stron 7.

Chlędows. Spis s. 35.

Czartor. — Czetwert. — Jagiell. — Krasiń. — Ossol.

— obacz: Dymitr Metropol. (Runo 1680) — Galatowski Joannicyusz (Stary kościół 1678, 1679) — Krzczonowicz Laur. (Triodion 1685) — Menowski Kalikst (Modlitwy dzienne 1689).

Eugeni Metrop. Słowar istoriczeskoj Petersb. 1818. s. 394. — Świecki Hist. Pamięt. I. 276—7. — Chodynie. II. 9. — Juszyńs. I. 12. — Bandt. Hist. dr. Król. pols. I. 61 II. 21—2. — Chlędows. Spis 35. — Mrówka pozn. 1821. II. 97. — Załuski Bibl. poet. — Rogalski w Dzien. wileńs. 1822. III. 275—8. — Encykl. Orgelbr. III. 113. II. 851—2. — Encykl. kościelna II. 2. — Lelew. Bibl. ks. I. 213. — Wiszniews. VIII. 384—390. — Stradomski Żurnal minist. narod. prosw. 1852. Lip. i Sierp. (w 8ce, str. 104). — Czernigows. Seminarysk. Biblioteka Czernigows. Gubern. Wiedom. N. 10—12, 14—27, 35—39). — Pisma preoświaszczew. Łazara archiepis. Izdanie II. Czernichów, 1865. w 8ce. — Sumcow N. Th. Łazar Baranowicz 1885.

Baranowiczowa Józefa ob. Niezabitowscy Stan. i Józ. (Produkt przeciw Tomaszewiczowi 1786).

BARANOWSKI Antoni. Philosophia universa, eruditis veterum et recentiorum quaestionibus ac notis sententiarum illustrata, sacrae scripturae, conciliorum, sanctorum patrum authoritati, et gravissimis rationibus v. servi Dei Joannis Dun Scoti, infundata verae et orthodoxae scientiae propugnatoribus ad tutelam proposita, et vero divis, Joanni Nepomuceno et Josepho Cupertino dicata, publice defendenda in capitulo provinciali Ordinis minorum conventualium S. P. Francisci in conventu cu-

46

stodiali gnesnensi celebrato a F. (Antonio Baranowski), assistentibus P. Hieronymo Ciehocki et P. Hier. Komosinski ejusdem phil. professoribus. 1758. Gedani, typis Hartmannianis.

Baranowski Jan archidyakon lwows. ob. Lubaszowski Łukasz Wawrz. (Ortus caelestium) — Swieczkowicz Wawrzyniec (Listou agon 1627) — Sleszkowski Sebastyan (Pentas epistolarum 1630).

(Baranowski Ignacy). Domino Ignatio Baranowski... discipuli theologi scholastici Vilnenses sui erga cum devinctissimi et gratissimi animi documentum sequenti comprobaverunt carmine. (In diem S. Ignatii). B. w. m. i r. (1750?) w 4-ce, kart 4.   Wilno.

BARANOWSKI Josephus (ur. 19 Marca 1713). Angelicus adolescens sanctus Stanislaus Kostka Societatis Jesu festa sui luce primùm à conflagratione templi Lublinensis ad publicum ejusdem ecclesiae sacellum, simul ad collegium nobilium sub cura PP. Societatis Jesu primariò excitatum translatus. Pro omnigenae virtutis norma nobilissimae juventuti propositus. Auctore P.... Soc. Jesu eloquentiae professore. Superiorum permissu. Lublini, typis collegii Societatis Jesu, anno M.D.CC.L.V. w 8ce, sign. A₂—C₇.

<small>Dedyk.: Dominik. Krasickiemu, Kajet. Raczyńskiemu, Franc. Deboli, Wład. Trembinskiemu, Stanisławowi Stoinskiemu, Kajetanowi Płochockiemu, Canntowi Dłuskiemu, Jan. Nep. Kamińskiemu, Janowi Krasickiemu, Józefowi Wybranowskiemu, Ksaweremu Stoińskiemu, Antoniemu Lechnickiemu, Józefowi Dłuskiemu, Józefowi Grabkowskiemu, Józefowi Lechnickiemu, Rajmundowi Wybranowskiemu.</small>

<small>Jagiell.</small>

— Kazanie na uroczystość Ś. Brygitty, miano we Lwowie w kościele WW. PP. Brygittek d. 8 Paźdz. 1753. <small>Brown Bibl. s. 109.</small>

Baranowski Matthias, Calliope ob. Opaleński P. (Lessus 1624).

<small>Juszyński Dykc. I. s. 12.</small>

— obacz: Hincza Hier. (Lubrański wskrzeszony, Na klejn. Gnińskich 1618).

Baranowski Piotr Teofil, marszałek konfeder. obacz: Załuski Andr. Chrys. (Copia literar. 1710).

BARANOWSKI Stanisław z Baranowa. Szuflada Stanisława Baranowskiego.

Na prawdę:

Nie chowa w mej szufladzie bogacz swego złota, — Bo przy niéj niedobytym zamkiem sama cnota: — Ani drogich kamieni powaga niesławna — Bo piórem poprzedziła moja prawda dawna.

Na książki:

Pióro jest ptak, ptak pióro: to w mojej szufladzie — Obierajcież z pilnością, wszak różne na składzie. — Różne pióro, różny strój, różne obyczaje, — W różnych głowach: różny znak, jedno pióro daje. — W Krakowie, roku pańskiego 1612. w 4ce, 3 ark.

<small>Na odwr. tytułu herb Trąby Brzezińskich, pod nim na pochwałę 14 wierszy pols. — Przypisał wierszem Wojciechowi Zygmuntowi z Brzezin Brzezińskiemu, sypiąc mu pochwały i nazywając go swym bratem. Podpisał się Baranowski z Baranowa. — W szufladzie tej, są do rozmaitych osób różne zdania i przypowieści wierszem napisane jak n. p. na przełożonego, na radnych, na ostrożnych, na strawnych, na sławnych, na miłosiernych, na bogobojnych itd.</small>

<small>Bentk. Hist. lit. I. 58. — Sinrez. I. 17. — Maciejows. Piśm. III. 576—7. — Biogr. Univers. Paris 1811. T. III. s. 321.</small>

<small>Warsz. Uniw.</small>

BARANOWSKI Woyciech, prymas (ur. 1548 † w Październiku 1615). De observandis decretis Concilii provincialis Litt. Lovicii 1609. d. 12 Mart. obacz: Concilium provinciale regni Poloniae quod Bernardus Maciejowski habuit. Cracoviae. 1609, 1611, 1630.

— Constitutiones Synodi dioecesanae Vladislaviensis ab A. Baranowski celebr. die XVII. Sept. A. 1607. ob. Constitutiones.

— Synodus dioecesana Plocensis A. 1597. celebrata praesidente Alb. Baranowski ob. Synodus.

— Synodus dioecesana Plocensis II. a Alb. Baranowski habita A. 1603. ob. Synodus.

— Synodus dioecesana Gnesnensis ab archiepisc. Gnesn. habita. Lovicii, 1612. ob. Synodus.

(**Baranowski Wojciech**). Illustrissimo ac reverendissimo Domino D. Alberto III. Baranowski, D. G. archiepiscopo Gnesnensi legato nato Regni Poloniae primati primoq. principi etc. etc. Primum in suam Archiepiscopam Gnesnensem ingredienti. Gratulatio: studiosorum in archiepiscopali collegio Calissiens. Societatis Jesu. Calissii, typis Alberti Gedelii. Anno ∞ bCIIX (1608). w 4co, str. nlb. 8.　　　　　Branic.

— ob. Bartsch Fridericus (Concionum T. II. 1610) — Bilscius (1588) — Biskupski P. (Oratio coram Paulo 1611) — Goliński Bazyli (Ode 1585, In advent. 1588) — Grochowski Stan. (Babie koło) — Lilia Petrus (Responsio ad epistolam 1584) — Locacchius Andreas (Classis 1609) — Mierzewski Andreas (In ingressum 1609) — Moczydłowski J. (Przypowieści 1614) — Paprocki Bartłom. (Catalogus 1608) — Plocius (Quaestio 1611) — Schoneus Andreas (Daphnis seu de funere 1588) — Zieliński Mikoł. (Partitura 1611, Cantus 1611).

Janociana II. 8—12. (o rękop. Statutu Synod. 1593). — Sołtykowicz Akad. 598. — Niemcew. Zygm. III. I. 85, 116, 189, 196, 214, 255, 482. II. 43. — Kobierzycki — Wiszniews. I. 58. VII. 567. — Encykl. Orgelbr. II. 852—3. III. 113. — Encykl. kośc. II. 3. — Siemieński Monum. Gnesn. 1823. s. 65—6. — Zacharyasiewicz Vitae episc. 94—5. — Pamięt. relig. moral. 1861. VIII. 388—90. — Rzepnicki Vitae praes. I. 147—9. — Gawarecki Pamięt. Łowicza 57. — Duńczewski Herbarz I. 327. — Okolski Herbarz I. 237. — Biographie Universelle 1811. T. 3. s. 220. — Święcki Hist. Pamiąt. I. 6—7. — Plater Zbiór Pamięt. II. 220. — Tygod. illustr. 1864. s. 211—12.

Barański X. rektor ob. Powitanie (1787).

BARAŃSKI Alexander. Exercitationes philosophiae sub auspiciis dignissimi ac acquissimi judicii terrestris Vladimiriensis, idque P. M. D. Josephi Constant. Iwanicki judicis, Petri Stocki vice-judicis, Josephi Sumowski notarii, Franc. Prossowski, Ignatii Wierzbicki camerariorum, Antonii Wnorowski regentis viror. generis nobilitate, virtutum eminentia in Rempub. benemeritis, in agendis dexteritate, in dijudicandis acquitate, in studia propensione excellentium, propugnatae in Collegio Basiliano Vladimiriensi ab eruditis Macario Iwanicki, judicis ter. Vladimir. fil., Thadaeo Swieżawski judicis ter. Bełzen. filio, Josepho et Petro Radziminsciis pocillatoris Czernichow. filiis, Theodoro Turowicz, Jacobo Misiurkowski, Theodoro Paczkowski, Joanne Szumski. Praeside R. P. Alexandro Baranski, O. S. Basilii mag., AA. LL. et Phiae doct. ejusdemq' publ. professore, scholarum praefecto Anno Dni 1779. Idib. Julii. w 4ce, kart 4.

BARAŃSKI Franciszek. Corona virtutis et eruditionis theologica laurea, erudito capiti, perillustris et reverendissimi Domini D. Joannis Herculani Matuszewic canonicorum regularium lateranensium, per Minorem Poloniam, et M. D. Lithuaniae, praepositi generalis, imposita, dum in alma Universitate Cracoviensi, per perillustrem, clarissimum et admodùm reverendum Dominum D. M. Andream Augustinum Czyrzyckowic, S. Th. doctorem et professorem, ejusdem facultatis decanum, ecclesiarum collegiat (sic) S. Floriani praepositum, Neosandecensis primicerium, almae Universitatis Cracoviensis seniorem patrem, in illustrium hospitum et Senatûs Academici coronâ, S. Th. doctor, ritu solenni inauguraretur a congregatione canonica debito venerationis homagio, honorata. Operâ Francisci Barański, can: regul: Later: S. Th: auditoris Anno qVo PaLLas LaVrIs generosè Donat OLoreM (1711). Cracoviae, typis Francisci Cezary, S. R. M. Ordinarij chalcographi. folio, k. nlb. 4.　　　　　Jagiell.

— Nexus gratiae divinae cum voluntate creata, in sensu compositae utriusq'; retinens infallibilitatem metaphysicam, ex parte gratiae supernaturalis, et libertatem indifferentiae, ex parte voluntatis creatae; aequè ad ponendum, ac non ponendum actum salutarem, dicatus perillustri, et reverendissimo Domino, D. Joanni Her-

culano Matuszewic, Sac: Th: doct: canonicorum regularium Lateranensium per
minorem Poloniam et M. D. Lithuaniae
praeposito generali, oblatus per R. P.
Franciscum Barański, canonicum regu-
larem Lateranensem, defendêtem conclusiones praescriptas, ab adm R. P.
Antonio Haraburda, can: reg: Latt:
priore conv: gen: SSmi Corporis Christi, et actuali professore Theologiae
Scholasticae, eoq'; praesidente, defen-
denti ad resolvendas difficultates. Anno
ab existentia physica causae meritoriae
gratiarum divinarum 1711. Die 28 Junii 1711. folio, kart 5.

Jocher 3470.
Jagiell. — Ossol. — Czartor. — Dzików.

Barański Jakub obacz: Szydłowski
Marc. Franc. (Gemmae 1687).

BARAŃSKI Joh. Stan. Lutheranus
non natus, sed factus, et ex nesacro
papatus spineto in orthodoxiae evan-
gelicae rosetum transplantatus. Qui Lutheranae veritatis constantissimum, Spiritus S. ope, jam socium revocatoria oratione in frequenti et splendida panegyri
illustris Lipsiensis Academiae d. IX.
Decembris Anno E. C. cIɔIɔCLXVII.
in Collegio PP. Majore se confessus est,
hactenus pessimae Babelis proh, servus
Johannes Stanislaus Baransky a Schön-
berg etc. etc. Lipsiae, typis Johann-
Erici Hahnii (1667). w 4ce, sign. ark.
A₂—C₃. Wrocławs.

BARAŃSKI Marcin. Oratio funebris
super illustrissimo Domino D. Sebastiano comite in Wisnic Lubomirski castellanus Woynicensi, Sendomiriensi, Do-
biecensi capitano. Excessit e viuis anno
cIɔIɔCXIII, aetatis suae' LXXIV, VI
Nonas Augusti, tumulatus Cracoviae in
basilica Sanctae Trinitatis. Cracoviae,
in officina Simonis Kempinij Anno Domini 1613. w 4ce, k. nlb. 12. (sign. C₄).

Prozą i wierszem. — Dedykacya: Stanislao
Lubomirski, Sendomiriensi capitaneo. —
Podpisany pod nią Mart. Barański, stud.
Acad. Cracov.

Ossol. — Warsz. Uniw.

(Barański Michaël). R. P. D. Vice-
comite Cracovien. Cappellaniae pro Mi-

chaële Barański contra Casim. Pałaszowski. 1749. (Romae). folio.

— Acta in causa villae parochialis
Liszki ejusque parochi Michaelis Barański contra abbatem et monachos monasterii Tynecensis Ord. S. Bened. Typis Bernabo 1765—1767. w 4ce.

BARAŃSKI Stanisław († w Ołyce
1754). David gentis Israeliticae ab obsidione Philisthinorum liberator sub ale-
goria Christus Dominus, humani generis Salvator, scenico apparatu per
illustrissimam et nobilissimam scholae
grammatices juventutem in classibus
Novodvorscianis luci publicae demonstratus. Annô Salutis humanae 1746,
die 5 Aprilis. Cracoviae, typis (Universitatis 1746). folio, kart 6.

Dedykacya Mich. et Stanislao Lętowsciis, sub-
dapif. Cracov. Podpisany pod nią M. Stanislaus Barański, Phiae dr. Gram. prof. —
Treść sztuki po polsku i po łacinie.
Jagiell.

— Quaestio physica, de Coelo, ex
libro Aristotelis I. Cap: 1. tex. 8. Cap:
2. tex: 22. desumpta; et sub felicissimo
regimine magnifici, perillustris et admo-
dûm reverendi Domini D. M. Stanislai
Philippowic, Sacrae Theologiae doctoris
et professoris, Collegii majoris senioris
patris ecclesiarum Collegiatarum; S.
Floriani ad Cracoviam decani, Cure-
loviensis scholastici, parochialium Prae-
mykoviensis praepositi, in Igołomia curati, contubernii Starnigeliani et alu-
mnatûs Roszczeviani provisoris, studii
generalis Universitatis Cracoviensis vigilantissimi rectoris, a M. Stanislao Barański, philosophiae doctore et professore, contubernii philosophorum seniore,
pro loco in collegio minori obtinendo,
publicè ad disputandum in lectorio clarissimorum dominorum theologorum proposita Annô Domini 1750, die 2. Decembris. Cracoviae, typîs Universitatis.
folio, kart nlb. 2.

Zebrawski Bibliogr. matem. s. 391. — Janocki Lexic. II. 63. Jagiell.

— obacz: Niklewicz Jac. Phil. (Ar-
boretum 1738) — Unio Philadelphica
(1760).

Baranzonus D. ob. Blanchinus Jędrzej (Pro capacitate 1694).

Baraoth, radca krakowski ob. Marxen Karol (Wywód prawa, Kościół Ś. Mikołaja na Wesoły 1782).

Baratti Antoni ob. Savanarola Gabriel (Doctrina 1777).

Barba ob. Ciswicius.

Barbadicus Gregorius ob. Mariotti Jos. Andr. (1769) — Margowski Andr. (Portus 1689).

Barbara Św. (córka Dioskura żyła w III—IV. stuleciu). Akafist swiatoj, sławnoj i wsechwalnoj welykomuczeniicy Warwarie w bohospasajemom gradie Kijewie obacz: Akafist. Krasiūs.

(Barbara Św.) Droga bespieczna do szczęśliwey wiecznośći Nabożeństwo do S. Barbary panny y męczenniczki patronki, osobliwie się stáráiącey o zbáwienie káżdego człowieka. Kwitnące w kongregacyj szlacheckiey pod tytułem Wniebowzięćia Náyświętszey Pánny Máryi y teyże Świętey Męczenniczki, w Krákowie przy domu Professow Societatis Jesu, podáne záś do druku od pragnących zbáwieniá ludzkiego y chwáły Świętey Barbary sodálissów ná przypadaiący fest. Dnia 4. Grudnia roku tego którego syn Boski przyiąwszy naturę Człowieka stał się Drogą, prawdá y Zywotem. W Krakowie, w drukárni Micháłá Jozefa Dyászewskiego J. K. Mośći typográfa. (1745). w 8ce, kart nlb. 16.

Na odwrocie karty tytułowej rycina przedstawiająca świętą Barbarę.
Jocher 6919. — Bandtke Hist. dr. Kr. 476. Jagiell.

— Nauka krótka dla tych ktorzy w bractwie Barbary Ś. przy ieyże kościele krakowskim Soc. Jesu zostawać będą. w 8ce, 2 kartki.
Jocher 7773.

— ob. Aqua St. (O zgromadzeniu 1633) — Bieykowski Antoni X. (Kazanie 1760) — Karmowski Kajetan (Kazanie 1784) — Karpiński X. Szymon (Exhortacya 1718) — Kazania dwa (1733) — Książeczka braterska (patronka 1740) — Kwiatkowski Albertus (1672) — Pieśń o Św. Rozalii

(Kościół S. J. 1630) — Podhorodeński J. (Kazanie 1758) — Ticzinensis Georg. (Vita 1537) — Willer Dan. (1733) — Wolski Felix (Kazanie 1777) — Zaleski Ab. (Przeprawa 1649) — Zebrzydowski Mik. (Compendium 1744).

Barbara Herzogin zu Sachsen ob. Weida Mar. (Der Spiegel hochlöbliche Bruderschaft 1514).

Barbara królowa, żona Zygmunta I. ob. Dantiscus J. (1512) — Krzycki A. (1512).

(Barbara Radziwiłłówna, królowa). Napis nad grobem zacney krolowey Barbary Radziwiłłowny, niegdy będącey krolowy polskiey. W Krakowie, Máthcusz Zybeneycher. M. D. LVIII. w 8ce, str. nlb. 8.

Na końcu: Anno Domini M. D. LVIII. — Czy nie Reja?
Wierzbowski I. 181.
Bibl. Przyborowskiego.

— Narzekánye królowy ná nyesszcześcye po smyerci. Drukowano w Krákowye przcz Lázárzá Jándrysá. w 8ce, kart 8.

Na odwrocie tytułu S. Barbara. Jestto dyalog między Barbarą Radziwiłłówną bolejącą nad niedolą swojego losu, a szczęściem chwalącem się ze swoich darów. — Na końcu po kartce 8-mej szła modlitwa, lecz tej brak w egzemplarzu. — Druk zapewne r. 1551. zaraz po śmierci królowej.

— Oratio de inauguratione Serenissimae Reginae Poloniae Barbarae autore Germano quodam equite. Cracovine, ex offic. Hieron. Scharffenberg. 1550. Decemb. w 8ce, 4 kartki. Ossol.

— ob. Radziwiłłówna — Roysius Petrus (1553) — Sylvius Constantinus (Commemoratio solennit. 1550) — Ticzinensis Georgius (Oratio inter exequiarum 1551).

BARBAY Petrus z Abbeville († 2 Września 1664). Commentarius in Aristotelis Logicam avthore magistro .... celeberrimo quondam in Academia Parisiensi philosophiae professore. Juxta exemplar Parisiis impressum. Sumptibus insignis benefactoris ad usum seminarij Cracoviensis reimpressvs. Cracoviae, typis Christophori Domański,

Anno Demini 1709. w 8ce, k. tyt. i
indexu k. nlb. 6, oraz str. 431.

Jankowski Rys logiki 197. podaje tytuł: In
Univ. philosophiam commentarius.
Jagiell.

— In universam Aristotelis philosophiam introductio. Autore Magistro
Petro Barbay, celeberrimo quondam in
Academia Parisiensi philosophiae professore. Cracoviae, apud Christ. Domański S. R. M. typ. Anno 1706. w
8ce, str. 142.

Jocher 158. — Chlędows. Spis.

BARBE Martin, prof. Paris. Der
französische und polnische Wahrsager
auf das Jahr 1674. autore Mart. Barbe,
prof. Paris. w 4ce.

Hoppe Schediasma 75.

BARBERINUS Antoni z Florencyi,
[syn Antoniego], kardynał (1569 † 11
Września 1646). Relacya abo opisanie
zacnego festu ktory odprawował wysoce przewieleb. kardynał Antoni Bar-
beryn synowiec Oyca Ś. Urbana VIII.
y kamerarz kościoła św. rzymskiego
w kościele domu professow Soc. Jesu
na podziękowanie P. Bogu, iż zachować
raczył ten zakon Societatis, w tym
pierwszym iego wieku stoletnym ktory
się począł od 27 Września 1540. w ktorym Ociec Ś. Paweł III. władza apo-
stolska poprzod potwierdził go y umo-
cnił. Drukowana w Rzymie u Wincentego Bianki r. p. 1639. za dozwoleniem
przełożonych, a teraz z włoskiego przetłumaczona na większa chwałę Bożą.
B. m. w 4ce, kart 11.

Tworzy część drugą broszury: Gerardi Ant.
Relacya abo przełożenie katafalku. Obacz:
Gerardi (1640).
Jocher 9316.
Branic. — Krasiús. — Ossol.

— ob. Broscius Joan. (Discept. de
numeris 1637, 38) — Landi S. (P. S.
Alessio 1634).

BARBERINI Carolus, Cardin. Relatione della pompa funebre colla quale
si sono celebrate l' Esequie per l'anima
della real maesta di Giovanno III. re
di Polonia nella chiesa di San Stanislao della natione Polacca in Roma.
Roma, 1696. kart 6.

— ob. Aquino Carolus (Orationum
1704) — Biczanowski St. Józ. (1690) —
Bubulius Dymitr (Ad Joannem III.
1683) — Malagonellus Ant. (Joanni
III. 1684) — Marya Kazimira (Viaggio 1699) — Załuski And. (Epistolae
w Swadzie pols.).

BARBERINUS Franc. kardynał (ur.
1662 † 1738). Sac. Rituum Congregatione Ēmo Rm̄o Don̄o Cardinali Francisco Barberino Vratislavien. Canonizationis Servi Dei Ceslai Odrovansi ordinis Praedicatorum Beati nuncupati
Animadversiones Reverend. Fidei Promotoris super introductione causae et
signatura Commisionis. folio, str. 6.
Ossol.

— Sacrorum Rituum Congregatione
Eminentiss. et Reverendiss. D. Cardin.
Francisco Barberino ponente Vratisla-
viens. Canonizationis B. Ceslai Odro-
vansij ordinis praedicatorum. Positio
super introductione causae et signatura
commissionis. Superior: permissu. Romae, ex typogr. Reverendiss. Camerae
Apostolicae 1702. folio, stron 4, 20,
6, 16.
Ossol.

— Sacrorum Rituum Congregatione
Eminentiss. et Reverendiss. D. Cardin.
Barberino Vratislavien. Canonizationis
Beati Ceslai Odrovansii ordinis praedicatorum. Positio super dubio an Sententia Reverendiss. Suffraganei Vratislavien. Judicis delegati tota super cultu
immemorabili et casu excepto a decretis fel. an Urbano VIII. sit confirmanda vel informanda in casu etc. Superiorum permissu. Romae, typis Reverendae Camerae Apostolicae 1710.
folio, str. 94.

— Sacrorum Congregatione Episcoporum et Regularium Eminentiss. et Reverendiss. D. Cardin. Barberino praefecto, Cracov. praetensae provisiones
pro P. Luca Gluckowicz moderno vicario Truskolasensi ord. Can. Regular.
Lateran. monasterii Klobucen. Cracov.
dioeceseos contra R. D. Antonium Glin-
ski ejusdem ordinis, memoriale facti
cum summario supra pretensa provi-

sione vicariatus Truskolasen. Romae, typis Zinghi et Monaldi 1727.

Ciampi Bibliogr.

Barberinus Franc. syn Karola, kardynał (1597 † 1679). ob. Roncallius Dominicus (Panegyris 1633) — Susza Jakób (Saulus et Paulus 1666).

Barberini Konstancya ob. Bzowski (1623).

BARBERIO Jan Chrzciciel, Franciszkan. Compendio delle croiche virtu, e miraculose azioni del B. Giovanni da Capistrano etc. Roma pel Dragondelli. 1661. w 4ce.

Dedykacya: al Alex. VII. Papa.

— Gesta, virtutes et miracula B. Joannis a Capistrano ord. min. observantiae ad Eminentiss. et Reverendiss. principem Carolum Mediceum. Romae, typis Angeli Bernabo 1662. w 4ce.

Załuski Coll. legum. s. 60. ma datę r. 1652.

— Vita, virtu, grandezze di Giovánni Capisttano, nuovamente con accuratezza maggiore raccolte dal medesimo. Romae, presso Giuseppe Vannacci 1690. w 4ce.

Od str. 133 do 144. opowiada o bytności Kapistrana w Polsce i umieszcza list króla Kazimierza pisany do Mikołaja V. papieża, w którym go wychwala. — Od str. 300 i nast., umieścił trzy listy kardynała Zbigniewa Oleśnickiego bisk. krak. pisane do Jana Kapistrana. — Od str. 308. list króla Kazimierza Jagiellończyka, w którym zaprasza tegoż Jana Kapistrana, aby przybył do Polski, datowany w Grodnie feria 3. in vigilia Nativit. S. Mariae A. D. 1451. — Od str. 357. umieścił prośbę bisk. krak. do Piusa II. papieża, pisaną 4 Grudnia 1562 r. o kanonizacyą Jana Kapistrana.

Ciampi Bibliogr. I. 19.

BARBEY Antoni. Series chronologica ducum ac regum Polonorum a Lecho I. ad Augustum II. ob. Rubeis (1702).

Barbianus Marcellus Vestrius z Imola ob. Maciejowski Bernard (1591).

BARBIER (de) **BLIGNERES.** Épitre à Sa Majesté Catharine II. Impératrice de toutes les Russies en lui dédiant quelques stances philosophiques adressées à l'univers (le 25 Nocembre 1773. Varsovie). 'A Varsovie 1773. par le Ch⁰ʳ Barbier, baron de Blignières, ancien capitaine français. w 4ce, kart nlb. 5.

Akad. — Krasińs.

— Épitre au roi le langage des fleurs et deux poemes heroiques. Par le Ch⁰ʳ B. de Blign. ancien capitaine françois. 'A Varsovie, 1774. w 4ce, str. nlb. 21.   Krasińs.

— Poésies consacrées à la gloire de Son Altesse Madame la princesse Douairière Sanguszko grande Maréchale du Grand Duché de Lithuanie par le baron de Blignières ancien capitaine français ('A Varsovie le 4 X-bre 1782. jour de la fête de S-te Barbe). w 4ce, kart nlb. 6.   Jagiell.

— Stances philosophiques sur le jour solemnel de l'élection de Sa Majesté Stanislas Auguste roi de Pologne et Grand Duc de Lithuanie (le 7 Septembre 1773). par le Ch⁰ʳ Barbier baron de Blignières ancien capitaine. français. Anno 1773. w 4ce, kart 2.

Akad. — Krasińs. — Ossol.

— Vers à l'occasion du jour de naissance de Son Altesse Madame la princesse Douairière Sanguszko grande Maréchale de Grand Duché de Lithuanie par le baron de Blignières ancien capitaine français. 'A Varsovie 4 Février 1783. w 4ce, kart nlb. 2.

Barboncinus Hieronymus ob. Malaspina Germanicus (Oratio de foedere 1596).

Barcan ob. Wiedeń (Ragguaglio del assedio 1684).

BARCELLIN Piotr. Quintae essentiae albo prawdziwego Balsamu rozmarynowego przedziwney mocy i przyrodzenia i używania jego dla zdrowia ludzkiego prawdziwe opisanie przez szlachetnego P. Piotra Barcellina z Realtu niedawno w Wiedniu Rakuskim w druk podane, a teraz znowu za pozwoleniem zacnego Senatu krak. oddrukowane. Roku Pańs. 1619. (Kraków). w 4ce, kart nlb. 8.

Poliński w Wizerun. 1840. T. 49. str. 149. Ossol. — Warsz. Uniw.

BARCHEWITZ. Kantate bey der feyerlichen Trauer des s∴ E∴ B∴ Otto von Ott vom Br∴ Barchewitz, in Musik gesezt von Br∴ Weinert Musik Direktor den ²⁰/₈ 5797∴ Warschau gedruckt bey Mich. Gröll. 1797. w 8ce, kart nlb. 2.   Akad.

Barchoy Achalius obacz: Friedens-
puncta (1659).

Barcik Jan (Barczik) obacz: Garsia
(Lectura arborum 1522) — Troperus
Andreas (Ad pubem studiosam polonam
oratio 1560).

Barcikowski Cajetan ob. Propositiones ex philos. (1774).

Barciocus Hyacinthus ob. Nicolaus
frater ord. praed. (1623).

BARCLAI Jan (Barklay) syn Wil-
chelma (ur. 1582 † 1621). Argenida
ktorą Jan Barclaius połáćinie nápisał.
Wacław Potocki podczászy krákowski
polskim wierszem przctłumaczył. Czy-
niąc za dosyc żądaniu wielu czytelnikow do druku podana. Roku pańskiego
1697. W Warszawie, w drukarni J.
K. Mći w kollegium OO. Scholarum
Piarum włásnym kosztem. 1697. folio,
kart 2, str. 761.

    Katal. Pijar. mylnie rok 1797. podaje.
    Załuski Prog. litterar. s. 33.
    Branic. — Chreptow. — Ossol. — Raczyńs. —
    Czartor. — Drohob. — Jagiell. — Kra-
    siůs. — Uniw. lwow.

— Jana Barklaiusza Argenida, ktorą
Wacław Potocki podczaszy krakowski
polskim wierszem z łaćińskiego przetłumaczył. (Lipsk, Breitkopf, 1728). w 8ce,
kart nlb. 7, str. 841 i nlb. 21.

    Należy do zbioru Bibliotheca Polono poetica
albo urzędow wielkich splendorem jaśnie-
jących a oyczystą weną na polskim par-
nassie słynących poetów wiekuiste prace,
dla głośney rezonancyi zebrane i z regie-
strami opatrzone przez Michała Abrahama
Troca, Warszawianina. Tom I, w Lipsku
w druk. B. Ch. Breitkopfa 1728. Obacz:
Bibliotheca.

    Z dedykacyą do Augusta III. — Na k. 3.
u góry portret króla, poczem wiersz: Królu,
którego mądrość.... Pod wierszem podpis:
M. A. Troca.

    Jagiell. — Raczyńs. — Kijows. — Ossol.

— Argenida, ktorą Jan Barklaius
po łaćynie nápisał; Wacław zaś Potocki,
podczászy krákowski wierszem polskim
przetłumaczył, do druku podana. Czy-
niąc zaś zádosyć żądániu czytelnikow,
z dozwoleniem zwierzchnośći duchowney
roku 1743. de novo przedrukowana.
W Poznaniu, w drukárni Akádemickiey
(1743). w 4ce, kart nlb. 8, str. 540 i
str. 385 i 11.

    Dedyk. Maryannie z Konar Kołaczkowskiey
podkomorzance Kaliskiey. — Na odwrocie
tytułu jej herb i 6 wierszy.

    Dedyk. Pałaszowskiego kart 4, obejmuje ge-
nealogią Kołaczkowskich. — Dalej wiersz:
Wieczna wdzięczność Wacł. Potockiemu
przez Jana Chr. Sewerynowicza, kart 3. —
Approbaty są z lat 1696 i 1743.

    Wyszło kosztem Jana Józefa Pałaszowskie-
go, professora prawa. — Zanotowano w rachunkach drukarni: Od 16 arkuszy i pre-
facyi 2 ark. wytrąc. czeladz. złotych 101.

    Janocki Lexic. I. str. 121. — Mizler Acta
lit. s. 130.

    Akad. — Czartor. — Czetwert. — Jagiell. —
Krasińs. — Ossol. — Uniw. lwow. —
Zielińs. — Raczyńs.

— Historya o Argenidzie krolewnie
sycyliyskiej, summáryuszem wybrána
z łáćińskich kśiąg Jana Barklaiusza, ku
wiádomośći ludzkiey wydana. W Krakowie, w drukárni Franćiszka Cezárego,
J. K. M. y J. M. X. biskupá krak.
Xćiá Siewiersk. tákże przesławn. akád.
krák. ordynáryinego typográfa roku páńskiego 1704. kart nlb. 2, str. 110.

    Na odwrocie tytułu lichy drzeworyt Argeni-
dy. — Nie jest to przekład oryginału,
lecz jakiegoś wyciągu z niego. Dzieło bowiem ogarnia ksiąg pięć i str. 480. zbi-
tego druku (Augustae Trebocorum 1622),
gdy tekst polski ma str. 110. dużym go-
tykiem, bez podziału na księgi i rozdziały.
To tylko obudwom jest wspólnem, że pisane są prozą. — Zresztą Argenida była
przerabiana na francuskie przez P. Mar-
cassus 1622, wierszem na angielskie 1628,
na niemieckie 1701, — nie wiadomo więc
z jakiej przeróbki korzystał polski tłumacz. — Cynerski Jan przypisując Krzysztofowi Ossolińskiemu, zmarłemu 1645 r.
pismo: Annulus gentilitius mówi, że Ossoliński pisał wiele i że przełożył prozą
Argenidę Barklaja. Czyżby to było owo
tłumaczenie?

    Argenida jest historyą panowań Henryka III
i IV. z osłonięciem nazwisk.

    Ossolińs. Wiadomości IV. 325.

                       Jagiell.

— Argenida po zawartych z Po-
liarchem ślubnych kontraktach z prze-
dźiwnych przypadkow wybawiona, w
ksiedze drugiey z łaćińskiego ięzyka na
wiersz polski przetłumaczony do podźi-
wienia światu podana przez X. Waleryana Wyszyńskiego szkoł pobożnych
kapłana Roku pańskiego 1743. W Wilnie, w drukarni J. K. M. WW. XX.

Franciszkanow R. 1756. w 8ce, kart 8, str. 716.

Dedykacya do Alexandry hr. z XX. Czartoryskich Sapieżyney, podkanclerzyney W. X. Lit. — Powiedziano tam, że X. Wyszyński wtorą księgę Barclaiusa na wiersz polski przełożył. W dedykacyi jest nieco genealogii i pochwał hr. Waldsteinów i Sapiehów. W przedmowie do czytelnika stoi, że praca Wyszyńskiego była w manuskrypcie w publicznej Warsz. bibliotece, skąd ją wydobył Załuski refer. koron. i że nakład podjął podkanclerzy W. X. Lit. Michał Ant. Sapieha, wojew. Podlaski, a to po zgonie Wyszyńskiego († 10 Listop. 1754). Wydanie uskuteczniono w tym formacie, jak pierwsza część Argenidy tłoczona w Lipsku.

Kraszewski Wilno IV. 281. mylnie edycyą dzieła tego mieści pod r. 1753. W rękopisie Przyłęckiego zaś jest data 1757.

Kontynuacyą Argenidy (czy tylko 3-ciej części?) wydał Lud. Bugnot po łacinie jak o tem świadczy Jöcher Gelehr. Lex. 1750. I. 1473. — Pars II. et III. (wydane Francofurti apud Fratres Aubrios 1626 i 1627. w 8ce, str. 585 i 360.) wyszły prozą pod firmą Barclaiusa. Autor nie wymieniony. W dedykacyi Części II. królowej angielskiej podpisał się autor literami A. M. D. M. — W Części III. dopiero mówi, że Barclaia: ausus est continuare gallica quidem lingua. Simodo Argenis illa Barclajana non ipsa Venus est. Emisit is superiori anno (1626) secundam Argenidis partem. Secundam illam Argenidis partem, a me in latinum sermonem conversam inscripsi. Gnarus, castis emptoribus prostare Argenidem Barclajanam. Gallis autem hunc Monchembergii laborem gratum fuisse, quod tam celeriter post II. dum librum, tertium quoque in lucem emisit. Więc i ta część tłumaczona z francuskiego. — Wyszyński część II. i III. znacznie skrócił i prozę ustroił w rymy. — Grüsse Trésor I. 291. autorowi daje na imię Theander Bugnotius i zna edycyą kontynuacyi tylko z r. 1664 do 1669.

Widocznie iż Bugnotius tylko tłumaczył Argenidę, a to z powodu, iż autor podpisany A. M. D. M. powiada, że: ausus est continuare gallica lingua. Jakoż istnieje francuska edycya: La seconde partie de l'Argenis composée en français par M. de M. XI. Livr. Paris 1625. w 8ce, (tj. Monchemberg). To tłumaczono na łacińskie we Frankfurcie 1626—7. O czem Brunet I. 651. powołując się na Nicerona XVII. i XX.

Akad. — Kijows. — Jagiell. — Zbór ewang. Wileńs.

— Euphormionis Lusinini Citer sive Satyricon. Londini 1603.

Potwarze na Polaków.

— Satyricon, cui accessit pars quinta sive Alithophili veritatis lachrymae, cum clavi auctiore. Addita ejusdem authoris narratio de conjuratione anglicana nunquam hactenus edita. Amsterodami, apud Joannem Jansonium. 1628. w 16ce, str. 508.

Tyle tu do rzeczy polskich, że Pars IV. tworzy Icon Animorum. a tu Caput VIII. Hungari, Poloni, Mosci (od str. 300—307). Dzików — Jagiell.

— Toż samo. Amstelodami 1664. w 16ce, str. 473.

Na str. 340—342. przypada Polonia. Bibl. Jagiell. ma edycye bez wyr. miejsca 1616, Amstelodami 1624, Lugduni Batav. 1627 i 1637. — Nie należą one właściwie do polskiej literatury, gdyż mogą w niej tylko figurować z powodu odpowiedzi danych Barklajowi.

— Icon sive descriptio animorum Barclai quinque praecipuarum nationum, in Europa. — Wizerunk abo opisanie animuszow piąci co naprzednieyszych narodow w Evropie, przez I. P. C. (Jan Paweł Cezary?) z łacińskiego na polski ięzyk słowo w słowo dla vciechy dostátecznie przełożony. Bez m. dr. i r. (1647) w 4ce, str. 15.

Data roku 1647. dopisana współcześnie na egzempl. Bibl. Jagiell. Też datę ma i Załuski Bibl. str. 2. — Opisani tu są Hiszpanie, Francuzi, Włosi, Niemcy, Polacy. Dla próby umieszczam początek opisu Polaków:

Poloni.

Fortes Poloni	Equites boni.
Gens generosa,	Sed otiosa.
Nobilitatis,	Et libertatis.
Gaudent honore,	Aequali more.
Duces vocari,	Aut procreari.
Nobiles sane,	Putant inane.

Polacy.

Polacy mężni,	Jezdą potężni.
Narod słynący,	Lecz próżniący.
Szlachectwa sławą,	Z wolnością prawą.
Z dawna nadani,	Prawem zrównani.
Książąt rzeczonych,	Lub uczynionych.
Szlachta nielubi,	I tym się chlubi.

To jest ułożone wierszem, podczas gdy oryginał jest obszerniejszy i prozą.

Wiszniews. IX. 467.

Branic. — Czartor. — Jagiell. — Ossol. — Warsz. Uniw.

— Icon sive descriptio animorum Barclai quinque praecipuarum nationum in Europa. — Wizerunk abo opisanie animuszów piąci co naprzednieyszych narodow w Europie, przez I. P. C. z łacińskiego na polski ięzyk słowo w słowo dla uciechy dostatecznie przełożony. R. p. 1684. w 4ce, str. 15.

Oryginał łaciński ma Bibl. Jagiell. przy Satiriconie i w oddzielnej edycyi: Icon Animorum, Bononia 1657. w 16ce. (Caput VIII. Polonia str. 200—206), Dresdae et Lipsiae 1733. w 8ce, str. 400. (Poloni, str. 208—216). — Jest też edycya Francof. 1625 i 1675. (Poloni str. 91—94). i wiele innych.   Krasiński. — Czartor.

— Paraenesis ad sectarios huius temporis de vera Ecclesia, fide ac religione. Gedani, 1695. w 12.

Jocher 3213.

— Paraenesis, to iest, napominania y przestrogi nowowiernych, ksiąg dwoie. Przez Łykasza Gornickiego, kánoniká Wileńskiego, Wármieńskiego, proboszczá Xiężkiego, sekret: J. K. M. W Krakowie, w drukárni Fráńćiszká Cezárego, Roku pańskiego 1628. w 4ce, kart nlb. 10, str. 263, druk gocki.

Dedykacya do Eustachego Wołowicza bisk. Wileńs. na którego zlecenie dzieło przetłumaczone, a zaś pod jego herbem (na odwrocie tytułu) 10 wierszy łac. Jana Brosciusa. W wierszu tym pochwalnie Górnickiego wspomina. Górnicki datował dedykacyę w Warmii w dzień Św. Stanisława r. 1628. — Następuje potem przedmowa: do Czytelnika, oraz Barklainsza dedykacya: Pawłowi V. i: Czytelnikowi łaskawemu Jan Barklainsz zdrowia dobrego winsznie. — Wreszcie spisanie rozdziałów.

Jocher 3212.

Raczyńs. — Chreptowicz — Jagiell. — Ossol. — Czartor.

— ob. Krzysztanowicz (Respublica, Judicium de Polonia 1642) — Minasowicz Józ. Epifan. (1755) — Opaliński Łuk. (1648) — Solikowski Jan Dymitr (Polonia 1648) — . Załuski Zbiór II. 249. (Apis wiernek wiarołomny, z prozy łacińskiej na wiersz przełożona).

Mecherz. w Roczn. Tow. Nauk. krak. XIII. 275—7.

Barcz Mich. ob. Margowski Andr. Rud. (Coronamentum 1684).

Barczik Joannes ob. Barcik.

BARDECKI Antoni. Wiersz z serca zawsze powinnego W. Jmci P. Kajetanowi Rozniatowskiemu skarbnikowi no-

wogrodzkiemu dnia 7 Sierpnia 1783. w 4ce, 2 kartki.   Jagiell.

BARDEWICK G. Geschichtserzählung der 1682 u. 1783. in Wien, Spanien, Frankr., Dänem., Schweden, Pohlen, Moskau, Engelland etc. etc. zugetragenen Welthändel. Nürnberg, 1684. w 4ce.

BARDILI Joh. Wendel, kapelan książęcy z Reutlingen (1676 † 1740). Maximilian Emmanuels Hertzogs in Würtemberg u. Obristen über ein Schwedisch Dragoner Regiment, Reisen und Campagnen durch Teutschland in Polen, Lithauen, roth und weiss Reuszland, Volhynien, Severien und Ukrainie; worinnen nebst denen vielen seltenen Zufällen des Durchl. Printzens die Staaten, Sitten, Gewohnheiten u. Religionen dieser Völcker, wie auch die Fruchtbarkeit u. Beschaffenheit dieser Länder kürzlich beschrieben werden. Nebst der Reys-Beschreibung von Pultawa nach Bender. Stuttgardt, auf Kosten des Authoris. 1730. w 8ce, str. 653.

Wojna z Karolem XII. od r. 1703—1710. Dziennik ten utrzymywał Xiądz Bardili kapelan książęcy.   Petersb. publ.

— Toż. Franckfurt und Leipzig. 1735. w 8ce.   Petersb. publ.

— Des Weyland Durchl. Printzen Maximilian Emmanuels Hertzog in Würtemberg u. Obristen über ein Schwedisch Dragoner Regiment Reisen und Campagnen .... Franckfurt und Leipzig. Anno 1739. w 8ce, kart nlb. 10, str. 656.

Dedyk. dem Fürsten Carl Eugenio Hertzogen zu Würtemberg.   Jagiell.

— Memoires de Maximilien Eman. Duc de Würtemberg, colonel d'un regiment de dragons au service de Suede, contenant plusieurs particularités de la vie de Charles XII. Roi de Suède, depuis 1703. juzqu' au 1709. après la bataille de Poltawa [trad.] par Mr. F. P. A Amsterdam et Leipzig chez Arkstrée et Merkus. 1740. w 8ce, str. 333.

Bardosy Jan obacz: Wagner Karol (Analecta Scepusii 1778).

BARDOWSKI Mikolaj. Echo albo odgłos z Kalwaryiskich gór pochodzący

na sławę mocy JW. J. M. Xiędza Jerzego Tyszkiewicza biskupa Xięstwa
Żmudzkiego, proboszcza Trockiego etc.
przez urodzonego Michała Bardowskie-
go, obywatela tegoż Xięstwa Żmudzkiego y philosopha. R. P. 1643. folio,
4½ ark. (wierszem i prozą).

— Pangyricus illustrissimo ac reve-
rendissmo Domino D. Georgio Tyszkiewicz, magno Samogitiae praesuli SSmi
Dni Nri Urbani Papae VIII. praelato
domestico ac eiusdem pontificiae capellae assistenti, necnon Curonensis episcopatus administratori perpetuo, Trocensi
praeposito etc. etc. etc. ob translatum
in Samogitiam Calvariae Montem com-
positus et dedicatus a Nicolao Bardowski nobili Samogita philosopho. Anno
M. DC. XLIII (1643). B. w. m. folio,
kart nlb. 14. Czartor. — Krasińs.

— Novae Hierusalem Fax nowa
ingentem Christi gratiarum thesaurum
in Samogitia per illustr. ac reverendiss.
Dominum D. Georgium Tyszkiewicz vi-
gilantissimum Pastorem suum, Gorsdia-
nis in montibus nuper absconditum pe-
regrinis revelans coram invisente Cal-
variam illustriss. Domino D. Casimiro
Leone Sapieha marschalco curiae M.
D. Lith. Słonimensi, Volpensi, Lubo-
szanensi etc. gubernatore facta nec non
accensa, eidemque illustr. dicta a Nicolao Bardowski nobili Samogita philosopho vulgata. Vilnae, anno 1643. folio,
sign. R.

Kraszews. Wilno IV. 190. — Jocher 8837.
Opis ten piątej w Polsce Kalwaryi (w Gor-
dach na Żmudzi) jest wielce rzadki. Miał
go Załuski.

BARDZIŃSKI Jan Alan. (1657 † 1708).
Breve compendium Summae Angelicae
continens resolutionem omnium questionum et articulorum, quae in Summa
Divi Thomae doctoris Angelici inveniun-
tur, versu summatum. Operâ A. R. P.
Fratris Alani Bardzinski S. Th. praesentati, et pro tunc in studio generali
Varsaviensi provinciae Poloniae ordinis
praedicatorum actualis Baccalaurei. Dedicatum Reverendissimo patri Fr. Antonino Cloche totius ordinis Fratrum prae-

dicatorum generali magistro. Anno Domini 1703. conscriptum. Editio prima.
Varsaviae, typis Coll. Schol. Piar. Anno
1705. w 4ce, str. 14, 284, 2.
Jocher 2759. Czetwert. — Ossol.

— Tenże tytuł. Dedicatum perillustri ac Reverendissimo Domino Adalberto Bardziński, Vladislaviensi Cantori, Posnaniensi, et Plocensi Canonico,
Decano Crusvicensi J. M. Doctori, fratri
suo germano. Editio II. Varsaviae, typis Collegij Scholarum Piarum. Anno
1705. w 4ce, str. 12 i 284.

U Juszyńskiego jest mylnie rok 1702. —
Na odwrocie tytułu rycina S. Tomasza
piszącego w kommacie przy biurze; rytownik podpisany: Fr. Ludov. Bertrandus
ord. praedic. Approbaty na druk są z roku
1704. — Dzieło podzielone na 3 części;
obejmuje kwestye wierszowane.
Czartor. — Jagiell. — Uniw. lwow.

— Ordo ac series Summorvm Pontificum Romanorum. A Sancto Petro
ad Clementem XI. sibi legitimè succe-
dentium, patriam cuiusq'; tempus re-
gnandi describens, cum adjunctis con-
cilijs generalibus, schismatibus, pro-
phetijs Sancti Malachiae, ac praecipuis
cujuslibet gestis. Cui adjunguntur: Series historica, Sacrosancti Concilij OEcu-
menici et Generalis Tridentini, ac demum discursus de ortu musicae. Omnia
in metrum ad usum legentium sum-
matim reducta. Operâ A. R. P. M.
Alani Bardziński ordinis praedicatorum.
Cum permissu Superiorum. Anno Domini 1707. Cracoviae, typis Nicolai Alexandri Schedel S. R. M. ord: typogr:
w 4ce, str. 116.

Tytułu, dedykacyi Andrzejowi Żydowskiemu
i approbacyi kart 4. — Na odwrocie karty
tyt. herb Żydowskich i czterowiersz łaciński. — Od str. 112—116. Discursus de
ortu musicae.
Jocher 8702. — Chodynic. Dykcyon. — Juszyński Dykc. I.
Akad. — Branic. — Dzików — Jagiell. —
Krasińs. — Ossol. — Uniw. lwow.

— Profvnda inscrutabilium ab aeterno Dei omnipotentis, circa electos et
reprobos decretorum arcana, oppositis
adversae sententiae, combinationibus
elvcidata. Avgvstissimae, Virgini asceti-

cae, discalceati carmelitici ordinis, inclytae parenti, D. Theresiae, necnon
meritissimis praestantissimae, S. Spi-
ritûs, Ordinis Carmelitarvm discalcea-
torvm in Regno Poloniae provinciae
patribus. A Theologico generali Cracouiensi Ordinis Praedicatorū Prouinciae
Poloniae studio dedicata. Anno quo
Mens DoCet, et stat LeX, regnat reX,
paX fIt ab hoste. (1681). Cracoviae,
typis Universitatis. folio, kart nlb. 6.
Dedyk. Św. Teresie.
> Na odwrocie tytułu miedzioryt Św. Teresy,
> Chrystusa i karmelity. Pod psem znak
> rytownika F.(rater) M. B. — Autor nie
> wymieniony w tytule, lecz na końcu wska-
> zany: Disputabuntur publicè ad aedes
> Sanctiss. Trinitatis, obiectis satisfaciente
> R. P. Fr. Alano Bardziński, studente for-
> mali, sub assistentia adm. R. P. Fr. Ca-
> simiri Lezenski, ejusdem studij regentis.
> Anno 1681. mense Martio, die.... [dopi-
> sano 4]. Jagiell. — Ossol.

— obacz: Acta (1704) — Boecyusz
(Sposób 1694) — Lucyan Samosatensis
(Traged. o podagrze 1680) — Lukan
(Farsalia 1691) — Seneka (Smutne sta-
rożytności 1696).
> Krasic. Dzieła IV. — Słowacki Euz. Dzieła
> II. 231. — Baracz Rys dziej. II. 81—6. —
> Bandtke Hist. dr. 1. 307. — Chłęd. Spis
> 34. — Ciampi Bibl. I. 19. — Wójcicki
> Teatr. II. 261. — Chodyn. I. 10. — Braun
> Script. pol. 91. — Program Dominikański
> 1827. — Czartor. O pismach 221. — Ossol.
> Wiadom. I. — Załus. Bibl. poet. 28. —
> Encykl. kośc. II. 7. — Encykl. Orgelbr.
> II. 891. III. 133. — Dziennik Wileńs.
> 1820. I. 282—6. — Biographie Univers.
> Paris 1811. III. 371.

BARDZIŃSKI Klemens. Mowa Jasnie
Wielmoznego Jmci Pana Klemensa Bar-
dzińskiego stolnikiewicza Brzeziń: na
seymikach dnia 15 Lipca 1776. w Łę-
czycy miana. folio, kart 2. (Bez osobn.
tytułu).
> Mówi przeciw ustanowieniu Rady nieusta-
> jącej, przeciw użyciu summ pojezuickich.
> Chwali byłe szkoły jezuickie, powstaje
> przeciw emfiteuzom królewszczyzn, prze-
> ciw konstytucyi: Tituło pensye. Uchwały
> te „są bez nas, ale o nas." Jestto mowa
> kandydacka na posła.
> Jagiell. — Krasiń. — Warsz. Uniw.

BARDZIŃSKI Woy. Ignacy, kanonik
katedr. Nova Constellatio in V. DD.
XII. candidatis exorta, dvm per excel-

lentissimum ac admodum Reuerendum
Dominum. M. Stanislavm Slachetka, philosophiae doctorem et professorem, collegam maiorem, canonicum ad S. Annam, eloquentiae Tilicianvm professorem,
in celeberrimo academiae Cracouiensis
polo prima in artibus et philosophia,
laureâ ritu solemni insignirentur. Ab
Adalberto Ignatio Bardziński, eiusdem
laureae candidato observata. Atque gratulationis causa luci publicae consecrata.
Anno Domini, M. DC. LXV. 28 Martij.
Cracoviae, apud haeredes et successo-
res, Lvcae Kvpisz, S. R. M. typograph.
(1665). folio, kart nlb. 9.
Dedyk.: Venceslao Leszczyński, archiepisc.
Gnesn.
> Na odwrotnej stronie karty tytułowej mie-
> dzioryt herbu Pomian z podpisem Hyacin-
> tus Jagiło d. C.(racoviae?) — Następuje
> Oda do Św. Jana Kantego. — Egzami-
> natorowie: Makowski, Slachetka, Prze-
> woski. Kandydatami są: Th. Podrębski,
> Bartł. Makowski, Daniel Kastelli. — Sam
> Bardziński był też w liczbie kandydatów;
> jest to brat Jana Alana, Dominikana.
> Juszyński Dykc. I. 13.
> Jagiell. — Ossol.

— ob. Bardziński Alan (Compen-
dium 1705) — Bocheński Hiacinthus
(Templum 1701) — Tainer Lud. Mik.
(Praemium 1666).

Bardzki Piotr ob. Grochowski Stanisław (Scieszka 1647).

BARET Jan, Franciszkan. Histoire
sommaire. Paris. 1620. w 8ce.
> Wydane z pism po Karolu de Jeppincourt po-
> zostałych. Jest tu opis wojny Multańskiej
> z Polakami i Xięcia Koreckiego ztamtąd
> wybawienie.
> Zaluski 35.

BAREZZO - BAREZZI, drukarz. Avvisi, e lettere ultimamente giunte di cose
memorabili, succedutte tanto in Affrica
nel regno di Biguta, che è nella Guinae,
quanto in Moscovia, doppo l'ultima Re-
lazone, che poco fa si stampò e le cause
della conversione di due nobilissimi Baroni oltramontani alla S. Fede Catolica,
raccolte da Barezzo Barezzi Cremonese.
Venezia, presso Barazzo Barezzi 1606.
w 4ce.
> Zawiera: list Dymitra do Karola Sudermań-
> skiego, datow. 12 Octobr. 1605; list An-
> drzeja Laviciusa Tow. Jez. do prowin-

cyała Tow. Jez. prow. polsk., pisany w Moskwie 8 Agosto 1605; następnie: Relazione della segnalata conquista del paterno imperio etc. Wreszcie: Litterae Demetrii etc. Sigism. III. Lett. della G. D. sua moglie allo stesso; Lett. del P. Ant. Possevino a S. A. S. il G. D. di Tosc., ed altre nell' Esame Critico.

Ciampi I. 81. str. 14—15.

Bibl. petersb. publ.

— Historische unnd warhafftige Beschreibung. Wie durch wunderliche Schickung Gottes der grossmächtige und hochgeborne Gross Fürst in den Mosscowitischen Ländern, sein vätterliches Reich uberkommen. München, 1606. w 4ce. Petersb. publ.

— Toż. Prag, 1606. w 4ce.
Petersb. publ.

— Toż... vberkommen, anno 1605. Item von desselben Krönung. Grätz, 1606. w 4ce. Petersb. publ.

— Historica narratio, de mirabili via, ac ratione, qua paternum imperium consecutus est Demetrius Magnus Dux Moscoviae. Graecii, 1606. w 4ce.
Petersb. publ.

— Relazione della segnalata, e come miracolosa conquista del paterno Imperio conseguita dal Sereniss. Giovane Demetrio Granduca di Moscovia in quest' anno 1605. Con la sua Coronatione, e con quel che ha fatto dopo che fu coronato l'ultimo del mese di Luglio sino a questo giorno. Raccolta fatta da sincerissimi avvisi per Barezzo Barezzi. In Venezia, appresso Barezzo Barezzi, 1605.

Dedykowane przez Barezzi'ego: al nobiliss. signore il sig. Pietro Capponi.

Ciampi III. 13. str. 2—3.

Bibl. petersb. publ.

— Toż. Firenze, 1606.
Petersb. publ.

— Relacion de la señalada y como milagrosa conquista del paterno Imperio, conseguida del Serenissimo Principe Juan Demetrio, Gran Duque de Moscovia. Traduzido de lengua Italiana por Juan Mosquera. Villadolid, 1606. w 4ce. Petersb. publ.

Porównaj: Dymitr Samozwaniec (Wypsani 1606).

Barezio (Barocy). Pięć porządków budowniczych ob. Vignoli (1791).

BARFKOVIUS (Barwkowiusz) Jan, współwydawca kancyonału Królewieckiego z r. 1684. († 15 Kwiet. 1738). Pieśni niektore z niemieckiego przetłumaczone przez Jana Barfkoviusa. W Toruniu, 1727. w 4ce.

Także w Kancyonale Królewieckim 1708. str. 797. i w Spiewniku Gdańskim 1712. str. 410.

Bentkowski I. 234. — Oloff. Liedergesch. 22—3. — Jocher 7202. T. III. 272. — Sembrzycki J. K. Krótki przegląd 1887. str. 17. — Adelung Gelehr. Lex. I. 1430.

Bargeli Andreas Samboritanus ob. Herbestus Ber. (Periodicae resp. 1566, Poemata varia in funere Herbesti 1601) — Samboritanus Gregorius (Ecloga 1561, 1566, Elegiae 1567, Polymnia 1464).

BARGIEL Marcelli. Conclusiones theologicae historico-polemicae conformes menti Joannis Bacconii doctoris resoluti. Ex tractatu de Sacramentis in genere, et in specie Christo Domino, Sacramentorum auctori et institutori in tesseram profundissimi latriae cultûs ac venerationis pro tûm effusa praestantissimorum largitione donorum à Studio theologico generali Cracoviensi exhibitae. Annô Domini MDCCLXV. Diebûs Martii. Cracoviae, typis Universitatis. w 4ce, kart 4. (Na końcu:) Propugnabuntur in Conventu S. Mariae in Arenis PP. Carmelitarum A. O. R. Objectis respondente P. Marcello Bargiel Sae. Th. Cursore Assistente M. R. P. Basilio Zebrowski, Sae. Th. Magistro deffinitore Provinciae. Regente Studij Grlis Crac: Ad majorem Dei gloriam.
Jagiell.

Bargelius Valentinus ob. Czechowicz Jan (1601).

BARI Thom. Soc. Jesu. Rhetorica ecclesiastica ad tyronum institutionem auctore D. Thoma Bari sacerdote Campiensi concinnata olim Neapoli 1724. typis data nunc — reimpressa Poczaioviae typis apud PP. O. S. B. M. sumptibus corundem, 1776 anno. w 8ce.
Brown Bibl. 480. — Jocher 4391.

Bariczka Albert obacz: Samborski Albertus (Arctos 1638).

BARIENSIS Jacob. Ferd. De foelici connubio serenissimi Ungariae regis Joannis et S. Isabellae, Poloniae regis filiae et meritissimis utriusque serenissimi Sigismundi Poloniae regum ac reginae Sforciae laudibus, nec non et totius Poloniae regni, epistola Jacobi Ferdinandi Bariensis, reginalis physici, ad excellentem ac magnificum dominum Nicolaum Antonium Carmignanum, nobilem neapolitanum, bariensem castellanum et reginalem thesaurarium. In regia urbe Cracoviensi. Mathias Scharfenbergius impressit. Anno 1539. w 4ce, sign. A—B₁₁₁. (proza).

Czartor. — Kórnic.

— Epistola ad Nicol. Ant. Carmignanum de iunioris Sigismundi secundi contra Valachos expeditione forti et gloriosa. (przed r. 1539).

Janoc. I. 79.

Porównaj: Bociquoli (Epistola de Valachos 1524).

— Jacobi Ferdinandi Bariensis, Maiestatvm Poloniae, physici, de regimine a peste preseruatiuo tractatus. Nunc primum temporis necessitate in lucem aeditus, ad sanitatem tuendam. Ad illustrem ac generosum dominum Ioannem Comitem Tarnouiĕsem, Castellanu Cracouiensem etc. suum mecocnatem. Cracouiae, in officina Vngleriana. Anno Domini 1543. w 8ce, kart nlb. 95. (sign. A—Mᵥₗₗ).

Dedykacya: Joanni comiti Tarnoviensi (str. 3). — Ostatnią kartę zajmują: Errata.

Juszyński Dykc. I. 389. — Wierzbowski I. Nr. 117.

Czartor. — Jagiell. — Ossol. — Warsz. Uniw.

(Bariensis). Ad inclytum et doctissimum virum Jacobum Ferdinandum Bariensem, seren. maiestatis Poloniae physicum et medicum celeberrimum, Ode gratulatoria. B. r. m. i dr. w 4ce, Wiersz w dzień imienin.

Juszyński Dykc. II. 389. — Janociana I. 79—80. — Roczniki Tow. Warsz. P. N. II. 11. — Wiszn. VIII. 81.

Barkmann Gregor. obacz: Boxhorn Zuerius Marcus (Seren. principi 1649) — Jarrige Petrus (Nobilissimo Domino 1649).

BARLAAM Hieromonachus. Institutionum linguae graecae liber, utilissimis regulis cum aliis ad solidiorem hujus sacri idiomatis cognitionem observationibus non solum ad rectam vocum ΣΤΝΟΕΣΙΝ(?) sed etiam ad conficiendum metrum graecum pernecessariis, ex variis auctoribus collectis, indicibusque graeco et latino instructus et exhibitus in Academia Kiiovo Mohylo Zaborowsciana nunc primum typis evulgatus. Vratislaviae, apud Johannem Jacobum Korn. 1746. w 8ce, k. nlb. 7, str. 462 i 26.   Warsz. Uniw.

— Toż. .... Kijovo Mohylo Zaborowsciana. Vratislaviae, 1768.

Katalog w rękop. Milikows. we Lwowie.

— ob. Damascen Jan (1688).

Basnagius Jac. et H. Canisius Observat de Barlaamo Lect. antiq. IV. 362. — Oudini Kazimierz, Diss. de Barlaamo, Comment. de Scriptor. III. 814—828. Lipsk, 1722.

BARLAEUS Caspar (1548 † 14 Stycz. 1648). Lob Gesang auf Christus aus des weltberuhmten Herrn Caspar Barlaeus Gedichten übersetzet in Thorn d. 9 Jan. 1658. w 4ce, kart 24.

Krasiń.

— Rerum per octennium in Brasilia et alibi nuper gestarum historia sub praefectura illustrissimi comitis J. Mauritii, Nassoviae comitis Historia. Amstelodami, ex typogr. J. Blaeu. 1647. folio, str. 340. i rejestr.

Edycya wspaniała.   Jagiell.

— Toż. Edycya 2-da. Cui accesserunt Guilchelmi Pisonis medici tractatus: 1) De aeribus, aquis et lacis in Brasilia. 2) De arundine saccharifera. 3) De melle silvestri. 4) De radice altili Mandihoca. Clivis, 1660. w 8ce.

Jest tu wspomnienie o Krzysztofie Arciszewskim. Naznaczono go w edycyi wydanej iu folio na rycinie bitwy pod Porto Calvo. — Tablica N. 6, figura N. 5. Tribunus Artischotskyus. — W indexie dzieła wskazane rzeczy o nim: Artisoskius Tribunus. Ejus laus. s. 27. Litterae ad D. Albertum C. Burgium s. 109. Limittitus s. 107. In Belgium redit. s. 119.

Barlandus Adrianus († 1542). Institutio christiani hominis ob. Schotenius (Schooten) Hermannus (Vita honesta 1541, 1543, 1545, 1549, 1550, 1555, 1603 — Żywot. Nauka dla człowieka chrześciańskiego 1631).

BARLETIUS Marinus, Dalmata **(Barlecyusz).** Historya o żywoćie y zacnych spráwách Jerzego Kástryotá, ktorego pospolićie Szkánderbcgiem zową, ksią-żęćiá Epireńskiego, na trzynaśćie kśiąg rozdźieloná, nápisána od Máryná Bár-lecyusá. Przydáno są ktemu o obłęże-niu y dobywániu Szkodry kśięgi troie. Z łáćińskiego ięzyká ná polski przeło-żone przez Cypryaná Bázyliká. Cum gratia et priuilegio Sacrae Regiae Ma-iestatis. (Na końcu:) Drukowano w Brze-śćiu Litewskiem, w drukárni Cypryaná Bazyliká. Roku 1569. dniá 27 Paź-dźierniká. folio, kart nlb. 20, str. 701. i kart nlb. 21. druk gocki.

Na tytule obramowanym rycerz na koniu. Na odwrocie tytułu, Orzeł Zygmuntowski, pod nim wiersz: De aquila regia carmen Andr. Tricesii. Dalej: In eamdem aqui-lam regium insigne Jacobus Prilusius. — Następuje: Exemplar privilegii S. R. Maj. z r. 1569. dany Cypr. Basilico na nowe książki pewnych autorów tłoczone w jego officynie, na przeciąg lat 15, zabraniając mu wszelako druku dzieł antikatolickich. — Dedykacya do Albr. Łaskiego, wojew. Sie-radzkiego, obejmuje kart 6. Odznacza się wzorową polszczyzną. — Poczem idą wier-sze: Piotra Royziusza pod herbem Łaskiego: Aenigma in navem Lascanam; Ad illus-trem heroem A. Lascum carmen Andr. Tricesii; Andr. Tricesio S. Mathias Sto-jus; De ejusdem Alb. Lasci cognomine And. Tri.; Ad candidum lectorem Jo. La-ski; Ejusdem ad Alb. a Lasco; De nomine interpretis Cypriani Heraclidis Basilici Ca-spari Pictorij Xiaznicensis Tetrastichon. — Poczem zaczyna się prozą: O pewności historyey kśiąg tych do laskáwego czy-telniká. Przytoczywszy świadectwa wielu autorów za autentycznością tej historyi, kończy tem, że zanim on wziął się do przekładu z łacińskiego, niejaki Andrzej Wolan, człowiek cnotą, nauką i rozumem zacny, począł był te kśięgi wykładać; a wyłożył je tak, że troje kśięgi z przodku nie potrzebowały poprawy. Że zaś nie miał czasu dalej tłumaczyć, resztę prze-kładu odstąpił Bazylikowi. Ten zaś zdaje się, że na podstawie pracy Wolana, pierw-sze trzy kśięgi wydał. Kśięgi te dochodzą do strony 160, a kśięga IV. idzie od str. 161. — Dzieła część pierwsza, kśiąg 13. kończy się na str. 617. Poczem idzie od str. 618: Historya żałosna, á ku czytaniu osobliwa o srogiem oblężeniu od Máhu-metá ces. tureckiego y potężliwym doby-wániu miástá Szkodry, na troie kśięgi rozdźieloná, spisána przez Máryná Bárle-

cyusá Szkodrońcżyká, á teraz nowo ná polski ięzyk przełożoná przez Cyp. Bázy-liká. Powiada w przedmowie, że z tru-dnością zdołał do przekładu pozyskać egzemplarz w jednej starej uczonego Wło-cha bibliotece. Szukano go dlań po wielu ziemiach. — Kończy dzieło rejestr alfabe-tyczny mający kart 21. Wydanie całe bardzo ozdobne.

Żebrawski (Wiszniewski T. VIII. 74) po-daje mylnie datę druku 1587. — Maciej. Piśmienn. III. 236. — Wierzbowski II. N. 1450.

Branic. — Czartor. — Dzików — Dziedusz. — Jagiell. — Krasiń. — Ossol. — Pawli-kowski — Warsz. Uniw.

Barmannia Anna ob. Gastonius Seb. Fr. (Fax 1650).

BARNA Michael, can. cath. Liv. etc. Conspectus eorum quae Michaël Barna, canonicus cathedralis Livonensis, cleri junioris seminarii Varsav. ad S. Joan. Bapt. viceregens, S. Theol. dogm. prof. et examinator ordinarius, exposuit theo-logis alumnis in publico examine, ab iisdem die .... mense Febr. solvenda. Varsaviae, 1799. w 4ce, str. 10.

— Oratio funebris in obitum Fri-derici Ludovici Borussiarum principis quam in ecclesia regio insigni colleg. et paroch. S. Joannis B. Varsaviensi dixit die 22 Januarii Anno 1797. Mi-chael Barna, cathedralis ecclesiae Li-vonensis canonicus etc. Varsaviae, w 4ce, kart nlb. 3.

Barnaba Andreas ob. Baronius Mar-tinus (Vita 1609).

Barnabasz ob. Historya (1615).

BARNER Jacob. Nachricht was er in 22 Jahr bey der Hermetischen Kunst gesehen. Dantzig, 1683. w 12ce.

Cat. Janss. 1684.

Barnikovius Krystyn ob. Bulow L. (Consilium 1593).

Barnikelius. Grosse Karte von den Herzogth. Curland u. Semgallen. Nürn-berg, Homann, 1747. kart 2. (z her-bami, mapami i widokami).

Antiq. Katalog A. Twietmeyer 1891. N. 102.

Barnimb Xiąże na Sztetynie obacz: Bartsch Fridericus (1603).

Barnimus, dux Pomeraniae obacz: Praetorius Pet. (Historia 1582).

BAROCH ben David z Gniezna. Amplituda Mardechai. Hanoviae, 1615. (po hebrejsku).

Barocy Jakób (Barozi) ob. Barozi de Vignola (Pięć porządków 1791).

BAROFFi Cezar. Componimenti epitalamici nelle nozze di Vladislao IV. Re di Polonia, e di Cecilia (Arciduchessa d' Austria). Milano, 1638. w 4ce.
Ciampi Bibliogr. 1. 20.

— In triumpho serenissimi ac potentissimi principis Sigismundi III. Poloniae et Sveciae Regis etc. etc. è Moscovia post insignes gloriose partas victorias feliciter redeuntis. Oratio Caesaris Baroffii Mediolanensis J. V. D. protonotarii ap. et illustrissimi ac reverendissimi Domini D. Comitis Francisci Simonetae, episcopi Fulginatensis, nuncii in Regno Polon. apostolici, a secretis. Vilnae, in typogr. Petri Blasti Kmitae (1612). w 4ce, kart 15.
Krasz. Wilno IV. 156. — Wiszn. VIII. 59. — U Czapskiego Em. podano: Vilnae 1622. — Katal. Bibliot. petersb. ma bez wyr. roku. Krasińs. — Ossol. — Petersb. publ.

— Toż. Mediolani. 1612. w 4ce.
Petersb. publ.

BARONE Antoni Soc. J. (ur. 1632). Trias fortium David, hoc est, Jesu Christi, S. Ignatius Loyola Soc. Jesu fundator, B. Stanislaus Kostka Poloniae tutelaris, S. Dominica V. et M. Tropaeae civis ac patrona, tribus epigrammaton libris proposita. Neapoli, 1695. w 8ce.
Backer I. 409.   Kijows.

(Baroni). Li due baroni di Rocca azzurra. Dramma giocoso in due atti da rappresentarsi nel teatro nationale avanti sua Maestà. In Varsavia, presso di Stefano Baccigalupi, stampatore della Commissione del Tesoro. 1792. w 8ce, str. 67. (Musica di Cimarosa).
Ciampi 1. 13.   Akad.

BARONIUS Caesar (1538 † 30 Czerw. 1607). Annales ecclesiastici. Tomus I. Editio novissima. Antverpiae ex offic. Plantiniana M. D. XC. VII (1597). str. 753 i Index.
Obejmuje na początku: Stan. Carncovii archiepisc. Gnesn. epistola ad auctorem de translatione annalium in linguam polonam.

Dat. Loviciae, Augusti 1592, karta 1.; i ill. ac rev. S. Carncovio C. Baronius. k. 1. (Octobr. 1592). Karnkowski oświadcza, że postara się aby w Coll. Soc. Jesu Kaliskiem, które świeżo ufundował, te roczniki przełożono. — Tenże list przedrukowany na wstępie do T. IV. Antverp. 1594. (kart 2) i odpowiedź kart 2.
T. XI. Moguntiae 1606. str. 1070. jest dedykowany: Sigismundo III. regi Pol. Romae, 1604.   Jagiell.

— Toż. Coloniae, 1609. folio.
Tom I. i XI. mają też same listy i dedykacye.

— Toż. Coloniae, 1624. Editio novissima. folio.
Tom I. i XI. jak wyżej.

— Annalium ecclesiasticorum post C. Baronium Tomus XIII—XX. obacz: Bzowski Abr.

— Diejanija cerkownyja i grażdanskija o rożdestwa Christowa do trinadcataw stoletia soczinenie — bibliotekara watikańskago: perewedeno s polkago krom jawnych Cerkwi Wostocznoj protiwnostej rimskish i Baronija obrietajuszczychsia. Czast I—II. Moskwa, 1719. folio.
Jocher 8125.

— Discours de l' origine des Russiens, et de leur miraculeuse conversion et de quelques actes memorables de leurs Rois. Traduict en Français par Marc Lescarbot. Paris, 1599. w 8ce.
Petersb. publ.

— Discours véritable de la réunion des églises d'Alexandrie et de Russie à la Saincte Église catholique, apostolique et romaine. Traduict en françois. Paris, 1599. w 8ce.
Petersb. publ.

— Roczne dzieie kościelne od Narodzenia Páná y Bogá nászego Jesvsa Christvsa. Wybráne z rocznych dzieiow kościelnych Cesara Baronivsza, kárdynałá S. R. K. názwánych Annales Ecclesiastici. Przez X. Piotra Skarge Societatis Jesv. Z dozwoleniem tegoż kárdynałá y stárszych. Te kśięgi zámykáią w sobie dźieśięę tomow, to iest lat tyśiąc. Cum gratia et priuilegio S. R. M. W Krakowie, w drukárniey Andrzeiá Piotrkowczyká, roku páńskiego 1603. folio, k. 8, str. 1016. i k. 14.

Na odwrocie tytułu rycina herbowa Karnkowskiego.
Dedykacya: Stanisławowi Karnkowskiemu, arcyb. Gnieżn. — Poczem: Wzywánie do czytánia, i: Carncovii epistola ad auctorem, oraz: list Baroniusza do Karnkowskiego, dat. Romae, pridio Kal. Octobr. M. D. XCII. — Ostatnie kart 14 zajmuje rejestr. — Treść dedykacyi zobacz przy opisie następnego wydania.
Bentk. I. 478. — Załuski Conspect. Collect. s. 58.   Jagiell. — Zielińs.

— Tenże tytuł. Z dozwoleniem tegoż kárdynałá y stárszych. Te kśięgi zámykaia w sobie dwánaśćie tomow, to iest, lat tysiąc y dwieście, wtorym wydániem. Cum gratia et priuilegio S. R. M. W Krakowie, w drukárniey Andrzeiá Piotrkowczyká, Roku P. 1607. folio, kart 7, str. 1202 i rejestru kart 16. druk gocki.
Na odwrocie tytułu herb Karnkowskiego: Baran, z którego dwóch stron ŚŚ. Wojciech i Stanisław. — Przypis do Karnkowskiego arcybiskupa Gniezn., gdzie powinda, iż on go do pracy tej pobudził i potrzebami do wydania jej opatrzył. — Następnie: Wzywánio do czytánia, datowane w Krakowie 1603. — Dalej list Baroniusa do Karnkowskiego, z Rzymu r. 1592, w którym daje pozwolenie na tłumaczenie dzieła na polskie i list tegoż do Skargi, datowany 4 Septembra r. 1593. — Tysiąc lat z edycyi pierwszej powtórzone, kończą się na str. 898.
Jocher 8124 a, b.
                                        Jagiell. — Krasińs.

— Legationes Alexandrina et Ruthenica ad Clementem VIII. pont. max. pro unione et communione cum sede Apostolica. Ingolstadii. 1598. w 4ce.
                                        Petersb. publ.
— Lekarstwo zbawienne utrapioney Polski, z przestrogi ku naprawie obyczaiów ludzi chrześciańskich, wzięte z dziejów kościelnych Baroniusza sub anno 828, a teraz świeżo z rozkazu zwierzchności duchowney przedrukowane. Poznań, w drukarni Akad. 1703. w 4ce, kart 8.   Ossol.
— Historica relatio de Rvthenorum origine, eorvmque miracvlosa conversione, et quibusdam alijs ipsorum regum rebus gestis. Item qvomodo progressv temporis ab agnita veritate defecerint; a modo verò partim ad communionem S. Sedis Apostolicae recepti fuerint.

Avctore Caesare Baronio Sorano ex congregatione oratorij S. R. E. presbytero Cardinale, titvli SS. Martyrum Nerei et Achillei. Cum priuilegio speciali. Coloniae, sumptibus Nicolai Steinij huius editionis venditoris. Anno M.D.XCVIII. w 8ce, kart nlb. 39. (sign. A—E$_7$).
Przypisał autor Klemensowi VIII. papieżowi.
Poczem następuje krótki historyczny opis o Rusinach zebrany z różnych pisarzy, a na końcu przydana wiadomość o sprawowaniu obrządku chrztu św. u Rusinów.
Załuski Conspect. Collect. str. 24. — Wierzbowski I. 652.
Czartor. — Przeźdz. — Moszyńs. — Warsz. Uniw. — Petersb. publ.

— Relationes historicae dvae dvarum illustrium legationum, quarvm prior [de] reverendiss. patris ac Dom. Dn. Gabrielis Moderni patriarchae Alexandrini ad S. Sedem Apostolicam legatione; posterior de Ruthenorum aliquot mille ecclesiarum ad eandem S. Sedem receptarum conversione agit. Avctore Caesare Baronio S. R. E. presbytero et cardinale etc. Nunc denuò reuisae et correctiùs recusae. Coloniae, sumptibus Nicolai Steinij. Anno Christi M. DC. (1600). w 8ce, karta tyt. i 77 str.
Na końcu: Candido lectori Nic. Steinius.
Wierzbowski I. 681.
Czartor. — Warsz. Uniw. — Petersb. publ.
— obacz: Bzowski Abr. (Annalium 1616—20) — Kwiatkiewicz Jan (Roczne dzieje 1695, Przydatek 1706) — Ryłło Max. (Antiquit. eccles. ruthenicae).

BARONIUSZ Marcin, kleryk z Jarosławia. Icones ac miracula Sanctorum Poloniae etc. Romae, 1602.
Jocher 8235 a.
— Toż. Cracoviae, 1604.
Jocher 8235 b.
— Toż. Auctore Martino Baron, Polono. Coloniae sumptibus et formulis Petri Overradii. A. D. 1605. folio.
Nazwiska świętych, których wizerunki dołączone są: S. Salomea, S. Jadwiga, S. Kunegunda, S. Florian, S. Wojciech, S. Stanisław biskup krakowski, S. Jacek, S. Kazimierz, S. Czesław, S. Jan Kanty, S. Stanisław Kostka.
Jocher 8235 c. — Załuski Conspect. Collect. str. 58. („raritatis stupendae"). — Janocki Nachr. I. 42. — Bentk. II. 561.
— Toż. Cracoviae, 1608.
Jocher 8235 d.

48

— Toż. Cracoviae, ap. Joan. Skalski. 1610.

Jocher 8235 e.

— Vita Barnabae Andreae etc. Pars II. Cracoviae, Skalski. 1609. w 4ce.

Jocher 8335.

— Vita, gesta et miracvla Beati Esaiae Poloni Cracouiensis, Doctoris, Ordinis Fratrum Eremitarum Sancti Augustini, Casimiriae ad Cracouiam in templo S. Catherinae tumulati, Anno Domini 1471. die 8 Februarii. Ex diuersis authorum fide dignorum fragmentis excerpta, et in Catalogo Sanctorum Regni Poloniae Patronorum seriae (sic) est congesta, et nunc primum in lucem aedita: avthoritate Illustrissimi Domini Bernardi Maciejowski, Sanctae Romanae Ecclesiae Cardinalis, Archiepiscopi Gnesnensis. 1606. A Martino Baronio Jaroslauiense Clerico. Scitote quoniam mirificiuit Dominus Sanctum suum et dedit illi scientiam Sanctorum. Psal: 4. Eccles: 45. Cum gratia et priuilegio S. R. M. Superiorum permissu. Cracoviae, Basilius Skalski impressit. Anno Domini M.DC.X. (1610). w 4ce, str. 24.

Na odwrocie tytułu czterowiersz pod herbem Hier. Reczayskiego, kanon. krak. któremu praca poświęcona. — W dedykacyi wymieniono nazwisko świętego: Ezaj. Boner. — Na str. 8. jest drzeworyt S. Izajasza, na str. 21. Hymnus de Beato Esaiae. Między cudownie uleczonymi wspomnieni są: Jonch. Foxius Civ. Casimiriensis; Petrus Snarski; Adalb. Sutor Casimiriensis; Stan. Gołembiowski; Joan. Haler Civ. Olkusiensis. — Na ostatniej stronie jest windomość o królowej Bonie gdy wizytowała kaplicę trzech świętych.

Jocher 8512. — Wiszn. VIII. 182—3. — Encykl. Orgelbr. III. 144. — Załuski Conspect. Collect. str. 66. („stupendae raritatis").

Jagiell. — Ossol. — Raczyńs.

— Vita B. Esaiae Boneri. Romae, 1598. w 4ce.

Ciampi Bibl. Crit. I. 20. z tą datą podaje pod Cezarym Baroniuszem. — Ta edycya wątpliwa, skoro dedykacya w edycyi z r. 1610. jest z 10 Kwiet. 1610. i nic o wcześniejszem wydaniu dziełka nie wspomina.

— Vita, gesta et miracvla, Beati Stanislai Poloni, Casimiria ad Cracoviam orivndi, Canonicorum Regularium Lateranensium S. Saluatoris, Ordinis

D. Augustini, Viceprioris Conuentus Sacratissimi Corporis Christi Casimiriae, Confessoris: Nunc primum in lucem edita, ad laudes Dei, et ejusdem Beati, aliorumque Sanctorum honorem, consolationemque Christi fidelium: avthoritate Illustriss. D. Bernardi Maciejowski, S. Rom. Eccl. Cardinalis Archiepiscopi Gnesnensis. Cui in fine additus est Catalogus aliorum Polonorum ciusdem nominis Sanctorum, vitę, sanctitate, vel morte pro Christo fortiter obita illustrium. Authore Martino Baronio Iaroslauiense Clerico. Superiorum permissu. Cracoviae, in officina Basilii Skalski. Anno Domini M.DC.IX. (1609). w 4ce, str. 56.

Na odwrocie tytułu czterowiersz M. Bartł. Wrześni pod herbem Stan. Sułowskiego opata Tynieckiego, któremu dzieło poświęcone. — Między cudownie uleczonymi wymienieni są: Stan. Kłosz, Mart. Baronius, Joannes Froelich. Cudów podano 58. — Od strony 31. wylicza autor dwudziestu czterech świętych i błogosławionych tego imienia (między temi Hozyusz, Warszewicki) Polaków. Oprócz tego dodane są krócinchne żywoty następujące: Beati Meinhardi episcopi Liuoniensi (sic); B. Bertoldi ord. Cistercien. episc. Livonie; B. Juttae viduae Prutenae, [Vita S. Juttae ex polonico Frederic. Schembek interp. Joanne Snini, ob. Acta SS. Antverp. Maii T. VII. p. 602—613]; B. Dorothae viduae Pruthenae; B. Martini Bariczka Warsavien.; oraz P. Martini Laternae Poloni Soc. Jesu vitae foelicisque mortis descriptio. Occisus A. D. 1598. die 30 Septembris.

Jocher 8600.

Jagiell. — Ossol. — Czartor. — Krasińs. — Raczyńs.

— Vita B. Stanislai canonic. Regul. Lateran. Casimiriae, auctore Mart. Baronio, recognita a. Frider. Szembek et miracula primo post obitum anno patrata ex MSS. cum commentario praevio et notis Godefr. Herschenii.

Jocher 8605. z Catal. Bibl. Bunav.

Całe to wydanie jest więcej niż wątpliwem. Primo post obitum anno, jeżeli się odnosi do druk Szembeka, to druk wypadałby na rok 1645, lecz taka edycya wcale znaną nie jest. Jeżeli wyliczenie cudów odnosi się do daty śmierci Baroniusza, to ta data nie jest wiadomą.

— Vitae, gesta et miracvla, sanctorum quinq'; fratrum polonorum eremita-

rum Casimiriensium, ordinis S. Romualdi
Abbatis Camaldul: Joannis, Benedicti,
Mathei, Isaaci, Christini, martyrum,
simulque et aliorum sociorum eorum,
Athanasii, Lavrentii, et Bogvmili: ex
variis authoribus, diuersisque fragmentis breuiter collectę et nunc primum in
lucem editae: avthoritate illvstrissimi
Domini Bernardi Maciciowski, Sanctae
Romanae Ecclesiae cardinalis, archiepiscopi Gnesnensis, 1606. A Martino
Baronio, Iaroslauiense clerico, Pars prima. Deus qui gloriatur in consilio Sanctorum, magnus et terribilis super omnes,
qui in circuitu eius sunt. Psalm 88. Cum
gratia et priuilegio S. R. M. Superiorum permissu. Cracoviae, Basilius Skalski impressit, Anno Domini M. DC. X.
(1610). w 4ce, str. 40.

   Na str. 4-tej herb Szyszkowskich i pod nim
6 wierszy łac. — Książkę przypisał autor
prozą X. Marcinowi Szyszkowskiemu biskupowi Płockiemu; poczem podaje spis autorów, z których czerpał materyały do napisania swego dziełka. Między innemi wymienia swoje jakieś dziełko: Catalog. SS.
Polo. Patronorum. — Od str. 9 do 18.
kreśli żywoty tych pięciu męczenników,
poczem na str. 19. jest nowy tytuł:

Vitae Sanctorvm qvatvor fratrvm
polonorum eremitarum Camaldulensium
confessorum, ordinis Sancti Romualdi.
Quorum festa Sancta Mater ecclesia catholica Romana celebrat, infrà scriptis
temporibus, scilicet: Barnabae confessoris, illorum Magistri qui claruit Anno
Domini, 1005 die 10 Maii. — Andreae
Zeórardi confessoris, qui vixit Anno
1009. die 6 Julii. — Ivsti confessoris,
qui obiit Anno Domini 1008. die 9.
Julii. — Benedicti, Zuirardi martyris,
(qui floruit Año Domini 1011. die 6.
Maii). Pars secunda. Avthore Martino
Baronio, Jaroslauiense Clerico. Inter-
roga enim generationem pristinam, et
diligenter inuestiga patrum memoriam,
ipsi docebunt te etc. Job 8. Cracoviae,
Basilius Skalski impressit Anno Domini
1609.

   Na odwr. stronie tytułu herb Siecińskich i
pod nim 6 wierszy łac., podpisał Bartłomiej Września. Autor przypisał prozą Stanisławowi Siecińskiemu biskupowi Prze-
myślskiemu. Poczem idą żywoty tych czte-

rech męczenników. — Od str. 34. poczyna
się znowu żywot Bogumiła arcyb. Gnieźnieńskiego, który przed śmiercią został
kameduła. — Na str. 36. jest żywot Bolesława Chrobrego, pierwszego króla polskiego. — Na str. 38. żywot Bolesława
Wstydliwego.

Na odwrocie tytułu pierwszego między appro-
bacyami jest i taka: Romae, anno 1602.
Fr. Joannes Maria Vercellensis, Magister
S. Palatii, vidit et approbauit. Zdaje się
stąd, iż autor był w Rzymie w tym roku.
Załuski Collect. legum s. 62. Cracoviae 1610
(„stupendae raritatis").

Akad. — Jagiell. — Warsz. Uniw. — Czartor. — Raczyńs.

   — Życie i cuda błogosł. Izaiasza.
W Krakowie, u Baz. Skalskiego roku
1600. w 4ce.

Na karcie 2-giej od końca verso wspomniany
jest Andreas de Cracovia biskup Kijowski
zakonu Dominikańskiego, na co przytoczone jest świadectwo w wyrazach: jako
to Pr. Simon Okolski in Serie Episcoporum Kijoviensium pokazuje. Dzieło to
Okolskiego jest dopiero z r. 1646. znane.
Na ostatniej karcie cytowany jest Andrzej
Wargocki, jako autor dzieła: De Ligno
S. Crucis Lublinensis.

Jocher 8511. ma to objaśnienie pod 8512.
widocznie przez pomyłkę zamieszczone. —
Niesiecki I. 139. za nim Siarczyński i Jocher N. 8509. przytaczają: Fryder. Szembek S. J. Żywot błog. Izaaka Bochnara.
B. w. m. dr. i r. Byłżeby to jaki przekład z Baroniusza?

   — ob. Gorczyński Mich. A. (Cno-
tliwy żywot błog. Stanisława 1763).

BAROZI Jakób de Vignola. Pięć porządków budowniczych podług prawideł
Jakoba Barocego z Winioli. W Warszawie, 1791. w 4ce, str. 52 i tablic
28 na blasze rytych.

Przed tytułem rycina z herbami i portretem
Stanisława Augusta a u dołu podpis: przez
Jakuba Hempla odris. i wyszty.
Żebrawski Bibliogr. matemat. str. 483. —
Bentk. Hist. lit. II. 350.
        Akad. — Ossol. — Czartor.

Barradyusz (Barradas) Sebastyan
(† 14 Kwiet. 1615). ob. Poszakowski
Jan (1749).

Barre de Beaumarchais Antoine (De
la) († 1750). Histoire de la Pologne
sous le roi Auguste II. ob. Parthenay.

BARREAUX (Des) **Jacques Vallée**
(1602 † 8 Maja 1673). Sonet: Opem

divinam in agone poscens, per varios
Polonos versum....
  Załuski Zbiór II. 26.

BARRON l'Abbé. Actions de grace
sur le mariage du Roy avec la princesse de Pologne Marie Leczinski fille
du Roy Stanislas, présentées le sept
Septembre 1725 à Sa Majesté. Par Mr.
l'abbé Barron. De l'imprimerie de la
veuve Vaugon, rue de la Huchette, au
Joly Bois (1725). w 4ce, str. 8.
                                   Czartor.

BARRY Antoni. Icon exemplaris vitae,
pio nitens affectu in Virg. Deiparam, in
genuinos gratiae divinae desfensores,
necnon in animas fidelium defunctorum;
seu vita summi pontificis Benedicti XIII.
de ordine praedicatorum assumpti, a nativitate ipsius usque ad assumptionem
ad summum pontificium; item quatuor
brevia ejusdem; unum de salutatione
angelica; alterum de SS. Rosario; tertium de veritate doctrinae S. Thomae
Aquinatis in materia de gratia divina
ex se ab intrinseco efficaci, et de praedestinatione electorum gratuita; quartum de liberatione animarum e poenis
purgatorii. Variis in locis vario idiomate
impressa, nunc recentur reimpressa.
Varsaviae, typis S. R. M. Scholarum
Piarum. Bez w. r. w 4ce, z przodu
3 karty nlb., str. 63 i 1 tablica.

> Są herby papieża; dalej herb X. Wincente-
> go Santini nuncyusza. — Przypisał prozą
> łac. X. Wincentemu Santini arcybisku-
> powi Trapezuntu i nuncyuszowi apost. w
> Koronie i Litwie X. Antoni Barry psałte-
> rzysta kollegiaty Warszawskiej w 1726
> roku. Po dedykacyi skreśla żywot papieża
> Benedykta XIII. W końcu na tablicy wy-
> liczenie wszystkich papieży i kardynałów,
> którzy pochodzili z rodziny Ursinus (pióra
> J. J. Załuskiego).
> Por. Benedykt XIII. (Icon exemplaris vitae
> 1725).
> Jocher 8340. ma to z datą 1726. według
> Załuskiego. — Załuski Spec. Cat.
> Akad. — Czartor. — Ossol. — Warsz.
> Uniw.

BARRY Paweł X. Soc. J. (ur. 1585
† 1661). Przymierze wiecznego poddaństwa które czyni dusza pobożna z Stwo-
rzycielem swoim, to jest: 33 umów
z Zbawicielem naszym, modlitwie słu-

żących, albo oświadczeniu miłości swojej ku niemu przez krótkie słowa za-
wierające w sobie skryte intencye francuskim językiem wydane przez X.
Barry Soc. Jesu. W Waszawie, w drukarni J. K. Mci i Rzpltej Schol. Piarum. Bez roku (1755). w 12ce, z przodu
1 karta nlb. i str. 46.
                              Warsz. Uniw.

Bars ob. Barss.

Barschius Zacharias ob. Mestnar
Jan (Propemticon 1583).

Barscius Joannes ob. Barszcz.

Barsius Stanislaus ob. Sanuto (In
felicem regiminis 1551).

Barska konfederacya ob. Denkwür-
digkeiten (1769) — Reces (b. r.) —
Replika (1775) — Repnin (1768) —
Uniwersał N. Pana (1780).

Barski Adam ob. Dyskurs (b. r.).

Barski Basilius Dominikan ob. Podzyński V. J. C. (Oratio 1768) —
Święcki Wawrz. (Róża jerychońska
1754).

BARSKY Christophorus, Canonicus
ecclesiae Posnanien. et praepositus Zba-
szyn. Oratio in obitum Illustrissimi et
Amplissimi Domini D. Andreae a Przy-
ma Przyjemsky, cvriae regni maresalci,
Coninen. Covalien. Bidgostien. etc. ca-
pitanci. Posnaniae, in officina Joannis
Wolrabj. Anno 1620. w 4ce, ark. C₁.

> Dedyk. Adamowi et Stan. Przyjemskim. —
> Drzeworyt z ich herbem na odwrocie ty-
> tułu.   Jagiell.

Barski Hieronim ob. Hippolyt Joannes (Honori eruditae 1610).

Barski Mathias obacz: Hap Gas.
(Epiced. 1586).

Barski Mikołaj. obacz: Mikołaj S.
(1793).

Barskie wójtostwa obacz: Produkt
(1774).

BARSS Franciszek (Bars) Bankier.
Głos Jegomości Pana plenipotenta miast
prowincyj Wielkopolskiey imieniem miast
Koron. y W. X. Lith. z zlecenia współ
plenipotentów miany na ratuszu miasta
stołecznego Warszawy, w czasie przyj-

mowania prawa mieyskiego przez JW.
Stanisława Małachowskiego, marszałka
seymowego y konfed. koron. Dnia 29
Kwietnia roku 1791. w exekucyi prawa pod dniem 18 miesiąca y roku tegoż jednomyślną Najjaśn. Stanów Rzeczypospolitey zgodą dla uszczęśliwienia
ludu ustanowionego. w 4ce, kart 2.

> Korzon. I. 28—9. — Encykl. Orgelbr. II.
> 927.
> Krasińs. — Warsz. Uniw.

— Mowy za czterema stanami ku-
pieckim, rolniczym, żołnierskim i ludzi
uczonych. Ktory z nich iest kraiowi
pozytecznieyszy a zatym pierwszy do
łask i szczegulnieyszey monarchow o-
pieki. Przełozone z francuzkiego przez
Franciszka Barssa. W Warszawie w drukarni Piotra Dufoura. 1775. w 8ce,
kart 4, str. 176.

> Dufour dedykuje Stanisławowi Augustowi po
> francusku tę pierwszą pracę z jego dru-
> karni.
> Zielińs. — Ossol. — Jagiell. — Akad. —
> Branic. — Bibl. Tow. P. N. Poznańs.

— La Russie officieuse. Paris (1799).
w 12ce.

— Bezstronne uwagi nad mową JW.
Jezierskiego kasztelana Łukowskiego,
mianą na seymie dnia 15 Grudnia 1779.
przeciwko mieszczanom. w 8ce, str. 64.

> Zielińs. — Branic. — Jagiell. — Ossol.
> Uniw. lwow.

— Zdanie moie o poiedynkach czyli
list officyora francuzkiego do iednego
z swoich przyiaciół przełozone z francuzkiego przez Fr. Barssa. W Warszawie, u Diufura 1776. w 8ce, str. 32.

> Przypisane Stanisławowi Augustowi.
> Akad. — Krasińs. — Zielińs.

(Bars). Nobilitacya Franciszka Barssa
i Tomasza Czecha. (Projekt). 1791?
folio, str. 1.

> Branic. — Czartor.

— ob. Lillo (Bewerley 1777).

> Gołębiows. O dziejop. 240. — Roczniki Tow.
> przyj. Nauk. XIX. 170. — Bentk. I. 664.
> II. 46.

Barstsch Józef obacz: Seredy Ign.
(Arena philosophica 1736).

Barszcz Fryderyk ob. Bartsch.

(Barszcz Jan). Fvnebris laudatio et
threnodiae in exequiis ornatissimi et le-

ctissimi adolescentis Joannis Barscii, a
studiosa iuventute conscriptae, in academia Vilnensi Societatis Jesu. Vilnae,
in officina academica Societ. Jesu Anno
Domini cIɔIɔXCV (1595). w 4ce, kart
nlb. 18, każda str. obramowana, druk
antykwą.

> Na stronie odwrotnej karty tytułowej: Geo-
> rgivs Dambrowski Jacobo Barscio S. P.
> D. prozą, z zakończeniem: Vilnae XV.
> Cal: Januarij, Anno M.D.XCIIII. — Od
> str. Aij: Lavdatio in exequiis ornatissimi
> adolescentis Joannis Barscii, Vilnae in
> aede sacra D. Joannis a Nicolao Mada-
> leński habita, przez 8 stron także pro-
> zą. — Odtąd aż do końca krótsze i dłuż-
> sze wiersze przez różnych pisano. Są
> tu mianowicie utwory: Nicolai Madaleń-
> ski, Alberti Kalinski, Stanislai Woyna,
> Joannis Vkolski, Antoni Desserani, Petri
> Plvscii, Jacobi Evcholcii, Christophori Za-
> do, Josephi Tyskewicz, Tobiae Langer-
> feldi, Joannis Florentii, Martini Bornem-
> zae Transylvani, Bartholomaei Radzimino-
> wicz, Jacobi Felkel, Nicolai Stoienski,
> Alberti Simonowicz, Joannis Rohatinensis,
> Lavrentii Janowicz, Jacobi Lvtostanski,
> Lavrentii Borlangii, Christophori Campo,
> Martini Mercensis, Golielmi Soteroni Angli,
> Jacobi Dlvgolecki, Jacobi Osmolski, Va-
> lentini Skrobaczewski, Nicolai Szyszkow-
> ski, Andreae Lavdanski, Nicolai Swara-
> cki. Abrahami Rozniatowski, Bartholo-
> maei Szvmski, Nicodemi Silnicki, Alberti
> Niemiera, Avgvstini Jasiewicz, Theodori
> Masalski, Bartholomaei Widziszewski,
> Steph. Malleoli, Gabr. Bialozor, Ioannis
> Dlvski, Andr. Radzanovensis, Alexandri
> Mosalski.
>
> Kraszews. Wilno IV. 131, 140. (mylnie ma
> Romiatowski). — Juszyńs. Dykc. II. 137. —
> Siarczyńs. Obraz. I. 91.   Ossol.

BARSZCZ Jerzy X. Soc. J. (ur. 27
Kwiet. 1677 † 3 Marca 1743). Kazanie
na pogrzebie Jaśnie Wielmożnego Jmći
Xiędza Macieja Jozefa Ancuty biskupa
Wileńskiego, ktory jáchawszy do Warszawy na przyśięgę in Novembri ztamtąd
powracaiąc y wizytuiąc Juchniewiecką
parafią, umarł 18 Januarii 1723. miane
w Kathedrze Wileńskiey 6. Februarii.
B. w. m. i dr. i bez osobn. tyt. (Wilno,
w druk. Akademii 1735). w 4ce, kart
nlb. 16, sign. do E₂.

> Na odwrocie ostatniej karty approbacya, gdzie
> powiedziano: Praesentem funebralem con-
> cionem, hactenus in umbris oblivionis se-
> pultam, nunc per nos ex pulvere detersam,

praelo ac luce dignam pronuntiavimus Anno 1735 die 25 9-br: Alexander Joannes Żebrowski etc.
Brown Bibl. 113. — Jocher 9428.
Akad. — Jagiell. — Ossol. — Uniw. lwow. — Wileńs.

— Kazanie o S. Augustynie doktorze kościoła Bożego, ná afektácyą Jáśnie Wielmożnego Jmści Xiędza Konstantyna Brzostowskiego biskupa Wileńskiego, przy wotywie Jaśnie Wielmożnego Jmści Xiędza Macieja Ancuty koadjutora y suffragána Wileńskiego, miane roku 1719. w kościele Wielebnych Panien Nawiedzenia Nayśw: Panny klasztoru Wileńskiego, od pomienionego kaznodźieje. Bez m. r. i bez osobnego tytułu. (Wilno, Akademia). w 4ce, kart nlb. 16, (sign. A—D₄).
Jocher 4896.   Jagiell.

— Kazanie o błogosławionym Jozafacie arcy-biskupie Połockim y męczenniku w cerkwi Wileńskiey Troycy Nayświętszey WW. OO. Bázylianow przy wálney duchowieństwá processyi z kátedrálnego kościoła, roku 1717. miáne, zá dobroczynnością Wielmożnego Jego Mośći Páná Jozáfata ná Wislingu Zyberka kráyczego Xięstwá Inflántskiego, do druku podáne przez X. Jerzego Barszcza Societatis Jesu kázno-dźieję w kościele fárnym świętego Ianá. W Wilnie, w drukárni Akádemickiey Societatis Jesu (1717). w 4ce, k. nlb. 28, (sign. A—F₄).

Na odwrocie karty tytułowej herb Zyberków z epigrammatem; na następnych 3 kartach dedykacja do kráyczego Inflántskiego i approbacya Karola biskupa. Od 16 karty idzie kazanie drugie o św. Józefie.
Jocher 4884, 8488.
Akad. — Czartor. — Jagiell. — Ossol. — Petersb.

— Nowe lato z pryncypálnym dniem Imienia Jezusowego, dni święte y świetne májące; przy prymicyálney powtóre ofierze Wielmożnego, Nayprzewielebnieyszego Jegomośći Księdzá Piotra ná Łubnie Połubińskiego, práłátá y proboszczá kátedrálnego Wileńskiego, tákże y dyecezyi Żmudzkiey: krotkim ogłoszone kazániem, w kościele kátedrálnym Wileńskim od X. Jerzego

Barszcza Soc: J: AA. LL. y fil: dokt: roku od słowá przedwiecznego w ćiele ludzkim kážącego 1725. W drukárni Akádemickiey Wileńskiey Soc: Jesu. w 4ce, kart nlb. 19, (sign. A—F₁).

Na odwrocie tytułu pod herbem Połubińskich sześciowiersz. — Dedykacyi Połubińskiemu jest kart dwie.
Jocher 4933.   Jagiell.

— Strzemię nieśmiertelney sławy, ná terminie smiertelnośći, w Bogu zeszłego Jáśnie Wielmo: Nayprzewielebnieyszego Jegomośći księdzá Konstantyna Kazimierza Brzostowskiego biskupá Wileńskiego, nagłym w ćięszkich żalách kazániem ná widok stawione w kośćiele kátedrálnym Wileńskim, a Jáśnie Wielmożnemu Jego Mośći Pánu Jozefowi Brzostowskiemu pisárzowi Wielkiego Xięstwá Litewskiego, Miadżiołskiemu, Bystrzyckiemu etc. staroscie na ulgę smutku ofiárowáne, przez X. Jerzego Barszcza Societ: Jesu AA. LL. y filozofii doktorá. Roku od przyśćia ná świát zwycięźcy smierći 1722. W Wilnie, w drukárni Akádemickiey Societatis Jesu. w 4ce, kart nlb. 24, (sign. do H₁).

Na odwrocie kartki tytułowej herb Brzostowskich (strzemię) z epigrammatem. Samego kazania kart nlb. 23.
Jocher 9426.
Akad. — Jagiell. — Ossol. — Wileńs.

Barszcz Mat. obacz: Sidus Hiac. (Symbolum amoris 1632).

BARSZCZ Petrus. Anamartitos sive Oratio ostendens viri boni occasvm esse a noxa tvtvm, quam ad diem funeris illustrissimi et magnifici Domini D. Francisci Floriani a Zebrzydowice Zebrzydowski, Castellani Lvblinensis, in noua Korczyn, Szereszouiensis, etc. etc. pracfecti, Petrus Barszcz Art: et philosophiae in alma Vniuersitate Cracouiensi Baccalaureus conscripsit. Anno Jubilaei M.DC.L. die 3 Nou:. Cracoviae, apud Lvcam Kvpisz S. R. M. typographum. (1650). folio, ark. D₂.

Na odwrotnej stronie tytułu herb Zebrzydowskich Radwan, pod nim wiersz łac. Następuje dedykacyá Mich. Milk. Zebrzydowskiemu, prozą. Mowę kończą 3 cytaty łac.: z Xenophona i z Seneki.
Czartor. — Jagiell. — Krasiń. — Ossol.

— Oratio ad iusta exsequiarum, dum perillustr. et adm. Rhdi olim Dui Adalberti Serebryski canonici Cracoviensis, etc. S. M. R. secretarij, pijs manibus, nobilis et studiosa juuentus Academiae Cracouiensis in oratorio pietatis parentaret. A Petro Barszcz art: et philosophiae baccalaureo habita. Anno reparatae salutis humanae 1650. Idib. Januarij. Cracoviae, apud Lvcam Kvpisz S. R. M. typograph. (1650). w 4ce, str. 15.

Dzików — Uniw. lwow. — Czartor. — Jagiell. — Krasiń. — Ossol.

— ob. Oczkowicz Stan. (Promontorium 1647).

BARSZCZEWICZ Grzegorz Stanisław. Hilaria animorum post superatas rigidi examinis noctes longiore publicae felicitatis die ex obtentis coronarum decoribus; a VII. VV. DD. primae laureae candidatis, dum per clarissim. et excellentiss. Dominum D. M. Gasparum Topsinski philos. doctorem, collegam minor. in peraugusti Divi Jagellonis aula, a spectatiss. illustrium hospitum, et Senatus Academici corona, artium liberalium et philos. baccalaurei ritu solenni renuntiarentur circa aequinoctium verneum celebrata, quorum publicam totamq. festivitatem Gregorius Stanislaus Barszczewicz ejusdem laureae candidatus in vim fraternae gratulationis et publici applausus voto cordiali ad cytharam Apollinis decantavit. Anno salutaris hilaritatis 1703. die 31. Aprilis. Cracoviae, typis academicis. 1703. folio, kart nlb. 7.

Dedyk. Gasparo Kamocki, canon. cathedr. Crac. et Sandom.
Jocher 1485.
Krasiń. — Dzików — Ossol.

BARSZCZEWSKI Andrzej (Jędrzej). Kazanie przy konkluziey, oktáwy solenney; wniebowzięciá Mátki Boskiey. W kościele archikátedrálnym metropolitáński (sic) lwowskim miane. Przez Xiędza Iendrzeia Barszczewskiego S. Th: mágistra, y regenta; zákonu Kármelitáńskiego, dáwney obserwácyey. Prowincyi ruskiey. Roku páńskiego 1725; dnia 22.

Sierpnia. We Lwowie, w drukárni Bráckiey SSS. Troycy. folio, kart 11.

Na odwr. str. karty tytułowej: „Na prześwietny Iáśnie Wielmożnego Jełowickich domu kleynot." — Poczem rycina z herbem, a pod nim sześciowiersz. — Na następnej karcie dedykacya: JW. y Nayprzewielebniejszemv JMci Xiędzu Hieronimowi Jełowickiemv, biskupowi Pelleńskiemu etc. regentowi kancelaryey W. X. Litewskiego etc. (zajmuje 2 karty). — Na dalszych 8 kartach „Kazanie." — Na końcu: Imprimatur, cenzora Jana Tomasza Józefowicza. Kazanie przeplata gęsto łaciną.

Jocher 4934.

Czartor. — Drohob. — Jagiell. — Krasiń. — Ossol.

— Koncept nad konceptami. A w łacińskich terminach: singularis divinae sapientiae, partus. Niepokalane Poczęcie Matki Boskiey. Panegirycznym kazaniem, przy konkluzie solenney oktawy, tegoż festu: w archikatedrze metropolitanskiey Lwowskiey, pokazany, Przez przewielebnego w Bogu, Xiędza Andrzeia Barszczewskiego, S. Theologij magistra y doktora: exprowincyała, y przeora ná ten czas Lwowskiego Karmelitańskiego dawney. Ob. Roku pańskiego 1736: dnia 15. Grudnia. We Lwowie, w drukárni Bráckiey Swiętey Troycy y Jego Krolewskiey Mśći. folio, kart 9.

Na odwrocie karty tytułowej rycina z herbem Wiśniowieckich, a pod tem sześciowiersz polski.

Autor przypisał dziełko Janvszowi Korybvtowi Wiszniowieckiemv kasztelanowi krak. Dedykacyi genealogicznej kart 3. — Kazania nadpis: Xięga rodzaiu, Jezusa Chrystusa.

Jocher 4964, 4990. — Jocher według Bibl. Carmelit. ma także datę 1732.
Krasiń. — Jagiell. — Ossol.

— Transport złotego Abdanku z Xiąg wiekopomney sławy w xięgę żywota wieczney y nieśmiertelney chwáły. W godney i wielkiey osobię, Jasnie Wielmoznego y Nayprzewielebnieyszego, Jegomosci Xiędza Jana na Ossali y Michalczu Skarbka; arcybiskvpa metropolitańskiego Lwowskiego, opata Płockiego. Pokazany. Ná pogrzebie Jego, w kościele archi-kátedralnym Lwowskim, przez przewielebnego w Bogu

Xiędza Andrzeia Barszczewskiego, świętcy theologij magistra y doktora; prowincyała WW. OO. Kármelitów, dawney obserwáncyi prowincyey: ruskiey. Roku panskiego, 1734. dnia 9. miesiąca Lutego. We Lwowie, w drukárni Brackiey SSS. Troycy y Jego Krolewskiey Mości (1734). folio, kart 8, (1. karta, ark. D₂).

Ossol. — Czartor. — Jagiell.

— Walna, y tryumfalna: do nieśmiertelney chwały, y sławy; droga. Herbowna, Jaśnie Wielmożnego Jegomości Pana, Stanisława Mateusza na Rozdole y Roiowcach, Rzewuskiego, woiewody Bełzkiego, hetmana wielkiego koronnego : Krzywda utorowana, a na pogrzebie Jego, w kościele WW. OO. Kármelitów Lwowskich; dáwney obserwáncyi: Roku pańs: 1730. dnia 17. Lipca pokazana. Przez przewielebnego w Bogu, Xiędza Andrzeia Barszczewskiego świętcy theologij mahistra y doktora, prowincyała tychże WW. OO. Kármelitów. We Lwowie, w drukárni Bráckiey SSS. Troycy. folio, kart nlb. 10, (sign. D₂).

Na odwrotnej stronie herb Rzewuskich, a pod nim 6 wierszy.
Dedyk. Ludwice z Kunickich Rzewuskiej, wojew. Belzkiej, hetm. W. K. (str. 2). — Kazanie ma godło : Drogę mądrości pokaże tobie.
Jocher według Bibl. Carmelit. ma mylną datę 1738 r.
Jagiell. — Krasińs. — Czartor. — Drohob. — Ossol.

— Walor troiaki jedney złotey korony na koronacyą cudownego Sokálskiego obrázu Matki Boskiey przy troistym, Jáśnie Oświeconego Potockich domu krzyżu; pokazany. Przez X. Andrzeia Barszczewskiego, S. Th. magistra y regenta; zákonu Kármelitańskiego, dawney obserwancyi. Prowincyi ruskiey, difinitorá. Roku páńskiego 1724. dniá 15. Septembrá.

Kazanie to mieści się w dziele, wydanem przez Ignacego Orłowskiego: Chwała koronna szczęśliwa koronacyą monarchini całego świnta Maryi... Lwów, druk Kollegium Societ. Jesu. 1726. w 4co, od str. 285—326.
Jocher 9034. ma z datą 1725. jako osobne dzieło lecz zapewne się myli. — Chłędows. Spis 164.

— Kazanie na zamknięcie oktawy koronacyi obrazu cudowney N. Panny Maryi w kościele XX. Dominikanów w Podkamieniu. We Lwowie, w druk. Brackiey SSS. Troycy.

Jest w Rostkowskiego Mak. Zbiór na wybór perełek. 1731. folio.
Jocher 8988. podaje według Bibl. Carmol. że wyszło osobno r. 1727. co mylne.

— ob. Actus coronationis (1724) — Chwała koronna wydanie Orłowskiego (1726) — Rostkowski Mak. (1731).

Jocher T. II. s. 68.

BARSZCZEWSKI Jan, missionarz. Animus, ex certamine erudito victor. In X. VV. DD. primae laureae candidatis observatus: ac dum, a Clarissimo et Excellentissimo Domino, D. M. Melchiore Kiciński, philosophiae doctore, collega minore, mathescos et astrologiae ordinario professore., artium liberalium et philosophiae baccallaurei in augusto D. Iagelonis Lycaeo, in maguorum hospitum praesentia ritu solenni renuntiarentur: a Joanne Barszczewski, ejusdem laureae candidato, ore poetico declaratus. Anno ad victorias descendentis Dei, 1719. die 26 Octobris. Cracoviae, typis Francisci Cezary, S. R. M. Celsissimi principis, Illustrissimi et Rńdissimi D. Episcopi Crac: Ducis Severiae, necnon Schol: Novodvors: ord: typogr. (1719). folio, kart 10.

Na odwrotnej stronie karty tytułowej herb Topór, pod nim sześciowiersz. — Dedyk. Ant. de Gledzianow Bełchacki, notario castrensi Cracoviensi. — Następuje Oda do Ś-go Jana Kantego. Egzaminatorzy: Mat. Ziętkiewicz, Franc. Hier. Płuciński, Melch. Kiciński. Laureaci: Mik. Pukiński, Jak. Hąnicki, Kaz. Borkowski, Seb. Kazirolski, Jan Pałaszowski, Franciszek Goczyński, Józ. Modelowski, Alb. Fr. Płaczkowski, Bartł. Ciesielski. Autorowi panegiryków dziękują : Kazirolski i Płaczkowski.

Jocher 1514. Jagiell. — Ossol.

BARSZCZEWSKI (Jan Franciszek ?) Manuale caeremoniarum romanarum ad usum Ecclesiarum Poloniae accomodatum r. 176...

Janocki Excerpta 356.

BARSZCZEWSKI Jan Franciszek. Mowa do Augusta III. podczas publicznej audyencyi w Poznaniu. Warszawa, 1738. w 4ce.

Notat. Mich. Wiszniews.

— Oratio ad sereniss. Augustum III. Regem Poloniae, nomine civitatis Posnaniensis per Dominum Fr. Barszczewski U. J. Drem S. R. M. secret. ejusdemq' civitatis notarium 1736. Varsaviae dicta.

W Suadzie Danejkowicza — Ostrowskiego Cz. I. 40—1.

— obacz: Awedyk Bonawentura (Konsolacya 1734).

Barszczewski Józef, kanon. katedr. Wileńs., cenzor ksiąg ob. Jabłonowski J. A. (Ostafii 1751 approbata) — Kotficki (Lech. 1751 approbata).

Bart Zacharyasz ob. Barth.

Bartakowics Josephus ob. Radzivil Nicol. Christoph. (Jerosolymitana peregrinatio 1756).

Bartankiewicz Szym. ob. Wośniowski Andr. (Insignia 1666).

BARTAS (Du) **De Salluste Wilhelm** (1544 † w Lipcu 1690). Judith. W Baranowie, w drukarni Andr. Piotrkowczyka r. p. 1620. w 4ce, kart nlb. 27 (sign. G₂).

Do Katarzyny z Buczacza Ostrorogowey, kasztelanowey Międzyrzeckiey. Author: Nie przeto, że ma z Radziwiłowego — Krew pomieszaną ze krwią domu swego — Wielkich pradziałów, z miecza y z kądziele — Od wiele wieków licząc bardzo wiele. — Nie przeto że cię (ach) Ostrorogową — Po miłym bracie moim ludzie zową. (to znaczy: po bracie ciotecznym). Juszyński Dykc. poet. T. I. 242—3. przyznaje Judytę, w Baranowie 1629 r. wydaną, Rafałowi Leszczyńskiemu, powołując się na mowę pogrzebową Jana Amosa Komeniusza (Spiegel guter Obrigkeit 1636), w której nazywa Leszczyńskiego autorem Judyty. Za Juszyńskim poszedł Wiszniewski w T. VII. Pierwszy Linde robi autorem tego poematu Ostroroga, wnosząc z przypisania Katarzynie z Buczaca Ostrorogowej, którą nazwał wdową po swoim miłym bracie. — Z tego powodu Siarczyński w Obrazie wieku Zyg. III. zawahał się widocznie i odudwóch nazwał autorami Judyty — to jest Ostroroga autorem, a Leszczyńskiego wydawcą. Maciejowski chcąc pogodzić tak rozdzielone zdania, wpadł na myśl, że obadwaj mogą być autorami, lecz dwóch odmiennych sobie

Judyt — przyznając tylko wydaną w Baranowie 1620 r. Ostrorogowi. — Za tem zdaniem idzie i Chomętowski — to samo Sobieszczański w Encykl. powsz. Orgelbr. T. 20. str. 171 i 172. — Że jednak Leszczyński był bratem ciotecznym Jędrzeja Ostroroga, męża Katarzyny z Buczacza, urodzonego z Katarzyny z Leszczyńskich Ostrorogowej żony Wacława a ciotki Rafała Leszczyńskiego, więc tem się rozjaśnia zagadka na rzecz Leszczyńskiego.

Ossol. — Czartor.

— Toż samo, tamże, tylko z datą 1629 r. w 4ce, ark. 6¹/₂.

Baudt. Hist. dr. I. 34. ma z datą 1620. — Maciejows. Polska I. 332. — Wiszniews. Hist. lit. VII. 133. ma z datą 1629.

BARTECZKO Andr. Castrum doloris illustriss. Domino D. Rudolpho S. R. comiti de Gaschin libero Baroni de et in Rosenberg, haereditario domino in Hultschin, Odersch, Katscher, Reichosalck, et Freystadt, Sac. Caes. et Cath. Majest. camerario, serenissimi principis ac ducis Oppaviensis et Carnoviensis consiliario, necnon inclyti ducatus Oppaviensis capitaneo, die 24 Julii Anno 1715. pientissme vita functo, in templo parochiali Hultschinensi instructum ibidemque sub solemnibus parentalibus die 18 Februar. Anno 1716. spectatum et illustr. ac excellent. Domino D. Georgio Adamo Francisco S. R. J. Comiti de Gaschin libero Baroni de et in Rosenberg, haereditario domino in Polonico — Neukirch, Zierowa, Katscher, Freystadt, Reichwaldt, Odersch, Hultschin, Wosnick, Zakrau, Frieschkowitz et Bodzanowiz, Sacr. Caesareae et Catholicae Majestatis intimo consiliario et camerario, necnon inclytorum ducatuum Oppoliensis ac Rattiboriensis capitaneo plenipotentario a conventu S. Ord. Minor. S. Francisci Reformat. ad S. Annam in Silesia Superiori fundatori munificentissimo in perpetuae gratitudinis mnemosynon submississime dedicatum. Nissae, typ. Josephi Schlegel civitatis typogr. Anno 1716. folio, str. 20.   Ossol.

Bartel Jerzy ob. Hackenberger Jan (Droga prawdziwa 1761).

BARTELMUS Traugott. Dank-Predigt am 20 des Wintermonaths 1781.

als dem Tage der Auszeichnung des Platzes zu der von Sr. glorreichest regierenden Röm.-Kaiserl. Köng. Apostol. Majestät Josepho II. allergnädigst verliehenen Gnaden-Kirche Augspurgischer Confession in der königl. Starostey Stadt Biala in Galizien Wieliczker Kreises aus dem ausgesteckten Platz vor einer sehr zahlreichen Versamlung gehalten. Von Traugott Bartelmus ältesten Prediger an der Gnaden-Kirche von Theschen in Schlesien eines k. k. Consistorii Augustanae Confessionis daselbst Assesor und der ewangelischen Schule Inspector. Lemberg, gedruckt bei Wittib Josepha Pillerin k. k. Gubern. Druckerei 1781. w 4ce, kart nlb. 12.   Ossol.

BARTELS J. G. Bibliothecae vivi dum viveret praenobilis et consult. Andreae Schotti scab. palacop. a. 1764. in aedibus b. possesoris in foro lignario vulgo Holtz Marckt distrahendam per J. G. Barthelsen. Gedani, typ. J. Fr. Barthels. w 8ce, Tom I. str. 171, 1. Tom II. str. 336.   Krasiñs.

BARTELS Jan Henr. Dantiscanus. De Trajano non optimo. Vittembergae, 1725. w 4ce.

— De proverbiorum fontibus. Vittembergae, 1725. w 4ce.

Barten Jan. Concordia oder Notel so alle Prediger zu Danzig. 1562. ob. Morgenstern Benedictus (Widerlegung 1567).
Jocher 3908.

Bartenstein (von) obacz: Waisselius Math. (Chronica alter Preusscher 1599).

BARTH Andreas. Der auffgehobene Leid- und Freuden-Wechsel welchen bey ansehnlicher Beerdigung des Woll Edlen, Besten und Hochweisen Herren Hn. Johannis Hevelii Weltberühmten Astronomi und in die 36. Jahr gewesenen wolverdienten Rahts-verwandten der alten Stadt in Dantzig, als derselbe Anno 1687 im Monaht Januario eben an seinem Geburthstage sein rühmlich geführtes Leben geendiget hatte, und den 13. Febr. desselben Jahres in sein Erb-Begräbniss in der Altstädtischen Pfarr-Kirchen zu St. Cathar.

beygesetzet ward, aus des Propheten Jesaiae LX. Cap. V. 20. in einem Christlichen Leich-Sermon vorgestellet hat Andreas Barth, bey gemeldeter Kirchen Pastor. Dantzig, gedruckt bey Johann Zacharias Stollen 1688. folio, kart nlb. 3, str. 40 i 8 k. nlb. (z portretem).
Bentk. II. 326.   Jagiell.

BARTH Michał z Anneberg, Prof. medyc. w Lipsku († 1584). Annaeberga libri tres, quibus continentur urbis Annaebergae in Misnia descriptio, ortus et positus: conscripti versibus a Michaele Barth cive grato et amante patriae. Quibus accesserunt, Joannis Saliani de eadem urbe et sylva Hercynia libellus. — H. Eobani Hessi elegia. — Joachimi Camerarii Fab.[epergensis] elegia odoiporike Metallaria. — Basileae per Joannem Oporinum. (Na końcu:) Basileae, 1557. mense Martio. w 8ce, z przodu 1 arkusz i 131 str., spisu 6 kart nlb.

Po elegii Camerarinsza na str. 120, jest przemowa prozą łacińską przez tegoż Bartha napisana do Stanisława Zbąskiego z Kurowa kasztelanica Lubelskiego ucznia swego, datowana: Lipsiae, ex collegio novo 15 Calend. Februar. anno 1556. quo die, ante annos ducentos triginta sex, Vladislaus Cubitalis post multos tandem labores, regni coronam suscepit. Przemową tą ofiarował mu swe następne dwuwiersze p. t. De Serenissimis Poloniae, Regibus ac Monarchis disticha Michaelis Barth Germani (od str. 125—131). Zaczyna je od Lecha I. a kończy na Zygmuncie Augúscie.   Akad.

— De serenissimis Poloniae regibus disticha per Michaelem Bartholomeum(?). Lipsiae, apud Georg. Hantzch 1556. w 4ce.
Przyłęcki.

Barth Zacharyasz ob. Barthy.

BARTHOLANUS Stanislaus (1573 † 1618). In obitvm Illvstrissimi principis Alberti Radzivili dvcis in Olica et Nieszvviez Magni Marsalci Litvaniae Cownensisque etc. etc. capitanei. Stanislai Bartholani Equitis Poloni fvnebris oratio. Ecclesiastici Cap: 38. Fili, in mortuum produc lacrymas, et quasi dira passus incipe plorare, et secundum iudicium contege corpus illius, et non despicias sepulturam eius. Cracoviae, typis Andreae Petricouij. Anno Domini M. D. XCIIII. w 4ce, kart nlb. 19.

Dedyk. Nicolao Liberacki Abbati Copriwnicensi.
Wierzbowski II. N. 1761.
Czartor. — Jagiell. — Ossol. — Szembek.

— In obitum Illustrissimi et invictissimi Joannis Zamoscii, magni regni Poloniae cancellarii supremique exercituum generalis, patroni sui amplissimi Lacrymae Stanislai Bartholani rotmagistri. Zamosci, 1605. w 4ce, kart nlb. 6.   Czartor.

— Sigismvndi III. Poloniae et Sveciae regis, duce Joanne Zamoiscio, ex Michaele vtriusque Valachiae et Transiluaniae tyranno insignis victoria. Per Stanislaum Bartholanum in bello descripta. Ad illustrem Hieronymum Gostomski de Lezenice, palatinum Posnaniensem, capitaneum Sandomiriensem. etc. etc. — Ex campo Martis, portantur Martia dona: i t. d. (dziesięciowiersz łaciński). Cracoviae, ex officina Andreae Petricouij. Anno Domini, 1601. w 4ce, kart nlb. 13.

Zarazem jest tu: Valachicae victoriae Joannis Potocii coronis (ostatnie trzy kart).
Wiszn. VIII. 3—4. VII. 556. VI. 311.
Czartor. — Jagiell.

— Sigismundi III. Poloniae et Sveciae Regis, insignis ex Carolo victoria. Authore Stanislao Bartholano S. R. M. R. Huic accessit, situs et expugnationis Volmariae planta, ab eodem autore geometrice confecta et typis publicata. B. w. m. i r. (1606). w 4ce, kart 7. (wierszem) i rycina twierdzy Wolmaru.

Dedyk. Leonowi Sapieże.
Juszyński Dyke. I. — Siarczyńs. Obraz I. 20. — Nord. Miscel. IV. 13. — Recke Lexicon 1827. str. 72. ma datę 1605. — Encykl. powsz. III. 155. — Starowolski Monum. 675. — Fischer Beitr. zur Gadeb. Bibl. 13.   Czartor. — Ossol.
— obacz: Petrycy Seb. (De natura morbi 1591).

BARTHOLD M. Gotfried. Discursus politicus de electione et successione principis, perprimis Jacobum, ut vocant, diversicolorem concernens, autore cuius symbolum: Me gratia beat. domini (M. Gottfr. Barthold. Dantiscanus scholae Joannae conrector).
Przyłęcki.

BARTHOLINUS Ricardus (Ryszard) z Perugii. ODEporicon idest Itinerariū Reuerendissimi in Christo patris et Dūi D. Mathei Sancti Angeli Cardinalis Gur-censis Saltzburgeñ. Generalisq; Imperii locumtenētis, quaeq; in conuentu Maximiliani Caes. Aug. Sereniss. q; regū Vladislai SIgismundi ac Ludouici, memoratu digna gesta sunt per Riccardum Bartholinū perusinum aedita. Cum gratia et priuilegio [Tytuł w drzeworycie, u dołu cyfra H. Vietora]. (Na końcu:) Hieronymus Vietor hoc opus impressit Viennae, impensis Joannis Vuidemann Augusteñ. quod impressioni xiiii. kaleñ. septemb. datū est, absolutum uero, Idibus Septēb. Anno Doū. MDXV. w 4ce, k. nlb. 68, (sign. A—Q₆).

Na odwr. tytułu: Joannes Dantiscvs. Ad lectorem carmen. — Na ark. C.: De adventa Regis Sarmatiae et ingressus Posonii. Następnie Sarmatarum cultus, habitus Sarmatarum, victoria de Moschis. — Na ark. D₄—E. wiersz: Principi Sigismundo Sarmatiae regi Ricardus Bartholinus Perusinus, deditissimum mancipium. — Jest tu i wiersz Dantyszka: De profectione Sigismundi Regis... post uictoriam contra Moscos in Hungariam Joannis Dantisci Sylva. — (ark. E₂). Tegoż wiersz: Ricardo Bartholino, w którym M. Gliński zwany jest Hliński. — Dalej wiersz Gaspara Ursina Velinsa ad Joannem Thurzo episcopum, de connentu (sic) Posoniensi. — Na ark. L₄. verso: wyliczenie magnatów polskich, znajdujących się w orszaku Zygmunta. — Księgę trzecią dzieła stanowi: Oratio in conuentu... per R. Bartholinum habita, po której następuje: Idyllium in matrimonio princ. Ludovici regis ac Mariae reginae. — Kończą rzecz wiersze Gaspara Ursina, Joach. Vadiana i Rudolfa Agrikoli.
Wierzbowski II. N. 905.
Czarnec. — Czartor. — Jagiell. — Ossol. — Dzików — Pawlikowski — Czapski — Zamojs.

— Odoeporicon.... (jak w edycyi z 1515 r.). Cracoviae, apud Hier. Vietorem 1524. w 4ce, ark. nlb. Q₆.

— Toż: w Freheri Scriptores Rer. german. II. 321.
Załuski Bibl. hist. 30. — Ciampi Bibliogr. I. 20. — Wędrowiec 1882. N. 8. — Wiszniewski VI. 244.

BARTHOLEMAEUS Joannes medicus. Libellvs poematvm Joannis Bartholemaei medici. In honorem Illvstrissimi ac Magnifici Domini D. Alberti Baronis a Lasco. Editus opera Bartholemei Andreadis Silesij, cuius Panegyris addita est I. in laudes ejusdem Baronis à Lasco. Gorlicii, Ambrosius Fritsch excudebat. Anno M. D. LXXI. w 8ce, ark. nlb. J₇.

Dedykacya: Alb. a Lasco Bartholemaeus Andreades, kart 4. In laudes A. Lasco wiersz kart 5. Potem idą Poemata. Są tam także wiersze In laudem Sigism. Augusti, Historia hominis ebrii anno 1567, Symbolum Math. Voinovii, De Joanne Hasfurt (dwuwiersz). Poemata graeca idą od ark. J.   Jagiell.

Bartholomaeus ab Arxtel ob. Błonie Nicol. (1613).

Bartholomaeus de Bohemia ob. Vadingus (Annales 1732).

BARTHOLOMEUS de Colonia. Dialogus mythologicus Bartolomei Coloniensis, dulcibus iocis, iocundis salibus, cōcinisq; sentētis refertus, atq; diligentur nuper elaboratus. [Na odwrocie tytułu:] Adrianvs VVolfhardvs Transsylvanus Artiū et philosophiae professor, Hilario Vuolfhardo fratriq. amatissimo. S. D. (Na końcu:) Impressum Cracouiae in aedibus domini Joanis Haller ciuis Cracouiensis. Anno M.D.XVI. w 4ce, ark. C₅. (kart 15).

Tytuł w ramkach kolumnowych, z cyfrą J. Hallera.
Wierzbowski II. 923.
                Jagiell. — Pawlikowski.

— Toż. Viennae Pannoniae in aedibus Hieronymi Vietoris et Joannis Singrenii 1512. w 4ce.

— Toż. Viennae, ap. Joa Singrenium 1518. w 4ce.

Janocki V. — Załus. Bibl. II. 163.

Bartholomaeus Georgius ob. Epicedia (1580).

Bartholomeus Martyr, apostolus ob. Bartłomiej św.

Bartholomeus a Pacificatione ob. Thomas Aquino (Interpres. 1686) — Waleryan od Św. Hieronyma (Jagieliński Murus abeneus 1692).

Bartholomeus a Petra, decanus Trevirensis ob. Jeremias Patriar. (Sententia definitiva 1586).

BARTHOLOMAEUS a Purificatione **B. M. Virg.** Interpres Divinus D. Thomas Aquinas ab universis orthodoxae fidei cultoribus, angelico ore, caelestium arcana loqui, auditus, frequentissimae Illustrissimorum Hospitum praesentiae in Basilica S. Hyacinthi Ordinis praedicatorum Conuentus Varsauiensis, panegyrico calamo per P. Bartholomaeum à Purificatione B. M. Virginis Scholarum Piarum. Praesentatus anno caeli verbum aeternum interpretantis 1686 die 7 Martij. Varsaviae, typis Collegii Scholarum Piarum. w 4ce, str. nlb. 22.
                Branic.

Bartholomaeus Usingensis obacz: Usingen (1516).

BARTHUSEL Michał X. Exorta na spotkanie ciała... pasterza... (Jana Dom. Łopacińskiego). Bez w. m. i r. (1778). w 8ce.   Wileńs.

— ob. Bukaty T. (Kazanie, exorty (1778).

BARTHY Zacharyasz (Bart). De epidemia sive febre pestilentiali et maligna liber. Quae hisce temporibvs in regione septentrionali saeviebat; neqve adhuc desinit vagari: concommitantia non nunquam sibi habens Symptomata grauia, siue Graecorum exanthēmata. Botor alijs Bullae, et Papulae, vulgariter vero Petetiae, vocata. Zachariae Barthy philosophiae, et medicinae doctoris. (Na karcie przedostatniej:) Posnaniae, apud viduam et haeredes Ioannis Wolrabi. 1598. Cum gratia et priuilegio S. R. M. (Na karcie ostatniej:) Errata typographica, sic corrigito. w 12ce, kart nlb. 75. Dedyk. i przedmowa kursywą.

Pod przedmową datowaną 1597 z Poznania podpisał się: Zacharias Bart, doktor filozofii i medycyny. Przypisał dziełko Adamowi Sędziwojowi Czarnkowskiemu, którego nazywa swym dobroczyńcą.
Encykl. Orgelbr. II. str. 943. art. J. Majera. — Siarcz. Obraz 1. 21. — Wiszniews. Hist. lit. IX. 561. — Jabłonowski Mus. Pol. str. 23. mówi, że wyszło i po polsku, ale on zawsze bałamuci. Być może, iż miał na myśli H. Powodowskiego: Recepta

przeciw powietrzu morowemu, lecz to jest dzieło całkiem odmienne.

Jagiell. — Kórnick.

BARTILIUS Wawrz. S. J. z Tarnowa (1569 † 19 Kwiet. 1635). Alfabet duchowny.

— Obowiązki dobrego młodziana.

— Officia de S. Michaele et Angelo Custode et aliis angelicis Spiritibus. w 16ce.

— Praxes extirpandorum vitiorum. Jocher 4164.

— Sposób odmawiania koronki do Najśw. Maryi Panny.

— Sposób dobrej spowiedzi i komunii.

— Środki przeciwko nieczystości.

— ob. Kojałowicz Wijuk Wojciech (De vita 1645, 47, 48).

Brown Bibl. 109. — Backer Bibl. des ecriv. I. 434. — Krasz. Wilno IV. 38. — Siarcz. Obraz I. 19. — Jocher 4161. T. II. s. 48.

Bartkowski Mateusz ob. Władysław IV. (Applausus 1617).

Juszyński Dykc. I. 14.

Bartl Christophorus ob. Bongiochius Joannes Aloisius (1755).

Bartliński Floryan ob. Radzimiński Victor (Laurea 1658).

Bartłomiej Św. syn Tolomeusza (Tolmai) apostoł obacz: Czechowicz J. C. (Fama 1650) — Germani (1575) — Głuszkiewicz Ant. (1754) — Sewerynowicz J. Ch. (Exuviae 1756) — Zaremba Antoni (Droga 1765).

Bartnicy i bartne prawo ob. Niszczycki Krzysztof (1609, 1730).

BARTOCHOWSKI Adalbert S. J. (ur. 4 Paźdz. 1640 † 26 Września 1708). Comitis I. Marii Elverii. Epigrammatum liber I—V. ob. Elverius (1694).

— Europa Joannis III. Poloniarum Regis invictissimi belli orthodoxi Imperatoris fortissimi difficillimis in Daciam, Bessarabiam expeditionibus iterum iterumque defensa á devotissima suae Majestati Soc. Jesu polona posterorum admirationi et gloriae immortali dedicata. Anno Dei exercituum supremas orbis ruinas suo discrimine vindicantis. Typis Coll. Calisiensis Soc. Jesu 1686. folio, kart nlb. 17.

Druga edycya ob. Panegyres regiae 1737.

Czartor. — Ossol.

— Fvlmen Orientis Joannes III. rex Poloniarvm ter maximus. Bellicae fortitudinis gloriâ Innocentii XI. solicitudine, Leopoldi I. studio, ingenti Portae Othomanicae terrore, pvblico christiani orbis voto, belli orthodoxi imperator electus, Viennae, Austriae, Pannoniae, Podoliae, Vkrainae, Valachiae, etc. etc. vindex, á populis acclamatus, barbaricis adoratus cladibus, inter festivos triumphantis Europae plausus, á devinctissima maiestati svae Societate Jesv Polona in saeculorum memoriam, et regum exempla relatus. Calissii typis Collegij Societatis Jesv. 1684. folio, 14 ark. z ryciną orła i tarczą Sobieskiego (miedzioryt).

Toż przedrukowane w Ostrowskiego Danejkowisza Suada lat. 1747. s. 25—49.

Jagiell. — Kijows.

— Panegyres regiae olim Joanni III. Poloniarum regi post victorias Otthomanicas scriptae et dicatae. Quibus accessit carmen R. P. Ubertini Carrara inscriptum eidem Joanni III. nondum Regi. [Na drugiej karcie inny tytuł: Fulmen orientis J. III. rex Poloniarum ter maximus etc.... a Soc. Jesu Polona relatus]. Posnaniae, typis Collegii Societatis Jesu 1737. w 8ce, kart sign. A₂—E.

Przytem:

1) Europa defensa seu panegyricus eidem Joanni tertio Poloniarum regi post expeditionem Moldavicam, Valachicam et Budziacensem dicatus. Ejusdem authoris. Bez m. w 8ce, kart A—C₂.

2) In victoriam de Scythis et Cosacis relatam ab illustrissimo et excellentissimo Domino D. Joanne in Żołkwia et Złoczow Sobieski supremo mareschalco et duce exercituum regni Poloniae. Auctore Ubertino Carrara e Societate Jesu, professore rhetorices in Collegio Romano. Posnaniae, typis Clari Collegii Societatis Jesu 1737. w 8ce, kart A₂—A₈.

Wierszem, dedykowane Joanni Sobieski.

Niesiecki I. 46. — Brown Bibl. 109.

Branic. — Jagiell. — Warsz. Uniw. — Krasińs. — Czartor.

— Sidvs infulatum seu perillvstris et reverendissimi Domini D. Ignatii Gvinski divina vocatione abbatis Coronoviensis gentilitius Draco splendidissimae originis svorvmqve meritorvm lvce conspicvvs, inter prima cistertiensis caeli sidera a J. Adalberto Bartochovvski è Societate Jesv in primo suae infulae aditu panegyrica penna relatus. Anno nati in terra sideris. M.DC.LXXX.VI. Posnaniae, typis regiis Collegii Posnaniensis Soc: Jesu. (1686). folio, kart 14.
Jagiell. —. Ossol.

— ob. Acta capituli (1669, 1681) — Tomasz z Aquinu (Facies Abyssi 1665) — Zawadzki Bened. (Lyricorum 1694).
Bentk. I. 171. — Brown Bibl. 109—110.

Bartochowski Wojciech (ll.) obacz: Sokołowski Wojc. (Powitanie 1790).

Bartold ob. Bartolt.

BARTOLI Daniel S. J. (1608 † 1685). Compendio della vita, e miracoli del Beato Stanislao Kostka della Compagnia di Giesù, scritta dal Padre Daniello Bartoli della medesima Compagnia. Libri dve. In Roma M.DC.LXX (1670) alle spese d'Ignatio de' Lazari nella stamperia de Giambattista Albrizzi. w 8ce, str. 400 i 6 kart na przodzie.
Jocher 8614 a. ma to jako edycyą drugą z liczbą 408 str.
Czartor. — Dzików.

— Toż... All' Illustriss. Sig. e Pad. Colendiss. il Sig. Marchese Gvido Pepoli. In Roma, et in Bologna, per Gioseffo Longhi. 1671. Con licenza de' superiori. w 8ce, k. nlb. 8, str. 256.
Dedykacyą podpisał w Bolonii Francesco Monari. Aprobata: Romae 26 Sept. 1670. W książce tej wyczytuję, że jakiś kasztelan Międzyrzecki (Kamieniewski czy M. Rzeszowski) wydał był pismo i one swemi dodatkami pomnożył, w którem dowodził, że Św. Stanisław nigdy w zakonie Soc. Jesu nie istniał. Kasztelan ten na zamku swoim Wiszyen zachorzawszy, zarzut swój przed zgonem odwołał, na co X. Jan Dąbrowski d. 1. Grudnia 1663 r. dokument wystawił.
Załuski Conspect. legum s. 74.
Jagiell.

— Toż. Editione seconda accresciuta dal medesimo autore. In Roma alle spese d' Ignatio de Lazari 1671. w 4ce, str. 280 oprócz wstępu.
Aprobata 26 Septem. 1670.
Backer I. 433.

— Toż. Bologna 1671.

— Toż. In Roma et in Milano 1674. per Federico Agnelli. w 24ce, kart 16 i str. 566.
Jocher 8614 b.

— Toż. Milano pe' fratelli Bolzani 1715. w 12ce.

— Toż... Libri due. Edizione prima veneta accresciuta di molte notizie degne di memoria, le quali possono servire di appendice alla vita del Santo, scritta dal medesimo autore. Dedicata all' eminen. e reverendiss. principe il card. Gian-Erancesco Albani protettore del regno di Polonia etc. etc. In Venezia, MDCCLIV. nella stamperia di Giambattista Albrizzi. Con licenza de' superiori (1754). w 8ce, str. 402, k. 6 i 1 rycina.
Jest tu dodany list Lancicinsa do A. Spinelliego z 14 Sierp. 1604 r. — Ciampi pisze: accresciuta da Gio Battista Sartori.
Jagiell.

— Tenże tytuł: .... Composta dal .... della medesima compagnia. In Roma a spese del Tinassi. 1681. w 12ce, str. 111.
Autor sam skrócił.

— Ristrotto della vita del Beato St. Kostka de la Comp. di Giesu. Estratto della vita, che ne scrisse e stampò in Roma il P. D. Bartoli della medes. Compagnia. In Roma, per l'erede del Benacci. B. w. r. w 32ce, str. 128.
Aprobata 13 Sept. 1680.

— Tenże tytuł z odmianą: Compendio della vita. In Roma per il Bernabo. 1704. w 32ce, str. 139.

— Tenże tytuł. In Bologna M. D. CCXIV. Per li successori del Benacci (1714). w 32ce, str. 128.

— Das Leben u. scheinbare Wunderthaten dess S. Stanislai Kostka auss der Gesellschaft Jesu durch RP. Danielem Bartoli, ebenselbiger Gesellschaft, zu Rom im J. 1670. in zwei Bücher verfasst, anjetzo auss dem ursprünglichen Welschen in das Teutsche übertragen u. in offenen Truck gegeben.

Constantz, bei David Hautt d. Jüngern 1672. w 12ce, str. 529. Register k. 3. Tagzeiten oder Sibenstündige Gemüts-Erhebungen, von dem Seeligen Stanislao Kostka auss der Gesellschaft Jesu. str. 28.

> Backer wspomina także przekład łaciński Jos. Jouvancy i francuski P. Pongeta.

— O zywocie y cudach B. Stanisława Kostki z zakonu Zebrania Páná Iezusowego, księgi dwie napisáne po włosku przez W. X. Daniela Bartola a potym przez W. X. Woyciecha Tylkowskiego tegoz zakonu ná polski ięzyk przełożone. W Wilnie w drukárni Akádemickiey Societatis Jesv. Roku pańskiego 1674. w 4ce, kart 6, str. 234, rejestru kart 3.

> Na odwrocie tytułu herb Ossowskich. — Przypis tłumacza Jędrzejowi Kazimierzowi Ossowskiemu kanonikowi Wileńs. Jest tu nieco genealogii Ossowskich i Kryskich. W tekscie powołuje się autor na Processus Posnan. Praemyslien. Rom. w tej sprawie, który czy był drukowany, nie wiem. — Na str. 117—118. wzmianka o dawniejszych biografiach, mianowicie wydanych r. 1568. przez Jul. Facego i Stan. Warszewickiego i o liście Jana Polanka Soc. Jesu z Grudnia 1588. oraz o życiorysie wydanym 1590. przez Grzegorza Samborczyka.
> Jocher 8615.
> Czartor. — Jagiell. — Ossol. — Przezdziec. — Wileńs. — Warsz. Uniw.

Bartoli Petrus Sancti, rytownik (1635 † 1700) ob. Sigismundus Aug. (Profectio 1680).

Bartolomeus Coloniensis ob. Usingen Bartł. (1516).

BARTOLOZZI Feliks. Rime consecrate a sua Altezza Reale l'Arciduca Giuseppe Palatino di Ungheria Gran Principe di Toscana etc. etc. etc. w 4ce, 3½ ark.

> W dedykacyi podpis taki: Vilna la 4 Novembra (sic) 1799. Felice Bartolozzi, Toscano. Jestto wiersz z powodu zaślubienia Palatyna węgierskiego z Wielką Xiężną rossyjską Alexandrą. — Bartolozzi został medykiem w wojsku rossyjs. gdy okręty zawitały do Liworna.

BARTOŁT Jakób (1670 † 13 Lut. 1753). Corona decennii explanationi theol: moralis utriusq'; lectionis impensi, seu practica ratio agendi in arcano colloquio confessarij docti et doctoris cum paenitente praesertim rudi; opus conscientiae arbitris et paenitentibus perutile, propositum per varia confessionum paradigmata, operosè collectum ex generalibus principijs recentiorum theologorum. Authore P. Jacobo Bartołt Soc: Jesu theologo. Typis Coll: Regij Varsaviensis S. J. Anno Domini quo Mores DoCens Corona noXas eXtVrbat ratIone. (1726). w 8ce, kart 6, str. 321 i rejestru k. 8.

> Aprobata 9 Julii 1726 i Vitebsci 12 Decemb. 1725. — Dzieło poprzedza wiersz: Eloquentia ligata Andreae Stan. Kostka Załuski.
> Jocher 3225.   Jagiell. — Wileńs.

— Tenże tytuł .... Reimpressum. Typis Collegii Sandomiriensis Soc: Jesu. Anno Domini 1728. w 8ce, kart 3, str. 307 i k. 7.

> Approbata dzieła z r. 1726.
> Brown Bibl. s. 110. ma datę mylną 1725.
> Wileńs. — Uniw. lwow. — Jagiell. — Kijows.

— Tenże tytuł .... Typis Coll. Regij Varsaviensis S. J. Anno Dni 1731. w 8ce, kart nlb. 4, str. 321, kart 8.

> Warsz. Uniw.

— Toż .... Reimpress. Typis Coll. Calissiensis S. J. 1748. w 8ce.

> Brown Bibl. 110.
> Wileńs. — Uniw. lwow. — Warsz. Uniw.

— Toż .... Reimpressum. Sandomiriae in Coll: S. J. Annô.1752. w 8ce, kart 3, str. 316 i k. 6 Indexu.

> Na następnej karcie approbata z lat 1725 i 1726. i Ad lectorem kart 2.
> Czartor. — Jagiell. — Ossol. — Drohob. — Wileńs.

— Toż. Calisii 1758. w 8ce.

> Wileńs.

— Compendiosa totius theologiae moralis explanatio seu practica ratio, agendi confessarii cum paenitente ex: generalibus praestantissimorum theologorum principiis operose collecta authore: P. Jacobo Bartołt Soc. Jesu. Calisii, typis Suae Celsitudinis Primatialis Archiepiscop. 1784. w 8ce, str. 345 i rejestr.

> Brown s. 110.   Warsz. Uniw.

BATOŁT (Bartolt) Karol. Imagines principum, regumque Poloniae politicis dogmatibus, phalerisq'; pòétarum adum-

bratae: nuper thesibus philosophicis à
R. P. Carolo Bartołt Soc: Jesu appen-
sae, nunc typis Collegii Brunsbergensis
Soc: Jesu recusae. Anno Domini 1721.
kart 4, str. 194.
Akad. — Branic. — Czartor. — Dzików —
Kijows. — Krasiń. — Ossol. — Ra-
czyńs. — Tow. Nauk. pozn. — Wileńs.
Edycyą 1720. ob. pod Kostromski.

— Tenże tytuł .... Typis Collegii
Brunsbergensis Soc: Jesu recusae Anno
Domini 1727. w 8ce, kart 4, str. 194.
Kończy August II. — Wszystkich królów
50. — Reimprimatur przez Mich. Rem.
Laszewskiego w Fraunburgu r. 1721. na
odwr. tytułu.
Ostatnia siódemka w dacie: 1727, wydaje
się byr przerobioną z jedynki.
Jagiell.

— Tenże tytuł. Nunc typis Coll.
Varsaviensis S. J. recusae. Anno Do-
mini 1731. w 12ce, str. 229, k. nlb. 9.
Branic. — Czartor. — Wilno.

— Toż. Wyd. 5-te, 1736. w 12ce.

— Tenże tytuł .... Nunc typis col-
legii Varsaviensis S. J. recusae. Anno
Domini MDCCXL (1740). w 12ce, kart
2, str. 221 i Series principum kart 2.
Dochodzi do Augusta II.
Akad. — Warsz. Uniw. — Jagiell.

— ob. Kostromski Antoni (Festum
primae classis 1720).
Brown Bibl. pis. 110. — Gołęb. O dziejo-
pis. s. 220.

Bartos Wojtek (Głowacki) obacz:
Szujski A. (Kopia listu dn. 14 Kwiet.
1794).

BARTOSZEWICZ Antoni jezuita (ur.
26 Lipca 1726). Do JO. X. Teressy
z Rzewuskich Radziwiłłowej pani i fundatorki swojéy... Collegium Nieśw. S. J.
B. m. i r. dr. w 4ce.   Raczyńs.

— P. Antonii Bartoszewicz e Societate Jesu in Academia et Universitate
Vilnensi publici eloquentiae professoris
AA. LL. et philosophiae doctoris Orationes quatuor, ex quibus duae de causis exigui progressus in literis antequam
studia repeterentur, duae vero de Beata
Catharina Virgine eius festo die ad senatum caeterosque academicos publice
ab eodem habitae. Vilnae typis S. R M.
Acad. Soc. Jesu. Anno M. D. CCLIX
1)759). w 8ce, kart nlb. 108 (ark. I₄).

Dedykacya Józefowi Korsakowi kanon. ka-
tedraln. Wileńs. — Od ark. D. idą: De
diva virgine Catharina Orationes duae. —
Od ark. I.: Sub auspiciis Thom. Jos. Korsak publicum progressus in literis dabunt
rhetores academici. Podany spis uczniów.
Jocher 932. — Mitzler Acta 1756. s. 237.
Chreptow. — Jagiell. — Wileńs.

— Plausus Hymenaei. Celsissimo
principi Carolo Radziwiłł et Teressae
Venzeslai Rzewuski filiae quo die connubii dies sanciunt, Soc. Jesu prov.
Masoviae carmen geniale persolvit. Ne-
svisii, typis ducalibus Colleg. Soc. Jesu.
w 4ce.   Raczyńs.

— Serenissimo Regio Poloniarum
principi Carolo Curlandiae et Semigalliae
duci Slucciam celsissimi Radivilii principis urbem ingredienti Idibus Decembribus carmen hospitale a Collegio Slu-
cen. Societatis Jesu. In illud Martialis
de adventu Caesaris: Certa facis populi
tu primus vota December. — Jam licet
ingenti dicere voce: venit. — Nayiaśnieyszego krolewica polskiego Karola
Xiążęcia Kurlandzkiego y Semigalskiego pod bytność w dziedzicznym J: O:
Xiążęcia Jegomości Hieronima Radziwiłła chorążego W: W: X: L: mieście
Słucku dnia trzynastego Grudnia powitanie na one Martialisża słowa o przy-
byciu Cezara do Rzymu: Nikt nad cię
Grudniu żądzom ludu nie dogodzi: —
Wolno śmiało wykrzyknąć: Już Cezar
przychodzi. Bez m. i r. (około 1759).
w 4ce, kart 5.
Po lewej stronie wiersz łaciński, po prawej
polski.
Mowy wyborne (1754). T. II. 218—223. —
Encykl. pow. Orgelbr. II. 967. — Mitzler
Acta liter. 1756. 227. — Magaz. powsz.
Warsz. 1839. s. 294—5. — Brown. Bibl.
Soc. J. 110.
Raczyńs. — Jagiell.

BARTOSZEWSKI Ferdynand. Phae-
nomenon szczęśliwe Lew y Słońce zła-
czone na akcie weselnym Wielmożnego
Jego Mości Pana Andrzeja Kierszen-
sztejna Kryspina pisarza polnego W.
X. L. starosty Szereszowskiego y Wielmożney Jey Mości Panny Racheli Brzo-
stowskiey, referendarzowny, pisarzowny
W. X. L. Miadźielskiey, Subockiey,
Dawgowskiey, Bystrzyckiey, Orańskiey

Oziałskicy starościanki. Upatrzone przez Xiędza Ferdynanda Bartoszewskiego, proboszcza Michaliskiego, zakonu Canon. regul. od pokuty B. B. M. M. Vilnae, typis academicis Societatis Jesu. Anno 1692. folio, kart nlb. 8.

> Z ryciną wyobrażającą herb z nadpisem: Ipse tuos ardes de pectore posco calores. Pod nią wiersz na tenże herb.
> Przedmowa do Wielmożnych Oblubieńców. Apollo do ochoty Hymeneuszowey pospiesza. — Druk gocki.
> Warsz. Uniw.

— Philosophia rationalis sub auspicijs felicissimis Illmi ac Rdsmi Dni Dni Nicolai Oborski Dei et Aplicae sedis gratia Eppi Laodicensis, suffraganei scholastici, Vicarij in Spñalibus et officialis Gñalis Cracovie: Dni Dni et Mecaenatis amplissimi. (Na boku:) Defensa per Rñdñ Frēm Ferdinandum Bartoszewski Ord: Canonicor. Reg: BB. MM. de Poenitentia. (Po drugiej stronie:) Praeside per Illri. et Clarissimo Dño Dño Petro Praczlewic Canon: eccles: Coll'tae Crac: ad S. Annam AA. LL. et phil: doctore et ordinario ejusdë in alma Univer: Crac: professore. [U dołu dopisane: A. D. 1683 die 13 Julij]. (Na końcu:) Cracoviae, typis Vniversitatis. folio, kart 5.

> Rycina tytułowa pięknie sztychowana: A. Tarasewicz sculp. — Po dedykacyi Mikoł. Oborskiemu idą: Conclusiones ex univ. philosophia rationali.
> Akad. — Jagiell. — Krasińs. — Ossol.

BARTOSZEWSKI Józef. Aestas aureae aetatis sub frigido etiam Jove ad serenos Hymenaei soles characteristicis Paciorum liliis floridissima nec non illustrissimo Domino D. Antonio Michaeli Pac, castellanide Polocensi socianti acviterno florentis connubii foedere celsissimam principem Teresiam· de Radivilliis primi voti consortem ill. D. Josephi a Campo Scipionis mareschalli curiae M. D. Lituaniae capitanei Borcianensis etc. Fortunatus successus, desideratissimosq'; socialis vitae fructus ominans. Ab obligatò vero Collegii Novogrodensi Soc: Jesu Horensio, debitis applausibus celebrata. Anno aestuante in Virgine sole

increato 1745. Vilnae, typis S. R. M. academicis Societatis Jesu. folio, ark. 9.

> Bibl. Alfr. Römera.

— ob. Radziwiłł Jerzy (Kazania 1757) — Sewerynowicz Jan Chryzost. (Vicarius 1741).

Bartoszewski Stan. Bened. ob. Albrychowicz C. F. (Mater. 1749) — Decisio (1737) — Mirkievicius Venc. (S. Petri 1760) — Temprowski Mat. (Kalendarz 1746) — Woskowicz Joh. Ant. (Summa card. hon. 1751).

BARTOSZEWSKI Walenty Soc. Jesu. Bezoar z łez ludzkich (Ed. I). 1624.

> Encykl. kościelna 11. 33.

— Bezoar z łez ludzkich, czasv powietrza morowe° w roku pańskim 1624. vtworzony, y zacnemu Mágistratowi miástá Wilcńskiego, przez .... ofiárowany; Tenże, gdy znowu mor, oraz y głod w roku pań: 1630. na kráie násze nástąpił, na żądánie ludzi nabożnych, powtore z przydátkiem nowym, przez niegoż, za pozwoleniem starszych wydány. Do czytelnika. — Co to zá dżiw, że z ludzkich łez Bezoarowy — Kámyczek sie vtworzył ná zápał morowy. — Z ielenich łez kámyczek Bezoar powstáwa. — Ktory táiemney mocy iáwne skutki dáwa. — Weż też ty ten Bezoar; záżiy; doznasz cnoty — Iż serce Boskie miękczy, rwie niebieskie płoty. — W Wilnie, roku 1630. w 4ce, kart 20. (sign. E₄).

> Dedykacya: Do zacnego Magistratu miasta Wilna. Ma 23 pieśni, z tych ostatnia także i po łacinie z modlitwą. Od ark. E₂. prozą: Navka przeciwko morowemu powietrzu doświadczona y od wielu sławnych doktorow spisána.
> Gąsiorowski Hist. medyc. — Siarczyński — Brown I. 111.
> Jagiell. — Krasińs.

— O biesiadzie karczemnej i skrzypkach. Wilno 1619. w 4ce.

> Siarczyński zwie go Bartochowski. Czacki zaś Bartochowicz. — Kraszews. Wilno IV.

— Cień pogrzebv P. Jezusowego, który mu spráwili dwá przezacni vcźniowie, Jozeph z Arymáthiey, szláchetny senator. etc. y Nikodem z Pháruzów kśiaże żydowskie. Wystawiony gwoli vroczystośći wielgopiątkowey bráctwá pod titułem tychże świętych, ná pora-

towanie vbogich, założonego. Przez Wa-
lentego Bartoszewskiego, brátá tegoż
Bráctwá. W Wilnie, w drukárniey Aka-
demiey Soc. Jesu. Roku páńskiego 1630.
w 4ce, kart sign. A—D₄. (wierszem).
Dedyk. Jerzemu Tyszkiewiczowi, biskup. —
Na odwrocie tyt. herb z czterowierszem.
Pisane strofami ośmiowierszowemi.
                                    Jagiell.
— Dowody processyi nabożney w
dzień przenayświętszego Ciała Bożego
Chrystofowi Słuszce ofiarowane. W Wil-
nie, 1618. przez Walentego Bartoszew-
skiego Jezuitę. w 4ce, ark. 3.
Jestto nauka o Bożem Ciele rozłożona na
pytania.
Kraszews. Wilno IV. — Juszyńs. I. 16. —
Wiszniews. Hist. lit. IX. 219 ma z datą
1615 r.
— Emblema cnót panów Kiszków.
Wilno, u Jana Karcana, 1614. w 4ce.
— Monodya oyczyzny żałobliwy
po zeyściu wieczney pamięci Andrzeya
Woytkowskiego. Wilno, druk Jana Karcana 1612. w 4ce.
Według Maciejowskiego III. 551. pismo to
przypisane Ruckim, opowiada żywot żoł-
nierski Teodora Łackiego. — Czy się nie
myli? bo tytuł co innego powiada.
— Parthenomelica albo pienia nabożne o Pannie Naświętszey miasta
wileńskiego, niektore poprawione, niektore z łacińskiego na polskie przełożone, niektore nowo teraz złożone. Roku
1613. w 4ce, 6 ark.
Jocher 7077. — Mać. III. 551 i 553. —
Encykl. kość. II. 33. pisze, że wyszło
z nutami.
— Pienia wesołe dziatek, na przy-
iazd do Wilna króla JMści, Senatu
y Rycerstwa tudzież mowa po rekupe-
rowaniu Smoleńska JW. J. MC. P.
Chrystophowi Montwidowi Dorohostay-
skiemu marszałkowi W. X. Lit. Wilno,
1611. w 4ce, kart 16.
— Toż samo. Wilno, 1618. w 4ce,
kart 16.
Brown Bibl. s. 111. — Kraszews. Wilno IV.
— Pobudka na obchodzenie nabożne
świętości roczney tryumphu y pompy
Ciała Bożego dana. (Na końcu:) Roku
1614. Wilno. w 4ce, ark. 2.
Dedyk.: Bened. Wojnie, bisk. Wileńs. —
Pismo to jest naśladowaniem Pobudki

Stryjkowskiego. — Brown 111. ma datę
1613.
— Rozmowa albo lament duszy
y ciała potępionych, teraz nowo z łacińskiego wytłumaczona. Roku 1609.
Przypisał Szczęsnemu Kryskiemu na Drob-
ninie podkancl. i staroście Zakroczyms.
Maciejows. Piśm. III. 551. mówi, że „teraz
nowo wytłumaczona" dowodzi, że istniał
dawniejszy przekład. Co mylne, bo dawniej wyrażano się często „nowo" zamiast
„świeżo, dopiero co." Szkoda, że Maciejowski, mając z biblioteki Toruńskiej broszury Bartoszewskiego, żadnej nie opisał.
— Threnodiae albo nagrobne plankty
dziewięciu Bogin parnaskich na pamiątkę ześcia Elzbiety Weselewny małżonki
Pawła Sapiehy, koniuszego W. X. L.
Wilno, u Karcana, 1615. w 4ce.
U Wiszniews. VII. 83. jest data 1612.
— Żale serdeczne oblubienice bo-
iuiacey i dusz nabożnych nad oblu-
bieńcem a panem w grobie pochowa-
nym Jezusem. Kwoli uroczystości wiel-
kopiątkowey bractwa SS. Józefa i Ni-
kodema, na poratowanie ubogich zało-
żonego wystawiency. Wilno, druk. Akad.
S. J. 1632. w 4ce.
„Eius varii generis carmina a me nondum
visa" Załus. Bibl. poet. 29. — Adelung
Lexicon I. 1476. — Hoffmann J. D. De
typogr. str. 44. — Bentk. I. 237. 317. —
Wiszn. VII. 16, 83. VI. 493. — Oloff
Poln. Liederg. 23—5. — Beyträge I. 24,
296. — Siarcz. Obraz I. 20. — Juszyńs.
I. 15. — Encykl. Orgelbr. III. 155. —
Brown Bibl. S. J. 111. — Backer Bibl.
Jesuit I. 441. — Maciejows. Piśm. III.
551—3. — Wizerunki i roztrząs. 1843.
T. 60. s. 184. — Kuryer Warsz. 1829.
N. 227. — Czacki II. 128.

BARTOSZEWSKI Wawrzyniec, dokt.
filozofii w akad. krakowskiej, professor
poetyki w akad. poznańskiej i prefekt
bursy Szołdrskich. Custos paradisi Che-
rubim, divinissimus Elias propheta, sa-
cerrimi ordinis fratrum beatissimae V.
Mariae de Monte Carmelo patriarcha,
et fundator. Redeunte suae festivitatis
die in Regio-Jagellonica sacratissimi corporis Christi basilica celeberimi Posnaniensis conventûs patrum Carmelitarum
strictioris observantiae. A. M. Laurentio
Bartoszewski, in alma Universitate Cracoviensi philosophiae doctore, in Academia Posnaniensi pöeseos professore, contu-

bernij Szołdrsciani praefecto. Oratoriâ panegyri demonstratus. Annô a condito paradiso 5682. Reparato autem 1741. die 20 Julij. Posnaniae, typîs Academicis. folio, 7 ark.

Na odwr. tytułu herb Łodzia, poczem na pochwałę tegoż herbu 78 wierszy łac. Przypis prozą Bartłomiejowi z Szołdrów Szołdrskiemu kasztel. Santockiemu. Na końcu mowa miana w dzień uroczystości S. Eliasza w kościele OO. Karmelitów w Poznaniu odprawionej. — Ma ona 6 kart.
Akad. — Branic. — Jagiell.

— Prodigium naturae miraculum gratiae, divinissimus Joannes Cantius, sacrae theologiae in alma Universitate Cracoviensi doctor, et professor. Regni Poloniarum, et Magni Ducatûs Lithuaniae, tutelaris; in peraugusta cathedra Posnaniensi admirabili Illustrissimi, et Reverendissimi Capituli, nec non magnorum hospitum frequentiae, atq'; caetui, à M. Laurentio Bartoszewski, in alma Universitate Cracoviensi philosophiae doctore, in Academia Posnaniĉsi pòèseos professore, conturbernii (sic) Szołdrsciani praefecto. Oratoriô stylô declaratus. Annô Domini 1742. die 21 Octobris Posnaniae, typîs Academicis (1742). folio, kart 9.

Na odwrocie tyt herb Szołdrskich, a pod nim ośmiowiersz łać.
Dedyk. Władysławowi Szołdrskiemu.
Jagiell. — Ossol.

BARTOSZOWICZ Jan. Decvs academicvm, prima scilicet in artibus, et philosophia laurea, VV. DD. I. Joanni Josepho Kozłowski II. Joanni Bartoszowicz. Zamoscensi in frequentia lectissimorum hospitum, per clarissimum, et excellentissimum Dominum, Adrianvm Krobski, phiae doctorem, eloquentiae ordinarium profess: academiae Decanum, S. R. M. S. collata- necnon a Ioanne Bartoszowicz, ejusdem laureae candidato, luci publicae exhibita. Zamosci typis Academicis Anno Dni: 1671. w 4ce, kart nlb. 8.

Na odwr. str. tytułu herb Zaboklickich, pod nim dwa dystychy. Przypis Hieronimowi Zaboklickiemu, chorążemu Bracławskiemu, podpisał Jan Bartoszowicz, zarówno jak odę na cześć swojego spółkandydata. — Rozpoczyna oda poświęcona patrono D.

Joanni Cantio. Dalej idą wiersze Jana Józ. Kozłowskiego. Jagiell.

BARTSCH Fryd. (Barscius, Barszcz) Brunsbergensis (1549 † 21 Listopada 1609). Catalogus quorundam e S. J. qui pro fide vel pietate sunt interfecti. Ab anno 1549. ad a. 1603. Cracoviae, ex officina N. Lob. (1607). w 12ce, kart 18.

Porównaj niżej: Thesaurus (1607).

— Controversiarum huius seculi practica ad populum tractatio, ad Euangelia occurrentium Dominicarum accommodata, atque ad eos potissimum iuuandos qui inter haereticos degunt, ordinata. Tomvs primvs. Dominicas sex compraehendens, quatuor Aduentus, eam quae est infra octauam Natiuitatis, et Dominicam quinquagesimae. Cum indice triplici: Scripturarum, quae passim explicantur. Rerum praecipuarum, et Euangeliorum Dominicalium, quae hic tractantur. Cum gratia et priuilegio S. R. M. Cracoviae, in offi: Nicolai Lobij. Anno D͞ni, 1607. w 8ce, kart 8, stron 793 i index kart 19.

Dedykacya: Petro Tylicki episc. Cracov. datowana Cracouiae ad S. Petrum 1 Martii 1607. Approbata Warszauiae 4 aprilis 1606.
Strona 655 mylnie dwa razy liczbowana.
Jocher 2940 a. — Janocki Excerpt I. 25.
Dzików. — Jagiell. — Ossol.

— Concionum controversarū siue demonstr. catholic. contra quasuis nostri saeculi haereses, ex ordin. Dominicar. Festorvmq. Euangelijs petitarum. Tomvs primvs. In Euangelia Dominic. Advent' duae item aliae in Dom. infra octau. Natiuit. et in Dom. quinquag. Opvs novvm multipl. ervd. refert. concionat. ob vberē mater. tractat. variarum controuers. vtilissim. Coloniae apud Antonium Boetzerum et Franciscū Iacobi Mertzenich MDCX (1610). w 8ce, kart 38, str. 624.

Tytuł rytowany. Stycharz podpisany Pet. Iselburg fecit. U dołu ryciny: Cum grat. et priuil. superiorum. Tytuł okładkowy: R. P. Frid. Bartscii Soc. Jesu, Theolo. Concionvm Controversarum Tomvs primvs. Księgarz Ant. Boetzer przypisał Adolpho Schvlkenio. Autor przypisał Piotrowi Tylickiemu, bisk. krak. Dat. Crac. 1 Martii 1607.

Uniw. lwow. — Czetwert. — Ossol. — Warsz. Uniw. — Jagiell.

— [Tenże tytuł, lecz bez skróceń:] .... festorvmqve euangelijs petitarum, Tomvs secundus. Euangelia Sex Dominicarum, quae intra Epiphaniam D. et septuagesimam intercurrunt complectens. Cum triplici indice, Tractatuum Capitumq'ue singulorum, quae hic explicantur; Scripturarum ac Rerum praecipuarum quae simul enarrantur. Coloniae Agrippinae, sumptib. Antonij Boëtzeri, et Franc. Iacobi Mertzenich. Anno M. D. CX. Cum gratia et priuileg. Superiorum. w 8ce, kart 28, str. 1012 i kart 24 indexu.

> Przypis Wojc. Baranowskiemu arcyb. Gnieźn. Datow. Cracoviae, 2 Januarii 1610. Approbata z r. 1609.
> Jagiell. — Ossol. — Warsz. Uniw.

—— In Evangelia aduentus, et quae sequuntur, Dominicarum Commentationes. Ad eos potissimum qui inter haereticos degunt, iuuandos ordinatae. Cum indice triplici; Scripturarum, quae passim explicantur, Rerum praecipuarum, et Euangeliorum Dominicalium quae hic tractantur. Cum gratia et priuilegio S. R. M. Cracoviae, in officina Nicolai Lobij. Anno Domini, 1607. w 8ce, kart 8, str. 793, 19 kart regestrów na końcu.

> Dedykacya do Piotra Tylickiego, biskupa krak., datowana z Krakowa; — poczem przedmowa do czytelnika.
> Jesto toż samo wydanie co: Controversiarum tylko tytuł zmieniony.
> Jocher 2515, 3186.
> Dzików — Jagiell. — Czartor. — Uniw. lwow.

— Jesuiterspiegel: darinn augenscheinlich zu sehen, vvas seltzame abenthewerliche Sachen die Jesuiter treiben. Insonderheit aber was anlanget, die erschreckliche, blutdürstige Jesuiterpredig, so Anno 1601. den 9. Septemb. der W. H. Petrus Skarga ein Jesuit, Kön. May. in Polen und Schweden ·Hoffprediger, zur Wilda, vor Ihrer May. im Abzuge nach Liefland gehalten, auff embsiges anfordern Danielis Krameri D. dess Stettinischen Paedagogii in Pommern Hoffpredigkanten, in Druck gegeben, durch H. Fri-

drich Bartsch, Kön. May. in Polen und Schweden bestalten Theologum obacz: Piotr Skarga (1603).

— Andreae Volani Lwowcoviensis Zwinglianorvm Vilnensivm archiministri nvncvpati, Orationi, qua homines omnium ordinum in Magno Ducatu Lithuaniae his annis ab illa secta conuersos, ad pristinos errores reuocare conatur, beneuola et Christiana responsio. A Federico Borvsso theologo conscripta. Cracoviae, typis Andr. Petricouij. 1589. w 4ce, ark. O₄.

> Ostatnie dwie kartki obejmują: De equestri sed claudo Joan. Casanouii de Casanow equitis carmine. — Autorem jest Fr. Bartsch, który to dziełko wydał pod nazwiskiem Frid. Borussus.
> Janoc. Exc. s. 24. — Osiński Skarga. 64. (niedokł.) — Jocher 2930 a.
> Ossol. — Warsz. Uniw. — Krasiń. — Jagiell.

— Brevis ac solida responsio R. P. Friderici Bartschii Brunsbergensis e Soc. Jesu Theologi. Non esse quod quendam poeniteat, a Zuinglianorum coetu ad Catholicam Ecclesiam rediisse. Ad Andreae Volani Lwowcovii Orationem, qua homines omnium ordinum in Magno Ducatu Lithuaniae a Zwinglii secta conuersos, ad pristinos errores revocare conabatur, ante annos quidem plus minus viginti ab auctore conscriptam, sed iam primum in Germania in lucem edita. Permissu Superiorum. Coloniae Agrippinae, sumptibus Ant. Boetzeri et Franc. Jac. Mertzenich. Anno 1610. w 8ce.

> Janoc. Exc. p. 24. — Jocher 2930 b. — Baliński w Bibl. Warsz. 1841. T. I. p. 499. — Alegambe 144.

— Thesavrvs precvm ac variarvm exercitationvm spiritualium, ex probatis authoribus collectus, opera PP. Societatis Jesv. In vsum omnis quidem conditionis hominum; sed maxime studiosae' Iuuentutis. Prima Pars. Permissu Superiorum. Cum Gratia et Priulegio (sic) S. R. M. Crac: In Officina Nicolai Lob. Anno Dñi 1607. w 16ce, str. 542 i 4 kart na przodzie. Altera Pars str. 384 i regestrów kart 5.

Część I. ma 6 ksiąg, II. ksiąg 4. Każda księga po kilka rozdziałów. — Pars I. kończy się na stronie 530, potem idzie Appendix (Hymni). Czerpane z różnych : Część I. z Thesaurus orationum, meditationum et aliarum piarum exercit. które M. Ch. Radziwiłł przed 20 laty wydał. Część II. z Franc. Costera S. J. Libellus sodalitatis libri 5. Cz. III. z Manuale sodalitatis B. Virg. sive Exercitium spirit. Część IV. z Joann. Busaei Meditationum liber 4 vocatus Enchirdion piar. meditationum. — Nadto brane z Officium B. Virginis, Paradisus praecum Mich. a Iselt, Thesaurus precum Simon. Verepaei.— Jocher 6605 a., 9276. — Janoc. Excerp. Pol. I. 25. — Osiński Skarga 64.

Jagiell.

— Toż Moguntiae, 1608. w 16ce, str. 879, kart nlb. 5.

— Thesaurus precum ac variarum instructionum atque exercitationum spiritualium. Cracoviae, in officina Nicolai Lobii Anno 1609. w 12ce, str. 920 i index. Warsz. Uniw.

— Thesavrvs precvm ac variarvm instrvctionvm atqve exercitationvm spiritualiuim ex probatis authoribus collectus Opera PP. Societatis Jesv. In vsum omnis quidem conditionis hominum, sed maxime studiosae iuuentutis. Permissu Superiorum. Cum gratia et priuilegio S. R. M. Cracoviae in officina Nicolai Lobii. Anno Dñi. 1610. w 16ce, str. 920 i index kart 6.

Obejmuje Liber I — X. — Praefatio datowana Cracoviae Febr. 1609. Jocher 6604 b.

Jagiell. — Warsz. Uniw.

— Toż. Cracoviae, in offic. Nicolai Lobii, 1612. w 12ce. Jocher 6604 c.

— Toż. Moguntiae, 1612. w 16ce str. 1033 i index.

— Toż. Coloniae apud Joan. Crithium Anno MDCXVI. w 12ce, str. 914. Wydanie to jest powiększone i poprawniejsze. Jocher 6604 d.

— Thesaurus spiritualis rerum ac documentorum variorum ad Societatem Jesu pertinentium quarum catalogum proxima parella post praefationes docebit. Cracoviae in officina Nicolai Lob. 1607. w 24ce, k. nlb. 12. Przyczem domieszczono:

Catalogus quorundam e Societ. Jesu qui pro fide vel pietate sunt interfecti ab Anno 1549 ad 1603. Cracoviae ex offic. Nicolai Lob. ark. C₅ (k.n. 18). Poczem idzie :

Prima pars, regulas communiores S. J. continens. str. 428 i indexu k. 4.

Quarta pars documenta varia spiritualia et exempla religiosae perfectionis comprehendens. Anno 1607. str. 197. Poczem idzie :

Directorium exercitiorum spiritualium B. P. N. Ignatii. Cracoviae, in off. Nicolai Lob. 1607. w 24ce, str. 136 i k. nlb. 20. Warsz. Uniw.

Jocher 9276.

— Tenże tytuł: Lublini, typis S. R. M. Coll. Lublinensis Societ. Jesu. 1765. w 8ce. Ossol — Warsz. Uniw.

— ob. Kazanowski Joan. (b. r.). Baliński M. Pisma III. 132. — Janoc. Excerp. P. lit. 23—26. — Janociana III. 9—10. — Siarcz. Obr. I. 20. — Placcius Theatr. Pseudon. 376. 141. — Wiszniews. VIII. 244. I, 68. — Kraszews. Wilno IV. 35. — Dziednsz. M. Skarga II. 420—1.— Brown. Bibl. S. J. 111—12. — Sotwel Bibl. Scrip. S. J. 267. — Witte Diar. biogr. 1609. 21 Nov.

Bartsch Henryk (I.) ob. Dilger Sim. (Epigramm. 1659).

BARTSCH Henryk (II.) (ur. 1667 † 25 Czerw. 1728). Dissertatio geographica de situ Regiomonti, quam adjuvante divini numinis gratia.... in academ. Regiomont. prof. Mich. Hoynovius et respond. Henricus Bartsch Anno 1687 d. 19 mart. examini sistent. Regiomonti, Reusner. w 4ce.

— Ob. Reusch (De tumulis). Gadebusch Lievl. Bibl. — Adelung Lexic. I. 1477. Czartor.

— In S. Petrum, maximum Russiae Imperatorem. B. w. m. 1725. fol. Petersb. publ.

Bartsch Jakób ob. Biegaczewicz Wojciech (Applauz 1736).

Bartsch Stan. ob. Kwapiński Stan. (Species 1733).

(Bartsch). Katalog drzewek w ogrodzie Bartschowskim za fórtką mikołajską przy Krakowie znajdujących się zrazów czyli gryfiów z Paryża z ogrodu

X. Kartuzów sprowadzonych. B. w.
m. i r. (Kraków, około 1799). w 4ce,
k. 1.

— Toż. w 4ce, k. 1. (innym drukiem). *Jagiell.*

Baruchowicz Michael ob. Rubricella (1743).

BARWINKIEWICZ Stefan. Celsitvdo illvstrissimarvm familiarvm, ad festa nvptialia Illvstrissimorvm Neosponsorvm, Illustrissimi et Excellentissimi D. Lvdovici, comitis in Pieskowa Skała Wielopo!ski, pincernae Regni, Minoris Poloniae generalis, Cracouiensis, Neoforensis Gubernatoris. Et Illustrissimae ac Lectissimae Virginis D. Catharinae Potocka illustrissimorum et excellentissimorum parentum Andreae Potocki castellani Crac. Exercituum Campi Ducis, ac Annae à Rysin carissimae filiae, inter festiuos applausus Varsauienses, a M. Stephano Barwinkiewicz, in alma Vniuersitate Cracouiensi Philosophiae Doctore et Professore, panegyri epitalamicâ venerata. Cracoviae, ex officina Alberti Gorecki, S. R. M. Typogr. Anno D. 1688. folio, k. tyt. i ark. H$_8$ (kart 18). Na odwr. str. herby nowożeńców, pod nim wiersz łac. Rzecz cała prozą. Akad. — Czartor. — Jagiell. — Ossol. — Krasiiś.

— In nomine Domini, Amen: Lvcvbrationes Stagiriticae, sev conclvsiones, ex vniversa philosophia Aristotelica. Praesidente M. Pavlo Joanne Woicwodzki, Phil: Doct: Collegâ Maiore, Regio et Cursûs Vladislauiano-philosophici professore, ad Ecclesiam S. Annae, Canonico. A Stephano Barwinkievvicz, A. A. L. L. et philosophiae Baccalavreo, ad disputandum, in alma Vniuersitate Cracouiensi, pvblice propositae. Anno Dńi, M. DC. LXXXI (1681). Kalend. Februarij. Cracoviae, ex officina Schedeliana S. R. M. Typograph. folio, 3 arkusze.

Są to konkluzye filozoficzno podług zdań Arystotelesa. Na końcu berła Akad. a pod niemi 2 wiersze łac. podpisał Jan Idzi Zaherla stud. gramatyki.

Jagiell. — *Zamojs.*

— Pacis oliva speciosa jn campis D. Joannes Cantivs confessor inclytvs

Regni Poloniae patronvs ad annuum festivitatis suae recursum paregyrico (sic) pro rostris cultu in collegiata B. M. Virginis ecclesia posnaniensi magnae nobilissimorum virorum coronae a M. Stephano Barwinkiewicz philosophie Doctore actuali eiusdem in academia posnaniensi professore et contubernij Szołdrsciani seniore demonstratvs Anno DVM resonans sVaVIs nobIs CoeLI Inton VIt paX. Posnaniae, typis Adm: Rńdi Alberti Laktanski (1685). folio, 4 ark.

Na odwr. str. tyt. w pięknej emblematycznej na blasze rytej rycinie herb Topór, u dołu podpis Johan Leman (?) fec. i pod tym 4-ro wiersz łac. — Autor przypisał prozą X. Stefanowi Radoszewskiemu, kanonikowi metropol. Gnieźnieńs. i proboszczowi Bolemowskiemu. — Jestto mowa miana na cześć Jana Kantego.
Jocher 5346.
Krasiiś. — Jagiell. — Ossol. — Warsz. Uniw.

— ob. Wilczyński Michał (Prodroma 1688).

Muczkowski Statuta 348.

Barycze (z) Zofia ob. Wieszczycki Adryan (Archetyp 1650).

Baryczka Albertus (Wojciech) ob. Samborski Albertus (Jason 1640).

BARYCZKA Bartholomaeus et Albertus. Odor floris Hyacinthi ob virtvtem et honorem religios: et admod: reveren: P. P. Hyacinthi Baryczka, S. Th: Doct. ord: praed: in regno Poloniarvm nvper renvntiati provincialis in ipsa inavgvratione sev electione X. Mai. M.DC.XXXIX decantatvs intra et extra religiosvm praedicatorvm ordinem diffvsvs cvivs svavitate etiam Bartholomaeus Baryczka afflatvs. Nvne in congratvlationem tvm novi anni, tvm novi honoris, svo sviq. fratris nomine, cvm debitae iu patrvvm colendiss: observantiae ergo exaggerat. Cracoviae, in officina Stanislai Bertutowic, Anno Dńi, 1640. w 4ce, kart nlb. 6.

Na końcu epigram podpisany: Samborski Albertvs. — Oden Svpplicem pisał Hyac. Slostowski a poświęcił Hyac. Miakow skiemu. *Jagiell.*

Baryczka Georgius ob. Szołdrski Andreas (Informatio 1747).

Baryczka Hyacinthus ob. Acta (b. r.).

— Baryczka Barthol. (Odor 1640).
BARYCZKA Joannes, rhetor. studiosus. Venerabili Domino Iosepho Bełza, dum il Alma Acad: Crac: primâ laureâ ornaretur. Ode tricolos tetrastrophos. Cracoviae, typis Valeriani Piątkowski A. D. 1646. folio tablicowe, str. 1.

Jagiell.

Baryczka Martinus († 8 Stycznia 1349) ob. Baronius Mart. (Vita 1609).

Święcki Histor. Pam. I. 7. — Rzepnicki Vitae I. 300. — Przyj. ludu 1843. R. IX. 252—3. — Tyg. illustr. 1864. T. 9. str. 51—2.

BARYCZKA Michał. Quantum poeticum, accurata authoritate poetarum recognitum. 1658. w 12ce.

Jusz. Dykc. I. 16.

Baryczka Stanislaus Szczepan ob. Targowicz Albert (Psychologia 1626).— Zabczyc Jan (Śmierć krwawa 1616).

BÁRYKA Piotr z Sieradza. Z chłopa król, komedia dworska, której argument podobny wraz w fácecyéy pierwszéy facecyi polskich: o piianicy co Cesarzem był. Od Piotra Baryki napisana y na dworze JMPana A. Ł. wyprawiana. W Krakowie w drukarni Macieja Andrzejowczyka R. Pańsk. 1637. w 4ce, arkuszy 4. (signat. A₂—E). [Tytuł łacińskiemi literami, druk gocki.]

Na odwrocie tytułu dedykacya Je. Mci. P. A. Ł. dobrodziejowi swemu wierszem. Z niej widno, że pisał po koronacyi Władysława Zygmunta, na której był obecnym z łaski A. Ł.

Wiszniewski Hist. lit. pol. VII. str. 267.

Akad.

— Tragedya ucieszna albo komedya dworska o pijanicy co królem był przez J. E. W Gdańsku, 1638. w 4ce.

Tę edycyę jako bezimienną przez J. E. podaje Jabłonows. Ostafi ark. O.

Wojcicki Teatr. II. 27—8. 68. 97. 162. — Maciejow. Polska I. 218, — Załuski Bibliot. 21. mniema, że podcyfrowany w edycyi z r. 1638. J. G. (a nie J. E.) znaczy Gawińskiego.

Barzy Piotr ob. Mylius J. Poemata 1568)—Samboritanus G. (Elegiae II.)—Semusovius Joannes (Panegyris 1565).—Wincenty Francuz (Herbest: Książki 1563).

Barzy Stanisław ob. Dawid (Wróbel: Zołtarz 1567) — Samboritanus Vig.

(Carmina 1571) — Wincenty Francuz (1563).

BARZYKOWSKI Franciszek ord. min. conv. Rosae gratae seu conclusiones theologicae. Cracoviae, typ. Acad. 1726. fol.

Jocher 2667.

(Barzyna Dorota). Roczna y wieczna pamiątka, Iaśnie Wielmożney y miłościwey Pániey, Iey Méi P. Dorothy z Oyźrzánową Bárżyney, woiewodzincy krákowskiey. W kościele S. Bárbáry od Oycow professow Societatis Jesv, 10. dniá Kwietniá wznowioná, y z káthedry kaznodzieyskiey przy mszey żałobney wsławiona. W Krakowie, w drukárni Andrzeiá Piotrkowczyká, typográphá Królá J. M. Roku 1614. w 4ce. str. 44, druk gocki.

W kazaniu samem ciekawe są szczegóły do rodzin Goryńskich, Sobockich i do żywota zmarłej Doroty, która była żoną Stanisława Barzego wojew. krakow. a oórką Kaspra Goryńskiego i Agnieszki Sobockiej Branick. — Jagiell. — Czartor. — Krasińs. — Ossoliń. — Raczyńs. — Uniw. lwows.

— ob. Januszowski J. (Kwiat rajski 1580)—Moralis S. (O żywocie 1581)— Paszkowski M. (Dialog 1612) — Skarga Piotr (Modlitwy 1601) — Wujek Jakob (Żywot Jesu Chr. 1597).

Basaeus A. ob. Bassaeus Albert.

BASAŁYK pod imieniem Cwika na jestestwo dawniey nieużyteczne sporządzony. 1790. W Warszawie w drukarni Zawadzkiego, na ulicy Piekarskiey Nro 129. (1790). w 4ce, str. 23 (wiersz).

Ułożone z okazyi i za projektem X. Biskupa Inflantskiego Józ. Kossakowskiego o powiecie Piltyńskim. Wymierzone przeciw Heykingowi. W końcu łaje żydów i Frankistów. Żąda powrotu Jezuitów. Wychwala zasługi Dekerta. Ostatnie dwie kart prozą głównie o wolnością miast pisane, tak, jakby ktoś drugi do utworu poetyckiego się dopisał.

Akad. — Branic. — Jagiell. — Ossol. — Zieliński.

Basiliani ob. Bazylianie — Coelorum Reginae triumph. — Constitutiones (1772) — Propositiones theolog.

Basilica Casimiriana. folio, 1 arkusz.

Obcięty początek tytułu, jakoteż miejsce
i rok wydania.
Warsz. Uniw. (ze zbiorów po Hlebowiczu).

Basilica honoris avita erecta Bart.
Tarło ob. Tarło Mich. (1710).

Basilicum munus ob. Kostka Stan.
(1643).

Basilicus jactus in primi lapidis po-
sitione ob. Piskorski Sebastyan (1666).

Basilicus Daniel ob. Bazylik.

Basilides Joannes, car Moskwy ob.
Auctores rerum moscovit. (1600) —
Jan (Iwan, Joannes) Wasilewicz.

BASILIUS Sanctus (Bazyli Wielki)
arcybiskup Cezarei w Kappadocyi (33
—379). Cedr mistyczny, ś. Bazyliusz
Wielki z pradziadów, dziadów, oyców,
braciey, sióstr, a tych męczennikow,
wyznawców, biskupów, zakonników,
panien zakonnych, pustelników, w ośm-
naście świętych gałęzi rozmnożony.
Z starodawnych greckich, łacińskich
autorów, na polski język dla zbudo-
wania y ku swoim świętym zachęcenia,
cnót przedziwnych naśladowania synom
y córkom ich duchownym przetłumaczony. Od X. Demetryusza Zankiewi-
cza, zakonu św. Bazylego W. sekretarza. Za dozwoleniem zwierzchności. Roku
Chrystusowego 1717 na widok podany.
W Supraślu, w drukar. WW.OO. Bazylianów Unitów 1717. w 4ce, k. nlb.
6, str. 222 i k. 2 z ryciną.

Dedyk. Leonowi Kiszce, metrop. Rusi. Na
końcu są Ustawy św. Ojca Bazylego W.
Kijows. — Krasiń. — Ossol. — Polkow. —
Uniw. lwow. — Wileńs.

— Homelia; cui accessere carmina
ad Christum D. Joanni Stratio dicata.
Ode gratulatoria ad clariss. virum
Dom. Bartholomeum Stanitzky, Magni
Dom. Lucae comitis a Gorka, capit.
Posnan. etc. cancellario ob natam filio-
lam primogenitam Chr. Hegendorffino
autore. Lipsiae, Lotter, 1534.

Kórnic.

— Divi Basilii magni, uiri sanctissimi iuxta ac eloquentissimi, de evol-
vendis libris scriptorum gentilium libellus sane aureus et incomparabilis. Eiusdem praeterea argumenti. Epistola eru-
ditissimi diui Hieronymi ad magnum

Orato. Praefatio L. Vallae in quartum
librum elegantiarum, praelectio in topica
Ciceronis Matthiae Valeriani Praedica-
torii. [Matthiae Franconii czterowiersz
łac.] (Na końcu:) Impressum Cracouiae
per Hieronymum Vietorem Anno a Christo nato M. D. XXXIIII. (1534) w 8ce,
k. nl. 32 (ost. biała), druk kurs. prócz
tytulików w tekscie antykwą drukowanych.

Dedykował Mat. Valerianus Michaeli Semi-
litio Lithuano.   Czartor.

— Sanctissimorum Patrum eorun-
demque eruditissorum virorum Basilii
Magni, Jo. Chrysostomi, Jo. Damasceni
et Symeonum Metaphrastae, ac Junioris Theologorum. Pauli quoque Mona-
chi, Orationes in diuini corporis communione, itemque alias quaedam dicendae,
per Philippum Gundelium e graeco iam
primum integre translatae. [Na końcu:]
Cracovię, apud Hieronym. Viet. 1528.
w 8ce, 22 kart nieliczb.

Jocher 2536.   Czartor.

— D. Basilii Magni Archiepiscopi
Caesareae Cappadociae De moribvs orationes XXIIII, a Simone Magistro ac sacri palacij quaestore ex eius scriptis in
unum congestae: nunc primum in lucem editae. Stanislao Ilouio interprete.
In quibus praeter eruditionem plane
admirandam ratio normaque optima, qua
mores Christiane componendi sint, con-
tinctur. Cum priuilegio. Venetiis ex officina Jordani Zileti M. D. LXIIII
(1564). w 8ce, T. I. k. nl. 8, liczb. 52.
T. II. k. nlb. 4, liczb. 38. T. III. k.
nlb. 4, liczb. 44. T. IV. k. nlb. 4,
liczb. 39. [Na końcu T. IV: Venetijs
Joannes Gryphius excudebat M. D.
LXIIII].

T. I przypis. Jakubowi Uchańskiemu, arcyb.
gnieźn. — T. II przypis. Mikoł. Wolskiemu, bisk. knjaws. — T. III Andrz. No-
skowskiemu, bisk. płoc. — T. IV. Albertowi Staroźrzebskiemu, bisk. chełmińsk.
Ostatnich dwóch biskupów nie ma w Niesieckiego spisie.

Jocher 2541 a. — Wiszn. VI. 211. ma
z datą 1594, zapewne mylną. — Wierzbowski I. 245.

Warsz. Uniw. — Czartor. — Dzikow. —
Czarnecki — Ewangelicka Wileńs.

— Tenże tytuł. Francoforti, ex officina typographica Nicolai Bassaei Anno Christi M. D. XCVIII. w 8ce, k. tyt., k. nlb. 6, str. 512.

Dedyk. Theoph. Richio electoris palatini consiliario.

Jocher 2541 b. — Wierzbowski I. 653.

Ossol. — Czartor. — Warsz. Uniw.

— Ethica sive sermones XXIV de civili sapientia Christianorum in locos communes reducti, collecti ac congesti ex scriptis D. Basilii M. studio Simonis Magistri, nunc primum e MSS. Codd. editi gr. et lat. ex interpretatione Stanislai Ilovii. Francofordiae, Petrus Kopffius 1611. w 8ce.

Toż w zbiorach: Opera. Antwerpiae 1568 i 1570 — Parisiis 1603 j 1720 — Coloniae 1603.

Jocher 2541 c.

— Orationes qvedam devotissime Basilij Magni, et Chrisostomi de communione Eucharistiae, a Francisco Rholandello Taruisiensi e graeco translatę. [Poczem na tytule:] Ad Lectorem libellus per Philippum Gundelium Boium (8 wiersz łać.). [Na końcu:] Cracouię per Hieronymum Vietorem Anno MDXXXIX (1539). w 8ce, k. nlb. 32.

Na odwrotnej str. tyt. drzeworyt, przedstawiający kapłana słuchającego spowiedzi.

Aknd. — Czartor.

— Orationes qvedam devotissime Basilij Magni, et Chrisostomi de communione Eucharistiae, à Francisco Rholandello Taruisiensi e graeco translatae. Ad Lectorem libellus per Philippum Gundelium Boium (8 wiersz łac.) Cracouiae, ex officina typographyca Vngleriana. Anno Domini 1540. w 8ce, k. nlb. 32.

Na odwrocie tytułu drzeworyt J. Chrystusa na krzyżu i w dali miasto. Taż sama rycina jest w Lwowczyka: Vivificae passionis r. 1538. W końcu powtórzono miejsce druku i rok.

Jocher 2537 a. — Wierzbowski I. 107.

Ossol. — Raczyń. — Warsz. Uniw.

— Oratiunculae XV ex Magno Basilio et Joanne Crisostomo in latinum ex graeco versae a Francisco Rholandelli Taruisiensi poeta, atque Friderico tertio Imperatori adscriptae. Cracoviae sub prelo Hieronymi Scharfenberger

Anno a nativitate Christi MDLV (1555). w 8ce, k. 31. (signat. H$_4$, po kart cztery na literę.)

Jocher 2537 b. podaje ten tytuł odmiennie, to jest tak jak w edycyach poprzednich.

Krasiń. — Ossol.

— Magnus Basilius de poetarum oratorum historicorumque ac philosophorum legendis libris cum commenta riolo magistri Johannis Honorij Cubitensis. B. r. m. i dr. (Kraków czy Lipsk około 1500). w 4ce, k. nlb. 26. sign. A—E$_6$. [arkusze A. B. E. po 6 kart] Druk goc.

Na k. przedostat. s. g. u dołu: Ad Christophorum Ursinum. Habes mi Christophore annotamenta i t. d. — Dó tegoż Ursyna krakowczyka uczuia swego jest na s. o. tyt. dedykacya.

Wierzbowski II. 1922.

Czartor. — Petersb. publ.

— Kniha yże wo swiatych otca naszeho Wasyliia Wełykaho, Archiepiskopa kesaria Kappadokijskija. Z drukarnie Ostroskoje wydana iest w lieto ot siezdanija miru ζρβ 7102, a ot popłoty rożdiestwa Ha. Ba. y spasa naszeho Is. Xa. 1594. miesiaca Marta 3 dnia. (Na końcu:) Sia kniha Wasylij Wełykij powełienijem y własnym kosztom y nakładom, trudom y promysłom Jasne Oswieconoho wełmożnoho kniażaty Konstantyna Konstantynowicza Ostrozskaho, woiewody kiewskaho, marszałka zemli Wołynskoje, starosty Władymirskaho (tu rok powtórzony jak na tytule) wydana iest. (1594). folio, kart nlb. 604. (kart 7, 160, 294, 142 i karta 1). Druk kirylicą.

Jocher 2542. — Bandt. Hist. dr. k. pols. II 28. — Tołstoj N. 31. — Karatajew N. 109. — Sacharow N. 92. — Strojew N. 75. Czartor. — Krasiń. — Ossol. — Bibl. publ. petersb. — Akad. Nauk w Petersb. — Muzeum Rumiancowa. — Bibl. Karatajewa. — Bibl. Tow. histor. rossyj.

— Ohłaszenije si jest Katechizm miessieonarskij monachow czina Sw. Wasilia Welikaho wkratce sobran, w polzu cztuszczim i posłuszajuszczim, w sławu że i chwału samoho Boha. Za proizwolenijem i błahosłowenijem na to włast imuszczich, tipom izdan 1788 hoda w obiteli Poczajewskoj cz. sw. W. W.

w 8ce, kart nlb. 26 (sygnatura głoskami cerkiewnemi A. B. W.)

Krasińs.

— Summariusz reguł swiętego oyca
naszego Bazylego Wielkiego, z reguł
obszernieyszych y krotszych, z konstytucyi mniskich, y nauk Iego zakonnych,
wkrotce zebrany. Wydrukowany, cum
permissu superiorum, w typografii J.
K. Mosci Poczajowskiey, u WW. OO.
Bazylianow. Roku Pańskiego 1751. w
8ce, k. t., 5 str. nlb., str. 173 i 2 k.
nlb. rej.

Zaczyna: Nauka o obserwancyi reguł miastò
przedmowy (kart 2 nlb.) Kończy dzieło (str.
167): Dekret Clemensa VIII o rezerwacyi
Kazusow.

Czartor. — Jagiell. — Wilno — Polkowski —
Krasińs.

— S. Bazylivsz Wielki zycia zakonnego w corkwi świętey wschodniey
patriarcha y fvndator przed tym vv. pra-
vvach zakonnych greckim, łacinskim
i słovviańskim; a teraz polskim ięzykiem y drukiem, światu za dozwoleniem starszych, pokazany to iest Rokv
P.1686. folio, kart 3, str. liczb. 109,
str. nlb. 9, stron liczb. 147 i 1 k. omyłek.

Dedykacya: Naywielebm. i wieleb. w Chri-
stusie, Oycom, y Braci, zakonn Bazylego
św. Podpisany Theophilus Rutka Presbyter Soc. J.

A następnej karty nadpis: S. Oyca naszego,
Bazilego wielkiego, arcy-biskupa Cezáryey
Kappádocyey. O ustawach mniskich navka.
Zajmuje kart nlb. 3, str. 109 i str. 9.
Rozdziałów. Następnie od str. 1 — 98:
Swiętego Bazylego Wielkiego. Na reguły
krotsze przedmowa. — Poczem: S. Oyca
naszego Bazylego Wielkiego.... Reguły
krotsze przez pytanie y odpowiedź. — Od
str. 90—147: Błogosławionego Oyca Bazylego.... Konstitvcie mniskie. — Ostatnią stronę mylnie 144 zamiast 147 wydrukowano.

Brown str. 353 myli się raz dając jako wydrukowane folio 1686 bez wyr. m., drugi
raz: Kalisz, druk S. J. w 4ce, str. 147.
Jocher 2448 i 8337 niedokładnie. Ostatni tytuł myłny. — Ossol. Wiad. IV. 124.

Czartor. — Jagiell. — Ossol. — Uniw.
lwow. — Uniw. warsz. — Wileńs.

— Ustawy sw. Ojca naszego Bazylego Wielkiego wkrótce zebrane. Obacz:
Zankiewicz D. (Cedr mistyczny. Supraśl, 1717. w 4ce).

— Toż. Poczajow, 1740. w 8ce.
Petersb. publ.

— Toż....... przez Józ. Welamina
Ruckiego zebrane i klasztorowi mińskiemu panien tegoż zakonu podane. Wilno,
1771. w 8ce.

ob. Constituciones (1772) — Codex constitutionum (1792).

Petersb. publ. — Wilno.

BASILIUS Obacz: Athanasius ob.
(Dialogi V 1570) — Cathalogus (1773) —
Cervus Joann. Tuchol. (Methodus sacram. 1537) — Chodykiewicz X. Klemens (1754) — Codex constitutionum
ordinis (1791) — Constitutiones (1772)
— Cynerski Joannes (1635) — Frey-
linek Jan (1659) — Jovius Paulus —
Kulczyński Ignacy (1771) — Lauban
Mel. (1613) — Leiturgiarion (1763) —
Liturgiae (1604) — Mennitus Petrus
(1676) — Modlitwy (b. r.) — Mosellanus — Nissenus Did. (1650, Phoenix
Graeciae 1659), — Ochilewicz Pach.
(1671, 1685) — Pikulski Gaud. (1765)
— Rużycki Ger. (1768) — Szczytyń-
ski Winc. (Kazania 1780) — Vergerius Petrus (Hic hab. haec 1511).

Basilius Gregor ob. Służebnik (1583).

Basilius a S. Alojsio Sch. p. ob.
Bystrzycki Bazyli.

Basilius a S. Floriano ob. Grochowski Bazyli.

Basilius Hyacinthus ob. Hyacinthus (1580).

Basilius Jacobus ob. Łaski Wojciech (1767).

Baśnie kądzielne ob. Fryczkiewicz
X. Mateusz Maciej (1767).

Baśny talmudowy ot samych żydów uznany. Poczajów, 1794. w 8ce.

BASONIUS Valentinus Pannonius. In
laudem divae virginis Catharinae, oratio. Apud regiam Sarmatiae Cracoviam,
in aedibus Hieronymi Vietoris. Anno
ab humanitate redempta MDXXIII.
(1523). w 4ce.

Dodane: M. Pyrserii Silesii ad divam Catharinam patronam piorum studiorum
Elegia.

Jocher 5254. — Janoc. I. 219. — Jusz. II.
86 podaje elegię Pyrsera za dzieło głó-
wne.

BASSAI (Bassaeus) Albert z Szcze-
brzeszyna Rusak. Epitome Xenodochii
M. Alberti Bassaei Scebresinensis T.
Ordinis s. Spiritus, sive Capita quaedam
ex Xenodochio seu libro de officio erga
hospites, peregrinos, pauperes variasque
miserabiles personas, propter reforman-
dum hospitalia edita. Cracoviae, Math.
Siebeneycher. 1570. w 8ce, syg. A—Q$_1$.

Dedyk. Rever. D. D. Mart. Isdbienski de
Rusiec Archidiac. Posnaniensi. Wiersze
Sim. Goritiusa, Gabr. Papaverini, Petri
Bassaei.
Jocher T. str. 1. 175. — Grabowski Kra-
ków 1844, str. 247 przyp. —Załuski Con-
spect. collect. legum str. 36 (rarissimus).
Czartor. — Szembek — Warsz. Uniw. (?)

— Nowe Latho albo Prośbá do
Páná Bogá, o rzeczy potrzebne ná koż-
dy nowy Rok. Woy. Bas. Scebr. W Krá-
kowie. Drukowano przez Máttheuszá
Siebeneycherá. Roku pańskiego M. D.
LX. VI. (1566) w 8ce, kart 4 nlb.

Broszury tej podobiznę wydał w roku 1882
prof. J. Przyborowski.
Wierzbowski I. 282 (podobizna).
Zamojs. — Warsz. Uniw.

— Alberti Basaei Scebresinensis
Obscruationum grammaticarum libri
quinq;: quorum I, de Orthographia: II,
de Etimologia: III. de Synthaxi: IIII,
de Figvris: V, de Prosodia. Multa hic,
quae recentiores grammatici, priscis illis
incognita, inuestigarûnt, artium studiosi
ueluti in penu habebunt. Authores varios, ex quibus congestum est hoc opus,
sequens columna continet. Cum gratia
et priuilegio S. R. M. Cracoviae, in officina Matthaei Siebeneycher: anno á
Christo nato: 1567. w 8ce, syg. A—
Z, Aa—Vv$_3$ i karta nlb.: De erratis
(razem kart nieliczb. 192). Druk ita-
lik. kursywa.

Na stronie ostat. znak Siebeneychera, berło
z ptaszkami i napisem: concordia res
parvae crescunt. Na odwrocie karty tyt.
są imiona 50 autorów, między którymi Bebelius, Despanterius, Erasmus, Gorscius,
Herbestus, Susembrot, Valla.
Dedyk. Jędrzejowi Krajewskiemu U. J. D.
Archidyakonowi krakowskiemu, kance-
rzowi książęcia biskupa Padniewskiego.
Wychwala Basseus najbardziej Jana Hon-
tera z Kronstadtu Siedmiogrodzianina (Coro-
nensis). — Na końcu dedykacyi: Cracouiae, ex monasterio Xenodochij S. Spiri-

tus, tertio nonas ianuarias Anno Christi
Dei nostri M. D. LX vij.

Po dedykacyi, wiersze na cześć autora piszą:
Franc. Volscius i Melchior Petuicius Scrin-
nensis. W tekscie w przykładach są u-
żyte i wyrazy polskie.
Bandt. H. dr. krak. 74—76 (miał 2 exem-
plarze, lecz oba bez końca). — Janoc.
Nachr. II. 57. — Wiszn. H. lit. VI. 131.
— Roczniki Tow. Warsz. P. N. XII.
301. — Osiński: Życie Czackiego s. 212
— Juszyński II. 178. — Bentkow II.
539. — Wierzbowski I. 284.
Akad. — Czartor. — Dzików. — Jagiell. —
Kijow. — Kórnic. — Krasiń. — Ossol. —
Pawlikow. — Warsz. Uniw. — Zieliń.

— De vera Christi ecclesia, ritv,
ac caeremoniis eiusdem vsitatis ad illustrem ac magnificum dominum, D. Ioannem Christophorum comitem de Tarnow, castellanum Voyniciensem, capitaneum Sendomiriensem etc. Ab exemplo piae memoriae patris eiusdem, imi-
tandis. Carmen. Per Albertvm Bassa-
eum, Scebressinensem, factum. Psalmo
XXXIIII. Confitebor tibi, in ecclesia
magna, in populo gravi laudabo te. Proverbiorum XXII. Ne transgrediaris ter-
minos antiquos, quos posuerunt patres
tui. MDLXI. (1561). Bez miejsca druku i drukarza. w 8ce, kart 28.

Janocki Nachr. II. 57. — Wierzbowski II.
N. 1923. — Jocher 9524.
Zamojsk.

— Romanae fidei confessio (proza).
Juszyński II. 178 przytacza to jako osobne
dzieło różne od poprzedniego.

— Wypráwá niewinnego człowieká
gdy go niesprawiedliwie w czym kto
obwinia, albo mu czci uwłacza. Zámyka
w sobie żartobliwe uskarżanie na nie-
przyjacielu przed Panem Bogiem niewinnego człowieka; którego Angioł
Pański pilnie słowem bożym cieszy,
żeby nie rozpaczał, ale iżby krzywdę
swę na miłego Boga puścił, zapłaty od
niego i pocieszenia w smutku czekajac.
Przydána jest w końcu rozmowa o krzyżu, ktorym człowiek chrzesciański, roz-
maicie bywa trapion. Drukowano w Krákowie u Mattheuszá Siebeneycherá: rok
MDLXVI. w 8ce, kart 4. 35 i 11.

Juszyński II, 178. — Brykcz. w Bibl. Warsz.
1878 IV. 259.
Bibl. Seminar. Płock.

— ob. Samboritanus Vigilant. Greg. (Ecloga I. 1566, czterowiersz ad Lectorem).

Janocki Von Załus. Bibl II. 57. — Adelung Gelehr. Lexic. I. 1493. — Clement Bibliot. curiosa II. 487.

Bassaeus Nicolaus ob. Delicye ziemie włoskiej (1665).

Bassaeus Petrus ob. Bassaeus Albertus (1570).

BASSANO Antonio (I.) Dichiaratione dell arco fatto in Padova nella venuta della reina Bona di Polonia. In Padova, apresso Gratioso Percacino, 1556.w 4·ce.

BASSANI Antonio (II.) Viaggio a Roma della S. R. M. di Maria Casimira Regina di Polonia vedoua dell'inuitissimo Giovanni III. per il voto di visitare i Luoghi Santi et il supremo Pastor della Chiesa Innocenzo XII. All' Em^{mo} e Rev^{mo} Sig. Cardinale Barberino protettore di quel regno. Del Con. Antonio Bassani Padovano Can. di Varmia. In Roma, nella stamparia Barberini, impresse Domenico Antonio Ercole in Parione, 1700. w 4ce, str. 226, kart 6 i portret królowej.

Ciampi Bibliogr. I. 20. — Janociana III. 10. — Kar. Hoffmann w Gazecie polskiej 1862 N. 272.

Czartor. — Krasiń. — Ossol.

— ob. Decisio (1702).

BASSCAN Bonawentura, Capucinorum praedicator. Parochianus obediens sive de duplici debito parochianorum, audiendi, scilicet, missam, et verbum Dei, in sua parochiâ, saltem diebus dominicis et festis maioribus stante commoditate. Per R. P. B. B. C. P. de debito avdiendi verbum Dei. Primùm Dvaci. Postea Rothomagi, Apud Joannem Dela Mare, in gradibus Palatij M. DC. XXXV. Deindè Posnaniae, in officina Alberti Regvli, sumptib: Rñdi Matthaei à Zgierz, vicedecani posnań : parochi Biesdr : Anno Dñi 1647. w 8ce, kart nlb. 14 i str. 180.

Następuje karta z ryciną herbu. Poczem dedykacya Andrzejowi Szołdrskiemu.

Jocher 4323 a.

Warsz. Uniw. — Jagiell. — Czartor.

— Parochianus obediens sive tractatus bipartitus etc. Cracoviae 1761. w 8ce.

Jocher 4323 b.

Basse ou Grande de Pologne 1669 ob. Sanson d'Abbeville.

BASSENGIUS Egidius. Motectorum quinque, sex, octo vocum. Liber primus. Serenissimi archiducis Maximiliani electi Poloniae regis &c. Musicorum praefecti Aegidii Bassengii Leodiensis. Viennae Austriae, excudebat Leonhardus Formica, in bursa Agni. Anno 1591. w 4ce poprzecz. (Tenor i Bas obok).

Bibl. nadw. ces. w Wiedniu.

BASSEWITZ Hennig Fried. Starosta Rönneburgski w Inflantach (ur. 17 Listop. 1680). Abdruck der an S. Czarische Maj. von dem Hollstein - Gottorpischen Hofe durch den Envoyé von Bassewicz geschehene Propositionen und der darauf erfolgten Antwort. Danzig 1716.

Univers. Lexic. Zedler III. 632.

BASSUS Car. Andreas. Regula instituti Petrini seu praxis quotidianarum exercitationum sacerdotis, et curatoris animarum, ut ritè, ac meritoriè fiant, ex Sacra Scriptura, et SS. Patribus desumpta, auctore Carolo Andrea Basso, theologo, oblato, praeposito Burgi Tritij, olim edita. Nunc in gratiam cleri saecularis recusa Anno Domini 1707. Cura et impensis perillustris et reverendissimi domini Ludovici de Koziełsk Ogiński, canonici Vilnensis, praepositi Bobroyscensis. Constantiae, dein Vilnae, typis Universitatis Societ. Jesu (1707). w 12ce, kart 4 i 344 str.

Jocher 6339.   Ossol. — Wileńs.

Bastyllia obacz Duch (b. r.) — Jezierski Franc. (1790).

BASZKO (Basco) Godzisław. Chronicon Lechitarum et Polonorum ab a. 1263—1271. Obacz: Silesiacarum rerum Scriptores Pars II. Lipsiae 1730. — Boguphalus II. (Varsav. 1752). — Mitzler Zbiór dziejop. T. III. Warszawa 1776.

Janociana II. str. 11. — Adelung Gelehrt. Lexicon I. 1486.

BASZKOWSKI Samuel. Bieg zycia lvdzkiego w herbowney lodzi Iasnie Wielmoznych Panow I. P. P. Opalenskich przy pogrzebie Wielmoznego Pana I. M. P. Iana Leopolda z Bnina

Opalenskiego kasztelana nakielskiego przez X. Samvela Baszkowskiego ord: min. obs. wyrążony. Roku pánsk. 1673. dniá 31 Stycznia z dozwoleniem stárszych w drukárni kolcium (tak) káliskiego Societ: Jesv. w 4ce, 11 kart nlb. (syg. A—C₃).

> Na odwr. str. tyt. herb Łodzia pod nim 6 w. pol. Przypisał autor Zofiey z Miłosławia Opaleńskiey, żonie zmarłego. Kazanie przeplatane wierszem polskim i łacińskim. Encyklopedya Orgelb. II. 1000.
> Czartor. — Krasiús. — Jagiell. — Ossol.

— Rycerz zbroyny przysionku swego pilnie strzegący na pogrzebie JW. Pana Andrzeja Karola z Grudy Grudzińskiego, wojewody Poznańskiego, żałobnym kazaniem zalecony przez O. Samuela Baszkowskiego, Oyców Bernardynów Wielkopolskich kaznodzieję. Roku Pańsk. 1679. Z dozwoleniem starszych. W Poznaniu, w drukarni kolegium Soc: Jesu drukowane 1679. w 4ce, kart 11.

> Na odwr. stronie tyt. herb Grzymała i pod nim 4 w. pol. Przypisał autor żonie zmarłego Marianuie ze Swięcie Grudzińskiej. W kazaniu tem napotyka się różne szczegóły do żywota wojewody.
> Uniw. lwow. — Ossol.

(Bataille). Numero 42. Bloedige Bataille, tusschen de Polen ende Sweeden voorgevallen: Den VIII. ende IX. Mey, M. DC. LVI. In s'Graven-Hage, Gedruck voor den Autheur: By Christianus Calaminus, ende men verkoopse voor den Autheur, by Henricus Hondius. Anno 1656. w 4ce, str. 8 (od s. 297—304).

Batalia ob. Rozbrat (Bat. duchowna 1719) — Tomasz z Kempis (Batalia grzesznika pokutującgo 1719).

Batalion strzelecki ob. Rosenhibel Andr. (Projekt).

— skarbu koronnego ob. Actnm (1789).

BATIZI András. Kereztyeni tvdomanrvl valo könyveczke Batizi Andrastvl irattatott. Proverb. IX. Az Böltseségnek kezdeti Istennek félelme. Christvs vronknak 1550. esztendeiben. w 8ce, ark. A—L (kart nlb. 88). (Na końcu:)

Crackoba ñomtatot Strikovia beli Lazar 1550.
> Szabó K., Régi Magyar Könyvtár str. 11.

Bątkovius Stanislaus Zemdalicz ob. Buczkowski Mateusz (Affectus 1617) — Epigrammata a juventute (1603) — Goliński Bazyli (1603) — Opatovius Adamus (1603) — Skrobiszewski Jak. (Trium clarissimorum 1603). — Smieszkowicz M. Laur. (In funere 1617).

Bathmendy powieść perska ob. Florian (1790).

Batoński Antoni Venceclaus ob. Dihanicz (1784).

Batorea gens obacz Neugebaur D. G.

Batorea Griselda (Bathorea) ob. Heidenstein Reinhold (De nuptiis 1583)— Kochanowski Jan (Ad Steph. Bathor. 1583)— Piskorzewski Matheus (1583)— Schreck Val. (Istula sive gratulatio).

Batorea Helisabetha ob. Ilosvanus Benedictus (1671).

Batory Andreas (1562 † 1599) ob. Bielski Joach. (1588) — Boromaeus Carolus (Epistola 1590) — Buccella Nicolaus (Refut. scripti 1588) — Cicero (1585) — Constitutiones (1598) — Forro Paulus (1590) — Gorscius Jacobus (1585) — Huniadinus Franc. (1586) — Napragius Demetrius (1595)— Pisanus Alph. (Cath. Responsio 1585)— Sierpski Wojc. (Annot. in Cicer.1585)— Statuta Fratrum S. Sepulchri (1585).

> Siarcz. Obraz I. 21. — Niemcew. Panow. Zyg. I. 51, 161. 262—6, 290. 412—16. Encykl. Orgelb. III. 178—180, II. 1014 —17. — Pamięt. relig. mor. XXII. 471—2 T. XIV. 206—219, T. XX. str. 325— 344. — Rzepnicki Vitae II. 342—4. — Nakielski Miechovia 790.

Bathory Christophorus princeps Transilv. ob. Heidenstein R. (De nuptiis 1583) — Kochanowski Jan (Ad Steph. Bathor. 1583) — Uncius Leonardus (Elegia de morte 1584).

Bathory Stephanus castellanus ob. Crosnensis P. (Panegyrici 1509).

BATORY Stefan (ur. 1533 †12 grud. 1586) Absag Brieff, königlicher Mayestät in Polln etc. dem Moscovitischen abscheulichen tyrannischen Feind, durch

einen fürnemen vom Adel, Lopacinski
genannt, von hochenmelter Kö: Mayst:
vor seynem Auszug, mit blosem säbel
jungst überschickt. Neben sonderer Ver-
meldung, der grausamen unmenschlichen
Tyranney, so der Moscoviter biszhero
an den Armen Christen auch an Frauen
und Jungfrauen über natürlicher weisz
begangen. (Nürnberg, Leonhard Hau-
szler) 1580. w 4ce, 1 arkusz.
　　　Wiszn. H. L. P. VIII. str. 85.
　　　　　　　Kórnick. — Petersb.
　— Stephanus Dei gratia Rex Poloniae, Magnus Dux Lithuaniae, Russiae,
Prussiae etc. kart. 1. [Poczem idzie:]
Confirmatio generalis omnium jurium,
privilegiorum, libertatum Regni Poloniae
etc. kart 2. [Poczem:] Literae signi-
ficatoriae de electione Annae Infant.
in Reginam Poloniae et Ser. Stephanum in Reg. Pol. 1575. kart 10. —
Naznaczenie koronacyi królewskiej. Literae de praestito juramento (w Krakowie 1576). folio, kart 8.
　　Zarazem przy niektórych egzemplarzach:
Konstytucye sejmu walnego koro-
nacyjej. 1576. obacz Konstytucye.
　　　　　　　　Warsz. Uniw.
　— Constitvtiones Livonicae, post
submotum ex Liuonia Moschum, à Serenissimo Stephano Poloniae rege, sancitae. [Pod tem ukoronowana tarcza
z herbem Polski, Litwy, a w środku
Batorego.] Cracoviae, in officina Nicolai Scharffenberger, Typographi Regij.
Anno 1583. Cum Gratia, et Priuilegio.
w 4ce, prócz tytułu kart nlb. 9, druk
antykwa.
　　Czartór. — Gdańsk. — Jagiell. — Ossol.
　— Toż.... sancitae. [Pod tem herb
królestwa pod koroną na miedzi rznię-
ty.] Cracoviae, in officina Nicolai Scharfenberger typographi regii anno 1583
antehac excusae, nunc Gedani recusae.
B. r. i dr. w 4ce, kart nlb. 10.
　— Toż.... Rege primum sancitae,
nunc vero a sereniss. rege Sigismundo
III. etc. 1589.
　　ob. Constitutiones.
　— Toż p. t.: Novae gubernationis
Livoniae forma recens a Stephano Rege P. instituta anno 1583.

Obacz: Guagini Rerum Polon. Francof.
w 8ce, str. 346—356.
　— Edict królá Jegᵒ Mści o dzięko-
wánie Pánu Bogu, zá szczęśliwe powodzenie woienne od Wielkich Luk z Moskwy posłány szostego dniá miesiąca
Septembrá, roku bożego, M. D. LXXX
(1580). Cum gratia et priuilegio Sacrae
Regiae Mtis. (Na końcu:) W Krákowie. W drukárniey Miko: Szárffenber-
gerá; królá Jego Mści typográphá. Roku
pánskiego, 1580. w 4ce, kart 6.
　　　Wierzbowski 11. N. 1549.
　　　　　　　Krasińsk. — Dzików.
　— Edictum regium de supplicatio-
nibus ob rem bene adversus Moschum
gestam. Cracoviae, in officina Nicolai
Scharffenberger typogr. S. R. M.
MDLXXIX. [Datum ex arce nostra
Polocensi die ultima mensis Augusti
1579]. w 4ce, k. 6.
　　Bandtke H. dr. k. 320.　　　Dzików.
　　Toż w: Guagini, Rerum polonic. Francof.
　　w 8ce, od str. 214—220.
　　Toż: Elaminius. De rebus. Romae 1582.
　— Edictvm Regivm Svirense ad
milites. Ex quo causae suscepti in Ma-
gnum Moscouiae ducem belli cognoscen-
tur. Edictvm regivm de svpplicationi-
bvs ob captam Polotiam. Rervm post
captam Polotiam contra moscum gesta-
rum narratio. Varsaviae. Anno Domini,
M. D. LXXIX. [Na odwr. tytułu herb
Państwa. Na stronie odwr. karty przedostatniej u dołu:] Varsaviae, typis Nicolai Scharffenbergij REgij Typographi
cum priuilegio, Anno Domini M. D.
LXXIX. w 4ce, kart 28.
　　Bandtke H. d. 382. — Wiszn. IX.342. — Maé.
　　Pism. III. 29. — Hoppius: Schediasma 27.
　　Jagiell. — Dzików. — Czartor. — Ossol.
　— Edictum Serenissimi Poloniae
Regis ad milites, ex quo causae suscepti in Magnum Moscoviae Ducem
belli cognoscuntur. Item edictum ciusdem de suplicationibus ob captam Polociam habendis: cum epistola qua ordines ad comitia conuocantur et rerum
post captam Polociam gestarum narratione. Hisce adiecta sunt quaedam de
Magni Moscoviae Ducis genere, quod
se nescio qua autoritate ab Augusto
Caesare ducere iactitat. Coloniae apud

Maternum Cholinum cIɔ lɔ LXXX. w 4ce, 27 kart.

Istnieją dwie edycye. Druga z nich ma dodane u dołu karty tytułowej pod rokiem: Cum gratia et privilegio Caes. Maiest. Czartor. — Drezd. królews. — Prags. Uniw. — Raczyńsk. — Brau.

Toż: Pistorius. Hist. Corpus III. 114—128. Toż w zbiorze: Flaminius Nobilius. De rebus Step. I. Romae 1582.

— Reg. Stephani Epistola historiam susceptae a se adversus Moschum expeditionis et expugnatae civitatis et arcis Polocko recitans, ad Ord. R. Pol. 1579. w 4ce.

Porównaj Edictum.

Hoppe (Długosz 1711, I. 43).

— Epistolae quaedam St. Bathori ineditae ad Carncovium, senatorem Regni, ad ejus praesertim electionem spectantes.

W Menckenii, Sigism Augusti Epistolae 1703, str. 535—557.

— Exempla litterarvm a Serenissimo Stephano Poloniae rege ciuitati suae Gedanensi datarum. Iusiurandum eiusdem ciuitatis regiae maiestati datum. Varsaviae Anno Dñi M. D. LXXVIII (1578). w 4ce, ark. D₂. (kart 14 nlb.).

Hoppe (Długosz I. 42). — Wierzbowski II. N. 1536.

Czartor. — Dzików. — Ossol. — Petersb.

— List odpoвĕdaci od J. M. krále polského Mozkowi mrzutému nepřiteli a tyranu, skře jednoho předniho zemana jménem Lopačinský ten list z obnaženau šawli odeslán jest. W Praze u Bur. Waldy 1580. w 4ce.

Jungmann 406.

— Litterae Stephani Poloniae Regis ad ordines Regni Polonici ad rebus a se in bello adversus Moscos superiori aestate gestis 1580.

W Gnagn. Rerum polon. Francof. w 8ce, I. str. 357—364.

— Stephani Poloniae regis Literae, quibus res à se in bello Moschico, post captum Vielico Lukum, gestas; et consilia rerum deinceps gerendarum explicat: et comitia VVarsouiensia indicit. Jtem de legatione Turciej et Tartaricj Jmp. mense Nouembri, Vilnae audita. Et alia lectu non iniucunda. Anno M. D. LXXI. w 4ce, k. 8.

Wiszn. Hist. IX. 342 3 str. — Wierzb. II. N. 1563.　　　　　Kórnick.

— Stephan z laski Bożey król polski, Wielkie Xiąże Litewskie, Ruskie, Pruskie, Mazoweczkie, Zmodzkie, Inflanczkie, Wołyńskie, Podláskie, Kijowskie y Siedmigrodzkie. Wszystkim w obec y káżdemu z osobná komuby to wiedzicc należało, oznaymuiemy. [Uniwersał o poborze kwarty, datow. Cracoviae, in comitiis generalibus, 30 Maii 1576]. B. m. dr. (Kraków, Łazarz). folio, k. 4.

Wierzbowski II. 1524.

Warsz. Uniw.

— Stefan z Bożej łaski król polski itd. itd. Wszem i każdemu z osobna. Uniwersał dan z Włocławia dnia pierwszego Kwietnia roku Bożego MDLXX siódmego, królowania roku pierwszego. (1577). folio, na arkuszu rozłożonym, druk gocki.

Ossol.

(Batory S.) Kurtze Beschreibung der Ceremonie und Procession so auf Weiland Königl. Majest. in Polen Stephani bei Begräbniss sind gehalten worden. Koenigsberg, 1588. w 4ce.

Bibl. Gdańsk.

— Declaratia privilegiu Xiendza arcybiskupa gnieźnieńskiego o koronowanie króla Jego Miłościw. na Seymie koronaciey uczyniona (1576). folio, ¹/₂ arkusza.

Warsz. Uniw.

— Gratulationes sereniss. ac potentiss. principi, Stephano I. Dei gratia, regi Poloniae, magno duci Lithuaniae, Russiae, Prussiae, Masoviae, Samogitiae, Livoniae, nec non principi Transsylvaniae, etc. decretae, in fortunatissimū S. R. M. suae Vilnam advĕtum scriptae, anno Dom. 1579. a studiosis Coll. Viln. Soc. Jesu. Vilnae, anno a Chr. nato 1579. typis illustr. Dom. D. Nicolai Christ. Radivili, ducis in... etc. Joannes Slęcki excudebat. w 4ce, 20 kart nlb.

Rozpoczyna wiersz Nicolai Brzeziński. Dalej napisał poezyę: Georgius Koracz; poczem poema: Religionis, reipublice, Vilnae, collegii et omnium ordinum ex fortunatiss. S. R. M. adventu laeticia et gratulatio scripta a Georgio Kal: (kart 4). — Musarum cum Apolline ex optatiss. regis in Lith. adventu,

gaudio triumphantium dialogismus Joannis Plocensis (kart 2). — Ad Lithuaniam
Marinus Sienkowicz (kart 2). — Vilnae
laetitia exhortatio Alb. Starzeski. — Fau-
stum omen Christophori Chojecki. — Mysteria nominis explicat Georg. Czartoryski. — Attingit varia Alb. Jarnowski. —
Echo Petri Strzelec. — Optatiss. adventus
scripta a Stan. Kliczewski. — Bonis fruc-
tuosorum a Gabr. Voyna. — Ad victoriam
optatio Alex. Polubieński. — Virtutum
commendatio Valent. Głoskowski (kart
2). — Gratulatio Alb. Bagiński. — Studiosorum nomine Marinus Mazowiecki. —
Vitae incolumitatem Hier. Grajewski. —
Lithuanorum affectionem Nic. Karp. —
D. Casimiri oratio ab Ad. Comlewicz. —
Aenigma Georgii Kal.   Czartor.

— Pieśń z winszowaniem królewnie
Annie obraney królowey Polskiey y
królowi Stefanowi pierwszemu. w 4·ce,
2 ark. Druk gocki.

Poprzedzają wiersze łacińskie na Różę, herb
Macieja Zalińskiego, kasztelana gdańsk.;
oraz wiersze polskie na Orła białego, herb
królestwa Polsk. i król. Anny, z podpisem G. C. Zaś: In Aquilam albam Stephani dialog. vers. z podpisem T. B. G. C.
Tak podaje Przyłęcki. Być może, że wiersz
ten jest identyczny z następującym:

— Pieśni nowe o królu polskim Nay-
iaśnieyszym ninieyszym, Stefanie pierwszym: W. Xiążęciu litewskim, ruskim,
pruskim, mazowieckim, żmudzkim, li-
fiandskim, kijowskim, wołyńskim, pod-
laskim, etc. a woiewodzie z łaski Bożey siedmiogrodzkim. Wespołek y o królewnie JeyMości Annie z łaski Bożej
królewney polskiey. Z winszowaniem
im szczęśliwego panowania na czasy
długie. Nota ich iako: Wesołe chwile
ku nam się nawróćcie etc. Mogą też
być śpiewane, kto chce na ową nutę
o potopie: Boże moy racz się nademną
zmiłować. Quo se fortuna — illuc et
favor hominum vertit. Za kim szczęście, za tym też przyiaźń ludzka kro-
czy. Fortuna serca ludzkie iako chce
obróci. Bez wyr. m. i r. (1576). w 4·ce, k. 8.

Na str. drugiej orzeł polski z cyfrą Batorego. — Poczem: Pieśń nowa („Smutek
czas zrzucić...." etc.) — Poczem: Pieśń
nowa o Jagiełłowym potomku ninieyszym.
O królowney J. M. Annie. O królewnie
polskiey Nayias. Annie. Jagiełła i echa
rozmowa o potomku swym obranym na
królestwo polskie. — Autor podznaczony
F. B. G. C. [porównaj wyżej: T. B. G. C.]

— My Rady koronne duchow. y
świeckie i t. d. (O potwierdzeniu elekcyj króla Stefana) ob. Rady (1576).

— Ursachen (Gründliche und War-
chaftige) des Bathorischen Krieges vor
Dantzig a. 1577 w 4·ce, ¹/₂ ark.

Hoppe (w Dług. I. 42).

— obacz: Acrostichis wyobrażenia
kniazia mosk. (1581) — Albertinus A.
(Dess Lusthauses 1613) — Artickel
(1589) — Basilius Hyacinthus (Panegyricus) obacz: Hyacinthus — Beckman
Mart. (Epithalamium 1596, Precatio
1577) — Berichten Maandelijksche
(Roi 1736) — Białobrzeski X. Marcin
(Postilla 1581) — Biblia Szarffenberg.
(dedyk. 1577) — Bielski Joachim (Kronika polska, Istulae conv. 1588) —
Bielski Marc. (Naeniae 1588, Monodia
1588) — Bielski Kaz. (Informatio de
erectione 1698) — Blinetis (Pohln. Wahl-
Schoppen 1698) — Bronovius Mart. (In
Tartariam legatio 1595) — Brutus J.
Michael (Epistola consol. de morte fratris 1581, Epistolarum liber 1583, Gratulatio 1576) — Buccela Nicolaus (Refutatio scripti 1588, Confutatio responsi
1588) — Budowicz Venceslaus (Historia
rerum 1581) — Candianus P. V. (In
ingressu b. r.) — Catti Wincenty (Carmen) — Chiakor Jerzy (Epistola 1586)
— Chronica Sybenburgische (1596) —
Chwałkowski Łukasz (Deliberatio de
principe 1587) — Chytraeus D. (Variorum deliciae 1599) — Ciappi Mar-
cantonius (Compendium 1591) — Cla-
vius Christophorus (Gnomices 1581) —
Confoederatio Senatorum post mortem
(Reces warszawski. Poparcie elekcyi
1586, 1587) — Constitucie y przywileje (Karnkowski 1579) — Constitutiones Livoniae (1583—9) — Corput
Abrah. (De godlicke 1669) — Cromer
M. ob. Kromer — Curaeus Joach. (Rerum Silesiacarum, Müller L. Historien
1607) — Curtius (Responsum 1587) —
Cygański Mateusz (Myśliwstwo 1584) —
Declaratio (Ordines civit. gedanensis
1577) — Donius Augustinus (De na-

tura 1581) — Erklärung gründliche (Ord. Dantzigk) — Flaminius ob. Nobilius — Francken Christ. (Regius N. Responsio Carncovii) — Gadebusch (Livländ. Biblioth. I. 30—5) — Gdańsk (Schrift) — Gespräche (b. r.) — Giardino (1583) — Giuliani ob. Gyulay — Gorecki Leonardus (Declaratio 1577, Oratio 1578, Descriptio belli) — Górski Jak. (Orationes 1582, Pro trinitate 1585, Praelect. Plocens. 1580) — Gosławski Fr. (Paraenesis 1577) — Grabowiecki Sebastian (Mart. Lauter 1585) — Gratiani A. (Minerva 1745, Vita Card. Commendoni, De scriptis 1745) — Grodzicki Ant. (O żywocie 1595) — Gwagnin Alex. (Sarmatiae descriptio 1578, 1581; Rerum polonicar. 1584) — Gysaeus Joannes (In obitum 1588) — Gyulay Paweł (Giuliani) (Commentar. rerum 1581) — Heidenstein Reinhold (De bello moscov. 1584, 1588, Beschreibung 1590, Historia rerum ab excessu 1612) — Henning Salomon (Septent. Historien 1606) — Herburt Jan (Chronicon 1615) — Hermann Daniel (Lachrymae 1586, Stephaneis Moschov. 1582—4) — Himmelreich Pet. (Aristaeus 1581) — Historia rerum gestarum (1581) — Hosius Stanislaus (Operum tomus II. 1584) — Hunniadinus Fr. (Ephemeron seu Itinerar. Bathoreum 1586, Versus lugubres 1588) — Hyacinthius Basilius (Panegyricus in excidium 1580) — Janicki Klemens (Vitae regum) — Illicinus P. (Ad Transilvanos 1581) — Junius Melchior (Orationes: Warszewicki 1598) — Justitia defensa (Carolus Borom. epistola 1583) — Karnkowski Stanisław (Constitutiones synodorum 1579) — Katalog królów — Klonowicz Fabian Sebast. (1600) — Knoff Jerzy (Beschr. d. Krieges 1577) — Kochanowski Jan (Epinicion 1583) — Kovacciocus Wolfgang (Kowacicius) (De laudibus 1571, Ad ordines in elect. 1587) — Kriegs- und Staats-Sachen (1663) — Kromer (Polonia 1589) — Łasicki Jan (Clades Dantiscan. 1578, De diis Samogit., De Russorum religione 1582, De moribus) — Latalski G.

(Oratio 1582) — Laterna M. (Oratio in exequias 1588) — Laventotter M. (Das andere Buch 1580) — Leopolita (Biblia 1577) — Mączyński ob. Miączyński — Manutius Aldus (De comitiis 1585) — Menckenius Joannes Burchard (Sigism. Augusti Epistolae 1703) — Mercurialis Hieronymus (De venenis 1584) — Miączyński Jan (Lament korony 1586) — Mercurius Trismegistus (1585) — Michaiło Lituanus (De moribus tartarorum: Łasicki 1615) — Mislanius Joan. (Anna S. Societas 1598) — Müller Laur. (Septentrion. Historien 1595) — Muretus M. A. (Opera, Epistola 1602, 1784 i w: Zabawy przyjemne IV. 238) — Musophilus S. J. (Palatium R. Hung. 1739) — Mylonius Nic. (Imposturae D. Chytraei 1582) — Nidecki Andrzej Patricius (De ecclesia 1583, 1585, Gratulatio 1579, 1581) — Niezabytowski Jacobus (Fulmen belli dram. 1729) — Nobilius Flaminius (Narratio de rebus ges. 1582) — Novina o dobyti Połocka (1579), o oblężeni Gdańska (1578) — Orzechowski Stanisław (Fidelis subditus 1584) — Paprocki Bartłomiej (Gniazdo cnoty 1578, Herby 1584, Triumph satyrów leśnych 1582) — Parthenius B. (In Horatii 1584) — Pielgrzymowski Eliasz (De heroibus 1585) — Pipanus Georgius (Carmen lug. 1587) — Pisanus Alfons (Responsio catholica 1585, Nicaenum concil. 1581) — Piskorzewski Mateusz (Oratio in fun. 1587) — Possevinus Antonius (Epistola 1583, Moscovia 1595, Atheismi Luth. 1586, De sectarior. atheismis 1586, Il soldato christiano 1583, 1604) — Powodowski Hieronim (Conciones 1578, Na pogrzebie 1588, Wędzidło 1582) — Pymander Mercurii (Hannib. Roselli: Liber V. 1586 ob. Roselli) — Rätel Heinrich (Beschreibung 1590) — Reszka Stanisław (Ad Stephanum Regem ob. w Załuskiego: Dwa miecze) — Roselli Hannibal (Oratio funebris 1590, Pymander 1586) — Roseo Mambr. (Delle Historie T. V. 1585.) — Sarnicki Stanisław (Topographia 1578, Annalium sinopsis 1582, Oratio 1575, Sienieński

J.: Descriptio Poloniae 1585) — Scheligius Albertus (De venenis 1583, 1601) — Schoneus Andreas (Daphnis seu de funere 1588, Odae tres 1595) — Schönwald S. (Aposmatia ex epistolis 1761) — Schrenck Jac. (portret Stefana 1601) — Schütz Kasper (Historia rerum prussicarum Daw. Chytraci 1599) — Schwartzbach Martinus (Carmen lugubre 1587) — Sigismundus Augustus (Epistolae, legationes) ob. Mencken — Signaculum a coron. capite, theatr. (1731) — Simonius Simon (Disputatio de putredine 1584, Sanitas, vita mors 1587, Responsum ad refutationem 1588) — Sirinus Hieron. (Liber de modo 1583) — Skarga Piotr (Artes duodecim 1582, Kazania 1588) — Sleidanus Joh. (Beschreibung aller Händel 1589) — Sokołowski St. (Excidium Hierosol. 1580, De ecclesia 1583) — Spilimbergius Bern. (In Horatii carmina 1584) — Strubycz Maciej (Livon. descript. 1727) — Stryjkowski Maciej (Kronika polska 1882) — Sturtz Christophor. (Alt. Oratio 1587, De vita, rebus gestis etc. 1627) — Sulikowski Joan. (Commentarius rerum polon. 1647) — Tempesti Casimiro Storia della vita 1754) — Thurneisser L. (Historia seu descriptio plant. 1578) — Tommasinus Filip (Ritratti di cento capitani 1635, 1660) — Treterus Thomas (Romanorum imperatorum effigies 1583) — Trzecieski Andrzej (Sylvarum Liber III, Triumphus 1582) — Uncius Leonhardus (Poëmatum libri 1579) — Wagner Carol (Genealogia Bath.: w Acta Societatis Jablonovianae) — Warszewicki Krzysztof (Ad Stephanum oratio 1582, Gratulatio 1581, De factis J. Christi 1583, Vita, res gestae 1587, De cognitione sui 1600, Paradoxa 1588, In obitum 1587, Oratia o zgodzie 1582, Po śmierci króla Stefana mowa 1587) — Wereszczyński Józef (Suffragium z opłakaniem 1587) — Wężyk Widawski Piotr (Aquila aquilonis 1601) — Wilkowski Kasper (Przyczyny nawrócenia 1583) — Wolan Andrzej (Defensio coenae 1579) — Wolf Samuel (Expeditio contra Basilidem

1583) — Wujek Jakób (Postille 1574, 1583, 1584) — Zabarella J. (Opera 1578, 1587) — Żarnowca (z) Grzegorz (Postylle 1682, Postilla oder Auslegung 1587) — Zbylitowski Andrzej (In obitum 1588) — Zebrzydowski Bartłomiej (De persona Christi 1583) — Zeitung (Newe wahrhaft. 1577, 1580) — Zschokke Henryk (1796) — Zucconello Hip. (Virid. poetarum in laudes St. 1583).

Batory Sigismundus, princeps Transilvaniae (ur. 1572 † 18 Marca 1613) ob. Heidenstein Reinhold (De bello moscovit. 1584) — Hermann Daniel (Stephano I. lachrymae 1586) — Possevinus Antonius (Judicium de confessione 1586) — Tomasi Giorgio (La Battorea 1609).

BATOWSKI. Zdanie Jasnie Wielmoznego Posła Inflantskiego w materyi miast. Na sessyi seymowey dnia 14. Kwietnia 1791. miane. B. w. m. dr. i bez osob. tyt. w 4ce, k. 2.   Jagiell.

— Zdanie Jasnie Wielmoznego Jmci Pana Batowskiego posła inflantskiego na sessyi seymowey dnia 27. Stycznia 1792. w 4ce, k. nlb. 4.   Branic.

Batrachomyomachia obacz: Homer (Zaborowski Paweł: Żabomysza wojna 1588).

BATTUS. Batti Sylphium. Cracoviae. B. r. i dr. w 4ce.

Panegyrik napisany prozą bezimiennie na Szymona Ługowskiego, proboszcza miechowskiego, kan. krak. i pozn. i 5 parafii plebana, sekretarza króla Zygmunta. Jusz. I. 266 wspomina o nim mimochodem lecz bliżej druku nie opisał. — Ponieważ takie panegiriki są współczesne, musiał tedy i ten wyjść w drugiej połowie 16 wieku. Do Ługowskiego pisywali Hosius, Samborczyk, Trzecieski w latach 1562 i 1568, więc w tym czasie i Battus wyjść musiał. Juszyński pisze, iż wyszło bezimiennie a jednak nazywa autora Battus. W owym czasie istnieli za granicą autorowie tego nazwiska. Było też wyrażenie Battologia, ku pamięci lichego starożytnego poety Battusa, który jedną i tąż samą rzecz wielokrotnie powtarzał. Może to być więc pseudonim, zapożyczony od owego starożytnego wierszopisa. — Jest też jakiś nieznany wierszopis Antonius Battus Cimber,

Philos. et Med. Dr., który pisze rymy: In libros anatomicos Casparis Bauhini liber II. wydane w Bazylei (Edycya I-sza r. 1588), a które to dzieło autor (Bauhinus) dedykował Jerzemu i Januszowi Radziwiłłom. — Porównaj: Bebelius H.

BAUCH T., Toruńczanin. Patryota Polski. Kartki tygodniowe zawieraiący. W Warszawie w drukarni Mitzlerowskiey R. P. 1761. w 8ce, k. 3, str. 185.

Kartek czyli Tygodników jest XXIV. od 29 Stycznia do 9 Lipca.

Wydawca T. Bauch Toruńczanin dedyk. Wawrz. Mitzlerowi. W dedykcyi dziękuje autor Mitzlerowi jako osobliwemu swemu dobrodziejowi za to, iż kosztem swoim drukuje te kartki, które są pierwiastkami ćwiczenia się autora w języku polskim. Rozpoczyna rzecz (I kartka: czwartek dnia 29 stycznia) od tego, iż niemcy i duńczycy drukują oddawna tygodniowe kartki, tylko nie widział żadnej wydawanej w Polsce. Autor kocha się w języku polskim, bo w nim widzi taką mnogość i bogactwo słów, taką piękność i delikatność wyrażenia się, jakiej nie ma nigdy język niemiecki. Ubolewa, że już wygasa język polski na Śląsku. Zaleca aby czytano przekład Gellerta: Przypadki szwedzkiej hrabiny.

W dalszych kartkach mówi o patryotyzmie. Tłumaczy wiersz Gellerta o kapeluszu. Pisze o pijaństwie, wolnych duchach, roztropności, materyalizmie, o zamążpójściu, rozmowa Sokratesa z Tymoklea, o wychowaniu dzieci, o złych czasach. Na końca dzieła (kartka XXIV: czwartek 9 lipca) autor ogłasza, że ponieważ prenumerata na te kartki nie pokrywa kosztów druku, więc pracę tę zakończa. Dołączy tylko na przyszły czwartek kartkę, na której będzie tytuł i dedykacya, a za co każdy zapłaci szostaka.

Jocher 2018. Jagiell. — Ossol.

Baudeau Mikołaj (1730 † około 1790). Lettres sur l'état actuel de la Pologne, et sur l'origine de ses malheurs. — ....ut opes et lamentabile regnum — Eruerint Danaï, quaeque ipse misserima vidi. Aeneid. l. 2. — A Amsterdam, et se trouve a Paris, chez Didot, l'aîné Libraire - Imprimeur, rue Pavée. — Delalain, Libraire, rue et à côté de la Comédie Françoise. — Lacombe, Libraire, rue Christine. — M. DCC. LXXI. w 8ce, str. 328 i k. 1 rejestru.

Poczem dodane: Avis économiques aux citoyens éclairés de la république de Polo-gne, sur la maniere de percevoir le revenu public. w 8ce, str. 52.

— Lettres historiques sur l'état...... [dalej jak w edycyi poprzedniej, tylko na końcu rok:] M. DCC. LXXII.

Egzemplarz Bibl. Jag. ma tytuł z datą r. 1772, a na końcu przed broszurą Avis tenże tytuł powtórnie, ale z datą r. 1771. i z opuszczeniem wyrazu: historiques. Obadwa tytuły różnią się także winietami.

— Dzieło wyszło bezimiennie. Autor rozpoczyna opowieścią o krokach nieprzyjacielskich Moskwy pod Piotrem W. przeciw Polsce. Rządy w Polsce od Kazimierza W. do Jana III. Sejmy. Pacta conventa. Knowania Piotra W. i Elżbiety przeciw Polsce. Deklaracya w Warszawie 1745 r. Katarzyna II. Szósta rewolucya. Nicość zupełna rzeczypospolitej. Anarchia. — Jest listów pięć.

Akad. — Branic. — Dzikows. — Jagiell. — Krasiń. — Ossol. — Przeźd. — Uniw. lwows.

— Programme des prix proposés par le Conseil Souverain de l'Education Nationale en Pologne. Pour la composition des livres élémentaires à l'usage des Collèges des Palatinats. Traduit du Polonais. w 4ce str. 16. [Druk paryski.]

Na końcu takie ostrzeżenie: Les Auteurs François qui désideront quelques instructions, pourront s'adresser en toute confiance à M. l'abbé Baudeau, agent du Conseil Souverain de l'Education National à Paris.

Porównaj: Komissya eduk. narod. (Obwieszczenie).

(Baudemann Zach.). In nominalem nobilis, praestantissimi, doctissimi Dn. Zachariae Baudemani I. U. candidati et p. t. magnifico et generoso Domino Johanni Schlichting de Bukowic etc. terrae Wschovensis judici provinciali regio etc. etc. a secretis d. 14. Martii, Anno 1643. feliciter recurrentem. Typis Wigandi Funcci. w 4ce, 2 kartki.

Wiersz niemiecki i łaciński.

Wrocław.

BAUDIER Michał z Languedoc. Inventaire de l'histoire générale des Turcs, contenant leurs guerres, conquestes, séditions, etc. contre les Grecs, Hongrois, Polonois, Bulgares, Moldaves, Valaques, Sclavons, etc. Paris, 1628. w 4ce.

Są tu relacye wojny Osmana z Polską z r. 1621.

Baudisiorum familia ob. Hoffmann Zach. (Anagr.).

Baudisius Leonhard obacz Rudolfi Georg (Prutenica 1636).

Baudissin (de) **Henri Guelphe** obacz Articles des Pacta Conv. (1733).

Baudisson Ludwig ob. Brun Gottf. (Rede auf den Tod 1788).

Baudoin obacz Baudouin.

BAUDORY X. Józef S. J. (ur. 1710 † 4 Maja 1749). Dzieła X. Baudory, dla szlachetney młodziezy wielce użyteczne, do odkrycia i wydoskonalenia przymiotów im potrzebnych, we czterech rosprawach zamknięte, z francuskiego przełozone przez X. Ładowskiego S. P. W Lublinie w drukarni J. K. M. XX. Trynitarzów. Roku 1785. w 8ce, k. n. 4, stron 476.

Dedykacya: do Anny z Sapiehów Jabłonowski, która spowodowała przekład tego dzieła.

Jagiell. — Wilno. — Zielińs.

BAUDOT de Juilly Mikołaj (1678 † 29. Sierp. 1759). Historya sekretna Jana de Bourbon, xiążęcia z Karansi, z francuzkiego przełożona. Utile dulci. Część I. W Warszawie 1779 w drukarni J. K. Mości i Rzpltey Gröllowskiey. w 8ce, 3 karty i str. 304. Część II. str. 271.

W przypisaniu Czartoryskiemu G. Z. P. podpisany J. N. Niemcewicz.

Czartor. — Kijows. — Ossol.

BAUDOUIN Gabryel Piotr (1689 † 10 Lutego 1768) i **Konarski Stanisław.** Informacya o loteryi za przywilejem J. Kr. Mości Pana Naszego Miłościwego w Warszawie erygowaney na dokończenie tamże szkoły kawalerskiey y szpitalu generalnego na ubogie dzieci. 1748. w 4ce, k. 14.

Podpisani G. P. Baudoin, congr. mission.; Stan. Konarski, exprovincialis Schol. Piar. Chreptow.

— Nachricht von der im Kurfürstenthum Sachsen angestelten Loterie.

Dalej po polsku:

Informacya o zupełnie odmienionym sposobie Loteryi, erygowaney za przywileiem J. Kr. Mci Pana Naszego Miłościwego datowanym w Dreznie dnia VIII Kwietnia Roku 1748.

na pomoc dwom fundacyom w Warszawie Szkoły Kawalerskiey, y domu na ubogie dzieci; którą publico podaią Xiądz Stanisław Konarski Scholarum Piarum Ex-Prowincyał y Xiądz Bodue Congreg. Missi: dyrektorowie nowym sposobem przez nich uczynioney loteryi. W Warszawie, 1748, w 4ce, kart. 8. (po pols. i po niem.).

Warsz. Uniw.

BAUDOUIN Jan de Courtenay. Dziedzic komedya w pięciu aktach przetłomaczona przez Jana Baudouin. Y pierwszy raz grana w przytomności JKMci. W Warszawie. W drukarni Piotra Dufour. MDCCLXXVII. (1777). w 8ce, str. 128.

Dedykacya: Do łaskawego publicum. Powinda w niej tłumacz, że „to jest nie mal naypierwsza praca moia."

Czartor. — Dzikow. — Jagiell. — Zielińs.

— Pieśń na pochwałę Jana Sobieskiego Krola Polskiego z okoliczności wystawionego mu posągu pr. y obchodzie rocznicy zwycięztwa pod Wiedniem nad Turkami odniesionego. Dnia 14 września 1788. Na notę piosnki w Figaro [Na końcu:] W Warszawie w drukarni uprzywileiowaney Michała Grölla (1788) w 8ce, k. 2.

Jagiell. — Krasińs.

— Baudouin de Courtenai Jan skarży się przed sądem sejmowym za aresztowanie siebie, na udanie niewinnego Samulowicza. folio, kart 2, arkusz załamany.

— Obacz: Anseaume (Dwóch strzelców 1781) — Audinot (Bednarz) — Falbaire K. J. (Dwaj skąpcy 1782, Fabrykant 1787) — Favart K. S. (Wieszczka 1783) — Garrik (Awanturki) — Molière (Mąż, Skąpiec 1778, Świętoszek 1777, Mieszczanin 1782) — Picard (Stary aktor) — Planard (Drabinka) — Rousseau J. J. (Pigmalion) — Regnard (Powrót, Roztargniony 1778, Demokryt 1775) — Sedaine (Raul Sinobrody) — Śliwicki P. Hyac. (Opisanie 1768) — Ustanowienie względem praw (1775).

Bentk. I. 332, 543. II. 467. — Dzienn. Wileńs. 1823. I. 362.

Bauer in Liefland ob. Geschichte (1786).

(Bauer Casp.) Herbstinische Bauer-Kranckheit und darzu remedirendes Recept welcher bey ehlicher Verbindung dess edlen, ehrenvesten, gross-achtbaren und hochgelehrten Herrn Caspari Baueri, der Welt-Weissheit und Artzney Doctoris und Practici zu Rawitz, als Herren Bräutigams und dessen hertzgeliebten Jungfrau Braut der viel- ehr- und wol-tugendbegabten Jungfrauen Anna gebornen Herbstin, den 8. October als war der Tag Charitas dess 1669-sten Jahres, auss etlichen entfernten Orten verschrieben und überschicket worden von innigst-geliebten Hertzens-Freunden. Breslau, in der Baumannischen Erben Druckerey, druckts Johann Christoph Jacob, Factor. (1669). w 4ce, k. 2.
Wiersze łacińs. i niem.　　　Wrocław.

— Wol-meinende Worte: Krafft derer bey dess edlen, wol-ehren-vesten, gross-achtbarn und hoch-gelahrten Hn. Caspar Bauern, Philosoph. et Medic. Doctoris, als Bräutigams, und der viel-ehr- auch tugend-begabten Jungfrauen Anna, dess weiland ehren-vesten Herrn George Herbsten, vornehmen Bürger in Zduny eheleiblichen Jugfrau Tochter, als Braut, hochzeitlichen Ehren-Fest, den 8. Octobris, jetzigen 1669-sten Jahres daselbst in Zduny gefeyert in Ihrer Abwesenheit als anwesend erscheinen sollen und wollen ein Paar nicht unbekante Freunde. Breslau, in der Baumannischen Erben Druckerey druckts Johann Christoph Jacob, Factor. folio, k. 2.
Dwa wiersze niemieckie.　　　Wrocław.

— Omina fausta verba sollemnia, quibus nuptiale festum, viri nobilis, experti, docti, magni Domini Caspari Bauei, Philosoph. et Medic. Doctoris, Practici Ravicensis; cum virgine virtutum ornamentis decorata Anna Herbstin, viri spectatissimi Dn. Georgii Herbstii civis Zdunensium primarii relicta filia, d. 8. Octobris, Anno cIɔIɔCLXIX. Zdunii celebratum prosequuntur amici.

Vratislaviae, in haeredum Baumannianorum typographia exprimebat Joh. Christoph. Jacobi, Factor. w 4ce, 2 k.
Wiersze łacińskie.　　　Wrocław.
— ob. Döhring C. (1670).

BAUER Johan Gottlieb (Zduna Polonus). Als der Christian Jeremias Hancke von Zduny aus Polen auff der Universität Wittenberg Anno MDCCXII. den XXX. April die Doctor-Würde erhielt, wolte Ihm gratuliren. Leipzig, gedruckt mit Tietzischen Schrifften. fol. 2 karty.
Wrocław.
— Das Widerspiel der Liebe, Stellete durch das im heissem Sommer erloschne und in kaltem Winter sich wieder eingefundene Liebes-Feuer, bey dem Schilling-Kapustischen Hochzeit-Feste, so den 28. Februarii des 1707. Jahres, in Zduny... vollzogen wurde. Bresslau, in der Baumannischen Erben-Buchdruckerey, druckts Johann Jancke, Factor. fol. 2 karty.
Wrocław.
— ob. Hancke (Abitum juvenis 1707).

Bauer Karol Franc. ob. Neifeld E. J. (Primitiae 1750):

BAUER Policrat. Das von seinem Hertzen getrennte güldene Band bey Beerdigung der Fürstin Sophia Amalia in Lieffland, zu Curland und Semgallen Herzogin dem Herrn Friedrich Casimir Herzogen in einer Grab-Schrift vorgestellt. Mitau, 1689. folio.
Peters. publ.
Baugedanken ob. Heerman J. (1642).
Baugert ob. Arnold (1657).

BAUHINUS Kasper Basilien. (1560 † 5 Grudnia. 1624.) Anatomes Caspari Bavhini Basil. medici et profess. ordina. Liber primus, externarum humani corporis partium appellationes ex antiquitate depromptas, earum descriptiones, explicationem accuratam et vsum, continens. Et liber secundus, partium similarium spermaticarum tractationem per quatuor causas, ex Hippocrat. Platon. Aristot. Galeni et recentiorum classicorum doctrina, proponit: multaq'; noua inuenta exhibet. Cum duplici indice, altero capitum in principio , altero rerum in fine locupletiss. Cum gratia et priuilegio Caes. Majest. Basileae, per Sebastianvm Henriepetri. w 8ce. Tom I. ma kart 8, str. 151 i str. 7 indexu; Tom II. ma k. 12, str. 536 i k. 12 indexu. — [Na przedostatniej stronie drugiego tomu:] Basileae, per Sebastianvm Henriepetri: Anno cIɔ Iɔ XCVII. Mense Martio.

> Dedykacya Georgio Nicol. Radivilo Nicolai F.(ilio) duci in Dubienki et Bierze: palatinidi Nowogrod. capit. Moseriscensi et Joanni Radivilo Christophori F.(ilio) palatinidi Vilnensi; datow. Athaenis Helvetiorum, XI Kal. Februarij... cIɔ Iɔ IIIC.
> Dedykacya ma kart 2. W niej mówi, że bywali pilnie obecni sekcyom trupów męskich codziennie po cztery godzin, że są wydoskonaleni w filozofii naturalnej (zatem i anatomii) tudzież metafizyce, i odbywali colloquium z Bauhinem.
> Egzemp. Uniw. Warszaws. ma z tejże daty tenże tytuł, tylko przy Pars prima po continens, ma: Editio tertia. Zaś przy Pars. II. po exhibet, ma: Editio altera. — Całość w 8ce, k. 8, str. 536, k. 14. 11 i do str. 146 (reszty brak).
> Wierzbows. Bibliogr. I. N. 637.
> Ossol. — Warsz. Uniw. — Jagiell.

—— De corporis hvmani partibus externis tractatus, hactenus non editus. Basileae, ex officina episcopiana. MDXIIC (1588). w 8ce, k. nlb. 8 i str. 64.

> Ded.: Stanislao comiti Ostrorogano, Kosminecciano domino G. Bauhinvs. Basileae, cal. Februar. 1588.
> Jagiell. — Ossol.

— ob. Pyrnusius Daniel (De cerebro 1586) — Struthius Josephus (Ars sphygmica 1602).

(Baumann Casp.) Prosint Caspari Baumano jun. sponso et Catharinae Heinziae, sponsae, Lesnae Pol. d. 13. August. Anno 1647. celebrandae nuptiae. Lesnae, literis Funccianis. (1647). w 4ce, kart 6.   Wrocławs.

BAUMANN Gotfried Christian Die frohe Gewissheit eines andern Lebens, eine Rede am Feste der Auferstehung Jesu Christi, welches zugleich als ein Dankfest für die durch Sr. Königl. Maj. von Polen Stanislaus Augustus, und durch die Durchl. Stände der Republik dem Bürgerstande gnädigst ertheilten Freiheiten und Rechte von der Evangelisch - Reformirten Gemeinde zu Warschau gefeiert wurde, gehalten von Gottfried Christian Baumann. Warschau, gedruckt bey Michael Gröll, königl. Hof-Buchhändler, 1791. w 4ce, str. 18.

— Ueber unchristlichen Religionseifer, eine Rede am Sontage exaudi in einer christlichen Versammlung gehalten von G. C. Baumann. Warschau, gedruckt bey Michael Gröll, königl. Hofbuchd. 1791. w 12ce, stron 28.
    Akad. — Krasińs.

— Rede bey dem Sarge des Herrn Johann Salomo Musonius wohlverdienten Predigers der Evangelisch-Reformirten Gemeinde zu Warschau, gehalten den 7 November 1790. und zum Besten der Armen dem Druck übergeben von G. C. Baumann. Warschau, gedruckt bey Michael Gröll königl. Hof-Buchhändler (1791). w 4ce, str. 12.
    Akad.

BAUMANN Johann. Ehren-Satz über die treffliche Victori, bey Entsatzung der Stadt Wienn. In teutschen Reimen verfasset. Jauer, gedruckt bey Christian Oken (1683). — Jo! Victoria Kron Pohlen deinen Namen — Deine Muth, dein Tapferkeit, dein That beisammen — Oestreich wird preisen stets, das dir sich gibt bekannt — Zu bleiben ewig dich in gleicher Treu verwandt. — w 4ce, str. 8.

BAUMANN Budownicki Jan. Equestria, sive de arte equitandi libri duo. Cracoviae, in officina Francisci Caesarij Anno Domini 1640. w 4ce, kart 32.
    Branic. — Czartor. — Ossol.

Baume (de la) ob. La Vallière Ludwika (Reflexye 1685, 1730, Affekty 1750, Uwaga 1743).

BAUMEISTER Christian. Sławnych gorlickych uczilisz uprawitelia nastawlenia liubomudrija nrawoouczytelnaho soderzaszczaia liubomudrie prakticzeskoe wseobszcze Prawo jestestwennoe ietiku i politiku, iz latinskaho na rossyiskiy iazyk perewedennija ot Petra Lodia w Uniwersytetie Lwowskom liubomudrija umozritelnaho, i diejstwitelnaho kesarsko-carskaho narodnaho professora.

W Lwowie, typom cerkwi Chrama Stauropiegii (1795). w 8ce, k. 7, str. 438 i k. 7.

Ded. Jędrzejowi Baczyńskiemu bisk. Mun-kaczu.   Jagiell. — Ossol.

(Baumgardt Andreas). Vota metrica in honorem nuptiarum, quarum officium Andreas Baumgardt cum Dorothea Kruger celebravit 1649 scripta a docentibus in gymn. Thorun. Excudebat Michael Karnall. w 4ce, ark. D$_3$.

Czartor.

BAUMGARDT Georg. Ehren-Gedicht auf den hochzeit. Freuden-Tag des H. Lukas von der Linde mit der Rachel Schützavin von.... 1657. w 4ce, k. 4.

Czartor.

— Geistliche Parnassische Brunsquelle auf das hundert-jährige Jubelfest dieser Stadt Dantzig. Dantzig, 1658. w 4ce.

Baumgart Jacobus Jord. ob. Jaenichius Petrus (Ad benevole audiendam orationem 1718).

Baumgarten Andrzej († w Bordeau 1676) [syn Andrzeja, burgrabiego króla polsk. i Doroty Krüger] ob. König Ernest (Oratio 1676).

BAUMGARTEN Antoni, Torunianin. Quod Deus bene vertat. Theses politicas, de majestate principis limitata, praeside M. Johanne Sartorio, gymnasii Thor. P. P. ad ventilandum proponit Antonius Baumgarten Thorunensis. A. O. R. 1686. w 4ce, kart nlb. 2.

Bandtkie II. 163.   Ossol.

— Vota nuptiis a Joanne Austen et Elisabetha celebrandis... consecrata ab Antonio Baumgarten Thor. Exscripsit typis Michael Karnall (1652). w 4ce, str. 8. (wiersze niem. i łać.).

(Baumgarten A.) Applausus quo nuptias Dni Antonii Baumgarten cum Elisabetha Rechelvitiana prosequuntur amici Anno MDCLXIV Typis exscripsit Michael Karnall, 1664. w 4ce, str. 4 (wiersz łać. i niem.).

— Schuldige Freud- und Ehr-Bezeugung welche, auff den hochzeitlichen Ehren-Tag des Antonius Baumgarten und Elisabeth Rechelwitzen abstatten wollen etliche Verwandten.

Thorn, gedruckt durch Michael Karnall, 1654. w 4ce, str. 8. (wiersze łać. i niem).

(Baumgarten C.) Trostes Erneuerung womit die durch tödtlichen Hintritt Ihres andern Töchterleins Catharina, herzlich betriebten Eltern... Baumgarten... aufzurichten trachtet M. I. E. Thorn, gedruckt durch Michael Karnall, 1664. w 4ce.

(Baumgarten Dan.). Acclamatio votiva in honorem nuptiarum viri Danielis Baumgart nec non Agnetae Austen anno M. DC. LX. facta ab utrique sponsorum bene cupientibus. Thurunii (sic) excudebat Michael Karnall (1660). w 4ce, str. 4.

— Wolmeinendes Hochzeit Geschenke. Auf des Daniel Baumgartens mit Agnetha Austen hochzeitlichen Ehren Tag gehalten 1660. überreicht von N. N. Thorn, gedruckt durch Michael Karnall (1660). w 4ce, str. 4 (wiersz niem.).

— Schuldige Reime bey Heyrath derer Daniel Baumgartens und Agnethä Austenin 1660 aufgesetzt von gutten Freunden. Thorn, gedruckt durch Michael Karnall (1660). w 4ce, str. 8 (wiersz niem.).

Baumgarten Dorothea ob. Sanfftleben Georg.

Baum-Garten in grossem Druck: Darinnen überaus kräfftige nützliche und anmuthige Morgen- und Abend- Mess- und Vesper- Beichte. Braunsberg, 1749. w 8ce.

— oder geistliches Gebetbuch, allen christgläubigen Seelen sehr nützlich, meistens aus göttl. heil. Schrift und heil. Vätern gezogen. Warschau, M. Grel, 1763. w 8ce.

Baumgarten Walenty Socynian z Memla, rektor szkoły w Lusławicach († około 1674). Antitritheia seu dissertatio vulgatae opinioni de tribus Elohim hoc est Diis de tribus personis, quarum quaelibet est summus Deus, opposita.

Sandius Bibl. antitrinitar. str. 144. — Jocher Lexic. I. 867.

BAUMHAUER M. P. Planmässige kurze Geschichte der Dissidenten in Religionssachen v. 8 Jahrh. bis auf die neuern Pohlnischen Unruhen. Nebst histor. und diplomat. Nachrichten von Chr. Baumhauer. Frankfurt und Leipzig, 1768. w 4ce.

BAUR Stanisław, Soc. J. (ur. 1733). Podziękowanie Panu Bogu za szczęśliwe na królestwo polskie obranie Nayiaśniey. Stanisława Augusta króla polskiego Pana naszego miłościwego podczas uroczystey na ten koniec wotywy w archikatedrze lwowskiey, kazaniem mianym przez Stanisława Baura S. J. oświadczone. Roku Pańskiego 1764, dnia 9 Października. w 8ce, str. 24.
Dzików. — Ossol.

BAURANS P. (ur. 1710 † 1764). Sługa pani, opera we dwóch aktach z fr. przetłómaczona i na teatrum warszawskim reprezentowana. Warszawa, w druk. P. Dufour dr. J. K. M. i Rzeczp. 1780. w 8ce, str. 42.
Czartor. — Kijow.

BAUSIUS Daniel. De Judaeorum superstitione circa Tekufa praeside M. Georgio Wendio, gymn. Thorvnensis r. et p. p. disputabit Daniel Bausius, Leoburg. Pomer. opponent Godofredus Schildius, Löwin. Siles. et Jacobus Schmidius, Swerinens. Pol. A. D. Febr. A. O. R. M. DCCIV. (1704) H. L. Q. S. Thorunii, ex officina nobiliss. senatus et gymnasii. B. w. r. (1704). w 4ce, kart 6.
Czartor. — Jagiell.

Bautschner Franciscus Ant. obacz: Grymecki Jan (Gratulationes 1688) — Kudaszowicz Andrz. (Sol 1688).

Bawery ob. Bower.

(Bawr). Extract Skriffuelse udaff Dantzig, Lübeck oc Medelfart udi Fyn, den 2. 6. 13. oc 16. Februarij. Sampt Fortegnelse paa de fangne Suenske Officerer, som General Major Bawr udi den Befestning Glyckstadt haffuer indbragt, den 20. Januarij i naerrende Aar 1644. w 4ce, 4 stron.

Baxter Gliceryusz ob. Bakster.

Bayer Jan Ferd. Disputatio de ecclesia ob. Maukisch Joan. (1661).

BAYER Teof. Siegefried, Regiomont. Commentarius de nummis Romanis in agro Prussico repertis. Lipsiae, 1722. w 4ce, 9 ark. z ryc.
Gelahrt. Preussen I. 155.

— De nummo Rhodio in agro Sambiensi reperto dissertatio, in qua simul quaedam de nummis Romanis in agro repertis retractantur. Regiomonti, 1723. w 4ce, str. 24 z ryc.   Ossol.

Bayer ob. Bajer.

Baykowski ob. Bajkowski.

BAYLE Piotr. (1647 † 28 Wześń. 1706.) Reponse aux questions d'un provincial. Rotterdam, 1704 — 1707. Tomów pięć.
W tomie I.: Chap. IV. Prophetie concern. le Roi de Pologne. W tomie IV.: Chap. I. Si ce qui été dit ci-dessus du père du Card. Radziejowski est veritable. Faits concern. ces deux Seigneurs Polonais. Chap. II. Remarques s. la conduite du Card. Radziejowski. Chap. III. D'Anne Jagellon, Reine de Pologne au XVI. siècle. Chap. IV. De Marie Louise de Gonzague, Reine de Pologne au XVII. siècle.
Katal. ksiegars.

(Baylon Paschalis, Bailon) z Villa Real (1540 † 1592). Sposób krótkiego nabożeństwa do świętego Paschalisa Baylona Zakonu Braci mniejszey S. Franciszka ściślejszey observantii Reformatów, Prowincyi Hiszpańskich Brata.... Z dozwoleniem Starszych. W Krakowie, w drukarni Mikołaja Alexandra Schedla J. Kr. M. Ordynar. typogr. R. P. 1704. w 12ce, str. 63.
Ossol.

BAYLY Ludwik X. († 17 Stycz. 1632) Praxis pietatis, to jest: O cwičeni se w pobožnosti prawé, knížka milostná kterakby křest. člowěk w prawé a spasitedlné známosti jak boha tak i sebe saméha platně prospíwati, a žiwot swůj w bázni boži dobře spořádaje, potěšeně w swědomí pokojném stráwiti, i naposledy jej po dokonání blahoslawene zawřiti mohl. [Część I. w Lesznie 1630. Cz. II. r. 1631]. w 8ce.
Przełožył na czeskie Jan Amos Komeniusz.

— Tož, r. 1940. [Dodane:] Wzdychání nábožná, t. j. krátké rytmowní modlitbičky; z knížky o následowání

Kr. p. wybrani kauskowé; regule ži-
wota křestanského každodenní; modlit-
ba za čistotu srdce.

— Tož, r. 1641. w 8ce.

— Tož, wyd. czwarte, w Amsterdamie u Paszkowskiego, 1661. w 12ce.

— Tož, r. 1674. w 12ce.

— Tož. Berlin u Krzyszt. Ludw.
Kunsta, 1754. w 12ce, str. XXII i 540.
Wydał J. T. Elsner (z dodatkami).

— Tož. Berlin, 1782. w 12ce.

— Tož, w Pradze u Schönfelda,
1786. w 8ce.

— Praxis Pietatis. Čwiczenie się pobożności. W ktorym się podáie náuká
chrześćiáńskiemu człowiekowi, iáko má
cżás żyćia swoiego przeprowadzáć, chcąc
się upodobáć Bogu, y koniec szczęśliwy pielgrzymowánia swego, żywot wieczny otrzemáć. Przez pobożnego y wielebnego w Bogu X. Ludwika Bayly,
S. Theol. Doktora, Biskupa Bángot-
skiego w Angliey spisáne, y iuż dla
znamienitego pożytku trzydzieści rázow
przedrukowáne. A teraz świeżo z niemieckiego ná polskie przełożono a ná-
kładem i kosztem Jey M. Pániey Krystyny Niemśćianki A. Zyżemskiey Cho-
rążyney Mozyrskiey w druk podáne.
W Lubczu Roku Páńskiego 1632.
w 8ce, k. nlb. 16, str. 858 i 4 karty.
Dedykacya: Niemśćiance. Na końcu dedykacyi podpis: X. B. L.
Jocher 5584 a.
Birgel — Czartor. — Dzików — Giejsztor — Ossol. — Wileńs. ewangiel. —
Wileńska publ.

— Praxis pietatis to jest ćwiczenia
się w pobożności, w ktorym się podaie
nauka chrześciańskiemu człowiekowi,
jako ma czas życia swojego prowadzić chcąc się upodobać Bogu, przez
X. Ludwika Bayly... spisane a teraz
powtóre w polskim języku wydane.
W Toruniu, druk. Michał Karnal, 1647.
w 12ce, str. 7 i 949.
. Krasiń. — Warsz. Uniw.

— Tož.... jako ma czas życia swojego prowadzić.... [dalej jak w edycyi z r.
1632....] żywot wieczny otrzymać przez
....[jak w ed. 1632]... przedrukowane.
Teraz znowu według kościoła zborowego

wydane. W Gdańsku, z nakładem Ern.
Möllera Bibliop. Anno 1655.
Tytuł ten podaje w rękopisie Juszyński lecz
Jocher go przekreślił i do druku nie dał.
Miał więc wątpliwości co do daty. Jocher
III. 173 pisze, że na egzemplarzu w Zbo-
rze Ewangel. jest pisany wiersz Tomasza
Wolana, iż to dzieło, jego pra prababka
przed stu' laty wydała, a on egzemplarz
kupił w Królewcu (zatem r. 1732) i swej
Kasience podarował.

— Tenže tytuł..... Teraz znowu
wydane we Gdańsku. Przedaią się u
Samuela Andres. Anno 1686. w 8ce,
kart 16, str. 858 i k. 4.
Na str. 498 jest wzmianka o pożarze miasta Wilna.
Jocher 5584 b.

BAYSTRUP Piotr. Articuli de notitia Dei revelata in genere, analysis et
apodixis, h. e. Definitia notitiae Dei
revelatae Konigiana, succincte resoluta,
et dicto Biblico gemino, eoque praecipuo, tum Vᵗ, tum Nᵗ t', scil. Esai. LIII
11. et Joh. XVII. 3 descripto, compro-
bata, exindeque per singulas partes e-
ruta in Gymnasio Thoruniensi lectionis
ordinariae loco hactenus proposita, nunc
autem publicae ventilationi in Auditorio
Maximo a. d. XVI. Iun. A. C. M.
DC. XXCVIIII (1689) instituendae exposita praeside Paulo Hofmanno SS.
Theol. D. et prof. p. ecclesiarum γνησίους
evangelicarum, quae sunt Thorunii, seniore, templi Mariani pastore dictique
gymn. rectore et c. et respondente P.
Baystrup Dantiscano Thorunii, imprimebat Christianus Bekk Gymn. typogr.
w 4ce, sig. C₂.
Czartor. — Wrocławs.

Baž D. ob. Smigurzt (na zmartwychwstanie 1627).

BAZANOWICZ Jan, scholastyk archi-
katedralny krakowski. Relacia krótka
nalezienia ciał świętych Syxtusa i Krystyny. B. w. m. 1610.
Wierszem.
Maciejow. Piśmienn. III. 560.

— Relacia krótka nalezienia ciał
świętych męczenników rzymskich: Syxtusa y Chrystyny panny y przeniesienia ich z Rzymu do Polski: które około
trzynastu set lat, po ich, dla wiary
chrześciańskiey, zamordowaniu są nale-

zione w Rzymie roku pańskiego 1606. miesiąca Września w pieczarach podziemnego cmentarza, który świętego Sebastiana y Kalixta zowią, w grobiech aż do tego czasu nienaruszonych, z napisami y znaki męczeństwa ich, przez Jana Bazanowicza S. A. K. wydana. W Krakowie roku pańskiego 1612. w 4ce, kart nlb. 6.

Na odwr. str. tytułu jest napis łaciński na tablicy w kościele św. Barbary podczas przeniesienia ciał umieszczony. Na drugiej karcie po obu stronach drzeworyty: Ś. Syxtus z mieczem w ręku i pod tym dwa wiersze pol. — i S. Chrystyna leżąca na ziemi, i dwa wiersze pol. na pochwałę. Dalej opisuje sposób chowania ciał dawnych chrześcian rzymskich podczas prześladowania ich przez pogan. Dalej: o znalezieniu ciał tych św. męczenników i darowaniu ich OO. Jezuitom do Polski. Na dwóch ostatnich kartach wierszem polskim wyłożony: Wykład króciusieńki emblemat co przedniejszych, które na żerdkach przed świętemi ciały niesiono.

Porównaj: Tryumf abo opisanie. Mac. Piśm. pol. III. 560. — Enc. Orgelb. II. 1063.

Akadem. — Warsz. Uniw.

Bazanowski Chryzostom ob. Decisio (1838).

BAZIŁOWICZ Joannicy. Brevis notitia fundationis Theodori Koziałowicz pro religiosis Ruthenis in Munkacs. Cassoviae, 1799. w 4ce.

Bazsony Georgius Episc. Varadiensis ob. Ratułowski Joannes (Quatuordeni 1663).

(Bazylewicz Soc. Jesu) Portus meritorum et gloriae in avita porta Illustr. ac Reverendissimi Dom. D. Ludovici Caroli de Koziełsk Ogiński Dei et apostolicae sedis gratia Episcopi Smolescensis Canonici Vilnensis praepositi etc. observatus atque inter fortunatissima pontificiae ad easdem Infulas inaugurationis solemnia e publico Palaemonii orbis voto inter gratulatorios applausus panegyrico stylo celebratus ab Univers. Academ. Vilnensi Soc. Jesu 1718. Vilnae, typis Acad. Soc. Jesu. (1718). folio, ark. G₂.

Z ryc. herbu i dedyk.: In ducalem portam Antistitis Illustrissimi.

Warsz. Uniw.

BAZYLI I. Macedo Car grecki (†886). Testament w Christie pobożnoho i sławnoho monarchi swieta Wasilia cesaria greckoho do syna swojeho już koronowanoho Lwa Filozofa (przekład Damiana Nalewajki).

Mieści się w: Lekarstwo na ospałyj umysł. Ostrog. 1607. Wiszniews. Hist. lit. VIII. 461, 465. — Sacharow N. 134.

Bazyli Wielki patryarcha obacz Basilius.

(Bazylianie). Prożby JXX. Bazylianow Byteńskich z ogulnym nadmienieniem przyczyn a stąd konkluzyow w sprawie onychże z JWW. Józefem Judickim, strażnikiem Litt., Chomińskiemi, woiewodami mścisławskiemi i dalszemi, przez wzgląd na prawo sprawiedliwości wypadać powinnych B. r. i m. dr. (około 1790). folio, k. nlb. 3.
Zieliński.

— Sprawa JXX. Bazylianów Byteńskich z JWW. IPP. Józefem Judyckim, strażnikiem W. X. L., oraz Xawerym i Zofią z Tyzenhauzow Chomińskiemi, star. Pińskiemi, Pawłem i Ludwiką z Tyzenhauzenow Grabowskiemif generał-szefami pułku 5go woysk W. X. L., Ignacym Tyzenhauzem Stą possolskim sukcessorami zeszłego Tyzenhauza, podskarbiego nadwornego i dalszymi. B. r. (około r. 1790). i m. dr. folio, kart nlb. 4.

ob. Chomińscy—Judyccy. Zieliński.

— Sprawa JXX. Bazylianów konwentu wileńskiego z J. W. Ciechanowieckim, generałem adjutantem woysk W. X. Lit. kawalerem orderu S. Stanisława i WW. Korsakami Udzialskiemi. B. r. (1790) i m. dr. folio, kart nlb. 8.
Zieliński.

Bazylianie ob. Abramowicz Antoni (Sprawa 1781) — Brzostowcy (Repozycya 1790) — Łopaciński Mikoł. (Powinszowanie 1776) — Obrona (1702) — Stanisław Aug. (Sereniss. 1784) — Zjaśnienie stanu (b. r.)

Harasiewicz Annal. Eccles. 1862. str. 520—530. — Iwanowicz J. Ueber die Bedeutung der B. in Galiz. 1885.

(Bazylianki wileńskie.) Circa petita
od panien Bazylianek wileń: qua Pań,
a od J. P. Dziedziuli w Grodzie Oszm:
zaczęty kończącego proceder. Przeciwko
WW. JPP. Jankowskim dóbr Zaroyścia
spolnym konaktorom krotka konkluzya.
Sprawa y z niey oczewiste dowody.
B. m. dr. i r. (w Wilnie, po roku 1780).
folio, 2 kartki.

Notatka na egzeml.: W-ny Daszkiewicz P.
Pod. Grodz.   Jagiell.

— Sprawa J. panien Bazylianek
wileńskich. Tylko qua Pań, a JP. Alexandra Dziedziuli ekonoma Daukszy-
skiego jus delationis utrzymuiącego z W
J PP. Adamem komornikiem Oszmiań-
skim, Maciejem podczaszym Wędeńskim,
Andrzejem regentem Grodz: Oszm:
Jankowskimi, i Jozefem Zabłockim na-
miesnikiem Gro: Oszm: tudzież Jaku-
bem Burym jenerałem J. K. M. folio,
kart 2.

Są to akta processowe z powodu zabicia Jerzego Hrebienia. — Na egzempl. notatka
Krzywkowski (zapewne nazwisko adwokata tej sprawy).   Jagiell.

— ob. Jankowski Maciej (Produkt
na zarzut kryminału 1780).

BAZYLIK Cypryan. Historya o srogiem przesládowániu Kościoła Bożego,
w ktorey są wypisáne spráwy onych
męczennikow, ktorzy począwszy od Wi-
klefá y Husá áż do tego nászego wieku,
w niemieckiey źiemi, we Francyiey,
Angliiey, Flandriiey, we Włoskiey źiemi, w Hiszpániiey, y w inszych źie-
miach, prawdę Ewányeliiey świętey
krwią swą zápieczętowali. — Przydaná
iest ktemu historya o postánowieniu, y
po tym rosproszeniu kościołow cudzoziemskich w Londynie, nad ktorymi
był prawdźiwym á krześćiańskim biskupem on świetey pamięci mąż, Jan
Laski. Z łaćińskiego ięzyka ná polski
przełożona przez Cypryaná Bázylika.
[Tytuł otoczony rycinami wystawiają-
cemi męczeństwa i spalenie Gardinera,
Husa, Hovera i Kranmera.] (Na końcu:)
W Brześćiu litewskim drukowano roku.
1567. dnia 17. Maia. folio, kart nlb. 6
i liczb. (czyli listów) 396, nlb. 10 i k
9 regestru.

Ledyk.: Alb. Łaskiemu wojewodzie Sieradz.
Podpis: w Brześćiu Litewskim 16 Maja
1567. Cyprian Bázylik.
Całe dzieło przerobione z Jana Crespina:
Actiones et monumenta martyrum. Genevae, 1556, 1560. Oryginał francuski z r.
1554.

List 348 ma tytuł:
Historia o postánowieniu a po tym
rosproszeniu kościołow cudzoziemskich
w Angliiey, nad ktorymi był prawdźiwym á prawie krześćiańskim biskupem,
on świętey pamięći mąż Jan Laski, a
nawięcey o drogách dla tych kościołow
podiętych, y co się im ná tych drogach
przytrefiáło, spisána przez Janá Vten-
howiusa Flandra z Gándawu.

Dedykacya: J. W. P. Pánu Albrychtowi
Laskiemu, wojewodzie siradzkiemu etc.
Podpis: w Brześćiu 22 kwietnia 1567.
Cyprian Bázylik. — Potem idzie: Do krze
ściańskiego czytelniká Jan Laski; dat. w
Kaliszu 1558. — Poczem: Do krześć.
czyt. Jan Vtenhowius, dat. w Krakowie
1559: — „Historya o postanowieniu" do-
chodzi do karty 393; poczem (aż do str.
396): List do naiásnieyszego Paná Kryste-
yerna krola Duńskiego, podpisany: w Em-
bdźie 11 grudniá 1558 Jan z Laská
ręką własną.
Jocher 9762. — Maciejowski Piśmien. III.
236. — Wizerunki i roztrz. Poczet nowy
XVIII. s. 142. — Wierzbowski I. 285.
Akad. — Branic. — Czarnec. — Czartor. —
Dzików — Jagiell. — Kórnic. — Ossol. —
Synod Wileńs. — Szembek — Toruńs. —
Warsz. Uniw.

— O zacności herbu Warnia, a o
wielkiey dzielności ludzi rycerskich w
domu Panów Gnoińskich, którzy się
pisza z Gnoynika. Historya przez Cy-
pryana Bazylika. W Krakowie, r. 1600.
w 4ce.

Wiszn. VII. 523. — Juszyńs. II. 461.

— Varnia, Carmen gratulatorium.
Cracoviae, 1609. w 4ce.

Jest to przekład powyższego dziełka: O zacności herbu Warnia.
Juszyńs. Dykc. T. 2. s. 461.

— ob. Barletius Mar. (Hist. o Ka-
stryocie 1569) — Modrzewski Frycz
(O poprawie 1577, 1770) — Callimach
Filip (Historya Atyle 1574) — Falco-
nius Thomas (1566) — Solitaryusz (Pro-
teus 1564).

Chodynicki II. 122. — Juszyńs. II. 461. —
Słowacki Euzeb. Dzieła II. 201. — Baliński M. Pisma histor. III. 14. — Kra-

szewski Wilno IV. 309. — Bentkows. II.
477. — Bandtke Hist. dr. Kr. p. I. 57. —
Wiszn. Hist. lit. VIII. 73—6, 155—6. —
Maciej. Piśm. Dod. 402. T. III. 234—7. —
Ossolińs. Wiad. IV. 99. — Święcki Hist.
Pam. II. 440.

**BAZYLIK (Basilicus) Daniel. D. O.
M. F.** Theses de beatitvdine, deq've
virtvtibvs moralibvs; qvas ex quinq;
libris prioribus Aristotelis Ethicorum Nicomachiorum, studiò conquisitas; praeside viro doctissimo, Iacobo Zvvingero,
philosophiae ac medicinae doctore clarissimo; in inclyta Rauracorum academia, cum amplissimi collegij philosophici
consensu, publicè in disquisitionem proponit, hora et loco consuetis. Da. Ba-
silicvs nob. Polonvs. Ad diem [dopisa-
no: 4] Octobris. Basileae, typis Conradi
Waldkirchij. cIↃ IↃ XCIX. (1599).
w 4ce, kart nlb. 26. Dedyk. i wiersze końcowe drukowane kursywą. Tytuł w ramkach.

> Dedyk.: Johanni Szvyski, palatin. brestensis
> succamerario etc. Christophoro Gnoienski
> de Gnoynik. Podpisany: D(aniel) Bazylik.
> Na karcie ostat. dwa wiersze: Prosfonesis
> Caspari Chrzastovvski eq. pol., oraz: Ad
> evndem; podpisane V. L. C. — Z dedykacyi
> Szujskiemu dowiadujemy się, że przez lat
> ośm pedagogował synowi jego Mikołajowi,
> a razem sam miał ułatwione kształcenie
> się. Tez podanych jest 220.
>
> Jagiell.

— ob. Sowiński Petrus (Quaestiones 1600).

Bazylika ob. Elbing L. (Bazylika
Assyska 1727).

— Świętey Bazyliki Lateranenskiey
odpusty kościołowi Kamienieckiemu nadane. We Lwowie, 1759. w 8ce.
Jocher 7821.

Beantwoordinge ob. Nicanor (1651).

Beantwortung der läst. Sendschrift
ob. Mylius (1595).

— des offenen Sendbriefes ob. Tecno
Joan. (1597).

— eines Schreibens auss Dantzig
und derer daselbst spargirten und zum
Druck beforderten unterschiedlichen
Läster- und Lügenhaften Zeitungen.
De Dato Königsberg den 18. April
1657. w 4ce, 4 k. nlb.   Czartor.

— der Reichs-Räthe dess Königreichs Polen ob. Reichs-Räthe (1656).

— des Elbingschen Passquil im
Jahr 1656. ob. Elblag.

— eines preussischen Patrioten In-
terims-Beantwortung. 1657. ob. Fryderyk Wilhelm.

— und Wiederlegung einer auss-
gestreueten Missive, darüber der Autoris Namen mit folgenden Littern D.
H. A. N. verzeichnet stehet, und dann
einiger Einwürffe und Obiectionum
wider das neue publicirte Wahrbur-
gische Schreiben, dabey ein Kaiserl.
Hand Schreiben — dtto Presburg den
25. Augusti dises 1659. Jahres, an den
Churfürsten zu Maintz etc. etc. Woraus
zu ersehen, dass J. Kaiserl. Majest.
an Beforderung derer in Polen oder
Preussen zwischen ihrer Kaiserl: Majest. Dero Hohen Confoederirten und
Ihre Königl. Majest. zu Schweden
ferseyenden Friedens-Tractaten an Ihro
nichts ermangeln und erwiedern lassen, sondern die Verzögerung derselben einig und allein dem Könige in
Schweden zuzuschreiben. Item warumb
Ihr Kaiserl. Mayestät bewogen worden, in Schwedisch-Pommern den König fortzusetzen. Anno 1659. w 4ce,
str. 64.   Branic. — Ossol.

— (Gründliche) obacz Nachricht
(1727).

— (ausführl.) des Sendschreibens
eines Reisenden, der sich jetzo in Danzig aufhält, welches kurz nach dem
kundgemachten Mémoire raisonné, als
dessen weitere Fortsetzung, zu Gun-
sten des berliner Hofes, wegen der
Rechtfertigung des angefangenen gegenwärtigen Krieges gegen das Erzhaus
Oesterreich u. des Betragens gegen das
Churhaus Sachsen, unter dem Original-
titel: Lettre d'un voyageur actuelle-
ment à Danzig à un ami de Stralsund
sur la guerre, qui vient de s'allumer
dans l'empire, erschienen. Der vollständ.
Beantwortung preussischer Schriften
IV Stück. 1758, w 4ce.   Kijows.

— (Abgelegte) verschiedener Gesandten an den König von Pohlen,

über die weltbekannte Theilung des Königreichs Pohlen. Warschau 1773. w 4ce. Petersburgs.

— des Schreibens eines Edelmans aus der Provinz an einen Mitbürger über die von einigen Deputirten der Dissidentischen Bürger-Gemeinden, gegen die Adelichen ihres Glaubens-Bekentnisses angebrachten Klagen. Aus dem francösischen. B. w. m. dr. (po r. 1785). fol. str. 36.

Akad. — Krasińs. — Raczyńs.

— ob. Fryderyk I. (Schreibung 1698) — Huyssen H. (des Pasquils 1706) — Sanden B. (der dubiorum 1695) — Thiele Joh. (Der Frage ob Krieg 1713).

Beantwortunge des off. Sendbriefes ob. Teeno J. (1597).

Beatificatio Vincentii a Paulo ob. Wincenty (Relatio actorum 1730).

— Simonis de Lipnica ob. Lipnica S. (1685).

Beatis manibus ob. Bojanowski Olbr. (1698).

Beatitudo ob. Biegaszewicz J. A. (Quaestio) — Borkowski Petrus (Disputatio 1596) — Leszczyński Rafał (1596).

Beatyfikacya ob. Wincenty a Paulo (1731).

Beauchamps Piotr Franc. Godard (1689 † 22 Marca 1761). Kochankowie ziednoczeni, komedya we trzech aktach z francuzkiego przetłomaczona. W Warszawie, u Piotra Dufour drukarza J. K. MCi y Rzeczy-pospolitey. MDCCLXXIX. w 8ce, str. 116.

Czartor. — Jagiell. — Krasińs. — Zielińs.

BEAUFILS Wilchelm (1674 † 30. Grud. 1754). Krotkie zebranie życia błogosł. Joanny Franciszki Fremiot de Chantal Zakonu Panien od Nawiedz. P. Maryi nazwanych, Fundatorki z francuskiego na polski język przetłumaczone w R. P. 1752. (przez Tom. Chojnackiego Sch. Piar.) W Warszawie u Piiarów w 8ce k. 8 i str. 151.

Jocher 8477.

Czartor. — Warsz. Uniw.

BEAUFORT (R. P. D.) de Canilliac Cracovien praestationis lignorum. Super remissoria. Lunae 5. Julii 1751.—

[Na końcu:] Romae MDCCLI (1751). Ex typographia reverendae Camerae apostolicae. fol. k. 2.

W sprawie plebana z Zatora przeciw gminie Podolsze o dostarczanie drzewa.

Jagiell.

BEAUHARNAIS, Mar. Anne Françoise Mouchard (Fanny) (1738 † 1813.) — Heroizm tkliwości, do zabawy pożyteczney służące dzieło, hrabiny Beauharnais, na język oyczysty przełożył Józef Kajetan Skrzetuski. W Warszawie 1792. w 8ce, Cz. I. k. 3, str. 183. — Część II. k. 2. str. 187. — Część III. k. 2. str. 174. — Część IV. kart. 2. str. 144.

Czartor. — Jagiell. — Kijows. — Ossol.

BEAUJEU Mémoires du chevalier De Beaujeu contenant ses divers voyages tant en Pologne en Allemagne en Hongrie avec des Relations particulières des affaires de ces pays-la, depuis l'année MDCLXXIX. (1679). Paris, chez Claude Barbin 1698. w 8ce, k. 5. str. 479. Przeźdz.

— Toż: à Amsterdam, chez les Heritiers D. Antoine Schelte MDCC (1700.) w 12ce, k. 3, str. 496.

Akad. — Czartor. — Ossol.

Jestto dalszy ciąg dzieła: Les anecdotes de Pologne par Dalerac. — Mencke 407.

Wyjątki z jego pamiętników są umieszczone w piśmie p. t. Zbieracz umysłowych rozrywek T. I. Kraków 1839, w 12ce 208 do 228. Także wyjątki z wydania 1698 r. są umieszczone przez L. Siemieńskiego w Przyjacielu ludu 1848 Leszno, rok 15ty, str. 66—68 i 75—77.

BEAUJOLIN. Travels of two frenchmen through Germany etc. Russia and Poland in 1790—1792 (London) 1797, w 8ce.

BEAU LIEU Kazimierz (de) student poetyki w Kollegium Jezuitów w Warszawie. — Voces Lechiae applaudentis ad novas serenissimae prolis Regiae Cunas serenissimo et invictissimo Joanni III dei gratia Poloniarum Regi, Magno Duci Lithuaniae, Russiae, Prussiae, Mazoviae, Samogitiae, Livoniae, Kiioviae, Podoliae, Podlachiae, Smolensciae, Severiae, Czernihoviae, etc. Domino nostro clementissimo dedicatae per Casimirum de Beau Lieu auditorem poèseos in Collegio Varsaviensi Societatis Jesu

Anno 1680. Varsaviae, excudebat Carolus Schreiber. folio, 2 arkusze.

Na odwr. str. tytułu przypis prozą do króla Jana III., potém następują trzy ody łacińskie. — Daléj wiersz polski p. t. Nadzieja o męztwie y sławie naiaśnieyszego królewica.

Rodzina ta za Jana Kazimierza przypuszczona 1662 r. ustawą Sejmową do zaszczytu swobód rycerskich za usługi w umocnieniu i obronie twierdz w czasie wojen. Święcki. Hist. pam. 1. 9 i 10 str.

Branie. — Zamojs.

Beaumarchais (De) **Barré Antoine** († 1756) Histoire de Pologne sous Auguste II. ob. Parthenay.

BEAUMARCHAIS August Caron (1732 † 19 Maja 1799). Cyrulik Sewilski albo ostrożność niepożyteczna. Komedya we czterech aktach pana de... z francuzkiego przetłomaczona y na teatrze warszawskim reprezentowana ..... Audaces fortuna juvat. W Warszawie, w drukarni P. Dufour, drukarza J. K. Mci y Rzeczy Pospolitey. MDCCLXXX (1780). w 8ce, str. 137. [Teatr tom 20].

Tłumaczył Wichliński. — Na początku podano opis ubiorów aktorów.

Gazeta Warsz. 1780 N. 47.   Jagiell.

— Dzień pusty albo wesele Figara Komedya w piąciu aktach pana de Beaumarchais po polsku przetłumaczona. — Przez wzgląd na dzieło ucieszne Pofolguycie rozumowi. — Piosnka krotofilna na końcu tey sztuki. W Warszawie R. 1786. w drukarni J. K Mci. w 8ce, 232 str., na przodzie kart 8 i na końcu 1 str. omyłek. [W Zbiorze Teatrów T. 20.]

Tłumacz tej komedji jest Mikołaj Wolski. — Graną była d. 8 Maja raz pierwszy we Wilnie. Dla Warszawy tłumaczył Fr. Zabłocki lecz nie wydał. Później Osiński przerobił. W przedmowie pisze tłumacz że Almawiwę grał Bogusławski. Daje wskazówki jak kto ma być ubrany.

Czartor. — Jagiell. — Krasińs — Ossol. — Zielińs.

— **Eugenia** dramma w piąciu aktach proza z francuzkiego na polski język wyłozona. W Warszawie, w drukarni P. Dufour. MDCCLXXVIII (1778). w 8ce, str. 120.

Czartor. — Jagiell. — Warsz. Uniw.

Beaumont Ambasadeur ob. Aitzema (Historie 1627).

BEAUMONT de M. Les adieux de de l'arbre de Cracovie. La Haye1781. w 8ce, str. 7 (wiersz).

L'Arbe de Cracovie nie odnosi się do Krakowa, więc i rzecz sama jest całkiem obca. Czartor.

Beaumont Elie ob. Elie de Beaumont.

BEAUMONT x. Krzysztof arcybisk. paryski (1703—1781). List Jmci Xiędza Krzysztofa de Beaumont Arcybiskupa Paryskiego, pisany imieniem wszystkich Biskupow francuskich (ktorych jest 120) dnia 18 Grudnia Roku 1773. do Oyca S. Klemensa XIV z Zakonu Franciszkańskiego, z okoliczności wydanego Breve kassuiacego Zakon Soc: Jesu. w 16ce, kart nlb. 8.

Jocher 9382.

— Toż samo. Bez osob. tyt. i bez w. m. i r. folio, kart 2 nlb.

Akad. — Czartor. — Jagiell.

Beaumont (de) Menardus, comes ob. Schmieden Joa. Ernest (Epistola (1652).

Beaumont Simon ob. Boot Abr. (1632).

Beaumont Eon Kav. G. L. A. T. — Essais politiques 1764 ob. Eon de Beaumont.

Beaumont Maria Le Prince ob. Le prince (Amerykanki. Listy. Magazyn).

Beaune ob. Chanollet Rob. (Henrici 1573).

Beauplan Wilhelm Le Vasseur. Beschreibung der Ukraine, der Krim, und deren Einwohner. Aus dem Französischen übersezt und nebst einem Anhange der die Ukraine, und die Budziackische Tatarey betrift, und aus dem Tagebuche eines deutschen Prinzen, und eines Schwedischen Kavaliers gezogen worden, herausgegeben von Johann Wilhelm Moeller, D. d. A. Mit Kupfern. Breslau, bey Wilhelm Gottlieb Korn. 1780. w 8ce, k. 7, str. 236. i 1. tablica w 4ce.

W tej edycyi nie ma planu. Dodany Dziennik podróży Maksym. Emm. Wirtenberga redakcyi Bardiliego. W przedmowie tłumacz mówi, że mappa Ukrainy, którą Tob. Kon. Lotter w Augsburgu wydał bez wyr. roku, jest rysowana według karty

Beauplana, lecz jest gorszą. Może ją prze-
wyższy mapa którą Hetman Branicki po-
lecił wygotować.

Jagiell. — Ossol. — Petersb. — Uniw. lwows.

— Description des contrées du
Royaume de Pologne, contenues depuis
les confins de la Moscovie, jusques
aux limites de la Transilvanie. Ensemble
leur moeurs, façons de vivres (sic) et de
faire la guerre. Par le sieur de Beauplan. Rouen 1640. w 4ce, k. 4 nlb.
i str. 112.

> Wyszło w 100. egzempl. W rzeczywistości wy-
> dane 1650. jak to stoi w przedmowie do
> edycyi drugiej. Czartor.

— Toż..... Transilvanie. Par le Sieur
de Beauplan. A Rouen, chez Jacques
Cailloué, tenant sa boutique dans la
cour du Palais. M.DC.LI (1651). w 4ce,
4 k. nlb., str. 79.

> Dediée à Jean Casimir roy de Pologne.
> Opis obejmuje województwo Bracławskie
> i Kijowskie. Biographie Univers. 1811 III.
> 651. wymienia edycye te: 1-a roku 1650,
> druga w Rouen u Cailloué 1660, mająca
> w 4ce str. 112, 3cia w Paryżu 1661 u
> Simona Le Sourd.
> Czartor. — Petersb.

— Description d'Ukranie, qui sont
plusieurs provinces du royaume de
Pologne, contenues depuis les confins
de la Moscovie, jusques aux limites
de la Transilvanie. Ensemble leurs
moeurs, façons de vivres [sic] et de
faire la guerre. Par le Sieur..... Rouen,
chez Jacques Cailloué dans la Cour
du Palais. MDCLX (1660.) w 4ce, k.
4 str. nlb. 112.

> Dedyk. Janowi Kazimierzowi Król. Pols.
> Dodana jest karta geograficzna w 4 arku-
> szach, której tytuł:

Carte d'Ukraine, contenant plusieurs
provinces comprises entre les confins de
Moscovie et les limites de Transylvanie.
Dressée par G. d. V. Sieur de Beauplan Ingenieur et Capitaine de l'Artillerie du Serenissime Roy de Pologne.

> Akad. — Czartor. — Kijows. — Petersb. —
> Przeźdz.

— Toż: edycya 2ga Jansona Wae-
senberga.

> Rastawiecki str. 102 i 104, podaje dwie
> edycye jedna podpisana: A Rouen chez
> Jacques Cailloué dans la cour du Pallais.
> Ce vendent a Paris chez Jollian St. Jaque
> à la ville de Cologne. Tytuł umieszczony

pod herbem Polski, pomiędzy strojami
ukraińskiemi. Pawłkows.

— Nova totius regni Poloniae ma-
gnique ducatus Lithuaniae cum suis
palatinatibus ac confiniis exacta delineatio, per G. le Vasseur de Beauplan
S. R. M. architectum militarem et capitaneum. Amstelodami, apud Dancke-
rum Danckerts, 1651. (na ark. mappa).

> Rastawiecki Mappogr. str. 24.

— Toż samo. Bez w. r.

> Rastawiecki pod Nr. 35.

— Tenże tytuł: Norimbergae, edd.
Jakob. Sandrant (za Aug. II.) na arkuszu większym.

— Toż samo, format mniejszy, dołączona do Starowolskiego: Polonia.
Wolfenbüttel. 1656. w 4ce.

— Toż, przy temże dziele. Vratislaviae, Korn. 1733.

— Taż sama, skrócona, przy dziele
Aug. Gudicani Chrographia 1657.

— Taż sama, u Kluvera Fil. w
zbiorze map, na ark. małym.

— Taż u Kluwera Fil. Introduc.
in univers. geographiam, Wolfenbüttel
1694. Amsterdam 1697 i 1729. w 4ce.

— Tabella totius Regni Poloniae
M. D. L. cum suis palat. ac confiniis
(według rysunku Beauplana). Dodana
do Chwałkowskiego Mik. Regni Pol.
jus publicum, 1684.

— Delineatio specialis et accurata
Ukrainae cum suis Palatinatibus ac
districtibus Provincysque adiacentibus
bono publico erecta per Guilhelmum
Le Vasseur de Beauplan S. R. Mtis
Poloniae et Sueciae architectum militarem et capitaneum, aeri vero incisa
opera et studio Wilchelmi Hondy S.
R. M. Poloniae et Sueciae chalcographi privilegiati. — Gedani anno Dom.
1650. folio, kart 8.

> Tytuł umieszczony osobno. Dla tego bywają
> arkusze bez tego tytułu. Na arkuszu:
> Volhyniae pars u spodu stoi: Guilhelmus
> le Vasseur de Beauplan S. R. Mtis Chal-
> cographus sculpsit. Cum privilegio S. R.
> Maj-tis in triginta annos. Gedani Anno
> MDCL. Na arkuszach: Czernichoviensis
> Volhyniae pars są poniżej Schalae, milla-
> ria polonica, Signorum declaratio. Obadwa
> objaśnienia otoczone są pięknemi miedzio-

rytami stojących polskich wojowników. Gruppy po 8 i po 4 osób.

Branic. — Czartor. — Jagiell.

— Haute Volhynie ou Palatinat de Lusuc; tiré de la Grande Carte d'Ukraine du Sr. le Vasseur de Beauplan, par le Sr. Sanson d'Abbeville Geogr. Ord-re du Roy. A Paris. Chez Pierre Mariette, Rue St. Jacques, á l'Esperance. Aveq. privilège pour vingt ans. 1665. na arkuszu mniejszym.

Inne edycye ob. pod: Sanson (Basse Volhynie 1665. Haut Podolie 1665. Basse Podolie 1665. Russie Noire 1665).
Rastawiecki Mappogr. str. 105—106.

— Ukrainae pars quae Barclavia (tak) vulgo dicitur per G. le Vasseur de Beauplan S. R. Mtis Poloniae architectum militarem etc. Amstelodami ex offic. P. Mortier (na arkuszu).

Rastawiecki str. 107 N. 17.

— Toż. Amstelodami ex offic. J. Covens et C. Mortier (arkusz).

— Toż. Bez wyr. m. i roku (arkusz).

— Ukrainae pars, quae Kiovia palatinatus vulgo dicitur per — Joh. Blaeu exc. fol.

Rastaw. str. 108 N. 23.

— Toż. Amstelodami ex offic. P. Mortier.

— Toż. Amstelodami ex. offic. J. Covens et C. Mortier.

— Toż. Bez wyraż. miejsca i sztycharza (arkusz).

— Ukrainae pars, quae Podolia Palatinatus vulgo dicitur per — Amstelodami excud. P. Mortier (na arkuszu).

Rastawiecki str. 107 N. 18.

— Toż. Amstelodami apud J. Covens et C. Mortier.

— Toż. Bez wyr. miejs. i wydawcy (arkusz).

— Ukrainae pars quae Pokutia vulgo dicitur per Guil. le Vasseur de Beauplan S. R. M. Poloniae Archit-m militarem etc. Bez wyr. miej. i sztych. fol. arkusz.

— Toż. Amstelodami exc. P. Mortier. fol. na arkuszu.

— Toż. Exc. J. Covens et C. Mortier. fol. na ark.

Beauplan miał wykonać ogólną mappę całej Polski p. t. Carte générale de la Pologne z wizerunkami ludzi, zwierząt, roślin i wielu rzadkich rzeczy, które kraj ten od innych odznaczają. Powierzył pracę swą Wilhelmowi Hondiusowi rytownikowi w Gdańsku. Ten zmarł zanim do wydania przystąpił. Wdowa jego wszystkie blachy, które miała gotowe, na żądanie Jana Kazimierza króla, miała temuż odesłać. Co się atoli z niemi stało, nie wiadomo. Sobieszcz. w Encyklop. powszech. Orgelbr. III. str. 16. i 17.

John Churchill zamieścił przekład dzieła Beauplana w zbiorze: A collection of voyages and travels, some now first printed from original manuscripts, others translated out of foreign languages and now first published in English etc. in four volumes. London, 1704 fol. T. I. str. 573.

— ob. De Landschappen der Percoptize en Nogaize Tarters. 1707. — Mizler Wawrz. (Histor. Scriptores 1769 T. II. 49. Descriptio Ukrainae). — Starowolski Szymon (Polonia 1656).

Biogr. Univ. Paris 1811 III. 650. — Bentk. H. d. II. 640. — Gołębiow. O dziejop. 179. — Siarcz. Obr. I. 34. — Engel Gesch. Ukraine. — Niemcew. Zbiór pamięt. III. 336—406. — Encykl Orgelbr. III. 239. 16—17. — Dubois Essai s. l'hist. 1778. — Przyłęc. Ukrain. Sprawy 100—1. — Callier Spis map Tow. Pozn. str. 16.

BEAUSOBRE Charles Louis (1690 † 1753). St. Jatzko on a commentary, on a passage in the plea, made by the advocate, for the Jesuits a Thorn in which mention is made of this Polish saint. A translation from the original french of Mr....... London, printed for Rechard Stett, 1731. w 8ce, str. 48.

Czartor.

— ob. Jabłoński D. (Thorn affligée 1726).

Beauveau de, Oberlieutenant ob. Accord welchen Fürst (1659).

BEAUVIEU (Du). Memoires (Voyage en Pologne). Amsterdam, 1700.

Załuski Programma 71.

BEBELIUS Baltazar (1632—1686). Adversus praeexistentiam animarum humanarum errorem Christophori Sandii et anonymi cujusdam, novorum Origenistarum, exercitatio theologica, auctore Baltasare Bebelio, SS. Theolog. Doct. et Profes. publico in Universit.

Argentoratensi. — Argentorati, apud Georgium Andream Dolhophium Anno 1675. w 8ce, k. 3, str. 188 i k. 5.

Jocher 3772. Ossol.

— David peccans et poenitens. Dantisci 1685. w 4ce.

Jocher 6230.

BEBELIUS Henricus (1470 † 1516). In hoc libro continetur haec Bebeliana opuscula nova et adolescëtiae labores. Epistola ad Petrum Jacobi Arlunensem de laudibus, et auctoribus facetiarum. Libri facetiarum iucundissimi, atque fabulae admodum ridendae. Epistola ad Cancellarium de laudibus, et Philosophia veterum Germanorum. Prouerbia Germanica in latinitatem reducta. Mithologia, hoc est fabula contra hostem poetarum. Elegia in obitum Doctoris Henrici Starrenvuadel praeteritorum vaticinatoris. Elegia hecatosticha de institutione vitae Bebelij dum pestis Tubingae grassaretur. M.D.II. Elegia ad Appoloniam puellam pulcherrimam de meditatione venturae mortis, et senectutis. Ad Thomam Vuolphium iuniorem de laude doctorum, et poeticae. Egloga contra vituporatores poetarum. Epitaphium Cytharedi ad Ioannem Streler Vlmësem Cantio vernacula. Laus Musicae. Apologia poetae de stirpe sua. Elegia Cimonis stulti, qui ex amore factus est prudentissimus. Nova et addita. Nouus Liber facetiarum. Prognosticon, seu practica vtilis et vera vsq. ad finem mundi. — Carmina de miseria humanae conditionis. De inuidia. De Baccho. Contra Simoniacos. De Philomela. Varia de rebus laetis, et iucundis. Haec oia per auctorë correcta, cū quibusdä additionibus. — (Na końcu): Argentorati, denuo ex aedibus Mathiae Schürerij. Mense Augusto, Anno MDXIIII (1514). w 4ce, ark. nlb. A—Z i a—c.

Ku końcowi książki wiersz: „Saphicum de laudibus Bacchi, omnium curarum medici, lęticiaeque parentis, quod Cracoviae adolescentulus composui. — Na przedostatniéj karcie: „Ex gymnasio Cracoviensi 1492 (czworowiersz): Ad Philomelam aviculam musicam. — Sarmata me vidit prima lusisse Camoena — Hoc praesens carmen,

principiumque fuit — Cum quaterent me febres sine fine trementem — Solamen dederit tunc Philomela mihi. — Na karcie czwartej jest Proverbium in Polonos. Na ark. a iij: H. Bebel, Matthiae Schurerio olim conphilosopho suo in academia Cracoviensi apud Sarmatas. Zresztą w dziéle tem nic do nas odnoszącego się nie ma. Całe zapełnione fraszkami i facecyami prozą, często nader tłustemi, który to sposób pisania przedostał się do naszych autorów. Warto je zatem poznać i porównać. Noszą nadpis Facetiae Bebelianae.— Dalej zamieszcza Adagia Germanica. Śród Carmina jest Egloga contra vituperatores studiorum humanitatis, in qua disputat Eulogus cum Batto sophista.

Jagiell.

— ob. Corvinus Laurentius (Cosmographia 1496) — Pomponius Laetus (De romanorum magistr. 1507).

Bebius Filip ob. Rościszewski Wojc. (Oratio contra Volanum 1590).

Bębnowski Rajmund ob. Ochabowicz Albertus (Historya o ŚŚ. Męczennikach 1736).

Becanus Martinus ob. Bekan Marcin.

BECCARIA Hip. Maria. Ordinationes pro reformatione Provinciae Poloniae factae in congregatione Lublini habita in principio mensis Februarii 1594 per reverend. P. F. Hippolitum Mariam Beccariam de Monteregali Sac. Theol. proffessore ac totius Ordinis Praedicatorum Magistrum Generalem. De RP. PP. inibi congregatorum consensu. Cracoviae, in officina Andreae Petricovii Anno Dni 1594. w 4ce, k. nlb. 8.

Ossol.

BECCARIA Cesar Bonesana, marquis de (urodz. w Medyolanie r. 1735, um. w list. 1793). O przestępstwach y karach wykład. Z francuskiego na język polski. (tłumacz Teod. Waga)..... Adsit regula, peccatis quae poenas irroget aequas. Horat. Sat. III. L. I. W Brzegv roku 1772. w 8ce, k. 3, str. 256.

Branic. — Dzików — Jagiell. — Ossol. — Polkows. — Uniw. lwow. — Wileńs. — Zielińs.

BECCARIA Jan Chrzciciel S. P. (1716 † 1781). O elektryczności sztuczney y naturalney. X. Jana Beccaria Schol: Piarum Księgi dwie z włoskiego na polski ięzyk przez X. Bonifacego Jundziłła S. P. przełożone. W Wilnie

54

w drukarni J. K. M. y Rzpltey u XX.
Piarów 1786. w 8ce, kart 3, str. 509
i 1 strona.

> Autor mówi, iż trzyma się teoryi Beniam.
> Franklina, i tę doświadczeuiami utwierdza.
> Żebrawski ma pod r. 1780 z Katal. księgarskiego. — Ciampi Bibliogr. Crit. I. 20.
> przekręca nazwisko tłumacza na: Bonif.
> Humdeit.
> Jagiell. — Kijows. — Ossol. — Wileńs.

Beccenstenius ob. Müller (1607).

Becchius Jacobus ob. Calundanus
Christian (1621).

BECCUS Joannes (Veccus, Bekkos
† r. 1298). Constatinopolitani Patriarchae Inscriptiones in sententias Sanctorum Patrum quas de processione spiritus sancti collegit, Petro Arcudio interprete. Cracoviae, in offic. typ. Lazari,
1603. w 4ce, str. 57.

> Dedykacya do Stanisława Karnkowskiego,
> arcybisk. gnieźnieńskiego. Ossol.

BECHAI. Cad Hahemach (cadus farinae sive tractatus de ratione vitae,
deque virtutibus et vitis a lege praescriptis, autore R. Bechai). Lublini,
1596. folio.

> Jocher 8068.

BECIUS Joannes Belga Pastor Middelburgensis (ur. około 1622). Twyfelungen en Swarigheden ower de Dryeenigheit voorgestelt aen JVK t'Zamen
met de Oplossingen en Ontknospingen
der selve door Jacobus Oldenborg....
beproeving en veder legging van de
Oplossingen... door Joannes Becius...
1686. w 8ce, k. 7, str. 134.

> Bock F. S. Historia 1774. Tom I. pag. II.
> s. 45.   Warsz. Uniw.

— Verantwording voor de verdrukte
Waerheyt. Amsteldam. 1684. w 8ce.

BECKE Samuel. Unsterbliches Ehren-
Gedächtniss Ulricae Eleonorae, der
Schweden, Gothen und Wenden Königin etc. Reval, 1694. folio, ark. 11.

> Recke Lexicon I. 84.

BECKENSTENIUS Laurentius. Rerum
Silesiacarum et cladium memorabilium
succincta expositio. Wahrhafftige Beschreibung vornehmer Händele und Unfälle, so sich von Anfangs der Christenthumbs im Fürstenthum Ober- und
Nieder-Schlesien, zu förderst alss auch
angrentzenden Königreichen und Provinzien, alss Böhmen, Polen, Littawen,
Moscowiter etc. von Anno 960. bis zu
der kegenwärtigen Zeit sich zugetragen,
und wie Gott wunderbarlichen seiner
Kirchen aldo Schutz gehalten: Mit Vergleichung der jetzigen Leuffte und in
dreyen grossen unnd schreklichen Einfällen als der Tartaren Anno 1240.
der Hussiten Böhme Anno 1418. und
denn der Christen gross Niederlage vor
Varna und Mährn Anno 1444. als
1522. vorlauffen. In vielen einstimmen
thun, alles mit sondem Fleis colligirt
kegen (?) andern Autoren revidirt, und
auffs kürtzte jedoch mit Umbstenden
verfasset durch Laurentium Beckenstenium Historicum Elect. Sax. Gedruckt
zu Leipzig, in Verlegung Henning
Grossn. Buchh. Anno 1606. Na końcu:
Typ. Berwaldin. w 4ce, str. 8, 79 i 1.

> Ossol. — Petersb.

BECKER Christian. Pflicht-Schuldige
Danckbarkeit, bey Abdanckung etlicher, so sich bischer der Fraustädtischen Schulen Information gebraucht,
in dem von ..... Herren M. Abraham
Lindner öffentlich angestellten Actu in
der Fraustädtischen Schulen den 12
Apr. Anno 1655. an Tag gegeben von
Christoph Beckern von Freystadt auss
Schlesien, durch ein von Ihm ausgearbeitetes und auswendig hergesagtes
Deutsches Carmen. Gedruckt zur Pol.
Lissa bey Wigand Funcken. w 4ce,
kart 4.   Wrocławs.

BECKER (Beckher) Daniel Dantiscanus, medicus Reg. Pol. (1594 † 18 Oct.
1653). Bedenken von einem Schwefelregen, so zu Liebstadt in Preussen gesehen worden.

— De cultrivoro prussiaco observatio et curatio singularis decade positionum, varijs rariorum observationum
historijs refertarum, illustrata et proposita a Daniele Beckero Dantiscano,
Med. Lic. Prof. Prim. Sacr. Reg. Maj.
Archiatro et Reipubl. Cniphov. Physico
Ordinario. Hippocr. libr. praeception.
Hcc jurejurando affirmare audeam, Medicum ratione utentem alterum nunquam

invidiose calumniaturum; sic enim animi impotentiam prodet. Regiomonti, typis Laurenti Segebadi M. DC. XXXVI (1636). w 4ce, k. nlb. 6, str. 79.
Jagiell.

— Disputationes de affectu hypochondriaco, de angina, de syncope, de palpitatione cordis, de paresi ex colica, de hermaphroditis et eunuchis, de glacie cruenta 1633. Regiomonti observata, de calido innato, de igne et aqua elementari, de draconibus, de sputo, de myrrha, de lacrymis, de phthisi, de pleuritide, de lethargo, de epilepsia, de convulsione, de phrenitide, de asthmate, de vertigine, de apoplexia, de partibus utriusque sexus generatione didicatis, de anima rationali, de suffusione de spiritibus vitalibus et animalibus, de affectibus soporosis, de melancholia, de peripneumonia, de tussi, de haemophtysi, de cardialgia, de dyssenteria, de podagra diaetae beneficio et curanda et praeservanda, de spasmo, de hydragogis, de pipere et opio, de therapia, de calculo, de temporibus morborum, de signis indicantibus semeioticis; de materia therapeutica, de febre tertiana, de pilis et unguibus, de musculis.
Gasior. Hist. med. w Pol. II. str. 201 i 2, i 453.

— Dissertatio de pulmonibus. Heildelberg.

— Haus-Apothek oder Beschreibung des Holunders oder Waholders.

— Medicus microcosmus seu spagyria microcosmi triplo auctior et correctior, exhibens medicinam corpore hominis tum vivo, tum extincto docte eruendam, scite praeparandam et dextre propinandam. Autore Daniele Beckhero, Dantisc. Medic. Licentiat. Professore publico in Acad. Regiom. et Physico Reipubl. Cniphov. Regiomont. ordinario. Cum indice continente medicamenta ad curandos morbos desumpta ex corpore humano tam vivo quam mortuo. Non solus labor, at vitam dat gratia viti. Lugduni Batavorum, ex officina Jacobi Marci. 1633. w 4ce, kart 8, str. 170. index kart 3.
Jagiell. — Ossol.

— Mikrokosmologias pars prima, continens infimi ventris anatomiam XII. disputationibus publice habitis delineatam, autore et praeside Daniele Beckhero, Dantisc. Med. licent. et Profes. publ. Physico Reipubl. Cneip. ordinario. (Regiomonti) typis Laurentij Segebadij. 1634. w 4ce, arkusz sygnow. A—Z, Aa—Dd, A—B.
Dedyk. Joh. Truchses de Wetzhausen.
Bibl. Platner Medica p. 148, r. 1619.
Jagiell.

— Observatio de unguento armario s. magnetica vulnerum curatione in Norimbergorum Theatro sympathetico variorum auctorum.

— Sententiae vulgaris de usu lienis Anasceve in Gymnasio Dantiscano subjecta. Praeside Joanne Olhafio, respondente Daniele Beckero Dantiscano. Gedani, 1615. w 4ce.

— ob. Meier Conr. (Eufemia 1640) — Mislenta Celest. (Decani 1644).
Allgem. deutsche Biogr. Leipzig 1875. II. 236, zwie go Beckher i znaczy datę zgonu 14 Octobr. 1655. a to za Jöcherem. — Siarczyńs. Obraz I. 24. — Jöcher Gelehr. Lexic. I. 901. — Witte Diarium Biogr. 1688.
Dwóch jednocześnie było lekarzy tego imienia. Drugi (syn) Regiomontanus lekarz elektora Brandeburgskiego umarł 3 lutego 1670 mając lat 43. Obudwóch tych prace lekarskie nasi bibliografowie mięszają. Trzeci (wnuk) także Daniel i lekarz żył od 1658—1691.

BECKER Georg Elbingensis. Orator extemporaneus 1655. (plagiat).
Jöcher Gel. Lex. I. 899.

— ob. Radau Michael S. J. (Orator 1655—1698).

BECKER Hermann (ur. w Lemsal, pastor w Rostocku). Livonia certis propositionibus comprehensa (disp. praeside Conr. Sam. Schurzfleisch). Vitembergae, 1700. w 4ce, kart 2.

— Livonia in nonnullis vitibus antiquis proposita. (Resp. Chrph. Bernh. Hase). Vitembergae, 1700. w 4ce, ark. 2.

— Livonia in sacris suis considerata. (Respond. Christ. Braunschwigio). Vitembergae, 1700. w 4ce, kart 8.

— Livonia Livonorum veterum natura, rempublica atque ritus. (Respond. Joh. Vict. Beator). Vitembergae, 1700. w 4ce, ark. 2.

— Livonia Livonorum veterum (Lettiorum) origines, sedes, annum mensesque enarabit. (Respond. Chr. Hoffmann). Vitembergae, 1701. w 4ce.

— Livonia Livonorum veterum administrationem rei familiaris et statum sub Germanorum potestate exposuit. (Respond. Joann. Abr. Gressio). Vitembergae, 1702. w 4ce, ark. 2.

Gadebusch Abhandl. s. 263. — Recke und Napierski Lexic. I. 86. — Jöcher Gelehr. Lexic. I. 899.

(Becker Johann). Castrum doloris piis manibus viri.... Joannis Beckeri Gedano Borussi... Anni M.DC.LX.... a pullata Collegarum Camoena... erectum ac typis Michaelis Karnall expressum. Thorunii, 1660. w 4ce, str. 8. (wiersze łac. i niem.).

— ob. Schaevius Henr. (Monumentum liter. 1661).

BECKER Joh. Gottl. z Gdańska (ur. 24. Stycznia 1682 † 11. Stycz. 1747). Gründlicher Unterricht von der Computatione Graduum und Successione ab intestato, nebst Dan. Gralaths Erbfolge nach dem Preussischen, Lübischen, Culmischen und dem Adelichen Land-Rechte. Dantzig, 1728. w 8ce, ark. 11.

ob. Preussische Sammlung 1750. T. III. s. 36—42.

BECKER J. N. Versuch einer Geschichte der Hochmeister in Preussen seit Heinrich von Kniprode bis auf die Gründung des Erbherzogthums von J. N. Becker D. J. Berlin, 1798. w 8ce, str. 112. Uniw. lwow.

Becker Johann Sigismund ob. Quecker Chr. (Den edlen Feldbau 1687).

BECKER - Pistorius [Rötger I] (um. w Lutym 1577). Epicedion pii et eruditi viri Dn. Jacobi Batti quondam superattendentis ecclesiae Rigensis in Livonia; cui obiter inserta est brevis commendatio urbis Rigae. Lubecae, 1548.

Por. Battus (Sylphium).

Syn jego Johannes Becker - Pistorius † 14 List. 1623. pozostawił rękopis: Collectanea über merkwürdige Vorfälle in Riga von 1599 bis 1623.

Recke u. Napiersky Lexic. I. 86, 7.

Becker Matheus ob. Söhner Frid. (Andenken 1659).

BECKER Samuel. Als der Wohl Gebohrne Ritter und Herr Herr George Otto von Nostitz, Herr auff Zedlitz, den 29 April des 1695 Jahres das Irdische mit dem Himmlischen seelig verwechselte, und folgends die übrige Asche des abgelebten Cörpers, Crist-Adlichen Ceremonien nach, der väterlichen Grufft anvertrauet wurde, solte der in dem schmertzlichsten Harm und bittersten Thränen hinterlassenen Fr. Wittib, und Hochbetrübten Familie mit nachgesetzten Trost-Zeilen, aus hoher Observanz und treuer Condolenz unterthänig auffwarten Samuel Becker, SS. Th. St. Schlichtingsheim in Gross-Pohlen, druckts Johann Christoph Wild. folio, kart nlb. 3. Wrocław.

— Als die vornehme Hoch - Adel. Nostitz- und Falkenhanische Vermählung den 21 Jun. des 1707 Jahres vollzogen wurde. In der Frey- Herrl. Stadt Schlichtingsheim, druckts Johann Christoph Wild. (1707). folio, 2 karty. Wrocław.

— Den Preiss der siegenden Unsterbligkeit, zeigete in dem Exempel des Edlen, Ehrenvesten, und Wohlgelehrten Herrn M. Samuel Friedrich Suckers, bey der Evangelischen Schulen in Lissa wohlverordneten und treufleissigen Conrectoris, als derselbe den 21 Mart. des 1699 Heil-Jahres das Vergängliche mit dem Unsterblichen seelig verwechselte, und den 27 drauf dessen erblasseter Cörper in ansehnlicher Versammlung der Erden anvertrauet wurde, umb die so wohl die hirüber in tieffes Leid versetzte Freundschafft möglichst auffzurichten, als gegen den nunmehro seeligen seine erste und letzte Pflicht wehmüthig jedoch gehorsamst abzustatten, dero allerseits Leidtragenden verbundener Freund und Diener Samuel Becker, der Wohl-Adel. Jugend

in Zedlitz Informator. In der Frey-Herrl. Stadt Schlichtingsheim, druckts Johann Christoph Wild. folio, kart 4.
Wrocław.

BECKER Samuel II. Thorunensis. Disputatio de sanitate hominis morbosa (sub praes. D. Ewaldt). Regiomonti, 1706. w 4ce, ark. 3.
Dedyk. Radzie m. Torunia i ojcu swemu Salomonowi.

— ob. Eisswagen Christ. (Utrum lapidis inscriptio 1703).
Centner Gotfr. Geehrte Thorner. 1763. s. 54.

BECKMANN Martinus Borussus. Carmen de S. Joanne Baptista. Ad Serenissimum ac potentissimum principem et dominum dominum Sigismundum III. Dei gratia regem Poloniae, Russiae, Prussiae, Masoviae, Samogitiae, Kijoviae, Volhiniae, Podlachiae, Livoniae etc. etc. magni principatus Finlandiae etc. heredem etc. heroem omni virtutum choro illustrissimum. Scriptum a Martino Beckmanno S. R. M. protonotar. publ. Cracoviae, 1588. w 4ce, kart nlb. 8.
Czartor.

— Carmen fvnebre de inopinato, atque dolorifero obitu, Serenissimae, et illvstrissimae Principis, ac Dominae, Dominae Annae Avstriacae, Dei gratia Poloniae etc. etc. atque Sueciae Regnorum celeberrimae Reginae, ex hac misera et lugubri omnium malorum, et acerbarum lachrymarum valle, in caelestem, et sanctam patriam, ad omnium beatorum consuetudinem, Warsouiae, decima die Februarij, Anno ab incarnatione Dni nostri Jesv Christi, salutis restauratae cIɔIɔIIC. placidè migrantis, scriptum a Martino Beckmanno protonot: publ: in subiectam animi sui condolentis significationem. Bez m. i dr. w 4ce, kart nlb. 18. (Sign. E₁₁).
Drzeworyt z napisem: „mortalium nobilitas". Tarcza z trupią głową, po bokach: mąż i niewiasta, w koło wyjątki z pisma; wszystko w ramie z arabesków.
Wiersze łacińskie i niemieckie.
Egzempl. Bibl. Jagiell. bez dwóch kart początkowych, obejmuje elegią po niemiecku. Dalej Prosopopoeta ejusdem laudandae memoriae Reginae ad mortem (po niemiecku). Elogium Annae Reginae. Monumentum

obdormientis Annae 'Austriacae. Aliud epitaphium. — Na ark. B. druk petitem i papier odmienny. Serenissimo principi Sigism. III. Musarum nutritio. Elegia consolatoria principi Mariae Archidvci Austriae. Illustri Joanni Zamoiski reverenter colendo optat Beckmanus. Petro Tilitzki Episc. humil. precatur.... Nicolao Zebrzydowski colendo. — Exhortatio mortis in obitvm Annae Austriacae (na ark. C). — Votum ad Deum pro Sigismundo III. prolatum. — Na ark. D. Epicedion in honorem et obitum Annae Austriacae. — Kończy wiersz: Ad Deum oratio. Wszędzie podpisuje się Mart. Beckmann protonotar. public. ex Prussia.
Wierzbowski II. 1860. — Juszyńs. I. 18. — Wiszn. Hist. lit. VI. 331.
Petersb. — Kórnic. — Jagiell.

— Carmen in felix et laetum novi anni auspicium, ad serenissimum et potentissimum Sigismundum III. Regem Pol. M. D. L. nec non ad eius Maiestatis charissimam sororem, Dominam D. Annam. 1592.
Wiszniews. Hist. lit. VI. 231.
Kórnic.

— Carmen gratulatorium in felicem ex Svecia in Regnum Poloniae reditum serenissimi et potentissimi principis, ac Domini Domini Sigismundi III. Dei gratia Regis Poloniae, magni Ducis Lituniae, Russiae, Prussiae, Masouiae, Samogitiae, Kyouiae, Podlachiae, Liuoniaeque, etc. etc. nec non Regni Sueciae haereditarij Regis, Domini sui clementissimi. Scriptum a Martino Beckmanno, protonot: publ: Torunii, typis Andreae Cotenij Anno cIɔIɔIIC (1598). w 4ce, kart nlb. 6.
Wierzbowski II. 861.
Petersb.

— Carmen de miserando, in hac extrema mundi faciscentis senecta, rerum omnium exulceratissimo statu: ad serenissimum ac illustrissimum principem et Dominum Dominum Sigismundum III. Dei gratia Regem Poloniae, et designatum Sueciae, Magnum Ducem Lituaniae. Russiae, Prussiae, Masouiae, Samogitiae, Kyouiae, Wolhiniae, Podlachiae, Liuoniae etc. Et Magni Principatus Finlandiae etc. Haeredem etc., Dominum suum clementissimum. Scriptum a Martino Beckmanno, protonot: publ: M. D. LXXXIX (1589).

[Na końcu:] Excusum Dantisci à Jacobo Rhodo. w 4ce, kart nlb. 10.

Wierzbowski II. 1696.   Petersb.

— Epithalamium in honorem nuptiarum Ill. principis D. D. Stephani Bathorii de Somlio etc. atque nobilissimae atque pudicissimae Virginis Sophiae olim magnifici et gener. D. D. Christophori Kostka a Stangenbergh palatini Pomeraniae atque capitanei Golubensis pie defuncti relictae filiae. Scriptum a Martino Beckmanno. Torunii 1596. w 4ce, 1 ark.

— Precatio ad filium Dei Dominum nostrum Jesum Christum inter Deum et hominem mediatorem pro felici incipientis anni auspicio, in gratiam invictissimi Stephani I. Dei gratia Polon. etc. Regis scripta. B. r. (circa 1577). w 4ce, ark. nlb. D$_4$.

Dedyk. Stephano I. Regi Polon. — W egz. Bibl. Jagiell. brak karty tyt. Na ark. B$_3$ Carmen in natalem fiilii dei, Emanuelis et Salvatoris nostri Jesu Christi.

         Jagiell.

— Prożba do Syna Bożego o szczęśliwe zaczęcie Nowego Roku Stefanowi Batoremu. B. r. i m. dr. w 4ce.

Juszyńs. I. 18. Być może, że polska broszura nie istniała, tylko Juszyński podał spolszczony tytuł broszury Precatio.

BEDA, Presbyter, Venerabilis (ur. r. 677 † 735—8). Auctoritates Aristotelis et aliorum philosophorum per modum alphabeti cum notabili commento. w 8ce małej, k. nlb. 74, (sign. Aij—M$_V$). druk gocki. (Na końcu:) Impressum Cracouie per Mathiam Scharffenberg. Anno domini millesimo quinqentesimo trigesimo tertio (1533).

Na odwr. str. tytułu:

Repertorium collectaneum siue tabula nobilium authoritatum, dictorum et omnium qui ex copiosissimis dictis philosophorum et imprimis excellentissimi Aristotelis philosophorum principis, olim Alexandri Magni directoris: utiliora saltem atque in physico auditu magis necessaria dinoscuntur. A reverendo et venerabili Beda presbytero edita: et per eundem commentata, emendata atque diligenter visa, curiose masticata; necnon suis in locis diligentissimis

additionibus admodum aucta, deo optimo maximo duce faustissimo inchoatur.

Jocher 82.

Czartor. — Jagiell. — Bibl. Moszyńs. Piotra. — Zygm. Puslows. — Ossol. — Pawlikows. — Bibl. kośc. N. M. P. w Krakowie. — Warsz. Uniw.

— Elenchus contentorum in hoc enchiridio: De gloriosae virginis Mariae dei genitricis immaculata conceptione, fidelis et catholica assertio. Contiones item tres de eadem conceptione ad populum habitae. In calce adiecta sunt quaedam religiosorum (et qui monasticam professi sunt vitam) instituta. Psalmo CXIII. Non nobis domine, non nobis, sed nomini tuo da gloriam. Cracoviae, ex officina Ungleriana A. D. 1538. w 8ce, k. nlb. 40.

Borkowski Jerzy — Czartor.

— Homiliae hyemales. Leopoli 1759.

Haan, Spis urzędowy we Lwowie 1814 zanotował, że nie ma w Bętkowskim.

Bedancken (Letztes Abschieds) eines sächsischen Soldaten, welcher aus Pohlen eylet. 1702. w 4ce. ob. Abschieds-Gedancken (popr. na: Bedancken).

         Jagiell.

Bedencken (Wollgemeintes) eines aufrichtigen Patrioten der Stadt Dantzig, über die im Nahmen des Czarnecky durch einen jungen Grafen von Ostrorog an E. E. Raht alda gethanen Proposition anno 1656. im April. Bez w. m. i r. (1656). w 8ce, kart 6.

         Jagiell.

— (Christliches und reiffsinniges) ob evangelische christliche Eltern in Churland ihre Kinder in der Jesuiter Schulen, Collegia und Seminarien schikken können? Warnemünda, 1672. w 8ce.

         Petersb.

— (Unbegreifliche) über den zu Thorn im alten Rathhause 1725 den 15/6 vernommenen starken Knall.

— ob Polen mit dem Keyser sich wider den Turken in Verbundnus einlassen solle. In Polen gedruckt, und auff dem Reichstage zu Warsaw in Martio oeffentlich publicieret, Conclusio. Amplius deliberandum censeo. Item, Conditiones quibus stantibus Confoederatio cum imperatore iniri posset. Anno

M.D.XCVI (1596). B. m. w 4ce, kart nlb. 4.

Drezd. Bibl. król. (Hist. polon.).

— obacz: Consilium (Wichtig und hochnöthig welcher gestalt der Jesuiten 1610) — Łaski Jan (obe Christen 1618) — Lauterwalt (v. Temlers Offenb. 1553).

Bedermann Thomas obacz: Cicero (Epistolae 1514) — Hesiodus (Georgig. liber 1505) — Stobnica Jan (Parvulus philos).

Mucz. Statuta 140. — Janocki III. 121. — Jocher 26, 27, 407, 506. — Łukaszew. Obraz Pozn. II. 182. — Janoc. III. str. XXIII. — Encykl. Orgelbr. III. 33—4.

Bedgard Piotr obacz: Zbiór różnych dzieł (Rozmowa między Teagenem 1782).

Bedienung (Schuldige) ob. Blümig Joh. (1672).

(Będków). Sprawa względem nienależytego czynienia o dobra Będków y Siedlce do starostwa Brzeźnickiego należące, subsequenter klasztorowi Częstochowskiemu inkorporowane a ztąd o kary za niewinną wexę, y uchylenie bez win processu. B. m. (po r. 1781). folio, kart nlb. 2.

Przeciw Akademii krakowskiej z wyż wymienionych powodów.   Jagiell.

— ob. Przedborski Piotr (Wywód sprawy 1781).

BĘDKOWSKI Adam (Bętkowski). Kazania na rozne swięta y po roznych mieyscach przez X. Adama Będkowskiego kanonika Chockiey y Gnieznieńskiey Kollegiat miane, a dla przygody wydrukowane. W Kaliszu w drukárni J. K. M. i Rzeczypłtey roku 1779. w 8ce, kart 2, str. 243.

Approbata 13 kwietnia 1779. Ostatnie kazanie jest na św. Stan. Kostkę. Rozpoczyna na Uroczystość Niepokalanego Poczęcia. — Razem jest kazań 12. Jocher 4548.

Jagiell. — Ossol. — Wileńs.

— Kazania przygodne po różnych miejscach miane przez W. J. X. Adama Będkowskiego do druku podane 1786. W Kaliszu, w drukarni X. prymasa Gnieźnieńskiego. 1786. Tomów

dwa. w 8ce, T. I. kart 5, str. 387. T. II. kart 2, str. 393.

Katalog po X. Prusinowskim ma edycye z r. 1782 i 1786. Warsz. Uniw. — Wilno.

(Bedliński Stanisław, sufragan Łucki zmarły 1688 r.). Inscriptio ad Iconem Stanislai Bedliński, suffraganei Luceoriensis Codnae.

Jest w Ostrowski Suada lat. Inscript. 1747. f. II. 30—31.

— Epitaphium ejusdem Codnae.

Tamże s. 88—89.

— ob. Wesołowski Stanisław (Ara 1676) — Wojtowicki Albert M. (Aspasmos 1641).

BEDNARSKI Martinus. Honor praemium virtutis. X. VV. DD. 2-dae Laureae Candidatis cùm sub protectione celsissimi principis, illustrissimi, excellentissimi et reverendissimi Domini D. Cajetani Ignatii Sołtyk, Dei et Apostolicae sedis gratia Episcopi Cracoviensis, Ducis Severiae, Equitis Aquilae Albae, Universitatis Cracoviensis faventissimi Cancellarii, Magisterii in AA. LL. et philosophia Licentiam a perillustri et Reverendissimo Domino D. M. Antonio Josepho Zołędziowski, U. J. Sacrae Theologiae doctore et professore, ecclesiarum; Cathedralis Cracoviensis Canonico, Collegiatae Vislicensis Scholastico, Parochialis S. Jacobi Casimiriae ad Cracoviam praeposito, Seminarii Academico-Diœcesani praefecto, facultatum; theologicae, medicae et philosophicae procancellario obtinerent; collatus. Artificiô pòetico a Martino Bednarski, scholae Archipresbyteralis B. V. M. Seniore, eiusdem Laureae Candidato, descriptus. Annô post Christum natum 1773. die 24 Martii. Cicero de claris oratoribus. Cracoviae, typis seminarii episcopalis Academico-Diœcesani (1773). w 4ce, sign. D₂, kart nlb. 14.

Dedyk. Stanislao Olszewski Ecclesiae Severiensis praeposito. Poczyna: in honorem S. Joannis Cantii ode. — Poczem: Ad Ant. Jos. Żołędziowski carmen. Andr. Cantio Sleczkowski ode. Antonio Czechucki, Blas. Zygmuntowicz, Nic. Grabowski, Paulo de Camelin, Paulo Ant. Kozłowski, Mart. Bednarski. — Kończy Adalb. Stan. Jabłoński auctori. — Każdy wiersz ozdobiony herbem miedziorytowym. Akad. — Jagiell. — Ossol.

— Mowa na dniu rozpoczęcia sądów appelacyinych wydziału krakowskiego dnia 13. Sierpnia R. 1791. przez Jmci Pana Marcina Bednarskiego filozofii doktora, sędziego apellacyinego tegoż wydziału powiedziana. Bez osob. tytułu (Kraków). w 4ce, k. 2. *Jagiell.*

Bednarz opera obacz: Audinot M. (1779).

BEDOŃSKI (Bendoński) Andrzej na Bedoniu. Potrzeba Cecorska z Skinderbasza i Sołtanem Gałga przez Stanisława Żółkiewskiego het. kor. stoczona 1620 r. Bez r. i m. (1620). [wiersz].

Juszyńs. Dykc. I. 17. — Siarcz. Obraz I. 25. — Wiszniews. VII. 144, VIII. 102. — Encykl. Orgelbr. Tom III. 38 i 128. — Muczkows. Statuta 377.

BEDOTTI Agnes. Placet présenté à Sa Grandeur Monseigneur le Duc Massalski Eveque de Vilna par Agnes fille de François Bedotti domestique et Arriere petite fille de Jean Bedotti Premier Ministre d'Amedée II. Roi de Sardaigne. Imprimé l'Année MDCCLXIV. (1764). w 4ce, 1 ark.

Jest tu bajka: Le Lierre et le Chene; dalej wiersz w którym pisząca oddaje się w laskę i opiekę X-cia Massalskiego, będąc jak powinda tak ubogą, że nie jest w możności wykonać ślubu na zostanie zakonnicą (pour faire meme un voeu: le voeu de pauvreté). *Jagiell.*

Będzieński Jan ob. Tutkowski Szymon (Laurea artium 1653).

BĘDZIŃSKI Wawrz. Jan (Będzieński). Auxesis festivae laetitiae, sub quadragesimales maerores, in accrescenti nomine D. Josephi B. V. Mariae sponsi notata, ac inter solennem annuae ejusdem celebritatis diem illustri ac magnifico Domino D. Josepho de Wierzbica Remer, loricatae cohortis, Serenissimi Regij principis Augusti, vexilifero etc. in debitae venerationis argumentum et plausuum gratulatoriorum augmentum per M. Laurentium Joannem Będzinski, in alma Universitate Cracoviensi, philosophiae doctorem et professorem officioso calamo producta, anno quo orbeM Laeta

DIes soLans eXCreVIt In aXe die 19. Martij. Cracoviae, typis academicis. folio, kart 11.

Rok 1728 wyrażony w chronostychu.

Na odwr. str. tyt. herb Grzymała Remerów z armaturą na blasze ryty; pod nim 8 w. łacińs., przypis prozą Józefowi Remerowi, chorążemu chorągwi pancernej królewicza Augusta; dalej panegiryk stylem nakamiennym, w którym wywodzi początek herbu i domu Remerów. Józef był synem Aleksandra dowódzcy wojsk Rzpltej, matka jego była z domu Czarnecka. Żona jego była Teresa Straszewska. — Na końcu jest akrostych z wyrazów Josephus Remer vivat ułożony. Jagiell. — Zamojs.

— Lutnia. Myszkowskiego parnassu Apollina. Smutnych trenow melodyia: przy pogrzebowym akćie Jaśnie Wielmożney Jeymości Panny Marianny Kosowny woiewodzanki Smolenskiey etc. w kościele Mirowskim WW. OO. Reformatow wydawaiąca, á na ulżenie żalu Jaśnie Wielmożnych domow przez M. Wawrzenca Jana Będzienskiego w przesławney Akademij krakowskiey filozofij doktora, w kolonij akademickiey Pińczowskiey póétyki professora, póétycznym tonem: wystroiona. Roku którego ná ulżenie smutku narodu ludzkiego wesoła niebieska kápelá zagrałá na ziemi sonatę. 1727. dnia (6) Kwietniá. W Krakowie, w drukárni Jakuba Matyaskiewica JKM. typografá. folio, kart nlb. 17.

Dedyk. Mich. z Zakliczyna Jordanowi wojewodzie Bracław., Dopczyckiemu, Ostrołęckiemu staroście i Anastazyi Gonzadze na Mirowie margrabiance Jordanowy wojewodziny Bracławskiej. Treny są w 95 ośmiowierszach.

Juszyńs. I. (mylnie r. 1747). Dzików — Jagiell. — Ossol. — Polków.

Beelzebubs Reisen und Thaten seit der Eroberung von Mexiko bis auf den Targowitscher Bund oder den Umsturz der neuen Polnischen Constitution. Leipzig, in der von Kleefeldschen Buchhandlung. 1796. Erster Theil w 8ce, kart nlb. 3, str. 228 i omyłek druku 1, na str. 119 rycina miedziorytowa. — Zweyter Theil, der das siebzehnte Jahrhundert enthält. w 8ce, str. 192.

W T. I. mało co o Polsce (str. 125—131, str. 212—213). Akad. — Czartor. — Jagiell.

BEER. Maiim Haiim. Puteus aquarum vivetium, seu commentarius duplex in Pentateuchum; quorum Beer Jacob, puteus Jacobi, alter primi interpretatio est, utrique ad commentaria R. Salomonis Jarhi accommodati; autore R. Jacob F. R. Isaak Cohen. (po hebrajs.) Cracoviae, 1616. folio.
Jocher 2472.

Beerdigung obacz: Kaliński Mich. (1695) — Moerisch J. W.

Beeren Thom. Leonh. ob. Siemienowicz Casim.

Beermannus Gotofredus ob. Raue Joh. (1648).

Befehl Ihr. Königl. Maj. in Polen und Schweden an den Abgesandten der Klagen der Gemeinden der dreien Städte Königsberg, wegen Vorstellungen Ihrer interponirten Appellation und des freien sichern Geleit. Auch wegen der Generalzusammenkunst anno 1599. Cracoviae, 1617.
Katal. antykw. Lissnera.

— Ihr. Königl. Maj. dass alle dero Unterthanen. 1700. ob. Karol XII.

Befugniss der Obrigkeiten in den preussischen Städten, Edelleute zu richten. Danzig (1764). w 4ce.

Begebenheiten (Thornische), welche zu gleicher Zeit der Dantziger Belagerung 1733 u. 1734 sich merkwürdigst zugetragen. Von unparteyischer Feder entworffen. Cöln, bei Merian, 1737. w 4ce. Kijows.

— ob. Nachricht (1735).

— des Nicolaus Doświadczyński ob. Krasicki Ign. (1776).

— (Die merkwürdigsten) bei der zweiten türkischen Belagerung... Wien, 1683. In einem kurzen Auszuge. Wien, 1683. w 8ce, kart 4.

— eines Reisenden durch Deutschland, Polen, Böhmen, Frankreich, die Niederlande u. Preussen, von 1782 bis 1790. Wien, 1791. w 8ce.

Beginnen (Schwedisches) zu Einführung und Befestigung der Schiffart und Handlungen in demselben Königreich und Landen. Im Jahr 1660. w 4ce.

Beginowna Elżbieta ob. Gołębiowski Stanisław (1688).

Begnadigungs-Manifest, welcher der Herzog von Curland als Regent des Russ. Reichs zuwider einig. vormals errichteten Reichs-Gesetzen u. Verördn. ergehen lassen. S.-Petersburg, 1740. w 4ce.

Begnerowie ob. Roman od św. Kazimierza (Kazanie 1793).

Begräbniss Büchlein (Thornisches) von einem Evang. Predigt-Amt aufs neue ausgefertiget im Jahr Christi MDCCXLVIIII (1749). Thorn, gedruckt bey Gottlieb Ehrenfried Wätzoldt G. E. Hochw. Raths und Gymn. Buchdru. w 16ce, kart 9, str. 465 i k. 5.
Przedmowę podpisali r. 1749. Chr. H. Andr. Geret senior i kaznodzieje polscy Joh. Dziermo, Dan. Liebelt, Joh. Frid. Wolff.
Jagiell.

Begräbniss-Schrifft ob. Hoppe M. (1661).

Begriff ob. Józef a Leonissa (1747).

— wie die Jugend in Gymnasio ob. Gdańsk (1683).

BEGUINUS Ioannes. Tirocinium chymicum w 24ce, str. 493 i nlb. 47.
Od str. 369–389 obejmuje: Sendivogii Poloni Novum lumen chymicum.
Egzemplarzowi Bibliot. Uniw. Warsz. niedostaje tytułu.
Biographie Universelle 1811. IV. 57.
Warsz. Uniw.

Behauptung des schwed. PraeliminarManifests ob. Conringius Thrasymachus Cyr. (1656).

Behem Piotr ob. Hunnius Aeg. (1613).

Behemot ob. Powodowski Hieron.

Beherzigungen ob. Leszczyński St. (1772).

Beheszk Ladisl. ob. Loaechius A. (Timoleon).

Behlhaar Elisab. ob. Oloff Ephraim (Das beste 1713).

BEHM (Behmen) Caspar. Rechenkunst. Dantzig, 1689. w 8ce.
Catal. Janss. 1695.

— Rechenkunst in ganzen und in gebrohnen Zahlen. Danzig, 1734. w 8ce.

— Arithmetica das ist die Rechen-kunst in zwey Büchlein beschrieben von Casparum Behmen aritmeticum in Dantzig. Die andere Auflage. Dantzig... gedruckt durch Carl Ludwig Schreiber 1768. w 8ce, str. 216.

W przykładach przytacza monety polskie, miary i wagi.

Żebraws. Bibliogr. matemat. str. 425.

BEHM Gottfried syn Kaspra. Pastor na Szląsku (urodz. 1680 r.). Pieśń Po-chwalną Boga (W kancyonale Brzeg-skim 1723).

— Gottes Auge in der Schule. Brieg, 1722.

— Exercitatio philologica de mu-liere Bethaniae Christum urgente, sub praes. M. Abr. Jäschkii Thorunensis. Lipsiae, 1700.

— Des Schlesischen Israels jämmer-liche Klage über des glorwürdigen Käysers Josephi gechwinden Todt über den Text Joel I. 12. Anno 1711.

— Englisches Taufbild festo Cir-cumcisionis. 1712.

— Mnemosynon divinae dilectionis Wenzkianum incredibile. 1714.

Oloff Poln. Liedergesch. str. 25—7, podaje i inne jego niemieckie prace.

BEHM Jakob. Assertiones ex uni-verso iure ecclesiastico, tam publico quam privato, quas finito hoc studio publice propugnandas suscepit praeno-bilis dominus Jacob Behm Leopoliensis mense Jul. 1781. Leopoli, vid. Piller, w 4ce, ark. 2.

BEHM Johann (1578 † 1648). Kur-tzes und einfaltiges Bedenken, welcher Gestalt und wie fern ein Lehrer und Prediger, seinem Amt und Gewissen nach das unordentliche ungerechte Müntzwe-sen so münd als schriftlich strafen soll, gestellet von .... Königsberg, bey Lo-renz Segebaden, 1625. w 4ce, k. 6.

Czartor.

— Kurtzer Bericht von dem preus-sischen doctrinae corpore. Königsberg, 1626. w 4ce.

Przydana do tego jest jego mowa miana na sejmiku.

Lilienthal Erl. Pr. V. str. 76.

— Vom Exorcismo in Preussen. 1618. w 4ce.

— Theologicum thema de aeterna filii Dei divinitate, firmatum ab aeter-nitatis attributo, oppositum hodiernorum Ebionitarum in Hungaria et Polonia blasphemiis, elaboratum a .... Lipsiae, Michael Lautzenberger excudebat, 1607. w 8ce, str. przeszło 318.

Jocher 3517. Warsz. Uniw.

— Gratulatio, quam ante biennium, et quod excurrit, Vladislao IV. in Po-loniae Regem electo, in aeternitatis aede dedicavit Johannes Behm S. S. Theol. D. et P. P. Aulae Electoris Branden-burgici in Prussia concionnator et con-sistorii Sambiensis assessor. B. m. i r. dr. (1634). folio, kart nlb. 2.

Hoppius Schedius. (Longinus I. 47) podaje to Regiomonti. Jagiell.

— Was von einem Calvinischen Kirchen-Lehrer in Preussen zu halten? 1641. w 4ce.

— Duae orationes historicae, de duplici divinae gratiae fundamento, cui Borussia Academia, ante centum annos, superstructa est, in Jubilea Borussiacae academiae solennitate habitas. Regio-monti, 1644. w 4ce.

Lilienthal Erl. Pr. V. str. 94.

— Politische Ränke mit welchen der Calvinische Geist in Preussen um-gegangen. 1620. w 4ce.

— Treuherzige Warnung sich vor der verdammlichen Zwinglianischen und Kalwinischen Secte zu hüten, 1614. w 4ce.

Lilienthal V. str. 81.

— ob. Acta Borussica 1732. T. III. s. 155—217 (De statu Borussiae eccle-siastico et civili) — Pouchen Levinus (In beatum obitum 1648) — Scaevius Henr. (Ecloga gamica 1647).

Behm Joh. Casimir ob. Krzanowski A. N. (Novus orbis 1732).

Behm Joh., Joh. E., Joh. G., Joh. R. ob. Boehm.

BEHM Jan. Acroama gratulatorium admodum Reuerendo in Christo Patri, P. Martino Behm, S. Theologiae Licentiato, PP. Carmelitarum Regularis observant: Conuentus Cracoviensis B. Mariae V. in arenis, studij formalis Regenti di-gnissimo, dvm in celeberrima Uniuersilatate Cracoviensi a perillustri et admodum Reuerendo Domino M. Joanne Radzki, S. Theologiae Doctore et Professore, Protonotario Apostolico, Ecclesiae Cathedralis Cracouiensis Canonico, et Collegiatae SS. omnium praeposito, Scholarum Vladislauianarum et Contubernij Sisiniani Provisore, S. R. M. Secretario sacra doctoratus theologici laurea insigniretvr, fraterni amoris et honoris ergo a Joanne Behm, artium, et philosophiae Baccalaureo, dedicatvm. Anno salutis 1680. die 9. mensis Januarij. Cracoviae, typis Universitatis (1680). folio, k. 2.

Na końcu wiersza podpis w nawiasie S. Z. Jagiell. — Ossol.

BEHM Marcin karmelita (urodz. 29 Paźdz. 1650 † 19 Lipca 1683 w Krakowie). Aestus philosophici ardoris ignibus, debitae gratitudinis efferuescens, nomini et honori admodum Reuerendo in Christo Patris P. M. Martini Charzewicz in alma Universitate Cracov. S. Theologiae Doctoris, Patris charitissimi etc. Primi provinciae diffinitoris Ordinis Carmelitarum Regular. obseruantiae etc. Studij Gener. in Conventu majori Cracov. B. V. Mariae in Arenis praefecti vigilantissimi, accensus et sub Beatum Divinae in orbe amoris incendium seu sub sacram Pentecostes festivitatem in Carmelo Cracov. Arenario publicae concertationi propositus per R. P. F. Martinum Behm ejusdem ordin. Sacr. Theolog. Lectorem, ac in studio formali Conventus Cracouien. Arenarij philos. Alumno. (Defend. Joan. Rożanka Ph. alumn.). Anno rigentis hybernae inter frigora in Carne Verbi 1677. mense.... die.... horis pomeridianis. Cracoviae, apud Albert. Gorecki S. R. M. typ. 1677. folio, k. 6.

Krasińs. — Ossol. — Uniw. lwow.

— Eucharisticon animorvm. Praeclaris virtutibus, ac insignibus meritis: admodum Reuerendi Patris P. Martini Charzewicz, Sacrae Theologiae Doctoris. Regni Poloniae et Magni Ducatus Lithuaniae Provincialis Dignissimi. Ad metam. Triennalis in Pastorali Officio, Cursûs. Votiuae gratitudinis, et Obser-

vantiae ergò in comitiis prouincialibus publicè a Fre: Martino Behm et caeteris Tyronibus Arenensis Spiritualis Palestrae consecratum. Anno Eucharisticae Salutis, 1670. Cracoviae, in officina Stanislai Piotrkowczyk, S. R. M. typographi. folio, kart 4.

Jabłonowski Museum 23. Jagiell.

— In Nomine Domini Amen. Quaestio theologica de sanctissima trinitate ex I. parte summae Th: D. Thomae doctoris Angelici, dum Reuerendus ac Venerabilis in Christo pater, P. F. Martinus Behm, Sacrae Theologiae Licentiatus, studiorum generalium Conuentus Cracouiensis B. V. Mariae in Arenis Ord: Carmelitarū regularis Obseruant. regens;. a perillustri et admodum Reuerendo D. D. M. Joanne Radzki, S. Th. doctore et professore, ecclesiae Cathedralis Cracouiensis Canonico, Prothonotario Apostolico, Collegiatae SS. Omnium praeposito, Curzelouiensi Scholastico, Sacrae Regiae Maiestatis Secretario; in Sacra theologia Doctore crearetur et renuntiaretur, publice ad disputandum proposita. Anno humanae salutis per Christum instauratae 1680. Lectorio D. D. Theologorum Acad. Die... mense... hora... Superiorum permissu. Cracoviae, typ. Universitatis (1680). folio, k. 2.

Jocher 3700. Jagiell. — Ossol.

— Senticetum stagiriticum philosophicarum spinis difficultatum succrescens. Sub candido Lilieti Praemonstratensis auspicio inter amaenissimas vernantium in Bryszkiewiano stemmate rosarum aureolas efflorescens publicae ingeniorum culturae in Violeto Arenensi sub tempus Comitiorum Provincialium Ordinis Patrum Beatissimae Virginis Mariae de Monte Carmelo: Regul. Obseruantiae, productum per R. P. F. Martinum Behm, S. Theol. Lectorem, et in studio generali Cracouień Beatissimae Virginis Mariae in Arenis Philosophiae Regentem. Respondente Fre. Anastasio Hermanowski, subdiac: ejusdem Ordinis Philosophiae Alumno. Anno pullulantis è Concluso Virginitatis horto Floris Nazareni 1677. mense.... die....

horis pomeridianis. Cracoviae, apud Albertum Gorecki S. R. M. typog. folio, kart nlb. 6.

Na odwrocie tytułu miedzioryt z dwiema niewiastami podtrzymującemi drzewo z herbem.

Dedykacya: Hyac. Bryszkiewiczowi. Poczem idą: Resolutiones ex philos. rationali.

Jagiell.

— ob. Behm Jan (Acroama 1680) — Grodziński Mikołaj (Ogród fiałkowy 1670) — Kraszowski Zenobiusz (Vindex 1679, Apex sapientiae 1681) — Ocieszowic Aemilius (Laurea 1680) — Rotkiewicz Sylwester (Professor eximius 1683) — Różanka Jan (1677) — Sługocki (Olympia 1677).

Encykl. Orgelbr. III. 49. z jednego utworzyła dwóch. — Juszyńs. Dykc. I. 17. pisze go: Bechm.

Behm Marcin (z Torunia) obacz: Boehm.

Behm Maria obacz: Scaevius H. (Ecloga 1647).

BEHM Michał (I-szy). Discursus de re monetaria regni Poloniae, ostendens damna enormissima ex vilioribus monetis novis argenteis et cupreis earumque remedia, ad trutinam serenissimae reipub. polon. mente bona sinceraque conscriptus, anno Christi 1664. Bez w. m. w 4ce, k. 10. (sign. C₂).

Czartor. — Krasiński. — Horodecka — Kijows. — Ossol. — Zieliński.

— Discours von dem Münz Wesen des Königreichs Pohlen anzeigend den ueberaus grossen Schaden der neuen schlechten Silbern und Kupfern Münze und deren Vermittelung nach der Wagschale der Polnischen Republique aus guttem (sic) aufrichtigen Herzen geschrieben. Aus der lateinischen Sprache in's Teutsche übergesetzet im Jahre Christi 1665. Bez m. dr. w 4ce, kart nlb. 12. (sign. C₄). Czartor.

— De indigenatu sincera collatio iurium et privilegiorum Poloniae et Prussiae Regiae ad sopienda Statuum dissidia Mente Bona, Congordiae Gratia scripta. Anno cIↃIↃCLXIX. (Gdańsk, 1669). w 4ce, str. 10.

Lit. M. B. C. G. znaczą: Mich. Behm Consul Gedanen.

Umieszczone również w Jaenichii: Meletemata Thorun. II. pag. 77. i III. pag. 1. (Katal. Raczyńs.).

Hoppius Schedias. (Longinus I. 143—4) pisze: germanice recusus a. 1665. 4to. Czartor. — Dzików — Horodec. — Ossol.

— obacz: Arien (1640) — Mojecki Jan Chryzost. (Pierścień .b. r.) — Rhetz Jan (Dyskwyzycya 1726, Status 1726, Delineacya 1726, Examen 1726, Decretum 1726 itd.).

Bentkows. Histor. lit. II. 224. — Braun De Scrip. pol. 1723. s. 319, 27. — Lilienth. Erläut. Preuss. V. 849.

BEHM Michał (II-gi). Dissertatio theologica inauguralis de praerogativa Clericorum prae Laicis, quam Deo annuente ex Decreto Venerandae Facultatis Theologicae sub praesidio Dn. Bernhardi von Sanden SS. Theol. Doct. et Prof. publ. Consistorii Sambiensis Assessoris, ut et Ecclesiae Veteroppidanae Pastoris, h. t. Facultatis Theologicae Decani pro gradu doctoratus summisque in theologia honoribus consequendis habebit M. Michael Behm, Regiomontanus, Consistorii Pomezaniensis Assessor Primarius, et Archipresbyter Hollandicus, in Auditorio Majori. Ad diem XII. Aprilis horis ante et post meridianis an. M.DC.LXXXV. Regiomonti, praelo Reusneriano. Suobaci Recusa. Anno 1692. sumptibus P. G. Pfotenhauri. w 4ce, sign. A₂—C₃.

Wrocławs.

Behm Marcin ob. Boehm M.

Behmiana hereditas ob. Rhetz Jan (1726—29).

Behm Szymon, major ob. Konopka Łuk. (Replika 1742).

BEHME Wilhelm. Uniwersał do województwa krakowskiego o prowiant dla wojska. — [zaczyna się:] „Jego carskiego weliczeństwa generał major pułkownik regimentu dragoniej Wilhem von Behme" 1707. folio. Branic.

— obacz: Punkta podane od województwa krak. (1707).

Behmen Kaspar ob. Behm Kasper.

Behnke Jan (ur. w Rynie 1739) ob. Gusovius Joan. Godofr. (Zbiór pieśni gdańskich 1780.

Jocher T. III. s. 274.

Behr Dawid kaznodzieja X. obacz: Bunian Jan (Droga chrześcianina 1728 —1775).

BEHR Jerzy Wilhelm. Vorbereitung zur Huldigung, eine Predigt über Sprüch. Sal. XXIX. v. 14 gehalten den 7-ten May 1793. in Posen von George Wilhelm Behr Consenior der Reformirten Gemeinen in Südpreussen und Pastor in Orzeszkowo in der Woywodschaft Posen bey Zirke oder Sierokow. Posen, gedruckt und in Commission bei Sam. Gottl. Presser. w 8ce, str. 32.

Akad.

BEHR Isaschar Falkensohn (urodz. w Sałaty na Litwie 1746). Anhang zu den Gedichten eines polnischen Juden. Mitau, 1772. w 8ce.

Recke u. Napiersky, I. s. 92 i 3.

— Dissertatio inauguralis: Animadversiones quaedam ad illustrandam phrenitidis causam. Halae, 1772. w 4ce.

Recke u. Napiersky, I. s. 92 i 3.

— Gedichte von einem polnischen Juden. Mietau u. Leipzig, 1772. w 8ce.

Nord. Miscell. IV. 15. — Jordens Lexic. V. 706 i VI. 562.   Kijows.

BEHR Christoph. (Krzysztof), Gdańszczanin († 10 Kwiet. 1704). Aquila Poloniae feliciter gladiis armata carmen heroicum in ingressum Aug. II. Reg. Pol. Gedani, 1698.

— Controversiarum in C. Plinii Secundi Panegyricum, octo Agones. Gedani, 1700—1703. w 4ce.

Jocher 478.

— Exultans flammula in coronatione Serenissimi Joannis III. Regis Pol. Gedani, 1676. folio.

Hoppius s. 60.

— De morte Jesu Christi etc. carmine an. 1697 d. 28 Martii verba facere constituit J. Jacobsen, ad quem benevole et lubenter audiendum — invitat. Dantisci, (1697). w 8ce.

— De muris urbis Romae. Gedani, 1689. w 4ce.

— In obitum viri perillustris ac Rmi D. Joachimi ab Hirtenberg Pastorii, ad D. Johannem Petrum Titium eloqu. et poes. in Gymnasio Gedanensi P. P. longe meritissimum. Gedani, typis D. Frid. Rhetii. w 12ce, 6 kart nlb.

Pastorius umarł r. 1681.   Akad.

— Oratio in excessum Joan. III. Regis Polon. 19 Jul. 1696. Gedani, 1696. folio.

Catalog. Janss. 1702. — Hoppius Sched. s. 63.

— Oratione valedictoria de abusu litium a. 1694 d. 21 Octobr. etc. habenda, attingere, ac sub emblemate describere constituit N. Gf. Keckerbart, ad quem benevole lubenterque audiendum — invitat. Dantisci, (1694). w 4ce.

— Rivi Pliniani, seu imitationes e Plinii Panegyrico etc. Gedani. w 12ce.

Jocher 479.

— ob. Schelguig Sam. (Divini Numinis arbitrio 1688).

Praetorius Athenae Gedanenses s. 184 i 148; Dantziger Lehrer Gedächtniss s. 55. — Hoppe Schediasma (Longinus 1711. l. s. 60—77).

(Behr U. J.). Status causae ex parte praefecturae domus ducalis Vindavien: contra Ulr. Jo. Behr consiliarium regium terrestrem Piltensem. Bez w. m. i r. folio.

Petersb.

Beichlingen Johann Siegfried, Eques Misnicus. Panegyricus Friderico Augusto, Regi Poloniae ob. Cellarius (1697).

Hoppius: Schediasma (Longinus I. 65). De scriptor. 1707. s. 51.

(Beichlingen Wolfg. D.) Bericht von d. Fall Wolfg. Dietr. Graf v. Beichlingen, in sich halt. die Ursachen, warum er zu gefängl. Hafft gezogen. B. w. m. w 4ce, kart 11.

— Mandat auff Kön. Majest. in Pohlen und Sachsen Befehl publiciert anno 1703 d. 29. XII, wegen gewes. Cantzlers v. Beichlingen. Leipzig, 1704. w 4ce, kart 4.

— Augustae Beichlingiorum origines, aulae Saxonum Augustae Regiaeque Polonorum magno Cancellario atque sanctiori Senatori, Illustrissimo Domino, Domino Wolfgango-Dieterico S. I. R. Comiti Beichlingio, Dominii perincluti Hoyersvverdensis Domino, Heroi, qvà datum est Summo S. Dresdae, apud Mauritium Bodenehr, Chalcographum,

Anno alternantis aerac jubileo, typis Schrötelianis. B. w. r. w 4ce, k. tyt. 3, str. 63, 2. Jagiell. **Beicht** und Beth - Büchlein ob. Melisander Casp.

Beichtzettel (Ein gemeyne guete nutzliche) kurtzlich in punckten vn artickeln begriffen zu vnderweisung der eynfeltigen menschen. (U dołu trzeciej kolumny:) Getruckt ī der konigliche stat Cracaw. als mā czalt. M. D. vnd acht. B. dr. (może Hallera). folio, ark. rozłożony, dr. goc., s. odwr. biała.

Jest to druk na arkuszu rozłożonym ułożony w trzy kolumny, w nich dla przypomnienia spowiadających się wymienione przykazania i grzechy przeciw nim możliwe. Nad kolumną środkową jest drzeworyt przedstawiający księdza w konfesyonale, spowiadającego mężczyznę przed nim klęczącego. W głębi stoi zdaje się kobieta z włosami rozpuszczonemi, za nią widać głowę, jakby djabła szepcącego jej do ucha; nad nią wstęga z napisem: Crab. Crab. Ba. Jagiell.

BEIMLER Samuel. Medyk domowy Samuela Beimlera, doktora Kurfalskiego y Germerheimskiego fizyka, nauczaiący domowemi y mało kosztuiącemi lekarstwy, leczyć choroby, i owszem zdrowie zachowywać, wszystkim osobliwie tym potrzebny, ktorzy od medykow są odlegli; a prędkiego ratunku potrzebuiący, zniemieckiego na polski język przetłumaczony y roznemi bardzo gruntownemi annotacyami objaśniony przez Jana Jerzego Jelonka, filozofii y medycyny doktora, J. W. Jego Mości Pana Graffa Sulkowskiego, łowczego W. X. Litewskiego medyka nadwornego. Roku 1749. W drukarni Leszczynskiey wydany u Michała Wawr. Pressera. w 8ce mn., kart nlb. 8, str. 701 i spisu rzeczy 11.

Przywilej Aug. III. dla J. G. Jelonka wydany w Warszawie. Przedmowa datowana w Rydzynie 1749.

Akad. — Jagiell. — Krasiń. — Ossol.
— Toż. Leszno, 1778. w 8ce, kart nlb. 6, str. 701 i spisu kart nlb. 5.

BEJOWSKI Ludwik. Król tronu sakramentalnego w nowym Piotra ś. Watykanie, Boską, ludzką, oświadczaiąc uprzejmość, za ośmioletnią na ozdobę majestatu swojego hojność, zaszczyconemu ziemskich monarchów powaga, JO. księciu na Żukowie i Klewaniu Teodorowi Czartoryskiemu, poznańskiemu i warszawskiemu biskupowi, oraz prałatom i kanonikom nowego dzieła wspólnym fundatorom wiecznej chwały oddaje koronę, o której przez X. Ludwika Bejowskiego zakonu braci mn. S. O. Franciszka ściśl. Obser. W. polskiej Reformata, kaznodzieję ordyn. katedr. poznańskiego na pierwsze przeniesienie się z kollegiaty P. Maryi do Tumu z ambony upewnia roku 1763. W Poznaniu, w drukarni Akad. folio, kart nlb. 20.

Na odwr. str. tyt. herb kapituły Poznańskiej a pod nim 10 w. pols. Autor przypisał prozą X. biskupowi.

Warsz. Uniw.

— Nów Xiężyca pod krzyżem herbownego Tarnawy przy zachodzie życia Wielmożney ś. p. Zofii z Bystramów Puklatecki (tak), w pełni cnot godnych przymiotów ná polskim niebie z zaszczytem przeswietney familii odbiiaiący światłem oraz niezgasłym chwały Wielmożnym JMC. PP. Starzenskim, pisarstwu ziemskim Poznańskim y Wielmożnym JMC. PP. Sokolnickim, starostwu Boguszyckim Dobrodzieystwu w publicznym oká widoku podczas pogrzebowego aktu w przytomności dystyngwowanych osob, w kościele WW. OO. Reformatów konwentu Poznańskiego jaśniejący promieniem, á przez X. ....; Zakonu bráci mnieyszych S. O. Franciszka ściśleyszey obserwáncyi prowincyi Wielkopolskiey Reformata, kaznodzieję ordynáryusza kátedrálnego Poznańskiego z ambony ogłoszony. Roku, którego ná Nów szczęścia narodu ludzkiego Bóg wcielony stánął ná Zachodzie krzyżowey śmierci dniá 12. Lipca 1762. W Poznaniu, w drukarni Akademickiey. folio, 8 ark.

Na odwr. tyt. herby domów spowinowaconych, a pod niemi 4 czterowiersze pols. Przypisał prozą Starzeńskim i Sokolnickim.

Akad. — Czartor. — Zieliń.

BEISE Stanisław. Dignitas philosophiae suis, adversus occurrentes illius comparandae obices, praesidiis firmata et IV. venerabilibus Dominis 2-dae laureae candidatis declarata. Zamoscii, 1779. w 4ce, ark. B₄.

— Fructus philosophiae amplissimus. Summis etiam in republica viris magno in pretio habitus, VIII. VV. DD. Secundae laureae Candidatis, cum ejusdem philosophici honoris accessione, in publica gravissimorum hospitum, et Zamoscanae Universitatis praesentia; per M. Stanislaum Cantum Aloysium Szpadrowski philosophiae doctorem, physicae professorem, Notarium Apostolicum, ac interea Scholarum Zamoscanarum provisorem, facultatis philosophicae decanum, nec non VIII. VV. DD. promotorem exornarentur; attificiosô calamô J. U. D. Stanislai Beise, pòeseos in Universitate Zamoscensi professoris, ejusdem laureae Candidati. Anno 1776. die 8. Maii demonstratus. Typis Universitatis Zamoscensis. w 4ce, 3 ark.

Brali udział Stan. Beize, Ad. Kobylański, M. Degen, Thom. Ćwikliński, Nic. Manugiewicz, Mat. Kar. Złoba, Dan. Hniewski, Ant. Kamiński.

Są tu wiersze do św. Jana Kantego i do examinatorów, i do Stan. Beisego, którego chwalą M. Degen i Jan Human. — Herby są rytowane.   Jagiell.

— Propositiones philosophicae. Zamosci, 1781. w 4ce.

Zupełnie owoczesne pojęcia podane o układzie świata i obrocie ciał niebieskich.

— Propositiones philosophicae ex logica, metaphysica, physica generali ac particulari selectae quarum defendendarum in Collegio Universitatis Zamoscensis iniere provinciam M. D. Julianus Borowski et G. D. Joannes Witwicki philosophiae auditores in assistentia M. Stanislai Beise philosophiae doctoris, logicae ac metaphysicae professoris, facultatis ejusdem regentis et M. Adalberti Kobylański philosophiae doctoris, physicae professoris diebus Julii Anno Domini MDCCLXXX. Zamoscii, typis Academicis. w 4ce, sign. B. kart nlb. 6.

Na odwr. stronie tytułu zdanie Cycerona z księgi 2-ej badań Tuskulańskich o potrzebie dysput naukowych.

Tezy tylko do loiki i metafizyki do niego należą. — Do dysputy szczególnie systemata Wolfa, Deskarta, Leibnitza są stosowane.

— ob. Degen Marcin (1776) — Dobrowolski St. (1778) — Zaboklicki Joannes (Propositiones exphilos. 1779).

Beitrag zur Geschichte der christl. Religion. Enthält: Urtheile grosser Männer catholischer Religion über die Gewaltthätigkeit wegen Verschiedenheit der Meynungen. Nebst einem Anhang. Bez wyr. m. dr. 1768. w 8ce, str. 168.

Na str. 122. i dalej porusza spory religijne w Polsce, które spowodowały wydanie tej broszury.

Beyträge zur Dissidentischen Kirchen-Geschichte und bessere Kentniss von Gross-Pohlen besonders von den Gränz-Städten deutsch Zduny und Sieniutowo. Breslau, gedruckt mit Grossischen Schriften. B. r. w 4ce, str. 54.
Jocher 9725.   Ossol.

— zur neuern Staats- und Krieges-Geschichte. T. 1—19. Danzig, bey Joh. Chr. Schuster. w 8ce. T. 1. Zweite Auflage 1757. str. 736, rejestr i plany. T. 2. str. 740. T. 3. str. 740. T. 4. r. 1758. str. 758. T. 5. str. 742. T. 6. r. 1759. str. 776. T. 7. str. 720. T. 8. str. 774. T. 9. r. 1760. str. 760. T. 10. str. 769. T. 11. r. 1761. str. 681. T. 12. str. 632. T. 13. r. 1762. str. 604. T. 14. str. 574. T. 15. str. 590. T. 16. str. 594. T. 17. r. 1763. str. 586. T. 18. str. 606. T. 19. r. 1764. str. 316. — W końcu 186 do 190 tego Stück obejmujący ark. nlb. od X. do O₀₇ mieści: Haupt-Register des ganzen Werkes.

Głównie odnosi się do siedmioletniej wojny. Z niewielkiej ilości rzeczy polskich obejmuje te:

Biron Herz. v. Curland 1762. T. 15. s. 490. Curländischen Abgeordn. 1758. T. 7. s. 307. Curl. Herzogswahl. Carl. 1758. T. 7. s. 314—317, 328. Simolin 1762. T. 10. s. 421. Curl im J. 1763. T. 18. s. 422, 427, 438, 441. (Kayserling) 443, 444. (Biron) 48. (Castell. Lipski u. Simolin.) 452. Pro memoria) 492. (Czartoryski Rede) 500, 590. (Jabłonowski Rede) 597. (Borch) 606. (Herzog Carl Rede) 605. (Howen Antwort.) Danzig Händel. 1760. T. 13. s. 354. Poln. Memoire an Benoit 1762. T. 10. s. 139. Preuss. Manifest 2. März 1759. bey Ein-

rückung. T. 7. s. 530. Pr. Einmarsch. T. 7.
589 Widerlegung wegen ruinir. Magazine.
T. 8. s. 90. Benoit Antwort 1760. T. 10.
s. 624. Princ Heinrich Declarat. in Polen
1 Juli 1760. T. 10. s. 722. Patent. gener.
v. Golze, wegen Preuss. Uhlanen Corps.
T. 14. s. 361. Lossow wegen Lieferungen
1762. T. 18 s. 513. Antw. Preuss. Ministerii 11 Juni 1763. T. 19. s. 84. Poln.
Erklär. im Lager bei Pirna. T. 1. s. 244
Uniwersalieu 1758. 2 Octob. T. 7. s. 302.
Gegen Erklär. Peters d. III. T. 15. s. 296.
Poniatowski Rede an Elisabeth. T. 2. s.
32. Relationes aus Warschau von der
Schlacht bey Zorndorf. T. 5. s. 605. General Platen 24 Sept 1761. T. 14. s. 292.
Russ. Patente. T. 4 s. 50. Russ. Circular
an Magnaten. T. 5. 158. Gegen Declara-
tionen v. 13 Juli 1759. T. 8. s. 34. Schreiben General. Sebilski. T. 4. s. 22, 43.
Schreiben an König Stanislaus 1760. T.
10. s. 617—8. Schreiben des Graf. Flemming 1758. T. 14. s. 456. Absterben d.
Königs. 1763. T. 19. s. 104 Poln. Schreiben über die Schrift Betrachtungen. T. 9.
s. 291. Vom Kön. Poln. Hofe. T. 2. s. 29.
T. 3. s. 79. T. 7. s. 301. Gener. Arnim Poln.
Gesandter. T. 1. s 644. Benoit Erklärun-
gen. T. 5. s. 156, 158, 161. Bestużew (an
Republik, an Brühl). T. 1. s. 682. T. II.
s. 362. Beichtvater der Königin v. Pohlen
hat 12.000 Rthal. Gehalt. T. 1. s. 542.
Elisabeth und Biron. T. 8. s. 58. Kön.
v. Polen. und Preuss. Briefe. T. 3. s. 201.
Prinz Carl. T. 5. s. 115. T. 18. s. 428.
do 590 (und Biron). Komorowski Primas
stirbt. T. 7. s. 343. Kowno. T. 3. s. 8.
Leibnitz Poln. Gesandter in Danzig. T. 1.
s. 549. Małachowski Preuss. Husaren O-
berst. T. 3. s. 23—5. T. 4. s. 371. T. 5.
s. 118. Opoczna Angriff. T. 5. s. 91.
Polen (Pirna-Regensburg. Haag., Graf Rutowski Commission zu Derbnow. Rede der
Königen, Apraxin, Hordt. Poln. Cabinets
Secretär verhaftet). T. 1. s. 244. T. 2. s
30. T. 3. s. 201 i nsst, T. 5. 156, 161.
T. 7. s. 301—337, 530—587 T. 8. s. 31
T. 18. s. 513. T. 19. s. 88. Reichstag.
T. 7. s. 306. Rutowski Sächs. Feldm. T. 1.
s. 378, 515, 501 (an Grfn. Brühl). T. 2.
s. 43, 500—1. Sanguszko Fürst. T. 7. s.
301. Sułkowski Fürst von Preussen in
seiner Residenz angehoben T. 7. s. 350,
532. T. 8. s. 17, 188, 532. Thoren von
Russen besetzt. T. 5. s. 161—2, 351.
Poln. Uhlanen stossen zur österr. Armee
in Mähren. T. 1. s. 165. Uniwersalieu
zum Reichstage. T. 7. s. 302. Załuski
Bischoff von Cracau stirbt. T. 7. s. 328.

Jagiell. — Wileńs.

— zu der Pohlnischen Wetlichen,
Kirchen und Gelahrtengeschichte. Zwey
Theile. Danzig, bey Daniel Meissnern.

1764. w 8cc. I. Theil str. 6 i 17—33,
586. II. Theil kart 10, str. 348 i 10.

T. 17. Olof: Liedergeschichte. T. 2. Ringeltaube: Nachr. von den poln. Bibeln. Tylko
tytuły dodrukowane.

ob. Olof. — Ringeltaube.
Jocher 7020.

Czartor. — Jagiell. — Ossol.

— (Historische politisch - geogra-
phisch - statistisch und militärische) die
Königlich Preussische benachbarte Staaten betreffend. 3 Theile. Berlin, 1781—
1783. w 4cc.

— ob. Dabrowski J. H. (zur Gesch.
der Revol. 1794) — Oelrichs F. CC.
(diplomatische zur Gesch. Pommern
1764) — Schlief Wal. (zu Sam. J.
Hopii schediasma 1707, 1711, zu Praetor. Athenae 1707).

Bekaentniss ob. Bekentniss.

BEKAN Marcin. Verbeeck (Van der
Beck Jezuita, ur. 1561 † w Wiedniu
1624). Bóg kalwiński. Z łacińskiego
na polski język przełożony przaz Jach-
nowicza Jana S. J. 1640.

Brown. Bibl. s. 203.

— Compendium Manualis controversiarum huius temporis de fide ac
religione authore. — Vilnae, ex typogr.
Acad. S. J. 1627. w 8ce, str. 545,
kart 3 na przodzie i rejestru kart 6.

Dedyk.: Ferdinando Ernesto archiduci Austriae.

Brown. Bibl. 114, 480. — Jocher 3209.

Czartor. — Wileńs.

— Czyściec kalwinistów, przez Marcina Bekana S. J. gwoli pobożnym
kalwinistom pilnie opisany, a dla prostych panów kalwinistów, albo jako się
sami zowia, ewangelików, po polsku
wydany. W Wilnie, w druk. Akademii,
1639. w 8ce mm.

Przekład Jana Jachowicza S. J.
Jocher 4010. Drohob.

— Kontrowersye z Kalwinem i
uczniami jego o sprawiedliwości dobrych uczynków, o pomocach łaski
Chrystusowey. Niegdyś językiem łacińskim przez Wielebn. Xiędza Marcina
Bekana S. J. S. Th. doktora napisane;
teraz na polski język dla pospolitego
wszytkich w tym królestwie urodzonych pożytku przez W. X. Józefa To-

łoczkę Societatis Jesu S. Theol. doktora i aktualnego w Akademij Wileńskiey professora przetłumaczone R. P. 1769. Tomik I—IV. W Wilnie, w drukarni J. K. Mci Akad. S. J. — T. I—II. 1769. — T. III. i IV. 1770 r. — w 8ce, T. I. str. 525 i kart 17. T. II. k. 5, str. 217 i Ukazanie rzeczy k. 5. T. III. k. 9 i str. 351. T. IV. k. 4, str. 239 i Ukazanie rzeczy kart 4.

Tom II. dedykowany Jędrz. Ziemkowiczowi marsz. wielk. Gł. Trybunału W. X. L. — Tom IV. dedyk. Bol. Bispingowi marsz. Starodubowskiemu.
Jocher 3210. — Siarczyńs. Obraz I. 25. — Freher Theatrum I. 420.
Czetwert. — Jagiell. — Ossol. — Wileńs.

— Privilegia Calvinistarum oder wunderbarliche und sonderbare Freiheiten der Calvinisten aus des.... Hern Martini Becani Schriften verdeutscht.... durch Mathaeum Tympium... Gedruckt zu Brunsberg, durch George Schönfeld Anno 1613. w 4ce, kart 4, str. 88.
Warsz. Uniw.

—— ob. Arnoldus Nicolaus (1647) — Lovenstein Theodor (1635) — Poszakowski Jan (1749).
Backer. Bibl. des ecriv. I. 478.

BEKAN (Becanus) Michał Otto belgijczyk, spowiednik Zygm. III. jezuita (ur. 1550 † w Warszawie 1622). Ein Gespręch von der Religion, auff dem Fürstlichen Hausse zur Mittaw, zwischen Michaele Ottonio Becano Societatis Jesu, und Paulo Oderbornio Superintendenten in Curlandt, in Gegenwertigkeit beider Durchleuchtigen Frawen und Fürstinnen, mit ihrem Hoffgesind, neben vilen anderen ehrlichen Leutten, und Burgeren gehalten. Anno Domini 1599 in Augusto. Gedruckt zur Wilda durch Georgium Nigellium, Anno Domini 1605. w 4ce, sign. F. (ark. 5½/₂). Raczyńs. w Pozn.

Jocher 2937, 9547. — Gadebusch Abhandl. von livl. 78. — Kraszews. Wilno II. 461. IV. 151. — Wizerunki i roztrzęs. 1843. T 66. s. 187. — Recke und Napiers. I. 83. IV. 602 — Lelewel Ks. I. 201. — Tetsch. Kurländ. Gesch. I. 210. III. 201. — Nord. Miscellen. XXVII. 175. — Recke und Napiers. I. 163. „Bethulius oder Bethalian Joh. Salom. hat die von Becanus

über sein Colloquium 1605. herausgeg. Akten beantwortet".

BEKANOWSKI Aleksander (urodz. 10 Marca 1682 † 13 Lut. 1752). Quaestiones theologicae canonico-morales de septem sacramentis, SS. Canonum, Conciliorum, et SS. Patrum authoritate firmatae per casus factos non fictos explanatae a R. P. Alexandro Bekanowski S. J. S. Th. Doctore, olim theologiae moralis, nunc vero theologiae scholasticae, positivae et controversae in alma Academia et Universitate Vilnensi S. J. ordin. professore. Vilnae, typis Academicis S. J. An. Domini MDCCXXXII (1732). w 4ce, str. 280, 72, kart na przodzie 12 i rejestr.

Przypis. Franc. Kazim. z Gieczan Gieczowiczowi kanonikowi Wileńs.
Jocher 7329. — Kraszews. Wilno IV. 247. — Brown Bibl. S. J. 114. — Wileński katalog ma z datą 1731 i zwie go Bakanowski. — Backer Bibl. 1890. I. 1131.
Wileńs. — Warsz. Uniw.

Bekantmachung des specifiquen Mittels wieder des tollen Hundes Biss welches Se Königl. Maiestät zum allgemeinen Leisten vom Besitzer erkaufen, dessen Wirksamkeit und Zubereitungs Art untersuchen und dessen Gebrauch in vorkommenden Fällen den medicinischen Collegien und gesammten Publiko empfehlen lassen durch Höchst Deroselben Obercollegium medicum. Posen, den 9 Julii 1798. Gedruckt bei Decker und Compagne.

Publikacya osobliwego lekarstwa przeciwko ukąszeniu psa wściekłego, które król Jegomość dla dobra pospolitego od tego, który je miał, kupić, jego skuteczność i sposób preparowania dowiadywać i jego zażywanie w przypadających kazusach kollegium medycyńskim i całemu publice rekomendować kazał przez Naywyższego Jego Collegium medicum. W Poznaniu, dnia 9 Lipca 1798., w drukarni Dekkera i kompanii. folio, str. 12.
Warsz. Uniw.

— ob. Jan Adolf (1735).

Bekänntniss in Christlichen Glauben ob. Salomo J. (1656).

Bekanntnues, warumb... ob. Fleisch Seb. (1591).

Bekatto Joannes Maria ob. Schenking Otto (Visitationis 1611).

Bekehrung obacz: Joppich Melchior (1730).

Bekentniss Confession ob. Hosius Stan. (1560).

— des Christl. Glaubens ob. Schlichting Jan (1653).

Beker Fryderyk ob. Zywert Fabian (Przyjętych 1662).

Bekesius Vladislaus ob. Bekiesz W.

Bekier Franciszek ob. Szlachtowski Andrzej (Kazanie 1778).

BEKIERSKI Jan. Mowa do obywatelów miasta Kazimierza i świeżo przyłaczonych juryzdykcyy, przy wykonaniu przysięgi na konstytucyą narodową, dnia trzeciego miesiąca maja zapadła. Przez Jana Bekierskiego J. K. M. sekretarza w dyecezyi krakows. S. Stolicy Apostolskiey rzymskiey, uprzywilejowanego pisarza, rzeczonego miasta prezydenta. W kościele farnym Bożego Ciała dnia osmego sierpnia, r. 1791 miana. Bez osob. tyt. i bez wyr. m. (1791). w 4ce, k. 1.
Jagiell.

BEKIERSKI Wincenty, Kosiorka. Oda polskim wierszem na dzień 3 maja imieniem JW. Alexandra na Morsku Morskiego podkomorzego Ziemi Przemyskiej, rotmistrza chorągwi pancerney woysk polskich od W. Wincentego Kosiorka Bekierskiego G. A. N. R. P. jako krwią złaczonego y zawsze obowiazanego offiarowana. W Lwowie, w drukarni Ant. Pillera ces. kr. gubern. typ. 1777. folio, k. 2.   Ossol.

Bekiesz Władysław ob. Appendix albo zawieszenie — Kołakowski Stanisław (O szczęśliwości 1593) — Loechius Andreas (Timoleon) — Samboria Camillus (Assertiones 1597).

Niemcewicz Pamiętn. Zygm. III. I. 400. — Encykl. Orgelbr. III. 56. — Święcki Hist. Pam. I. 10. — Volum. legum II. 345. — Siarcz. Obraz I. 25.

BEKKER. Manualik zawieraiący sposob leczenia bydląt wydany przez plebana Bekker. W Warszawie, w księ-

garni Michała Grölla 1797. w 8ce, str. 137, spisu kart nlb. 2.

Dedyk. Hr. Hoymowi pruskiemu ministrowi.
Jagiell. — Ossol.

BEKLESZOW Aleksander (ur. 1745 † w 1808). Obwieszczenie Bekleszowa gubern. wojen. Kamieńca Podolskiego o przedsięwzięciu zaradczych środków przeciw zarazie. Datowane w Kamieńcu Podolskim d. 18 grudnia 1797. folio, str. nlb. 10.   Krasińs.

Bęklewscy ob. Bęklewski Piotr — Orzeszko Józef (Sprawa 1780).

Bęklewska Izabella z Orzeszków ob. Orzeszkowie Józef i Michał (Sprawa 1780).

BĘKLEWSKI X. Andrzey. Parlament niebieski konsultacyi świata tego pożyteczny, w kancellaryi Mateusza S. opisany, a przez X. Andrzeja Bęklewskiego, przy bytności wielu tak stanu rycerskiego iako i stanow innych ludzi w niedziele wtórą postu wielkiego kazaniem ogłoszony y do druku podany. Roku pans. 1642 z dozwoleniem starszych. We Lwowie, w drukarni Michała Sloski typ. JEMC. X. Arcybiskupa 1642. w 4ce, kart 15. druk gocki.

Dedyk. X Samuel. Koreckiemu.
Jocher 4779.
                              Ossol. — Uniw. lwow.

— Tryumph Nayiasn. Krolowey nieba y ziemi przenayświęt. błog. Panny Maryi z Nazaret, familij Dawidowey, córki Joachimowey, wnuczki Abrahamowy, Xiężncy Rayskiey, Panny Anielskiey, Cesarzowey wszystkiego świata, przenaychwalebn. Matki Boga nieogarnionego w dzień chwalebnego wniebowzięcia Jey w kościele Pohrebiskim różańca świętego. Przez Wielebn. X. Andrzeja Pęklewskiego K. B. wyprawiony y do druku z pozwoleniem starszych podany w roku 1642. [Na końcu:] W Lublinie, u Anny wDowy (sic) Kondratowey R. p. 1642. w 4ce, k. 13, druk. goc.

Dedyk. X. Konst. Gryz. z Zamościa Jeremiowej z Korybutów Wiśniowieckiej.
Jocher 4577.
              Krasińs. — Ossol. — Uniw. lwow.

(Bęklewski Andrzej) (Coll. Noscovianum) Choraginm dignitatis etc. And. Bęklewski etc. Cracoviae, 1624. w 4ce.

BĘKLEWSKI Antoni. Informacya o zacności Różańca św. 1739. w 8ce, kart nlb. 6, str. liczb. 102.

Dodyk. Teresie z Śliźniów Abramowiczowej przez jej wnuka Antoniego Bęklewskiego star. Radn.
W egzempl. Krasińs. brak tytułu
Krasińs.

Bęklewski Onufry obacz: Uniwersał (1769).

Bęklewski Piotr ob. Orzeszkowic Józef i Michał (Sprawa 1780).

Bęklewski Wawrzyniec Felix obacz: Vertot (Historya rewolucyi 1736).

Bekowna Barbara ob. Klerk Alexander (Lutnia 1704).

Bekwark ob. Bacfart.

BEL. Karol Andrzej (1717 † 1782). Ad celsissimum principem Jos. Alex. Jablonovium bonarum litterarum statorem et vindicem ode. Lipsiae, 1759. w 8ce. Kijows.

— Toż. Lipsiae, 1760. Denuo impressum. Leopoli, w 8ce.

Zarazem: Celsiss. principi Jos. Alx. Jablonovio bonarum artium atque litterarum statori et vindici C. And. Bel. Lipsiae, 1760. kart 3.

J. O. X. Imci Józ. Alx. Jablonowskiemu, lipskich nauk podporze, z łacińskiego (K. And. Bela) przez brygadyera Jakubowskiego na oyczysty język wiernie oddany.

Ad Jos. de Prussiis principem Jablonovium palat. Novogr. equitem Sti Spiritus, S. Michaelis, St. Huberti S. C. E. P. sermone cum eo habito, de patriae incuriis et proditoribus (carmen St. Konarski) kart 3.

Immortalis famae heroi celsissimo e ducibus Prussiis S. R. I. principi Jos. Alex. Jablonovio etc. bibliotheca collegii Varsaviensis Soc. Jesu eruditissimis voluminibus ab ejus magnam partem divino prope ingenio derivatis aucta et mirum in modum exornata gratias nulla temporis diuturnitate interituras persolvit. kart 2.

Principi viro Jablonovio bonarum literarum amico Adalb. Jakubovius amica refert vota. str. 1.

Narratio celsiss. principis Jablonowski palatini Novogrodensis redeuntis a sereniss. throno Galliae in bibliotheca arcis lachovecensis reposita.

Ad Jos. Alex. principem Prussium Jablonovium palatinum Novogrod., dum iis, qui ex geometricis, ex philosophia experiente, aliisve ingenuis disciplinis palmam referrent, praemia liberaliter proponeret, numismata scilicet, auri pondere, atque opere caelato insignia, Deiphili Ismariensis [Franc. Leśniewski Soc. Jesu] pastoris Arcadis, carmen, celsiss principi Academia et scientiarum, Universitatis Leopoliensis d. d. d. an. 1761.

Ad eundem celsiss. principem prosopopoeia Poloniae. Eodem Deiphilo Ismariense auctore.

Ode votiva ad celsiss. Jos. Alex. et S. R. I. de ducibus Prussis principem etc. Jablonovium etc. Paulo Dzidowski etc. Anno Do7 159 miniic D8 (sic) mensis 9-bris.

Razem wyszło siedem numerów. W jednym z nich Deiphilus prosi Jablonowskiego, aby karta Polski przed 20 laty przezeń wypracowana, wyszła na widok publiczny.
Porównaj: Jablonowski — Leśniewski Franc.
Krasińs. — Kijows.

— J. O. Xciu JMci Józefowi Alexandrowi Jablonowskiemu, lipskich nauk podporze przez K. And. Bela z łacińskiego na ojczysty język oddane przez Woje. Jakubowskiego. Przedruk wraz z oryginałem łacińskim. W Warszawie, 1761. w 8ce.

— Celsiss. principi Jos Alx. Jablonovio etc. natalem IV. Febr. diem gratulatur. Lipsiae, 1770. w 4ce.

Wiersz łaciński i przekład jego polski.
Kijows.

BEL. Maciej (1684 † 29 Sierp. 1749). Apparatus ad historiam Hungariae sive collectio miscella monumentorum ineditorum partim, partim editorum et fugientium. Posonii, 1735—1746.

Od str. 158—189 Historia arcana poselstwa Jarosza (Hieronyma) Laskiego wojewody Sieradzkiego, które odprawił do Turek imieniem węgiers. króla do sułtana Solimana. Wyjęta z rękopismu Łaskiego, którego Załuski zowie nie Jaroszem lecz Wojciechem.

Wurzbach Biogr. Lexic. II. 236. — Przyłęcki S. Rkps.

Belagerung ob. Bericht (1733) — Wiedeń (Die grausame 1684).

Bełchacka Aleksandra ob. Balffy Tomasz (Dom 1728, Olympus 1728).

Bełchacki Adam ob. Musae (1631).

Bełchacki Antoni ob. Barszczewski J. (Animus 1719) — Elbing Ludw. (Relacya 1727).

Bełchacki Dominicus ob. Romer J. Felix (1746).

Bełchacki Stanisław ob. Sztychowski Wojciech (Złote żniwo 1717).

BELCOUR (de) **Thesby F. A.** Relation ou journal d'un officier françois au service de la confédération de Pologne pris par les Russes et rélegué en Sibérie. Amsterdam aux dépens de la Compagnie MDCCLXXVI (1776). w 8ce, z przodu k. nlb. 4 i str. 286.

Przypisał hr. Ogińskiemu (Ogański) hetmanowi W. W. X. Lit. Th** de B** lieutenant colonel d'infanterie.

Niektóre egzemplarze mają tytuł wprost: Journal dedié a S. E. le Comte Ogański (Ogiński) grand général de Lithuanie.

Dzieło to przełożył na język polski Ksawery Godebski p. t. Dziennik oficera francuskiego i t. d. Lwów, 1866, w 8ce, VIII. i str. 168.

Büsching Wöchentl. Nachr. 1776. s. 291. — Barbier Diction. des ouvr. anonymes N. 1649.

Czartor. — Jagiell. — Krasiń. — Przeżdziec.

— Tagebuch eines französischen Officiers in Diensten der pohlnischen Konföderation, welcher von den Russen gefangen und nach Sibirien verwiesen worden. Aus dem Französischen. Amsterdam, auf Kosten der Gesellschaft. 1776. w 8ce, kart 5. str. 274.

Götting. Anz. 1777. N 50. s. 26. April.

Na egzemplarzu Bibl. Jagiell. zanotowano współcześnie: Der Verf. des Buchs hiess Belefor. Czartor. — Jagiell.

BEŁCZEWSKI Wojciech Józef, podskarbi i prof. Akad. Zamojskiej. Theses philosophicas Aristotelis Thomisticas quas in alma Universitate Zamoscensi professus est, publicae disputationi pro-

posuit M. Albertus Bełczewski Phil. D. et formalis ejusdem professor publicus, sacra auctoritate Notarius apostolicus, juventutis Academiae capellanus. Oppugnarunt AA. RR. PP. Basiliani Franciscani et Reformati, defenderunt J. U. D. Josephus Uszak Kulikowski AA. LL. et philos. baccalaureus et Illustr. M. G. D. Franciscus Kunicki capitaneus Chotecensis et Czułczycensis vexilliferides Crasnostaviensis praefectus Congregatum B. M. V. Im. Concep., R. M. G. Adam Zajaczek, thesaurarides Lenczycensis, philosophiae studentes anno ab' aera Christi 1767 mense Julii. Zamoscii, typis Universitatis expressit. w 8ce.

Obejmuje: krótką wiadomość o systematach filozoficznych, dalej tezy z loiki i metafizyki podług zasad Arystotelesa przez bakałarzy scholastycznych przeistoczonych.

— Theses philosophicas Aristotelis Thomisticas ex universa philosophia in recognitionem supremi Domini ac excellentiae suae divinae augustissimae et individuae triadi summo et uni Deo dicatas, quas in alma universitate Zamoscensi professus est, publicae disputationi proposuit M. Albertus Bełczewski philosophiae doctor et formalis ejusdem professor publicus, sacra authoritate notarius apostolicus, defenderunt G. D. Gregorius Kostecki, G. D. Petrus Czechowski (dolepione nazwiska) publicarum lectionum et praecipue philosophiae auditores. Typis Universitatis, anno domini 1769. expressit. w 8ce, kart nlb. 5, sign. 3.

W innych egzemplarzach inne są nazwiska dysputantów.

Bełczyński Christophorus ob. Minasowicz Deodat (Umbra 1696).

BEŁDOWSKI X. Antoni Dominik (um. r. 1773). Żywe obrazy na gruncie nieśmiertelney sławy żywemi zasług w Oyczyznie, heroicznych dzieł y świątobliwych cnot koloráми wykonterfektowane, Jaśnie Wielmożni godney y nieśmiertelney pamięci Ich Mość Panowie Józef kasztelan Bełzki, y Franciszek chorąży Lubaczewski, ociec y syn z Zmigroda Stadniccy; przy ostátnim ná iednymże kátáfalku ciał ich w kościele Oporyszowskim złożeniu, Oyczyznie ná zaszczyt, domowi ná ozdobę, prozápii ná przykład, wszystkim ná konsolácya kaznodźieyskim stylem wysłowione. Przez X. M. Antoniego Dominika z Bełdowá Bełdowskiego, w przesławney Akádemii krákowskiey filozofii doktora, dziekana Mieleckiego, proboszcza Przecłáwskiego. Roku, którego Bóg obraz ciáłá nászego ná siebie przyiął 1737. dniá 11, miesiącá lutego. W Krakowie w drukarni akademickiey. folio, kart 18. (ark. 1₂).

<small>Dedyk. Zofii z Makowieckich Stadnickiej, kasztelanowej Belzkiej.
Chlędows. Spis 164.
Jagiell. — Krasiń̃s. — Ossol. — X. Polkowski.</small>

— ob. Banaczkowski Szymon Bonawent. (1752) — Jordan A. (Argumentum 1767) — Trojanowicz M. J. N. (Kalendarz 1748).

<small>Łętows. Katalog II. 21—22. — Chlędows. Spis 164.</small>

BEŁDOWSKI Ignacy S. obyw. województwa Sandomirskiego. Prospekt do zbioru prawa sejmu teraźniejszego. Bez osobn. tyt. i bez wyr. m. i r. (Warszawa, 1791). w 4ce, kart 2.

<small>Ogłasza prenumeratę na dzieło w 3 tomach. Zbiór praw czyli konstytucyi sejmu gł. ord. Warsz. r. 1788. zaczętego (aż do r. 1792).</small>

— ob. Dziennik sejmu głównego Warsz. (1789).

BEŁĘCKI z Kosicina **Stanisław.** Solea Zapolsciana post praeclara majorum merita et aviti generis gloriam perillustris et reverendissimi Dom. D. Joannis a Zapolice Zapolski Castell. Vielunens. Abbatis Lendensis sacris honoribus illustrata atque a Stanislao de Kosicin Belęcki eidem perillustri, pro sua cum illo sanguinis necessitudine gratique animi significatione oblata. Posnaniae, in officina typ. Alberti Reguli anno salutis 1646. w 4ce, str. 16.

<small>Świecki Hist. pam. I. 15. i Niesiecki zowią go Blecki, zaś Jabłonowski Musaeum Pol. 27. Błąski.   Czartor. — Ossol.</small>

Belefortius Franc. obacz: Firmanus (1744).

Belemiti prussici ob. Breyn J. (Dissertatio 1732).

Beles Michael Henricus ob. Wolfhagius Jacobus (Sacris hymenoeis 1635).

Beleuchtigung des schwedischen Manifestes 1656. w 4ce.

<small>Hoppe (Longinus I. 86).</small>

— obacz: Conringius (Behauptung 1659) — Nicanor (Eclypsis 1656).

Beleuchtigunge der Antwort ob. Nicanor Andr. (1656).

Beleuchtung der götl. Gerichte bei Kön. Car. Gustavi Leben ob. Karol Gustaw (1660).

— (Kurtze) deren Beantwortung der Frage: Ob das wider die Thorner an. 1724 zu Warschau gefällte Urtheil dem Olivischen Frieden widerstrebet? 1725. w 4ce.

— der Betrachtungen über das von der Republic Pohlen bey gegenwärtigen Zeit-Läufften zuhaltende Betragen. 1756. w 4ce, str. 16.

— Toż, inne wydanie. 1756. w 4ce.

<small>Kijows. — Ossol.</small>

— der Gründe, aus welchen die Annahme der pohlnischen Krone Sr. Durchlaucht dem Churfürsten v. Sachsen von einem Ungenannten widerrathen worden ist: Allen gutgesinnten Sachsen und Polen gewidmet. Leipzig, in Commision bey F. G. Baumgärtner, 1792. w 8ce, k. 5, str. 59.

<small>Osobna stronicę tworzy na końcu: Schröckhs Weissagung. — Przepowiednia się nie sprawdziła.
ob. Annahme — Erinnerungen. — Etwas. — Warum soll.
Akad. — Jagiell. — Raczyńs.</small>

Beleydenisse des Geloof ob. Schlichting Jonas (1643, 1652).

Belgard. Rozmowa o stateczności umysłu między Teagenem i Eutymem ob. Bellegarde J. B. (1782).

Belgia obacz: Ostorod Krzysztof (1600) — Pinoccius Hier. (Praepositio 1658) — Poszakowski Jan (1749).

Belgrad ob. Opisanie (1739, 1740) — Uhlich G. (Die Belagerungen 1790).

Belgram Dan. pseudon. ob. Czartoryski Ad. (Koncept 1774).

(Belgram Daniel). Produkt w sprawie W. Imci Pana Daniela Belgrama, starosty Malczewskiego z W. Imci Xiędzem Tesselinem Rembowskim opatem i ze wszystkiemi XX. Cystersami klasztoru wiszłyckiego (po r. 1786). folio, ark. C. kart nlb. 6.

Warsz. Uniw.

Bełhacka Alexandra ob. Radziwiłł (1728).

Bełhacki Antoni ob. Bełchacki.

Beliebung obacz: Ordnung (1724. 1737).

Belina Jakób ob. Broniszewski Josephus Georgius (Conjugio 1645).

Belina Michał ob. Bellina.

Belinda ob. Niemcewicz Jul. Urs. (1788).

Belinowna Alexandra ob. Kaczkowic Jan (Apollo 1648) — Macudkowicz Maciej (Poemation 1618).

Belizaryusz ob. Marmontel (1769) — Wichert X. Jan (Belizar, tragedya 1787).

Bełkie Józef ignacy ob. Boelcke J. I.

Bella Jehovae seu meditationes ob. Andreas Ernest (1681).

— Moschorum ob. Lovenclavis Joannes.

(Bellacy Tom.) Krótkie zebranie życia, cnót. śmierci y cudów błog. Tomasza Bellacego zakonu S. O. Franciszka Braci mnieyszych konwentual. Laiczka Professa, który od Clemensa XIV. Papieża publicznym wyrokiem. w liczbę błogosławionych w r. 1771 dnia 24 Sierpnia policzony, a z okazyi teyże uroczystey beatificacya w kościele krakowskim XX. Franciszkanów w dzień ŚŚ. Piotra i Pawła Apostołów odprawioney dla pożytku wiernych Chrystusowych, z włoskiego na polski przetłómaczony, za pozwoleniem zwierzchności do druku podane. W Krakowie, w drukarni Akademickiey r. 1777. w 24ce, str. 3, 68 i 2.

Jocher 8650. podaje w 12ce, str. 69.
Ossol.

Bellaria super mensas debellatoris Litvaniae Alexandri Vitoldi triginta millibus Capitum ad internecionem uno

Marte deletis instructissima, ad pocula Bacchi. A perillustri praenobili, ac magnifica juventute Collegii Pinscensis Soc: Jesu famelico spectatoris oculo in opsonium exhibita. Anno 1717. die... Bez w. m. i r. i bez osobn. tyt. folio, kart nlb. 2.

Jestto dyalog na zasadzie podania Kojałowicza w Hist. Litwy o Konradzie Juningen i Witołdzie. Na egzemplarzu zanotowano Stan. Chrzanowski S. J.

Jagiell.

— beluae ori erepta, seu leo in oleo citra carnes ieiunans hiantibus in Lupercale sacvum carnivoris Bacchi Lupis congenitam deponens saevitiem, sub tragicecomico schemate, ab illustrissima, perillustri, ac magnifica juventute Collegij Varsaviensis Societ: Jesu, in ferinis clathris captivus libero spectaculo exhibitus, anno victoris Leonis de tribu Juda 1720, 10. febr. Bez osobn. tyt. i bez m. dr. (1720). folio, kart nlb. 2.

Na egzempl. zanotowano współcześnie R P. Theodati Ramult. Obejmuje program dyalogu w trzech aktach.   Jagiell.

— ob. Biener Ad. (Poetica 1666) — Janicki Jan (martis sarmatici 1683) — Mansy Józ. (Apollinis 1694) — Obrębski Józ. (mentium candidat. 1704) — Philippus Willielm (academica 1642) — Schelgnig Sam. (in nuptiar festiv. 1670).

BELLARMIN Robert Franc. kardynał (1542 † 1621). Apologia Roberti S. R. E. Cardinalis Bellarmini, pro responsione sva ad librvm Jacobi Magnae Britanniae Regis, cvivs titvlvs est, Triplici nodo triplex cuneus, in qva apologia refellitvr praefatio monitoria Regis ciusdem. Accessit eadem ipsa responsio iterum recusa, quae sub nomine Matthaei Torti anno superiore prodierat. Vilnae, apud Joannem Karcanum MDCX (1610). Svperiorvm permissv. w 4ce, k. 4 i stron przeszło 201.

Dedykacya Rudolpho II. Imp. Caesari.
Według rejestru po str. 160 idą: Responsio, Breue ad Anglos, Epistola i Responsio Bellarmini.
Jocher 2942, 9791.

Jagiell. — Ossol.

— O wiecznym błogosławieństwie y szczęściu ktorego zażywaią święci y wybrani Bozy w niebie, pięcioro ksiąg, do Jaś. Oświec. y Przewieleb. Kardynała Farnezego napisanych przez Roberta Kardynała Bellarmina S. J. Przełożone z łacińskiego na polski przez X. Kaspra Sawickiego tegoż zakonu kapłana. W Krakowie, w druk. Fr. Cezarego, 1617. w 4ce, k. 10 i str. 183.

Dedyk. do Jadwigi Tarłownej, zakonu S. Klary u S. Jędrzeja w Krakowie.
Niesiecki IV. 45. — Jocher 6058.
Branic. — Czartor. — Ossol.

— Compendium doctrinę christianae. Jussu S. D. N. Clementis VIII. ad instructionem puerorum, et simplicium ab Illustrissimo Cardinale Belarminio compositum. Nunc verò ex Italico idiomate in Latinum, Wladislao principi Serenissimi Sigismundi III. Poloniae et Sueciae Regis filio, ac in usum Dioecesis Luccoriensis translatum. Accessit hac editione secunda modus christianam doctrinam tradendi; omnibus qui curam gerunt animarum, cum primis necessarius. Cracovie, in officina Andreae Petriconij Anno Domini 1606. w 12ce, kart 2 i str. 155.

Przypis Xiążęciu Władysławowi przez tłómacza Marcina Szyszkowskiego biskupa Łuckiego.
Od str. 45. idzie praca Szyszkowskiego pod tytułem: Catechismi seu doctrinę christianae pueris ac rudibus tradende practicus modus in duas partes divisus etc. Poczem Praefatio Mart. Szyszkowski. Cracoviae, 1605.
Jocher 2783. — Wiszniews. IX. 171.
Jagiell.

— Doctrinae christianae copiosa explicatio. Vilnae, typis Acad. S. J. 1655. w 8ce.
Jocher 2789.

— Epistolae familiares .... S. R. E. cardinalis e Soc. Jesu. Romae, typis Domin. Manelphii anno Jub. 1650. w 12ce, k. 12, str. 442 i k. 1.

Dedyk. J. Bapt. Alterio S. R. E. cardinali Gawhus Fuligatus e S. J.
Tutaj są te listy do Polaków: Archiepiscopo Leopoliensi, Vladislao Regis Polon. filio, Archiepisc. Gnesnensi (dwa), Sigism. III. Regi (pięć), Sophiae Dembiuscae, Episc. Vilnensi, Episc. Vladislaviensi, Episc. Vratislaviensi, Episc. Cracoviensi, Episc. Varmiensi, Andr. Pruchnicio (dwa), Joann. Letmichostomski (Gostomski), palat. Inowroc., Laurentio episc. Vladisl., Nic. Chr. Radivill.   Czartor.

— O głosie ostatnim umierającego Zbawiciela czyli o siedmiu słowach Pańskich przed skonaniem na krzyżu powiedzianych księga Roberta Bellarmina z Towarzystwa Jezusowego niegdy po łacinie napisana, teraz zaś z łacińskiego przełożona przez (X. Adama Wysockiego) tegoż zakonu kapłana 1778. W Gdańsku, w drukarni J. E. F. Müllera. w 8ce, str. 251.
Warsz. Uniw.

— O jęczeniu gołębicy czyli o dobru łez. Księga Roberta Bellarmina, z Towarzystwa Jezusowego, niegdy po łacinie napisana, a teraz z łacińskigo przełożona i do druku podana przez tegoż zakonu kapłana 1776. W Gdańsku, w 8ce, str. 388.
Warsz. Uniw.

— Jvdicivm Roberti Bellarmini, in Politiani, Soc. Jesu de libro quem Lutherani vocant Concordiae. Ingolstadii et Cracoviae in officina Lazari. B. r. w 8ce, kart 86.   Branic.

— Jvdicivm Roberti Bellarmini Politiani, Societatis Jesu Theologi, de libro, quem Lutherani vocant, Concordiae. Ingolstadii, apud Dauidem Sartorium. Et Cracoviae in officina Lazari Anno D. 1586. w 8ce, kart nlb. 2, str. 149 i 1 nlb.

Bibl. Jagiell. ma także egzemplarz z datą: anno MDLXXVI. cum gratia et privil. Caes. Majest. ale bez dodatku: et Cracovine, ma str. 152 i k. 1.
Wierzbows. I. 488.
Warsz. Uniw. — Czartor. — Tow. Przyjac. Nauk. — Ossol. — Popiel. — Jagiell.

— Katechizm tłóm. Jerzy Majer. Augsburg, 1616. z rycinami P. G. Mayra Soc Jesu.
Backer Bibl. ed. 1890. I. 1201.

— Katechizm rzymski abo krotka nauka katolicka wszystkim chrześcianom do zbawienia naypotrzebnieysza, po włosku z rozkazu Oyca S. Klemensa osmego przez Roberta Bellarmina kardynała, arcybiskupa Kapuańskiego w Rzymie wydana, przez Marcina Szyszkowskiego, biskupa natenczas Łuckiego po łacinie przetłumaczona i królewicowi Władysławowi dedykowana, teraz po polsku dla zrozumienia wszystkich osobliwie katolickiey młodźi przełożona przez X. Jana Poszakowskiego Soc. J. teologa. W Wilnie, w drukarni J. K. M. Akad. Soc. Jesu. R. p. 1752. w 4ce, str. 70.

Por. Nauka (1618).
Jocher 2812.　　　　　　Wileńs.

— Toż. Warszawa, druk. Scholar. Piar. 1796. w 8ce.

— Kazanie które P. Jezus z krzyża uczynił do narodu ludzkiego, ostatnie, albo o siedmi słowiech, które Zbawiciel nasz wyrzekł na krzyżu ostateczne, ksiąg dwoje, przez Jaśnie Wielmozne-go Roberta S. K. R. kardynała Bellar-mina Societatis Jesu napisane, a teraz z łacińskiego języka na polski przez Piotra Fabrycego teyże Societatis ka-płana przełożone. W Krakowie, w dru-karni Andrzeja Piotrkowczyka typogra-pha J. K. M. Roku p. 1622, w 8ce, str. 286.

Siarczyńs. I. 121. wymienia rok zgonu tłó-macza: 1622. a rok druku 1628. co myl-ne. — Jocher 2419 a), 4767.
Drohob. — Ossol.

— Dwa traktaty Roberta kardy-nała Bellarmina, tłóm. X. Fabrycego S. J. W Krakowie, 1621.

Jocher 5828. widocznie popełnia błąd za Osińskim, który zapewne miał na myśli przekłady przez Fabrycego dzieł: Kazanie 1622. Wzdychanie 1621.

— Monita Confessarii imprimis pro directione at vero praelatis et parochis pro correctione scitu perquam neces-saria in Epistola Card. Bellarmini et in annexis ad eam annotationibus com-prehensa per Georg. ab Hülsen (Hyl-zen) Episcopum Smolenscensem. Anno MDCCXLIX (1749). Gedani, litteris Hartmannianis w 8ce, k. 8 i str. 152.

Przypis. Benedyktowi XIV. papieżowi.
Jocher 4371.　　　　Ossol. — Zielińs.

— Monita generalia de officiis Con-fessarii olim ad usum Diaecesis Argen-tin. edita jussu illustrissimi et reveren-dissimi Domini Episcopi Fessensis, suf-fraganei et vicarii generalis etc. nunc vero approbatione et cura illustr. exc. et rev. D. Georgii ab Eccliis Hulsen Episcopi Smolenscen. impensis vero ex Smolescensi et Livoniensi Dioecesi in unum collatis, ad usum utriusque Dioe-cesis reimpressa Vilnae, typis Acad. S. J. Anno Domini 1752. w 8ce, ark. 13.

Jocher 4372. — Brown. Bibl. 457, 480. — Mitzler Poln. Bibl. s. 81. — Janoc. Lexic. I. 197.

— Krótki zbiór nauki chrześciań-skiej przez X. Bellarmina, przekład z łacińskiego przez Kaspra Sawickiego. Wilno, 1606. w 4ce.

Wiszn. Hist. lit. IX. 218. atoli Brown Bibl. pisarzy S. J. tego wcale nie przytacza.
Por. niżej Summaryusz.

— Nauka chrześciańska przez Wie-lebnego Roberta Bellarmina z figurami wydana, (przez Georg Mayra) w Ausz-purku, z dozwoleniem starszych, 1618. w 8ce, str. 114.

Nauka chrześciańska zawarta tu jest w roz-mowie mistrza z Discipułem; pytanie i odpowiedź zajmują jedne stronę, a drugą wyborny drzeworyt, wystawiający stosowne z pisma św. wizerunki. Pod przedmową do czytelnika z Augsburskiego Collegium Societatis Jesu, podpisany Georgius Mayr. Maciej. Piśm. II. 99. — Wiszn. Hist. lit. IX. 171. — Backer Bibl. edyc. 1890. I. 1201. Ob. wyżej: Katechizm.

— Nauka chrześciańska z rozkazu Klemensa VIII. papieża przez Xiędza Roberta Bellarmina Societatis Jesu, ktory potem był kardynałem kościoła świętego krotko zebrana przez kongre-gacyą Reformationis. Żeby znioższy roz-ności sposobow nauczania jednostayne było y łatwieysze to święte ćwiczenie uczenia prostakow y dzieci rzeczy na-leżących do wiary świętej potwierdzona. Z włoskiego języka teraz oyczystym wydana. W Krakowie, w drukarni J. O. Xiążęcia Jego MCi Biskupa krakow-skiego roku 1755. w 12ce. sign. I₃.

Obejmuje kart 5. poczem: Nauka chrze-ściańska krótka str. 34. — Krótkie ze-branie nauki chrześciańskiey dla nauki małym dzieciom, kart nlb. 16. — Alfabet życia chrześciańskiego według porządku liter ABCadła, kart nlb. 18.

Jagiell.

— Toż. W Krakowie, 1775. w 8ce.

— Toż. Przedrukowana. Częstocho-wa, 1781. w 8ce.

— Nauka chrześciańska krótko ze-brana z woli Klemensa VIII. papieża przez X. Roberta Bellarmina. W Wilnie, w drukarni Akad. 1790. w 12ce, kart nlb. 24.

Jocher 2834 a.

— Toż. Wilno, w drukarni Akad. 1799. w 12ce, str. 47.

— Nauka dobrego i szczęśliwego umierania z Bellarmina przetłumacz. przez X. Andr. Lukomski. Kraków, 1621. w 4ce, str. 218.

Niesiecki III. 186. — Backer Bibl. 1890. I. s. 1247, ma:

— Nauka dobrego y szczęśliwego umierania, przetłumaczona z Bellarmina przez Andrzeja Łukasiewicza. Kraków, 1628.

Tłumacz widocznie przekręcony, bo Niesiecki zwie go Łukomskim.

Oryginał łaciński: De arte bene moriendi, wyszedł Antwerpiae, 1620.

— Nauka dobrego i szczęśliwego umierania. Do pobożnego życia y ćwiczenia się w doskonałości chrześciańskiey zachęcaiacymi dostatecznie objaśniona regułami.

ob. Januszowski Jan (Nauka 1604, 169—5). Jocher 6284.

— Obiaśnienie nauki chrześciańskiey z rozkázu Klemensa VIII. papieża przcz X. Roberta Bellarmini Societatis Jesu, który potem był kárdynałem kościoła świętego, wydane. Przez kongregacyą reformy zeby znioższy różności sposobów náuczaniá mieli ci, do których należy jednostayny y łatwy sposób ćwiczenia dźieci y ludźi prostych, w rzeczách do wiáry świętey kátolickiey náleżących potwierdzone. Zá stáraniem pásterskim J. O. Andrzeja Stanisława Kostki ná Záłuskách Załuskiego biskupá Krákowskiego, Xiażęćia Siewierskiego dlá dyecezyi swoiey przedrukowane. W drukarni Xciá JMci Bisk. Krák. roku 1754. w 8ce, kart 4, str. 245 i rejestr.

Akad. — Jagiell.

— De officio Principis Christiani libri tres. Auctore ..... Ad Sereniss. Principem Viadislaum Sigismundi III. Poloniae et Sueciae Regis filium. Romae ex typographia Bartholomaei Zannetti. Cum priuilegio et Superiorum permissu. 1619. w 8ce, kart nlb. 9, str. 491.

Przy końcu dzieła str. 472—491. Vita Sancti Casimiri Regis Poloniae filii a venera-

bili viro Gregorio Suueciski (Święcicki) Eccl. Cathedr. Vilnensis Canonico ex bonis auctoribus cum fide descripta.

Jagiell.

— Tenże tytuł. Antwerpiae, ex offic. Plantiniana apud Balthasarem Moretum et viduam Joannis Moreti et Jo. Meursium. 1619. w 8ce, str. 532 i 17.

Krasiń. — Ossol.

— Tenże tytuł. Coloniae Agrippinae, apud Joan. Kinchium sub Monocerote. Ann. 1619. Cum licentia et superiorum permissu. w 8ce, kart 8, str. 525.

Od str. 505—525: Vita S. Casimiri a Georg. Suueciski Eccl. Cathedr. Viln. Canonico.

Dzików — Jagiell. — Ossol.

— Tenże tytuł. Quibus accessit admonitio ad episcopum Theanensem nepotem suum de necessarijs episcopo ad salutem suam in tuto ponendam. Coloniae, sumptibus Bern. Gualteri Anno MDCXIX (1619). Cum gratia et priuilegio S. C. M. speciali. w 12ce, str. 620 i 8 kart na przodzie oraz str. 48 (Admonitio).

Od str. 595. do końca jest życie S. Kazimierza przez Święcickiego.

Jocher 4231.   Jagiell. — Ossol.

— Toż. Reimpressum Passavii. 1754. w 8ce.

— O pocieszeniu prawdziwym gołębicy ięczący czyli o szczęściu wiecznym Świętych Pańskich pod różnemi imiony opisanym. Księga Roberta Bellarmina z Towarzystwa Jezu. kardynała K. R. z okoliczności imienia J. O. Xiężney Kolumby Konstancyi z Donhoffow Sanguszkowy Marszałkowy Nadworny Litewskiy z łacińskiego przełożona i do druku podana przez tegoż zakonu kapłana R. 1777. Bez w. m. dr. w 8ce, str. 279.

Jocher 5994.

— Piętnaście stopnie po ktorych człowiek zwłaszcza chrześciański upatruiac Pana Boga w stworzeniu rozmaitym przychodzi do wielkiey znaiomości Jego. Opisane przez Roberta Bellarmina S. J. do Jaśnie Oświeconego i Wielebnego kardynała Piotra Aldobrandina dozorcę dochodów kościoła rzymskiego przełożone z łacińskiego na polskie

57

przez X. Gasp. Sawickiego S. J. W Krakowie, w drukarni Franciszka Cezarego, 1616. w 4ce, str. 225 i k. 8.

Przypisanie Annie Franciszkance i Gryzeldzie Karmelitce Zebrzydowskim, córkom Mikołaja Zebrzydowskiego wojewody krakowskiego.

Jocher 5818. — Bandt. H. D. K. P. 1. 304. Krasińs. — Ossol. — Raczyńs.

— Summaryusz nauki chrześciańskiey. W Krakowie, 1608. w 12ce.

Do tego wydania przydano: Reformationes generales Dioecesis Cracov. Descriptionem Officiorum Confraternitates Compassionis Christi. Bractwo to założył Szyszkowski przy kościele Franciszkanów.

Jocher 2784. — Niesiecki IV. 297. — Wiszniews. IX. 171. — Backer Biblioth. ed. 1890. 1. 1201. pisze: (Doctrina) traduit par M. Szyszkowski évêque pour Władisław fils de Sigism. III. Cracovie, 1605, 1608. w 12ce.

— Summaryusz nauki chrześciańskiey. Przez kardynała Bellarmina, za rozkazaniem Oyca ś. Klemensa VIII. dla oświecenia dziatek y ludzi prostych napisany. Niedawno z włoskiego na łacińskie y polskie, gwoli Władisławowi królewicowi, Naiaśnieyszego Zygmunta III. króla polskiego, szwedzkiego etc. synowi, y ku użytku dioeczyey Płockiey przełożony. [Przydano:] Catecheses albo Napomnienia krótkie. W Krakowie, w drukarni Fr. Cezarego 1619. w 8ce, kart nlb. 2, str. 140.

Backer Biblioth. ed. 1890. 1. 1201.

Krasińs.

— Trumpas moksło krikszczioniszko surinkimas unog. Roberta Bellarmino. Vilnae, typ. Acad. 1677.

Jocher 6748.

— Wschody do nieba przez W. X. Roberta Bellarmina wystawione teraz dopiero w polskim ięzyku przez X. Cezarego Wyszomierskiego Schol. Piar. pokazane. W Wilnie, R. p. 1760, w druk. XX. Franciszkanów. w 8ce, str. 350, arkusz na przodzie i rejestr.

Przypis. tłumacza Xiąż. z Sapiehow Radziwiłłowej wojew. Nowogrodz.

Jocher 6127.

— Wzdychanie gołębice; abo o dobru łez zbawiennych księgi troie. Przcz Jaśnie Wielebn° Roberta S. K. R. kárdynała Bellarmina Societatis Jesu, ná-

pisáne, a teraz z łácińskiego ná polskie, przez X. Piotra Fabriciusa teyże Societatis Jesu, przełożone. Z dozwoleniem stárszych. W Krakowie, w drukárni Andrzeiá Piotrkowczyká typográphá J. K. M. Roku P. 1621. w 8ce, kart 12, str. 400.

Przemowa Wielebnym Matkom, Pannom, Księniom zakonu Św. Benedykta. — Nadpis stronie jest: O dobru łez zbawiennych, księgi I—III.

Jocher 5829. Jagiell. — Ossol.

(Bellarmin). Duplika na replikę Nowin prawdziwych ob. Duplika (1615).

— obacz: Bogucki Jos. (1720) — Chrząstowski Andrzej (Contradictionum Index 1594, Triumphus jesuit. 1620, Praxis de caeremonii 1594, Duo libelli 1594, Bellum jesuit. 1594) — Grodzicki Stan. (1607) — Hap Caspar (1600) — Lambert Józef (1782) — Łasicki Jan (Chrząstowski) — Miko S. (1638) — Milodroski Stan. (1603) — Minister (1602) — Poszakowski Jan (1752) — Rogerius Ludwik ks. (1600) — Rywocki Jan (1636) — Socinus Faustus (Responsio 1624) — Statorius Piotr (Refutacya 1593) — Wysocki Albert (Defensio 1602) — Zygrovius Jan (Theses et antitheses 1609).

Bellator Christianus ob. Bembus M. (1617, 1618, 1688).

— Sarmaticus Sig. Kazanowski ob. Skonieczny Fab. (1634).

Bellaty Antoni Franc. (1665 † 1742) ob. Piramowicz Grz. (1766).

BELLEGARDE, l'abbé J.-Bt. Morvan de **(Belgard)** (urodz. 30 sierpnia 1648 † w Paryżu d. 26 kwietnia 1734). Le chrétien honnête homme, ou l'alliance des devoirs de la vie chrétienne avec les devoirs de la vie civile. Livre écrit en françois, et par un prêtre des pieuses écoles de la province de Pologne trad. dans la langue du païs. — Chrześcianin poczciwy człowiek albo przymierze obowiązków życia chrześciańskiego z obowiązkami życia obywatelskiego przez X. Bellegarde po francuzku napisana a przez iednego Xiędza Schol. Piar. prowincyi polskiey na oy-

czysty ięzyk przełożona. R. 1769. W
Warszawie, w druk. Schol. Piar. w 8ce,
dwa tomy, str. 411 i 421.
Tłumaczenie Alexego Ożgi S. Piar.
Jocher 4199.
Czartor. — Dzików — Kijows. — Krasiiis. —
Ossol. — Wileńs.

— Rozmowa między Teagenem y
Eutymem z dzieł Belgarda wyjęta y
na polski język przetłumaczona. W Supraślu, roku 1782. w 8ce, kart 2 i
str. 84.
Obejmuje: Rozmowę o mocy umysłu w nie-
szczęściach.
Czartor. — Jagiell. — Krasińs. — Zielińs.

Bellerophon Sarmaticus seu Dialogi
tragicomici (1637) ob. Władysław Jagiełło.

— procedens Joan. Cantius ob. Banaszewicz Ad. Kaz. (1691).

BELLETUS Joannes Maria († 24 lnt.
1626). Visitationes Apostolicae Sanctae
Ecclesiae Venden. et Livoniae Consti-
tutiones editae. A R. D. Joanne Maria
Beletto J. U. D. Vercellen. Prothonotario Apostolico, nec non ejusdem Ecclesiae Visitatore Apostolico. Et impresse
jussu Illustr. et Rev. in Christo Patris
et D. D. Ottonis Schenking D. et A.
S. G. Episc. Venden. Livoniaeque, et
supra dictam Visitationem promoventis.
Vilnae, apud Joannem Karcanum. w
4ce, ark. 4.
Wizyta odbywała się z polecenia nuncjusza
Simonety w r. 1611.
Jocher 7583. — Janoc. V. II. 245. —
Ciampi I. 20—2. — Kraszews. Wilno,
IV. 156. Potersb.
— ob. Synodus dioecesana venden-
sis (1611).

BELLET Ch. l'abbé (ur. 1702 † 20
list. 1771). Eloges historiques de la princesse Marie, reine de France et de
Navarra et de Stanislai I. roi de Pologne, prononcés dans des assemblées pu-
bliques de l'Académie de belles letttes
de Montauban. Par M. l'abbé Bellet,
l'un académiciens. A Paris, chez De-
saint, rue du Foin S. Jacques et à Montauban, chez Charles Crosilhes. 1768.
De l'imprimerie de la veuve Teulieres.
w 8ce, str. 92 i 1 k.
Querard La France I. 264. Czartor.

BELLEY (Di). L'Iffigene del Vescovo
di Belley austerita sarmatica traspor-
tata dal francese per il Signor Regi-
naldo Lahmano e publicata da Michel
Angelo Forcigliani. Consecrata all'Eminentissimo e Reverendissimo Principe
il Signor Cardinale Antonio Barberini.
In Venetia, presso Cristoforo Tomasini
1639. w 4ce, str. 207 i 23.
Ossol.

(Belli Andrzej Hieronim) († 1703).
Melodya wesoła na przeszczny akt weselny Jego Mości P. Andrzeia Bellego,
z Jeymością Panna Magdaleną Pipano-
wną, muzyka zkomponowana, y przezacnym oblubieńcom ofiarowana. Bez w.
m. dr. (1650). folio, kart nlb. 2.
Bez osob. tyt. — Melodya pierwsza, melodya
druga. Pipanowna była z rodu Kortynów.
Całe pisane czworowierszami.
Jagiell.

— ob. Kropski Stan. Jos. (Via virtutum 1703) — Wiroboski Jan (Nie-
zwyczajny tryumf baranka 1659) —
Wosiński Wal. (Applauzy 1670) —
Wryt Frydr. (Necrologus nuptialis
1680).

BELLI Const. academ. Tasista. Historia rinovata nel stato presente dell'-
imperio ottomano, nella quale si con-
teng. le massime politiche de' Turchi,
i punti princ. della relig. Maomettana.
Aggiuntovi un ragguagl. de tutti i regni e stati usurpati alla christianità. Et
con una relatione del serraglio. Venetia,
1687. w 16ce. Części III.
Dedyk. Joh. Stanislao Sbąski [Sboski] Episc.
de Premislia.

BELLI Jakób Bonawentura. Amoenitas laurearum XXVI. VV. DD. secundae laureae candidatis, post rigidum
examinis certamen, Favonio gratiarum
celsissimi principis, illustrissimi et reverendissimi Domini D. Constantini Feliciani in Szaniawy, Szaniawski Dei, et
Apostolicae sedis gratiâ episc. Cracov.,
ducis Severiae almae Universitatis Crac.
cancellarii faventissimi, inducta: et dum
ijdem candidati magisterii in artibus
LL. et in philosophia doctoratûs licentiam à perillustri et reverendissimo Domino D. M. Andrea Krupecki V. J.

doctore et professore, ecclesiarum cathedralis Crac: Canonico, Premykoviensis et in Niegardow curato, contubernii jurisp: provisore, canonizat: B. Joannis Cantii procur: studii almae Univer: Crac. Procancellario. Solenni ritu reciperent. Fraterni affectûs gratia, spiritu pòéticô a Jacobo Bonaventura Belli Leopol. ejusdem laureae candidatô explicata. Anno quo amaenum salutis nostrae ver in horto conclusô deus homo explicuit. 1721 die 24 Maji. Cracoviae, typis Universitatis. folio, kart nlb. 14.

Dedyk. Janowi Skarbkowi, arcybisk. lwow. (2 k. nlb.). — Dalej wiersz do św. Jana Kantego. — Potem: 1) wiersz na cześć A Krupeckiego podkanclerzego (1 karta). 2) oda na cześć dziekana filoz. Michała Pruskiego, M. Ziętkiewicza i Melch. Kicińskiego, egzaminatorów (3 str.). 3) „Amoenitas laurearum etc." herby, a pod każdym 6-cio wiersz łać. I tak, na: P. Dropczyńskiego, J. Czesteckiego, J. Dukiewicza, Fl. Lachowicza, A. Kolendowicza, J. Zaczkiewicza, J. Popiołka, Jana Kant. Mamczyńskiego. S. Luxarowicza, Stan. Seb. Mamczyńskiego, M. Studnickiego, Fr. Kukleńskiego, M. Fr. Pukińskiego, Seb. Kozierowskiego, J. Pałaszowskiego, F. Goczyńskiego, Alb. Płaczkowskiego, B. Ciesielskiego, J. K. Sałackiego, P. J. Gołkowskiego, K. Jarmundowicza, K. Kondratowskiego, M. Włochowskiego, S. Golańskiego, i St. Rafalskiego; na ostatnich 3 str. piszą znów: Mamczyński, Pukiński i Płaczkowski wiersze do autora tego dzieła. — Wiersze ozdobione herbami opiewanych.

Jocher 1517. — Juszyńs. Dykc. I.

Drohob. — Jagiell. — Ossol. — Dzików.

BELLI Juliusz z Capo d'Istria. Sekretarz kardyn. Dietrichsteina. Laurea austriaca, hoc est, commentariorum de statu reipublicae nostri temporis, sive de bello germanico eiusq. causis, inter Divum Matthiam et Invictissimum Ferdinandum II. Rom. Imp. nec non Fridericum V. Palatinum, aliosque cum imperii tum exteros reges principesque gloriose vincente aquila caesarea gesto libri XII. etc. etc. auctore et interprete etc. etc. Francofurti, typis Erasmi Kempfferi, sumptibus Joh. Theob. Schönwetteri. Anno MDCXXVII (1627). folio, kart 3, str. 880. Index kart 10. z wielu rycinami i mapami.

Rzecz obca. Autorstwo niektórzy przyznają Mik. Belli, o czem Biographie Univ. 1812. II. 114. Ubocznie dotyczy rzeczy polskich. Na str. 392. jest portret w owalu: Sigismundus III. R. Polon. z sześciowierszem. Tenże powtórnie odbity na str. 863. Z treści te szczegóły nas dotyczą: Dantiscani fidem Poloniae regi datam servant. str. 862. R. Polon. tormenta dono dant multa naves capiunt. str. 868. Cossaci. str. 298, 317, 331, 341, 704, 797. Regiomontem Borussia ingreditur str. 873. Comitia Regni Poloniae str. 685, 688. Inter Polonum et Suecum str. 685, 868. Poloniae Rex mittit legatos ad Hungaros str. 230. Polon. Rex cum Turc. transigit. str. 251. Polon. Regis literae Silesiorum causa. str. 235. Dehortatoria ad Joh. Christianum in Silesia ducem str. 236. Pol. R. imperatori auxilium pollicetur str. 244. Pol. in Moldavia a Turcis concisi str. 390. Pol. Rex in vitae periculo str. 391. Poloniae legatus Londinum et Bruxellae auxilium petens str. 434. Venit Dantiscum str. 633. Regis filius Romam venit str. 733. Poloni in Livonia caesi str. 798. in mari a Suecis repulsi str. 861. Rex cum exercitu in Suecum. str. 862. Ab obsidione Meva descedunt str. 863. Munimentum suecicum. str. 863. Rex Dorbium proficiscetur. str. 864. Wermdidum oppidum Poloni occupant str. 868. Pol. senatores dehortantur Regem ab auxiliis domus Austriacae ferendis str. 244. Rex Pol. feuda Electori Brandeb. confert. str. 484. Suecus Dantiscanis in mari damnum dat str. 861. cum navibus prope Dantiscum venit. Braunbergam et Frauenbergam occupat. Scribit ad Senatum. Occupat Elbingam str. 862. Sueci irruptio in Livoniam str. 763. Tartari Poloniam vastant. A Polonis caesi. str. 634, 685, 733, 864. Tractatus de pace inter Turcam et Polonum str. 485. Turcarum in Poloniam irruptio str. 64. Victoria Polonorum de Tartaris str. 664.

Jagiell.

Belli Tomasz ob. Szopowic Stefan (Wirydarz kwiecistej flory 1687).

Belli livonici descriptio ob. Bredenbach Mt. (1564, 65).

Belliano ob. Nowiny (1557).

Belliger sarmata ob. Buczkowski Mat. (1621).

BELLINA (Belina) Michał. Adaequatio eximiis heroicae virtutis et solidae sapientiae meritis perillustris. clarissimi et admodum reverendi Domini D. M. Petri Praczlewic S. Theologiae licentiati, et professoris, collegae majoris, ecclesiarum Collegiatarum, Pilecensis

Decani et S. Floriani ad Cracoviam Canonici, festorum Salvatoris Christi Domini et B. Virginis Mariae in Ecclesia Cathedrali Cracoviensi Concionatoris, Contubernii Hierosolymitani provisoris etc. per perillustrem et reverendissimum Dominum D. M. Martinum Winkler S. Th. doctorem et professorem, collegii maioris Seniorem Patrem, ecclesiarum Cathedralis Cracoviensis Canonicum, Collegiatarum Sendomiriensis praepositum, Kielcensis scholasticum, parochialis Premykoviensis curatum, S. R. M. Secretarium in lectorio DD. theologorum sacra theologici doctoratus insignia in amplissimo illustrium hospitum et academici Senatus consessu, ritu solenni capessentis, correspondens a M. Michaele Bellina philosophiae doctore et professore in vim officiosissimi cultus et gratulatorii applausus carmine heroico celebrata Anno Domini 1698. die 19. mensis Novembris. Cracoviae. typis Universitatis. folio, 2 ark.

> Wierszem heroicznym napisał panegiryk z okoliczności uroczystego ogłoszenia Piotra Praczlewicza doktorem S. teologii za rektoratu Sebastyana Piskorskiego. — Nic szczególnego w sobie nie zawiera.
> Juszyńs. I. 18.

Dzików — Krasińs.

— Census de sacro honoris theologici archivo depromptus, et praeclaris in regno sapientiae meritis perillustris clarissimi et admodum reverendi D. D. M. Raphaelis Casimiri Artenski Sacrae Theologiae Licentiati et Profes. Colleg. majoris Eccles. Colleg. S. Floriani Florentiae ad Cracoviam Canonici parochialis Paięczen. Curati Contubernii Gelianii provisoris etc. a perillustr. et reverendiss. DD. M. Martino Winkler Sacrae Theologiae doctore et profes. Collegii majoris Senior. Patre, Ecclesiae Cathedr. Cracov. Canonico, Collegiat. Sendomiriensis praeposito, Kielcensis Scholastico, Curato Premykoviensi, S. R. M. Secretario in lectorio DD. Theologor. cum sacra doctorat. Theologici Aureis veterum patroni coronis lectissimo cum applausu omnium almae Universitatis studii generalis Cracoviensis or-

dinum, in spectantissima hostium corona redditus. Tam raram inter viros eruditos dignationem, in vim demissae et officiosae venerationis tenuibus celebrante modis M. Michaele Bellina philos. doct. ejusdemque in alma Univ. Cracov. profes. 1698 die 19 Novembr. Cracoviae, typis Universitatis. folio, str. 7.

Czartor. — Ossol. — Zielińs.

— Gradus theologici honoris excelsus, in peraugusto sapientiae solio emeritae virtuti et eruditioni perillustris, clarissimi et admodum reverendi DD. M. Andreae Augustini Czyrzyczkowicz, Sacrae Theol. licentiati et professoris, Collegae maioris, Ecclesiarum Collegiatarum S. Floriani, ad Cracoviam Canonici, Neosandecensis primicerij, Contubernij Staringeliani provisoris, dum per perillustrem et Reverendissimum D. D. M. Martinum Winkler, Sacrae Theologiae doctorem et profes. Collegij maioris, Seniorem Patrem, Ecclesiarum. Cathedralis Cracoviensis Canonicum Collegiatarum Sendomiriensis praepositum, Kielcensis scholasticum, Curatum Premykoviensis, S. R. M. Secretarium in lectorio D. D. Theologorum, applaudente magna omnium Vniversitatis ordinum laetitiâ et amplissimorum hospitum corona Sacrae Theologiae doctor ritu solenni renuntiaretur, erectus; et a M. Michaele Bellina, philosophiae doctore, eiusdemq. in alma Universitate Cracoviensi professore in argumentum debiti cultûs, officioso calamo celebratus M.DCXCVIII (1698). die 19. Novembris. Cracoviae, typis Universitatis. folio, kart 4 (wierszem).

Dzików — Jagiell. — Krasińs. — Ossol.

— Majestas virtutis et sapientiae, in auspicato accessu magni Archidiaconatus honoris amplissimo magnorum, in Ecclesia Dei, patria, et literis, meritorum splendore, perillustris, et Reverendissimi DD. Remigii Suszycki, juris utriusq; doctoris, ecclesiarum cathedralis Cracoviensis Archidiaconi, collegiatarum, Lanciciensis Scholastici, Kielcensis Custodis, S. R. M. Secretarij, ad felicissima sui honoris auspicia, installationisq; die 2. Junij peracta solennia adornata, et praenuntiâ immortalis famae tubâ, post datam Regno Poloniae notitiam, intra Prussiae Silesiaeq; provincias, promulgata. Tantum splendoris apparatum, tenuibus, clientalis officij, connotante modis, M. Michaele Bellina philosophiae in alma Univ. Cracoviensi doctore et professore Anno 1703. die XXIIII. Julii. Glogoviae Majoris. Typis Joan. Julii Hunoldt, (1704). folio, kart 8.

Juszyńs. Dykc. I.

Jagiell. — Krasińs. — Ossol.

— Processus juridici honoris, eximijs virtutis etc. sapientiae meritis, Illustris, et admodùm Reverendi Domini D. Stephani Zuchowski, decani Koprzynicensis, parochi Sandomiriensis, formatus; atq'. dum idem Illustris et admodùm Reverendus Dominus a perillustri et admodùm Reverendo Domino D. M. Andrea Krupecki, J. U. doctore et inter collegas dd. iureconsultorum professore, ecclesiarum, SS. omnium custode, curato Luborzycensi, praesente spectatissimo Illustrium hospitum, et academici senatûs consessu, in lectorio DD. Jureconsultorum, juris utriusq'; doctor, ritu solemni, inauguraretur: per Michaelem Bellina, philosophiae doctorem et in alma Universitate Crac.: professorem, brevi gratulatorij applausûs elogio, in orbis literati faciem, productus. Anno Domini 1698. die 19. Decembris. Cracoviae, typis Universitatis. folio, ark. B. (kart 3).

Jagiell. — Krasińs. — Ossol

— Oda liryczna do Matki Boskiej w obrazie Zielenickim cudownej. 1698.

— Rozmyślania męki niewinney Jezusa Chrystusa, Pana naszego, z modlitwami, także y Różanego wiankâ Nayswiętszey Panny Maryi nabożnemi, z przydaniem modlitew Brygitty S. o męce Pańskiey, zbawienny pożytek często mowiącym sprawuiących, y krotkiego nabożeństwa do B. Jana Kantego Akademii kráków: doktora y profesora wielkiego męki Chrystusa Páná

kontemplanta. W Poznaniv, w drukarni Akademickiey. Roku pańskiego 1714. w 4ce, kart nlb. 6, sign. A—R₄. — (Rozmyślań kart 42, Wianka kart 32).

Na odwrocie tytułu herb Zaleskich.

Dedykacya JW. Pani Ludwice z Zaleskich Radomickiey, wojewodz. Inowrocławskiey.

Tu mówi, że powtore przedrukowuje contemplacyą jęczącej synogarlice, wzdychania z kompendyowane. Approbatę daje Piotr Tarło biskup Klaudiopols.

Dzieło złożone z dwóch części. Część II. od ark. k ma tytuł: Wianek Nayświętszey P. Maryi. W pierwszej części rycin większych 16, brane z Opecia edycyi 1541 r.. lecz znacznie gorszych. Na rycinach dwóch znaki C. V. na jednej P. znamionują rytownika. W drugiej części rycin lichych 14, a nadto wizerunek Jana Kantego źle odbity z podznaczeniem rytownika A. K. Oprócz Rozpamiętywań według dróg, obejmuje Modlitwy Św. Brygidy i wierszem przedmowy do trzech części Wianka. Poprzednie edycye wyszły staraniem Siebeneicherowej w r. 1604 i 1612.

Jocher 5801. Jagiell.

— ob. Piskorski S. (1735) — Przybyłowski Casim. Stan. (Armilustrium Palladis 1696) — Tomaszewski Albert (Annulus desponsati honoris 1698).

BELLING. Copia von des General-Lieutenant Bellings abgelassenen Schreiben de dato Pultavva den 6 Jul. Anno 1709. w 4ce, str. 10.

O kapitulacyi Lewenhaupta.

BELLIZONA Gerard. Carmen ad Illustrissimam et Magnificam DD. Hedvigim de Kormanice Mielecka, Capitaneam Sendomiriensem Dominam et heredem in Mielec et Cmolas etc. Polonam, Magistri Gerardi a Bellizona Augustiniani eremitae Montis Ortoni Lectoris. Superiorum permissu. A L'Illustriss. Signora Eduigi de Kormanice Mielecka Capitana Sendomiriense Signora et herede di Mielez, e Zmolas etc. Polona. epigramma eroico D. M. Gerardo Bellinzona lettore de Padri Eremitani di Mont' Ortone. Patavij, ex typographia Laurentij Pasquati, 1601. w 4ce, kart 3 i kart 4. Ossol.

BELLMANN Joh. Arend. (ur. w Stokholmie 1664 † w Maju 1710). Ad Deum ter opt. max. sollemnis gratiarum actio

ob victoriam prope Narvam de Mosco-
vitis reportatam. Holmiae, 1701. w 4ce.
Petersb.

Bellomaciński Innocenty ob. Kryspin
i Kryspinian (1760).

Bellona foederata Marti ob. Jaworski J. (1724).

Beilo (De) sociali ob. Kostitz (1595).

Bellone in Europa. Verwattende een
zaakelyke beschryvinge van den te-
genwoordige Oorlog. Met aanwyzinge
der Vorsten, Volken, Landen en Steden: verciert med poëtische denkbeel-
den in Vaerzen en Prentverkeldingen:
onder de Zinspreuk Mars door Clio.
Derde Stuk. Vervattende den Oorlog
in Polen. Te Amsterdam, by Reinier en
Josua Ottens, kaart-en Boekverkoopers
voor aan op de Nieuwendyk, in de We-
reld-kaart. 1734. w 4ce, str. 115—194.

Z wizerunkiem Stan. Leszczyńskiego, z pla-
nem i widokiem Gdańska. Portret J. F.
Stein prinxit. J. C. Philips sculps.
Jagiell.

Bellonka Maryanna ob. Słowikowski
Franciszek (Vota 1682).

Bellorius ob. Zygmunt Aug. (Sigismundi Augusti Mantuam profectio 1680).

Bellorum quae Christianos inter et
Turcas gesta obacz: Hartmaccius Dan.
(1687).

— Rom. libri IV. par Val. Ecchium
ob. Florus Luc. (1515).

**Belluaceński Innocencyusz (Wincen-
ty)** († 1264) ob. Kryspin i Kryspinian
(Żywot 1760).

Bellum ob. Bredenbach Tilm. (Livonicum 1568) — Brussius Gulielm.
(1595, 6) — Chrząstowski An. (jesui-
ticum 1594) — Conringius H. (contra
Turcos 1664) — Drużbicki Casp. (inte-
stinum 1701) — Eliseus Aurimontanus
(dantiscanum 1638) — Fredro Andrzej
Max. (1660) — Frischmann Joan. (Svecicum 1656) — Guarna (grammaticum
1765) — Jurgiewicz (quinti evangel.
1594) — Kostitz Joan. (turcicum 1595)
— Krasiński Jan (Livonicum b. r.) —
Lubelczyk Wal. (theol. c. Turcas 1545,
1597) — Ludolf Job. (turcicum 1686) —
Modrzewski Fr. (1551) — Motus (svecicum 1656) — Olewiński (mysticum)

ob. Vidaviensis — Orzechowski St.
(adv. Turcas 1543) — Ostroróg (b. r.) —
Ostrowski Jan (1598) — Pastorius Joach. (scythico-cosacicum 1652, 1659,
1665) — Paszkowic Szym. (amoris sive
Metellus 1651) — Pilecki A. Casim.
(svecicum 1661) — Pindarus (trojanum
1513) — Rationes (1741) — Sallustius
(Catil. et. Jug. 1517) — Sarnicki Stan.
(turcicum 1575) — Skumin Jan (Disputatio 1592) — Spangenberg J. (Gram-
maticale 1538) — Stanisław Kostka (ad
Chocimum 1669) — Vidaviensis Gabryel (misticum 1598) — Vislicensis
Joan. (prutenum 1516) — Zadora (offen-
sivum b. r.).

BELLUS Nicolaus. Politicarum dissertationem de statu imperiorum, regnorum, principatuum et rerum publicarum
Tomi IV. (dalej 12 wierszy tytułu).
Nunc opera et studio Nic. Belli editi.
Prostant Francofurti, apud Schönvver-
ter, 1615. w 8ce, kart 8, str. 909 i
16 kart index.

Z polskich rzeczy obejmuje T. I. N. 24. s.
328. De interrego Poloniae (post. Steph.
Batory) do s. 352. N. XXV. s. 352—7.
(De novo in Polonia rege eligendo). N.
XXII. s. 305—14 (De regno Poloniae).
T. II. N. IX. s. 560—570. De magno du-
catu Moscoviae.
Hoppius (Longinus I. 116) Schediasma.
Jagiell.

(Beloty). Philomuza na weselnym
akcie Jegomości Pana Józefa Belotego
JKM. architekta i Jejmość Panny Marianny Olewickiej w domu Jegomości
Pana Jacka Rozyckiego JKM. sekretarza i kapelli magistra przez P. K.
J(ego) K(ról.) M(ości) O. prezentowana
roku pańskiego 1688. W Warszawie.
folio, kart nlb. 7. druk kursywą.

Na odwr. str. tyt. herby nowożeńców i pod
niemi 4 wiersze polskie. Sam dziewosłąb
składa się z 50 ośmiowierszów i w nim
pochwały dla obojga małżonków.
Dzików — Krasiń. — Ossol. — Warsz.
Uniw.

BELEWSKI Leon. Kazanie na pogrzebie Leona Kuczyńskiego, podkomorzego Drohickiego przez X. ....
kanonika Brzeskiego Bob. Węgrow-
skiego dnia 29 kwietnia. W Warsza-

wie, w drukarni Piotra Dufour, 1777.
w 8ce.   Zielińs.

Beltrami Jan Chrzciciel. Vita di S. Salomea ob. Favini Giuseppe (1716).
Jocher 8586.

Beltrand Franciszek ob. Laudinus (Epistolarum Turci 1513).

Belydenisse de Geloofs ob. Schlichting (1652).

Bełz ob. Marya P. N. (obraz 1633) — Protestacya (województwo 1767) — Radliński Jak. Paw. (arx 1756) — Respons (wojewoda b. r.).

Bełza Anna ob. Słowacki Franciszek (Epithalamium 1622).

BEŁZA Franciszek. Apollo gratulatorius cum laureato musarum choro ad Adalbertum Koryciński, 1664. w 4ce.
Dzików.

Bełza Josephus ob. Baryczka Joannes (1646) — Wosiński Wal. (Applauzy 1670).

Belzebub ob. Beelzebub (1796).

Bełzeccy ob. Krzistanowicz Stan. (1600).

Bełżecka Alexandra ob. Żymunkiewicz Woj. Flor. (Weselna Juno 1656).

Bełzecka Leonora Konstancya ob. Bieżanowski Stanisław (Źródło obfitości 1649).

BEŁZECKI Alexander. Theatrum bene ominantis gloriae potentissimo Poloniarum, et Svecorum regi Vladislao IV. Moscovitico, contra Ottomānicam tyrannidem, armataːn ducenti Poloniam; Leopolim antiquissimum Russiae ducatus domicilium ingredienti. Ab Alexandro Bełzecki castellanidė Halicien: S. R. M. cubiculario, per canoras musas excitatum in collegio Leopoliensi Societatis Jesu. Cracoviae, in officina Andreae Petricouij S. R. M. typographi. Anno Domini MDCXXXIV (1634). folio, k. 12 (ark. nlb. F₂).

Na odwr. str. tyt. herb Korony i Litwy. — Dalej przypisał autor prozą łac., Władysławowi IV. królowi — poczem rozmaitym gatunkiem wiersza sypie pochwały dla zwycięzcy.

Encykl. Orgelbr. III. 118. — Barącz Dzieje zak. kazn. II. 295. — Niesiecki.
Jagiell.

— Theatrum gloriae potentissimo atque invictissimo Poloniae et Sueciae Regi Vladislao quarto ab alma Academia Vilnensi Societatis Jesu exstructum et consecratum Anno MDCXXXVI. Vilnae, typis Academicis ejusdem Societatis Jesu (1636). folio, kart nlb. 12. (wierszem).   Warsz. Uniw.

Bełzecki Alex. Stan. wojewoda Podolski († 1677) ob. Kurdwanowski Jan Franc. (1677).

Bełżecki Andreas ob. Krzistanowic Stanisław (Disputatio 1600).

Bełzecki Bonawentura Konstanty ob. Skierwin Wiktoryn (Hymenaeus 1670).

Bełżecki Jan ob. Krzistanowicz St. (Disputatio 1600, 1601) — Loaechius A. (Clasici 1609) — Szamocki Andr. (Disputatio 1635) — Wędzicki Simon (Disputatio iuridica 1602).

Bełzecki Jan Antoni pseudonym ob. Podłęski Marcin (Olympia 1670).

Bełżyc (z) Jakub. Odpis Jakuba Żyda z Bełżyc na dyalogi Marcina Czechowicza, na który zaś odpowieda. ob. Czechowicz Marcin.

Bem Fortunat ob. Betański Antoni Venceslaus (1783).

Bemänglung d. Bibel ob. Huber J. (1604).

Bemardin Dydak ob. Biderman Jak. (Utopia 1756).

BEMBUS Matheus (1567 † 1645 d. 10 lipca). Bellator christianus hoc est, Ratio christiane, pie, feliciterque bella et apparandi et gerendi, summorum Imperatorum Regum, et aliorum christianorum. Ducum exemplis expressa, et notis brevibus illustrata. Accesserunt SS. Ambrosii et Augustini militaria monita: vetus praeterea Romanorum militaris disciplina a Josepho descripta: nec non precatiunculae militares ex sacris literis potissimum Psalmis Davidicis petitae. Authore R. P. Matheao Bembo Soc. Jesu doctora Theol. Coloniae Agrippinae, in officina Birkmannien. sumptibus Hermanni Mylij. Anno M.DC.XVII (1617). Cum consensu Superiorum. w 8ce, kart 3, str. 120.

Dedic. Sereniss. principi Ladislao Sigismundo Polon. ac Sveciae principi. Varsaviae, ex domo nostra Cal. Maij a. d. 1617. Daje przykłady obcych i polskich wojowników, jakoto Fedko dux Russorum (s. 80). Arcem Nienhusen contra Moscos defend. 1381 (s. 90). Od str. 107. Orationes ad Deum militares.

Czartor. — Jagiell. — Pusłows.

— Tenże tytuł. Cracoviae, in officina typograph. Francisci Cesarij Anno Domini 1617. w 4ce, kart 4, str. 120.

Dedyk. Wład. Zygm. księciu polsk.

Czartor. — Dzików — Jagiell. — Krasińs. — Ossol. — Raczyńs. — Uniw. lwow. — Zbór ewang. Wileńs. — Zielińs.

— Tenże tytuł. Cracoviae, in officina typogr. Francisci Cezarij, Anno Domini 1618. w 8ce, str. 126.

Rozeznać można tę edycyą od Kolońskiej, że w ostatniej, Bellator zaczyna się na str. 8, zaś w od. Krakowskiej na str. 7 i w tejże Orationes ad Deum na str. 115. Tę edycyą dołączył wydawca P. Skarga do swego dzieła p. t.: Żołnierskie nabożeństwo. 1618.

Jocher 6787.

Branic. — Czartor. — Chreptow. — Jagiell. — Ossol — Zielińs.

— Tenże tytuł. Authore R. P. Matthaeo Bembo Soc. Jesu Doctore Theol. Sumptibus et expensis Seren. Joannis III. Poloniarum Regis D. D. clementissimi reimpressus Olivae, per Joannem Jacobum Texter factorem. Anno Domini MDCLXXXVIII (1688). w 8ce, str. 175.

Czartor. — Warsz. Uniw. — Zielińs. — Jagiell.

— Declaratia, albo zniesienie pretensicy stanu rycerskiego. Przeciw duchowieństwu, wznieconey około Łanowego żołnierzá, z dobr duchownych. w 4ce, kart 26 (ark. G₂).

Wyszło bezimiennie. Prawdopodobnie jestto dzieło Bembusa, którego tytuł po łacinie Brown przytacza: Persuasio militaris seu rationes ob quas illustris ordo militaris regni abstinere debet ab exactionibus et oneribus imponendis in bonis ecclesiasticis. Rzecz dzieli się na cztery dyskursy, dowodzące z starożytności, z pisma św. i z dziejów ojczystych, że duchowni nie powinni z dóbr swoich przyczyniać się do uposażenia wojska. Powołuje się na opisanie w niedawnej konstytucyi z r. 1635. Druk zapewne w Krakowie u Cezarego, bo duże litery przypominają inicyały w Bembusa: Załoba. Pisane makaronizmami

jak to praktykował Bembus. Pewności jednak autorstwa nie ma.

Branic. — Jagiell. — Krasińs. — Warsz. Uniw.

— Epos in nupturientes Evangelicos verbi Ministros: occasione epithalamiorum in nuptias Reverendi viri M. Andreae Lucae, Ecclesiastae Thorunensis, a versificatoribus Thorunensibus et Viadrinis eleganter et evangelice nuper scriptorum compositum et praecipue ex selectioribus hortorum Aonidum Thorunensium et Viadrensium flosculis concinnatum Anno Domini 1618. Bez w. m. dr. w 4ce, kart sign. A₈.

Siarcz. I. 27. — Juszyńs. Dykcyon. I. — Brown. Bibliot. 115. Ossol.

— Gloria S. Ignatii Societatis Jesu fundatoris seu S. Francisci Xaverii ejus socii vita. Cracoviae, in officina Andreae Petricovii. 1622. w 8ce, k. 4, str. 152.

Wyszło bezimiennie. Brown, a za nim Backer 1890. I. 1281. przyznają autorstwo Bembusowi, lecz Backer wyjaśnia, że jednocześnie takież dzieło wydał Lancicius. Rzecz nie jasna, bo obadwa dzieła jedną mają liczbę stron i u jednego drukarza i w jednym roku. Coś tu bałamutnego.

Warsz. Uniw.

— Toż. Permissu superiorum. Vilnae, typis Academicis Anno Domini 1624 w 12ce, kart nlb. 5, str. 153.

Na kartce Bibl. Uniw. Warsz. zanotowany autor Bembus. Warsz. Uniw.

— Kometa, to iest, pogrożka z nieba, na postrach, przestrogę, y vpomnienie ludzkie. Pokazana w roku pańskim 1618 miesiąca grudnia. Podana do uważenia przez X. Mattheusza Bembusa, doktora theologa Societatis Jesv. Z dozwoleniem starszych. W Krakowie, z drukarniey Andrzeia Piotrkowczyka, typogr: K. J. M. Roku P. 1619. w 4ce, kart 2, str. 54.

Na odwrocie tytułu rycina komety.

Druga edycya wyszła pod tytułem: Trąba gniewu.

Jocher 6222 a. — Siarcz. Obraz wieku I. i Łukaszewicz Obraz Poznania II. mylną mają datę r. 1609.

Branic. — Czartor. — Dzików — Jagiell. — Ossol. — Przeździec. — Zyg. Pusłow. — Uniw. lwow.

— Monita salutaria data anonymo authori scripti nuper editi, cui titulus falso inditus, Monita Privata Societatis

Jesu. 1. Joan: 2. Ex nobis prodierunt, sed non erant ex nobis. Nam si fuissent ex nobis, permansissent utique nobiscum. Sed ut manifesti sint, quoniam non sunt omnes ex nobis. Psal: 40. Qui edebat panes meos, magnificauit super me supplantationem. Psal: 108. Maledicent illi, et tu benedices. Anno Domini 1615. w 4ce, kart nlb. 10. (ark. A—C₂).

> Rozpoczyna przedmowa do czytelnika. W piśmie tem, wydanem bezimiennie złożonem z 45 napomnień, broni Jezuitów.
> Jestto odpowiedź na Zahorowskiego Hier. Monita privata.
> Jocher 9310.
> Chrzpt. — Czartor. — Dzików — Jagiell. — Krasiński. — Ossol. — Uniw. lwow. — Warsz. Uniw.

— Ormiańskie nabożeństwo; y wzywanie ludzi narodu tego zacnego do iedności w wierze y w miłości kościoła ś. kátholickiego rzymskiego. Nápisáne od X. Mattheusza Bembusa, Soc: Jesu. Za pozwoleniem starszych zakonnych, y urzędu duchownego. W Krakowie, w drukáni (sic) Andrzeiá Piotrkowczyka, J. K. M. typographá. Roku Páńskiego, 1630. w 4ce, 162 str., 5 kart regestru i 8 na przodzie.

> Dedyk. do Jana Andrzeja z Prochnik Prochnickiego arcybisk. lwows.
> Na odwrocie tytułu rycina herbu. W przemowie powiada, że X. Prokop Prochnicki brat Jana wstąpił do ich zakonu.
> Jocher 6312, 9429. — Treść w Dzienniku literac. 1854. N. 30—31.
> Branic. — Czartor. — Dzików — Drohob. — Jagiell. — Ossol. — Raczyńs. — Petersb.

— Napomnienie braterskie. Objaśnienie napomnienia ob. Napomnienie (1646).

— Notae in libros Regum.

> Przytacza Starowolski w Ecatontas Venet. 1617. za nim powtarza Brown. W jakim języku wyszło, nie wiadomo.

— Obrona Collegium krakowskiego Patrum Societatis Jesu Stanom Koronnym na Seymie walnym Warszawskim A. D. 1627. zgromadzonym do uważenia podana. Superiorum permissu. W Warszawie, w druk. Jana Rossowskiego, J. K. M. typographa. 1627. w 4ce, 3½ ark. (kart 14).

Wydali byli Jezuici, powiada Bembus, pismo pod tytułem: Krótka Sprawa, na które akademicy krakowscy nie odpisali. Przeciw pismu Bemba, wydali oni: Zniesienie Obrony i cały szereg broszur, które przytacza Backer 1890. I. 1282

Jocher 1289, 7960.
> Branic. — Jagiell. — Ossol.

— Pacatus impacatus ad examen vocatus. Seu Examen responsionum, quibus ad rationes contra pacem Confoederationis in libello Pax non Pax inscripto factas, Anonymus quidam in suis Vindiciis Pacis, respondere frustra est conatus. Authore Lucio Vero Pacato Cosmopolitano. Ad Rom: 16. Rogo vos fratres, ut observetis eos, qui dissensiones et offendicula, praeter doctrinam quam vos didicistis, faciunt et declinate ab illis. 2 Cor: 6. Nolite iugum ducere cum infidelibus. Quae enim participatio iusticiae cum iniquitate? aut quae societas lucis ad tenebras? Quae autem conventio Christi ad Belial? Propter quod exite de medio eorum, et separamini dicit Dominus. D. Cyprian: Epist: 55. Nulla societas fidei et perfidiae potest esse. D. August: c. Schisma: 24. q. 1. Non habemus partem cum ijs, qui faciunt partem; qui se ab universali Ecclesia diviserunt. D. Hieron: in Apolog: 2. ad Ruffinum. Sit inter nos una fides, et illico pax sequetur. Honorius Imp: 1. 42. de haeret. c. Theod. Nullus nobis sit aliqua ratione coniunctus, qui à nobis fide et religione discordat. Crac: in officina Andr: Petr. S. R. M. typogr. Anno Domini 1616. w 4ce, str. 248 i 1 str. Errata.

> Porówn. Vindiciae pacis seu confoederationis inter dissidentes 1615.
> Jocher 9797, 9780.
> Czartor. — Dzików — Jagiell. — Krasiński. — Ossol.

— Pastor vigilans. Sive ars regendi animas, ex epistolis potissimùm D. Gregorii Magni excerpta, et in eiusdem exemplo pastoribus omnib. ecclesiasticis proposita. Per R. P. Matthaeum Bembum doctorem theologum Societatis Jesu. 2 Tim: 4. V. 5. Tu verò vigila, in omnibus labora, opus fac euangelistae, ministerium tuum imple. Exod: 25. V. 4. Inspice et fac secundùm exemplar. Apoc: 3. V. 3. Si non vigilaueris, veniam ad te tanquam fur. Cracoviae, in officina Andreae Petricouij S. R. M. typographi. Anno Domini 1618. w 4ce, kart 9, str. 281 i kart 8.

Dedyk. Marc. Szyszkowskiemu bisk. krak. datow. Varsaviae, 3 Decemb. 1617.

Dzików — Jagiell. — Ossol.

— Tenże tytuł. Coloniae, in officina Birkmannica, sumptibus Hermanni Mylii. Cum consensu superiorum et privilegio Caesar. Anno 1618. w 4ce, str. 24, 393 i 23.

Dedyk. Marc. Szyszkowskiemu bisk. krak. Jocher 4281. — Jabłonows. Muzeum 23. Branic. — Drohob. — Ossol. — Raczyńs.

— Pax non Pax seu rationes aliquot, quibus Confoederationis Euangelicorum cum Catholicis pacem, nullo modo veram esse pacem, breuiter ostenditur. Jerem: 6. V. 14. Curabant contritionem filiae populi mei cum ignominia, dicentes: Pax, pax, et non erat pax. Cicero Philip: 3. Dulce est nomen pacis, res verò ipsa tum iucunda, tum salutaris; sed pax est reputianda, si sub eius nomine latet bellum. Sallust: de bello Iugurt. Pax diuersis in mentibus esse non potest. Anno Domini 1615. B. w. m. w 4ce, k. 9 i 1 biała

Bez wyr. drukarni, lecz Cracoviae in offic. Nic. Lobii, bo razem wyszło i razem broszurowane w jedną całość: Monita Salutaria, Pax non Pax i Tyszkiewicza G. Responsio ad libellum Patrocinium veritatis. — W ostatniem wyrażono miejsce druku.

Porówn. Pax seu vera politica 1615. Jocher 9780. — Bibliot. Script. S. J. s. 594. Dzików — Jagiell. — Ossol. — Raczyńs.

— Pochwała pogrzebna sławney pamięći Jáśnie Wielmożnego Je⁰ M⁽ᵈⁱ⁾, Páná á Páná Adama Sedziwoia z Czarnkowa Czarnkowskiego, woiewody Łęczyckiego, generałá Wielgopolskiego, Pyzdrskiego, Miedzyrzeckiego, etc. starosty, ktorą w kośćiele Czarnkowskim, przy pogrzebie Je⁰ M⁽ᵈⁱ⁾ miał X. Matthevsz Bembvs, Soc: Jesu. 5. Aprilis. Anno Dñi 1628. Z wyráżnym pozwoleniem urzędu duchownego. W Krakowie, w drukárni Andreiá Piotrkowczyká J.

K. M. typográphá roku páńskiego 1628. w 4ce, str. 38.

Dedyk. do Katarzyny z Lesna Czarnkowskiey wojewodźiney Łęczyckiey.

Osiński Życie Skargi s. 65 ma rok 1638, — Treść w Dzieniku literackim 1854. N. 24—5.

Birgel. — Branic. — Chreptow. — Czartor. — Jagiell. — Krasińs. — Ossol. — Przeźdz. — Zyg. Pusłows. — Raczyńs. — Uniw. lwow.

— Promptuarium Concionatorum. Crac. apud viduam Sybeneycher 1606. w 8ce.

Juszyński (I 24.) wymieniając to dzieło, powiada, że w niem podpisał się: Joannes de Gniazdow Sniadecki, Archipresbyteralis in Circulo Poenitentiarius, Sandecensis Decanus, Par. Vetero-Sandecensis, ale nie wyraża czy i jako autor, czy jako aprobujący dzieło, co prędzej być może.

Tak przytacza Jocher 4419. nie opisując dzieła. Zaś Brown str. 116 wymienia ten tytuł dzieła między utworami Bembusa.

— Krótka sprawa o nowym Collegium Oycow Societatis Jesu, u świętego Piotra w Krákowie, dla niewiádomych wydána, od iednego oboiey stronie życzliwego. Zá wiádomośćią y wyráźnem dozwoleniem urzędu duchownego. W Krakowie roku páńskiego 1625, druk Ant. Wosińskiego. w 4ce, kart nlb. 13.

Jocher 7958.   Jagiell.

— Trąba gniewv bożego gromiąca grzesznikow: ná przestrogę y vpámiętánie narodu ludzkiego. Wystawiona w Komećie roku 1618 mieśiącá grudniá, od Wielebnego kśiędzá Máttheuszá Bembusá doktorá theol: Soc: Jesu, a teraz przez iednego kápłaná, teráźnieyszym cząsom accomodowána. Z dozwoleniem vrzędu duchownego. W Krakowie, w drukárni Lukaszá Kupiszá, J. K. M. typográphá, roku páńskiego 1648. w 4ce, karta 1 istr. 35.

Jocher 6222 b. — Siarczyński i Łukaszewicz mają mylną datę r. 1618. Akad. — Czartor. — Jagiell. — Ossol. — Przeździec. — Pusłows. — Raczyńs. — Uniw. lwow.

— Toż. Wystawiona roku 1618. od W. go księdza Mateusza Bembusa Soc. Jesu. A teraz przez J. W. IMći Xiędza Załuskiego biskupa Kijowskiego teraźnieyszym czasom akomodowana, po

edycyi krakowskiey 1648. przedrukowana roku 1746. Bez w. m. w 8ce,
kart nlb. 32. (ark. A—D).

Dzików — Jagiell. — Ossol.

— Toż. W Berdyczowie, w drukarni Fortecy N. P. Maryi (Karmelit.)
1764. w 8ce.

Tak podaje Brown według Przyłęckiego.

— Wizervnk szlachcica prawdziwego w kazaniu na pogrzebie Wielmożnego Pana Jego Mći Pana Andrzeia
Bobole z wielkich y małych Piaskow,
podkomorzego koronnego Pilznieńskie-
go, Dybowskiego, Gniewkowskiego etc.
etc. starosty wystawiony. Przez Wielebnego Xa. Mattheusza Bembusa, doktora theologa Societatis Jesu. Teraz
odnowiony za zleceniem y nakładem
Jaśnie Wielebnego Jego Mći X. Eustachego Wollowicza biskupa Wileńskiego.
W Wilnie, Roku pańskiego M.DC.XXIX
(1629). w 4ce, kart 19, druk gocki.

Na końcu „Przedmowa JW. Jak. Szczawiń-
skiego wojewody Brzeskiego miana na
tymże pogrzebie“. (Cały arkusz E).

Siarczyński i J. Łukaszewicz mylnie przytaczają edycyę r. 1617. w Warszawie.

Akad. — Branic. — Czartor. — Jagiell. —
Krasiń. — Ossol. — Zyg. Pusłows. —
Uniw. lwow. — Wileńs.

— Wzywanie do iedności katho-
lickiey narodu ruskiego, religiey grae-
ckiey z kościołem rzymskim. Vczynione
na kazaniu w kościele metropolitańskim
Lwowskim, w dzień śś. Szymona y
Judy Apostołow. Przy obecności Ich
Mćiów Naywielebnieyszych, Jego Mći
X. Oyca Jozepha Welamina Rutskiego,
Archiepiskopa, Metropolity Kijowskiego,
Halickiego, y wszytkiey Rusi; y inszych
Episkopow Ruskich z duchowieństwem
swoim, ktorzy się byli na ten dźień do
Lwowa ziachali. Przez X. Mattheusza
Bembusa, kapłana Societ: Jesu. Z po-
zwoleniem (sic) urzędu duchownego.
W Krakowie, w druk: Andrz: Piotr-
kowczyka, typogr: J. K. M. Roku
1629. w 4ce, kart nlb. 13.

Dedykacya Xciu Alexandrowi z Ostroga Za-
sławskiemu, wojew. Kijows.

Jocher 9487 a.

Drohob. — Jagiell. — Krasiń — Ossol. —
Petersb.

— Tenże tytuł. Z pozwoleniem u-
rzędu duchownego. (Na końcu:) We
Lwowie, w drukarni Jana Szeligi, J.
Mci X. Arcybiskupa Lwowskiego typographa, Roku pańsk. 1630. w 4ce,
sign. C₈ (3 ark.), druk gocki.

Na odwrocie tytułu: Graeci ritus, cum Ecclesia Romana Unitorum, ad Synodum
Provincialem, Leopoli in Anno Domini
1629 die 28 Octobris congregatorum nomina. Illustrissimus ac Reverendissimus
Metropol. Kijovien. D. Josephus Velamin
Rutski.

Kazanie. to miane było na Synodzie prowin-
cjonalnym Unitów we Lwowie 1629 dnia
28 Octobra. Smoleńskim Władyką był Leo
Creuza Rzywuski. Na tymże Synodzie znajdował się i Smotrzycki.

Jocher 9487 b. — Treść podana w Dzienniku literackim 1854. N. 25, 29.

Akad. — Dzikows. — Ossol. — Zyg. Pusłows. — Petersb.

— Żałoba abo Kazanie, ktore ná
pogrzebie sławney pámięći nieboszczyká
Jego M. X. Andrzeia ze Bniná Opalińskiego, biskupá Poznáńskiego, dniá 19
grudniá w roku 1623 zmárłego, miał
w Rádlinie dniá 30 styczniá, roku 1624
X. Máttheusz Bembus, doktor theolog
Societ. Jesu. Memoria justi cum laudibus, et nomen impiorum putrescet. Prou.
10. Z dozwoleniem urzędu duchownego
y stárszych. W Krakowie, w drukárni
Fránćiszká Cezarego, roku 1624. w 4ce,
kart 18. (ark. E₂).

Dedyk. Łukaszowi z Bnina Opalińskiemu
marszał. nadw. kor.

Jocher 9405. — Chlędows. 29.

Akad. — Dzików — Jagiell. — Czartor. —
Ossol. — Krasiń. — Uniw. lwow.

— ob. Piekarski Adam (na śmierć
Kiszczyny Kaz. 1614) — Skarga Piotr
(Żołnierskie nauki 1618, Żołnierskie
nabożeństwo 1688) — Starowolski Szymon (Prawdziwe objaśnienie b. r.) —
Vindiciae pacis — Zniesienie obrony
(1627).

Starowolski Sz. Scriptorum 1627. s. 166. —
Encykl. Orgelbr. III. 121—2. — Mecherz.
Histor. wym. II. 442—8. — Łukaszew.
Obr. m. Poznania II. 183—6. — Engel
Ukrain. Gesch. — Juszyński I. 18. —
Siarczyńs. Obr. I. 26. — Wiszniews. H.
L. VI. 312, VIII. 326, 243—4. — Muczk.
Ręk. Radym. 124 — Maciejows. Piśm.
III. 648—58. — Brown Bibl. pis. S. J.

114—6. — Backer Bibl. 1890. I. 1279—
84. — Przyłęcki Stan. Dzien. lit. lwow.
1854. N. 23—5, 29—31. — Chłędows.
Spis 29—30, 84, 168. — Jöcher Lexicon
I. 945. — Witte Diarium biogr. 1688.

BEMBUS Petrus z Wenecyi (urodz.
1470 † 18 Stycz. 1547). Epistolarum
.... Leonis X. Pont. Max. nomine scri-
ptarum lib. XVI. ad Paulum III. Pont.
Max. Romam missi. Basileae, Froben.
B. w. r. w 8ce, str. 686.　　Jagiell.

— Toż. Venetiis, per Joan. Pata-
vinum et Ventur. de Rossinellis. Bez
wyr. r. (Przedmowa z r. 1535). folio,
ark. nlb. Hh. III. i kart 2.
　　　　　　　　　　　　Jagiell.

— Epistolarum Leonis X. Pont.
Max. nomine scriptarum libri XVI. ad
Paulum III. Pontificem Max. Romam
missi. Basileae, Froben, 1539. w 8ce,
str. 711.

— Toż. Basileae, per Hier. Frobe-
nium et Nic. Episcopum, 1547. w 8ce,
str. 682.　　　　　　　　Jagiell.

— Toż. Basileae, 1566. w 8ce, str.
686 i rejestr.

— Epist. familiar. lib. VI., Leonis
X. nomine lib. XVI. Venetiis, Gualt.
Scotus 1552. w 8ce, str. 398.
　　　　　　　　　　　　Jagiell.

— Toż. Coloniae, 1584. w 8ce.
　　　　　　　　　　　　Dzików.
Ten zbiór obejmuje dwa listy Joachimo
Marchioni Brandenburgensi, pięć listów
Sigismundo Poloniae Regi r. 1513 i nast.,
oraz jeden Livoniae Magistro.
Füldener J. J. Bibliogr. Silesiaca 1731. str.
354. — Ciampi I. N. 24.

— ob. Cicero (Epistolae selectae p.
B. Grochowski 1760) — Gratiani A.
M. (Commendoni 1685) — Sabinus
Georg. (Elegia, Erotica 1536) — Such-
ten Alex. (Vandalus 1547) — Zanchius
Bas. (Clariss. vatis 1545).
Ciampi Bibliogr. I. 21. przytacza pod N. 24.
Aliquot carmina 1546. ale nie powiada
z jakiej racyi między Polonica liczy.

Bemerkungen über J. Cramer ob.
Kreutzen Karol (1649).

— auf einer Reise von Berlin nach
Bromberg in Westpreusen in Briefen
an G. F. Schlicht. Berlin u. Leipzig,
G. J. Decker. 1784. w 8ce.
　　　　　　　　　　　　Raczyńs.

— über einige Punkte der Betrachtungen ob. Manteufel — Szöge K.

— auf einer Reise von Thorn durch
Posen nach Sachsen. Berlin u. Küstrin
bei Ferdinand Oehmigke 1790. w 8ce,
kart 2, str. 195.
　　　　　　　Ossol. — Raczyńs.
— über die wahrhafte Darstellung
ob. Gdańsk (1783).

— über die Duldung der Juden
1787. ob. Bergeson — Braun Ch. D.

**BENACZKOWSKI (Bonaczkowski) Si-
mon.** Conclusiones Theologicae. Posnaniae, 1765. w 4ce.
　　Jocher 2693.

Benatius Aug. ob. Zolcinius (In funere 1576).

Benckendorf Joannes († 1607) et
Christoph. Brevis commonitio de bello
sociali Turcico ob. Kostitz J. (1595) —
Prunner Hier. (Christliche 1605).
Encykl. powsz. Orgelbr. 1860. T. III. str.
126 i 170. gdzie powtórzony raz jako Benckendorf, drugi raz jako Benkendorf. —
Siarczyńs. Obraz I. 27. — Hoppius Schediasma (Longinus I. 81).

Benckendorffius Joachim ob. Cramer
D. (Gratulatio 1587).

BEŃCKIEY Bartłomiej. Pitschnische
Schlacht aus einem latein. carmine in
deutschen Versen von Venceslaus Scharf-
fer, 1665. zu Brieg gedruckt durch
Xstoph Tschorn. w 4ce, kart 15.
Dedyk. ten przekład Senatowi Kluczborka
i Byczyny.

BENCYUSZ Plautus (Bencio Franc.)
ab Aquapendente, Soc. Jesu (ur. 1542
† 6 Maja 1594). Cudowne wiersze z
indyiskiego ięzyka przełożone obacz:
Grochowski Stan. (1611).

— Hiaeus czyli Jehu osnowy z
księgi IV. królów wziętej, tragedya
w pięciu aktach chórami przeplatanych.
Piękne mają być treny Izabelli i córek Izra-
elskich nad zgonem króla Jorama, tudzież
opis rozpaczającej nad synem matki. —
Wójcicki Bibl. Star. T. VI. — Wiszniewski
H. l. p. VII. str. 208.
Wójcicki i Wiszniewski zowią go Jezuitą
Pułtuskim. Nic o tem Brown i Backer
nie mówią. Widocznie to omyłka. Zapewne będzie to przekład z Beuciego nie
drukowany.

— ob. Lipsius Justus (1596).

BENDANDUS Hieronim Benedyktyn z Cervia (1604 † 1659). Platonicus conviva contra amantes D. Hieronymus Bendandus Monachus Cassinensis Sacrae Theologiae in Archigymnasio Bononiensi Professor declamabat. Bononiae, typ. Clement. Ferronii 1638. Superiorum permissu. w 4ce, str. 16.

Dedyk. Janowi Władysławowi i Michałowi Radziwiłłom.   Ossol.
Jöcher Lexicon 1651. ma odmienny tytuł: contra vulgares amantes. Bologna. 1638.

(Bender). Die blutige Fama aus Bender, oder das glorieuse Mitbringen eines per Staffettam zu Stettin angelangten, und von dar, nach Verfliessung 5. Stunden, nach Stralsund zu dem König Stanislao und dem allda sich befindlichen Crassauischen Corpo abgegangenen General-Majors von .... oder eine vollständige Relation von der Schwedisch-Türckischen Battaille, wider die formidable Armee von Moscau. Gedruckt nach dem Exemplar aus Stettin. B. m. i r. w 4ce, str. 8.

— Der blutigen Fama aus Bender fernerweitige Relation, von der Schwedisch- und Türckischen Battaille, so den 25. Junii 1711. wider die Moscowitische Armee in der Ukraine herrlich erfochtene Victorie eingelauffen. B. m. i r. w 4ce, str. 4.

— ob. Karol XII. (1711) — Schreiben (Zweites 1711) — Würtemberg Max. (1730).

Bendermann Jan ob. Radziwiłł Mik. Krz. (Threnodiae 1615).

Benedictina Congregatio ob. Benedyktyni.

Benedictus ob. Benedykt.

(Bendileta). Wizerunek wiktymy, to iest, relacya cnót i życia Wielebn. Matki Elżbiety de Breme - Bendilety. W Warszawie, 1740. w 8ce.

Jocher 8367.

Bendoński Szymon ob. Szymonowicz Szymon.

Bendoński Andr. ob. Bedoński.

Bendzin ob. Wolan Andrzej (Oratio ad illustriss. principes 1589).

Bene, Bene ob. Liffmann M. (1677).

— et feliciter principale ob. Bielecki Marc. (1701).

BENEDETTI Rocco (Roch). Discours des triomphes et resouissances faits par la Sereniss. Seigneurie de Venise, à l'entrée heureuse de Henry de Valois troisième de ce nom, tres Chrestien Roi de France et de Pologne: Faict en italien par M. Rocco Beneditti, puis traduit en françois. A Lyon, par Michel Jove, 1574. Auec permission. w 8ce, str. 45.   Ossol.

— Le feste et trionfi fatti dalla Sereniss. Signoria di Venetia, nella felice venuta di Henrico III. christianis. re di Francia et di Polonia. Descritte da M. Rocco Benedetti. Venetia, 1574. Apresso Giov. Osmarino Giliotto. w 4ce, kart liczb. 14 i nlb. 1.

Dedic. al Ant. Villabruna gentilhuomo di Feltre.   Czartor.
Adelung (Jöcher) Lexic. I. 1658. podaje jako pierwszą edycyę: Florencya 1574, jako drugą: Venetia 1700.

— ob. Mini Tomaso (1603).

Benedicti dies a Domino in Hebdomata ob. Jabłoński Hyac. (1735).

Benedictini ob. Benedyktyni.

— Tinecensis chorus 1712. ob. Buchowski Benign.

Benedictio contra vermes ob. Sudolski Stan. (1542).

— mensae ob. Dębołęcki A. (1616).
Jocher 9258.

Benedictiones ex Missali Pontificali Romano pro FF. S. Francisci Minor. Conventualium. Lublin, 1639. w 4ce.

— obacz: Cochem Mart. (1691) — Compendium (1762, 1767, 1788).

Benedictus Eremita Camedulensis ob. Dzierżek Stefan (Novemdium 1709).

BENEDICTUS Joannes SOLPHA de Głogovia († 31 Marca 1564). De humatione corporum mortuorum et refrigerio animarum a corpore exutarum libellus. Joannes Langus Joanni Benedicto (pod tem 8 wierszy łac.). Cracoviae, 1564. w 4ce, kart nlb. 21.

Na odwr. str. tyt. Jan Benedykt doktor królewski i kustosz Łowicki przypisał listem kapitule Łowickiej dat. w Krakowie 13 lutego 1564 r. — poczem idzie wykład o chowaniu ciał zmarłych. — Na końcu

jest 14 wierszy łac. Benedykta kanonika krakowskiego i kustosza Łowickiego i 18 wierszy łac. Adama Schretera do czytelnika.
Janoc. III. 14. twierdzi, że druk Łazarza. Akad. — Czartor. — Ossol.

— Libellvs nouus de causis, signis et curatione pestilentiae, ad praeseruationem simul et curam eius mali, apprime utilis. Cricius lectori (sześciowiersz). [Na końcu:] Impressum Cracouię, per Hieronymum Vietorem impensis dñi Marci Scharffenbergk, anno dñi Millesimo. quingentesimo vigesimo primo. w 4ce, kart nlb. 14.
Przypis: Piotrowi Tomickiemu, bisk. pozn. Joannes Benedicti artium el medic. doctor. Wierzbowski II. 978. — Janoc. III. 12.
Zamojs. — Kórnic. — Ossol.

— Libellvs de cavsis, et cvratione pestilentiae, ad praeseruationem simul et curam eius mali, omnibus necessarius. Nunc denuo reuisus, et multis in locis auctus, voluntate autoris. Cricius Lectori. Arcula si persae seruabat diuitis illud — Quod ferrum, flammas, funera tractat opus. — Quonam quaeso modo, decet hunc seruare libellum? — Humani generis, quo sita summa salus. — Nempe docet rapide superare pericula pestis, — Qua nulla immenso noxior orbo lues. — Cracoviae, Lazarus Andreae excudebat, MDLII. w 8ce, 4 arkusze.
Na odwr. karty tyt. Joannes Dantiscus Jo: Bo: (4 wiersze), pod tem herb. — Sign. A₂. Joannes Benedictus regius Dor praepositus Varmiens: Reuerendiss. in Christo patri et Doct. Petro Thomitio Dei g. Episcopo olim. Cracov. et Reg: Polon: Vicecancel; dignissimo.
Wierzbows. II. 1292. — Bandtke H. d. k. p. I. 294. — Janoc. III. 12.
Kijows. — Zamojs. — Dzików — Ossol. — Wilanowska.

— Historica narratio rerum variarum, in hac sexta mundi aetate: omni hominum generi vtilissima et iucunda. Joannis Benedicti Losacii D. Ad lectorem [4 wier. i godło] MDLX (1560): B. m. i dr. w 4ce, k. nlb. 38.
Dedic. Joanni de Przeremb.(ski) archiepisc. gnesn. Cracoviae, cal. Jannarii 1559.
Będzie to wydanie pierwsze. o którem mówi Janocki III. 14. jako wyszłem bez wiedzy autora.   Czartor. — Ossol.

— Joannis Benedicti Luzàti, medicinae doctoris et medici regii, praepositi varmien., custodis lovicien. canonici cracovien. et vratislavien. etc. Historica narratio [...itd. jak wyżej...] iucunda. Ab ipso auctore recognita et multis in locis aucta. Cracoviae, per Lazarum Andreae, anno reparatae salutis MDLXII (1562). w 4ce.
Janocki III. 14.

— Regimen de novo et prius Germaniae inaudito morbo, quem passim anglicum sudorem, alii gurgentionem apellant, Jo. Benedicti Artium et Medici. Doctoris, phisici regii praeservativum et curativum huius et cuiusvis epidemiae utilissimum. Cracoviae, per Hier. Victorem, 1530. w 8ce.
Są tu wiersze Laurentiusza Parmeno.
                     Dzików.
Jöcher Lexicon I. 959. rozróżnia dwie tej treści prace jego, to jest· Tractatus de sudore anglico, i (wie auch) Libellus de morbo gallico, mieszając go co do ostatniej pracy z Benedyktem de Victoriis, którego rozprawę: Morbi gallici wydał w r. 1546. Tectander (obacz).
Juszyńs. II. 43. — Gąsiorowski I. 189.

— De visionibvs et revelationibus naturalibus et diuinis. Joannis Benedicti regij doctoris, Canoci (tak) vratislauiensis. (Następuje 8 wierszy łacińs.). Jana Langusa do autora i 4 wierze łacińs. do autora podpisane: D. S. A.). [Na końcu:] Cracoviae, in officina Hieronymi Vietoris. Anno. 1545. w 8ce, kart nlb. 20.
Na odwr. tyt. 13 wierszy łac. Jana Benedykta in invidum i teksty: jeden z Cor. XI. drugi: Dan. V.
Dedyk. Janowi Tarnowskiemu, kasztelanowi krak. tak, iż nie ma przerwy między dedykacyą a tekstem i całe dziełko do Tarnowskiego zwrócone. Kto był wierszopisem podznaczonym D. S. A. trudno dociec. Współcześnie rymował Dąbek Stan. Aichler, ale ten podpisywał się Glaudinus.
Autor pisze się Artium et Medicinae doctor. Karta C. na odwrocie mówi: Trahimur autem sepe periculis ad religionem exemplo David. Lesko enim Niger, 1232. irruentibus Lithucnis Jacwingis, 23 Septembris in terram Lublinensem, quindecim diebus eam vastantibus, accepto nuncio, celeri cursu pervenit in partes Lublinensium, abiisse reperiens cogitabat an quatuordecim milia Barbarorum cum sex mil-

libus suis insequi deberet, inter cogitandum visio angelica, quae se asserebat Michaelem archangelum, per somnium monstrata, monuit, ut cito hostes persequeretur, victoriam illi certam promittens. quos in octobre inter fluuium Harew et Hemen (omyłka zam. Narew et Nemen) reperit et compressit, et ideo Ecclesiam in Lublin ad honorem Dei et Michaelis archangeli hujus rei in perpetuam memoriam extruxit et dotavit, sciens imperia in manu Dei esse et conservari....
Jocher 7250. — Janoc. III. 13.
Czartor. — Branic. — Szembek — Jagiell.

—— De visionibvs et revelationibvs natvralibvs et diuinis, libellus elegans ac compendiosus, nunc primum editus, per clariss. et doctiss. D. Joannem Benedictum, regium doctorem, canonicum vratislauiensem et cracouiensem. 2. Corinth. 12. Veniam ad visiones et reuelationes. 1. Corinth. 2. Nobis autem reuelauit Deus per spiritum suum. M.D.L. (Na końcu:) Moguntiae apud S. Victorem excudebat Franciscus Behem typographus Anno MDL (1550). w 8ce, kart nlb. 36.

Dedykacya: Joanni comiti a Tarnow castell. Cracov.
Na k. po tyt. Joannes Langus ad Jo. Benedictum (8 wier.). Ad Joan. Benedictum D. S. A. (4 wier.). Joannes Benedictus in inuidum.
Wierzbowski II. 1275.
Czartor. — Jagiell. — Ossol. — Sangusz.

—— ob. Eckius Val. (Epistola 1545) — Hippocrates (Epistola 1540) — Krzycki Andr. (Relig. querim. 1606) — Milesius David (1572).

Łętowski Katal. II. 12—16. — Ciampi Bibl. I. 21. — Eichhorn. Zeitsch. f. Ermland III. 321. (Tu go zowie Jan Bened. Solpha). — Mecherz. Hist. jęz. Jac. 129. — Tomiciana II. 27—8. (Phalecium). — Bandtke Hist. dr. K. 367—8 i Hist. dr. Kr. p. I. 294. — Janociana III. 11—4. — Roczniki T. P. N. VII. 177. — Maciej. Piśm. I. dodat. 309. — Wiszniews. VIII. 177. — Wizerun. i roztrz. 1839. T. 48. s. 131—2. — Gąsiorows. Hist. med. I. 189—191. — Jöcher Lexicon I. 959. — Juszyńs. Dykcyon. II. 43.

Benedictus a S. Josepho Schol. Piar. ob. Zawadzki Benedykt (Infula Cracoviensis 1686, Kazania, Lyricorum 1694, Cenzura kaznodz.).

Benedictus a Kozmin ob. Kozmin.

BENEDICTI Lucas. General - Karte von Westgalizien, nach der von dem k. k. Generalquartiermeisterstab herausgeg. Specialkarte etc. gestochen von Lucas Benedicti Sohn. B. w. r. 6 kart (Wys. 1' 3", szer. 2' 1").   Ossol.

Benedictus M. ob. Wiślicza (a) Michael (Prognosticon 1533).

Benedictus de Mstów ob. Mstowski (1628).

BENEDYKT od Opieki N. M. Panny. In Nomine SSS. Trinitatis Amen. Kazanie pogrzebowe sławę JW. JMc. Pany (tak) z Kociełów Rozalii Oginski (tak) Starościny Babinowieckiey głoszące Jaśnie Wielm. Państwu Tadeuszowi y Annie z Tyszkiewiczów Kociełów Starostwu Markawskim przypisane przez X. Benedykta od Opieki N. M. Panny, kaznodzieję ordynaryusza Coll. Antokols. Zak. SSS. Trocy (tak) miane w Wilnie w kościele Antokolskim r. 1769. d. 10. czerwca. W druk. Schol. Piar. folio, 6 ark.

W dedykacyi podpis: X. Benedykt od Opieki N. Maryi P. K. N. O. Trynitarz.
     Wileńs.

Benedictus Polonus, Minorita (Franciszkan) z Wrocławia. Acta Tartarorum.

ob. Jocher Obraz II. 64. — Wiszniews. H. lit. II. 208—223. — Lelewel Polska W. śred. IV. 427. — Biblioth. Dominicana I. 130. — Encykl. kośc. II. 147. — Plano Carpini.

Benedictus de Sentino ob. Sentino.
Jocher T. II. s. 53.

Benedictus de Soxo ob. Soxo B. (Claves 1648).

Benedictus de Victoriis ob. Tectander Josephus (Morbi gallici 1536).

(Benedykt XI. Święty). (Mik. Bocensini † 11 Paźdr. 304). Akt w Jaworowie 6 Julij 1739. Akt solenny Introdukcyi Błogosławionego Benedykta XI. od Fary do WW. OO. Dominikanów takim odprawił się trybem. w 4ce kart. 2.   Ossol.

—— Relacya solenney introdukcyi Błogosławionego Benedykta XII. papieża zakonu kaznodzieyskiego; tudziesz nowey w Polszcze konfraterniy paska milicyi Anielskiej S. Tomasza z Aqui-

nu, Anielskiego w kościele Bożym
Doktora, tegoż Zakonu Oyca S. Dominika, odprawionych w Czartkowie
dnia 8. Maia R. 1740. z zamku do
kościoła XX. Dominikanów; a pod imieniem JW. Imci Pani z Kątckich Po-
tockiey, Marszałkowey Nadworney koronney, i J. WW. Ichmościów Panów
Joachima y Jacyntego Potockich, Lwowskiego y Łukaszowskiego starostów,
klasztora tamteyszego .... fundatorów
szczodrobliwych, ogłoszona. w 4-ce, 2 ark.

Na końcu: Imprimatur datow. d. 29 maii A. D.
1740. Andreas Giżycki canonicus et auditor
generalis Leopoliensis ac judex — jako Censor podpisany. — Celebrował ks. Adam
Wojna Orański, Biskup Belleński, Sufragan
kamieniecki.

— ob. Ochabowicz Wojciech (Złote
żniwo 1739).

BENEDYKT XII. (Jakób de Nouveau,
Fournier † 4. Grud. 1334). Konstytucya Benedykta XII. Papieża z łacińskiego na polski język przełożył Andrz.
Stan. Załuski bisk. krakowski. 1749
folio.　　　　　　　　　　Warsz. Uniw.

BENEDYKT XIII. (Piotr Franc. Orsini
Gravina 1642 † 21 lut. 1730). Breve
Sanctissimi Dni nostri Benedicti XIII.
papae ad Capitulum Congregationis Benedictino-polonae, paterne ad constitutionum ipsius observantiam mo-
ventis et reluctantes ad observantiam
monentis et ad obedientiam. Bez r. i m.
w 4-ce, stron 4.

Wydane w Rzymie d. 1. lipca 1726.

— Breve S. D. N. Benedicti Papae
XIII. continens constitutiones ad uni-
forme regimen omnium provinciarum
congregationis Hispaniae Fratrum Discalceatorum S. Trinitatis Redem. Ca-
ptiv. Leopoli. 1731. w 8ce.

Jocher 7460. b.

— Breve S. D. N. Benedicti Papae
XIII. continens constitutiones pro bono
regimine provinciae S. Joachimi in Regno Poloniae et M. D. Li. — Typis
datum Leopoli, S. J. 1731. w 8ce.

Jocher 7461.

— Sanctissimi in Christo Patris ac
Domini Nostri Benedicti XIII Pontif.
Max. Constitutio, qua privilegia ordini

Praedicatorum a S. Sede hactenus in-
dulta confirmantur, innovantur, exten-
duntur, declarantur, ac novis etiam con-
cessionibus ampliantur, cum necessariis
et opportunis derogationibus. Romae
1727. typis Rev. Camerae Apostolicae.
w 4-ce, 12½ ark

Przedrukowano w Warszawie.
Jocher 7745.

— Toż. Romae, 1727. Reimprim.
Vilnae, 1728. w 4-ce, ark. sign. H₂.
　　　　　　　Czartor. — Kijows.

— Copia brevis Literarum Aposto-
licarum ad Illustriss. et Excellentiss.
Dominum Joannem Szembek, supremum
Regni cancellarium (quoad Thorunense
cum dissidentibus negotium). 1724.
w 4-ce, kart. 1.

Toż samo w Ostrowskiego Suada epistolar.
lat. 1747. T. II. str. 3—4. Dotyczy sprawy
Toruńskiej.　　　　　　　　Ossol.

— Copia Brevis ad Poloniae princ.
Fridericum Aug. (po łacinie i niem.)
B. w. m. 1726. w 4-ce.

— Powszechny komput albo formularz. Odpustow, których Ociec nász
Święty Benedykt papież w swoim imieniu
tákim XIII. zwykłym koronkom, rożań-
com, krzyżom, małym obrazkom, lub ráczey świętych wyobrażeniom, ze złotá,
srebrá albo z innego metallu lanym czyli
robionym, medalliámi zwykle názwanym
ná przyszłe czasy pozwalać będzie różne y dawne ich formularze, w ten to
takowy ieden zebrawszy. Typis Clari
Montis Częstochoviensis. — Formula
indulgentiarum quas SS. D. N. Benedictus Papa XIII. coronis, rosariis, crucibus, parvisque imaginibus, seu numis-
matibus, ex auro, aut argento, aliove
metallo confectis, medallijs, vulgò nun-
cupatis, in futurum concedet, varijs, ve-
teribusque formulis in hanc unam re-
dactis. Typis clari Montis Częstochoviensis. Bez. r. i bez osobn. tyt. folio,
kart 2. (po pols. 1. str. po łac. druga).
Jocher 7817.　　　　　　　　Jagiell.

— Odpusty od Oyca Śgo Benedykta XIII. przy kanonizacyi świętych
Jakóba z Marchii y Franciszka Solana
etc. B. m. (1727). półarkusz nlb.
　　　　　　　　　　　　Krasiús.

59

— Devotae orationes felicis memoriae Benedicti XIII. pontificis Maximi Ordinis Praedicatorum ad impetrandam a Deo gratiam praeservantem a morte subitanea, fidelibus Christi propositae a SS. Clemente XII. w 8ce, kart 1. Ossol.

— Icon exemplaris vitae pio nitens affectu in defunctos et eruditos sev libellus de vita summi pontificis, Benedicti XIII. de ordine Praedicatorum assumpti, à nativitate ipsius usq'; ad assumptionem ad summum pontificatum. Item duo brevia ejusdem, unum de eliberatione animarum è paenis purgatorij, alterum de veritate doctrinae S. Thomae Aquinatis in materia de gratia divina ex se ab intrinseco efficaci, et de praedestinatione electorum gratuita. Reimpressa Cracoviae per PP. Dominicanos Cracovienses, Anno Domini 1725. Typis viduae et haeredum Francisci Cezary (1725). w 8ce, k. nlb. 23.

Na drugiej karcie tytuł: Icon mentis et cordis Bened. XIII... deprecatione S. Philippi Nerii, opitulatus ex gallico.
Jagiell. — Warsz. Uniw. — Zielińs.
Edycyą z r. 1726 obacz: Barry Antoni.

— Konterfekt serca y umysłu Naywyższego Pasterza Benedykta XIII. wyrażający życie jego y cuda, którymi go Bóg wszechmogący na dokument protekcyi swoiey w ciężkich zostającego niebezpieczeństwach za intercessyą świętego Filipa Neryusza secundował. Leopoli, 1725. w 8ce, k. nlb. 17.
Warsz. Uniw.

— ob. Barry Antonius (Icon exemplaris 1725—26)— Demonstratio (1727) — Herka Ign. Cant. (Tropheum 1730) — Hippolit od ś. Jana zob. Przybyłecki — Hoffmann Jozafat (Żywot świat informujacy 1734) — Jan od Krzyża (b. r.) — Jubilaeum (1751) — Iwon Św. (1738) — Kiszka Leon (1724) — Krasowski (1726) — Miske Ludw. (1727) — Officia (1726) — Perrimezzi Joseph Maria (1727) — Przybyłecki Hippolit (Pamięć 1730) — Refutatio (1724) — Rok święty (1726) — Sposób nabożeństwa (1731) — Synodus provincialis Ruthenorum (1724) — Szczaniecki

Stefan (Remonstraiio 1727) — Tarło Jan (Żniwo zbawienne 1726) — Westchnienia strzeliste wiary etc. (1728) — Vulpius Jos. (Vitae 1727) — Załuski Józef Andreas (Analecta b. r.)

BENEDYKT XIV. (Prosp. Wawrz. Lambertini 1675 † 3 Maja 1758). Sanctiss: Domini Nostri Benedicti Papae XIV. Allocutio habita in comitijs generalibus F. F. Minorum S. Francisci Conventualium celebratis XIV. Kalendas Junias 1753. Romae 1753. Vilnae secundis curis cum Superiorum facultate. Vilnae 1753. w 4ce, k. 5. nlb.
Czartor. — Ossol.

— Sanctissimi Domini nostri Benedicti papae XIV. Allocutio habita in comitiis generalibus fratrum ordinis praedicatorum in conventu S. Mariae super Minervam celebratis V. Nonas Junij MDCCLVI. Romae excudebant Joachimus, et Jo: Josephus Salvioni typographi pontificii Vaticani. In archigimnasio Sapientiae. Reimpresum autem Cracoviae typis Michaelis Dyaszewski Sacr: Reg: Majest: typographi. (1756). w 4ce, stron VIII.
Jagiell. — Krasińs. — Ossol. — Warsz. Uniw.

— Tenże tytuł. In archigymnasio Sapientiae. Reimpressa Leopoli typ. S. R. M. et Collegii Soc Jesu (1756). fol. str. XI.
Krasińs. — Ossol. — Jagiell.

— Breve Apostolicum facultatis impertiendi benedictionem cum indulgentia plenaria fidelibus in mortis articulo constitutis etiam per alios tam in Civitate quam Dioecesi Cracoviensi. Cum literis subdelegationis hujusmodi facultatis presbyteris tam saecularibus, quam regularibus in cura animarum laborantibus. Venerabili Fratri Stanislao episcopo cracovien: [Bez osob. tyt.] Bez wyr. m. i. r. folio, k. 1.
Datowane Romae 21. Martij 1748. — Biskupem krakowskim był ówczas Andrzej Stan. Załuski Jagiell.

— Breve ad archiepiscopos et episcopos Poloniae, dat. Romae d. 11 Aprilis 1741 et Bulla, dat. Romae III.

Nonas Novembris 1741 (ratione matrimoniorum). B. m. (Varsaviae), 1741. fol. k. 6.   Ossol.
— Toż. reimpr. Leopoli. folio.
Katal. Bibl. Odnows.
— Breve apostolicum Benedicti Papae XIV. concedens Adamo Stanislao (Grabowski) episcopo Warmiensi et Sambiensi usum palii et crucis ante se praeseferendae. Romae d. 21 Aprilis 1742. B. m. fol. kart. 2.
— Sanctissimi Domini Domini Benedicti Papae XIV. Bullarium in quo continentur Epistolae et Constitutiones pro Regno Poloniae et M. D. Lithvaniae, tum aliae selectiores pro universa ecclesia, editae, Celsissimo Illustrissimo Excellentissimo et Reverendissimo Dom. Dom. Venceslao Hieronymo de Bogusławice Sierakowski Archiepiscopo Metropolitano Leopoliensi in auspicatissimo suae Archi Cathedrae aditu. Per Adalbertum Szylarski Canonicum Leopoliensem et Praepositum Confrat. SS. Trinit. dicatum. Anno Domini 1760. Die 28 Septembris. Leopoli, typis Confraternitatis SS. Trinitatis cum privilegio S. R. M. w 8ce, kart 8, str. 405.
Na odwrocie tytułu herb a pod nim: In avitum Domus Sieracowsciorum insigne (sześciowiersz).
Drohob. — Jagiell. — Ossol.
— Constitutio SS. Domini Nostri Benedicti Papae XIV. De appellationibus et inhibitionibus comedendis, vel negandis. Romae 1742. Ex typog. Rev. Camer. Apostolicae (dopisano: reimpres. Varsaviae in typogr. Sch. Piarum). folio, str. nlb. 16.   Krasińs.
— Constitutio Sanctis. Domini nostri Benedicti Papae XIV. super clausura monasteriorum quorumcumq. virorum regularium. Romae 1742. Ex typ. Rev. Camerae Apostol. Reimpres. Poloniae cum testimonio MS. Petri Jastrzewski. 1742. folio, kart 4.   Czartor. — Ossol.
— Constitutio super congregationibus generalibus clericorum Regularium Societatis Jesu. Romae 1746. Reimpr. Sandomiriae 1747. w 4ce, 1½ ark. (kart 5).
Jocher 7685.   Ossol.

— Sanctissimi in Christo Patris, et Domini Nostri, Domini Benedicti Divina providentia Papae XIV. Constitutio, qua ampliatur episcopis facultas impertiēdi benedictionē cum indulgentia plenaria fidelibus in mortis articulo constitutis; etiam per alios, tam in civitatibus, quam in Dioecesibus ab ipsis subdelegatos. Impressum Romae 1747. Reimpressum Posnaniae, typis academicis. 1748. w 8ce, str. 48. kart 3.
Na końcu: Teodorus Czartoryski. Universo clero etiam PP. Soc. Jesu (kommunikuje im tę konstytucyą). Die 13. Januarii 1748.
Jagiell. — Ossol.
— Constitutio qua canonicis regularibus Praemönstratensibus conceditur. Romae 1750, reimpr. Varsaviae. folio.
Warsz. Uniw.
— Sanctissimi in Christo patris et Dni nostri Benedicti Divina providentia Papae XIV. constitutio, qua basilica assisiensis S. Francisci in patriarchalem et capellam papalem erigitur: cum aliis gratiis privilegis et indultis. Romae, typis reverendae Camerae Apostolicae 1754. Reimpressum Cracoviae, typis Stanislai Stachowicz, bibliopolae almae Universitatis Cracoviensis. w 4ce, 1 kart. nlb. i 27 stron.
Branic. — Ossol. — Warsz. Uniw.
— Constitutio Sanctissimi in Christo Patris Benedicti, Divina providentia Papae XIV. nonnullas societates seu conventicula de Liberi Muratori seu Francs Maçons vel aliter nuncupata iterum damnans et prohibens. Konstytucya Oyca Świętego Benedykta z Boskiey opatrzności Papieża XIV. niektóre towarzystwa albo schadzki de Liberi Muratori albo des Francs Maçons znowu potępiaiąca i zakazuiąca. Drukiem Kamery Apostolskiey. w 4ce, stron 16 (po łacinie i po polsku).
Pozwolenie na drukowanie datowane w Wilnie r: 1779. Text łaciński i polski obok. Ob. niżej Ustawa.
(Na końcu): Dano w Rzymie r. 1751. 18 Maja, papiestwa naszego r. 11.
Jocher 7472.   Krasińs. — Ossol.
— Droga do nabycia doskonałości chrześciiańskiey i do dostąpienia zbawienia wiecznego przez sposób modlitwy

wewnętrzney albo medytacyj codziennych od Naywyższego Namiestnika Chrystusowego Benedykta XIV. papieża wiernym Crystusowym podana a od JW. JMci Xiędza Wacława Hieronima z Bogusławic Sierakowskiego z Bożey i Stolicy apostolskiey łaski Biskupa przemyskiego z przydaniem pobożnych zabaw przez modlitwy poranne i wieczorne i inne potrzebnieysze wiary chrześciiańskiéy nauki pokazana i ogłoszona, zaś z poprawą i przydatkiem przedrukowana roku 1758 w Przemyślu, w drukarni J. K. Mości. w 12ce, kart 18, str. 189, kart 3.

Warsz. Uniw.

— Epistola Pastoralis (na końcu data:) Romae d. 30 Junii 1741. folio, 1 ark. nlb.

Krasińs.

— Epistola encyclica ad Patriarchas, Primates, Metropolitanos etc. Romae 1744, reimpr. Varsaviae. folio.

Warsz. Uniw.

— Epistola encyclica ad patriarchas, primates etc. Sanctissimi Domini Nostri Benedicti papae XIV. Romae, ex typogr. Rev. Camerae Apostol. 1745. [dopisano: reimpres. Varsaviae in typ. Schol. Piarum]. folio, str. nlb. 12 prócz karty tytułowej.

Krasińs.

— Venerabilibus fratribus patriarchis, primatibus, metropolitanis, archiepiscopis, et episcopis universis gratiam, et communionem Sedis Apostolicae habentibus. Bez wyr. m. i r. folio, kart 7.

Brak karty tytułowej. Datow. 10 Juni 1745. Na ostatniej karcie Christ. Ant. Szembek zaleca Epistolam encyclicam de jejuniis. Dat. Lovicii 27. Januarij 1746.

Jagiell.

— Epistola encyclica ad omnes patriarchas, archiepiscopos, atque episcopos de praeparatione ad annum universalis Jubilaei. Secundum exemplar Romae editum (1749). Bez miejsca przedruku (druk krakowski). w 4ce, str. 28.

Polkow. — Warsz. Uniw.

— Sanctissimi in Christo patris, et Domini nostri Domini Benedicti Divina providentia papae XIV. Epistola encyclica ad primatem, archiepiscopos et

episcopos regni Poloniae, de tollendis abusibus ab oratorijs privatis, quae sunt in domibus laicorum. Romae MDCCLI. Ex typographia Rever. Camerae Apostolicae (1751). folio, kart 24.

Od str. 23. Decretum felicis recordationis Clementis Papae XI. circa celebrationem in oratorijs privatis, emanatum 15. Decemb. 1703.   Branic. — Jagiell.

— Sanctissimi in Christo patris, et Domini nostri Domini Benedicti Divina providentia papae XIV. Epistola encyclica ad primatem, archiepiscopos et episcopos Regni Poloniae. De his quae vetita sunt hebraeis habitantibus in iisdem civitatibus, et locis, in quibus habitant christiani. Romae, MDCCLI (1751). Ex typographia Reverendae Camerae Apostolicae. folio, str. 8.

Jagiell.

— Sanctissimi Domini nostri Benedicti papae XIV. Epistola Encyclica ad primatem, archiepiscopos et episcopos Regni Poloniae. [Na końcu:] Romae, MDCCLV. Ex typographia Rev. Camerae Apost. (Dopisano:) Reimpressum Varsaviae in typ. Sch. Piar. folio, str. nlb. 3.

Wydano z okazyi przekładu dzieła La Borde: Principe sur l'essence des deux puissances. Każe dzieło to palić.

Jagiell. — Krasińs.

— Epistola encyclica ad primatem, archiepisc. et episc. Regni Poloniae. Romae, ex typogr. Rev. Cam. Apost. 1755. Reimpressum Leopoli in typ. Smae Trinitatis, anno ut supra. folio, str. 3.

Krasińs.

— Epistola ad clerum graeco catholicum. Literae venerabili fratri Athanasio Szeptycki Archiepis. Metropolitano totius Russiae nec non dilectis filiis Protoarchimandritae, Archimandritis, Abbatibus et Monachis Ordinis S. Basylii Mag. Rhuthenorum. Benedicti Papae XIV. Bez w. m. i r. (1744) folio, str. nlb. 14.

Ossol.

— Sanctissimi in Christo Patris et Domini nostri Domini Benedicti divina providentia papae XIV. Epistola secunda encyclica ad primatem, archiepiscopos et episcopos Regni Poloniae de dispensationibus matrimonialibus. Romae MDCCXLVIII. (1758). Ex typographia Reverendae Camerae Apostolicae. folio, kart 2.   Jagiell.

— Sanctissimi in Christo patris et Domini nostri Domini Benedicti divina providentia papae XIV. epistola encyclica ad S. R. E. Cardinales ac Archiep. etc. Romae. Ex typogr. Rev. Cam. Apost. 1756. Reimpressum Varsaviae in typogr. sch. piar. folio, kart nlb. 2.   Krasińs.

— Sanctissimi Domini nostri Benedicti papae XIV. Epistolae et Constitutiones pro Regno Poloniae editae ac ex ipso Bullario. Romae, typis sacrae Congregationis de propaganda fide impresso, excerp:ae Anno Domini 1758. Bez osob. tyt. w 4ce, stron 124.

Należy do zakończenia dzieła: Piasecki P. Praxis episcopalis. Leopoli. 1758. — Liczbowanie mylne bo do stronie 112 idzie numeracya od str. 313 po 318. dalej 219. potem znów 320—324. Obejmuje. Epistola I—XIX.   Jagiell.

— Epitome doctrinae moralis canonicae ex constitutionibus ac operibus Benedicti XIV Pon: Max: collecta. Calissii, 1774. w 8ce.

Jocher 4106.
Porówn. Epitome.

— Extensio universalis jubilaei in urbe celebrati a. d. 1750 ad universum catholicum orbem. Romae 1751. ex typographia Rdae Camerae apostolicae. Benedictus episcopus servus servorum dei universis' Christi fidelibus praesentes literas inspecturis salutem et apostolicam benedictionem. Gedani, Hartmann. folio, str. 6.   Czartor.

— Sanctissimi Domini nostri Benedicti Papae XIV. Apostolicae in forma brevis Literae ad Archiepiscopos et Episcopos Regni Poloniae et Mag. Ducatus Lithuaniae datae. Romae, ex typ. Reverendae Camerae Apostolicae. 1743. folio, kart 2.   Ossol.

— Tenże tytuł. Romae, ex typ. Reverendae Camerae Apostolicae, 1743. folio, kart 5.   Ossol.

— Toż. Romae 1743. folio, kart 3 nlb.

— Indulgentia visitantibus ecclesias Soc. Jesu Dominica Quinquagesimae. Romae, 1755. Datur facultas reimprimi die 7bris 1756. Cracoviae. folio, 1. ark.   Czartor.

— Indulgentiae. Cracoviae, reimpressum in typographia episcopali, 1751. folio, 1. karta.   Czartor.

— Benedictus XIV. Indulgentiae concessae pie et ex corde recitantibus actus virtutum theologicarum fidei, spei et charitatis. 1756. folio, 1. ark.   Czartor.

— De jurisdictione Episcoporum quo ad eclesias parochiales regularium, et personas curam animarum subditorum saecularium in eis exercentes. 1744. folio, kart 5.   Ossol.

— Toż.... curam animarum subditorum in eis exercentes. Benedictus Episcopus Servus Servorum Dei. Ad perpetuam rei memoriam. B. m. i r. dr. (1751). Bez osobn. tyt. folio, sign. A — C. (kart 5).

Na końcu: Cajetanus Sołtyk dat. Chwałowiejs 14 maij. — Okólnik.
Jagiel. — Ossol.

— Literae (dat. Nonis Aprilis 1741) per quas Canonici et Moniales ordinis Hospitalarii S. Spiritus in Hispaniarum et Poloniae regnis commorantes a praeceptoris generalis S. Spiritus in Saxia de Urbe jurisdictione eximuntur et locorum ordinariis subiciuntur. Romae, ex typogr. Camerae Apostolicae 1741. w 4ce, kart 4.   Czartor. — Ossol.

— Sanctissimi in Christo Patris et Domini nostri Domini Benedicti XIV. Divina providentia Papae XIV. Literae decretales super canonizatione Beati Petri Regalati sacerdotis professii ordinis minorum regularis observantiae inter Hispanos restitutoris. Romae, 1746. ex typogr. rever. Camerae Apostol. Reimpressae superior. permissu. Cracoviae typ. Univers. 1746. w 4ce, kart 11 nlb.

— Toż. w 4ce, kart 9 (ark. C.).
Ossol. — Warsz. Uniw.

— Literae scriptae per Benedictum Papam XIV. et per Andream Załuski

Episcop. Cracov. universi clero editae.
D. 3. Juli a. 1755. folio, kart 2.
Ossol.

— Modus a Bened. XIV. approbatus benedictionem in articulo mortis constitutis, delegata facultas Val. Alex. Czapski intra fines dioecesis Vlad. et Pomesaniae. w 8ce, kart 2.   Czapski.

— Odpusty od Oyca S. Benedykta Papieża XIV tak nauczaiącym y uczącym się sposobow modlitwy wewnętrzney, iako też y samę modlitwę, to iest nabożne rozmyślania odprawuiacym, wiecznemi czasy nadane r. 1746. B. m. 1768. w 8ce, kart 4.
Jocher 7818.

— Toż.... nadane. Publikacya listu Papiezkiego z odpustami na medytacye. Bez w. m. i r. folio, kart 1.
Ossol.

— Oratio habita tertio decimo Calendas Junii 1741 a Sanctis-imo Domino nostro Benedicto Papa in aula capitulari Definitorii Generalis Ordinis Minorum Sancti Francisci Conventualium apud Basilicam SS. XII. Apostolorum de urbe Pontifica Majestate ac praesentia Comitia Generalia ejusdem ordinis clementissime decorante. Superiorum facultate. Romae 1741. in typ. Komarek excusa. Reimpress. Calissii 1741. w 4ce, str. VIII.   Ossol.

— Tenże tytuł.... clementissime decorante. Cum licentia superiorum. Romae, 1741, ex typ. Komarek sup. facultate. Reimpress. Leopoli, typ. Confraternitatis SS. Trinitatis. Anno 1741. w 4ce, kart 2.
Ossol.

— De postulatis seu pactionibus, capitulationibus, concordatis, statutis Sanctissimi Dni nostri Benedicti Papae XIV. de synodo dioecesana ex libris tredecim et signanter ex libro XIII. excerptum, et ad notitiam omnium abbatum, et monasteriorum regni Poloniae typo impressum Anno Dni 1773. Cracoviae, typis episcop. Seminarii Academ. dioeces. w 4ce, 14 kart nlb.   Warsz. Uniw.

— Iubilaei universalis sub pontificatu Sanct. Dom. Nostri Dom. Benedicti XIV. ad universum orbem catholicum extensi etc. promulgatio. Typ. Universit. Zamosc. (1751). folio, str. nlb. 20. prócz karty tytułowej.
Krasiński.

— Rituale Romanum. Leopoli, typ. Confrat. S. Trinit. 1772. w 4ce.
Przyłęcki Bibl.

— Sollicitudo pastoralis. Posnaniae, 1742 zob. Czatoryski Teod.

— Ustawa Benedykta XIV., i iego poprzednika Klemensa XII., potępiaiąca Francs Maçonów, czyli wolnych mularzy. (Bez osobn. tyt) B. w. m. i r. (1753). w 8ce mn., kart nlb. 8.
Akad. — Krasiński. — Jagiell. — Przezdz.
— Uniw. Warsz.
Obacz wyżej Konstytucya.

— Venerabili Fratri Antonio (Wołłowicz) Eppo Luceor. Benedictus Papa XIV. Dat. Romae 14 Mart. 1755. Varsaviae, 1755. w 8ce, ark. A_7.

— Venerabilibus archiepiscopis et episcopis Poloniae Benedictus XIV. 1742. folio, ark. B_2.
Porów. Breve.

— Venerabilibus fratribus ArchiEpiscopis, Episcopis caeterisque locorum ordinariis episcopalem jurisdictionem in Regno Poloniae habentibus. Benedictus Papa XIV. (Bez osob. tyt.) Bez wyr. m. i r. Datow. Romae V. Octob. 1754. folio, kart 1.
Okólnik z powodu, iż żołnierze skazywani za popełnione zbrodnie, chronią się do kościołów, a ztamtąd ich przełożeni gwałtem porywaja. Zabrania przyjmowania winowajców do kościołów.
Jocher 7463.   Jagiell.

— Venerabilibus fratribus Camillo Icosciensi Fabricio Patracensi Ignatio Michaeli Caesaraensi et Lucae Melchiori Nicomediensi archiepiscopis et ordinariis nostris atque hujus et Sedis Viennae Poloniae ad Tractum Rheni et Belgii respective nuntiis. folio, kart 2.
Warsz. Uniw.

— Krótki zbiór o obrządkach Mszy Świętej offiary z dzieła Benedykta XIV. papieża De Sacrificio Missae zebrany. A na pożytek prawowiernych powszechności do druku podany przez X. Józefa Legowicza plebana korczyńskiego.

W. Wilnie, w drukarni J. K. M. przy Akademii 1784. w 8ce, kart 5. str. 323.

Katal. Grölla ma tamże z datą 1780.

Ossoll.

— Obacz: Anioł z obronną ręką (1753) — Bullae (1799) — Caeremoniale jussu..... editum (1758) — Casus (1766) — Chybiński X. Ludwik (1740) — Constitutiones (1789) — Hannenberg Gotfryd (1744, 1755) — Hylzen J. (1749) — Jubileusz wielki pozwolony (1751) — Klemens XII (1747) — Kobielski Franciszek Antoni (bez r.) — Lambertinus Prosper (1766) — Lipski Nicolaus (1642) — Mansi Joannes Dominicus (Epitome 1774) — Messis aurea (1745) — Monita (1751) — Novenna (1759) — Obrona (1760) — Owoc (1754) — Ozdoba (1767) — Postulata (1763) — Promulgatio (1751) — Rafał X. (1757) — Sierakowski Wacław Hier. (Droga 1773, Edykt 1753, (List 1758) — Sobieszczański X. Alex. (Jubileusz 1741) — Supplicatio facti et iuris (1755) — Szylarski Adalbertus (Sanctissimi Domini etc. 1760) — Wędrychowski J. (Brama złota 1751) — Załuski Andreas Stan. (Litera 1755) — Postanowienie względem Spowiednika (1748) — Zienkowicz Michał (Rok łaski 1751) — Żołkowski (Messis 1745).

BENEDYKT Święty Opat z Nursii (480—543). Regula S. Benedicti. Et constitutiones Congregationis Eremitarum Camaldulensium. Montis Coronae. Visae, et approbatae a Summo. Pontifice. Clemente. Nono. Cracoviae ex typ: M. Iacobi Moscicki, Ph: D. Anno D. 1674. w 4ce, 1 kartka tyt., 4 kart nlb. (indexu), str. 249 i 2 nlb., na końcu indexu kartek 20.

Na tytule rycina przedstawiająca Ś. Benedykta i Ś. Romualda. Rytownik podpisany F. (rater) M. B.

Jocher 7691.

Czartor. — Czetwert. — Jagiell. — Ossol.

— Regula S. P. Benedicti abbatis Monachorum Patriarchae cum declarationibus et constitutionibus Patrum Congregationis Cassinensis, itemque constitutionibus Congregationis Benedictino-Polonae ac Bavaricae additisque nonnullis constitutionibus Summorum Pontificum in unum volumen collectis curis et studiis P. Venceslai Ziołkowski Ord. S. P. Benedicti professi Tynecensis, Congregationis Benedictino - Polonae, Poenitentiarii monialium Vilnensium ejusdem Ord. Vilnae typis Basilianis MDCCXCII. (1792). Superiorum permissu. w 4ce, kart 9 i 397 str.

W przedmowie pisze autor, że otrzymał pozwolenie do ułożenia tego zbioru na Kapitule r. 1791. Do str. 148. idzie Reguła. Od str 130. Constitutiones congreg. Cassinensis. Od str. 279 do 344 idą Konstytucye Zgromadzenia Benedyktyńskiego Polskiego S. Krzyża, które poprzedza Breve połączenia klasztorów Benedyktyńskich polskich w związek (Congregatio) pod tytułem Ś. Krzyża, datowane w Rzymie r. 1709 d. 2. maja.

Jocher 7692.

Akad. — Jagiell. — Zieliński.

— Reguła błogosławionego i Bogu upodobanego Oyca Benedykta S. na polski ięzyk pilnie przełożona. Którą się sprawuią nayprzód Bracia zgromadzenia świętego święty Justyny Padewskiey, a od Klasztoru który samże Benedict S. założył roku Bożego 528 zowia się de Monte Cassino. Potym iey też poniekąd używaią Zakonnicy Ordinis Cisterciensis. W Krakowie, w drukarni Andrzeja Piotrkowczyka r. 1597. w 4ce, ark. S₂. (kart 69.) druk gocki.

Na odwrocie tytułu herb J. Wereszczyńskiego i wiersz Jana Lanciciusa.

Przypis X. Józefowi Wereszczyńskiemu.

Po dedykacyi idzie wymienienie klasztorów Reguły Ś. Benedykta i Cystersyeńskich. Żywot Ś. Benedykta idzie do ark. E₄, poczem przemowa Ś. Benedykta kart 2. a od F₂. tekst Reguły. Od ark. R₃ Bernarda Wykład na one słowa Ewangielii św. a na ark. S. List Bernarda P.

Dodane życie Ś. Benedykta wyjęte z księgi II dialogów Grzegorza W. Tłumaczył Seb. Klonowicz.

Czartor. — Dzików. — Ossol. — Warsz. bibliot. — Uniwer. lwow.

Jocher 7686.

— Reguła Świętego Oyca Benedicta. Z łacińskiego przetłumaczona, y z Reformacyą porządków, Chełmieńskiego, Toruńskiego, Żarnowieckiego, Nieświckiego, y inszych wszytkich w Krolestwie polskim teyże Reformacyey y

Reguły S. Benedikta, które teraz są y nápotym ziednoczone będą, Klasztorow Pánieńskich. Władza stolice apostolskiey, przez Jásnie Wielmożnego Oycá, X. Wawrzynca Gębickiego, z łáski Bożey Biskupá Chełmieńskiego, Pomezánicy administratorá etc. Roku páń. 1605. potwierdzona. Na końcu położone krotko zebráne łáski y odpusty przez vczestnictwo tymże Zakonnicom od ś. pámięci Clemensa PP. VIII dárowane wiecznie. Wykład słow Páńskich oświeca, y dáie wyrozumienie máluczkim. Psal: 118—130. W Krakowie, u Wdowy Jákubá Sybeneycherá Roku P. 1606. w 4ce, kart 11 str. 193. (właściwie 275), kart nlb. 17 oráz approbata str. 1.

> Tłumacz Półgęskowicz Mesochonius.
> Od str. 151 idzie Porządek nowicyatu. Od str. 262. Przywileje, łaski y odpusty Zakonnicom Zgrom. Kassyneńskiego. Od str nlb. na końcu: Mieysca pisma S. w regule S. Benedykta polskiej. Po omyłkach druku idzie approbata. Po stronie 262, idzie stronnicowanie mylne oznaczone 181—193.
> Maciejows. Piśmienn. III 68.
> Czartor. — Jagiell. — Ossol.

— Tenże tytuł.... Klasztorow Pánieńskich. W Lublinie w drukarniey Pawła Konrada. 1635. w 4ce, 275 str.
> Jocher 7688.   Ossol.

— Toż. W Krakowie (1635). w 4ce.
> Kat. księgarski. Ta data nie udowodniona.

— Reguła Świętego Oyca Benedykta z łácińskiego ná polski ięzyk teraz pilniey, niż kiedy przełożona. Z dozwoleniem starszych. Drukowano w Wilnie w drukárni Oycow Fránciszkanów Roku pánskiego 1677. w 12ce, k. 2. nlb., str. 235 i rej. kart 4.

> Wydawca X. Stan Szczygielski przypisuje: Braciey y Siostrom Zakonnym pod regułą S. O. Benedykta. Powiadá, że ponieważ egzemplarzy polskich reguły nie jest wiele, bo krom Acernusowego przekłádania, które jako od człowieka świeckiego nie było dostateczne, a też z opuszczeniami — tedy przełożył z łaciny wiernie, przydawszy summaryusz reguły. Porządek zakonnych zabaw.
> Approb. Censoris Vilnae 2 dec. 1676. Summaryusz idzie od r. 180. Porządek zabawy od str. 209.
> Jagiell. — Krasiń. — Ossol. — Raczyńs.

— Reguła Świętego oyca Benedykta z łácińskiego na polski ięzyk teraz pilniey, niż kiedy, przełożona z dozwoleniem starszych. Wydrukowana teraz powtórnie w Wilnie w drukarni J. K. M. akademickiéy Soc. Jesu, Roku. 1756. w 8ce, kart 2, str. 180, rejestr k. 3.

> Na str. 140 rejestr, od str. 141 Summaryusz.
> Na str. 152 wydrukowano mylnie 142.
> Przedruk ten dokonany jest staraniem i kosztem Mechtyldy Anny Dilzenowej, zak. Benedykt. konwentu wileńsk. Xieni — Approbata pierwszej edycyi ma datę roku 1676.
> Jocher 7689.
> Jagiell. — Bibl. XX. Cystersów w Mogile. X. Polkowski.

(Benedykt Święty, Opat z Nursii). Benedykt Święty męczennik Rzymski osobliwie od morowego powietrza w nabożeństwie za patrona zalecony. Lwów, Soc. Jesu.

— Catechismus monasticus. Sive Regulae S. Benedicti synopsis analytica. Ob.: Szczygielski St. (1668).

— Kazanie na dzień Ś. Benedykta miane w kośc. Tynieckim JM ciów XX. Benedyktynów r. 1745 d. 25 Marca. (Brak tytułu). folio, kart nlb. 12.
> Porówn. Kmita Stan.   Krasińs.

— Męczeństwo i żywot Ś. Benedykta i nabożeństwo do tegoż we Lwowie. 1712. w 8ce.

— Pieśń o Świętym Oycu Benedykcie. Bez osobn. tytułu i bez wyr. m. dr. i r. (r. 17...) w 8ce, k. 1.

— Hymn (na cześć S Benedykta). Bez wyr. m. i r. i bez osobn. tytułu (r. 17...) w 8ce, k. nlb. 1.

— ob. Andrzejowski Kar. (Duch 1765) — Blosyusz Ludwik (Zdania wyborne 1778, Ustawy życia 1766) — Chodykiewicz Klemens (1767) — Directorium (1728, 1729, 1730, 1733, 1742, 1743, 1750, 1762, 1763, 1764, 1767, 1769, 1770, 1772, 1778, 1779, 1781, 1784, 1786, 1788, 1789, 1790, 1791, 1795, 1798, 1799) — Fischingianus Joach. (1731) — Gawath Jakob (1643) — Gembicki Wawrzyniec (Reguła) — Gertruda Św. (1763) — Gizy W. (Wonia najwdzięczn., Zakon Benedykta 1738) — Gorzyński Anioł

Ignacy X. (1716) — Gravina Dominicus (1618) — Grzegorz W. papież (Szczygielski St. O żywocie) — Jabłoński Jacek (1736) — Jaskiewicz Mik. (1741) — Joachimus abbas (Animad. 1735, Thesaur. 1731., Uwagi 1765) — Kanon Andrz. (1648) — Kiełbaszewicz Anzelm Bernard (1777) — Klonowicz Fab. Seb. (1598) — Kmita Stanisław (Kazanie na dzień 1745, Wielki luminarz 1785) — Koczorowski Franc. X. (Wielki Patryarcha 1734) — Laszkiewicz M. (Festum 1742) — Lavacrum (1601) — Lipiewicz Andrzej (1770) — Mieszkowski Hyacinth (1729) — Mirecka Franc. Dor. Maur. (Serena dies 1727) — Mirecki Kryst. Stan. (Erectio 1712, Statuta 1732) — Miske X. Ludw. (1721) — Musiałowski X. Wojc. (Reguła 1776) — Naramowski Adam (1721) — Nomina vivorum (1759—1765) — Norses X. Antoni (1744) — Odpusty (1768) — Officia (1719) — Ostański Benedykt Józef (1780) — Ostrowski X. Grzegorz (1769) — Paszkiewicz Michał (1742) — Pikulski Gaudenty X. (1765) — Płocki Wojc. (Błogosławieństwo 1623) — Powieść (b. r.) — Pstrokoński Mat. (1648) — Putanowicz Józef Aloyzy (Kazanie 1769) — Radomiński Jan (1720) — Sanner Stanisław (Iesnohhopocia 1680, Vivanda niebieska 1692) — Schwartz Izydor (Congregatio 1774) — Solary P. (Phase i. e. przejście 1701) — Starowolski Szymon (Wielki patryarcha 1641) — Stengel Karol X. (Corona lucida in coelo b. r.) — Strzenikowski Piotr (Sacra septenna 1702) — Szczygielski Stanisław (O żywocie św. Benedykta z Nursii 1683, Aquila 1663, Calendarium 1663, Catechismus 1688) — Treter Tomasz (Symbolica vitae 1612) — Trythemiusz Jan (O chwale zakonu 1607) — Turrekremata Jan (Reguła 1617) — Węgrzynkowicz X. Jan (Posag 1623) — Wolski Stan. Bened. (O najznakomitszych klasztorach 1738) — Wysocki Szym. (1606) — Zakiewicz Cyprian (Równy w 1756) — Zawadzki Roman (Metal na taxie

1709) — Zielonacki Ludwik (Acervus 1643).

(Benedyktyni). Congregatio Benedictino Polona abbatum, praelatorum ob. Chyliński Ben. (1768) — Schwartz Izydor (1774).

Benedyktyni obacz: Andrzejowski Karol X. (Kalendarz 1768) — Calendarium (Szczygielski 1663) — Catalogus (1787) — Chyliński Benignus (1768) — Erectio (1712) — Ilias (1751) — Gębicki — Jabłoński Jac. (Drzewo 1736, Dies 1735, Officia 1736) — Klemens XI. (1712) — Kowalski Hieronym (1777) — Kwiatkiewicz M. (Krzyż 1690) — Miraeus A. (1614) — Monasteria (1780) — Musiałowski Adalbertus (b. r.) — Nomina fratrum (1759) — Płocki Alb. (Błogosławieństwo 1622) — Regimen (1797) — Schwartz Izydor (Congregatio 1774) — Series abbatum (1753—80) — Szczygielski Stan. (Aquila 1663, Series 1668, Pharus 1669, Tinecia 1668, Calendarium 1663, O życiu i cudach 1683) — Wrotnowski Ild. (Atlantes 1728) — Zdrowski Joh. (Octavarum 1678, Pektoralik 1684).

Benedictino-Polona crux ob. Klemens (b. r.) — Mirecki Christian Stan. (1732).

(Benedyktynki). Replika Panien Benedyktynek Wileńskich przeciwko W. Jmć Panu Buharewiczowi Regentowi Grodzkiemu Mińskiemu (r. 1778). folio, str. 10.　　　　　　　Jagiell.
— ob. Boharewicz Bogusł. (Sprawa 1779) — Łapczyński Antoni Chrysanty (1726) — Mortęska Magdalena — Pakostyusz X. Wojciech (Sprawa o reformat. 1618) — Zbiór imion (1781).

Benedyktowicz Jan ob. Protasowicz Jan (Konterfekt 1597).

Beneficentia Regis Math. Cas. Sarbiewski 1639. ob. Rywocki J. X.

Benefeld Fryd. Wilh. Prediger in Ost-Preussen z Królewca, (ur. 11 Sierp. 1753) ob. Arnold Dan. (Nachr. 1774). Literar. Nachr. von Preussen 1781. s. 4.

Beneficium (Primum) et concessio simultaneae investiturae in ducatu Borussiae. (Nad tem winieta, równie jak nad każdym następującym dokumentem). Bez r. m. i dr. (Druk i winieta podobne jak drukarni Mik. Scharffenbergera). folio, k. nlb. 50. (ark. sign. A—N₂) między temi kart 6 białych.

Obejmuje: Na odwrocie tytułu: Responsum oratoribus Joachimi Marchionis Brandeburg. Pietrcouię 7 Febr. datum a. 1559. — Potem idą dokumenta każden z osobnym tytułem i tak ark. B. Confirmatio simultaneae investiturae (p. Sigism. Augustum); ark. C. Literae infeudationis et investiturae Sig. Augusti; ark. D. Renovatio simultaneae investiturę; ark. E. Declaratio Sig. Augusti Regis Electorem Johannem Georgium; ark. F. Responsum et recognitio Regis Henrici; ark. G. Responsum Regis Stephani 1577; ark. H. Alterum Responsum Stephani; ark. J. Diploma infeudationis R. Stephani; ark. K. Responsum Sigism. III.; ark. L. Responsum S. R. Majest. Caspari Brandnero Consiliario 1588; ark. M. Diploma infeudationis R. Sigismundi III.; ark. N. Responsum Regis Sigism. III. legatis Marchionum Brandeb. an. 1589. — Wydanie wspaniałe. — W Bibliot. Świdzińskich były dwie odmienne edycye.

Hoppe: De script. Polon. 1723. s. 264. przytaczając treść 13-tu aktów w tej publikacyi, podaje ostatni: Declaratio conditionum feudalium Joachimo Frider. Electori a rege Sigismundo 1605.

Branic. — Czartor. — Ossol. — Kórnic. — Jagiell. — Gdańska miejska.

Beneficya (Benefitia) ob. Kozubski (ecclesiast. 1610) — Leśniewski (optime collocata 1702) — Minocki Fr. Jos. (ecclesiast. 1769) — Suski Jędrz. (ruskie: Deklar. statut. 1612) — Zabielski Stan. (Opusculum).

BENEKEN Joachimus. Prosperitatis Dantiscanae infallibilitas oder unfehlbare Glücks-Muthmassungen. Was massen, allein nechst Gottes reichem und gedeylichem Segen, allerhand ersprissliche Wolfahrt und guten Willen, die Cron Polen wegen Welt-kündig-löblicher im letzten Schwedischen Kriege geleisteter Treue, der Stadt Dantzig förder beständigst werde bezeigen. Welches aus durchleuchtigster, grossmächtigster Königlicher Majestät, zur gewünschten Glücks-Hoffnung, zum ersten mahl nach erhaltenem Frieden, glücklig verwaltenden Burggrabbens, des wole-

delen gestrengen hoch und wolweisen Herrn Herrn Nicolai von Bodecken, eines gemeinen bestens in Dantzig Raths und Kämmer-Herrn wie auch Scholarchen und Krieges-Raths Beysitzern, Nahmens-Buchstaben-Versetz und Dolmetschung deroselben woledelen gestreengen Herrligkeiten zun Ehren. Sämptlicher Dantzker Bürgerschafft bey gegenwertigem aussm. Kriege noch hinterstelligem Mangel, zur angenehmen Glück Hoffnung ist auffgesetzet und nebst beygefügter Friedens-Posaune, so vorhin (vor der Köhre) im Anfang des Mertzs, dem Druck nach verfertiget. Am dritten May, da man zum ersten mahl Jährliches Gedächtnüss erhaltenen Friedens feyerlich begieng, mit gebührender Ehrerbiet- und beständigen Friedens auch Glücks-Wünschung überreichet. Gedruckt bey Dawid Friedrich Rheten, Dantzig, Anno 1661. w 4ce, kart nlb. 6.   Czartor.

Beneman Gotfr. ob. Lengnich G. (Herrn 1734).

Benesius Jan ob. Boter (Theatrum 1659).

BENEVENTANO Marek i Cotta Joannes. Sarmatiae Europeae tabula, ad mentem Claudii Ptolomei Alexandrini, scriptoris veteris geographiae nobilissimi a Marco Beneventano Monacho Coelestino, atque Joanne Cotta Veronensi, consummatissimo utroque mathemathico confecta. (Znajduje się w dziele: Claudii Ptolomaei Geographia. Romae, 1508).

Encyklopedya powsz. Orgelbr. 1860. T. III. str. 159.

— ob. Ptolomaeus (1508).

Benicken Joachim ob. Hannenberg Godofrid S. J. (1728).

BENIGNI Francesco, da Camerino. Oda. L'invito all' Illustriss. et Eccellentiss. Signore Don Giuseppe Varano de' Duchi di Camerino, a celebrare la Gloria delle Armi Cesaree e Polacche trionfanti sopra l' esercito Ottomano nell' assedio di Vienna. Camerino, 1684. w 4ce, str. 24.

Ciampi Bibliogr.   Ossol.

Benignus od Ś. Ducha ob. Ozdoba (1767).

BENIGNUS X. od Ś. Teresy Karmelita bosy. Proces życia człowieka grzesznego i temuż Remonstracya nieskończonego miłosierdzia Boskiego zasługami męki Jezusowey pozyskanego sześciu kazaniami passyonalnemi ogłoszony... przez W. O. Benigna od św. Teresy... do druku podany. W Krakowie, w drukarni Seminaryum bisk. Akademickiego, 1759. w 4ce, k. 7, 142.

<small>Podana Wiktorów genealogia w przedmowie. Uniw. lwow. — Warsz. Uniw.</small>

— Wielowładnosc nad ziemskim poddanstwem królowy nieba y ziemi Maryi, do tych czas w monarchii kościołá woiuiącego łaskáwie słynącey, teraz w woiewodztwie Kiiowskim przy Jey obrázu Berdyczowskiego, w kościele WW. OO. Kármelitów Bossych solenney koronácyi káznodzieyskim stylem ogłoszona, Roku p. 1756 dniá 16 Lipcá, przez X. Benigná od S. M. Teresy Kármelitę Bossego, ná ten czás konwentu lwowskiego przeorá, á teraz prowincyi polskiey deffinitorá, Wielmoznemu Jmci Panu Stanisławowi Sciborowi z Rudołtowic Kotkowskiemu, woiewodztwá krákowskiego miecznikowi, ná oświadczenie prawdziwey przychylności konsekrowana. Roku páńskiego 1758. W Krakowie, w drukárni J. O. X. JMci biskupá krákowskiego. folio, 7 ark.

<small>Ná odwr. str. tyt. herb Trąby na blasze ryty i pod nim 16 w. pols. — Przypisał prozą temuż miecznikowi. — Jest tu wiele szczegółów do rodziny Kotkowskich. Encykl. kośc. II. 178.</small>

<small>Dzików — Jagiell. — Warsz. Uniw.</small>

BENIOWSKI Maurycy August (ur. 1741 w Werbowie † 23 maja 1786). Des Grafen Moritz August von Benjowsky Begebenheiten und Reisen, von ihm selbst beschrieben. Aus dem Englischen uebersetzt von L. D. Ebeling, Professor am Gymnasium zu Hamburg und dr. J. P. Ebeling Stadt- u. Landphysikus in Parchim. Mit des erstern Anmerkungen und Zusätzen wie auch einem Auszuge aus Hippolitus Stefanows russisch geschriebenem Tagebuche über seine Reise von Kamtschatka nach Makao. Mit Landkarten und Kupfern. Mit allergnädigsten Freiheiten. Hamburg, bei Benjamin Gottlob Hoffmann 1791. w 8ce. T. I. s. XIV. 415. portr. 1., plan 1. T. II. k. 3, str. 292, k. 1. i 1. ryc.

<small>Czartor. — Ossol.</small>

— Tenże tytuł .... Makao. Erster Band. Neue verbesserte Auflage. Mit Landkarten und Kupfern. Mit allergnädigsten Freiheiten. Hamburg, bei Beniam. Gottl. Hoffmann 1797. w 8ce. T. I. k. 2, str. X. k. 2, str. 246. T. II. k. 4 i od str. 5—347. Tworzy III. i IV. tom zbioru p. t.: Neuere Geschichte der See u. Landreisen).

<small>Jagiell. — Zielińs.</small>

— Gedenkschriften en Reizen. Naar de Engelsche vertaaling uit het oorspronglyk handschrift overgezet. Tom I—IV. Haarlem, 1791.—1792. w 8ce.

<small>Petersb.</small>

— Gedenkschriften en Reizen, benevens het verhaal zijner ballings chap. verblyf en ontoluchting ait Kamschatka. T. I—II. Amsterdam. w 8ce.

— Historya podróży y osobliwszych zdarzeń sławnego Maurycego — Augusta hrabi Beniowskiego szlachcica polskiego y węgierskiego, zawierająca w sobie: Jego czyny woienne w Polszcze, w czasie Konfederacyi Barskiey — wygnanie iego nayprzód do Kazanu — potym do Kamszatki — waleczne iego z tey niewoli oswobodzenie sie — żeglugę iego przez Ocean spokoyny do Japonii — Formozy — Kantonu w Chinach — założenie nareszcie przez niego osady na wyspie Madagaskarze, z zlecenia francuzkiego rządu — iego na tey wyspie woienne wyprawy, ogłoszenie go nareszcie Naywyższym Madagaskaru rządcą. Z francuzkiego tłomaczona. W Warszawie, w drukarni Tomasza Lebrun, successrsoa ś. p. Piotra Dufour, 1797. w 8ce, T. I—IV. str. 356, 350, 407, 400.

<small>Przekład dokonany z francuzkiej edycyi J. H. Magellana.</small>

<small>Bandtke Hist. druk. II. 206.</small>

<small>Czartor. — Jagiell. — Uniw. lwow. — Zielińs.</small>

— Grefwens Mauritz August von Beniowskis Lefnadslópp och Resor, af honom sjelf beskrefne. I Sammandrag med Tilägningar. Stockholm, tryckt i Kongl. Ordens — Tryckeriet, 1791. w 8ce, kart ulb. 8, str. 415.
Tłumacz Sam. Ödmann.
Jagiell. — Petersb.

—. Memoirs and travels, consist. of his military operations in Poland, his exile into Kamschatka, his escape and voyage from that peninsula through the North. Pacific Ocean, touching to Japan a. Formosa, with account of the French settlem, he was appointed to form upon Madagascar. Translated from his original manuscript. Tom I—II. London printed for G. G. J. and J. Robinson, 1790. w 4ce. Tom II. w 4ce, str. 399, planów 8, rycin 3.
Tłumacz William Nicholson (1752 † 1815).
Czartor.

— Reisen durch Sibirien und Kamtschatka. Aus dem Englischen übersetzt. Mit Anmerkungen von Joch. Reinh. Forster. Berlin. 1790. w 8ce.
Petersb. — Uniw. lwow.

— Schicksale und Reisen des Grafen Moritz August von Beniowsky Ungarischen und Pohlnischen Magnaten, von ihm selbst beschrieben. Aus dem Englischen ausgezogen. Tubingen, 1791. w 8ce. I. Band Kriegsoperationen in Pohlen und Gefangenschaft in Kamtschatka. Uebers. v. Georg Foerster. II. Band Fahrt durch das Stille Meer über Japan und Formosa nach China und Errichtung einer franz. Colonie zu Madagascar.
Raczyńs.

— Tenże tytuł. Uebersetzt von Förster. 2 Bünde mit Portr. Leipzig, Dyck. 1791. w 8ce.

— Reise. Aus dem Englischen übersetzt und abgekürtzt. Tom I—II. Reutlingen, 1796. w 8ce.

— Voyages et mémoires de Maurice-Auguste Comte de Benyowsky, Magnat des Royaumes d'Hongrie et de Pologne, etc. etc. Contenant ses opérations militaires en Pologne, son exil au Kamchatka, son evasion et son voyage à travers l'Océan pacifique, au Japon, à Formose, à Canton en Chine et les détails de l'etablissement qu'il fut chargé par le ministére François de former à Madagascar. A Paris, chez F. Buisson, Imprimeur Libraire, rue Hautefeuille, n° 20. (1791). w 8ce. T. I. kart 2, str. VIII. 466. T. II. kart 2, str. 486.
(Redigés par Jean Hiacenthe Magellan et publiés par Noel).
Akad. — Czartor. — Jagiell. — Ossol. — Przeździec.

— Wahre Geschichte des Grafen Benjowsky, für die Zuschauer und Leser des vom Hn. v. Kotzebue herausgegebnen Schauspiels die Verschwörung von Kamtschatka. Hamburg, 1794. w 8ce.
Są trzy wydania. — Por. Kotzebue.
Bibl. petersb.

— Rontó Pálnak, és gr. Benyovsky Mór. nak életek, földön, tengereken álmélkodásra mélto türt. s' véghez vitt dolgaiknak leirása. Poszon, 1793. w 8ce.
Jestto edycya pierwsza popularnej historyi podróży Beniowskiego wierszem przez Józ. Guardanyego.
ob. Kaffka Nord Archiv. 1808. I. 30—41. (Carl Behem). — Recke u. Napierski I. 91. — La Patrie 23 list. 1841. — Przyj. ludu R. VIII. s. 283 i 289. — Wojcicki Cmentarz III. 66—70. — Tygod. illustr. 1864. T. IX. s. 149. — Gazeta Warsz. 1772. Nr 64. — Horanyi Alex. (Memoria hungarorum) 1782.

Benisch Stef. Ant. ob. Piskorski Seb. (Regia 1702).

BENISLAWSKA Konstancya z Ryków (ur. 6 stycz. 1747 † 8 listop. 1806 r.) Pieśni sobie śpiewane od Konstancyi z Ryków Benisławskiey stolnikowey Xięstwa Inflantskiego za naleganiem przyjaciół z cienia wieyskiego na jaśnia wydane. W Wilnie, w drukarni J. K. Mci Akademickiey. Roku 1776. w 8ce, kart 87. (ark. L₈).
Są to same pieśni pobożne, a głównie poema na temat słów modlitwy pańskiej.
Bentkows. Hist. lit. I. 306. — Sowiński J. Polki str. 73. — Backer Bibliot. 1890. I. 1307. mylnie wymienia pod jezuitą Konst. B. — Br. Grabows. w Bluszczu. — W. Dawid. Niwa 1891. N. 2. Cz. Jankowski Słowo 1891. N. 29.
Akad. — Jagiell. — Krasiń. — Ossol. — Przeździec. — Radziwiłł w Bykowie — Zieliń.

BENISŁAWSKI Jan, Biskup Gada-
reński (1735 † 1812). Institutiones logicae, seu brevis tractatus de cultura
ingenii. Vilnae, 1774. w 8ce, str. 37.
　　　　　Kijows. — Wilno.
— Rozmyślania dla XX. świeckich
o powinnościach chrześciańskich. Z listów
i ewangelii, które się każdej niedzieli
we Mszy Świętej czytają, wzięte. Służące kapłanom ku należytemu przygo-
towaniu do Mszy Świętej i Komunii,
ku poznaniu obowiązków stanu kapłań-
skiego i ku przysposobieniu się do dawania pożytecznych nauk ludowi chrześciańskiemu. Ułożone przez jednego kapłana plebana w dyecezyi św. Klau-
dyusza po francuzku, a dopiero na język polski przełożone pracą JW. JM.
księdza Jana Benisławskiego biskupa
Gadareńskiego, koadjutora arcybiskupstwa Mohilowskiego, prezydenta Coll.
Inst. rzymsko-katolickiego departamentu,
do druku podane. Tom I. w Połocku
w uprzywil. od Jego Imperator. Mci
drukarni Coll. Soc. Jesu. R. P. 1799.
w 8ce, str. 723.
　Tomy II. i III. wyszły r. 1801—2.
　Dzieje dobrocz. 1824. IV. 96. — Encykl.
　Orgelbr. III. 166—7.　　　Wilno.

BENISŁAWSKI Konstanty. Cyrus z
pierwu przezwany od poety Alexys,
traiedia dwa imiona pod zaszczytem
dwu wielkich imion JM. Pana Jozefa
z Proszanki Proszyńskiego marszałka
tryb. Głgo W. X. Lit. podkom. Mińsk.
i J. W. Michała Rokickiego deputata
tegoż tryb. regenta Mozyrskiego, p.
JMPP. Akademików Akad. Wil. S. J.
wyprawiona, 1771. w 8ce, tytuł i dedykacya kart nlb. 8, sama tragedya
kart nlb. 24.
　Jest w V. aktach wierszem nierymowym,
　druk drobny. W końcu prologu podpisany
　Konst. Benisławski prof. poetyki w Akad.
　Wileńs. Soc. Jesu.
　Kraszews. Wilno IV. str. 312.
— Pienia cało-dzienne i cało-nocne
na przybycie do kraiów swych biało-
rossyiskich nayiasnieyszéy etc. Katarzyny II. wielkiéy pani i cesarzowéy,
stworzycielki, prawodawczynéy i matki
caléy Rossyi, od poddaństwa prowincyi
dzwińskiéy, przez iednego z naypod-

dańszych poddanych wierszem królew-
skim złożone. Wilno, 1780. w 4ce,
kart 78. (ark. 19).
　Brown Bibliot. pisarzów T. I. 1852. nic za-
　mieszcza tego spodlonego jezuity.
　　　Kijows. — X. Polkowski.
Benisz Stefan (Benisch) Krakowianin ob. Buchowski Piotr (Signa veris
1701) — Piskorski Seb. (Regia Solis
J. Zadzik 1702).
　Juszyńs. Dykcyon. I. 19. — Muczkowski
　Statuta 370.
Benkendorf ob. Benckendorf.
Benkius Barthol. ob. Schwalb Abr.
(Bericht 1588).
Benkowith Augustinus ob. Nieszporkowitz Ambros. Paulin (1680).
BENNET Jacobus. Virtus dexterae
domini in virtute Polonorum Litvano-
rumq; ostensa; atqve illustrissimo Domino D. Michaeli Casimiro Pac palatino Vilnensi, supremo exercituum Litvaniae duci, Mereceusi, Vszwiatensi,
Vielvnensi, Lipnicensi, Tryscensi etc.
etc. capitaneo, regiae oeconomiae Mo-
hiloviae administratori. Et illvstrissimo
ac excellentissimo Domino D. Michaeli
Casimiro Radziwił S. R. I. principi,
dvci in Ołyka et Nieswiez; comiti in
Szydłowiec, Mir et Kroze, procancellario et exercitvvm Litvaniae campi-
ductori, Praemisliensi, Lidensi, Clvcho-
viensi, Camenecensi, Ostrzensi, Nisi-
nensi etc. etc. capitaneo nec non toti
exercitvi M. D. Litvaniae dicata a....
equite Litvano et academico Vilnensi.
Vilnae, typis academicis, 14. Januarij.
Anno Domini 1674. folio, kart 12. (sign.
A—E₂). (poezye).　　　　Jagiell.
BENNET Tomasz (1675 † 1728).
The case of the reformed episcopal
Churches in Great Poland and Polish
Prussia considerad in a Sermon on 1
John IV. 11. London 1716. w 8ce.
BENNON Stantiensis. Francisc. Ca-
puc. Regel. u. Andachts-Büchlein des
dritten Ordens des heiligen Seraphi-
schen Vaters Francisci in drey Theil
abgetheilet; der erste enthaltet: die
Einsetzung, Bestättigung, Aufnahmen
und Gnaden des heil. Ordens; der An-
dere: die Regel, deren Auslegung die

Weise der Aufnehmung u. Profession; der dritte zu besonderem Gebrauch enthaltet die Geistlichen Uibungen und Andachten als Mess Gebethen, die sieben Busspsalmen, Vesper-Gebeth, sambt den kleinem Tagzeiten der allerheiligsten Jungfrauen Marie aufgesetzt vom MRP. Benone Stantiense Franciscano Capucino, anjetzt Provinciale Ministro der Schweizerischen Prowintz. Cum licentia superior. Warschau, gedr. in der königl. Buchdruckerey der Geselschaft Jesu 1755. w 8ce, str. 876.
Ossol.

(Bennon Św.) saksończyk, biskup Misnejnski (urodz. 1005). Krótki zbiór żywota Śgo Bennona patrona korony polskiey oraz nabożeństwo codzienne. B. m. i r. (druk po roku 1794). Bez osobn. tytułu. w 8ce, ark. 6.

Od ark. D. idą Godzinki o św. Bennonie. Na k. 5. wspomina o uzdrowieniu damy w r. 1756. — a dalej, że dane przez nią votum, zabrano wraz z innemi w r. 1794. na utrzymanie wojska.
Jagiell. — Warsz. Uniw.

— ob. Grabia Stan. Stef. (De vita 1730) — Tarło Jan (skład na szpital 1730) — Wiadomość o sprawie (bractwo szpitala).

Benoe ob. Benue.

Benoe Paweł ob. Arent Tobiasz (1749).

BENOIT G. Schreiben des Preussischen Secret. Benoit an denjenigen Kaufmann in Berlin, der durch ein Schreiben den Namen des K. Pohlnischen Premier-Minist. Grafen v. Brühl gemissbraucht. Warschau, 1758. w 4ce.

— Declaratio aulae Varsaviensi exhibenda ab infra scripto Sacrae Reg. Majest. Borussiae Ministro. Varsaviae, die ... Martii 1767, folio, 1 karta.

Wydana w sprawie dyssydentów.
Encykl. powsz. III. 175—6.
Krasińs. — Raczyńs.

— Sacrae Regiae Majest. Borussiae Declaratio Reipubl. Polonorum confoederatae exhibita a legato plenipotentiario Ill\u1d50\u1d52 Domino D. Benoit in comitiis Regni A\u1d52 1766. habitis. folio, kart 2. (o dyssydentach).

Także po polsku.
Branic. — Ossol.

— S. R. M. Borussiae Declaratio Reipubl. Polonorum Confoederatae exhibita a subscripto Ministro Plenipotentiario in Comitiis Regni Anno 1766. habitis. 1766. folio, k. 1.
Ossol.

— Declaration de la part de Sa Majesté le Roi de Prusse, faite par son ministre plénipotentiaire Mons. de Benoit à la Republ. de Pologne conféderée à la diète de 1766, folio, kart 2.
Krasińs.

— Deklaracya JMP. Benoit rezydenta pruskiego imieniem króla JMci pruskiego oddana dnia 23 tegoż miesiąca JO. Xiążęciu JMci Prymasowi a w pierwszej deklaracyi razem z JW. W. Ministrowi moskiewskiemu oddaney wspomniona 1764. folio, karta 1.
Ossol.

— Deklaracya imieniem króla Imci pruskiego przez iego ministra pełnomocnego zkonfederowaney Rzeczypospolitey na seymie r. 1766 uczyniona. Dat. w Warszawie 11. 9-bris 1766. folio, ark. A₂.
Czartor. — Branic.

— Toż samo razem z tekstem francuzkim.

— Deklaracya która się dworowi warszawskiemu ma oświadczyć przez niżey podpisanego ministra Nayiaśn. króla pruskiego w Warszawie dnia 25 Marca 1767. folio, 1 karta.
Ossol.

— ob. Revitzki (des ministres 1773, Kopia deklaracyi 1773).

Bensheimer Jan, rytownik ob. Calvaria et via passionis Jesu Christi — Hincz M. (Matka bolesna 1665) — Kobierzycki Stan. (Obsidio 1639) — Ranisch Bartel (1695).

Bensski rytownik ob. Hecker Jan (Mercurius 1672).

BENTIVOLIUS Guido (1579 † 1664). De laudibus Vladislai IV. regis Poloniae, Epistola ad Stanislaum Lubienski Episcopum Plocensem. Romae, XII. Kal. Novembris 1634. ob. Lünig (Literae procerum Europae) — Trzebicki Andrzej (Manipulus 1639).

Ciampi Bibliogr. I. 21. — Encykl. Orgelbr. III. 180.

(Bentkowski) Uwagi nad dekretem kompromissarskim dobra dziedziczne W.

Bentkowskiego od dóbr po jezuickich Hr. Idzińskiego graniczącym, poddane. folio, str. nlb. 4. Krasińs.

— Znaczne części od dóbr po jezuickich Nowodwór zwanych, do dóbr W. Bentkowskiego przez dzieło nierównej zamiany i przez dekret zmowny graniczny oderwane (po r. 1784). folio, str. nlb. 3.

Krasińs. — Warsz. Uniw.

Bentkowski Felix, refer. koron. ob. Tyminicki Wojc. (Trybunał 1719).

Bentkowski Franciszek (Bętkowski) obacz: Triumphatrix fatorum Polonia (1728).

Bentkowski Adam Alexander Franciszek Józef ob. Bętkowski.

Bentzmann Johann ob. Remus G. E. (Gerechte 1749).

(Bentzur Józef) (Benczur) (ur. 1728 † 1784). Jurium Hungariae in Russiam minorem et Podoliam Bohemiaeque in Oswicensem et Zatoriensem Ducatus praevia explicatio. Vindobonae, typis Joannis Thomae nob. de Trattnern, Sac. Caes. Reg. Aulae typogr. et bibliop. 1772. w 4ce, str. 44 i 42.

Autor wymieniony w katalogu List et Francke w Lipsku. — Wurzbach Biogr. Lexic. I. 259. o tem nie wie. Jagiell.

Benue, sędzia halicki. Mowa ob. Niesiołowski Kaz. (1743).

Porówn. Benoe.

Berättelse (Sanferdigh) vthur thet Swenske Fäldt-Lägret widh Nowodwor then 30 Junij 1656. Sampt een Extract - Skrifwelse ifran Thorn, om Staden Warschows eröfrande. Bez m. dr. (Stockholm, Keyser). w 4ce, str. nlb. 4.

— (Uthförligh) om then herliga Victorien, som Hans Kongl. Mayst. til Swerige tillijka medh the allierade Armeer emoot Pohlackerne hafwer erhällit, Hwarvthinnan widh 20000. aff them äre pa Platzen bleffne, Bredewidh huru thet fasta Clöstret Czenstochowa aff them Swenskom medh stormande Hand är eröffradt wordit. Tryckt then 15. Maij. Ahr 1657. w 4ce, 1 ark. Jagiell.

— Nagra sanferdige Berättelser om thet Tryahrige Stillestandet emellan Hans

Kongl. Mayst. til Swerige och then Muskowitiske Czaren. Jempte flere andra, om thet Littowske- och Churländske Wäsende. Sampt Hufwud - Orsakerne, hwarföre Her Fäldtmarskalcken Douglasses Gräfl. Excellentz, hafwer Befästningen Mitow occuperat, och Hertigen sampt Hertiginnan aff Churlandh til fanga bortfördt. Tryckte then 26. Januarij Anno 1659. (Stockholm, Keyser). w 4ce, str. 8.

— Kärt doch sanfärdig Berättelse om den glorieuse och i Manna minne oförlijklige seger, hwarmed den Aldrahögste Gud den 20. November hafwer behagat wälsigna Kongl: May:t af Swerige Rättmätige Wapn emot Desz trolöse Fiende Czaren af Muscow. Narva den 28 Novemb: 1700. (Stockholm, Kgl. Tryckeriet). w 4ce, str. 8.

— (Kort och Sanfärdig), om det, som är förelupit, da Kongl. May:t af Swerige med en dehl af dess Armeé den 9 Julii 1701 gick öfwer Düna-Strömmen, eröfrade de, af Sachserne a andre sijdan upkastade skantzar och batterier, samt slog den Sachsiska Armeén alldeles pa flychten, och sedan widare förfölgde fiienden genom Churland. Stockholm, tryckt i Kongl. Boktr. hos Sal. Wankifs Enkia. w 4ce, kart nlb. 4. Czartor. — Jagiell.

— Kort doch sanfärdig Berättelse om det som ärförelupit, da Kongl. Maytt. af Swerige med een dehl af des Armée den 9 Julii 1701. passerade Düna Strömmen, forcerade Dhe af Sachserna a andra sidan upkastade Skantzar och Batterier, sampt slog den Sachsiske Armeén aldeles pa flyckten, ock sedan wijdare förfölgde fienden genom Curland. Tryckt i Rjga af Kongl. Booktryckaren, Johann Georg Wilken. w 4ce, str. 12. Jagiell.

— Toż, także w Sztockholmie, hos Sal. Wankifs Änkia. w 4ce, str. 8.

— Kort Berättelse om then härliga Seger och Framgang hwarmed Gud den Allerhögste Hans Kongl. May:tz til Swerige Wapen, genom then lyckeliga öfwerfarten öfwer Düna - Strömen, emot Konfigens i Polen Sachsiska Armee, til alla askadandes högsta förundran, hafwer behagat wälsigna. Riga, den 9 Julii, Anno 1701. Stockholm, Tryckt uti Kongl. Booktr. hoos Sal. Wankifs Änkia. w 4-ce, kart 4.

Czartor. — Jagiell.

— Den Seger bärende Mercurii Korta Berättelse, Huruledes Hans. Kongl. May:t Kong Carl den XII. Commanderandes sin Armée i egen Person, gick öfwer Dune Strömmen wid Rijga stormade och borttog Konungens i Paland Skantzer och Batterier, slog den Saxiske Armeen en Bataile rangée, tog deras Artillerie Läger, och Bagage, och förfölgde Fienden öfwer 2 Mijhl, hwilket skedde den 9 Ahr 1701. w 4-ce, kart 2.

Poröwn. Continuation.

— (Kart) om Nya-eller Düna-Münde Fästningens öfwer-gifft till Hans Kongl. May:t af Swerige, jemte Accords-Puncterne, som underskrefwes den 11/21 Decembr. 1701. Stockholm, tryckt uti Kongl. Booktr. hoos Sal. Wankifs Änckia, 1701. w 4-ce, kart 4. Jagiell.

— (Kort, och sannfärdig), om den lyckelige Seger, hwar med den aldrahögste Gud hafwer wällsignat Hans Kongl. May:tz war allernadigste Konungz och herres rättmätige Wapen moot des Fiende, Konungen i Pohlen, wid Clissovv, 1 1/2 mijhl ifran Staden och slottet Pinczovv, den 9 Julii. Ahr 1702. Stockholm, tryckt i Kongl. Boktr. hos Sal. Wankijfs Enkia. w 4-ce, kart nlb. 4. Czartor. — Jagiell.

— om den märckelige Seger, med hwilken Gud har wälsignat Hans Kongl. May:tz Wapn, emot Littauerne och Muscowiterne wid Saladen i Littauen, den 19 Martii 1703. [Stockholm, Kgl. tryckeriet]. w 4-ce, kart 2.

Czartor. — Jagiell.

— (Utförlig), om den lyckelige Action, som af öfwerstens och commendantes C. G. Skyttes detacherade partie under Majoren Freudenfelts Commando förelupen ar emot Ryssarne d. 25 Maji 1703. Stockholm. w 4-ce.

— (Kort) om det i Pohlen öfwerstandne Fälttoget Ahr 1704. Bez m. (Stockholm). w 4-ce, k. nlb. 16. (A—D₃).

Czartor. — Jagiell.

— En säker Mans i Leipzig .... om frid Aug. af Pohlen's lyckeligen feldt-tagh i thet ahret. Stockholm, 1704. w 4-ce.

Obejmuje relacyą z Lipska o szczęśliwej kampanii Fryderyka-Augusta.

— Om the Swenska Herrar Ambassadeurernes Jntog och första Audience hos Konungen i Pohlen, Som skedde i Warschau den 19/29 Julij 1704. Bez m. (Stockholm, Kgl. Tr.) w 4-ce, kart 4. Jagiell.

— (En kort) om then wid Jacob Stad i Curland den 26 Julii 1704. förelupne träffning, emellan Hans Kongl. May:tz af Sweriges Tropper nader Hn. Gen. Majoren Gref Leyonhufwud, och en anseenlig Wiśniowieskis Oginskis och Ryssarnas Krigsmacht. Mittau, den 30 Julij (1704). Bez osobn. tyt. i bez m. dr. w 4-ce, kart nlb. 2. Jagiell.

— (Kort) om det fächtande som är förelupit den 3/13 Februarij widh Polangen, emellan ett ifran Gref Leijonhufwudz armee, under Herr Major Danckwar ut-commenderat Partie och ett starckt Partie af Ryssar och Littouer, under den Ryska öfwerstens Iwan Stephan Gagaron Morbruns anförande. Bez osobn. tytułu i bez wyr. m. i r. (1705. Februar). w 4-ce, 2 k. druku. Jagiell. — Petersb.

— (Utförtig), om den emellan de Swänske troupperne under H:r General Lieutenanten Nieroth, och den Sächsiska samt Polske Armeen den 21/31 Julii med Warschau förelupne actionen. Stockholm, tryckt uti Kongl. Bokt. hos Sal. Wankrifs Änkia (1705). w 4-ce, kart nlb. 4.

Czartor. — Jagiell.

— (Kort), om förloppet wid konungens Stanislai ob. Leszczyński Stan. (1705).

— (Kort), om, then sidstletne 4. Octobr. 1705 st. n. uti Warschau, fullbordade Kröningen. Stockholm, tryckt

uti Kongl. Bokt. hoos Sahl. Wankifs
Änkia. Bez r. (1705). w 4ce, 2 k.
    ob. Nachricht (tłóm.).   Jagiell.

— ütförlig om Slaget emellan oef-
wersten ob. Creutz (1706).

— (En kortt upsatt), om dhen ful-
komblige Segren, med hwilken dhen
Högste Gudh wälsignat Hans Kongl.
May:ts af Swerigcs Wapn, wed Staden Fraustat i Stor Pohlen. Stockholm,
(1706). w 4ce.   Petersb.

— (omständelig), om den med Guds
Hielp, utaf Kongl. Swänska Armeen
under Herr Generalens och Gouverne-
rens Baron Carl Gustaf Rehnschiölds
Anförande, emot den Chur Saxiske och
des adjugerade Moscoviter under Generalens Baron von Schulenburgs Commando wid Fraunstadt den $^3/_{13}$ Febr.
Är 1706. lyckeligen erhäldne Seger.
Stockholm, tryckt hos Johann H. Wer-
rner, Kongl. May:ts och Upsala Acad.
Boktryckiare. (1706). w 4ce, sign.
A—B$_2$.   Jagiell.

— om den stora och härliga Seger
som Hans Kongl. May:ts til Swerige
rättmätige wapn, wid den under generalen högwälborne Herr baron Carl
Gustaff Rehnschölds commendo i Stor-
Pohlen staende Armée erhallit emot den
Saxiska Armeen til 20000 man starck,
under Herr general Schulenburgs och
flere Saxiske generalers anförande, da
den war sinnat under sladen Fraustadt
i Stor Polen den 3. Febr. 1706 at.
inbryta. Stockholm, tryckt hos Johann
H. Werner, Kongl. May:ts och Upsala
Acad. booktryckiare. w 4ce, k. nlb. 4.
        Czartor. — Jagiell.

— En vthförlig Berättelse, om den
stoore och nästan makalöse Segren, som
Hans Kongl. May:tz af Sweriges Ratt-
mätige Wapn öch under Generalens
Högwälborne Herr Barons Carl Gustaf
Reenskjöldz Commando J Stoor-Pohlen
lämnade Krigshäär Befächtat Emot den
Sachsiske J Tiugu tusend Man besta-
ende vnder Herr General Schulenburgs
samt flere Sachsiske Generalers anförande Krigsmacht, da den War sinnat
under Staden Fraustadt at inbryta

i Stoor-Pohlen den 3. 13. Februarii,
Anno 1706. Stockholm (Kgl. tryckeriet)
w 8ce, str. 8.

— Egentlig Berättelse, Om Falt-
Slaget Emellan Hans Kongl. Maj:tz til
Swerige Troupper, Som stodo Under
Generalens och Gouverneurens Gref
Adam Ludvvig Levenhaupts Befäl, Och
den Muskowitiske Krigsmachten, Under
Hans Zariske Maj:ts, och desz För-
nämsta Generalers Anförande; Den 29
Septembris Ahr 1708, wid Liesna, 2 Mijhl
ifran Propoisk. Cum Gratia & Privile-
gio S:ae R:ae Maj:tis. Stockholm, hos
Johan Henr. Werner Kongl. Boktr.
(1708). w 4ce, 4 k. nlb.
    Poröwn. Löwenhaupt.   Czartor.

— (Utförlig) om slaget wid staden
Holofsin, den 4/14 Julii ahr 1708. Stock-
holm, hos Johan Henr. Werner Kongl.
Boktr. 1708. w 4ce. 1 ark. dr.
    Ob. Hołowczyn (1708)   Jagiell.

— (Utförlig), om thet namnkunnoga
Stangebro-slag emellan konung Sigismundus och hertig Carl. Norrköping,
1733, w 4ce.

— (Uprichtig) om Stanislai Leszczyn-
ski och Friderici Augusti Churfurstes
til Sachsen uttwälljande til den Pohlska
thronen, hwaraf kan göras ett jemförande
emellan bägge Wahlen. Stockholm,
Tryckt hos Johann L. Horrn, kongl.
Antiq. Archiv. boktr. ahr 1733. w 4ce,
str. 12.
    Ob. Exposé sincère.   Jagiell.

Berca Venc. Baro de Daub. ob. Pawłowski Stan. (Oratio ad Sigism. III
1595).

Berdyczów ob. Anioł (z obronną
ręką 1753) — Benignus od Św. Teresy
(Wielowład. królowy 1756) — Droga
(kościół 1760) — Grzegórz od Św. Ducha (1758, obraz 1765 i b. r.) — Iza-
jasz (kościół 1756) — Kasperowicz Gabr.
(Korona dwunastu gwiazd w obrazie
1768) — Krasicki Ign. (1756 obraz) —
Królowa (obraz 1785) — Maria (obraz
1783) — Obrona (obraz Maryi 1760) —
Ozdoba i obrona (obraz 1767) — Prawdy (kościół 1753) — Propugnaculum

                                        61

regni (Maria 1756) — Radziwiłł Uhryk (Dyaryusz podjazdu 1749) — Radziwiłłowa Eleon. (Meritum interesu (1774—1775). — Rok (Tron 1778) — Zamojski Ant. (Maria—hołd 1756) — Zdanowski Ant. (Ucieczka 1762).

Berdyń ob. Judit (1772).

Bered Caspar ob. Prox Vlad. (Trost-Getichte 1668).

(Berek). Manifestatio contra infidelem Berek.

Katal. Bibliot. pijars. N. 123.

BERENDT Nathanael Numine T. O. M. benedicente disputatio inauguralis medico practica de variolis et morbillis quam Rectore magnificentiss: sereniss. Principe ac D. D. Filipo Wilhelmo Principe Borussiae Marchione Brandenburg: ac Ducat: magdeb: Gubernatore etc. etc. in alma regia Fridericiana gratioso amplissimae facultatis medicae consensu praeside viro nobilissimo excellent. atque experientiss. Dno Patrono ac Promotore suo omni observantiae cultu aetatem colendo pro gradu doctoralis summis in utriusque medicinae honoribus, immunitatibus, insignibus et privilegiis majorum more solenni, legitime et rite consequendis in auditorio majori, d. Octobr. Anno 1709 horis ante & promeridianis publico ac placido eruditorum examini subjicit Nathanel Berendt Borusso Dantisc. Halae Saxonum, typis Chr. Henckelii accad. Typ. 1709. w 4ce, str. 60.   Ossoliń.

BERENGANI Niccoló, Veneziano, (1626 † w Grudniu 1713). Historia delle guerre d'Europa dalla comparsa delle Armi Otomanne nell' Ungheria l'anno 1683. Venezia presso Bonifazio Ciera 1698. w 4ce.

Tu opowiedziane wyprawy Sobieskiego aż do Sejmu Grodzieńskiego w r. 1687.
Ciampi Bibliogr. N. 29.

Berengano der neucröffneten Ottomanischen Pforte, oder historischer Bericht, betreffend der türkischen Monarchie Staats-Maximen, Macht, Reichthum, Kriege, von anno 1764 bis Ende dieses 1700, theils im Lande selbst, theils in den angrenzenden Königreichen und Provinzen, als Hungarn, Pohlen, Mo-

skau, Siebenbürgen, zu Wasser und zu Lande. 2 Th. Augsburg, 1700.

Katal. księg. Lissnera.

Berent Mikołaj obacz Bernett M.

BERENT Szymon Jezuita (ur. 1585, um. 16 stycznia 1649). Litaniae de nomine Jesu, 1638. w 8ce.

— Litaniae de B. Virgine Maria. 1639. w 8ce (z nutami muzycznemi).

Wydane bezimiennie.

Jocher 6584 — Placcius Theatr. Anon. 331 — Alegambe 422 — Sotwell 742 — Święcki Hist. pam. I. 10 — Encykl. Orgelb. III. 204 — Brown Bibl. 117 — Backer Biblioth. 1890. I. 1324 — Siarcz. Obraz I. 27. — Jocher Obr. Bibl. II. 49.

(Beresteczko) Pieśń o potrzebie z Tátáry z Kozakámi pod Beresteczkiem, 30. Junij, 1651. B. w. m. (1651). w 4ce.

Załuski Bibliot. 25.

                                Petersburg. Bibliot.

— Ob. Fredro A. Max. (Zwycięstwo) — Jan Kazimierz (1651) — Obryński Kaz. B. Bellona (1652) — Pastorius J. (Expeditio 1685) — Relatio (1651).

Berestejscy bojarzy ob. Poniatowski Aug. Stan. (Extract 1766).

Bereszniewicz Mikołaj ob. Gawiński Jan (Fortuna 1690).

Beretning (Kaart oc' Sandru) om hues sig begiffuit haffuer vdi den naeste forgangen Host, Aar 1598. met den Krigs handel oc Opror, imellom Kong: Maitt: aff Polen, Oc Hertug Karls F: N: vdi Suerige. Nu nyligen vdsaet aff Tydske paa Danske. Forst tryct vdi Stockholm, aff Anders Gutterwitz, Oc nv igien Prentet i Kiobenhaffn, Aft Matz Vingaard, Aar 1599. w 4ce, 8 stron.

Bereue Dein Geld nicht. Das ist wie und warumb, durch Päbstliche Interposition... d. französ. Intriguen unterbrochen, hingegen d. hohe Alliantz zwischen dem Röm. Kaiser, König v. Pohlen und Venedig etc. wieder den Erb-Fried gestiftet etc. Leipzig. 1685, w 4ce, 92 stron.

Berez ob. Produkt kartuzów Bereskich (1787) — Wojniłowicz Michał (Relikwia Brzostowskiego 1678).

BEREZNICKI X. Mikoł. Flor. Argo sarmacka, złote oyczyste swobody, runo piastuiąca przez dziedzica trzy rzeki, starożytnego Gorajskich Korczaka pod sterem dzielney cnoty prześwietnego domu tegoż antenatów, wielkich w oyczyźnie dignitarzy, odważnych kawalerów, do niesmiertelney sławy portu ławiruiąca a przy doroczney publicznego wesela rewolucyi podczas solennego patronki festu W. Jey. Mći. Pani Barbary Bogumiły z Goraja Gorayskiey Butlerowy, Starościny Drohickiey, Nowskiey etc. na Radiuniście Hrabiny applauduiącym oyczystego pióra rymem abrysowana y teyże Wncy Imci Pani i Dobrodz: swoiey dedikowan. przez naynniższego sługę X. Mikołaja Fl. Bereźnickiego. Warszawa, w druk. Schol. Piar. 1690, w 4ce, str. 36, prócz karty tytułowej z herbem. Krasiń. — Ossoliń.

— Assertiones philosophicae ex quaestionibus et resolutionibus historico, politico, naturalibus elicitae etc. praeside Sgm. Kruger publicae disputationi propositae a perillustro ac adm. Rndo D. Nicolao Floriano Bereźnicki Can. Luccor. S. R. M. secretario philosophiae naturalis auditore. Varsaviae, 1698. folio.
Dzików. — Kijows.

Berezowski Paulus ob. Angełowicz Andreas (1784) — Tentamen publicum (b. r.)

BERG Henryk (Van dem), z wyspy Oesel (Montanus Henr.) Oratio de laudibus Livoniae, habita ab Henr. Montano Osiliensi in celeberrima academia Rostochiana. Anno 1537. Lubecae. w 8ce, ark. 3.
Winkelmann N. 1755 — Adelung Gelehr. Lex. I. 1704. — Gadebusch Livländ. Bibliot. Petersb.

BERG Jan ze Szczecina, kazn. nadwor. Kurfirsta (1587 † 27 grud. 1658). Cupidons vorgestrige Wahrsagung — dem Dawid Hunten und Dorot. Krain von... Gedruckt bey Georg Rheten Witwe, 1654. w 4ce, k. 4. Czartor.

— Ehrengedächtniss, Leichenpredigt üb. Magnus Ernst, Graf von Dönhof. Elbing 1642.
Winkelman N. 7029.

— Evangelische Hauptspruch also hat Gott die Welt geliebet. Dantzig, 1630. w 12ce.
Jocher 5834.

— Ob. Heidenstein J. (Manipulus 1622).
Jöcher Lexicon I. 990 — Łukaszew. Hist. 'kość. Czes. 215 — Lilient. Preussen I. 293, 367, 865, V, 798—9.

BERGAU Martin. Die gesamte Priesterschaft der ungeänderten Augspurgischen Confession, welche vom Anfang der Evangelischen Reformation bis Anno 1753. im Grossen und Kleinen Marienburgischen Werder, wie auch in beyden in-und anliegenden Königl. Städten Neuteich und Marienburg das Evangelium von Christo Ihren anvertraueten Gemeinen verkündiget hat. Aufgesetzt von Martin Bergau, Pastor zu Schöneberg. Dantzig, Gedruckt und verlegt von Thom. J. oh. Schreiber, E. Hochedl. und Hochw. Raths und des löblichen Gymnasii Buchdrucker (1753). w 4ce, 2 k. str. 84.
Spisy pastorów i biografie ich. Między niemi autorowie: Walt. Magirus, Ephr. Praetorius, Aar Blöwernitz († 1701), Mik. Weismann. Paweł Dalke († 1785), Fr. Rothmaler, Fr. Gericius († 1612), Joh. Pfeiffer († 1724).
Jocher 9673. Czartor. — Jagiell.

BERGEN zum, Rüdiger (Rotger), Livonus Reg. Secr., hereditarius in Brassnecken (ur. 10 stycz. 1603 † 16 Marca 1661). Epigramata: Ad Vladisl. IV. de ejus in urbem Regiomon. ingressu 1636. (w Apollo acerbo dulcis ad SS. Mundi capita. Regiomonti, 1651, w 4ce).
Hoppe (Longinus) I. 78.

— Discurse über das Leiden Christi.

— Debita gratulatio nuptiarum Vlad. IV. et Ceciliae Renatae. Dantisci 1637, fol.
Hoppe s. 50.

— Laudatio Simonis Dachii.
Wyjątki są w Erleuterts Preussen, I. 194.
Recke u. Napiersky I. 123 i 4 str.

— Res sacra amicus seu epistolium olim scriptum ad Henr. Nicolai, Regiomonti (1632?) w 4ce, 1 arkusz.

— Tripudiare oratorium in triumphalem Vladislai IV. Potentissimi Polon: Regis &. &. adventum in hancce nostram Regiomontem a devotisssima manu Rotgeri zum Bergen, Rigâ-Livoni Juris Cand: anno quo fecit potentiam Deus per te Rex vere-pie et abierunt hostes e regione Prusia. Regiomonti,

Typis Laurentii Segebadii 1636. folio, 4 k. nlb.

W tytule wyryta pieczęć majestatyczna. Na odwrocie tytułu krótka przemowa autora do króla z mies. Lutego 1636.
Hoppe de Scriptor. polon. 39.40. — Adelung Gelehrt.Lexic. 1784, I. 1713. — Gadebusch Livländ. Biblioth. 1. 48 i 9 str.— Fischer Beiträge zu Gadebusch Livländ. Bibliothek str. 164.
Czartor. — Jagiell. — Ossol.

BERGENHIELM Jan kanclerz (ur. 1621 † 1704). Cento satyricus in hodiernos motus septentrionis concinnatus. Bez wyr. m. i r. (1700). w 4ce, sign. A—C. (9 k. nlb).

Wierszem: Jestto to samo co: Then Nordiske Krigs-Lösen. Wchodzą tu: Patkulus, Rex Poloniae, Carloviteius, Dahlbergius, Cardinal Primas.
Winkelmann N. 2583 — Gezelius Biogr. Lexic. — Adelung I. 1713.
Czartor. — Jagiell. — Petersburg.

— Then nordiske Krigs Lösen, som then för tijden synes skifftas effter Varternes atskilliga Fördehl, tillstand och Ögnesyffte, hämtad af the gamle Scribenter pa Latin, och saledes uttalckad och satt uti fölliande Swenske Rijm. B. m. dr. i r. (1700?) w 4ce, sign A—B₈.

Rozmowa wierszem z okazyi pokoju. Jestto toż samo co: Cento satyricus.
Jagiell.

— Satirische Gedancken über die gegenwärtige Unruhe... aus dem Lateinischen. Riga, 1749. w 4ce, kart. 8.
Winkelmann N. 2583.

— Rechtliche acta in peinlichen Sachen des königl. Schwedischen Hoff-Canzlers Hl. Baron Johann Bergenhilm, etc. Anklägers contra Hr. Capitain Johann Reinhold Patkul jetziger Zeit königl. Maj. in Polen und Churfürstl. zu Sachsen geheimbden Kriegs-Rath, ergangen für der königl. Commission in Stockholm, Anno 1694 Mense Junio et Julio. Nebst darzu gehörigen Beylagen. Gedrukt im Jahre 1701. w 4ce, k. 2, str. 234.
Ossol.

— Rechtliches Responsum in peinlichen Sachen des Kön. Schwed. Hof-Kantzlers... Anklägers contra etliche von der Liefflländischen Ritterschaft... insonderheit wider H. Capitain Joh.

Reinhold Patkul jetziger Zeit kön. Maj. in Polen und Churf. Durchl. zu Sachsen geheimbden Kriegsrathts, 1701. w 4ce.
Czartor.

— ob. Theatrum.

BERGER Christ. Elender Zustand der Gottseeligen in dieser Welt, vorgestellet bey dem Hoch-Adelichen Leichbegängnuss Des Wol Edlen, Gestrengen, Hoch und Wolbenambten Herren Hansen von Looss, und Simbsen, auff Grambschütz und Trebitz, Röm: Kays: auch zu Hungarn und Böhaimben Kön: Maytt: Rath, und des Fürstenthumbs Grossen Glogaw vor der zeit trewgewesenen vollmächtigen Landes-Hauptmanns: Als die Hoch-Adeliche Leiche solte zu Grambschitz den 5. Novembris des 1636. Jahres beygesetzet worden: In einer Leich-Predigt von Christophoro Bergero, Pfarrern zu Grambschütz. Gedruckt zur Polnischen Lissau, durch Wigandum Funck, w 4ce, ark. Aij—Iij.
Wrocław.

BERGER Christian Gottlieb, Dr Medycyny, ur. w Grudziądzu w Prusiech Wschod. um. 21 Września 1753 r. w Wohlau na Szląsku. Pisał dzieła przeważnie niemieckie, nas nie obchodzące. Obacz Literar. Nachrichten von Preussen 1781 s. 5.

BERGER J. Gf. Sacrae Majestati regi Augusto dicata De thermis Carolinis commentatio, qua omnium origo fontium calidorum itemq. ac dor. ex pyrite ostenditur. Guelferbyti, 1709. w 4ce.

BERGER (de) Jo. Guilielmus. De Romae veteris maiestate in ruinis ac vestigiis adhuc spirante disserens — Decanus ordinis philosophici in academia Vitembergensi Jo. Guilielmus de Berger Sac. Caes. Mai. et potentiss. Polon. Regis ac Pr. Elect. Saxon. a consiliis historiographus regius eloq. et human. prof. publ. alumnor. regio el ephorus h. t. constitutus imperiali auctoritate comes palatinus philosophiae atque artis poeticae candidatis s. p. d. Vitembergae ex officina Henningiana 1739. w 4ce, str. 20.
Jagiell.

Berger Józef de Lonchamps († 1812) obacz Augier (Nauka 1789).

Pamięt. Tow. lekars. War. IX. 131. — Gąsiorow. Hist. med. IV. 193. 209. — Encykl. Orgelb. I. 292. Mylnie tu Boyerem nazwany. — Kosmiński Słownik 26.

BERGESONN Friedr. Wilh. Reinh. (1761 † 27 kwiet. 1816). Beantwortung der Bemerkungen über die Duldung der Juden in Kurland und Semgallen. Mitau (1787). w 4ce, str. 12.

Ob. Witte C. Braun (Bemerkungen 1787) — Winkelmann N. 1358 — Recke und Napierski I. 126. 7. przeczy by autorem był lekarz Lachemann.

BERGHAUSIUS Joachimus Herrmanides, Littanus. Ein christliches andechtiges und hertzliches Gebet zur zeit der Pestilentz: auss heiliger Göttlicher Schrifft, und sonderlich auss dem 91 Psalm dess Königlichen Propheten Davids: Welches in dieser gefährlichen zeit in der Christlichen Kirchen und Gemeine zu Rosenberg alle morgen gehalten wird: Allen frommen gleubigen Christen gantz nützlich und tröstlich zu lesen und zu beten, durch Joachimum Berghausium Pfarrern daselbst. Thorn, gedruckt durch Augustin Ferber. Anno MDCXXI (1621). w 4ce, 4 k. nlb.

Czartor.

BERGHE (van den) (Montanus) Gerhard, Soc. J. (1584 † 19 Wrześn. 1622) Elegiae de victoria, quam Vladislaus Princeps Poloniae de Turcis a. 1621 retulit. (Bzovius: Annales a. 1742 Nro 13).

Jöcher Chr. G. Lexic. 1751. III. 615 — Ciampi Bibliogr. N. 76 — Bibliot. des Ecriv. p. Backer 1872. II. 1351.

BERGIER Mikołaj Sylwester, kanonik paryski (1718 † 9 kwiet. 1790). Traktatu dziejowego y dogmatycznego, prawdziwey Religii, z odparciem błędów, które jey w rozmaitych przedstawiano wiekach, przez Bergiera kanonika kościoła paryzkiego. Wydanego, w dwónastu tomach, na trzy części podzielonego. Wstępy. W których, tego obszernego dzieła w krótkości zebranego, na oyczysty przełożonych język, użyteczność dla Chrześcian i ważność okazuje się. (Tu cytata po polsk. i po łac. z Galat.) W Grodnie, 1795. w 8ce, k. nlb. 2, str. 205.

Załączone jest:

Rozumowanie o cnocie z dykcyonarza Encyklopedyi wyięte i wytłómaczone. w 8ce. str. 52.

Encyklop. Kościeln. 1873. II. 196. — Querard La France lit. I. 284.— Autor redagował dzieło według materyałów Xdza Grou i Guerin.

Jagiell. — Warsz. Uniw. — Wileńs.

Bergius Casparus ob. Wolan Andrzej (Oratio ad spectabilem senatum 1589).

BERGMANN Ambroży (ur. 1740 † 19 Marca 1784). Dissertatio inauguralis de ruricolarum Livoniae statu sano et morboso. Lipsiae, Breitkopf, 1762 w 4ce, str. 32.

Raczyńs.

BERGMANN Baltazar (1736 † 17 lut. 1789). Fata Livoniae. Die natali auspicatissimo Sereniss. princ. Ernesti Constantini Ducis Saxoniae etc. etc. principis — in florentiss. celeberr. Gymnasio Guilelmo Ernestino, coram panegyri solemniter decantata. Vinariae 1755. w 4ce, str. XII.

— Toż, przedruk. Rzym 1794. w 4ce (poezya).

Recke u. Napiers. I. 128 i 139.— Winkelmann N. 1649.

BERGMANN Gustaw (ur. r. 1749 um. 1814). Geschichte von Livland nach Bossuetischer Art entworfen von Gustaw Bergmann, Prediger in Livland. Leipzig, im Schwickertschen Verlage, 1776. w 8ce, k. 3. str. 196.

Recke u. Napiers. I. 134—141. — Winkelmann N. 1657. Ossol.

Na to wyszło pismo polemiczne:

— Sendschreiben an das livländische Publicum, seine kürzlich im Druck erschienene Geschichte betreffend. Riga, 1775. w 8ce.

— Bergmann Baltazar: Beantwortung des unüberlegten so betitelten Sendschreibens. Riga 1776 w 4ce, (autografowane).

BERGMANN Israel. G. D. B. V. De deposito miserabili, Exercitatio Sabbathina XXXIII (vide Ex. Sabb. I. de amb. Jurispr. resp. I. S. Schultz). D. 12 Decembr. 1722. Respondens Israel Bergmann, Ged. Gedani, typis I. D. Stollii, w 4ce.

— G. D. B. V. De honesto suppliciorum genere. Exercitatio Sabbathina LII. (vide I. de amb. Iurispr. resp. I. S. Schultz.) D. 23. Octobr. 1723. Respondens Israel Bergmann, Gedan, Gedani, typis Viduae G. D. Stollii. w 4ce.

— G. D. B. V. De opere conducto. Exercitatio Sabbathina XLII. (vide I. de amb. Iurispr. resp. I. S. Schultz). D. 1. Maji 1723. Respondens Israel Bergman Ged. Gedani, typis I. D. Stollii. w 4ce.

BERGMANN Carl Christian. Der christliche Held Siegprächtig zu Feld in Türkischen Zelt. Das isst: Dapffermüthige hungarisch - pohlnisch - venetianische - Kriegs - Thaten, wider die beschworne Christen-Feinde, die Turcken und Tataren und derselben Bossartigen Anhang, von A. 1400 bis auf gegenwärtiges 1687 Jar in unterschiedlichen hitzigen Schlachten, ernstlichen Belagerungen und siegreichen Eroberungen ausführlich beschrieben und dem Geschichtliebenden Leser zu sonderbarem Gefallen, zum Druck befördert von... Frankfurt und Leipzig zu finden bei Joh. Jon. Felsecker (1687). w 8ce, 5 k. str. 704.

Z 13 rycinami (między innemi są portreciki Władysława, Kazimierza Jag., Zygm. Aug., Henryka, Jana Alberta, Alexandra, Zygmunta, Stefana, Zygmunta III., Władysława IV. Jana Kazim., Michała i Jana III.)   Czartor.

— Leswürdige Fortsetzung der Hungarisch - Pohlnisch - Moscovitsch - Venetian. Kriegs-Thaten wider Türcken u. Tartern. Frankfurt u. Leipzig (1687). w 8ce.

Bergmann Johannes ob. Glodius Paul. Epithalamia 1565.

BERGMANN Liborius z Rygi (1754 † 1823). Kurze Nachrichten von Rigaischen Buchdruckern überhaupt und den Stadtbuchdruckern insbesondere von der ältesten bis auf die jetzige Zeit. Riga, 1795. w 4ce, str. 22.

— Versuch einer kurzen Geschichte der Rigischen Stadtkirchen seit ihrer Erbauung, und ihrer Lehrer von der Reformation bis auf die jetzige Zeit. Bey Gelegenheit eines sehr merkwürdigen Amtsjubelfestes dem Drucke über-

geben. Riga d. 24 Juni 1792. Riga, 1792. w 4ce, k. 5 i str. 58.

Recke u. Napiers. I. 143—9.

BERGMANN Paul Marcus. Bey dem am 24. April 1776 schmerzlichen Hintritt der hochedeln, hochehr-und tugendvollen Frau Frau Johanna Sophia Gröllin, geborne Schüllerin wollte gegen den tiefgebeugten und in Leidwesen versetzten Herrn Wittwer, Herrn Michaël Gröll, Königl. Poln. und. Churfürstl. Sächs. Hofcommissär und Hofbuchhändler in Warschau seine theilnehmende Betrübniss zu erkennen geben Paul Marcus Bergmann Buchdrucker. Thorn, den 29 Junii 1776. fol. 2 kart.

Czartor.

(Bergman Pet.) Klag-Traur- und Trost-Gedichte über den seeligen Abscheid des... Peter Bergmann... zu Danzig... 1649... Gedr. daselbst bey Nikolaus Kochen, 1650. w 4ce, str. 8.

Wiersz polski z podpisem: Ita planxit. Petrus Lysecius, Polon.

Bergmannowna Urszula ob. Glodius Paul. (Epithalamia in honorem nuptiarum 1565).

BERGOMENSIS Jac ob. Philip. Supplementum Chronicorum, omnes fere historias ab orbe condito complectens. Paris, apud Sim. Colineum, 1535. fol.

Obejmuje: Basilides, Casimirus, Polonia, Polonia provincia, Sarmatia s. Tartaria, Sarmatia prima et secunda, Stephanus rex, Sigismundus rex, Vandalia regio, Vladislaus rex, Vintoldus, duc Polon. (Lib. XVI. exhib. tract.), Livonia provincia, Lithuania provincia, Prusia posessio. Scythia.

Tak podają katalogi księgarskie niemieckie, wliczając dzieło to między Polonica. Jest atoli całkiem obcem i prawie nic tu polskiego nie ma. Bibliot. Jagiell. posiada edycye: Venetiis, per Bern. Rizum de Novarra 1490 folio. Venetiis, impress. per Albertinum de Lissona 1503, fol. kart. 452 i Venetiis, imp. Georg. de Rusconibus 1513, fol. kart 338. Edycya tej kroniki chronologicznie ułożonej dochodzi do r. 1503.

BERGONZONNI Michał, A. (ur. w Bononii 1744 r., um. 5 marca 1819 r. w Warszawie). Lublin podług ustaw medyki uważany z jedney dyssertacyi przez Mich: A. Bergonzoni filozofii i medycyny Doktora, Konsyliarza J. K. M. i Towarzysza różnych Akademiy medy-

cznych i innych wyzwolonych nauk.
Cum licentia superiorum. W Lublinie
w drukarni J. K. M. XX. Trynitarzów.
Roku 1782. w 4ce, kart 26.

Na tytule dwie pieczęcie miedziorytowe. De-
dykacya do Komisarzów Dobrego Porządku
M. Lublina. Jestto rodzaj wykładu hygieny.
Wójcicki Cment. III. 19—21 — Ciampi Bi-
bliog. III. 13 — Gąsior. Hist. med. III.
164—6 — Roczniki T. P. Nauk. III. 467—
Kośmiński Słownik 26.
Akad. — Branic. — Czartor. — Dzików —
Jagiell. — Ossol.

BERHNAUER Georg Christian. Programma Fridericum Augustum cum
Trajano comparans. Budissin, 1733. fol.

Bericht (Gründlicher und umbständlicher) wie es mit der, den 3-ten De-
zember geschehenen Uibergabe des Königlich. Schlosses zu Wilda zugangen.
w 4ce, ½ ark. Ossol.

— (Kurtzer) von dem hitzigen schweren Seuchen so yetziger Zeit in Preussen regiren. Wie denselbigen vermittelst
göttlicher Hülff zu begegnen und auch
vorzukommen sey gemeyner Landtschafft
zu gut gestellt, durch fürstlicher Durch-
leucht in Preussen Leybartzte. B. w. m.
dr. 1557. w 4ce. Krasiński.

— des Zwitrachts zwischen dem
Moscowiter und den Lifflendern, auch
von der Tyrraney, so er bisher übet;
und mit was list er auch die beyde
Stedte Reuel und Riga unter seine Ge-
walt zu bringen bedacht, 1578. w 4ce,
str. 13.

— Von der Reussen, sonsten Moscowiter genanndt, Religion, Kirche
ob. Oderborn (1583).

— (Kurtzer und einseltiger) wie sich
ein jeder zur Zeit der regierenden pestilentz, in allerley Leibes Wartung, verhalten soll. Für die Einwoner der königlichen Stadt Thorn, gestellet durch
derselben Stadt verordnete Doctores der
Artzneyen. Gedruckt zu Thorun, durch
Adreas Koten, Anno MDLXXXVIII.

W przedmowie podpisani Torunij Borussorum Anno 1588 mense Martio physici
ordinarii Reipubl. Torunensis.
Poliński w Wizer. i roztrzęs. nauk. 1840.
Poczet nowy drugi, tom 13, str. 147.

— Kurzer und warhafftiger, was
sich in nechstverschienen Herbst, des

1598. Jhars, in dem entstandenen Kriegswesen in Königreich Schweden, zwischen der König: Maiest: und Hertzog
Carls F: G: zugetragen. (Poniżej rycina
konnej walki na miecze i kopije). Bez
wyr. r. (1598). w 4ce, 1 ark. Jagiell.

— (Kurzer und schlechter doch warhafftiger) was sich in nechst vor-
schinen Herbst, des 1598 Jahrs, in dem
enstandenen krigswesen Schweden zwischen der Königlichen Mayestat etc.
und Hertzog Carls Fuerstlicher Gnaden zugetragen, 1598. Bez wyr. m. dr.
i dr. w 4ce, kart 8.

Wierzbowski w »Wiadom. bibliog.« 1882.
(z biblioteki drezdeńskiej).

— (Eigentlicher), Was von wegen
der Koenig: Maiest: zu Schweden und
Polen etc. etc. Sr: Koenig: Maiest: Ab-
gesandter, der Edel und Wolgeborner
Herr Samuel Lasky, etc. Bey Sr: F: G:
Hertzog Carln etc. Abermals angebracht
und geworben hat, den 10 Junij, Anno
etc. 98. Ingleichem Was S: F: G: wo-
lermeltem Herrn Gesandten, vor und
nach abgelegter seiner werbung, in
schrifften anmelden, und zur antwort
geben lasssen, gedachter Gesandter auch,
gegen S: F: G: etlicher massen sich
hinwiederumb schrifftlich erkleret: Und
dann, Was S: F: G: an den Herrn Gesandten, do er nach erlangtem Abscheidt
zu Stockholm auff ein Schiff, auch wetter und wind gewartet, durch ein sonder-
bares schreiben hat gelangen lassen.
Actum Nykoeping, Anno etc. 98. (1598).
(Na końcu:) Gedrukt zu Stockholm
durch Andream Gutterwitz. w 4ce, k.
nlb. 26.

Wierzbowski II. 1862. Petersb.

— (Kurtzer) was in etlichen benach-
barten der Reformirter Religion verwandten Kirchen der Lande Preussen,
von den fürnembsten Puncten Christlicher Religion bishero gelehret worden: unnd worin man in denselben Streit
gerathen etc. Hanaw, gedruckt durch
Wilhehmum Antonium, 1603. w 4ce, str.
212. Krasińsk.

— (Gründlicher) auss was hochwichti-
gen Ursachen der Türk. Kaiser mit

so grosser Macht in das Königreich Polen eingefallen. 1622. w 4ce.

— (Kurtzer und wahafftiger) welcher gestalt die vornehme Kauff und Handelstadt Riga in Lieffland belagert.
Ob. Riga (1622).   Jagiell.

— (Erenwerter) vom Preusischen Abfall und was wegen wircklicher Execution der Preusischen Rechtserklärung vorgehandelt worden. Mit vorgehender Praefation und nothwendiger Erinnerung. Gedruckt in der Churfürst. Hauptstadt Mayntz durch Herm. Merrs im Jahr 1627. w 4ce, k. 6, str. 334.
                                Ossol.

— Bericht wegen eingangener Neutralitet der Städte Königsperg im Hertzogthumb Preüssen. (Bez osobn. tytułu). (Na końcu:) Gedruckt im Jahr, Anno 1627. w 4ce, 1 ark.   Jagiell.

— Bericht (Ausführlicher) von dem Schwedischen Marsche nach Preussen. 1627. ob. Seback D.

— (Warhafftiger und eigentlicher). Des gantzen Verlauffs für der Stadt Strallsund, Glückstadt und Crempe. Was sich daselbst von beyden theilen verlauffen und zugetragen hat. Dessgleichen von der erschrecklichen und blutigen Schlacht, so sich mit dem König in Schweden, und auch mit dem König in Pohlen begeben, wie auff der Wahlstadt sind in die zwölff tausent Mann todt gefunden worden. Item, Wie der König in Schweden den Pohlen wieder eine gewaltige Vestung mit Namen Newburg eingenommem und erobert, und in die 8 Tonnen Goldes darinnen bekommen und was weiter fürgelauffen, wird der günstige Leser nach der Lenge hierinnen befinden. Gedruckt zu Alten Stettin bei Daniel Schampe 1628. w 4ce, ark. B iij.
Tytuł w drzeworycie przedstawia bijących się rycerzy.   Wrocławs.

— (Ordentlicher) der Polnischen Niederlage, und was die Schwedischen ferner wider die Stadt Thoren vorgenommen. w 4ce, k. 4. (Na tytule drzeworyt).   Czartor.

— Eigentlicher —, auff was Artickel und Conditiones, der von Gott dem

Herrn jüngst verliehene ewige Friede, zwischen den zwey grossmächtigsten Potentaten, nemlich Königl. May. in Polen und Schweden eines, und dem Gross-Fürsten in der Moszkaw anders theils, von deroselben Commissarien den 13 Junii dieses Jahrs bey dem Fluss Polanowki an der Moskowitischen Gräntze gerichtet und beschlossen worden. Gedruckt im Jahr 1634. w 4ce, 4 k. nlb.   Czartor.

— Gründlicher —, von dem sieghafften Eventu, welchen Gott K. Mayst: zu Polen wider die Muscowiter bey dem Entsatz der Vestung Smolenszko verliehen. B. m. 1734. w 4ce.
Hoppe 85.   Peters.

— Bericht was gestalt Vladislao IV in gegenwart königlichen Commissarien die Huldigungs-Pflicht von Dantzig geleistet worden. Dantzigk, 1634. fol.

— Warhafftiger ... von der geistlichen Herren Zusammenkunfft zu Thoren 10 Oktobr. 1644, w 4ce, 2 karty.
Jocher 9586.   Akadem. — Raczyńs.

— Von zweyen Zeugen des Leidens unseres Heilandes, die alle beyde noch heutigen Tages im Leben seyn sollen. Amsterdam 1647. (Geschrieben in Dantzig 1646, d. 21. April.) w 12ce.

— von dem Abzuge der Schweden aus Thorn und dem Einzuge des Königs in Polen daselbst. 1649. w 4ce.

— (Kurtzer summarischer) was im Monath Augusto dieses Jahres zwischen den Parteien Königlicher Polnischer Seiten und den Cosacken sambt den Tartaren im Russland und deroselben gegent biss zu erhaltenem Frieden passiret und vorgelauffen, aus glaubwürdiger communication derjenigen, so bey der Action selbst gewesen, dem günstigen Leser zu gut zusammengezogen und ausgefertiget. 1649. w 4ce, kart 4.
                        Ossol. — Raczyńs.

— (Ausführlicher und wahrhaftiger) vom Verlauff des grawsamen blutigen Kriegs, welchen die Cosacken und Tartaren wider die Polacken newlicher Zeit geführt haben. Augspurg. 1649.

— Kurtzer ... und Absag.-Brief was der Türcische Sultan Ihro Königl. Mavest. in Polen Anno 1652. den 10 Decembr. in der Königlichen Residentz-Stadt Warschau durch einen eylenden Curier überbracht (zugeschrieben). Daraus zu ersehen, was der Erbfeind gegen die Christen zu thuen gesinnet. Derowegen, wollen fromme Christen anhengendes Gebet fleissig observiren und in Acht nehmen und mit ihren Kinderlein, ihre Seuftzer wider den mächtigen Feind täglich zu Gott abfertigen. Gedruckt im Jahr 1653. w 4ce, kart niel. 2.   Ossol.

— Kurtzer ... von den sichtbahren Finsternissen des 1654 Jahrs, als von einer grossen und fast gantzen sohnen Finsterniss und von einer kleinen Mond-Finsterniss deren erste den 12. Augusti, die zweite an den 27. desselben Monats n. Cal. eintreten und beim klarem Wetter wird zu Sehen sein. Neben Erörterung etlichen Puncten, welche dabey fürfallen anstat des V Capittel im prognostico absonderlich gedruckt, in Aug. 28. zu Danzig, in Verlegung Ernst und Andreas Julius Müllern Gebrüdere Buchhändlern. w 4ce, kart 6.   Warsz. Uniw.

— Kurtzer ... der unmenschlichen Tyranney, welche der Starosta Babymoiski mit zuziehung derer in Schlesien sich auffhaltenden Polnischen Edel-Leuten bey nächtlichem Einfall in Welvn, an der darinnen gelegenen Schwedischen Besatzung, und etzlichen Deutschen grausamster massen von dem 7. Januarij dieses 1656. Jahres biss auff den 12. verübet. Bez wyr. m. w 4ce, kart 8.   Jagiel.

— Warhafftiger... dessen was jüngsthin in Pohlen sich zugetragen. Extract Schreibens aus Warschau vom 28 Martij St. Vet. 1656. Gedruckt zu Elbing, bey Achatz Corellen, Im Jahr 1656. w 4ce, 8 str. nlb.

— Glaubwürdiger... was massen die Stadt Sandomiers durch der Jesuiter Practiquen in der Pohlen Hände zwar wieder kommen, hernach aber im Rauch auffgegangen, und mit dem Schloss über 1000 Pohlen, worunter viel vor-

nehme Herren, in die Lufft gesprenget worden. Sampt, was sonst bey der Königl. Schwedischen Armee passiret: de Dato Warschau den 28. Mart. st. v. 1656. Gedruckt im Jahr 1656 w 4ce, 4 k. nlb.   Czartor.

— Eigentlicher und wahrhaftiger... was sich von dem 12. bis auf 26. April S. V. dieses laufenden Monats Apriles zwischen beiden Schwedischen und Pohlnischen Kriegsvölkern denkwürdiges hat zugetragen: Auss glaubwürdigen und gewissen Crackauisch- Dantzig- und Stetinischen Extract und Copey- Schreiben treulich herausgezogen. Gedruckt im Jahre 1656. w 4ce, kart 4.   Osol.

— Kurtzer und eingetlicher... von dem was seit Eroberung der Stadt Warschau von Königlicher May. zu Pol. u. Schw. etc. nemlich vom 11 Julii anzuchnen bis zu den 6 Augusti merkliches in der Cron Pol. vorgelauffen ist. Bez m. d. (1656). w 4ce, k. 5.   Krasíns.

— aus Warschau, wie es mit den Kriegs actionen beyder Arméen auf Polnischer und Schwedischer seiten abgelauffen, d. 28 u. Julii 1656. B. m. w 4ce.

— Gründlicher und wahrhafter... wie der Polnischer Cron- Schwerdträger den 31. Julii 1656, vor Cracaw von dem Gouvernenr daselbsten gäntzlich ruinirt und geschlagen worden mit beygefügter Lista derjenigen Völcker welche bey dem Cron-Schwerdtrager im Lager gewest. Anno 1656. w 4ce, 4 k. nlb.   Czartor.

— Ausführlicher... wie Ihre Königliche Mayest: zu Pohlen und Schweden die Stadt Konitz und Kalisch durch Accord erobert und wie die darin gelegenen Völcker abgezogen und convoyret worden sein. Benebenst allen Umständen, wassmassen der Schwedische Cantzler Herr Erich Oxenstirn Todes verblichen und von dieser Welt abgeschieden den 2. November zwischen 6 und 7 Uhr des Morgens. Im Jahr 1656. w 4ce, pólark.   Ossol.

— Warhafftiger… dessen was jüngsthin in Polen, Preussen und benachbareten Orten sich zugetragen. Anno 1656. B. m. w 4ce, kart 2.

— Warhafftiger… dessen, was jüngsthin in Preussen, wie auch in Polen und benachbareten Orten sich zugetragen. Anno M. DC. LVI. (1656). B. m. w 4ce, kart 2.

— Einkommender… den Preussischen Kriegs-Zustand betreffend. Und denn auch eigentliche Erzehlung dess See-Scharmitzels. Zwischen dem Herren General Graff Königsmarck und hiesiger Soldatesca. Anno 1656. w 4ce, kart 2.

Datowane Dantzig den 4. Novembris.
Branic. — Jagioll.

— Auszführ- und umbständlicher… von vornehmer Hand ausz dem Kön: Pol: Hoffe zu Dankow was newlich in Polen zwischen den Schweden, Ungarn Kosacken selbsten passiret, item was albereit von dem österreichischen Succurs bei Ihr. Königl. Mayest. von Pohlen angelanget, und an welchen Ort die ganze Kaiserliche Armee sich stellen wird, und zu was ende sie in Polen arcwiret. Item was zwischen dem alten Chmilnitzky und seinem Sohn bei Abtrettung des Gubernaments vorgelauffen. Dann auch was in Preussen, Lieffland, Samayten und anderen Orten passiret. Anno M.DC.LVII w 4ce, kart 4.

Winkelmann N. 8589.
Gdańs. Miejs. — Ossol.

— Eigentlicher… des Abzugs der Mosscowiter vor Riga B. m. i r. (1656). w 4ce. Król. Bibl. w Sztockh.

— Toż, inne wydanie, b. m. i r. w 4ce. Król. Bibl. w Sztockh.

— von ohnweit Cracov Bataille ob. Kraków.

— Gründlicher, eigentlicher Bericht, dessen was jüngsthin in Polen, Preussen, Lieffland sich zugetragen. Anno 1656. w 4ce, k. 2. (Aus Revel 17. 27. Junij). Winkelmann N. 8570. Gdańs. Miejs.

— Gründlicher warhafftiger Bericht, dessen was jüngsthin in Polen, Liefland und Preussen sich merckliches

zugetragen. Anno 1656. (Auss Revel 21. 31. Julij) w 4ce, k. 2.

Winkelmann N. 8572. Gdańs. miejs.

— Wahrhaffter… was nach angefangenem Krieg wider die Kron Polen, von Jhrer Königl. Majest. in Schweden bey der Ottomannischen Porta, durch sonderbare zum zweytenmal daselbsten verordnete Abgesandten, zu höchstschädlicher Trennung der werthen Christenheit angesucht worden, w 4ce, kart 4.

Układ z Porta jest z 19 kwiet. 1657.
Tenże tytuł z różnicami w pisowni: Mayest., Ottomanischen, Sonderbahre. w 4ce, str. 11.
Hoppe 93.
Czartor.— Osol. — Jagiell. — Zyg. Pusłowski.

— Toż, tytuł krótszy… Porta, zum 2-ten Mahl zu hochstschädlicher Trennung der werthen Christenheit angesucht worden (1657). w 4ce, kart 4 nieliczb. Czartor.

— Toż. B. m. i. r. w 4 ce, 8 str. (zarazem text włoski).

— Toż, p. t.: Declaration So Jhre Königl. Maytt. von Schweden — an den Türckischen Käiser überlieffern lassen — Jm Jahr 1657. B. m. w 4ce, 8 stron.

— …was nach angefangenen Kriege wieder die Cron Polen, von des Königs in Schweden Ministern, bey der Ottomanischen Pforte, zum dritten mahl, zu trennung der Christenheit angesuchet worden. B. m. i r. (1657?) w 4ce.

Król. bibl. w Sztockholmie.

— Ausfürlicher… von dem Haupt-Treffen so newlich zwischen der Pohlnischen v. Schwedischen Armee vorgelauffen. Anno 1657. w 4ce, k. 2.

— Ausführlicher Bericht von der Herrlichen Victorie welche Jhrer Königl. Mayestet zu Schweden, nebst den Allierten wider die Pohlen erhalten, worinnen bei 20000 derselben auf der Wahlstatt todt blieben. Benebenst wie das Closter Częstochau von den Schwedischen und mit stürmenden Hand erobert worden. Jm Jahr 1657. w 4ce, kart 4. Ossol.

— Einkommender Bericht ausz Czenstochow… den Polnischen, Preuszischen

und Liefländischen Kriegswesen betreffend. (1. April. 1657?), w 4-ce, k. 2.
Winkelmann 8579. Gdańs. Miejs.

— Aus zu Hungarn und Böhmen
Königl: Mayestät Ertzherzogen zu Österreich etc. Bericht warumb dieselbe der
Lwou Pohlen Ihre Völker zu Hülffe
geschickt. · Gedruckt im Jahre 1657.
w 4-ce, kart 4. Ossol.

— Toż samo, inna edycya. w 4-ce,
kart 2. Ossol.

— Toż (w tyt. odmiana: zu Hülfe).
w 4-ce, str. 7.
Czartor. — Ossol.

— Eigentlicher und wahrhafter was
bey Aussfall ob. Gdańsk (1657).

— Glaubwürdiger und gewisser Bericht, von der Stadt Thorn... beygefüt-
get, welcher gestalt die schwedische
Armee in Rüszland von der Festung
Andowa, von den Moszkowittern geschlagen worden... 1657. w 4-ce, k. 2.
Winkelmann N. 8586. Gdańs. Miej.

— Einkomender Bericht von beschaffenheit der Stadt Riga, und was
sonsten in Polen, Preussen, Liefflandt,
Holstein und Pommern newlich passiret... A. 1657 (Nov.). w 4-ce, k. 2.
Winkelmann N. 8588. Gdańs. Miejs.

— Auszführlicher Bericht, was bey
Belagerung der Stadt Riga, zwischen
den Polen und Schweden, newlich passiret. Dann auch von der Stadt Wol-
demor, wie und auff was Art dieselbe
an die Polen übergegangen. Anno 1657.
w 4-ce, k. 2.
Winkelmann N. 8590. Gdańs. Miejs.

— ...was mit denen Churfüstlichen
Brandenburgischen Gesandten, so an
Ihr. Königl. Mayt. zu Schweden geschickt,
zu Flenssburg, und nach dero Abreise
ergangen, sampt Copeyen einiger Schreiben und Documenten, woraus S. Churfl.
Durchl. zu Brandenburg vorhaben wieder die Königl. Mayt. zu Schweden
erhellet. Gedrukt, im Jahr, 1658. (Stettin?). w 4-ce, str. 72. Jagiell.

— Toż samo. Edycya odmienna,
różniąca się ozdobami w tytule i ponad
pierwszą stronnicą. Druk całkiem podobny.
Jagiell.

— (Eigentlicher) des Abzugs der Mo-
szkowiter vor Riga. (1658). w 4-ce.

— Eigentlich- und warhaffter... von
der Eroberung des Schlosses und der
Stadt Mitaw, nebst der Bewandnüss
des jammerhafften Zustandes selbiges
Fürsten und Fürstl. Familien in Churland. Kopenhagen (1658). w 8-ce.
Petersburgs.

— Auszführlicher und wahrhafftiger
Bericht von der Eroberung des Schlos-
ses und der Stadt Mitaw, nebst der
Bewandnuss des jammerhafften Zustan-
des selbiges Fürsten und fürstl. Fami-
lie in Cuhrland. Wie solche von dem
König. Schwedischen General-Auditeur
Tscherning den 13. Nov. a. 1658. auff
Befehl eingezogen sampt beygefügten
Ursachen warumb Ihre Fürstl. Gn. der
Hertzog von Cuhrland, von den schwe-
dischen Partey in seiner Hoffstadt von
Mietaw unter dem Schein guter Freund-
schafft überfallen und weggeführet. Wie
dieselbe von Schwedischer Seiten ausgezogen worden. Anno 1658. Riga.
w 4-ce, 1 ark.
Gdańs. Miejs. — Rygska.

— Auszführlicher und wahrhafftiger
Bericht von der Eroberung des Schlosses und der Stadt Mitaw und Gefan-
gennehmung des Herzogen. B. w. m.
1658. w 4-ce.
Winkelmann N. 6002, 6003.

— (Wahrhatiger), welcher Gestalt
Ihro fürstl. Gnaden von Curland samt
Dero familie gefänglich nach Riga geführt
worden; wobey auch was neulich vor
Thoren bey dem ersten Sturm passirt,
1658. w 4-ce, kart 6. Ossol.

— aus dem Lager von Thoren.
Wie auch was newlicher Tagen von
Königsberg und Churland denckwürdig
ankommen ist. Anno 1658. (Decemb.)
w 4-ce, k. 2.
Winkelmann 6013. Gdańs. Miejs.

— Warhafter... von des Hertzogs
von Curland gefänglicher Wegführung
nach Riga, 1658. w 4-ce.

— Wahrhaffter... wie Ihro Fürstl.
Gnaden von Churland sammt der Familie nach Riga geführt worden, wobey auch was neulich vor Thorn bey

dem ersten Sturm passirt ist. 1658.
w 4ce, 1 ark.   Osol.
— aus dem poln. Lager vor Thorn
ob. Toruń (1658).

— Kurtzer, jedoch warhaftiger...
wie das grosse Werder von den Schwedischen Truppen gesaukert (?) die Schantzen verlassen und sie in die drei noch
übrigen Festungen als Elbing, Marienburg und das Haupt sich einzuspärren
gezwungen worden, 1659. w 4ce, k. 3.
                                      Ossol.

— welcher Gestalt der grundgütige
Gott Königl. Mayest. zu Polen und
Schweden etc. etc. unseres gnädigsten
Königs und Herrn gerechte Waffen der-
gestalt gesegnet, dass die deroselben
entzogene Stadt Graudentz durch die
tapfere Conduicte Sr. Fürstlichen Gnaden Herrn Georgi Lubomirski der Krohne
Polen Gross Marschallen und Unter
Feldt-Herrn etc. den Schweden wieder
abgenommen worden. Anno 1659. den
29 August. w 4ce, k. 2.
                                      Ossol.

— Glaubwürdiger Bericht aus dem
Königreich Pohlen, Preussen, Lieffland
und Andern Orten... fürgefallen. (1658,
Juli). w 4ce, k. 2.
        Winkelmann N. 8591.   Gdańs. Miejs.

— Eigentlicher... von der Schweden Abzuge aus Thoren und Ihr. Königl. Mayestet zu Pohlen Einzuge daselbst geschehen am Neuen Jahre Tage.
Anno 1659. w 4ce, sygn. A4.
        Branic. — Ossol. — Uniw. lwow.

— Glaubwürdiger... von der harten Niederlage welche die Moscowiter
durch die Cosacken und Tartaren erlitten und was sonsten anderer Ohrten
neulich passiret. Anno 1659. aus Warschau von 2 Mart. w 4ce, k. 2.
                                      Osol.

— Glaubwürdiger... welcher Gestalt
die Kosakische HH. Abgesandten Ihr.
Königl. Mayest. von der Kron Pohlen
den 17. dieses den Eydt Ihrer Treu
und Gehorsambs abgeleget und was
ferner auf diesem Reichstage fürgefallen,
wobei auch die Rencontre so neulicher
Zeit bei Elbing zwischen den Schwedischen und Chur-Brandenburg. vol-

ken passiret. Jngleichen was massen
des Hrn. General Komorowsky in Churland einige Parteien seiner Völcker auff
den Feind zu recognoscieren aus com-
mandiret, die denn auff eine Schwe-
diche Partei getroffen und selbige glücklich chargiret haben, 1659. w 4ce, k. 2.
                                      Ossol.

— von itziger Anlassung der Friedens-Tractaten zwischen Schweden und
Pohlen: Wobey die Copey desz Pohlnischen Gleid-Brieffes für Schweden zu
finden. Gedruckt im Jahr 1659. B. m.
w 4ce, k. 2. (Bericht datowany 22 Jan.,
list 18 Jan. 1659).   Ossol.

— Nothwendiger und gründlicher...
welcher gestallt im Ministerio der Un-
geenderten Augsb. Confession zu Dantzig, betreffend der gewesenen Königl.
Schwedischen Hn. Consistorialium von
Elbing Schrifft Epikrisis genannt, verfahren, und was darauf weiter in derselben Sachen fürgangen. Darinnen auch
was vom Syncretismo zuhalten, aussführlicher angedeutet wird, aussgegeben
Anno 1660. Mense Novembri und gedruckt in Dantzig, bey Philipp Christian Rheten. w 4ce, str. 16.
                                      Czartor.

— Kurtzer... über diese im Grund-
Risz abgebildete Belagerungs Wercke,
zu welcher Zeit dero Bau angefangen
und vollendet; nebenst weniger Beyfügung, was Denckwürdiges dabey fürgefallen. Gedruckt in Dantzig durch
Philipp Christian Rheten. Anno 1661.
        Na dołączonym kopersztychu podpisano:

Grundrisz der Nahmhafften Vestung
welche auf dem Weiszel-Haupt der
Stadt Danzig zugehöriger Nehrung
von Kön- Maj. in Schweden Carolo
Gustavo Anno 1656 erbauet und von
der Stadt Danzig Kriegsvolk Anno 1659
den 2. 8br. belagert auch noch d. 20
Xbr. selbigen Jahrs durch accord erobert
worden.

— Gründlicher, welcher Gestalt Herr
Polubinsky das Schloss Mietaw glücklich
erobert d. 10. Jan. 1660. w 4ce.
        Winkelmann N. 6031.

— Wahrhafftiger und gründlicher...
von Belager- und Eroberung der Haupt-

Schanze in der Dantz-Nährung ob. Vo-
get P. (1661).

— Ausführlicher belangend die Erb-
huldigung und Souveraenität s. Ihrer
Churfürstl. Durchl. zu Brandeburg von
denen Preussischen Ständen und Städten in Gegenwart der Königl. Poln.
Herrn Commissarien geleistet worden.
1663. w 4ce.

— Gründlicher... von Catholischer
verehrung unserer lieben Frauen und
Gottes Gebährerin Maria. Zu derselben
Ehre an dem H. Ort Linde genannt
grösserer vermehrung: aller Lutheri-
schen aber sonderlich denen, so dem
H. Ort Linde benachbahret sind, zu heyl-
samen unterricht. Gedruckt zu Braunss-
berg bey Hein. Schultz Buchhändleren
daselbsten. Im Jahr 1667. w 12ce,
str. 179.

Jocher 8923.   Ossol.

— Unzweiffelhaftiger, umstandlicher
und ausführlicher..., von hoher Hand aus
Warschau, welcher Gestalt der aller-
durchlauchtigste, grossmächtigste uud
unüberwindlichste Herr Michael Wi-
sniowetzki, verschiener Zeit polnischer
Fürst und Obrister, nunmehr aber König in Polen, elegiret und solenniter
erwählet worden, so geschehen den 9.
A. 19. N. Junii 1669. Bez miejsca druku. w 4ce, 2 karty niel.

Warsz. Uniw.

— Auszführlicher... von dem Schwedischen Marche nach dem Churfürstlichen Preussen, und was dabey vom
Anfange bisz zum Ende vorgegangen.
1678. w 4ce. Obacz Seback D. (1627).

— Ausführlicher... Wie in der Stadt
Dantzig das weisse Münchs-Closter
durch eine grosse Menge zusammen
rottirter bösen Buben und losen Gerind-
leins geplündert und spoliret worden.
So geschehen am Tage Creutz-Erfindung
so da war des 3. May Dienstags nach
Jubilate. Anno 1678. w 4ce, 2 karty.

Miejs. Wrocł.

— Bericht (Kurtzer) wegen Einri-
chtung der Posten in Danzig, 1680.
w 4ce.

— Umständlicher... Was sich bey
dem glücklichen Entsatz der Stadt
Wien, begeben, welcher massen die feindliche Armee bey Ungarisch-Altenburg,
abermal aus dem Feld geschlagen, und
noch ferner biss gegen Ofen verfolget
wird. Anno 1683. w 4ce, kart 2.

— Gründlicher... welcher massen
die bisshero sehr geängstigte Stadt Wien,
von den gesammten Kayserl. und Alli-
irten Völckern, glücklich entsetzet, und
der Feind völlig aus dem Feld geschlagen worden. Gedruckt Anno 1683.
w 4ce, k. 2.

Bibl. Królew. w Monachinm.

— Gründlicher und aussführlicher...
Was bey dem zwischen den Kays. und
Kön. Pohln. eines und dann der Türckischen Armeen, andern Theils vor
glücklicher Eroberung der Stadt Ba-
racan, behaltenem blutigen Treffen Denkwürdiges vorgelaufen; Deme noch sonderbare, wegen gedachter Stadt und
der Vestung Gran, als wo zwischen
dieses Blut-kostende Gefechte ergangen, Particularia und Antiquitäten bey-
geftiget werden. (Karta form. wielkiego
arkusza. U dołu:) Nürnberg zu finden
bey Johann Jonathan Felssecker. Anno
1683.   Wrocł.

— was in der ersten Conferenz zwi-
schen denen Hrn. Hrn. Polnischen und
Moskowitischen Commissarien, 1684. zu
Andrezow vorgelaufen. w 4ce.

Hoppe 103.   Peters. bibl.

— Rechter warhafftiger und ausführlicher... Alles, was bisshero in diesem 1687-sten Jahre die christlichen
Waffen für Siege gegen den Erb-Feind,
Türcken und Tartarn erhalten, nehmlich: in Morea... Ukraine und Mosco-
vischen Crimischen Gräntzen. Erstlich
gedruckt in Ungarn. Leipzig (1687).
w 4ce.   Petersb.

— von Allen deme was bey dem
Einzug Kön. Poln. Gesandschaft, zu der
Churf. Brandeburg, Erb-Huldigung, und
was sonst, vom 22. bis 26. May des
1690-sten Jahres in Königsberg passiret. Ber w. m. (1690). w 4ce, k. 4.

— dessen, was in zeitwährenden
Kön. Polnischen Wahl-Tages, absonderlich die letzten Täg über, Merkwür-

diges sich zugetragen. Bez. w. m. i.
r. w 4ce, ark. 1 $^{1}/_{2}$.   Ossol.

— was bey Ankunfft der an Ihro
K. M. in Pohlen abgefertigten grossen
Gesandschafft zu Tarnowitz vorgegan-
gen, 1697. w 4ce, k. 2.

ob. August II.   Czapski.

— von allen dem, was bey Einho-
lung und Auffnehmung der Moscovit.
Gross-Gesandschafft vorgegangen, welche S. Czar. Maj. Peter Alexiew an
S. Churfl. Durchl. zu Brandenburg ab-
geschicket. Königsberg, 1697. w 4ce,
8 ark.

— Toż, tamże, 1697. w 4ce, 10 ark.

— Kurtzer... warumb Sr. Churfürst.
Durchl. von Brandenburg Völker, Ein-
nehmung der Stadt Elbing Anno 1698.
nicht habe vermeiden können. Gedruckt
im Jahr 1700. w 4ce, ark. 3.

          Ossol.

— Kurtzer doch Warhaffter... wegen
des glorieusen und bey Menschen Ge-
dencken unvergleichliche Siegs mit welchem der Allerhöchste Gott den 20.
Novembr. gesegnet hat Ihr: Königl.
Majest: zu Schweden gerechtsahme Waffen gegen dessen treulosen Feind den
Czaren von Muscov. Pernau den 27.
Decembr. 1700. w 4ce, k. 6.

— Toż, [ze zmianą, w tyt. zam. gesegnet jest: „zu gesegnen beliebet hat."]
Narva den 28. Novembr. 1700. (Ryga)
w 4ce, k. 4.

— Toż, [ze zmianą: „zu seegnen
gefallen hat."] Narva den 28. Novembr.
1700. (Reval.) w 4ce, kart 4.

— des glorieusen Sieges, womit
Gott am 20 Nov. Ihr Kön. Maj. zu
Schweden wider Dero Feind den Cza-
aren in Moscou gesegnet hat. Alten
Stettin (1700). w 4ce.

— Kurtzer... alles dessen, was nach
geschehener Proclamation Ihro Kön.
Maj. in Preussen 18. Jan. vorgenommen worden bey der Salbung. w 4ce,
1 ark. [Zarazem:] Reglement, welcher
Gestalt die Kön. Salbung 18 Januar
1701. zu Königsberg in Preussen verrichtet werden soll. w 4ce, str. 22.

— Kurtzer und Wahrhaffter... von
deme, was dabey vorgelauffen, als Seine
Königl. Majestät von Schweden mit
einem Theil dero Armeé den 9 Juli
1701. über den Düne Strohm gienge,
die von denen Sachsen auf der andern
Seite auffgeworffene Schantzen und Batterien eroberte, samt die sächsische
Armeé gäntzlich in die Flucht schluge,
und nachmahln den Feind weiter durch
Churland verfolgte. Stockholm, gedruckt
in der königl. Buchdruckerey bey Sel.
Wankifs Witwe, 1701. w 4ce, k. 4.

          Jagiell.

— Kurtzer doch wahrhaffter... von
dem, was dabey vorgelauffen, als Ihre
Königl. Majest. von Schweden mit
einem Theile von Dero Armeé den 9
Julii 1701. den Düna-Strohm passirete,
die von den Sachsen auff der andern
Seiten auffgeworffene Schantzen und
Batterien forcirte, die Sächsische Armeé
gantz in die Flucht schlug, und hernach
den Feind weiter durch Curland ver-
folgete. Riga, gedruckt bey Georg Matthias Nöller. w 4ce, k. 6.

          Czartor. — Jagiell.

— Toż, Reval, gedruckt bey Christoph
Brendeken. w 4ce, k. 4.   Jagiell.

— Toż. Pernau, Gedruckt bey Johann Brendeken, Königlichen Univer-
sitäts Buchdruckern. w 4ce, kart 4.

— Toż. Alten-Stettin. w 4ce.

ob. Relation (1701).

— Kurtzer... von der Siegreichen
Action und Success, womit der Höchste
Jhro K. Majest. von Schweden glorieuse
Waffen, in der glücklichen Descente
über den Düna-Strohm, wieder die Sächsische Armeé des Königes in Pohlen;
mit höster Verwunderung aller Anschau-
enden zu gesegnen beliebet. Riga den
9 Julii 1701. (Ryga). w 4ce, k. 4.

— Toż, inna edycya. Bez w. m. i.
r. w 4ce, str. 8. niel.

— Toż, inna edycya. Bez wyr.
miejsca. w 4ce, str. 4. niel.

— Tenże tytuł. Riga den 9 Julii
1701, Stockholm, gedruckt in der Königlichen Buchdruckerey, bey Sel. Wankifs Wittwe. w 4ce, kart 4.

          Czartor. — Krasiús. — Jagiell.

— Tenże tytuł. Nach dem zu Stockholm in der Königl. Buchdrückerey, bey Seel. Wankifs Wittwe gedruckten Exemplar. B. w. r. w·4ce, k. 4.

— Tenże tytuł. Lund, Gedruckt bey Abrah. Habereger, Acad. Carol. und Gouv. Buchdr. w 4ce, k. 4.

— Kort Bericht van de... Actie ende Snccess, waar mede d'Almogende Zyne Kon. Majesteit van Zweeden... Wapenen in de... Descente over den Dunastroom, tegen der Saxische Armée des Konings in Polen... heeft gelieven te zeegenen. Voor eerste in Stockholm ge= druckt... naderhand in Riga.. in 't Hoogduits, ende nu... in 't Nederduits overgebracht. Amsterdam, Johannes Strander... 1701. w 4ce, k. 4.

— Kurtzer Bericht, von der ohnweit Cracow den ⁹/₁₉ Julii zwischen Jhr. Königl. Majest. von Schweden und dem Könige in Pohlen, sampt seiner Sächs- und Polnischen conjungirten Armeé, vorgegangenen mercklichen Bataille, und darin durch Göttlichen Beystand von Jhrer Königl. Majest. von Schweden befochtenen herrlichen Victorie so viel man noch zur Zeit aus denen von unterschiedenen Ohrtern gleichlautenden Nachrichten erfahren können. Bez wyr. m. i r. w 4ce, k. 2.

— Toż. Inna edycya z odmianą: seiner Sächsischen... Bez wyr. m. i r. (Juli). w 4ce, k. 2.

— Toż z odmianą: Crakow... seiner Sächsis. und Pohlnischen conjungirten Armée... Battaille,... unterschiedenen Örtern.. Bez w. m. w 4ce, k. 2.

Wewnątrz jest list z daty 29. Julii.
Porównaj: Beskrifning.

— Warhaffter... von dem was Herrn General-Majorn Wolmar Anthon von Schlippenbach die retraite von Sagnitz den 18 Julii lauffenden Jahrss 1702... etc. Pernau. Gedruckt bey Joh. Brendeim, Königl. Buchdr. (1702), w 4ce, str. niel. 7. prócz karty tytułowej.

Krasińs.

— Wahrhafftiger... auff was Art und Weise die Kirche in Mariensee in Preussen, denen Evangelischen anno 1701. den 6-ten Novembr. von den Römisch-Catholischen gewaltthätig abgenommen worden. Nebenst einem kurtzen Anhange von andern verschiedenen in der Nachbarschafft unlängst ergangenen und theils noch anhaltenden Verfolgungen. 1702. Obacz Vizichius Christophorus.

— Kurtzer doch warhaffter... von dem glücklichen Sieg, vomit der allerhöchste Gott Jhro Königl. Majestät, unsers allergnädigsten Königes und Herrn gerechte Waffen, wider dero Feind den König von Pohlen, bey Clissow in Klein Pohlen (1¹/₂ Meil von dem Schloss und der Stadt Pinczow) gesegnet, den ⁹/₉ Julii, Anno 1702. Gedruckt in Alten Stettin, bey G. Dahlen. w 4ce, 4 kart. niel.

Czart.

— Ausführlicher... von dem scharffen Treffen, so den 19 July 1702 zwischen der Schwedischen und Pohlnischen Armee ohnweit Crackau vorgangen. Zu bekommen, im gülden A, B, C.— [Druck w Hamburgu]. w 4ce, k. 2.

— Gründlicher... was bey Eroberung Thorn, ob. Toruń (1703).

— Ausführlicher... der ruhmwürdigen Action, so ein Theil der Sapiehischen Trouppen unter Commando des Hoch Gebohrnen H. Graffen Zawiscza... bey Druyen ausgeführet d. 20 Junii 1704. w 4ce, k. 2.

Winkelmann N. 277.   Uniw. Dorpack.

— Wahrhafter... von der Action und Retraite, so den 10 Juni 1704, bey Lessna in Wyerland mit des Herrn General-Maj. W. A. von Schlippenbachs Trouppen, gegen 8000 Muscowiter vorgegangen. B. w. m. (1704). w 4ce, kart 2.

Winkelmann N. 2704.

— Wahrhafftiger... eines Volontairs bey der königl. Schwedischen Armee, von dem Verlauff der disjährigen Campagne, datiret Gross-Glogau in der Schlesie den ²⁰/₃₀ November Anno 1704. w 4ce, ark. Iz.

Branie.

— Warhafftiger... von der Muscowiter unchristlichen und harten Verfahren gegen Jhro König. May. von Schwe-

den hohe und nidrige gefangene Offi-
cirer, Bedienten etc. Stockholm, 1705,
w 4ce.

— Aussführlicher... von der den 27
Junii st. v. 1709 zwischen Ihro Gross-
Czaar Maj. und Jhro Kön. Maj von
Schweden Armee vorgefallenen Schlacht.
(1709). w 4ce.

— Umständlicher und glaubwürdiger... nicht nur der Schwed. Niederlage
bey Pultawa, sondern auch der darauff
erfolgten Retirade Jhr. Kön. Maj. v.
Schweden. 1710. w 4ce.

— Umständlicher und glaubwürdiger... der unglücklichen schwedischen
Niederlage bey Pultawa den 27. Jun.
st. vet. anno 1709. und der darauf erfolgten Retirade Ihrer Königl. Majestät
von Schweden nach dem türckischen
Gebiet; samt demjenigen was vor, in,
und nach dem Treffen sich zugetragen, und insonderheit was von dem
ausgesprengtem Tode der Königlichen
hohen Person zu halten. MDCCX. B. m.
w 8ce, str. 32 (z portretem króla na
miedzior.)

— (Ausführlicher) von der den 27
Junii st. v. 1709. zwischen J. Gross-
Czaar. M. und J. K. M. von Schweden Armee vorgefallenen Schlacht. B. m.
i r. (1710). w 4ce.

— (Umständlicher, glaubwürdiger
und ausführlicher) der unglücklichen
schwedischen Niederlage bey Pultawa
den 27. Jun. st. v. 1709. Geschrieben
aus Breslau, anno 1710. B. m. w 4ce.

— Toż, inne wyd. w 8ce.

— Toż, inne wyd. w 4ce.

— von Moscau oder Russland. Dantzig und Riga. 1725. w 8ce.

— Kurtzer... von der Brücke neben das Theil des Waichsel-Stroms bey
Marienburg, Nogath genannt, und denen der Stadt Marienburg deshalb zu-
kommenden Rechten. Worinnen eines
Theils die fabelhaffte Tradition, als
wenn die Stadt Marienburg wegen des
übernommenen Brücken-Baues ihre 40.
patrimonial-Huben besässe, deutlich wie-
derleget; andern Theils aber angeschein-
lich erwisen wird, dasz die Stadt Ma-

rienburg durch den ihr auffgebürdeten
Brücken-Bau, in Ermangelung genug-
samer dazu angewiesener Jntraten, von
vielen Jahren her an ihrem Vermögen
sehr geschwächet worden. Anno 1726.
w 8ce.

— Bewehrter und sehr klarer ob.
Toruń (1726).

— (Wahrhafter und umbständlicher)
auf was für Art ob. Leszczyński Stan.
(1733).

— Eigentlicher... wie es in Pohlen
ob. Leszczyński Stan. (1733).

— Unpartheyischer... von der Polnischen Wahl entworfen von J. G. F.
R. C. M. Anno 1734. w 4ce.

— Kurzer Bericht von dem Grossen und Kleinen Rosenkranze... Zum
zweyten mal aufgelegt. Brunsberg 1754.
Coll. S. J. w 12ce, str. 48.

— Aufgefangener... eines Weinhän-
dlers aus dem russischen Lager, an
seinen Compagnon in Grodno. Krakau
1758. w 4ce, str. 24.

Ossol. — Kijows.

— von der angemassten Commision
ob. Gdańsk (1761).

— Bericht von der Königs-Wahl
1764 de dato Warschau 30 Aug. (1764).
w 4ce.

Branic.

— Ausführlicher... von der abscheulichen Mordthat welche den 3. November 1771. in Warschau, an Jhro Königl. Majestät von Pohlen hat sollen
vollzogen werden. Warschau, bey Johann August Poser. w 4ce, str. 18.

Jagiell. — Czartor. — Krasiń. — Warsz.
Uniw.

— Gründlicher... von dem gewaltsamen Überfalle, welcher Jhro Königl.
Majestät von Pohlen den 3-ten November 1771 zu Warschau betroffen hat
(Jn einem Kupferstiche vorgestellt). Aus
dem Polnischen übersetzt, w 4ce, k. 4
nlb. i na półarkuszku 6 rycinek.

Czartor.

— Asführlicher... eines polnischen
Einwohners von den Schicksalen der
sämtlichen Dissidenten in Polen unter
der Regierung Sr. Maiestät Herrn Stanislaus Augustus bis auf den Reichstag
zu Warschau 1768. Lemgo, in der

Meyerschen Buchhandlung 1774. w 8ce, str. 208.

— Toż. unter der Regierung Sr. Majestät des Herrn Stanislaus Augusto von 1768 bis 1772. Zweyter Theil. Lemgo, in der Meyerschen Buchhandlung 1779. w 8ce, str. 160.

Jocher 9717.

Jagiell. — Przeźdz. — Akad. — Raczyńs.

— von Revision der Kirchen-Rechnungen der Evangelischen Gemeinde U. A. C. zu Warschau im Jahr 1786, wie auch einige Vorschläge, die unterschriebene Revisores der Gemeinde gethan haben. B. m. dr. (Warszawa). folio, 1 arkusz.   Akad.

— Zob. Berengano (Ottoman. Pforte 1700) — Elbląg (warum Churf. 1700)— Gdańsk (Eigentl. u. Warh. 1657, Kurtzer... was passiret 1734, wie Dantzig belagert 1734, von der Pfarre 1715, von der Commission 1761, was sich beim Ausfall 1657)— Goldingen (1659)— Hagen Lor. (von der Aufführung J. R. Patkul 1707) — Henning Sal. (1689 in Religionssachen) — Jabłonowski St. J. (von dem herrlichen Sieg 1694) — Jabłoński Dan. E. (eigentl. von dem Gerichte 1725) — Jan Kazimierz (vom Heereszuge 1649, Ausführl. 1668) — Jurgiewicz A. (von der Uneinigkeit 1608) — Latermann Joh. (von der Seligkeit 1651) — Loewenhaupt A. (von der blutigen Action 1705, warhaftereigentlicher von der zwischen 1709, eigentlicher von der zwischen, 1708) — Lubomirski Jerzy (welcher Gestalt Graudenz 1659) — Lwów (wie und welcher Gestalt 1704) — Olszowski A. (von Eintritt 1677) — Relation (1658) — Schafferus M. (auf die Frage 1637) — Schwalbe Abr. (des Handels 1588) — Seback D. (Ausführl. 1627) — Toruń (Bewehrter 1726, aus d. Lager 1658, Wahrhafter 1658, Gründlicher 1703, Eigentlicher 1659, wider die Stadt 1724)— Wenator Joh. (v. d. Marianisch. Orden 1680) — Wielopolski (welch. Gestalt empfangen 1685).

— Berichte (Theologische) von neuen Büchern u. Schriften von einer Gesellschaft zu Danzig ausgefertigt. 15 Bde. Danzig u. Leipzig, bei Dan. Ludw. Wedel. 1764—76. w 8ce.

Do r. 1770 tomików 90. woluminów 9.   Ossol

Od roku 1771. pod tytułem:

Danziger Berichte von neuen theologischen Büchern und Schriften von derselben dasigen Geselschaft welche bisher die theologischen Berichte ausgefertiget, heraus gegeben. 1—40 Stücke. Tomów 4. Leipzig, Heinsius, 1771—1774. w 8ce, str. 776, 751, 752 i 868.

Warsz. Uniw.

Do 1780. wyszło zeszytów 100. Tomów 12. Jocher 2215, 2216. notuje wydawnictwo od r. 1763.

— Original... ob. Sammlung (1792).

— Berichten (Maandelijksche) uit de andere Waerelt, of de spreekende Dooden bestaande in Redeneeringen tuss. allerh. verstorv. potentaten en personagien van rang. Amst. Juill. 1721 — Dec. 1755. 69 vol. w 8ce.

Rozmowy ze zmarłych obejmują według podania Katalogu Müllera w Amsterdamie te polskie rzeczy:

R. 1723. Dec. J. R. Patkhul (de Liflande) et Baron von Görtz. — r. 1724 Avril. Charles Gustave, Roi de Suède et Frédéric Guillaume, Elect. de Brandenbourg.— Sept. Sigismond III et Jean Casimir, Roi de Pologne. — 1725 Juill., Aout. J. G. Rösner, Bourgm. de Thorn et Ign. Loyola.— 1726 Avril, Mai, et 1730 Avril, Mai. Pierre Alexowitz, Emp. de Russie et Jean Basilowits II Czar de Moscovie.— 1727 Oct. Von Werther, Chanc. de Pologne et Von Fuchsz, Cons. de Prusse. — 1730 Juin. Cathérine de Russie et Zénobie, Aout. Menzikoff et le Maréchal d'Ancre, Sept., Oct. Pierre II et son père Alexis Petrowits — 1731 Janv. Caesonia, femme de Caligula et Roxelana, épouse de Soliman II — 1733 Mai. Casimir IV Roi de Pologne et Jean III Roi de Suède — 1734 Mars. Wenceslaus R. de Bohême et Vladislaus Jagello R. de Pologne, Aout. Mahometh II et Ibrahim († 1648). — 1736 Avril. Artâxerxes II et Stephanus Bathori Roi de Siebenbergen — 1737 Janv. Wackerbarth, Gén. de Pologne et Steinböck Gén. de Suède. — 1738 Avril, Mai. A. F. Ploeg, Min. de Pologne et Rochefort. — 1739 Janv., Fèvr. Fréderic Auguste II R. de Pologne et Maurice el. de Saxe, Avril. Radziejowski, Prim. de Pologne et Furstenberg. — 1740 Mai, Juin. Charles Alex. Duc de Wurtem. et Ferdin., Duc de Courland. Nov., Dec. Frederic

Guillaume de Prusse et Piastus, Min. de Pologne. — 1747 Oct., Dec. F. W. von Kyan, Gen. de Pologne et J. P. von Gundling, Gen. de Prusse. — 1751 Janv. Avril, Richard I et Von Flemming, Gen. de Pologne.— 1752 Févr. Christiana Elberhardina, Reine de Pologne et Ernest Ludwig Duc de Saxe-Meinungen.

— (Maandelyksche) uit de andere Waareld, of spreekend Dooden. Jan. 1757—Juny 1771. str. 70—100, w 8ce.

Obejmuje te rozmowy zmarłych: 1757 Juill.—Sept. Elizabeth Keremski, Princ. de Georgie, Oscina, Sult. favor. de Mustapha II et Errol — 1758 Avril—1760 Juin. Marie Josephe d'Autriche, Reine de Pologne — 1760 Juli—Decemb. La Même et Demickow Gén. des Cosaques — 1768 Janv.—Juin. Vladislaus VI de Pologne, Margarète Comtesse de Zambocin et Zingiskan — 1768 Juill.—Nov. Andreas Wissowatius, Fréderic I de Prusse, Margarète de Zambocin — 1769 Oct.—Déc. Löwenhaupt, Gouv. de Riga, et Is. Cronstrom, Général Suédois — 1770 Janv. Dahlberg, Gouv. de Livonie, et Buddenbrock, Gouv. de Silésie — 1770 Fevr. — Avril. Ascheberg, Gouv. de Schoonen, et Schwérin, Géner. Prussien — 1770 Mai — Déc. Stanislaus Leczinsky, Roi de Pologne, et le prétendant d'Anglet.

BERIQUE (de) Ignacy Explanacya stanów cesarstwa chrześciańskiego, albo rządów pryncypalnych rzymskiego imperium; to iest: wszystkich rad, iurysdykcyi, prerogatyw, państw, prowincyi, xięstw, biskupstw, opactw, miast cesarskich; iako y imperii przed kilką lat z pozwoleniem stárszych po francusku przez JMći Ignacego de Beriquè skoncypowana, á w tym cżáśie polskim językiem, dla informacyi y experyencyi polskiego narodu, rzetelnie przez pewnego nà podpiśie dedykácyi wyrażonego [Karola Józ. z Niemirowa Niemirę] wytłumaczona: Roku którego król królów y pan pánów nowym świát począł rządzić práwem 1743. W Lublinie, w drukarni Kollegium Soc: Jesu. w 8ce, kart 7, str. 242 i tablica, obejmująca: Porządek sessyi stanow.

Dedyk. August. Aleks. na Klewaniu i Żukowie Czartoryskiemu, wwdzie i gener. ziem Ruskich.
Brańc. — Czartor. — Jagiell. — Kijows. — Ossol. — Wileńs.

Berislus Petrus ob. Luctus (1544).

Berkeby Jerzy bisk. ob. Garczyński Stefan (1751?).

Berkelaer Joannes ob. Novicampianus Albertus (1572).

BERKELEY (Berkley) Jerzy biskup Cloyninski (1684 † 14 stycz. 1753). Dwa sekreta doświadczone i dziwnie skuteczne. — Pierwśzy: Do ulczenia ludzi na różne choroby utyskujących.— Drugi: Na prezerwatywę bydła temi czasy gęsto w Polsce odchodzącego, z języka angielskiego i niemieckiego przetłumaczone, a z prawdziwey ku ojczyźnie i ziomkom swoim miłości po kolendzie kommunikowane. Roku 1747 — 6 Januarii, przez J. Z. (ałuskiego) R. K.— Sine fictione didici, sine invidia communnico sapientiam 7—13. W Warszawie w drukar. JK. Mći i Rzeczy pospol. XX. Scholarum Piarum. w 8ce, kart niel. 19.

W przedmowie narzeka na zbyteczne kawy używanie. — Por. niżej: Woda żywiczna. 1781.

Po przedmowie idzie osobno:

Informacya o cnotach wielkich y znakomitych skutkach wody żywiczney, w Ameryce zwykle zażywaney (Eau de Goudron po francusku rzeczoncy) wzięta i zkompendyowana z książki obszernieyszéy Angelskiey Jerzego Berkley Biskupa Cloyneńskiego w Dublinie w Irlandyi pod tytułem Siris roku 1745 trzecią edycyą wydaney.

Warsz. Uniw. — Jagiell.

— Tenże tytuł: z języka angielskiego przetłumaczone. A z prawdziwey ku Oyczyźnie i ziomkom swoim miłości po kolendzie kommunikowane. Roku 1747 — 6 Januarij przez J. Z. (ałuskiego), R. K. We Lwowie, w drukarni Brackiey SSS. Troycy. w 8ce, str. 44.

Ossol.

— Excerpt niektórych reflexyi z xiążki Angielskiey Jerzego Berkeley Biskupa Cloynenskiego wydaney pod tytułem The Querist, containing several Queries proposed to the consideration of the Publik, a z przydatkiem Exhortacyi do Duchowieństwa Katolickiego w Hibernyi drukowaney w Londynie 1750 in 8º tłumaczony exercitij linguae gratia przez J. (ędrzeja) Z. (ałuskiego),

R. (eferendarza) K. (oronnego). w 4ce, str. 12, nieliczb.

Przydane na końcu dzieła: Garczyński St. Anatomia Rzeczp. pols.
Aknd. — Ossol. — Raczyńs.

— Woda żywiczna, przez sławnego biskupa angielskiego Berkley światu ogłoszona, tak na wszystkie prawie choroby ludzkie, jako też i bydlat częsta zarazu morowa ginacych, w dziwnych swych skutkach doświadczona. Z angielsk. ięzyka dla pożytku obywatelów, a naybarziey na wsi mieszkajacych, krótko i dokładnie opisana. W Grodnie w drukarni J. Królewskiey Mci Roku 1781. w 8ce, k. 4, str. 37.

Po przedmowie idzie nadpis traktatu ten sam co już podałem: Informacya o cnotach wielkich i znakomitych skutkach wody żywiczney, i t. d.
Jagiell. — Kijows.

BERKOWICZ Jakób, starszy kahalny. Prożba do króla, do skonfederowanych stanów w imieniu żydów m. Brześcia, fol. (r. 17 ...) Branic.

BERKOWSKI Jan Pawłowicz. Obiaśnienie albo wykład Liturgiey świętey to iest służby Bożey cerkwi S. Wschodniey katol. nowo poprawione: przyd. Kalendarz. B. m. dr. 1605. w 12ce, str. 112.

Przypis Bogdanowi Bogdanowiczowi Sołomereckiemu.
Jocher 6411. — Maciej. Piśm. III. 66.

Berlangius Laurentius ob. Threni (Parthenicae sodalitatis 1594).

(Berlicz Antoni Ambroży). Wspaniałość czystych cnót przy złożeniu ciała ś. p. Ant. Ambr. Berlicz... ogłoszona... Wilno 1740, w 4ce. Wileńs.

Berlin Joan. ob. Angermund (Lex 1634).

Berlin (Das frolockende) oder historische Nachricht dererjenigen öffentlichen Freudens-Bezeigungen und sinnreichen Illuminationen, die bey hoher Anwesenheit Jhro Königl. Majestät in Pohlen, und Dero Königl. Printzens Hoheit daselbst angestellet worden, nebst einem Anhange aller auf diese fröhliche Begebenheit verfertigter Gedichte. Berlin, zufinden bey Johann Andreas Rü-

diger Königl. privil. Buchhändler, 1728. w 4ce, 3 k. str. 68 i 30 k. nlb. Przed tytułem rycina z podpisem: C. P. Busch sculp. in Berlin, przedstawia na postumencie ściskajacych się monarchów.

Po str. 68 idzie: Anhang aller Gedichte. Tu pisali wiersze na cześć króla Augusta: Joh. Val. Pietsch, medicus; Lüder Cöper; Volckershoven; G. F. W. Juncker; Aug. F. Hacke; Jac. Fried. Lamprecht; Joh. Ungnad; G. G. Anderschon Renkau in Dantzig; L. Cunc (po franc.); kończy wiersz napisany przez Zwei daselbst studierende Pohlen (an der Universität zu Frankfurth an d. O.)
Czartor. — Jagiell.

(Berlin). Solida et convincens responsionum aulae Berolinensis ad gravamina Reipublicae Polonae refutatio. 1726. w 4ce.

— Ob. Bemerkungen auf e. Reise von B. nach. Bromberg (1784) — Histoire (1789) — Observations (1773) — Send-Schreiben (1728) — Supplika (1747).

Berlińska gazeta ob. Zdanie (1756).

Berliński dwór ob. Chodźko Ludwik (Głos 1793) — List (1756).

BERLING. Antrits-Predigt 17/3. 1773 über das ordentliche Evangelium in der heil. Dreifaltigkeits-Kirche in Danzig. w 4ce.

Berłowski Casimirus ob. Catalogus (1759).

BERMUDANO Franc. Fabro. Floro historico de la guerra movida por el sultan de los Turcos Mehemet IV contro el augustissimo Leopoldo I emperador de Romanos etc. Madryt 1684. w 4ce.

BERNACKI Antoni. Kazanie podczas uroczystego wprowadzenia do wielkiego ołtarza na nowo wystawionego, Obrazu Nayświętszey Maryi Panny w kościele Zasławskim OO. Bernardynów rozlicznemi łaskami sławnego. Przez Jmci Xiędza Antoniego Bernackiego teologii professora domu Zasławskiego J. J. XX. Missionarzów Superiora miane. Przy solemnych imieninach Jaśnie Wielmożnemu Imci Panu Ignacemu Malczewskiemu Regentowi koronnemu, który się po większej części przyłożył tak do ołta-

rza, iako też do tey uroczystości aktu
tego, na znak niewygasłey wdzięczności ofiarowane od konwentu Zasławskiego zakonu Ś. Franciszka regularney
obserwancyi w Polszcze Bernardynami na-
zwanego, roku 1777. dnia 31 lipca.
W drukarni J. K. Mci. Monasteru Pocza-
jowskiego Z. S. B. W. folio, 3 k. niel.
i 15 stron. (Ark. A—F).

> Zona Malczewskiego była Antonina Duni-
> nówna kasztelanka Radomska. Miał sy-
> nów Jana i Xawerego. Kazanie jest
> o N. Maryi P.   Jagiell.

BERNARD Św. Thesselin z Clair-
vaux Opat (1091 † 20 sierp. 1153).
Disciplina virtutum, et perfectionis religiosae, pro directione eorum, qui ad
Caenobiticam obseruantiam in Sacro
Ordine Cisterciensi aspirant. Operâ Sanctissimi Patris Bernardi mellifłui Doctoris. In gratiam Adami sui quondam
Nouitii descripta. Quam in antiquissimo
libro manuscripto sub forma charitatiuae
epistolae inuentam, Religiosus Pr. Angelus à S. Maria in Caenobio Clari
Fontis Nouitiorum Director, superad-
dendo aliquas illustrationes proprias,
quas dictante gratiâ Spiritus Sancti, pro
ordinando bono statu sacrae Religionis
temporibus suis cognouerat opportunas,
in methodicum tractatum digessit. Quem
ejusdem Sacri Ordinis quidam Sacerdos
ob defectum exemplarium, publicae uti-
litati typis mandari curauit. Superiorum, permissu. — Crac: apud Her:
Schedel: S. R. M. Typ: 1668. w 16ce,
k. 12 i str. 118.

> Dedyk. Joanni de Rokszyce Zapolski Abbati
> Landensi, per Polon. et Prus. commissario.
> Jocher 6174.   Jagiell.

— Jubilus àbo Pieśń Bernarda Ś.
O Nasłodszem imieniu Jesus. (Brak
karty tytułowej).(Około 1626—7). w 8ce,
kart nlb. 6.   Zielińsk.

— Św. Bernarda opata Klarewalleń-
skiego doktora Kościoła z ksiąg o Męce
Pańskiej. w 8ce, str. 140.

> Backer, II edyc. T. III, 1918.

— Św. Bernarda list 114 do Zakonnicy.

> Backer, II edyc. T. III, 1918.

— List Św. Bernarda 113 do Zofii
Panny.

> Backer, II edyc. T. III, 1918.

— Modlitwa Bernata Ś. z łacińskiego. Kraków, 1570. w 4ce.

> Przyłęcki.

— Oratio de laudibus D. Bernardi.
Cracoviae. Typis Math. Andreoviensis
1612. w 8ce, (brak tytułu).

> Przyłęcki.

— Rythmus divi Bernardi. De passione Domini devotissimus. B. w. r.
i m. dr. i bez osob. tytułu. (Druk
z 18 w.) w 16ce, 12 kart nieliczb.

> Porównaj Pleszevius L. (Herminia 1641).
>   Jagiell.

— Rozmowa dusze potępionéj z ciałem swojem od Bernata świętego napisana, i na polski wiersz przełożona.
Ludziom na to, co się z nimi po śmierci
stanie, mało pamiętającym, do czytania
wielce potrzebna i pożyteczna. Przydana jest sequentia, abo wiersz żałobny,
którego kościół używa w dzień zadu-
szny, i na pogrzebie umarłych we Mszy
Świętej. W Krakowie w drukarni Marcina Filipowskiego roku pańskiego 1634.
w 4ce, kart nieliczb. 10.

> Na odwr. str. tyt. krótka przemowa prozą
> pol. do czytelnika. — Cała zaś rozmowa
> wierszem pol. ułożona. Nie ma w nim
> wiersza żałobnego.

— Rytmy Ś. Bernarda o męce Pańskiej. Modlitwa do P. Jezusa. Koronka
N. Maryi Panny z pięciu psalmów od
jej zaczynających się imienia, złożona
itd. (brak tytułu). w 12ce, ark. C₃.

> Przyłęcki.

— Słodycz Bernarda Ś. z Katedry
Kaznodzieyskiey do gustu podana. W Poznaniu w drukarni S. J. 1730. fol.

> Jocher 4960.

— Sposób mądrego y dobrego życia na świecie z naukami dostatecznymi
y potrzebnymi: Od ś. Bernata kościelnego doktora y opata klarewaleńs. dla
pożytku zakonnych osób napisany, a teraz nowo dla prostych y wiernych zakonników, a osobliwie zakonnic na polskie przetłumaczony przez X. Michała
Brokarda Meleciusa przeora Jasielskiego, zakonu karmelit. wydany. Krak.
Fr. Cezary. 1630. w 4ce, str. 201, k. 6.

Ded. Zuzannie z Tunia Brodeckiey starościney Jasielskiey. Z klasztoru Jasielskiego P. Maryi 6 Martii 1620.   Ossol.

— Złote Ave Maria Świętemu Bernardowi od Anioła objawione. B w. m. dr. i r. (Warszawa r. 17...) w 8ce, k. niel. 2.

— ob. Argumentum triennii (1750)— Benedykt Święty (Reguła 1597) — Bieliński Seweryn (Kazanie na dzień) — Bogdanowitz Bernardus (Magnalia 1693) — Bogucki Jos. (Słodycz miodopł. doktora 1730) — Boszkiewicz Jan Filip (Gemma 1725) — Brzeżek ob. Paxillus — Filipowski Kaz. (Cisterna 1667)— Frydrychowicz Marcin (Nardus in monasteris 1693) — Gniński Samuel (Theses exlogica 1699) — Hommey Jakób (Dissertatio 1686) — Jabłonowski Jan Kajetan (Paralelle z homilii 1749) — Kozłowski Benedykt (Favus 1721) — Lipiewicz Andrzej Dominik (Doskonałość troista 1762) — Lubomirski Stanisław (Jezus - Jubilus 1723) — Łosiecki Simon (Oratio in laudem 1646) — Mieszkowski Hyacinth. (Chwała Świętych 1729) — Orłowski Ant. (1. Augustus saeculor. 1724) — Otwinowski X. Jerzy Mat. (Liczny dzieln. cnót 1737)— Paralella dwóch Józefów (1749) — Paxillus Bern. (Wizerunek 1619) — Pleszevius Lucas (Harmonia spirit. 1641)— Pliscius Andreas (Sermo synodicus 1594) — Sanner Stanisław (Vivanda niebieska 1692) — Starowolski Szymon (Mellifluus Bernardus 1622) — Stoykowski Hipolit (Lilia w nowym ogrodzie 1679)— Varsevicius Christophorus (De cognitione sui ipsius 1600).

BERNARD A. Gründe für die Inokulation; dem Lithauischen Landvolke gewidmet. 1-es Stück. Mitau, 1799. w 8ce, str. 61.

— Observation sur l'enterrement prématuré des Juifs. Mitau 1799. w 8ce, str. 31.

— Medicinisch-chirurgische Beobachtungen in den Kriegs-hospitälern zu Kobrin und Słonim gesammelt. 1-es und 2-tes Stück. Bez wyr. m. i r. w 8ce.

Zapewne już odnosi się do roku 1809.
Recke u. Napiers. 1. 151.

Bernard a S. Antonio ob. Sienkiewicz Bernard a S. Ant. (Angelus 1722, Consistorium 1719, Oratio 1718, 1719, Pharos 1716, Żywy portret 1727, Plenilunium 1720, Thermae 1719, Patres Patriae 1718, Secunda legatio 1723, Victoria 1719)— Mirzeński Bern. a S. Ant. (Paneg. Carolo Sax. principi 1756, Paneg, Cajet. Sołtyk 1760).

BERNARDUS a BONONIA. Manuale confessariorum Ordinis Capuccinorum, auctore F. Bernardo à Bononia, ibidem S. Theologiae lectore. Venetiis 1737. impressum, Cracoviae typ. Universitatis reimpressum Superiorum permissu. Anno Domini 1752. w 8ce, k. 4, str. 98 (właściwie 88).

Rzymska aprobata jest z r. 1737. Stronnicowanie mylne, po str. 84 idzie str. 95.
Jagiell.

— Uwagi nad regułą Braci Mnieyszych S. O. Franciszka, zakonney swey braci podane. Przez O. Bernarda z Bononii Kapucyna, w ięzyku włoskim wydane. A na polski ięzyk od iednego [Thadeus à Varsavia, Stan. Krawczyński] tegoż zakonu Prowincyi polskiey Kaznodziei przetłumaczone roku 1789. W Warszawie w druk. Piotra Dufour. w 4ce, stron IV. i 829.
Jocher 7720, 9272.

Bernardus Episc. Lucceoriensis ob. Maciejowski Bernard.

BERNARD J. B. (1747 † 16 Paźdz. 1808). Krótki zbiór historyi greckiey od czasów Bohatyrskich, aż do podbicia Grecyi w prowincyą rzymską. Dzieło w którym się opisuią naysławnieysze narodu tego woyny, jego umysł i obyczaie; wielcy mężowie, których na łonie swoim wychował; prawodawcy, wodzowie, filozofowie, krasomowcy, rymopisowie, dziejopisowie i rzemieślnicy; z francuskiego na polski ięzyk przełożone. W Warszawie. 1775. Nakładem Michała Groella J. K. M. Kommissarza i Bibliopoli w Mariwilu No. 19. pod znakiem poetów. T. I—II. w 8ce, str. XXIV. 680. (T. I. dochodzi do strony 300).

Na dedykacyi do X. Ad. Czartoryskiego podpisany tłómacz Józef Jakubowski, kapitan Artill. kor. Nad dedykacyą miedzioryt: niewiasta wieńczy popiersie księcia. Wędług niektórych istotnym autorem jest Cl. Chazot. O czem Querard I. 289. Czartor. — Czetwert. — Jagiell. — Ossol. — Wilno — Uniw. lwow. — Zielińs.

Bernard z Lublina ob. Ezop (Żywot 1578, 1585).

Bernard Paxillus (Kołek) de Brzeżek obacz: Paxillus B. (Monomachia 1616, O pierwszeństwie, De militia, De alienatione).

Bernardinus Sanctus ob. Marchand Pet. (Nucleus 1637).

Bernardinus Bidgostinus ob. Bidgostinus.

BERNARDINUS Bap. De officio curati ad praxim. Posnaniae 1611.

Katal. Lissnera.

BERNARDINUS Jacobus. Cracovien. Canonizationis Beati Joannis Cantij Sacerdotis et Prof. Theol. Responsio Juris Jacobi Bernardini Advocati ad oppositiones super dubio an Sententia Dni Eppi Laodicensis Suffr. Ill. Eppi Cracov. super cultu immemorabili, et casu excepto à Decretis felicis recordationis Vrbani Octavi, sit confirmanda. Cracoviae typ. Univ. 1676. fol. 6 str.

Jocher 8439. 8808.　　　　　Ossol.

Porównaj; Animadversiones. Responsio.

BERNARDINUS SAMBORIENSIS. Assertiones ex universa philosophia ad mentem Doctoris subtilissimi F. Joannis Duns Scoti, Warszaviae in Aedibus S. Ord. Minorum de observantia etc. ad disputandum propositae. Objectis satisfaciente F. Bernardino Samboriensi, sub auspiciis R. P. F. Petri Smogorzevii Phil. Prof. Zamościi, in typ. Acad. excudebat Martinus Lenscius MDCXI (1611). w 4ce, ark. $3^{1}/_{2}$.　Ossol.

Bernardinus arcyb. lwowski (Wilczek) ob. Cervus Jan (Epitome 1534).

Bernardyn. Przeprawa 1752. ob. Szyszka Donat.

Bernardyni ob. Białobłocki B. (Odpowiedź 1799) — Catalogus monaster. (1772) — Grabowski Manswet (Commentarius 1755) — Marek B. z Ulisbony (1610) — Media — Nagrajkowski Fel. (1746) — Ordinarium (1615, 1666, 1688) — Ordo Min. Conv. S. Francisci — Petita prov. (1680) — Provincia

Lithuana (Klasztory 1778) —. Regula Ordinis Minorum (1724) — Skarbimierz Mik. (Kalwarya 1632) — Szumowski Fr. (Mappa 1796) — Tabula chronographica (na Rusi 1753) — Zakon św. Franciszka.

Bernardynki lwowskie ob. Rozporządzenie (1769).

Bernardynki mińskie ob. Maliszewski Leon (Replika 1783, W sprawie 1785).

BERNAT Jakób. Orthodoxae fidei Defensio adversus Christophori Ostorodii, Samosateniani, institutiones religionis, ut vocat, Christianae, conscripta atque nunc primum in lucem edita per Jacobum Ad Postum Bernatem S. S. Theologiae in Academia Lausannensi professorem. Subjuncti sunt indices tres: 1. Capitum omnium. 2. Locorum S. Scripturae. 3. Rerum et Materiarum observatu dignissimarum. Genevae, apud Petrum et Jacobum Chovet. M.DC.XIII (1613). fol. min. str. 538.

Dedyk. rajcom miasta Gdańska.

Wrocławs.

Bernat Święty obacz Bernard św.

BERNAT (Bernard z Krakowa † 1613). Neuer und alter Amanach, auff das 1599 Jahr, durch Bernardum Kraker der freyen Künste Magistrum und Philosophiae Doctorem zu Krackaw gestellet. Gedruckt zu Breslaw, durch Georgium Baumam. Mit Röm: Kay: May: Freyheit. w 12ce.

Na tytule drzeworyt, przedstawiający tarczę z dwugłowym orłem.

Żebrawski Nr. 736.　　　Bibl. Kórnicka.

— Almanach auff das Jahr Christi 1605 durch Bernhardum Cracov der freyen Künsten Magistrum und Philosophiae Doctorem zu Krackow gestellet auff den Meridien der Kayserlichen Stadt Bresslaw. Gedruckt zu Bresslaw durch Georgium Bawmann mit Röm. Kay. Freyheit. w 16ce, k. 28 niel.

Tu wymienia jarmarki miesięczne. Po kalendarzu idzie osobno tytułowane: Judicium astrologicum. Prognostyki są i dla polskich prowincyj. Na końcu data powtórnie.

— Dekret ábo wyrok astrologski o záćmieniach zwierćiadł niebieskich, ktore się poiáwiły w roku od národzenia Páná y Zbáwićielá nászego 1605. a od początku świátá 5567. Z przykłádem skutkow przeszłych zá tákim záćmieniem. Przez Bernata z Krákową, w wyzwolonych náukách mistrzá, y w Philosofiey Doktorá etc. opisány. Fato prudentia maior praeuisaq'ue minus ferunt iacula. W Krakowie. roku páńskiego 1605. w 4ce, kart. 7 niel.

Dedyk. Leonowi Sapieszo kanclerzowi W. X. Lit.

Na odwrocie tytułu sześciowiersz pod herbem. W dedykacyi wspomina o Prognosticon, »które było podane na lat kilka przeszłych sprawione pracą ludzi niektórych zncnych.« Teraz podaje przypadki zwłaszcza począwszy od r. 1593, a to pod zacnym imieniem Sapiehy, który go łaską obdarzał jeszcze za żywota swego ojca. W dziele mówi, że »podał między ludzie kalendarz roku p. 1605 służący«. Mówiąc o zaćmieniach, przypomina, że było zaćmienie r. 1586. Na rok 1609. zapowiada sześcioro zaćmienia.

Dzików — Jagiel. — Ossol.

— Dziennik świat dorocznych z ewangeliami niedzielnemi z wyborem czasów etc. r. p. 1612 od stworzenia świata 5574 przestępnemu w którym będzie miesiac przybysz, przez Bern. Krakowianina w wyzwolonych naukach mistrza etc. porządnie sprawiony. (Pod tem drzeworyt zaćmienia). W Krakowie, u Wojc. Kobylińskiego. w 16ce, k. 5 niel.

Obejm. wiadomość o aspektach, prognostyki, jarmarki.

— Judicium astrologicum. To jest, Rozsądek z nauki, około Biegow niebieskich, z strony przypadków y rzeczy przyszłych, Na Rok Pański 1588. Przestępny, za podanie wiela ludzi straszliwy, a od stworzenia świata 5550. Przez Bernata Krakowczyka, Wyzwolonych Nauk Mistrza, y Doktora pilnie napisany. Mars sprawcą Roku tego, Saturnus Regimentu pomocnikiem. Bez m. dr. w 16ce.

Na odwrocie tytułu: Dedykacya i herb Lwa Sapihi Podkanclerzego W. X. Lit.

— Judicium astrologicum na rok 1596.

Obacz niżej: Obwieszczenie.

— Judicium, albo Zdanie y wyrok z nauki Astrologskiey o znakach nie-

bieskich w tym czasie prawie żelaznym często przypadających, iako są zaćmienia żwierciadeł niebieskich, złączenia planetów górnych, y o komecie teraz widzianéy etc. Przez Bernata Krakowczyka w Wyzwolonych Naukach mistrza y w Philozophiey Doktora z pilnością opisany. W Krakowie Roku pańskiego 1607. w 4ce, ark. 2¹/₂ (kart 10).

Dedykow. Michałowi z Konarzyna Konarskiemu kasztel. Chełmnickiemu, staroście hamerst., baldemburgskiemu, kissowskiemu, ochmistrzowi J. M. królewica polsk. — Na tytule drzeworyt z kometą i widokiem kościoła.

Maciej. III. 383, mówi, iż w Bibl. Ossol. jest ta broszura z r. 1610, co mylne.— Żebrawski 738.

Czartor. — Ossol.

— Kalendarz Świąt dorocznych z wyborem czasów, na rok pański 1602 po przestępnym wtory przez Bernarda z Krakowa, w wyzwolonych naukach mistrza y philozophiey doktora pilno sprawiony. Po świąt niebieskich zaćmienia w roku tym troie się trafi; ale że nam niewidome będzie, dla tego figury tu nie masz, na końcukalendarza o tym szerzey. W Krakowie u Symona Kempiniusza w 16ce, 17 kart niel. (brak końca).

Z początku informacya o aspektach, dalej kalendarz po polsku, a pod każdym miesiącem umieszczony dwuwiersz np.:

Styczniowi iest miła izba,
Do zapiecka bywa ciżba.

Zapyta cię księżyc Luty,
Maszli kożuch, maszli boty.

Zły to doktor księżyc Marzec,
Snadnie klapnie zębem starzec.

W Czerwcu w pole ciągni pługi,
Chceszli przez rok płacić długi.

W Październiku opraw cepy,
A kucharkom każ do rzepy.

Listopada latu bieda,
O kożuchu myśl u żyda.

Spita cię Grudzień zarazem
Byłiś w lecie gospodarzem.

Potém Prognosticon à obwieszczenie spraw y przypadków walnych z nauki gwiazd (tytuł osobny). — Na odwr. str. herb Radwan.

Bibl. Ord. Zamojs.

— Kalendarz na rok od narodzenia pana Kristusa 1603, a od stworzenia świata 5573. pracą Bernarda z Krakowa w Wyzwolonych Naukach mistrza, w Philosophiey doktora etc. pilno sprawiony, [pod tém rycina przedstawiająca dwa zaćmienia] w tym roku dwie zaćmienia miesiąca, widome tylko, a czy insze przypadną o czym na ostatku kalendarza szerzey. W Krakowie, u Woyciecha Kobylińskiego, w 16ce, 5 pół arkuszy.

Po kalendarzu, pod którym te same są dwuwiersze polskie, następuje: Rozsądek y sprawa o przypadkach a przygodach świata tego itd. (tytuł osobny). Na odwr. str. herb Wolskich. — Przypisał Mikołajowi Wolskiemu z Podhajec JKM. Marszałkowi nadwornemu, Staroście Krzepickiemu, Rabsztyńskiemu. — Potém prognostyk dla każdéj prowincyi osobno; na końcu drzeworyt z napisem: które znamie, którym członkom panuje.   Ordyn. Zamojs

— Kalendarz na rok pański 1604, który będzie przestępny z przybyszem przez... W Krakowie w drukarniey Woyciecha Kobylińskiego. w 8ce, pięć pół arkuszy.

Obejmuje wiadomość o aspektach, kalendarz, a pod każdym miesiącem dwuwiersz polski. — W końcu prognostyk dla każdéj prowincyi, i krótka nauka co sprawować dobrze pod którym znamieniem niebieskim.

— Kalendarz na rok 1605.

Obacz wyżej: Dekret.

— Lucubratio astrologica. Albo pilne uważenie a wyrozumienie astrologskie, z postanowienia znamion y planet niebieskich, zacnemu królestwu polskiemu słuzących. Y rozsądek ktemu o kształcie spraw potocznych, panstwu temu i wszystkim stanom koronnym nalezących, w tym Roku pański 1608, przypadających opisany. Kraków 1608.

Maciejow. III. 382—3.

— Obwieszczenie, znácznych niektorych, ná świécie mnieyszym przypadktów, złączenia dwu Płánet gornych złych, Sáturnusa z Mártesa w známieniu Niebieskim Pánna názwánym, dniá cżwartego Sierpniá, roku tego Páńskiego, 1596. przypadáiącego. Przez Bernátá z Krákowá, wyzwolonych náuk Mistrza etc. spráwione y wypisáne. Przestrzeżonemu, przygodá mniey szkodźi. W Krakowie, z Drukárnie Woyćiecha

Kobylińskiego, Roku Páńskiego, 1596. w 4ce, k. 8.

Na tytule drzeworyt, przedstawiający Saturna i Marsa.

Na odwrocie tytułu dziesięciowiersz na herb panów Kuczkowskich. W dedykacyi do Stan. Kuczkowskiego, żupnika krakows. gór solnych, dzierżawcy Wojnickiego, powiada, że w innych krajach żył. Na końcu pisemka wyraża się: O czem Judycium moje opisane na rok ten p. 1596. szerzej czytać kto chce może. — Powiada na ark. A₄: Com wielokroć czynił przyznawaią mi to pisanie moje do druku podane okrom Judycei, iako o electiach po zeyściu świętey pamięci nieboszczyka Zygmunta Augusta króla polskiego y innych sukcessorów jego (Batorego), zaś o kometach, potym o złączeniu górnych płanetów, o cworgolicznym słońcu, które pisania jeszcze po dzisiejszy dzień miedzi ludźmi się wartają.

Bandt. H. Dr. Kr. 427, 459.— Bentk. H. L. II. 313. — Encykl. Org. III. 254.

Jagiell.

— Prognosticon na lat dziesięć przyszłych, począwszy od roku pańsk. 1612 aż do roku pańsk. 1622. W Krakowie 1611.

Maciej. III. 383.

— Przestroga pilna, y każdemu stanowi potrzebna. Z zaćmienia dziennej poświaty (tak) Słońca w roku pańskim 1600 przypadaiącego. W Krakowie, w drukarni Woyciecha Kobylińskiego, r. 1600. w 4ce.

Przypis: do Adama Wacława w Sleziey książęcia cieszyńskiego.

Mać. Pism. III. 382. z bibl. Załus. bez ozn. formatu, druku i objętości.

— Rossadek (tak) według którego y zdania Astrologow o Komecie, abo o Miotle na powietrzu goreiącey. Roku Pańskiego 1596. B. m. i dr. w 4ce.

Przypis: Lwowi Sapieże W. Kanclerzowi W. X. L. datow. z Krakowa w Sierpniu 1596. Mać. Pism. III. 382.

— ob. Koło ptactwa.

Siarczyński Obraz I. str. 28 — A. Grabowski Starożytności hist. pol. I. 481. str. 4 — Żebraws. Bibl. matem. str. 217—218. — Wiszniew. Hist. lit. IX. 304. W T. VIII. 126. podaje: O elekcyach po zejściu śp. Zyg. Augusta, zarazem broszurę Koło ptactwa powietrznego, wyszłą bezimiennie. Zdaje się, że Wiszniewski, (czy też jego wydawca Żebrawski) pomieszali te dwie broszury, z których pierwsza dotąd nie znana. — Bandt. Hist. druk. krak. 428. przez omyłkę za jedno bierze Bernata i Musoniusa Jana.

Bernat z Lublina ob. Ezop (1578).

BERNATOWICZ Krzysztof Józef (ur. 28 lut. 1746). Życie cnoty i cuda wielkiego w kościele Chrystusowym wyznawcy S. Jędrzeia Awellina, Zakonu Kleryków pod regułą żyjących Teatyna z włoskiego ięzyka na polski przez X. Krzysztofa Józefa Bernatowicza Alumna Papieskiego, S. Th. Licencyata, Proboszcza S. Anny y S. Jakoba w Monasterze Ormiańskim Lwowskim, Notaryusza Apostolskiego przetłumaczone i do druku podane. Roku, którego w ciele ludzkiem żyć, heroicznych cnót nauczać i przedziwne cuda czynić zaczęło przedwieczne słowo 1772. we Lwowie w Druk. Brackiey SSS. Troycy. w 4ce, str. 118 i rejestru 14.

Przypis. Augustynowiczowi Arcybisk. Lwow. Jocher 8312. — Barącz Żyw. Orm. 78. Branic. — Czetwert. — Ossol. — Uniw. lwow.

BERNATOWICZ Mikołaj Grzegorz (ur. r. 1690, um. 1752). Kazania panegiryczne. Warszawa 1727. w 4ce.

X. Brown, Bib. pis. S. J. str. 171.

— Życie ś. Kajetana. Warszawa, druk. Koll. S. J. 1726. w 4ce.

Brown, Bibl. pis. S. J. str. 117.

Bernatowicz P. ob. Chrapowicki (1791).

Bernaud Nicolaus ob. Socinus Faustus (Defensio 1618).

BERNDT X. Cysters. Der verkoppte und beynahe ertappte Spion, oder wunderliche Begebenheiten des Printzen Conty, welcher incognito in Mönchs Kleidern das Königreich Polen verkundschafften wollen, beschrieben durch R. Pater Berndt ord. Cisterciens. Gedrukt im Closter Oliva 1697. w 4ce, 3 arkusze.

Akad. — Dzików.

BERNDT Caspar († 1695). Illustris viri... Joannis Pruss... virtutes ac dotes... sub publicam onomasteriorum solemnitatem venerabatur... Casparus Berndt... (Thorunii), Mich. Karnall, 1657. w 4ce, str. 8. Toruńsk.

— Trost-Schrifft über den Hinriss zweier Adelichen Blumen Johann Harlingk auf Zolotowo... und Catharinen...

Auffgesetzt von Casparo Berndt... Thorn, Mich. Karnall. (1649). w 4ce, str. 8. Toruńsk.

(Berndt Caspar). Justa funebria Viro olim Nobilissimo, Amplissimo Consultissimoque Dn. Caspari Berndtio, inclutae Reip. Thorun. Consuli et p. t. Veter. Civitatis Judici, utrobique meritissimo, a. d. XXVII. Septembr. A. O. R. M. DC. XCV. (1695) rebus humanis placide exemto, et Dominica XIIX. post Trinit. quae incidit in 2. Octobr. ad templum D. Mariae Virginis solenniori funere efferendo tristi mente ac manu exsolvunt Gymnasii Thorunensis Rector et Professores publici. Thorunii, imprimebat Johann. Balthasar Bressler gymn. typogr. (1695). fol. k. 4. Wrocław.

(Berndt Caspar II.) Nuptiis auspicatissimis inter virum politissimum Dn. Casparum Berndt J. U. C. et lectissimam Virginem Catharinam Elisabetham, Viri Spect. Dn. Johannis Wolfii mercatoris apud Gedanenses non infimi, filiam natu maximam, a. d. XIX Maji A. O. R. 1699. Gedani consummandis, antiquum feliciter acclamant Gymnasii Thorunensis Rector et Profess. Publ. Thorunii, apud Johann. Baltas. Breslerum, gymn. typogr. fol. 2 karty.

Wrocław.

BERNE Gerhard Joseph Borussus. Syncharisticon sive Acclamatio votiva, qua Serenissimo ac Potentiss. Principi et Domino D. Friderico Augusto Poloniar. Regi et Saxoniae Electori cum Regnum unanimi Polonorum suffragio feliciter adiret devotissime gratulari debuit... Dresdae, Joh. Conr. Stoesselii typ. aul. vicar. impressit. folio, k. 2.

Ossol.

BERNERI Gius. Romano Academico Infecondo. Il meo Patacca, overo Roma in feste ne, i trionfi di Vienna. Poema giocoso nel linguaggio romanesco. Roma, Marc Antonio et Orazio Campana, 1695. w 8ce, str. 429.

BERNETT (czy Berent) Mikołaj S. J. (1642 † 13 Maja 1710 we Lwowie). Obraz światobliwego życia w pańskich i senatorskich pałacach wykonterfekto-

64

wany Jaśnie Wielmożney J. M. P. Maryi Anny z Kazanowa Jabłonowskiey
Woiewodziney i Generałowey Ziem Ruskich Hetmanowey W. Koronney przez
Kapłana Soc: Jesu. Przy zwyczaynym
dorocznym obchodzie w roku 1696
w Kollegium Lwowskim wystawiony.
Z dozwoleniem Starszych. w 8ce, 4 karty
nlb. i str. 199.

> Dedyk. P. z Jabłonowskich Leszczyńskiej
> Woiew. Łęczyc. — Wyszło bezimiennie.
> Na egzemplarzu Bibl. Jagiellońskiej pod-
> pisał się autor Nic. Bernett.　　　Jagiell.
> Aned. Jabłon. s. 628, pisze go Bernet vel
> Barnet. — Brown. Bibliot. 117. — Niesiec.
> Jabłon. Museum s. 24. — Załuski Con-
> spect. novae collect. legum. — Backer
> 1890 I 1323. twierdzi, że on się nazywał
> Berent Mikołaj.

Bernhard Piotr, klucznik piekielny,
ob. Polak.

BERNHARDI Georg, Vorsinger und
Pauperum praeceptor zu S. Marien. —
Poetische Beschreibung von dem Ur-
sprung und ersten Erbauung der Stadt
Danzig. Gedani 1641 w 8ce.

> Hoppe-Schedias. (Longinus I. 145).

Bernhardi Gottfried ob. Hancke G.
(1687).

BERNHARDI S. Fr. Den gesegneten
Eingang eines Hochedlen und Hochweisen Raths der Stadt Thorn in das
erneuerte Rath-Haus Anno 1738 den
26 Septembr. in tiefster Ergebenheit
in einer Ode S. F. Bernhardi SS. Theol. C.
Thorn, gedruckt bei Joh. Nicolai EE
Hochwohl. Raths und Gymnas. Buchdrucker. w 4ce, str. 6.　　　　　Ossol.

BERNHARDI MARTIN de Bernitz,
Chirurg. Regis Polon. Catalogus plan-
tarum tam exoticarum quam indigena-
rum, quae anno 1651. in hortis Regiis
Warsaviae, et circa eandem in locis
sylvaticis, pratensibus, arenosis et pa-
ludosis nascuntur, collectarum exhibitus
sereniss. ac potentiss. D. D. Joanni Ca-
simiro R. P. etc. Gedani 1652. w 12ce.
　　　　　　　　　　　　　　Peters.
— Toż. Copenhagae 1658. w 16ce.
— Toż. Cum viridario Simonis Pauli.
Hafniae 1756. w 16ce.
— Fasciculi duo remediorum. T. I—II.
Lipsiae, 1676—7. w 4ce.

W T. I jest wykaz antyartrytycznych środków zastosowanych w kuracyi Władysława IV.
Carrere Bibl. de la medic. — Adelung Gelehr. Lexic. 1. 1749.— Miscell. Acad. Nat-
Curiosorum Dec. I. A. 2. 1671, str. 174.—
Repertorium Commentt. a Societatibus Lit-
terariis editarum. T. I. str. 310. (J. D.
Reuss).— Kośmiński Słownik 27.— Com-
mercium litterarium. Norimbergae 1731.—
Gasior. Hist. med. II. 264. III. 427. —
Roczniki Tow. przy. N. XII. 269.— Erndtelius Varsav. 211.— Jundził Opis. roślin
43. — Bent. H. lit. II. 406. — Duclos.
Essai 379.

BERNHARDI Zofia a Bernitz z (domu
Corbiniana, żona Marcina Bernhard
a Bernitz). Ad Mercurium ut famam
excitet ad decantandas laudes Serenissimi principis Condaei ode. Na arkuszu,
bez r. i m. druku.

> Na końcu podpisana: Sophianna Bernharda
> nata Corbiniana S. Reginal. Maj. Pol. et
> Suet. Cubicul.　　　　　　　Akad.

— Michael primus Rex Polonia.
[Akrostych z liter, z podpisem:] applau-
debat Sophianna Bernardi a Bernitz
neta Corbiniana (1669). folio.

> Hoppe Schediasma I. 57. — Umieszczone
> też na końcu pisemka: Relation wie der
> neu erwehlte König von Pohlen seinen
> Einzug gehalten... (obacz pod Wiśniowiec-
> kim).

— Ode gratulatoria Eminentissimo ac
Reverendissimo D. Petro Divina miseratione S. R. E. presbytero Cardinali Vi-
dono in regno Poloniae et M. D. Lit.
pro nuntio Apostolico decantata a Sophianna Corbiniana conjuge Martini
Bernhardi S. R. M. Cubicularii. [Na arkuszu, na dole:] Varsaviae in officina
haeredum Petri Elert S. R. M. typographi anno 1660 die 14 Maii.
　　　　　　　　　　　　　　Akad.

— Serenissimis ac Potentissimis Poloniae et Sveciae Maiestatibus Joanni
Casimiro et Ludovicae Mariae compo-
sita pace ex Prussia reducibus humillime ac sincerissime applaudit, Sophianna Corbiniana coniux Martini Bernardi S. R. M. Cubicularii. Varsaviae,
in officina haeredum Petri Elert, S. R. M.
Typogr: 1660. fol. 1 ark.
　　　　　　　　　　　　　　Akad.

— Serenissimo et Potentissimo Principi ac Domino, Dno, Friderico Wil-

helmo Marchioni Brandenburgico, Sacri Rom. Imp. electori et archicamerario, Borussiae, Cliviae, Juliae, Montium, Stetini, Pomeraniae, Cassubiorum, Wandalorum, Crosniae, Carnoviae duci, burgravio Noribergensi, Marchiae, Ravensbergae, comiti Ravensteini Domino, etc. etc. Domino meo clementissimo. [Poniżej wiersz z podpisem:] Humilima mente vovebat Sophianna Corbiniani. [U dołu:] Regiomonti Borussorum, typis Reusnerianis, Anno 1641. folio, wielki arkusz. *Wrocław.*

— Tributum laudis Serenissimae Reginae Sueciae Christinae abdicato hereditario Regno in animis regnanti persolutum a Sophianna Bernhardi nata Corbiniana S. Reginal. Maj. Polon. cubicularia. [Na arkuszu, na dole:] Romae, typis Ignatii de Lazaris 1664. Superiorum permissu. *Akad.*

Encykl. Orgelbr. III. 295.— Hoppius Schediasma 57. — Kwiatkiewicz Joan. (Elogium 1689. carmen saphicum).

Bernhardiner ob. Actus der Auflösung und Verbrennung etc. (1663).

BERNIARD. Observations sur les mines de sel de Wieliczka en Pologne faites en mois de Mars 1775.

Umieszcz. w: L'abbé Rozier Journal de phisique Paris 1780.
Pamiętn. Warsz. 1802. T. VIII str. 340—355, przez F. S.

BERNICZ Jan Teodor. Mors in ariete paludatus laticlavium Mariaeburgense capessens illustrissimi Domini Francisci in Bielino et Sokołów Bieliński ex ensifero Regni Palatinus Mariaeburgensis Mlavensis Osiecensis etc. etc. Capitaneus dum Regni vocis oraculo Palatinus denunciaretur panegyrico calamo proclamatus a devinctissimo tanto nomini Joanne Theodoro Bernicz illustr. et excellentiss. palatini Vilnensis supremi exercitus M.D.L. ducis notario. Varsaviae, excudebat Carolus Ferdinandus Schreiber 1681. fol. kart 9. *Branic. — Ossol.*

Bernigeroth ob. Janozki Jan Dan. Andr. (1752) — Nachricht (1710) — Przebendowski Piotr Henr. (Memoires 1710).

BERNINO Domenico. Notizie o memorie istoriche di ciò che hanno operato i Sommi Pontefici nelle guerre contro i Turchi, dal primo passagio di questi in Europa sino all' anno 1684. raccolte da Domenico Bernino. Roma, Buratti 1685.
Ciampi Bibliogr. Crit. 23.

Bernitius Georgius, Canonic. vratisl. ob. Bernhardi G. — Stobaeus Georg. (Epistolae 1758).

Bernitzewna ob. Bernhardi Zofia.

Bernitz Martinus, ob. Bernhardi M.

BERNOLAK Antoni, († 15 stycznia 1815 r.) Etymologia vocum Slavicarum sistens modum multiplicandi vocabula per derivationem et compositionem ab Antonio Bernolak continuata. Tyrnaviae, typ. Wenceslai Jelinek 1791. w 8ce, str. 160. *Ossol.*

Wurzbach Lexic. I. 331. ma: Tyrnaviae typ. Zelinskianis. — Bernolak wydał także dzieła dla Słowaków, nas obchodzące, jako koto:
Grammatica Slavica, 1790. w 8ce, str. 312.—
Dissertatio de literis slavorum cum orthographia Hungariae usitate. Posonii 1787.—
Lexicon slavicum. Buda 1825.

BERNOUILLY Jan (ur. 1742, † w Berlinie 1807). Johann Bernoulli's der königl. Akademie der Wissenschaften zu Berlin, und anderer gelehrten Gesellschaften, Mitgliedes, Reisen durch Brandenburg, Pommern, Preussen, Curland, Russland und Pohlen, in den Jahren 1777 und 1778. Erster Band. Reise nach Danzig und Beschreibung der Merkwürdigkeiten dieser Stadt. Leipzig, bey Caspar Fritsch, 1779. w 8ce, z przodu 5 k. i 342 stron, omyłek 1 k. — Zweiter Band. Rückreise von Danzig über Stettin und Berlin im Jahr 1777, und zweyte Reise nach Danzig im Jahr 1778. Leipzig, Fritsch, 1779. w 8ce 10, 2 i 258 stron, omyłek 1 k. — Dritter Band. Reise von Danzig nach Königsberg und von da nach Petersburg, im Jahr 1778. Leipzig, Fritsch, 1779. w 8ce, z przodu 3 k. i 298 stron, omyłek 1 k. — Vierter Band. Aufenthalt zu St. Petersburg, nebst dem Verzeichniss der kaiserl. Gemäldes sammlung Leipzig, Fritsch,

1780. w 8ce, z przodu 2 k., 291 str. omyłek 1 k. — Fünfter Band. Fortsetzung des Aufenthalts zu St. Petersburg, nebst einem Anhang von Moskau. Leipzig, Fritsch, 1780. w 8ce, z przodu 2 k. i 252 str. omyłek 1. k. — Sechster Band. Rückreise von St. Petersburg über Mietau und Warschau nach Berlin. Nebst Register über alle sechs Bände, Leipzig, Fritsch, 1780. w 8ce, z przodu 2 k. i 298 str., spisu 9 k. nieliczb.

Akad. — Czartor. — Jagiell. — Ossol. — Uniw. lwow.

— Voyages, de Brandebourg, Poméranie, Prusse, Courlande, Russie, et Pologne. Tome premier. Voyage de Berlin à Danzig. Description de cette ville et des curiosités qu'elle renferme. Avec permission des Supérieurs. à Varsovie 1782. De l' imprimerie de Michel Gröll; et se trouve à Léopol et à Dresde, chez le même. w 8ce, k. 8, i 278.

Horodec. — Jagiell. — Krasiński.

— ob. Krasicki Ign. (Eine gefundene Geschichte 1785).

Lengnich K. B. (Berichtigung 1779) — Patkul J. R. (Berichte 1792) — Querard La France I. 297 — Recke u. Napierski I. 151—2.— Bibl. Ossol. 1848. I. 289—315.

— **BERNOWICZ Michał** podczaszy i komiss. skarbu. Głos J. W. B... sędziego ziemskiego i posła wwdztwa nowogrodzkiego na sessyi sejmowej dnia 1 marca r. 1791 miany. Drukarnia u XX. Sch. Piar. fol. str. 4.

Branic. — Czartor.

— Mowa J. W. Jmci pana... posła i sędziego ziemskiego Woiewodztwa nowogrodzkiego na sessyi seymowey miana roku 1789. mca oktobra 2. dnia. [Na końcu:] W drukarni P. Dufour kons. nadw: J. K. Mci Dyrektora drukar: korp: kad: mieszkaiącego w Rynku miasta Starey Warszawy Nro: 58. folio, 3 strony.

Branic. — Czartor. — Jagiell.

— Produkt ze strony JW. JP. M. Bernowicza, sędziego ziems. y posła na seym z wojewodztwa nowogrodzkiego przeciwko W. JP. Michałowi Niezabitowskiemu chorążemu woysk ko-

ronnych jako debitorowi a zaś W.W. JJP. Jozefowi Tyszkiewiczowi staroście Wiccatynskiemu, Xawerenu Menkiewiczowi porucznikowi W.W. X. Lit. Antoniemu y Wiktoryi Korsakom obożn. Nowogrodzkim, Ludwikowi y Adamowi Mierzejewskim, Tadeuszowi y Barbarze Bułhakom, Janowi, Alexandrowi y Stanisławowi Olendzkim starostom Wiestyńskim, Krystynie Ratyńskiey, czesnikowey minskiey y Ludwikowi Michałowskiemu, jako ewiktorom summ przewiedzionych. — B. r. i m. dr. (około 1790). fol. k. n. 6. (brak końca).

Zieliński.

— Projekt przez JW. Bernowicza, posła Nowogrodzkiego podany (postanowienie sejmu, aby metrykanci kancellaryi O. N., celem łatwiejszego wyszukania dokumentów do rozgraniczenia obywatelom służących, ułożyli regestr tychże dokumentów.) folio, str. n. 1.

Branic. — Czartor. — Krasiński.

— Sprawa W.J. Pana Michała Bernowicza, Obożnego Wwdztwa Nowogrodzkiego z WW. JO. Pmi Teodorem Kasztelanicem Nowogrodzkiego Oycem, Michałem małoletnim synem Niezabitowskim. B. m. dr. (1776). folio, 2 ark.

— Sumaryusz praw y konstytucyi seymowych od roku 1764 do roku 1780 w materyach skarbowych i o sądach kommissyow skarbu oboyga narodow ustanowionych przez JWgo JP. Michała Bernowicza Podczaszego wwdztwa Nowogr: kommisarza Skarbu W. Xstwa Litt: zebrany w roku 1782. W Grodnie w drukarni J. K. Mci (1782). w 8ce, str. 395, niel. 5 i tablica (po str. 354).

Przechodzi tu kolejno: Cła, Długi, Drogi, Komissarzy, Mennice, Miary, Miasta, Podatki, Rzeki, Starostwa, Weksle, Wojsko, Kwarty, Czynsz emfiteutyczny. Od str. 355: Addytament dla powszechney wiadomości, wyrażający specyfikacyę kwart...

Bandtke H. dr. p. I. 115 — Encykl. Orgelb. III. 280—2 — Volum. legum. VIII. 671 — Bent. Hist. lit. II. 175.

Akad. — Branic. — Jagiell. — Kijows. — Ossol. — Zieliński — Wilno — Uniw. lwow.

BERNY Jan, stud. Akad. Zam. Honor weselny na dzień ślubów małżeńskich sławetnie urodzonego Wojciecha Semmera i Katarzyny Ciamerówny, nierozerwanym przyjaźni węzłem zjednoczonych. Zamość, 1654. w 4ce, str. nieliczb. 6, prócz karty tytułowej. (Druk gocki). Krasińs.

BERNY Tomasz ob. Czarnocki J. (Dexiosis Jana Zamojskiego 1646).

BEROALDUS Filip starszy (urodz. 1453 † 1522). Philippi Beroaldi Bononiensis, viri dissertissimi, Declamatio: an orator sit philosopho et medico anteponendus. Impressum Cracovie per Florianum Unglerium. 1514. w 4ce.

Jest tu endecasyllabon Rudolfa (Agricoli) Vasserburg. ad Christophorum de Schydlouiecz, sandom. castel. regni cancellar. Porównaj niżej: Opuscula Varia... 1519. i Opusculum eruditum 1514. Janociana I. 9. — Ciampi. Bibliogr. I. 23.

— Modus epistolandi Philippi Beroaldi Bononiensis viri clarissimi. Addita sunt quedam ex elegantijs Jacobi Vimphelingij epistole necessaria. B. m. i r. w 4ce, kart 16 (sygn. D₃).

Na str. odw. tytułu dedykacya Rudolfa Agrykoli: Jacobo Wirtenberger Offoburgio et Othoni Vinerio Pludutzensi, ordinis minorum; datowana: Cracoviae, 1512. ex contubernio Germanorum. Oświadcza w niej, iż tę broszurę drukował Floryan Ungler. Zamieszczono tu także: Ad Rudolphum suum in laudem Philippi Beroaldi elegiacum carmen Valentini Eckii Philyropolitani.— Na karcie D₃ znajduje się; Iterum Vale ex gymnasio nostro cracoviensi. Janozki cytuje to dziełko dwa razy, za każdym razem podając odmienny tytuł. Pierwszy z tych tytułów, podany w Janocianach I. 8. jest widocznie błędnie przytoczony, a raczej przez samego Janockiego utworzony ną podstawie właściwego tytułu i zawartości dziełka („Modus epistolandi... Additis quibusdam ex elegantiis Jacobi Uimphelingii, epistole necessariis. Cum Rudolphi Uasserburgensis prefatione, et carmine anapestico ad Ingenum Lectorem: et epitaphio Philippi Beroaldi elegis [sic] confecto. Per Florianum Unglerium calcographum. Cracouie. Anno partus salutiferi 1512"). — Drugi raz podaje Janocki w Nachricht III (1753) s. 130—1, tytuł krótszy (jak powyżej w tekscie), a ten sam tytuł cytuje Wierzbowski II. 867 na podstawie dochowanych exemplarzy. Janociana I. 8, 64. — Juszyński I. 70. — Łukaszew. I. 89.— Bauch: Agricola str. 10. Krasińs.— Ossol.— Peters.— Zamojs.— Wrocł.

— Varia... Opuscula in hoc codice contenta. Orationes, praelectiones et praefationes et quaedam mythicae historiae Philippi Beroaldi. Item : Plusculae Angeli Politiani, Hermolai Barbari atque una Jasonis Mayni... L. Coelij Lactantij Firmiani,., etc. etc. [Na końcu:] Basileae... M.D.XVII. (1519), w 4ce, kart CLXII.

Na karcie CXXXIIII. Ad Paulum Sidlouitium Scholast. Polonum epistola. Wzmiankuje, że Si. był w szkole Bonońskiej „..degis inter scholasticos transmontanos," że ojciec jego Stanisław „fuit, dum viveret apud Cardinalem Polonum cosiliarius," że Jakób był podskarbim za Alberta króla, a Piotr „mensae regine structor est et scindendorum obsoniorum scius artifex." Wspomina i brata Krzysztofa, który „dignitate discophori Cracoviensis insigniretur." Z dedykacyi tej widać, iż Sz. był uczniem Beroalda. — Poczem następnje rozprawa: Declamatio, an orator sit philosopho et medico anteponendus (obacz wyżej).— Na karcie CXLVI. Ad Erasmum Vitellium episc. Plocensem. Poczem rozprawka: Opusculum de terraemotu. Jagiell.

— Toż samo. Basil. 1513. w 4ce, kart 162.

— Toż. Basileae 1515.
Były u Rosenthala w Monachium w r. 1888. w cenie po 15. marek.

— Opvscvlvm, de terremotu et pestilentia, cum annotamentis Galeni. Addita est explicatarum in annotamentis Galeni dictionum tabvla. Venditur in vico Sancti Jacobi in intersignio divi martini. B. r. i dr. w 8ce, k. XXI. Czartor.

— Toż. [Na końcu:] Impressum Bononię per Benedictum bibliopolam bononiensem Anno Dni M.D.V. (1505) idibus Maii. w 4ce, kart 46 niel.
Na odwrocie tytułu: Ad maximum antistitem D. Erasmum Vittellium episcopum Plocensem... epistola. Czartor.
Żebraw. Bibliogr. 70.

— Tenże tytuł. Addita est explicatarum in annotamentis Galeni dictionum tabvla. [Na końcu:] Hoc, Philippi Beroaldi de terremotu, opus Argentorati in Mathiae Schererij Heluetensis officina, staneis calamis, excriptū est. Anno, Jhesu in cuius obitu tota machina portentoso, necnō nature insueto tremore concussa fuit. M.D.X. Mense

Maij. w 4ce. Liczbowanie zaczyna się od karty XVII i odtąd karty są liczbowane aż do XXXII. W końcu Index ma k. nl. 3. (ark. sign. H₃).

Ded. Erasmo Vittelio episcopo plocensi Phil. Beroaldus ex urbe Schletstatina XXV Maii M.D.X.   Jagiell.

— Opusculum eruditū, quo continet. Declamatio Phi. Medici. Oratoris. De excellentia disceptantium. |Karta odwrot]. Ad clarissimum Paulum Sidlovitium Scholasticum polonum Philippi Beroaldi Bononiensis epistola. Bez wyr. m. i r. w 4ce, k. 35 i 10.

Hain Repert. N. 2962.

— Tenże tytuł i taż dedykacya. Impressum Bononiae, per Bened. Hectoris bon. anno dom. MIIID (1497) cid. Decemb. Jo. Bentivolo feliciter regnante. w 4ce, k. 27. i 37.

Hain Repert. N. 2963. — Ciampi Bibl. 32.

— Tenże tytuł i dedykacya. [Na końcu:] Finis huius opusculi impressi parrhisiis (Paris) a Thielmano Kerver ad calendas aprilis anno 1500. w 4ce, k. 39. i 8.

Hain: Repertorium bibliogr. 1826, N. 2964.

— Tenże tytuł i dedykacya Parisiis, J. Barbier, 1514.   Czartor.

— ob. Apulejus (Opera 1560) — Ecchius Valentinus Lendanus Rhetus (1512) — Emser Hieron. (Opuscula 1518) — Paprocki B. (Testament starca 1578).

Kośmiński Słownik 28.

Bervensis Crissenius (pseudonym) ob. Bochmius J. G. (de ortu 1754).

Berolinensis aula ob. Responsionum solida et convincens etc. (1726).

Berolinensis curia ob. Poniński Antoni (1728).

Berowic Jan ob. Makowski Szym. Stan. (Magnum 1664) — Muszyński Tom. Kaz. (Orbis 1663).

Berowski Henricus ob. Propositiones (1779).

BERQUIN Arnaud (1749 † 21 grud. 1791). Prawdziwy przyjaciel dzieci gruntowemi maxymami i przyzwoitemi ich wiekowi i pięciu bajeczkami do doskonałości prowadzący. Naprzód w francuzkim języku wydany, a teraz na pol-

ski język dla pożytku narodowey młodzi przez X. Jakuba Petrussewicza Scholarum Piarum, wytłumaczony. Wilno Roku 1777. w 8ce, stronnie 215.

Dzienn. Wileńs. 1825. I. 219. — Ant. Moszyński podaje rok 1778.

— Przyiaciel dzieci, dzieło Jmci P. Berquina przez Annę Narbuttowę z francuskiego przełożone. T. I. Styczeń rok 1782. Wilno 1786. w 8ce.

Kijows.

— Przyjaciel młodych, dzieło o Edukacyi, z francuzkiego, (tłum. Kossakowski J. Nep.) T. I—II. W Warszawie w drukarni XX. Missyonarzów 1781. w 8ce Tom I. str. niel. 3 i 345. Tom II. str. 380 i niel. 1.

Jocher 951.   Ossol.

BERRUYER Izaak Józ. S. J. (urodz. w Rouen 1681, um. w Paryżu 1758). Historya ludu bozego od początku zaczęcia swego aż do Narodzenia Messyasza, wyięta z samych Xiąg świętych albo textow świętych Starego Testamentu w iedno corpus historyi zebrana. Przez X. Izaaka Jozefa Berruyer Zakonu Soc. Jesu. na polski z francuzkiego przetłumaczona Roku P. 1740. Tom drugi, w Warszawie u Piiarów, fol. 418 str. i 3 karty na przodzie.

Tom I i III nie były wydrukowane. Tłomaczył Michał Korybut Wiszniowiecki. Czartor. — Krasiń. — Dzików. — Ossol. — Warsz. Uniw.

Jocher 8103. — Niesiec. IV. 553. — Załuski Bibl. 91. — Brown 459. — Janocki Pol. I. 139. — Backer Biblioth. 1890. I. 1359. dodaje mylnie: Ibidem 1746, folio 2 vol.

Nouvelle Bibliotheque germanique T. IV. str. 219. mówi, że Załuski po zgonie Sapieżyny, skłonił Mniszchową, sukcessorkę Wiszniowieckiego, aby kosztem swoim kontynnuowała druk Historyi ludu Bożego, którą przełożył na polskie, a którego tom drugi ukazał się przed zgonem Wiszniowieckiego (1745) tłumacza.

Berschwitz Johannes, ob. Heischius Zacharias (1615).

Bersewic Sigismundus, ob. Grell Henryk Wawrz. (1699).

BERTATI Giovanni. L' isola di Alcina Dramma giocoso per musica da rappresentarsi nel Teatro di Varsovia. Varsovia l' anno 1775. w 8ce, str. 98.

Na odwr. tytułu:
La Poesia è del Signoro Giovanni Bertati. La Musica è del Signore Giuseppe Gazaniga celebre maestro
di Capella Napolgtano.
Ciampi Bibliogr. I. 191. pod N. 23. podaje
r. 1765. zapewno mylnie.
Czartor. — Jagiell.

— Le jaloux à l'epreuve dramme
comique, en musique, par M. Jean Bertati, representé pour la 1-er fois sur le
theatre de Varsovie devant Sa Majesté le Roy de Pologne. (Tytuł i po
włosku). Varsovie, Dufour, 1776.

BERTELLI Piotr. Theatrvm vrbivm
italicarvm collectore... ad Ill.-mum et
Reu-mum D. D. Hieronymvm Comitem
a Rozrazew Episc. Vladislauiensem et
Pomeraniae Regui Poloniae Senatorem.
Venetiis. 1599. w 4ce poprzecznej, kart
6 niel. i liczb. k. 101.   Jagiell.

(Berterman Melchior). Acclamatio
votiva nuptiis Dn. Simonis Weis, Pastoris ecclesiae Augnst. Conf. addictae
apud Lesnenses: et virginis cartissimae
pudicissimaeque Reginae Holfeldianae
filiae relictae viri reverendi M. Johannis Holfeldii placide in Christo defuncti
oblata et adornata Lipsiae, a Melchiore
Berterman SS. Theol. et Phil. Stud.
Quae nuptiae Anno Christi MDCLIII.
die 6 Maii celebrandae sunt Lesnae Polon: typis Johannis Wittigau. w 4ce,
4 kartki.
Wiersze łacińskie i niemieckie.
Wroclaws.

Bertermann Samuel ob. Herrmann
Zach. (Die Töchter 1687).

(Bertermann Urszula). Christliche
Abdanckung, welche nach geschehe-
nem Volckreichen Leichbegängnüs der
ehrbaren und viel tugendreichen Frawen Ursulae Bertermannin, gebohrnen
Röhlin, bes ehrenfesten unnd wolge-
achten Herrn Balthasar Bertermannes,
Bürgers und Handelsmannes zur polnischen Lissa, trewgewesenen hertzgeliebten Ehegenossin, im Trawr- Hause
gehalten worden von D. W. (1646).
w 4ce, Sygn. Aij—B.   Wroclaw.

BERTLEFF Marcin z Siedmiogrodu,
Professor w Toruniu. Carmen lati-

num in Dan. Cocovii orationem de
liberatione Rigae ab obsidione Moschorum gravissima, 1693. habitam.

— Disputatio de vero et falso. Respondens Joh. Hintz. Thorunii d. 30.
Jun. 1700.

— Disputatio de vero et falso. Respondens Sigism. Berzevitzi de Darotz
Nob. Hung. Thorunii, die 28 Jul. 1700.
w 8ce, 1 ark.

— Disputatio. Dubium chronologi-
cum de saeculi XVIII exordio hodie ve-
xatissimum praesidente... Respondente
Georgio Rissel. Thorunii 1701. w 4ce,
kart. 6.

— Theses de disputandi ratione.
Resp. Mich. Karsburg. Thorunii d. 28
April. 1700.

— De Sana philosophandi libertate.
Oratio d. 30. Mart. 1700. Thorunii.

— ob. Oloff Ephraim (Wohlgemeinte
Nachricht 1712).
Adelung Lexicon I. 1777. — Recke u. Na-
pierski I. 153.

BERTLING Ernest August. Der Tod
der grossen eine Stimme für die Lebendigen wird nach dem höchstbetrüb-
ten Ableben das weiland Allerdurch-
laucht. Grossmüthigst. Fürsten und
Herrn Augusti III. Königs in Polen,
Grossherzogs in Litthauen, Reussen,
Preussen, Masovien, Samogiten, Kyo-
vien, Wolhynien, Podolien, Podlachien,
Liefland, Smolensko, Sewerien, und
Czernichow etc. Ertzherzogs zu Sachsen
und des heil. Röm. Reichs Churfürst. etc.
unseres weiland Allergnädigsten Königes und Herrn bei der am E. Hoch-
edl. u. Hochw. Rathe hochobrigkeit-
lich verodneten Trauergedächtniss über
den bestimmten Text Psalm 90—12
in der heil. Dreifaltigkeits Kirche in
der Frühpredigt der Christlichen Gemeinde vorgehalten von... der heil. Schrift
Dr., der Gottes-Gelahrheit öffentl. und
ordent. Lehrer, des Gymnasii Rektor,
auch der Kirche zur heil. Dreifaitigkeit
Pastor. Dantzig, gedr. bei J. F. Bartels, zu bekommen in Wedels Buch-
handl. in der Hendegasse, 1763. w 4ce,
k. 5 str. 38.   Ossol.

— Quod felix faustumque Deus summus esse jubet atque urbi, orbi literario, gymnasioque salutare, actum solennem, quo magnifici Senatus Gedanensis auctoritate et jussu, vir praenobilissimus... Daniel Gralath J. U. D. in locum jurium et historiarum professoris publici ordinarii atque inspectoris Athenei die 13 Mart. A. R. S. 1764. inaugurabatur, indicit, simulque, ad hanc panegyrin urbis proceres... invitat, juventutem vero literis incumbentem... convocat Ernestus Augustus Bertlingius SS. Theol. D. et PP. O. Athaenaei Rector. Gedani, typis Thomae Joanis Schreiberi, (1764) folio.

Bertoldus episc Livon. ob. Baronius Mart. Vita S. Stan. 1609).

Bertold książe Morawii ob. Dusieux J. P. (1786).

BERTOLI D. Jerzy. Nocy Klemensa XIV. Z ięzyka niemieckiego na polski tłómaczone przez X. S. od Ro: Kar: Bo: T. P. Oryginał włoski. W Krakowie 1788. Kosztem i drukiem Ignacego Grebla, Typografa i bibliopoli JKMci. w 8ce, str. 302.

Jestto zbiór myśli uczonego Jerzego Bertoldego na pochwałę Klemensa XIV. papieża. — W I-ej nocy wystawia pisarz swój żal i rozważa filozoficznie nad znikomością bogactw i sławy.— W 2-ej wspaniałe cnoty Ganganella. — W 3-ej opisuje szpetność nienawiści, zazdrości i ambicyi towarzyszące wielu monarchom.— W 4-ej na koniec pokazuje wszystkie części Europy, jak każda w szczególności osobliwszą część chwały dodawała tryumfowi nieśmiertelnego Klemensa.— Dodana rycina przedstawiająca Klemensa siedzącego, a podpisana Petrus Gleich sc.   Czartor.

BERTOLLI Kajetan Xiadz. All'altezza sereniss. di Gius. Als. de' duchi di Prussia principe Jablonowski etc. ode. Roma. 1762. w 4ce, str. XI.

Kijows. — Krasińs.

Berton Balbe de Crillon Ludwik Atanazy ob. Crillon (O człowieku 1782).

BERTRAM Joh. Fried. (1699 † 18 czerwca 1741). Historia critica Johannis a Lasco. Das ist: Gründlicher Bericht von Johannis a Lasco, eines vornehmen Polnischen Barons und berühmten Theologi im 15-ten Seculo, wie auch ersten Evangelischen Superintendenten in Ost-Friessland, merkwürdigem Leben, eigentlichem Lehr-Begriff, Sinn und Verhalten in damahligen schweren Religions-Streitigkeiten, auch sonderbaren Begebenheiten und Verrichtungen in Ost-Friessland, Engeland, Dännemarck, Teutschland und Polen etc. aus bewährten und zum Theil raren Schrieften, Briefen und Documenten verfasset, und zur Erläuterung wie der allgemeinen, also insonderheit der Ostfriesischen Kirchen und Reformations-Historie, auf unterschiedliches Verlangen ans Licht gestellet. Aurich, gedruckt bey Hermann Tapper, Hoch-Fürstl. Ostf. Hof-Buchd. 1733. w 4ce, 9 k., str. 412.   Czartor.

Jöcher 9817. podaje ten tytuł po łacinie, przepisując go z Friesego Beytr. II. T. 1. B. s. 305.— Także podaje Lawätz Handb. f Bücherfr. I. Th IV. B. 1790. str. 709.— . Jöcher Gelehr. l exic. 1. 1040—2.

BERTRAND Eliasz (ur. w Orbé 1712 r. † 1790). Essai sur l'art de former l'esprit, ou premiers élémens de la logique: par M. Bertrand premier pasteur de l'église françoise de Berne, des academies de Berlin, de Goettingue, de Stockholm, de Florence, de Leipsick, de Mayence, de Bavière, de Lyon, de Nancy, de Basle, secrétaire perpétuel de la société economique de Berne etc. Haye et se vend à Lyon, 1764. w 12ce, str. XXXVI i 130.

Dedyk. Hr. Mniszchowej z Zamoyskich, podkomorzynie w. ks. lit.

— Tewenon, czyli zabawy wieyskie, na ośm dni podzielone, przez Pana Bertranda, konsyliarza ś. p. Augusta III. krola Polskiego, y roznych akademiy towarzysza, po francuzku napisane, a teraz na polski język przez X. Kłużyńskiego, Schol: Piar: przełożone. W Warszawie, 1779. w drukarni J. K. Mci y Rzeczypospolitey u XX. Scholarum Piarum. w 8ce, k. 5, str. 285.

Tłómacz uprzedza, że dzieło w oryginale na dziewięć dni jest rozłożone; lecz tu dzień 7-my, gdzie autor o tolerancyi religijnej nieco wolniej rozprawiał, opuszczony; — powtóre, że dla tejże przyczyny, niektóre miejsca opuścił, a inne odmienił; po trzecie, że dodał gdzieniegdzie dla objaśnienia trudności własne przydatki.

Jagiell. — Ossol.

— Recueil de divers traités sur l'histoire naturelle de la terre et des fossiles. Par M. E. Bertrand, ci-devant premier pasteur de l'eglise Françoise de Berne, et sécretaire de la société oeconomique, maitenant conseiller de la Cour du Roi de Pologne; des Académies de Berlin, de Goettingue, de Suede, de Florence, de Leipsic, de Mayence, de Munich, de Lyon, de Nancy, de Bâle; des sociétés d'agriculture de Paris, de Lyon, de Rouen, de Dublin; etc. etc. A Avignon, chez Louis Chambeau, Imprimeur-Libraire, près les RR. PP. Jésuites. M.DCC.LXVI. (1766). w 4ce, 1 portret (piękny miedzioryt Stanisława Augusta) k. nlb. 4, str. 552.

Jagiell.

Bertrandus Ludovicus Ord. Praedic·rytownik, ob. Bardziński Alan. (Compend. 1705) — Gratinian Hier. (Lampa 1691) — Gremberg Hyacint (Unionis hypostatica 1732) — Mackiewicz Cypr. (1672) — Woyniłowicz Michał (Summaryusz życia 1672).

Bertuch Justyn Fryd. ob. Cagliostro (1786).

Berville (de) Jean Jaques ob. Leven (1737).

. **BERYNDA Stefan** († 1632). Leksikon Sławienorosskij i imien tołkowanie. Pierwoje typom izobrazisia w kinowii sw. wiel. czudotwornyja Ławry Pieczerskija Kijewskija, stauropigia Archiep. N. R. Konstantinopolskaho patriarcha wsielenskaho, leta byta mira 7135 ot rożdestwa, że Christowa 1627 kuriopascha, indikta 10, Awgusta XI. Tszczaniem wiedieniem że i iżdiwieniem, malejszaho w Jeromonasiech Pamwy Beryndy, protosiggela trona Jerusalimskaho. w 4ce, karta tyt., kart 2 i 477. Na odwrocie tyt. herb PP. Dymitra i Daniła Bałabanów i 8 dystychów podpis. p. Tarassia Ziembę. Następuje przedmowa Pamwy Beryndy, Archityp. Cerkwi Rusk. Szpalt (po 2 na str.) 328 i od 330 do 475. Odezwa do czytelnika (str. 476—477)

Stefana Beryndy. U dołu ta sama firma druku co na tytule. Sopikow. I. 600—1. Jagiell. — Ossol. — Krasińs. — Uniw. Lwow.

— Lexicon sławienorosskij, imien tołkowanije wsieczestnym otcem kir. Pamwoju Berindoju etc. zgromażenii i za pozwolęniem starszych perwej w kinowii sw. wel. ławry Peczerskija Kiewskija, a teper z tipografii obszczezitelnaho monastyra Kuteinskawo, tszczaniem tojażde obiteli inokow tipom izdasia. 1653. w 4ce.

Drugie to wydanie poprawił Ludwik Trucewicz, opat w Kutyniu.

Kalnofoyski Taratungima 1638, s. 48.— Jocher III. str. 654. — Siarcz. Obraz I 28. — Encykl. Orgelbr. III. 304.

— Triodon postny. Kijów. 1627.

Siarcz. Obraz I, 28 str.— Wiszn. H. L. p. VIII. 431, 450 itd.

Beryng ob. Martigni Jak. (1638).

BERZAŃSKI Michał (ur. r. 1691, um. 1736). Flaminia universae Romae amoris scilicet divini triumpbantium inter flammas Christi Athletarum Pauli Ignatij et Xaverij magnis olim patefacta triumphis, celeri eorundem calcaneo superata, nunc vero inter tristes, extinctis, in ara crucis, ignis consumentis ferias; in Littavo Latio maesto spectatori ad scenices ignes, lugubri stylo indigitata ab Ill. perill. praenob. ac magn. academ. oratoria palaestra Vilnen. Soc. Jesu anno venientis Dei ignem mittere in terram 1723. XIII. Kalend. aprilis. Bez m. dr. (Vilnae). fol. kart 2.

Brown. Bibl. pis. 117. — Kraszews. Wilno T. IV. 239. ma inversae zamiast universae. — Backer Biblioth. 1890. I. 1397.

Berzeński Stanisław ob. Sulikowski Mikołaj (Applausus 1633).

Berzewicewna Marianna ob. Sierakowski Jacek (Prezenta 1648).

Berzevicius Christophorus ob. Radziwił Mikołaj (Hieros. Reise, Carmen dialogicum 1603).

Berzevicius Joannes ob. Radziwiłł Mikołaj (1603).

(Berzevicius Martin.). Epithalamia nuptiis magnifici et generosi viri D. Martini Berzeviceii, equitis, Smi Regis Stephani per Transilvaniam cancella-

65

rii, et Catharinae Dameraviae de Woia-
now, puellae nobilissimae lectissimaeque,
Vaianovii(?) die X. Octobris celebratis, a clariss. viris scripta. Cracoviae
MDLXXVIII. (1578). B. dr. w 4ce.

Są tu wiersze Polaków, Węgrów. Gdańszczan,
Elblążan, po grecku i po łacinie.
Juszyń. II. 417.

— ob. Uncius Leonh. (Poematum
libri septem 1579).

Berzewitz Sigism. de Darotz, nob.
Hung. ob Bertlet Mart. (Disput. 1700).

Berzewicze ob. Dębołęcki A. (Pienia 1633).

BESARD Ioan. Baptista Vesontinus
(ur. 1576). Thesavrvs harmonicvs Divini Lavrencini romani, nec non prae-
stantissimorvm mvsicorum, qui hoc se-
cvlo in diversis orbis partibvs excel-
lvnt, selectissima omnis generis cantvs
in testvdine modvlamina continens. Novvm plane et longe excellens opvs, in
gratiam liberalis huius facultatis excul-
torum, quanta fieri potuit diligentia,
methodo, & facilitate, ex varijs ipsorum
Authorum scriptis (quorum nomina proxima à praefatione pagina recensentur)
in hoc volumen congestum, & decem
libris (quorum quilibet peculiare melo-
diae genus complectitur) diuisum, per...
artivm liberalium excultorem, & Musi-
ces peritissimum. Additus est operis
extremitati de modo in testudine studendi libellus, in gratiam rudiorum ab
eodem Authore conscriptus. Qui Saty-
ros Musis praefert, & Appollinis artes
spernit, is humanae nil rationis habet.
Coloniae Agrippinae, excudebat Gerar-
dus Greuenbruch, sumptibus Authoris.
Anno redemptionis M.DCIII. Cum gratia, & priuilegio Sac. Caes. Maiest.. ad
decennium. (1603). fol. k. 6 i 44 ark.
po 4 k.

Dzieło obce, lecz przytacza kompozytora
Alberta Długoraja.

Beschaffenheit einer öffentl. Schule
ob. Toruń.

Beschreibung einer Polnichen Königs-Wahl. fol. kart 4.   Ossol.

— Geographische... der Provinzen
und Städte in Pohlen. w 8ce.

Catal. Bibl. Schol. Piar. N. 81.   Branic.

— ...,wie das kostbare Feu d'ardi-
fice oder künstl. Feuer-Werck wie solches conditionirt und gestaltet gewesen.
B. w. m. i r. (1760?), w 4ce, k. 2.

Obacz niżej: Beschreibung z r. 1760.

— Kurtze... dess Einzugs der jungen Künigin zü Cracaw, unnd der Hochzeit dess jungen Künigs auss Polen, mit
Römischer Kü. May. Ferdinandi Tochter,
mit mancherley gepreng und Ceremonien geschehen den iiij Maij und etlich
tag hernach Anno M.D.x.liij. (1543).
w 4ce, 11 kart niel.

Pod tytułem jest drzeworyt: przedstawia
wjazd i przyjęcie arcyksiężniczki w miejscu,
z którego rozciąga się widok na wodę, po której płynie statek z masztami i linami. Bez m.
druku (Norymberga?). Dosłowny przekład tej
broszurki jest umieszczony w Bibl. warszaws.
1848. T. 31. str. 633 do 648.

Por: Einzug-Elżbieta.

Kórnick. — Pawlik.

— Kurtze... der Hochzeit des Jungen Königs aus Polen, mit Römischer Königklicher Mayestat Ferdinandi Tochter mit mancherley gepreng
und Ceremonien, geschehen den iiij.
May und etlich tag hernach. Anno
M.D.x.liij. B. m. dr. w 4ce, k. nl. 4.

Datow. na końcu: 14 May in Crackaw.
Wierzbow. II. 1199.

Przeźd. — Czartor. — Kórnic.— Szembeka.

— Newe vnd warhafftige beschreibung der Rayss, dess Königs ausz
Frankreich vnd Poln, Henrici III sampt
denen gewaltigen, stattlichen Einzügen
vnd Triumphen, so von Herrn Aloysio
Mocenigo Hertzogen zu Venedig, vnd
einer Herrschaft daselbst zu Teruis
vnd Venedig, Gleicher gestalt von Hertzogen Wilhelm zu Mantua, gehalten
seyn worden. Sampt der Polnischen
Handlung zu Warchaw, nach verray-
sung ihres Königs, den 13 Septembris. Weittläufiger vnd eigentlicher,
was sich sonst hierzwischen begeben,
dann zuuor in Truck verfertiget. —
M.D.L.XXIIII. (1574). B. m. dr. w 4ce,
k. nl. 18.   Czartor. — Pawlik.

— Warhafftige... der herrlichen
Krönung, jetzmals regierender Königli-
chen Würde zu Polen, so auff den
Sontag Esto mihi, den 21. Februarii

Anno 1574 zu Crackaw geschehen. Sampt angehenckter beschreibung der herrlichen Begrebnuss des nechst abgestorbenen Königs zu Polen, etc. B. w. m. druku. 1574. w 4-ce, 8 kart. nlb.

Czartor. — Pawlik.

— Eigentiche der St. Dantzig ob. Gdańsk (1579).

— des Triumphs von Königl. Majestät zu Polen wegen Moscovitischer Victoria. Krakau, 1583. w 4-ce.

Toruńska gimn.

— Kurze und einfeltige... aller Hochemeister Deutsches Ordens S. Mariae des Hospitals zu Jerusalem. Königsberg. 1584. w 4-ce.

— Kurtze... der Ceremonien und Procession so auff weiland königlicher Maÿ. in Polen Stephani, etc. hochlöblichster gedechtnis Begrebnus sind gehalten worden. Gedruckt zu Königsperg, 1588. w 4-ce, k. 6 niel.

Porównaj: Batory.
Bibl. Gdańs. — Czartor.

— Eingentliche... dess Einzugs oder Einbelaittung auf Krönung, obacz Anna Austryjacka (1592).

— Eigentliche, warhaftige vnd gründliche... der Sachen vnd Zustandes, so zwischen der Kron Polen, und denn dess Königreichs Schweden, warumb Hertzog Carl als ein Gubernator in Schweden, das Fürstenthumb Lyffland vermeinet an die Kron Schweden zubringen vnd zu schützen, daraus denn der jetzwerende Krieg in Lyffland entstanden, etc. Gedruckt im J. Chr. 1602. w 4-ce, kart 10.

Winkelmann N. 2342.
Gdańsk. Miejs. — Petersburgs. — Rygska Miejs.

— Warhafftige... aller gedenckwürdigen Historien, so sich seidhero des Leipzigischen Newen Jahrs Marckt anno 1609 bis auff gegenw. Ostermarckt sonderlich in Oesterreich. Landen: Auch in Hungern u. Böhemen... Poln., Schweden, Moscaw u. Türckey zugetragen. Durch Greg. Wintermonat. — Toż: Ostern bis Michal. 1619. Leipzig 1609—1619. w 4-ce.

— Herrliche, fröliche und lustige... sowol des Einzuges als Praeparation zu demselben, welcher allhie in Dantzigk von dem Durchleuchtigsten, Hochgebohrnen Fürsten und Grossmächtigsten Herrn, Herrn Sigismundo III. König in Polen, Gross-Fürst in Littauen, Reussen, Preussen, Massowien etc. etc. geschehen den 1 Julii, anno 1623 zu Abends umb 6. Uhr, und was sich sonsten begeben und zugetragen, den Herren Krieges Commisarien, so wol allen Häuptleuten, Fendrich, Leutendt und Officirern zu Ehren SS. 1. Petr. 2. v. 18. Petrus. Fürcht Gott den König ehr—Witzig schreibet die Brüder Lehr—Kein übelthun, die Lieb vielmehr. Gedruckt zu Dantzik, im Jahr 1628. kart nlb. 8. (sig. B.)

Birgel.

— ...des Ursprungs der Alabander. B. m. dr. Im Jahr 1654. w 4-ce, kart 8.

Towarzystwo Alabandrów w Ks. Pruskiem i opis Rzpltej Babińskiaj z Sarnickiego, po łać. i niemiecku i Epitaphium Pszonce.
Czartor.

— Eigentliche... wie die Stadt Riga von dem Mosskowiter sieben Wochen lang vergebens belägert worden. Bresslaw. Bez wyr. r. (1656). w 4-ce.

Winckelm. 4979.
Petersb.

— Kurtze... wie und welcher Gestalt die Kön. Schwed. Stadt Riga in Liefland von den Grossfürsten aus Moszcaw Alexci Michailovvitz wider den hie bevor mit Jhr Königl. Maytt. Gustavo Adolpho Glorwürdigster Gedächtnüsz getroffenen ewigen Frieden den GOtt lob vergeblich belägert und hart beschossen worden, auch was sich unterdessen von Anfang bisz zu Ende Tag täglich begeben. Der Wahrheit zu steuer und männiglichen zum Gedächtnüsz auszführlichen gedrucket. Im Jahr 1656. B. m. (Ryga?) w 4-ce, 8 str.

Por. Relation Riga.
Petersb. — Rygska Riters. Bibl.
Winckelmann 4976.

— Kurtze und Warhafftige... wie und welcher gestalt die kön. Stadt Riga in Lieffland von dem Grosz Fürsten in der Muszcaw Alexi Michalowitz,... Anno 1656 vom 22. Augusti bisz am 5.

Octobr. mit 70 à 80000. Mann belägert:
...Erstlich gedruckt zu Riga im Jahr
1656. w 4ce, 8 str.
Winckelmann 4973.
Rygska Rittersch. Bibl.
— Eigentliche und Warhaffte... welcher gestalt in Riga zeitwehrender Moss-
cowiterschen Belagerung, etliche hundert Feuerballen und Granaten hinein
geworffen worden. 1656. B. m. dr.
w 4ce.   Bibl. król. w Sztockh.
Por. Riga (Verzeichnüsz).
— Tenże tytuł: ...ingworffen worden, wunderliche effecten gethan haben, darauss Gottes gnädige direction
zuerkennen gewesen, dabenebenst auch
unterschiedliche Warnungen und seltzame Zeichen, welche kurtz vor der
Belägerung geschehen, angezogen werden. B. w. m. dr. 1657. w 4ce,
6 k. nlb.
Winckelmann 4979.
Czartor.— Petersb.— Rygska Rittersch. Bibl.
— Kurtze... der Kön. Maj. zu Denne-
marck Schiffs-Armada, so den letzten
Junii in die Oost-See aussgeloffen, wie
auch: Nebenst andern ausz underschi-
dlichen Orthen in Pohlen eingelangten
Avisen, sambt einem Extract-Schrei-
ben ausz dem Feld-Lager vor Cracau.
Bez wyr. m. 1657. w 4ce, k. nlb. 4.
Czartor.
— Kurtze... der Emblematen und
derselben Erklärung, so in 9 Reuter-
Standarten und 4 Dragonnen-Fahnen
(welche der Herr Gen. Czarnecki den
Schwedisch und Churfürstlichen einer-
halb 4 Tagen, wie er aus Masuren bis na-
cher Dantzig marchiret abgenommen
und Ihr Kön. Maj. zu Polen und Schweden etc. den 7 Febr. dieses Jahres offe-
riret) gemahlt gewest. Anno 1657.
w 4ce, 8 strou.
Krasiñs. — Ossol.
— Eigentliche... der Tractaten, so
zwischen Ihr Königl. Mayest. Herr
Herren Komissaren und der Armeen
Herren Deputirten im Lager unter Ja-
worowa den 2 Julij fästiglich und un-
wiederruflich bewaret und geschlagten
worden. Anno 1663. w 4ce, k. 4.
Hoppe 100.   Ossol.

— Warhafftige... wie die grosse
Kauffstadt Połoczko in Littawen gelegen, von dem Moschcowiter den 15 Februarii dieses 63 Jahrs erobert und
eingenomen worden ist. W 4ce, kart 4.
Hoppe 38.
Gdańsk. Miejs.
— Eigentliche und wahrhaffte... desz
Adler Kampffs, welcher sich am H.
Drey Königs Tage, als den 6 Januar
desz jetzt lauffenden 1666 Jahres, an-
derthalb Meilen von Dantzig in der
Gegend desz Dorffes Kalipke, über den
See in der Lufft denckwürdig begeben
und zugetragen. Wie danu solches auf's
folgender Beschreibung und dieser Figur der abgebildeter Adler mit mehrern
zu vernehmen ist. Im Jahr 1666. w 4ce,
ark. A4.   Branic.
— Summarische, des Königr. Polen.
1672. ob. S. J.
— des Actus bey welchem dem
Könige Joh. III. der Rittersorden con-
ferirt worden.
Ob. Sobieski Jan III.
— ...wie die Hochzeitliche Vermählung mit der verwittibten Königin von
Pohlen und Ihr Hoch-Fürstl. Durchl.
dem Hertzog von Lottringen den 6
Februar. dieses 1678 Jahres zur Neu-
stadt vollzogen worden. Bresslau bey
Gottfried Jonischen Buchhändlern zu
Kauff zu bekommen. w 4ce, 2 karty.
Wrocławs.
— Kurtze... des jammerlich zer-
störten Weiss-München Closters in Dan-
tzig. Anno 1678. w 4ce, 2 karty.
Miejs. Wrocławs.
— ...alter und neuer Wiener Beläge-
rung v. d. Türcken so wol 1529 als
1683 gethan. Sampt Abriss und Forti-
fication der Stadt. Bez wyr. m. 1684.
Ob. Wiedeń.
— (Kurtze) der Crönung 1697.
Ob. August II.
— Kurtze... des gantzen Königreichs
Pohlen. Hamburg, Wiering (1697). w 4ce.
— Kurze... des Königreichs Polen,
dessen Woiewodsch. und Provinzen.
Dresden 1706. w 8ce.
Hoppe 13.

— der Straffe an d. Moscov. General Patkul 1707.

Obacz Patkul.

— Accurate Beschreibung des solennen Einzugs Ihrer Hoheit des königl. Pohl. und Chur-Printzen von Sachsen, mit seiner aus Wien angekommenen Durchl. Gemahlin, wie solcher in die Königl. und Chur-Sächss. residen-Stadt Dresden den 2 Septemb. 1719. Nachmittags von 1 bis 5 Uhr gehalten worden. Nach dem wahren original Drucks zu Dresden der königl. priv. Hof-Buchdruck. Jo. Conrad S... B. w. r. (1719). w 4ce, str. niel. 13, prócz tytułowej.

Krasińs.

— Vollständige... derer Vermählungs-Ceremonien und Abreise der Durchl. Ertz-Hertzogin Hertzogin von Sachsen, Maria Josepha, mit Jhro Hoch. Friedr. August K. Poln. auch Sächs. Chur-Printzen; so vom 19 bis 22 Aug. 1719 in Wien beschehen. Nach dem zu Wien gedr. Exemplar (1719). w 4ce.

— Toż. Wien, 1719. w 4ce, gedr. und zu finden bey Maria Schmidin Wittib Univ. Buchdr. 1719. w 4ce, kart 4.

Czartor.

— Ausführliche... des Feuer Wercks, so am 10 Sept. 1719 zu Dreszden angezündet worden. w 4ce.

— (Neuste ausführ. histor. und geogr.) des Caspischen Meeres und übrigen da herum liegenden Länder. Dantzig. 1723. w 8ce.

Ossol.

— Toż, tamże, odmienne, w 8ce.

Ossol.

— Auführliche... von dem Ursprung des in Thorn entstandenen Tumults; sub dato 18 Dec. 1724 entworfen. Ob. Toruń (Das behlagenswördige 1724).

— der könig. poln. Stadt Thoren ob. Toruń (1725).

— Kurzgefasste ... des könig. Polnischen und churfürst. sächs. höchst sehenswürdigen Hoff- und Feldlagers bei Radewitz... und Zeithayn in Sachsen etc. nebst deutlicher Nachricht von aldasiger Ankunft Jhr Königl. Majestät von Preussen den 31. May 1730, wie auch der grossen Revue der gesammten aus

etliche 30,000 Mann-bestandenen Sächsischen Armee und das kostbaren Feuerwerks und Pavillon den 1 Junii e. a. 1730. B. w. m. dr. (1730) w 4ce.

— Ausführliche... des königl. Einzugs in Cracau den 14 Januarii gehalten und was ferner Hauptsächliches vor und nach der Crönung vorgegangen. Leipzig, Zeitungs Expedit. 1734. w 4ce, kart 4 niel.

Czartor.

— der Wasser-Fluth in Posen 1736. Züllichau 1737. w 8ce.

Katal. ksiegars.

— einer löbl. dritten Ordnung ob. Gdańsk (1750).

— des Feuerwercks, welches am Friedrichs-Tage (den 5. Mart. 1760). als dem hohen Nahmens-Feste Jhro Königl. Majest. in Pohlen und Churfürstl. Durchl. zu Sachsen etc. etc. im Königl. Palais-Garten allhier vorgestellet und abgebrannt wird. Warschau, gedruckt bey den Priestern der Frommen Schulen. w 4ce, k. nlb. 4.

Jagiell.

— Kurze... und Geschichte des Königr. Pohlen vom J. Chr. 550 bis auf den am 5-ten Oct. 1763 erfolgten Tod Friedrichs Augusti Königs von Pohlen. Sammt einem Plan von der Eintheilung des Königr. Pohlen. I Band. Frankfurt und Leipzig. 1764. w 4ce.

— Geographische... von Pohlen nach der dreyfachen Vertheilung. Mit 1 illumin. Charte. Hamburg, Schwerin und Güstrow, Buchenröder, 1774. w 8ce, str. 40.

Czartor. — Raczyńs.

— Neueste geographisch-historische und statistische... der Königreiche Preussen, Pohlen und Litthauen der Hertzogthümer Kurland, Schamaiten etc. etc. und preuss. Schlesien. Schwabach und Leipzig bei Johann Mart. Fried, Müller Buchdrucker und Buchhändler 1796. w 8ce, str. 529.

Ossol.

— Historisch statistisch-topographische Beschreibung von Südpreussen und Neu-Ostpreussen oder den Königlich-Preussischen Besitznehmungen von Polen in den Jahren 1793 und 1795 entworfen. 1 Band mit sechs Kupfertafeln und drey Landkarten. Leipzig in der Dykischen Buchhandlung 1798. w 8ce, 666 stron.

Beschreibung zob. Adlerhold Germanus (des Landes Preussen 1704) — August II. (1697, 1698, 1733) — August III. (1734) — Barezzo (Histor. 1606) — Batory (der Ceremonie 1588)— Bobola Ant. (des Lebens 1735) — Büthner Fr. (des Cometen 1677, 81) — Connor Bern. (des Kön. Polen 1700) — Cosnowsky Mat. (des Gebrauchs bei Krönung Joh. III. 1690) — Curicke Reinh. (der Stadt Danzig 1688) — Demetrius (1606) — Fleming (ausführ. der Audienz 1719) — Francus Jac. (der Geschichten in Teuschland, Polen 1620— 1694) — Gdańsk — Gonzaga Ludwika Mar. (Alles dessen 1646) — Hermann D. L. (Maslograp bia 1711)— Henneberger Kasp. (des Landes zu Preussen 1584)— Jan Sobieski (des Actus 1676)— Jwon Wojewoda (Wahrhaftige des Kriegs 1576) — Kleschen Dan. (der unsch. Gefängniss 1674) — Knoff Jerzy (des Krieges wider Dantzig 1577, 1599) — Krzistanowitz Stan. (Kön. Polen 1697)— Lange L. (des Einzugs August II. 1698)— Manni L. (der schles. Massel. 1711)— Mołdawia (Curieuse 1699) — Müller L. (des Landes Polen 1607) — Polen (Königreichs) — Patkul J. R. (der Execution 1708, der Strafe 1707)— Pommern (geog. und histor. 1716) — Raetel Henr. (wahrhaft. 1590) — Ranisch Bart. (Kirchengebäude der Stadt Danzig 1698) — Relation (1656) — S. H. J. (des Kön. Polen 1672) — Sandrart J. (von Moscovien 1688) — Stettin (der Stadt St. 1673) — Tectander G. (der Reiss durch Schl., Polen 1688) — Toruń (der Ursprung 1724, der königl. Stadt 1725) — Tyranney (der Handelst. Revel 1578) — Władysław IV. (kurtze deren Ding 1634) — Zeiler M. (des Köngr. Polen 1657).

Beschreybunge einer Reyse oder eins zuges, eins fürnemlichen polnischen Herrn, von königklicher polnischen wirden, Botschafftweisz gen Constantinopol, vnd von dannen inn die Tartarey gezogen. Mit Bericht und meldunge mancherley seltzamer hendel, und grossen schaden, so die Türcken dazumal erlitten, sehr nützlich unnd wol zulesen. Gedruckt zu Nürnberg, durch Dietrich Gerlatz. MDLXXI. (1571). w 4ce, k. niel. 32. dr. goc.

Porównaj: Broniowski Marcin: Legatio. Czartor.— Krasińs.— Czarnecki— Pawlik.

— **Beschrijvinghe van de Noordtsche** Landen die gelegen zijn onder den koude Noordt-Pool, als: Denemarcken, Sweden, Noorweghen, Finlandt, Laplandt, Godtlandt, Pruyssen, Poolen, Yslandt en Groenlandt... Amsterdam (1662). w 4ce, str. 40.

Dwie edycye, obiedwie bez oznaczenia roku. Stanowi część zbioru p. t. Verscheyde Journalen van Zee en Landt Reysen. Amsterdam Gillis Jvosten Saegham 1663. w 4ce. Jest inna edycya tegoż tytułu Beschrijvinghe itd. Van nieuws oversion ende vermeerdert enz. str. 32. z portretem Kazimierza króla. Opuszczono tu Grönlandyą, a inne powiększono.

— **Warachtige ende eygentlijche...** van de wonderbare seer gedenkwerd. geschiedenissen, die in Moscovia zijn voorgevallen in den naest voorleden ende in den tegheenwoord. J. 1606. w 4ce.

Beschützung der unrecht beschuldigten. (1560) ob. Herbestein Sig.

Beschwerden von Seiten einer Kurland. u. Semgall. Ritterschaft wíder den Herzog v. Kurl. ob. Heyking.

— ob. Briefe (1725).

Besedy duchownyja 1627. ob. Makary (Palladyi).

Besiedy parochialnia na nedieli i naroczitii swieta wsiewo lieta, ot ewangelii, po obradu greczeskomu razpołożennych s priłożeniem Besedy, pri szliubie, takóżde na patki welikago posta o strastiech Christowych. Perwie polskim dialektom, w gradzie Wilnie peczatannyja; dneś, że sobstwiennym poweleniem i błagosłoweniem preoświaszczennawo archipastyria, kir Teodozia Rostockago mitropolita Wsieja Rossii na słowensko-ruskij jazyk, udobniejszago radi parochom ruskim, upotreblenija pretołkowannija i izdannija, w swiatiej

czudotwornoj ŁawricPoczajewskoj.1789
goda. w 8ce, str. 16 i 5180.

Jocher 5180.

Beskrifning (Vthförling), huru Hans
Kongl. May:t til Swerige, war Allernadigste Konung, den 9. Julii, Anno
1701, med Gudz Bijstand, och sina se-
gersamma Wapn, satte öfwer Dünen,
slog Fienden vthur Fäldtet, intog desz
Fördehlar och Skantzar, och sedan längst
in vthi Cuhrland förfölgde, och änteli-
gen förjagade. [Na końcu:] Stockholm,
Tryckt vthi Kongl. Booktr. hoos Sal.
Wankifs Enckia, af J. H. Werner Ahr
1702. folio, 1¼ ark.

Beslut (Almenneliget afhandlings)
vthi Suderköping, thea XXII octobris.
Anno M.D.XC. (1595). B. m. dr. w 4ce,
kart 8 niel. Odnosi się do Zygmunta III.

Jagiell.

— Almennelige affhandlings Beslwt
aff alle Sweriges rijkes Ständer frijwilligen
och samdrechteligen samtyckte och bes-
lutne, thet förste vthi Stockholm then
24. Julii, ahr effter Christi war Frelse-
res födhelse 1599. thet andre i Linkö-
ping, then 19. Martii, Ahr etc. 1600.
Tryckte i Stockholm, aff Andrea Gutterwitz. B. r. (1600). w 4ce, sign.
A—E₄, (kart 20).

Jagiell.

— Tenże tytuł, odmienna edycya
z tegoż samego roku sygnowana jest
A—F₂, (kart 22).

Jagiell.

— Sweriges rijkes ständers Beslvt af
them frijwilligen och eenhälleligen sam-
tyckt och beslutet, vthi Norköping then 22.
Martii, Ahr etc. 1604. Tryckt j Stockholm af Andrea Gutterwitz (1604.) w 4ce,
sign. A—D₂.

Od str. 14—16. stosunki z Polską.

Jagiell.

— then 24. Decembris Ahr 1627.
Stockholm 1627. w 4ce, str. 2 i 3.

— Ahr 1631. Stockholm 1631.
w 4ce, str. 2 i 3.

Jedno i drugie omawia stosunki z Polską.

Beśpieczeństwo listów. Prawo z d.
22 czerwca 1789, fol. Obacz Actum

— Bezpieczeństwo.

Besprache zwischen Wenceslao und
Wladislao Jagiellono. Leipzig 1732.
w 4ce, 88 stron.

— zwischen Christiano und Sigismund I. Leipzig 1732. w 4ce, 71 stron.

— zwischen Casimiro IV. und Johann III. König von Schweden. Leipzig
1732. w 4ce, 62 stron.

Bessarabia ob. Europa (1686).

BESSARION Cardinal Archiepiscopus
Nicoenus (1395 † 1473)... Opusculum de
processione Spiritus S. ad Alexivm Las-
carim Philantropinum Petro Arcudio
Corcyraeo, Collegij Graecorum in alma
vrbe alumno, Presbytero graeco, philosophiae, ac sacrae Theologiae Doctore, interprete. Cracoviae, in officina Architypographica Lazari 1602, w 4ce, str. 102.

Dedyd. Bernardo Macieiovio, episcopo cracov. Petrvs Arcvdius.

Czart. — Jagiell. — Ossol.

— ...Cardinała Arcybiskupa Niceń-
skiego rzecz o pochodzeniu Ducha S.
do Alexego Laszkarego philantropina
przez księdza Piotra Arcudiusza z Kor-
ciry Greka, filozofii i teologii doktora
z greckiego na łacińskie: potym przez
X. Jana Januszowskiego, archidiakona
Sądeckiego z łacińskiego na polskie
przełożona. W Krakowie, w drukarni
Łazarzowej r. p. 1605. w 4ce, z przodu
10 kart niel. i 172 stron i 1 kart niel.
[Na końcu:] Cum gratia et privilegio
S. R. M. et licentia Superiorum. W Krakowie w drukarni Łazarzowej Bazyli
Skalski r. p. 1604.

Dedykacya Leonowi księciu Sapieszę, kanclerzowi W. X. Lit. dat. w Krakowie d. 20
kwietnia 1605.— Sama rzecz o pochodzeniu Ducha Sw. z przekładem pols. i łacińsk.
obok.

Jocher 3595.

Akad. — Krasińs. — Ossol.

BESSAT Franc. Soc. Jesu (1734
† 1808). Na koronę krolewską Stanisława Augusta z napisem: Hanc jussit
fortuna mereri. (Bez osob. tyt. Kraków
1792. druk. Szkoły Główn.) w 16ce,
k. 2. (Bez miejsca i roku).

Wiersz łaciński A. Bessata i pięć tegoż prze-
kładów polskich przez J. W. K. w Warszawie, A. T. (rzciński) w Krakowie, R. T. i
T. Z. w Krakowie, N. J. P. (rzybylskiego).

Jagiell.

— Recueil de quelques discours. [Na
stronie odwrotnej:] 1ᵉʳ Discours au roi
de Pologne. 2ᵈ Discours sur le droit

naturel. 3ᵉ Discours sur les études. 4ᵉ Discours sur l'histoire de pologne. Każda z tych mów ma osobny tytuł: Discours prononcé devant Sa Majesté le roi de Pologne au collége royal des nobles de varsovie. A Varsovie. De l' imprimerie royale 1774. w 4ce, z przodu 2 karty niel. i 11 stron.

Discours sur le droit naturel: à Varsovie de l'imprimerie Royale 1775, w 4ce, z przodu 4 k n. i 24 stron.

Przypisał Stanisławowi królowi X. Bessat ex jezuita, professor prawa natury w konwikcie pijarskim w Warszawie.

Discours sur les etudes adressé à sa majesté le roi de Pologne par les cléves du collège royal des nobles de Varsovie. Mr. le comte Nepom. Gurowski fils du Castellan de Przement portant la parole. 1775. w 4ce, 24 stron.

Discours sur l'histoire de Pologne. à Varsovie. De l'imprimerie royale. 1776. w 4ce, z przodu 1 k. niel. i 24 stron.

Bentk. II. 31.— Brown. Bibl. 117.— Backer Bibliot! I.

Akad. — Jagiell.

BESSER JAN von, z Frauenburga w Kurlandyi radca wojskowy i mistrz ceremonii przy Auguście II. (1654 † 10. lut. 1729). Leben und Tod des Weyland Herrn Jacob Friedrich von Maydel, Ihrer König. Majest. in Pohlen Cammerherrn und Starosten auf Wezaiz, Herrn der Güter Bixten etc. in jenem seine Fürtreftlichkeit, in diesem sein blutiges Ende, und was von beyden zu halten, vorgestellt von seinem gewesenen Hoffmeister. Leipzig 1678. fol. ark. 32.

Bibl. uniw. w Dorpacie.

Recke u. Napierski I. 159—162! — Jöcher Lexicon I. 1052.

BESSEUSZ (Besse) Piotr, († w Paryżu 1639). Heraklit chrześciański X. Piotra Bessevsza z łacińskiego textu, przez Matevsza Jgnacego Kvligowskiego stolice apostolskiey protonotáriuszà, Archidiákoná Bákkowieńskiego, proboszczá y plebaná Wołpińskiego, wierszem polskim. Wyrażony. A miásto rozdziałów na dni sześć, y wieczorow sześć rosporzadzony z przydatkiem siodmey nocy, Także z przydatkiem kunsztow póéty-

ckich w rożnych mieyscách. To jest Láment grzesznikà pokutuiacego. Y do druku dla pospolitego pożytku podany. W roku 1604. w Warszawie, w drukárni J.K.M. y Rzec: Posp: w Kollegium Schol: Piar. 1694. w 4ce, k. 4. str. 325. i k. 1. rejestru. (Część I. idzie do str. 197. Część II. do 325).

Data wydania tak źle wybita, że wydaje się, iż roku 1604. wyszło dzieło.

Dedykacya Aleks. Pawł. Sapiezie, Marszałkowi W. X. Lit. Wołpińskiemu, Gulbińs. staroście (wierszem).

Na końcu poematu, tłumacz protestuje przeciw swej pierwszej pracy o Sw. Józefacie, królewiczu i Barlámie pustelniku, w której na punkcie XIX. na karcie 136. przez dodanie litery W. popełnił występek przeciw teologii. Drukarz obiecał tę literę wyglozować, mimo czego na 700 egzemp. dzieła, znalazł w 200 egzemp. tę literę. Chciał nawet o toż z typografem jure agere.

Bentk. I. 396. — Załuski Bibl. poet. s. 2. Czartor. — Jagiell. — Krasińs. — Ossol. — Wileńs.

— Grotta grzesznika pokutującego w sercu wykowana, albo Heraklit chrześciański, z łacińskiego na polskie według exemplarza Xiędza Piotra Besseusza, kaznodzieję niegdy Króla J.mći francuzkiego, wierszem przełożony przez Szymona Jerzego Cerenowicza Burgrabiego Grodzkiego Warszawskiego JJ.OO. Xięstwu Jch Mościom Czartoryskim Wojewodom, Generałom ziem ruskich, małżonkom, państwu i Dobrodzieiom moim dedykowany w r. p. 1748, do druku podany r. p. 1758. We Lwowie, w druk. J. Kr. M. w 4ce. Część I. str. 195. Część II od str. 196 do str. 323.

Czartor. — Ossol.

Porównaj: Denkin Leonard. (Ceronowicz J. S. Grotta 1755).

BESSUY Ludw. Soc. J. (1666 † 1683), ob. Wierzbicki Kaz. (Vita 1738).

Bestand der Würde und Krohn des Königreichs Preussen. B. w. m. Anno Christi 1701. w 4ce, str. liczb. 31.

Ob. Öreussen.   Krasińs.

Beständige Lehre. 1624. Ob. Hojer L. A.

BESTUŻEW Rumin Piotr (1692 †1766) Lettre circulaire de S. E. le comte de Bestucheff-Rumin, adressée au primat,

aux sénateurs et aux ministres de la Pologne. B. w. miejs. (1756). w 4ce.
Peters.
— Schreiben des Gross - Canzlers Grafen v. Bestuscheff an den sächs. Premier Minister Grafen v. Brühl. (1756). w 4ce.

— Circular - Schreiben des Gross-Kantzlers, Grafen v. Bestuchef, an den Primas, Senatoren, u. Minister der Krone Poblen. [Na końcu:] Petersb. den 12 Nov. 1756, w 4ce. Kijows.

Besuchung (Andächtige) des schmerzhaften Kreuzweges, den unser Herr und Erlöser vom Richthause des Pilatus bis auf den Kalvarienberg gegangen ist, in vierzehn Stationen oder Betorte abgetheilt. Warschau 1787. bey P. Dufour. w 8ce, 24 stron.

Besz Hans Fr. ob. Schüller And. (1697).

BETAŃSKI Antoni Wacław (1715 † 21 stycz. 1786 w Brzozowie). Dec et Apostol. Sedis Gratia Episcopus Premisl. Intimus S. Caes. Reg. et Apost. Majest. Consilliar. Universo Clero tum saeculari, quam conventuali Dioecesis Nostrae Premisliensis, Nobis in Christo dilecto tenore praesentium significamus in Circulo Decanatu Dioecesi vero nostra Premisliensi, fol. k. 1.
Zacharyas. Vitae Episc. s. 176 — 181. — Bartosz. w Encykl. Org. III. 320.
Ossol.

— Universo Clero tam saeculari quam Regulari Dioecesis Nostrae Praemisliensis fratribus Nobis in Christo dilectis salutem in Domino. Dat. Brzozoviae 1782. fol. kart 1.
Ubolewa nad śmiercią Biskupa Przemyskiego Józefa Tadeusza z Kiekrzu Kierskiego, poprzednika swego, i wychwala cnoty jego, oraz uprasza wszystkich o względy i zaufanie, obiecując wszelkiej usilności przykładać, by jasno poznać się dała chęć i gorliwość jego, swojej dyecezyi dobrze czynienia. Ossol.

— Epistola pastoralis, dat. Brzozoviae 6. Jan. 1783. fol. 1 karta.
— Epistola pastoralis. 1783. folio, k. 2.
Komunikuje trzy listy gubernialne do niego pisane. W pierwszym nakazano, by tylko po nastąpionych trzech zapowiedziach ślub był dawany; z dnia 28 lutego 1783.

Drugim, z dnia 7 marca ogłasza, by karty, któremi zwołują się bractwa, lub obwieszczają się dni świąteczne, odpusty i ceremonie kościelne nim do druku podane będą, pierwej cenzurze przedkładano i aby po otrzymaniu pozwolenia jeden lub dwa exemplarze Magistratowi miejscowemu komunikowane były. Trzeci zawiera rozkaz, by proboszcze, którzy wikaryuszów swych nie mają, niezaniedbywali w własnych parafiach obowiązków (z d. 7 marca 1783). — Datum Brzozoviae in palatio nostro episcopali d. 5. m. April. a. d. 1783. Ossol.

— Epistola pastoralis 1783. fol. kart 2.
Komunikuje dwa listy gubernialne, jeden z dnia 14 lutego 1783, drugi z dnia 7 marca 1783, do niego pisane o zgorzeniu miasta Lissersdorf i wzywające do zbierania jałmużny i do ofiarowania pomocy. — Datum Brzozovie in Palatio nostro Episcop. die 24. mensis Mart. Anno 1783.
Ossol.

— Epistola pastoralis. Brzozoviae, 9. Maii 1783. fol. k. 4.
Komunikuje 13 pism z Gubernium do niego: z 17 i 14 Marca 1783 o suspendowaniu przełożonych klasztorn prokuratorów, wikaryuszów, przeorów nie urodzonych w kraju i bez naturalizacyi. Drugie pismo zabraniające duchownym pożyczania pieniędzy i lokowania na dochodach parafialnych, z dnia 14 marca 1783, trzecie z dnia 21 marca 1783 o karach na księży zakonnych i świeckich, czwarte z dnia 28 marca 1783, by konsygnacye metryk podług skreślonego formularza i w wyznaczonym czasie przysłane były. Piąte z dnia 28 marca 1783, szóste z dnia 4 kwietnia 1783, siódme też dnia 4 kwietnia 1783, ósme z dnia 11 kwietnia 1783 i dziewiąte i dziesiąte i jedynaste i dwunaste z tegoż dnia. Poleca, aby zbiegłych XX. potajemnie z kraju, nie przyjmowano do żadnego konwentu, zaś XX. Szczerbińskiego, Kupuskiego, Starzeńskiego kaznodzieję i Hier. Kochalskiego za granicę nie wypuszczać. Trzynaste z dnia 4 kwiet. 1783, by z pojedynczych beneficiów pobory i inne zaległe dotąd expedycye wnet przysłane były.
Ossol.

— Kommunikat Biskupi 1783. folio, k. 2.
Komunikuje dwa pisma gubernialne do niego zwrócone; pierwszy zawiera informacye i reguły, które na uwadze mieć każden pasterz duchowny powinien mówiąc kazanie — z dnia 28 lutego 1783; drugi donosi, iż gwardyan sądecki Hyacinth Rubinkowski i Fortunat Bem, potajemnie uszli z Kordonu; więc by ich do żadnego

konwentu nieprzyjmować jeśliby powrócili (z dnia 7 marca 1783). Datum Brzozoviae in Palatio Nostro Episcopali die 12 Aprilis, Anno 1783.   Ossol.

— Okólnik biskupi. Z dnia 27 maja 1783. folio, k. 4.

Stosując się do odezwy gubernialnej z 4-go kwietnia 1783 do niego pisanej, konwentom dyecezyj swojej donosi wolę C. K. Mści o urządzeniu w postanowieniu przełożonych zakonnych, o zniesieniu niektórych mniejszych klasztorów i zwiększeniu zjednoczenia, o niedopuszczanie do urzędu przełożonego klasztoru osób, które nie odebrały dekretu naturalizacyi. — Komunikuje formularze, których rubryki wypełnione być powinny przy prośbie o pozwolenie wyemigrowania księżom życzącym się udać do Polski. — Dołącza konsygnacyę osób z stanu duchownego, potajemnie z kraju zbiegłych do ostatniego lutego 1783 i to z dyecezyi krakowskiej, przypominając, by te osoby do zakonów przyjętemi nie były, jeśliby powróciły. — Datum Brzozoviae in Palatio nostro episc. d. 27 Mai, anno 1783.

                        Ossol.
— Okólnik. Z dnia 16 Junii 1783. folio, kart 4.

Komunikuje trzy pisma gubernialne do niego przysłane. Pierwszy z dnia 20 czerwca 1783 o nadanym przywileju Janowi Fryderykowi Schitz; drugi z dnia tegoż i roku, o pogorzeli miasta Neusol w Węgrzech i zbieraniu jałmużny i zapomogi dla pogorzelców. Trzeci z dnia 24 czerwca 1783 z dołączoną konsygnacyą, zawierającą spis osób duchownych, potajemnie z kraju zbiegłych i o nieprzypuszczanie ich do klasztorów. Dałączona jest konsygnacya, po dług której zapisane być powinny osoby proszące o pozwolenie wyemigrowania z kraju Datum Brzozoviae in Palatio Nostro Episcopali, die 16 Junij. 1783.
                        Ossol.
— Okólnik. Z dnia 28 Junii 1783. folio, k. 4.

Komunikuje sześć pism gubernialnych do niego pisanych; pierwszem z dnia 24 kwietnia nakazuje się, by duchowni wszelkich listownych korespondencyi z dawnemi przełożonemi zaprzestali i listy nierozpieczętowane odsyłali do gubernium lwowskiego; drugie o zniesieniu szkół filozoficznych i teologicznych w konwentach od 1 listopada (z dnia 16 maja 1783); trzecie z dnia 30 maja 1783 o zdaniu sprawy przez Xięży o budowlach ich, w jakim stanie się znajdują; czwarty z dnia 30 maja 1783 zawiera przepisy jak sobie Xięża postępować mają, prosząc o pozwolenie oddalenia się na jakiś czas z parafii

swojej; piąte z dnia 6 czerwca 1783 zawiera przepisy dla dziekanów, by zdali sprawę w sądzeniu proboszczów, w naprawianiu budowli parafial.; szóste z 10 czerw. 1783 nakazuje, by uczuia teol. Emer. Staynera i kaznodz. Jędrzejowskiego, zbiegłych z klasztoru nie przyjmowano do zakonów.— Objaśnia przepisy, jak doń czynić prośby, to jest urzędownie i fracta pagina. Dat. Premisliae, in Palatio nostro epis. 28. Junii 1783.
                        Ossol.
— Okólnik. Dat. Premisliae, 14 Aug. 1783. fol. k. 4.

Komunikuje 14 odezw gubernialnych do niego pisanych: pierwsza z d. 30 maja 1783 zawiera, by dziekani jak najrychlej osobiście lub przez swych posłanników, kiedykolwiek od c. k. Urzędu powołani będą, tamże się stawili; druga z dnia 1 lipca 1783 o poborach i formularzach, podług których pobory zapisane i przysłane być mają; trzecia z dnia 8 lipca 1783 o potajemnych małżeństwach; czwarta z dnia 8 lipca 1783, dozwala przełożonym ubezpieczać zamknięcia przez kraty u okien; piąta z dnia 8 lipca 1783 i szósta z tejże daty, o nieprzyjmowaniu do zakonów z kraju potajemnie się oddalających, gdyby powrócili; siódma z dnia 28 kwietnia 1783 tej treści: że rezygnacye wszystkich duchownych beneficiów w powszechności z zyskiem jakiej trzeciej osoby, bądź za zezwoleniem bądź bez zezwolenia papiezk. czyniące się, nie będą ważnemi; ósma z 11 lipca, by księża oświecali w materyi błędnych mniemań o religii; dziewiąta z 15 lipca o zbiegłych z kraju; dziesiąta z 15 lipca, by nikt nie starał się o beneficya za granicą; jedynasta z 18 lipca o postępowaniu przed daniem ślubu; dwunasta z 22 lipca o księżach słabych na umyśle; trzynasta i czternasta z 22 lipca o opuszczających kraj potajemnie, by ich do zakonu nie brać.
                        Ossol.
— Okólnik. Dat. Premisliae, in palatio nostro episcopali, 14 Augusti 1783. fol.

Całemu duchowieństwu zakonnemu i świeckiemu przypomina obowiązki jego, przekłada im najtrafniejsze sposoby, któremi najłatwiej do dopięcia celu im przeznaczonego dążyć mogą; postanawia czas, kiedy dziekanie do parafij do nich należących udać się mają, by przekonali się osobiście o stanie zabudowań parafialnych i o postępowaniu proboszczów, z czego (podług 30 pytań im dołączonych) sumiennie sprawę zdać powinni. Przyłączone są materye z których nauki i kazania mówić się powinno, i formularz, podług którego

przy zdaniu sprawy konsygnacya ma być
podana od dziekanów.   Ossol.

— Epistola pastoralis, dat. Brzozoviae 14 Aug. 1783. fol., 4 ark.

— Okólnik. Dat. 20. Septem. 1783.
fol. k. 3.

Komunikuje dziesięć rozporządzeń gubernialnych. Pierwsze z dnia 22 lipca 1783 r.
o małżeństwach i dyspenzacyach różnych;
drugie z dnia 22 lipca 1783 o pastuchach
w dniach świątecznych i o nauczaniu tychże;
trzecie z dnia 29 lipca 1783 zawiera, że
skargi względem opłaty juris stolae do cyr-
kułu podawane być powinny; czwarte
z dnia 27 lipca 1783 o potajemnych przeszkodach do zawarcia małżeństwa, w które
duchowni mieszać się nie powinni; piąte,
szóste i siódme z dnia 29 lipca, 5 sierpnia
i 12 sierpnia 1783 o tych, którzy potajemnie z kraju wyjechali, aby nie byli do
zakonów przyjęci; ósme z dnia 12 sierpnia
1783 mówi, że reparacya kościołów i ple-
banii do Dominium należy, i że cyrkuł
przymusić może Dominium do tego; dziewiąte z dnia 26 sierpnia 1783 zawiera by
duchowni, jeżeli coś kościołowi imieniem fundationis darowanem będzie, w przeciągu 14
dni donieśli; dziesiąte z 26 sierpnia 1783
o potajemnie z kraju zbiegłych.
                                       Ossol.

— Okólnik. Dat. Brzozoviae, in
palatio nostro episcopali, die 12. Novembris 1783. fol. k. 1.

Komunikuje cztery pisma gubernialne do
niego pisane. Pierwsze z dnia 10 września
1783 o zaprowadzeniu szkół normalnych;
drugie z dnia 10 września 1783 przypomina dziekanom o zwiedzaniu parafij
swoich, które rocznie ise i w przytomności urzędnika dziać się powinno; trzecie
i czwarte z dnia 14 i 21 września 1783:
o nieprzyjęciu tych, którzy potajemnie
z kraju uszli.   Ossol.

— Okólnik. Dat. Brzozoviae 18 Decembr. 1783. fol. k. 5.

Komunikuje 16 listów gubernialnych; pierwszy z dnia 21 września o zniesieniu
zwyczaju, by brano od spowiedzi pieniądze;
drugi z dnia 27 września 1783 o Domi-
niku Gerzod ordin- praed. i o jego obchodzeniu się z X. Grzegorzem Budzińskim,
którego kazał zamknąć do więzienia, przez
8 dni chlebem i wodą żywić, gdy przeorem był w konwencie Żółkiewskim; trzeci, czwarty, piąty i szósty z dnia 28 września i 7 listopada 1783 o nieprzyjmowaniu tych, którzy, z kraju potajemnie zbiegli;
siódmy o powodach tak częstego wyjeżdża-
nia Xięży potajemnie za granicę i sposo-
bach ku zapobieżeniu temuż z dnia 7
listopada; ósmy z dnia 11 Listopada 1783

o przełożonych, którzy w seminaryach
przymuszają kleryków do złożenia przysięgi i o innych nadużyciach; dziewiąty z 14
listopada o zbieraniu jałmużny dla miast
spalonych; dziesiąty o temże w Czechach;
jedynasty o księżach zbiegłych z konwentu z Żółkwi; dwunasty z 14 listop.
o konsyg. metryk; 13, 14, 15, z 25 i 28
listopada o zbiegłych z klasztorów; 16
grudnia o poborach.   Ossol.

— Okólnik. Dat. Brzozoviae, die
14. Januarii 1784. folio, k. 2.

Komunikuje 4 dekrety gubernialne: pierwszy z dnia 30 września 1783, zawiera:
na co uważać powinni dziekani przy obie-
raniu beneficiatów; drugi z dnia 28 listopada 1783 de perceptione portionis canonicae ex substantia Parochorum aut aliorum Beneficiatorum; trzeci z dnia 5 grudnia 1783 o prelekcyach pedagogicznych,
które 2 stycznia 1784 począć się mają;
czwarty z dnia 30 grudnia o uwiadomie-
niu, gdyby gdzie jakie beneficium wako-
wało. Dalej daje swoje przestrogi o za-
chodzących różnych wątpliwościach.
                                       Ossol.

— Okólnik. Dat. Brzozoviae, 6. Febr.
1784. fol. k. 4.

Komunikuje pięć listów gubernialnych do
niego pisanych. Pierwszy z dnia 12 grudnia 1783 o nowej dyecezyi Tarnowskiej
obrząd. łać. i Hełmskiej obrz. greck.;
drugi z dnia 27 grudnia 1783 o admini-
stracyi substancyi i dochodów na szkółki
przeznaczonych; trzeci z dnia 8 stycznia
1784 o tych, którzy potajemnie z kraju
się oddalili z dołączoną tych konsygnacyą
z miesiąca grudnia 1783; czwarty z dnia
15 stycznia 1784 o zaletach i przymio-
tach, jakie mieć powinni nauczyciele gimna-
zyów; piąty z dnia 14 stycznia 1784
o wynagrodzeniu, jakie otrzymało kilku
nauczycieli i przepisach, czego uczyć
najwięcej trzeba. Dalej przypomina X. Betański o konsygnacyach, o dochodach i
użytkowaniu.   Ossol.

— Universo Clero tam saeculari
quam conventuali Dioecesis Nostrae
Praemisliensis Nobis in Christo dilecto
salutem in Domino. Significamus Dile-
ctionibus Vestris pervenisse ad Nos
excelsi Caesareo Regii Gubernii Leopol.
decretum strictissime executioni manda-
tum tenoris sequentis. Decretum. In ac-
cluso recipiet Dominus Episcopus instructionem quod respectu Ecclesiasticorum
Beneficiorum tam privatae quam Regiae
Collationis considerandum veniat cum
ista alteriori animadversione ut Domi-

nus Episcopus tam suo Consistorio quam Decanis observationem executionemque borum normalium principiorum diligenter recommendat.— Podp. Jos. Brigido. Die 1 Martii. 1784. fol. k. 12.

Ossol.

— Okólnik. Brzozoviae, 14. Mart. 1784. fol. k. 3.

Komunikuje sześć dekretów gubernialnych. Pierwszy z dnia 16 stycznia 1784 zakazuje dzwonienia podczas nawałnic i burzy; dołączony jest do niego patent z dnia 20 listopada 1783; drugi z dnia 3 lutego o zbieraniu jałmużny dla pogorzelców miasta Eylly w Styryi; trzeci z dnia 15 lutego o tych XX. którzy potajemnie z kraju uchodzili, (których konsygnacya jest dołączona) by ich nie przyjmowano do klasztorów; czwarty z dnia 12 lutego nakazuje zbieranie jałmużny dla spalonego miasta Ebenfurtu; piąty z dnia 19 lutego o zniesionych niektórych przeszkodach do małżeńskiego stanu; szósty z dnia 26 lutego 1784 o przesłaniu sum dla misionarzów. Dalej powtarza X. Betański przepisy dla proboszczów w dawniejszych pismach przesłane. Ossol.

— Okólnik. Dat. Brzozoviae, die 6. Aprilis 1784. fol. k. 4.

Komunikuje dekret dworu z dnia 9 marca 1784, w którym zawarte są przepisy i reguły egzaminów dla tych, którzy proszą o miejsca wakujące na beneficyach.

Ossol.

— Okólnik. Dat. Brzozoviae, die 6. Aprilis. 1784. fol. k. 3.

Komunikuje pismo gubernialne z dekretem dworu z dnia 26 czerwca 1784 o zniesieniu statuy, obrazów, kul, rąk, nóg. obrączek drewnianych, kajdan i innych rzeczy koło ołtarzów wiszących na ścianach, jako pamiątki cudów, a natomiast zaleca ściany pomalować, lub dać obrazy. Poczem następuje instrukcya dla duchowieństwa o nauczaniu i postępowaniu sobie z parafianami i o wszystkich potrzebnych rzeczach. Ex Cons. Guber. Leopol. 12. Julii 1784.

Ossol.

— Okólnik. Dat. Brzozoviae, die 8. Aprilis 1784. fol. k. 3.

Komunikuje sześć dekretów gubernialnych. Pierwszy z dnia 26 lutego o przekraczaniu praw względem kredytorów i dłużników; drugi z dnia 4 marca 1784 zawiera konsygnacye XX., którzy w miesiącu lutym 1784 tajemnie uciekli; trzeci z dnia 18 maja 1784 o przykładaniu większej pilności w pisaniu metryk; czwarty z dnia 26 marca 1784 o błogosławieństwach i odpustach; piąty z dnia 26 marca 1784

o fałszywem wykładaniu piątego przykazania kościelnego; szósty z dnia 26 marca 1784 o gwardyanie Raphale Bąkowskim za przestąpienie praw karanym.

Ossol.

— Okólnik. Dat. 17. Mai. 1784. fol. k. 4.

Komunikuje dziesięć dekretów gubernialnych. Pierwszy z konsygnacyą tych, którzy potajemnie z kraju wyjechali, o nieprzyjęciu ich do klasztorów; (z dnia 2 kwiet. 1784); drugi z 5 kwiet. 1784 o przyjęciu do szkół teolog. osób z innego kraju; trzecie o wieku, w którym przyjmowani być powinni uczniowie do szkół teolog. (z 16 kwietnia); czwarty z dnia 19 kwietnia 1784 o jezuitach przy odpisaniu konkursu; piąty z dnia 19 kwietnia 1784 o konsygnacyi tych parafij, które od innych zniesionych potrzebują sprzętów; szósty z dnia 22 kwietnia 1784 o zabieraniu pieniędzy na utrzymanie alumnatów, seminaryów; siódmy z dnia 22 kwietnia 1784 ogłasza dnie na odpisanie konkursów; ósmy z dnia 3 maja 1784 zawiera uwagę o niemożności posiadania dwóch beneficyów. Dziewiąty z 3 maja o przyjmowaniu na uniwersytet. Dziesiąty z d. 3 t. m. spis zbiegłych w kwietniu. Ossol.

— Okólnik. Dat. Premisliae, die 28. Junii. 1784. fol., kol. 7.

Komunikuje osiem dekretów gubernialnych. Pierwszy z dnia 29 maja 1784 o rozdaniu beneficiów tym, którzy przez 10 lat w kraju zamieszkali; drugi z dnia 29 marca donosi, iż parochowie dostaną formularze drukowane na konsygnacye metryk, pogrzebów, etc. z tą przestrogą, by tem pilniej starali się uważać na wszystkie powinności; trzeci z dnia 6 maja o złożeniu z urzędu i ukaraniu przeora dominikanów klasztoru w Wiel. Oczach, Jana Chryzostoma Siegniewskiego za złe użycie summy 2,000 złp.; czwarty z dnia 14 maja o dołączeniu formularzów na spisanie duchownych z całej dyecezyi i na kwartalne donoszenie zmian; piąty z dnia 10 maja o zadaniu kongressów u akatolików; szósty z 2 czerwca konsygnacya osób zbiegłych z kraju; siódmy z 9 czerw. uwolnienie w klasztorach od chórów; ósmy z 14 czerw. o przeorze Lud. Kwiatkowskim i o ukaraniu go. Ossol.

— Okólnik. Dat. Brzozoviae, die 14. Julii 1784 fol. k. 1.

Daje informacye, jak sobie postępować z złotemi i srebrnemi rzeczami, w kościołach się znajdującemi, i o ich użytku.

Ossol.

— Okólnik. Dat. Brzozoviae, die 27. Julii 1784. fol. k. 2.

Komunikuje pięć dekretów gubernialnych. Pierwszy z dnia 21 czerwca 1784 o nowych kolonistach i ściąganiu od nich dochodów juris stolae; drugi, z dnia 21 czerwca 1784 o zniesieniu bractw (Marianae Congregationes) różnych i zjednoczeniu ich pod imieniem activae proximi charitatis; trzeci z dnia 24 czerwca 1784 o metrykach i ich pisaniu; czwarty z dnia 24 czerwca o miejscu wakującem kuratora; piąty ż dnia 24 czerw. o postępowaniu z osobami do duchownego stanu kształcącemi się, jeśli nie okazują zdolności, i z tejże przyczyny do szkoły akadem. uczeszczać nie mogą.

Ossol.

— Okólnik. Dat. Brzozoviae, die 17. Aug. 1784. fol. k. 2.

Komunikuje trzy dekrety gubernialne. Pierwszy z dnia 12 lipca 1784 o posiadaniu w kraju i zagranicą beneficiów i rezygnowaniu z jednych lub drugich w przeciągu sześciu tygodni, oraz aby były przysłane do gubernium zawiadomienia o tem. — Drugi z dnia 15 lipca 1784 nakazuje by nie łączyć ślubem małżeńskim ludzi, podług panującego zwyczaju, upitych. — Trzeci z dnia 12 lipca zawiera: by ciała zmarłych nie były chowane w mieście, lecz na cmentarzach za miastem. — Dalej przypomina o przysłaniu konsygnacyi dochodów z każdej parafii.

Ossol.

— Okólnik. Dat. Brzozoviae, die 24. Aug. 1784. fol. 2.

Komunikuje dekret gubernialny z dnia 12 lipca 1784 o wakujących probostwach, i odpisaniu konkursów. Ossol.

— Okólnik. Dat. Brzozoviae, 31. Augusti 1784. fol. k. 2.

Komunikuje trzy dekrety gubernialne. Pierwszy z dnia 12 lipca 1784 o zarządzeniu pojedynczych beneficiów; drugi z dnia 5 sierpnia 1784 o pokrewieństwie i ślubach małżeńskich, a trzeci z d. 10 sierp. 1784 z konsygnacyą tych Xięży, którzy potajemnie z kraju uszli w miesiącu lipcu 1784. Dołączone konsyg. wakujących parafij. Ossol.

— Okólnik. Dat. Brzozoviae, die 10. Sept. 1784. fol. k. 7.

Przedkłada wszystkie ważne obowiązki Xięży, przypomina im ich powinności. Dalej wkłada obowiązek na dziekanów, by sprawę zdali o stanie każdej parafii, dowiadując się o niej podług przytoczonych 29 pytań. — Potem następuje: Materiae Parochis et Vicariis injunctae de quibus inter alia Sermones sacri instituendi demandantur. — Dołączony jest formularz konsygnacyi.

Ossol.

— Okólnik. Dat. Brzozoviae, 13. sept. 1784. fol. k. 3.

Komunikuje cztery dekreta gubernialne. — Pierwszy z d. 29 lipca 1784 o Xiężach, którzy po łacinie nieumieją. i w głównych seminarynch nie byli. Drugi z dnia 9 sierp. 1784 podaje przepisy jak metryki pisane być powinny; trzeci z dnia 26 sierp. 1784 o tych, którzy się starają być proboszczami, sami zaś złe obyczaje mają; następnie konsygnacya pożądanych fassyj, podług dekretu guber. z dnia 12 sierp. 1784; czwarty dekret z dnia 19 sierp. o koniecznej potrzebie dla duchownych, by mieli zaświadczenie de absoluto praeparatoris cathechetico cursu. Przypomina dalej X. Betański o zbliżeniu się czasu wyznaczonego dla przyjmowania do seminaryum.

Ossol.

— Okólnik. Dat. Brzozoviae, 28. Sept. 1784. fol. k. 5.

Komunikuje trzy dekreta gubern. Pierwszy z dnia 30 sierp. o fassyach i ich przyspieszeniu, następnie konsygn. desideratów: ex Premislien. Dioecesi latini ritus fundationalium fassionum. Drugi dekret z dnia 2 września mówi o przepisach dla tymczasowych administratorów wakujących miejsc na beneficya. Trzeci, z d. 9 września 1784 o Bernard. Laiku Zenonie, który potajemnie uciekł z klasztoru, by go nieprzyjmować gdyby powrócił. Dołączoną jest konsygnacya: Religiosorum Monasterii leopoliensis, qui in monasteriis, in cura animarum aut quoque demum existunt, d. 28. Sept. 1784. Ossol.

— Okólnik. Dat. Brzozoviae, die 26. Octobris 1784, folio, kart 14.

Komunikuje dekret guber. z dnia 1 marca 1784 o następującej instrukcyi: Instructio quod respectu vacantium Beneficiorum tam regiae quam privatae collationis observandum veniat de die 1 Mar. 1784. Następuja dwa formularze percept i expens parafiatu. Ossol.

— Okólnik. Dat. Brzozoviae, 29 Octobr. 1874. fol. kart 4.

Komunikuje sześć dekretów gubernialnych. Pierwszy z dołączonym cyrkularzem z dnia 2 wrześ. 1784 o zniszczeniu reguł zakonnych czyli konstytucyach, teraźnieyszym sprzeciwiniąjących się. Drugi z dnia 20 wrześ. 1784: de divortiis matrimonialibus eccinam decisio competit. Trzeci z dnia 7 Paźdź. 1784 o przyłączeniu konsygnacyi: desideratorum adhuc fundationalium fassione. Czwarty z dnia 9 paździer. o przyłącz: konsygnacyi duchownych potajemnie z kraju zbiegłych w miesiącu wrześniu 1784. Piąty z dnia 11 Paździer. 1784 o nieważnych małżeństwach. Szósty z dnia 9 wrześ. 1784 o przyłączeniu cyrkularza względem chowania zmarłych. Odpisanie konkursów. — Ossol.

— Okólnik. Dat. Brzozoviae, die 2. Decemb. 1784. fol. kol. 3.

Komunikuje cztery dekreta gubernialne. — Pierwszy z dnia 18 paźdź. 1784 o nieprzypuszczeniu do beneficiów tych, którzy kursu katechetyki nie odbyli. Drugi z dnia 18 paździer. 1784 o zbieraniu jałmużny dla pogorzałego miasta Nikolsburga w Margrabstwie morawskiem. Trzeci z dnia 25 paźdź. o niedawaniu ślubu osobom pijanym. Ossol.

— Okólnik. Dat. 18. Decembr. 1784. fol. k. 4.

Udziela sześć dekretów gubernialn. Pierwszy z dnia 18 listop. 1784 donosi o statuach i obrazach w podarunku z Rzymu przysłanych. Drugi z dnia 18 listop. 1784 o podróżnych, którzy paszportu nie mają. Trzeci z dnia 28 listop. 1784 przestrzega, by zachowane zostały reguły tyczące się sum duchownych. Czwarty z dnia 29 listop. 1784 o odpisywaniu konkursów na beneficya: Sokalskie, Skierbieszowskie i Natrozowskie. Piąty z dnia 6 grud. 1784 o następującej konsygnacyi zbiegłych z kraju. Szósty z 11 grud. 1784 o obiorze przełożonych. Ossol.

— Universo Clero tam saeculari, quam conventuali Dioecesis nostrae premisliensis nobis in Christo dilecto salutem in Domino. In Imetur. (tak). 1785. fol. k. 3. Ossol.

— Universo Clero tam saeculari quam Claustrali Dioecesis Nostrae Premisliens. nobis in Christo dilecto salutem in Domino. — 15. Januar. 1785. fol. k. 4. Ossol.

— Universo Clero tam saeculari, quam claustrali Dioecesis nostrae Premislien. Nobis in Christo dilecto, salutem in Domino publicetur.— 24. Februar 1785. fol. k. 5. Ossol.

— Episcopus Premisliens. publicat 5. Decreta gubernialia Clero Dioeceseos. Datum Brzozoviae 14. Mart. 1785. fol. k. 5. Ossol.

— Episcopus Premisliensis universo Clero dioecesano publicat 10. Decreta regiminis. Dat. Brzozoviae 31. Martii. 1785. fol. k. 6. Ossol.

— Universo Clero tam saeculari, quam claustrali Dioecesis nostrae Praemisliens. Nobis in Christo dilecto salutem in Domino. Intimetur. fol. k. 4.

Obejmuje rozporządzenie rządowe względem duchowieństwa. Datow. Premisliae 31 maii 1785. Ossol.

— Universo Clero tum Saeculari, quam Conventuali Dioecesis Nostrae Premisliens: Nobis in Christo dilecto, salutem in Domino. Publicetur Decretum sub Nº 14,457.— 8-vo Julij. 1785. fol. k. 4. Ossol.

— Universo Clero tam Saeculari, quam Conventuali Dioecesis nostrae Praemisl. nobis in Christo dilecto, salutem in Domino. Publicetur Decretum excelsi Caesar. Reg. Guber. Leopol. d. 26. Aug. 1785. fol. k. 4. Ossol.

— Universo Clero tam Saeculari, quam Claustrali Dioecesis nostrae Premisliens. nobis in Christo dilecto, salutem in Dno. Publicetur exc. caesareo—reg. Regnorum Galic. et Lodom. Decretum. 12. Octobr. 1785. fol. k. 4. Ossol.

— Universo Clero tam Saeculari, quam Conventualis Dioecesani Nostris Premisliens. Nobis in Christo, salutem in Domino, et pastoralem Nostram benedictionem: In consequentiam Supremorum caesareo regiorum dispositionum accuratissime observandorum intimantur Dominationibus vestris decreta excelsi Regnorum Galiciae et Lodomeriae Gubernii, quae sunt tenoris sequentis. 2-do Januar. 1786. w 4ce, k. 4. Ossol.

— Oratio excellent. ac illustr. Dni Venceslai de Betański Episcopi Premisliensis et Universitatis Rectoris coram excellent. ac illustris. Dno Caesareo ablegato in publica functione habita. w 4ce.

Ob. Acta universit. Leopolitanae Anno. 1784 str. 14—15.
Ejusdem oratio altera gratiarum actoria tamże, str. 16—22.
Ejusdem oratio postrema in primo universitat. consistorio habita, tamże str. 23—25.

— ob. Fredro Const. (De episcoporum 1784) — Jarocki Ignatius (Illustrissimo 1785, Salutatio 1782) — Konopka X. M. E. (Sermo) — Matyaszowski Antoni — Józefowicz Joan. (Assertiones 1784).

(Beth-Andachten) Eines bethenden Christen zur Übung der Gottseligkeit heilige Beth-Andachten, welche sich sowohl männliches als weibliches Geschlecht bedienen können. Lissa. Druck v. Presser. w 8ce, str. 576, i rejestr.
Warsz. Uniw.

(Bethaus). Das in dem Königl. Danischen Bethause zu Warschau gewöhnliche Kirchen Gebet und Beicht. w 12ce, str. 16. Warsz. Uniw.

Bethbüchlein w. d. Türken. 1595. ob. Coletus.

BETGEN J I. Plan von der in Lithauen neu angelegten Stadt Gumbinnen gezeichnet von J. T. Betgen 1733. kart 2.

Bethleemiticus Hipatius ob. Zegarth Simon Aug. (Verbo infanti 1636).

Bethlemfalva ob. Ecchius Valent. (1519).

BETHLENIUS Franciscus Socinianus Archimareschallus principatus Transylvaniae. Epistola ad Mart. Ruarum de dato Piaseczno 15 Nov. 1645.— Secunda. Varsoviae 7. Aug. 1648. — Tertia. Bethlen 7. April. 1649.
<blockquote>
Umieszczone w Ruari Epist. Centur. II. N. 91. edit. Zeltneri str. 688, 696, 697. Histor. Socin. Transylv. — Bock Hist. Socinian. I. 45. — Adelung I. 1805.
Jagiell.
</blockquote>

BETHLEN Gabor (Gabriel) († 27 paźdź. 1613). Lettre de Bethlehem Gabor ou Gabriel, au roy de Tartarie, translatée d' aleman en françois. Item une brieve et veritable relation de ce qui s'est passé en Poloigne, depuis le premier de septembre iusqu' au present. Imprimé le troisiesme decembre, avec permission 1621 (mylnie wydr. MCDXXI t. j. 1421) w 4ce, 8 k. nlb.
Czartor.

— ob. Kovatschyocius Stephanus (Oratio 1619).

BETHLEN Wofgang, kanclerz Siedmiogrodzki (1648 r. † 1679 r.) Historia de rebus Transylvanicis (seu Histor. Pannonico Danicarum Lib. XI. ab a. 1526. ad a. 1609). fol. str. 382.
<blockquote>
Drukowano na zamku Köross u antora.
</blockquote>

— Toż. Cibanii, typ. et sumpt. Mart. Hochmeister 1782—85. w 8ce.
<blockquote>
Mieści w T I. Isabella Sigismundi Regis polon. filia str. 282, 288 do 687. Łaski Hieronim str. 143, 216, 350, 409. Sigismundus polon. Rex suadet 82, 282. W T. II. Anna Jagellonides str. 406, 429. Balassa Melchior 43, Bathori Stephan 39—523. Bekesz Gaspar 431. Hunyady Franc. 555. Henricus Gallus s. 272. 388. Kowatsoczi Wolfg. Oratio. s. 531. Maximilianus Rex Bohemiae 405, 418. Perneszi Stef. Stephani Bathori exequiae s. 550. Seleymus Solymanni Imper. filius. s. 200. Sigismundus Augustus s. 59. Zamosci Joannes Griseldim ducit. s. 474. Carmina ejudem 553. W T. III. Bathori Andreas s. 177. Bathori Sigism. s. 166, 518. Bathori Stef. s. 479. Gyulassi Eust. s. 166, 496. Jeremias Wojew. s. 629. Sennyei Pancrat. s. 518. Zamosci Joannes, 8, 7, 629 (litterae, colloquium). W T. IV. Bathori Andr. s. 269. Michael Vojwoda. s. 596. Szekeli Moises in Poloniam abit s. 510, 593. Zamosci Joann. (litterae) s. 318, 594. 596. Jagiell.
</blockquote>

— Toż. edidit J. Benkö. T. I.—VI. Hermanstadt 1792. w 8ce.
<blockquote>
Encykl. Orgelbr. III. 323.
</blockquote>

BETHMAN Jakób S. J. († w Toruniu 13 marca 1717). Admodum reverendus pater Thyrsus Gonzalez praepositus generalis soc. Jesu aureo libello de recto usu opinionum probabilium orbem reseravit... sic ad numerum cecinit — Soc. Jesu metaphysices professor in collegio posnaniensi 1697.
<blockquote>
Umieszczone w Dom. Nunez S. J. Synopsis triplex tractatus theologici Lyon 1698. Pars III. str. 33—34.
Backer Biblioth. 1890. I. 1414.
</blockquote>

Bethmann Joan. ob. Agricola Rudolf (Passio 1520).

Bethner Jacobus ob. Synod Ministrów (1611).

Bethörung von Luthero. ob. Kwiatkiewicz Jan (1674).

Bethun margrabiowie, ich genealogia ob. Jabłonowski Jan St. (Zabawa chrześć. 1700).

Bethun (de) Franciszek, Margrabia ob. Jabłonowski Jan Stan. (Foedus aeternum 1693). — Kuczankowicz Mac. (Salutat. Joann. III. (1678). — Nobilis Polonus (de statu reipubl. 1687). — Sobieski Jan III. (1676).

Bethune, książe de Sully, Maksymilian ob. Sully (1787).

Bethune (de) Joanna Jabłonowska obacz Jabłonowska Joanna.

Bethune (de), margrabianka, Marya Katarzyna ob. Załuski Andrzej (Oddawanie 1690).

Bętkowski Aleksander ob. Arteński Raf. Č. (Triumphans 1672).

Bętkowski Adam obacz Będkowski Adam.

Bętkowski Franciszek ob. Triumphatrix fatorum Polonia (1728).

BĘTKOWSKI Franciszek Antoni X. Wielkość chwalebna z znaczną pobożnością i zacną rodowitością w osobie ś. p. JW. JMci P. Walentego z Posławic Ankwicza, kasztelana Konarskiego, Sieradzkiego złączona, w chwalebnym abdanku zapisana, a na zniesienie żalów jasno-świętnéj familii i prześwietnych zkolligowanych domów, w licznym kongresie potomnych, należących, przytomnych a dystyngwowanych osób w kościele Bieckim OO. Reformatów pogrzebowém kazaniem pokazana przez X. Franciszka Antoniego z Bętkowic Bętkowskiego, ob. praw Dra, scholastyka Sandeckiego, pasterza y plebana Ołpińskiego, Roku, którego Bóg niezmierny, w ciele ludzkim mniey nieco od aniołów iest umnieyszony 1766. dnia 16 miesiąca czerwca. W Krakowie, w drukar. Seminaryum biskupiego akademic. dioecezani. folio, 1 arkusz i 34 stron.

Na odwr. str. tyt. herby Abdank i Borzęckich, pod niemi 8 wierszy polskich (rytował Adam Gierik). Autor przypisał prozą Aleksandrowi z Kozanowa Borzęckiemu, podstolemu kor. i rotmistrzowi znaku pancernego wojsk JKM. i Rzpltéj. W kazaniu samém są szczegóły do rodziny Ankwiczów.

Ossol. — X. Polkow. — Warsz. Uniw.

— ob. Wierzbicki Marchianus (Demonstratio coecitalis 1767).

BĘTKOWSKI Józef Jerzy. Spes in herba multiplicem virtutum et eruditionis proventu Palladi Jagellonicae portendens. ex tenero flore aetatis et egregiae indolis VI. VV. DD. primae laureae candidatorum collecta. Atquè; dum in alma Universitate Cracoviensi per Illustrem, clarissimum et admodùm Reverendum Dominum D. M. Antonium de Wilkoszowice Wilkoszowski Philosophiae doctorem et professorem, collegam minorem, Ecclesiarum; Collegiatae SS. Omnivm Cracoviae Canonicum, archipresbyteralis B. Mariae Virginis in Circulo Cracoviensi Poenitentiarum Radyminscianum, Contubernij Regio-Jageloniani Seniorem. Praesente magnorum hospitum coroná AA. LL. et philosophiae Baccalaurei ritu solenni crearentur. Metricô calamô Josephi Georgij de Bętkowice Bętkowski ejusdem laureae candidati descripta. Annô 1740. die verò 22. Octobris. Cracoviae typis Universitatis. (1740). fol. k. 6.

Mieści odę do Sw. Jana Kantego i wiersz do egzaminatorów: Ant. z Wilkoszowic Wilkoszowskiego, Ant. Krzanowskiego, Wawrz. Sałtszewicza. Laureantami są: St. Małecki, Adal. Waryski, Fr. Koperski, Józ. Sikorski, Marcin Swiątkowski. Za panegiryki dziękuje Małecki. Za rektorstwa Każm. Pałaszowskiego.   Jagiel. — Ossol.

BĘTKOWSKI Józef Wojciech, doktor filoz., professor gramatyki w szkole Lubrańskiego. Thesaurus virtutum et sapientiae sub apostolicis Patri clavibus asservatus D. Joannes Cantius, in alma Universitate Cracoviensi sacrae theologiae doctor et professor, Regni Poloniae, necnon Magni Ducatûs Lithuaniae patronus, vitae sanctimoniá, ac miraculorum gloriâ ditissimus, recurrente annua solennitatis die in peraugusta Ecclesia cathedrali posnaniensi SS. Petri et Pauli, praesente magnâ illustrissimorum hospitum coronâ, per magnificum et generosum Dominum Antonium de Goczałkowo Goczałkowski cameraridam granicialem posnaniensem, in academia posnaniensi eloquentiae auditorem, stylô oratoriô promulgatus Annô, quô thesaurus redemptionis humanae mundo apparuit, MDCCXLIV. (1744). die XXV. mensis Octobris Posnaniae, typis academicis. folio, 9 kart.

Przypisał ojcu swemu Józefowi z Bętkowic Bętkowskiemu podżupnikowi Bocheńskiemu, którego herb umieszczony na odwrocie karty tytułowej. — Z dedykacyi wynika, iż właściwym autorem jest Bętkow-

ski a nie wymieniony w tytule Goczałkowski.
Łukaszewicz Hist. szkół II. str. 42 w przyp.
Jagiell. — Ossol. — Raczyńsk.
— ob. Bularni Wawrz. (1773).

BĘTKOWSKI M. Rycerskie koło polskie o Moskwi.   Bibl. w Baranowie.

Betleem ob. Anzelm (Chorografia
1595) — Dachnowski Jan Karol (Dialog 1620) — Flawiusz (Sława 1725) —
Peregrynacya opisania Ziemi Św. (1725).

Betrachtung der Antwort Christi.
Königsberg, 1681. ob. Ring Sigism.

Betrachtungen den heütigen Zustand
der polnischen Respubl. und der Schwedischen Machinationen betrefend. Danzig 1675.   Przeźdz.

— Historische und politische... über
die gegenwärtigen pohlnischen Begebenheiten und das daraus fliessende
jetzige Staats-Interesse derer Europäischen Machten. Erster Theil, worinne
I. Einige kurtze geographische und
historische Nachrichten von Pohlen,
nebst Beyfügung einer accuraten Land-
Charte, gegeben. II. Die, in währen-
den pohlnischen Interregno, von Augusti II. Tode, bis zum Wahl-Tage, vor-
gefallene Merckwürdigkeiten aus glaubwürdigen Uhrkunden abgehandelt werden. Leipzig, 1733. in Verlag Joh.
Mich. Taubners w 4ce, k. 1. str. 106.
Na tytule wyrytowany widoczek z nadpisem: Warsavia. W przedmowie autor mówi,
że niedawno wydał dwa dzieła history-
czne: 1) Historische und politische Remar-
quen über den sevillischen Tractat. 2) Gedancken über den neuen Frieden zu Wien.—
Przyjęto je z powodzeniem. Drukował je
w 8ce. — Po przedmowie zamieszczono
mappę: Reise Charte durch das König.
Polen mit allen darzu gehörigen Laendern
verfertiget von J. G. Schreibern in Leipzig.

— Toż. Anderer Theil worinne
I. Eine kurtze Historie des jetzigen
Pohlnischen Reichs-Wahl-Tages überhaupt; II. Dasjenige, was so wohl bey
Stanislai, als Augusti III. Denomina-
tion merckwürdiges vorgefallen, und
wie sich die auswärtigen Machten dabey verhalten, ins besondere angeführet, und mit nöthigen Uhrkunden
erläutert wird. Leipzig, 1734. in Verlag,
Johann Michael Teubners, w 4ce, str. 95.

Na tytule wyrytowany widoczek z nadpisem: Dantzig.
Czartor. — Jagiell. — Krasiński. — Ossol.
Raczyńs. — Uniw. lwow. — Warsz. Uniw.
— über die Umstände der Dissidenten in Polen. Warschau 1767.
Obacz Reflexions.

— eines Pohlen über das Herzog-
thum Kurland. (Warschau). 1789. w 8ce.
Porównaj: Uwagi 1789. Reflexions 1789.
Manteuffel-Züge K. (Bemerkungen 1789).
Winkelmann N. 6421—6422.

— Freimüthige... über den gegenw.
Zustand in Polen 1770. ob. Kaulfuss J. G.

— von den Dingen. 1606. ob. Co-
ster F. H.

— über die kirchlichen und politischen Zwiste von Pohlen. Mit Anmerkungen über die heutige Revolution.
Frankfuhrt und Leipzig 1773. w 8ce,
kart 12, str. 47.
Akad. — Branic. — Ossol.

— Politische... über die innre Staats-
verwaltung von Pohlen, nach Maass-
gabe seiner Grundgesetze, verschiednen
Constitutionen, der Sitten seiner Einwohner, und der Hauptursachen seiner
Unruhen und seines Verfalls; aus dem
Französischen eines freyen Bürgerers ein
Monarchie. Atqui licet esse beatis. Frankfurth und Leipzig, 1776. w 8ce, str. 76.
ob. Reflexions politiques (1775).
Branic. — Jagiell. — Raczyńs.

— eines Freundes der Menscheit.
B. w. m. w 4ce mniej. str. liczb. 24.
Krasińs.

— über das von der Republic Pohlen bey gegenwärtigen Zeitläuften zu
haltende Betragen. Bez osobn. tytułu
B. w. m. i r. (1756) w 4ce, k. 2.
Odpowiedź polska na to, jest przełożoną
w wydawnictwie: Beyträge zur neuer. Staats
Geschichte 1760. T. 9. str. 291.
Pisemko wydane w duchu rządu pruskiego.
Wyszło jednocześnie i po francuzku p. t.
Considerations sur la conduite de la Republique de Pologne. Tekst francuski ma
datę r. 1756. Przemawia do Polaków, aby się
nie dali wciągnąć do kabały dworów saskiego i wiedeńskiego. Wspomniana tu jest
jako paszkwil broszura: Reflexions sur
les conjunctures présentes (Betrachtungen
über die gegenwärtige Zeitläufte).
Jagiell. — Ossol.

— über das von Wolf und Heyking
Gesuch ob. Wolf (1791).

Betrag ob. Gestalt (1757).

Betrübte (das) Thoren ob. Toruń (1725).

Betulelus Syxtus ob. Bonagarsus Dm. (1604).

(Betuski Antoni) († w Żelechowie d. 5 Czerwca 1679). Manipulus ramorum laurigerorum venerabili Domino Antonio Betuski elementorum philosophiae et eloquentiae professori, cum in inclyta Academia Zamoscensi dignissimo ejusdem procancellario auspice perillustri ac admodum Reverendo Domino D. Andrea Kłopocki S. theologiae et juris utriusque doctore, praeposito Jaroslaviensi, Scholastico Zamoscensi, protonotario Apostolico, S. R. M. secretario lauream in artibus et philosophia secundam per excellentissimum et admodum Reverendum Dominum D. Andream Abrek, philosophiae doctorem, canonicum Zamoscensem, praepositum Tarnogrodensem susciperet, a nobili juventute academica scholae Rhetorices praeceptori meritissimo in gratulationem novi honoris oblatus. Anno Domini MDCLX. (1660). die XVIII. Junij. w 4ce, k. nlb. 6.

Na odwr. str. tytułu berła Akademii, pod nimi sześć wierszy.   Ossol.

— ob. Abrek Andreas (Laureum 1658) — Rachalski Albert (1658).

Beuche Peter Paulus ob. Taisne Filip Franciszek (Het leven 1683).

(Beuck Lud.) Viro clarissimo, eximio, literatissimoque Dn. Ludolpho Beuckio, professori Ducalis Gymn. Breg. meritissimo, sponso, cum virgine qua aetatem florentissima, qua formam elegantissima, Dorothea Elisabetha, olim spectatissimi celsissimique Principis ac Domini Domini Georgii Rudolphi, Ducis Silesiae Lignic. et Bregens. Saltuum Praefecti vigilantissimi relicta unica filia sponsa, gratulantur et omnia fausta apprecantur ipso nuptiarum die 22. Novembris, Anni M.DC.LXI. Gymnasii dicti, quidam εὐτροφοι. Bregae, typis Christoff Tschorn. (1661). w 4ce, ark. A₂—C₂.

Pisali tu wiersze Joch. Cochlevius Bicina Sil. — Dan. Banasch Cruciburg Sil.— Ad. Chwistkowitz Plesna Sil. — Casp. Vatyaschky Sil. — Mart. Jaroszowic Parcitiensis Polon. — Mart. Arnoldus Lesna Polon. i inni.   Wrocławs.

Beuer Karol Ernest ob. Schwentner Alexander (Wytworne polskie listy 1692).

BEUGHEM Kornel. Catalogus librorum exquisitissimorum catholicorum, tam veterum quam recentiorum cujusvis linguae, qui in diversis hactenus regionibus prodierunt, qui prostant Gedani apud Corn. de Beughem C. F. Gedani, typis Zach. Stollii 1713. w 16ce, str. 80.

Bewegungs'-Gründe der Königlichen Entschliessungen: oder gründliches Verzeichniss der Ursachen, durch welche Ihr. Königl. Maj. von Franckreich zu den Waffen zugreiffen bewogen worden. Bez w. m. i r. (Danzig 1733). w 4ce, str. 16.

Z powodu zabiegów o tron polski po zgonie Augusta II.

Czartor. — Jagiell.

Beweis (Ein bedencklicher) dass, wenn es wahr ist, dass die Löbl. dritte Ordnung von der ersten Ordnung zu Dantzig ein Geschenk von 6. Leichenwagen erhalten hat: dass es auch alsdann nicht weniger wahr sey, dass der Endzweck, warum man ihr diesen prächtigen Leichenzug geschenkt hat? nicht ungeschickt wird können erreichet werden. Danzig, im Jahr 1760. w 4ce, 4 k. nlb.   Czartor.

— Tenże tytuł. Zweyte und von Fehlern gereinigte Auflage. Danzig, im Jahr 1760. w 4ce, 4 k. nlb.

Czartor.

— Gründlicher..., dass das Recht einen Fürsten zu wählen denen Ständen der Herzogthümer Curland und Semgallen von ihren Ur-Ahnen angestammet (1763). ob. Korff Johann.

— dass die Freimäurergesellschaft in allen Staaten sowohl etwas überflüssiges, als auch ohne Einschränkung, etwas gefährliches, schädliches und verbietungswürdiges sey. Zur Vertheidigung des Edicts, welches der Rath in Danzig dagegen 1763. 3. Oct. publiciret hat, wider die Schrift eines Freymäurers. Danzig und Lejpzig 1764. w 8ce, str. 70. *Jagiell.*

Beweise und Vertheidigung der Rechte des Königes auf den Hafen und Zoll der Weichsel. Mit einer Landcharte und Beweis-Urkunden. Berlin, gedruckt bey George Jacob Decker, Königl. Hof-Buchdrucker. 1773. w 4ce, str. 34 i k. 4.

Poprzedza plan Gdańska z okolicą: Des Ausflus der Weichsel mit einem Theile von Pomerellen. Beweis-Urkunden. na 4 kartach obejmują przedruk przywilejów królewskich od r. 1285 (Świętopełka).

Branic. — Jagiell. — Ossol.

BEVERINI Bartolomeus, Lucchese. Ode sull' assedio di Vienna sciolto dal Re Giov. Sobieski 1683. *Ciampi Bibl. I. 23.*

Bewerley czyli gracz, ob. Lillo (1777, 1778).

Bewert Joh. Wolfgang ob. Biskupski Piotr (Votum 1689).

Bewijss (Grundeligt), huru osanna ock orimlige the förwändningar äresom de sakallede Sachsiske Trouppars Anförare haar sa skriffteligen som genom Trycket welat utsprida, til at där med entskylla det oförmodeliga och arglistiga Infall uti Lifland. °Ar 1700. B. m. dr. (Stockholm). w 4ce, sig. A—F. (k. 23). *Jagiell.*

Bewillkommnung dem Feyer Schönknecht 1669. ob. Schöuknecht.

BEYER Johann. Disputatio medica inauguralis de febre hectica quam praeside summo nomine, ex auctoritate Magnifici D. Rectoris D. Francisci de Le Boe Sylvii, M. D. et Medicinae practicae in inclyta Lugd. Bat. Academia Professoris celeberrimi nec non amplissimi Senatus Academici consensu, ac Almae facultatis medicae decreto, pro gradu Doctoratus, summisque in medicina honoribus et privilegiis rite consequendis, publico examini subjicit ad diem Septemb. loco horisque solitis Johannes Beyer, Lesno Polon. Lugduni Batavorum, apud viduam et haeredes Joannis Elsevirii academiae typographi cIoIoCLXIX. (1669). w 4ce, ark. A₂—D. *Wrocławs.*

Beyer Teofil Sigfrid Regiomontanus. De numo Rhodio obacz Bayer *Braun De scriptor. 1723. str. 31.*

Beyerus Geo. De plica ob. Lothus Geo. 1655.

BEYERUS Joan. Ferdin. Disputatio de Ecclesia et Coena Christi. Dantisci. 1661. w 4ce. *Jocher 3850.*

Beyerlinck Laurentius ob. Scutum antiquitatis (1741).

Beylage des Kindes Gottes. 1672. ob. Möller Salomon.

Beylagen N. 1. Status causae, des an Thoren 1724. vorgefallenen Tumultus obacz Toruń.

Beyner Gedeon Lwowicz ob. Daniszewski Sylwester (1755).

BEYNONS Eliasz z Menckenheimu, Xiadz (Beinon)... Świeżo przyczyniony miłosierny Samarytan, albo przyiaznobraterska rada ná wszelákie choroby, łamánia w ludzkim ciele ták wnętrzne, iáko y powierzchówne, podłemi y máłemi sposobámi do vleczenia bez wielkiego kosztu świeżo wynaleziona, y z miłości chrześćiańskiey ná porátowanie vbogich y podłey kondycyey ludźi z Niemieckiego ięzyká na polski przetłumáczona, y do druku podana, Anno 1691. w 4ce, str. 192.

Drugą część idzie od str. 70.

Jagiell. — Ossol. — Zbór ewang, wileńs.

— Tenże tytuł... przetłumáczona, teraz świeżo errory y błędy, ktore dla nieumiciętnego tłumácza znaydowáły się, popráwione, z przydátkami opuszczonych lekarstw, przez Mikołaia Jgnacego Ackerbavma Medyka J. K. M. y powtore do druku podana Roku Páńskiego 1695. w Warszawie, w drukarni J. K. M. u OO. Scholarum Piarum (1695). w 4ce, str. 206 i Regestr lekarstw kart 5.

Na odwrocie tytułu lichy drzeworyt przedstawiniący Samarytanina Miłosiernego.

Dzikow. — Jagiell. — Ossol.

Beytrag zur Geschichte der poln. Revolution, ob. Dabrowski H. (1796).

Beyträge ob. Beiträge.

Beza Teodor (1519 † 13 Paźdz. 1605) ob. Atanasius (Dialogoi 1570)—

Fayus Ant. (De vita et obitu 1606) — Rybiński Maciej (Dawida Psałterz) — Socinus Lelius (Mini Celsi disput. 1577, 1584).

Bezbożni ob. Minasowicz Józ. Epif. (1766).

Bezeugnisse in welchen klärlich dargethan und erwiesen wird, welche Personen an der Expunction und Ausleschung der Schmähworte in Schmalkaldischen Artikeln enthalten, anno 1616. zu Warschau in der Krone Polen ursacher gewesen. Braunsberg 1617.
Lisnera Katalog księgars.

Bezisci ob. Ministromachia (1603).

Bezkrólewia ob. Acta Interregni (1632, 1648, 1669) — Boehm Mar. (Commentarius 1733)— Civitas (1764)— Dyarjusz sejmu convoc., electionis (1733) — Duńczewski Stan. (1758) — Gedanken (1733)— Jezierski Fr. (O bezkrólewiach 1790) — Interregnum — Kaptur (1673) — Komierowski, (Zdanie przeciw)— Konarski Stan. (1733)— Konfederacya (1733) — Małachowski Stan. (1790)— Mijakowski Jac. (1632)— Philippus Honoryusz (1537ᵢ — Ponętowski Jan (1572) — Pyrrhus de Varille (1764) — Projekt bezkr. wiecznego (1790) — Reussner Mikołaj (1595) — Rozwagi o królach (1790) — Sammlungen der Schriften (1764) — Sanguszko Jan (Lettres 1764) — Schulz Georg. Petrus (Historia 1738) — Tynicki Georg. (Acta principum 1678) — Załuski J. Andrz. (Manuale juris publici 1764)— Zdanie (1790) — Zdanie o juryzdykcyi marszałkowskiej (1764).

Bezoar z łez ludzkich ob. Bartoszewski Walenty (1630).

BEZOUT Stefan (1930 † 27 września 1783). Nauka matematyki. do uży-

cia artyleryi francuzkjey, napisana przez P. — towarzysza Akademij nauk, i Marynarskiey etc. a dla pożytku pospolitego, osobliwiéy dla korpusu artyleryi narodowey na polski ięzyk przełozona z roskazu i nakładém Jego Królewskiey Mci. Pana naszego miłosciwego do druku podana. W Warszawie w drukarni XX. Missionarzow R. P. M.DCCLXXXI (1781). w 8ce, T. 1. str. 14. 208. 315. i XVI. tabl. 6. Tom II. k. 2. str. 447, k. 3. tabl. 3. Tom III. r. 1782. k. 2. st. 432. kart 3. tablic. 6. T. IV. r. 1783. k. 2. st. 489. XI. tabl. 13.

Obejmuje T. I. r. 1781. Zawiérający w sobie Fundamenta arytmetyki i jeometryi. Dedykacya do króla z podpisem tłómacza: Józef Jakubowski, kapitan i professor artyleryi kor. Dalej odezwa: Do łaskawego czytelnika a mianowicie do Xcia Adama Czartoryskiego J. Z. P., którego kosztem tłómacz za granicą matematyki i inżynieryi uczył się. T. II. zawiérający w sobie algebrę i przystósówanie algebry do jeometryi. Tom III. zawiérający w sobie Fundamenta powszechney mechaniki i hidrostatyki, poprzedzone rachunkami, słuzącemi za wstęp do nauk fizyczno-matematycznych. Tom IV. zawiérający w sobie przystósówanie zasád powszechnych mechaniki, do różnych przypadków ruchu i równowagi.
Akad. — Jagiell. — Ossol. — Raczyńs. — Uniw. lwow.

Bezpieczeństwo osób seymujących. Wypis z xiąg ziemian. ptu Grodzieńs. 1793. Dn. 6. Julii. folio str. 1.
Krasińs.

— pod Bokiem Naszym Królewskim (prawo). (r. 178...) fol. k. 2.
Warsz. Uniw.

— powszechne. Lwów 1788. Ob Actum z 22. Junii 1789. — Beśpieczeństwo.

Dodatki i Sprostowania do T. XII.

A.

Abbano Petrus (de Apono, Aponensis, Abanus, 1250 † 1315)· Incipit excellētissimi medici magistri Petri de abbano prologus in libellum de venenis, mineralibus vehitabilibus, animalibus et quolibet ente sub solari globo ceptis per Venerabilem virum Wilhelmum Haldenhoff. De Thorn Artium et Medicine doctorem Magnimagistri Pruszie. Diui ordinis theutonicorum Phisicum emendatum. [Na końcu:] ...Quod arte sua Jacobus Thanner Herbipoleñ. Jn opido Liptzeñ. perfecit. xiiij. Julij. Anno domini: M.cccc.lxxxxviij (1498). w 4ce, kart 25.   Jagiell.

— Tenże tytuł. [Na końcu]: ...Quod arte sua Jacobus Thäner Herbipoleñ. Jn opido Liptzensi perfecit. nono nouembris. Anno domini 1.5.00. w 4ce, k. 19:   Jagiell.

Abbatus... wykreślić.

Abbildung (Eigendliche)... B. m. d. (1674).

— der offenen Tafel...
                    Czartor.

Abdruck (Warhafftiger)... verlauffenem... aussgegangnem... 1609.
                    Czartor.

— des Crack. Accords... 1657.
                    Czartor.

— eines Schreibens... 1725. ob. Fryderyk Wilhelm.

Abecedarium vitae spirit...

ABEL Kasper. Fortgesetzte...
                    Bibl. peters.

ABELLI Ludwik. Medulla... scripturis... Ruthenensi... Czerwenensis...

— Żywot sługi... Congregationis...
                    Czartor.

Abhandlung von livl. Gesch. 1772.
                    Czartor.

ABICHT J. G. Theses... Schreiber...

ABRAMOWICZ Adam. Kazania... Najprzewieleb... Sapiezie...

ABRAMOWICZ Jakób. Przymierze dożywotniey przyjaźni Wielm. J.MC. Pana Andrzeja Dowgirda podstolego wojew. trockiego z J. W. J. MC. Panna Bogumiłą Jeleńską, kasztelanka wojew. nowogrodzkiego w dzień ślubney ich uroczystości przez J. MC. Pana Jakóba Abramowicza, komornika mozyrskiego wierszem ogłoszone, r. p. 1775. dnia 28. Novembra. w 4ce, kart 4.
                    Bibl. Ordyn. Zamojs.

ABRATOWICZ Antoni. Justiores Heliades,... gemmis.. parentantes... de tanto funere informantes...

— Związek przymierza słodkiey dożywotniey przyjaźni J. W. Antoniego Felixa Łosia, starosty generałmajora z Maryą Urszulą Moszczeńska, wojewodzianka inowrocławską w Warszawie nastąpiony i wierszem godowym opisany. 1765. fol. str. nlb. 23.
                    Bibl. Zamojs.

ABREK Andreas Navis Christi... imprimebat... kart 11...

— Phoebus post nubila... vexilliferi... Zamosciae illustrissimorum olim parentum Thomae Zamoyski et Catharinae...

ABREK Nicolaus. Euphrosine... opiewajaca... Dexiozis...

Abriss (Curieuser) und Beschreibung der Haupt-Stadt und Vestung Riga, wie solche ietzo forfificiert von Sr. Czarischen Majest. von Moscau aber dieses 1709. Jahr im Monath November belagert worden. B. m. (1709). w 4ce. k. 2. z miedziorytem fortecy.
Winckelmann 5008.   Bibl. peters.

Abrys prawdziwy wioski Hornhausen ob. Hornhausen (1646).

Absagbrieff ob. Batory Stefan (1580).

Abschrift (Warhaftige)... sthadt Colmen unde... zolfrey...

— (Kurze) und Verzeichnuss... 1563.
Bibl. peters.

Abschrifft der Missiuen vnd Briefe, so zwischen der K: M: zu Schweden vnd Polen, etc. etc. vnd dem Durchleuchtigen Hochgebornen Fürsten Hertzog Carln, geschrieben, abgangen vnd gefertiget seindt, von der zeit an, da J: K: M: erst zu Calmar ankamen, vnd wiederumb ausm Reich verzückten. Sampt J: F: G: Instrvction für die Stadthalter, so auff das Haus Calmar von J: F: G: verordnet waren, wessen sie sich zuverhalten, wo J: K: M: in jhrer heimreise hier ins Reich, daselbst anlaugen würden. Aus der Schwedischen sprach ins Deutsch bracht, vnd denen zu gute so dieser sachen gründlichen bericht zu haben begeren, an tag gegeben, vnd in Druck verfertiget. Gedruckt zu Stockholm, durch Andream Gutterwitz. Anno Christi M.D.XCIX. (1599). w 4ce, k. nlb. 52.
Wierzbow. II. 1882.   Bibl. Peters.

— einiger glaubwürdigen Brieffe...
Porównaj: Afskrifft.

— einer ubralten Prophecey,...
Bibl. peters.

Abstract (An)... shewn...

Academia ob. Akademia (1756).

Accord faict... au Chesne verd prés Sainct Benoit...

— bey Abtretung der Vestung Neumünde, ob. Albedyl (1701).

Account (A new) of Poland... 1702.
Czartor.

Achbauer Franc. Leichen-Rede über... Todt... höhester...

— Trauer-Rede... durchlauchtigsten... Churfürsten... römischen Reiches Ertz-Marschalen... Herschafften... Dressden...

ACOROMBINUS Hieronymus. Excellentissimi Philosophi, et Medici Consvmatissimi D. Hieronymi Acorombini Eugubij, Ordinariam practicae Medicinae in Patauino Gymnasio legentis, Tractatus de Lacte. Norimbergae, apud Johan. Petreium, anno M.D.XXXVIII (1538). [Toż samo powtórzone na końcu]. w 4ce, k. nlb. 36.
Dedyk. Joanni Chojeński, Episcopo Plocensi, 1536.
Wierzbow. II. 1150.
Warsz. Uniw.

Acrostichis własnego wyobrażenia... (1581).
Por. Opisanie.   Toruńsk. gimn.

Acta audientiae... die III Novembris... Maschardum...

— et conclvsiones synodi generalis Toruniensis. Sprawy... 1566...
Wierzbowski II. 1816.   Kijows.

— et constitvtiones synodi provincialis Gneznensis....
Wierzbowski II. 1535.

— et const. synodi dioec. leopoliensis. Anno M.D.XC.III. .... Septuagesimae...

— conventus Thoruniensis... et mandato...

— coronationis... Konung... Watzski... Ingermanland... Konungz... herres. Kroeningz...
Wierzbowski II. 1774.   Przeżdz.

— et decreta... 1614.
J. Borkowski.

— pacis Olivensis inedita. Tomus I. et II. ob. Boehmius J. G. (1763—1766).

— synodi dioocesanae Chełmensis... Anno a Christo nato 1624 die XVIII. mensis Junii... ob. Łubieński M.

— synodi archidiec. Gnesnensis ob. Łubieński Mac. (1644).

— synodi particularis in Ecclesia Camenensi Vars. (1648). ob. Łubieński Maciej.

Actio equitis poloni in Jesuitas ob. Attestation (1603).

Actum in casto Ravensi (1698) ob. Akta.

Actus denun. electionis ob. Massalski Ign.

ACXTELMEIER Stan. Reinh. Das Moscowittische Prognosticon oder der glorwürdige Czaar Peter Alexowitz, von der gewachsenen russischen Macht, von dem Tyrann Iwan Wasilowiz biss unter höchsterwehnte Czaarische Majestät etc. Augsburg, C. Brechenmecher, 1698. w 4ce. Raczyńs.

ADELT Marc. Ewangelische Jubel-Freude... Erbauung... war... VII. 26... versamleten... Gemeine....

Adlers - Sieg ob. Półtawa (1709).

Admonitio atqve... viduam Floriani Anno Domini MDXLVI....
Wierzbowski II. 1239.

ADRYCHOMIUSZ Christ. Jeruzalem... opisane przez Sebestyana (sic).... Warszawa, 1725. Część II. stanowi: Historya... w 4ce.

Adverbia moralne ob. Tilmanus a Gameren (1691).

Advice seasonable ob. Leszczyński Stan. (1725).

Affekty serdeczne ob. Milatyn (1700).

Africa (L')... balleto guidato...

Afskrifft ob. Paykul (b. r.).

Agenda sev ritvs sacramentorum ecclesiasticorvm, ad vniformem ecclesiarum per vniuersas prouincias regni Poloniae vsum, officio Romano conformati. Ex decreto synodi prouincialis petricouiensis, denuò conscripti et editi, studio et opera Reuerendi D. Hieronymi Pouodouij, archipresbyteri et canonici cracouien. Praemissa est singularis Sacramentis summaria illorum doctrina vtilis et necessaria. Cum Gratia et Priuilegio S. R. M. Cracoviae, in architypographia regia et ecclesiastica, Lazari, Anno Do-

mini M.D.XCI (1591). folio, kart 4. i od str. 7—276.

Na odwrocie tytułu drzeworyt z podpisem: Stanis. Karnkowski, D. G. Archiep. Gnesnens. Legatus Natus: R. P. Primas, ac Primus Princeps. — Następnie na 1 karcie Karnkowski zaleca tę agendę. Od str. 136—144: Nápominánia, pytánia y modlitwy... (po polsku i po niemiecku).— Od str. 193—231 idzie: Catechezes: albo napominánia y nauki wysszey opisáne. — Od str. 231—276 idzie: Catecheses oder Unterweisung unnd unterrichtung, von den heiligen Sacramenten, wie vorher polnisch und lateinisch beschrieben.

Na końcu data powtórzona: Jn officina architypographica Regia et ecclesiastica, Lazari. M.D.XCI.

Z tą samą datą agenda, niczem się z pozoru nie różniąca, jest drugiem przebiciem. Różnice rozpoznać można po kustoszach: w jednem *D* wypada pod *nt*, w drugiem pod *t; M* pod *rz*, w drugiem pod *yp; O* pod *vo*, w drugiem pod *in; Q* pod *ab* lub pod *am; R* pod *lą* lub *ci; S* pod *tó* lub pod *wi*.

W jednej edycyi zamiast strony 73 wybito stronę 79. Strona 193 w jednej edycyi mylnie wytłoczona jako str. 93.

Por. wyżej str. 72.

— Agenda sev ritvs caeremoniarum ecclesiasticarum, ad vniformem... [i t. d. jak wyżej, aż do:] ...et Canonici Cracouien. Cracoviae, in Architypographia Regia et ecclesiastica Lazari, Anno Domini, M.D.XCI. (1591). folio, kart 4, str. 290. Index rerum k. 3 i 1 str. z napisem: Cum gratia et priuilegio S. R. M. Cracoviae in officina architypographica regia et ecclesiastica, Lazari. Anno Dñi M.D.XCI. (1591).

Są dwa egzemplarze odmienne z tego roku. W jednym jest na tytule Matka Boska z dziecięciem w całej postaci. Odwrotna strona tytułu biała.— W drugim egzempl. popiersie samej Matki Bożej z napisem w owalu: S. Maria Mater Dei, a na odwrocie tytułu taż sama z herbami biskupiemi i świetną ornamentyką, co w części I-szej Agendy Sacramentorum.

Podobne na pozór edycye rozróżnić można po rozmieszczeniu kustoszów pod wyrazami ostatniego wiersza. I tak: *Cc* wypada pod *udi* lub pod *s au.— Ee* wypada pod *ale* lub pod *Je.* W egzemplarzu jednym jest tu wydrukowane dwa razy Hierúsalem, gdy w drugim Jerusalem. — *Ji* jest pod *on* lub pod *ron*, a w jednym jest tu wydrukowano *fronde*, w drugim *fron de.— Oo* jest pod *i, se* lub *sci.— XX* jest

pod *ron* lub *ntc.* Zresztą nie ma widocznych różnic.

Od str. 252 idą Formulae tenorum psalmi XCIIII. i już aż do końca nuty z tekstem. Na str. 38: Sermo B. Jvonis Episcopi, i toż po polsku (str. 40—43) i po niemiecku (s. 43—46). Podobnaż mowa Sw. Jwona Bisk. po polsku (str. 85—87 mylnie w jednej edycyi wytłoczono str. 78) i po niemiecku (87—90). Na stronie 108 do 111 jest śpiew na cztery głosy rozłożony.   Jagiell.

— to jest porządek kościołów ewanielickich... na Wyrtemberku i Teku, w Śląsku na Oleśnicy... w pomienionym... pospolite używanie księżey... edicya. Drukował w Brzegu... roku pańskiego 1715...

— tuttai esti surászimas pagraudinnimū ir Maldū, Lietuwôs Bažnyćiasa skaitomū nūg kunnigū szwentus sawo Urédo Darbus pilnawojanćijū. Karaláuciuje, Méte 1775. I szpáusta ir pardūdama pas Gottlieb Leberecht Artunga, Karáliszką Knyg-Drukoru. w 4ce, k. 2. str. 80.   Jagiell.

AGRICOLA Rudolf Hymnus de diuo... Craccouiae...

Wierzbowski II. 958.   Peters.

— Habes lector: hoc libello. Rudolphi Agricolae junioris Rheti, ad Joachimum Vadianum Heluetium poetam laureatum, epistolam, qua de locorum nonnullorum obscuritate quaestio fit et percontatio. Joachimi Vadiani Heluetii poet. lau. ad eundem epistolam, qua eorum quae priori epistola quaesita sunt, ratio explicatur. Vienne, Singrenius, Nono Kalendas Julias. Anno M.D.XV. (1515). w 4ce.

Dedyk. Kasprowi Ursinusowi. Odpowiedź Vadianusa datowana (błędnie): XVII. Kal. Novemb. 1515.
Porównaj: Ad Joach. Vad. epistola...
Bauch: R. Agricola. Breslau, 1892. str. 15.
Bibl. ces. w Wiedniu.

AGRIPPA Henryk Kornelius, Nettesheim (ur. w Kolonii 1486 † 1535). O ślachetności a zacności płci niewieściey, ksiąszki od Henryka Korneliusza, łacińskim ięzykiem napisane. Teraz nowo na polski ięzyk wyłożone przez M. W. Wszem cnotliwym paniam y pannam ku chwale a zalecaniu. W Krakowie. Drukował Maciey Wirzbięta, roku od narodzenia Syna Bożego 1575. w 8ce. kart 41 (sygn. A_2—K_8).

Dedykacya: „J. W. P. Paniej Krystynie ze Zborowa, grabinej na Skłowie i Messu etc. starościnej żmudzkiej etc. paniej mnie miłościwej." Pod dedykacyą tą jest podpisany Maciey Wirzbięta. Datowana: Kraków, 27 czerwca 1575. Dopiero w dedykacyi wymieniono nazwisko autora (Agryppa), w tytule bowiem podane są tylko jego dwa imiona (Henryk Korneliusz).

Wiszniewski H. lit. IX. 463.

W r. 1891 wyszedł przedruk tego dziełka w Krakowie (w „Bibl. pisarzów pols." wydawanej przez Akad. Um.). Wydawca dokonał przedruku z unikatu, znajdującego się w posiadaniu rodziny Ambr. Grabowskiego. Przedruk opatrzony przedmową wydawcy Dra. Stan. Tomkowicza.

AGRIPPA Venzeslaus. Oratio fvnebris... Nesuisi... Melanthene. 1553...

Wierzbowski II. 1299.
Ordyn. Zamojs.

Ahasverus ob. Asseverus.

AICHLER Steph. Catagraphe... edita a Stephano Aychlero... ex filia...

AILHAUD Jan. Medicina universalis, to iest lekarstwo powszechne na wszelkie choroby, czyli Traktacik o źródle chorób, a używaniu proszku ścieraiącego. W Toruniu, 1773. drukowano u P. M. Bergmanna. w 8ce, stron 56 (mylnie 66).

Bibl. Ordyn. Zamojs.

Akademia z historyi... Boskiey Maryi... Drohojowskiego... Tągoborskiego... quaestią...

Akatist (sic) i molchen Dwa sławne Kościoła Wschodniego do Matki Boskiey Nabożeństwa. W Wilnie, w drukarni XX. Bazylianów, R. P. 1764. w 16ce, str. niel. 12, liczbow. 120.

Porówn. Akaflst.
Ordyn. Zamojs.

Akces obywatelów powiatu Eyszyckiego 1794. fol. str. 2.

Ordyn. Zamojs.

Akt pogrzebny ob. Węgierski Tom. (1653).

Aktów (sześć)... Dla pręszego... wyjętych. W Królewcu, drukował Jan Henryk Hartung, roku pańskiego 1742...

Akty chrześciańskie koniecznie potrzebne do zbawienia z przedmową do panów. Za dozwoleniem starszych do

druku podane. R. P. 1763. w 16ce, str. nlb. 70. Bibl. Zamojs.
— y pieśni, których XX. Missyo-narze Societatis Jesu podczas zwyczay-nych missyi używaia, razem zebrane i kosztem Roży z Kiełczewskich By-kowskiey woyskiey woiew. minskiego do druku podane. W Wilnie, w druk. Akademii. 1773. w 8ce, str. 64. Bibl. Zamojs.

ALBANI Annibal. Ragguaglio... ob. Hosius Stan. (Bescheid 1733).

(Albedyl i Kanitz). Accord... Decemb. Anno 1701 auffgerichtet und verfasset worden. B. m. (Pernau). w 4ce, str. 8. ob. Kongl. Bibliotekets Handlingar. 13. Stockh. 1891. str. 231.

ALBERTI Jan K. Lineamenta... hab. in audit.... hor. antem... Czartor.

ALBERTINUS Fr. De S. Angelo... Omnia permissu et approbatione superio rumalibi... in offic. typogr. vid... anno ab ortu Christi 1663...

Albertrandy Jan. De potestate... (1794)... Zamojs.

ALBERTUS Magnus. De intellectu... Wierzbowski II. 829. Peters.
— Liber Alberti Magni... Bibl. Jerz. Borkows.
— Philosophiae naturalis Jsagoge, siue... Wierzbowski II. 921. Czapski. — Peters. — Zamojs.
— Philosophantium ducis... (1541). Wierzbowski II. 1176. Wrocław. — Zamojs.
— Philosophantivm ducis... Physi-corum... Craccoviae... Scharffenbergi... (1548). Wierzbowski II. 1248. Czapski — Wrocław. — Zamojs.
— Albertus Magnus o sekretach... 1698. w 16ce, str. 565. Zamojs.
— Toż. 1742. w 16ce, str. 564. Zamojs.
— Summa philosophie... De anima. [Na końcu:] Finis summe naturalium Alberti Magni Cracouie impressum Jm-pensis spectabilis viri dni Johannis Hal-ler. Anno salutis M.CCCCC.viij. w 4ce, kart 72. Wierzbowski II. 851. Jagiell. — Kórnic. — Krasińs. — Ossol. — Petersb. — Szembeka — Zamojs.

Albertus z Woyny... w druk. u dzie-dziców Jak. Sybeneichera r. p. 1613. w 4ce, k. 16. Czartor.
(Abertus). Wyprawa plebańska. W Krakowie, w drukárni Lázárzowéy roku pańskiego 1590... Wierzbowski II. 1716. Ossol.
Albrechtus ob. Audreas Jacob (Re-futatio 1560).
ALBRECHT Joh. H. Der Raub... str. 44. Zamojs.
ALBRYCHTOWICZ Don. Cas. Fort. Mater pulchrae... Benedictinorum... Be-nedictinorum professo... Cellensi ad... kart 10.
ALCANTARA Petrus. Aureus... [Na końcu podany rok 1628].
ALEMBEK Joannes. Carmen gratv-latorivm ad illvstrissimvm ac reverendis-simvm D. D. Georgivm Radivilivm, S. R. E. Presb. Cardinalem titul. S. Sixti. amplissimum, ducem in Olika et Nieszvviesz, dominum suum clementis-simum. Cum ex Italia ad administran-dum Episcopatum cracouiensem summo totius potentiss. Regni Poloniae deside-rio reuocaretur. Iohannis Alnpeck Leo-poliensis Rvtheni. Patauii, apud Lauren-tivm Pasq. 1591. [Na końcu:] Patavii, apud Laurentium Pasquatum typogra-phum almae Vniuersitatis Jvristarvm. Cum superiorum licentia. w 4ce, kart 4. Wierzbowski II. 1738. Krasińs.
Alembek Lud. Valer. Pantheon... collegiatae SS. Omnium... solenni...
ALEXANDROWICZ Fabian. Głos Ja-śnie W... generała adjutanta B. W. L. majora kawaleryi narodowey, posła z wojewodztwa Smoleńskiego, na sey-mie grodzieńskim 1793 roku, julij 8 dnia miany. [Bez osob. tyt.] fol., k. 1. Mówi: o ruinie wojska przez niewypłacanie żołdu; i że wojsko nie wyekwipowane; że praw nie wykonywują; że pierwej lista cywilna bywa zaspakajana, później woj-sko i t. p. Jagiell. Również i inne jego „Głosy" znajdują się w Bibliotece Jagiellońskiej (ob. str. 111—2).
— Projekt względem Tatarów, praw ich y possesyi d. 25 Octobra 1793. fol., 1 karta. Bibl. Zamojs.
ALEXANDROWICZ Tomasz de Witołd. Kleomira..: francuskim, potym angiel-

skim... tłumaczona... podściwych Polaków... Rptey... w 4ce, kart 12 i str.
346.

(Alexy Petrowicz). Orbis...
Raczyńs.

ALISCHER Sebast. (z Buntzlau?). Piastus... A. C.MDCLIII. w 8ce, kart 20 nlb.
Altorius... afierawoty gał... pardruka-
wotas... drukarnioy...

— (Auksa) arba afieras kwepancias
ant auksa ałtorians prisz Majestoła
Diewa tay ira Madlitwas skutecznas
baznieiay szwętay zwyczajnes kures
afektas meyli Diewa degas Ponuy Diewuy ant kwapa saldibes garbies jo afierawoty gał. Su pazwalijmu Wiresnibes
Dwasyszkos su pridotku naujos Noba-
żeństwos ant swieta iszeynus Metuose
nug Użgimimo Chrystusa Pona 1796.
Wilniuy Drukarnioy Akademijos. (1796).
w 8ce, k. 9. (tyt. i kalendarz), str. 478
i k. reg.
Imprimatur (na końcu kalendarza) podpisał
Dawid Pilchowski. Jagiell.

ALWAREZ Emanuel. Emmanvelis
Alvari e Societate Jesv, Grammatica-
rvm Institvtionvm. Liber secvndvs. De
constructione octo partium orationis.
Cum gratia et priuilegio S. R. M.
M.D.LXXXVI. [Na końcu:] Posnaniae.
In officina typographica Joannis VVol-
rabi 1586. w 8ce, str. 381 1.

— Toż... Institutionvm Grammati-
carvm. Liber tertivs. De syllabarum
dimensione, etc. Cum gratia et priuilegio S. R. M. Posnaniae M.D.LXXXVI.
[Na końcu:] Posnaniae in officina Joannis VVolrhabi, Anno D. M.D.LXXVI.
w 8ce, str. 192.
Tak podaje tytuły obu części Wierzbowski
II. 1639, 1640. (Porównaj Katal. Racz.).
Warsz. Uniw.

— De institutione grammatica libri
tres, editio nova correctior, cum licentia superiorum, et privileg. Sacrae R.
M. Vilnae, typis S. R. M. penes Academiam, anno 1783. w 8ce, k. 1. str.
205. Jagiell.

AMASAEUS Romulus. De pace... Ja-
nvarii MDXXX... Mathias Scharfenbergius...
Wierzbow. II. 1061.

Krasiń. — Zamojs.

AMATUS Scipio. Japoniorvm Regvm
Legatio, Romae coram summo Pontifice, Gregorio XIII. 23. Martij habita:
Anno: 1585. Addita etiam est breuis
in calce descriptio Insulae Iaponicae.
Romae, apud Franciscum Zannetum-
et Bononiae, apud Alexandrum Bena-
tium, et Cracoviae, in officina Lazari,
Anno Domini: 1585. w 4ce, 8 k. nlb.
Obejmuje: Acta consistorii publice exhibiti
a Gregorio p. XIII. Literarum exempla
regnm japoniorum Francisci Regis Bungi,
Protasi regis Arimenorum (1582); Bar-
tholemei principis Oratio in legatorum in-
troitu; Responsum ab Ant. Buccapadulio;
Descriptio Japoniae Abrahami Ortelii.
Porównaj: Laurentamus Epistola de legator.
japon. 1585.
Jocher 8160. 8162. Wierzb.— II. 1618, myl-
nie go Janem mieni. — Adelung (Jöcher)
Lexicon. I. 690.
Jagiell. — Czapski — Czartor. — Kórnic. —
Krasiń. — Ossol.

AMBROSIUS Marcus. Arma...
ob. Schröter Ad. (Elegiar.).

AMELRI Franc. Deliciarum...
Dedyk.: M. Pstrokoński, episc. praemisl. per
Stanisl. Grochowski, custodem Crussvic.

Amor et amator ob. Boleslaus Crivoustus (1721).

Amore in musica ob. L'amore(1765).

Amphitheatrum honoris ob. Bonarscius (wykreślić).

ANANIA Jan. L'universale... parti-
colarmente... et dell'... d'altre... di Na-
poli... appresso... k. tyt. i 11 k. nlb.

ANCANTHER Claudius. Clavdii An-
cantheri Belgae in Errici III. Galliae et Poloniae Regis Venetias Patavivmq. Adven-
tvm. Epigrammata. Patauii Laurentius Pasquatus excudebat MDLXXIIII
(1574). w 4ce, 4 k. nlb.
Wierzbow. II. 1492. Peters.

Ancuta Maciej X. ob. Barszcz Jerzy (Kazanie o S. Augustynie 1719).

ANCZOWSKI Marcin. Campus intra...
actualem, praesidentem consulem... Jesu
(1676). folio, kart 20.

ANDOSILLA. Informatio juris et facti
pro Sereniss. olim Vladislai Jagelonis
Regis Poloniae, et Hedvigis Reginae
Universitate generalis Studii Cracovien-
sis contra P. P. Soc. Jesu. Cracoviae.
Venetiis, Misserini, (1634?). fol. str. 28.
Bibl. Zamojs,

ANDREAS Ernest. Fractura Josephi... Marpurgi Cattor., Kürsnerus. 1681. w 12ce, str. 48, 525, 8.

ANDREAS Hispanus. Contenta... Ciuitaten. compositi... Cracouie... Anno Domini 1535...

Wierzbowski II. 1118.   Wrocław.

— Toż. Craccouie... Anno Domini 1540. w 8ce, k. 26.

Wierzbowski II. 1166.

ANDREAS Johannes. Historia de solenni convivio qvod in arce Regiomontana Senatvi et civibvs Cneiphovianis qvot annis in die ascensionis Domini exhibetvr. Bvcolico carmine descripta a Johanne Andrea, Pomerano. Addita est Elegia Eobani Hessi continens descriptionem Prussiae. In Academia Regijmontis Anno MDLII (1552). mense Maio. w 4ce, k. 12.

> Dedyk.: Laurentio Vneidenhamero et Petro Glagauio, consulibus toti Senatui urbis Cneiphonianae in Regiomonte Borussorum, mense Novembri 1551.

Wierzbow. II. 1291.   Peters.

ANDREINI Franciszek. Bohatyr straszny z włoskiego na polski ięzyk wytłumaczony przez Chrysztofa z Piekar Piekarskiego, woyskiego woiewodztwa brzeskiego i w druk ku dobru pospolitemu i ukontentowaniu zacnego czytelnika podany roku p. 1652. W Warszawie, w drukarni Piotra Elerta J.K.M. typ. w 4ce, stron 292.   Akadem.

— Bohatyr straszny, z włoskiego ná łáciński. z łácińskiego ná polski ięzyk. Przetłvmaczony. Przez Krzysztofa z Piekar Piekarskiego, woyskiego woiewodztwá brzeskiego, a teraz nowo z przydatkiem regestru zebráncgo y tytułow przy rozmowách, dla lepszego dyskursow wyrozumienia, dokłádnie, z dostáteczną dawnych w druku omełek popráwą przedrvkowany. Nakłádem Krzysztofa Domańskiego, W Krakowie, w drukárni Mikołaia Alexandra Schedla, J.K.M. typogr. R. panskiego 1695. w 4ce, k. 1. str. 164.

> Na odwrocie k. tyt. rycina, przedstawiająca dwóch męszczyzn, stojących obok siebie. Dzieło zawarte jest w 41 rozmowach. Są to dialogi między Bohatyrem i Totumfackim. — Bohatyr bije się z gwiazdami, jest

na śniadaniu u Słońca, na bankiecie u Neptuna i Plutona, na koncercie u Apollina, w Rzymie Hekatomby pozjadał, był ojcem chrzestnym Jowisza i t. d. — Na końcu wiersz: Do Zoilá i Reiestr rozmow y máteriy.

Czartor. — Jagiell. — Krasińs. — Ossol. Zamojs.

— Svpplement bohatyra strasznego w roku 1665 nápisány, przez Krzysztopha z Piekar Piekarskiego, podkomorzego Brzeskiego. W Warszawie v wdowy y dźiedźiców Piotrá Elertá J. K. M. Typográphá. Bez w. r. w 4ce, kart nieliczb. 85. (ark. Yi).

> W przedmowie do czytelnika pisze, iż przepędził lata wojskowo, począwszy od wojny Chocimskiéj, w któréj sam Osman Cesarz Turecki był przytomny; następnie w Prusiech, w Moskwie, kiedy Władysławowi składano chorągwie żebrząc miłosierdzia i po innych miejscach wojując; nareszcie osiadł spokojnie w domu, zamieniając szablę na pióro. Dalej tak mówi o swém dziele: „Wystawiłem ci łáskáwy czytelniku w Adámie prosopopeiam w stworżeniu świátá Stwórcę mówiącego. Drugie opusculum przeplátáiąc seria iocis Bohátyrá strásznego, nie próżno rozmáitych żártownych erudycyi dałem in lucem Enciclopediam. A zátym od Demokrytá powracaiąc do Herâklita, wystâwiłem Periphrasim super septem gradus poenitentiales et graduales, którémi stopniámi postępując wymierzyłem w cel prawdziwey cnoty, różny od Máchiáwellá niepolityczney náuki. Tandem á Serijs, znown ad continuationem, bez vrázy trybem moim idących, tegoż Bohátyrá przystąpiłem dumą wyniosłą rozdętych żartow, ktore pro Coronide nie prozmuiącego proznowánia mego, poki czas y sędziwe látá, y sororum filatrium patiuntur atra ochoczse łáskáwy czytelniku ofiáruię. · — Cała rzecz w 22 rozdziałach.
>
> Treść mowy Bohatera drukowana drukiem gockim, a Totumfackiego, który z nim rozmawia, łacińskim.
>
> Te dyalogi pisał aktor Pistoja Franc. Andreini, „comico geloso," jak się tytułował. Oryginał wyszedł r. 1607. p. t. Le bravure del capitano Spavento, a rozmowy toczą się między Jl capitano Spavente e Fappola suo servo. Oryginał ma w 4ce kart 148 i rozmów 55. — Że zaś praca ta miała wielkie powodzenie, wydał część drugą obejmującą 30 dyalogów.
>
> Ta encyklopedya wiedzy owoczesnej, pisana dosadnym i czystym językiem polskim, ma wiele powiedzeń przysłowiowych. Rzecz godna rozpatrzenia i porównania z orygi-

nałem. Całe cechuje humor częstokroć za rubaszny.
Niesiecki III. 585.
Czartor. — Jagiell. — Krasińs. — Ossol.
ANDRELINUS P. F. Epistolae prauerbiales...
Wierzbowski II. 1031.
Pusłows. — Zamojs.
ANDRONICUS Tranquillus. Dialogvs. Philosophandvm ne...
Dat. Posnaniae, 16. Decembr. 1544.
Wierzbowski II. 1226. Peters
Andruszow ob. Bericht (1684).
ANDRZEJKIEWICZ J. A. Ziarno gorczyczne... W Zamościu... (1701)... str. 6 i 266.
— Toż... W Kaliszu... 1746...
Zamojs.
ANDRZEJOWICZ Wal. Ogród różany... 1627... Jagiell.
Anfołogion ob. Baranowicz Łazarz (Anthołogion 1678).
ANGERMUND Joann. Berlin. Lex Valeria; sive, an... Caesarei capitibus, Ddq',... Angermund. March... Anno MDCXXXIV... excusa. (1634)...
Animadversiones ad Dissertationem... B. m. i r. folio, k. 8.
ANIOŁ X. od św. Ducha. Kazanie... godnym... Borzęcki... przemyskiego kaznodzieję... W Lwowie...
Anioł w ciele (1741, 48, 53), Anioł z ludzką twarzą (1761). ob. Wincenty św.
ANKWICZ Józef. Głos Józefa Hrabi Ankwicza, Posła z Wdztwa krakowskiego, orderów polskich kawalera. Bez wyr. m. i r. (1793). fol. k. 1.
Przemawia za przyjęciem traktatu z Wielką Katarzyną, i ten projekt podaje do laski marszałka. Jagiell.
— Projekt JW. Ankwicza, posła krak. Sprawiedliwość dla JW. Dominika Xcia Radziwiłła, podkomorzyca W. X. L. i jego wierzycielów d. 16. Novem. 1793. fol. ¹/₂ ark.
Ord. Zamojs.
— Przymówienie się in turno na sessyi d. 10 Augusta 1793. fol. ¹/₂ ark.
Ord. Zamojs.
Anna Jagiellonka ob. Biblia Leopol. (1577).
Anna św. ob. Artykuły.

ANNANIA popraw na: **ANANIA (di) Lorenzo.** L'universale fabrica...
Czartor.
Annus sanctus... str. 267.
Zamojs.
— scholasticus 1781 in annum 1782 currens in alma studiorum Universitate Zamoscensi. w 8ce, str. niel. 32.
Zamojs.
— scholasticus 1782 in annum 1783 currens in alma studiorum universitate Zamoscensi 1782. w 12ce, kart niel. 26.
Zamojs.
ANTISARI Domenico. Il Leopoldo o vero Vienna liberata. Poema eroico di... Ronciglione, per il Menichelli. 1693. w 8ce, 1 ryc. i str. 603. Czartor.
ANTONINE Paulus. Theologia... juxta edit. Venet... et consortum... Pars I. str. 8 i 996 i 34. Pars. II. str. 2, 22, 512 i 3 k. indexu.
— Toż... consortum...
— Sententiae... candidatorum Theologiae cum facultate superiorum excerptae...
Pars postorior... de sacramentis...
Antołogion... cwietosłow... że Gdania...
ANTONI od Imienia Maryi. Rozdział... Karczewskiey staroscincy...
ANTONI X. od Nawiedz. Kazanie... Psalm. 41... tj. Ff—Ji₂.
ANTONIUS Genuensis ob. Genuensis.
Antreprener. Opera nowa z muzyką w dwóch aktach zrobiona dla JMci Pani Franciszki Buccarell roku 1785. W Warszawie w drukarni Dufour 1785. w 8ce, stron 55. Zamojs.
ANZELM św. Elucidarius dyalogicus... resolutiuus. Vade mecvm... 1515...
Wierzbowski II. 902.
Czapski — Ossol. — Zamojsk.
— Elucidarivs dialogicvs omnibvs Sacrae Theologie... 1544...
Wierzbowski II. 1218.
Krasińs. — Włocławs.
— Toż... Craccoviae... (1549)...
Wierzbowski II. 1264.
Szembek — Zamojs.
Aposmation apodemici seu operis...
APOSTOŁ. A naczasia... diejania...
— tetr,... bżestwennych... wsiako go...

— si jest kniga nowago... epkoa... W Lwowie... Newembria...

Applausus poematicus gentilitiis aquilis ducatus Zatoriensis et Osvetimensis. B. m. i r. w 4ce, str. niel. 8.

Autor prawdopodobnie Tomasz Antoni Sertkowicz.   Zamojs.

— genetlicus ob. Prusimski Christ. (1642).

— panegyricus ob. Daniłowicz.

Apteczka domowa... prioribus auctior...

AQUINO (de) Karol. Orationum... Antonii de Rubeis...

Ara salutis... folio, k. nlb. 23.
                          Czartor.

ARCANGELO da S. Nicola. Il..., cioe il divoto... visite cotidiana...

ARCHENCHOLZ J. W. England... Tom I... 328... Tom II. 1786. str. 470.

ARCHINTUS Filip. Christiana... uera obseruantia. Apvd Hyeronimvm Vietorem...

Wierzbowski II. 1227. — Acta hist. IV. (vol. I. 192—4).   Włocław.

ARCQ Ph. August de Saint Foix, Chevalier d'... († w Tulle 1779). Pałac milczenia, powieść filozoficzna z francuzkiego przełożona (Część I—II). Za pozwoleniem zwierzchności. W Warszawie u P. Dufour, Drukarza J.K.M. i Rzeczpospolitey MDCCLXXXIII. (1783). w 8ce. Część I. str. 3. 8. i 104. Część II od str. 105—208.

Dedykacya wierszem do Izabelli Czartoryskiej G. Ziem. Podols.
Wstęp: Dyssertacya o osadach greckich w Azyi mniejszej (stron 22), gdzie podaje jakoby Pałac milcz. z greckiego przed Herodotem oryginału pochodził. Mniemanym autorem miał być Kadmus z Miletu.
                  Ossol. — Zamojsk.

Arcus triumphalis ob. Regis Franciszek (1717).

Argumentum theologicum ex praemissis meritorum Reverendi Patris Venceslai a S. Francisco (Zawadzki) per Poloniam et Lithuaniam praepositi provincialis conclusum. Varsaviae 1708. fol. str. n. 36.

Porównaj: Wyszyński Waleryan (1708).
                Bibl. Zamojsk.

Argumentum ob. Brincken Georg (famae publicae 1731).

ARISTOTELES. De arte... Anno Domini 1577...

Wierzbowski II. 1526.
             Czapski — Petersb.

— Aristotelis insignis Philosophi, libelli duo, unus de longitudine et breuitate uitae, alter de diuinatione per somnum, a Christophoro Hegendorphino J. V. Licentiato, in Latinum uersi, et scholijs doctissimis ab eodem illustrati. Jam primum in lucem editi. Adivnximvs svb finem graeca, Lectori in' hoc consulentes, qui immenso Aristotelis opere, caret. Basileae apvd Bartholomaevm VVesthemervm et Nicolavm Brylingervm. Anno M.D.XXXVI (1536). w 8ce, k. 14, stron 93.

Dedyk. Petro Schorlero, artium magistro, urbis Gorlicii a libellis. Między innemi czytamy tam: „ego certe cum im Sarmatia in collegio Posnaniensi, et linguas bonas, et philosophiam publice docerem, et iuuentuti Sarmaticae veri Aristotelis gustum quendam praebere vellem"...
Wierzbowski II. 1129.   Kijows.

— Libri de anima... 1512...
              Wroclaws. Uniw.

— Libri de anima... 1519...

Wierzbowski II. 959.— Bauch Agricola 1892. Czapski — Wileńs. — Zamojs. — Wrocławska Uniw.

— Priorum analecticorum... (1510)...

Wierzbowski II. 860.
        Kórnic. — Peters. — Zamojs.

— Toż... Craccovie... 1518...

Wierzbowski II. 936.
         Czapski — Krasiń. — Peters.

— Summi... libri... de phisico..

Wierzbowski II. 1921.
Czapski — Czetwert.— Peters.— Zamojs.

— Libri octo physicorum...
            Jerzy Borkowski.

— Oeconomicorum... non grauabaris...

Dedyk.... Georgius Libanus.
Wierzbowski II. 1141.
Cieński — Czapski — Krasiń. — Peters.

— Problemata... determinantia... Cracouie... Anno Dñi... (1528)...

Wierzbowski II. 1041 podaje liczbę kart 38.
          Peters. — Zamojs.

— ob. Bełczewski W. (Theses 1767)— Biegaczewicz A. (Quaestio 1747). — Malczewski Ad. (Theophrastus 1758) — Piasecki St. (Physiogonia 1642) — Podlesiecki A. (Philosophia 1731)— Rudzki

And. (Philosophia 1750) — Smiglecki M. (Logica 1618) — Toletus Fr. (Introductio 1603) — Wosiński St. (Solea 1663)— Zaborowski Fr. (cum thesibus).

Arithmetices introdvctio... denuo reuisa... (1556)...
Wierzbowski II. 1318   Peters.

ARNAUD F. J. Lamentations... Impériale et Royales... de Russie...
— Odpoczynki...   Czartor.

ARND Joan. Binae lectiones... str. 24.
— Orationes binae, quarum altera inchoavit, finiit altera universae Philosophiae cursum, privatos inter cancellos institutum. Gedani, Jo. Zach. Stoll. (1715). w 4ce, str. 36.
Zamojsk.

ARNOLDUS Nicolaus. Religio sociniana... in academia Frenequerana ordinario. Franequerae, typ. et imp. Idzardi Alberti et Joan. Janssonii...

ARNT JAN. Jana Arnta... superattendenta,... świętobliwym..., iako na ewanielie... str. 960...

Artaserse (L') dramma per musica ob. Metastazy (1760).

ARTEŃSKI Rafał Kaz. Divae Themidis... kart 4.
— Fastigium... dum eum... (kart 8).
Dedyk. J. K. Warszyckiemu, kasztelanicowi Krakowskiemu, staroście Ojcowskiemu.
— Sceptra.. virtutes...
— Triumphans... Prossouien... pro uniuscuiusq'...
— Thronus... imperatorum, regum... Samogitiae... domino in Ravensstein...

Articles... annéxées... Marck, Ravensberg... approuvez... des Mousquetaires...

Ariculen van vrede...; Gesloten ende geconcludeert... Polen ter ender:... keurfurshap Brandeb. ter andere Zyde... Autheur... Autheur...

ARTOMIUSZ Piotr. Thanatomachia,... u Andrzeia Koteniusza anno 1600...

Ascensus ob. Puzyna Michał Jan (virtutis 1699).

Ascia ob. Tarło P. (1721).

ASHWELL G. De Socino...
Czartor.

ASNESI. Reverendissimo in Christo Patri Alexandro Szukiewicz e Societate Jesu, Rectori Collegii Regii Varsavien-

sis — die natali suo gratulatur. B. m. i r. (Vars. 1767). w 4ce, str. niel. 7.
Zamojs.

Assertiones ex universa philosophia selectae. Quas publice propugnandas susceperunt religiosi Societatis Jesu. In scholis Calissiensibus publicis. Anno aerae vulgaris Christianae MDCCLXVI. (1766). Mense Junio, Die... Calisiii, typis sacrae Regiae Majest. w 8ce, kart niel. 10.
Zamojs.
— ex physica generali ob. Hercyk Jan (1766).
— ex psychologia ob. Loethoeffel Henr. (1763).
— selectiores logicae ob. Bohomolec Winc. (1768).
— theologicae, de vera Christi Ecclesia:.., M. D. L. Marsalci, ...

ASTEXANUS. Canones... (1521)...
Wierzbowski II. 972.
Czapski — Pawlik.
— Canones penitenciales... Vnglerium... Cracovię à Floriano...
Wierzbowski II. 1105.
Branic. — Czapski — Frauenburg. — Krasiń. — Ossol. — Zamojs.
— Canones... 1534...
Wierzbowski. II. 1104.
Czapski — Czetwer. — Ewang. wil. — Wloclaw. —
— Canones penitentiales... breuiter... Vngleriana...
Wierzbow. II. 1151.
Wroclaw. — Zamojs.

AUBERT Antoni. Leben... Zunamen... Pohlen... Bar... in der Dyckischen...

Auctores praelegendi. 1747. ob. Authores.

AUDEON. Żywot S. Eligiusza... Rotomagenskiego... Suryuszowych... książęcia siewierskiego...

Augurium sortis ob. Juniewicz N. C. (1718).

AUGUST II. Uniwersał... et conditionis adherentom... 1706...
(August II). Insignes rixae...
Porównaj: Poniński Adam.
— Planta felicitatis ...
Porównaj: Poniński Adam.
— ob. Autumnus vernans (1697) — Porschius Chr. (Zuruff 1692).

AUGUST III. (1696...

AUGUSTYN Aureli. Omnes libri... christiana...

Wierzbowski II. 801.

Czapski — Czetwert. — Kapit. krak. — Wilanow.

— Pieśń...

Wierzb. II. 1959.

— Reguła Augustyna Swiętego y Konstytucye dla Sióstr Zakonu Nawiedzenia. W Warszawie, w druk. Scholarum Piarum 1695. w 32ce, str. 393, 21. Ord. Zamojs.

— Duchowne traktaciki...

Por. Bagnicki Chryzost.

Augustyanie XX. ob. Blanchinus Jędrzej (canon. regul. 1694).

Aurora ob. Mniszech Józef (regum 1714) — Suffczyński Stan. (musis amica 1721).

(Authores). Auctores praelegendi in schola Rhetorices per provinciam Poloniae Societatis Jesu. Anno quinto. Posnaniae, Soc. J. 1747. w 8ce, str. niel. 128. Zamojs.

Autumnus (Vernans) post Augustum Augustus, dum Augusti II. caput a libera gente electum coronaretur, Cracoviae repraesentatus. B. m. 1697. fol. str. niel. 16. Zamojs.

Awantury Fortunata ob. Mickiewicz Ignacy.

B.

B. M. F. sztycharz ob. Benedictus S. (Regula 1674).

BADOWSKI Amand. Propositiones philosophicae ex Logica, Metaphysica, Physica generali et particulari selectae, quarum defendend. in Collegio Universitatis Zamoscensis iniit provinciam M. D. Amandus Badowski, Notarii Castrensis Lublinensis filius. Zamoscii, 1781. w 4ce, str. niel. 16. Zamojs.

BAIER And. Ignacy, Episc. Culmensis. Odezwa do Duchowieństwa o składkę na koszta kanonizacyi S. Jana Kantego. 1766. fol, ½ arkusza. Zamojs.

BAGIEŃSKI Fran. Sal. Kazanie o trojakim obowiązku dobrych sędziów, miane w kościele farnym Piotrkowskim na wotywie o Duchu S. przy zaczęciu Trybunału koronnego r. 1766, dnia 6 października. Częstochowa w drukarni Jasnej Góry (1760). w 8ce, str. niel. 52. Zamojs.

BAKSCHAY (Abrahami)...

ob. Bartholomaeus Jan: Libellus, 1571. (na fol. B₃).

Balet wieśniacki... w 4ce, stron 8. Zamojs.

Barbara Radziwiłłówna ob. Schroeter Ad. (Elegiar.)

BARCLAY Jan. Apist wiernek wiarołomny za zdradę ukarany. Rzecz z Satyryka Jana Barclaiusza wybrana, z prozy łacińskiej na wiersz polski przełożona. Warszawa, w drukarni Korpusu Kadetów. B. r. (około 1790). w 8ce, str. 16.

Por. Załuski Józef Zbiór rytmów Cz. II. str. 249—260.

Zamojs.

BARI Thom. Rhetorica... str. 379. Zamojs.

BARONIUSZ Marc. Vitae, gesta... (1610)... Zamojs.

— ob. Officium (1650).

BARSZCZ Jerzy. Kazanie o S. Augustynie... Zamojs.

BARTHOLINUS Casp. Enchiridion ethicum seu epitome philosophiae moralis. Praecepta breviter & dilucide methodoque nova & facili explicata exhibens pro angusta tyronum memoria. Dantisci, ex officina Hunefeldiana 1630. w 12ce, 42 k. nlb.

Dedykacya: Regis Daniae Christiani IV. filio Hulderico.

Czartor.

BARYKA Piotr. Z chłopa . . . masz w fácecyéy...

BASSCAN Bonawent. Parochianus obediens sive tractatus bipartitus. De duplici debito Parochianorum audiendi scilicet Missam & Verbum Dei, in sua Parochia, saltim diebus Dominicis & festis majoribus, stante commoditate. Reimpressus annô quô Forella gregIs In ChrIsto obeDIente In CLarVIt 1761mô. Cracoviae, Typis Semin: Episcop. Academ: Diaecesani. w 8ce, k. 12, str. 129.

Na dedykacyi do Frauciszka Potkańskiego, Biskupa Patareńskiego etc. podpisany: Stanislaus Patelski, Seminar: Vice-Praefectus.

Jagiell.

(Batory). Kurze Beschreibung... ob. Beschreibung.   Czartor.

— obacz: Verstand (Der polnisch 1577).

BAZILOWICZ Joan. Brevis... Koriatowicz...

BELLARMIN R. Katechizm rzymski... 1752...   Jagiell.

ESTREICHER.

BIBLIOGRAFIA POLSKA.

WIEK XV—XVIII.

TOM XII. ZESZYT 4.

KRAKÓW.

DRUKARNIA UNIWERSYTETU JAGIELLOŃSKIEGO
pod zarządem Anatola Maryjana Kosterkiewicza.
1892.

www.ingramcontent.com/pod-product-compliance
Lightning Source LLC
Chambersburg PA
CBHW070616270326
41926CB00011B/1713